Guide suisse des vacances et des loisirs

Guide suisse des vacances et des loisirs

Découvrir la nature et le patrimoine
culturel à pied, à vélo et sur l'eau

© 1995 Kümmerly + Frey,
Editions géographiques, Berne
Edition spéciale actualisée pour Sélection du Reader's Digest SA,
Zürich Paris Bruxelles Montréal
Titre de l'édition originale:
«Grand guide des loisirs et des vacances Suisse»
Rédaction et actualisation:
Kümmerly + Frey, en collaboration avec les auteurs susmentionnés
et Sélection du Reader's Digest
Conception d'ensemble:
Kümmerly + Frey, Berne

Tous droits de traduction, d'adaptation et de reproduction, sous quelque
forme que ce soit, réservés pour tous pays.

ISBN 3-259-03235-5

Chères lectrices, chers lecteurs

La Suisse est riche – riche en paysages pittoresques et riche en diversité culturelle et climatique. De le souligner est presque un cliché; et pourtant, c'est cette diversité, ces différences et ces contrastes côte à côte sur un territoire restreint qui fascinent toujours à nouveau les habitants et les visiteurs de notre pays, les attirent et les incitent à entreprendre de longs voyages d'exploration dans toutes les régions du pays.

L'ouvrage présent est aussi varié que ce pays est contrasté. Il reflète cette diversité autant par l'ampleur des sujets que par la présentation de l'information. Pour vos découvertes, trois moyens sont à votre disposition: les excursions à pied (100 propositions de randonnées), ou à bicyclette (50 propositions de tours) ou en kayak (12 propositions). Le plaisir de l'activité physique et la joie de la rencontre personnelle avec la beauté de la nature sont garantis, car si vous choisissez un tour parmi les nombreuses propositions de cet ouvrage, vous pourrez vous préparer de façon optimale grâce aux informations détaillées. Et vous pourrez bien évaluer si le tour est vraiment adapté à toute la famille. Les photos et les illustrations panoramiques réveillent l'intérêt pour les spécificités du paysage que vous allez prochainement visiter. Le texte qui les accompagne vous informe sur les détails de la route et révèle tout ce qui peut vous intéresser; la joie anticipée pour votre prochaine aventure n'en sera que plus grande.

Mais le présent ouvrage est plus qu'un simple guide pour vos excursions. Il donne en même temps une multitude de conseils pour votre équipement de route, comment vous nourrir, vous apprend à estimer l'évolution de la météo et à faire des photos épatantes. C'est un guide de la nature, qui vous introduit dans la botanique et vous accompagne pour des expéditions dans le monde animal. C'est un guide culturel, qui vous familiarisera avec nos curiosités et vous introduira dans l'histoire du peuplement du pays. C'est également un livre pour la famille, car presque toutes les randonnées qui ont été choisies peuvent également être entreprises avec des enfants.

Le *Guide suisse des vacances et des loisirs* vous offre un vaste programme qui contraste avec l'activité fébrile de notre quotidien. Car la marche à pied, le cyclisme et le pagayage remplissent une condition indispensable pour une excursion reposante et réparatrice: la lenteur, une valeur qui regagne en importance dans ces temps marqués par l'activité frénétique. Que ce soit à pied, à bicyclette ou sur l'eau – vous retrouverez le contact avec la nature, qui vous laissera des souvenirs inoubliables et vous permettra de laisser les tensions de la vie quotidienne loin derrière vous. Ce n'est qu'à ce moment-là que vous vivrez la magie et la beauté des multiples facettes de la Suisse.

Les éditeurs

Listes des itinéraires

Itinéraires pédestres

Itinéraire	N°
Fenin–Chaumont–Savagnier–Fenin	1
Noiraigue–Le Soliat/Creux-du-Van–Noiraigue	2
Saignelégier–Goumois–Soubey–Saignelégier	3
Porrentruy–Vendlincourt–Bonfol–Cœuve–Porrentruy	4
Murten–Clavaleyres–Avenches–Murten	5
Orbe–Lignerolle–L'Abergement–Orbe	6
Le Sentier–Sentier des Gendarmes–La Capitaine–Le Sentier	7
Veyrier–Les Crêts–Les Très Arbres	8
Morges–Vullierens–Morges	9
Chexbres–Tour de Gourze–Chexbres	10
Les Cases–Col de Jaman–Pierra Perchia–Les Cases	11
Charmey en Gruyère–Vounetse–Pré de l'Essert–Charmey	12
Schwarzsee–Breccaschlund–Patraflon–Schwarzsee	13
Ciernes Picat–Paray Dorena–Ciernes Picat	14
Ollon–Les Ecovets–Ollon	15
Champéry–Lacs d'Antème–Champéry	16
Sion–Bisse de Clavau–St-Léonard	17
Isérables–Tracouet–Nendaz–Aproz	18
Verbier/Les Ruinettes–Col Termin–Fionnay	19
St-Luc–Tsa du Toûno–Zinal	20
Leukerbad–Torrenthorn–Rinderhütte	21
Zermatt–Zmuttgletscher–Zermatt	22
Saas Fee–Britanniahütte–Saas Fee	23
Grächen–Hannigalp–Grächen	24
Visperterminen–Simplonpass	25
Bettmeralp–Aletschwald–Riederalp–Bettmeralp	26
Fiesch–Fieschergletscher–Fiesch	27
Hasliberg/Wasserwendi–Planplatten–Bidmi	28
Grindelwald–Stieregg–Pfingstegg–Halsegg–Grindelwald	29
Wengen–Männlichen–Kleine Scheidegg	30
Mürren–Engital–Schilthorn	31
Interlaken/Harder-Kulm–Augstmatthorn–Habkern	32
Thun–Oberhofen–Merligen	33
Adelboden–Schwandfeldspitz–Adelboden	34
Lenk–Metschhorn–Simmenfälle	35
Gstaad–Wasserngrat–Giferspitz–Gstaad	36
Erlenbach–Vorderstocken–Stockhorn	37
Neuenegg–Schwarzwasserbrücke–Schwarzenburg	38
Magglingen–Twannbachschlucht–Biel/Bienne	39
Vermes–Mont Raimeux–Moutier	40
Langenthal–Hohwacht–Huttwil	41
Burgdorf–Guetisberg–Wynigen	42
Langnau i. E.–Rämis-Lüderenalp	43
Escholzmatt–Napf–Menzberg	44
Sörenberg–Arnihaaggen–Schönbüel–Sörenberg	45
Horw–Pilatus–Alpnachstad	46
Dallenwil–Niederrickenbach–Haldigrat–Dallenwil	47
Melchsee-Frutt–Jochpass–Engelberg	48
Engelberg–Surenenpass–Attinghausen	49
Andermatt–Gurschen–Hospental	50
Bristen–Tritt–Bristen	51
Schwyz–Ibergeregg–Oberiberg	52
Lachen–Stöcklichrüz–Einsiedeln	53
Zug–Zugerberg–Walchwil	54
Küssnacht–Rigi Scheidegg–Gersau	55
Lenzburg–Hallwil–Boniswil	56
Olten–Niedergösgen–Aarau	57
Oberdorf–Rötiflue–Solothurn	58
Passwang–Helfenberg–Langenbruck	59
Liestal–Sissacher Flue–Farnsburg	60
Zurzach–Koblenz–Zurzach	61
Kaiserstuhl–Bachs–Neerach–Zweidlen–Kaiserstuhl	62
Feuerthalen–Chundelfingerhof–Cholfirst–Marthalen	63
Neuhausen–Ruine Radegg–Osterfingen	64
Schaffhausen–Nordhalden–Beggingen	65
Mammern–Herden–Pfyn–Müllheim	66
St. Margrethen–Walzenhausen–St. Margrethen	67
St. Gallen–Gübsensee–Hundwil–St. Gallen	68
Gais–Brandegg–Appenzell–Gais	69
Eschlikon–Hörnli–Gähwil	70
Wetzikon–Lützelsee–Bubikon–Bäretswil–Wetzikon	71
Nesslau–Speer–Stein	72

Les matières

Pages 8–21
Joyeuse préparation – voyage à demi-réussi: introduction

- 11 La Suisse pas à pas
- 14 En route avec les enfants
- 16 La découverte de la Suisse à bicyclette
- 19 En canoë pneumatique, canoë ou kayak…
- 20 La pleine forme

Pages 22–67
Carte routière Suisse 1 : 301 000 avec points de départ

- 25 Répartition des cartes et légendes
- 26 Carte de Suisse avec points de départ et commentaires marginaux en bref des itinéraires
- 48 Index alphabétique des localités

Pages 68–271
Descriptions de randonnées pédestres avec vues panoramiques

- 70 Carte sommaire avec points de départ
- 72 La Suisse occidentale Itinéraires 1–15
- 102 Valais Itinéraires 16–27
- 126 Berne Itinéraires 28–43
- 158 La Suisse centrale Itinéraires 44–55
- 182 Nord-Ouest de la Suisse Itinéraires 56–61
- 194 La Suisse orientale Itinéraires 62–76
- 224 Grisons Itinéraires 77–91
- 254 Tessin Itinéraires 92–100

Pages 272–375
Itinéraires cyclistes avec vues topographiques

- 274 Carte sommaire avec la répartition des itinéraires numérotés
- 276 Dans le sens contraire de l'aiguille de la montre à travers la Suisse Itinéraires 1–18
- 312 Plateau suisse et Ajoie Itinéraires 19–49
- 374 A travers les Alpes Itinéraire 50

Merlen–Mürtschenalp–Murgsee–Merlen	73
Klöntalersee–Pragelpass–Muotatal	74
Braunwald–Chnügrat–Ortstockhaus–Braunwald	75
Wangs/Pizol	76
Flims/Fil de Cassons–Crap da Flem–Flims	77
Sedrun/Cungieri–Lac Serein–Disentis	78
Valé/Gadenstatt–Leisalp–Vals-Platz	79
Thusis–Carschenna–Thusis	80
Lenzerheide/Lai–Parpaner Rothorn–Valbella	81
Arosa–Sapün–Langwies	82
Davos–Seehorn–Davos	83
Klosters–Mönchalptal–Klosters	84
Scuol/Motta Naluns–Val Sinestra–Scuol	85
Zernez–Val Cluozza–Vallun Chafuol	86
Corviglia–Piz Nair–St. Moritz	87
Pontresina/Alp Languard–Chamanna Segantini	88
Ospizio Bernina–Alp Grüm–Poschiavo	89
Casaccia–Roticcio–Soglio	90
Mesocco–Gumegna–Mesocco	91
Arbedo–Capanna Gesero–Cima di Cugn–Bellinzona	92
Campo Blenio–Passo della Greina–Olivone	93
Piotta/Piora–Passo del Sole–Passo Predèlp–Osco	94
S. Carlo–Capanna Cristallina–Fusio	95
Mergoscia–Lavertezzo–Sonogno	96
Intragna–Loco–Passo della Garina–Aurigeno	97
Alpe Foppa–Monte Tamaro–Monte Gambarogno–S. Nazzaro	98
Cimadera–Monte Boglia–Brè–Gandria	99
Brusino-Arsizio–Monte San Giorgio–Riva S. Vitale	100

Itinéraires cyclistes

St. Gallen–Bischofszell–Frauenfeld	1
Frauenfeld–Diessenhofen–Schaffhausen	2
Schaffhausen–Zurzach–Brugg	3
Brugg–Augst–Basel	4
Basel–Rodersdorf–Delémont	5
Delémont–Les Breuleux–La Chaux-de-Fonds	6
La Chaux-de-Fonds–Couvet–Yverdon-les-Bains	7
Yverdon-les-Bains–Le Brassus–Genève	8
Genève–Aubonne–Morges	9
Morges–Lausanne–Montreux	10
Montreux–St-Maurice–Sion	11
Sion–Leuk–Brig	12
Domodossola–Locarno–Lugano	13
Sottoceneri–Val Colla–Lugano–Morcote–Lugano	14
Bellinzona–San Bernardino–Chur	15
Chur–Liechtenstein–Buchs	16
Buchs–Altstätten–St. Gallen	17
St. Gallen–Wattwil–Rapperswil	18
Rapperswil–Zug–Luzern	19
Luzern–Willisau–Langenthal	20
Langenthal–Burgdorf–Bern	21
Bern–Neuenegg–Fribourg	22
Fribourg–Granges–Yverdon-les-Bains	23
Yverdon-les-Bains–Estavayer-le-Lac–Neuchâtel	24
Neuchâtel–Le Landeron–Biel/Bienne	25
Biel/Bienne–Solothurn–Langenthal	26
Langenthal–Olten–Aarau	27
Aarau–Lenzburg–Zürich	28
Zürich–Bichelsee–St. Gallen	29
Zürich–Winterthur–Zürich	30
Winterthur–Stein am Rhein–Winterthur	31
Rapperswil–Bauma–Winterthur	32
Rapperswil–Greifensee–Zürich	33
Zürich–Eglisau–Schaffhausen	34
Zürich–Kappel–Luzern	35
Baden–Bülach–Winterthur	36
Aarau–Brugg–Baden	37
Luzern–Bremgarten–Brugg	38
Luzern–Sempach–Aarau	39
Olten–Sursee–Luzern	40
Porrentruy–St-Ursanne–Delémont	41
Bern–Aarberg–Hagneck	42
Neuchâtel–Kerzers–Bern	43
Avenches–Müntschemier–Biel/Bienne	44
Fribourg–Guggisberg–Thun	45
Thun–Eggiwil–Burgdorf	46
Thun–Sarnen–Luzern	47
Yverdon-les-Bains–La Sarraz–Morges	48
Lausanne–Moudon–Payerne	49
Bellinzona–Sankt Gotthard–Luzern	50

Itinéraires sur l'eau

Birs: Zwingen–Dornach–Basel	1
Doubs: Goumois–Soubey–St-Ursanne	2
Lac de Neuchâtel–lac de Morat: Estavayer–Portalban–Morat	3
Versoix: Pont Béné–Sauverny–La Bâtie	4
Sarine: Gsteig–Saanen–Château-d'Œx	5
Simme: Boltigen–Weissenburg–Erlenbach	6
Reuss: Bremgarten–Mellingen–Windisch	7
Aare 1: Meiringen–Brienz–Thun	8
Aare 2: Thun–Aarberg–Solothurn	9
Muota: Hinterthal–Ried–lac artificiel	10
Vorderrhein: Tavanasa–Ilanz–Reichenau	11
Moesa: Sorte–Roveredo–Bellinzona	12

Pages 376–403
Pagayer sur les rivières et les lacs

378 Carte sommaire avec points de départ
380 Itinéraires 1–12

Pages 404–495
Tout près de la nature

406 Quel temps fera-t-il?
416 La nature fait pousser et fleurir: observons-la en nous promenant
442 Rencontres avec des animaux
476 Fascination de la nature inanimée
486 La vie pétrifiée

Pages 496–511
Architecture et histoire chemin faisant

498 Le château fort, bâtiment à fonctions multiples
502 Des châteaux aux palais (15e–18e s.)
504 Fondation des villes au Moyen Age
508 Maisons rurales: constructions riches en traditions

Pages 512–527
Conseils et informations touristiques complémentaires

514 Protection de la nature
518 Musées d'histoire naturelle, jardins botaniques et zoologiques
520 Des terrains de camping dans toute la Suisse
524 Les auberges de jeunesse
526 Qui, quoi, comment, où en Suisse?
528 Auteurs, illustrateurs, traducteurs; photographies

Joyeuse préparation – voyage à demi-réussi :
introduction

Comment préparer vos excursions

Le sommaire des pages 6 et 7 vous livre un aperçu de la multitude d'informations et de suggestions qui vous aideront à planifier vos loisirs et vos vacances en Suisse. Afin de vous permettre de tirer pleinement profit de cette mine de renseignements, les doubles pages comportant les conseils de randonnées, de balades à bicyclette et de promenades en canot ont été conçues selon un système en 6 points.

Le système en 6 points

● **1:** Un bref descriptif vous familiarise avec les caractéristiques de la randonnée.

● **2:** Les horaires détaillés et les étapes intermédiaires figurant sur les tableaux au début de chaque description d'itinéraire vous renseignent sur le parcours, les moyens de transport publics et le degré de difficulté de la randonnée.

● **3:** Les spécialistes ont testé pour vous chaque excursion et l'ont résumée en un court récit agréable à lire. Du point de départ au point d'arrivée, ils vous donnent des conseils pratiques sur les aires de repos, les raccourcis, les déviations et les curiosités.

● **4:** Nos nouvelles cartes panoramiques vous permettent d'imaginer facilement, chez vous, les paysages que vous découvrirez en pleine nature.

● **5:** Les symboles expliqués ci-dessous vous indiquent les curiosités touristiques et culturelles à ne pas manquer.

● **6:** Le résumé figurant dans la marge de droite vous familiarise avec l'histoire de la région ayant fait l'objet de la description, sa nature, sa culture et ses curiosités touristiques. Il vous permet ainsi de mieux comprendre ce qui vous entoure.

Après avoir choisi une randonnée précise à pied, à bicyclette ou à la pagaie, lisez les conseils pratiques dans le préambule introduisant le chapitre en question.
Vous apprendrez également une foule de renseignements intéressants sur les plantes et les animaux, sur le temps et le climat, sur les minéraux et les fossiles de la région élue comme but d'excursion. Par la même occasion, vous vous initierez au type d'habitat et au style architectural des différents cantons de notre pays en relation avec le passé. Tous ces articles ont été conçus sous une forme inhabituelle pour un ouvrage de ce genre. Le texte à la fois divertissant et instructif vous invite à profiter pleinement de votre séjour dans la nature.
En appendice, vous trouverez les adresses des terrains de camping, des auberges de jeunesse, des offices de tourisme et autres bureaux d'informations. Un index des jardins zoologiques et réserves d'animaux sauvages, des jardins botaniques et des musées naturels vous fournira une autre source d'informations précieuses.

Légendes des symboles touristiques

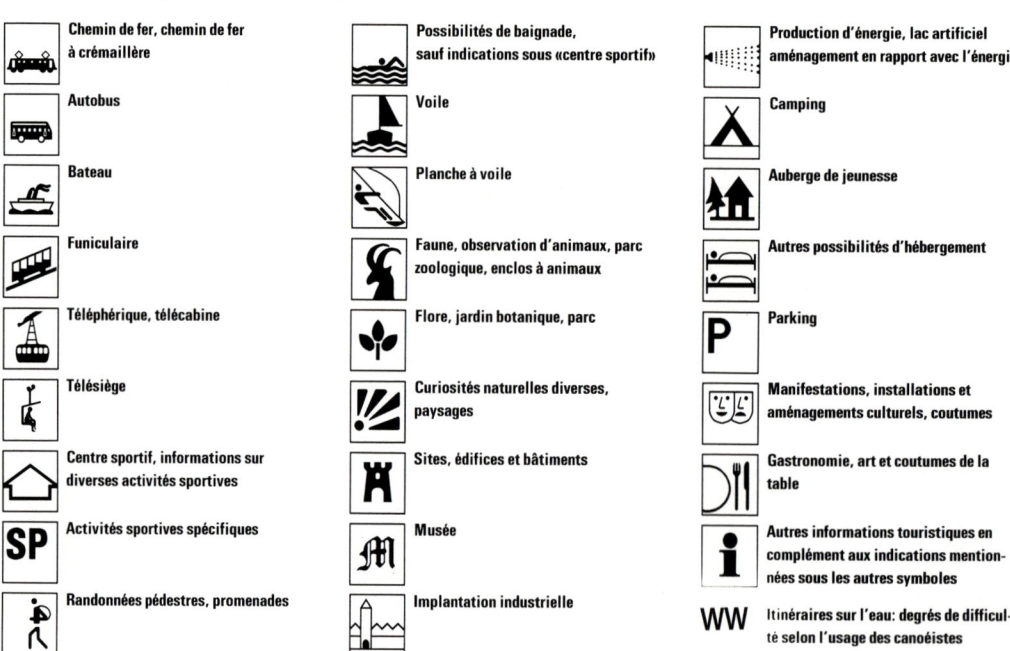

Les noms de lieux

Les noms de lieux sont cités en premier lieu selon les critères géographiques, c'est-à-dire dans la langue dominante de chaque région. On a ainsi la certitude de pouvoir s'orienter parfaitement, en cours de route, puisque les indicateurs de direction, cartes topographiques, cartes de randonnées à pied et à bicyclette sont conçus selon ce principe. Les noms cartographiques figurent dans le titre des descriptions d'itinéraires, dans les tabelles de marche, dans les vues panoramiques où les itinéraires sont dessinés; dans le texte descriptif, on trouve en revanche certains noms francisés des aires linguistiques alémanique et italienne.

Joyeuse préparation – voyage à demi-réussi: introduction

La Suisse pas à pas

La Suisse est un pays de randonnées par excellence. En automne, les alpages peuvent tous être parcourus. Vue se dégageant du Männlichen sur l'Eiger, le Mönch, le Tschuggen (à l'avant-plan) et la Jungfrau.

Lorsque l'écrivain et philosophe suisse Jean-Jacques Rousseau (1712–1778) a écrit les lignes marginales à droite dans «Les rêveries du promeneur solitaire», le cheval et la diligence étaient les seuls moyens de transport du pays.

Le texte de Jean-Jacques Rousseau illustre une partie de l'évolution du monde en un peu plus de deux cents ans. Impossible, de nos jours, de s'offrir le luxe de se déplacer à pied pour vaquer à ses occupations! D'autre part, les raisons que l'un des pionniers de l'émerveillement envers la nature évoque à propos des randonnées sous l'Ancien Régime, qui touche à sa fin, n'ont rien perdu de leur actualité, même si nous ne pouvons nous promener que durant nos loisirs. Les randonnées sont de nouveau à la mode et, depuis que l'engouement pour le jogging, avec ses excès, baisse peu à peu, le nombre des randonneurs grandit d'année en année. Fuyant l'agitation de la vie quotidienne, les gens sont de plus en plus nombreux à découvrir la marche à pied, occupation particulièrement charmante et écologique. Ces promeneurs sont également à la recherche d'un mode de vie plus sain pour compenser une activité professionnelle souvent sédentaire.

Un peu d'exercice au grand air est sans conteste l'un des remèdes les plus efficaces et les moins chers contre les désordres organiques inhérent à notre époque: troubles circulatoires, infarctus du myocarde, embonpoint et stress.

Le système des chemins de randonnées

«La Suisse pas à pas». Ce slogan, lancé il y a quelques années par l'Office national suisse du tourisme, est encore d'actualité. Nous nous réjouissons aussi de constater qu'il y a également un grand nombre d'étrangers qui partent à la découverte de la Suisse à pied.

Les 100 itinéraires présentés aux pages 68 à 271 vous permettront de découvrir, depuis votre lieu d'habitation ou de villégiature, les trajets les plus charmants à travers les paysages des environs proches et lointains. Ces descriptions s'accompagnent d'une foule d'informations sur les curiosités, les musées, les activités sportives et autres excursions depuis le lieu de départ ou de destination.

Les colonnes vertes présentent un résumé de la randonnée, afin de vous permettre de voir immédiatement si elle vous convient. A droite, vous trouverez les informations détaillées sur le passé et le présent des régions environnantes.

Grâce à la carte panoramique en couleur et en relief avec les chemins de randonnées tracés en rouge – raccourcis et itinéraires secondaires en pointillés –, grâce au diagramme des distances et des altitudes ainsi qu'aux indications de durée pour les différentes sections des itinéraires, vous pourrez parfaitement estimer les exigences que la randonnée envisagée pose à la condition physique du promeneur. Quant à la description détaillée de l'itinéraire, qui vous fournit de nombreux conseils et détails sur les plus beaux points de vue, les meilleures aires de repos ainsi que les curiosités les plus intéressantes, elle vous procure, en plus de la joie anticipée, un réel plaisir à sa simple lecture.

Les préparatifs

La joie dans l'attente du départ sera récompensée durant la promenade. Sans trop vouloir se fier au hasard, il vaut toujours la peine de bien préparer une excursion, surtout en montagne et en compagnie d'enfants. La randonnée procure d'immenses plaisirs, si l'on n'attrape pas d'ampoules aux pieds et si la progéniture suit la cadence. Les pentes raides sont également plus faciles à gravir, si l'on connaît la distance restant à parcourir. Ceci s'applique également aux estomacs qui gargouillent et aux gorges sèches, si l'on connaît l'emplacement et l'éloignement de l'auberge la plus proche. C'est pourquoi, nous vous conseillons non seulement d'étudier les règles ci-après, mais encore d'emporter avec vous la carte de randonnée et éventuellement le manuel cités à la fin du descriptif de l'itinéraire. Si tout ceci devait manquer de précision, au cas où vous vous écarteriez des itinéraires proposés pour vous promener à votre guise, munissez-vous de la carte nationale 1:25 000.

«Quand le lac agité ne me permettait pas la navigation, je passais mon après-midi à parcourir l'île en herborisant à droite et à gauche, m'asseyant tantôt dans les réduits les plus riants et les plus solitaires pour y rêver à mon aise, tantôt sur les terrasses et les tertres, pour parcourir des yeux le superbe et ravissant coup d'œil du lac et de ses rivages couronnés d'un côté par des montagnes prochaines, et de l'autre élargis en riches et fertiles plaines dans lesquelles la vue s'étendait jusqu'aux montagnes bleuâtres plus éloignées qui la bornaient. Quand le soir approchait, je descendais des cimes de l'île et j'allais volontiers m'asseoir au bord du lac, sur la grève, dans quelque asile caché; là, le bruit des vagues et l'agitation de l'eau fixant mes sens et chassant de mon âme toute autre agitation la plongeaient dans une rêverie délicieuse où la nuit me surprenait souvent sans que je m'en fusse aperçu. Le flux et le reflux de cette eau, son bruit continu mais renflé par intervalles frappant sans relâche mon oreille et mes yeux, suppléaient aux mouvements internes que la rêverie éteignait en moi et suffisaient pour me faire sentir avec plaisir mon existence, sans prendre la peine de penser.»
(Jean Jacques Rousseau)

Petit vade-mecum de la marche à pied

Considérée sous l'angle du développement du mouvement, la randonnée consiste essentiellement en marche, en montée et en descente.
Voici quelques conseils:

La marche sur les chemins du haut:
* Marchez d'un pas *assuré*, regardez où vous posez le pied.
* Adaptez la *longueur des pas* à l'inclinaison du terrain ou du corps.
* Veillez à marcher les *pieds légèrement écartés*, surtout si vous portez un sac à dos.
* Faites des économies d'énergie en *vous appuyant sur toute la surface de la semelle des chaussures*, la marche sur la pointe des pieds fatiguant inutilement les muscles des mollets.
* Transposez régulièrement le *centre de gravité du corps* sur la jambe de soutien.
* Evitez de tendre inutilement la jambe et essayez de mouvoir le *centre de gravité du corps toujours sur la même ligne et à la même hauteur*.
* Maintenez un *rythme de marche et de respiration uniforme* en l'adaptant à la cadence.

La marche en terrains accidentés

Sur les terrains accidentés, nous vous conseillons de faire attention à l'endroit où vous posez vos pieds. Chaque glissement ou correction du pas et du centre de gravité du corps demande un surplus d'énergie.
* Posez le plat du pied, si vous gravissez en biais une pente herbeuse. Si celle-ci devient plus escarpée, vous gagnerez de la hauteur en escaladant la pente en biais.
* Utilisez les coussinets d'herbe pour poser vos pieds. Sur les pentes herbeuses sans coussinets, appuyez-vous de préférence sur les arêtes des chaussures.
* Descendez en suivant la ligne de la plus forte pente. Sur un terrain plus plat, appuyez la semelle entière et, aux endroits plus escarpés, enfoncez davantage les talons.

Les sept règles d'or du randonneur

1 Equipement: Il est indispensable de bien se chausser. Choisir des chaussures de randonnée confectionnées en cuir imperméable et munies d'une semelle antidérapante. N'oubliez pas d'emporter un anorak pour vous protéger de la pluie ou – mieux encore – une pèlerine sous laquelle vous pourrez loger votre sac à dos. Elle devrait être suffisamment ample et longue pour éviter à l'eau de pénétrer dans vos chaussures en suivant le pli des pantalons. Sa longueur ne devra toutefois pas vous gêner lors des escalades.
Pour les randonnées plus longues, emportez un maillot de corps et une chemise de réserve, afin de pouvoir changer les vêtements mouillés par la pluie ou la sueur et éviter ainsi un refroidissement.
Prévoyez deux pull-overs fins au lieu d'un seul épais, afin de mieux pouvoir vous adapter aux changements de température.

2 Ampoules: Si vous avez les pieds sensibles, nous vous conseillons de coller du Leucoplast aux endroits critiques. Pour prévenir les ampoules, brossez les pieds à sec, massez-les et enduisez-les quotidiennement d'huile spéciale. Les chaussettes neuves ou fraîchement lavées peuvent favoriser la formation d'ampoules. Mieux vaut mettre les chaussettes de la veille. Ne portez pas non plus des chaussettes trop grandes qui, en faisant des plis, pourraient produire des ampoules.

3 Nourriture et boissons: Le casse-croûte tiré du sac à dos est pratique du fait qu'il rend indépendant. Il est surtout nécessaire lors de longues randonnées loin des auberges. Chaud ou froid, le thé est la plus désaltérante des boissons. Le glucose, les fruits séchés et le chocolat représentent des fournisseurs d'énergie à la fois peu encombrants et rassasiants. Pour les enfants, les cervelas grillés au feu de bois constituent généralement le meilleur moment de la randonnée. Quant à la décision de l'importance des provisions, elle revient à ceux qui doivent les transporter! Profitez des auberges se trouvant le long du chemin, si vous voulez vous promener en toute liberté (voir également p. 20: «La pleine forme»).

4 Condition physique: Les longues promenades, la gymnastique, les balades à vélo, etc., sont une préparation idéale. Le meilleur des entraînements qui soit reste toutefois la randonnée pratiquée régulièrement et raisonnablement.

5 Sac à dos: Un sac à dos normal sans support spécial suffit amplement aux petites randonnées. Choisissez-le avec des poches extérieures permettant de retrouver facilement ce que vous cherchez. Répartissez la charge entre plusieurs personnes ou passez-vous le sac si vous vous promenez en groupe.

Bordure d'aulnes d'un jaune lumineux le long du chemin conduisant au val Roseg, dans les Grisons, avec ses merveilleuses forêts d'arolles. Laissez gambader vos yeux, vos pieds trouveront le chemin tout seul.

6 Le temps: Le mauvais temps n'existe pas. Ceux qui prétendent le contraire sont tout simplement mal habillés pour la circonstance. Protégé par la pèlerine, vous profiterez davantage du charme d'une promenade sous la bruine que si vous êtes trempé jusqu'aux os. Si vous êtes surpris par la pluie, nous vous conseillons d'enlever un maximum de vêtements sous la pèlerine, de continuer à marcher et de remettre les habits secs transportés à l'abri dans le sac à dos une fois parvenu à destination.
D'ailleurs, même si vous ne le croyez pas, plus de 80 % des prévisions météorologiques s'avèrent être exactes. Il vaut la peine de s'informer la veille du départ (voir aussi p. 406 s.)
Consultez la section spéciale de notre guide «Tout près de la nature» – chapitre parlant du temps et des prévisions météorologiques à la page 206 et aux suivantes. Vous ne le regretterez pas. Et si, malgré tout, vous deviez rencontrer du mauvais temps, où les éclairs et le tonnerre font rage, ne cherchez surtout pas l'abri d'arbres ou de rochers isolés parce qu'ils attirent les éclairs. La meilleure protection est d'avoir un toit quelconque au-dessus de la tête. Abritez-vous au besoin dans une caverne et comptez les secondes séparant l'éclair du tonnerre. On prétend que, pour chaque seconde s'écoulant après l'éclair, le noyau de l'orage s'est déplacé de 330 m – le danger n'est peut-être pas aussi proche que vous le supposiez!

7 Les traces: A part les traces de ses pas, le randonneur ne devrait rien laisser derrière lui. Ceci s'applique aussi bien aux restes de nourriture et aux déchets de toute sorte qu'à certains besoins pressants.

Les randonnées au fil des saisons

Les diagrammes d'altitude et de distance ainsi que les indications de durée pour les différentes sections du parcours vous renseignent sur la longueur du trajet et les dénivellations qui vous attendent. Afin de vous permettre d'adapter votre performance ou celle du plus faible de vos coéquipiers, nous avons calculé 12 min. de marche à pied par km (soit environ 5 km/h) sur terrain plat ou légèrement vallonné.
En montagne, il faut compter 5 min. de plus pour une montée de 100 m sur 1 km de distance et le double du temps de marche pour une ascension de 1000 m. Alors que les petites haltes sont comprises, il conviendra d'ajouter les pauses plus longues.

Les descentes peu pentues exigent un peu moins de temps. Selon la nature du terrain, la durée peut se réduire de deux tiers à quatre cinquièmes du temps de la montée. Les fortes pentes exigent un déploiement de force supérieur, de sorte que le temps mis pour la descente se rapproche de celui de la montée.
Sur la base du temps de marche total et du terrain plus ou moins accidenté, vous pourrez répartir comme suit les propositions de randonnée:

En plaine et dans les régions vallonnées:

Promenade: Court trajet jusqu'à 5 km au maximum.
Brève randonnée: 15 km au maximum (excursion d'une demi-journée).
Randonnée moyenne d'une journée

Merveilleux temps de randonnée près d'Alpiglen, au-dessus de Grindelwald, au pied de l'arête de Mittellegi, entre le Hörnli et l'Eiger. Mais, en montagne, le temps peut changer d'un moment à l'autre. Même en plein été, il faut emporter des vêtements chauds et un anorak ou autre protection contre la pluie.

entière: 25 à 35 km. Les excursions de 6 ½ à 7 heures constituent la limite supérieure pour les sorties journalières en famille. Nous avons renoncé aux *grandes randonnées* de 40 km et davantage exigeant beaucoup d'endurance et de performance, à moins que vous ne passiez la nuit dans une auberge ou une cabane de montagne. Nous avons en outre veillé à ce que vous puissiez toujours rejoindre le lieu de départ en empruntant un moyen de transport public.

La marche sur les rochers et les éboulis

✶ Aux endroits dégarnis, choisissez de préférence les rochers plats comme surfaces d'appui. Exercez une pression si possible *verticale*, la pierre risquant de se fendre.
✶ Lors de la montée sur un terrain d'éboulis, repérez les blocs grossiers pour poser vos pieds.
✶ Lors de la descente sur un terrain d'éboulis, profitez du passage d'écoulement des éboulis les plus fins, dans la ligne de la plus forte pente, en transposant fréquememnt le poids du corps sur les *talons.*

La marche sur les glaciers

Selon la saison, vous rencontrerez parfois des champs de neige lors de vos randonnées en haute montagne. Redoublez d'attention, si vous êtes insuffisamment équipé pour ce genre d'expédition. Selon les statistiques, le dérapage sur les glaciers constitue la cause d'accidents la plus fréquente.
✶ Marchez sur la glace molle en adoptant une *position particulière du corps. Dirigez le genou vers le versant et le thorax vers l'extérieur.*
✶ Lors de la descente d'un glacier, vous pouvez également essayer de déraper en écartant les jambes ou en adoptant un mouvement légèrement pendulaire. Réglez la vitesse à l'aide des talons.
✶ Marchez avec encore plus de précaution, si la glace est dure et le glacier escarpé. En cas de doute, faites de préférence un détour.

Au secours, j'ai dérapé!

Sur les pentes enneigées ou les versants couverts d'herbe mouillée, un dérapage peut être catastrophique. Adoptez le comportement adéquat. Il peut vous sauver la vie:
✶ Ecartez immédiatement les bras et les jambes, afin d'éviter de rouler, tête la première.
✶ Essayez d'obtenir une *position d'appui* en dirigeant l'abdomen et la tête vers le haut de la pente et en freinant du bout des pieds et à l'aide des mains.

Sans doute vous souvenez-vous encore de votre tendre enfance. Vous n'avez pas oublié que, lorsqu'on est petit, on a besoin de se dépenser en courant et en s'amusant. Le bac à sable, la place de jeu, le jardin et les rues du quartier sont les endroits habituels où s'ébattent les bambins dans notre société moderne. **Mais tout ceci ne vaut pas les randonnées à travers les forêts et les champs, ni les excursions en montagne, ni les flâneries au bord de l'eau, ni les balades à bicyclette ou en bateau.**

Joyeuse préparation – voyage à demi-réussi: introduction

En route avec les enfants

Les promenades en famille répondent au mieux au besoin de bouger qu'éprouvent les enfants. Afin de ne pas les surmener lors de leurs premières excursions, ce qui pourrait diminuer leur joie, il convient de s'arrêter souvent au début pour se reposer ou s'amuser. Si vous partez avec des enfants en bas âge, vous devriez faire une pause au moins toutes les heures et profiter de chaque occasion pour les distraire. Les enfants ne manqueront pas de vous montrer ce qui les intéresse plus particulièrement. Prêtez-y attention. Il peut s'agir d'un petit ruisseau au gai clapotis, d'un champ de fleurs multicolores, d'une grotte profonde, d'un arbre ou d'un rocher invitant à l'escalade ou encore d'une fourmilière...

Jouez avec eux, et vous serez sûr qu'il ne leur arrive rien dans cet environnement inconnu, où il leur est difficile de prévoir les dangers. Un dernier conseil encore: afin de ne pas vous mettre en retard à force de jouer, annoncez aux enfants les curiosités et les aventures qui les attendent à la prochaine étape. Vous les inciterez ainsi à poursuivre la route le cœur léger. (Surtout, n'inventez rien pour ne pas les décevoir et éviter les larmes!).

Eveillez leur curiosité!
La marche à pied est saine. Mais ceci n'intéresse guère les enfants. S'il ne se passe rien en cours de route, si les mollets commencent à se manifester et les chaussures à faire mal, les enfants deviennent vite insupportables...

Un moyen éprouvé pour chasser l'ennui est d'éveiller en eux la passion de la collecte ou de la chasse qui se trouve en chacun de nous. Les chemins de randonnées sont parsemés de surprises. Vous pouvez même les inviter à participer à un concours en faisant miroiter la victoire à qui trouvera la pierre la plus ronde, la plus colorée, la plus brillante ou le plus grand nombre d'espèces de feuilles ou encore à celui qui, le premier, dénichera un gland, une faine, une pomme de pin, etc. Les enfants sont surtout ravis de récolter des choses qui se mangent. Avec votre aide, ils apprendront vite et volontiers à reconnaître les fruits des bois qu'ils peuvent cueillir et ceux qu'ils doivent laisser du fait qu'ils sont impropres à la consommation ou tout simplement vénéneux. Rien de plus captivant aussi que d'essayer de pêcher une truite à la main dans un ruisseau de montagne... surtout si papa participe à ce jeu éventuellement défendu!

Petits éclaireurs et chercheurs
Tout ce qui bouge, court, nage et rampe est particulièrement intéressant pour les enfants. Ils peuvent s'amuser à courir après les papillons, regarder les fourmis transporter leur fardeau, laisser ramper un escargot sur un de leurs bras. Avec un peu de chance, ils peuvent même observer à travers des jumelles les chamois et les bouquetins dans la montagne, essayer de reconnaître les oiseaux par leur chant et bien d'autres choses encore. Le monde des plantes constitue un autre domaine de prédilection digne de satisfaire la curiosité des enfants de manière distrayante.

Arrêtez-vous près des points d'eau!
Prévoyez toujours, dans la mesure du possible, des haltes à proximité d'un ruisseau, d'un lac ou d'une cascade. Sans oublier que l'eau permet aux enfants de se laver les mains et d'étancher leur soif – au-dessus de la limite d'amendement des prés seulement! –, elle offre en outre de nombreuses possibilités de jeux aux jeunes de tout âge. Nous nous rappelons également, pour en avoir fait l'expérience, que les enfants préfèrent un cervelas grillé au feu de bois – aussi carbonisé soit-il – que le meilleur des repas pris dans un chalet de montagne ou une auberge de campagne bondée... à l'encontre des conseils prodigués par les nutritionnistes. Bien entendu, il n'est pas nécessaire que ce soit absolument du cervelas. Avec un peu de fantaisie, il est possible de créer les repas les plus fabuleux, sans devoir plier sous le poids des aliments transportés dans son sac à dos.

On n'est jamais trop petit ni trop grand pour être son propre porteur!
A l'exception des enfants en bas âge que vous devez de temps en temps prendre dans vos bras, les garçonnets aussi bien que les fillettes peuvent très bien porter eux-mêmes une partie de leur équipement (même s'il ne s'agit que de l'imperméable ou du pull-over). Ils sont peut-être même fiers de pouvoir transporter un sac à dos comme papa ou maman. Choisissez un sac de taille et de poids adaptés à l'âge de l'enfant. Si plusieurs enfants participent à la randonnée, ils peuvent se relayer. Pensez toutefois à épargner les plus jeunes. Ce petit jeu encourage l'amitié et le sentiment de responsabilité.

L'équipement de randonnée
L'équipement des enfants – linge de rechange, imperméable, pull-over, etc. – devrait être le même que celui des adultes et adapté au degré de difficulté et à la durée de la randon-

née. Inutile de prévoir des chaussures de montagne pesant plusieurs kilos et dotés des tout derniers gadgets pour se promener sur le Plateau ou dans les Préalpes. Il existe, de nos jours, des modèles bien plus légers et offrant tout autant de stabilité et de protection.

La sécurité des enfants

Ce qui compte pour l'équipement de randonnée s'applique aussi aux promenades à vélo ou en bateau. Pour les chemins de randonnées proposés, il suffit très souvent, comme première mesure de sécurité, de faire marcher les enfants entre deux personnes et de les prendre éventuellement par la main aux endroits jugés périlleux. Durant les tours à bicyclette ou en canoë à une seule place, il faudrait toujours les faire précéder et suivre par un adulte.

Nous manquons malheureusement de place pour vous parler des possibilités de sécurité des enfants lors des tours en montagne exigeant quelques escalades ou la descente de torrent en canot pneumatique (vous trouverez toute la documentation nécessaire en librairie ou pourrez également vous adresser au Bureau suisse de prévention des accidents «BPA», case postale 2273, Laupenstrasse 11, 3001 Berne, téléphone 031/25 44 14).

Si vous préparez votre excursion comme il faut, votre sac à dos pourra être léger. Profitez des auberges disséminées sur votre chemin.

«Repos au sommet»: de la terrasse de la cabane du Boval (2495 m), l'on jouit d'un merveilleux coup d'œil sur le glacier de Morteratsch, le massif de la Bernina, la brèche d'Agüzza et l'arête Bellavista (à gauche).

Une dernière chose encore

Ne soyez pas peureux à outrance. Votre peur pourrait se communiquer aux enfants et leur faire perdre leur assurance. Pensez qu'ils ont un ange gardien!

Bien du plaisir à vous promener en famille à pied, en vélo et à la pagaie sur les lacs, les fleuves et les torrents de Suisse!

Possibilités des enfants par classe d'âge

½–4 ans: randonnées de 1 à 2 heures en transportant l'enfant dans un harnachement spécialement conçu qui peut être porté soit sur la poitrine soit dans le dos (dans ce dernier cas, ne pas oublier de diriger la tête du bébé dans le sens de la marche!). Pour cette première découverte de la nature, prévoir des haltes de jeu dans un environnement naturel et laisser marcher l'enfant sur terrain plat.

4–6 ans: premières randonnées de plusieurs heures en plaine et sur des chemins de montagne faciles. Ne pas dépasser 4 heures de marche au total. Prévoir des haltes assez longues pour le jeu et le repos. Choisir des étapes et des destinations variées.

6–9 ans: promenades en montagne (également avec hébergement). Premières randonnées en haute altitude à montées et descentes légères. Marche en toute indépendance. Premiers essais des techniques de marche sur différentes natures de terrain.

9–12 ans: longues promenades pouvant durer jusqu'à 6 heures avec haltes régulières. Apprentissage des techniques de marche. Participation à des camps de vacances, etc.

11–14 ans: l'émerveillement pour les sorties en famille diminue généralement à cet âge-là. Choisir avec les enfants des destinations intéressantes, car ils refusent la marche monotone.

13–16 ans: premières randonnées en liberté avec les camarades dans des endroits plus ou moins familiers. Affiliation à des organisations de randonnées, participation à des cours de varappe, etc., selon les intérêts des enfants.

Dans les années cinquante et au début des années soixante de notre ère avec leur croyance aveugle dans le progrès, les utopies de tous ordres sur le développement ultérieur étaient particulièrement appréciées. Dans les années nonante et au plus tard vers la fin du siècle, l'homme ne devrait plus ni travailler ni se mouvoir indépendamment. Dans ce monde artificiel, la bicyclette n'avait pas de place. Il est un fait qu'elle fut de plus en plus remplacée au fil du temps par des véhicules motorisés. Mais les choses depuis ont changé…

Joyeuse préparation – voyage à demi-réussi: introduction

La découverte de la Suisse à bicyclette

La crise du pétrole, l'aversion marquée pour le trafic urbain, un souci croissant pour l'environnement ainsi que l'importance de plus en plus grande accordée aux loisirs que l'on veut sensés et sains ainsi que le nouvel essor des courses cyclistes qui de nos jours, grâce à la télévision, attirent un public bien plus grand qu'autrefois… tout ceci a contribué à la renaissance du vélo. La bicyclette constitue certes l'une des possibilités les plus écologiques de se déplacer plus vite qu'à pied… et également l'une des plus saines. Et, si l'on sait s'organiser, une sortie à bicyclette peut aussi bien se faire en famille qu'une randonnée à pied. Les conseils qui suivent vous aideront à préparer les 50 itinéraires cyclistes décrits en détail aux pages 272 à 375 et esquissés sur les cartes panoramiques de manière à en tirer un maximum de plaisir aussi bien en tant que débutant que cycliste confirmé.

Critères de sélection des itinéraires

Lors du choix et de l'assemblage des itinéraires, nous avons tenu compte de diverses exigences. C'est ainsi que nous avons choisi des routes paisibles et peu fréquentées pour les sorties en famille, un paysage séduisant pour l'âme, des curiosités pour l'esprit et quelques étapes gourmandes pour … le corps. Nous avons renoncé aux détours et aux montées, qui demandent davantage d'énergie qu'elles n'apportent de satisfaction, étant donné que vous ne vous entraînez certainement pas pour la prochaine course de côte organisée dans votre région.
Les personnes fatiguées trouveront, dans le tableau des distances de chaque itinéraire, la possibilité de prendre le train, le car postal ou même le bateau pour revenir à leur point de départ.

D'un endroit à l'autre grâce à notre réseau d'itinéraires

Les 50 promenades à bicyclette ont été conçues de manière à ce que chaque parcours soit relié au début et à la fin à un autre tour au moins (voir page 274; les routes de liaison sont d'ailleurs indiquées après chaque description d'itinéraire). Ainsi est né un réseau de balades à vélo s'étendant sur l'ensemble du territoire suisse, jusqu'aux abords des montagnes plus précisément.
Les points de départ et d'arrivée sont de ce fait différents. Nous avons cependant veillé à ce que vous puissiez toujours rejoindre le point de départ en empruntant un moyen de transport public. Dans la mesure du possible, nous avons également proposé un chemin de retour bifurquant occasionnellement avant le but. Consultez également les paragraphes «Déviations» figurant à la suite des descriptions d'itinéraires.
Le réseau routier pour les promenades de plusieurs jours à vélo pouvant se composer facilement à partir des différents itinéraires individuels est idéal. Si l'envie vous prend, vous pouvez ainsi concevoir votre Tour de Suisse personnel, effectuer le circuit du Jura, descendre à vélo le long du Rhône depuis le lac Léman, ce parmi de nombreux autres tours. Les parcours décrits peuvent évidemment être aussi effectués en sens inverse.

Temps nécessaire

Le temps nécessaire pour une promenade à bicyclette dépend de nombreux facteurs. Parmi eux figurent tout d'abord les données topographiques, en particulier les distances des parcours et les dénivellations du terrain, mais aussi le degré d'inclinaison des différentes pentes. En fonction de la constitution physique et du type de vélo utilisé, certaines montées trop raides doivent éventuellement être effectuées à pied. Quant aux descentes rapides et sinueuses, elles ne peuvent être simplement «dévalées».
Pour le calcul du temps nécessaire, il est également important de tenir compte de sa condition physique et éventuellement de la performance du plus faible des coéquipiers. Aux cyclistes manquant d'entraînement et aux familles, nous conseillons de découvrir les limites de chacun et la

Le cyclisme – *un sport sain, écologique et avantageux. Il favorise les contacts et permet de se balader en famille ou entre amis. Il constitue une véritable partie de plaisir.*

possibilité de mise à l'épreuve de l'équipe en effectuant quelques excursions faciles à bicyclette avant de risquer une traversée de col.
Le troisième point important est le matériel, à savoir le vélo. Une bicyclette moderne et légère à dix vitesses, à jantes et à pneus étroits, est plus facile à monter que le vieux clou rouillé de grand-père (voir paragraphe «Le choix du vélo»). Pour les promenades à bicyclette sans grandes montées et surtout pour les parcours sur les chemins en terre battue, on peut également choisir un vélo solide avec un changement de vitesse à trois rapports.
Les temps indiqués à côté des kilométrages, dans les descriptions d'itinéraires, sont calculés pour une vitesse normale d'une famille avec enfants au-dessus de dix ans. Nous avons compté une heure par tranche de 10 km (soit environ le double de la vitesse d'un randonneur pédestre) et tenu compte d'un arrêt occasionnel pour prendre une photo ou – en cas de besoin – étudier la carte. Nous avons également prévu un supplément pour les montées.
Au temps réellement passé à bicyclette et pouvant être estimé facilement sur la base des indications kilométriques et des esquisses panoramiques avec indications d'altitude près des étapes, il convient encore d'ajouter les haltes pour les repas, les visites et autres arrêts. Faites preuve de générosité en faisant vos calculs. Une heure passe vite. En se mettant en retard, on peut gâcher le reste de sa journée, car l'on devra alors se presser. Prévoyez quelques pauses au restaurant ou en pleine nature pour un pique-nique improvisé. Elles contribueront à la parfaite réussite de l'excursion.

Le choix du vélo

Lors de l'élaboration des 50 itinéraires, nous avons tenu compte des sorties en famille. Nous avons en effet voulu que les enfants en âge d'enfourcher une bicyclette puissent y participer. Il existe un riche assortiment de vélos de tout genre allant du modèle de randonnée au vélo de course en passant par la «mountain-bike» ou bicyclette tout-terrain. Conçus pour des cyclistes moyens, les parcours peuvent être effectués avec chaque type de bicyclette vendu dans le commerce, à l'exception des vélos pliants ou bicyclettes d'enfants plus

Avec un peu d'expérience cycliste, les enfants tiendront parfaitement le coup durant les petites balades... Prévoyez cependant suffisamment d'arrêts dotés de petites attractions, afin que pédaler ne soit pas trop monotone.

spécialement réservés aux randonnées de courte distance. N'oubliez pas que plus votre vélo sera léger, moins il vous faudra de force pour pédaler.
Si vous voulez rejoindre le clan des fanatiques du cyclotourisme et vous acheter un vélo, nous vous conseillons d'observer les points suivants:

✻ Renoncez à la selle large et confortable qui est déconseillée pour les parcours de longue distance. Choisissez de préférence une selle étroite de vélo de course (même si, au début, elle vous fait un peu mal!).

✻ Aux personnes ne voulant pas se livrer à la compétition sportive, nous conseillons de choisir une bicyclette de randonnée ou d'entraînement et non un vélo de course.

✻ Chaussez des tennis ou des baskets pour les courtes distances, sauf si votre vélo a des pédales entièrement métalliques. Dans ce cas, vous avez intérêt à préférer une chaussure de cycliste à semelle renforcée (vous sentirez ainsi moins les dentelures des pédales et pédalerez plus facilement).

✻ Choisissez de préférence un vélo à dix vitesses plutôt que trois, afin de pouvoir ménager vos forces. Pour que le développement soit idéal, le levier du dérailleur doit tourner une fois par seconde. N'oubliez pas qu'il faut un peu d'exercice pour choisir la bonne vitesse sur les modèles perfectionnés – seule condition pour être à même d'épuiser toutes les possibilités techniques de la bicyclette.

✻ Fixez les sacoches sur le porte-bagages en équilibrant parfaitement les charges de part et d'autre de la roue (ceci est surtout important pour les grands parcours et les bagages volumineux).

Un sport populaire prend des dimensions touristiques

Ces deux dernières décennies, la bicyclette a connu une véritable renaissance, c'est le moins que l'on puisse dire. Et chacun peut constater qu'un vélo ne doit pas forcément ressembler à un autre! On en a construit de toutes les sortes et – fait important – aussi vendus. Le public a découvert la joie de vivre, les bienfaits sur la santé et le goût de l'aventure avec ce mode de locomotion. Ce mouvement populaire au vrai sens du mot devrait ces prochaines années profiter d'une infrastructure spécifique et propre à ce moyen de déplacement: les Itinéraires cyclables suisses – concrétisation d'un développement touristique à l'échelle nationale. Près de 2500 km d'itinéraires cyclables sillonneront le pays sur toute son étendue. Respectant les critères écologico-économiques, on incorpore déjà dans l'ensemble du réseau cyclable des structures régionales existantes tout comme des voies de circulation appropriées. Des panneaux d'information et une revue annuelle, ainsi que des prospectus relatifs aux différentes possibilités assureront la communication avec le public et le rendront attentif aux nouvelles ouvertures touristiques dans notre pays.

Bonnes perspectives

L'idée des itinéraires cyclables suisses est parrainée par le Conseiller fédéral Adolf Ogi. Il est persuadé que les chemins cyclables suisses créeront de nouvelles possibilités sur le plan sportif et de l'amélioration de la santé publique.

Il est prévu d'inaugurer le réseau des itinéraires cyclables suisses en 1998, c'est-à-dire pour le jubilé des 150 ans d'existence de notre Etat fédéral moderne. Complétant les sentiers pédestres suisses et le réseau des routes nationales, les chemins cyclables seront sans doute en mesure de donner un nouvel élan touristique important. Ils faciliteront considérablement les déplacements à vélo en Suisse dans l'objectif de pouvoir atteindre toutes les régions du pays sur les plus beaux chemins qui forment un réseau continu. Cette nouvelle infrastructure qui est à créer vise un développement touristique «soft» de notre pays. Cette idée d'une communication à l'échelle nationale, d'une manière populaire et sympathique, est en réalité un digne moyen de contribuer à cette année jubilaire, ceci en considération que l'enthousiasme et l'élan à poursuivre un sain et louable but commun, sont palpables dans toutes les régions, à travers toutes les couches de population et les classes d'âge.

«Nous ouvrons un bureau pour le vélo»,

se sont dit quelques adeptes de la petite reine à l'esprit ouvert qui, grâce à leur expérience pratique de la pédale de plusieurs années à travers toute l'Europe (une aventure totalisant plus de 100 000 km!) connaissent à fond les besoins du cyclisme au quotidien. Le bureau du vélo à Olten se voue aujourd'hui, sans aucune couleur politique, à des travaux d'intérêt public avec des moyens professionnels pour promouvoir le cyclisme; c'est d'ailleurs ce bureau qui a rédigé l'avant-projet des itinéraires cyclables suisses, en collaboration avec l'Association Suisses du Tourisme, qui s'occupa des aspects économiques d'un tel concept touristique.

Contrôle de la bicyclette avant le départ

Contrôlez, avant chaque départ, l'état de votre vélo qui doit satisfaire aux exigences légales et aux prescriptions de la sécurité routière.

* Les freins sont-ils bien réglés et le câble à frein exempt de toute trace de rouille?
* La lumière brille-t-elle à l'arrière et à l'avant?
* La sonnette fonctionne-t-elle?
* Les pneus sont-ils suffisamment gonflés et leur profil est-il réglementaire?
* Les bagages sont-ils bien fixés? Ne risquent-ils pas de se défaire et les courroies de s'engager dans les rayons de la roue?

Si tous ces éléments sont parfaitement en ordre et que le changement de vitesses fonctionne merveilleusement, plus rien ne s'oppose au départ, si ce n'est la question de savoir si l'on n'a rien oublié!

Un ouvrage à l'échelle nationale pour le cyclotourisme. Les nouveaux indicateurs de direction et panneaux d'information vont prendre place dans la signalisation des itinéraires cyclables de la Suisse.

L'importance des bagages à emporter – boissons, nourriture, linge de rechange, équipement photo, etc. – dépend de la longueur du parcours et de la capacité des sacoches. N'oubliez pas que chaque kilo en plus exige une dépense d'énergie supplémentaire. Aussi avons-nous jugé utile de vous donner les conseils que voici:

* Adaptez votre tenue au temps et à l'altitude.
* Choisissez un imperméable spécial pour bicyclette.
* Portez une casquette à grande visière ou un chapeau pour vous protéger du soleil.
* N'oubliez pas vos lunettes de soleil ainsi qu'une lotion pour vous prémunir contre ses rayons.
* Enfilez un anorak lors des parcours à longue distance en plaine et surtout après une montée fastidieuse qui vous a fait beaucoup transpirer.
* Emportez une petite pharmacie de secours qui est parfois très utile et glissez-y votre médipass.
* N'oubliez pas votre passeport ou votre carte d'identité, dont le port est obligatoire au regard de la loi et qui pourrait vous rendre service si l'envie vous prenait soudain de traverser la frontière.

Pensez au «pneu plat»!

L'équipement standard de votre vélo doit comprendre:
* Une pompe à vélo (en parfait état de fonctionnement)
* Un jeu de rustines
* Une clé à écrous réglable et un, voire deux écrous
* Trois démonte-pneus

Pour les parcours plus longs, complétez cet équipement de base par deux câbles de frein de rechange, une clé pour le réglage du pédalier, quelques rayons de rechange et une chaîne de secours avec les outils nécessaires. Munissez-vous aussi d'ampoules pour les phares et d'une lampe de poche.

Nous vous conseillons en outre de vous exercer à changer un pneu chez vous avant de devoir le faire en route sous une pluie battante.

Un seul visage pour le cyclotourisme

Après de nombreuses tentatives indépendantes ces dernières années, à divers endroits et de différents bords, pour marquer les chemins recommandés aux vélos, on arrivera dans le cadre des itinéraires cyclables suisses à un marquage uniformisé pour tout le pays. Les nouvelles prescriptions de la signalisation du 12 février 1992 pour les indicateurs des itinéraires cyclables sont basées sur la norme suisse en vigueur depuis 1989 pour la signalisation routière des routes principales et secondaires. Les indicateurs pour cyclistes seront apposés aux endroits où une route spécialement recommandée pour eux ne correspond pas aux indicateurs pour le trafic commun. En règle générale, les indicateurs pour cyclistes sont en forme de flèche, avec textes et symbole cycle en blanc sur fond rouge foncé. Ce choix des couleurs est déjà entré dans les mœurs par des expériences isolées précédentes de quelques organisations. Mais la signalisation sera beaucoup plus variée par l'introduction de divers types d'indicateurs et aussi, selon besoin, par différentes informations. On prévoit d'introduire en général des indicateurs de direction «Itinéraire recommandé aux cyclistes» avec destination, éventuellement aussi avec d'autres informations complémentaires telles que p. ex. degré de difficulté, nom ou numérotation du parcours. Les indicateurs de direction à fonction particulière sont ceux qui désignent les circuits pour cycles conseillés ou les pistes VTT. Ces dernières sont immédiatement reconnaissables par le symbol du vélo dressé, alors que les flèches des circuits cyclables indiquent par leurs lettres A, B, C etc. dans cet ordre croissant des parcours de plus en plus longs. En outre, de simples plaques de confirmation d'itinéraire sous forme de losange dressé sur la pointe doivent éviter toute ambiguïté. Où il y a lieu d'indiquer le degré de difficulté, ceci se fait comme sur les pistes de ski avec noir pour parcours difficile et raide, et bleu pour des chemins

Joyeuse préparation – voyage à demi-réussi: introduction

En canot pneumatique, canoë ou kayak…

Douze promenades à la pagaie sur les fleuves et les lacs pour (pratiquement) tout un chacun

Vous vous promenez volontiers et souvent, vous faites occasionnellement ou fréquemment un tour à vélo. Dans un cas comme dans l'autre, vous aurez appris à apprécier le charme irrésistible de l'eau lorsque, au hasard d'une balade, une fontaine murmurante et rafraîchissante a surgi brusquement devant vous, alors que vous étiez tout en sueur. Il vous est arrivé de vous reposer au bord d'une rivière au gai clapotis; vous avez longé à pied ou à bicyclette le cours d'un ruisseau ou d'un fleuve. Vous vous souvenez sans doute de votre plus tendre enfance ou revivez le passé en regardant vos enfants. L'eau a toujours exercé une attirance particulière sur l'homme.

Quel qu'ait été votre premier petit navire – une vulgaire coque de noix transformée en un joli voilier à l'aide d'une tige de fleur et d'une feuille ou un bateau à vapeur découpé dans les pages d'un vieux journal et qui essayait de maintenir son cours dans les flots du fossé submergé au bas du talus –, la fascination de fendre l'eau à bord d'un esquif est un rêve aussi vieux que l'humanité. Que penseriez-vous d'une promenade à la pagaie?

De la page 376 à la page 403 du «Guide suisse des vacances et des loisirs», nous vous soumetons douze propositions faisant de vous votre propre capitaine. Il s'agit de douze itinéraires vous permettant de découvrir nos paysages fluviaux et lacustres sous une nouvelle perspective. Elle vous échappe généralement lorsque vous vous promenez à pied ou à bicyclette.

Certaines conditions doivent toutefois être remplies avant de vous «jeter à l'eau» de votre propre initiative et sans être accompagné d'un capitaine confirmé.

∗ Vous devez savoir nager. Si vous désirez emmener des enfants ne sachant pas encore nager ou très peu, vous devez être capable de pouvoir les sauver à la nage en cas de nécessité.

∗ Nous vous conseillons de suivre un cours dans l'une des plus de cinquante sections de la Fédération suisse de canoë (les enfants de quatorze ans à vingt ans peuvent également participer à l'un des nombreux cours Jeunesse+Sport).

∗ Enfilez, dans tous les cas, un gilet de sauvetage à force portante suffisante et revêtez un casque dans les torrents. Nous vous recommandons également de ne jamais partir seul en kayak ou en canoë, mais toujours en groupe de trois embarcations au moins.

∗ Ne sous-estimez pas la force de l'eau et ne surestimez jamais vos capacités. Une attitude de casse-cou et une ambition mal placée ne sauraient aucunement remplacer la maîtrise du bateau. En cas de doute, mieux vaut débarquer, estimer le degré de difficulté et surmonter l'obstacle en portant le bateau, même s'il s'agit d'un canot pneumatique qui rend l'opération laborieuse.

Si vous observez les mesures de sécurité décrites ci-dessus, plus rien ne s'oppose à vos balades à vau-l'eau. Mais n'oubliez pas que le niveau des rivières et des fleuves change constamment par suite des périodes de crue, de travaux de construction ou de la présence de barrages, parmi d'autres raisons. Aussi les descriptions de promenades fluviales et lacustres données dans ce livre se limitent-elles à de pures suggestions. Avant de plonger vos pagaies dans l'eau, consultez la carte des fleuves et lacs de Suisse au 1:400 000 (TCS, section nautique, 1211 Genève 3) et le guide des fleuves de la Fédération suisse de canoë (éditée par la FSC, Obere Rebgasse 570, 4314 Zeiningen).

Evaluer les torrents

Pour évaluer les difficultés que l'on peut rencontrer sur certaines sections de torrent, on a fixé au fil du temps une unité de mesure en degrés utilisée de manière relativement uniforme dans le monde entier. L'échelle de cette unité de mesure va de I à VI. Les bons guides indiquent, en plus de cette évaluation, le niveau d'eau du torrent pouvant entraîner des changements considérables dans l'échelles des difficultés.

I – facile: courant uniforme, vagues régulières, flux réduits, obstacles simples.

II – moyennement facile: passage libre, courant irrégulier, vagues irrégulières, flux moyens, faibles rouleaux, tourbillons, eau sous pression, obstacles simples, petits gradins.

III – difficile: passage dégagé, vagues hautes et irrégulières, flux importants, rouleaux, tourbillons et eau sous pression, blocs isolés, gradins, nombreux obstacles.

IV – très difficile: passages difficilement déterminables, reconnaissance des lieux souvent nécessaire, flux permanents, rouleaux puissants, tourbillons, eau sous pression, blocs éparpillés, gradins élevés provoquant des remous.

V – extrêmement difficile: reconnaissance des lieux indispensable, flux extrêmes, rouleaux, tourbillons et eau sous pression, étroitures, seuils élevés à entrées et sorties difficiles.

VI – à la limite du praticable: torrent généralement impraticable, sauf éventuellement à certaines périodes du niveau d'eau, risques élevés.

Important! Les plans d'eau délimités par un mur de barrage ne sont pas des torrents et de ce fait n'entrent pas dans l'évaluation. Ils sont (soit) légèrement praticables ou (très) dangereux!

Alors que la vie serait impensable sans alimentation – la vie saine serait impossible sans une alimentation saine. Une alimentation adéquate augmente la performance, une mauvaise alimentation la diminue. L'importance d'une alimentation adaptée aux différentes disciplines dans le sport de compétition a pris de plus en plus d'ampleur au cours de ces dernières années. Dans une certaine mesure, ces découvertes s'appliquent également au sport de loisirs. La forme dépend de l'alimentation.

Joyeuse préparation – voyage à demi-réussi: introduction

La pleine forme

Dans l'Antiquité, les athlètes essayaient d'acquérir les qualités des animaux à travers leur chair. La viande de la chèvre était censée leur donner la force de sauter, celle du taureau l'énergie, celle de l'antilope la rapidité. Même au commencement du sport cycliste, la soupe de brochet était réputée conférer vitesse et force. Etant donné qu'une demi-coque de noix présente une certaine similitude avec une demi-cervelle, maints joueurs d'échecs essaient d'augmenter leur performance intellectuelle en suivant un tel régime. Ces recettes secrètes agissent parfois du fait qu'elles correspondent, par le fait du hasard ou sur la base d'une expérience inconsciente de l'homme, aux principes de l'alimentation saine. Pauvre en lipides, la viande d'antilope, par exemple, pourrait très bien figurer au menu du sportif moderne.

Mauvaise alimentation. Les chiffres suivants montrent le pourcentage moyen des substances nutritives de base – glucides, protides et lipides – consommées par la population suisse (C), les quantités saines pour tout un chacun (T) et idéales pour les sportifs (S):

	C	T	S
Glucides	34,6	55	65
Protides	12,7	10	15
Lipides	42,7	35	20
Alcool	env. 10,0	–	–

Nous n'avons malheureusement pas la place pour présenter les tableaux détaillés des substances nutritives des divers aliments. Aussi nous limiterons-nous aux *sept règles d'or de l'alimentation saine*.

1 Choisissez une alimentation variée et saine! Etant donné qu'aucun aliment ne comprend toutes les substances nutritives essentielles en quantité suffisante, mangez plusieurs aliments de base en cinq repas ou davantage.

Les aliments riches en calories ne sont pas la seule manière de prendre son petit déjeuner. Une légère collation est souvent idéale, par sa richesse en vitamines et en substances de lest.

2 Evitez de prendre de l'embonpoint! L'obésité est en effet à la base d'une multitude de maladies (hypertension, cholestérol, diabète, goutte, calculs biliaires, varices, troubles cardiaques, etc.). Difficile d'arriver au poids idéal, mais utile de se rapprocher du poids normal (taille des femmes moins 100 et moins 10 % et taille des hommes moins 100).

3 Réduisez la consommation de matières grasses et de cholestérol! Ne consommez pas plus de 40 % de l'apport énergétique quotidien sous forme de lipides. Remplacez les graisses animales (acides gras saturés) par des graisses végétales (acides gras non saturés), telles que l'huile de carthame, de tournesol, de germe de maïs ou de soja. Votre nourriture quotidienne ne devrait pas contenir plus de 300 mg de cholestérol (consultez le tableau correspondant!).

4 Préférez les aliments riches en fibres végétales! Les substances de lest, éléments indigestes de l'alimentation, sont importantes pour le métabolisme. Consommez autant que possible les lipides sous leur forme originale.

5 Réduisez l'absorption de sucre! Ramenez la consommation moyenne de 24% à 15% de l'approvisionnement énergétique quotidien, car l'excès de sucre est la cause de nombreuses maladies et conduit à une mauvaise alimentation.

6 Diminuez le sel! En comptant tous les sels contenus dans les aliments, la part de sodium est de 12 à 25 g par jour, alors que 3 à 5 g seraient amplement suffisants et indispensables pour les performances sportives (voir page 21).

7 Réduisez la consommation d'alcool! L'alcool n'apporte que des calories «vides» de toute substance nutritive. Il est donc directement nuisible à l'organisme.

Mais l'alimentation saine, à elle seule, ne suffit pas pour vous maintenir en forme, si vous menez une vie malsaine. Pour digérer les aliments, il faut de l'oxygène. Alors, ébattez-vous le plus souvent possible et régulièrement à l'air frais, ce que vous suggère ce guide en vous donnant 162 idées.

Les enfants s'en donnent à cœur joie, chaque fois qu'ils peuvent rôtir cervelas et autres viandes sur les grils aménagés par la revue «Schweizer Familie». Et il suffit d'un brin de moutarde pour donner tout son goût à cette sympathique aventure du feu!

Si vous suivez plus ou moins à la lettre ces sept règles d'or de l'alimentation saine et équilibrée, vous n'éprouverez aucun mal à suivre nos suggestions de sports et de loisirs. Dans le sport de compétition, le cyclisme, les randonnées en montagne et le canotage sont définis comme étant des sports d'endurance exigeant beaucoup de force. A titre d'exemple d'une alimentation adéquate pour ces disciplines sportives, voici les recommandations de la médecine à l'intention des alpinistes.

Nourriture et boisson le jour de l'excursion

Lors du *dernier repas* pris avant le départ, évitez les plats trop lourds et trop gras. Un estomac surchargé entrave les mouvements du diaphragme, et la digestion soutire du sang et de l'oxygène des muscles. Durant les deux premières heures de l'excursion, l'énergie provient des réserves organiques (glucides, protides, lipides) utilisées par les muscles pour les transposer en mouvements.

L'alimentation en route gagne en importance au bout de 2 à 3 heures. Consommez des glucides faciles à digérer et à combustion rapide, tels ceux présents dans les fruits séchés, les bananes, les tranches de fruits, les bâtons de müesli et les barres énergétiques ainsi que dans le pain tout simplement. Les aliments riches en hydrates de carbone sont plus sains que le saucisson et le lard par exemple. Lors de randonnées de plusieurs jours, ces derniers ont toutefois leur raison d'être en tant que supports caloriques concentrés et légers, donc peu encombrants.

Si vous désirez prendre des glucides sous forme liquide, veillez à la composition des différents sucres. Les monosaccharides et les disaccharides tels que la glucose ou le sucre de canne, peuvent entrer trop rapidement dans le système sanguin. L'organisme déverse alors instantanément de l'insuline, afin de faire baisser le taux de glucides dans le sang, ce qui entraîne immédiatement une baisse de rendement. Quant aux polysaccharides, en revanche, ils sont retardés et quantitativement mieux répartis. Seules les boissons isotoniques (solutions diluées avec 5 % de sucre ou moins, soit 5 g par dl) sont résorbées suffisamment vite.

Outre l'apport en glucides, *les boissons bues durant l'excursion* servent surtout à compenser, d'une part, les pertes en eau par suite de la transpiration et de l'élimination et, d'autre part, les déperditions en sels minéraux et en oligo-éléments (électrolyte; les plus importants sont le potassium, le magnésium et le fer). Votre corps est incapable de compenser immédiatement la perte en eau durant un parcours de longue durée – même si vous buvez beaucoup.

Voici la règle qui s'applique généralement en cours de route:

✻ Buvez 1 litre de liquide par heure, de préférence en quatre fois ou davantage. Comme il est impossible d'emporter une quantité aussi importante de boissons, on peut délayer des produits à base de substances minérales dans de l'eau de source ou de fonte.

✻ Buvez la première fois avant d'avoir vraiment soif. Si vous attendez trop longtemps, le corps pourrait en effet avoir déjà perdu 1 à 2 litres d'eau, ce qui entraverait sa performance.

✻ N'essayez jamais de remplacer la perte en eau et en sels minéraux par suite de la transpiration uniquement à l'aide d'eau pure. La teneur en sel et la quantité de liquide sont présents dans l'organisme en un certain équilibre, de sorte que l'eau pure ne peut pas être assimilée convenablement, si les substances minérales nécessaires lui font défaut. En un mot, son principal défaut est d'être trop pure, c'est-à-dire pauvre. L'excédent en eau est immédiatement éliminé, entraînant à sa suite les substances minérales, de sorte que le bilan se détériore encore davantage. A la limite, il pourrait même se produire un «empoisonnement par l'eau», si une personne assoiffée boit une trop grande quantité d'eau pure. L'eau minérale, les infusions, la limonade ou le Coca-Cola sont, eux aussi, pratiquement constitués uniquement d'eau pure. La bière a au fond une composition électrolytique favorable, mais l'alcool qu'elle contient entrave la régénération. Parmi les boissons conseillées figurent les jus de fruits dilués (jus de pommes), les soupes salées, etc., ainsi que les diverses boissons isotoniques à base de substances minérales vendues dans le commerce sous forme liquide ou en poudre.

Besoins journaliers d'un homme adulte qui fait du sport d'endurance exigeant un grand déploiement de forces:

(environ 480 g de glucides, 100 g de protides, 115 g de lipides; 3200–3500 kcal/13 400–14 600 kJ).

220 g de pain complet (6–7 tranches)
✻
300–400 g de pommes de terre
✻
500 g de légumes (crus ou cuits) et 150 g de jus de légumes
✻
300 g de fruits frais, 350 g de jus de fruits et 100 g de fruits secs
✻
500 g de lait normal ou acidulé, 50 g de séré maigre et 50 g de fromage
✻
250 g de viande pauvre en graisse, volaille ou poisson

Variante I: 150 g de viande, volaille ou poisson et 1 à 2 œufs

Variante II: 200 g de produit à base de soja ou 50 g de soja sec et 30 g de pâte végétale
✻
30 g de matière grasse à tartiner (beurre) et 20 g de graisse de cuisine
✻
50 g de miel ou de marmelade, un peu de sucre
✻
30 g de noix, noisettes, extrait de levure ou germes de blé

Bon appétit!

Carte routière suisse

1 : 301 000, avec points de départ

Répartition des cartes et légende

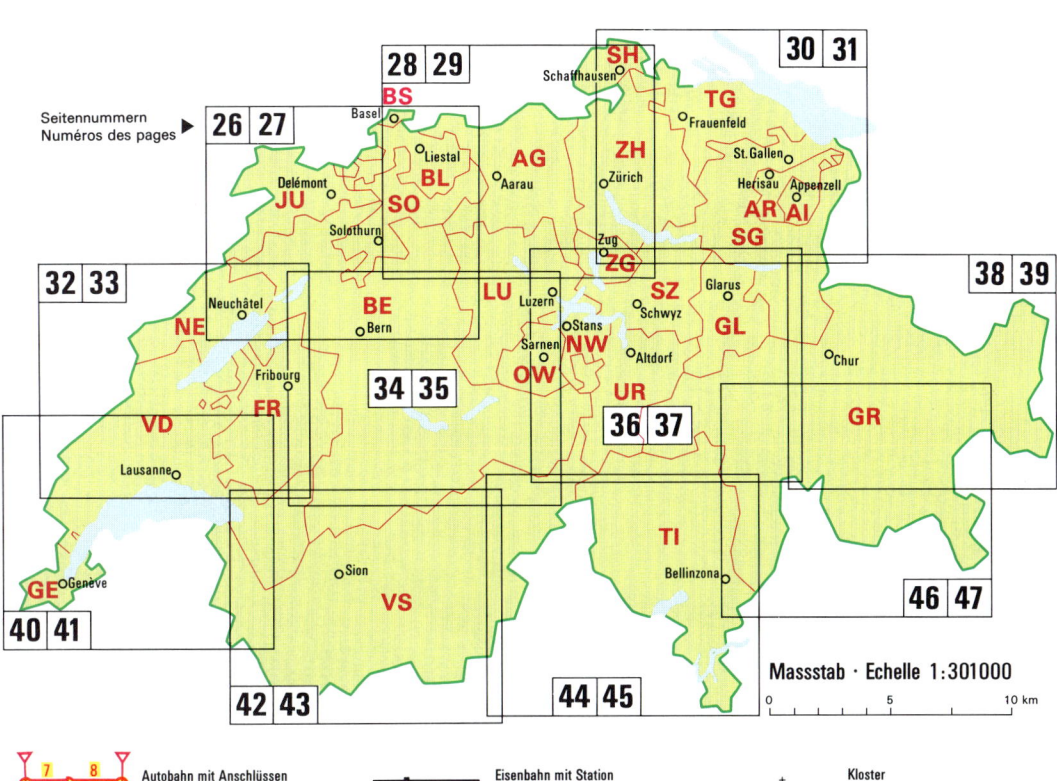

Seitennummern / Numéros des pages

Massstab · Echelle 1:301000
0 5 10 km

Autobahn mit Anschlüssen / Autoroute avec accès	Eisenbahn mit Station / Chemin de fer avec station	Kloster / Couvent
Autobahn im Bau / Autoroute en construction	Zahnradbahn, Standseilbahn / Chemin de fer à crémaillère, funiculaire	Schloss, Burg / Ruine / Château / Ruine
Autostrasse mit Anschlüssen / Semi-autoroute avec accès	Luftseilbahn / Téléphérique	Natursehenswürdigkeit / Curiosité naturelle
Autostrasse im Bau / Semi-autoroute en construction	Sesselbahn / Télésiège	Schlachtfeld / Champ de bataille
Projektierte Autobahn oder Autostrasse / Autoroute ou semi-autoroute en projet	Flughafen / Aéroport	Schöner Aussichtspunkt / Beau point de vue
Internationale Fernstrasse / Route de transit international	Flugplatz / Aérodrome	Heilbad / Station thermale
Regionale Fernstrasse / Route de transit régional	Landesgrenze / Frontière d'Etat	Einzelnstehendes Hotel / Klubhütte / Hôtel isolé / Cabane
Verbindungsstrasse / Route de communication	Kantonsgrenze / Limite cantonale	Touring-Mot-Hotel / Touring mot-hôtel
Übrige Strassen / Autres routes	Freizonengrenze / Limite de zone franche	Motel / Môtel
Strasse im Bau / Route en construction	Einheitlicher historischer Stadtkern und sehenswerte, historische Bauten / Noyau historique homogène et édifices historiques intéressants	TCS-Campingplatz / Camping TCS
Fahrweg / Chemin carrossable	Ein oder mehrere sehenswerte Bauten, Museum / Un ou plusieurs édifices intéressants, musée	Campingplatz, gut ausgebaut / Camping, bien aménagé
Fussweg / Sentier	Ringmauer, historische Ortschaft, typischer Gesamtcharakter / Enceinte, bourgade historique, ensemble caractéristique	Strassenzollamt, durchgehend offen / Douane routière, ouverte jour et nuit
Pass und Sperrmonate / Col et mois de clôture		Wanderung, Ausgangsort / Randonnée pédestre, lieu de départ
Strassennumerierung / Numérotage des routes	Ortschaften / Localités	Veloroute, Startort / Itinéraire cycliste, lieu de départ
Distanzen in Kilometern / Distances en kilomètres	Kathedrale, Kirche / Cathédrale, église	Wasserfahrt, Startort / Descente sur l'eau, lieu de départ

Cases A1–F1

Itinéraire cycliste 5, p. 284
Randonnée par deux pays dans le Leimental, à l'écart des routes à grand trafic, sans oublier la carte d'identité!

Randonnée pédestre 60, p. 190
Les plus beaux rochers du Jura tabulaire bâlois, riche en points de vue.

Cases A2–F2

Randonnée pédestre 4, p. 78
A travers la riante Ajoie, belle randonnée pleine d'entrain au départ de Porrentruy.

Itinéraire cycliste 41, p. 356
Les magnifiques vitraux des églises jurassiennes sont autant de lumineuses étapes et à chaque détour une nouvelle découverte.

Pagayer sur les rivières et les lacs 1, p. 380
La Birse, malgré les nombreux obstacles à contourner, est pour le pagayeur un cours d'eau très attachant.

Randonnée pédestre 57, p. 184
Paysage de rivière dans un site romantique aux sympathiques places de repos.

Cases A3–F3

Pagayer sur les rivières et les lacs 2, p. 382
Au fil du Doubs, les forêts descendent jusque sur les rives, trait typique du paysage.

Randonnée pédestre 3, p. 76
Au nord, le merveilleux paysage du Doubs. Au sud, le haut-plateau des Franches-Montagnes où le cheval est roi.

Randonnée pédestre 40, p. 150
Le Raimeux – altitude 1302 m – est le sommet culminant à la limite des cantons de Berne et du Jura, couronné par une tour d'observation.

Randonnée pédestre 58, p. 186
Weissenstein, Röstiflue, Balmfluechöpfli: les points de vue ne manquent pas sur la chaîne du Weissenstein.

Randonnée pédestre 59, p. 188
Les plissements du Jura tabulaire, entre les hauteurs et les vallons de la chaîne du Jura, permettent de comprendre comment la région s'est formée à l'ère tertiaire.

Itinéraire cycliste 21, p. 316
Le long de la bordure tout en collines du Plateau suisse, vers Berthoud, la Porte de l'Emmental.

Itinéraire cycliste 27, p. 328
Parcours sympathique au fil de l'Aar pour tous les débutants du cyclisme.

Itinéraire cycliste 40, p. 354
La vieille ville de Zofingue et la pittoresque cité de Sursee sont les points forts de cette excursion.

Cases A4–F4

Itinéraire cycliste 7, p. 288
Une tournée à bicyclette très sportive, sur des routes pratiquement sans trafic descendant à Yverdon-les-Bains.

Randonnée pédestre 39, p. 148
Un instant de fraîcheur dans les romantiques Gorges de Douanne.

Itinéraire cycliste 26, p. 326
Les rives et chemins parfois raboteux exigent de bonnes bicyclettes bien stables…

Randonnée pédestre 42, p. 154
Tout au long du chemin planétaire, on découvre de très beaux points de vue.

Randonnée pédestre 41, p. 152
Sur la colline boisée de la Hohwacht, on contemple toute une mer de forêt.

Cases A5–F5

Randonnée pédestre 1, p. 72
Balade circulaire sur les hauteurs bien exposées de la montagne préférée des Neuchâtelois.

Itinéraire cycliste 43, p. 360
Parcours presque identique à celui de la voie ferrée vers Berne à travers le Grand Marais.

Itinéraire cycliste 25, p. 324
Le long de la rive gauche du canal de la Thielle et sur la rive du lac de Bienne, où les vignes s'étagent au soleil.

Itinéraire cycliste 42, p. 358
L'excursion à travers des paysages très variés conduit sur un itinéraire jalonné par sept centrales électriques.

Itinéraire cycliste 22, p. 318
On passe par la frontière des langues française et allemande sur ce parcours entre deux splendides cités des Zähringen.

Randonnée pédestre 43, p. 156
On atteint la Lüderenalp par forêts et arêtes.

Cases A1–F1

Randonnée pédestre 64, p. 198
Après les forêts étendues s'ouvre le large vignoble du Bas-Klettgau.
Randonnée pédestre 65, p. 200
Incursion à travers le pays voisin au nord par le chemin paisible du Randen.
Itinéraire cycliste 3, p. 280
Au fil descendant du Rhin, vers quelques villes plaisantes sur le cours du fleuve.
Randonnée pédestre 63, p. 196
Le saillant nord du canton de Zurich, archives naturelles des temps lointains.

Cases A2–F2

Randonnée pédestre 61, p. 192
Curiosités culturelles sur le chemin, un bain thermal avant le retour.
Randonnée pédestre 62, p. 194
Parcours circulaire aux nombreuses facettes, qu'on peut aborder par petits trajets, selon le point de départ.
Itinéraire cycliste 31, p. 336
La petite cité de Stein am Rhein est le but de cette randonnée très enrichissante.

Cases A3–F3

Pagayer sur les rivières et les lacs 1, p. 380
La Birse, malgré les nombreux obstacles à contourner par portage est pour le pagayeur un cours d'eau très attachant.
Randonnée pédestre 60, p. 190
Les plus beaux rochers du Jura tabulaire bâlois, riche en points de vue.
Itinéraire cycliste 37, p. 348
Un parcours agréable et plein de charme dans un paysage très contrasté.
Itinéraire cycliste 28, p. 330
Plusieurs montées garantissent un bon «fitness» sportif...
Itinéraire cycliste 4, p. 282
Sur l'axe romain à travers le Fricktal jusque dans la plaine du Rhin.
Itinéraire cycliste 36, p. 346
Le territoire entourant Zurich au nord s'étend entre les deux centres de Baden et de Winterthour.
Itinéraire cycliste 34, p. 342
Au départ de Zurich et par Bülach vers la plus grande chute d'eau d'Europe.
Itinéraire cycliste 29, p. 332
Parcours qui demande un effort bénéfique, croisant les vallées de la Thur et de la Töss.

Itinéraire cycliste 30, p. 334
L'amateur d'histoire découvre le château et témoin ancestral des comtes de Kyburg.

Cases A4–F4

Randonnée pédestre 59, p. 188
Les plissements du Jura tabulaire, entre les hauteurs et les vallons de la chaîne du Jura, permettent de comprendre comment la région s'est formée à l'ère tertiaire.
Itinéraire cycliste 27, p. 328
Parcours sympathique au fil de l'Aar, pour tous les cyclistes débutants.
Itinéraire cycliste 40, p. 354
La vieille ville de Zofingue et la pittoresque cité de Sursee sont les points forts de cette excursion.
Randonnée pédestre 57, p. 184
Paysage de rivière, où l'itinéraire se faufile dans un site romantique.
Randonnée pédestre 56, p. 182
Les magnifiques châteaux de Brestenberg et Hallwil se dévoilent au regard.
Pagayer sur les rivières et les lacs 7, p. 392
La Reuss: un des parcours les plus classiques du sport aquatique sur territoire suisse.
Itinéraire cycliste 35, p. 344
Kappel, haut-lieu de l'histoire suisse, l'endroit idéal pour une halte à mi-journée.
Randonnée pédestre 71, p. 212
Tourbières bombées et zones humides dans une région d'habitat occupée depuis les lointains temps néolithiques.

Cases A5–F5

Itinéraire cycliste 21, p. 316
Le long de la bordure tout en collines du Plateau suisse, vers Berthoud, la Porte de l'Emmental
Randonnée pédestre 41, p. 152
Sur la colline boisée de la Hohwacht, on découvre du haut de la tour d'observation toute l'étendue de la mer de forêt.
Randonnée pédestre 54, p. 178
Après la montée, les hauteurs de la montagne de Walchwil apparaissent dans la lumière.

Cases A1–F1

Randonnée pédestre 65, p. 200
Incursion à travers le pays voisin du nord, par le paisible chemin de Randen.

Cases A2–F2

Itinéraire cycliste 3, p. 280
Au fil descendant du Rhin, à partir de Schaffhouse vers quelques plaisantes villes sur le cours du fleuve.

Randonnée pédestre 63, p. 196
Le saillant nord du canton de Zurich, archives naturelles des temps lointains.

Itinéraire cycliste 2, p. 278
Parcours vivifiant pour chacun, entre les vergers thurgoviens et les gracieux alignements de collines.

Randonnée pédestre 66, p. 202
Les amoureux des vieux châteaux seront comblés par l'arrière-pays du Seerücken.

Cases A3–F3

Itinéraire cycliste 34, p. 342
Au départ de Zurich, et par Bülach, vers la plus grande chute d'eau d'Europe.

Itinéraire cycliste 29, p. 332
Parcours demandant un certain effort bénéfique, en croisant les vallées de la Thur et de la Töss.

Itinéraire cycliste 30, p. 334
L'amateur d'histoire découvre le château et témoin ancestral des comtes de Kyburg.

Itinéraire cycliste 31, p. 336
La petite cité de Stein am Rhein est le but de cette randonnée pleine de satisfactions.

Randonnée pédestre 70, p. 210
Les cantons de Zurich, Saint-Gall et Thurgovie se partagent dans la région du Hörnli.

Randonnée pédestre 68, p. 206
Un détour du territoire saint-gallois vers les Rhodes-Extérieures du pays appenzellois.

Itinéraire cycliste 1, p. 276
Sur le chemin, Bischofszell, comme un coin fiché entre Thur et Sitter.

Randonnée pédestre 67, p. 204
Sur les hauteurs du Lac de Constance, Walzenhausen d'où le regard s'étend sur le point de rencontre des trois pays.

Cases A4–F4

Itinéraire cycliste 35, p. 344
Kappel, haut-lieu de l'histoire suisse, l'endroit idéal pour une halte à mi-journée.
Randonnée pédestre 71, p. 212
Tourbières bombées et zones humides dans une région d'habitat occupée depuis les lointains temps paléolithiques.
Itinéraire cycliste 18, p. 310
Pour atteindre les points de vue, il faut appuyer résolument sur les pédales...
Randonnée pédestre 69, p. 208
Randonnée en pays de collines au milieu des deux demi-cantons d'Appenzell.

Cases A5–F5

Randonnée pédestre 54, p. 178
Après la montée, les hauteurs de la montagne de Walchwil apparaissent dans la lumière.
Itinéraire cycliste 19, p. 312
Selon les conditions météorologiques, cette randonnée s'achève à la piscine de Lucerne ou au Musée des transports tout proche.
Itinéraire cycliste 33, p. 340
Les rives protégées des lacs de Pfäffikon et de Greifensee nous tiennent compagnie.
Randonnée pédestre 53, p. 176
Le Stöcklichrüz, entre l'Obersee et la vallée de la Sihl, nous révèle un très large panorama.
Itinéraire cycliste 32, p. 338
La ligne du chemin de fer dans la vallée de la Töss, autrefois importante, se déroule au fil du parcours vers Winterthour.
Randonnée pédestre 72, p. 214
A l'image du Rigi, le Speer fait partie des montagnes de poudingues préférées.
Itinéraire cycliste 17, p. 308
Après une région aux traits calmes, le long de la plaine du Rhin, un bon coup de pédale conduit vers le domaine des montagnes appenzelloises.

Cases A1–F1

Itinéraire cycliste 7, p. 288
Une tournée à bicyclette très sportive sur les routes descendant vers Yverdon-les-Bains.
Randonnée 39, p. 148
Un instant de fraîcheur dans les romantiques Gorges de Douanne.

Cases A2–F2

Randonnée pédestre 2, p. 74
Le long de la crête, autour de l'impressionnant cirque rocheux du Creux-du-Van.
Randonnée pédestre 1, p. 72
Balade circulaire sur la montagne préférée des Neuchâtelois.
Itinéraire cycliste 43, p. 360
Parcours presque identique à celui de la voie ferrée vers Berne, à travers le Grand Marais.
Itinéraire cycliste 25, p. 324
Le long du canal de la Thielle et sur la rive du lac de Bienne, où les vignes s'étagent au soleil.
Itinéraire cycliste 44, p. 362
Le Seeland: très belles étendues de cultures maraîchères, peu de déclivités pour qui aime la bicyclette.
Randonnée pédestre 5, p. 80
Randonnée circulaire en terre fribourgeoise et par des enclaves bernoises le long du lac de Morat.

Cases A3–F3

Itinéraire cycliste 8, p. 290
Longue randonnée vers Genève par le Jura vaudois.
Itinéraire cycliste 48, p. 370
A mi-parcours La Sarraz, point de partage des eaux entre mer du Nord et Méditerranée.
Itinéraire cycliste 24, p. 322
Le long du lac le plus étendu entièrement situé sur territoire suisse, par une région naturelle protégée, sauvage et romantique.
Pagayer sur les rivières et les lacs 3, p. 384
Descente de rivière vivifiante, tout indiquée au pagayeur débutant qui veut affiner sa technique.
Itinéraire cycliste 23, p. 320
Les maisons paysannes fribourgeoises, bâties en bois, contrastent avec les constructions en pierre du pays vaudois.
Itinéraire cycliste 45, p. 364
Un monde unique en son genre se dévoile entre les vallées de la Sarine et de l'Aar.

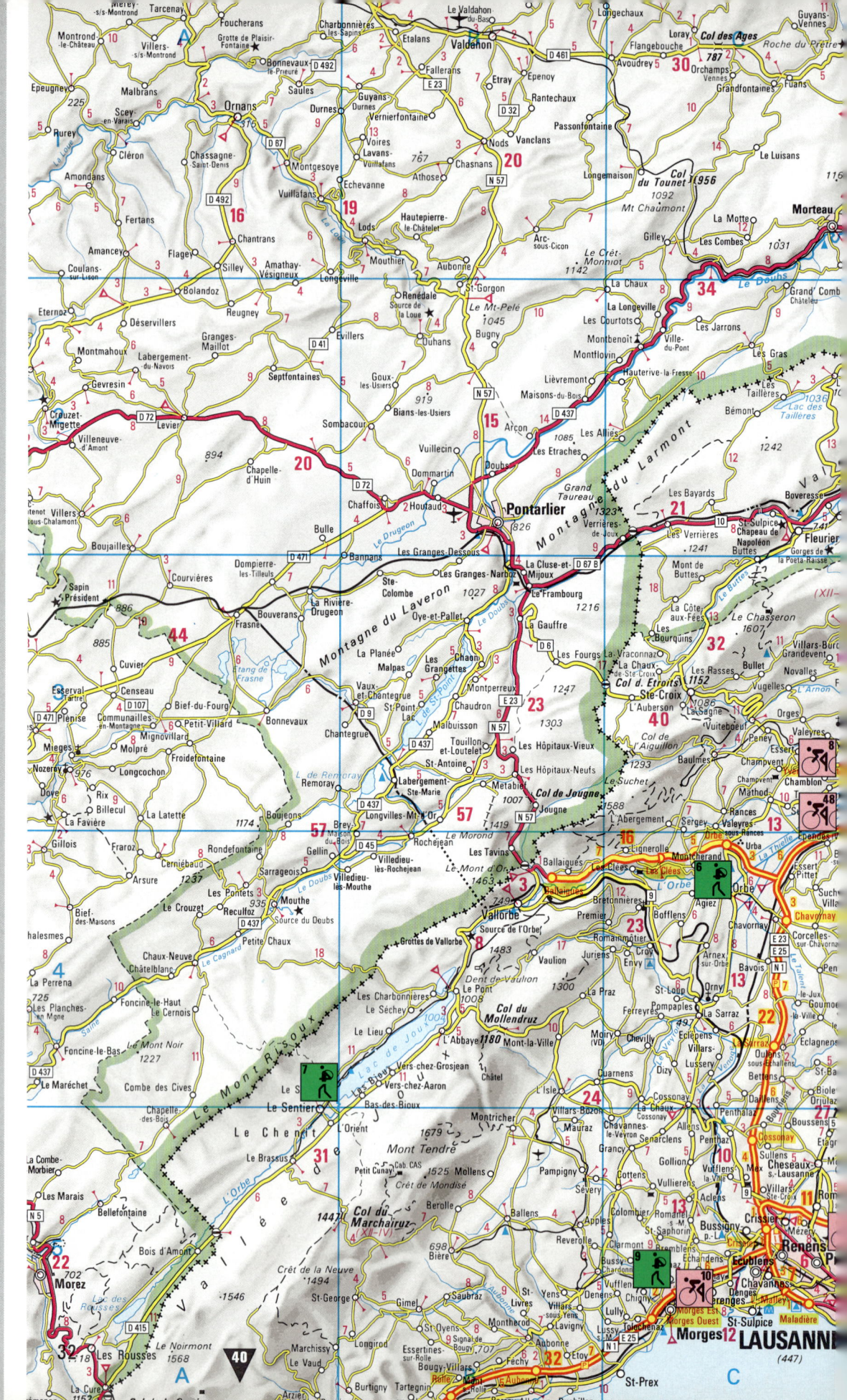

Cases A4-F4

Randonnée pédestre 7, p. 84
Parcours forestier dans la fraîcheur, au-dessus du plus grand lac jurassien.

Randonnée pédestre 6, p. 82
Le randonneur persévérant peut allonger le parcours en montant au Mont Suchet.

Randonnée pédestre 12, p. 94
On découvre dans la région du col de Bellegarde (Jaun) les sommets aux formes les plus sauvages.

Cases A5-F5

Randonnée pédestre 9, p. 88
Voyage dans le passé, à la découverte de cinq châteaux seigneuriaux de diverses époques.

Itinéraire cycliste 10, p. 294
Le parcours conduit à travers les coteaux ensoleillés du Lavaux, toujours avec un coup d'œil de rêve sur le lac Léman.

Itinéraire cycliste 49, p. 372
A partir de Moudon surtout, le parcours est très peu livré à la circulation de véhicules et par conséquent particulièrement indiqué pour les randonnées familiales.

Randonnée pédestre 10, p. 90
Sur la Tour de Gourze, une tour d'observation est dressée à l'emplacement d'un ancien donjon en ruines.

Randonnée pédestre 14, p. 98
Splendide promenade alpestre dans le beau Pays d'Enhaut.

Cases A1–F1

Randonnée pédestre 42, p. 154
Tout au long du chemin planétaire, on découvre de très beaux points de vue.

Itinéraire cycliste 20, p. 314
Plus d'un touriste s'étonnera de voir combien le Plateau suisse, plat par définition, peut être tout moutonnant de collines!

Itinéraire cycliste 39, p. 352
L'histoire et la culture du pays sont partout présentes au fil de cet itinéraire.

Itinéraire cycliste 38, p. 350
Quel plaisir de pédaler dans les étendues verdoyantes!

Randonnée pédestre 46, p. 162
La montagne semble faire des vagues, coup d'œil sur la fantastique structure plissée du Pilate.

Cases A2–F2

Randonnée pédestre 38, p. 146
Sympathiques coins perdus, à travers le ravin de la Singine et dans la région de Schwarzenburg.

Itinéraire cycliste 42, p. 358
L'excursion à travers des paysages très différents conduit sur un itinéraire jalonné par sept centrales électriques.

Itinéraire cycliste 22, p. 318
Par la frontière des langues et entre deux splendides cités des Zähringen.

Randonnée pédestre 43, p. 156
On atteint la Lüderenalp par forêts et arêtes.

Randonnée pédestre 44, p. 158
Découverte: le Napf entrecoupé de ruisseaux.

Cases A3–F3

Itinéraire cycliste 45, p. 364
Un monde unique en son genre se dévoile entre les vallées de la Sarine et de l'Aar.

Pagayer sur les rivières et les lacs 9, p. 396
La calme descente de l'Aar éveille le sentiment de l'eau dans le paysage quotidien.

Itinéraire cycliste 46, p. 366
Champs au flanc des collines, belles fermes, jardins campagnards: c'est le petit monde décrit par Jérémias Gotthelf.

Itinéraire cycliste 47, p. 368
Après la montée sportive au Brünig, la joie d'un long parcours dans la vallée.

Randonnée pédestre 33, p. 136
On chemine sereinement au pied de la montagne.

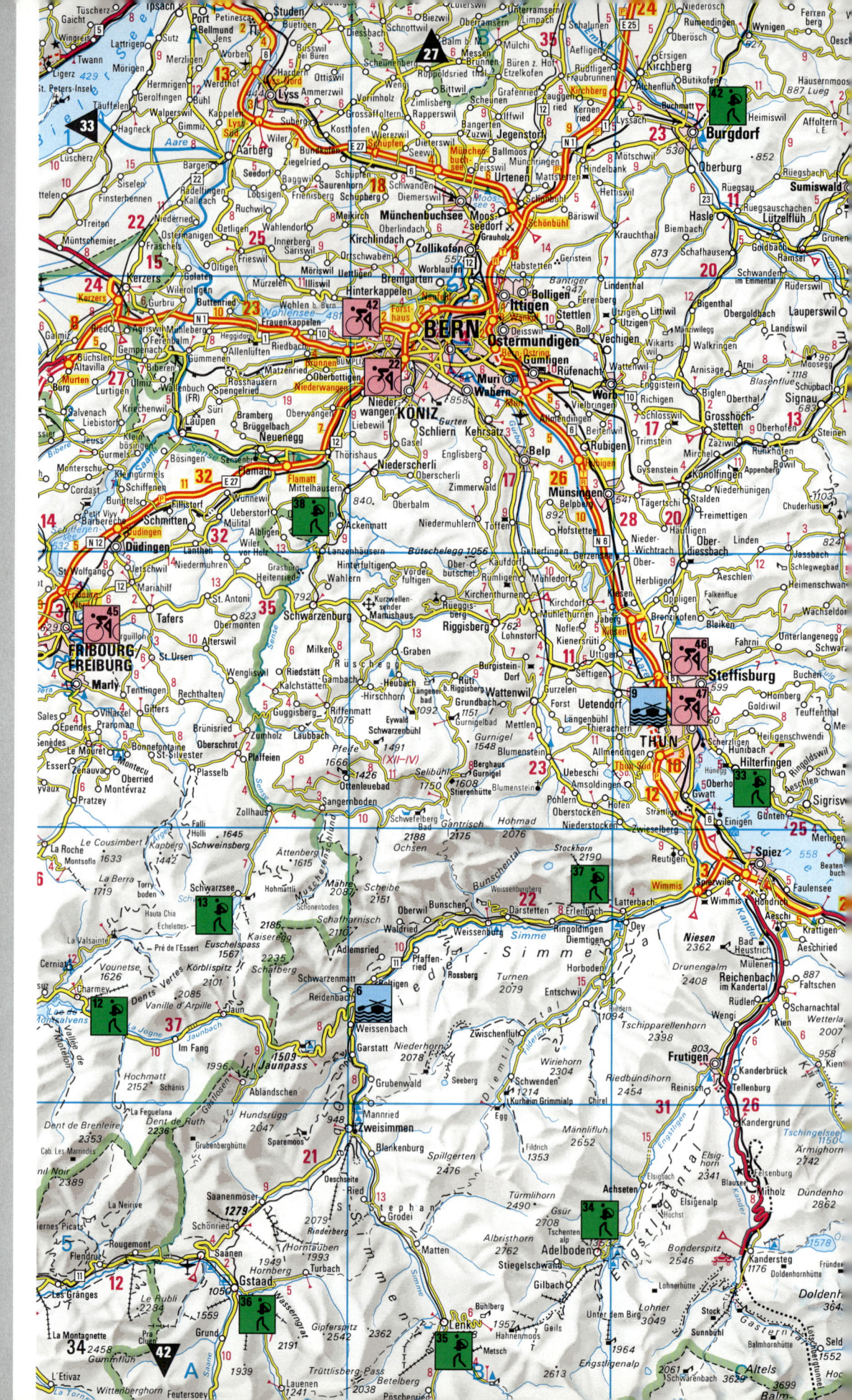

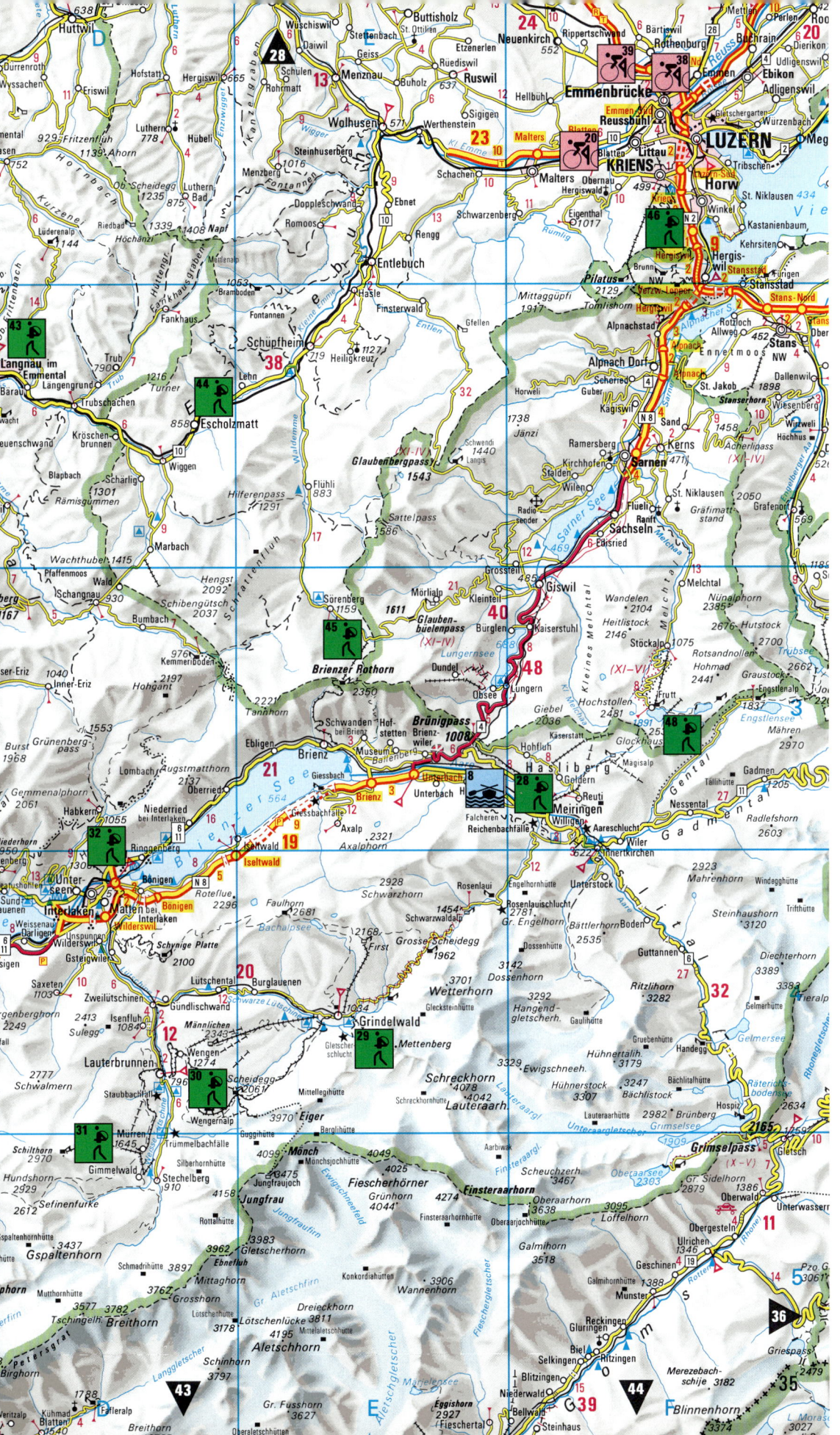

Randonnée pédestre 32, p. 134
Lacs bleus, sommets étincelants et tout le petit monde des vallées latérales emplissent le regard.

Randonnée pédestre 45, p. 160
A la conquête d'une montagne où celui qui découvre le monde apprend beaucoup.

Pagayer sur les rivières et les lacs 8, p. 394
Le jeune cours de l'Aar nous conduit – endigué – à travers les prés verdoyants.

Randonnée pédestre 28, p. 126
Le Hasliberg procure de beaux moments de détente.

Randonnée pédestre 48, p. 166
De verts pâturages alpestres émaillés de petits lacs au miroitement plein de charme.

Cases A4–F4

Randonnée pédestre 12, p. 94
On découvre dans la région du col de Bellegarde (Jaun) les cimes aux formes sauvages.

Randonnée pédestre 13, p. 96
Dans la montée vers Les Recardets, nous laissons derrière nous, plus bas, le lac Noir.

Pagayer sur les rivières et les lacs 96, p. 390
La Simme, une descente romantique...

Randonnée pédestre 37, p. 144
Vers le Stockhorn, par deux petits lacs de montagne.

Randonnée pédestre 30, p. 130
Une marche sous le regard de l'Eiger, du Mönch et de la Jungfrau.

Randonnée pédestre 29, p. 128
Passage de l'animation de Grindelwald dans l'univers aux allures arctiques, monde austère des glaciers.

Cases A5–F5

Randonnée pédestre 36, p. 142
Solitude montagnarde et vue impressionnante sur la région du Wildhorn.

Randonnée pédestre 35, p. 140
Les deux atouts de cette randonnée: aventure en montagne et chutes de la Simme.

Randonnée pédestre 34, p. 138
Forêts spacieuses et pâturages alpestres: s'évader un instant des turbulences du monde!

Randonnée pédestre 31, p. 132
Le cinéma à la une: le «Piz Gloria» a reçu son nom lors du tournage d'un film James Bond.

Cases A1–F1

Itinéraire cycliste 39, p. 352
L'histoire et la culture du pays suisse sont partout présentes au fil de cet itinéraire.

Itinéraire cycliste 20, p. 314
Plus d'un touriste s'étonnera de voir combien le Plateau suisse, plat comme son nom l'indique, peut être tout moutonnant de collines!

Itinéraire cycliste 38, p. 350
Quel plaisir de pédaler dans les étendues de verdure!

Randonnée pédestre 54, p. 178
Après la montée, les hauteurs de la montagne de Walchwil apparaissent dans la lumière.

Randonnée pédestre 74, p. 218
Les parcours à travers les hautes montagnes sauvages sont taillés sur mesure, non seulement pour les jeunes...

Randonnée pédestre 73, p. 216
Loin de la civilisation, parmi les arolles, les rhododendrons et les marécages.

Cases A2–F2

Randonnée pédestre 46, p. 162
On dirait que la montagne fait des vagues: regard sur les fantastiques structures plissées du Pilate.

Randonnée pédestre 47, p. 164
La différence d'altitude atteint presque 1500 m, entre la vallée et le magnifique point de vue du Haldigrat.

Randonnée pédestre 55, p. 180
Randonnée unique sur les hauteurs, au milieu de lacs de Suisse centrale.

Randonnée pédestre 52, p. 174
Par le col d'Ibergeregg, connu de tout temps, entre prés et pâturages alpestres.

Pagayer sur les rivières et les lacs 10, p. 398
Quel navigateur en eaux sauvages expérimenté ne rêve-t-il pas de pagayer sur le parcours des Championnats du monde de la Muota?

Randonnée pédestre 75, p. 220
La magnifique terrasse ensoleillée au-dessus de la principale vallée glaronnaise est le point de départ idéal de cette excursion.

Randonnée pédestre 76, p. 222
Les bouquetins confiants gambadent sur les rochers de la région du Pizol.

Cases A3–F3

Randonnée pédestre 48, p. 166
Un grand nombre de moyens de transport conduisent dans la région de ce col riche en traditions.
Randonnée pédestre 49, p. 168
Un parcours parsemé d'éboulis, neige et prés fleuris.
Randonnée pédestre 51, p. 172
Maderanertal, royaume des chasseurs de minéraux et cristaux, mais aussi des amis de la nature!
Pagayer sur les rivières et les lacs 11, p. 400
La descente sur les eaux du «Swiss Grand Canyon» jouit d'une popularité grandissante.
Randonnée pédestre 77, p. 224
Sur le chemin du Cassonsgrat, le sentier nature, plein de découvertes.

Cases A4–F4

Randonnée pédestre 28, p. 126
Autour de la terrasse ensoleillée du Hasliberg, par des sentiers montagnards aérés.
Randonnée pédestre 78, p. 226
Un parcours de pâturages à végétation luxuriante, nombreux regards sur le paysage.
Randonnée pédestre 79, p. 228
Vallée de Vals tout imprégnée par le soleil et les toits recouverts de dalles de gneiss.

Cases A5–F5

Randonnée pédestre 50, p. 170
Par un sentier forestier en direction des pâturages de montagne très aérés.
Randonnée pédestre 94, p. 258
Randonnée par un col, qui exige un bon effort, avec vue en chemin sur le Val Piora, situé sur les hauteurs.
Randonnée pédestre 93, p. 256
Excursion de deux journées au col de Greina et au barrage artificiel de Luzzone, troisième de Suisse par ordre d'importance.

Cases A2–F2

Randonnée pédestre 76, p. 222
Les bouquetins confiants gambadent sur les rochers de la région du Pizol.

Cases A3–F3

Itinéraire cycliste 16, p. 306
La plus grande partie de l'itinéraire se déroule le long du Rhin, finalement à travers le Liechtenstein, sans déclivités importantes à surmonter.

Randonnée pédestre 81, p. 232
Départ au point le plus élevé, pour une excursion par de splendides chemins de crêtes, vers le fond de la vallée de la Lenzerheide.

Randonnée pédestre 82, p. 234
Les nombreux villages de Walser montrent leur forme typique d'habitat.

Randonnée pédestre 83, p. 236
Au-dessus de la plus haute «ville» d'Europe, paisible détour au Seehorn qui n'est relié à aucun moyen de transport.

Randonnée pédestre 84, p. 238
Une gorge romantique, des pâturages alpins opulents, des points de vue magnifiques: trois atouts pour cet itinéraire.

Randonnée pédestre 85, p. 240
L'univers montagneux de la Basse-Engadine, calme et grandiose.

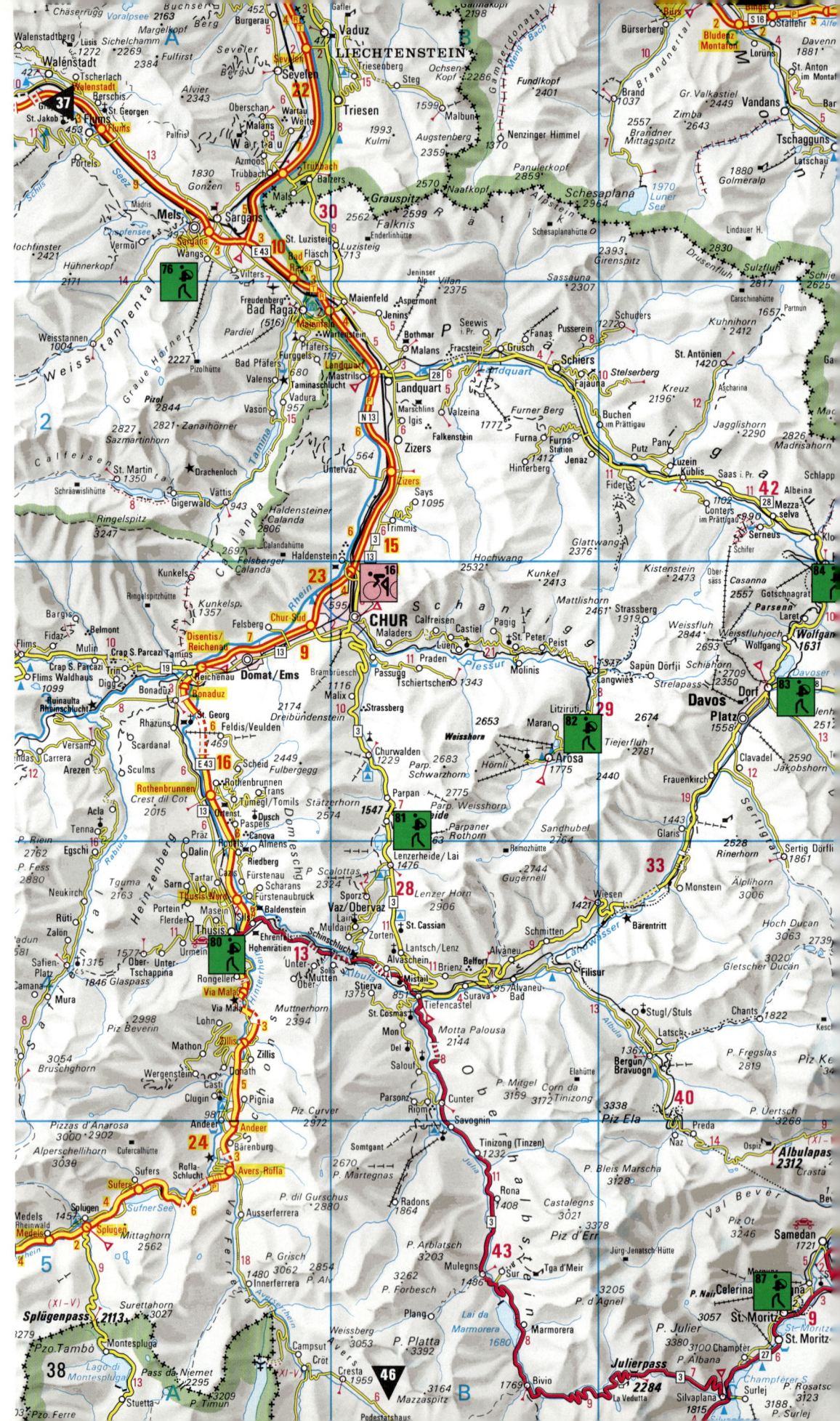

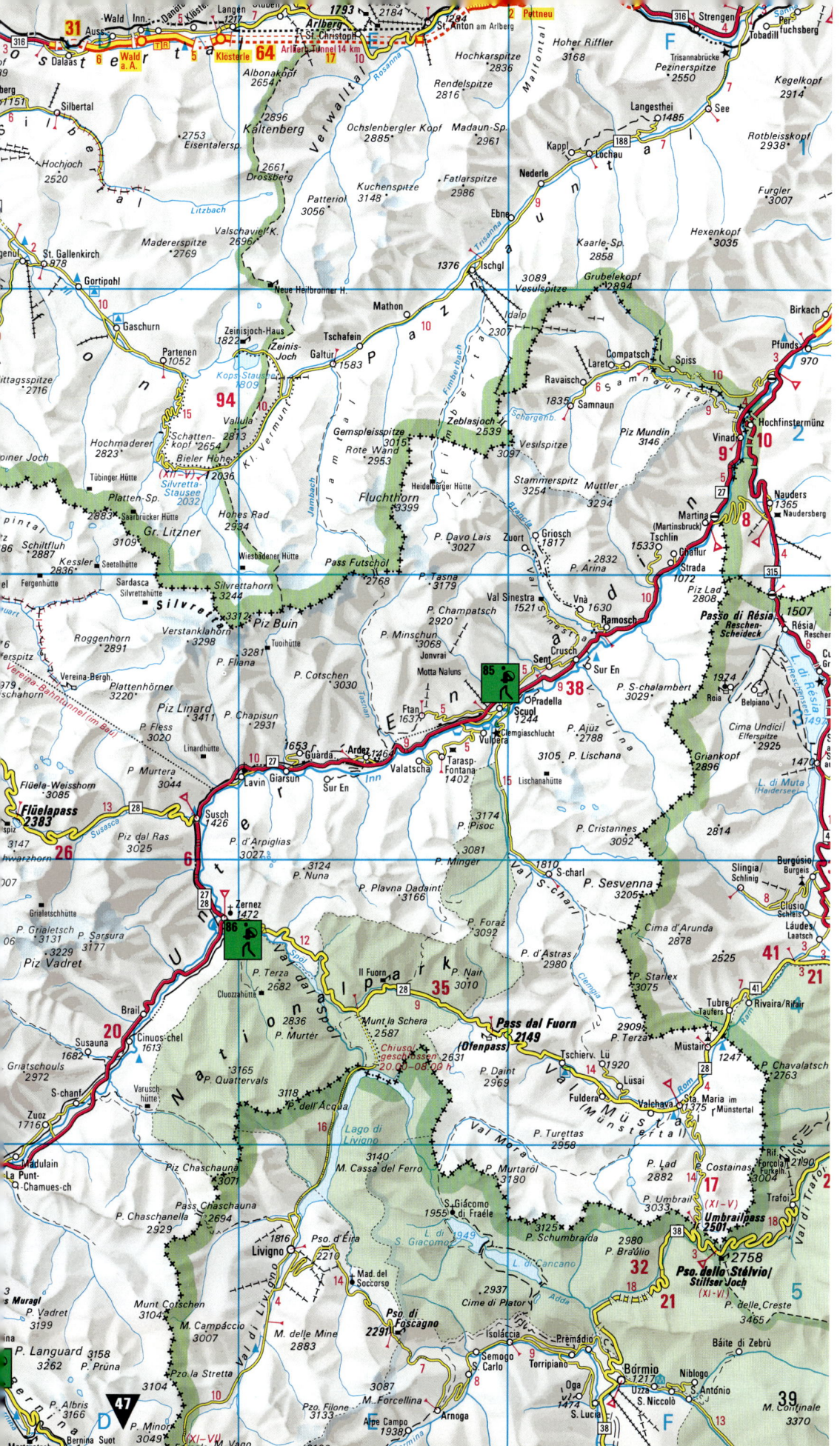

Cases A4–F4

Randonnée pédestre 80, p. 230
Le Domleschg, paysage inimitable, est plein d'attraits pour les amateurs de randonnées comme pour les passionnés d'histoire.

Randonnée pédestre 86, p. 242
Les étendues spacieuses du Parc national ménagent des espaces libres sans limites pour les animaux et les plantes, un petit univers insolite, intact, à voir sans toucher!

Cases A5–F5

Randonnée pédestre 87, p. 244
Changement de décor entre la Haute-Engadine verdoyante et la région des sommets rocheux.

Randonnée pédestre 88, p. 246
Le mot «Steinbockweg» – Chemin des bouquetins – en dit assez long: le parcours de cette imposante excursion ne convient qu'aux marcheurs en forme qui ne craignent pas le vertige...

Cases A1–F1
Randonnée pédestre 7, p. 84
Parcours forestier, dans la fraîcheur, au-dessus des grands lacs jurassiens: pour les journées estivales.

Cases A2–F2
Randonnée pédestre 9, p. 88
Voyage dans le passé, à la découverte de cinq châteaux seigneuriaux de diverses époques.

Itinéraire cycliste 10, p. 294
Le parcours conduit à travers les coteaux ensoleillés du Lavaux, toujours avec un regard de rêve sur le lac Léman.

Itinéraire cycliste 49, p. 372
A partir de Moudon, le parcours très peu livré à la circulation de véhicules est tout indiqué pour les randonnées familiales.

Randonnée pédestre 10, p. 90
Sur la Tour de Gourze, une tour d'observation est dressée à l'emplacement d'un ancien donjon en ruines.

Randonnée pédestre 11, p. 92
Le col de Pierre Perchia, au pied de la Cape au Moine, propose autant de points de vue attrayants sur le lointain que les célèbres et tout proches Rochers de Naye.

Cases A3–F3

Pagayer sur les rivières et les lacs 4, p. 386
Même les débutants peuvent en toute tranquillité parcourir sans risque le cours de la calme et charmante Versoix.
Itinéraire cycliste 11, p. 296
Parcours valaisan sans grandes difficultés pour les cyclistes, à travers la fertile plaine du Rhône et par le défilé de St-Maurice, vers le Bas-Valais des vignobles et des vergers.
Randonnée pédestre 15, p. 100
Le Chemin de Provence, ensoleillé et à l'abri des vents, domine le village d'Ollon et dévoile au touriste un parfum méditerranéen.

Cases A4–F4

Itinéraire cycliste 9, p. 292
On monte légèrement vers les vignes de La Côte par des routes secondaires paisibles, le retour par bateau propose une agréable diversion.
Randonnée pédestre 8, p. 86
Salève: la montagne aux larges bandeaux rocheux domine Genève, tout en étant totalement en territoire français.
Randonnée pédestre 16, p. 102
Au pied des Dents du Midi, randonnée très prisée dans le climat particulier du Val d'Illiez.

Cases A1–F1

Itinéraire cycliste 11, p. 296
Parcours valaisan sans grandes difficultés pour les cyclistes, à travers la fertile plaine du Rhône et par le défilé de St-Maurice vers le Bas-Valais des vignobles et des vergers.

Randonnée pédestre 11, p. 92
Le col de Pierra Perchia, au pied de la Cape au Moine, propose autant de points de vue sur le lointain que les célèbres et tout proches Rochers de Naye.

Randonnée pédestre 14, p. 98
Splendide promenade alpestre dans le beau Pays d'Enhaut.

Pagayer sur les rivières et les lacs 5, p. 388
La descente vers Châteaud'Œx ne manque pas de difficultés, à ne pas sous-estimer et à maîtriser…

Randonnée pédestre 36, p. 142
La montagne au point de vue exceptionnel appelle les marcheurs au pied sûr qui ne sont pas impressionnés par le vertige.

Randonnée pédestre 35, p. 140
L'éperon rocheux du Metschhorn permet de jeter un regard inoubliable sur la région des sources de la Simme, qui jaillissent abondamment.

Randonnée pédestre 26, p. 122
Les buts d'excursion ne manquent pas, dans l'étonnant paradis de la Bettmeralp et de la Riederalp.

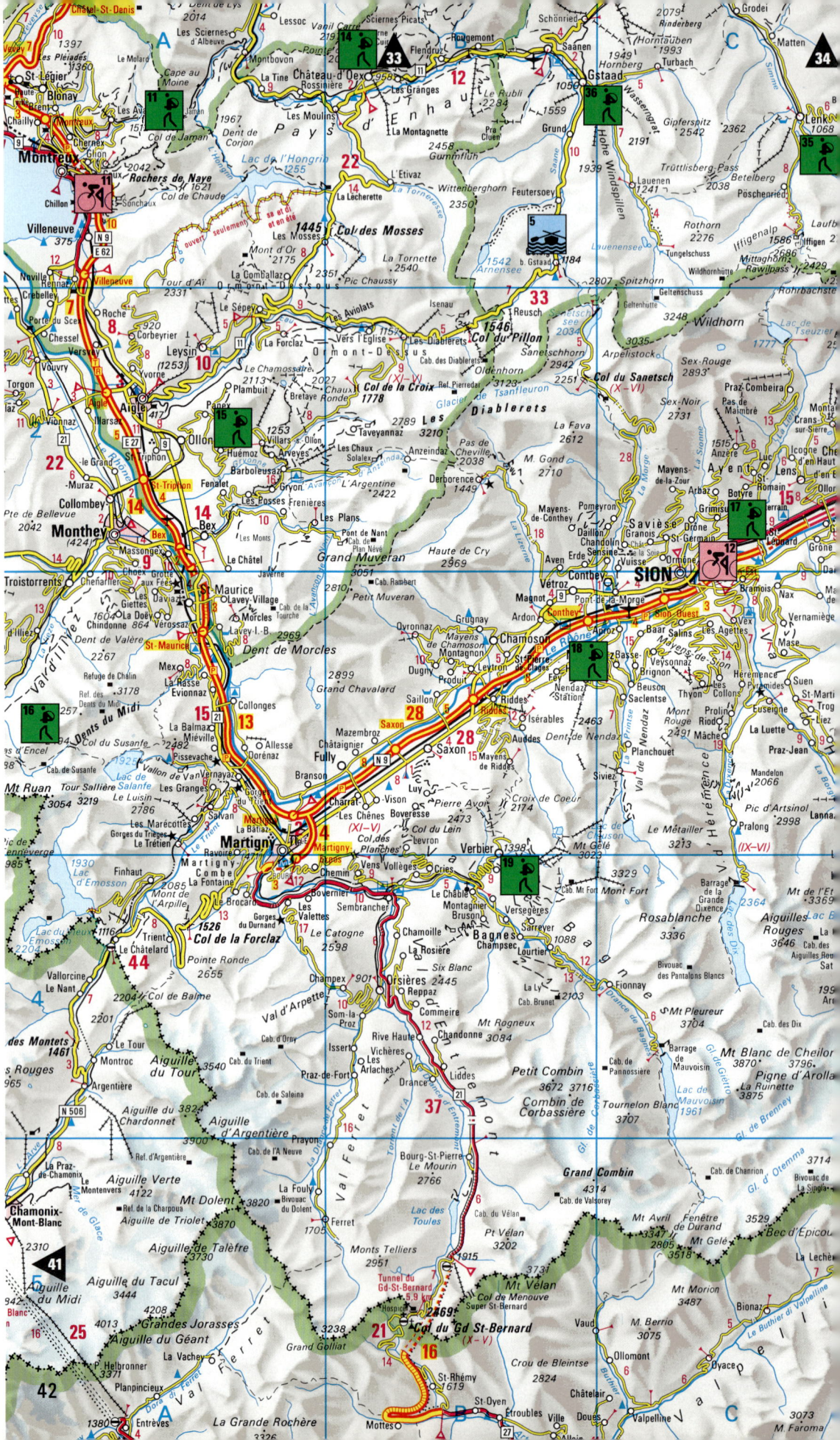

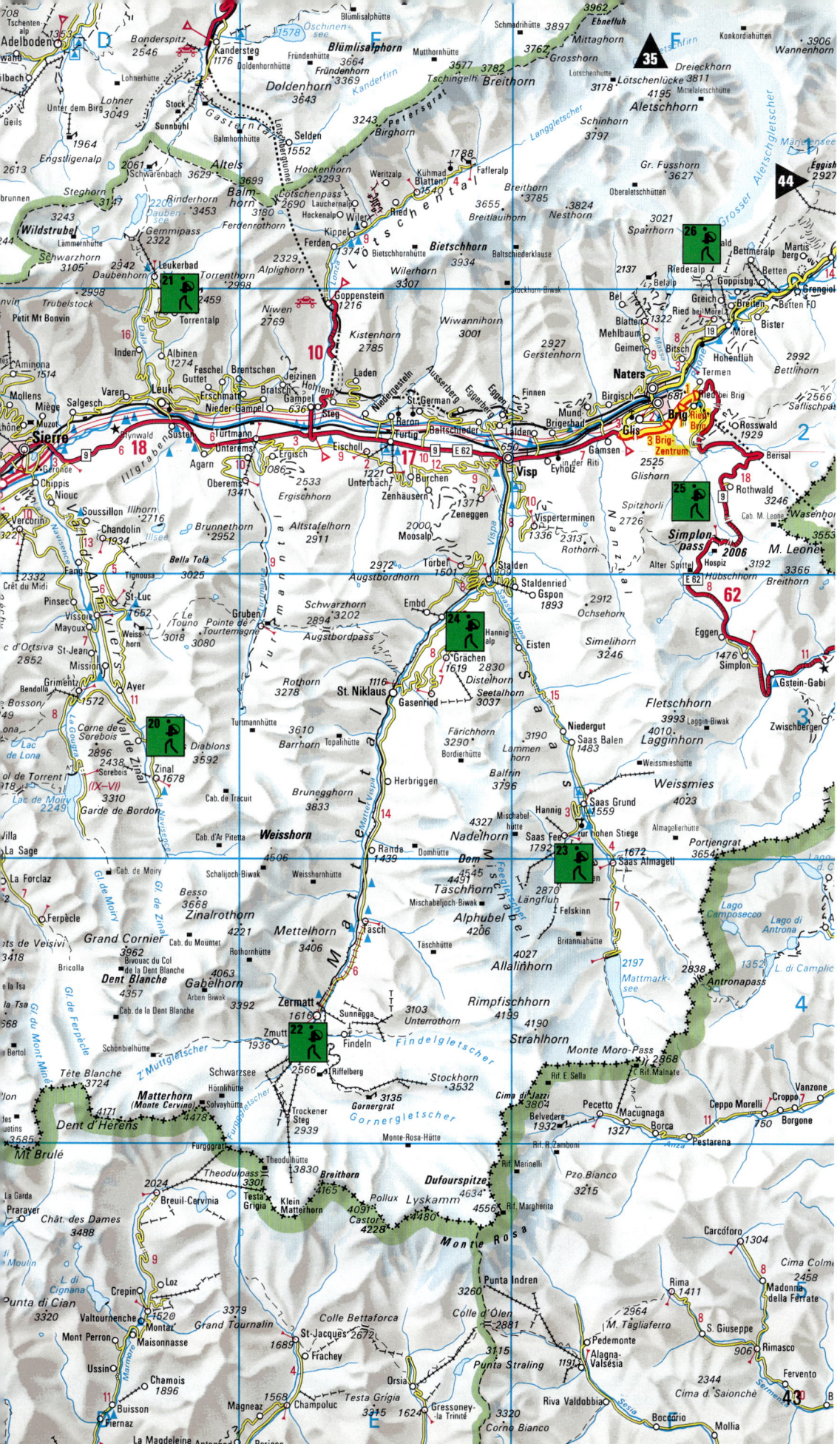

Cases A2–F2

Randonnée pédestre 15, p. 100
Le Chemin de Provence, ensoleillé et à l'abri des vents, domine Ollon et dévoile au touriste un parfum de végétation méditerranéenne.
Itinéraire cycliste 12, p. 298
Randonnée d'une journée de l'ancienne cité épiscopale de Sion jusqu'au centre commercial de Brigue dans le Haut-Valais.
Randonnée pédestre 17, p. 104
Découverte du vignoble valaisan central tout au long des bisses.
Randonnée pédestre 21, p. 112
Loèche-les-Bains, dans son cirque rocheux, propose un bon moyen de remettre en course les muscles courbaturés...
Randonnée pédestre 25, p. 120
Au départ de Vispertreminen, passionnante randonnée avec passage de trois cols.

Cases A3–F3

Randonnée pédestre 16, p. 102
Au pied des Dents du Midi, randonnée très prisée dans le climat du Val d'Illiez.
Randonnée pédestre 18, p. 106
Plusieurs zones d'altitude très étendues au versant sud de la Vallée du Rhône.
Randonnée pédestre 20, p. 110
Univers sauvage, à l'écart du monde, propice à la rêverie.
Randonnée pédestre 24, p. 118
Les calmes forêts d'arolles et de mélèzes jusque sur les hauteurs.

Cases A4–F4

Randonnée pédestre 19, p. 108
Pour le marcheur attentif, les occasions ne manquent pas de surprendre et d'observer de près chamois et bouquetins.
Randonnée pédestre 22, p. 114
Le Cervin, pyramide à quatre pans, attire les touristes, comme un aimant.
Randonnée pédestre 23, p. 116
Le versant est du groupe de Mischabel, environné de glaciers et de montagnes, est d'une étonnante fascination.

Cases A1–F1

Randonnée pédestre 26, p. 122
Les buts d'excursion ne manquent pas dans l'étonnant paradis de la Bettmeralp et de la Riederalp.

Randonnée pédestre 27, p. 124
Une visite au Glacier de Fiesch et à l'intérieur de ses crevasses gris bleuté est une impression inoubliable.

Randonnée pédestre 95, p. 260
Deux jours dans la région du nord du Sopraceneri où abondent les lacs artificiels.

Cases A2–F2

Itinéraire cycliste 50, p. 374
Un défi pour les sportifs: une montée de 8 km – pente 12% – avant le franchissement du col du Gothard!

Pagayer sur les rivières et les lacs 12, p. 402
A partir de Cama, la Moesa est un cours d'eau parmi les plus agréables.

Cases A3–F3

Itinéraire cycliste 13, p. 300
A travers les régions frontalières suisse et italienne, sous le soleil du sud.

Randonnée pédestre 97, p. 266
Incursion dans les trois vallées tessinoises de la région de Locarno: Centovalli, Valle Onsernone, Valle Maggia.

Randonnée pédestre 98, p. 264
Une marche par les crêtes, vers deux des plus beaux points de vue du Tessin, pour finir sur la douce «côte d'argent» du Gambarogno.

Randonnée pédestre 96, p. 262
Forêts de châtaigniers, maisons de pierre, eaux vert émeraude: c'est tout le Val Verzasca, vallée tessinoise belle parmi toutes.

Randonnée pédestre 92, p. 254
Pour un marcheur agréablement fatigué, quelle meilleure manière de se refaire une santé sinon en sirotant un bon verre de Merlot du Tessin, dans un grotto bien frais?

Itinéraire cycliste 15, p. 304
Au sud, les pittoresques villages du Val Mesocco, au nord les gorges sauvages, coulisses étonnantes du San Bernardino.

Cases A4–F4

Randonnée pédestre 99, p. 266
Après que le marcheur, jamais fatigué, a encore gravi l'inoubliable Monte Boglia, il rejoint plein d'entrain les rives enchanteresses du lac de Lugano.

Cases A5–F5

Randonnée pédestre 100, p. 268
Par un terrain où alternent montées et descentes escarpées qui caractérisent les montagnes Poncione d'Arzio et Monte San Giorgio riches en points de vue, jusqu'au saillant le plus méridional de la Suisse.

Cases A1–F1

Randonnée pédestre 80, p. 230
Le Domleschg, au paysage inimitable, est plein d'attraits pour les amateurs de randonnées comme pour les passionnés d'histoire.

Randonnée pédestre 81, p. 232
Départ du point le plus élevé pour une excursion par de splendides chemins de crêtes vers la vallée de la Lenzerheide.

Randonnée pédestre 86, p. 242
Les étendues spacieuses du Parc national ménagent des espaces libres illimités pour les animaux et les plantes, univers intact à voir sans toucher!

Cases A2–F2

Randonnée pédestre 79, p. 228
L'image de la Vallée de Vals est tout imprégnée par le soleil et les toits recouverts de dalles de gneiss.

Cases A3–F3

Randonnée pédestre 91, p. 252
Les ruisseaux croisent sans cesse le chemin de pente où alternent forêts et pâturages.

Randonnée pédestre 87, p. 244
Randonnée aux décors changeants, de la haute vallée verdoyante Haute-Engadine vers les sommets.

Randonnée pédestre 88, p. 246
Le mot «Steinbockweg» – Chemin des bouquetins – en dit assez long: le parcours de cette imposante excursion ne convient qu'aux marcheurs en forme et sans crainte du vertige...

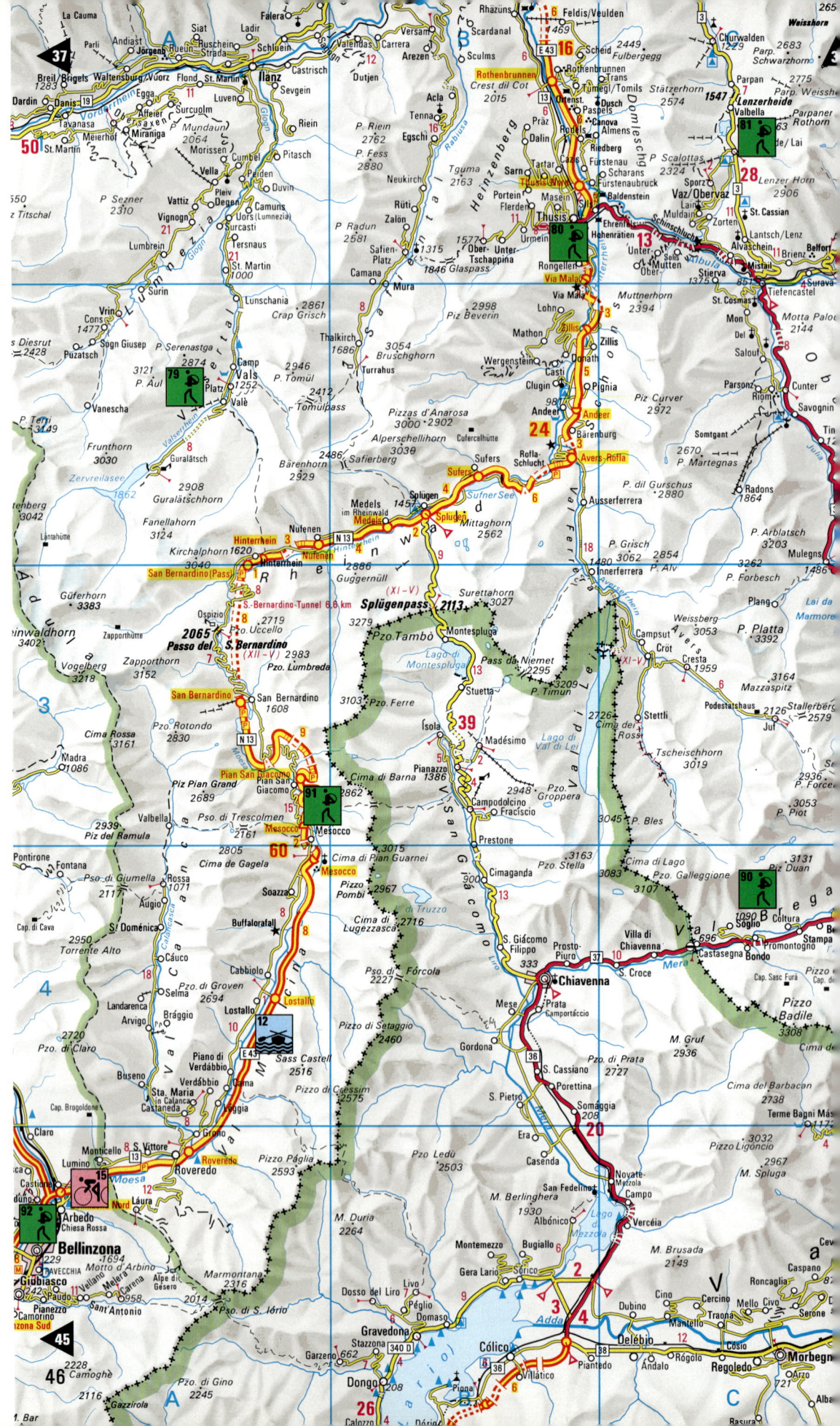

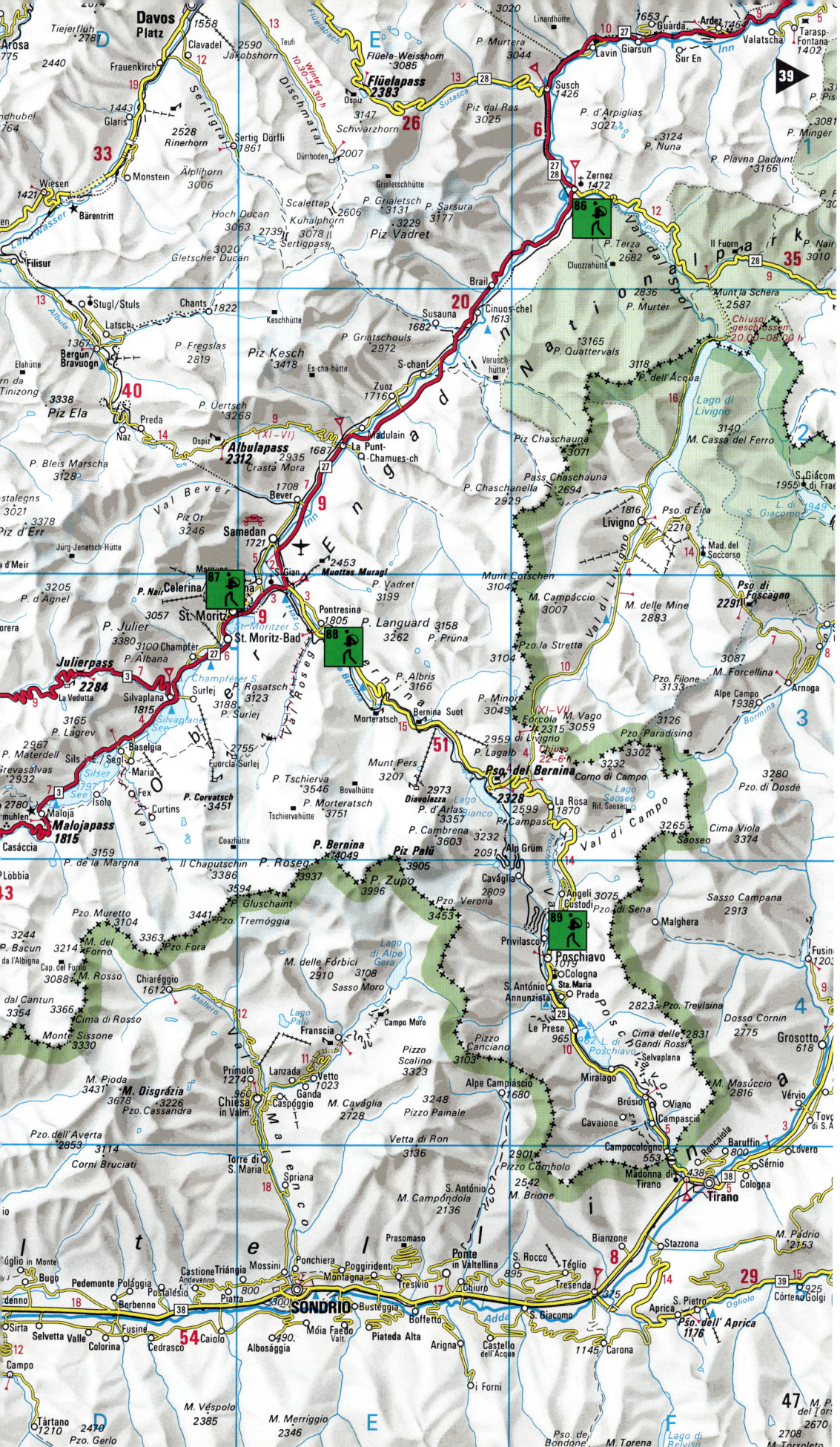

Cases A4–F4

Pagayer sur les rivières et les lacs 12, p. 402
A partir de Cama, la Moesa est un des cours d'eau parmi les plus agréables.
Randonnée pédestre 90, p. 250
Les Romains appréciaient déjà le passage par le Bregaglia, dont les pentes offrent un fameux panorama.
Randonnée pédestre 89, p. 248
Le chemin de la région des glaciers de la Bernina serpente vers Poschiavo, à l'image du chemin de fer touristique très attrayant.

Cases A5–F5

Randonnée pédestre 92, p. 254
Pour un marcheur agréablement fatigué, quelle meilleure manière de se refaire une santé sinon en sirotant un bon verre de Merlot du Tessin dans la fraîcheur d'un grotto?
Itinéraire cycliste 15, p. 304
Au sud, les pittoresques villages du Val Mesocco, au nord les gorges sauvages, étonnantes coulisses du San Bernardino.

Alphabetisches Ortsverzeichnis

Enthält alle auf der Karte der Schweiz 1:301 000 verzeichneten Ortsnamen der Schweiz und Liechtensteins in alphabetischer Reihenfolge. Bei jedem Namen ist die Postleitzahl vorangestellt und die Kantonszugehörigkeit vermerkt (FL = Fürstentum Liechtenstein).

Verfügt ein Ort über keine Bahnstation gleichen Namens, so ist anschließend die nächstgelegene Bahnstation (in Ausnahmefällen die nächstgelegene Schiffsstation) in Klammern aufgeführt.

Die abschließende Ziffer- und Buchstabengruppe gibt Seitenzahl und Feld des Suchnetzes an. Die Suchfelder sind waagerecht mit Buchstaben und senkrecht mit Ziffern bezeichnet.

Beispiel: Aarau **28** C 3 = Seite **28**, Feld C 3.

Liste alphabétique des localités

Comprend toutes les localités de Suisse et du Liechtenstein figurant sur la carte de Suisse 1:301 000. Chaque nom est précédé du numéro postal et suivi du sigle cantonal (FL = «Fürstentum Liechtenstein», Principauté du Liechtenstein).

Pour les localités qui ne sont pas desservies directement par une ligne de chemin de fer, la station la plus proche (ou la localité desservie par bateau) est indiquée entre parenthèses.

Le groupe de chiffres et de lettres qui suit le nom renvoie à la page puis à la case où se trouve la localité. Les cases sont désignées horizontalement par des lettres et verticalement par des chiffres.

Exemple: Allaman **40** C 2 = page **40**, case C 2.

A

8355 Aadorf TG	30	C 3
5000 Aarau AG	28	C 3
3270 Aarberg BE	26	C 5
4663 Aarburg AG	28	B 4
4912 Aarwangen BE	27	E 3
8607 Aathal-Seegräben ZH	30	B 4
1341 Abbaye, L' VD (Le Pont)	32	B 4
1351 Abergement, L' VD (Orbe)	32	C 3
1631 Abländschen BE (Weissenbach)	34	A 4
5646 Abtwil AG (Ballwil)	29	D 5
9030 Abtwil SG (St. Gallen-Winkeln)	31	E 3
3147 Äckenmatt BE	34	B 2
7181 Acla (Medel) GR (Disentis/Mustér)	37	D 4
1111 Aclens VD (Cossonay)	40	C 2
7180 Acletta GR (Disentis-Mustér)	37	D 4
6718 Acquacalda TI (Biasca)	37	D 5
6716 Acquarossa TI (Biasca)	45	E 1
3715 Adelboden BE (Frutigen)	34	B 5
6203 Adelwil LU (Sempach-Neuenkirch)	29	D 5
8344 Adetswil ZH (Bäretswil)	30	B 4
6043 Adligenswil LU (Luzern)	39	A 1
8450 Adlikon b. Andelfingen ZH (Andelfingen)	30	B 2
8106 Adlikon b. Regensdorf ZH (Regensdorf-Watt)	30	E 3
8134 Adliswil ZH	29	E 4
4711 Aedermannsdorf SO (Balsthal)	27	E 3
3426 Aefligen BE	27	E 4
2558 Aegerten BE (Brügg)	26	C 4
4147 Aesch BL	27	E 2
6287 Aesch LU (Mosen)	29	D 4
8904 Aesch b. Birmensdorf ZH (Birmensdorf)	29	E 4
8412 Aesch b. Neftenbach ZH (Hettlingen)	30	A 3
8127 Aesch b. Maur ZH (Forch)	29	F 4
3361 Aeschi SO (Herzogenbuchsee)	27	E 4
3703 Aeschi b. Spiez BE (Mülenen)	34	C 4
3703 Aeschiried BE (Mülenen)	34	C 4
3516 Aeschlen BE (Oberdiessbach)	34	C 3
3656 Aeschlen ob Gunten (Thun)	34	C 3
3549 Aeschau BE (Signau)	34	C/D 2
4571 Aetigkofen SO (Lohn-Lüterkofen)	27	D 4
5645 Aettenschwil AG (Sins)	29	D 5
8914 Aeugsterthal ZH (Affoltern am Albis)	29	E 4
8914 Aeugst am Albis ZH (Affoltern am Albis)	29	E 4
7131 Affeier GR (Ilanz)	37	E 3
9556 Affeltrangen TG (Tobel-Affeltrangen)	30	C 3
8910 Affoltern am Albis ZH	29	E 4
3416 Affoltern im Emmental BE (Affoltern-Weier)	27	E 5
3941 Agarn VS (Leuk)	43	D 2
8308 Agasul ZH (Illnau)	29	F 3
1961 Agettes, Les VS (Sion)	42	C 3
1351 Agiez VD (Orbe)	32	C 4
6982 Agno TI	45	E 4
6927 Agra TI (Lugano)	45	E 4
3211 Agriswil FR (Ferenbalm-Gurbrü)	33	F 2
1860 Aigle VD	42	A 5
1219 Aire GE (Genève)	40	A 4
1249 Aire-la-Ville GE (Satigny)	40	A 4
6780 Airolo TI	36	C 5
6575 Alabardia TI	45	E 3
7252 Albeina GR (Klosters)	38	C 2
6248 Alberswil LU (Willisau)	28	C 5
1661 Albeuve FR	33	F 5
3941 Albinen VS (Leuk SBB)	43	D 2
3183 Albligen BE (Flamatt)	34	A 2
3422 Alchenflüh BE (Kirchberg-Alchenflüh)	27	E 4
3399 Alchenstorf BE (Wynigen)	27	E 4
2512 Alfermée BE (Tüscherz)	26	C 4
9249 Algetshausen SG (Uzwil)	31	D 3
5649 Alikon AG (Sins)	29	D 5
6781 All'Acqua TI (Airolo)	44	C 1
1165 Allaman VD	40	C 2
2942 Alle JU	26	B 2
3205 Allenlüften BE (Gümmenen)	34	A 2
1304 Allens VD (Cossonay)	32	C 5
6311 Allenwinden ZG (Zug)	29	E 5
2540 Allerheiligen SO (Grenchen)	26	C 4
4699 Allerheiligenberg SO (Hägendorf)	27	F 2
1905 Allesse VS	42	A 3
3608 Allmendingen (Thun) BE (Thun)	34	B 3
3112 Allmendingen b. Bern BE (Rubigen)	34	B 2
4123 Allschwil BL (Basel SBB)	27	D 1
6065 Allweg NW (Stans)	36	A 2
7499 Almens GR (Rodels-Realta)	38	A 4
6315 Alosen ZG (Sattel-Aegeri)	29	F 5
7749 Alp Grüm GR	47	F 3
6055 Alpnach-Dorf OW	36	A 2
6053 Alpnachstad OW	36	A 2
8841 Alpthal SZ (Einsiedeln)	36	C 1
9656 Alt St. Johann SG (Nesslau-Neu St. Johann)	31	E 5
6776 Altanca TI (Ambri-Piotta)	36	C 5
3280 Altavilla FR (Murten)	33	F 2
6147 Altbüron LU (Melchnau)	28	B 5
8211 Altdorf SH (Thayngen)	30	A 1
6460 Altdorf UR	36	C 3
8450 Alten ZH (Andelfingen)	30	A 2
8852 Altendorf SZ	30	B 5
9423 Altenrhein SG (Staad b. Rorschach)	31	F 3
1715 Alterswil FR (Düdingen)	34	A 3
9230 Alterswil SG (Flawil)	31	D 4
8573 Alterswilen TG (Siegershausen)	31	D 2
5649 Althäusern AG (Muri AG)	29	D 4
8479 Altikon ZH (Thalheim-Altikon)	30	B 2
8573 Altishausen TG (Siegershausen)	31	D 2
6246 Altishofen LU (Nebikon)	28	B 5
6418 Altmatt SZ	36	C 1
8595 Altnau TG	31	D 2
2545 Altreu SO (Selzach)	27	D 4
9450 Altstätten SG	31	F 4
6286 Altwis LU (Hitzkirch)	29	D 5
7499 Alvaneu Bad GR	38	B 4
7499 Alvaneu Dorf GR	38	B 4
7451 Alvaschein GR (Tiefencastel)	38	B 4
6775 Ambri TI (Ambri-Piotta)	36	C 5
8873 Amden SG	37	E 1
3967 Aminona VS (Sierre)	43	D 2
8531 Amlikon TG (Märstetten Station)	30	C 2
4572 Ammannsegg SO	27	D 4
5600 Ammerswil AG (Lenzburg)	29	D 4
3257 Ammerzwil BE (Suberg-Grossaffoltern)	26	C 4
8580 Amriswil TG	31	E 2
3633 Amsoldingen BE (Thun)	34	C 3
6474 Amsteg UR	36	C 3
7431 Andeer GR (Thusis)	46	B 2
8450 Andelfingen ZH	30	A 2
6490 Andermatt UR	36	C 4
7199 Andiast GR (Waltensburg/Vuorz)	37	E 3
9204 Andwil SG (Arnegg)	31	D 3
8586 Andwil TG (Erlen)	31	D 2
7749 Angeli Custodi GR (Poschiavo)	47	F 3
4147 Angenstein BE (Duggingen)	27	E 2
5611 Anglikon (Wohlen) AG (Wohlen)	29	D 4
1247 Anières GE (Genève)	40	B 4
4461 Anwil BL (Gelterkinden)	27	F 2
1882 Anzeindaz VD (Bex)	42	B 2
1972 Anzère VS (Sion)	42	C 2
6799 Anzonico TI (Lavorgo)	45	E 1
9050 Appenzell AI	31	E 4
1143 Apples VD	40	C 2
1961 Aproz VS (Sion)	42	C 3
6711 Aquila TI (Biasca)	37	D 5
6981 Aranno TI (Agno)	45	E 4
1961 Arbaz VS (Sion)	42	C 2
6517 Arbedo TI (Castione-Arbedo)	45	F 3
4411 Arboldswil BL (Niederdorf)	27	E 2
9320 Arbon TG	31	E 3
6611 Arcegno TI (Lugano)	45	D 3
3296 Arch BE	27	D 4
1711 Arconciel FR (Matran)	33	F 4
7549 Ardez GR	39	C 3
1917 Ardon VS	42	B 3
8268 Arenenberg TG (Mannenbach)	30	C 2
4411 Arisdorf BL (Liestal)	27	E 1
5649 Aristau AG (Muri AG)	29	D 4
1931 Arlaches, Les VS (Orsières)	34	B 4
4144 Arlesheim BL	27	E 1
9212 Arnegg SG	31	D 3
1261 Arnex-sur-Nyon VD (Nyon)	40	B 3
1349 Arnex-sur-Orbe VD	32	C 4
3508 Arni b. Biglen BE (Biglen)	34	C 2
8905 Arni-Islisberg AG (Hedingen)	29	E 4

3508 Arnisäge BE (Biglen) **34** C 2
6822 Arogno TI (Maroggia-Melano) **45** F 4
1961 Arolla VS (Sion) **43** D 4
7050 Arosa GR **38** B 3
6911 Arosio TI (Lamone-Cadempino) **45** E 4
1463 Arrissoules VD (Yvonand) **33** D 3
6415 Arth SZ (Arth-Goldau) **45** B 1
1883 Arveyes VD (Bex) **42** A 2
6549 Arvigo GR (Grono) **46** A 4
1261 Arzier VD **40** B 2
6864 Arzo TI (Mendrisio) **45** E 5
6612 Ascona TI (Locarno) **45** D 3
1049 Assens VD **32** C 5
6981 Astano TI (Magliaso) **45** E 4
2954 Asuel JU (Courgenay) **26** C 2
1249 Athenaz (Avusy) GE (La Pleine) **40** A 4
1616 Attalens FR (Bossonnens) **33** E 5
5056 Attelwil AG (Schöftland) **28** C 4
8544 Attikon ZH (Rickenbach-Attikon) **30** B 3
6468 Attinghausen UR (Altdorf) **36** C 3
4536 Attiswil BE **27** E 3
9434 Au SG **31** F 3
8376 Au TG (Bauma) **30** C 4
8804 Au ZH **29** F 4
1451 Auberson, L' VD (Ste-Croix) **32** C 3
1170 Aubonne VD (Allaman) **40** C 2
1099 Auboranges FR (Châtillens) **33** D 5
5105 Auenstein AG (Wildegg) **28** C 3
6549 Augio GR (Grono) **46** A 4
4302 Augst BL (Kaiseraugst) **27** E 1
1482 Aumont FR (Cugy FR) **33** E 3
6611 Auressio TI (Cavigliano) **45** D 3
6671 Aurigeno TI (Ponte Brolla) **45** D 2
8330 Auslikon ZH (Kempten) **30** B 4
3931 Ausserberg VS **43** E 2
3981 Ausserbinn VS (Fiesch) **44** A 1
7431 Ausserferrera GR (Thusis) **46** B 2
4931 Auswil BE (Rohrbach) **27** F 4
1782 Autafond FR (Belfaux) **33** F 3
1565 Autavaux FR (Estavayer-le-Lac) **33** E 3
1751 Autigny FR (Cottens FR) **33** E 4
2012 Auvernier NE **33** E 2
5644 Auw AG (Sins) **29** D 5
1833 Avants, Les VD **41** F 2
6671 Avegno TI (Ponte Brolla) **45** D 3
6671 Avegno di fuori TI (Ponte Brolla) **45** D 3
1961 Aven (Conthey) VS (Sion) **42** B 1
1580 Avenches VD **33** E 3
7431 Avers-Cresta GR **46** C 3
1864 Aviolats, Les VD **42** B 2
1631 Avry-devant-Pont FR (Bulle) **33** F 4
1754 Avry-sur-Matran FR (Rosé) **33** F 3
1249 Avully GE (La Plaine) **40** A 4
1249 Avusy GE (La Plaine) **40** A 4
3855 Axalp BE (Brienz) **35** E 3
1966 Ayent VS (Sion) **42** C 2
3961 Ayer VS (Sierre) **43** D 3
9478 Azmoos SG (Trübbach) **38** A 1

B

6340 Baar ZG **29** E 5
1961 Baar (Nendaz) VS (Sion) **42** C 3
6215 Bäch LU (Beromünster) **28** C 5
8806 Bäch SZ **30** B 5
8184 Bachenbülach ZH (Bülach) **29** E 3
9128 Bächli (Hemberg) SG (Brunnadern-Neckertal) **31** D 4
8164 Bachs ZH (Weiach-Kaiserstuhl) **29** E 2
7310 Bad Ragaz SG **38** A 2
5400 Baden AG **29** D 3
3258 Baggwil BE (Aarberg) **26** C 5
1934 Bagnes VS (Le Châble) **42** B 4
6283 Baldegg LU **29** D 5
6828 Balerna TI **45** F 5
9436 Balgach SG (Heerbrugg) **31** F 3
1338 Ballaigues VD (Vallorbe) **32** B 4
1141 Ballens VD **40** C 2
3349 Ballmoos BE (Jegenstorf) **27** D 5
6275 Ballwil LU **29** D 5
4511 Balm SO **27** D 3
3254 Balm b. Messen SO (Grafenried) **27** D 4
1902 Balmaz, La VS (Evionnaz) **42** A 3
4511 Balmberg SO (Solothurn) **27** D 3
4710 Balsthal SO **27** E 3
8362 Balterswil TG (Eschlikon) **30** C 3
3931 Baltschieder VS (Visp) **43** E 2
9496 Balzers FL (Trübbach) **38** A 1
3256 Bangerten b. Dieterswil BE (Münchenbuchsee) **27** D 5
4913 Bannwil BE **27** E 3
3552 Bärau BE (Langnau im Emmental) **35** D 2
1783 Barberêche FR (Pensier) **33** F 3
1882 Barboleusaz VD (Bex) **42** A 2
1257 Bardonnex GE (Genève) **40** A 5
7431 Bärenburg GR (Thusis) **46** B 2
4438 Bärenwil BL (Waldenburg) **27** F 3
8344 Bäretswil ZH **30** B 4
3282 Bargen BE **26** C 5
8233 Bargen SH (Schaffhausen) **30** A 1
7099 Bargis GR (Reichenau) **37** F 3
3323 Bäriswil BE (Schönbühl) **34** B 1
1874 Barme VS (Champéry) **41** E 5
5017 Barmelweid, Sanatorium AG (Aarau) **27** F 2
2916 Barrières, Les JU (Le Noirmont) **26** A 3
4252 Bärschwil SO **27** D 2
6023 Bärtiswil LU (Rothenburg) **36** A 1
8240 Barzheim SH (Thayngen) **30** B 1
8251 Basadingen TG (Schlattingen) **30** B 2
1341 Bas-des-Bioux VD (Le Sentier) **32** B 4
4000 Basel BS **27** D 1
2854 Bassecourt JU **26** C 3
1961 Basse-Nendaz VS (Sion) **42** C 3
8303 Bassersdorf ZH **29** F 3
1261 Bassins VD **40** B 2
3315 Bätterkinden BE **27** D 4
4112 Bättwil SO **27** D 1
6499 Bauen UR **36** B 2
1446 Baulmes VD **32** C 3
8494 Bauma ZH **30** B 4
1399 Bavois VD **32** C 4
2127 Bayards, Les NE **32** C 2
3803 Beatenberg BE (Interlaken) **35** D 4
3658 Beatenbucht BE (Thun) **34** C 4
6375 Beckenried NW **36** B 2
6911 Bedano TI (Lamone-Cadempino) **45** E 4
6981 Bedigliora TI (Magliaso) **45** E 4
6781 Bedretto TI (Airolo) **36** B 5
6743 Bedretto TI (Bellinzona) **45** F 3
8211 Beggingen SH (Schaffhausen) **30** A 1
1268 Begnins VD (Gland) **40** B 2
5637 Beinwil (Freiamt) AG (Benzenschwil) **29** D 5
4249 Beinwil SO (Laufen) **27** E 2
5712 Beinwil am See AG **29** D 4
3113 Beitenwil BE (Worb SBB) **34** C 2
3901 Bel VS (Naters) **43** F 2
3901 Belalp VS (Naters) **43** F 1
1782 Belfaux FR **33** F 3
6873 Bella Vista TI (Capolago) **45** F 5
4512 Bellach SO **27** D 3
2713 Bellelay BE (Tavannes) **26** B 3
1245 Bellerive GE (Genève) **40** B 4
1581 Bellerive VD (Avenches) **33** E 2
1293 Bellevue GE (Versoix) **40** B 4
5454 Bellikon AG (Berikon-Widen) **29** D 3
6500 Bellinzona TI **45** F 3
2564 Bellmund BE (Ipsach) **26** C 4
3981 Bellwald VS (Fiesch) **44** A 1
1092 Belmont-sur-Lausanne VD (La Conversion) **41** D 2
1432 Belmont-sur-Yverdon VD (Ependes VD) **32** C 4
3123 Belp BE **34** B 2
3124 Belpberg BE (Belp) **34** B 2
2741 Belprahon BE (Moutier) **27** D 3
3981 Belvédère (Furka) VS (Gletsch) **36** B 5
2126 Bémont NE (Les Verrières) **32** C 2
2877 Bémont, Le JU **26** B 3
9601 Bendel SG (Ebnat-Kappel) **31** D 4
9491 Bendern FL (Haag-Gams) **31** F 5
4105 Benken BL (Oberwil BL) **27** D 1
8717 Benken SG **30** C 5
8463 Benken ZH (Dachsen) **30** A 2
8836 Bennau (Biberbrugg) **36** C 1
4431 Bennwil BL (Niederdorf) **27** E 2
5636 Benzenschwil AG **29** D 4
1038 Bercher VD (Lausanne) **33** D 4
9305 Berg SG (Roggwil-Berg) **31** E 3
8572 Berg TG **31** D 2
8479 Berg (Dägerlen) ZH (Dinhard) **30** B 2
8625 Berg (Gossau) ZH (Wetzikon) **30** B 4
8415 Berg am Irchel ZH (Henggart) **30** A 2
8962 Bergdietikon AG (Dietikon) **29** E 3
7482 Bergün/Bravuogn GR **38** C 4
8965 Berikon AG **29** E 4
8222 Beringen SH (Neuhausen am Rheinfall) **30** A 1
3900 Berisal VS (Brig) **44** A 2
3361 Berken BE (Wangen an der Aare) **27** E 3
1680 Berlens FR (Romont FR) **33** E 4
2862 Berlincourt JU (Bassecourt) **26** C 3
8267 Berlingen TG **30** C 2
3000 Bern **34** B 2
9442 Berneck SG (Heerbrugg) **31** F 3
1233 Bernex GE (Genève) **40** A 4
9304 Bernhardzell SG (Wittenbach) **31** E 3
7749 Bernina Suot GR **47** E 3
1141 Berolle VD (Bière) **40** C 2
6215 Beromünster LU **29** D 5
8891 Berschis SG (Flums) **37** F 1
8544 Bertschikon b. Attikon ZH (Rickenbach-Attikon) **30** B 3
8611 Bertschikon (Gossau) ZH (Aathal) **30** B 4
6611 Berzona TI (Ponte Brolla) **45** D 3
5627 Besenbüren AG (Baswil) **29** D 4
8872 Betlis SG (Weesen) **37** E 1
8777 Betschwanden GL (Diesbach-Betschwanden) **37** E 2
3981 Betten VS (Mörel) **44** A 1
3366 Bettenhausen BE (Herzogenbuchsee) **27** E 4
1041 Bettens VD (Cossonay) **32** C 4
4126 Bettingen BS (Riehen) **27** E 1
2544 Bettlach SO **27** D 3
3981 Bettmeralp VS (Mörel) **43** F 1
8344 Bettswil ZH (Bäretswil) **30** C 4
9553 Bettwiesen TG **30** C 3
5618 Bettwil AG (Fahrwangen-Meisterschwanden) **29** D 4
2901 Beurnevésin JU (Bonfol) **26** B 1
1961 Beuson VS (Sion) **42** C 3
2022 Bevaix NE **33** D 2
7502 Bever GR **47** E 2
2735 Bévilard BE (Malleray-Bévilard) **26** B 3
1880 Bex VD **42** A 2
5312 Beznau (Institut für Reaktorforschung) AG (Döttingen) **29** D 2
6710 Biasca TI **45** E 2
2311 Biaufond JU (La Chaux-de-Fonds) **26** A 4
8836 Biberbrugg SZ **36** C 1
3206 Biberen BE (Gümmenen) **34** A 2
4562 Biberist SO **27** D 4
8211 Bibern SH (Thayngen) **30** A 1
4571 Bibern SO (Arch) **27** D 4
5023 Biberstein AG (Aarau) **28** C 3
8363 Bichelsee TG (Eschlikon) **30** C 3
9242 Bichwil SG (Uzwil) **31** D 3
6951 Bidogno TI (Lugano) **45** F 4
2500 Biel/Bienne BE **26** C 4
4105 Biel BL (Oberwil BL) **27** D 1
3981 Biel VS **44** B 1
3411 Biembach im Emmental BE (Hasle) **34** C 1
1145 Bière VD **40** C 2
4571 Biezwil SO (Büren an der Aare) **27** D 4
3513 Bigenthal BE **34** C 2
3507 Biglen BE **34** C 2
6676 Bignasco TI (Ponte Brolla) **45** D 1
6951 Bigorio TI (Lugano) **45** E 4
1681 Billens FR (Romont) **33** E 4
3981 Binn VS (Fiesch) **44** A 2
4102 Binningen BL **27** D 1
8122 Binz ZH (Zollikerberg) **29** F 4
8627 Binzikon ZH (Uerikon) **30** B 4
6934 Bioggio TI **45** E 4
1049 Bioley-Magnoux VD (Yverdon) **33** D 4
1049 Bioley-Orjulaz VD (Assens) **32** C 4
8840 Birchli SZ (Einsiedeln) **36** C 1
8303 Birchwil ZH (Bassersdorf) **30** A 3
3901 Birgisch VS (Naters) **43** F 2
8903 Birmensdorf ZH **29** E 4
5413 Birmensdorf AG (Brugg) **29** D 3
6804 Bironico TI (Rivera-Bironico) **45** E 3
5242 Birr AG (Birrfeld) **29** D 3
5244 Birrhard AG (Birrfeld) **29** D 3
5708 Birrwil AG **29** D 4
4127 Birsfelden BL (Basel SBB) **27** E 1
8585 Birwinken TG (Berg TG) **31** D 2
9220 Bischofszell TG **31** D 3
8307 Bisikon ZH (Effretikon) **30** B 3
8531 Bissegg TG (Märstetten-Station) **30** C 2
6816 Bissone TI (Melide) **45** E 5
3983 Bister VS (Mörel) **43** F 2
3981 Bitsch VS (Mörel) **43** F 2

Ort	PLZ	Seite	Feld
3255 Bittwil BE (Rapperswil)		27	D 4
7451 Bivio GR (St. Moritz)		38	B 5
3771 Blankenburg BE		34	B 5
3903 Blatten (Lötschen) VS (Goppenstein)		43	E 1
6102 Blatten (Malters) LU (Malters)		36	A 1
3901 Blatten b. Naters VS (Naters)		43	F 2
4249 Blauen BE (Zwingen)		27	D 2
3368 Bleienbach BE (Lotzwil)		27	E 4
3518 Bleiken b. Oberdiessbach BE (Oberdiessbach)		34	C 3
1675 Blessens FR (Vauderens)		41	E 1
6340 Blickensdorf ZG (Baar)		29	C 5
9220 Blidegg TG (Muolen)		31	E 3
3981 Blitzingen VS		44	A 1
1807 Blonay VD		41	E 2
3638 Blumenstein BE (Burgistein-Wattenwil)		34	B 3
8439 Böbikon AG (Rekingen AG)		29	D 2
4461 Böckten BL (Gelterkinden)		27	F 2
3861 Boden b. Guttannen BE (Innertkirchen)		35	F 4
6743 Bodio TI		45	E 1
2311 Boécourt, Le JU		26	A 4
2856 Boécourt JU (Glovelier)		26	C 2
1351 Bofflens VD (Groy-Romainmôtier)		32	C 4
1261 Bogis-Bossey VD (Céligny)		40	B 3
6951 Bogno TI (Lugano)		45	F 3
2336 Bois, Les JU		26	A 4
6611 Bolastro TI (Tenero)		45	D 2
2014 Bôle NE		33	E 2
3361 Bolken SO (Inkwil)		27	E 4
3067 Boll BE (Boll-Utzigen)		34	B 2
3065 Bolligen BE		34	B 2
8715 Bollingen SG		30	C 5
1470 Bollion FR (Estavayer-le-Lac)		33	D 3
3366 Bollodingen BE (Herzogenbuchsee)		27	E 4
3766 Boltigen BE		34	B 4
8560 Boltshausen TG (Weinfelden)		30	C 2
7402 Bonaduz GR		38	A 3
8554 Bonau TG (Märstetten)		30	C 2
2926 Boncourt JU		26	B 1
7649 Bondo GR (St. Moritz)		46	C 4
2944 Bonfol JU		26	B 2
3806 Bönigen b. Interlaken BE		35	D 4
4618 Boningen SO (Hägendorf)		27	F 3
5706 Boniswil AG		29	D 4
1261 Bonmont VD (Chéserex)		40	B 3
1711 Bonnefontaine FR (Fribourg)		33	F 4
8906 Bonstetten ZH		29	E 4
1411 Bonvillars VD (Onnens-Bonvillars)		33	D 3
8113 Boppelsen ZH (Otelfingen)		29	E 3
6651 Bordei TI (Palagnedra)		45	D 3
1261 Borex VD (Nyon)		40	B 3
6651 Borgnone TI		45	D 3
7649 Borgonovo GR (St. Moritz)		46	C 4
8264 Bornhausen TG (Eschenz)		30	B 2
6671 Bosco/Gurin TI (Ponte Brolla)		44	C 2
3178 Bösingen FR (Laupen)		33	F 2
2877 Bosse, La JU (Le Bémont)		26	B 3
1615 Bossonnens FR		33	E 5
1249 Bossy GE (Genève-Cornavin)		40	A 4
5623 Boswil AG (Muri AG)		29	D 4
1041 Bottens VD (Lausanne)		33	D 4
4814 Bottenwil AG (Zofingen)		28	C 4
1631 Botterens FR (Broc-Fabrique)		33	F 4
8598 Bottighofen TG (Münsterlingen-Scherzingen)		31	D 2
4103 Bottmingen BL		27	D 1
5315 Böttstein AG (Döttingen-Klingnau)		29	D 2
1966 Botyre VS (Sion)		42	C 2
2043 Boudevilliers NE (Les Hauts-Geneveys)		33	E 1
2017 Boudry NE		33	D 2
1171 Bougy-Villars VD (Perroy)		40	C 2
1041 Boulens VD (Moudon)		33	D 4
1699 Bouloz FR (Vauderens)		33	E 5
1242 Bourdigny GE (Satigny)		40	A 4
1931 Bourg-St-Pierre VS (Orsières)		42	B 5
1722 Bourguillon FR (Fribourg)		33	F 3
1049 Bournens VD (Cossonay)		32	C 5
2117 Bourquin, Les NE (Ste-Croix)		32	C 3
2801 Bourrignon JU (Delémont)		26	C 2
1049 Boussens VD (Cossonay)		32	C 5
1897 Bouveret, Le VS		41	E 3
2113 Boveresse NE		32	C 2
1931 Bovernier VS		42	B 4
3533 Bowil BE		34	C 2
5254 Bözen AG (Hornussen)		28	C 3
6549 Braggio GR (Castione-Arbedo)		46	A 4
7549 Brail GR (Cinuos-chel-Brail)		47	E 1
3176 Bramberg BE (Neuenegg)		34	A 2
1967 Bramois VS (Sion)		42	C 2
1926 Branson VS (Martigny)		42	A 3
1348 Brassus, Le VD		32	A 5
3941 Bratsch VS (Leuk)		43	E 2
9502 Braunau TG (Tobel-Affeltrangen)		30	C 3
8784 Braunwald GL (Linthal)		37	D 2
6611 Bré sopra Locarno TI (Locarno)		45	D 3
6911 Bré sopra Lugano TI (Lugano)		45	F 4
7165 Breil/Brigels GR (Tavanasa-Breil/Brigels)		37	E 3
8303 Breite b. Nürensdorf ZH (Bassersdorf)		30	A 3
3983 Breiten VS (Mörel)		43	F 2
4226 Breitenbach SO (Zwingen)		27	D 2
1111 Bremblens VD (Morges)		40	C 2
5620 Bremgarten AG		29	D 4
3047 Bremgarten b. Bern BE (Bern)		34	B 1
2416 Brenets, Les NE (Le Locle)		33	D 1
1681 Brenles VD (Moudon)		33	E 4
6911 Breno TI (Bioggio)		45	E 4
1817 Brent VD (Clarens)		41	E 2
3526 Brenzikofen BE		34	C 3
2901 Bressaucourt JU (Porrentruy)		26	B 2
5707 Brestenberg AG (Boniswil)		29	D 4
1884 Bretaye VD (Bex)		42	A 2
1041 Bretigny-sur-Morrens VD (Cugy)		32	C 5
1349 Bretonnières VD		32	C 4
4207 Bretzwil BL (Grellingen)		27	E 2
2724 Breuleux, Les JU		26	B 3
3941 Breutschen VS (Feschel-Guttet)		43	E 2
2125 Brévine, La NE (Les Verrières)		32	C 2
3855 Brienz BE		35	E 3
7099 Brienz GR (Tiefencastel)		38	B 4
3856 Brienzwiler BE		35	E 3
3900 Brig VS		43	F 2
3900 Brigerbad VS (Visp)		43	F 2
1961 Brignon VS (Sion)		42	C 3
6645 Brione sopra Minusio TI (Locarno)		45	D 2
6611 Brione (Verzasca) TI (Tenero)		45	E 3
4225 Brislach BE (Zwingen)		27	D 2
6614 Brissago TI (Locarno)		45	D 3
6499 Bristen UR (Amsteg-Silenen)		36	C 3
4571 Brittern SO (Balm bei Messen)		27	D 4
4805 Brittnau AG (Brittnau-Wikon)		28	C 4
1636 Broc FR (Broc-Village)		33	F 5
1920 Brocard, Le VS (Martigny)		42	A 4
6671 Broglio TI (Ponte Brolla)		45	D 1
9552 Bronschhofen SG		30	C 3
6671 Brontallo TI (Ponte Brolla)		45	D 1
2103 Brot-Dessous NE (Noiraigue)		33	D 2
2093 Brot-Dessus NE (Travers)		33	D 2
2093 Brot-Plamboz NE (Les Ponts-de-Martel)		33	D 2
9245 Brübach SG (Uzwil)		31	D 3
5200 Brugg AG		29	D 3
8730 Brugg (Uznach) SG (Uznach)		30	C 5
2555 Brügg b. Biel BE		27	C 4
3176 Brüggelbach BE (Neuenegg)		34	A 2
9014 Bruggen SG (St. Gallen Bruggen)		31	E 3
6781 Brugnasco TI (Airolo)		36	C 5
9058 Brülisau AI (Weissbad)		31	E 4
5505 Brunegg AG (Othmarsingen)		29	D 3
1711 Brünisried FR (Fribourg)		34	A 3
9125 Brunnadern SG (Brunnadern-Neckertal)		31	D 4
3458 Brunnen BE (Dürrenroth)		27	E 4
6440 Brunnen SZ		36	C 2
3349 Brunnenthal SO (Grafenried)		27	C 4
8841 Brunni SZ (Einsiedeln)		36	C 1
5637 Brunnwil AG (Beinwil, Freiamt)		29	D 5
6911 Brusino Arsízio TI (Capolago-Riva s. Vitale)		45	E 5
7743 Brusio GR		47	F 4
1934 Bruson VS (Le Châble)		42	B 4
2578 Brüttelen BE		26	B 5
8311 Brütten ZH (Kemptthal)		30	A 3
8306 Brüttisellen ZH (Dietlikon)		29	F 3
6831 Bruzella TI (Balerna)		45	F 5
1631 Bry, Le FR (Bulle)		33	F 4
4416 Bubendorf BL		27	E 2
4416 Bubendorf, Bad BL		27	E 2
8608 Bubikon ZH		30	B 4
8608 Bubikon, Ritterhaus ZH		30	B 4
8263 Buch SH (Ramsen)		30	B 1
8414 Buch am Irchel ZH (Henggart)		30	A 2
8501 Buch b. Frauenfeld TG (Stammheim)		30	B 2
9501 Buch b. Märwil TG (Märwil)		30	C 3
8586 Buchackern TG (Erlen)		31	D 2
8451 Buchberg SH (Rafz)		30	A 2
4571 Buchegg SO (Lohn-Lüterkofen)		27	D 4
9464 Büchel SG (Rüthi Rheintal)		31	F 4
3623 Buchen BE (Thun)		34	C 5
7221 Buchen im Prättigau GR (Schiers)		38	C 2
9422 Buchen bei Staad SG (Staad)		31	F 3
8196 Buchenloh ZH (Eglisau)		30	A 2
3615 Buchholterberg BE (Oberdiessbach)		34	C 3
1164 Buchillon VD (Allaman)		40	C 2
6033 Buchrain LU (Ebikon)		36	A 1
5033 Buchs AG		28	C 5
6211 Buchs LU (Wauwil)		28	C 5
9470 Buchs SG		31	E 5
8107 Buchs ZH (Buchs-Dällikon)		29	E 3
3211 Büchslen FR (Murten)		33	F 2
4446 Buckten BL		27	F 2
3251 Büetigen BE (Busswil b. Büren)		26	C 4
6207 Bühl LU (Nottwil)		28	C 5
8500 Bühl b. Frauenfeld TG (Frauenfeld)		30	C 2
3274 Bühl b. Aarberg BE (Aarberg)		26	C 4
9055 Bühler AR		31	E 4
6017 Buholz LU (Wolhusen)		35	E 1
9215 Buhwil TG (Sulgen)		31	D 3
2925 Buix JU		26	B 1
8180 Bülach ZH		29	E 2
1630 Bulle FR		33	F 4
1451 Bullet VD (Ste-Croix)		32	C 3
6197 Bumbach BE (Wiggen)		35	D 3
3018 Bümpliz, Bern- BE		34	B 1
3054 Bundkofen BE (Schüpfen)		34	B 1
3186 Bundtels FR (Düdingen)		33	F 3
3765 Bunschen BE (Oberwil im Simmental)		34	B 4
5624 Bünzen AG (Boswil-Bünzen)		29	D 4
6374 Buochs NW		36	B 2
6343 Buonas ZG (Rotkreuz)		29	C 5
3931 Bürchen VS (Visp)		43	E 2
2915 Bure JU (Porrentruy)		26	B 2
4346 Büren AG (Etzgen)		28	C 2
4413 Büren SO (Liestal)		27	E 2
8557 Büren TG (Berlingen)		30	G 2
3294 Büren an der Aare BE		26	C 4
6382 Büren nid dem Bach NW		36	B 2
3313 Büren zum Hof BE		27	D 4
5736 Burg AG (Menziken SBB)		29	D 5
8732 Bürg SG (Eschenbach)		30	C 5
3280 Burg b. Murten FR (Murten)		33	F 2
4117 Burg im Leimental BE (Rodersdorf)		27	D 2
9231 Burgau SG (Flawil)		31	D 3
3400 Burgdorf BE		27	E 5
6366 Bürgenstock NW (Stansstad)		36	B 2
9470 Burgerau SG (Buchs SG)		31	F 5
3134 Burgistein BE (Burgistein-Wattenwil)		34	B 3
3801 Burglauenen BE		35	E 4
6099 Bürglen OW (Kaiserstuhl)		35	F 3
8575 Bürglen TG		31	D 2
6463 Bürglen UR (Altdorf)		36	C 3
9425 Buriet SG (Rheineck)		31	F 3
6233 Büron LU (Sursee)		28	C 5
1195 Bursinel VD (Gilly-Bursinel)		40	B 2
1181 Bursins VD (Gilly-Bursinel)		40	B 2
1261 Burtigny VD (Gilly-Bursinel)		40	B 2
6549 Buseno GR (Castione-Arbedo)		46	A 4
4227 Büsserach SO (Laufen BE)		27	D 2
1030 Bussigny-près-Lausanne VD		41	D 2
5453 Busslingen AG (Dättwil)		29	D 3
9565 Bussnang TG		30	C 2
9501 Busswil TG (Sirnach)		30	C 3
3292 Busswil b. Büren BE		26	C 4
4917 Busswil b. Melchnau BE (Melchnau)		27	F 4
1482 Bussy FR (Cugy FR)		33	E 3
1141 Bussy-Chardonney VD (Yens)		40	C 2
1511 Bussy-sur-Moudon VD (Moudon)		33	D 4

3422 Bütikofen BE (Kirchberg-Alchenflüh) **27** E 4
9606 Bütschwil SG **30** C 4
8211 Büttenhardt SH (Thayngen) **30** A 1
3203 Buttenried BE (Gümmenen) **34** A 2
2115 Buttes NE **32** C 3
5611 Büttikon AG (Wohlen AG) **29** D 4
8863 Buttikon SZ (Schübelbach-Buttikon) **30** C 5
6018 Buttisholz LU (Nottwil) **28** C 5
5630 Buttwil AG (Muri AG) **29** D 4
4922 Bützberg BE **27** E 3
4463 Buus BL (Gelterkinden) **27** F 1

C

6558 Cabbiolo GR (Castione-Arbedo) **46** A 4
2401 Cachot Le NE (Le Locle-Col-des-Roches) **33** D 2
6936 Cademario TI (Bioggio) **45** E 4
6593 Cadenazzo TI **45** E 3
6911 Cadepiano TI (Lugano) **45** E 4
6965 Cadro TI (Lugano) **45** F 4
6655 Calezzo TI (Intragna) **45** D 3
7099 Calfreisen GR (Lüen-Castiel) **38** B 3
6746 Calónico TI (Lavorgo) **45** E 1
6760 Calpiogna TI (Faido) **45** D 1
6557 Cama GR (Castione-Arbedo) **46** A 4
7105 Camana GR (Versam-Safien) **37** F 4
6671 Camanoglio TI (Ponte Brolla) **44** C 2
6651 Cámedo TI **45** D 3
6804 Camignolo TI (Rivera-Bironico) **45** E 3
7181 Camischolas (Tavetsch) GR (Sedrun) **36** C 4
6528 Camorino TI (Giubiasco) **45** F 3
7749 Campascio GR **47** F 4
6760 Campello TI (Faido) **45** E 1
6718 Camperio TI (Biasca) **37** D 5
6711 Campo (Blénio) TI (Biasca) **37** D 5
6671 Campo (Vallemaggia) TI (Ponte Brolla) **44** C 2
7744 Campocologno GR **47** F 4
7431 Campsut GR (Thusis) **46** C 3
7131 Camuns (Lumnezia) GR (Ilanz) **37** F 4
6831 Caneggio TI (Chiasso) **45** F 5
1222 Capite, La GE Genève **40** B 4
6825 Capolago TI (Capolago-Riva S. Vitale) **45** F 5
6849 Caprino TI **45** F 4
6911 Carabbia TI (Lugano) **45** E 4
6911 Carabietta TI (Lugano) **45** E 4
6503 Carasso (Bellinzona) TI (Bellinzona) **45** F 3
6600 Cardada TI (Locarno) **45** D 3
6549 Carena TI (Giubiasco) **45** F 3
6760 Carí TI (Faido) **45** E 1
6914 Carona TI (Lugano) **45** E 4
1227 Carouge GE (Genève) **40** B 4
7122 Carrera GR (Valendas-Sagogn) **37** F 3
1099 Carrouge VD (Bressonnaz) **33** D 5
1236 Cartigny GE (La Plaine) **40** A 4
7649 Casaccia GR (St. Moritz) **47** D 3
6851 Casima TI (Balerna) **45** F 5
6987 Caslano TI (Magliaso) **45** E 4
6976 Castagnola TI (Lugano) **45** F 4
6549 Castaneda GR (Castione-Arbedo) **46** A 4
7649 Castasegna GR (St. Moritz) **46** C 4
6874 Castel San Pietro TI (Mendrisio) **45** F 5
7431 Casti GR (Thusis) **46** B 2
7099 Castiel GR (Lüen-Castiel) **38** B 3
6532 Castione TI (Castione-Arbedo) **45** F 3
7126 Castrisch GR **37** F 3
6711 Castro TI (Biasca) **45** E 1
6549 Cauco GR (Castione-Arbedo) **46** A 4
1824 Caux VD (Montreux) **41** F 3
7742 Cavaglia GR **47** F 4
6799 Cavagnago TI (Lavorgo) **45** E 1
7749 Cavajone GR (Campascio) **47** F 4
7181 Cavardiras GR (Disentis/Mustér) **37** D 4
6671 Cavergno TI (Ponte Brolla) **45** D 2
6578 Caviano TI (Ranzo-S. Abbondio) **45** D 3
6654 Cavigliano TI **45** D 3
7499 Cazis GR **38** A 4
7505 Celerina/Schlarigna GR **47** E 3
1298 Céligny GE **40** B 3
6671 Cerentino TI (Ponte Brolla) **44** C 2
2726 Cerlatez, Les JU (Saignelégier) **26** B 3
1211 Cern GE/F (Vernier-Meyrin) **40** A 4
2336 Cerneux-Godat JU (Les Bois) **26** A 4
2414 Cerneux-Péquignot, Le NE (Le Locle-Col-des-Roches) **33** D 2
1631 Cerniat FR (Broc-Fabrique) **33** F 4
1531 Cerniaz VD (Henniez) **33** E 4
2053 Cernier NE (Les Hauts-Geneveys) **33** E 1
6951 Certara TI (Lugano) **45** F 4
1258 Certoux GE (Genf) **40** A 4
6675 Cevio TI (Ponte Brolla) **45** D 2
1934 Châble, Le VS **42** B 4
1470 Châbles FR (Cheyres) **33** D 3
1581 Chabrey VD (Avenches) **33** E 2
7551 Chaflur GR (Strada) **39** F 2
1816 Chailly-sur-Clarens VD (Clarens) **41** E 2
3966 Chalais VS (Sierre) **43** D 2
1025 Chalet-à-Gobet, Le VD (Lausanne) **41** D 1
6330 Cham ZG **29** E 5
1292 Chambésy GE **32** C 5
1436 Chamblon VD (Yverdon) **32** C 3
1933 Chamoille VS (Sembrancher) **42** B 4
1915 Chamoson VS **42** B 3
1411 Champagne VD (Grandson) **33** D 3
1874 Champéry VS **41** E 4
1938 Champex VS (Orsières) **42** B 4
7512 Champfèr GR (St. Moritz) **47** D 3
1588 Champmartin VD (Avenches) **33** E 2
1873 Champoussin VS (Val d'Illiez) **41** E 4
2735 Champoz BE (Malleray-Bévilard) **26** C 3
1931 Champsec VS (Le Châble) **42** B 4
1482 Champtauroz VD (Yvonand) **33** D 3
1441 Champvent VD (Essert-sous-Champvent) **32** C 3
7549 Chamues-ch (La Punt) GR (La Punt-Chamues-ch) **47** E 2
1249 Chancy GE (Pougny-Chancy Ain) **40** A 5
3961 Chandolin VS (Sierre) **43** D 2
1965 Chandolin-près-Savièse VS (Sion) **42** C 2
1773 Chandon FR (Grolley) **33** F 3
1931 Chandonne VS (Orsières) **42** B 4
1580 Chandossel FR (Faoug) **33** F 3
1411 Chanéaz VD (Bercher) **33** D 4
7499 Chants GR (Bergün/Bravuogn) **38** C 4
1699 Chapelle FR (Oron) **41** E 1
1099 Chapelle-sur-Moudon VD (Moudon) **33** D 4
1343 Charbonnières, Les VD **32** B 4
1803 Chardonne VD (Vevey) **41** E 2
1637 Charmey (Gruyère) FR (Broc-Fabrique) **33** F 4
2901 Charmoille JU (Alle) **26** C 2
1906 Charrat VS (Charrat-Fully) **42** B 3
1906 Charrat-les-Chênes VS (Charrat-Fully) **42** B 3
1906 Charrat-Vison VS (Charrat-Fully) **42** B 3
2401 Châtagne, La NE (Le Locle) **33** D 2
1926 Châtaignier VS (Charrat-Fully) **42** B 3
1837 Château-d'Oex VD **42** B 1
1631 Châtel FR (Broc-Fabrique) **33** F 4
1880 Châtel, Le VD (Bex) **42** A 2
1618 Châtel-St-Denis FR **33** E 5
1921 Châtelard, Le VS (Le Châtelard-Frontière) **42** A 4
1820 Châtelard, Le VD **41** E 2
1681 Châtelard-près-Romont, Le FR (Vuisternens-devant-Romont) **33** E 4
2711 Châtelat BE (Tavannes) **26** C 3
1599 Châtillens VD **41** E 2
2801 Châtillon JU (Courtételle) **26** C 3
2515 Châtillon BE (Ligerz) **33** F 1
1470 Châtillon FR (Estavayer-le-Lac) **33** D 3
1531 Châtonnaye FR (Rosé) **33** E 3
1349 Chaux-Cossonay, La VD (Cossonay) **32** C 4
2300 Chaux-de-Fonds, La NE **33** D 1
1451 Chaux-de-Ste-Croix, La VD (Ste-Croix) **32** C 3
2724 Chaux-des-Breuleux, La JU **26** B 3
2405 Chaux-du-Milieu, La NE (Le Locle-Col-des-Roches) **33** D 2
1261 Chavannes-de-Bogis VD (Céligny) **40** B 3
1290 Chavannes-des-Bois VD (Versoix) **40** B 3
1463 Chavannes-le-Chêne VD (Yvonand) **33** D 3
1349 Chavannes-le-Veyron VD (Cossonay) **32** C 5
1678 Chavannes-les-Forts FR (Siviriez) **33** E 4
1022 Chavannes-près-Renens VD (Renens) **41** D 2
1511 Chavannes-sur-Moudon VD (Moudon) **33** D 4
1681 Chavannes-sous-Orsonnes FR (Chénens Villaz-St-Pierre) **33** E 4
1373 Chavornay VD **32** C 4
1523 Cheiry FR (Granges-Marnand) **33** D 4
1921 Chemin VS (Martigny-Bourg) **42** B 4
1872 Chenarlier VS (Monthey) **42** A 2
1224 Chêne-Bougeries GE (Genève) **40** B 4
1225 Chêne-Bourg GE (Genève) **40** B 4
1463 Chêne-Pâquier VD (Yvonand) **33** D 3
1751 Chénens FR **33** E 4
1906 Chênes (Charrat), Les VS (Charrat-Fully) **42** B 3
2311 Chenevières, Les JU (Muriaux) **26** B 3
1347 Chenit, Le VD (Le Sentier) **32** A 5
3961 Chermignon d'en Bas VS (Sierre) **43** D 2
3961 Chermignon d'en Haut VS (Sierre) **42** C 2
1822 Chernex VD **41** E 2
1681 Chesalles-sur-Moudon VD (Moudon) **33** D 4
1033 Cheseaux-sur-Lausanne VD (Lausanne) **32** C 5
1261 Chéserex VD (Trélex) **40** B 3
1885 Chesières VD (Bex) **42** A 2
1711 Chésopelloz FR (Belfaux) **33** F 3
1846 Chessel VD (Vouvry) **41** E 3
2906 Chevenez JU (Porrentruy) **26** B 2
1315 Chevilly VD (La Sarraz) **32** C 4
1247 Chevrens GE (Genf) **40** B 4
1531 Chevroux VD (Payerne) **33** E 2
1605 Chexbres VD **41** E 2
1468 Cheyres FR **33** D 3
2054 Chézard NE (Les Hauts-Geneveys) **33** E 1
6830 Chiasso TI **45** F 5
1806 Chiesaz, La VD **41** E 2
6799 Chiggiogna TI (Faido) **45** E 1
1141 Chigny VD **40** C 2
1820 Chillon VD (Villeneuve) **41** E 3
1871 Chindonne VS (Monthey) **41** F 4
3965 Chippis VS (Sierre) **43** D 2
6747 Chirónico TI (Lavorgo) **45** E 1
1871 Choëx VS (Monthey) **42** A 2
2763 Choindez JU **26** C 3
1249 Choulex GE (Genève) **40** B 4
1242 Choully GE (Satigny) **40** A 4
4950 Chrutzi LU (Hüswil) **35** D 1
3538 Chuderhüsi BE (Bowil) **34** C 2
7000 Chur GR **38** B 3
7075 Churwalden GR (Chur) **38** B 3
2332 Cibourg, La BE **33** E 1
6951 Cimadera TI (Lugano) **45** F 5
6671 Cimalmotto TI (Ponte Brolla) **44** C 2
7549 Cinuos-chel GR **47** E 2
1073 Claie-aux-Moines, La VD (Lausanne) **41** D 2
1815 Clarens VD (Montreux) **41** E 2
1111 Clarmont VD (Apples) **40** C 2
6702 Claro TI **45** F 2
7272 Clavadel GR (Davos-Platz) **38** C 3
7175 Clavadi GR (Somvix-Compadials) **37** D 4
1595 Clavaleyres BE (Faoug) **33** F 2
1351 Clées, Les VD (Croy-Romainmôtier) **32** C 4
7431 Clugin GR (Thusis) **46** B 2
2932 Cœuve JU (Porrentruy) **26** B 2
2207 Coffrane NE (Les Geneveys-sur-Coffrane) **33** E 2
6671 Cóglio TI (Ponte Brolla) **45** D 2
1267 Coinsins VD (Gland) **40** B 3
1216 Cointrin GE (Genève) **40** A 4
6877 Coldrerio TI (Mendrisio) **45** F 5
1249 Collex-Bossy GE (Versoix) **40** A 4
1868 Collombey-Muraz VS **42** A 2
1245 Collonge-Bellerive GE (Genève) **40** B 4
1903 Collonges VS (Evionnaz) **42** A 3
1961 Collons, Les VS (Sion) **42** C 3
7742 Cologna GR (Poschiavo) **47** F 4
1223 Cologny GE (Genève) **40** B 4

Ort	Seite	Feld
2013 Colombier NE	33	E 2
1111 Colombier VD (Morges)	40	C 2
6911 Comano TI (Lugano)	45	E 4
1861 Comballaz, La VD (Le Sépey)	42	A 1
1531 Combremont-le-Grand VD (Cugy)	33	D 3
1531 Combremont-le-Petit VD (Cugy)	33	D 3
1937 Commeire VS (Orsières)	42	B 4
1299 Commugny VD (Coppet)	40	B 3
6611 Comologno TI (Ponte-Brolla)	44	C 3
7199 Compadials GR (Somvix-Compadials)	37	D 4
7551 Compatsch (Samnaun) GR (Schuls-Tarasp)	39	F 2
1257 Compesières GE (Genève)	40	A 4
1426 Concise VD	33	D 3
1232 Confignon GE (Genève)	40	A 4
7131 Cons GR (Ilanz)	37	E 4
1581 Constantine VD (Avenches)	33	E 2
7241 Conters im Prättigau GR (Küblis)	38	C 2
1964 Conthey VS (Sion)	42	C 3
6594 Contone TI (Cadenazzo)	45	E 3
6611 Contra TI (Tenero)	45	E 3
1296 Coppet VD	40	B 3
2801 Corban JU (Delémont)	27	D 2
1783 Corbaz, La FR (Pensier)	33	F 3
1861 Corbeyrier VD (Aigle)	42	A 2
1631 Corbières FR (Bulle)	33	F 4
6655 Corcápolo TI	45	D 3
2747 Corcelles BE	27	D 3
2035 Corcelles NE (Corcelles-Peseux)	33	E 2
1099 Corcelles-le-Jorat VD (Moudon)	33	D 5
1426 Corcelles-près-Concise VD (Concise)	33	D 3
1562 Corcelles-près-Payerne VD	33	E 3
1399 Corcelles-sur-Chavornay VD (Chavornay)	32	C 4
1781 Cordast FR (Courtepin)	33	F 3
2606 Corgémont BE	26	B 4
6611 Corippo TI (Tenero)	45	E 2
1754 Corjolens FR (Rosé)	33	E/F 3
1783 Cormagens FR (Pensier)	33	F 3
1711 Cormérod FR (Courtepin)	33	F 3
1711 Corminbœuf FR (Belfaux)	33	F 3
2612 Cormoret BE	26	B 4
2087 Cornaux NE	33	E 1
2952 Cornol JU (Alle)	26	B 2
1711 Corpataux FR (Fribourg)	33	F 4
1065 Correvon VD (Moudon)	33	D 4
1711 Corsalettes FR (Grolley)	33	F 3
1802 Corseaux VD (Vevey)	41	E 2
1751 Corserey FR (Rosé)	33	E 3
1246 Corsier GE (Genève)	40	B 4
1804 Corsier-sur-Vevey VD (Vevey)	41	E 2
2016 Cortaillod NE (Boudry)	33	E 2
2607 Cortébert BE	26	B 4
6711 Corzóneso TI (Biasca)	45	E 1
1304 Cossonay VD	32	C 4
2177 Côte-aux-Fées, La NE (Buttes)	32	C 3
1751 Cottens FR	33	E 4
1111 Cottens VD (Pampigny-Sévery)	40	C 1
2801 Courcelon JU (Delémont)	27	D 2
2801 Courchapoix JU (Delémont)	27	D 2
2922 Courchavon JU	26	B 2
2853 Courfaivre JU	26	C 3
2892 Courgenay JU	26	B 2
1781 Courgevaux FR (Münchenwiler-Courgevaux)	33	F 2
1781 Courlevon FR (Münchenwiler-Courgevaux)	33	F 3
1784 Cournillens FR (Courtepin)	33	F 3
2764 Courrendlin JU	26	C 2
2822 Courroux JU (Delémont)	26	C 2
6655 Costa TI (Intragna)	44	C 3
2738 Court BE	26	C 2
1781 Courtaman FR (Courtepin)	33	F 3
2905 Courtedoux JU (Porrentruy)	26	B 2
2608 Courtelary BE	26	B 4
2923 Courtemaîche JU	26	B 2
2982 Courtemautruy JU (Courgenay)	26	B 2
1784 Courtepin FR	33	F 3
2852 Courtételle JU	26	C 2
1711 Courtion FR (Avenches)	33	F 3
2108 Couvet NE	32	C 2
6718 Cózzera TI (Biasca)	37	D 5
6611 Crana TI (Ponte Brolla)	45	D 3
1299 Crans-près-Céligny VD	40	B 3
3963 Crans-sur-Sierre VS (Sierre)	42	C 2
1263 Crassier VD (Nyon)	40	B 3
1845 Crebelly VD (Chessel)	41	E 3
2746 Crémines BE	27	D 3
6705 Cresciano TI (Osogna-Cresciano)	45	F 2
1785 Cressier FR	33	F 2
2088 Cressier NE	33	E 1
7431 Cresta (Avers) GR (Thusis)	46	C 3
1631 Crésuz FR (Broc-Fabrique)	33	F 4
2322 Crêt-du-Locle, Le NE	33	D 1
1699 Crêt-près-Semsales, Le FR (Le Crêt)	33	E 5
1023 Crissier VD (Renens)	41	D 2
1602 Croix (Lutry), La VD (Bossière)	41	D 2
1257 Croix-de-Rozon, La GE (Genève)	40	B 4
1411 Cronay VD (Yverdon)	33	D 3
7431 Cröt GR (Thusis)	46	C 3
1349 Croy VD (Croy-Romainmôtier)	32	C 4
7551 Crusch GR (Scuol/Schuls-Tarasp)	39	F 3
1349 Cuarnens VD (L'Isle-Mont-la-Ville)	32	B 4
1411 Cuarny VD (Yverdon)	33	D 3
1588 Cudrefin VD (Avenches)	33	E 2
6516 Cugnasco TI (Riazzino-Cugnasco)	45	E 3
1482 Cugy FR	33	E 3
1053 Cugy VD (Lausanne)	33	D 5
1099 Cullayes, Les VD (Châtillens)	41	E 1
1096 Cully VD	41	E 2
7131 Cumbels GR (Ilanz)	37	F 4
6711 Cumiasca TI (Biasca)	45	E 1
7451 Cunter GR (Tiefencastel)	38	B 4
7181 Curaglia (Medel) GR (Disentis/Mustér)	37	D 4
1265 Cure, La VD	40	A 2
6951 Cureglia TI (Lugano)	45	E 4
6985 Curio TI (Magliaso)	45	E 4
1522 Curtilles VD (Lucens)	33	E 4
7514 Curtins GR (St. Moritz)	47	D 3

D

Ort	Seite	Feld
8447 Dachsen ZH	30	A 2
8479 Dägerlen ZH (Dinhard)	30	B 2
6252 Dagmersellen LU	28	C 5
1349 Daillens VD (Cossonay)	32	C 4
3941 Daillet VS (Granges-Lens)	42	C 2
1961 Daillon VS (Sion)	42	C 2
6126 Daiwil LU	35	E 1
7431 Dalin GR (Thusis)	38	A 4
6383 Dallenwil NW	36	A 2
8108 Dällikon ZH (Buchs-Dällikon)	29	E 3
6799 Dalpe TI (Rodi-Fiesso)	45	D 1
2933 Damphreux JU (Porrentruy)	26	B 2
2914 Damvant JU (Porrentruy)	26	A 2
6717 Dangio-Torre TI (Biasca)	45	E 1
4658 Dänniken SO	28	C 4
8114 Dänikon ZH (Otelfingen)	29	E 3
7199 Danis GR (Tavanasa-Breil/Brigels)	37	E 3
1249 Dardagny GE (La Plaine)	40	A 4
3707 Därligen BE	35	D 4
3763 Därstetten BE	34	B 4
8422 Dättlikon ZH (Pfungen-Neftenbach)	30	A 3
5405 Dättwil AG	29	D 3
8450 Dätwil ZH (Andelfingen)	30	B 2
1891 Daviaz VS (Massongex)	42	A 3
7260 Davos Dorf GR	38	C 3
7270 Davos Platz GR	38	C 3
9220 Degenau TG (Bischofszell)	31	E 3
5426 Degermoos AG (Lengnau)	29	D 2
9113 Degersheim SG	31	D 4
6777 Deggio TI (Ambri-Piotta)	36	C 5
3053 Deisswil b. Münchenbuchsee BE (Münchenbuchsee)	27	D 5
3066 Deisswil b. Stettlen BE	34	B 2
4707 Deitingen SO	27	E 3
2800 Delémont JU	26	C 2
1565 Delley FR (Domdidier)	33	E 2
1463 Démoret VD (Yvonand)	33	D 4
1141 Denens VD (Bussy-sur-Morges)	40	C 2
1511 Denezy VD (Moudon)	33	D 4
1026 Denges VD (Morges)	41	D 2
5026 Densbüren AG (Aarau)	28	C 3
1961 Derborence VS (Sion)	42	B 2
4552 Derendingen SO	27	E 4
8414 Desibach ZH (Buch am Irchel)	30	A 2
3036 Detligen BE (Aarberg)	34	A 1
8484 Dettenried ZH (Rikon)	30	B 3
8506 Dettighofen b. Lanzenneunforn TG (Mammern)	30	C 2
2802 Develier JU (Delémont)	26	C 2
1865 Diablerets, Les VD	42	B 2
8353 Dickbuch ZH (Räterschen)	30	B 3
9115 Dicken SG (Degersheim)	31	D 4
4457 Diegten BL (Sissach)	27	F 2
8157 Dielsdorf ZH	29	E 3
3053 Diemerswil BE (Münchenbuchsee)	34	B 1
3754 Diemtigen BE (Oey-Diemtigen)	34	C 4
4442 Diepflingen BL	27	F 2
9444 Diepoldsau SG (Heerbrugg)	31	F 4
6036 Dierikon LU (Ebikon)	36	A 1
8777 Diesbach GL (Diesbach-Betschwanden)	37	E 2
9123 Dieselbach SG (Mogelsberg)	31	D 4
3251 Diessbach b. Büren BE (Dotzigen)	26	C 4
2517 Diesse BE (Ligerz)	26	B 4
8253 Diessenhofen TG	30	B 1
3256 Dieterswil BE (Münchenbuchsee)	27	D 5
9615 Dietfurt SG	31	D 4
8953 Dietikon ZH	29	E 3
8305 Dietlikon ZH	29	F 3
9533 Dietschwil SG (Bazenheid)	30	C 3
6042 Dietwil AG (Oberrüti)	29	E 5
7099 Digg GR (Trin)	38	A 3
8500 Dingenhart TG (Bühl)	30	C 2
8474 Dinhard ZH	30	B 2
6967 Dino TI (Lugano)	45	F 4
5606 Dintikon AG (Dottikon-Dintikon)	29	D 4
8573 Dippishausen TG (Kr. Bernrain)	31	D 2
6577 Dirinella TI (Ranzo-S. Abbondio)	45	D 3
7180 Disentis/Mustér GR	37	D 4
7180 Disla GR (Disentis/Mustér)	37	D 4
4242 Dittingen BE (Laufen)	27	D 2
1304 Dizy VD (Cossonay)	32	C 4
1891 Doëy, La VS (St-Maurice)	42	A 3
8032 Dolder (Zürich) ZH (Zürich)	29	F 3
7013 Domat/Ems GR	38	A 3
2056 Dombresson NE (Les Hauts-Geneveys)	33	E 1
1564 Domdidier FR	33	E 3
1041 Dommartin VD (Lausanne)	33	D 4
1563 Dompierre FR	33	E 3
1531 Dompierre VD (Romont)	33	E 4
7431 Donath GR (Thusis)	46	B 2
1580 Donatyre VD (Avenches)	33	F 3
6715 Dongio TI (Biasca)	45	E 1
1411 Donneloye VD (Yverdon)	33	D 4
8583 Donzhausen TG (Sulgen)	31	D 2
6112 Doppleschwand LU (Wolhusen)	35	E 1
1905 Dorénaz VS (Vernayaz)	42	A 3
8842 Dorf (Unteriberg)SZ (Einsiedeln)	37	D 1
8718 Dorf b. Schänis SG (Schänis)	30	C 5
8451 Dorf b. Andelfingen ZH (Henggart)	30	A 2
6386 Dörfli (Wolfenschiessen) NW	36	B 2
8211 Dörflingen SH	30	B 1
4143 Dornach SO (Dornach-Arlesheim)	27	E 2
8561 Dotnacht TG (Siegershausen)	31	D 2
5605 Dottikon AG	29	D 3
5312 Döttingen AG	29	D 2
3293 Dotzigen BE	26	C 4
8580 Dozwil TG (Uttwil)	31	E 2
1931 Drance VS (Liddes)	42	B 4
1965 Drône VS (Sion)	42	C 2
8600 Dübendorf ZH	29	F 3
3186 Düdingen FR	33	F 3
4202 Duggingen BE	27	E 2
1912 Dugny VS (Riddes)	42	B 3
1266 Duillier VD (Nyon)	40	B 3
4657 Dulliken SO	27	F 2
1195 Dully VD (Vernay)	40	B 2
6078 Dundel OW (Lungern)	35	E 3
8585 Dünnershaus TG (Oberaach)	31	D 2
6671 Dunzio TI (Ponte-Brolla)	45	D 3
8635 Dürnten ZH (Tann-Dürnten)	30	B 4
7260 Dürrboden GR (Davos-Platz)	39	D 4
5724 Dürrenäsch AG (Hallwil-Dürrenäsch)	28	C 4
6436 Dürrenboden SZ (Schwyz)	37	D 2
3458 Dürrenroth BE	27	F 4
8336 Dürstelen ZH (Bauma)	30	B 4
7499 Dusch GR (Rodels-Realta)	38	A 3
8374 Dussnang-Oberwangen TG (Eschlikon)	30	C 3
7131 Duvin GR (Ilanz)	37	F 4

E

9057 Ebenalp AI (Wasserauen)	**31**	E	4
6244 Ebersecken LU (Nebikon)	**28**	B	5
8925 Ebertswil ZH (Sihlbrugg)	**29**	E	5
6030 Ebikon LU	**36**	A	1
3855 Ebligen BE	**35**	E	3
8123 Ebmatingen ZH (Schwerzenbach)	**29**	F	4
9642 Ebnat SG (Ebnat-Kappel)	**31**	D	4
6417 Ecce Homo SZ (Sattel-Aegeri)	**36**	C	1
1040 Echallens VD (Lausanne)	**32**	C	4
1026 Echandens VD (Halte Denges-Echandens)	**41**	D	2
1631 Echarlens FR (Bulle)	**33**	F	4
1111 Echichens VD (Morges)	**40**	C	2
1399 Eclagnens VD (Chavornay)	**32**	C	4
1349 Eclépens VD	**32**	C	4
1699 Ecoteaux VD (Palézieux)	**41**	E	2
1599 Ecublens FR (Ecublens-Rue)	**33**	D	5
1024 Ecublens VD (Renens)	**41**	D	2
1725 Ecuvillens FR (Fribourg)	**33**	F	3
2801 Ederswiler JU (Soyhières-Bellerive)	**26**	C	2
6072 Edisried OW (Sachseln)	**36**	A	3
6311 Edlibach ZG (Zug)	**29**	F	5
9205 Edlischwil SG (Waldkirch)	**31**	E	3
5253 Effingen AG	**28**	C	3
8307 Effretikon ZH	**30**	B	3
4622 Egerkingen SO	**27**	E	3
9231 Egg (Flawil) SG (Flawil)	**31**	D	4
8841 Egg SZ (Einsiedeln)	**30**	B	5
3753 Egg b. Grimmialp BE (Oey-Diemtigen)	**34**	B	5
8132 Egg b. Zürich ZH	**30**	B	4
7075 Egga GR (Ilanz)	**37**	E	3
3931 Eggen VS (Brig)	**43**	F	3
5445 Eggenwil AG (Bremgarten)	**29**	D	3
3931 Eggerberg VS	**43**	F	2
9034 Eggersriet SG (Heiden)	**31**	E	3
9050 Eggerstanden AI (Appenzell)	**31**	E	4
3537 Eggiwil BE (Signau)	**35**	D	2
8193 Eglisau ZH	**29**	E	2
5704 Egliswil AG (Seon)	**29**	D	4
9322 Egnach TG	**31**	E	2
6243 Egolzwil LU (Wauwil)	**28**	C	5
8321 Ehrikon ZH (Turbenthal)	**30**	B	3
6205 Eich LU (Sempach-Neuenkirch)	**28**	C	5
9451 Eichberg SG (Altstätten)	**31**	F	4
6013 Eigenthal LU (Kriens)	**36**	A	2
5268 Eiken AG	**28**	C	2
3646 Einigen BE	**34**	C	3
8840 Einsiedeln SZ	**36**	C	1
3941 Eischoll VS (Raron)	**43**	E	2
1961 Eison VS (Sion)	**42**	C	3
3901 Eisten VS (Stalden-Saas)	**43**	F	3
5255 Elfingen AG (Effingen)	**28**	C	3
8353 Elgg ZH	**30**	B	3
8561 Ellighausen TG (Siegershausen)	**31**	D	2
8460 Ellikon am Rhein ZH (Marthalen)	**30**	A	2
8546 Ellikon an der Thur ZH (Islikon)	**30**	B	2
8767 Elm GL (Schwanden)	**37**	E	2
8352 Elsau ZH (Räterschen)	**30**	B	3
3921 Embd VS (Kalpetran)	**43**	E	3
8424 Embrach ZH (Embrach-Rorbas)	**30**	A	3
2311 Emibois, Les JU	**26**	B	3
6032 Emmen LU	**36**	A	1
6020 Emmenbrücke LU	**36**	A	1
3543 Emmenmatt BE	**34**	C	2
6376 Emmetten NW (Beckenried)	**36**	A	3
5304 Endingen AG (Döttingen-Klingnau)	**29**	D	2
2875 Enfers, Les JU (Glovelier)	**26**	B	3
6390 Engelberg OW	**36**	B	3
9032 Engelburg SG (St. Gallen)	**31**	E	3
2072 Enges NE (Cornaux)	**33**	E	1
3077 Enggistein BE (Biglen)	**34**	C	2
4208 Engi SO (Grellingen)	**27**	E	2
8765 Engi GL (Schwanden)	**37**	E	2
8586 Engishofen TG (Erlen)	**31**	D	2
3099 Englisberg BE (Kehrsatz)	**34**	B	2
2063 Engollon NE (Les Hauts-Geneveys)	**33**	E	1
3862 Engstlenalp BE (Innertkirchen)	**36**	A	3
8556 Engwang TG (Märstetten)	**30**	C	2
8561 Engwilen TG (Märstetten)	**31**	D	2
8755 Ennenda GL	**37**	E	1
5400 Ennetbaden AG (Baden)	**29**	D	3
9651 Ennetbühl SG (Nesslau-Neu St. Johann)	**31**	D	5
8755 Ennetbühls bei Ennenda GL (Glarus)	**37**	E	1
6373 Ennetbürgen NW	**36**	B	2
6065 Ennetmoos NW (Stans)	**36**	A	2
1661 Enney FR	**33**	F	5
6162 Entlebuch LU	**35**	E	1
3755 Entschwil BE (Oey-Diemtigen)	**34**	B	4
2801 Envelier JU (Choindez)	**27**	D	3
1349 Envy VD (Croy-Romainmôtier)	**32**	C	4
1664 Epagny FR	**33**	F	5
1066 Epalinges VD (Lausanne)	**41**	D	2
1041 Epautheyres VD (Yverdon)	**33**	D	4
2851 Epauvillers JU (St-Ursanne)	**26**	B	3
1711 Ependens FR (Fribourg)	**33**	F	3
1434 Ependens VD	**32**	C	4
1098 Epesses VD	**41**	E	2
2851 Epiquerez JU (St-Ursanne)	**26**	B	3
4458 Eptingen BL (Läufelfingen)	**27**	F	2
1961 Erde (Conthey) VS (Sion)	**42**	C	2
3941 Ergisch VS (Turtmann)	**43**	E	2
4952 Eriswil BE	**27**	F	4
3611 Eriz, Ausser- BE (Thun)	**35**	D	3
3611 Eriz, Inner- BE (Thun)	**35**	D	3
3235 Erlach BE	**26**	B	5
8586 Erlen TG	**31**	D	2
8703 Erlenbach ZH	**29**	F	4
3762 Erlenbach im Simmental BE	**34**	B	4
5016 Erlinsbach AG (Aarau)	**28**	C	3
8272 Ermatingen TG	**31**	D	2
6294 Ermensee LU	**29**	D	5
8734 Ermenswil SG (Rüti ZH)	**30**	C	5
3981 Ernen VS (Fiesch)	**44**	A	1
8731 Ernetschwil SG (Uznach)	**30**	C	5
3941 Erschmatt VS (Leuk)	**43**	E	2
4228 Erschwil SO (Laufen)	**27**	D	2
3423 Ersigen BE (Kirchberg-Alchenflüh)	**27**	E	4
6472 Erstfeld UR	**36**	C	3
6017 Erzenerlen LU (Wolhusen)	**35**	E	1
9492 Eschen FL (Nendeln)	**31**	F	5
6274 Eschenbach LU	**29**	D	5
8733 Eschenbach SG (Schmerikon)	**30**	C	5
8264 Eschenz TG	**30**	B	2
2741 Eschert BE (Moutier)	**27**	D	3
8554 Eschikofen TG (Müllheim-Wigoltingen)	**30**	C	2
8360 Eschlikon TG	**30**	C	3
8474 Eschlikon ZH (Dinhard)	**30**	B	2
6182 Escholzmatt LU	**35**	D	2
1675 Esmonts FR (Vauderens)	**33**	D	4
1724 Essert FR (Fribourg)	**33**	F	4
1435 Essert-Pittet VD	**32**	C	4
1441 Essert-sous-Champvent VD	**32**	C	3
1099 Essertes VD (Châtillens)	**41**	E	2
1181 Essertines-sur-Rolle VD (Rolle)	**40**	B	2
1411 Essertines-sur-Yverdon VD (Yverdon)	**33**	D	4
8133 Esslingen ZH	**30**	B	4
1661 Estavannens FR	**33**	F	5
1751 Estavayer-le-Gibloux FR (Cottens)	**33**	E	4
1470 Estavayer-le-Lac FR	**33**	E	3
1681 Estévenens FR (Vuisternens-devant-Romont)	**41**	F	1
1037 Etagnières VD	**32**	C	5
1831 Etivaz, l' VD (Le Sépey)	**42**	B	1
1163 Etoy VD	**40**	C	2
8355 Ettenhausen TG (Aadorf)	**30**	C	3
8621 Ettenhausen b. Wetzikon ZH (Kempten)	**30**	B	4
4107 Ettingen BL	**27**	D	1
6218 Ettiswil LU (Willisau)	**28**	C	5
3349 Etzelkofen BE (Grafenried)	**27**	D	4
6231 Etzelwil LU (Büron-Bad Knutwil)	**28**	C	5
4343 Etzgen AG	**28**	C	2
4554 Etziken SO	**27**	E	4
5317 Etzwil AG (Döttingen)	**28**C/D2		
8256 Etzwilen TG	**30**	B	2
9466 Eugstigerist SG (Salez-Sennwald)	**31**	F	5
1961 Euseigne VS (Sion)	**42**	C	3
8841 Euthal SZ (Einsiedeln)	**37**	D	1
2533 Evilard BE (Biel)	**26**	C	4
1902 Evionnaz VS	**42**	A	3
1968 Evolène VS (Sion)	**43**	D	3
1891 Evouettes, Les VS	**41**	E	3
3931 Eyholz VS (Visp)	**43**	F	2
1262 Eysins VD (Nyon)	**40**	B	3

F

3903 Fafleralp VS (Goppenstein)	**43**	E	1
8103 Fahr AG (Schlieren ZH)	**29**	E	3
3611 Fahrni b. Thun BE (Steffisburg)	**34**	C	3
5615 Fahrwangen AG (Fahrwangen-Meisterschwanden)	**29**	D	4
2916 Fahy JU (Porrentruy)	**26**	A	2
6760 Faido TI	**45**	D	1
7131 Falera GR (Valendas-Sagogn)	**37**	F	3
8117 Fällanden ZH (Schwerzenbach)	**29**	F	3
3713 Faltschen BE (Reichenbach im Kandertal)	**34**	C	4
7299 Fanas GR (Grüsch)	**38**	B	2
3961 Fang VS (Sierre)	**43**	D	2
3549 Fankhaus (Trub) BE (Trubschachen)	**35**	D	2
1595 Faoug VD	**33**	F	2
4511 Farnern BE (Oberbipp)	**27**	E	3
1726 Farvagny-le-Grand FR (Fribourg)	**33**	F	4
1726 Farvagny-le-Petit FR (Fribourg)	**33**	F	4
3705 Faulensee BE	**34**	C	4
1171 Féchy VD (Perroy)	**40**	C	2
8320 Fehraltorf ZH	**30**	B	4
4249 Fehren SO (Zwingen)	**27**	D	2
8552 Felben TG (Felben-Wellhausen)	**30**	C	2
8714 Feldbach ZH	**30**	B	5
4532 Feldbrunnen SO	**27**	D	3
7499 Feldis/Veulden GR	**38**	A	3
7012 Felsberg GR	**38**	A	3
1881 Fenalet-sur-Bex VD (Bex)	**42**	A	3
2063 Fenin NE (Neuchâtel)	**33**	E	2
5645 Fenkrieden AG (Oberrüti)	**29**	E	5
3903 Ferden VS (Goppenstein)	**43**	E	1
3206 Ferenbalm BE (Ferenbalm-Gurbrü)	**34**	A	2
3066 Ferenberg BE (Stettlen)	**34**	B	2
1099 Ferlens VD (Châtillens)	**33**	F	5
6484 Fernigen UR (Wassen)	**36**	B	4
1961 Ferpècle VS (Sion)	**43**	D	4
3399 Ferrenberg BE (Wynigen)	**27**	E	4
1931 Ferret VS (Orsières)	**42**	B	5
1349 Ferreyres VD (La Sarraz)	**32**	C	4
2333 Ferrière, La BE	**26**	A	4
3941 Feschel VS (Leuk)	**43**	E	2
6911 Fescoggia TI (Lamone-Cadempino)	**45**	E	4
1531 Fétigny, FR (Cugy FR)	**33**	E	3
8245 Feuerthalen ZH	**30**	A	1
8835 Feusisberg SZ (Schindellegi-Feusisberg)	**30**	B	5
3781 Feutersoey BE (Gstaad)	**42**	B	1
7514 Fex GR (St. Moritz)	**47**	D	3
1049 Fey VD	**33**	D	4
1961 Fey (Nendaz) VS (Sion)	**42**	B	3
7099 Fidaz GR (Trin)	**37**	F	3
7299 Fideris GR	**38**	C	2
3984 Fiesch VS	**44**	A	1
3984 Fieschertal VS (Fiesch)	**44**	A	1
1411 Fiez VD (Grandson)	**33**	C	3
6918 Figino TI (Lugano)	**45**	E	4
3757 Fildrich BE (Schwenden)	**34**	B	5
7477 Filisur GR	**38**	B	4
3185 Filistorf FR	**34**	A	2
8876 Filzbach GL (Mühlehorn)	**37**	E	1
3920 Findeln VS (Zermatt)	**43**	E	4
1925 Finhaut VS	**42**	A	4
2577 Finsterhennen BE	**26**	B	5
6311 Finstersee ZG (Schindellegi-Feusisberg)	**29**	F	5
6162 Finsterwald b. Entlebuch LU (Entlebuch)	**35**	E	2
1931 Fionnay VS (Le Châble)	**42**	C	4
8311 First ZH (Kemptthal)	**30**	B	3
6145 Fischbach LU (Zell)	**28**	B	5
8497 Fischenthal ZH	**30**	C	4
8376 Fischingen TG (Sirnach)	**30**	C	3
8435 Fisibach AG (Weiach-Kaiserstuhl)	**29**	E	2
5442 Fislisbach AG (Dättwil)	**29**	D	3
8416 Flaach ZH (Henggart)	**30**	A	2
3175 Flamatt FR	**34**	A	2
7306 Fläsch GR (Maienfeld)	**38**	A	1
9230 Flawil SG	**31**	D	3
1831 Flendruz VD	**42**	B	1
7431 Flerden GR (Thusis)	**38**	A	4
2114 Fleurier NE	**32**	C	2
7017 Flims Dorf GR (Trin)	**37**	F	3
7018 Flims Waldhaus GR (Valendas-Sagogn)	**37**	F	3
1896 Flon, Le VS (Vouvry)	**41**	E	3
7131 Flond GR (Ilanz)	**37**	E	3
6454 Flüelen UR	**36**	C	2
6073 Flüeli-Ranft OW (Sachseln)	**36**	A	3
4112 Flüh SO	**27**	D	1
6173 Flühli LU (Schüpfheim)	**35**	E	2
4534 Flumenthal SO	**27**	E	3
8890 Flums SG	**37**	F	1

PLZ	Ort	Seite	Feld
8247	Flurlingen ZH (Schaffhausen)	30	A 1
1470	Font FR (Estavayer-le-Lac)	33	D 3
1920	Fontaine, La VS (Martigny-Croix)	42	A 4
2052	Fontainemelon NE (Les Hauts-Geneveys)	33	E 1
2046	Fontaines NE (Les Hauts-Geneveys)	33	E 1
1411	Fontaines-sur-Grandson VD (Grandson)	32	C 3
6780	Fontana (Bedretto) TI (Airolo)	36	B 5
6671	Fontana (Val Bavona) (Ponte Brolla)	44	C 2
6710	Fontana (Val Pontirone) TI (Biasca)	45	F 1
6671	Fontanelata TI (Cavergno)	44	C 1
1411	Fontanezier VD (Onnens-Bonvillars)	33	D 3
2902	Fontenais JU (Porrentruy)	26	B 2
8127	Forch ZH	29	F 4
1861	Forclaz, La VD (Le Sépey)	42	A 4
1961	Forclaz, La VS (Sion)	43	D 4
1565	Forel FR (Estavayer-le-Lac)	33	D 3
1606	Forel (Lavaux) VD (Puidoux-Chexbres)	41	E 2
1531	Forel-sur-Lucens VD (Lucens)	33	D 4
2711	Fornet-Dessous BE (Glovelier)	26	B 3
2711	Fornet-Dessus JU (Glovelier)	26	B 3
6671	Foroglio TI (Cavergno)	44	C 1
3611	Forst b. Längenbühl BE (Burgistein-Wattenwil)	34	B 3
6574	Fosano TI (Magadino-Vira)	45	E 3
1931	Fouly, La VS (Orsières)	42	B 5
1297	Founex VD	40	B 3
1482	Franex FR (Cugy)	33	D 3
3284	Fräschels FR	33	F 2
6611	Frasco TI (Tenero)	45	E 2
9320	Frasnach TG (Arbon)	31	E 3
1482	Frasses FR (Cugy)	33	E 3
3312	Fraubrunnen BE	27	D 4
8500	Frauenfeld TG	30	C 2
3202	Frauenkappelen BE (Riedbach)	34	A 2
7275	Frauenkirch GR (Davos-Frauenkirch)	38	C 3
2953	Fregiécourt JU (Alle)	26	C 2
9306	Freidorf TG (Roggwil-Berg)	31	E 3
8807	Freienbach SZ	30	B 5
8427	Freienstein ZH (Embrach-Rorbas)	30	A 3
5423	Freienwil AG (Baden)	29	D 3
3510	Freimettigen BE (Stalden im Emmental)	34	C 2
1881	Frenières-sur-Bex VD (Bex)	42	A 2
4402	Frenkendorf BL	27	E 1
2027	Fresens NE (Vaumarcus)	33	D 3
8611	Freudwil ZH (Fehraltorf)	30	B 4
1700	Fribourg/Freiburg FR	33	F 3
5262	Frick AG	28	C 3
8964	Friedlisberg AG (Rudolfstetten)	29	E 4
3258	Frienisberg BE (Aarberg)	26	C 5
3035	Frieswil BE (Aarberg)	34	A 1
9501	Fritschen TG (Märwil)	31	D 3
2535	Frinvillier BE	26	C 4
1581	Friques, Les FR (Avenches)	33	E 2
1055	Froideville VD (Cheseaux)	33	D 5
1618	Fruence FR (Châtel-St-Denis)	33	E 5
9467	Frümsen SG (Salez-Sennwald)	31	E 5
8557	Fruthwilen TG (Ermatingen)	30	C 2
3714	Frutigen BE	34	C 4
6061	Frutt OW (Sarnen)	36	A 3
7551	Ftan GR	39	E 3
2711	Fuet, Le BE (Tavannes)	26	C 3
7531	Fuldera GR (Zernez)	39	F 4
4854	Fulenbach SO (Murgenthal)	27	F 3
4354	Full AG	29	D 2
4414	Füllinsdorf BL (Frenkendorf-Füllinsdorf)	27	E 1
1926	Fully VS (Charrat-Fully)	42	B 3
7513	Fuorcla Surlej GR (St. Moritz)	47	E 3
7530	Fuorn, Il GR (Zernez)	39	E 4
7181	Fourns GR (Platta)	37	D 4
7312	Furggels SG (Bad Ragaz)	38	A 2
6362	Fürigen NW (Stansstad)	36	A 2
7299	Furna GR	38	B 2
7499	Fürstenau GR (Rodels-Realta)	38	A 4
7499	Fürstenaubruck GR (Sils im Domleschg)	38	A 4
9125	Furth b. Brunnadern SG (Brunnadern-Neckertal)	31	D 4
6671	Fusio TI (Ponte Brolla)	45	D 1

G

PLZ	Ort	Seite	Feld
8214	Gächlingen SH (Neunkirch)	30	A 1
8547	Gachnang TG (Islikon)	30	B 3
3861	Gadmen BE (Meiringen)	36	A 4
9470	Gaflei FL (Schaan)	31	F 5
6855	Gaggiolo TI (Mendrisio)	45	E 5
9534	Gähwil SG (Bazenheid)	30	C 4
2513	Gaicht BE (Twann)	26	B 4
9056	Gais AR	31	E 4
8854	Galgenen SZ (Lachen)	30	C 5
5224	Gallenkirch AG (Effingen)	28	C 3
3285	Galmiz FR	33	F 2
2076	Gals BE (Gampelen)	26	B 5
3945	Gampel VS (Gampel-Steg)	43	E 2
3236	Gampelen BE	26	B 5
9491	Gamprin-Bendern FL (Nendeln)	31	F 4
9473	Gams SG (Haag-Gams)	31	E 4
3900	Gamsen VS	43	F 2
6978	Gandria TI (Lugano)	45	F 4
4716	Gänsbrunnen SO	27	D 3
4346	Gansingen AG (Etzgen)	28	C 2
9608	Ganterschwil SG (Bütschwil)	31	D 4
3766	Garstatt BE (Boltigen)	34	B 4
3144	Gasel BE	34	B 2
3924	Gasenried VS (St. Niklaus)	43	E 3
9473	Gasenzen SG (Haag-Gams)	31	E 5
5412	Gebenstorf AG (Turgi)	29	D 3
3904	Geimen VS (Naters)	43	F 2
6122	Geiss LU (Menznau)	35	E 1
6284	Gelfingen LU	29	D 5
3199	Gelterfingen BE (Kaufdorf)	34	B 2
4460	Gelterkinden BL	27	F 2
5637	Geltwil AG (Muri AG)	29	D 4
4145	Gempen SO (Dornach-Arlesheim)	27	E 2
3211	Gempenach FR (Gümmenen)	33	F 2
6852	Genestrerio TI (Mendrisio)	45	E 5
1200	Genève GE	40	B 4
1207	Genève-Servette GE (Genève)	40	A 4
2206	Geneveys-sur-Coffrane, Les NE	33	E 2
2714	Genevez, Les JU (Les Reussilles)	26	B 3
1261	Genolier VD	40	B 2
1294	Genthod GE	40	B 4
3065	Geristein BE (Bolligen)	34	B 1
4563	Gerlafingen SO	27	D 4
6275	Gerligen LU (Ballwil)	29	D 5
8500	Gerlikon TG (Frauenfeld)	30	B 3
8302	Gerlisberg ZH (Kloten)	29	F 3
8954	Geroldswil ZH (Dietikon)	29	E 3
2575	Gerolfingen BE	26	C 4
6576	Gerra (Gambarogno) TI	45	D 3
6611	Gerra (Verzasca) TI (Tenero)	45	E 2
6442	Gersau SZ	36	B 2
3115	Gerzensee BE (Wichtrach)	34	B 3
3981	Geschinen VS	36	A 5
6142	Gettnau LU	28	C 5
6232	Geuensee LU (Sursee)	28	C 5
7549	Giarsun GR (Guarda)	39	E 3
6275	Gibelflüh LU (Ballwil)	29	D 5
8498	Gibswil ZH	30	C 4
4304	Giebenach BL (Kaiseraugst)	27	E 1
8717	Giessen SG (Benken)	30	C 5
1966	Giète, La VS (Sion)	43	D 3
1871	Giettes, Les VS (Monthey-Ville)	42	A 3
1411	Giez VD (Grandson)	32	C 3
1711	Giffers FR (Fribourg)	33	F 3
7311	Gigerwald SG (Bad Ragaz)	38	A 2
3715	Gilbach BE (Frutigen)	34	B 5
1675	Gillarens FR (Vauderens)	33	D 5
1181	Gilly VD (Gilly-Bursinel)	40	B 2
1188	Gimel VD (Rolle)	40	B 2
3801	Gimmelwald BE (Mürren)	35	D 5
3272	Gimmiz BE (Aarberg)	26	C 5
1261	Gingins VD (Trélex)	40	B 3
6745	Giornico TI	45	E 1
5264	Gipf-Oberfrick AG (Frick)	28	C 3
5316	Gippingen AG (Felsenau AG)	29	D 2
8340	Girenbad b. Hinwil ZH (Hinwil)	30	B 4
8479	Girsberg ZH (Stammheim)	30	B 2
8479	Gisenhard ZH (Ossingen)	30	B 2
6038	Gisikon LU (Gisikon-Root)	29	E 5
6074	Giswil OW	35	F 3
6512	Giubiasco TI	45	F 3
6671	Giumaglio TI (Ponte Brolla)	45	D 2
1700	Givisiez FR	33	F 3
1261	Givrins VD	40	B 2
1196	Gland VD	40	B 3

PLZ	Ort	Seite	Feld
7275	Glaris GR (Davos Glaris)	38	C 3
8750	Glarus GL	37	E 1
4856	Glashütten AG (Murgenthal)	28	B 4
8152	Glattbrugg ZH	29	E 3
8192	Glattfelden ZH	29	E 2
3981	Gletsch VS	36	A 5
1531	Gletterens FR (Payerne)	33	E 2
1823	Glion VD	41	F 2
3902	Glis VS (Brig)	43	F 2
2855	Glovelier JU	26	C 3
3981	Gluringen VS	44	B 1
6525	Gnosca TI (Molinazzo)	45	F 3
3249	Golaten BE (Fräschels)	34	A 1
9403	Goldach SG	31	E 3
6410	Goldau SZ (Arth-Goldau)	36	B 1
3432	Goldbach BE (Lützelflüh-Goldbach)	27	E 5
6085	Goldern (Hasliberg) BE (Brünig-Hasliberg)	35	F 3
8638	Goldingen SG (Wald ZH)	30	C 4
3624	Goldiwil (Thun) BE (Thun)	34	C 3
3805	Goldswil b. Interlaken BE	35	D 4
6611	Golino TI (Intragna)	45	D 3
1111	Gollion VD (Vufflens-la-Ville)	32	C 5
8737	Gommiswald SG (Kaltbrunn)	30	C 5
4918	Gondiswil BE	27	F 4
3901	Gondo VS (Brig)	44	A 3
9108	Gonten AI	31	E 4
9108	Gontenbad AI	31	E 4
5728	Gontenschwil AG	28	C 4
3903	Goppenstein VS	43	E 2
3981	Goppisberg VS (Mörel)	43	F 1
6672	Gordevio TI (Ponte Brolla)	45	D 3
6596	Górdola TI	45	E 3
6518	Gorduno TI (Molinazzo)	45	F 3
2023	Gorgier NE (Gorgier-St-Aubin)	33	D 2
6487	Göschenen UR	36	B 4
5525	Gösliken AG (Bremgarten)	29	D 4
9202	Gossau SG	31	D 3
8625	Gossau ZH (Wetzikon)	30	B 4
4571	Gossliwil SO (Arch)	27	D 4
8583	Götighofen TG (Sulgen, Kradolf)	31	D 3
8274	Gottlieben TG (Tägerwilen)	31	D 2
6315	Gottschalkenberg ZG (Biberbrugg)	29	F 5
2725	Goule, La BE (Le Noirmont)	26	A 3
1399	Goumoëns-le-Jux VD (Echallens)	32	C 4
1399	Goumoëns-la-Ville VD (Echallens)	32	C 4
2728	Goumois JU (Saignelégier)	26	A 3
3361	Graben BE (Bützberg)	27	E 3
9472	Grabs SG (Buchs SG)	31	E 5
3925	Grächen VS (St. Niklaus)	43	E 3
6388	Grafenort OW	36	A 2
3308	Grafenried BE	27	D 4
8572	Graltshausen TG (Siegershausen)	31	D 2
9601	Grämigen SG (Lütisburg)	30	C 4
1111	Grancy VD (Pampigny-Sévery)	32	C 5
1218	Grand Saconnex, Le GE (Chambésy)	40	A 4
1531	Grandcour VD (Estavayer-le-Lac)	33	E 3
1411	Grandevent VD (Grandson)	32	C 3
2901	Grandfontaine JU (Porrentruy)	26	A 2
1775	Grandsivaz FR (Cousset)	33	E 3
1422	Grandson VD	33	D 3
2745	Grandval BE	27	D 3
1603	Grandvaux VD	41	D 2
1666	Grandvillard FR	33	F 5
3957	Granges VS (Granges-Lens)	42	C 2
1922	Granges (Salvan), Les VS (Salvan)	42	A 3
1607	Granges (Veveyse) FR	33	D 5
1700	Granges-Paccot FR (Fribourg)	33	F 3
1482	Granges-de-Vesin FR (Cugy)	33	E 3
1837	Granges-près-Château-d'Oex, Les VD	42	B 1
1523	Granges-près-Marnand VD	33	E 3
1531	Granges-sous-Trey VD (Granges-Marnand)	33	E 3
1681	Grangettes FR (Vuisternens-devant-Romont)	33	E 4
5722	Gränichen AG	28	C 4
1965	Granois VS (Sion)	42	C 2
8414	Gräslikon ZH (Henggart)	30	A 3
3365	Grasswil BE (Riedtwil)	27	E 4
2203	Grattes, Les NE (Montmollin-Montezillon)	33	D 2

PLZ	Ort	Seite	Feld
6911	Gravesano TI (Lamone-Cadempino)	45	E 4
3983	Greich VS (Mörel)	43	F 2
8606	Greifensee ZH (Nänikon-Greifensee)	30	A 4
4203	Grellingen BE	27	E 2
2540	Grenchen SO	27	D 4
3280	Greng BE (Faoug)	33	F 2
3981	Grengiols VS	44	A 1
1726	Grenilles FR (Fribourg)	33	F 4
1261	Grens VD (Nyon)	40	B 3
6404	Greppen LU (Küssnacht am Rigi)	36	B 1
6611	Gresso TI (Ponte Brolla)	45	D 3
1432	Gressy VD (Ependes)	32	C 3
5014	Gretzenbach SO (Däniken)	28	C 4
6747	Gribbio TI (Lavorgo)	45	E 1
3711	Griesalp BE (Reichenbach im Kandertal)	35	D 5
8531	Griesenberg TG (Märstetten)	30	C 2
3961	Grimentz VS (Sierre)	43	D 3
1961	Grimisuat VS (Sion)	42	C 2
4249	Grindel SO (Laufen)	27	D 2
3818	Grindelwald BE	35	E 4
7551	Griosch GR (Scuol/Schuls-Tarasp)	39	F 2
3771	Grodei BE (St. Stephan)	34	B 5
1772	Grolley FR	33	F 3
3941	Grône VS (Granges-Lens)	42	C 2
6537	Grono GR (Castione-Arbedo)	46	A 5
8841	Gross SZ (Einsiedeln)	36	C 1
3257	Grossaffoltern BE (Suberg-Grossaffoltern)	26	C 5
6146	Grossdietwil LU (Melchnau)	28	B 5
3506	Grosshöchstetten BE	34	C 2
6074	Grossteil OW (Giswil)	35	F 2
6022	Grosswangen LU (Willisau)	28	C 5
9035	Grub AR (Heiden)	31	F 3
3941	Gruben VS (Turtmann)	43	E 3
3770	Grubenwald BE	34	B 4
1915	Grugnay VS (Chamoson)	42	B 3
3781	Grund b. Gstaad BE (Gstaad)	42	B 1
3452	Grünenmatt BE	27	E 5
8627	Grüningen BE (Bubikon)	30	B 4
7214	Grüsch GR	38	B 2
8624	Grüt (Gossau) ZH	30	B 4
1663	Gruyères FR	33	F 5
1882	Gryon VD	42	A 2
3921	Gspon VS (Stalden-Saas)	42	F 3
3780	Gstaad BE	34	A 5
3781	Gsteig b. Gstaad BE (Gstaad)	42	B 1
3801	Gsteigwiler BE(Wilderswil)	35	D 4
3901	Gstein-Gabi VS (Iselle di Trasquera) (ital.)	44	A 3
7549	Guarda GR	39	F 3
6515	Gudo TI (Riazzino-Cugnasco)	45	E 3
3158	Guggisberg BE (Schwarzenburg)	34	A 3
1631	Gumefens FR (Bulle)	33	F 4
3073	Gümligen BE	34	B 2
3205	Gümmenen BE	34	A 2
8507	Gündelhart TG (Steckborn)	30	C 2
8546	Gundetswil ZH (Islikon)	30	B 3
8321	Gündisau ZH (Pfäffikon)	30	B 4
3815	Gündlischwand BE (Zweilütschinen)	35	D 4
4524	Günsberg SO (Flumenthal)	27	D 3
8479	Güntalingen ZH (Stammheim)	30	B 2
3654	Gunten BE	34	C 3
8584	Guntershausen TG (Kehlhof)	31	D 2
8357	Guntershausen b. Aadorf TG	30	C 3
8222	Guntmadingen SH (Beringen Bad Bhf.)	30	A 2
4617	Gunzgen SO (Hägendorf)	27	F 3
6222	Gunzwil LU (Beromünster)	29	D 5
7132	Guralätsch-Alp GR (Ilanz)	37	E 5
3249	Gurbrü BE (Ferenbalm-Gurbrü)	34	A 2
3212	Gurmels FR (Cressier)	33	F 2
3099	Gurnigelbad BE (Thurnen)	34	B 3
6482	Gurtnellen UR	36	C 4
3137	Gurzelen BE (Seftigen)	34	B 3
1781	Guschelmuth FR (Courtepin)	33	F 3
4931	Gutenburg BE	27	E 4
8605	Gutenswil ZH (Fehraltorf)	30	B 4
8479	Gütighausen BE (Thalheim-Altikon)	30	B 2
3861	Guttannen BE (Innertkirchen)	35	F 4
3941	Guttet VS (Leuk)	43	D 2
8594	Güttingen TG	31	D 2
3645	Gwatt (Thun) BE	34	C 3
1249	Gy GE (Genève)	40	B 4
3549	Gysenstein BE (Tägertschi)	34	C 2

H

PLZ	Ort	Seite	Feld
9469	Haag (Rheintal) SG (Haag-Gams)	31	F 5
3801	Habkern BE (Interlaken-West)	35	D 3
5117	Habsburg AG (Schinznach Bad)	29	D 3
3065	Habstetten BE (Bolligen)	34	B 1
8340	Hadlikon ZH (Hinwil)	30	B 4
4445	Häfelfingen BL (Läufelfingen)	27	F 2
8501	Hagenbuch ZH (Aadorf)	30	C 3
4614	Hägendorf SO	27	F 3
9501	Hagenwil am Nollen TG (Märwil)	31	D 3
8580	Hagenwil b. Amriswil TG (Amriswil)	31	E 3
9312	Häggenschwil SG (Häggenschwil-Winden)	31	E 3
5607	Hägglingen AG (Dottikon-Dintikon)	29	D 3
2575	Hagneck BE	26	C 5
3715	Hahnenmoos BE (Frutigen)	34	B 5
9220	Halden TG (Kradolf)	31	D 3
7023	Haldenstein GR	38	B 3
8215	Hallau SH (Wilchingen-Hallau)	29	E 1
5705	Hallwil AG (Hallwil-Dürrenäsch)	29	D 4
6403	Haltikon SZ (Küssnacht am Rigi)	36	B 1
6285	Hämikon LU (Hitzkirch)	29	D 4
3861	Handegg BE (Innertkirchen)	35	F 4
8585	Happerswil TG (Erlen)	31	D 2
9463	Hard SG (Oberriet)	31	F 4
3250	Hardern BE (Lyss)	26	C 4
8553	Harwilen TG (Hüttlingen-Mettendorf)	30	C 2
4624	Härkingen SO (Egerkingen)	27	F 3
8967	Hasenberg AG (Berikon-Widen)	29	D 3
6166	Hasle LU	35	E 2
3415	Hasle-Rüegsau BE	27	E 5
9054	Haslen AI (Teufen)	31	E 4
8773	Haslen GL (Nidfurn-Haslen)	37	E 2
6085	Hasliberg BE (Brünig-Hasliberg)	35	F 3
8580	Hatswil ZH (Amriswil)	31	E 2
8557	Hattenhausen TG (Müllheim-Wigoltingen)	30	C 2
8776	Hätzingen GL (Luchsingen-Hätzingen)	37	E 2
1961	Haudères, Les VS (Sion)	43	D 4
4699	Hauenstein SO (Läufelfingen)	27	F 2
9213	Hauptwil TG	31	D 3
3860	Hausen (Meiringen) BE (Meiringen)	35	F 3
8915	Hausen am Albis ZH (Sihlbrugg)	29	E 4
5212	Hausen b. Brugg AG (Brugg)	29	D 3
3451	Häusernmoos im Emmental BE	27	E 4
1961	Haute-Nendaz VS (Sion)	42	C 3
2068	Hauterive NE (St-Blaise)	33	E 2
1725	Hauterive-près-Posieux FR (Matran)	33	F 3
1631	Hauteville FR (Bulle)	33	F 4
1806	Hauteville VD (Vevey)	41	E 2
3510	Häutligen BE (Stalden im Emmental)	34	C 2
2208	Hauts-Geneveys, Les NE	33	E 1
8908	Hedingen ZH	29	E 4
9435	Heerbrugg SG	31	F 3
8557	Hefenhausen TG (Müllheim-Wigoltingen)	30	C 2
8580	Hefenhofen TG (Amriswil)	31	E 2
3202	Heggidorn BE (Riedbach)	34	A 2
8409	Hegi (Winterthur) ZH (Oberwinterthur)	30	B 3
8604	Hegnau ZH (Schwerzenbach)	30	A 4
3857	Heid BE (Unterbach)	35	E 3
6284	Heidegg LU (Gelfingen)	29	D 5
9410	Heiden AR	31	F 3
3625	Heiligenschwendi BE (Thun)	34	C 3
6166	Heiligkreuz LU (Schüpfheim)	35	E 2
3981	Heiligkreuz (Binn) VS (Fiesch)	44	A 2
3627	Heimberg BE	34	C 3
3361	Heimenhausen BE (Herzogenbuchsee)	27	E 3
3615	Heimenschwand BE (Oberdiessbach)	34	C 3
3453	Heimisbach BE (Grünenmatt)	27	E 5
3412	Heimiswil BE (Burgdorf)	27	E 5
4511	Heinrichswil BE (Inkwil)	27	E 4
8915	Heisch ZH (Sihlbrugg)	29	A 4
1714	Heitenried FR (Schwarzenburg)	34	A 3
9214	Heldswil TG (Kradolf)	31	D 3
8626	Hellberg ZH (Wetzikon)	30	B 4
6016	Hellbühl LU (Rothenburg)	35	F 1
4316	Hellikon AG (Mumpf)	28	B 3
3361	Hellsau BE (Herzogenbuchsee)	27	E 4
8557	Helsighausen TG (Berlingen)	30	C 2
9631	Hemberg SG (Wattwil)	31	D 4
8261	Hemishofen SH	30	B 2
8211	Hemmental SH (Schaffhausen)	30	A 1
4461	Hemmiken BL (Gelterkinden)	27	F 1
9247	Henau SG (Algetshausen-Henau)	31	D 3
5604	Hendschiken AG	29	D 3
8444	Henggart ZH	30	A 2
1681	Hennens FR (Romont)	33	E 4
1599	Henniez VD	33	E 4
4711	Herbetswil SO (Balsthal)	27	E 3
3526	Herbligen BE (Oberdiessbach)	34	C 3
8207	Herblingen SH	30	A 1
3921	Herbriggen VS	43	E 3
8502	Herdern TG (Frauenfeld)	30	C 2
1961	Hérémence VS (Sion)	42	C 3
6052	Hergiswil NW	36	A 2
6133	Hergiswil b. Willisau LU (Willisau)	35	D 1
9100	Herisau AR	31	E 4
6028	Herlisberg LU (Beromünster)	29	D 4
1248	Hermance GE	40	B 3
8330	Hermatswil ZH (Saland)	30	B 4
1511	Hermenches VD (Moudon)	33	D 4
5649	Hermetschwil AG (Bremgarten West)	29	D 4
3274	Hermrigen BE (Aarberg)	26	C 4
8585	Herrenhof TG (Altnau)	31	D 2
8704	Herrliberg ZH	29	F 4
4411	Hersberg BL (Liestal)	27	F 1
8626	Herschmettlen ZH (Bubikon)	30	B 4
4511	Hersiwil SO (Etziken)	27	E 4
6352	Hertenstein LU	36	B 1
5027	Herznach AG (Frick)	28	C 3
3360	Herzogenbuchsee BE	27	E 4
4571	Hessigkofen SO (Arch)	27	D 4
5317	Hettenschwil AG (Leibstadt)	29	D 2
3325	Hettiswil b. Hindelbank BE (Hindelbank)	34	C 1
8442	Hettlingen ZH	30	B 2
3711	Heustrich, Bad BE (Mülenen)	34	C 4
2604	Heutte, La BE	26	D 4
6024	Hildisrieden LU (Hochdorf)	29	D 5
5613	Hilfikon AG	29	D 4
3652	Hilterfingen BE (Thun)	34	C 3
4249	Himmelried SO (Grellingen)	27	E 2
3324	Hindelbank BE	34	B 1
7299	Hinterberg GR (Furna)	38	B 2
9451	Hinterforst SG (Altstätten SG)	31	F 4
3099	Hinterfultigen BE (Schwarzenburg)	34	B 3
9033	Hinterhof SG (Goldach)	31	E 3
3032	Hinterkappelen BE (Bern-Bümpliz Nord)	27	D 5
7431	Hinterrhein GR (Thusis)	46	A 2
6431	Hinterthal SZ (Schwyz)	36	C 2
8340	Hinwil ZH	30	B 4
9464	Hirschensprung SG (Rüthi)	31	F 4
3153	Hirschhorn BE (Schwarzenburg)	34	B 3
5042	Hirschthal AG	28	C 4
8811	Hirzel ZH (Sihlbrugg)	29	F 5
6285	Hitzkirch LU	29	D 5
6280	Hochdorf LU	29	D 5
8182	Hochfelden ZH (Bülach)	29	E 2
9032	Hochfirst SG (Engelburg)	31	E 3
3361	Höchstetten BE (Herzogenbuchsee)	27	E 4
4146	Hochwald SO (Dornach-Arlesheim)	27	E 2
8842	Hochybrig SZ (Einsiedeln)	36	C 2
3903	Hockenalp VS (Kippel)	43	E 1
3611	Höfen BE (Thun)	34	C 3
6312	Höfen ZG (Zug)	36	B 1
8211	Hofen SH (Thayngen)	30	A 1
9114	Hoffeld SG (Degersheim)	31	D 4
6154	Hofstatt LU (Hüswil)	35	D 1
3199	Hofstetten BE (Wichtrach)	34	B 2

PLZ	Ort	Seite	Feld
4114	Hofstetten SO (Flüh)	**26**	D 2
3858	Hofstetten b. Brienz BE (Brienz)	**35**	E 3
8353	Hofstetten b. Elgg ZH (Elgg)	**30**	B 3
6276	Hohenrain LU (Hochdorf)	**29**	D 5
9221	Hohentannen TG (Bischofszell Nord)	**31**	D 3
6083	Hohfluh (Hasliberg) BE (Brünig-Hasliberg)	**35**	F 3
3901	Hohtenn VS	**43**	F 2
5113	Holderbank AG (Wildegg)	**29**	D 3
4718	Holderbank SO (Balsthal)	**27**	E 3
5646	Holderstock AG (Sins)	**29**	D 5
4434	Hölstein BL	**27**	E 2
6343	Holzhäusern b. Rotkreuz ZG (Rotkreuz)	**29**	E 5
5043	Holziken AG (Hirschthal)	**28**	C 4
3611	Homberg BE (Thun)	**34**	C 3
8634	Hombrechtikon ZH (Uerikon)	**30**	B 5
8501	Homburg TG (Steckborn)	**30**	C 2
6038	Honau LU (Gisikon-Root)	**29**	E 5
3702	Hondrich BE (Spiez)	**34**	C 4
4712	Höngen SO (Balsthal)	**27**	E 3
8371	Horben TG (Sirnach)	**30**	C 3
8501	Horben b. Frauenfeld TG (Frauenfeld)	**30**	B 2
3755	Horboden BE (Oey-Diemtigen)	**34**	C 4
8810	Horgen ZH	**29**	F 4
8500	Horgenbach TG (Frauenfeld)	**30**	B 2
8507	Hörhausen TG (Steckborn)	**30**	C 2
8181	Höri ZH (Niederglatt)	**28**	E 3
9326	Horn TG	**31**	E 3
5257	Hornussen AG	**28**	C 3
3623	Horrenbach BE (Thun)	**35**	D 3
4511	Horriwil SO (Subingen)	**27**	E 4
6048	Horw LU	**36**	A 2
9501	Hosenruck TG (Wil SG)	**31**	D 3
6493	Hospental UR	**36**	B 4
3901	Hospiz (Simplon) VS	**43**	F 2
4349	Hottwil AG (Etzgen)	**28**	C 2
9402	Hub SG (Mörschwil)	**31**	E 3
8498	Hub (Wald) ZH (Wald)	**30**	C 4
4511	Hubersdorf SO (Flumenthal)	**27**	E 3
1861	Huémoz VD (Villars)	**42**	A 2
8561	Hugelshofen TG (Märstetten)	**31**	D 2
4245	Huggerwald SO (Laufen)	**27**	D 2
8451	Humlikon ZH (Henggart)	**30**	A 2
9064	Hundwil AR (Waldstatt)	**31**	E 4
6331	Hünenberg ZG (Cham)	**29**	E 5
3626	Hünibach BE (Thun)	**34**	C 3
8412	Hünikon ZH (Henggart)	**30**	A 2
8194	Hüntwangen ZH (Hüntwangen-Wil)	**29**	E 2
5502	Hunzenschwil AG	**28**	C 3
8640	Hurden SZ	**30**	B 5
6152	Hüswil LU	**28**	B 5
8821	Hütten ZH (Samstagern)	**29**	F 5
8115	Hüttikon ZH (Otelfingen)	**29**	E 3
8553	Hüttlingen TG (Hüttlingen-Mettendorf)	**30**	C 2
4950	Huttwil BE	**27**	F 4
8503	Hüttwilen TG (Eschenz)	**30**	B 2
8488	Hutzikon ZH (Turbenthal)	**30**	B 3

I

PLZ	Ort	Seite	Feld
6438	Ibach SZ (Schwyz)	**36**	C 2
4571	Ichertswil SO (Lohn-Lüterkofen)	**29**	E 4
3941	Icogne VS (Granges-Lens)	**42**	C 2
4699	Ifenthal SO (Läufelfingen)	**27**	F 2
3775	Iffigen BE (Lenk)	**42**	C 1
3349	Iffwil BE (Jegenstorf)	**27**	D 5
8362	Ifwil b. Balterswil TG (Eschlikon)	**30**	C 3
7131	Igels GR (Ilanz)	**37**	E 4
7206	Igis GR	**38**	B 2
7130	Ilanz GR	**37**	F 3
1893	Illarsaz VS (Collombey-Muraz)	**42**	A 2
1711	Illens FR (Fribourg)	**33**	F 4
6431	Illgau SZ (Schwyz)	**36**	C 2
8557	Illhart TG (Müllheim-Wigoltingen)	**30**	C 2
1873	Illiez, Val d' VS	**41**	E 4
8574	Illighausen TG (Siegershausen)	**31**	D 2
3033	Illiswil BE (Bern)	**34**	A 2
8308	Illnau ZH	**30**	B 3
9657	Iltios SG (Nesslau-Neu St. Johann)	**31**	E 5
1631	Im Fang FR (Broc-Fabrique)	**34**	A 4
3981	Im Feld VS (Fiesch)	**44**	B 1
4514	Im Holz SO (Lommiswil)	**27**	D 3
6405	Immensee SZ	**36**	B 1
6614	Incella TI (Locarno)	**45**	E 3
6579	Indémini TI (Magadino-Vira)	**45**	E 3
3953	Inden VS (Leuk)	**43**	D 2
6440	Ingenbohl SZ (Brunnen)	**36**	C 2
4555	Inkwil BE	**27**	E 4
3044	Innerberg b. Säriswil BE (Bern)	**34**	A 1
7431	Innerferrera GR (Thusis)	**46**	C 2
8858	Innerthal SZ (Siebnen-Wangen)	**38**	D 1
3862	Innertkirchen BE	**35**	F 3
3232	Ins BE	**26**	B 5
3800	Interlaken BE	**35**	D 4
6655	Intragna TI	**45**	D 3
6499	Intschi UR	**36**	C 3
6034	Inwil LU (Eschenbach)	**29**	D 5
2563	Ipsach BE	**26**	C 4
6707	Iragna TI (Biasca)	**45**	E 2
3807	Iseltwald BE	**35**	E 3
1865	Isenau VD (Les Diablerets)	**42**	B 2
3822	Isenfluh BE (Lauterbrunnen)	**35**	D 4
6461	Isenthal UR (Isleten-Isenthal)	**36**	B 2
6981	Iseo TI (Agno)	**45**	E 4
1914	Isérables VS (Riddes)	**42**	B 3
1148	Isle, L' VD (L'Isle-Mont-la-Ville)	**32**	B 4
6460	Isleten UR (Isleten-Isenthal)	**36**	B 2
8546	Islikon TG	**30**	B 2
8905	Islisberg AG (Bonstetten-Wettswil)	**29**	E 4
7516	Isola GR (St. Moritz)	**47**	D 3
6849	Isone TI (Rivera-Bironico)	**45**	E 3
1937	Issert VS (Orsières)	**42**	B 4
8575	Istighofen TG (Bürglen)	**31**	D 2
4452	Itingen BL	**27**	E 2
8700	Itschnach ZH (Küsnacht)	**29**	F 4
4349	Ittenthal AG (Laufenburg)	**28**	C 2
8501	Ittingen TG (Frauenfeld)	**30**	B 2
8627	Itzikon ZH (Wetzikon)	**30**	B 3

J

PLZ	Ort	Seite	Feld
3117	Jaberg BE (Kiesen)	**34**	C 3
9108	Jakobsbad AI	**31**	E 4
3517	Jassbach BE (Oberdiessbach)	**34**	C 2
1631	Jaun FR (Broc-Fabrique)	**34**	A 4
3303	Jegenstorf BE	**27**	D 5
3945	Jeizinen VS (Gampel-Steg)	**43**	E 2
7299	Jenaz GR	**38**	B 2
7307	Jenins GR (Maienfeld)	**38**	B 2
2565	Jens BE (Lyss)	**26**	C 4
3186	Jetschwil FR (Düdingen)	**34**	A 3
1781	Jeuss FR (Cressier FR)	**33**	F 2
8645	Jona SG (Rapperswil)	**30**	B 5
8911	Jonen AG (Hedingen)	**29**	E 4
1805	Jongny VD (Chardonne-Jongny)	**41**	E 2
9243	Jonschwil SG (Schwarzenbach SG)	**31**	D 3
1699	Joux, La FR (Vuisternens-devant-Romont)	**33**	E 4
8493	Juckern ZH (Saland)	**30**	B 4
7431	Juf GR (Thusis)	**46**	C 3
3801	Jungfraujoch BE/VS	**35**	E 5
1349	Juriens VD (Croy-Romainmôtier)	**32**	C 4
1254	Jussy GE (Genève)	**40**	B 4

K

PLZ	Ort	Seite	Feld
6056	Kägiswil OW (Kerns-Kägiswil)	**36**	A 2
6221	Kagiswil LU (Rickenbach)	**28**	C 5
9038	Kaien AR (Heiden)	**31**	F 3
4303	Kaiseraugst AG	**28**	A 2
8434	Kaiserstuhl AG (Weiach-Kaiserstuhl)	**29**	E 2
6099	Kaiserstuhl OW	**35**	F 3
4336	Kaisten AG (Laufenburg)	**28**	C 2
3158	Kalchstätten BE (Schwarzenburg)	**34**	A 3
5625	Kallern AG (Boswil-Bünzen)	**29**	D 4
3283	Kallnach BE	**26**	C 5
3922	Kalpetran VS	**43**	E 3
6212	Kaltbach LU (Sursee)	**28**	C 5
8722	Kaltbrunn SG	**30**	C 5
8251	Kaltenbach TG (Stein am Rhein)	**30**	B 2
9501	Kalthäusern TG (Matzingen)	**30**	C 3
4511	Kammersrohr SO (Flumenthal)	**27**	E 3
3714	Kanderbrück BE (Frutigen)	**34**	C 4
3716	Kandergrund BE	**34**	C 5
3718	Kandersteg BE	**34**	C 5
4447	Känerkinden BL (Buckten)	**27**	F 2
9642	Kappel SG (Ebnat-Kappel)	**31**	D 4
4616	Kappel SO (Hägendorf)	**27**	F 3
8926	Kappel am Albis ZH (Baar)	**29**	E 5
3273	Kappelen BE (Aarberg)	**26**	C 5
6047	Kastanienbaum LU	**36**	A 2
9050	Kaubad AI (Appenzell)	**31**	E 4
3126	Kaufdorf BE	**34**	B 3
8712	Kehlhof ZH (Stäfa)	**30**	B 5
3122	Kehrsatz BE	**34**	B 2
6365	Kehrsiten NW	**36**	A 2
6197	Kemmeriboden BE (Wiggen)	**35**	D 3
8623	Kempten ZH	**30**	B 4
8310	Kemptthal ZH	**30**	B 3
9615	Kengelbach SG (Dietfurt)	**30**	C 4
3349	Kernenried BE (Fraubrunnen)	**27**	D 4
6064	Kerns OW (Kerns-Kägiswil)	**36**	A 2
3210	Kerzers FR	**33**	F 2
8593	Kesswil TG	**31**	E 2
4703	Kestenholz SO (Oensingen)	**27**	E 3
3713	Kien BE (Reichenbach im Kandertal)	**34**	C 4
4468	Kienberg SO (Gelterkinden)	**27**	F 2
3118	Kienersrüti BE (Uttigen)	**34**	B 3
3711	Kiental BE (Reichenbach im Kandertal)	**34**	C 4
3117	Kiesen BE	**34**	C 3
4496	Kilchberg BL (Tecknau)	**27**	F 2
8802	Kilchberg ZH	**29**	E 4
8956	Killwangen AG (Killwangen-Spreitenbach)	**29**	D 3
3903	Kippel VS (Goppenstein)	**43**	E 1
3422	Kirchberg BE (Kirchberg-Alchenflüh)	**27**	E 4
9533	Kirchberg SG (Bazenheid)	**30**	C 3
6204	Kirchbühl (Sempach) LU (Sempach-Neuenkirch)	**29**	D 5
5416	Kirchdorf AG (Turgi)	**29**	D 3
3116	Kirchdorf BE (Kiesen)	**34**	B 3
3128	Kirchenthurnen BE (Thurnen)	**34**	B 3
6060	Kirchhofen (Sarnen) OW (Sarnen)	**36**	A 3
5054	Kirchleerau AG (Schöftland)	**28**	C 4
3038	Kirchlindach BE (Zollikofen)	**34**	B 1
5044	Kirchrued AG (Schöftland)	**28**	C 4
3211	Kleinbösingen FR (Cressier)	**33**	F 2
4936	Kleindietwil BE	**27**	F 4
5314	Kleindöttingen AG (Döttingen-Klingnau)	**29**	D 2
3212	Kleingurmels FR (Cressier FR)	**33**	F 3
4245	Kleinlützel SO (Liesberg)	**27**	D 2
6074	Kleinteil OW (Giswil)	**35**	F 3
6277	Kleinwangen LU (Baldegg)	**29**	D 5
6375	Klewenalp NW (Beckenried)	**36**	B 2
5313	Klingnau AG (Döttingen-Klingnau)	**29**	D 2
7250	Klosters GR	**38**	C 2
7252	Klosters Dorf GR	**38**	C 2
8302	Kloten ZH	**29**	F 3
4710	Klus SO	**27**	E 3
8934	Knonau ZH	**29**	E 5
6213	Knutwil LU (Sursee)	**28**	C 5
6233	Knutwil, Bad LU (Sursee)	**28**	C 5
9463	Kobelwald SG (Oberriet)	**31**	F 4
5322	Koblenz AG	**29**	D 2
8483	Kollbrunn ZH	**30**	B 3
6300	Kollermühle ZG (Zug)	**29**	E 5
5742	Kölliken AG	**28**	C 4
5200	Königsfelden AG (Brugg)	**29**	D 3
3098	Köniz BE	**34**	B 2
3510	Konolfingen BE	**34**	C 2
3425	Koppigen BE (Utzenstorf)	**27**	E 4
3055	Kosthofen BE (Suberg-Grossaffoltern)	**26**	C 2
6217	Kottwil LU (Wauwil)	**28**	C 5
9214	Kradolf TG	**31**	D 3
3704	Krattigen BE (Spiez)	**34**	C 4
3326	Krauchthal BE (Hindelbank)	**34**	C 1
8280	Kreuzlingen TG	**31**	D 2
3177	Kriechenwil BE (Saanenbrücke-Kriechenwil)	**34**	A 2
4566	Kriegstetten SO (Gerlafingen)	**27**	E 4
6010	Kriens LU	**36**	A 1
9451	Kriessern SG (Altstätten SG)	**31**	F 4
9621	Krinau SG (Lichtensteig)	**30**	C 4
9302	Kronbühl SG (Wittenbach)	**31**	E 3
6199	Kröschenbrunnen BE (Trubschachen)	**35**	D 2
6232	Krumbach LU (Sursee)	**28**	C 5
9643	Krummenau SG	**31**	D 5
7240	Küblis GR	**38**	C 2
6234	Kulmerau LU (Sursee)	**28**	C 4
8586	Kümmertshausen TG (Erlen)	**31**	D 2
7311	Kunkels GR (Bad Ragaz)	**38**	C 3
5444	Künten AG (Bremgarten)	**29**	D 3
3753	Kurheim Grimmialp BE (Oey-Diemtigen)	**34**	B 4

8700 Küsnacht ZH	29	F	4
6403 Küsnacht am Rigi SZ	36	B	1
5024 Küttigen AG (Aarau)	28	C	3
8311 Kyburg ZH (Sennhof-Kyburg)	30	B	3
4571 Kyburg SO (Bätterkinden)	27	D	4

L

7031 Laax GR (Valendas-Sagogn)	37	F	3
9412 Lachen AR (St. Margrethen)	31	F	3
8853 Lachen SZ	30	B	5
1249 Laconnex GE (La Plaine)	40	A	4
3901 Laden VS (Hohtenn)	43	E	2
7131 Ladir GR (Ilanz)	37	F	3
7099 Lain GR (Solis)	38	B	4
2718 Lajoux JU (La Combe)	26	B	3
3931 Lalden VS	43	F	2
2516 Lamboing BE (Ligerz)	26	B	4
6814 Lamone TI (Lamone-Cadempino)	45	E	4
4431 Lampenberg BL (Lampenberg-Ramlinsburg)	27	E	2
1394 Lance, La VD (Concise)	33	D	3
1212 Lancy GE (Genève)	40	A	4
6549 Landarenca GR (Castione-Arbedo)	46	A	4
2525 Landeron, Le NE	33	F	1
3431 Landiswil BE (Lützelflüh-Goldbach)	34	C	2
7302 Landquart GR	38	B	2
8597 Landschlacht TG (Münsterlingen-Scherzingen)	31	D	2
3427 Landshut BE (Utzenstorf)	27	D	4
4438 Langenbruck BL (Waldenburg)	27	E	2
3611 Längenbühl BE (Uetendorf)	34	B	3
4513 Langendorf SO	27	D	3
4900 Langenthal BE	27	F	3
8135 Langnau am Albis ZH (Langnau-Gattikon)	29	E	4
6262 Langnau b. Reiden LU (Reiden)	28	B	5
3550 Langnau im Emmental BE	35	D	2
8585 Langrickenbach TG (Altnau)	31	D	2
7099 Langwies GR	38	C	3
8246 Langwiesen ZH	30	A	1
9501 Lanterswil TG (Märwil)	31	D	2
3185 Lanthen FR (Schmitten)	34	A	2
7099 Lantsch/Lenz GR (Tiefencastel)	38	B	4
3148 Lanzenhäusern BE	34	A	2
8506 Lanzenneunforn TG (Mammern)	30	C	2
7299 Laret GR (Davos-Laret)	38	C	3
7551 Laret (Samnaun) GR (Scuol/Schuls-Tarasp)	39	F	2
6711 Largario TI (Biasca)	45	E	1
7499 Latsch GR (Bergün/Bravuogn)	38	C	4
3758 Latterbach BE (Oey-Diemtigen)	34	C	4
2572 Lattrigen BE	26	C	4
3903 Lauchernalp VS (Kippel)	43	E	1
3781 Lauenen BE (Gstaad)	42	C	1
6499 Lauerz SZ (Arth-Goldau)	36	B	1
4448 Läufelfingen BL	27	E	2
4242 Laufen BE	27	D	2
8447 Laufen ZH (Dachsen)	30	A	2
4335 Laufenburg AG	28	C	2
5200 Lauffohr AG (Brugg)	29	D	3
3177 Laupen BE	34	A	2
8637 Laupen ZH (Wald)	30	C	5
4712 Laupersdorf SO (Balsthal)	27	E	2
3438 Lauperswil BE (Zollbrück)	34	C	2
7199 Laus GR (Somvix-Compadials)	37	D	4
1000 Lausanne VD	41	D	2
1000 Lausanne-Chailly VD	41	D	2
4415 Lausen BL	27	E	2
3822 Lauterbrunnen BE	35	D	4
4411 Lauwil BL (Oberdorf)	27	E	2
6611 Lavertezzo TI (Tenero)	45	E	2
1890 Lavey-les-Bains VD (St-Maurice)	42	A	3
1892 Lavey-Village VD (St-Maurice)	42	A	3
1171 Lavigny VD (Etoy)	40	C	2
7549 Lavin GR	39	E	3
6746 Lavorgo TI	45	E	1
3981 Lax VS	44	A	1
1773 Léchelles FR	33	E	3
1831 Lécherette, La VD (Le Sépey)	42	B	1
6549 Leggia GR (Castione-Arbedo)	46	A	4
4353 Leibstadt AG	29	D	2
5733 Leimbach AG	29	D	4
8584 Leimbach TG (Sulgen)	31	D	2
6145 Leimbütz LU (Zell)	28	B	5
4931 Leimiswil BE (Lindenholz)	27	E	4
3706 Leissigen BE	35	D	4
9501 Lenggenwil SG (Algetshausen-Henau)	31	D	3
5426 Lengnau AG (Niederweningen)	29	D	2
2543 Lengnau b. Biel BE	26	C	4
8574 Lengwil (Oberhofen)TG	31	D	2
3775 Lenk im Simmental BE	34	C	5
3941 Lens VS (Granges-Lens)	42	C	2
1751 Lentigny FR (Chénens)	33	E	2
5600 Lenzburg AG	29	D	3
7078 Lenzerheide/Lai GR (Tiefencastel)	38	B	4
6711 Leóntica TI (Biasca)	45	E	1
1661 Lessoc FR	33	F	5
8772 Leuggelbach GL	37	E	2
5316 Leuggern AG (Döttingen-Klingnau)	29	D	2
3953 Leuk Stadt VS	43	D	2
3954 Leukerbad VS (Leuk)	43	D	1
5725 Leutwil AG (Boniswil-Seengen)	29	D	4
3297 Leuzigen BE	27	D	4
1931 Levron VS (Sembrancher)	42	D	3
1854 Leysin VD	42	A	2
1912 Leytron VS (Riddes)	42	B	2
9601 Libingen SG (Bütschwil)	30	C	4
9620 Lichtensteig SG	30	C	4
1931 Liddes VS (Orsières)	42	B	4
3173 Liebewil BE (Oberwangen)	34	B	2
3211 Liebistorf FR (Cressier)	33	F	2
4436 Liedertswil BL (Oberdorf)	27	E	2
1681 Lieffrens FR (Vuisternes-devant-Romont)	41	E	1
8966 Lieli AG (Berikon-Widen)	33	E	4
6277 Lieli LU (Gelfingen)	29	D	5
9464 Lienz SG (Rüthi SG)	31	F	4
4253 Liesberg BE	27	D	2
4410 Liestal BL	27	E	1
1345 Lieu, Le VD	32	B	4
1961 Liez VS (St. Martin)	42	C	3
2514 Ligerz BE	26	B	4
1351 Lignerolle VD (Orbe)	32	C	4
2523 Lignières NE (La Neuveville)	33	F	1
6853 Ligornetto TI (Mendrisio)	45	E	5
8127 Limberg ZH (Forch)	29	F	4
3349 Limpach BE (Büren zum Hof)	27	D	4
8307 Lindau ZH (Effretikon)	30	A	3
4931 Linden BE (Oschwand)	27	E	4
3517 Linden b. Oberdiessbach BE (Oberdiessbach)	34	C	2
3067 Lindental b. Boll BE (Boll-Utzigen)	34	C	1
6671 Linéscio TI (Ponte Brolla)	44	C	2
5224 Linn AG (Villnachern)	28	C	3
8783 Linthal GL	37	E	2
6651 Lionza TI (Borgnone-Cadanza)	45	D	3
8494 Lipperschwändi ZH (Steg)	30	C	4
8557 Lipperswil TG (Müllheim-Wigoltingen)	30	C	2
8561 Lippoldswilen TG (Siegershausen)	31	D	2
6014 Littau LU	36	A	1
9501 Littenheid TG (Sirnach)	30	C	3
7099 Litzirüti GR	38	B	3
7649 Löbbia GR (St. Moritz)	47	D	4
3251 Lobsigen BE (Aarberg)	26	C	5
6600 Locarno TI	45	E	2
2400 Locle, Le NE	33	D	1
6611 Loco TI (Ponte Brolla)	45	D	3
6671 Lódano TI (Ponte Brolla)	45	D	2
6527 Lodrino TI (Osogna-Cresciano)	45	E	2
1213 Loëx GE (Genève)	40	A	4
7431 Lohn GR (Thusis)	46	B	2
8211 Lohn SH (Thayngen)	30	A	1
4573 Lohn SO (Lohn-Lüterkofen)	27	D	4
8224 Löhningen SH (Neunkirch DB)	30	A	1
3127 Lohnstorf BE (Thurnen)	34	B	3
3801 Lombach BE (Interlaken West)	35	D	3
9308 Lömmenschwil SG (Häggenschwil-Winden)	31	E	3
9506 Lommis TG (Tobel-Affeltrangen)	30	C	3
4514 Lommiswil SO	27	D	3
1027 Lonay VD (Lonay-Préverenges)	40	C	2
1261 Longirod VD (Le Muids)	40	B	2
6616 Losone TI (Solduno)	45	D	3
1782 Lossy FR (Belfaux Village)	33	F	3
6558 Lostallo GR (Castione-Arbedo)	46	A	4
4654 Lostorf SO (Schönenwerd)	27	F	2
6711 Lottigna TI (Biasca)	45	E	1
4932 Lotzwil BE	27	F	4
1931 Lourtier VS (La Châble)	42	B	4
1681 Lovatens VD (Lucens)	33	E	4
1754 Lovens FR (Rosé)	33	E	3
2732 Loveresse BE (Reconvilier)	26	C	3
2801 Löwenburg BE (Soyhières)	26	C	2
3941 Loye VS (Granges Lens)	42	C	2
7531 Lü GR (Zernez)	39	F	4
1966 Luc VS (Sion)	42	C	2
2801 Lucelle JU (Alle)	26	C	2
1522 Lucens VD	33	D	4
9438 Lüchingen SG (Altstätten SG)	31	F	4
8775 Luchsingen GL (Luchsingen-Hätzingen)	37	E	2
6711 Ludiano TI (Biasca)	45	E	1
7099 Lüen GR (Lüen-Castiel)	38	B	3
1961 Luette VS (Sion)	42	C	3
8426 Lufingen ZH (Embrach-Rorbas)	30	A	3
6900 Lugano TI	45	E	4
2933 Lugnez JU (Porrentruy)	26	B	2
1781 Lugnorre FR (Sugiez)	33	F	2
1181 Luins VD (Vernay)	40	B	2
1254 Lullier GE (Genève)	40	B	4
1470 Lully FR (Estavayer-le-Lac)	33	E	3
1232 Lully GE (Genève)	40	A	4
1111 Lully VD (Tolochenaz)	40	C	2
7131 Lumbrein GR (Ilanz)	37	E	4
6533 Lumino TI (Castione-Arbedo)	45	F	2
6078 Lungern OW	35	F	3
7131 Lunschania GR (Ilanz)	37	F	4
5242 Lupfig AG (Birrfeld)	29	D	3
4411 Lupsingen BL (Liestal)	27	E	2
6777 Lurengo TI (Ambri-Piotta)	36	C	5
3211 Lurtigen FR (Cressier)	33	F	2
7531 Lüsai GR (Zernez)	39	F	4
2576 Lüscherz BE	26	B	5
8880 Lüsis SG (Walenstadt)	31	E	5
1304 Lussery VD (La Sarraz)	32	C	4
4574 Lüsslingen SO	27	D	4
1758 Lussy FR (Villaz-St-Pierre)	33	E	4
1111 Lussy-sur-Morges VD (Tolochenaz)	40	C	2
8531 Lustdorf TG (Matzingen)	30	C	2
4708 Luterbach SO (Luterbach-Attisholz)	27	D	3
4571 Lüterkofen SO (Lohn-Lüterkofen)	27	D	4
4571 Lüterswil SO (Büren an der Aare)	27	D	4
6156 Luthern LU (Hüswil)	35	D	1
6156 Luthern Bad LU (Hüswil)	35	D	1
9231 Lütisburg Dorf SG	31	D	4
1095 Lutry VD	41	D	2
3801 Lütschental BE	35	D	4
3432 Lützelflüh BE (Lützelflüh-Goldbach)	27	E	5
9426 Lutzenberg AR (Rheineck)	31	F	3
7131 Luven GR (Ilanz)	37	F	3
7241 Luzein GR (Küblis)	38	C	2
6000 Luzern LU	36	A	1
3250 Lyss BE	26	C	4
3327 Lyssach BE	27	D	5

M

1961 Mâche VS (Sion)	42	C	3
3321 Madetswil ZH (Fehraltorf)	30	B	3
4934 Madiswil BE	27	F	4
6614 Madonna di Ponte TI (Brissago)	45	D	3
6712 Madra TI (Biasca)	45	F	1
6781 Madrano TI (Airolo)	36	C	5
7549 Madulain GR	47	E	2
6573 Magadino TI (Magadino-Vira)	45	E	3
4465 Magden AG (Rheinfelden)	28	B	2
9116 Magdenau AG (Flawil)	31	D	3
5506 Mägenwil AG	29	D	3
6673 Maggia TI (Ponte Brolla)	45	D	2
2532 Magglingen BE (Biel)	26	C	4
6983 Magliaso TI	45	E	4
1711 Magnedens FR (Matran)	33	F	4
1963 Magnot VS (Ardon)	42	B	3
7304 Maienfeld GR	38	B	2
2925 Maira, Le JU (Buix)	26	B	2
6799 Mairengo TI (Faido)	45	D	1
4464 Maisprach BL (Rheinfelden)	27	F	1
7026 Maladers GR (Chur)	38	B	3
7208 Malans GR	38	B	2
9479 Malans SG (Trübbach)	38	A	1
1049 Malapalud VD (Assens)	33	D	4
9497 Malbun FL (Schaan)	38	B	1
7099 Malix GR (Chur)	38	B	3
2735 Malleray BE (Malleray-Bévilard)	38	C	3

PLZ	Ort	Seite	Feld
7516	Maloja GR (St. Moritz)	47	D 3
9496	Mäls FL (Trübbach)	38	A 1
6102	Malters LU	35	F 1
6713	Malvaglia TI (Biasca)	45	E 1
6712	Malvaglia-Chiesa TI (Biasca)	45	E 1
1249	Malval GE (La Plaine)	40	A 4
8265	Mammern TG	30	C 2
5318	Mandach AG (Siggenthal-Würenlingen)	29	D 2
8708	Männedorf ZH	30	B 5
8268	Mannenbach TG (Mannenbach-Salenstein)	30	C 2
1775	Mannens FR (Cousset)	33	E 3
3770	Mannried BE (Grubenwald)	34	B 4
1699	Maracon VD (Palézieux)	41	E 2
7050	Maran GR (Arosa)	38	B 3
6196	Marbach LU (Wiggen)	35	D 2
9437	Marbach SG (Rebstein-Marbach)	31	F 4
1261	Marchissy VD (Bassins)	40	B 2
1923	Marécottes, Les VS	42	A 3
3186	Mariahilf FR (Düdingen)	33	F 3
4115	Mariastein SO (Flüh)	27	D 2
2074	Marin-Epagnier NE	33	E 2
1723	Marly FR (Fribourg)	33	F 3
7451	Marmorera GR (Tiefencastel)	38	B 5
1599	Marnand VD (Granges-Marnand)	33	E 3
6817	Maroggia TI (Maroggia-Melano)	45	E 5
6711	Marolta TI (Biasca)	45	E 1
1633	Marsens FR (Bulle)	33	F 4
8562	Märstetten TG	30	C 2
2316	Martel-Dernier NE (Les Ponts-de-Martel)	33	D 2
8460	Marthalen ZH	30	A 2
1099	Martherenges VD (Moudon)	33	D 4
1920	Martigny VS	42	A 3
1920	Martigny-Bourg VS (Martigny)	42	A 3
1920	Martigny-Ville VS (Martigny)	42	A 3
7551	Martina (Martinsbruck) GR (Scuol/Schuls-Tarasp)	39	F 2
3981	Martisberg VS (Lax)	44	A 1
9562	Märwil TG	30	C 3
7005	Masans (Chur-) GR (Haldenstein)	38	B 3
8933	Maschwanden ZH* (Mettmenstetten)	29	E 5
1961	Mase VS (Sion)	42	C 3
7431	Masein GR (Thusis)	38	A 4
8723	Maseltrangen SG (Kaltbrunn)	30	C 5
6900	Massagno TI	45	E 4
1891	Massongex VS	42	A 2
1681	Massonnens FR (Villaz-St-Pierre)	33	E 3
7302	Mastrils GR (Landquart)	38	B 2
1438	Mathod VD (Yverdon)	32	C 3
7431	Mathon GR (Thusis)	46	B 2
1753	Matran FR	33	F 3
8766	Matt GL (Schwanden)	37	E 2
3800	Matten b. Interlaken BE (Interlaken West)	35	D 4
3771	Matten (St. Stephan) BE	34	B 5
4934	Mättenbach BE (Madiswil)	27	F 4
3322	Mattstetten BE	34	B 1
8585	Mattwil TG (Erlen)	31	D 2
4713	Matzendorf SO	27	E 3
3019	Matzenried BE (Bern-Bümpliz)	34	A 2
9548	Matzingen TG	30	C 3
1411	Mauborget VD (Ste-Croix)	32	C 3
6216	Mauensee LU (St. Erhard-Knutwil)	28	C 5
1462	Mauguettaz, La VD (Yvonand)	33	D 3
1688	Maules FR (Sâles)	33	E 4
8124	Maur ZH (Forch)	29	F 4
1148	Mauraz VD	32	B 5
9493	Mauren FL (Nendeln)	31	F 5
8575	Mauren TG (Kehlhof)	31	D 2
1931	Mauvoisin, Barrage de VS (Le Châble)	42	C 4
1914	Mayens de Riddes VS (Riddes)	42	B 3
1961	Mayens-de-Sion, Les VS (Sion)	42	C 3
3961	Mayoux VS (Sierre)	43	D 3
1926	Mazembroz VS (Charrat-Fully)	42	B 3
6849	Medeglia TI (Rivera-Bironico)	45	E 3
7431	Medels im Rheinwald GR (Thusis)	46	B 2
1936	Médières VS (Le Châble)	42	B 4
6597	Medoscio TI (Riazzino-Cugnasco)	45	E 3
6045	Meggen LU	36	A 1
3901	Mehlbaum VS (Naters)	43	E 2
6484	Meien UR (Wassen)	36	B 4
5643	Meienberg AG (Sins)	29	E 5
3294	Meienried BE (Büren an der Aare)	26	C 4
7131	Meierhof GR (Ilanz)	37	E 4
6344	Meierskappel LU (Meierskappel-Risch)	29	E 5
3657	Meiersmaad BE (Thun)	34	C 3
3045	Meikirch BE (Schüpfen)	34	B 1
8706	Meilen ZH	29	F 4
1252	Meinier GE (Genève)	40	B 4
2554	Meinisberg BE (Büren an der Aare)	26	C 4
3860	Meiringen BE	35	F 3
5616	Meisterschwanden AG (Fahrwangen-Meisterschwanden)	29	D 4
6818	Melano TI (Maroggia-Melano)	45	F 5
4917	Melchnau BE	27	F 4
6067	Melchtal OW (Sarnen)	36	A 3
6549	Melera TI (Giubiasco)	45	F 3
6815	Melide TI	45	E 4
8439	Mellikon AG (Rümikon-Mellikon)	29	D 2
5507	Mellingen AG	29	D 3
8439	Mellstorf AG (Siglistorf)	29	E 2
8887	Mels SG	38	A 1
4249	Meltingen SO (Zwingen)	27	E 2
6850	Mendrisio TI	45	F 5
1531	Ménières FR (Granges-Marnand)	33	E 3
6125	Menzberg LU (Menznau)	35	E 1
5737	Menziken AG	29	D 4
6313	Menzingen ZG (Zug)	29	F 4
6122	Menznau LU	35	E 1
6671	Menzonio TI (Ponte Brolla)	45	D 2
5634	Merenschwand AG (Benzenschwil)	29	E 4
6611	Mergoscia TI (Tenero)	45	E 3
6866	Méride TI (Mendrisio)	45	E 5
8232	Merishausen SH (Schaffhausen)	30	A 1
3658	Merligen BE (Thun)	34	C 4
6402	Merlischachen SZ	36	B 1
2801	Mervelier JU (Delémont)	27	D 2
3274	Merzligen BE (Lyss)	26	C 4
6563	Mesocco GR (Castione-Arbedo)	46	A 3
3254	Messen SO (Grafenried)	27	D 4
8251	Mett-Oberschlatt TG (Diessenhofen)	30	B 2
4349	Mettau AG (Etzgen)	28	C 2
2801	Mettemberg JU (Soyhières-Bellerive)	26	C 2
8553	Mettendorf TG (Hüttlingen-Mettendorf)	30	C 2
6034	Mettlen LU (Inwil)	29	D 5
9501	Mettlen TG (Märwil)	31	D 3
3135	Mettlen b. Wattenwil BE (Burgistein-Wattenwil)	34	B 3
3549	Mettlenalp BE (Trubschachen)	35	F 5
6288	Mettmen-Schongau LU (Mosen)	29	D 4
8155	Mettmenhasli ZH (Niederhasli)	29	E 3
8932	Mettmenstetten ZH	29	E 4
4116	Metzerlen SO (Rodersdorf)	27	D 2
1030	Mex VD (Vufflens-la-Ville)	41	D 1
1891	Mex VS (St-Maurice)	42	A 3
3280	Meyriez FR (Morat)	33	F 2
1217	Meyrin GE (Vernier-Meyrin)	40	A 4
1008	Mézery VD (Jouxtens-Mézery)	41	D 2
1411	Mézery-près-Donneloye VD (Yvonand)	33	D 4
1681	Mézières FR	33	E 4
1083	Mézières VD (Châtillens)	33	D 5
6849	Mezzovico TI	45	E 3
1751	Middes FR (Rosé)	33	E 3
2901	Miécourt JU (Alle)	26	B 2
3961	Miège VS (Sierre)	43	D 2
1295	Mies VD	40	B 3
1904	Miéville VS (Vernayaz)	42	A 3
1896	Miex VS (Vouvry)	41	E 3
6981	Miglieglia TI (Magliaso)	45	E 4
3157	Milken BE (Schwarzenburg)	34	B 3
6648	Minusio TI (Locarno)	45	E 3
7749	Miralago GR	47	F 4
7131	Miraniga GR (Ilanz)	37	E 4
3532	Mirchel BE (Zäziwil)	34	C 2
1711	Misery FR (Grolley)	33	F 2
3961	Mission VS (Sierre)	43	D 3
1565	Missy VD (Domdidier)	33	E 3
3717	Mitholz BE (Blausee-Mitholz)	34	C 5
8756	Mitlödi GL	37	E 1
3147	Mittelhäusern BE	34	B 2
9122	Mogelsberg SG	31	D 4
6671	Moghegno TI (Ponte Brolla)	45	D 2
6671	Mogno TI (Ponte Brolla)	45	D 1
4313	Möhlin AG	28	B 2
1349	Moiry VD (La Sarraz)	32	C 4
6760	Molare TI (Faido)	45	E 1
6549	Móleno TI (Claro)	45	F 2
1631	Moléson-Village FR (Gruyères)	33	E 5
7099	Molinis GR (St. Peter-Molinis)	38	B 3
1141	Mollens VD (Montricher)	40	C 1
3961	Mollens VS (Sierre)	43	D 2
1099	Mollie-Margot VD (Puidoux-Chexbres)	41	E 2
8753	Mollis GL (Näfels-Mollis)	37	E 1
1415	Molondin VD (Yvonand)	33	D 3
8885	Mols SG	37	F 1
7181	Mompé-Medel GR (Disentis/Mustér)	37	D 4
7181	Mompé-Tujetsch GR	37	D 4
7451	Mon GR (Tiefencastel)	38	B 4
7250	Monbiel GR (Klosters)	39	D 3
8617	Mönchaltdorf ZH (Uster)	30	B 4
6651	Móneto TI (Camedo)	45	D 3
2711	Monible BE (Tavannes)	26	C 3
1111	Monnaz VD (Morges)	40	C 2
1254	Monniaz GE (Genève)	40	B 4
7275	Monstein (Davos Monstein)	38	C 4
2149	Mont de Buttes NE (Buttes)	32	C 3
1801	Mont Pèlerin, Le VD (Vevey)	41	E 2
2722	Mont-Tramelan BE (Les Reussilles)	26	B 3
1349	Mont-la-Ville VD (L'Isle-Mont-la-Ville)	32	B 4
1052	Mont-sur-Lausanne, Le VD (Lausanne)	41	D 2
1181	Mont-sur-Rolle VD (Rolle)	40	C 2
1837	Montagnette, La VD (Château-d'Oex)	42	B 1
1934	Montagnier VS (Le Châble)	42	B 4
6926	Montagnola TI (Lugano)	45	E 4
1912	Montagnon VS (Riddes)	42	B 3
1776	Montagny-la-Ville FR (Cousset)	33	E 3
1774	Montagny-les-Monts FR (Cousset)	33	E 3
1441	Montagny-près-Yverdon VD (Valeyres-sous-Montagny)	32	C 3
2027	Montalchez NE (Gorgier-St-Aubin)	33	D 2
3962	Montana VS (Sierre)	43	D 2
3962	Montana-Village VS (Sierre)	43	D 2
1041	Montaubion-Chardonney VD (Sugnens)	33	D 4
2857	Montavon JU (Glovelier)	26	C 2
1835	Montbovon FR	33	E 5
1565	Montbrelloz FR (Estavayer-le-Lac)	33	E 3
1351	Montcherand VD (Orbe)	32	C 4
6851	Monte TI (Mendrisio)	45	F 5
6513	Monte Carasso TI (Bellinzona)	45	F 3
6802	Monte Ceneri (Passo) TI (Rivera-Bironico)	45	E 3
6549	Monte Laura GR (Castione-Arbedo)	46	A 5
3212	Montenol JU (St-Ursanne)	26	B 2
1781	Monterschu FR (Courtepin)	33	F 3
1482	Montet (Broye) FR (Cugy)	33	E 3
1675	Montet (Glâne) FR (Bressonnaz)	33	D 4
1588	Montet (Vully) VD (Avenches)	33	E 2
1724	Montévraz FR (Fribourg)	33	F 4
2875	Montfaucon JU (Pré-Petitjean)	26	B 3
2874	Montfavergier JU (Bollement)	26	B 3
5237	Mönthal AG (Siggenthal-Würenlingen)	28	C 2
1171	Montherod VD (Allaman)	40	C 2
1870	Monthey VS	42	A 2
6597	Monti di Ditto TI (Riazzino-Cugnasco)	45	E 3
6596	Monti di Motti TI (Riazzino-Cugnasco)	45	E 3
6671	Monti di San Carlo TI (Ponte Brolla)	45	D 1
6533	Monticello GR (Castione-Arbedo)	46	A 5
2901	Montignez JU (Courtemaîche)	26	B 1
9462	Montlingen SG (Oberriet)	31	F 4

PLZ	Ort	Karte	Feld
1581	Montmagny VD (Avenches)	33	E 2
2851	Montmelon JU (St-Ursanne)	26	C 2
2205	Montmollin NE (Montmollin-Montezillon)	33	E 2
1099	Montpreveyres VD (Châtillens)	41	E 1
1820	Montreux VD	41	E 3
1141	Montricher VD	32	B 5
2801	Montsevelier JU (Delémont)	27	C 2
3921	Moosalp VS (Visp)	43	E 2
3543	Moosegg BE (Biglen)	34	C 2
5054	Moosleerau AG (Triengen-Winikon)	28	C 4
3302	Moosseedorf BE	34	B 1
6834	Mórbio Inferiore TI (Balerna)	45	F 5
6835	Mórbio Superiore TI (Balerna)	45	F 5
1890	Morcles VD (St-Maurice)	42	A 3
6922	Morcote TI	45	E 5
3983	Mörel VS	43	F 2
1482	Morens FR (Cugy)	33	E 3
6311	Morgarten ZG (Sattel-Aegeri)	36	C 1
1110	Morges VD	40	C 2
1875	Morgins VS (Troistorrents)	41	E 4
2572	Mörigen BE	26	C 4
5115	Möriken AG (Wildegg)	29	D 3
7131	Morissen GR (Ilanz)	37	E 4
3044	Moriswil BE (Bern)	34	A 1
1675	Morlens FR (Bressonnaz)	33	D 4
1631	Morlon FR (Bulle)	33	F 4
2922	Mormont JU (Courchavon)	26	B 2
2711	Moron BE (Châtelat)	26	C 3
1054	Morrens VD (Lausanne)	32	C 5
8543	Mörsburg ZH (Wiesendangen)	30	B 3
6443	Morschach SZ (Brunnen)	36	C 2
9402	Mörschwil SG	31	E 3
7504	Morteratsch GR	47	E 3
6295	Mosen LU	29	D 4
9607	Mosnang SG (Bütschwil)	30	D 4
6611	Mosogno TI (Ponte Brolla)	45	D 3
1861	Mosses, Les VD (Le Sépey)	42	B 1
1787	Môtier (Vully) FR (Sugiez)	33	F 2
2112	Môtiers NE	32	C 2
3324	Mötschwil BE (Hindelbank)	41	C 1
6611	Motta TI (Tenero)	45	E 2
3961	Mottec VS (Sierre)	43	D 3
6711	Motto (Blenio) TI (Biasca)	45	E 1
1510	Moudon VD	33	D 4
1831	Moulins, Les VD (La Chaudanne-Les-Moulins)	42	B 1
1724	Mouret, Le FR (Fribourg)	33	F 4
2740	Moutier BE	26	C 3
2801	Movelier JU (Soyhières-Bellerive)	26	C 2
6911	Mugena TI (Lamone-Cadempino)	45	E 4
6831	Muggio TI (Balerna)	45	F 5
5037	Muhen AG	28	C 4
5642	Mühlau AG	29	E 5
3981	Mühlebach (Goms) VS (Fiesch)	44	A 1
3203	Mühleberg BE (Gümmenen)	34	A 2
4571	Mühledorf SO (Lohn-Lüterkofen)	27	D 4
3116	Mühledorf b. Kirchdorf BE (Kaufdorf)	34	B 3
8874	Mühlehorn GL	37	E 1
4812	Mühlethal AG (Zofingen)	28	C 4
3127	Mühlethurnen BE (Thurnen)	34	B 3
9601	Mühlrüti SG (Bütschwil)	30	C 4
1261	Muids, Le VD	40	B 2
3349	Mülchi BE (Büren zum Hof)	27	D 4
7099	Muldain GR (Solis)	38	B 4
7451	Mulegns GR (Tiefencastel)	38	B 3
3711	Mülenen BE	34	C 4
4712	Müli SO (Laupersdorf)	27	E 3
7099	Mulin GR (Trin)	37	F 3
3185	Mülital FR (Schmitten)	34	A 2
8753	Mullernberg GL (Näfels-Mollis)	37	E 1
8555	Müllheim TG (Müllheim-Wigoltingen)	30	C 2
5243	Mülligen AG (Birrfeld)	29	D 3
6221	Mullwil LU (Beromünster)	28	C 4
4717	Mümliswil SO (Balsthal)	27	E 3
4322	Mumpf AG	28	B 2
3053	Münchenbuchsee BE	34	B 2
4142	Münchenstein BL	27	E 1
1781	Münchenwiler BE (Münchenwiler-Courgevaux)	33	F 2
3303	Münchringen BE (Jegenstorf)	27	D 5
4333	Münchwilen AG (Stein-Säckingen)	28	B 2
9542	Münchwilen TG	30	C 3
3901	Mund VS (Gamsen)	43	F 2
3110	Münsingen BE	34	C 2
3985	Münster VS	36	A 5
8596	Münsterlingen TG (Münsterlingen-Scherzingen)	31	D 2
3280	Muntelier FR	33	F 2
3225	Müntschemier BE	26	B 5
9313	Muolen SG	31	E 3
6436	Muotathal SZ (Schwyz)	36	C 2
1787	Mur (Vully) VD (Sugiez)	33	F 2
6600	Muralto TI (Locarno)	45	F 3
1893	Muraz-Collombey VS (Collombey-Muraz)	42	A 2
1893	Muraz-le-Grand VS (Collombey-Muraz)	42	A 2
8877	Murg SG	37	F 1
4853	Murgenthal AG	28	B 4
5630	Muri AG	29	D 4
3074	Muri b. Bern BE	34	B 2
2311	Muriaux JU	26	A 3
1482	Murist FR (Estavayer-le-Lac)	33	D 3
3825	Mürren BE	35	D 5
3280	Murten FR	33	F 2
3034	Murzelen BE (Aarberg)	34	A 1
9602	Müselbach SG (Bazenheid)	30	C 4
3855	Museum BE (Hofstetten)	35	E 3
7531	Müstair GR (Zernez)	39	F 4
7180	Mustèr (Disentis) GR	37	D 4
6285	Müswangen LU (Hitzkirch)	29	D 5
1428	Mutrux VD (Concise)	33	D 3
8968	Mutschellen AG (Berikon-Widen)	29	E 4
7181	Mutschnengia GR (Disentis/Mustér)	37	D 4
4132	Muttenz BL	27	E 1
9246	Mutwil SG (Hauptwil)	31	D 3

N

PLZ	Ort	Karte	Feld
8752	Näfels GL (Näfels-Mollis)	37	E 1
8606	Nänikon ZH (Nänikon-Greifensee)	30	B 4
1786	Nant FR (Sugiez)	33	F 2
6780	Nante TI (Airolo)	36	C 5
9123	Nassen SG (Mogelsberg)	31	D 4
8155	Nassenwil ZH (Niederhasli)	29	E 3
3904	Naters VS	43	F 2
1961	Nax VS (Sion)	42	C 3
7499	Naz GR (Preda)	38	C 5
1041	Naz VD (Lausanne)	33	D 4
6244	Nebikon LU	28	C 5
9126	Necker SG (Brunnadern-Neckertal)	31	D 4
8173	Neerach ZH (Niederglatt)	29	E 2
8413	Neftenbach ZH (Pfungen-Neftenbach)	30	A 3
1661	Neirivue FR	33	F 5
1961	Nendaz VS (Sion)	42	C 3
1961	Nendaz Station VS (Sion)	42	C 3
9491	Nendeln FL	31	F 5
4574	Nennigkofen SO (Lüsslingen)	27	D 4
4249	Nenzlingen BE (Zwingen)	27	D 2
8484	Neschwil ZH (Rikon)	30	B 3
5523	Nesselnbach AG (Mellingen)	29	D 3
3861	Nessental BE (Innertkirchen)	36	A 4
9650	Nesslau SG (Nesslau-Neu St. Johann)	31	D 5
8754	Netstal GL	37	E 1
4916	Netzelen LU (Untersteckholz)	28	B 5
9652	Neu St. Johann SG (Nesslau-Neu St. Johann)	31	D 2
6314	Neuägeri ZG (Zug)	29	F 5
8361	Neubrunn (Turbenthal) ZH (Turbenthal)	30	C 3
8408	Neuburg (Winterthur) ZH (Winterthur-Wülflingen)	30	A 3
2000	Neuchâtel NE	33	E 2
5743	Neudorf AG (Safenwil)	28	C 4
6025	Neudorf LU (Beromünster)	29	D 5
4623	Neuendorf SO (Egerkingen)	27	F 3
3176	Neuenegg BE	34	A 2
5432	Neuenhof AG (Wettingen)	29	D 3
6206	Neuenkirch LU (Sempach-Neuenkirch)	35	F 1
3549	Neuenschwand BE (Signau)	35	D 2
8732	Neuhaus SG (Uznach)	30	C 5
8212	Neuhausen am Rheinfall SH	30	A 1
6345	Neuheim ZG (Baar)	29	F 5
7105	Neukirch (Safien) GR (Versam-Safien)	37	F 4
9315	Neukirch (Egnach) TG	31	E 3
8578	Neukirch an der Thur TG (Kradolf)	31	D 3
8213	Neunkirch SH	30	A 1
8251	Neuparadies TG (Schlatt)	30	B 2
8344	Neuthal ZH	30	B 3
2520	Neuveville, La BE	26	B 5
8561	Neuwilen TG (Siegershausen)	31	D 2
1751	Neyruz FR	33	F 3
1511	Neyruz-sur-Moudon VD (Moudon)	33	D 4
2560	Nidau BE	26	C 4
8772	Nidfurn GL (Nidfurn-Haslen)	37	E 2
3945	Nieder-Gampel VS (Gampel)	43	E 2
6288	Nieder-Schongau LU (Fahrwangen-Meisterschwanden)	29	D 4
8162	Nieder-Steinmaur ZH (Steinmaur)	29	E 3
3114	Nieder-Wichtrach BE (Wichtrach)	34	C 2
4704	Niederbipp BE	27	E 3
4626	Niederbuchsiten SO (Oberbuchsiten)	27	E 3
9246	Niederbüren SG (Hauptwil)	31	D 3
4435	Niederdorf BL	27	E 2
5015	Niedererlinsbach SO (Aarau)	28	C 3
3942	Niedergesteln VS (Raron)	43	E 2
8172	Niederglatt ZH	29	E 3
5013	Niedergösgen SO (Schönenwerd)	28	C 4
8155	Niederhasli ZH	29	E 3
9527	Niederhelfenschwil SG (Bischofszell Stadt)	31	D 3
3510	Niederhünigen BE (Konolfingen)	34	C 2
5702	Niederlenz AG	29	D 3
3087	Niedermuhlern BE (Kehrsatz)	34	B 2
1714	Niedermuhren FR (Schmitten)	34	A 3
8501	Niederneunforn TG (Ossingen)	30	B 2
3362	Niederönz BE (Herzogenbuchsee)	27	E 4
3424	Niederösch BE (Kirchberg-Alchenflüh)	27	E 4
6385	Niederrickenbach NW	36	B 2
3853	Niederried b. Interlaken BE	35	D 3
3283	Niederreid b. Kallnach BE (Kallnach)	26	C 5
5443	Niederrohrdorf AG (Dättwil)	29	D 3
3145	Niederscherli BE	34	B 2
3611	Niederstocken BE (Wimmis)	34	C 3
8867	Niederurnen GL (Nieder- und Oberurnen)	37	E 1
9244	Niederuzwil SG (Uzwil)	31	D 3
3981	Niederwald VS	44	A 1
3172	Niederwangen BE	34	B 2
8166	Niederweningen ZH	29	E 3
5524	Niederwil AG (Wohlen AG)	28	D 3
4511	Niederwil SO (Luterbach-Attisholz)	27	D 3
8450	Niederwil ZH (Andelfingen)	30	B 2
6330	Niederwil b. Cham ZG (Cham)	29	E 5
9203	Niederwil b. Gossau SG (Flawil)	31	D 3
1772	Nierlet-les-Bois FR (Grolley)	33	F 3
3969	Niouc VS (Sierre)	43	D 2
2518	Nods BE (Le Landeron)	26	B 4
3941	Noës VS (Noës-Chalais)	43	D 2
3116	Noflen BE (Seftigen)	34	B 3
2103	Noiraigue NE	33	D 2
2725	Noirmont, Le JU	26	A 3
1411	Nonfoux VD (Essertines)	33	D 4
1754	Noréaz FR (Rosé)	33	E 3
6207	Nottwil LU	28	C 5
6986	Novaggio TI (Magliaso)	45	E 4
1411	Novalles VD (Grandson)	32	C 3
6883	Novazzano TI (Balerna)	45	F 5
1845	Noville VD (Villeneuve)	41	E 3
7431	Nufenen GR (Thusis)	46	A 2
4412	Nuglar SO (Liestal)	27	E 2
4208	Nunningen SO (Grellingen)	27	E 2
6283	Nunwil LU (Baldegg)	29	D 5
8855	Nuolen SZ (Siebnen-Wangen)	30	C 5
8303	Nürensdorf ZH (Bassersdorf)	30	A 3
5415	Nussbaumen AG (Baden)	29	D 3
8501	Nussbaumen TG (Stammheim)	30	B 2
4453	Nusshof BL (Sissach)	27	F 1
1482	Nuvilly FR (Cugy)	33	D 3
1260	Nyon VD	40	B 3

O

PLZ	Ort	Karte	Feld
8439	Ober-Baldingen AG (Reckingen)	29	D 2
9602	Ober-Bazenheid SG (Bazenheid)	30	C 3
4458	Ober-Belchen BL (Läufelfingen)	27	F 2
8865	Ober-Bilten GL (Bilten)	37	E 1
7499	Ober-Mutten GR (Solis)	38	A 4
6288	Ober-Schongau LU (Mosen)	29	D 4
8587	Oberaach TG	31	D 2

PLZ	Ort	S	Koord
6315	Oberägeri ZG (Sattel-Aegeri)	29	F 5
6414	Oberarth SZ (Arth-Goldau)	36	B 1
3096	Oberbalm BE (Niederscherli)	34	B 2
4538	Oberbipp BE	27	E 3
3019	Oberbottigen BE (Riedbach)	34	A 2
5225	Oberbözberg AG (Brugg)	28	C 3
4625	Oberbuchsiten SO	27	E 3
9245	Oberbüren SG (Uzwil)	31	D 3
3414	Oberburg BE	27	E 5
9565	Oberbussnang TG (Bussnang)	31	D 2
3099	Oberbütschel BE (Thurnen)	34	B 3
3515	Oberdiessbach BE	34	C 3
4436	Oberdorf BL	27	E 2
4515	Oberdorf SO	27	D 3
6370	Oberdorf (Beckenried) NW	36	B 2
9658	Oberdorf (Gossau) SG (Gossau)	31	D 3
6022	Oberdorf (Grosswangen) LU (Sursee)	28	C 5
3367	Oberdorf (Thörigen) BE (Herzogenbuchsee)	27	E 4
8635	Oberdürnten ZH (Tann-Dürnten)	30	B 4
6276	Oberebersol LU (Hochdorf)	29	D 5
9413	Oberegg AI (Heiden)	31	F 3
5422	Oberehrendingen AG (Baden)	29	D 3
3611	Oberei b. Süderen BE (Thun)	35	D 3
8425	Oberembrach ZH (Embrach-Rorbas)	30	A 3
3941	Oberems VS (Turtmann)	43	E 2
8102	Oberengstringen ZH (Schlieren)	29	E 3
5036	Oberentfelden AG	28	C 4
5016	Obererlinsbach AG (Aarau)	28	C 3
5108	Oberflachs AG (Schinznach Dorf)	28	C 3
4564	Obergerlafingen SO (Gerlafingen)	27	D 4
3981	Obergesteln VS	36	A 5
9230	Oberglatt SG (Flawil)	31	D 3
8154	Oberglatt ZH	29	E 3
3431	Obergoldbach BE (Lützelflüh-Goldbach)	34	C 2
4653	Obergösgen SO (Dulliken)	27	F 2
8216	Oberhallau SH (Neunkirch)	29	E 1
8156	Oberhasli ZH (Oberglatt)	29	E 3
9621	Oberhelfenschwil SG (Dietfurt)	31	D 4
8336	Oberhittnau ZH (Kempten)	30	B 4
5267	Oberhof AG (Frick)	38	C 3
4349	Oberhofen AG (Etzgen)	28	C 2
8361	Oberhofen ZH (Turbenthal)	30	B 3
3653	Oberhofen am Thunersee BE	34	C 3
8574	Oberhofen b. Kreuzlingen TG (Lengwil)	31	D 2
3533	Oberhofen im Emmental BE (Zäziwil)	34	C 2
8636	Oberholz ZH (Wald ZH)	30	C 4
8843	Oberiberg SZ (Schwyz)	36	C 1
4336	Oberkaisten AG (Kaisten)	28	C 2
6208	Oberkirch LU	28	C 5
5727	Oberkulm AG	28	C 4
8486	Oberlangenhard ZH (Rikon)	30	B 3
3038	Oberlindach BE (Zollikofen)	34	B 1
8911	Oberlunkhofen AG (Bremgarten)	29	E 4
8706	Obermeilen ZH	29	F 4
3182	Obermettlen FR (Flamatt)	34	A 2
1713	Obermonten FR (Schmitten)	34	A 3
4324	Obermumpf AG (Mumpf)	28	B 2
8501	Oberneunforn TG (Ossingen)	30	B 2
8472	Oberohringen ZH (Seuzach)	30	B 3
3363	Oberönz BE (Herzogenbuchsee)	27	E 4
3424	Oberösch BE (Kirchberg-Alchenflüh)	27	E 4
4571	Oberramsern SO (Bätterkinden)	27	D 4
6386	Oberrickenbach NW (Wolfenschiessen)	36	B 4
1724	Oberried FR (Fribourg)	33	F 4
3854	Oberried am Brienzersee BE	35	D 3
8942	Oberrieden ZH	29	F 4
9463	Oberriet SG	31	F 4
9231	Oberrindal SG (Bazenheid)	31	D 3
5452	Oberrohrdorf AG (Mellingen)	29	D 3
5647	Oberrüti AG	29	E 5
8185	Oberrüti ZH (Bülach)	30	A 3
4522	Oberrüttenen SO (Solothurn)	27	D 3
7131	Obersaxen GR (Ilanz)	37	E 3
9479	Oberschan SG (Trübbach)	38	A 1
3145	Oberscherli BE (Niederscherli)	34	B 2
8418	Oberschlatt ZH (Turbenthal)	30	B 3
8353	Oberschneit ZH (Elgg)	30	B 3
6438	Oberschönenbuch SZ (Schwyz)	36	C 2
8752	Obersee GL (Näfels-Mollis)	37	E 1
8405	Oberseen (Winterthur) ZH (Winterthur Seen)	30	B 3
5416	Obersiggenthal AG (Baden)	29	D 3
8477	Oberstammheim ZH (Stammheim)	30	B 2
4911	Obersteckholz BE (Langenthal)	27	F 4
9323	Obersteinach SG (Arbon)	31	E 3
8162	Obersteinmaur ZH (Steinmaur)	29	E 3
9249	Oberstetten SG (Schwarzenbach)	31	D 3
3611	Oberstocken BE (Wimmis)	34	C 3
8884	Oberterzen SG	37	F 1
3549	Oberthal BE (Zäziwil)	34	C 2
7431	Obertschappina GR (Thusis)	38	A 4
8868	Oberurnen GL	39	E 1
9242	Oberuzwil SG (Uzwil)	31	D 3
3981	Oberwald VS	36	A 5
3173	Oberwangen b. Bern BE	34	A 2
8165	Oberweningen ZH (Schöfflisdorf-Oberweningen)	29	E 3
3114	Oberwichtrach BE (Wichtrach)	34	C 2
4104	Oberwil BL	27	D 1
8500	Oberwil TG (Frauenfeld)	30	B 2
8966	Oberwil b. Bremgarten AG (Berikon-Widen)	29	E 5
3251	Oberwil b. Büren BE (Büren an der Aare)	27	D 4
8479	Oberwil b. Dägerlen ZH (Henggart)	30	B 2
6317	Oberwil b. Zug ZG (Zug-Oberwil)	29	E 4
3765	Oberwil im Simmental BE	34	B 4
8912	Obfelden ZH (Affoltern am Albis)	29	E 4
6078	Obsee OW (Lungern)	35	E 3
8875	Obstalden GL (Mühlehorn)	37	E 1
3367	Ochlenberg BE (Riedtwil)	27	E 4
2851	Ocourt JU (St-Ursanne)	26	B 2
4702	Oensingen SO	27	E 3
8461	Oerlingen ZH (Marthalen)	30	A 2
4931	Oeschenbach BE (Häusernmoos)	27	E 4
5262	Oeschgen AG (Frick)	28	C 2
9534	Oetwil (Kirchberg) SG (Bazenheid)	30	C 3
8955	Oetwil an der Limmat ZH (Dietikon)	29	E 3
8618	Oetwil am See ZH (Männedorf)	30	B 4
3753	Oey BE (Oey-Diemtigen)	34	C 4
4665	Oftringen AG (Aarburg-Oftringen)	28	B 4
1049	Ogens VD (Moudon)	33	D 4
6142	Ohmstal LU (Gettnau)	28	B 5
1580	Oleyres VD (Avenches)	33	F 3
6718	Olivone TI (Biasca)	37	D 5
1867	Ollon VD	42	A 2
3961	Ollon VS (Granges-Lens)	42	C 2
4305	Olsberg AG/BL (Rheinfelden)	28	B 2
4600	Olten SO	27	F 2
3036	Oltigen BE (Aarberg)	34	A 1
4494	Oltingen BL (Tecknau)	27	F 2
1213	Onex GE (Genève Cornavin)	40	A 4
1754	Onnens FR (Rosé)	33	F 3
1425	Onnens VD (Onnens-Bonvillars)	33	D 3
8584	Opfershofen TG (Kehlhof)	31	D 2
8211	Opfertshofen SH (Thayngen)	30	A 1
8152	Opfikon ZH (Glattbrugg)	29	F 3
1411	Oppens VD (Yverdon)	33	D 4
9501	Oppikon TG	30	C 2
3117	Oppligen BE (Kiesen)	34	C 3
1350	Orbe VD	32	C 4
1411	Orges VD (Vuitebœuf)	32	C 3
1341	Orient, L' VD (Sentier-Orient)	32	A 5
4466	Ormalingen BL (Gelterkinden)	27	F 2
1950	Ormona VS (Sion)	42	C 2
1863	Ormont-Dessous VD (Le Sépey)	42	A 1
1865	Ormont-Dessus VD (Les Diablerets)	42	B 2
1315	Orny VD (La Sarraz)	32	C 4
1672	Oron-la-Ville VD (Oron)	41	E 1
1699	Oron-le-Châtel VD (Oron)	41	E 1
2552	Orpund BE (Brügg)	26	C 5
6644	Orselina TI (Locarno)	45	E 3
1937	Orsières VS	42	B 4
1681	Orsonnens FR (Villaz-St-Pierre)	33	E 4
3042	Ortschwaben BE (Zollikofen)	34	B 1
2534	Orvin BE (Biel)	26	C 4
1411	Orzens VD (Yverdon)	33	D 4
3399	Oschwand BE (Riedtwil)	27	E 4
6799	Osco TI (Faido)	45	D 1
6703	Osogna TI (Osogna-Cresciano)	45	F 2
6781	Ossasco TI (Airolo)	36	B 5
8475	Ossingen ZH	30	B 2
8218	Osterfingen ZH (Wilchingen-Hallau)	29	E 1
3036	Ostermanigen BE (Aarberg)	34	A 1
3072	Ostermundigen BE	34	B 2
8112	Otelfingen ZH	29	E 3
5504	Othmarsingen AG	29	D 3
8913	Ottenbach ZH (Hedingen)	29	E 4
6275	Ottenhusen LU (Ballwil)	29	D 5
1711	Ottenleuebad BE (Schwarzenburg)	34	B 3
8626	Ottikon (Gossau) ZH (Wetzikon)	30	B 4
8311	Ottikon b. Kemptthal ZH (Kemptthal)	30	B 3
3257	Ottiswil BE (Suberg-Grossaffoltern)	26	C 4
8560	Ottoberg TG (Märstetten)	31	D 2
1000	Ouchy (Lausanne) VD	41	D 2
1041	Oulens-sous-Echallens VD (Eclépens)	32	C 4
1511	Oulens-sur-Lucens VD (Lucens)	33	D 4
1912	Ovronnaz VS (Riddes)	42	B 3

P

PLZ	Ort	S	Koord
1622	Paccots, Les FR (Châtel-St-Denis)	33	E 5
7099	Pagig GR (St. Peter-Molinis)	38	B 3
1411	Pailly VD (Yverdon)	33	D 4
6651	Palagnedra TI	45	D 3
1599	Palézieux VD	41	E 2
1607	Palézieux-Gare VD	41	E 2
1141	Pampigny VD (Pampigny-Sévery)	40	C 1
1861	Panex VD (Ollon)	42	A 2
7241	Pany GR	38	C 2
3063	Papiermühle BE	27	D 5
1661	Pâquier, Le FR (Le Pâquier-Montbarry)	33	F 5
2058	Pâquier, Le NE (Les Hauts-Geneveys)	33	E 1
6900	Paradiso TI (Lugano)	45	E 4
7076	Parpan GR (Chur)	38	B 3
7451	Parsonz GR (Tiefencastel)	38	B 3
7241	Partnun GR (Küblis)	38	C 2
7499	Paspels GR (Rodels-Realta)	38	A 3
7062	Passugg (Chur)	38	B 3
6549	Paudo TI (Giubiasco)	45	F 3
1530	Payerne VD	33	E 3
6671	Peccia TI (Ponte Brolla)	45	D 1
6832	Pedrinate TI (Chiasso)	45	F 5
7131	Peiden GR (Ilanz)	37	F 4
1242	Peissy GE (Satigny)	40	A 4
7099	Peist GR	38	B 3
1242	Peney GE (Satigny)	40	A 4
1445	Peney VD (Vuitebœuf)	32	C 3
1099	Peney-le-Jorat VD (Moudon)	33	D 4
1305	Penthalaz VD (Cossonay)	32	C 4
1349	Penthaz VD (Cossonay)	32	C 5
1399	Penthéréaz VD (Chavornay)	32	C 4
6035	Perlen LU (Gisikon-Root)	29	D 5
1258	Perly GE (Genève)	40	A 4
2741	Perrefitte BE (Moutier)	26	C 3
1166	Perroy VD	40	C 2
6799	Persónico TI (Bodio)	45	E 1
2603	Péry BE (Reuchenette-Péry)	26	C 4
2034	Peseux NE (Corcelles-Peseux)	33	E 2
2092	Petits-Ponts, Les NE (Les Ponts-de-Martel)	33	D 2
2311	Peu-Claude, Le JU (Le Boéchet)	26	A 4
2725	Peu-Pequignot, Le JU	26	A 3
2724	Peuchapatte, Le JU (Les Breuleux)	26	A 4
7312	Pfäfers SG (Bad Ragaz)	38	A 2
7310	Pfäfers, Bad SG (Bad Ragaz)	38	A 2
3765	Pfaffenried BE (Oberwil i. S.)	34	B 4
8808	Pfäffikon SZ	30	B 5
8330	Pfäffikon ZH	30	B 4
6264	Pfaffnau LU (Reiden)	28	B 5
5735	Pfeffikon LU (Reinach)	29	D 4
4148	Pfeffingen BL (Aesch)	27	D 2

PLZ	Ort	Seite	Feld
8422	Pfungen ZH (Pfungen-Neftenbach)	30	A 3
8505	Pfyn TG (Felben-Wellhausen)	30	C 2
6563	Pian S. Giacomo GR (Castione-Arbedo)	46	A 3
6951	Piandera TI (Lugano)	45	F 4
6549	Pianezzo TI (Giubiasco)	45	F 3
6671	Piano di Campo TI (Ponte Brolla)	44	C 2
6671	Piano di Peccia TI (Ponte Brolla)	45	D 1
6579	Piazzogna TI (S. Nazzaro)	45	E 3
2542	Pieterlen BE	26	C 4
7431	Pignia GR (Thusis)	46	C 2
7199	Pigniu/Panix GR (Rueun)	37	E 3
3961	Pinsec VS (Sierre)	43	D 3
6614	Piodina TI (Locarno)	45	D 3
6799	Piora TI (Ambri-Piotta)	36	C 5
6776	Piotta TI (Ambri-Piotta)	36	C 5
7131	Pitasch GR (Ilanz)	37	F 4
1716	Plaffeien FR (Fribourg)	34	A 3
2536	Plagne BE (Biel)	26	C 4
1249	Plaine, La GE	40	A 4
1861	Plambuit VD	42	A 2
1228	Plan-les-Ouates GE (Genève)	40	A 4
1874	Planachaux VS (Champéry)	41	E 4
2108	Plancemont NE (Couvet)	32	C 2
1961	Plancheouet VS (Haute-Nendaz)	42	C 3
2325	Planchettes, Les NE (La Chaux-de-Fonds)	33	D 1
7299	Planfieb GR (Furna)	38	B 2
7451	Plang GR (Tiefencastel)	38	B 5
9494	Planken FL (Schaan)	31	F 5
1881	Plans-sur-Bex, Les VD (Bex)	42	B 2
1711	Plasselb FR (Fribourg)	34	A 3
7181	Platta (Medel) GR (Disentis/Mustér)	37	D 4
7131	Pleif GR (Ilanz)	37	E 4
2801	Pleigne JU (Soyhières-Bellerive)	26	C 2
2953	Pleujouse JU (Alle)	26	C 2
9464	Plona SG (Rüthi)	31	F 4
7431	Podestatenhaus (Avers) GR (Thusis)	46	C 3
3611	Pohlern BE (Thun)	34	B 3
1041	Poliez-le-Grand VD (Lausanne)	33	D 4
1041	Poliez-Pittet VD (Lausanne)	33	D 4
6742	Pollegio TI	45	E 1
1964	Pomeyron VS (Pont-de-la-Morge)	42	C 2
2727	Pommerats, Les JU (Saignelégier)	26	A 3
1349	Pompaples VD (La Sarraz)	32	C 4
1411	Pomy VD (Yverdon)	33	D 3
1342	Pont, Le VD	32	B 4
1962	Pont-de-la-Morge VS (Sion)	42	C 3
1881	Pont-de-Nant VD (Bex)	42	B 2
1634	Pont-la-Ville FR (Bulle)	33	F 4
6652	Ponte Brolla TI	45	D 3
6951	Ponte Capriasca TI (Taverne-Torricella)	45	E 4
6988	Ponte-Tresa TI	45	E 4
2733	Pontenet BE	26	C 3
1772	Ponthaux FR (Grolley)	33	E 3
6710	Pontirone TI (Biasca)	45	E 1
6711	Ponte Valentino (Biasca) TI	45	E 1
7504	Pontresina GR	47	E 3
2316	Ponts-de-Martel, Les NE	33	D 2
2900	Porrentruy JU	26	E 2
1699	Porsel FR (Oron)	33	E 5
2562	Port BE (Nidau)	26	C 4
6614	Porta TI (Brissago)	45	D 3
1565	Portalban FR	33	E 2
1896	Porte-du-Scex VS (Vouvry)	41	E 3
7431	Portein GR (Thusis)	38	A 4
8891	Portels (Flums) SG (Flums)	37	F 1
6613	Porto Ronco TI	45	D 3
1726	Posat FR (Fribourg)	33	F 4
3775	Pöschenried BE (Lenk)	42	C 1
7742	Poschiavo GR	47	F 4
1725	Posieux FR (Matran)	33	F 3
1041	Possens VD (Moudon)	33	D 4
1881	Posses-sur-Bex, Les VD	42	A 2
7749	Prada GR (Poschiavo)	47	F 4
7062	Praden GR (Chur)	38	B 3
1411	Prahins VD (Yvonand)	33	D 4
2311	Prailats, Les JU (Les Bois)	26	A 4
3961	Pralong VS (Sion)	42	C 3
1197	Prangins VD	40	B 3
1523	Praratoud FR (Lucens)	33	E 4
1724	Praroman FR (Fribourg)	33	F 3
6799	Prato (Leventina) TI (Rodi-Fiesso)	45	D 1
6671	Prato-Sórnico TI (Ponte Brolla)	45	D 1
4133	Pratteln BL	27	E 1
2523	Praye, La BE (Lignières)	33	F 1
1931	Prayon VS (Orsières)	42	B 4
1781	Praz (Vully) FR	33	F 2
7431	Präz GR (Cazis)	38	A 3
1349	Praz, La VD (Croy-Romainmôtier)	32	B 4
1966	Praz-Combeira VS (Sion)	42	C 2
1931	Praz de Fort VS (Orsières)	42	B 4
7499	Preda b. Bergün GR	38	C 5
2711	Predame JU (Les Reussilles)	26	B 3
6963	Pregassona TI	45	E 4
1292	Pregny GE	40	B 4
2515	Prêles BE (La Neuveville)	26	B 4
1349	Premier VD (Croy-Romainmôtier)	32	B 4
6549	Preonzo TI (Claro)	45	F 2
2534	Pres d'Orvin BE (Biel)	26	B 4
7749	Prese, Le GR	47	F 4
1249	Presinge GE (Genève)	40	B 4
1028	Préverenges VD (Lonay-Préverenges)	41	D 2
1511	Prévondavaux FR (Moudon)	33	D 4
1681	Prévonloup VD (Romont)	33	E 4
1751	Prez-vers-Noréaz FR (Rosé)	33	E 3
1678	Prez-vers-Siviriez FR (Siviriez)	33	E 4
1008	Prilly VD (Prilly-Chasseur)	41	D 2
1661	Pringy FR (Gruyère)	33	F 5
7749	Privilasco GR	47	F 4
1912	Produit VS (Riddes)	42	B 3
1624	Progens FR (Verreire, La)	41	E 1
6515	Prógero TI (Cadenazzo)	45	E 3
1961	Prolin VS (Sion)	42	C 3
1675	Promasens FR (Ecublens-Rue)	33	D 5
7649	Promontogno GR (St. Moritz)	46	C 4
6526	Prosito TI (Osogna-Cresciano)	45	E 2
1428	Provence VD (Concise)	33	D 2
6711	Prugiasco TI (Biasca)	45	E 1
1604	Puidoux VD (Puidoux-Chexbres)	41	E 2
1009	Pully VD	41	D 2
7549	Punt-Chamues-ch, La GR	47	E 2
1249	Puplinge GE (Genève)	40	B 4
6984	Pura TI (Magliaso)	45	E 4
7221	Pusserein GR (Schiers)	38	B 2
7221	Putz GR (Küblis)	38	C 2
7131	Puzatsch GR (Ilanz)	37	E 4

Q

PLZ	Ort	Seite	Feld
8883	Quarten SG (Unterterzen)	37	F 1
6572	Quartino TI	45	E 3
8877	Quinten SG	37	F 1
6777	Quinto TI (Ambri-Piotta)	36	C 5

R

PLZ	Ort	Seite	Feld
8175	Raat ZH (Weiach-Kaiserstuhl)	29	E 2
7172	Rabius GR (Rabius-Surrhein)	37	D 4
2873	Racine, La JU (Glovelier)	26	B 3
3271	Radelfingen b. Aarberg BE (Aarberg)	26	C 5
7451	Radons GR (Tiefencastel)	38	B 5
8197	Rafz ZH	29	E 2
6026	Rain LU (Eschenbach)	29	D 5
6061	Ramersberg OW (Sarnen)	36	A 2
4711	Ramiswil SO (Balsthal)	27	E 2
4431	Ramlinsburg BL (Lampenberg-Ramlinsburg)	27	E 2
7551	Ramosch GR (Scuol/Schuls-Tarasp)	39	F 3
3435	Ramsei BE	27	E 5
8262	Ramsen SH	30	B 1
6862	Rancate TI (Mendrisio)	45	E 5
1351	Rances VD (Orbe)	32	C 3
3921	Randa VS	43	E 3
3961	Randogne VS (Sierre/Siders)	43	D 2
3431	Ranflüh BE (Zollbrück)	27	E 5
6210	Ränzligen LU (Sursee)	28	C 5
6577	Ranzo TI	45	D 3
8557	Raperswilen TG (Berlingen)	30	C 2
8640	Rapperswil SG	30	B 5
3255	Rapperswil BE (Schüpfen)	27	D 5
3942	Raron VS	43	E 2
6651	Rasa TI (Ponte Brolla)	45	D 3
1902	Rasse, La VS (Evionnaz)	42	A 3
1451	Rasses, Les VD (Ste-Croix)	32	C 3
8352	Räterschen ZH	30	B 3
8580	Räuchlisberg TG (Amriswil)	31	F 3
7551	Ravaisch GR (Compatsch, Samnaun)	39	F 2
6500	Ravecchia (Bellinzona) TI (Bellinzona)	45	F 3
1921	Ravoire VS (Martigny-Croix)	42	A 4
6491	Realp UR	36	B 5
2763	Rebeuvelier JU (Roches)	27	D 3
2711	Rebévelier BE (Glovelier)	26	C 3
9445	Rebstein SG (Rebstein-Marbach)	31	F 3
4565	Recherswil SO (Gerlafingen)	27	E 4
1718	Rechthalten FR (Fribourg)	34	A 3
3966	Réchy VS (Sierre/Siders)	43	D 2
3981	Reckingen VS	44	B 1
2901	Réclère JU (Porrentruy)	26	A 2
2824	Recolaine JU (Courrendlin)	27	D 2
2732	Reconvilier BE	26	C 3
8158	Regensberg ZH (Dielsdorf)	29	E 3
8105	Regensdorf ZH (Regensdorf-Watt)	29	E 3
9038	Rehetobel AR (Heiden)	31	E 3
7015	Reichenau GR (Reichenau-Tamins)	38	A 3
3713	Reichenbach im Kandertal BE	34	C 4
8864	Reichenburg SZ	30	C 5
3771	Reichenstein BE (Zweisimmen)	34	A 5
6260	Reiden LU	28	C 4
3766	Reidenbach BE (Boltigen)	34	B 4
4418	Reigoldswil BL (Oberdorf)	27	E 2
5734	Reinach AG	28	C 4
4153	Reinach BL (Dornach-Arlesheim)	27	E 1
3714	Reinisch BE (Frutigen)	34	C 4
4911	Reisiswil BE (Melchnau)	27	F 4
5057	Reitnau AG (Triengen-Winikon)	28	C 4
8436	Rekingen AG	29	D 2
1617	Remaufens FR	33	E 5
5453	Remetschwil AG (Killwangen-Spreitenbach)	29	D 3
5236	Remigen AG (Brugg)	29	C 2
2616	Renan BE	26	A 4
1020	Renens VD	41	D 2
6162	Rengg LU (Entlebuch)	35	E 1
1844	Rennaz VD (Roche)	41	E 3
1937	Reppaz VS (Orsières)	42	B 4
1531	Ressudens VD (Corcelles-Nord)	33	E 3
6285	Retschwil LU (Baldegg)	29	D 5
2603	Reuchenette BE (Reuchenette-Péry)	26	C 4
4354	Reuenthal AG (Full)	29	D 2
3781	Reusch BE (Gstaad)	42	B 2
6015	Reussbühl LU (Emmenbrücke)	36	A 1
2722	Reussilles, Les BE	26	B 2
9411	Reute AR (Heerbrugg)	31	F 3
9501	Reuti TG (Bürglen)	31	D 2
6086	Reuti (Hasliberg) BE (Brünig-Hasliberg)	35	F 3
3647	Reutigen BE (Wimmis)	34	C 4
1891	Revereulaz VS (Vionnaz)	41	E 3
1111	Reverolle VD	40	C 2
7499	Rhäzüns GR	38	A 3
8462	Rheinau ZH (Altenburg-Rheinau)	30	A 2
9424	Rheineck SG	31	F 3
4310	Rheinfelden AG	28	B 2
8256	Rheinklingen TG (Etzwilen)	30	B 2
4349	Rheinsulz AG (Sulz)	28	C 2
1632	Riaz FR (Bulle)	33	F 4
6595	Riazzino TI (Riazzino-Cugnasco)	45	E 3
4313	Riburg AG (Möhlin)	28	B 2
6285	Richensee LU (Hitzkirch)	29	D 4
6263	Richenthal LU (Reiden)	28	B 5
3078	Richigen BE (Worb)	34	C 3
8750	Richisau GL (Glarus)	37	D 2
8805	Richterswil ZH	29	F 5
8731	Ricken SG (Uznach)	30	C 4
4462	Rickenbach BL (Gelterkinden)	27	F 1
6221	Rickenbach LU (Beromünster)	28	C 5
4613	Rickenbach SO (Wangen b. Olten)	27	F 2
6432	Rickenbach (Schwyz) SZ (Schwyz)	36	C 2
9532	Rickenbach b. Wil TG (Wil)	30	C 3
8545	Rickenbach b. Winterthur ZH (Rickenbach-Attikon)	30	B 3
8352	Ricketwil ZH (Räterschen)	30	B 3
1908	Riddes VS	42	B 3
3771	Ried (St. Stephan) BE (St. Stephan)	34	B 5
3903	Ried VS (Wiler)	43	E 1
6431	Ried (Muotathal) SZ (Schwyz)	36	C 2
3901	Ried b. Brig VS (Brig)	43	F 2

3211 Ried b. Kerzers FR (Kerzers)	33 F 2	7431 Rongellen GR (Thusis)	46 B 1
3981 Ried b. Mörel VS (Mörel)	43 F 2	6037 Root LU (Gisikon-Root)	29 E 5
3020 Riedbach BE	34 A 2	1099 Ropraz VD (Moudon)	33 D 4
8731 Rieden SG (Kaltbrunn)	30 C 5	8427 Rorbas ZH (Embrach-Rorbas)	30 A 3
3981 Riederalp VS (Mörel)	43 F 1	9400 Rorschach SG	31 F 3
3753 Riedern BE (Oey-Diemtigen)	34 C 4	7742 Rösa, La GR (Ospizio Bernina)	47 F 3
8750 Riedern GL (Glarus)	37 E 1	4244 Röschenz BE (Laufen)	27 D 2
4533 Riedholz SO	27 D 3	1754 Rosé FR	33 F 3
8611 Riedikon ZH (Uster)	30 B 4	2724 Roselet, Le JU (Les Emibois)	26 B 3
8586 Riedt b. Erlen TG (Erlen)	31 D 2	3860 Rosenlaui BE (Meiringen)	35 E 4
8412 Riedt b. Neftenbach ZH (Hettlingen)	30 A 3	6671 Roseto TI (Foroglio)	44 C 1
3354 Riedtwil BE	27 E 4	1937 Rosière, La VS (Orsières)	42 B 4
4125 Riehen BS	27 E 1	6549 Rossa GR (Castione-Arbedo)	46 A 4
7131 Rein GR (Ilanz)	37 F 4	2801 Rossemaison JU (Delémont)	26 C 2
6452 Riemenstalden SZ (Sisikon)	36 C 2	1711 Rossens FR (Fribourg)	33 F 4
9650 Rietbad SG (Nesslau-Neu St. Johann)	31 D 5	1531 Rossens VD (Romont)	33 E 4
8438 Rietheim AG	29 D 2	3204 Rosshäusern BE	34 A 2
1097 Riex VD (Cully)	41 E 2	1836 Rossinière VD	42 B 1
3920 Riffelberg VS (Zermatt)	43 E 4	9512 Rossrüti SG (Wil)	30 C 3
3151 Riffenmatt BE (Schwarzenburg)	34 A 3	6799 Rossura TI (Faido)	45 E 1
8911 Rifferswil ZH (Mettmenstetten)	29 E 4	3901 Rosswald VS (Brig)	43 F 2
9242 Riggenschwil SG (Flawil)	31 D 3	6022 Roth LU (Grosswangen)	28 C 5
3132 Riggisberg BE (Thurnen)	34 B 3	5746 Rothacker SO (Walterswil-Striegett)	28 C 4
6356 Rigi Kaltbad LU (Vitznau)	36 B 1	3361 Röthenbach b. Herzogenbuchsee BE (Inkwil)	27 E 3
6411 Rigi Klösterli SZ (Arth-Goldau)	36 B 1	3538 Röthenbach im Emmental BE (Signau)	34 C 2
6411 Rigi Kulm SZ (Arth-Goldau)	36 B 1	7405 Rothenbrunnen GR	38 A 3
6411 Rigi Staffel SZ (Arth-Goldau)	36 B 1	6023 Rothenburg LU	36 A 1
8486 Rikon (Tösstal) ZH	30 B 3	4467 Rothenfluh BL (Gelterkinden)	27 F 2
6671 Rima TI (Broglio)	45 D 1	9501 Rothenhausen TG (Weinfelden)	31 D 2
3852 Ringgenberg BE	35 D 3	6418 Rothenthurm SZ	36 C 1
7166 Ringgenberg GR (Trun)	37 E 4	4852 Rothrist AG	28 B 4
3762 Ringoldingen BE	34 B 4	3901 Rotwald VS (Brig)	43 F 2
3656 Ringoldswil BE (Sigriswil)	34 C 3	6343 Rotkreuz ZG	29 E 5
8340 Ringwil ZH (Hinwil)	30 B 4	8911 Rottenschwil AG (Boswil-Bünzen)	29 D 4
5223 Riniken AG (Brugg)	29 D 3	9313 Rotzenwil SG (Muolen)	31 E 3
3903 Riod VS (Sion)	42 C 3	6362 Rotzloch NW (Stans)	36 A 2
7451 Riom GR (Tiefencastel)	38 B 4	1838 Rougemont VD	42 B 1
1261 Rippe, La VD (Nyon)	40 B 3	6535 Roveredo GR (Castione-Arbedo)	46 A 5
6206 Rippertschwand LU (Sempach-Neuenkirch)	36 A 1	6951 Roveredo TI (Lugano)	45 E 4
6343 Risch ZG (Meierskappel-Risch)	29 E 5	6849 Róvio TI (Maroggia-Melano)	45 F 5
6671 Ritorto TI (Foroglio)	44 C 1	1463 Rovray VD (Yvonand)	33 D 3
3981 Ritzingen VS (Biel/Goms)	43 B 1	3113 Rubigen BE	34 B 2
6826 Riva San Vitale TI	45 E 5	3251 Ruchwil BE (Aarberg)	26 C 5
1812 Rivaz VD	41 E 2	3437 Rüderswil BE (Zollbrück)	27 E 5
1931 Rive Haute VS (Orsières)	42 B 4	3713 Rüdlen BE (Reichenbach im Kandertal)	34 C 4
6671 Riveo TI (Ponte Brolla)	45 D 2	8455 Rüdlingen SH (Rafz)	30 A 2
6802 Rivera TI (Rivera-Bironico)	45 E 3	8461 Rudolfingen ZH (Marthalen)	30 A 2
6599 Robasacco TI (Rivera Bironico)	45 E 3	8964 Rudolfstetten AG	29 E 4
1411 Robellaz, La VD (Chavornay)	32 C 4	3422 Rüdtligen BE (Kirchberg-Alchenflüh)	27 D 4
1852 Roche VD	42 A 2	1675 Rue FR (Ecublens-Rue)	33 E 4
1634 Roche, La FR (Bulle)	33 F 4	6017 Rüediswil b. Ruswil LU (Wolhusen)	35 E 1
2901 Roche d'Or JU (Porrentruy)	26 A 2	3088 Rüeggisberg BE (Thurnen)	34 B 3
2203 Rochefort NE (Chambrelien)	33 D 2	3411 Rüegsau BE (Hasle-Rüegsau)	27 E 5
2762 Roches BE	27 D 3	3415 Rüegsauschachen BE (Hasle-Rüegsau)	27 E 5
2901 Rocourt JU (Porrentruy)	26 A 2	3411 Rüegsbach BE (Hasle-Rüegsau)	27 E 5
7415 Rodels GR (Rodels-Realta)	38 A 4	7181 Rueras (Tavetsch) GR	36 C 4
4118 Rodersdorf SO	27 D 1	8735 Rüeterswil SG (Schmerikon)	30 C 5
6772 Rodi-Fiesso TI	45 D 1	7199 Rueun GR	37 E 3
2801 Roggenburg BE (Soyhières-Bellerive)	26 C 2	1681 Rueyres FR (Bercher)	41 F 1
6265 Roggliswil LU (Reiden)	28 B 5	1411 Rueyres VD (Yverdon)	33 D 4
4914 Roggwil BE (Roggwil-Wynau)	27 F 3	1531 Rueyres-les-Prés FR (Payerne)	33 E 3
9325 Roggwil TG (Roggwil-Berg)	31 E 3	1681 Rueyeres-St-Laurent FR (Villaz-St-Pierre)	33 E 4
1699 Rogivue, La VD (Semsales)	41 E 2	5235 Rüfenach AG (Siggenthal-Würenlingen)	29 D 3
5032 Rohr AG (Rohr-Buchs)	28 C 3	3075 Rüfenacht BE	34 B 2
4655 Rohr SO (Schönenwerd)	27 F 2	8723 Rufi SG (Schänis)	30 C 5
4938 Rohrbach b. Huttwil BE	27 F 4	9491 Ruggell FL (Salez-Sennwald)	31 F 5
6131 Rohrmatt LU (Willisau)	35 E 1	3352 Rumendingen BE (Wynigen)	27 E 4
1180 Rolle VD	40 C 2	6331 Rumentikon ZG (Cham)	29 E 5
1349 Romainmôtier VD (Croy-Romainmôtier)	32 C 4	8439 Rümikon AG (Rümikon-Mellikon)	29 C 2
1411 Romairon VD (Grandson)	33 D 3	4511 Rumisberg BE (Wiedlisbach)	27 E 3
1032 Romanel-sur-Lausanne VD	41 D 2	8153 Rümlang ZH	29 E 3
1111 Romanel-sur-Morges VD (Morges)	40 C 2	3128 Rümligen BE (Kaufdorf)	34 B 3
1681 Romanens FR (Sâles)	33 E 4	8332 Rümlikon ZH (Illnau)	30 B 4
8590 Romanshorn TG	31 E 3	4444 Rümlingen BL	27 F 2
6027 Römerswil LU (Hochdorf)	29 D 5	7172 Run GR (Ravius-Surrhein)	37 D 4
2538 Romont BE (Lengnau)	26 C 4	4497 Rünenberg BL (Sommerau)	27 F 2
1680 Romont FR	33 E 4	3533 Rünkhofen BE (Bowil)	34 C 2
6113 Romoos LU (Doppleschwand-Romoos)	35 E 1	9450 Ruppen SG (Altstätten)	31 F 5

5102 Rupperswil AG	28 C 3		
3251 Ruppoldsried BE (Schüpfen)	27 D 4		
3154 Rüschegg-Eywald BE (Schwarzenburg)	34 B 3		
3153 Rüschegg-Gambach BE (Schwarzenburg)	34 B 3		
3154 Rüschegg-Graben BE (Schwarzenburg)	34 B 3		
3154 Rüschegg-Heubach BE (Schwarzenburg)	34 B 3		
7131 Ruschein GR (Ilanz)	37 E 3		
8803 Rüschlikon ZH	29 E 4		
8332 Russikon ZH (Fehraltorf)	30 B 4		
1249 Russin GE	40 A 4		
6611 Russo TI (Intragna)	45 D 3		
1773 Russy FR (Dompierre)	33 E 3		
5644 Rüstenschwil AG (Mühlau)	29 D 5		
6017 Ruswil LU (Wolhusen)	35 E 1		
9464 Rüthi (Rheintal) SG	31 F 4		
8782 Rüti GL	37 E 2		
8630 Rüti ZH	30 B 5		
8841 Rüti SZ (Einsiedeln)	37 D 1		
3295 Rüti b. Büren BE	27 D 4		
3099 Rüti b. Riggisberg BE (Thurnen)	34 B 3		
5406 Rütihof AG (Dättwil)	29 D 3		
5722 Rütihof b. Gränichen AG (Gränichen)	28 C 4		
3077 Rütihubel Bad BE (Walkringen)	34 C 2		
4932 Rütschelen BE (Lotzwil)	27 E 4		
8479 Rutschwil ZH (Dinhard)	30 B 2		
4522 Rüttenen SO (Solothurn)	27 D 3		

S

9413 St. Anton AI (Heiden)	31 F 3
1713 St. Antoni FR (Schmitten)	34 A 3
7241 St. Antönien-Ascharina GR (Küblis)	38 C 2
7241 St. Antönien-Castels GR (Küblis)	38 C 2
7241 St. Antönien-Rüti GR (Küblis)	38 C 2
1566 St-Aubin FR (Domdidier)	33 E 2
2024 St- Aubin NE (Gorgier-St-Aubin)	33 D 2
1041 St-Barthélemy VD (Cossonay)	32 C 4
2072 St-Blaise NE	33 E 2
2874 St- Brais JU (Glovelier)	26 B 3
1264 St-Cergue VD	40 B 2
4126 St. Chrischona BS (Basel Bad. Bf)	27 E 1
1099 St-Cierges VD (Moudon)	33 D 4
6212 St. Erhard LU (St. Erhard-Knutwil)	28 C 5
9000 St. Gallen SG	31 E 3
8735 St. Gallenkappel SG (Uznach)	30 C 5
1261 St-George VD (Bière)	40 B 2
1965 St-Germain VS (Sion)	42 C 2
3931 St. German VS (Raron)	43 E 2
1898 St-Gingolph VS	41 E 3
2610 St-Imier BE	26 B 4
6461 St. Jakob UR (Altdorf)	36 B 2
3961 St-Jean VS (Sierre)	43 D 3
9030 St. Josefen SG (St. Gallen)	31 E 3
1806 St-Légier VD	41 E 2
3958 St-Léonard VS	42 C 2
1171 St-Livres VD (Allaman)	40 C 2
3961 St-Luc VS (Sierre)	43 D 3
9543 St. Margarethen TG (Bettwiesen)	30 C 3
9430 St. Margrethen SG	31 F 3
1699 St-Martin FR (Oron)	33 E 5
7131 St. Martin GR (Tavanasa-Breil/Brigels)	37 E 4
2055 St-Martin NE (Les Hauts-Geneveys)	33 E 1
7310 St. Martin SG (Bad Ragaz)	38 B 2
1961 St-Martin VS (Sion)	42 C 3
7131 St. Martin (Lungnez) GR (Ilanz)	37 E 4
1890 St-Maurice VS	42 A 2
7500 St. Moritz GR	47 D 3
7500 St. Moritz-Bad GR	47 D 3
3924 St. Niklaus VS	43 E 3
3425 St. Niklaus b. Koppigen BE (Wynigen)	27 E 4
6005 St. Niklausen LU	36 A 2
6066 St. Niklausen OW (Sarnen)	36 A 3
1181 St-Oyens VD (Rolle)	40 B 2
4411 St. Pantaleon SO (Liestal)	27 E 2
7099 St. Peter GR (St. Peter-Molinis)	38 B 3
3235 St. Peters-Insel BE (La Neuveville)	26 B 4

PLZ	Ort	Seite	Feld
9127	St. Peterzell SG (Brunnadern-Neckertal)	31	D 4
1916	St-Pierre-de-Clages VS (Chamoson)	42	B 3
1162	St-Prex VD	40	C 2
1966	St-Romain VS (Sion)	42	C 3
1813	St-Saphorin (Lavaux) VD	41	E 2
1111	St-Saphorin-sur-Morges VD (Morges)	40	C 2
1711	St. Silvester FR (Fribourg)	33	F 4
2123	St-Sulpice NE	32	C 2
1025	St-Sulpice VD (Morges)	41	D 2
1855	St-Triphon VD	42	A 2
4915	St. Urban LU	28	B 5
2882	St-Ursanne JU	26	B 2
1717	St. Ursen FR (Fribourg)	33	F 3
3184	St. Wolfgang FR (Düdingen)	34	A 3
1450	Ste-Croix VD	32	C 3
6611	San Bartolomeo TI (Tenero)	45	E 2
6549	San Bernardino GR (Castione-Arbedo)	46	A 3
6605	San Bernardo (Orselina) TI (Locarno)	45	E 3
6513	San Bernardo TI (Bellinzona)	45	E 3
6671	San Carlo (Val Bavona) TI (Ponte Brolla)	44	C 1
6671	San Carlo (Val Peccia) TI (Ponte Brolla)	45	D 1
7749	San Carlo (Poschiavo) GR (Poschiavo)	47	F 4
6575	San Nazzaro TI	45	E 3
6534	San Vittore GR (Castione-Arbedo)	46	A 5
6592	Sant' Antonino TI (Giubiasco)	45	E 3
7749	Sant' Antonio (Poschiavo) GR	47	F 4
6549	Santa Domenica GR (Castione-Arbedo)	46	A 4
6549	Santa Maria in Calanca GR (Castione-Arbedo)	46	A 4
7531	Santa Maria im Münstertal GR (Zernez)	39	F 4
3792	Saanen BE	40	A 5
3777	Saanenmöser BE	34	A 5
3905	Saas-Almagel VS (Stalden-Saas)	43	F 4
3901	Saas Balen VS (Stalden-Saas)	43	F 3
3906	Saas Fee VS (Stalden-Saas)	43	F 3
3901	Saas Grund VS (Stalden-Saas)	43	F 3
7247	Saas im Prättigau GR	43	C 2
6671	Sabbione TI (Cavergno)	44	C 2
6072	Sachseln OW	36	A 3
9543	Sädel TG (Münchwilen)	30	C 3
5745	Safenwil AG	28	C 4
7105	Safien-Platz GR (Versam-Safien)	37	F 4
2553	Safnern BE (Pieterlen)	26	C 4
1961	Sage, La VS (Sion)	43	D 3
1451	Sagne (Ste-Croix), La VD (Ste-Croix)	32	C 3
2314	Sagne, La NE	33	D 1
2314	Sagne-Eglise, La NE	33	D 1
6831	Sagno TI (Chiasso)	45	F 5
7131	Sagogn GR (Valendas-Sagogn)	37	F 3
2732	Saicourt BE (Reconvilier)	26	C 3
2726	Saignelégier JU	26	B 3
1913	Saillon VS (Saxon)	42	B 3
2875	Sairains, Les JU (Saignelégier)	26	B 3
8493	Saland ZH	30	B 4
1581	Salavaux VD (Avenches)	33	E 3
1711	Sales (Sarine) FR (Fribourg)	33	F 3
9465	Salez SG (Salez-Sennwald)	31	F 5
3956	Salgesch VS	43	D 2
1961	Salins VS (Sion)	42	C 3
8590	Salmsach TG (Romanshorn)	31	D 2
7451	Salouf GR (Tiefencastel)	38	B 4
1922	Salvan VS	42	A 3
1781	Salvenach FR (Cressier)	33	F 2
7503	Samedan GR	47	E 2
7551	Samnaun GR (Scuol/Schuls-Tarasp)	39	F 2
8833	Samstagern ZH	29	F 5
6026	Sandplatten LU (Rothenburg)	29	D 5
1711	Sangernboden BE (Fribourg)	34	A 3
7099	Sapün Dörfji GR (Langwies)	38	C 3
1961	Sarclens VS (Sion)	42	C 3
7250	Sardasca GR (Klosters)	39	D 3
7320	Sargans SG	38	A 1
3044	Säriswil BE (Aarberg)	34	A 1
5614	Sarmenstorf AG	29	D 4
7431	Sarn GR (Cazis)	38	A 4
6060	Sarnen OW	36	A 2
1315	Sarraz, La VD	32	C 4
1931	Sarreyer VS (Le Châble)	42	B 4
1681	Sarzens VD (Moudon)	33	E 4
1531	Sassel VD (Granges-Marnand)	33	E 3
1961	Satarma VS (Sion)	43	D 4
1242	Satigny GE	40	A 4
6417	Sattel SZ (Sattel-Aegeri)	36	C 1
1181	Saubraz VD (Bière)	40	C 2
1588	Sauge, La VD (Gampelen)	33	F 2
2024	Sauges-près-St-Aubin NE (Gorgier-St-Aubin)	33	D 3
2873	Saulcy JU (Glovelier)	26	B 3
2063	Saules NE (Valangin)	26	A 5
2732	Saules BE (Reconvilier)	27	C 3
1678	Saulgy, Le FR (Siviriez)	33	E 4
3054	Saurenhorn BE (Schüpfen)	26	C 5
2065	Savagnier-Grand NE (Les Hauts-Geneveys)	33	E 1
2065	Savagnier-Petit NE (Les Hauts-Geneveys)	33	E 1
1965	Savièse VS (Sion)	42	C 2
1073	Savigny VD (Grandvaux)	41	E 2
7451	Savognin GR (Tiefencastel)	38	B 5
6942	Savosa Paese TI (Lugano)	45	E 4
9468	Sax SG (Salez-Sennwald)	31	F 5
3801	Saxeten BE (Wilderswil)	35	D 4
1907	Saxon VS	42	B 3
7203	Says GR (Trimmis)	38	B 2
7402	Scardanal GR (Bonaduz)	38	A 3
6951	Scareglia TI (Lugano)	45	F 3
9494	Schaan FL	31	F 5
9491	Schaanwald FL (Nendeln)	31	F 5
6105	Schachen LU	35	E 1
9112	Schachen b. Herisau AR (Schachen BT)	31	D 4
8200	Schaffhausen SH	30	A 1
3514	Schafhausen im Emmental BE	34	C 1
5503	Schafisheim AG (Hunzenschwil)	28	C 3
8492	Schalchen ZH (Wila)	30	B 3
9533	Schalkhausen SG (Bazenheid)	30	C 3
3314	Schalunen BE	27	D 4
7525	S-chanf GR	47	E 2
6197	Schangnau BE (Wiggen)	35	D 3
8718	Schänis SG	30	C 5
7499	Scharans GR (Sils im Domleschg)	38	A 4
7550	S-charl GR (Scuol/Schuls-Tarasp)	39	F 4
6196	Schärlig LU (Wiggen)	35	D 2
3711	Scharnachtal BE (Reichenbach im Kandertal)	34	C 4
6467	Schattdorf UR (Altdorf)	36	C 3
7499	Scheid GR (Rothenbrunnen)	38	A 3
9491	Schellenberg FL (Nendeln)	31	F 5
6214	Schenkon LU (Sursee)	28	C 5
5118	Scherz AG (Schinznach Bad)	29	D 3
8596	Scherzingen TG (Münsterlingen-Scherzingen)	31	D 2
3349	Scheunen BE (Jegenstorf)	26	D 4
3251	Scheunenberg BE (Dotzigen)	26	D 4
2556	Scheuren BE (Brügg)	26	C 4
7220	Schiers GR	38	B 2
3186	Schiffenen FR (Düdingen)	34	A 2
8834	Schindellegi SZ (Schindellegi-Feusisberg)	30	B 5
8494	Schindlet ZH (Bauma)	30	C 4
5116	Schinznach Bad AG	29	D 3
5107	Schinznach Dorf AG	28	C 3
7166	Schlans GR (Trun)	37	E 3
7252	Schlappin GR (Klosters Dorf)	38	C 2
9050	Schlatt b. Appenzell AI (Appenzell)	31	E 4
8255	Schlattingen TG	29	B 2
3517	Schlegwegbad BE (Oberdiessbach)	34	C 3
8165	Schleinikon ZH (Schöfflisdorf-Oberweningen)	29	E 3
8226	Schleitheim SH (Schaffhausen)	29	E 1
7131	Schleuis GR (Ilanz)	37	F 3
6231	Schlierbach LU (Büron-Bad Knutwil)	28	C 5
8952	Schlieren ZH	29	E 3
3098	Schliern b. Köniz BE (Köniz)	34	B 2
5044	Schlossrued AG (Schöftland)	28	C 4
3082	Schlosswil BE (Grosshöchstetten)	34	C 2
8716	Schmerikon SG	30	C 5
8499	Schmidrüti ZH (Wila)	30	C 3
5046	Schmiedrued AG (Triengen-Winikon)	28	C 4
3185	Schmitten FR	34	A 2
8717	Schmitten SG (Benken)	30	C 5
7499	Schmitten (Albula) GR (Alvaneu)	38	B 4
5425	Schneisingen AG (Niederweningen)	29	D 2
3253	Schnottwil SO (Büren an der Aare)	27	D 4
8581	Schocherswil TG (Amriswil)	31	D 3
8165	Schöfflisdorf ZH (Schöfflisdorf-Oberweningen)	29	E 3
5040	Schöftland AG	28	C 4
3322	Schönbühl-Urtenen BE	34	B 1
8585	Schönenbaumgarten TG (Altnau)	31	D 2
8821	Schönenberg ZH (Samstagern)	29	F 5
9215	Schönenberg an der Thur TG (Kradolf)	31	D 3
4124	Schönenbuch BL (Basel)	27	D 1
9105	Schönengrund AR (Waldstatt)	31	D 4
5012	Schönenwerd SO	28	C 4
8577	Schönholzerswilen TG (Bürglen)	31	D 3
3778	Schönried BE	34	A 5
6055	Schoried OW (Alpnach Dorf)	36	A 2
8352	Schottikon ZH	30	B 3
6247	Schötz LU (Nebikon)	28	C 5
8862	Schübelbach SZ (Schübelbach-Buttikon)	30	C 5
7221	Schuders GR (Schiers)	38	C 2
6131	Schülen LU (Willisau)	35	E 1
3535	Schüpbach BE (Signau)	34	C 2
3054	Schüpberg BE (Schüpfen)	26	C 5
4325	Schupfart AG (Eiken)	28	B 3
3054	Schüpfen BE	26	C 5
6170	Schüpfheim LU	35	E 2
8175	Schüpfheim ZH (Windlach)	29	E 2
8374	Schurten TG (Sirnach)	30	C 3
4352	Schwaderloch AG	29	D 2
8561	Schwanderloh TG (Kreuzlingen Bernrain)	31	D 2
2556	Schwadernau BE (Brügg)	26	C 4
6390	Schwand (Engelberg) OW (Engelberg)	36	B 3
8854	Schwändelen SZ (Siebnen-Wangen)	30	C 5
8762	Schwanden GL	37	E 2
3657	Schwanden (Sigriswil) BE (Thun)	34	C 3
3855	Schwanden b. Brienz BE (Brienz)	35	E 3
3054	Schwanden b. Schüpfen BE (Schüpfen)	27	D 5
3431	Schwanden im Emmental BE (Lützelflüh-Goldbach)	27	E 5
3714	Schwandi BE (Frutigen)	34	C 4
8762	Schwändi b. Schwanden GL (Schwanden)	37	E 2
3718	Schwarenbach VS (Kandersteg)	43	D 1
9536	Schwarzenbach SG	31	D 3
6215	Schwarzenbach b. Beromünster LU (Mosen)	29	D 5
6103	Schwarzenberg LU (Malters)	35	F 1
3151	Schwarzenbühl BE (Schwarzenburg)	34	B 3
3150	Schwarzenburg BE	34	A 3
3616	Schwarzenegg BE (Steffisburg)	34	C 2
3766	Schwarzenmatt BE (Boltigen)	34	B 4
4911	Schwarzhäusern BE (Aarwangen)	27	E 3
1711	Schwarzsee FR (Fribourg)	34	A 4
3920	Schwarzsee VS (Zermatt)	43	E 4
3860	Schwarzwaldalp BE (Meiringen)	35	E 4
1711	Schwefelberg-Bad BE (Fribourg)	34	B 3
9221	Schweizersholz TG (Kradolf)	31	D 3
9103	Schwellbrunn AR (Waldstatt)	31	D 4
9057	Schwende AI	31	E 4
3757	Schwenden im Diemtigtal BE (Oey-Diemtigen)	34	B 4

PLZ	Ort	Seite	Feld
6063	Schwendi Kaltbad OW (Sarnen)	35	E 2
8603	Schwerzenbach ZH	29	F 3
6430	Schwyz SZ	36	C 2
1831	Sciernes d'Albeuve, Les FR	33	E 5
1831	Sciernes-Picats, VD	33	F 5
6831	Scudellate TI (Balerna)	35	F 5
7402	Sculms GR (Bonaduz)	38	A 3
7550	Scuol/Schuls GR	39	F 3
6611	Seccada TI (Tenero)	45	E 1
1345	Séchey, Le VD	32	B 4
1531	Sédeilles VD (Villaz-St-Pierre)	33	E 4
7188	Sedrun GR	36	C 4
3364	Seeberg BE (Riedtwil)	27	E 4
3258	Seedorf BE (Aarberg)	26	C 5
6462	Seedorf UR (Altdorf)	36	C 3
1754	Seedorf FR (Léchelles)	33	F 3
8607	Seegräben ZH (Aathal)	30	B 4
2741	Seehof BE (Corcelles)	27	D 3
6446	Seelisberg UR (Treib)	36	B 2
8361	Seelmatten ZH (Eschlikon)	30	C 3
5707	Seengen AG (Boniswil-Seengen)	29	D 4
4206	Seewen SO (Grellingen)	27	E 2
6423	Seewen SZ (Schwyz)	36	C 1
3256	Seewil BE (Schüpfen)	27	D 5
7299	Seewis im Prättigau GR (Seewis-Valzeina)	38	B 2
3136	Seftigen BE	34	B 3
7181	Segnes GR	37	D 4
1599	Seigneux VD (Granges-Marnand)	33	E 4
1470	Seiry FR (Estavayer-le-Lac)	33	D 3
9657	Selamatt SG (Nesslau-Neu St. Johann)	31	E 5
3718	Selden BE (Kandersteg)	34	C 5
2551	Seleute JU (St-Ursanne)	26	B 2
3981	Selkingen VS (Biel Goms)	44	B 1
8143	Sellenbüren ZH (Bonstetten-Wettswil)	29	E 4
6549	Selma GR (Castione-Arbedo)	46	A 4
4411	Seltisberg GL (Liestal)	27	E 2
7181	Selva GR (Tschamut-Selva)	36	C 4
2545	Selzach SO	27	D 3
1933	Sembrancher VS	42	B 4
6514	Sementina TI (Bellinzona)	45	F 3
6714	Semione TI (Biasca)	45	F 1
6204	Sempach LU (Sempach-Neuenkirch)	29	D 5
1623	Semsales FR	33	E 5
1111	Senarclens VD (Cossonay)	32	C 5
1724	Senèdes FR (Fribourg)	33	F 4
8482	Sennhof ZH (Sennhof-Kyburg)	30	B 3
9466	Sennwald SG (Salez-Sennwald)	31	F 4
3176	Sensebrücke FR (Neuenegg)	34	A 2
1961	Sensine VS (Sion)	42	C 2
7551	Sent GR (Scuol/Schuls-Tarasp)	39	F 3
1347	Sentier, Le VD (Sentier-Orient)	32	A 4
5703	Seon AG	28	C 4
1863	Sépey, Le VD	42	A 2
2857	Séprais JU (Glovelier)	26	C 2
1351	Sergey VD (Orbe)	32	C 3
7299	Serneus GR	38	C 2
6867	Serpiano TI (Mendrisio)	45	E 5
7272	Sertig Dörfli GR (Davos Frauenkirch)	38	C 4
1099	Servion VD (Châtillens)	41	E 1
6981	Sessa TI (Ponte Tresa)	45	E 4
8472	Seuzach ZH	30	B 3
1482	Sévaz FR (Cugy)	33	E 3
9475	Sevelen SG	38	A 1
1141	Sévery VD (Pampigny-Sévery)	40	C 1
7131	Sevgein GR (Ilanz)	37	F 3
1249	Sézegnin GE (La Plaine)	40	A 5
7199	Siat GR (Rueun)	37	E 3
8225	Siblingen SH (Schaffhausen)	30	A 1
3775	Siebenbrunnen BE (Lenk)	43	D 1
8854	Siebnen SZ (Siebnen-Wangen)	30	C 5
8573	Siegershausen TG	31	D 2
3960	Sierre VS	43	D 2
6017	Sigigen LU (Wolhusen)	35	E 1
6849	Sigirino TI (Taverne-Torricella)	45	E 4
8439	Siglistorf AG (Rümikon-Mellikon)	29	E 2
1171	Signal de Bougy VD	40	A 2
3534	Signau BE	34	C 2
1261	Signy VD (Nyon)	40	B 3
3655	Sigriswil BE (Thun)	34	C 3
8944	Sihlbrugg ZG	29	F 5
6473	Silenen UR (Amsteg-Silenen)	36	C 3
7499	Sils im Domleschg GR	38	A 2
7515	Sils/Segl Baselgia GR (St. Moritz)	47	D 3
7514	Sils/Segl Maria GR (St. Moritz)	47	D 3
7513	Silvaplana GR (St. Moritz)	47	D 3
3901	Simplon VS (Brig)	43	F 3
5643	Sins AG	29	E 5
1950	Sion VS	42	C 3
8370	Sirnach TG	30	C 3
2577	Siselen BE (Siselen-Finsterhennen)	26	C 5
6452	Sisikon UR	36	C 2
4450	Sissach BL	27	F 2
4334	Sisseln AG	28	C 2
8581	Sitterdorf TG	31	D 3
1678	Siviriez FR	33	E 4
6562	Soazza GR (Castione-Arbedo)	46	A 3
6799	Sobrio TI (Lavorgo)	45	E 1
7649	Soglio GR (St. Moritz)	46	C 4
7175	Sogn Benedetg GR (Somvix)	37	D 4
7181	Sogn Gions (Medels) GR (Disentis/Mustér)	37	D 4
7131	Sogn Giusep GR (Ilanz)	37	E 4
1882	Solalex VD (Bex)	42	B 2
7450	Solis GR	38	A 4
1347	Solliat, Le VD (Solliat-Golisse)	32	A 4
4500	Solothurn SO	27	D 3
2605	Sombeval BE (Sonceboz-Sombeval)	26	B 4
6674	Someo TI (Ponte Brolla)	45	D 2
1937	Somlaproz VS (Orsières)	42	B 4
1681	Sommentier FR (Vuisternens-devant-Romont)	33	E 4
8580	Sommeri TG (Amriswil)	31	D 2
7175	Somvix GR (Somvix-Compadials)	37	D 4
2605	Sonceboz BE (Sonceboz-Sombeval)	26	C 4
1843	Sonchaux VD (Villeneuve)	41	F 3
6671	Sonlerto TI (Ponte Brolla)	44	C 1
9507	Sonnenberg TG (Matzingen)	30	C 3
9245	Sonnenthal SG (Uzwil)	31	D 3
6611	Sonogno TI (Tenero)	45	D 2
8561	Sonterswil TG (Märstetten)	30	C 2
6968	Sonvico TI (Lugano)	45	F 4
2615	Sonvilier BE	26	A 4
8762	Sool GL (Schwanden)	37	E 2
1249	Soral GE (La Plaine)	40	A 5
6174	Sörenberg LU (Schüpfheim)	35	E 2
1631	Sorens FR (Bulle)	33	F 4
2711	Sornetan BE (Glovelier)	26	C 3
2736	Sorvilier BE	26	C 3
1099	Sottens VD (Moudon)	33	D 4
2851	Soubey JU (St-Ursanne)	26	B 3
2741	Souboz BE (Moutier)	26	C 3
2864	Soulce JU (Glovelier)	26	C 3
3961	Soussillon VS (Sierre)	43	D 2
2805	Soyhières JU (Soyhières-Bellerive)	26	C 2
9042	Speicher AR	31	E 3
3204	Spengelried BE (Rosshäusern)	34	A 2
3700	Spiez BE	34	C 4
3700	Spiezwiler BE (Spiez)	34	C 4
6461	Spiringen UR (Altdorf)	36	C 3
8751	Spittelrüti UR (Linthal)	37	D 2
8811	Spitzen ZH (Horgen)	29	F 5
7431	Splügen GR (Thusis)	46	B 2
8957	Spreitenbach AG (Killwangen-Spreitenbach)	29	D 3
6611	Spruga TI (Ponte Brolla)	44	C 3
2540	Staad (Grenchen) SO (Grenchen Süd)	27	D 4
9422	Staad (Rorschach) SG	31	F 3
8880	Staad (Walenstadt) SG (Walenstadt)	37	F 1
6855	Stabio TI (Mendrisio)	45	E 5
8174	Stadel ZH (Niederglatt)	29	E 2
8543	Stadel b. Winterthur ZH (Wiesendangen)	30	B 3
7431	Städtli (Avers) GR (Thusis)	46	C 3
8712	Stäfa ZH	30	B 5
5053	Staffelbach AG (Schöftland)	28	C 4
5649	Staffeln AG (Bremgarten West)	29	D 4
6063	Stalden (Sarnen) OW (Sarnen)	36	A 3
6431	Stalden SZ (Schwyz)	36	C 2
3922	Stalden VS (Stalden-Saas)	43	E 2
3510	Stalden im Emmental BE	34	C 2
3921	Staldenried VS (Stalden-Saas)	43	F 3
8143	Stallikon ZH (Bonstetten-Wettswil)	29	E 4
7649	Stampa GR (St. Moritz)	46	C 4
6370	Stans NW	36	A 2
6362	Stansstad NW	36	A 2
9656	Starkenbach SG (Nesslau-Neu St. Johann)	31	D 5
8717	Starrberg SG (Benken)	30	C 5
4656	Starrkirch SO (Dulliken)	27	F 2
5603	Staufen AG (Lenzburg)	28	C 3
3801	Stechelberg BE (Lauterbrunnen)	35	D 5
8266	Steckborn TG	30	C 2
4249	Steffen SO (Nunningen)	27	D 2
3612	Steffisburg BE	34	C 3
9497	Steg FL (Schaan)	38	B 1
3945	Steg VS (Gampel-Steg)	43	E 2
8496	Steg im Tösstal ZH (Steg)	30	C 4
9501	Stehrenberg TG (Märwil)	30	C 3
4332	Stein AG (Stein-Säckingen)	28	B 2
9063	Stein AR (Teufen)	31	E 4
8260	Stein am Rhein SH	30	B 2
9651	Stein im Toggenburg SG (Nesslau-Neu St. Johann)	31	D 5
9323	Steinach SG (Arbon)	43	E 3
9314	Steinebrunn TG	31	F 2
9050	Steinegg AI	31	E 4
8852	Steinegg SZ (Lachen)	30	B 5
9320	Steinloh TG (Arbon)	31	E 3
6422	Steinen SZ	36	C 1
3534	Steinen b. Signau BE (Signau)	34	C 2
8492	Steinen b. Wila ZH (Wila)	30	C 4
6416	Steinerberg SZ	36	B 1
3860	Steingletscher BE (Innertkirchen)	36	B 4
3981	Steinhaus VS (Niederwald)	44	A 1
6312	Steinhausen ZG	29	E 5
6111	Steinhusen LU (Wolhusen)	35	E 1
3364	Steinhof SO (Riedtwil)	27	E 4
8767	Steinibach GL (Schwanden)	37	E 2
8499	Sternenberg ZH (Bauma)	30	C 4
5549	Stetten AG (Mellingen)	29	D 3
8211	Stetten SH (Schaffhausen)	30	A 1
6022	Stettenbach LU (Willisau)	35	E 2
9507	Stettfurt TG (Matzingen)	30	C 3
3066	Stettlen BE	34	B 2
3714	Stiegelschwand BE (Frutigen)	34	B 5
7451	Stierva GR (Tiefencastel)	38	B 4
5233	Stilli AG (Siggenthal-Würenlingen)	29	D 2
6067	Stöckalp OW (Sarnen)	36	A 3
6433	Stoos SZ (Schwyz)	36	C 3
7551	Strada im Engadin GR (Scuol/Schuls-Tarasp)	39	F 2
7130	Strada im Oberland GR (Schnaus-Strada)	39	F 2
7099	Strassberg (Fondei) GR (Langwies)	38	C 3
3645	Strättligen BE (Gwatt)	34	C 3
4802	Strengelbach AG (Zofingen)	28	B 4
8531	Strohwilen TG (Märstetten)	30	C 2
8841	Studen SZ (Einsiedeln)	37	D 1
2557	Studen b. Brügg BE (Brügg)	26	C 4
7499	Stugl/Stuls GR	38	C 4
4655	Stüsslingen SO (Schönenwerd)	27	F 2
3055	Suberg BE (Suberg-Grossaffoltern)	26	C 5
4553	Subingen SO	27	E 4
1433	Suchy VD (Ependes)	32	C 4
1961	Suen VS (Sion)	42	C 3
7431	Sufers GR (Thusis)	46	B 2
1786	Sugiez FR	33	F 2
1049	Sugnens VD	33	D 4
5034	Suhr AG	28	C 4
3703	Suld BE (Mülenen)	35	D 4
8583	Sulgen TG	31	D 2
1049	Sullens VD (Cossonay)	32	C 5
6284	Sulz LU (Hitzkirch)	29	D 5
8544	Sulz ZH (Rickenbach-Attikon)	30	B 3
4349	Sulz b. Laufenburg AG	28	C 2
8611	Sulzbach ZH (Aathal)	30	B 4
4349	Sulzerberg AG (Sulz)	28	C 2
3454	Sumiswald BE (Sumiswald-Grünen)	27	E 5
3801	Sundlauenen BE (Interlaken West)	35	D 4
8162	Sünikon ZH (Steinmaur)	29	E 3
1961	Super Nendaz VS (Sion)	42	C 3
7451	Sur GR (Tiefencastel)	38	B 5
7499	Surava GR	38	B 4
7131	Surcasti GR (Ilanz)	37	F 4

PLZ	Ort	Seite	Feld
7131	Surcuolm GR (Ilanz)	37	E 3
6951	Sureggio TI (Lugano)	45	E 4
3204	Süri BE (Laupen)	34	A 2
7131	Surin GR (Ilanz)	37	E 4
7513	Surlej GR (St. Moritz)	47	D 3
1523	Surpierre FR (Granges-Marnard)	33	D 4
7199	Surrhein (Somvix) GR (Rabius-Surrhein)	37	D 4
7188	Surrhein (Tavetsch) GR (Sedrun)	36	C 4
6210	Sursee LU	28	C 5
7549	Susauna GR (Cinuos-chel-Brail)	47	E 2
1437	Suscévaz VD (Yverdon)	32	C 3
7549	Susch GR	39	D 3
3952	Susten VS (Leuk)	43	D 2
2572	Sutz BE	26	C 4
1099	Syens VD (Bressonnaz)	41	E 1

T

PLZ	Ort	Seite	Feld
8492	Tablat ZH (Wila)	30	B 3
1712	Tafers FR (Düdingen)	33	F 3
8307	Tagelswangen ZH (Effretikon)	30	A 3
5522	Tägerig AG (Mellingen)	29	D 3
9501	Tägerschen TG (Bettwiesen)	30	C 3
3549	Tägertschi BE	34	C 2
8274	Tägerwilen TG	31	D 2
3453	Tal bei Dürrgraben BE (Sumiswald-Grünen)	27	E 5
2126	Taillères, Les NE (Les Verrières)	32	C 2
7015	Tamins GR (Reichenau-Tamins)	38	A 3
1896	Tanay VS (Vouvry)	41	E 3
6214	Tann LU (Sursee)	28	C 5
1295	Tannay VD	40	B 3
8891	Tannenboden SG (Flums)	37	F 1
7553	Tarasp-Fontana GR (Scuol/Schuls-Tarasp)	39	E 3
7431	Tartar GR (Cazis)	38	A 4
1180	Tartegnin VD (Rolle)	40	E 2
3921	Täsch VS	43	E 4
2575	Täuffelen BE	26	C 4
7162	Tavanasa GR (Tavanasa-Breil/Brigels)	37	E 3
2710	Tavannes BE	26	C 3
6807	Taverne TI (Taverne-Torricella)	45	E 4
1882	Taveyannaz, La VD (Bex)	42	E 3
4492	Tecknau BL	27	F 2
5306	Tegerfelden AG (Döttingen-Klingnau)	29	D 2
6652	Tegna TI	45	D 3
1716	Telmoos BE (Fribourg)	34	A 3
6598	Tenero TI	45	E 3
6799	Tengia TI (Faido)	45	E 1
7199	Tenigerbad GR (Rabius-Surrhein)	37	D 4
7105	Tenna GR (Versam-Safien)	37	F 4
4456	Tenniken BL (Sissach)	27	F 2
5617	Tennwil AG (Fahrwangen-Meisterschwanden)	29	D 4
1711	Tentlingen FR (Fribourg)	33	F 3
3901	Termen VS (Brig)	43	F 2
7131	Tersnaus GR (Ilanz)	37	E 4
6950	Tesserete TI (Lugano)	45	E 4
9053	Teufen AR	31	E 4
8428	Teufen ZH (Embrach-Rorbas)	30	A 2
5723	Teufenthal AG	28	C 4
3623	Teuffenthal BE (Steffisburg)	34	C 3
7260	Teufi GR (Davos-Dorf)	38	C 3
9425	Thal SG (Rheineck)	31	F 3
5112	Thalheim AG (Wildegg)	4	C 3
8479	Thalheim an der Thur ZH (Thalheim-Altikon)	30	B 2
7105	Thalkirch GR (Versam-Safien)	37	F 4
8800	Thalwil ZH	29	F 4
8240	Thayngen SH	30	B 1
8485	Theilingen ZH (Illnau)	30	B 3
4106	Therwil BL	27	D 1
2075	Thielle NE (Cornaux)	33	E 3
3634	Thierachern BE (Thun)	34	C 3
1065	Thierrens VD (Moudon)	33	D 4
1599	Thioleyres, Les VD (Palézieux)	41	E 2
8762	Thon GL (Schwanden)	37	E 2
1226	Thônex GE (Genève)	40	B 4
3367	Thörigen BE (Herzogenbuchsee)	27	E 4
3174	Thörishaus BE	34	A 2
3600	Thun BE	34	C 2
8531	Thundorf TG (Frauenfeld)	30	C 2
4922	Thunstetten BE (Langenthal)	27	E 4
4441	Thürnen BL (Sissach)	27	F 2

PLZ	Ort	Seite	Feld
7430	Thusis GR	38	A 4
1973	Thyon VS (Sion)	42	C 3
7450	Tiefencastel GR	38	B 4
8783	Tierfehd GL (Linthal)	37	D 3
7451	Tinizong GR (Tiefencastel)	38	B 5
4411	Titterten BL (Niederdorf)	27	E 2
9555	Tobel TG (Tobel-Affeltrangen)	30	C 3
3125	Toffen BE	34	B 2
9501	Toos TG (Märwil)	31	D 3
3921	Törbel VS (Stalden-Saas)	43	E 2
1891	Torgon VS (Vouvry)	41	E 3
1751	Torny-le-Grand FR (Rosé)	33	E 3
1751	Torny-le-Petit FR (Trey)	33	E 3
6717	Torre TI (Biasca)	43	E 1
3954	Torrentalp VS (Leuk)	43	D 2
6808	Torricella TI (Taverne-Torricella)	45	E 4
1814	Tour-de-Peilz, La VD	41	E 2
1635	Tour-de-Trême, La FR	33	F 5
3456	Trachselwald BE (Sumiswald-Grünen)	27	E 5
8841	Trachslau SZ (Einsiedeln)	36	C 1
2720	Tramelan BE	26	B 3
7499	Trans GR (Rodels-Realta)	38	A 3
8211	Trasadingen SH	29	E 1
2105	Travers NE	33	D 2
6441	Treib UR	36	B 2
3226	Treiten BE (Müntschemier)	26	B 5
1261	Trélex VD	40	B 3
1921	Trétien, Le VS	42	A 3
1531	Trey VD	33	E 3
1436	Treycovagnes VD (Yverdon)	32	C 3
1482	Treytorrens (Payerne) VD (Yvonand)	33	D 3
1711	Treyvaux FR (Fribourg)	33	F 4
8272	Triboltingen TG (Ermatingen)	31	D 2
6234	Triengen LU (Triengen-Winikon)	28	C 5
1921	Trient VS (Le Châtelard-Frontière)	42	A 4
9495	Triesen FL (Schaan)	38	B 1
9497	Triesenberg FL (Schaan)	38	B 1
4632	Trimbach SO	27	F 2
7203	Trimmis GR	38	B 2
3549	Trimstein BE (Worb)	34	C 2
7099	Trin GR	38	A 3
9043	Trogen AR	31	E 3
1961	Trogne VS (St. Martin)	42	C 3
1256	Troinex GE (Genève)	40	B 4
1872	Troistorrents VS	42	A 3
3556	Trub BE (Trubschachen)	35	D 2
9477	Trübbach SG	38	A 1
3555	Trubschachen BE	35	D 2
6390	Trübsee NW (Engelberg)	38	A 1
8461	Trüllikon ZH (Marthalen)	30	B 2
7166	Trun GR	37	D 4
8479	Truttikon ZH (Ossingen)	30	B 2
8501	Trüttlikon TG (Frauenfeld)	30	B 2
8843	Tschalun SZ (Einsiedeln)	36	C 1
7181	Tschamut (Tavetsch) GR (Tschamut-Selva)	36	C 4
4571	Tscheppach SO (Lohn-Lüterkofen)	27	D 4
8881	Tscherlach SG (Walenstadt)	37	F 1
7064	Tschiertschen GR (Chur)	38	B 3
7531	Tschierv GR (Zernez)	39	F 4
7551	Tschlin GR (Scuol/Schuls-Tarasp)	39	F 2
3249	Tschugg BE (Ins)	33	F 2
9327	Tübach SG (Horn)	31	E 3
9231	Tufertschwil SG (Lütisburg)	31	D 4
8856	Tuggen SZ (Uznach)	30	C 5
1422	Tuileries, Les VD (Grandson)	32	C 3
7188	Tujetsch GR (Sedrun)	36	C 4
7499	Tumegl/Tomils GR (Rothenbrunnen)	38	A 3
3781	Turbach BE (Gstaad)	34	A 5
8488	Turbenthal ZH	30	B 3
5300	Turgi AG	29	D 3
8915	Türlen ZH	29	E 4
3942	Turtig VS (Raron)	42	E 2
3946	Turtmann VS	43	E 2
2512	Tüscherz-Alfermée BE (Tüscherz)	26	C 4
9545	Tuttwil TG (Wängi)	30	C 3
2513	Twann BE	26	B 4

U

PLZ	Ort	Seite	Feld
6044	Udligenswil LU (Küssnacht am Rigi)	36	A 1
3182	Ueberstorf FR (Flamatt)	34	A 2
3611	Uebeschi BE (Thun)	34	B 3
5028	Ueken AG (Frick)	28	C 3
8713	Uerikon ZH	30	B 5
4813	Uerkheim AG (Kölliken)	28	C 4
8501	Uerschhausen TG (Stammheim)	30	B 2

PLZ	Ort	Seite	Feld
8926	Uerzlikon ZH (Baar)	29	E 5
8124	Uessikon ZH (Forch)	30	B 4
8501	Uesslingen TG (Frauenfeld)	30	B 2
3138	Uetendorf BE	34	C 3
8707	Uetikon ZH	30	B 4
8731	Uetliburg b. Gommiswald SG (Uznach)	30	C 5
3043	Uettligen BE (Zollikofen)	34	B 1
5611	Uezwil AG (Sarmenstorf)	29	D 4
6253	Uffikon LU (Dagmersellen)	28	C 5
6153	Ufhusen LU (Hüswil)	28	B 5
8448	Uhwiesen ZH (Dachsen)	30	A 2
8142	Uitikon ZH (Uitikon-Waldegg)	29	E 4
9631	Ulisbach SG (Wattwil)	31	D 4
3211	Ulmiz FR (Gümmenen)	33	F 2
3988	Ulrichen VS	36	A 5
5222	Umiken AG (Brugg)	29	D 3
2863	Undervelier JU (Glovelier)	26	C 3
8439	Unter-Baldingen AG (Reckingen)	29	D 2
9602	Unter-Bazenheid SG (Bazenheid)	30	C 3
8865	Unter-Bilten GL (Bilten)	37	E 1
6314	Unterägeri ZG (Baar)	29	F 5
3857	Unterbach BE	35	E 3
3941	Unterbäch VS (Raron)	43	E 2
5224	Unterbözberg AG (Villnachern)	28	C 3
9033	Untereggen SG (Goldach)	31	E 3
5424	Unterehrendingen AG (Baden)	29	D 3
3941	Unterems VS (Turtmann)	43	E 2
5305	Unterendingen AG (Döttingen-Klingnau)	29	D 2
8103	Unterengstringen ZH (Schlieren)	29	E 3
5035	Unterentfelden AG	28	C 4
8335	Unterhittnau ZH (Pfäffikon)	30	B 4
8501	Unterhörstetten TG (Steckborn)	30	C 2
8842	Unteriberg SZ (Einsiedeln)	37	D 1
5726	Unterkulm AG	28	C 4
3614	Unterlangenegg BE (Steffisburg)	34	C 3
9303	Unterlöhren SG (Wittenbach)	31	E 3
8911	Unterlunkhofen AG (Bremgarten)	29	E 4
7499	Untermutten GR (Solis)	38	A 4
4571	Unterramsern SO (Büren z. Hof)	27	D 4
9231	Unterrindal SG (Bazenheid)	31	D 3
6461	Unterschächen UR (Altdorf)	36	C 3
8251	Unterschlatt TG (Schlatt)	30	B 2
8418	Unterschlatt ZH (Räterschen)	30	B 3
3800	Unterseen BE (Interlaken West)	35	D 4
5417	Untersiggenthal AG (Turgi)	29	D 3
8476	Unterstammheim ZH (Stammheim)	30	B 2
4916	Untersteckholz BE	27	F 3
3862	Unterstock BE (Innertkirchen)	35	F 4
8882	Unterterzen SG	37	F 1
7431	Unterschappina GR (Thusis)	38	A 4
7204	Untervaz GR	38	B 2
9657	Unterwasser SG (Nesslau-Neu St. Johann)	31	E 5
3981	Unterwasser VS (Oberwald)	36	A 5
7131	Uors (Lumnezia) GR (Ilanz)	37	F 4
8902	Urdorf ZH	29	E 4
7431	Urmein GR (Thusis)	38	A 4
9107	Urnäsch AR	31	D 4
4937	Ursenbach BE (Kleindietwil)	27	E 4
1411	Ursins VD (Yverdon)	33	D 4
6280	Urswil LU (Hochdorf)	29	D 5
1675	Ursy FR (Vauderens)	33	F 4
3322	Urtenen BE	34	B 1
8610	Uster ZH	30	B 4
3118	Uttigen BE	34	C 3
8592	Uttwil TG	31	E 2
3427	Utzenstorf BE	27	D 4
3068	Utzigen BE (Boll-Utzigen)	34	C 2
8730	Uznach SG	30	C 5
9240	Uzwil SG	31	D 3

V

PLZ	Ort	Seite	Feld
6833	Vacallo TI (Chiasso)	45	F 5
2724	Vacheries, Les JU (Les Breuleux)	26	B 3
7311	Vadura SG (Bad Ragaz)	38	A 2
9490	Vaduz FL (Schaan)	31	F 5
7199	Val (Somvix) GR (Somvix-Compadials)	37	D 4
1873	Val d'Illiez VS	41	E 4

Postal	Place	Page	Grid
7551	Val Sinestra GR (Scuol/Schuls-Tarasp)	39	F 3
2042	Valangin NE (Neuchâtel)	33	E 2
7553	Valatscha GR (Scuol/Schuls-Tarasp)	39	E 3
7077	Valbella (Vaz/Obervaz) GR (Tiefencastel)	38	B 3
6549	Valbella (Rossa) GR (Castione-Arbedo)	46	A 3
7531	Valchava GR (Zernez)	39	F 4
7132	Valè (Vals) GR (Ilanz)	37	E 4
7122	Valendas GR (Valendas-Sagogn)	37	F 3
7311	Valens SG (Bad Ragaz)	38	A 2
1931	Valettes, Les VS	42	A 4
1441	Valeyres-sous-Montagny VD	32	C 3
1351	Valeyres-sous-Rances VD (Orbe)	32	C 3
1411	Valeyres-sous-Ursins VD (Yverdon)	33	D 4
1581	Vallamand VD (Avenches)	33	F 2
1565	Valon FR (Domdidier)	33	E 3
1337	Vallorbe VD	32	B 4
7132	Vals-Camp GR (Ilanz)	37	E 4
7132	Vals-Platz GR (Ilanz)	37	E 4
1631	Valsainte, La FR (Broc Fabrique)	33	F 4
7299	Valzeina GR (Seewis-Valzeina)	38	B 2
1253	Vandœuvres GE (Genève)	40	B 4
7131	Vanescha GR (Ilanz)	37	E 4
3941	Varen VS (Leuk)	43	D 2
6777	Varenzo TI (Quinto)	36	C 5
7311	Vasön SG (Bad Ragaz)	38	A 2
7311	Vättis SG (Bad Ragaz)	38	A 2
1261	Vaud, Le VD (Arzier)	40	B 2
1675	Vauderens FR	33	E 4
2537	Vauffelin BE (Biel)	26	C 4
1411	Vaugondry VD (Grandson)	32	C 3
1349	Vaulion VD (Croy-Romainmôtier)	32	B 4
1627	Vaulruz FR	33	E 4
2028	Vaumarcus NE	33	D 3
2728	Vautenaivre JU (Goumois)	26	A 3
1111	Vaux-sur-Morges VD (Morges)	40	C 2
7099	Vaz/Obervaz GR (Solis)	38	B 4
3067	Vechigen BE	34	C 2
7451	Veduta, La GR (St. Moritz)	47	D 3
6549	Vellano TI (Giubiasco)	45	F 3
2764	Vellerat BE (Courrendlin)	26	C 3
5106	Veltheim AG (Schinznach Dorf)	28	C 3
2943	Vendlincourt JU	26	B 2
1933	Vens VS (Sembrancher)	42	B 4
3961	Venthône VS (Sierre/Siders)	43	D 2
1936	Verbier VS (Le Châble)	42	B 3
3961	Vercorin VS (Sierre/Siders)	43	D 2
6549	Verdabbio GR (Castione-Arbedo)	46	A 4
6651	Verdasio TI	45	D 3
6611	Vergeletto TI (Ponte Brolla)	45	D 3
3962	Vermala (Montana) VS (Montana-Vermala)	43	D 2
2801	Vermes JU (Roches BE)	27	D 3
8888	Vermol SG (Mels)	38	A 1
1961	Vernamiège VS (Sion)	42	C 3
1904	Vernayaz VS	42	A 3
2028	Vernéaz NE (Vaumarcus)	33	D 3
1214	Vernier GE (Vernier-Meyrin)	40	A 4
1891	Vérossaz VS (St-Maurice)	42	A 3
1624	Verrerie, La FR	33	E 5
2126	Verrières, Les NE	32	C 2
1341	Vers-chez-Aaron VD (Sentier-Orient)	32	B 4
1341	Vers-chez-Grosjean VD (Sentier-Orient)	32	B 4
1864	Vers l'Eglise VD	42	B 2
7104	Versam GR (Versam-Safien)	37	F 3
6653	Verscio TI	45	D 3
1931	Versegères VS (Le Châble)	42	B 4
1290	Versoix GE	40	B 4
1852	Versvey VD (Roche VD)	42	A 2
1222	Vésenaz GE (Genève)	40	B 4
1482	Vesin FR (Cugy FR)	33	E 3
1963	Vétroz VS (Ardon)	42	B 3
1800	Vevey VD	41	E 2
1961	Vex VS (Sion)	42	C 3
1255	Veyrier GE (Genève)	40	B 4
1961	Veysonnaz VS (Sion)	42	C 3
1820	Veytaux-Chillon VD	41	F 3
6943	Vezia TI (Lugano)	45	E 4
6911	Vezio TI (Taverne-Torricella)	45	E 4
7743	Viano GR (Brusio)	47	F 4
1267	Vich VD (Gland)	40	B 2
1931	Vichères, Les VS (Orsières)	42	B 4
6911	Vico Morcote TI (Melide)	45	E 5
7649	Vicosoprano GR (St. Moritz)	46	C 4
2824	Vicques JU (Delémont)	27	D 2
3075	Vielbringen BE (Rüfenacht)	34	B 2
7131	Vigens GR (Ilanz)	37	E 4
2063	Vilars NE (Neuchâtel)	33	E 1
6781	Villa (Bedretto TI) TI (Airolo)	36	B 5
7131	Villa GR (Ilanz)	37	E 4
1961	Villa (Evolène) VS (Sion)	43	D 3
1678	Villaraboud FR (Vuisternens-devant-Romont)	33	E 4
1678	Villaranon FR (Siviriez)	33	E 4
1631	Villarbeney FR (Broc-Fabrique)	33	F 4
1580	Villarepos FR (Avenches)	33	E 4
1411	Villaret VD (Ependes)	32	C 4
1681	Villargiroud FR (Villaz-St-Pierre)	33	E 4
1681	Villariaz FR (Vuisternens-devant-Romont)	33	E 4
1751	Villarimboud FR (Villaz-St-Pierre)	33	E 4
1681	Villarlod FR (Cottens)	33	E 4
1148	Villars-Bozon VD	32	B 4
1531	Villars-Bramard VD (Romont)	33	E 4
1411	Villars-Burquin VD (Grandson)	32	C 3
1411	Villars-Epeney VD (Yverdon)	33	D 3
1304	Villars-Lussery VD (Eclépens)	32	C 4
1099	Villars-Mendraz VD (Moudon)	33	D 4
1099	Villars-Tiercelin VD (Lausanne)	33	D 4
1511	Villars-le-Comte VD (Lucens)	33	D 4
1581	Villars-le-Grand VD (Avenches)	33	E 2
1041	Villars-le-Terroir VD (Lausanne)	32	C 4
1666	Villars-sous-Mont FR (Grandvillard)	33	F 5
1141	Villars-sous-Yens VD (Yens)	40	C 2
1030	Villars-Ste-Croix VD (Bussigny)	41	D 1
2901	Villars-sur-Fontenais JU (Porrentruy)	26	B 2
1752	Villars-sur-Glâne FR	33	F 3
1884	Villars-sur-Ollon VD	42	A 2
1751	Villarsel-le-Gibloux FR (Cottens)	33	E 4
1723	Villarsel-sur-Marly FR (Fribourg)	33	F 3
1681	Villarsiviriaux FR (Villaz-St-Pierre)	33	E 4
1631	Villarvolard FR (Broc Fabrique)	33	F 4
1531	Villarzel VD (Granges-Marnand)	33	E 4
1758	Villaz-St-Pierre FR	33	E 4
1523	Villeneuve FR (Granges-Marnand)	33	E 4
1844	Villeneuve VD	41	F 3
2613	Villeret BE	26	B 4
1096	Villette (Lavaux) VD	41	D 2
2057	Villiers NE (Les Hauts-Geneveys)	33	E 1
5234	Villigen AG (Siggenthal-Würenlingen)	29	D 2
5612	Villmergen AG	29	D 4
5213	Villnachern AG	28	C 3
7324	Vilters SG (Sargans)	38	A 1
7551	Vinadi GR (Scuol/Schuls-Tarasp)	39	F 2
1181	Vincy VD (Grilly-Bursinel)	40	B 2
3249	Vinelz BE (Ins)	26	B 5
1181	Vinzel VD (Gilly-Bursinel)	40	B 2
1891	Vionnaz VS	41	E 3
6574	Vira (Gambarogno) TI (Magadino-Vira)	45	E 3
6849	Vira (Mezzovico) TI (Rivera-Bironico)	45	E 1
6675	Visletto TI (Ponte Brolla)	45	D 2
3930	Visp VS	43	F 2
3931	Visperterminen VS (Visp)	43	F 2
3961	Vissoie VS (Sierre)	43	D 3
6354	Vitznau LU	36	B 2
7551	Vnà GR (Scuol/Schuls-Tarasp)	39	F 3
6611	Vogorno TI (Tenero)	45	E 3
8451	Volken ZH (Andelfingen)	30	A 2
8604	Volketswil ZH (Schwerzenbach ZH)	30	B 4
1931	Vollèges VS (Sembrancher)	42	B 4
2800	Vorbourg JU (Delémont)	26	C 2
4803	Vordemwald AG (Zofingen)	28	B 4
3099	Vorderfultigen BE (Hinterfultigen)	34	B 3
8857	Vorderthal SZ (Siebnen-Wangen)	37	D 1
3257	Vorimholz BE (Suberg-Grossaffoltern)	27	D 4
1482	Vounaise, La FR (Cheyres)	33	D 3
1896	Vouvry VS	41	E 3
2149	Vraconnaz, La VD (Ste-Croix)	32	C 3
7131	Vrin GR (Ilanz)	37	E 4
1628	Vuadens FR	33	E 4
1675	Vuarmarens FR (Vauderens)	33	E 4
1411	Vuarrengel VD (Yverdon)	33	D 4
1411	Vuarrens VD (Yverdon)	33	D 4
1099	Vucherens VD (Moudon)	33	D 4
1302	Vufflens-la-Ville VD	41	D 1
1141	Vufflens-le-Château VD	40	C 2
1411	Vugelles VD (Vuitebœuf)	32	C 3
1599	Vuibroye VD (Châtillens)	33	D 5
1631	Vuippens FR (Bulle)	33	F 4
1482	Vuissens FR (Yvonand)	33	D 4
1687	Vuisternens-devant-Romont FR	33	E 4
1681	Vuisternens-en-Ogoz FR (Bulle)	33	F 4
1445	Vuitebœuf VD	32	C 3
1099	Vulliens VD (Ecublens-Rue)	33	D 4
1111	Vullierens VD (Vufflens-la-Ville)	40	C 1
7552	Vulpera GR (Scuol/Schuls-Tarasp)	39	E 3

W

Postal	Place	Page	Grid
8842	Waag SZ (Einsiedeln)	37	D 1
3084	Wabern BE	34	B 2
3611	Wachseldorn BE (Steffisburg)	34	C 3
8501	Wäckingen TG (Warth)	30	C 2
8820	Wädenswil ZH	29	F 5
8646	Wagen SG (Schmerikon)	30	C 5
8260	Wagenhausen TG (Stein am Rhein)	30	B 2
8557	Wagerswil TG (Märstetten)	30	C 2
4249	Wahlen b. Laufen BE (Laufen)	27	D 2
3046	Wahlendorf BE (Schüpfen)	34	A 1
3150	Wahlern BE (Schwarzenburg)	34	A 3
6318	Walchwil ZG	36	B 1
9044	Wald AR (Trogen)	31	F 3
8636	Wald ZH	30	C 4
5047	Walde AG (Schöftland)	28	C 4
8731	Walde SG (Uznach)	30	C 4
4437	Waldenburg BL	27	E 2
5624	Waldhäusern AG (Boswil-Bünzen)	29	D 4
8561	Wäldi TG (Tägerwilen)	30	C 2
9205	Waldkirch SG (Hauptwil)	31	E 3
3765	Waldried BE (Oberwil im Simmental)	34	B 4
9104	Waldstatt AR	31	D 4
8880	Walenstadt SG	37	F 1
8881	Walenstadtberg SG (Walenstadt)	37	F 1
3512	Walkringen BE	34	C 2
4323	Wallbach AG (Mumpf)	28	B 2
3206	Wallenbuch FR (Gümmenen)	34	A 2
1784	Wallenried FR (Courtepin)	33	F 3
5636	Wallenschwil AG (Benzenschwil)	29	D 4
8360	Wallenwil TG (Eschlikon)	30	C 3
8304	Wallisellen ZH	29	F 3
4705	Walliswil b. Niederbipp BE (Wangen an der Aare)	27	E 3
4705	Walliswil b. Wangen BE (Wangen an der Aare)	27	E 3
3272	Walperswil BE (Aarberg)	26	C 5
8479	Waltalingen ZH (Stammheim)	30	B 2
7199	Waltensburg/Vuorz GR	37	E 3
5622	Waltenschwil AG	29	D 4
8418	Waltenstein ZH (Räterschen)	30	B 3
4931	Walterswil BE (Dürrenroth)	27	E 4
5746	Walterswil SO (Walterswil-Striegel)	28	B 4
8126	Waltikon ZH	29	F 4
9428	Walzenhausen AR	31	F 3
8855	Wangen SZ (Siebnen-Wangen)	30	C 5
4705	Wangen an der Aare BE	27	E 3
8602	Wangen b. Dübendorf ZH (Dübendorf)	29	F 3
4612	Wangen b. Olten SO	27	F 2
3361	Wangenried BE (Wangen an der Aare)	27	E 3

PLZ	Ort	Seite	Feld
9545	Wängi TG	30	C 3
7323	Wangs SG (Sargans)	38	A 1
3361	Wanzwil BE (Herzogenbuchsee)	27	E 4
8344	Wappenswil ZH (Bäretswil)	30	C 4
9476	Wartau SG (Weite-Wartau)	38	A 1
8501	Warth TG (Frauenfeld)	30	B 2
3457	Wasen im Emmental BE	27	F 5
6484	Wassen UR	36	B 4
9057	Wasserauen AI	31	E 4
8194	Wasterkingen ZH (Hüntwangen-Wil)	29	E 2
8105	Watt ZH (Regensdorf-Watt)	29	E 3
3135	Wattenwil BE (Burgistein-Wattenwil)	34	B 3
3076	Wattenwil b. Worb BE (Worb)	34	C 2
6484	Wattingen UR (Wassen)	36	C 4
9630	Wattwil SG	31	D 4
6242	Wauwil LU	28	C 5
8570	Weerswilen TG (Kehlhof Weinfelden)	31	D 2
8872	Weesen SG	37	E 1
4317	Wegenstetten AG (Gelterkinden)	28	B 3
6353	Weggis LU	36	B 1
8842	Weglosen SZ (Einsiedeln)	37	D 2
8433	Weiach ZH (Weiach-Kaiserstuhl)	29	E 2
3451	Weier im Emmental BE (Affoltern-Weier)	27	E 5
8570	Weinfelden TG	31	D 2
9501	Weingarten TG (Matzingen)	30	C 3
8501	Weiningen TG (Frauenfeld)	30	C 2
8104	Weiningen ZH (Dietikon)	29	E 3
9057	Weissbad AI	31	E 4
5630	Weissenbach AG (Muri AG)	29	D 4
3767	Weissenbach BE	34	B 4
3764	Weissenburg BE	34	B 4
8484	Weisslingen ZH (Illnau)	30	B 3
7321	Weisstannen SG (Mels)	38	A 2
9476	Weite SG (Weite-Wartau)	38	A 1
8552	Wellhausen TG (Felben-Wellhausen)	30	C 2
4716	Welschenrohr SO (Gänsbrunnen)	27	D 3
8474	Welsikon ZH (Dinhard)	30	B 2
3823	Wengen BE	35	D 4
3251	Wengi b. Büren BE (Büren an der Aare)	27	D 4
3711	Wengi b. Frutigen BE	34	C 4
1715	Wengliswil FR (Düdingen)	34	A 3
4493	Wenslingen BL (Tecknau)	27	F 2
9470	Werdenberg SG (Buchs SG)	31	E 5
3273	Werdthof BE (Aarberg)	26	C 4
7431	Wergenstein GR (Thusis)	46	B 2
3903	Weritzalp VS (Wiler)	43	E 1
8611	Wermatswil ZH (Uster)	30	B 4
8340	Wernetshausen ZH (Hinwil)	30	B 4
6106	Werthenstein LU	35	E 1
5430	Wettingen AG	29	D 3
8907	Wettswil ZH (Bonstetten-Wettswil)	29	E 4
8531	Wetzikon TG (Tobel-Affeltrangen)	30	C 3
8620	Wetzikon ZH	30	B 4
8704	Wetzwil ZH (Herrliberg-Feldmeilen)	29	F 4
6231	Wetzwil LU (Rickenbach)	28	C 5
8967	Widen AG (Berikon-Widen)	29	D 4
9443	Widnau SG (Heerbrugg)	31	F 3
4537	Wiedlisbach BE	27	E 3
9405	Wienacht-Tobel AR	31	F 3
3255	Wierezwil BE (Schüpfen)	27	D 5
7499	Wiesen GR	38	C 4
6383	Wiesenberg NW (Dallenwil)	36	A 2
8542	Wiesendangen ZH	30	B 3
8262	Wiesholz SH (Ramsen)	30	B 1
8371	Wiezikon b. Sirnach TG (Sirnach)	30	C 3
9621	Wigetshof SG (Dietfurt)	31	D 4
6192	Wiggen LU	35	D 2
5637	Wiggwil AG (Benzenschwil)	29	D 5
8556	Wigoltingen TG (Müllheim-Wigoltingen)	30	C 2
3512	Wikartswil BE (Walkringen)	34	C 2
4806	Wikon LU (Brittnau-Wikon)	28	C 4
9500	Wil SG	30	C 3
8196	Wil ZH (Hüntwangen–Wil)	29	E 2
4349	Wil b. Etzgen AG (Etzgen)	28	C 2
8492	Wila ZH	30	B 3
8217	Wilchingen SH (Wilchingen-Hallau)	29	E 1
8321	Wildberg ZH (Turbenthal)	30	B 3
5103	Wildegg AG	28	C 3
8461	Wildensbuch ZH (Marthalen)	30	A 2
3812	Wilderswil BE	35	D 4
9658	Wildhaus SG (Nesslau-Neu St. Johann)	31	E 5
8502	Wilen TG (Herdern)	30	C 2
6062	Wilen (Sarnen) OW (Sarnen)	36	A 3
8501	Wilen b. Neunforn TG (Stammheim)	30	B 2
9535	Wilen b. Wil TG (Wil SG)	30	B 3
8427	Wiler ZH (Eglisau)	29	E 2
8414	Wiler ZH (Eglisau)	29	F 2
3862	Wiler (Innertkirchen) BE (Innertkirchen)	35	F 3
3903	Wiler (Lötschen) VS (Goppenstein)	43	E 1
6482	Wiler b. Gurtnellen UR (Gurtnellen)	36	C 4
3251	Wiler b. Seedorf BE (Aarberg)	26	C 5
3428	Wiler b. Utzenstorf BE (Wiler)	27	D 4
1714	Wiler vor Holz FR (Schmitten)	34	A 3
3249	Wileroltigen BE (Kerzers)	34	A 2
6261	Wiliberg AG (Reiden)	28	C 4
6234	Wilihof LU (Triengen-Winikon)	28	C 5
3425	Willadingen BE (Gerlafingen)	27	E 4
8841	Willerzell SZ (Einsiedeln)	36	C 1
3860	Willigen BE (Meiringen)	35	F 3
6130	Willisau LU	28	C 5
3752	Wimmis BE	34	C 4
9307	Winden TG (Häggenschwil-Winden)	31	E 3
5200	Windisch AG (Brugg)	29	D 3
8175	Windlach ZH (Zweidlen)	29	E 2
6235	Winikon LU (Triengen-Winikon)	28	C 5
6048	Winkel (Horw) LU (Horw)	36	A 2
8185	Winkel b. Bülach ZH (Bülach)	30	A 3
9015	Winkeln SG (St. Gallen Winkeln)	31	E 3
8311	Winterberg ZH (Kemptthal)	30	B 3
5637	Winterschwil AG (Benzenschwil)	29	D 4
4451	Wintersingen BL (Sissach)	27	F 1
8400	Winterthur ZH	30	B 3
8405	Winterthur-Seen ZH	30	B 3
8406	Winterthur-Töss ZH	30	B 3
8408	Winterthur-Wülflingen ZH	30	B 3
4652	Winznau SO (Olten)	27	F 2
4699	Wisen SO (Läufelfingen)	27	F 2
8439	Wislikofen AG (Rümikon-Mellikon)	29	D 2
6064	Wisserlen OW (Sarnen)	36	A 2
9303	Wittenbach SG	31	E 3
9545	Wittenwil TG (Wängi)	30	C 3
4108	Witterswil SO	27	D 1
4443	Wittinsburg BL (Sommerau)	27	F 2
5265	Wittnau AG (Frick)	28	B 3
5052	Wittwil AG (Schöftland)	28	C 4
3236	Witzwil BE (Gampelen)	26	B 5
5610	Wohlen AG	29	D 4
3033	Wohlen b. Bern BE (Bern Bümpliz Nord)	34	A 2
5512	Wohlenschwil AG (Mägenwil)	29	D 3
6386	Wolfenschiessen NW	36	B 2
9116	Wolfertswil SG (Flawil)	31	D 4
7299	Wolfgang GR (Davos Wolfgang)	38	C 3
9427	Wolfhalden AR (Rheineck)	31	F 3
8633	Wolfhausen ZH (Bubikon)	30	B 5
8531	Wolfikon TG (Lustdorf)	30	C 2
4704	Wolfisberg BE (Niederbipp)	27	E 3
5266	Wölflinswil AG (Frick)	28	C 3
4855	Wolfwil SO (Murgenthal)	27	F 3
6110	Wolhusen LU	35	E 1
8832	Wollerau SZ	30	B 5
3076	Worb BE	34	C 2
3252	Worben BE (Lyss)	26	C 4
3048	Worblaufen BE	34	B 1
3184	Wünnewil FR	34	A 2
9501	Wuppenau TG (Wil)	31	D 3
5303	Würenlingen AG (Siggenthal-Würenlingen)	29	D 2
8116	Würenlos AG	29	D 3
8715	Würmsbach SG (Schmerikon)	30	B 5
3538	Würzbrunnen BE (Signau)	34	C 2
6008	Würzenbach LU (Luzern)	36	A 1
6022	Wüschiwil LU (Willisau)	35	E 1
4858	Wynau BE (Roggwil-Wynau)	27	F 3
3352	Wynigen BE	27	E 4
4954	Wyssachen BE (Huttwil)	27	F 4
4934	Wyssbach BE (Madiswil)	27	F 4

Y

PLZ	Ort	Seite	Feld
1141	Yens VD	40	C 2
1400	Yverdon VD	33	D 3
1462	Yvonand VD	33	D 3
1853	Yvorne VD	42	A 2

Z

PLZ	Ort	Seite	Feld
3349	Zauggenried BE (Fraubrunnen)	27	D 4
3532	Zäziwil BE	34	C 2
4495	Zeglingen BL (Tecknau)	27	F 2
5256	Zeihen AG (Effingen)	28	C 3
4314	Zeiningen AG (Möhlin)	28	B 2
6144	Zell LU	28	B 5
8487	Zell ZH (Rämismühle-Zell)	30	B 3
1724	Zenauva FR (Fribourg)	33	F 4
3931	Zeneggen VS (Visp)	43	E 2
3920	Zermatt VS	43	E 4
7530	Zernez GR	39	D 4
5732	Zetzwil AG	28	C 4
9556	Zezikon TG (Tobel-Affeltrangen)	30	C 3
4417	Ziefen BL (Bubendorf)	27	E 2
8866	Ziegelbrücke GL	37	E 1
3054	Ziegelried BE (Schüpfen)	26	C 5
7199	Zignau GR (Trun)	37	E 4
8581	Zihlschlacht TG (Oberaach)	31	D 3
7431	Zillis GR (Thusis)	46	C 2
3255	Zimlisberg BE (Schüpfen)	27	D 4
3086	Zimmerwald BE (Kehrsatz)	34	B 2
3961	Zinal VS (Sierre/Siders)	43	D 3
7205	Zizers GR	38	B 2
3920	Zmutt VS (Zermatt)	43	E 4
4800	Zofingen AG	28	B 4
3436	Zollbrück BE	27	E 5
1711	Zollhaus FR (Plaffeien)	34	A 3
8125	Zollikerberg ZH	29	F 4
3052	Zollikofen BE	34	B 1
8702	Zollikon ZH	29	F 4
7099	Zorten GR (Solis)	38	B 4
8585	Zuben TG (Altnau)	31	D 2
9523	Züberwangen SG (Wil)	31	D 3
4528	Zuchwil SO (Solothurn)	27	D 4
9501	Zuckenriet SG (Uzwil)	31	D 3
5620	Zufikon AG	29	D 4
6300	Zug ZG	29	E 5
4249	Zullwil SO (Laufen)	27	E 2
8126	Zumikon ZH	29	F 4
8353	Zünikon ZH (Elgg)	30	B 3
4455	Zunzgen BL (Sissach)	27	F 2
7551	Zuort GR (Vnà)	39	F 2
7524	Zuoz GR	47	E 2
8636	Zürcher Heilstätte (Wald) ZH (Wald)	30	C 4
9106	Zürchersmühle AR	31	E 4
8000	Zürich ZH	29	E 4
8046	Zürich-Affoltern ZH	29	E 3
8047	Zürich-Albisrieden ZH (Zürich)	29	E 3
8048	Zürich-Altstetten ZH	29	E 3
8049	Zürich-Höngg ZH (Zürich-Altstetten)	29	E 3
8050	Zürich-Oerlikon ZH	29	F 3
8051	Zürich-Schwamendingen ZH (Zürich-Oerlikon)	29	F 3
8052	Zürich-Seebach ZH	29	E 3
8036	Zürich Wiedikon ZH	30	A 4
8053	Zürich-Witikon ZH (Zürich)	29	F 4
8038	Zürich-Wollishofen ZH	29	E 4
8437	Zurzach AG	29	D 2
4315	Zuzgen AG (Mumpf)	28	B 2
3349	Zuzwil BE (Jegenstorf)	27	D 5
9524	Zuzwil SG (Wil)	31	D 3
8432	Zweidlen ZH	29	E 2
3815	Zweilütschinen BE	35	D 4
3770	Zweisimmen BE	34	B 5
3645	Zwieselberg BE (Gwatt)	34	C 3
8910	Zwillikon ZH (Hedingen)	29	E 4
4222	Zwingen BE	27	D 2
3901	Zwischbergen VS (Iselle Ital.)	44	A 3
3753	Zwischenflüh BE (Oey-Diemtigen)	34	B 4

DESCRIPTIONS DE RANDONNÉES PÉDESTRES

avec vues panoramiques

Les points de départ des randonnées pédestres

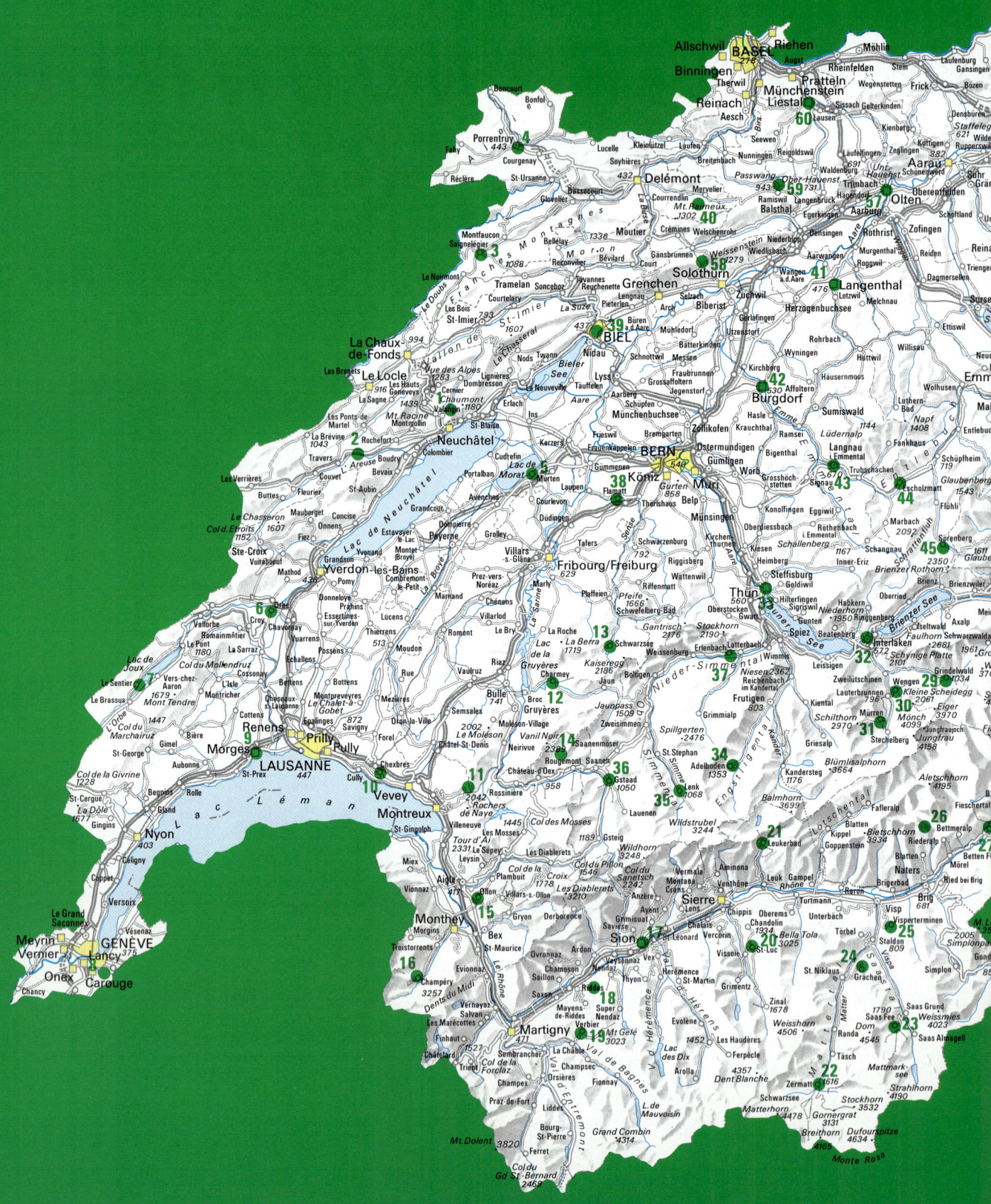

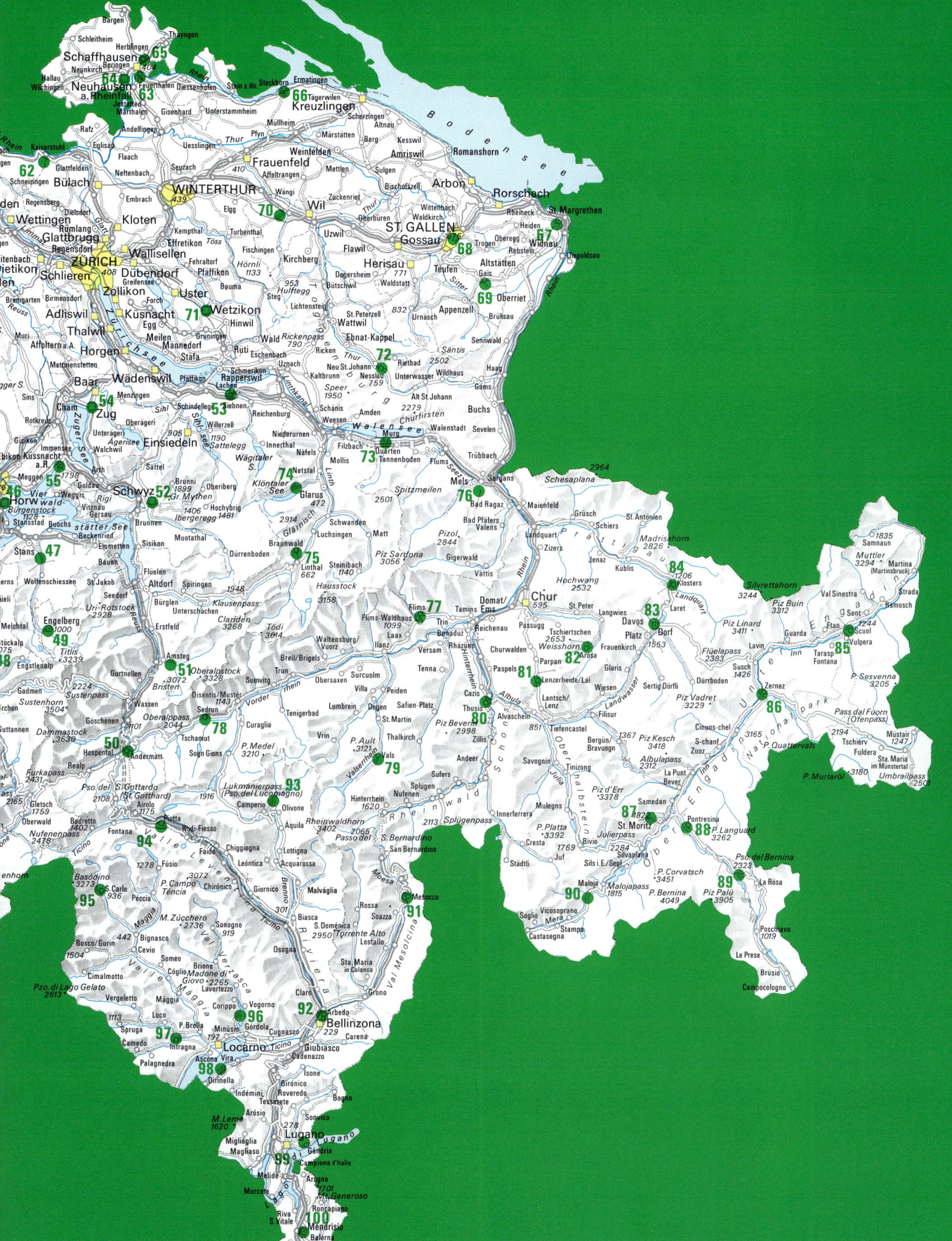

Fenin–Chaumont–Savagnier–Fenin

Randonnée jurassienne dans un terrain bien exposé

Neuchâtel, la ville que des voyageurs de l'époque romantique ont comparée à Naples, grâce à sa situation unique, est associée dans cette randonnée à son «Vésuve», le Chaumont, qui procure quelques points de vue extraordinaires sur le Plateau suisse et les Alpes.

Route		Altitude	Temps
1	Fenin 🚌	756 m	—
2	Pré Louiset	1060 m	1 h
3	Château Bleu	1065 m	1 h 20
4	Chaumont/station montagne 🚞	1087 m	1 h 35
5	Chaumont/Signal	1171 m	2 h
6	Les Trois Cheminées	1112 m	2 h 40
7	Grand Savagnier/bif.	822 m	3 h.30
8	Saules/bif.	825 m	3 h 45
9	Vilars/bif.	795 m	4 h
10	Fenin 🚌	765 m	4 h 15

Chaumont, la montagne neuchâteloise bien connue, propose toute une gamme variée de randonnées. Voici une promenade circulaire pour automobilistes qui peuvent ainsi revenir à leur point de départ. On monte du centre de la ville à la gare et par l'Hôpital des Cadolles à **Fenin**, où il est facile de parquer son véhicule au centre du village ou à l'écart du château, sur la route de Vilars.

En face de *l'Auberge du Chasseur*, notre itinéraire commence à travers le village, jusqu'à l'orée de la forêt, puis sur un chemin campagnard, montant légèrement à droite à travers la *Forêt de Fenin*. Après 1,5 km environ, le chemin forestier décrit un angle à gauche et nous conduit en une quinzaine de minutes à la grande clairière du **Pré Louiset.** On continue à droite, en longeant une petite route qui à l'altitude presque constante de 1050 m se prolonge jusqu'à la station supérieure du funiculaire. On aperçoit en cours de route un imposant bloc erratique et on atteint, plus loin, le **Château Bleu** avec la belle ferme qui en fait partie. A travers les pâturages et en lisière de forêt, nous arrivons à la grande route qui conduit à la station supérieure du **Funiculaire de Chaumont** (TN) et sur le haut de la montagne.

Panorama des Alpes unique

A cet endroit, il vaut la peine de faire un écart à la *Tour Belvédère*, toute proche de la station: on a de là un merveilleux coup d'œil panoramique sur le Plateau suisse et les Alpes.

A très courte distance, nous quittons de nouveau la route et montons à

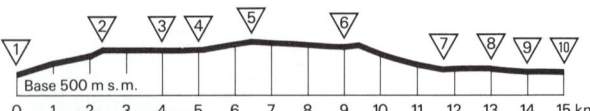

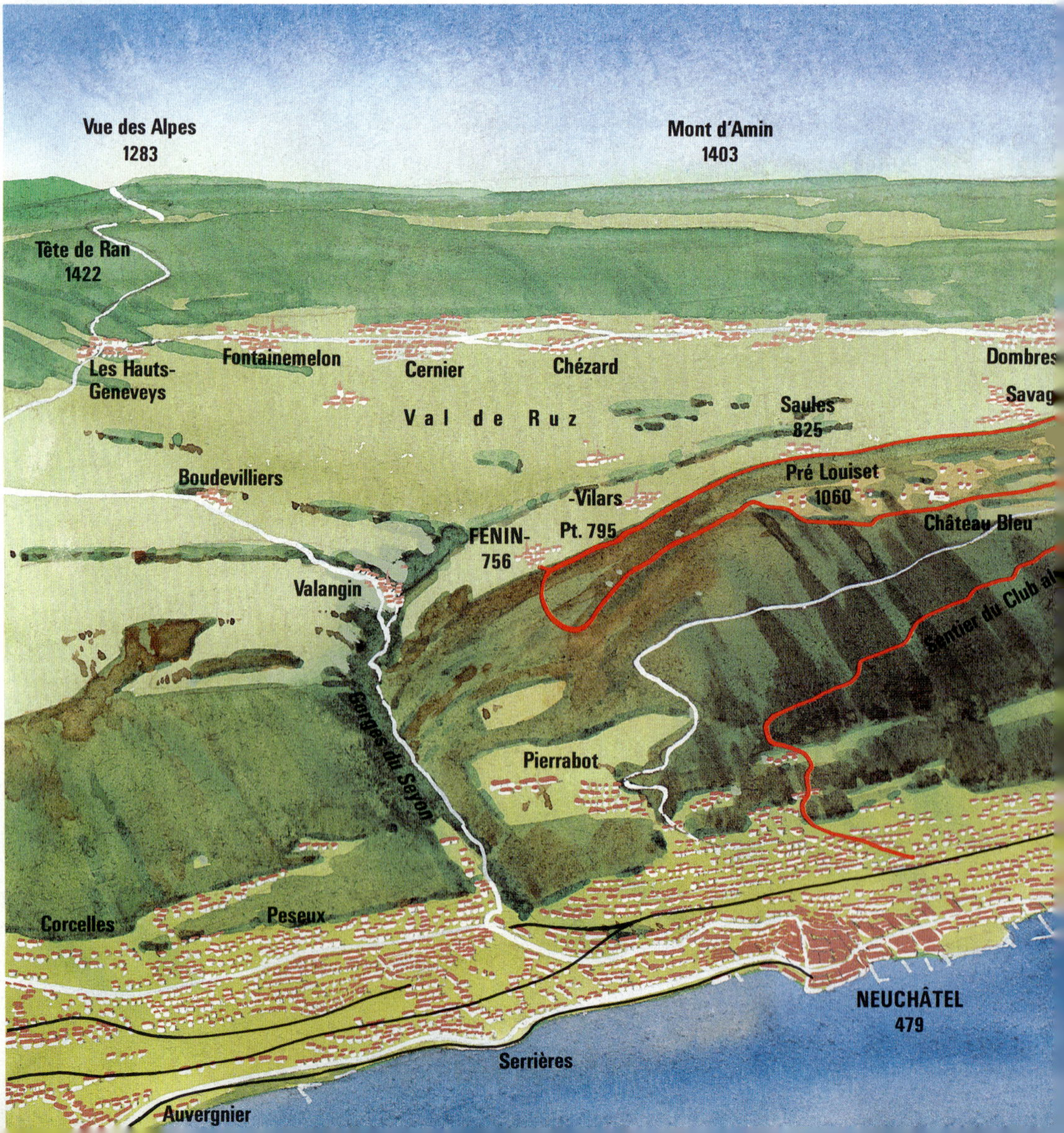

gauche, en décrivant une large courbe, à travers une allée plantée d'érables, jusqu'au Grand Hôtel restauré.
Sur le **Chemin du Signal**, nous cheminons à travers une zone de maisons de vacances semblable à un parc: de prés en forêts, nous rejoignons le plus haut point de notre randonnée, à 1171 m d'altitude. Le chemin redescend en direction de la route, sur laquelle nous passons à proximité de l'Hôtel Vieux Bois et du Centre de vacances de la ville de Berne, «La Forêt». Peu après, l'itinéraire oblique à droite sur le Chemin du Réservoir et s'étire, parfois peu visible, le long de la pente sud-est jusqu'à la ferme des **Trois Cheminées**. A cet endroit, il s'élève à gauche en montant vers les maisons de *Chaumont de Bosset*. Les indicateurs jaunes montrent au promeneur la descente sur la route dans la *Forêt de Savagnier*, à travers laquelle – après le premier virage et la bifurcation sur l'ancien chemin pentu – nous descendons jusqu'à la route au sud de Savagnier. Le chemin, à partir de là, longe la lisière de forêt jusqu'au retour à **Fenin**. Au cours de l'excursion, nous découvrons à diverses reprises des points de vue dégagés sur le *Val de Ruz* et ses villages. Au loin, le *Mont d'Amin* et à gauche *Tête de Ran.* On aperçoit distinctement l'échancrure de la *Vue des Alpes,* par laquelle passe la route de Neuchâtel à La Chaux-de-Fonds.

Bifurcation
Chaumont 🚠–Neuchâtel
🚌 🚋 ⛴ 1 h 40
(Sentier du Club alpin)

Carte d'excursions pédestres
Chasseral–Neuchâtel–Val de Travers–Ste-Croix

Guide pédestre
Pays de Neuchâtel

Lac de Neuchâtel

🚡 Si on parcourt l'itinéraire dans l'autre sens, il est préférable de marcher jusqu'à la station supérieure de Chaumont et de descendre à Neuchâtel par le funiculaire.

🚡 A Neuchâtel, un funiculaire urbain conduit de la halte Ecluse (trolleybus n° 3 pour Cormondrèche) jusqu'au Plan, point de vue situé au-dessus de la vieille ville.

 Les nombreuses collections d'histoire, art et sciences montrent l'engagement intensif de Neuchâtel dans le domaine culturel. Le Musée d'ethnographie – un des premiers du genre en Suisse – attire de nombreux visiteurs du monde entier par ses collections uniques, par exemple sur l'Afrique et l'Océanie. Le Musée d'art et d'histoire, au Quai Léopold-Robert, proche du port, contient d'abondantes collections historiques sur le passé du canton et offre un panorama pour ainsi dire complet des peintres de la région. Le Musée cantonal d'archéologie et le Musée d'histoire naturelle possèdent également des collections captivantes.

Chaumont: La montagne familière et aimée des Neuchâtelois est une partie des premiers plissements jurassiens les plus au sud. Elle se prolonge à la lisière nord du Val-de-Ruz par le Chasseron, la chaîne du Chasseron et au nord-est par le massif du Chasseral. Les hauteurs de Chaumont sont facilement accessibles par funiculaire et par route, ce qui fait de cette montagne un but d'excursions et de séjour très fréquenté.

🏰 Le cœur de la cité est parsemé de joyaux architecturaux: Maison des Halles, prestigieux bâtiment style Renaissance, flanqué de tours angulaires et avec frise sculptée (1569–1575), Château des 12e/13e siècles, avec sa remarquable façade romane décorée, Collégiale, dont le chœur contient le cénotaphe, commencé en 1373, impressionnante sépulture des comtes de Neuchâtel.

Neuchâtel, capitale du canton, s'étend du plus grand des lacs jurassiens aux pentes boisées de Chaumont. Le visiteur est déjà fasciné, au bord même du lac, en musardant sur les quais, par la vue lointaine sur la chaîne des Alpes, du Mont-Blanc et des montagnes savoyardes jusqu'au Säntis. Les nombreux édifices bâtis dans le calcaire jaune des environs permettent de se faire une image de la cité au temps des princes et des seigneurs.
La ville de Neuchâtel est un centre de communications important, mais surtout, depuis toujours ville d'études, de recherches et d'industrie. La tradition est maintenue par l'Université, le Technicum, de nombreuses écoles commerciales et professionnelles. Neuchâtel a une tradition historique de premier plan. Les trouvailles lacustres, habitations sur pilotis de La Tène qui ont donné leur nom au premier âge du fer, sont réputées. Neuchâtel a été ensuite établissement helvète, puis cité romaine. Au 11e siècle, elle appartenait au Royaume de Bourgogne. Elle a été tour à tour cité des comtes de Neuchâtel, Principauté de Prusse (1707), française (1806), et de nouveau prussienne, avant de devenir canton suisse en 1815.

Randonnée en montagne autour du cirque naturel du Creux-du-Van. L'itinéraire se déroule dans un cadre fascinant, une fracture unique dans la chaîne montagneuse jurassienne. On découvre également au loin la plus grande tourbière bombée de Suisse, dans la vallée des Ponts-de-Martel.

Noiraigue–Le Soliat/Creux-du-Van–Noiraigue

Route	Altitude	Temps
1 Noiraigue	729 m	—
2 Les Œuillons	1014 m	1 h
3 Le Soliat	1465 m	2 h 30
4 Sentier du Single	1400 m	2 h 45
5 Fontaine Froide	1126 m	3 h 25
6 Ferme Robert	972 m	3 h 50
7 Noiraigue	729 m	4 h 25

De la gare de **Noiraigue**, il faut longer la voie ferrée jusqu'au passage à niveau, le franchir, comme aussi plus loin le cours de l'Areuse qui s'écoule dans l'étroit passage de ses gorges. Après la ferme *Vers chez Joly*, on quitte la route, en obliquant à droite au coin de la forêt. Les chemins de randonnée se séparent à cet endroit, à gauche vers la Ferme Robert, à droite vers Les Œuillons, direction que nous choisissons. Nous montons le long d'un bon chemin carrossable mais escarpé, à travers la forêt du Cernil et du Rochat, jusque sur les hauteurs à l'auberge de montagne **Les Œuillons**. Le *«Sentier des 14 contours»* conduit vraiment en quatorze boucles et lacets, très abruptement, sur les hauteurs où se rencontrent la crête du Dos d'Ane et les créneaux rocheux du *Creux-du-Van*. Le premier regard dans ce véritable cirque rocheux, dont les parois verticales atteignent presque 200 m de hauteur, est impressionnant: c'est une gigantesque arène de pierre! A droite dans la profondeur, au milieu du vaste pâturage jurassien, on aperçoit l'auberge de *La Ferme du Soliat*.

Du cirque rocheux à la Ferme Robert

L'itinéraire se prolonge sur le chemin qui mène au «sommet», moins difficile, mais qui exige néanmoins attention et prudence, surtout si l'on choisit le tracé qui se déroule de l'autre côté du mur de pierres sèches, à certains endroits très proches du précipice. Tout au long de la crête qui borde le Creux-du-Van, le regard plonge sur les gorges boisées de l'Areuse, au nord dans le lointain sur la plus grande tourbière bombée de Suisse, la vallée des *Ponts-de-Martel*, le Val-de-Ruz, les hauteurs de Chau-

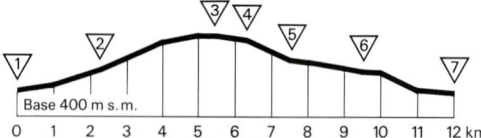

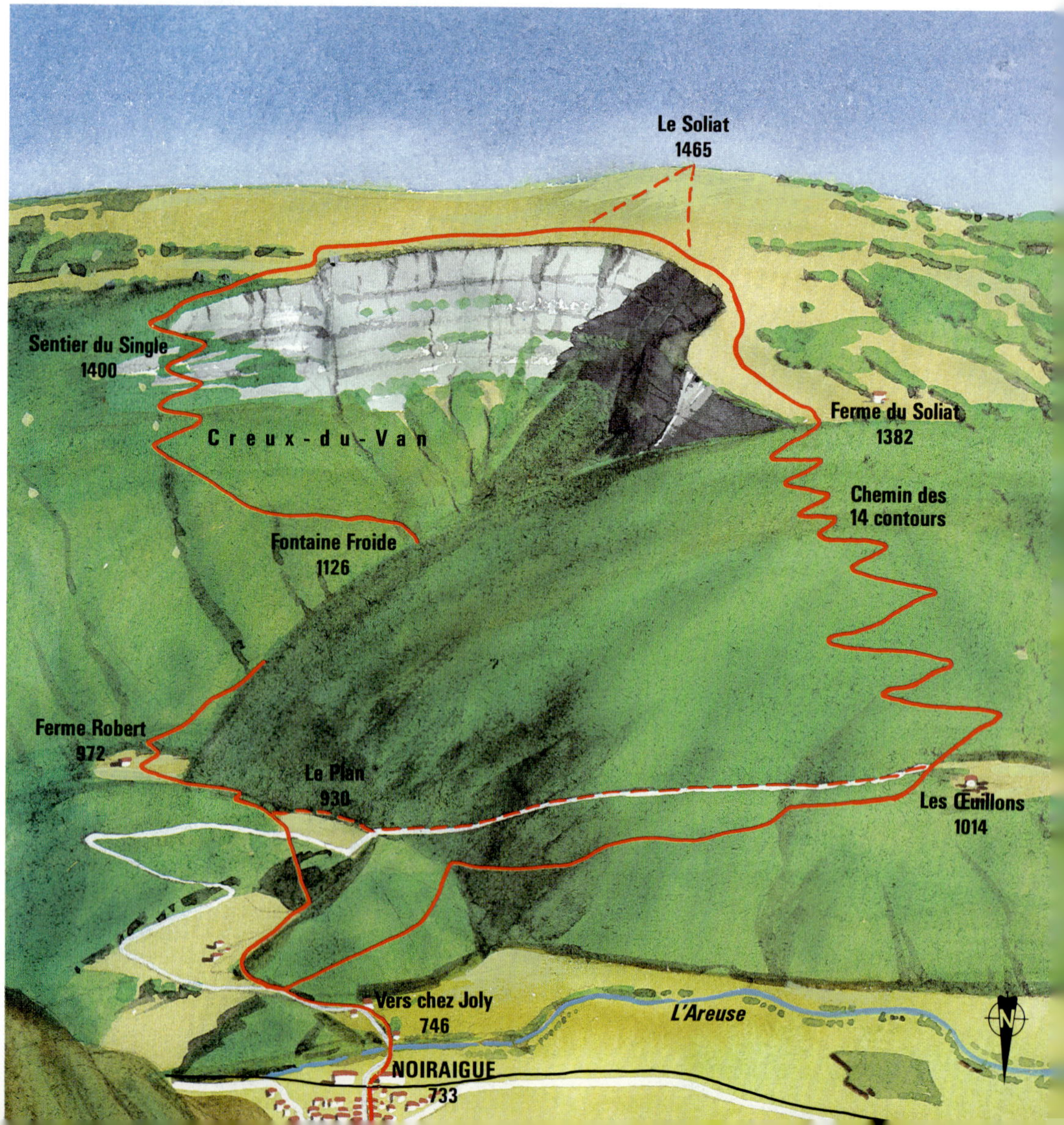

mont et autres sommités au nord et à l'est. Après un détour au sommet du **Soliat,** nous revenons en bordure du cirque rocheux pour commencer à descendre en forêt sur le **Sentier du Single.** Au fond, nous délaissons le chemin qui conduit à la Ferme Robert: à gauche, un autre chemin nous invite, jusqu'à **Fontaine Froide,** où l'eau jaillit à une température constante de 4°C, mince filet d'eau qui s'écoule dans le vieux bassin de bois.
La **Ferme Robert** est un but de promenade très prisé; on y accède par automobile ou car postal. Le long de la lisière inférieure de la forêt, nous cheminons à gauche, vers la grande place de parc et plus loin, en ligne droite, à travers bois. Après deux raccourcis, nous obliquons à droite pour descendre par le sentier balisé en direction de la vallée, où nous atteignons finalement **Noiraigue,** en moins d'une demi-heure.

Bifurcations
Ferme Robert 🚍–Sentier du Single–Le Soliat–Sentier des 14 contours–Les Œuillons sur la petite route de la Ferme Robert 🚍
3 h 15
Les Œuillons–Le Soliat–Sentier du Single–Fontaine Froide–Ferme Robert 🚍–Les Œuillons 2 h 40
Noiraigue–Gorges de l'Areuse–Champ du Moulin 🚂 1 h
Noiraigue 🚂–Les Ponts-de-Martel 🚂 🚍 3 h

 La plus grande tourbière bombée de Suisse, dans la vallée des Ponts-de-Martel. A environ 1000 m d'altitude, et à l'emplacement où s'étendait il y a des milliers d'années un lac de 12 km de long sur 2 km de large. Extraction artisanale de tourbe depuis le 18ᵉ siècle, actuellement à échelle industrielle. Dans le Marais de Brot, on découvre une source ferrugineuse et une source soufrée. Plusieurs passerelles permettent de franchir les innombrables ruisseaux.

Creux-du-Van: *Une brisure de taille gigantesque, survenue vraisemblablement par érosion de la chaîne jurassienne, mesurant 1200 m de largeur, plus de 200 m de longueur, presque 500 m de profondeur avec des parois verticales de plus de 160 m de hauteur. Plusieurs moraines indiquent que des glaciers locaux recouvraient l'endroit. Le matériau d'érosion et les éboulis sont aujourd'hui recouverts en grande partie par des forêts de hêtres et de sapins.*

Carte d'excursions pédestres
Chasseral–Neuchâtel–Val de Travers–Ste-Croix

Guide pédestre
Pays de Neuchâtel

Le Val de Travers où coule l'Areuse englobe toute la partie sud-ouest du canton de Neuchâtel, de Noiraigue à Fleurier, où il se ramifie en deux autres vals, ceux de Buttes et de Saint-Sulpice–Les Verrières. Le grand trafic pour la France passait autrefois par l'axe Neuchâtel–Rochefort–Les Verrières. La vallée s'est fait connaître par l'exploitation des mines d'asphalte, au 18ᵉ siècle déjà, avec une production de 50 000 tonnes les meilleures années. Mais d'autres industries se sont implantées dans le Val de Travers, notamment celle des machines à tricoter Dubied qui longtemps a connu une renommée mondiale. La fabrication de ciment, la dentellerie, l'horlogerie ont également apporté à la région sa prospérité. Les ressources en énergie hydraulique ont joué un grand rôle dans ce développement, mais aussi le réseau des communications. On ne s'étonne pas que le Val de Travers ait été à l'époque romaine déjà une voie de communication importante. A part la ligne internationale Neuchâtel–Travers–Pontarlier, un chemin de fer régional relie les localités, entre Travers, Buttes et Saint-Sulpice. La force hydraulique de l'Areuse a été utilisée dès le 14ᵉ siècle. Une quantité d'usines électriques et de stations de pompage ont été aménagées au fil de l'eau: celle des Moyats sert à l'alimentation en eau potable de la ville de La Chaux-de-Fonds.

Deux temps forts: Franches-Montagnes et Doubs

Cette randonnée conduit des Franches-Montagnes aux pâturages élevés vers l'idyllique cours du Doubs, pour se terminer à Saignelégier. Le village a fait sa renommée touristique avec le Marché-Concours national de chevaux, chaque année au mois d'août, fête populaire qui attire par milliers les amateurs de chevaux et de beaux paysages.

Saignelégier–Goumois–Soubey–Saignelégier

Route		Altitude	Temps
1	Saignelégier		
	🚂🚌	982 m	—
2	Les Pommerats 🚌	894 m	55
3	Goumois 🚌	500 m	2 h
4	Isle du Milieu	491 m	2 h 45
5	Moulin Jeannottat	482 m	3 h 50
6	Lobchez	480 m	4 h 40
7	Soubey 🚌	476 m	5 h 15
8	Les Enfers 🚌	950 m	6 h 45
9	Chapelle de La Bosse	970 m	7 h 25
10	Le Bémont		
	🚂🚌	982 m	7 h 40
11	Saignelégier		
	🚂🚌	982 m	8 h 15

Au départ de la gare de **Saignelégier,** il faut longer la voie de chemin de fer en direction du Bémont, jusqu'aux limites est du village. A cet endroit, nous montons à gauche, par-dessus la route principale, puis au large du cimetière, à gauche encore pour franchir un étroit rideau d'arbres et cheminer par *Le Haut du Bémont* sur une hauteur boisée. Le point de vue révèle de cet endroit les Franches-Montagnes et les crêtes ondulées du Haut-Jura, et dans le lointain les sommets majestueux des Alpes. Par une ouverture dans les barrières de pâturage, nous parvenons à l'endroit nommé *Les Platures,* que nous parcourons en direction nord-ouest sur une sente à peine visible et sans balisage. Plus bas, à l'orée de la forêt, nous rencontrons un bon chemin qui, sous bois d'abord, puis par les pâturages, nous conduit aux **Pommerats.**

A la sortie ouest du village, nous obliquons légèrement à gauche sur le *Chemin rapide,* qui par la colline boisée de La Saigne conduit dans les prés qui dominent Sur les Côtes. Près de la loge, en bas à l'orée du bois, commence la descente abrupte et par endroits malaisée, par Bécorps et Les Prises, jusqu'à *Goumois,* le village frontalier sur le cours du Doubs. C'est un des buts de promenade les plus attrayants sur les rives du cours

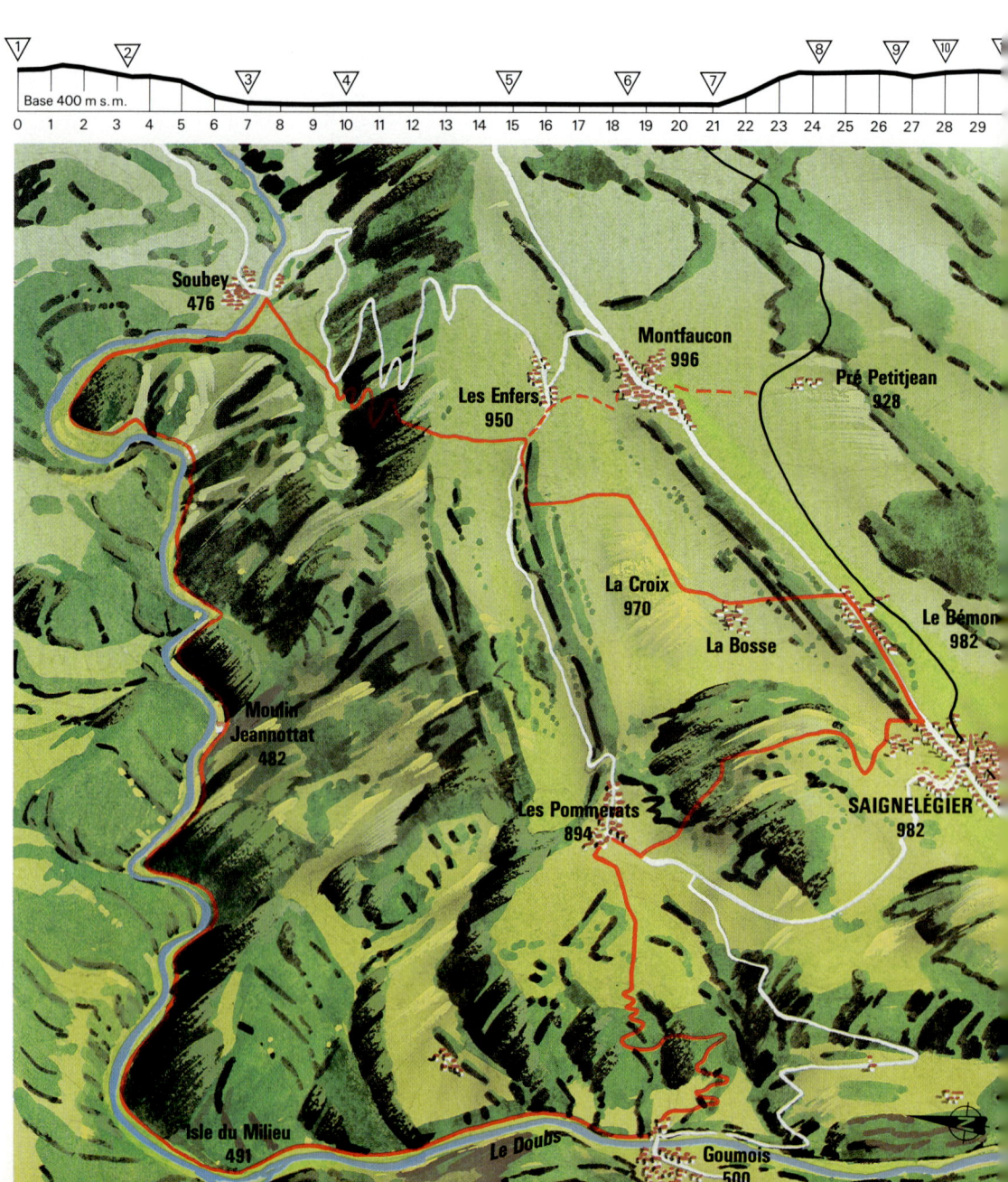

d'eau; on y trouve une bonne place de camping. On chassait il y a bien longtemps, dans cette région, des ours, des lynx et des loups. Une ancienne inscription sur une maison indique qu'on a tué le dernier ours à Goumois le 30 août 1761, et le dernier loup en décembre 1768.

Nous choisissons, entre restaurant et jardins, le chemin qui près du pont commence, à droite, l'itinéraire longeant la rive.

Le parcours, par la place de camping et les groupes de maisons de *La Vauchotte* et *La Verte Herbe* est animé. Par la suite, le paysage est d'un calme étonnant, et nous pouvons profiter de la sérénité paisible de la sombre vallée.

Nous marchons sur un chemin malheureusement goudronné en grande partie, dans la nature sans cesse changeante, jusqu'à l'auberge du **Moulin Jeannottat;** un sentier nous conduit de là, en bordure du Doubs, jusqu'à une zone de maisons de vacances et au hameau de **Lobchez.** On poursuit en bordure de la vallée pour choisir ensuite le chemin qui contourne la *Côte de l'Omène,* jusqu'au village de **Soubey,** dans un admirable site au bord du Doubs.

De la vallée du Doubs au haut-plateau franc-montagnard

Le promeneur fatigué peut prendre à Soubey l'automobile postale qui par le Clos-du-Doubs conduit au chemin de fer, à **St-Ursanne** ou à **Saignelégier.** (Attention: pour Saignelégier il n'y a que deux courses journalières en été.)

Les randonneurs qui ont de l'entrain et qui se sentent en forme se mettront en route en franchissant le pont sur le Doubs pour entamer la deuxième étape de cette longue excursion.

La montée emprunte un bon chemin qui se déroule sur 2,5 km, différence d'altitude 500 m, à travers les pâturages du Cras vers La Fonge; par la Côte-au-Bouvier, on grimpe encore en une heure et demie de marche assez ardue pour atteindre **Les Enfers.** Nous trouvons ici la route qui provient des Pommerats: elle bifurque avant le village, à angle vif, traverse les champs de *La Fin des Plainbois.* Le passage balisé de jaune à travers la forêt qui s'étend des Enfers au sud-ouest apparaît dans une échancrure, non loin d'un saillant de la forêt qui s'abaisse vers la plaine.

Nous cheminons vers la Pâture du Praissalet, en plein pâturage, sans aucun sentier marqué, pour atteindre près d'une loge le chemin qui se dirige vers la **Chapelle de La Bosse,** et le hameau de La Bosse. Une dernière montée vers le village du **Bémont** (halte CJ sur demande), avant de longer le trottoir ou la piste cyclable jusqu'à **Saignelégier.**

 Le temps de marche peut être raccourci d'environ 2 h si l'on utilise l'automobile postale de Saignelégier à Goumois (une course justement avant midi est recommandée).

Pour qui veut éviter le parcours de retour sur la route du Bémont, la randonnée prend fin par Les Enfers et Le Pré Petitjean à Montfaucon. Retour à Saignelégier ou Glovelier par le chemin de fer des C.J. Une balade dans le village des Cerlatez – maisons typiques des Franches-Montagnes datant des 17e et 18e siècles – et à l'Etang de la Gruère, vaut la peine.

Marché-Concours: Saignelégier, au cœur des Franches-Montagnes, est par excellence la région d'élevage du cheval dans le Jura. Le Marché-Concours national de chevaux, chaque année le deuxième dimanche d'août, rassemble les éleveurs et amis du cheval dans une ambiance colorée et pittoresque. Des dizaines de milliers de spectateurs suivent à cette occasion les concours, expositions d'étalons, juments et poulains, les courses et quadrilles et le grand cortège folklorique haut en couleurs.

Carte d'excursions pédestres
Delémont–Porrentruy–Bienne–Soleure

Guide pédestre
Jura

Le Doubs: La plus belle rivière du Jura coule tout à long d'un parcours de 45 km, entre la France et la Suisse. Le cours d'eau entre dans notre pays à Clairbrief, il en ressort à Brémoncourt, après avoir décrit une large boucle sur sol suisse, où il forme le Clos-du-Doubs, pays de collines aux champs cultivés et aux vergers typiques. Au passage, il traverse la petite ville moyennâgeuse de St-Ursanne. On a dit de la rivière qu'elle est «un joyeux Français, qui se promène quelques heures en Suisse, une courte balade avant de retourner dans sa patrie d'origine...»

Saignelégier et les Franches-Montagnes

Le prince-évêque de Bâle Imier de Ramstein accorde le 17 novembre 1384 une lettre de franchises à tous les habitants et futurs colons des hautes joux: ils ne paieront plus aucune redevance ni impôts s'ils défrichent les 200 km² du plateau de La Montagne des Bois et cultivent les terres. Ainsi débute l'histoire des Franches-Montagnes. Les libertés accordées devaient attirer de nombreux colons qui prirent racines sur les hauteurs jurassiennes jusqu'alors laissées en friche. La première mention historique de Saignelégier remonte à 1382, il y avait donc déjà avant les lettres de franchises une population installée à cet endroit. Le nom – comme beaucoup d'autres dérivant de «saigne» ou «sagne» – indique une région marécageuse. Au fil du temps, Saignelégier prit l'avantage sur Montfaucon, la paroisse-mère des Franches-Montagnes. Au début du 17e siècle, elle devint siège d'une châtellenie. Le bâtiment appartenant aux princes-évêques fut par la suite siège du bailli et des autorités administratives, sous le régime bernois, depuis que le Jura en 1815 a été rattaché à ce canton. Autrefois préfecture du district des Franches-Montagnes, l'édifice abrite maintenant les autorités administratives du plus petit district du canton du Jura. Le nom «Franches-Montagnes» évoque les larges fermes aux murs bas, et aux grands toits à deux pans, ainsi protégées pendant les rudes et longs hivers. C'est aussi l'image des grands troupeaux paissant dans les pâturages boisés, bordés de murs de pierres sèches, et des chevaux en liberté dans de grandes étendues. Le cheval de race «Franches-Montagnes» est riche en qualités: autrefois utilisé comme bête d'attelage pour les travaux agricoles, il devient aujourd'hui cheval d'attelage pour les loisirs. On élève également aux Franches-Montagnes des demi-sang qui contribuent au développement touristique original de la région.

A travers la riante Ajoie

Porrentruy, ancienne résidence des princes-évêques de Bâle, est le point de départ et d'arrivée de cette excursion à travers l'Ajoie, une région qui rappelle un peu le paysage du Plateau suisse, qui s'avance loin vers le territoire français.

Porrentruy–Vendlincourt–Bonfol–Cœuve–Porrentruy

Route		Altitude	Temps
1	Porrentruy 🚗🚌	424 m	—
2	Sur le Té	500 m	35
3	Le Gros Bois	508 m	1 h 20
4	Vendlincourt 🚗	480 m	2 h
5	Etang du Bois au Maire	450 m	2 h 15
6	Etang du Milieu	440 m	2 h 50
7	Bonfol 🚌	440 m	3 h
8	Les Tervannes	488 m	4 h
9	Cœuve 🚌	434 m	4 h 25
10	Sur le Mont	536 m	4 h 45
11	Troisième Combe	460 m	5 h 10
12	Porrentruy 🚗🚌	424 m	5 h 40

Au départ de la grande place de parc proche de la gare de **Porrentruy**, notre itinéraire passe sous les voies ferrées, coupe la route Porrentruy–Alle et monte par les quartiers extérieurs de la ville au flanc de la colline. On longe la lisière de la forêt pour rejoindre le groupe de maisons **Sur le Té** avant de continuer, par les Champs de La Haute Fin, à la *Combe Vaumacon*. Nous cheminons dès cet endroit à travers la Forêt des Vernes et **Le Gros Bois,** sur un bon chemin. Nous délaissons la forêt, dans la Combe Saint-Jean, pour suivre la lisière jusqu'à **Vendlincourt.** On a en cours de route un bon point de vue sur la plaine entre Vendlincourt, Damphreux, Cœuve et Bonfol, ondulante et parsemée de boqueteaux. A la sortie est de Vendlincourt, nous traversons la route pour marcher en direction du poste de douane et en choisissant, à gauche, le chemin qui monte à l'**Etang du Bois au Maire.** A travers la grande forêt des Boulies, du Chêtre et des Boulats, on parvient aux *Etangs de Bonfol.* La place de repos, à l'**Etang du Milieu,** invite au délassement, avant de continuer jusqu'à **Bonfol.**

Sur la grande place au sud du village, nous choisissons le chemin qui s'ouvre à gauche près de la fontaine et qui conduit en direction ouest, par-des-

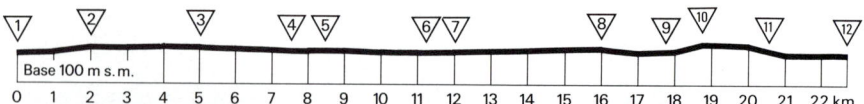

sus la Vendline, aux limites du village. Une légère montée mène à la ferme près de *Creux de la Marne*. Nous effleurons la petite forêt de l'Etaye à sa lisière nord pour atteindre **Les Tervannes.** On découvre de cet endroit les paysages de champs et de cultures de l'Ajoie.

Riante Ajoie et châteaux des princes-évêques

Après une courte descente, on arrive à **Cœuve,** dont le château a été construit aux 11e/12e siècles. La montée escarpée qui prend naissance près de l'église conduit **Sur le Mont,** but de promenade aimé des habitants de Porrentruy et de la région. Nous cheminons sur une route étroite, en direction sud, à travers champs et bois. A quelque distance du terrain de sports, l'itinéraire oblique à droite sous bois: la descente par la **Troisième Combe** est assez raide, mais elle se déroule sur un bon chemin, qui s'incline vers la large vallée de l'*Allaine,* la rivière qui arrose l'Ajoie. Un joli chemin ombragé dans la prairie, au large de la zone industrielle, nous amène à la gare de **Porrentruy,** chef-lieu du district que domine l'imposante masse du château des princes-évêques de Bâle.

Bifurcation

On peut quitter Porrentruy par le Faubourg Saint-Germain. Sur la Route de Courgenay, on oblique à gauche, dans le Chemin des Bains, pour passer tout près de la piscine et de la patinoire, et continuer par Le Voyebœuf en direction de la colline du Cras d'Hermont. Après quelques instants, descendre à gauche vers la voie du chemin de fer, à suivre pour traverser plus loin le Noir Bois. Au milieu de cette forêt, on oblique à gauche, par-dessus la voie ferrée Porrentruy–Delémont, et plus loin par-dessus la ligne Porrentruy–Bonfol. On rejoint le grand village d'Alle en longeant le cours de l'Allaine. Dans le village, et en montant direction nord, nous gagnons le Bois Juré, où l'on rejoint en lisière nord le chemin qui conduit à Porrentruy, 6 h.

Carte d'excursions pédestres
Soleure–Delémont–Porrentruy

Guide pédestre
Jura

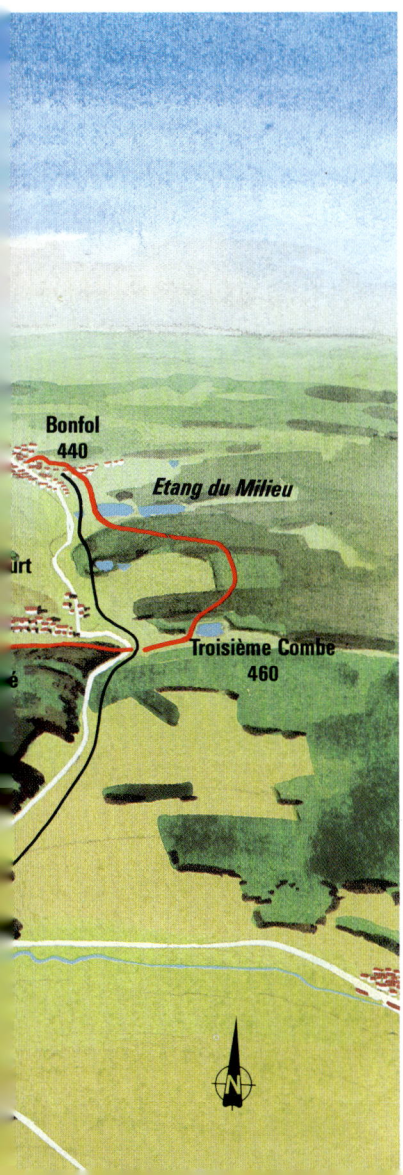

Au centre de l'Ajoie, dont elle est le chef-lieu, la ville de Porrentruy était autrefois la résidence des princes-évêques de Bâle, venus dans leur château lorsqu'ils durent quitter la cité rhénane lors de la Réformation. La partie la plus ancienne du château, la Tour Réfous, date du 13e siècle. A la fin du 16e siècle, on a bâti les ailes abritant la résidence des princes-évêques, la chancellerie et la massive Tour du Coq. La Tour de la monnaie date du 16e siècle, le Pavillon qui abrita un séjour de la princesse Christine de Saxe et la chapelle de Roggenbach ont été édifiés au 17e siècle. Au-dessous du château, la Porte de France construite en 1563 est la seule survivance importante des remparts qui entouraient la ville. A part les églises St-Germain (13e siècle) et St-Pierre (14e siècle), la cité jurassienne compte l'ancienne chapelle des Ursulines datant de 1626 et l'ancienne Eglise des Jésuites, qui a retrouvé sa splendeur et sert d'aula du Lycée cantonal. Parmi les édifices les plus intéressants de Porrentruy, on découvre l'Hôtel de Ville, style baroque, l'Hôtel des Halles, de style baroque tardif français, qui faisait fonction d'auberge pour les hôtes du prince-évêque, l'Hôtel de Gléresse, édifié vers 1750, qui abrite la Fondation des archives de l'Ancien Evêché de Bâle, riche en manuscrits et en documents.

Cœuve: Le village ajoulot, sur la route de Porrentruy vers l'Alsace, est situé au milieu d'une campagne fertile et de vastes vergers. L'endroit est cité sous le nom de Cova, pour la première fois en 1170, mais des trouvailles de l'époque romaine montrent bien que ses origines sont plus lointaines. Le petit château, restauré à diverses reprises aux 11e et 12e siècles, a été vendu une première fois en 1602 au prince-évêque de Bâle, une nouvelle fois au temps de la révolte paysanne de 1740, après avoir été possession de la famille noble de Gléresse. La demeure est aujourd'hui agréable auberge de campagne.

Une curiosité, sur la place du village: les bassins alimentés par les eaux qui s'infiltrent dans le sol, sur les plateaux à l'est et à l'ouest du village, et qui refont surface à cet endroit, autrefois lavoirs communaux.

Porrentruy

On ne connaît pas exactement les origines de Porrentruy, située en plein cœur de l'Ajoie, la ville qui a joué pendant des siècles un rôle historique de premier plan. Les Romains, déjà, habitaient le site. C'est au moyen-âge que la ville a commencé à prendre de l'importance. L'Ajoie et sa région étaient possessions des ducs d'Alsace, avant de passer aux domaines des princes-évêques de Bâle. Avec son château dominant les remparts, la citadelle subit à diverses reprises sièges et faits d'armes. Rodolphe de Habsbourg, qui au 13e siècle guerroyait dans la région, mit le siège sous les murs de Porrentruy mais lui accorda en 1283 les lettres de franchises qui en ont fait une cité impériale. Lors de la Réformation, le prince-évêque abandonna Bâle pour fixer sa résidence dans son château de Porrentruy. La Guerre de 30 ans mit le pays à feu et à sang: Porrentruy subit les assauts, le pillage. La vie de la cité fut troublée au milieu du 18e siècle par l'agitation populaire et la révolte contre le pouvoir absolu des princes-évêques. Le chef des paysans d'Ajoie, Pierre Péquignat, fut décapité et écartelé sur la place de l'Hôtel de ville. L'invasion du pays par les troupes révolutionnaires françaises mit fin au régime et Porrentruy devint chef-lieu du Département du Mont-Terrible, puis sous préfecture du Département du Haut-Rhin. Aujourd'hui, la ville est chef-lieu du district de Porrentruy, qui groupe l'Ajoie et le Clos-du-Doubs.

Ajoie

L'Ajoie, qui s'avance comme un promontoire vers la France, est une région de plaine où champs et prés alternent avec collines et forêts de hêtres et de sapins. Les villages sont blottis au milieu des vergers. En effet, l'Ajoie ressemble plutôt au Plateau suisse qu'au Jura dont elle fait partie géographiquement.

Randonnée en pays riche en histoire

Le parcours conduit de Morat, une des petites villes suisses qui ont le mieux conservé leur caractère médiéval, à Avenches, l'antique cité où foisonnent les vestiges de la colonie romaine.

Murten–Clavaleyres–Avenches–Murten

Route		Altitude	Temps
1 Murten	🚌🚢	448 m	—
2 Greng-Dessus		449 m	35
3 Clavaleyres		454 m	1 h
4 Portique est d'Aventicum		492 m	1 h 45
5 Avenches	🚌🚂	470 m	2 h 15
6 Villarepos	🚌	490 m	3 h
7 Chandossel		460 m	3 h 15
8 Courlevon		550 m	3 h 45
9 Oberfeld		625 m	4 h 05
10 Chapelle St-Urbain		588 m	4 h 15
11 Münchenwiler	🚌	499 m	4 h 45
12 Murten	🚌🚢	448 m	5 h 10

Au départ de la gare de **Morat,** cité tout imprégnée d'histoire, nous suivons la route en direction sud-ouest, traversons la route principale Berne–Lausanne pour gagner la petite forêt de *La Bourille.* A cet endroit, nous obliquons à droite pour parvenir, à travers bois et plus tard en direction ouest, au hameau de **Greng-Dessus.** Une route étroite se déroule au sud, dans l'enclave bernoise de **Clavaleyres.** Au milieu du village, nous choisissons la route montant légèrement à droite en direction de Faoug, mais nous l'abandonnons déjà après une cinquantaine de mètres pour parcourir un sentier conduisant à la lisière sud du *Bois de Mottey,* qu'il faut longer afin d'atteindre, par le sud, la route de Chandossel: c'est là que nous traversons un petit ruisseau, le Chandon.

De Morat la médiévale à l'antique Avenches

Après une centaine de mètres, un chemin de médiocre qualité s'ouvre derrière la tour de béton: il décrit un large arc de cercle à travers champs, avant de conduire, par une anguleuse intersection, sur les hauteurs au **Portique est de l'ancienne Aventicum.** Les remparts et la tour de défense «La Tornallaz» sont fort bien conservés.

Le long du chemin d'**Avenches,** ville

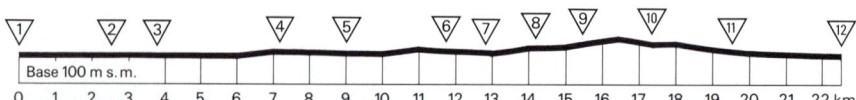

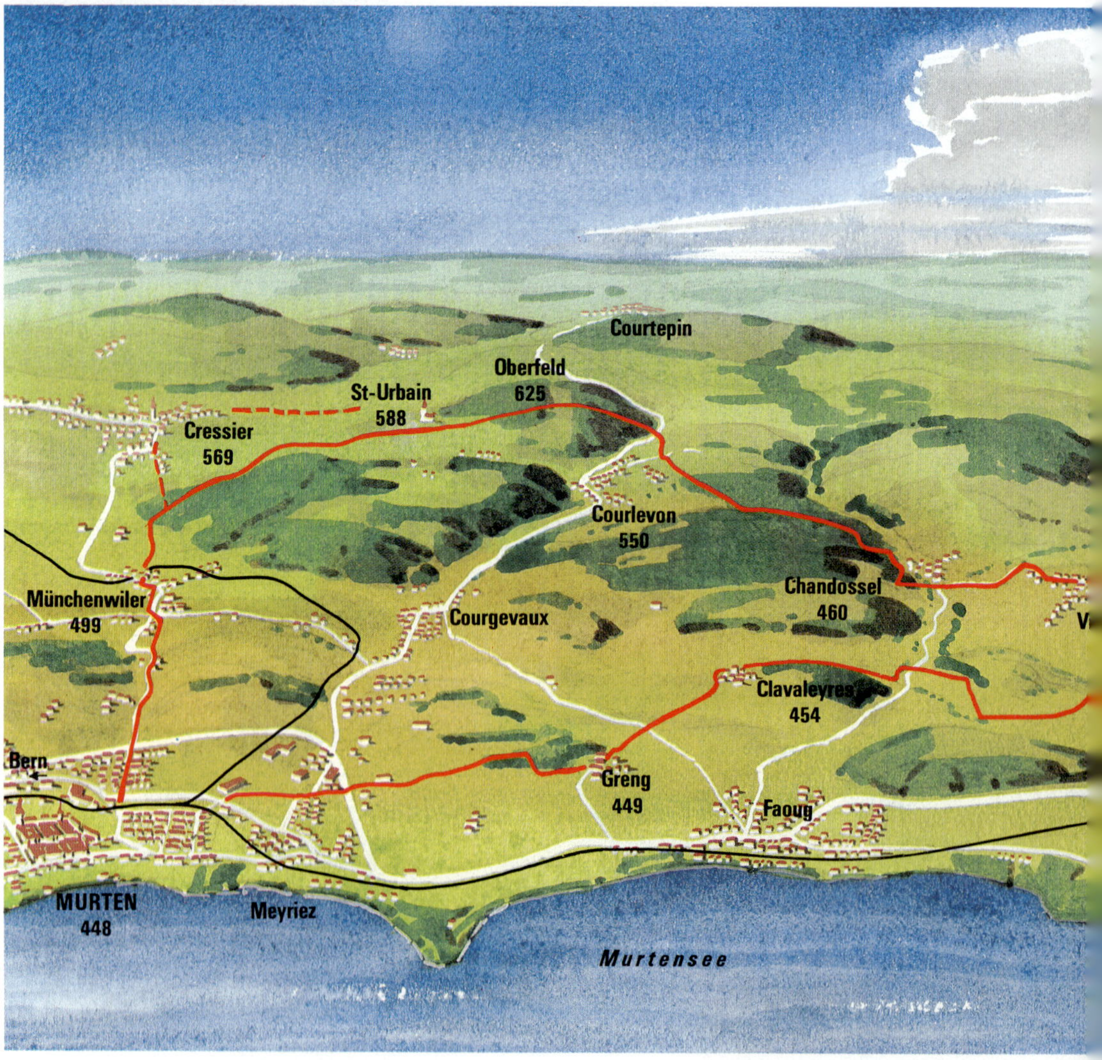

fondée en 1074 par l'évêque de Lausanne, nous découvrons d'autres signes et vestiges du passé de la région: théâtre romain, cigognier – vestige d'un temple – et surtout l'amphithéâtre et ses arènes en gradins, sur la colline de la vieille ville.

Nous quittons la cité, précisément par l'amphithéâtre. A droite, on remarque le monument élevé à la mémoire d'Emile Failloubaz, premier pilote aviateur breveté en Suisse. Par l'Avenue Jomini, nous rejoignons le «cigognier». A partir de là, nous cheminons à travers champs jusqu'au théâtre romain, puis de nouveau en direction du Portique est. A une distance d'environ 350 mètres du théâtre, nous obliquons à droite pour grimper au flanc de la colline et à la route qui prolonge les anciens remparts d'Aventicum. Nous marchons alors en ligne droite le long de la route de **Villarepos**. Après le carrefour du milieu du village, près de l'église, nous obliquons à gauche par une petite route dans la vallée du Chandon, jusqu'à **Chandossel**. Au croisement des routes, nous allons en ligne droite, puis nous bifurquons carrément à droite, à un détour anguleux en lisière de forêt, pour décrire deux courbes avant de rejoindre deux larges clairières. Le chemin forestier conduit en direction ouest, à travers l'Ausserholz, jusqu'à **Courlevon**. Nous contournons le village au sud, longeons un court instant l'orée d'un petit bois et montons à gauche vers la route Morat–Fribourg. L'ascension se poursuit à travers la forêt jusqu'à la région riche en points de vue d'**Oberfeld**. Le regard plonge au nord sur les lacs de Neuchâtel et de Morat.

Après une courte descente, nous atteignons la **chapelle St-Urbain,** où les Confédérés se sont rassemblés en 1476 pour prier avant de se lancer à l'assaut des armées de Charles le Téméraire, duc de Bourgogne. On peut, de cet endroit, à travers la forêt de Boulay, rejoindre directement **Villars-les-Moines** (Münchenwiler), ou faire le détour par la route de *Cressier,* où l'on remarque le château construit au 17e siècle par la famille de Reynold.

Villars-les-Moines est une enclave bernoise dans le canton de Fribourg. Le couvent clunisien fondé en 1080 par les seigneurs de Villars échut à Berne en 1530 et fut supprimé en 1535. Le *château* qui lui a succédé – très bien restauré – sert depuis 1943 de centre pour la formation des adultes. On revient à **Morat** par le chemin qui se déroule entre Forêt de Craux et Bois Domingue.

Carte d'excursions pédestres
Jura bernois–Seeland

M Un Musée d'histoire et des traditions locales est installé dans l'ancien moulin, au-dessous du château. Mais l'ancienne ville des ducs de Zähringen est en elle-même un extraordinaire musée, avec son château, plus bas les quartiers construits au 13e siècle du Ryf et du Port, et surtout avec les remparts et fortifications fort bien conservés, où l'on peut parcourir le chemin de ronde entre les tours.

⌂ Le château, construction gothique avec mur d'enceinte, meurtrières et chemins de ronde qui lui donnent les allures d'une résidence seigneuriale médiévale, est sans doute l'édifice le plus remarquable de Morat. La construction, par Pierre de Savoie, remonte à 1263.
On peut citer également l'église réformée allemande et, intégrée dans les murs, la tour datant de 1683. L'écrivain Jérémias Gotthelf est né en 1797 dans la cure, tout à côté. L'Hôtel de Ville date du 15e siècle, sa façade principale de 1832. Les arcades conduisent au lac. On découvre, dans la rue principale, de belles façades de maisons construites entre le 16e et le 18e siècles, de même que de charmantes allées couvertes.

Morat: Depuis que le 22 juin 1476 les Confédérés ont battu à Morat l'armée du duc de Bourgogne, Charles le Téméraire, la ville appartient à la Confédération. Les vestiges de colonisation de cet endroit remontent toutefois aux temps lacustres. Morat est déjà citée dans l'histoire en l'an 516 – Curtis Muratum – et on la désigne en 1013 comme citadelle bien fortifiée. La vieille ville est entourée de remparts des 13e/14e siècles, bien conservés. Le château situé hors-les-murs, avec ses chemins de ronde, tours de guet créneaux et meurtrières, a été construit en 1263.

 Morat vu du lac: Voir Morat du lac est une des plus étonnantes impressions que donne le petit bourg: une balade circulaire à bord d'un des bateaux navigant sur les eaux, ou une croisière d'une journée entière autour des trois lacs de Bienne, Neuchâtel et Morat (à partir de Bienne) laisse un souvenir inoubliable.

Aventicum est citée pour la première fois par l'historien Tacite, en l'an 69 ap. J.-C., mais elle a certainement existé bien auparavant, comme établissement helvète: elle appartenait aux douze villes que les Helvètes incendièrent avant leur départ pour la Gaule. Avec la reconstruction, sous le règne romain, le lieu prit de l'importance. Les remparts d'Aventicum étaient longs de 5600 m: ils protégeaient en lieu sûr une population de 30 000 habitants. Le chef-lieu de la région tigurine se développa et fut pendant deux siècles le centre florissant et la véritable capitale de l'Helvétie.

Les ruines romaines, utilisées comme carrières depuis le moyen-âge, ont été prospectées à partir de 1786; des nombreuses tours construites à l'intérieur des remparts circulaires, seule «La Tornallaz», au flanc est, a été conservée. Le portique est a été reconstruit, le portique ouest en revanche n'a été que partiellement libéré et maintenu. Le «cigognier», haut de 12 m environ, est la colonne angulaire d'un grand temple. On ne peut ignorer le théâtre, les bains thermaux, et surtout l'impressionnant amphithéâtre qui pouvait accueillir 10 000 à 12 000 spectateurs. La tour carrée qui le domine et qui abrite le Musée romain date du 11e siècle et faisait partie intégrante des remparts moyennâgeux d'Avenches. Le château mérite une mention particulière: c'est un des meilleurs exemples architecturaux de la Renaissance en Suisse.

Jura vaudois romantique, splendides mosaïques

Les gorges romantiques de l'Orbe et de superbes mosaïques romaines, les plus belles de Suisse, invitent à mêler amour du paysage et joie artistique. Un écart vers le Mont Suchet permet de découvrir un panorama grandiose.

Orbe–Lignerolle–L'Abergement–Orbe

Route		Altitude	Temps
1	Orbe 🚂🚌	470 m	—
2	Gorges de l'Orbe	490 m	30
3	Les Clées 🚌	632 m	2 h
4	Lignerolle 🚌	760 m	2 h 30
5	L'Abergement 🚌	655 m	3 h 40
6	Montcherand 🚌	556 m	4 h 25
7	Orbe 🚂🚌	470 m	5 h 10

Au départ de la gare d'**Orbe**, sur la ligne Chavornay–Orbe, le Chemin du Puisoir descend vers le pont sur la rivière, du côté des places de sport. Nous marchons à travers la Forêt de l'Au, puis nous obliquons à gauche, vers Le Chalet et un parc aux cerfs, sur un bon sentier. La *vallée de l'Orbe* se fait de plus en plus étroite. Au-dessus de l'usine électrique, une terrasse permet de jeter un regard sur la rivière, entre les hautes parois de rochers calcaires.

Nous atteignons ensuite, par un bon chemin pédestre bien balisé, le sentier près du bâtiment supérieur de l'usine électrique. C'est ici que l'itinéraire de Montcherand coupe le cours de l'Orbe. Pour notre part, nous restons sur la rive droite, en suivant le chemin de la berge, qui se déroule en montant à proximité du cours d'eau, le long de parois rocheuses, à ses débuts simple sentier sur le précipice écumant.

Rochers romantiques et solitude forestière

Le sentier est étroit, il exige la parfaite attention du promeneur, mais nous trouvons tout de même le temps de jeter un regard sur les rochers sauvages qui parsèment le cours de la rivière, et de goûter au charme romantique de la gorge: on n'entend que le mugissement de l'eau et le cri des oiseaux.

Après une heure de marche environ, nous arrivons à un réservoir d'eau construit en béton, d'où part à droite un chemin: il conduit par un étroit sentier le long de la rive gauche de l'Orbe, au lieu appelé Les Clées, dominé par la tour massive du château moyennâgeux. Pour notre part, nous continuons sur la rive droite de la rivière; à cet endroit, le sentier jusqu'à maintenant étroit, souvent mouillé et rocailleux, débouche sur

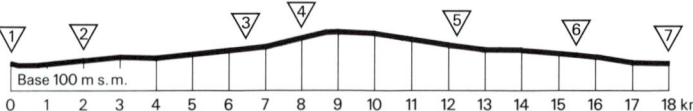

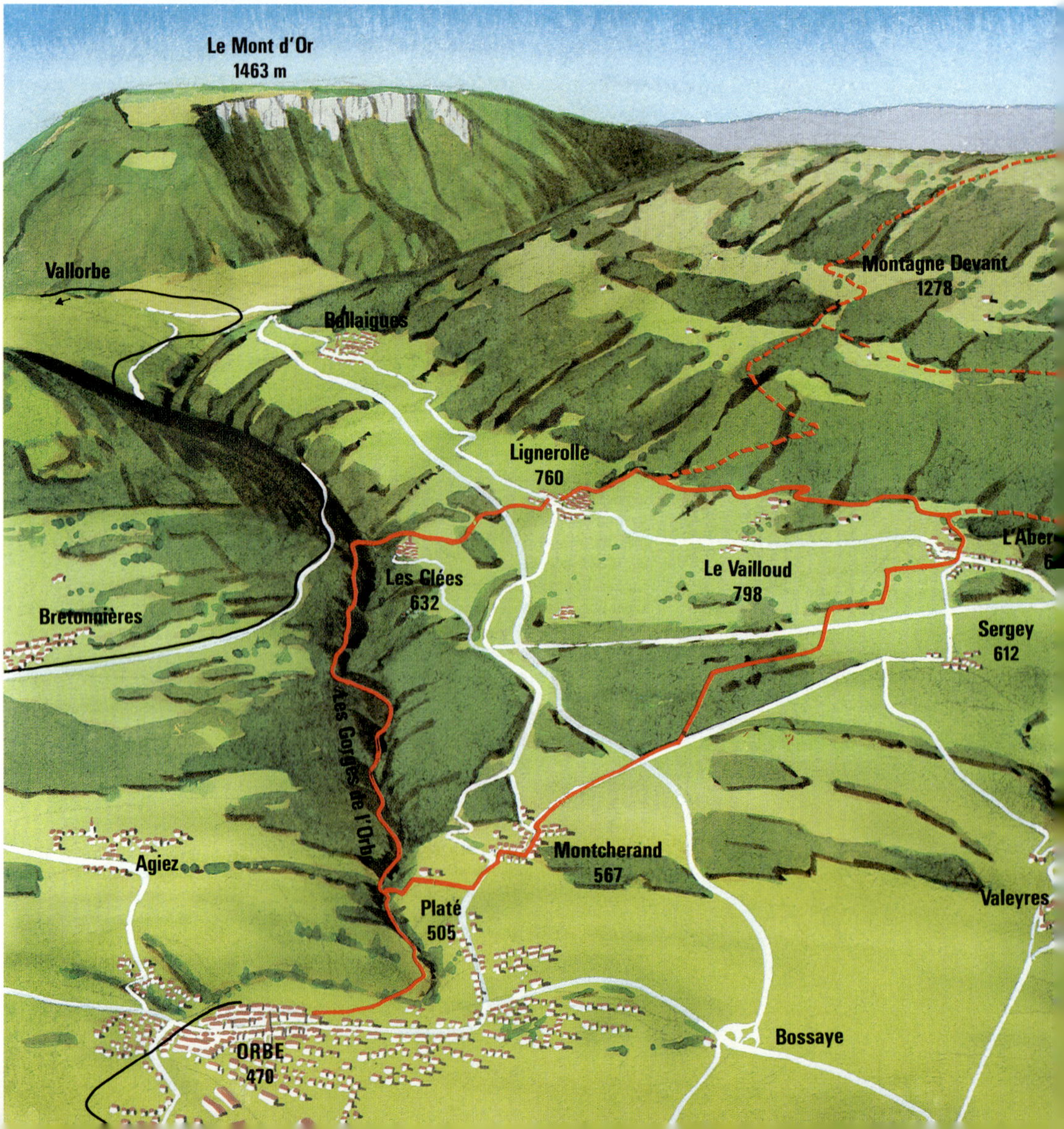

un chemin champêtre. Nous quittons la gorge en le suivant, pour rejoindre finalement, par la route, le calme petit village des **Clées**.
Nous montons le long du village, en passant à gauche de la poste sur une route de béton et – obliquant à droite 150 m après le grand virage sur la gauche – nous nous dirigeons vers **Lignerolle**. On remarque à droite du chemin, tout près du grand pont routier, un vaste biotope.
A la lisière de forêt, à l'est du stand de tir, nous entrons dans le chemin qui s'ouvre légèrement à droite; il conduit, à peine en pente et tel un itinéraire panoramique, le long de la lisière sud et dévoile çà et là une belle vue sur le lac de Neuchâtel, la plaine entre Yverdon et Orbe, le Plateau suisse et les Alpes. Après *Petit-Vailloud*, le chemin pénètre dans un mince rideau d'arbres pour redescendre dans la côte de Mi Choton, en passant à l'écart du stand de tir et à droite, au village de **L'Abergement**. De L'Abergement, nous sommes contraints de marcher sur une route bétonnée, en direction de la forêt de Chassagne; nous la traversons sur des chemins moins durs, en direction sud-est pour arriver à la route de **Montcherand**. De là l'itinéraire descend vers le cours de l'Orbe, que nous franchissons près de l'usine électrique supérieure. Le chemin déjà connu nous mène à la gare d'**Orbe**.

Itinéraire secondaire

Près de l'église de Lignerolle, les panneaux indicateurs jaunes désignent la direction du Mont Suchet. Nous traversons le village, pour monter vers le stand de tir et de là à l'orée de la forêt. L'itinéraire se ramifie à cet endroit: légèrement sur la gauche, il continue dans la pente et forme deux angles vifs, d'abord à l'ouest, puis au nord-est. Nous gravissons la pente très prononcée dans la forêt de Montoulevet, jusqu'à La Montagne Devant. A cet endroit, nous tournons au nord dans l'épingle à cheveux – pt 1278 – pour grimper à travers pâturages et boqueteaux, par la Poyette jusqu'au Chalet du Suchet. Un crochet d'une vingtaine de minutes nous amène finalement au sommet, où le coup d'œil est une véritable récompense après l'effort. Regard prestigieux, non seulement sur le lac de Neuchâtel, le Plateau suisse et dans le lointain les Alpes, mais encore sur la chaîne du Jura, du Chasseral à La Dôle et jusque sur la France voisine. La descente du Chalet du Suchet commence sur la route en direction nord-est; elle se ramifie après environ 700 m, dans un angle aigu, puis conduit en pente assez raide et en forêt jusqu'au lieu nommé Le Rez. A partir de là, nous cheminons direction à l'est par les pâturages de La Matoule et finalement, par de nombreux lacets dans la forêt du Bois du Ban, nous achevons la descente à L'Abergement, 9 h 10.

Carte d'excursions pédestres
Lausanne–La Côte–St-Cergue–Vallée de Joux

Orbe est une petite ville campagnarde très attachante, dominée par le donjon arrondi d'un château datant du 13e siècle. L'originale église réformée (autrefois Notre-Dame), construite au 15e siècle, possède un clocher massif avec quatre petites tours angulaires, qui était autrefois une des tours des remparts de la cité.

Vallorbe, située à l'ouest d'Orbe, proche de la frontière française et qu'on peut rallier par autobus, propose une singulière curiosité. A 3 km au sud-ouest se trouvent les Grottes de la source de l'Orbe, qu'on peut parcourir aisément: stalactites et stalagmites, colonnades et petits lacs agrémentent la cavité où coule la rivière (ouverture du Dimanche des Rameaux à la Toussaint, 9–12 h et 13–17 h).

Splendeur des mosaïques romaines: Les innombrables trouvailles de l'époque romaine montrent que la région d'Orbe – à l'intersection des grandes voies de Lousona à travers le Plateau suisse et les cols du Jura – formait la colonie Urba. Les mosaïques romaines découvertes près de la ferme de Bossaye, au nord de la ville, sont encore visibles à l'emplacement d'une villa romaine. Avec leurs scènes représentant divinités et animaux, elles sont aujourd'hui les mosaïques de ce temps les mieux conservées de notre pays.

La rivière Orbe

C'est un des cours d'eau les plus importants du canton de Vaud. La rivière prend sa source sur territoire français, dans la région du lac des Rousses. Après avoir arrosé toute la Vallée de Joux, ses eaux coulent à l'extrémité nord-est du lac de Joux et au lac Brenet, par des dolines souterraines, avant de refaire surface à l'ouest de Vallorbe. Un peu en aval de cette agglomération, la rivière se fraye un long passage exigu entre les rochers aux parois verticales et aux pentes abruptes qui font de l'ensemble un des paysages les plus insolites du Jura. Au-dessous des Clées, également, l'Orbe dévoile des gorges romantiques, qu'on peut parcourir dans leur totalité (voir description de l'itinéraire). L'Orbe arrose la cité qui porte son nom, puis se glisse dans un lit artificiel rectiligne et plusieurs canaux, au sud-ouest d'Yverdon, et enfin – elle s'appelle maintenant La Thielle – dans le lac de Neuchâtel.
La force hydraulique du cours d'eau est utilisée dans plusieurs exploitations; une station de pompage en aval de Vallorbe alimentait, au début du siècle déjà, des entreprises de Ballaigues au moyen des eaux de l'Orbe.

Le Sentier–Sentier des Gendarmes–La Capitaine–Le Sentier

Incomparable randonnée en forêt au voisinage de la frontière

Du lac de Joux, le plus grand lac jurassien, on grimpe vers le plus vaste domaine forestier suisse d'un seul tenant: au 17e siècle, on l'a maintenu pour des raisons stratégiques et on y rencontre aujourd'hui encore des témoins de la garde aux frontières du pays.

Route		Altitude	Temps
1	Le Sentier	1014 m	—
2	La Golisse	1015 m	15
3	Le Solliat	1058 m	30
4	Refuge Joli Bois	1265 m	1 h 15
5	Refuge La Girouette	1318 m	1 h 30
6	Sentier des Gendarmes	1355 m	1 h 40
7	Refuge La Sauvageonne	1370 m	2 h
8	Poste de Gendarmerie Les Mines	1367 m	2 h 20
9	La Capitaine	1130 m	3 h 15
10	Chez le Brigadier	1070 m	3 h 30
11	Le Sentier	1014 m	3 h 45

La longue route qui traverse **Le Sentier,** à l'extrémité sud-ouest du *lac de Joux,* est le point de départ de cette randonnée au Mont Risoux et au voisinage immédiat de la France. Au départ de la gare, on marche tout le long du village, par l'église, vers la croisée des routes de **La Golisse.** Nous montons à notre gauche, direction *Le Lieu,* jusqu'à environ 150 m au delà du garage. On trouve à cet endroit, côté gauche, un raccourci pour **Le Solliat.** Nous quittons ce hameau près du Café vaudois, en direction nord, pour pénétrer 100 m plus haut dans la plus grande forêt d'un seul tenant de toute la Suisse. Par un chemin facile, nous arrivons au *Chalet Chez la Tante.* Dès l'intersection du *Chemin à l'Ours,* nous cheminons en ligne droite: à la prochaine intersection, environ 150 m après le **Refuge Joli Bois,** nous évitons aussi le *Chemin Chez la Tante.* Au refuge de **La Girouette,** le chemin oblique à gauche et nous conduit à l'itinéraire de crête le long de la frontière nationale. Mais nous pouvons aussi suivre la route encore 500 m plus loin, jusqu'au début du chemin de crête, en prenant garde de ne pas nous égarer à cause du balisage déficient.

Au bord du chemin, deux chalets – Le Grillon et Les Fougères – nous indiqueraient que nous avons abouti trop loin au nord.

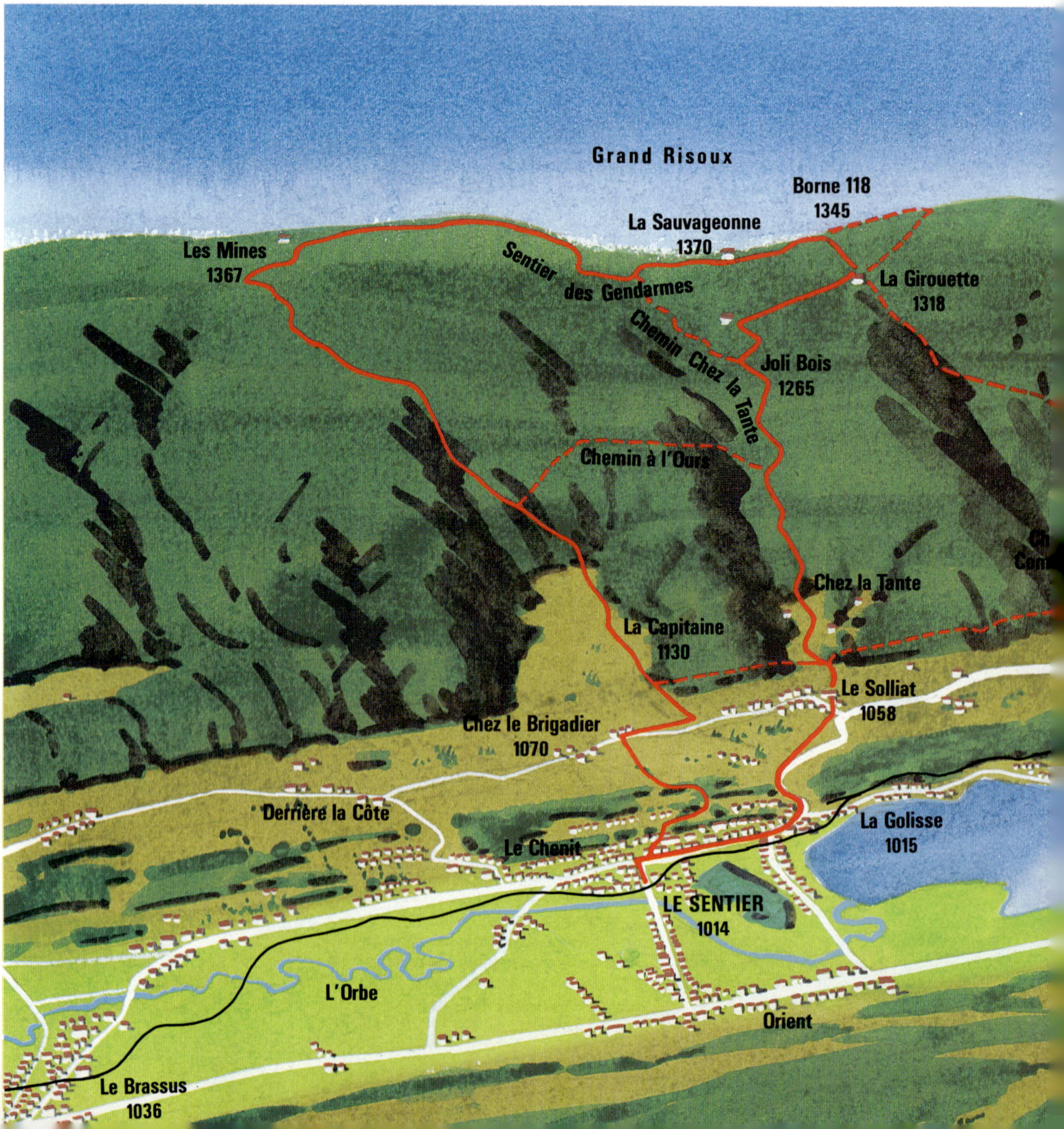

Le parcours sur le chemin forestier montant paisiblement était parsemé de fleurs et de buissons à baies, mais le **Sentier des Gendarmes,** sur lequel nous cheminons pendant une quarantaine de minutes, au voisinage de

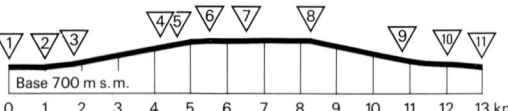

la frontière, nous étreint par la solitude plus intime du milieu naturel.

Sur la trace des anciens postes de garde

A peine une centaine de mètres après l'embouchure du chemin de La Girouette dans l'itinéraire de crête, une sente s'écarte à droite vers la *Borne frontière nº 118.* On y lit le millésime 1824, année dans laquelle Charles X devint roi de France.

Les armes du souverain sont sculptées sur une face de la pierre, la devise vaudoise «Liberté et Patrie» sur la face opposée.

Le chemin se déroule en direction sud-ouest à travers la forêt clairsemée, par une succession de vallonnements. On aperçoit bientôt, à droite, **le refuge** de douaniers de **La Sauvageonne.**

Le chemin, 300 m plus loin et au sud-ouest, se déroule plus au large de la frontière et aboutit au *Chemin Chez la Tante,* qui se prolonge sur territoire français; mais nous obliquons à gauche avant la limite frontalière, pour continuer sur la hauteur jusqu'à l'ancien **Poste de gendarmerie Les Mines,** qui lui aussi, au milieu d'une clairière, sert de refuge.

La descente commence derrière la maison, d'abord sur un chemin médiocre; plus bas, il côtoie le *Chemin des Mines,* traverse le *Chemin à l'Ours* et sort de la forêt au nord-est de **La Capitaine.**

A cet endroit, il longe un moment la lisière et débouche dans le chemin qui nous amène Chez Grand Joseph et, par *Chez le Brigadier,* jusqu'au **Sentier.**

Les automobilistes qui ont parqué leur véhicule au Solliat peuvent, de la route au-dessous de La Capitaine, obliquer à gauche et revenir au Sentier directement à travers la forêt (10 min.).

Bifurcation
La Girouette–Chalet de Combe Noire–Le Solliat 1 h 05
Le Sentier–Le Brassus 🚌 1 h

Randonnées autour du lac de Joux
Le Pont–Le Lieu 🚌 1 h 15
Le Lieu–Le Sentier 🚌 1 h 50
La Golisse 🚌–La Frasse–Les Charbonnières 🚌 2 h 50

Carte d'excursions pédestres
Lausanne–La Côte–St-Cergue–Vallée de Joux

Guide pédestre
Pays de Vaud

 On oublie trop souvent que le plus grand lac du Jura, le lac de Joux, est comparable par ses dimensions à des étendues d'eau du Plateau suisse, telles que le lac de Hallwil ou le Greifensee.
La vallée de Joux est plutôt âpre; on y mesure en hiver des températures aussi basses que celles enregistrées à 40 km de là, à La Brévine, surnommée la «Sibérie suisse». Si la crête du Jura est abondamment boisée au nord de la vallée, ce n'est pas uniquement pour des raisons climatiques, mais également politiques: les Bernois, anciens maîtres du Pays de Vaud, ont décidé en 1646, pour des raisons stratégiques, de maintenir un large ruban de forêt d'un seul tenant le long de la frontière française.

Lac de Joux: Les places de parc et les rives verdoyantes de chaque côté du lac invitent à s'y arrêter pour une baignade, alors que les amateurs de voile et de planche à voile se réjouissent de la bise ou du vent qui souffle de la combe.

 Par mauvais temps, une visite à l'un des musées de Vallorbe est tout indiquée: Musée du fer et du Vieux Vallorbe ou Musée Gyger avec une collection d'objets ferroviaires.

Lac de Joux

La Vallée de Joux

On découvre, entre la chaîne du Mont-Risoux et celle du Mont-Tendre, la Vallée de Joux, paysage bien délimité par la nature, au nord-ouest du canton de Vaud. Elle n'est ouverte qu'au sud-ouest, où elle se prolonge en territoire français par la Vallée des Rousses. Au nord-est, la vallée se continue dans la large dépression de Vallorbe, qui n'est cependant séparée d'elle que par un verrou transversal, 200 m plus bas.

Malgré son isolement géographique, la Vallée de Joux n'est pas à l'écart des voies de communication. Une route conduit de Vallorbe au Pont, à travers toute la vallée, vers la France. On parvient des rives du lac Léman au Brassus par le Col du Marchairuz. Le chemin de fer circule entre Vallorbe et Le Brassus.

Les caractéristiques géologiques font qu'aucune source importante ne jaillit au flanc du Mont-Risoux et que de rares ruisseaux seulement y émergent. Le lac de Joux pour sa part ne possède pas de déversoir en surface. Les eaux de l'Orbe et ses affluents de droite s'infiltrent dans les profondeurs du sol: le cours d'eau ne réapparaît, comme une source, qu'au sud de Vallorbe.

Le Sentier

C'est un des villages caractéristiques de la Vallée de Joux, comme le prouve aujourd'hui encore l'église bâtie au commencement du 17e siècle. Aux origines, Le Sentier appartenait à la commune du Lieu – située au milieu de la rive gauche du lac – mais il s'en est détaché en 1646, avec une partie de cette agglomération, pour devenir localité principale de la nouvelle commune du Chenit. Le village a pris une grande importance au temps où l'industrie horlogère et le tourisme furent introduits dans la région. Le climat hivernal dépourvu de brouillards et au contraire bien ensoleillé donne un attrait touristique au Sentier comme aux autres localités de la Vallée de Joux.

Promenade sur la montagne préférée des Genevois

Le massif qui domine au sud-est la cité de Calvin, comme un contrepoint à la chaîne du Jura, est une région très profitable à la randonnée. Le Mont Salève, dont les strates obliques semblent dessinées à la règle, qui entrave la vue sur la vallée de l'Arve et sur la masse enneigée du Mont-Blanc, est aussi un élément de contraste. La carte topographique au 1:25 000e Genève ne décrit que le flanc nord de la montagne totalement située en territoire français.

Veyrier–Les Crêts–Les Très Arbres

Route		Altitude	Temps
1 Veyrier	🚎 🚠	430 m	—
2 Monnetier		695 m	0 h 50
3 Les Très Arbres	🏠	1097 m	2 h
4 Grange Passey		1136 m	2 h 15
5 Grange Gaby		1219 m	2 h 40
6 Les Crêts		1250 m	3 h 05
7 Tournier		1280 m	3 h 30
8 Les Très Arbres	🚠	1097 m	4 h

La plupart de ceux qui ont gravi le *Grand Salève* sont parvenus sur ces hauteurs riches en points de vue par le téléphérique moderne rénové depuis quelques années, ou par la route d'Annemasse. L'ascension à pied est beaucoup plus intéressante et plus passionnante. Au poste de douane de **Veyrier,** nous choisissons la route qui, par la droite, conduit au téléphérique et à ses deux vastes places de parc, qu'on peut aussi atteindre par le bus n° 8.

Nous montons à pied, du poste de douane en ligne droite, par le *Pas de l'Echelle.* Après le passage à niveau, les chemins se séparent: l'embranchement de droite mène au téléphérique, mais nous choisissons celui de gauche qui se déroule par le *Restaurant Le Fin Bec,* puis obliquant une nouvelle fois à gauche longe un instant la ligne de chemin de fer et conduit par-dessus l'autoroute. Là, près d'une cabane isolée en lisière de forêt, commence le chemin pierreux et escarpé qui gravit en nombreux lacets la pente nord-ouest du Salève, parsemée de rochers. On a en cours de route une multitude de points de vue sur la ville de Genève et toute sa région, sur le lac Léman, sur le Jura. Plus loin et plus haut, à une altitude d'environ 600 m, débouche sur notre itinéraire le parcours historique du *Sentier du Pas de l'Echelle,* qui avait pris naissance près de la carrière proche de la station inférieure du téléphérique.

Un escalier de quelque 120 hautes marches – qui remplace les anciennes échelles – nous conduit à la sortie supérieure d'un *tunnel* long de 200 m par où circulait de 1892 à 1932 un chemin de fer à crémaillère électrique. Notre chemin se déroule parallèlement au tracé de cette ligne, jusqu'à **Monnetier,** village élevé

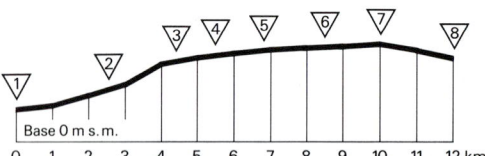

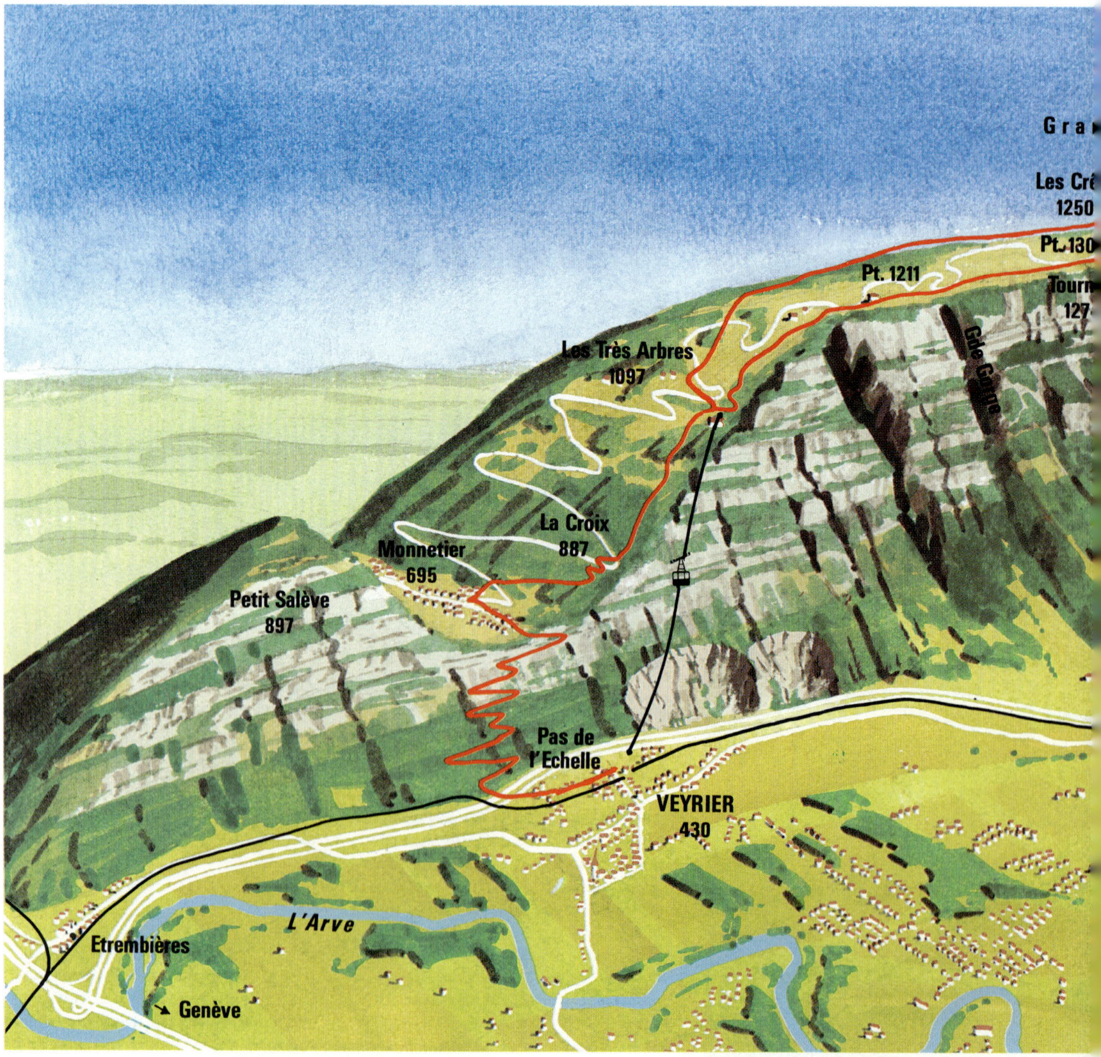

86

qu'on atteint en escaladant plus d'une centaine de marches d'escalier. Après l'église, nous montons à droite sur la route et par quelques raccourcis dans le terrain pentu, jusqu'au *Restaurant de La Croix,* dans un endroit aux nombreux points de vue. Pour autant qu'on ne craigne pas l'effort, on grimpe par la côte nord du Salève directement à la station du téléphérique Les Très Arbres. Un chemin un peu moins astreignant s'écarte déjà à gauche de La Croix, croise cinq fois la route et aboutit sur les hauteurs des **Très Arbres.**

Randonnée de crête, panorama splendide

Alors commence une superbe randonnée le long de la crête, d'abord par bosquets et forêts, puis de temps à autre par les pâturages. **Grange Passey** et **Grange Gaby** jalonnent notre parcours. Après la ferme **Les Crêts,** nous grimpons au flanc sud pour goûter une fois encore le panorama des montagnes de Haute-Savoie, et par-dessus le lac d'Annecy la vue magnifique sur la vallée du Rhône. Face à nous, le petit village de La Croisette, et en toile de fond le Salève, qui s'élève encore à l'altitude de 1375 m jusqu'au Grand Piton. Le retour, par le flanc nord-ouest du Grand Salève, sur des sentiers qu'on peut choisir en toute liberté, ou tout à l'extérieur par les parois rocheuses abruptes, surprend à chaque pas: le regard plonge sans cesse, mille mètres plus bas, sur la ville de Genève et sur le point où le Rhône sort du Léman. Avec un peu de chance, nous apercevons de cet endroit les vélidélistes et amateurs de parapente, qui trouvent au Salève d'excellents points d'envol. Un chemin conduit du **Tournier** à travers la Grande Gorge, dans la plaine, mais il est très pierreux, très en pente et peu recommandable pour une fin de randonnée. Nous continuons donc dans la même direction par la crête pour descendre finalement par le téléphérique de **Très Arbres** à Veyrier.

 Téléphérique Mont Salève: station inférieure au Pas de l'Echelle, côté français, près de Veyrier. Temps de marche 3 min. jusqu'aux Très Arbres sur le Grand Salève.

SP Pour les amateurs de vol delta et de parapente, la bordure nord du dos du Salève est un point d'envol idéal. Ecole de parapente.

 Les Très Arbres propose un sentier naturel pour une balade circulaire d'environ une demi-heure. On y recense 42 arbres et arbustes déterminés et indiqués. A la station du funiculaire, on peut se procurer un guide pour cette excursion.

La Salève n'est pas seulement le domaine de nombreuses randonnées à pied, il propose également à l'alpiniste exigeant toute une gamme d'activités. Un parc de varappe a été aménagé depuis la création au siècle dernier du Club alpin suisse. Les randonnées sur les rochers en surplomb, entre Monnetier et Etrembières (1 h), ou de La Croisette le long de La Corraterie jusqu'à l'extrémité principale de la Grande Gorge, sont une attraction intéressante, mais ces parcours ne sont recommandés qu'à ceux qui ne sont pas impressionnés par le vertige…

Attraction pour le promeneur: Sur la face genevoise du Salève, les rochers en surplomb qui s'étirent le long des bancs de pierre d'Etrembières, au sud de la montagne, sont fameux et célèbres. Leur existence est due aux «balmes» (Balm, mot d'origine celtique existe aussi en Suisse alémanique pour désigner un point de terrain) ou «voûtes» entre les diverses couches d'érosion, et non pas au glacier du Rhône qui recouvrait encore le Salève il y a 15 000 ans. L'eau pénètre dans les roches poreuses que le gel fait éclater. Le sommet est formé de masses rocheuses plus compactes.

Le Mont Salève

Le Salève, semblable à une citadelle rocheuse entre les Alpes et le Jura, est situé sur territoire français, mais c'est la montagne de prédilection des Genevois. Petits et grands en font à chaque occasion un but d'évasion et de détente, à pied, en automobile ou par le téléphérique. On y trouve quelques restaurants de montagne et des places de repos avec possibilité de faire un feu. Pour faciliter l'accès à la montagne, on a construit au siècle passé des moyens de transport commodes. Un tram à vapeur reliait en 1887 la ville de Genève au village frontalier, au pied du Salève. Le chemin de fer électrique à crémaillère a été construit cinq ans plus tard pour conduire de là – deuxième étape – d'Etrembières et par Monnetier sur les hauteurs, au lieu-dit Les Très Arbres. Le nouveau moyen de locomotion franchissait une différence d'altitude de 900 mètres, avec une déclivité moyenne de 11% à une vitesse de 1,5 à 3 m/seconde.

Le chemin de fer à crémaillère, après quarante années de circulation, ne répondait plus aux exigences grandissantes du trafic: à partir de 1932, un téléphérique audacieux prit le relais pour transporter les Genevois encore plus vite vers leur montagne préférée. Lorsque ce moyen de transport fut mis hors service en 1975 on chercha de nouveaux moyens pour transporter les touristes au Salève. C'est ainsi que, depuis 1984, un nouveau téléphérique très moderne relie Genève/Veyrier au sommet de la montagne qui a trouvé un attrait renouvelé. Même quand elle peut paraître un peu revêche et rude, son flanc sud-est boisé s'incline toujours avec la même nonchalance vers les paysages de collines de la Haute-Savoie, entre Arve et lac d'Annecy. Les cimes doucement ondulées, aux pâturages semblables à ceux des hauteurs jurassiennes, sont un paradis pour les promeneurs et offrent un point de vue magnifique.

D'un château à l'autre…

Cette randonnée sur les hauteurs de Morges est aussi une balade dans le passé. Pas moins de cinq châteaux de diverses époques jalonnent le chemin de leur splendeur seigneuriale. Il y en a même un sixième, plus pompeux que les autres – Vufflens – tout proche de l'itinéraire. Les noms des bâtisseurs et des seigneurs d'autrefois révèlent le souvenir d'événements de l'histoire vaudoise et confédérale.

Morges–Vullierens–Morges

Route	Altitude	Temps
1 Morges CFF	380 m	—
2 Echichens	466 m	0 h 40
3 St-Saphorin	530 m	1 h 10
4 Vullierens	532 m	2 h 15
5 Colombier	525 m	2 h 45
6 Monnaz	489 m	3 h 40
7 Joulens	469 m	4 h
8 Morges	380 m	4 h 30

Sur la place de la gare de **Morges,** nous nous dirigeons à notre droite, vers les panneaux indicateurs, passons sous la voie de chemin de fer et l'autoroute, pour choisir – encore sous le pont autoroutier – le chemin de randonnée balisé en jaune: il conduit à travers les quartiers résidentiels, au nord de l'autoroute, en passant près du jardin d'enfants par l'Avenue J.-J. Cart, avant de continuer en direction nord-est jusqu'à la route entre l'agglomération et la place de parc du *Chanel.* A cet endroit, nous obliquons à gauche et montons commodément dans la pente, nous traversons la route qui conduit à Marcelin, et cheminons par Bellevue jusque vers l'hôpital; de là, par un chemin creux entre les vignes, jusqu'à **Echichens.** A droite, nous arrivons à l'église; il ne faut pas manquer un léger détour par la route conduisant à Bremblens jusqu'au château un peu abandonné mais romantique, bien situé au-dessus des vignes, d'où l'on observe une belle vue sur le lac Léman. La promenade qui prolonge le parc du château, entre route et vignes, offre aussi un superbe regard sur le lac Léman, le large delta de la Venoge et plus loin sur la ville de Lausanne.

Nous revenons à la fontaine du village, datée de 1832, et passant au large de l'église nous obliquons à droite vers la place où tournent les autobus; nous passons près de la place de sport et des installations de l'*Ecole Pestalozzi* pour rejoindre la

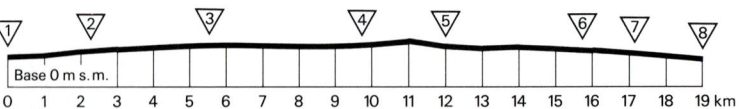

lisière nord d'un rideau d'arbres, jusqu'à la bifurcation à l'extrémité nord-est de cette partie du village. A cet endroit, nous choisissons à gauche la route du Dauphin, pour aller direction nord-ouest près de deux grandes fermes; peu avant que le chemin aboutisse à une route très fréquentée, nous choisissons le sentier à travers champs, qui en franchissant un rideau d'arbres conduit au delà du vignoble, vers le groupe de maisons d'Echilles. Le premier objectif de notre randonnée est déjà à notre droite, **St-Saphorin**. Le château seigneurial dont l'ancienne chapelle est aujourd'hui église du village semble veiller sur les vignes.

Châteaux proches et lointains

La randonnée continue par les quartiers nord du village et se déroule, descendant à peine, par les larges collines entre Colombier à l'ouest et Romanel à notre droite. Par de larges champs et le long de quelques boqueteaux isolés, nous atteignons la forêt proche de *Salin,* au-dessus du village d'Aclens. A cet endroit, nous obliquons à gauche en descendant la route, par-dessus la Senoge – affluent de la Venoge – et 200 m plus loin encore légèrement à droite près de vergers et de vignes, pour monter au carrefour entre Gland et Vullierens. De là, nous montons à gauche à travers le village de **Vullierens** et sur la route en direction de Cottens. A l'ouest du grand parc du château, le chemin de randonnée se détache en droite ligne, avant le grand virage routier à droite, pour se dérouler au flanc de la colline déboisée En Ombre et La Croix jusqu'à **Colombier**. A part quelques belles et vieilles maisons vigneronnes, nous découvrons ici, près de l'Auberge de la Commune, la résidence appelée Petit Château, et derrière le Manoir Loeffel, avec la tour d'escaliers gothique du Grand Château.

Dans la plaine, plus bas, nous obliquons à droite, franchissons une nouvelle fois la Senoge et après un kilomètre nous grimpons sur les hauteurs de *La Solitude.* Un court instant, nous cheminons à droite sur la petite route traversière, puis dans notre première direction, au large de la ferme, en descendant vers **Monnaz**. Au sud, à peine éloigné d'un kilomètre, apparaît en cours de route le château de Vufflens, aux allures italiennes, avec son puissant donjon et la résidence flanquée d'élégantes tours angulaires. Le château de Monnaz est moins fastueux, mais très joli avec ses façades envahies de verdure et sa fontaine couverte au bord de la route.

Avant l'entrée du village, nous bifurquons à gauche pour longer le parc du château, puis nous obliquons à droite par-dessus le cours boisé du ruisseau, afin de descendre par **Joulens** à l'ouest d'Echichens. A Joulens, nous nous dirigeons à droite jusqu'à l'intersection des routes, d'où la petite chaussée médiane, au-dessus des vignes, conduit environ 200 m au sud-ouest puis à gauche en descendant à travers vignes, vergers et quartiers d'habitation jusqu'à **Morges**.

Carte d'excursions pédestres
Lausanne–La Côte–St-Cergue–Vallée de Joux

On peut raccourcir cet itinéraire de la montée Morges–Echichens et de la descente Joulens–Morges. Les automobilistes parquent à Echichens, près de la place de sports. Les voyageurs par chemin de fer atteignent le village par autobus. Retour de Joulens par la gauche, en descendant à Echichens. Une partie de l'itinéraire peut être parcourue comme randonnée circulaire (3 h) à partir de St-Saphorin. Dans ce cas, il est conseillé de parcourir l'itinéraire dans le sens inverse, de St-Saphorin en direction de La Solitude; de là, à droite en descendant dans le grand marécage de Colombier, avant de poursuivre le parcours.

Au château de Morges est aménagé le Musée militaire vaudois, avec collection d'armes historiques. Au n° 54 de la Grand-Rue se trouve le Musée Alexis Forel, maison bourgeoise du graveur, aménagée en Musée de l'habitat avec collections d'arts décoratifs.

 Le dernier dimanche de septembre ou le premier dimanche d'octobre a lieu à Morges la Fête des vendanges, grande fête vigneronne avec cortège.

 La situation au bord du lac Léman permet aux visiteurs de Morges de pratiquer tous les sports nautiques.

Colombier: Résidence à tour carrée avec un corps de bâtiment. De l'ancien grand château, bâti vers 1500 par Jean Donat de Colombier il ne reste qu'un escalier gothique à l'imposante entrée (photo) avec une fresque représentant l'antipape Félix V. L'endroit, avec son église gothique tardif de St-Martin et sa chapelle du 16ᵉ siècle, était autrefois fief des rois de Bourgogne. C'est ici qu'on a célébré le mariage de la Reine Berthe.

Morges: Dans la plaine arrosée par la Morge, Louis de Savoie a construit vers 1286 le château et la bourgade marchande de Morges, pour résister aux convoitises territoriales des évêques de Lausanne. Au commencement des guerres de Bourgogne, Morges tomba aux mains des Confédérés, en 1535/1536. Lors de la conquête du Pays de Vaud par Hans Georg Naegeli, en 1535/36, la cité devint bernoise. Le château de Morges servit autrefois de résidence aux châtelains des comtes et plus tard ducs de Savoie; après 1536, il fut résidence des baillis bernois.

St-Saphorin: L'imposante résidence à trois étages a été construite en 1725 pour le général François Louis de Pesmes, qui fut officier au service de Hollande en 1669 et s'était battu contre les Turcs; à partir de 1716 il était au service de l'Angleterre, dont il fut ambassadeur à Vienne.

Vullierens: Belle demeure classique-baroque, construite de 1706 à 1712 pour Gabriel-Henri de Mestral. Dans ce château bâti à la française, les proportions de l'édifice aux trois corps de bâtiment, la clarté des formes, la magnifique place et l'allée conduisant à la cour d'honneur sont étonnantes. Remarquable portail de fer forgé.

Monnaz: Château du 15ᵉ siècle. Autrefois possession des seigneurs de Montricher, la seigneurie de Monnaz, passa en mains diverses, notamment à la famille de Mestral, seigneur du Vullierens.

On connaît la région du Lavaux sous le nom de grands crus et par les étiquettes des vins vaudois aux noms évocateurs: Epesses, St-Saphorin, Lutry et tant d'autres. Le promeneur qui découvre cette contrée s'étonne face aux terrasses où naissent de grands vins, aux étroits escaliers qui se faufilent entre les murets, dans les coteaux du vignoble: c'est un des plus étonnants espaces cultivés de notre pays. Par-dessus les vignes le regard s'étend sur le lac Léman, et plus loin sur les Alpes savoyardes.

Chexbres–Tour de Gourze–Chexbres

Route		Altitude	Temps
1	Chexbres CFF 🚌 🚆	559 m	—
2	Lac de Bret	674 m	1 h 15
3	La Corbessière	782 m	1 h 40
4	Tour de Gourze	925 m	2 h 15
5	L'Arabie	760 m	2 h 35
6	La Croix	587 m	3 h 05
7	Le Signal	640 m	3 h 40
8	Chexbres CFF 🚌 🚆	559 m	4 h

Le point de départ de notre randonnée, c'est **Chexbres,** le village planté au-dessus des vignes, entre Vevey et Lausanne. Au départ de la place de la gare, nous allons d'abord en direction nord-ouest, en montant dans le village, puis à droite par le chemin de la Chapelle pour passer au-dessus de l'autoroute. De l'autre côté, nous cheminons un instant sur notre droite, puis nous obliquons légèrement à gauche au nord, pour monter par une petite route au Stand du Frût. Lorsque des tirs ont lieu, il faut choisir à gauche avant la lisière de forêt, par la ferme *Le Frût,* longer l'orée ouest et descendre par La Crause au pont qui franchit la voie ferrée au sud-ouest de Puidoux. Le chemin par la ciblerie du stand de tir et par la forêt de Crêt Bérard puis Vers la Chapelle jusqu'à la voie de chemin de fer est plus long, mais meilleur et plus beau.

En passant par la ferme Le Toloveau, nous atteignons sur la hauteur l'extrémité sud du calme **lac de Bret,** où une auberge invite à la halte.

Au bord du lac, nous parcourons la trop courte promenade, avant la montée à la colline boisée de *La Vulpillière.* Le chemin montant commence véritablement après le croisement avec la route très fréquentée pour Oron et Moudon. Le parcours, il est vrai, redescend un court instant au flanc ouest de la colline, pour remonter carrément, après la ferme de **La Corbessière,** d'abord à Gourze puis à la **Tour de Gourze.** C'est vraiment une tour au sommet de la montagne, puissante vigie érigée à l'emplacement où se dressaient les vestiges d'une tour d'observation datant vraisemblablement du 12e ou 13e siècle.

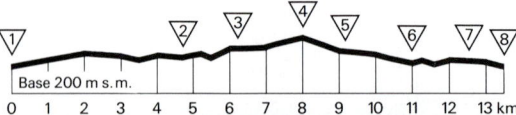

Vignes verdoyantes, eaux d'azur

On découvre de cet endroit une vue complète sur le lac Léman, les Alpes valaisannes et les profondeurs du Pays de Vaud. L'étendue de collines où se dresse la tour forme la *ligne de partage* entre les régions dont les eaux alimentent le Rhône et le Rhin.

La descente commence par la route qui conduit jusqu'à la bifurcation à l'extrémité de la forêt (pt. 811). A partir de là, nous cheminons de nouveau en ligne droite, même dans la boucle du chemin, 150 m plus loin et plus bas. Nous descendons de là à la lisière gauche de la forêt, vers les maisons de **L'Arabie,** et par une petite route à la ferme *Le Crotet*. Un très beau chemin panoramique nous invite sur notre gauche, offrant des regards sans cesse nouveaux sur les coteaux de vignes et sur la surface en apparence illimitée du lac Léman.

Par une montée escarpée à travers la forêt, nous parvenons finalement à la sortie des tunnels de l'autoroute et du chemin de fer, puis au-dessous, à **La Croix.** Plusieurs possibilités s'offrent pour le retour à Chexbres. La meilleure nous semble être le chemin médian: légèrement à droite pour descendre par les vignes jusqu'à la rencontre avec la route de la Tour de Marsens (11e siècle), et de là à gauche à travers la forêt, où le chemin abrupt monte à l'hôtel et plus haut par **Le Signal** jusqu'à **Chexbres.**

Carte d'excursions pédestres
Lausanne et environs

 A Chexbres, parc sur la place de la Gare ou dans le village (sortie autoroute Chexbres).

 La descente de la Tour de Gourze, par Les Auges et La Bahyse, ou par Le Crotet et Riex à Cully, est plus courte (1 h 15) mais très en pente et plus astreignante.
Retour de Cully par Lausanne–Puidoux/Chexbres ou Vevey–Puidoux/Chexbres.
Une automobile postale – nombre de courses partiellement limité – circule entre Cully, Riex, Epesses et Chexbres/village, jusqu'à Puidoux/Chexbres.
Autres possibilités d'excursions: descente par les vignes à Rivaz, randonnée par les chemins du vignoble vers St-Saphorin–Corseaux–Vevey; en direction de Lausanne, par les villages vignerons très connus Le Dézaley–Epesses–Cully–Grandvaux–Aran–Châtelard–Lutry; promenade à la Tour de Marsens (1 h 30); montée au Mont-Pèlerin (1084 m, 2 h).

Guide pédestre
Est du Pays de Vaud

Cully: C'est la conclusion d'une randonnée romantique par les vignes du Lavaux. Le soleil couchant, sur la baie du lac où se tapit le village, a quelque chose de magique par le jeu fascinant des couleurs qui se mirent dans le lac.

La visite du Château de Glérolles à Rivaz (25 min. par les vignes depuis Chexbres) vaut la peine. La résidence, probablement construite au 12e siècle pour protéger la rive nord du lac Léman contre les invasions savoyardes, était possession des évêques de Lausanne, avant de devenir – de 1536 à 1798 – celle de Berne. La partie la plus ancienne qui est conservée dans ce château, le donjon carré, a été partiellement démantelée au 19e siècle.

Chexbres

Dans les «Paysages vaudois», l'écrivain et philosophe Charles Secrétan dit que le charme du Mont-Pèlerin ne vient pas seulement de la vue magnifique qu'on y découvre, mais de la multitude et diversité des coups d'œil que propose la montagne. On peut en dire autant de Chexbres, véritable «balcon du Léman». Le lieu appartient, avec Lutry et Cully, aux plus significatifs du vignoble du Lavaux, où il est favorablement situé, presque 200 m au-dessus des eaux miroitantes du lac, au flanc est de la montagne. Le regard s'étend à l'est, au-delà de Vevey et Montreux, sur les contreforts sud des Alpes vaudoises, avec les Rochers de Naye, paysage le plus expressif et le plus connu de cette région.

La vue se prolonge aussi, par-dessus le bassin supérieur du lac, jusqu'à Aigle, Monthey et St-Maurice, où s'élèvent à droite les célèbres Dents du Midi.

Par temps clair, on distingue au sud la rive française du lac Léman, le village-frontière de St-Gingolph, Evian-les-Bains, et tout au fond le delta de la Dranse, où apparaît Thonon-les-Bains.

L'immensité du lac Léman émerge à l'ouest, parfois à peine enveloppée de brumes qui se confondent dans le lointain avec le ciel. Mais Chexbres n'est pas l'endroit pour rêver… Le village, construit – si l'on en croit la tradition – à l'emplacement de Glérolles, détruit par les eaux, est aujourd'hui station de vacances moderne et en vogue. Les touristes y trouvent de nombreux hôtels, restaurants, pensions, magasins et boutiques, banques, piscines et installations de sport. La proximité du lac aux rives enchanteresses offre au promeneur une gamme très riche de chemins de randonnée et des balades agréables. Sans oublier le Caveau des vignerons, où l'on peut joyeusement dissiper les fatigues d'une randonnée, par la dégustation des vins exquis du Lavaux…

Randonnée autour de la Cape au Moine

Cette promenade avec quelques difficultés, en montagne, relie deux mondes très différents: elle conduit du Pays de Gruyère, respectivement du Pays d'Enhaut, à partir de la dernière station du chemin de fer Montreux-Oberland bernois, sur l'autre versant de la chaîne de montagne où l'on découvre une vue étonnante sur le lac Léman et les Alpes de Savoie.

Les Cases–Col de Jaman–Pierra Perchia–Les Cases

Route		Altitude	Temps
1	Les Cases	1111 m	—
2	La Joux	1354 m	0 h 45
3	Col de Jaman	1512 m	1 h 30
4	Cabane du Corbex	1720 m	2 h 15
5	Pierra Perchia (col)	1860 m	2 h 35
6	Joux des Heures	1611 m	3 h 15
7	Combe d'Allières	1356 m	3 h 45
8	Les Cases	1111 m	4 h 30

Nous quittons la station MOB **Les Cases** (halte sur demande), grimpons vers l'entrée du tunnel, à travers forêts et pâturages, au *Chalet des Cases*. A cet endroit, les chemins se ramifient, à gauche pour Chenaussanne, à droite par la Combe d'Allières. Nous montons en ligne droite par les pâturages, sur le chemin d'alpage qui vient de notre droite, ou en choisissant librement les raccourcis pour atteindre l'alpage et la cabane de **La Joux,** qui fait partie de la commune de Montreux. Derrière la station inférieure du téléski (la station supérieure se trouve 400 m plus haut, c'est-à-dire sur la ligne du chemin de fer des Rochers de Naye) le chemin monte sur le pâturage alpestre parsemé d'arbres et de bosquets. Nous arrivons au **Col de Jaman,** but d'excursion fréquenté qu'on peut atteindre facilement de Montreux par automobile. Face à nous, dans la profondeur, on voit le lac Léman, et par-dessus ses eaux le regard s'élève à l'ouest sur le Jura, et par-dessus la Dent de Jaman sur les Montagnes

A l'air pur des hauteurs dominant le Léman...

de Savoie. De la place de parc, avant l'auberge de montagne, nous marchons en direction nord, nous contournons la grande bergerie au toit de bardeaux, dans un virage à gauche et nous montons bientôt par le chemin supérieur dans la pente escarpée qui s'incline de la crête sud de la *Cape au Moine* dans le Vallon des Verraux. Pendant la semaine, on rencontre de temps à autre à cet endroit des camions transportant les ouvriers qui, à une altitude vertigineuse, construisent ou entretiennent les ouvrages de protection contre les avalanches.

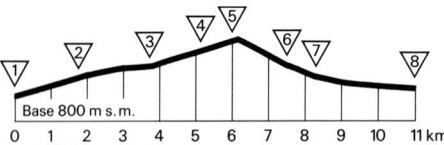

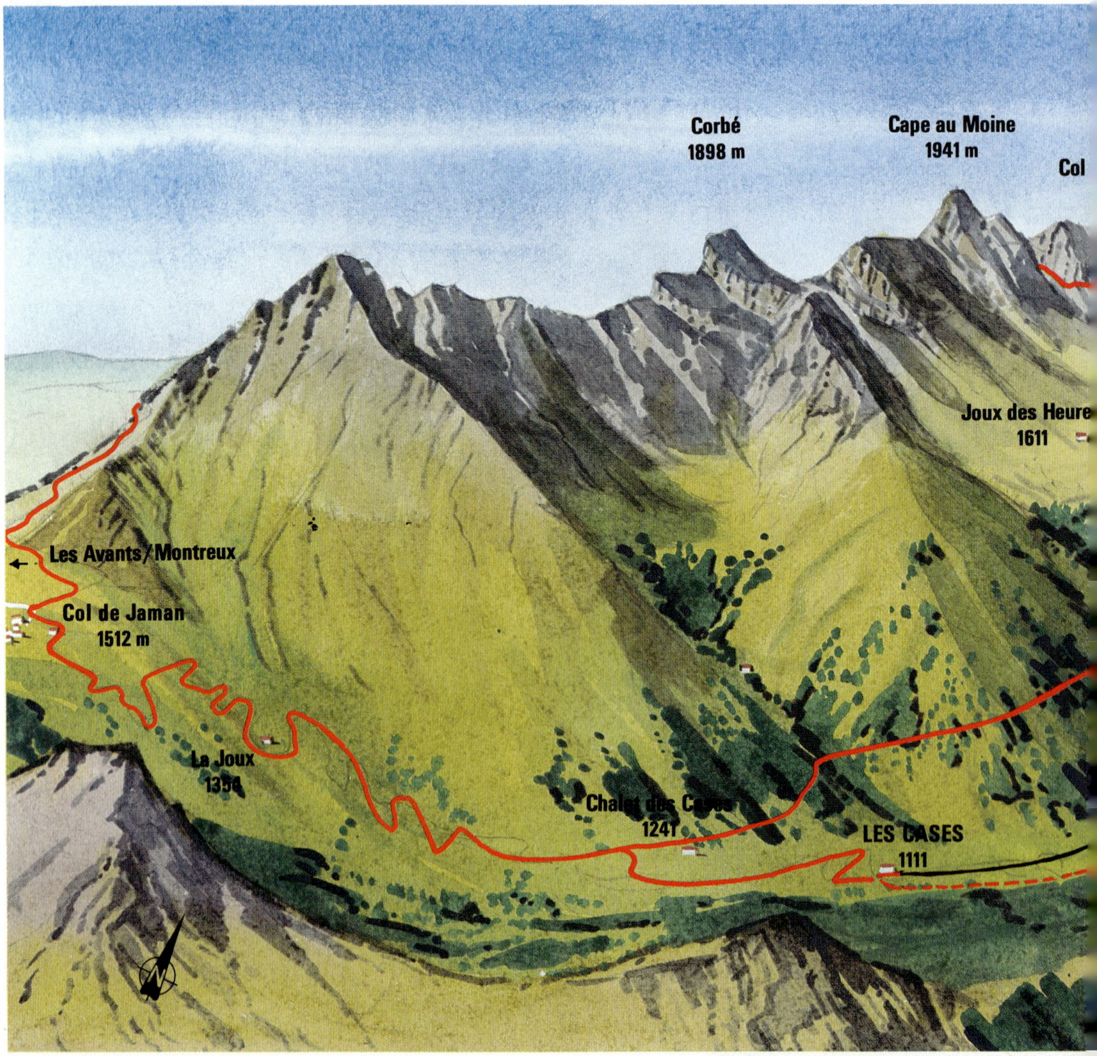

Une petite route conduit jusqu'à la **Cabane du Corbex,** après quoi, au delà du refuge ouvert aux promeneurs, le chemin se rétrécit jusqu'à devenir sentier de montagne pour nous conduire au **Col de Pierra Perchia,** au nord de la *Cape au Moine.* La crête se prolonge au nord par le Vanil des Artses, la Dent-de-Lys et – après une bifurcation – d'un côté au Vanil Blanc, de l'autre au Moléson. Sur le flanc est du col, nous voyons dans les profondeurs une cuvette rocailleuse à première vue impraticable. Le balisage continu et bien visible nous permet cependant de risquer une descente sans crainte. Un point jaune, un peu plus loin, nous invite à obliquer à droite par une petite crête que nous franchissons pour rejoindre, par les pâturages des **Joux des Heures,** la **Combe d'Allières.** Après la grande bergerie, nous suivons une bonne route d'alpage descendant jusqu'au *Chalet des Cases* avant de revenir à la station du chemin de fer **Les Cases.**

P Aller par automobile personnelle, par Montbovon jusqu'à Allières. Places de parc au bord de la route avant le croisement avec le ruisseau. Montée à Les Cases, 15 min. Aller de Montreux au Col de Jaman. Grande place de parc au col. Un désavantage pourtant: la randonnée après une très longue descente se termine par une montée difficile. Il n'est pas non plus favorable de parcourir l'itinéraire en sens inverse et de commencer par une longue descente.

Le village de Montbovon est blotti dans un large creux du terrain, entre les chaînes du Vanil Noir et de la Dent de Lys, sur le parcours autrefois important pour le commerce entre la Gruyère et le Simmental, par le Pays d'Enhaut.
Au-dessous de l'église néo-romane St-Grat édifiée à la fin du siècle passé, on aperçoit au milieu d'un groupe intéressant de maisons une belle bâtisse de l'année 1725: elle a été construite pour le Venner (commandant du district) de Montbovon, A. Jordan, avant de devenir auberge. La façade comporte une longue inscription qui énumère également les noms des propriétaires de cette maison.

Roches dentelées et mer de brouillard: Connaissez-vous un instant plus passionnant, dans une randonnée en montagne, que prendre de vitesse le brouillard montant de la vallée et se retrouver au-dessus d'une blanche étendue floconneuse, sur les hauteurs, en plein soleil? C'est une joie qu'on peut vivre à Pierra Perchia, d'où le coup d'œil par-dessus la mer de brouillard est vraiment impressionnant.

Rochers de Naye et Cape au Moine

La montagne mondialement célèbre, les Rochers de Naye, est très visitée. Chaque année, des milliers de gens s'y rendent par le funiculaire Montreux/Territet–Glion et de là par le chemin de fer à crémaillère jusqu'au sommet, pour jouir du panorama.
La Cape au Moine est d'un accès moins difficile, mais elle est moins connue: c'est un sommet qui fait partie de la crête qui s'étire des Rochers de Naye, vers le nord, jusqu'au Moléson. L'altitude est d'une centaine de mètres inférieure et ne doit être atteinte qu'avec un guide, et encordé. Mais le panorama, même du col au pied de la montagne (1860 m) est tout aussi beau et tout aussi captivant. Tout en bas, le lac Léman, entre Villeneuve et Montreux, et par-dessus les hauteurs boisées des Avants, Le Cubly, Le Folly et Le Molard. Le coup d'œil s'achève au loin sur la rive savoyarde du Léman, et au nord sur le paysage tout en collines du canton de Fribourg.

Col de Jaman

Le chemin qui relie Vevey, Montreux et Les Avants à la Gruyère, par le Col de Jaman, était déjà un passage très fréquenté au temps passé. Pourtant, son intérêt flancha avec l'ouverture de la voie ferrée du MOB Montreux–Montbovon, puis Montbovon–Châtel-St-Denis par Bulle. Le tunnel, ouvert au trafic en 1902, sur une longueur de 500 m environ, passe sous le col à une altitude de 1118 m, autrement dit 400 m au-dessous du passage sur la montagne. Plus bas encore, une autre galerie a été creusée pour conduire les eaux de source du Pays d'Enhaut vers les rives du lac Léman.

Agréable randonnée, du village de vacances de Charmey (nomen est omen!) au sommet du Vounetse puis dans la vallée où coule le ruisseau de Javro et où la chartreuse de la Valsainte apparaît comme une petite cité médiévale enfermée dans ses murs. La télécabine Charmey–Vounetse offre une alternative bienvenue au promeneur fatigué avant la fin du parcours…

Charmey en Gruyère–Vounetse–Pré de l'Essert–Charmey

Route		Altitude	Temps
1	Charmey 🚌 🚡	887 m	—
2	La Vatia d'Amont	1300 m	1 h 15
3	Tissiniva 🏠	1474 m	1 h 45
4	Vounetse 🏠	1610 m	2 h 10
5	Poyet Riond	1384 m	2 h 40
6	Pré de l'Essert	1181 m	3 h 25
7	Les Reposoirs	1015 m	4 h
8	Charmey 🚌	887 m	5 h

Au centre de **Charmey,** le panneau indique à droite et au sud-est du village le chemin de Vounetse, par les Arses. Nous longeons la rue jusqu'aux dernières maisons à gauche. Là, nous commençons à monter, à gauche encore jusqu'à la haute grille d'un parc aux cerfs, nous suivons cette clôture à droite, par un étroit sentier herbeux, sous les vestiges de l'ancien château construit vers 1250 par les nobles de Charmey.
Par une route alpestre, nous atteignons bientôt la cabane de *Montminard* (1045 m).
Le parcours, le plus souvent montant, suit à partir d'ici la crête de temps à autre boisée sur un sentier herbeux, un sentier forestier ou une petite route alpestre, mais à l'écart de toute route goudronnée. Le balisage est continu: la certitude de rester toujours sur le bon chemin ajoute à l'agrément de la randonnée.

Sommets et magnifique vue sur le Pays fribourgeois

On ne met pas deux heures pour atteindre la cabane de **Tissiniva,** dans l'ensellement sous le sommet du **Vounetse.** Le dernier tronçon du chemin, jusqu'à l'attrayant *restaurant de montagne,* paraît plus court et plus facile que dans la réalité: nous avons de toute manière bien mérité un instant de répit, un rafraîchissement et la splendide vue qui s'offre à notre regard.
Au sud se dressent les cimes élancées des Dents Vertes, derrière lesquelles la Jogne (Jaunbach) coule vers le lac de Montsalvens. A l'ouest, coup d'œil sur la Gruyère, avec Broc, Bulle et dans la plaine le lac de la Gruyère. Au nord enfin s'élève La Berra, à l'est les rochers à pic et crêtes du Patraflon.
La saison d'hiver est ici très animée:

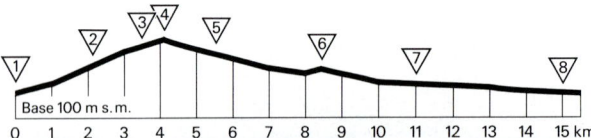

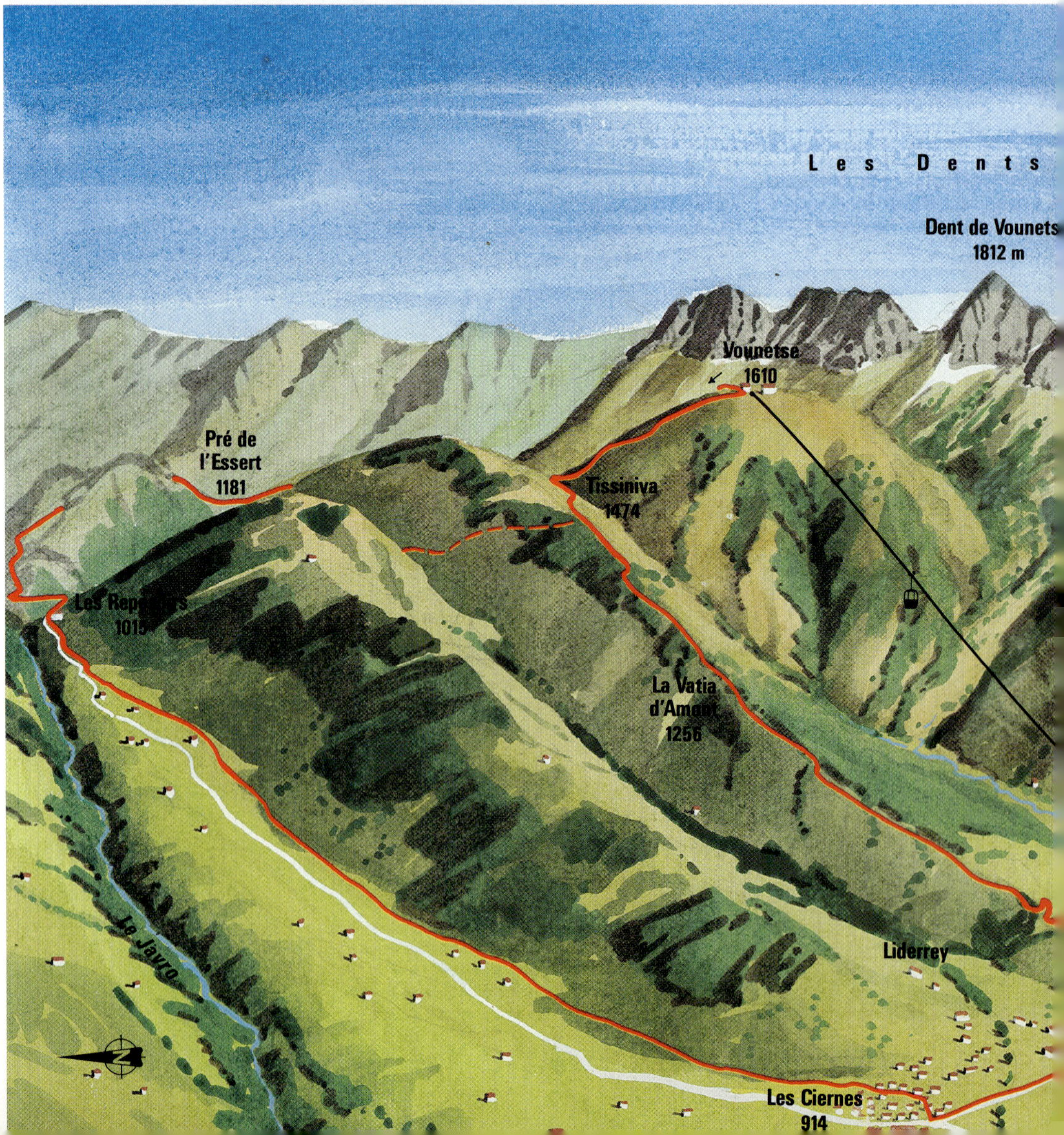

en plus du télésiège, quatre téléskis sont en activité dans cette région. La descente est paisible. Le chemin se dirige au sud, autour du sommet, suit sur quelque distance le tracé du téléski et s'abaisse vers la route alpestre près de la station inférieure du téléski médian. Nous longeons cette route pour aller à la cabane **Poyet Riond** et descendre par Chalet Neuf dans la vallée solitaire, à *La Chapalleyre,* malheureusement sur un parcours le plus souvent goudronné. On peut s'en écarter un instant, en faisant le détour par **Pré de l'Essert** à proximité de la chapelle, pour gravir les hauteurs. La descente se poursuit alors par forêts et pâturages. On a de la route une belle vue sur le couvent de La Valsainte, véritable petite cité cloîtrée dans ses murs. A partir du pont, dans la forêt, le chemin retrouve un revêtement naturel.
Après la ferme des **Reposoirs,** nous traversons un étroit rideau d'arbres pour trouver à gauche l'accès à une nouvelle ferme, *Les Blancs Ruz.* Un chemin romantique s'ouvre à gauche, parcourant la pente parallèlement à la route jusqu'aux *Ciernes.* Le parcours ombragé n'est – hélas! – bien praticable que par temps beau et sec. Nous passons par la zone de villas des Ciernes et à l'ouest du hameau de Liderrey, pour reprendre le chemin du retour à **Charmey.**

 Places de parc au village, à proximité de l'église et à la station inférieure du télésiège.

Montée par l'itinéraire décrit, retour par télécabine. Pour les montagnards chevronnés, la montée à la Dent de Vounetse (1812 m, 1 h) sera sans doute pleine d'attraits. Descente de Vounetse jusqu'à la lisière de forêt sous Tissiniva, de là en suivant le balisage par la Chaux du Vent et Les Reposoirs, pour revenir à Charmey par des chemins en majeure partie naturels. On peut également utiliser la montée par Les Arses, où l'on admire des maisons paysannes du 18ᵉ siècle (nᵒˢ 111–114), mais cet itinéraire conduit sur des chemins à revêtement dur, jusqu'aux Arses et à Ganet d'Avau, puis par des chemins de pâturages et une montée escarpée à Gros Ganet et, sous les Dents Vertes, au Vounetse. Aux mois de septembre et octobre, la télécabine ne fonctionne que les dimanches de beau temps, au mois d'août tous les jours.

 Avec ses télécabines, télésièges et téléskis, Charmey est devenue une station recherchée de sports d'hiver. Les parcours de ski nordique dans la vallée, en direction de Bellegarde et des Ciernes, contribuent également à cet engouement pour les sports d'hiver.

Carte d'excursions pédestres
La Gruyère

Guide pédestre
Pays de Fribourg

Charmey: La modeste station réputée pour son air pur, dans l'est de la Gruyère, s'est développée ces vingt dernières années pour devenir un lieu de séjour et de vacances plus connu et plus attirant. Il vaut la peine de visiter l'église St-Laurent, citée pour la première fois en 1228 dans les documents historiques. Les stalles sculptées du chœur datent du 17ᵉ siècle, les autels du 19ᵉ siècle.
A part les remarquables maisons paysannes du 18ᵉ siècle aux Arses, le visiteur de cette région devrait porter aussi quelque attention sur la maison nᵒ 27, proche de la route cantonale: sa façade décorée porte le millésime 1716.

La Valsainte

**Une grande partie des régions situées sur le flanc sud de La Berra et sur les deux rives du torrent sauvage Le Javro appartenaient autrefois aux nobles de Corbières, qui en 1294 firent donation de la vallée du Javro à l'Ordre des Chartreux. Les terres devaient être défrichées et un cloître érigé à cet endroit. La Valsainte a été fondée en 1295. Les religieux qui y vivent aujourd'hui observent des règles strictes: contemplation, silence absolu, prières, lectures et étude, offices diurnes et nocturnes, isolement, travail intellectuel et manuel, jeûnes sévères.
On ne peut visiter dans le couvent que la chapelle Notre-Dame de la Compassion.
La Valsainte a eu une histoire mouvementée. A deux reprises – 1380 et 1732 – le couvent a été détruit par des incendies; les bâtiments actuels sont dans les grandes lignes tels qu'on les a reconstruits en 1734. L'église date de 1868, époque à laquelle les religieux du cloître voisin de La Part-Dieu, près de Gruyères, vinrent de l'endroit où ils s'étaient réfugiés lorsque le couvent de La Valsainte a été supprimé en 1778. Pendant la période des invasions françaises, les religieux durent abandonner le couvent. Le gouvernement fribourgeois le supprima une fois encore en 1811, mais en 1861 une autre décision gouvernementale permit le retour des Chartreux. Le couvent abrite aujourd'hui l'église, des bâtiments avec une quarantaine de cellules, chacune avec atelier et jardin, une trentaine de chapelles, la salle capitulaire, une grande bibliothèque avec musée.**

Randonnée prometteuse sur des chemins forestiers et d'alpages riches en points de vue

La région du lac Noir n'est pas seulement un endroit où se pressent les touristes, pour un séjour estival ou la pratique des sports d'hiver: c'est avant tout un point de départ pour des randonnées qui valent la peine. Le contraste des couleurs est inattendu: voiles blanches sur le lac sombre et secret, entouré de rochers altiers et de coteaux boisés.

Schwarzsee–Breccaschlund–Patraflon–Schwarzsee

Route		Altitude	Temps
1	Schwarzsee-Bad	1050 m	—
2	Seeweid	1060 m	05
3	Unteri Rippa	1373 m	1 h
4	Oberi Rippa	1545 m	1 h 30
5	Bremingard	1664 m	2 h
6	Crête du Patraflon	1888 m	2 h 40
7	Ober Recardets	1460 m	3 h 40
8	Unter Recardets	1300 m	4 h
9	Schwarzsee-Bad	1050 m	4 h 40

Du **lac Noir/Les Bains**, le promeneur atteint le **Seeweid** par la route qui passe au large de la station inférieure du télésiège de Schwyberg.

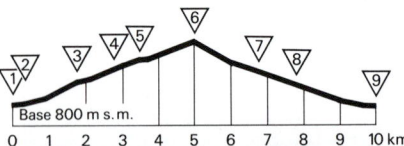

L'itinéraire des Préalpes fribourgeoises propose ici une montée au nord-est, d'abord très facile, ensuite plus escarpée dans la pente sud-est des Recardets. Plusieurs passages ombragés en forêt atténuent les efforts de la montée dans le soleil du matin. On parvient presque sans s'en apercevoir, par la Rippe, dans la large cuvette de la *Breccaschlund,* après avoir chaque fois choisi, entre toutes les bifurcations, les sentiers supérieurs. Une couronne de sommets rocheux – de la Spitzflue, par Chörblispitz et Schopfenspitz, Pointe de Balachaux et Patraflon jusqu'à la crête des Recardets – entoure les pâturages alpestres dans la large dépression de terrain qui fait encore partie de la commune très étendue de Charmey. De la cabane **Unteri Rippa,** nous observons toute la vallée supérieure parsemée de boqueteaux et de lapiés. A l'est se dresse le rempart imposant du Kaiseregg. Près de la fontaine, derrière la cabane, nous suivons le balisage jaune, à droite en montant vers la croix et la statue de la Vierge. Les roches marquées de peinture jaune indiquent le chemin à suivre. Après un quart d'heure de marche, ce chemin oblique immédiatement à droite et franchit un passage dans la barrière de pâturage avant d'aboutir à la cabane d'**Oberi Rippa.**

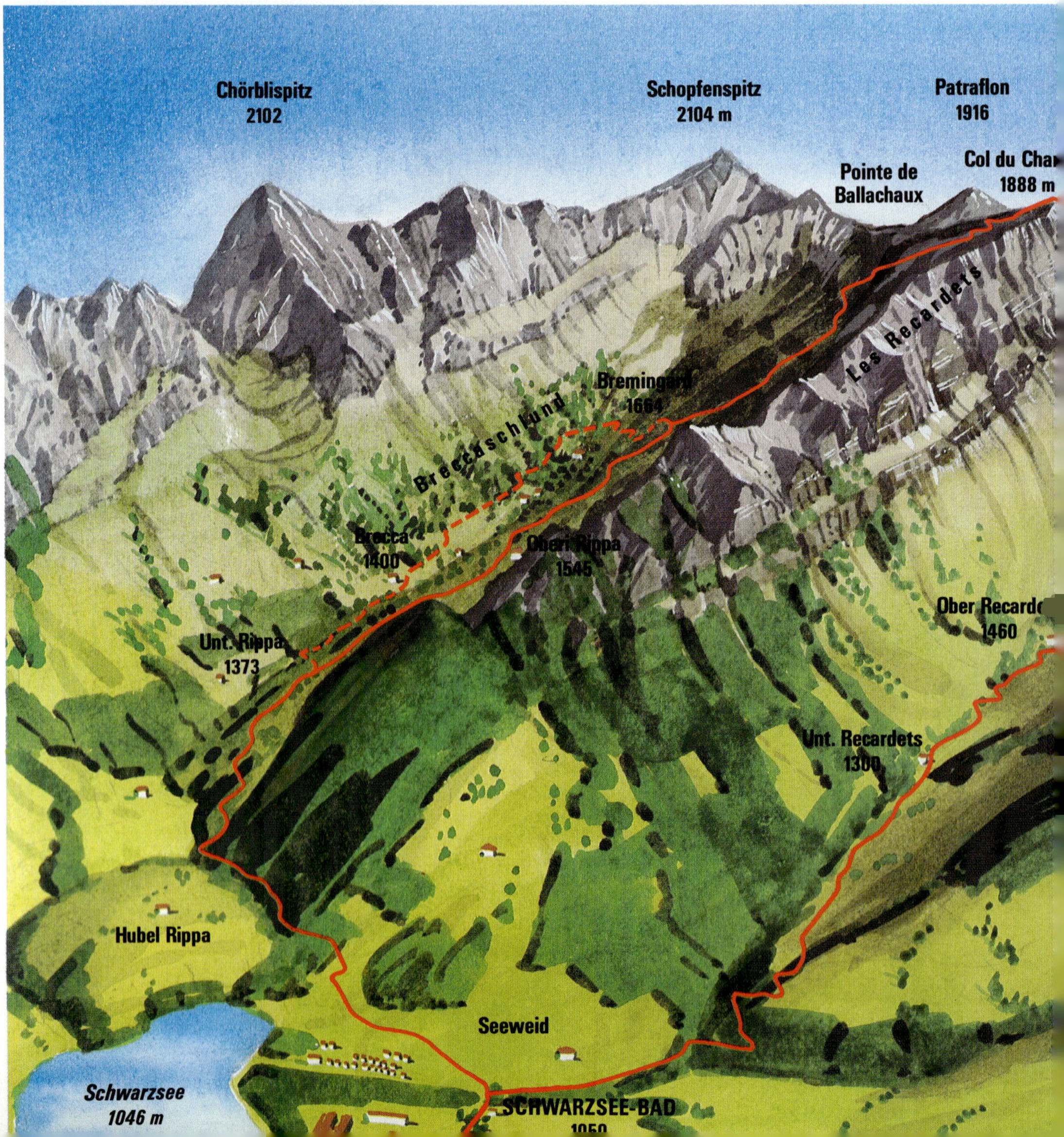

Le chemin des pâturages prend fin près de la bergerie de **Bremingard**; il devient chemin de montagne marqué rouge/blanc jusque sur les hauteurs du Patraflon. A l'ouest de Bremingard, nous descendons dans une légère dépression du terrain, franchissons au-dessus d'une citerne un passage dans une barrière de pâturage – toujours en suivant le balisage rouge/blanc – et nous montons progressivement dans la pente.

Une crête en plein vent – vue surprenante

Une nouvelle fois nous franchissons une clôture de pâturage et cheminons sur un bon sentier le long de la pente, jusqu'au moment où un dernier tronçon de chemin escarpé nous amène sur les hauts de la **Crête du Patraflon**. Le coup d'œil est surprenant, à l'ouest, sur la vallée du Javro et le couvent de La Valsainte que domine la silhouette connue de La Berra. On reconnaît aussi dans la vallée la région supérieure du lac de la Gruyère avec Broc, Bulle et La Tour-de-Trême, derrière un contrefort de La Berra. Un large pan de La Gruyère s'étend ainsi sous notre regard. Un détour au sommet tout proche du Patraflon dévoile le coup d'œil plus loin au sud, mais nécessite 45 minutes de marche, tout en étant recommandé aux connaisseurs expérimentés des chemins de montagne.

La descente côté nord de la crête est escarpée, mais très praticable. Il faut contourner par la gauche le bloc de rocher et la petite cabane qui précède; nous descendons alors entre éboulis et alpages fleuris à la cabane des **Recardets-du-Haut**. A partir de là, nous longeons un bon chemin alpestre vers les **Recardets-du-Bas** et, par les ombrages de la forêt, vers **lac Noir/Les Bains**.

Bifurcation
Unteri Rippa–Brecca–Cerniets–Bremingard 1 h 10

Carte d'excursions pédestres
Région du lac Noir

Guide pédestre
Pays de Fribourg

Au départ du lac Noir, il existe de nombreuses possibilités d'excursions de plus ou moins longue durée, par exemple: Promenade circulaire autour du lac Noir 1 h; lac Noir/Les Bains–Wälschi Rippa–Gypsera 1 h 30; Unteri Rippa–Brecca–Stierenberg–Wälschi Rippa–lac Noir/Les Bains 1 h 35; lac Noir/Les Bains–Guglervorsass–Fuchses Schwyberg/station supérieure 1 h 30

SP Le lac Noir est l'une des régions de sports d'hiver les plus connues des Préalpes. Les télésièges qui conduisent au Fuchses Schwyberg et à la Riggisalp permettent d'accéder à de belles pentes, où plusieurs téléskis complètent les possibilités offertes aux amateurs de sports d'hiver.

Patraflon: Le sommet est situé à 1916 m d'altitude dans la crête entre Pointe de Bremingard et Schopfenspitz (2104 m). Le flanc ouest plonge très abruptement dans la vallée du Ruisseau de l'Essert.
On jouit aussi, de la crête qui précède le sommet, d'une très belle vue sur la Gruyère, l'arrière-pays de Charmey avec la chartreuse de La Valsainte, Vounetse et finalement, au nord-ouest, La Berra.

Lac Noir

La naissance géologique du lac Noir est intéressante. A l'ère tertiaire, les ruisseaux d'Euschel, de Seeweid et autres avaient érodé un large bassin dans la région de contact entre les durs rochers calcaires et le tendre Flysch. A l'ère quaternaire, la vallée fut encore élargie par les glaciers. Les masses de glace se retirèrent à la fin des glaciations, tout en laissant une paroi morainique qui ferma la cuvette avec les autres pierres d'éboulis et d'avalanches. C'est derrière ce rempart que s'accumulèrent les eaux du lac. La Warme Sense, au courant plus chaud, rompt ce barrage naturel.

Le lac Noir, qui joue un rôle dans d'innombrables contes et légendes, tire son nom des teintes sombres de ses eaux. On rencontre sa première mention dans les documents historiques en 1076. Au cours des siècles, il prend plusieurs noms se rattachant pour la plupart à ceux qui en avaient la possession: Plaffeiensee, lac Domène, lac du Moine et autres. Au moyen-âge, la région appartient aux seigneurs de Planfayon (Plaffeien) et de Bellegarde (Jaun), en 1466 et de 1502 à 1504 il était bailliage de la ville de Fribourg. Le lac Noir a été méconnu pendant des siècles. Ce n'est que vers 1750, quand naît l'engouement pour les beautés alpestres, que le charme de la vallée fut révélé par quelques descriptions de voyages. Le captage des sources sulfureuses fit bâtir en 1784 le premier établissement de bains et contribua à une meilleure connaissance de l'endroit. La Gypsera, sur la rive nord du lac, rappelle qu'on a exploité et travaillé dans des moulins le gypse découvert à cet emplacement. Le lac Noir est aujourd'hui un lieu réputé de vacances estivales et hivernales.

Randonnée alpestre au pied du Vanil Noir

C'est le meilleur de ce qu'offre l'idyllique Pays d'Enhaut: une randonnée à 1800 m d'altitude, à travers les alpages au pied du Vanil Noir. Avec la certitude de découvrir de nombreux points de vue sur tout l'environnement montagneux proche et lointain, jusqu'aux neiges éternelles de l'Oberland bernois.
Pour qui veut allonger le parcours, la randonnée peut commencer déjà à Flendruz, au fond de la vallée.

Ciernes Picat–Paray Dorena–Ciernes Picat

Route		Altitude	Temps
1	Ciernes Picat	1168 m	—
2	Béviau d'en Haut	1429 m	0 h 45
3	Planex Dessous	1540 m	1 h 10
4	Dorena	1819 m	2 h
5	Paray Dorena	1680 m	2 h 20
6	Paray Charbon	1666 m	2 h 30
7	Charbonnet	1580 m	2 h 45
8	Pâquier Gétaz	1380 m	3 h 10
9	Ciernes Picat	1168 m	3 h 40

A partir du Café-Restaurant «Le Vanil», aux **Ciernes Picat,** nous longeons la petite route descendant vers le ruisseau du même nom et nous le traversons, pour monter par la chaussée goudronnée qui décrit un large arc de cercle, avant de rejoindre l'orée de la forêt. Notre parcours oblique alors à droite, sur un chemin de montagne escarpé et pierreux, mais bienfaisant aussi pour les pieds… En suivant le cours murmurant du ruisseau, nous atteignons la cabane inférieure de *Béviau,* d'où nous apercevons à l'improviste une large route. Le chemin montant en bonne pente par de nombreux lacets, la plupart du temps sous les ombrages forestiers, franchit un ruisseau latéral et nous amène à la cabane de **Béviau d'en Haut.** A cet endroit, un sentier pédestre conduit à droite, par-dessus le ruisseau qui descend en cascadant de Paray Dorena, puis en montant le long de la pente au pâturage *Le Crinson.* Par la gauche, devant la maison, nous cheminons dans les pâturages le long de la clôture, entre bosquets et arbres isolés, pour gravir constamment la pente qui conduit à l'alpage de **Planex Dessous.** De nombreuses failles traversent la pente, mais plus haut le rocher apparaît totalement nu; la pente s'infléchit brusquement vers le val du Ruisseau de Ciernes Picat, entre les Rochers de Rayes à l'est, et notre gauche la chaîne du Vanil Noir et la Dent des Bimis.
Le coup d'œil est grandiose, par-dessus la vallée calme des Ciernes, dans celle de la Sarine (Saane), et au sud-est sur les sommets rocheux qui entourent le Rüeblihorn et la Gummfluh.

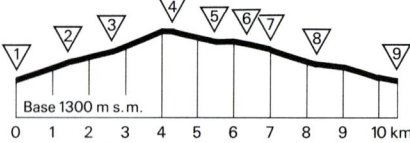

Après la bergerie, le chemin prend la direction nord et se perd dans les innombrables sentiers à vaches qui s'étirent à travers tout le pâturage. Dans le creux, une surprise attend le promeneur: d'innombrables terriers nous indiquent le gîte de marmottes.

Au royaume des marmottes

Avec un peu de chance, nous pourrons observer un instant l'un ou l'autre de ces animaux agiles, avant que le cri strident signalant un danger les fasse disparaître en un clin d'œil dans le sol.

Au plus tard devant la paroi rocheuse qui s'incline des hauteurs jusque dans la vallée, nous prenons définitivement la direction nord et nous grimpons, le plus souvent sans chemin ni sentier apparent, tout au long de la pente montageuse escarpée. Sur les hauteurs, à l'altitude de 1800 m, nous aboutissons à une étroite route alpestre qui descend à la cabane **Dorena** et à **Paray Dorena**. Mais il faut savoir savourer un instant de répit, pour s'étonner du superbe *panorama* qui se dévoile au regard. Derrière nous, le puissant bastion du Vanil Noir et toute la chaîne qui se déroule de la Dent des Bimis, par Vanil Noir, Vanil de l'Ecri, Pointe de Paray, Vanil Carré et Pointe de Cray, bien au-dessus de Château-d'Œx, jusqu'à Montbovon, dans le méandre de la Sarine. Face à nous, les Rochers de Rayes et la chaîne montagneuse dentelée, rappelant les Dolomites, qui se prolonge derrière la cime pointue de la Dent de Ruth, par la Wandflue, les Sattelspitzen et les Gastlosen. Au sud-est, le regard se porte sur la région de Gstaad, sur les hauteurs et sur les colosses de glace de l'Oberland, où l'on reconnaît le Wildstrubel et le Wildhorn, alors qu'au sud, derrière la Gummfluh, émergent quelques sommets des Diablerets.

Le chemin se déroule sur le tracé cahoteux et bientôt pierreux, par le *Chalet Dorena*, autour de la crête rocheuse et par les pentes rocailleuses et abruptes descendant vers Paray Dorena, dans la vaste cuvette sous Creux de Combe, au Vanil Noir. Rien d'étonnant si, en cours de route, nous devons laisser passage à une jeep ou à une motocyclette: même les chemins alpestres les plus ardus sont aujourd'hui praticables par les engins motorisés des livreurs à domicile!

Nous continuons notre itinéraire par **Paray Charbon**, pour aller à la cabane de **Charbonnet**. A chaque détour du chemin, nous jouissons d'une splendide vue sur le Pays d'Enhaut, et à chaque pas du calme bienfaisant de cette région à l'écart du monde. La descente qui fait suite est beaucoup plus malaisée, sur un chemin pierreux conduisant à **Pâquier Gétaz** et à la route goudronnée du *Béviau d'en Bas,* déjà parcourue, pour revenir à notre point de départ, **Ciernes Picat.**

Bifurcations

De la station MOB Flendruz, à travers le village, puis vers la gorge; de là, sur un chemin balisé, aux Ciernes Picat, 1 h.

La randonnée peut être raccourcie de moitié en choisissant de Paray Dorena le chemin direct descendant à Ciernes Picat, 1 h 15.

Chemin de fer Montreux-Oberland bernois (MOB): La ligne qui relie le Simmental au lac Léman, premier grand tracé à voie étroite, a été réalisée d'emblée pour la traction électrique. Le trafic entre Zweisimmen et Montreux a été ouvert en 1905.

La forte fréquentation de cet itinéraire confirme la vogue de ce chemin de fer qui traverse des paysages très variés, aussi différents que l'Oberland bernois, le Pays d'Enhaut qui le prolonge, et les rives du lac Léman. C'est toujours une grande impression – pour autant que la vue soit claire! – de sortir tout à coup du tunnel proche des Avants et de découvrir d'un seul regard les eaux miroitantes du lac Léman. Photo: Près de Flendruz, le MOB anime aussi le paysage des montagnes…

P Aller par automobile personnelle et par Château-d'Œx ou Rougemont à Flendruz, puis par une étroite route sur la rive ouest du Ruisseau de Flendruz jusqu'aux Ciernes Picat. Places de parc près du Café-Restaurant «Le Vanil».

L'histoire et l'évolution du chef-lieu de district *Château-d'Œx* se confond avec celle du Pays d'Enhaut. Les premiers habitants étaient gallo-romains et burgondes. Au 12e siècle existaient déjà une église et un château nommé Castrum Doyz. Le village a été détruit à trois reprises par le feu, en 1664, 1741 et le 28 juillet 1800. Un nouveau Château-d'Œx s'est bâti sur les ruines, aujourd'hui lieu de vacances et de sport en vogue.

Le territoire de la commune de *Rougemont,* dans la partie supérieure de la vallée de Saanen, s'étend jusqu'au Ruisseau des Ciernes Picat et à la frontière cantonale de la Dent de Bimis. Le village abrite beaucoup d'anciennes maisons de bois datant des 17e et 18e siècles, dont les façades sont décorées de frises sculptées, d'inscriptions et de peintures. L'église romane, datant de la fin du 11e siècle ou du début du 12e siècle, a été agrandie et restaurée.

Le château a été construit au 16e siècle, au temps des baillis bernois, sur les vestiges d'un ancien Prieuré; on l'a totalement restauré après un incendie en 1974.

Le Pays d'Enhaut

Cette région du canton de Vaud englobe les trois communes de Rossinière, Château-d'Œx et Rougemont, donc la vallée médiane de la Sarine (Saane), du défilé du Vanel à l'est de Rougemont jusqu'au resserrement à l'ouest de La Tine. C'est aussi la région où plusieurs cours d'eau prennent leur source. Depuis l'effondrement de l'ancienne Confédération des XIII cantons, lorsque les frontières, en 1798, ont été dessinées sur de nouveaux critères de langues, la limite entre Berne et Vaud passe au Vanel. Le Pays d'Enhaut était auparavant, pendant presque deux siècles et demi, possession bernoise après qu'en 1555 le vif et joyeux comte de Gruyères avait dû céder son territoire aux Fribourgeois et Bernois. Une domination de 250 ans n'a pas rejeté la frontière des langues à l'ouest du Vanel, et le tourisme intensif de notre époque n'a rien changé non plus dans cet ancien pays classique d'élevage et de bergeries. Depuis la construction du tronçon MOB Montreux–Les Avants, en 1901, le prolongement à Montbovon en 1903 et à Gstaad en 1904, le tourisme a pris plein pied dans cette vallée de montagne et conditionne depuis lors toute sa vie, en particulier à Château-d'Œx et Rougemont.

Le Vanil Noir

C'est le sommet dominant de toute la chaîne des «Vanils», le point de vue le plus beau sur les Alpes fribourgeoises, mais pas le plus facilement accessible. La pente tombe de toutes parts à pic. Le promeneur chevronné qui réussit l'ascension, de Grandvillard ou de Charmey (pas de montée dans l'itinéraire décrit) est comblé par l'incomparable vision. On découvre non seulement au nord et nord-est l'étendue du Plateau suisse, mais aussi et surtout les hautes sommités des Alpes bernoises et par derrière les sommets émergeant du groupe du Cervin.

Randonnée du village vigneron d'Ollon à travers les vignobles ensoleillés, et par la magnifique forêt du Glaive vers une région typique par sa végétation et son climat. Le but de cette excursion, sur les hauteurs des Ecovets, à proximité des stations de vacances de Chesières et Villars, est une région qui malgré sa renommée n'est pas encore prise dans le tourbillon et la hâte d'un tourisme envahissant mais encore un endroit idéal pour la randonnée à pied.

Ollon–Les Ecovets–Ollon

Route		Altitude	Temps
1	Ollon	478 m	—
2	Panex	940 m	1 h 45
3	Les Planches	1220 m	2 h 45
4	Les Combasses	1260 m	3 h 05
5	Les Ecovets	1332 m	3 h 25
6	Huémoz	1020 m	4 h
7	La Pousa	746 m	4 h 30
8	Ollon	478 m	5 h 05

On atteint le village d'**Ollon** – au départ d'Aigle – par le chemin de fer à voie étroite qui relie Aigle à Monthey et Champéry, c'est-à-dire la ligne AOMC.

A partir de la gare ou de la place de parc toute proche, nous montons dans le village, jusqu'à la fontaine monumentale près de laquelle un tableau indicateur de randonnées nous montre le bon chemin. Près de la grande et de la petite fontaines murales, on prend le chemin de la Messe pour monter dans le village, par le bâtiment de la Coopérative viticole, et plus loin en passant près de deux autres fontaines. A la sortie supérieure du village, nous obliquons à gauche pour monter par le chemin des vignes, assez escarpé, vers la maison vigneronne. A cet endroit, un chemin s'écarte vers la droite, conduisant directement à Panex par Plan-d'Essert.

Vignes et végétation méditerranéenne

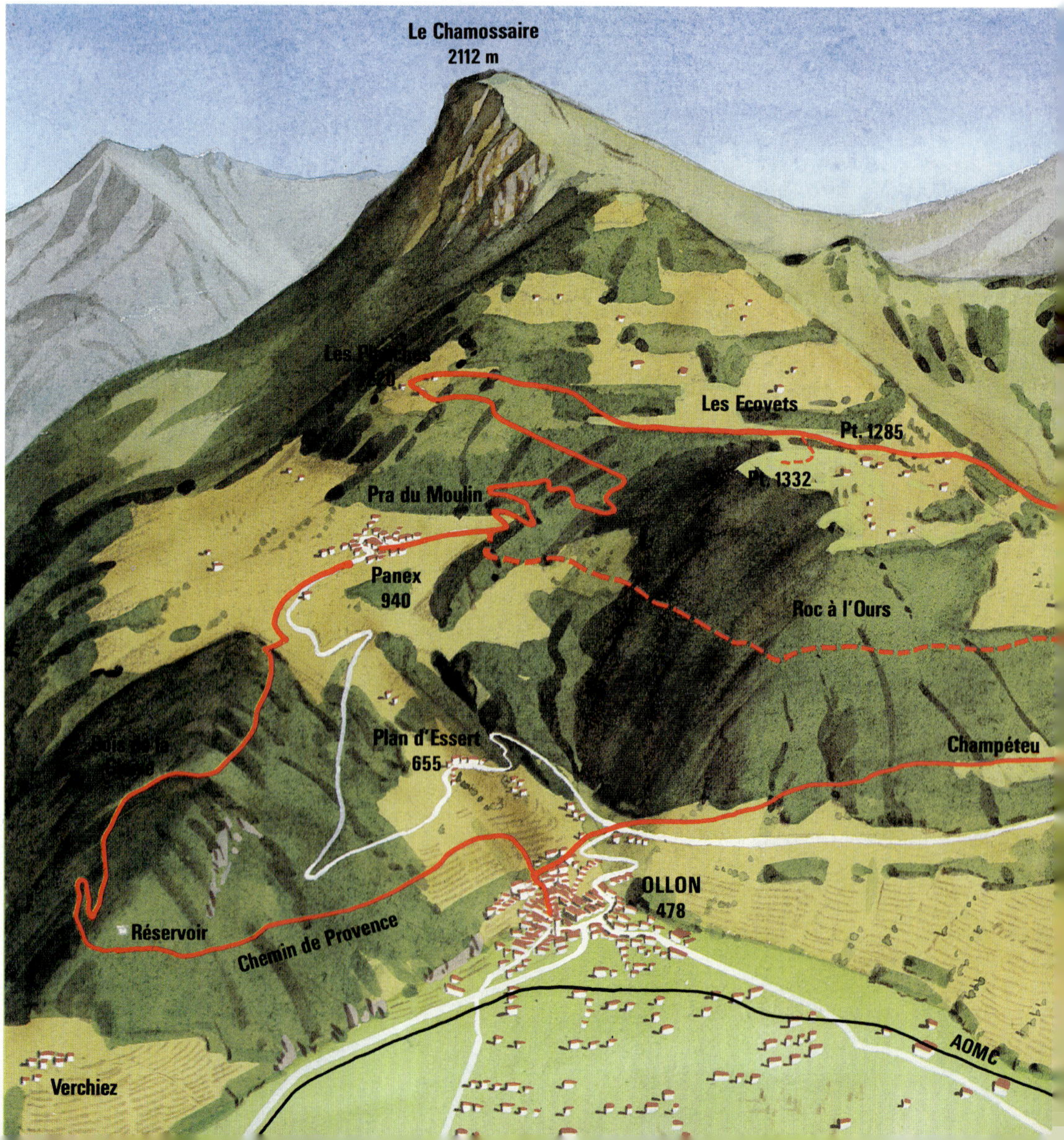

Pour notre part, nous continuons en ligne droite, pour pénétrer dans la forêt – après une petite cabane de vigneron –, non sans avoir auparavant jeté un regard en arrière sur Ollon et sur la plaine du Rhône. Le chemin abrupt se ramifie bientôt: nous restons sur le *Chemin de Provence* (où la végétation a vraiment une allure méditerranéenne), un chemin qui peu après oblique légèrement à gauche et vers le but final, Verchiez. C'est un beau parcours de crête sur lequel on découvre tant et plus de points de vue sur la vallée du Rhône et les montagnes environnantes. Par une région d'arbres et de bosquets, nous découvrons bientôt les contours du village vigneron de Verchiez, sur sa terrasse, 150 m au-dessus du fond de la vallée, au milieu

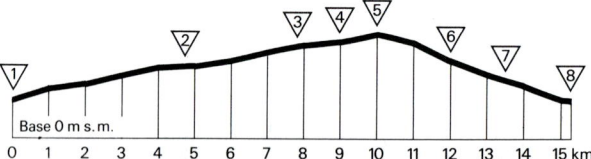

des vignes qui s'étalent au sud. Près d'un réservoir des eaux, notre chemin bifurque à droite, il devient sentier étroit et bien en pente pour conduire à la route goudronnée. Nous tournons à droite, puis autour du virage à gauche afin de continuer à grimper dans la pente. La petite route pourrait nous conduire également à Panex; nous devons pourtant choisir un chemin forestier agréable mais escarpé qui s'écarte légèrement à droite, quelque 650 m plus loin, celui qui passe par le *Bois de la Glaive* par les hauteurs et – dernier tronçon de route – nous amène à **Panex**.

La vieille et sympathique auberge invite à un moment de répit, avant la prochaine étape de notre ascension, qui nous laisse le choix entre deux possibilités. Un chemin raide, à gauche près de la fontaine, montant au nord-est, avec son revêtement naturel, court mais abrupt et difficile; l'autre, une route qui s'ouvre à gauche, près de la fontaine également et

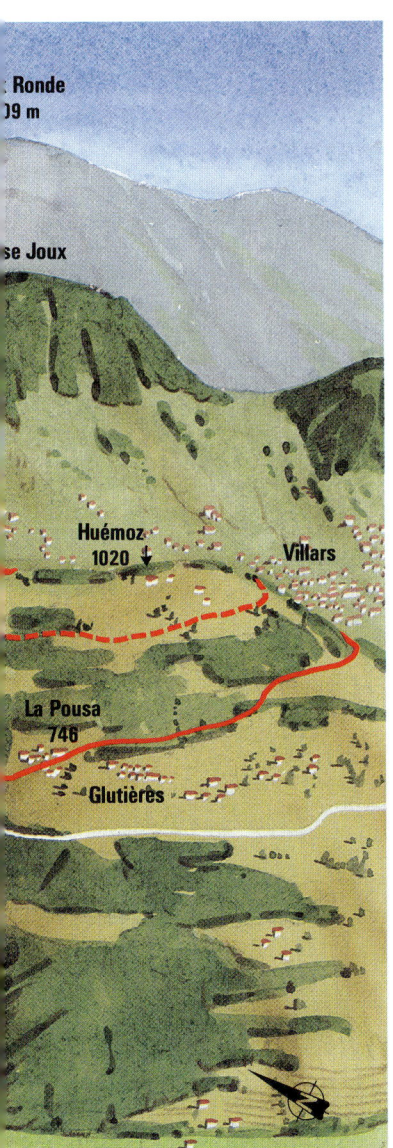

que nous utiliserons de préférence pour aller par Plambuit à *Pra du Moulin*. A cet endroit, nous longeons un instant la lisière de la forêt, sur notre gauche, mais pour tourner bientôt à angle aigu et à droite; nous cheminons tout au long d'une route pour monter d'abord par plusieurs virages, puis au nord en suivant la pente, jusqu'aux **Planches** et – après un dernier virage très fermé – aux **Combasses.** Le dernier parcours mène aux **Ecovets** et au point le plus élevé de la randonnée, à 1332 m d'altitude. La modeste auberge de campagne et quelques maisons de vacances semblent perdues, face aux grands villages de vacances voisins de Chesières et Villars, dont on ne remarque pas d'ici l'animation. Mais on profite en revanche – déjà depuis Les Planches – d'une belle vue panoramique sur la vallée du Rhône, les Alpes valaisannes et savoyardes, avec le Mont-Blanc et les Dents du Midi, sur le lac Léman et naturellement sur l'univers alpin vaudois. Au nord-ouest, on aperçoit Leysin et ses fameuses pentes rocheuses.

On découvre aisément l'itinéraire de descente, qui est toutefois et par endroits encore plus abrupt que la montée. Aux dernières maisons des Ecovets, nous choisissons à droite de la route un chemin qui nous amène en une petite demi-heure à **Huémoz.**

A la sortie sud du village, nous quittons la route par la gauche, pour la traverser une fois encore plus loin et

Le séjour mérite d'être prolongé un peu pour découvrir à Aigle un musée intéressant: le Musée suisse de la vigne et du vin. Ouvert d'avril à octobre.

A l'ouest d'Ollon s'élève la colline de St-Triphon, à 110 m au-dessus de la vallée du Rhône. Le village est connu par des carrières d'où est extrait une roche calcaire similaire à un marbre ble foncé, transportée autrefois par miliers de chargements en Suisse et à l'étranger.

La colline de St-Triphon jouait aussi depuis les temps anciens un rôle important de forteresse naturelle, contrôlant l'entrée de la vallée du Rhône. Les trouvailles nombreuses remontant à l'âge du bronze, de même qu'aux époques celtique et romaine, confirment la signification stratégique de cet endroit, sur l'antique voie d'Aventicum au Grand St-Bernard, et plus tard sur le chemin de pèlerinage à St-Maurice. On a trouvé à cet emplacement la pierre milliaire qui est enchâssée dans le mur de l'église d'Ollon.

On aperçoit sur la colline les vestiges épars du château cité pour la première fois au 12e siècle et démantelé en 1476. Le puissant donjon carré haut de 18 m et les ruines d'une double chapelle des 11e et 14e siècles ont résisté au cours du temps.

plus bas, et nous allons sur un bon chemin, partie en forêt, partie en lisière, et par **La Pousa** nous rejoignons **Ollon.**

Bifurcations
On peut se rendre à Panex par automobile postale ou par automobile personnelle. Randonnée selon description par Les Ecovets jusqu'à Huémoz et retour à Panex sur route en forêt, 3 h.
Possibilité de revenir également de Chesières/Villars (20 min. des Ecovets) ou d'Huémoz (automobile postale pour Ollon).

Guide pédestre
Pays de Vaud

Aux Ecovets: Un aspect vers Leysin et la Tour d'Aï.

Chemin de Provence: Le chemin de crête entre Ollon et Verchiez porte bien son nom: là croissent en effet, à côté du sapin rouge, du pin et du chêne, de grandes étendues d'éricacées qui donnent à la région des allures méditerranéennes.
Les pentes au sud-est d'Ollon sont connues des botanistes par la présence d'espèces caractéristiques de la garrigue valaisanne: Onosma pseudoarenaria, Astragalus monspessulanus, Scorzonera austriaca, Viola Steveni, Displachne serotina et l'andopogon inconnu ailleurs en Valais. Diverses espèces de grillons, la mante religieuse et quelques phalènes complètent ce milieu naturel aux allures du sud.

Ollon

Avec 6000 hectares de superficie, la commune d'Ollon est l'une des plus étendues du canton de Vaud. A part la vigne, on y soigne aussi des vergers. La situation bien abritée et le bon ensoleillement sont favorables à ces cultures et le climat permet même la maturation des châtaignes. Ollon est considéré comme l'endroit le plus chaud du canton de Vaud.

Le village est mentionné pour la première fois dans l'histoire sous le nom d'Aulonum, lors d'une donation du roi Sigismond de Bourgogne, en 516, à l'abbaye de St-Maurice. L'église d'Ollon date de 1466, une de ses cloches porte le millésime 1413. On admire sur le côté les effigies de saint Martin et saint Théodule; on conserve à l'intérieur une borne milliaire romaine qui porte gravé le nom de l'empereur romain Licianus Licinius, mort en 325. On a découvert dans les environs d'Ollon des témoins encore plus anciens du passé: tombeaux, vestiges de bâtiments et divers éléments remontant aux âges de pierre, du bronze, du fer et de l'époque romaine.

Champéry–Lacs d'Antème–Champéry

Le Valais, autrement…

La vallée latérale du Val d'Illiez, à la frontière savoyarde, offre une toute autre image que la vallée principale. Les pluies sont plus fréquentes, les pentes boisées retiennent les eaux. Le versant opposé est couvert, du fond de la vallée jusque sur les hauteurs, de forêts de résineux mélangés de hêtres. Notre randonnée nous conduit de cet endroit à travers les forêts du versant ombragé et dans les pâturages élevés, jusqu'à la région des sommets, au petit lac de montagne dans le voisinage des glaciers.

Route		Altitude	Temps
1	Champéry	1053 m	—
2	pt 1018 (La Vièze)	1018 m	0 h 20
3	Les Mosses	1471 m	1 h 40
4	Antème	1728 m	2 h 20
5	Lacs d'Antème	2032 m	3 h 10
6	pt 1980 (Arête de Sélaire)	1980 m	3 h 25
7	La Frâche	1226 m	4 h 45
8	pt 1018 (La Vièze)	1018 m	5 h 20
9	Champéry	1053 m	5 h 45

La randonnée qui commence à **Champéry** était déjà connue de tout temps mais ceux qui n'étaient pas de véritables et bons marcheurs se faisaient transporter à dos de mulet.

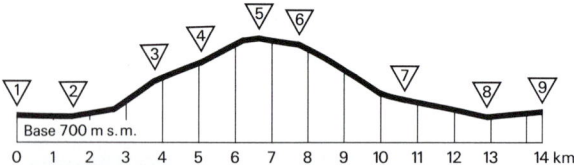

Nous prenons au contraire à pied, d'abord la route principale jusqu'au pt 1064. A cet endroit, nous obliquons à gauche pour arriver dans la partie du village appelée Vièze. Peu avant la lisière de forêt, nous tournons à gauche encore et franchissons la Vièze près du **pt 1018,** par un petit pont. Tout de suite après, il faut choisir le chemin de droite et rester ensuite sur celui qui, près du pt 1091, croise la route forestière des Rives. Près du calvaire, au lieu-dit *Les Planchamps,* nous obliquons à gauche, puis à gauche encore et enfin à droite.

La montée s'effectue en forêt et par de nombreux lacets, sur le chemin de lisière, jusqu'à la clairière derrière **Les Mosses.** A cet endroit, nous obliquons à gauche à travers bois et par une petite clairière, jusqu'au chemin forestier. Là, nous tournons à droite, pour trouver 200 m plus loin un étroit chemin. La montée sous bois est abrupte: elle franchit deux ruisseaux et traverse une région de pâturages jusqu'à l'**Alpe d'Antème.** Juste au-dessus des cabanes, le sentier conduit à une crête et au pt 1925, puis en pente moins prononcée aux **Lacs d'Antème,** à plus de 2000 m d'altitude.

Agréable repos

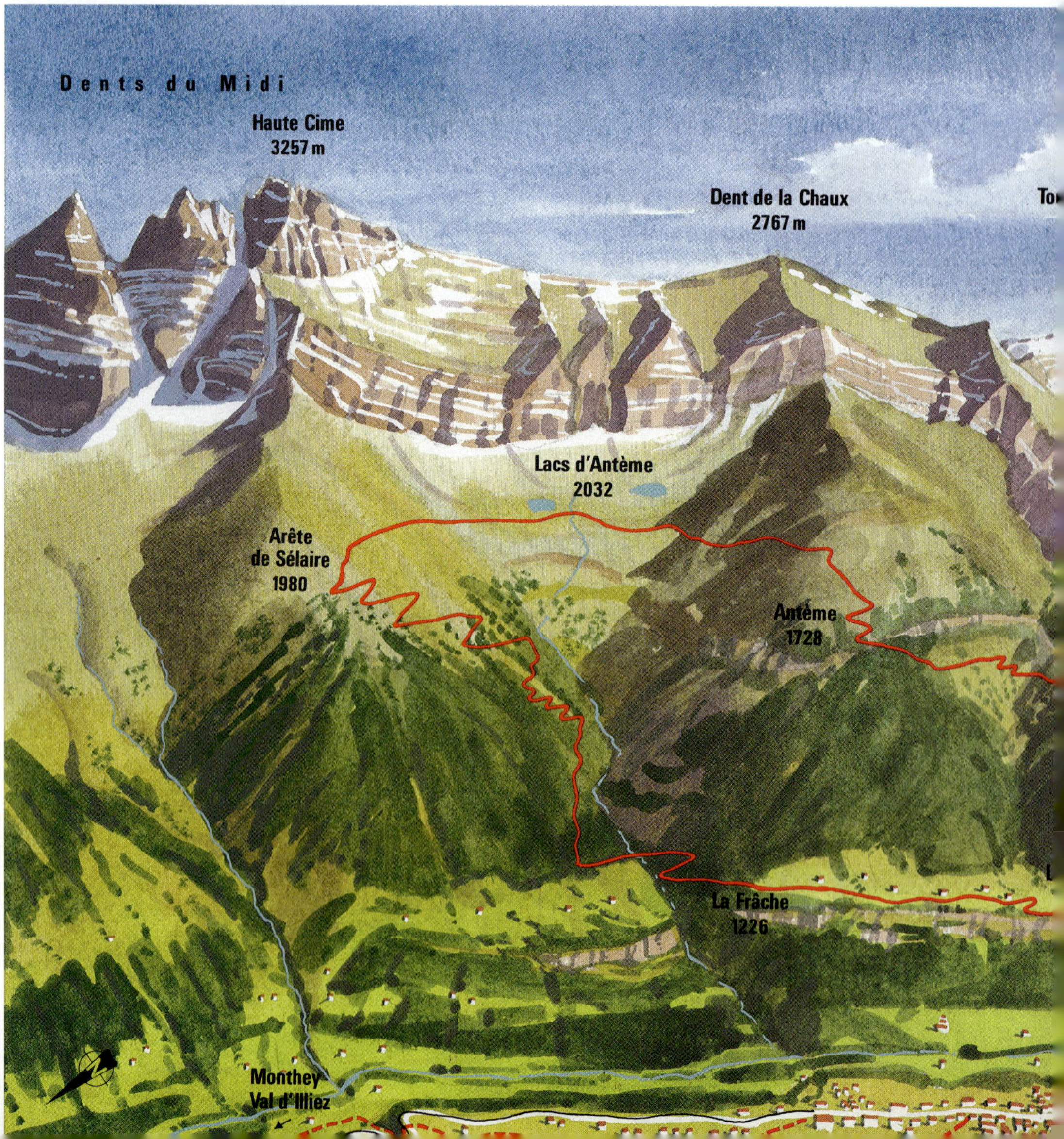

Le terrain plat de cette région de glaciers, avec ses trois lacs, est fait comme sur mesure pour une halte et un pique-nique. Toute proche de cet endroit, la nouvelle Capana, où l'on trouve en tout temps un refuge. Le Val d'Illiez s'étale largement devant nous, et au-dessus le paysage changeant semblable à la calme région des Préalpes. Mais en arrière, au-dessus des éboulis, se dressent les parois puissantes de la Dent de la Chaux et de la Haute Cime. Au creux de deux niches, on découvre les survivances de glaciers.

Pour la descente, nous prenons le chemin qui conduit d'abord, presque à plat, en direction nord vers l'Arête de Sélaire et au **pt 1980.** On découvre de cet endroit une vue impressionnante sur les glaciers environnants et sur le plus grand, le Glacier de Soi.

La descente plutôt abrupte – attention aux roches! – conduit en plusieurs courbes à travers la paroi de l'alpage à moutons de Sélaire, jusqu'à l'endroit où il rencontre un chemin. Nous le longeons sur une distance d'environ 200 m, en lisière de forêt, jusqu'à la prochaine intersection où nous découvrons un indicateur de route. A travers les buissons, un sentier nous amène à une petite route qui, par Tière, se déroule jusqu'à **La Frâche.** On suit dès lors la route forestière jusqu'aux Rives – les plus prudents en restant sur la route jusqu'au pt 1091 pour atteindre Champéry en direction nord – et des Rives par la charmante mais non sans danger *Galerie Défago* qui redescend en direction de Vièze avant de remonter à **Champéry.** La gare est à l'autre extrémité du village, direction Val-d'Illiez.

Itinéraire Val-d'Illiez–Champéry

On longe la route cantonale sur environ 300 m, direction Champéry; près d'un croisement de chemins où se dresse une pierre portant un crucifix au Christ de bronze doré, nous tournons à gauche. Le parcours descend légèrement par-dessus la voie de chemin de fer, au hameau de Play. A cet endroit, nous obliquons à droite (pt 901) pour franchir une nouvelle fois le tracé du TPC. Le chemin s'étire au-dessous de la route cantonale, à l'endroit – pt 938 – où elle franchit un ruisseau. Il faut alors choisir le petit chemin pédestre qui monte en pente vers le chemin de montagne près de Mivy, et continuer en direction sud, dans le terrain qui descend en pente mesurée. Après la traversée d'une forêt, sur quelque 300 m, un passage sur deux ruisseaux et entre des rochers, nous traversons le petit ruisseau sauvage Le Chavalet, avant de continuer par Les Arayes et Chavalet jusqu'à Champéry, 1 h 15.

SP L'élevage chevalin est une très ancienne tradition du Val d'Illiez. On peut louer des chevaux et participer à des randonnées à cheval en montagne. Renseignements aux offices du tourisme de Val-d'Illiez (tél. 025/77 20 77) ou Champéry (tél. 025/79 11 41).

Champéry dispose d'une piscine de plein air et d'une piscine couverte. Une des attractions de Val-d'Illiez est sans conteste la piscine thermale à ciel ouvert, dont l'eau – température 30°C – a fait surface pour la première fois en 1953, provenant de sources qui ont jailli tout à coup dans la Vièze et à ses abords. Le phénomène est à mettre vraisemblablement au compte d'une rupture de cavités lors de tremblements de terre.

L'église de *Champéry*, sous la dédicace de saint Théodule, apparaît très ancienne et vénérable, mais son style roman remonte au renouveau historique du tournant du siècle, qui a influencé le goût de l'architecte et de la paroisse lors de la restauration de 1898. On reconnaît les maisons de bois vraiment typiques de Champéry à leurs pignons tombant abruptement et à la pointe en forme d'éperon sous lequel une croix de bois inclinée salue ceux qui franchissent le seuil.

Champéry se trouve sur une large terrasse inclinée légèrement au sud-est. Au-dessus du village se détache le saillant escarpé de la galerie Défago (photo). De la plate-forme de Champéry le regard sur les coulisses rocheuses des Dents du Midi est impressionnant. Il n'est pas étonnant qu'un tourisme empreint de vénération pour le monde alpin soit ici de très haute tradition. Cela remonte à la fin du 18e siècle, lorsque dans la foulée naissante des sciences naturelles et plus particulièrement de la découverte des sciences terrestres, un alpinisme d'expéditions téméraires exerçait un attrait magique sur de larges couches de la population européenne la mieux informée.

Un pionnier de la découverte du monde alpin fut l'abbé Jean Maurice Clément (1736–1810), natif de Champéry, qui réussit en 1784 la première ascension des Dents du Midi.

Tourisme paisible et haute technique il y a cent ans

Les habitants du Val d'Illiez n'ont jamais été pauvres gens! Le sol est fertile, le climat favorable. La culture des champs n'assurait donc pas seulement et généreusement leur alimentation: on était aussi en mesure de commercialiser activement produits agricoles, bétail et bois.

La topographie de la vallée ne mettait aucun obstacle à ce trafic. On ne s'étonne donc pas que la construction d'une propre route, entre Monthey et Champéry, ait été décidée seulement en 1851, et que cette route cantonale n'ait été vraiment achevée que quatorze ans plus tard.

Mais cela ne signifie aucunement que le Val d'Illiez n'a pas vécu avec son temps: le tourisme n'est pas si nouveau qu'on pourrait le croire dans cette région. Depuis la fin du 18e siècle, on accueillait avec une remarquable hospitalité les admirateurs de ces paysages. Les gens ne mesuraient pas leur peine pour réussir, ils bénéficiaient de l'attention de la population et avaient pour les habiles éleveurs de bétail un grand respect. Les gens de la vallée ont d'autre part introduit sans aucune aide extérieure les nouveautés indispensables à l'exploitation touristique. C'est ainsi que Champéry était déjà éclairé à l'électricité en 1901, alors que des villes aussi modernes que Zurich n'avaient que la lumière des becs de gaz… Champéry avait décidé l'installation de l'électricité pour que l'hôtellerie dispose d'eau potable: comme la conduite de la source au réservoir aurait exigé une réduction de la pression, on avait alors construit une turbine. Aujourd'hui, une telle conception est encore considérée comme très à l'avant-garde dans le domaine des économies d'énergie; le Conseil communal de Champéry, il y a cent ans, était ainsi un véritable précurseur de notre temps.

Sion–Bisse de Clavau–St-Léonard

Au cœur des vignobles valaisans, voici une randonnée qui conduit de Sion, aux allures méditerranéennes avec ses collines, ses châteaux, ses églises, jusque sur les hauteurs d'où vient l'eau sans laquelle les merveilleuses vignes de cette région se faneraient au soleil valaisan. Le parcours est celui du très ancien bisse de Clavau et la descente à St-Léonard suit également le vieux tracé amenant l'eau. Au long de la paroi rocheuse, les étroits passages – facilement contournables et sans danger – nous montrent combien a été difficile le transport des «Heilige Wasser» (eaux sacrées, pour citer le titre du roman célèbre de J. Ch. Heer) vers la vallée.

Route		Altitude	Temps
1	Sion	491 m	–
2	Brasserie	560 m	0 h 30
3	Signèse	620 m	1 h 30
4	Ancienne centrale électrique	691 m	2 h 30
5	Les Planisses	731 m	3 h 40
6	St-Léonard	508 m	4 h 10

Au moment de quitter la gare de **Sion,** nous choisissons direction nord le cheminement sous la colline des châteaux de Valère et Tourbillon, par l'Hôtel de ville, l'église après le Grand Pont, pour monter dans la Rue du Rawyl jusqu'à la **Brasserie** valaisanne. A proximité du restaurant, un escalier (indicateur «Bisse de Clavau») désigne la montée au virage d'où le chemin conduit rapidement au bisse – conduite d'eau – dans les vignes. L'eau est amenée de la Liène. Le bisse a été construit en 1453 sur l'ordre de l'évêque, du chapitre et de la ville de Sion. Nous longeons l'ancien cours de l'eau à travers les vignes qui bientôt s'étagent au-dessous de nous, de plus en plus escarpées, jusqu'au cours du Rhône. Les vignobles de *Cochetta* et *Clavau* sont depuis très longtemps aménagés en terrasses; les murs de pierre sèches entre lesquels nous marchons sur la hauteur sont massifs. Plus loin, toujours en suivant le bisse, mais dans un terrain moins pentu, nous continuons jusqu'au-dessous de **Signèse.** La soif invite à gagner directement le joli village par un étroit sentier abrupt, passage plus court que celui par la route, en 10 min. à peine. Après une courte pause, on rejoint la descente le long du bisse, par *Les Granges.* La route «officielle» croise cependant l'itinéraire après Signèse et longe le bisse qui au-dessous des Granges et au-dessus d'une paroi rocheuse pénètre dans la vallée. On peut de cet endroit abréger sensiblement la randonnée en utilisant le sentier qui par endroits longe la bordure rocheuse, par le *Plan de Signèse* et l'*escalier de Maya* qui en 20 min. mène à St-Léonard.
Mais notre randonnée tout au long du bisse continue. Nous traversons la petite vallée de *Vos* (à cet endroit, nouvelle possibilité de descendre par

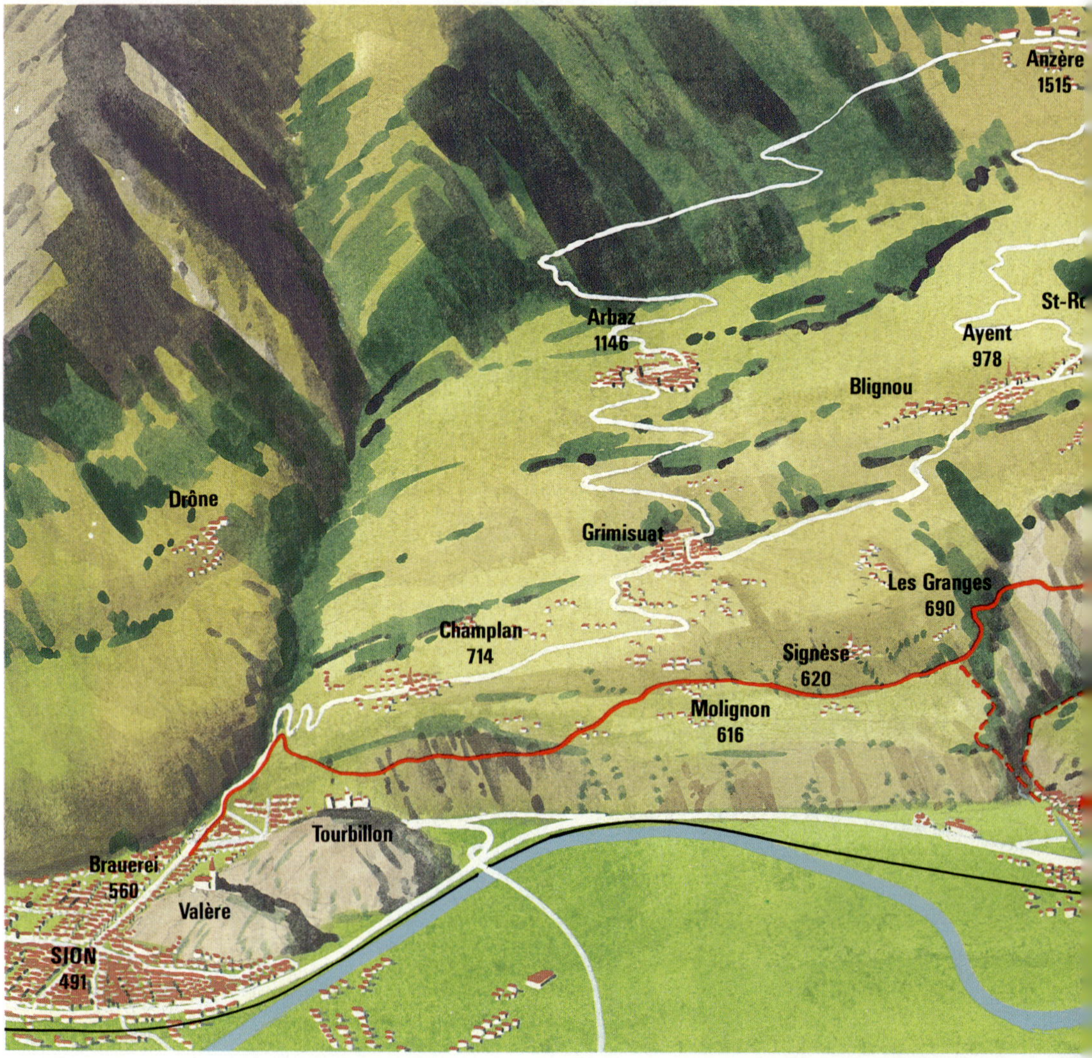

un chemin pédestre et une petite route de montagne directement à St-Léonard; même possibilité environ 850 m plus loin, près du pt 667). Le bisse contourné par une avancée du terrain, nous découvrons face à nous la colline d'Ayent et les vestiges de son château. Le bisse traverse une nouvelle petite vallée où le vignoble alterne sur les hauteurs avec des forêts. Peu après les derniers parchets arrosés par le bisse de Clavau jaillit de la montagne l'artère qui dispense l'eau vive. Le canal se déroulait autrefois à l'extérieur de la pente; le chemin qui le longeait existe encore: il composera notre prochain itinéraire. Pour qui veut abréger la randonnée, il existe de cet endroit, près de la conduite d'eau, un sentier en zigzags serrés, qui descend à la centrale électrique (15 min.). De là, 30 min. de marche suffisent pour rejoindre St-Léonard par la petite route de la vallée de Liène.
Peu avant le captage du bisse de Clavau, avec son mécanisme presque centenaire mais fonctionnant toujours, le chemin conduit par une galerie – lampe de poche utile! – puis monte sur une courte distance en forêt avant de redescendre aussitôt

Antiquités techniques et canal rocheux

vers une **ancienne centrale électrique** abandonnée sur le cours de la Liène. Nous traversons le cours d'eau et nous grimpons de 150 m environ par des lacets à travers la forêt. Près du pt 823 – indicateur de direction – nous obliquons à droite. Au-dessous de *Sarmona*, il faut se décider, si l'on veut rester sur l'itinéraire principal qui après quelque 600 m à altitude égale longe dans une paroi rocheuse le très vieux Bisse Léonin. Les passages les plus difficiles sont équipés de câbles, mais le parcours n'est pas recommandable à qui n'est pas habitué au cheminement dans les rochers ou est impressionné par le vertige. Variante plus douce: il suffit de grimper jusqu'au sentier qui par un terrain plus sûr conduit de la paroi rocheuse de Sarmona jusqu'au lieudit **Les Planisses.**
A l'extrémité de la paroi rocheuse, les grimpeurs trouvent facilement – indicateur de direction – le chemin qui mène au domaine des Planisses. La descente à **St-Léonard** se déroule dans les pentes du vignoble, en partie par un chemin pédestre, en partie par la route. La halte du bus, au centre de la localité, se trouve près du magasin d'alimentation Famila.

Sion est la plus importante station d'automobiles postales de toute la Suisse: 17 lignes, 460 km de réseau, 400 arrivées et départs quotidiens, 4 millions de passagers annuellement. Pendant la haute saison touristique, plus de 100 chauffeurs de cars postaux à la fiabilité légendaire et au savoir-faire éprouvé sont en route sur le réseau valaisan.

Au-dessous du vignoble qui domine la dernière partie de l'itinéraire, s'étend le plus vaste lac souterrain d'Europe. La *grotte St-Léonard* est ouverte en permanence de mi-mars jusqu'à fin octobre et des embarcations permettent de naviguer sur la nappe d'eau.

 Sion, cité aux origines très anciennes, est parsemée d'innombrables et vénérables monuments. Plusieurs musées proposent des collections d'archéologie, d'histoire et de sciences naturelles. Rareté exceptionnelle: les orgues les plus anciennes du monde – sur lesquelles on peut encore jouer bien qu'elles datent du 14e siècle – qu'on peut admirer et parfois entendre dans l'église de Valère.

Vin valaisan: Parler des vins suisses, c'est aussi parler du vin valaisan. Un bon 40% des vignes suisses croissent dans la vallée du Rhône et quelques vallées latérales. La région de Sion, qui produit 24% des vins valaisans, est le cœur de la viticulture du canton. Ce n'est pas sans raison que le grand centre de récolte et de mise en bouteille de la région, la Coopérative de production Provins, est implantée à Sion. Pour la variété des vins, toutefois, le Haut-Valais vient en tête. Dans les vignes très étendues de Sion, Ayent, Savièse, Grimisuat et St-Léonard en revanche, les «trois grands» occupent presque toute la superficie; Chasselas (qui donne le Fendant), Gros Rhin (Sylvaner vert qui donne le Johannisberg) et Pinot noir (qui donne, à part le Pinot noir au sens propre, Œil-de-Perdrix et Goron). Le Fendant – avec 60% de la production sédunoise – se taille la part du lion.

En conquérant les gazons secs

Au cœur de l'été, on reconnaît au premier coup d'œil, une région déboisée qui n'est pas exploitée, au versant sud de la vallée du Rhône, entre Viège et Martigny. Moment propice, pour la végétation qui est au repos. L'herbe est desséchée par le soleil, seules quelques spécialités des saisons arides croissent et fleurissent encore. On se trouve dans un terrain de gazons secs qui s'étire sur les terrasses et dans les pentes escarpées. Mais la vie continue, souterraine.
Le Valais est peuplé depuis toujours de gens qui cultivent la terre et qui pour rien au monde n'aimeraient changer de région. Le climat, grâce à un ensoleillement extrêmement fort, de hautes températures jusqu'à l'arrière-automne et des précipitations bien réparties, serait aussi idéal pour une production de plantes. Mais la pluie qui tombe pourtant régulièrement, ne suffit pas à compenser l'évaporation.
Le Rhône coule en bas, dans la vallée, et plus le temps se réchauffe plus les flots provenant des glaciers sont en crue. Mais jusqu'à la grande correction du fleuve, dans les années 1860, le cours d'eau était un «gaillard» peu sûr. On pouvait à peine se hasarder à bâtir au fond de la vallée. C'est ainsi que depuis des temps immémoriaux on a dévié certaines eaux dans les pentes cultivées, par des canaux artificiels, que les Bas-Valaisans ont appelés «bisses», souvent accrochés de manière acrobatique aux rochers et qu'il fallait régulièrement contrôler, réparer et améliorer. Dans le Haut-Valais, on les nomme «Suonen», ils ont leur pendant, les «Walen» dans la région du val Venosta, dans le Trentin-Haut-Adige.
L'irrigation par les techniques modernes domine évidemment aujourd'hui, mais quelques-uns de ces canaux anciens, les bisses, sont encore en activité. Les amateurs de randonnée savent les apprécier, car leur tracé est praticable, celui des conduites d'eau, pas du tout!

Isérables–Tracouet–Nendaz–Aproz

La randonnée que voici, splendide, nous conduit par un long parcours sur les hauteurs dominant la Vallée du Rhône. Au départ, un des endroits les plus étrangement situés de Suisse; à l'arrivée, la place traditionnelle des combats de reines et une source minérale renommée qui fait bon voisinage avec le pétillant fendant. Le parcours par les forêts et pâturages est des plus agréables. Les marcheurs qui en ont envie peuvent allonger l'itinéraire par un petit trajet vers les sommets, jusqu'à un plateau d'où la vue est étonnante.

Route		Altitude	Temps
1	Isérables	1105 m	–
2	Champroux	1402 m	0 h 50
3	La Dzora	1600 m	1 h 25
4	Prarion	1768 m	1 h 55
5	Balavaux	2050 m	2 h 40
6	Lac Noir	2171 m	3 h 05
7	Tsable Plan	1720 m	3 h 50
8	Basse-Nendaz	992 m	5 h 05
9	Cor	692 m	5 h 40
10	Aproz	492 m	6 h

On peut atteindre Isérables à partir de Riddes, si l'on préfère renoncer au téléphérique ou à l'automobile postale: un chemin pédestre nous y conduit en 1 h 30. A **Isérables**, nous choisissons le chemin carrossable que nous suivons de la sortie supérieure du village, au sud-est en biais dans la pente, vers le réservoir et la lisière de forêt près du pt 1233. A proximité du hameau de *Teisa*, nous traversons la route forestière et sur un autre chemin carrossable nous cheminons par **Champroux**, Tsouma et Eretta, puis en forêt jusqu'à la vaste clairière des mayens de **La Dzora**.

A l'orée même de la forêt nous obliquons à gauche dans le chemin pédestre et nous montons en suivant approximativement la voie directe vers l'alpage de **Prarion**, large et parsemé de mélèzes. On peut prendre un raccourci en utilisant à partir d'ici le télésiège de Tracourt. Au cas contraire, le chemin conduit vers un autre alpage plus escarpé, celui de **Balavaux**, dont les mélèzes isolés aux troncs multiples et aux branches nombreuses, portant large, donnent un ombrage appréciable au bétail. Certains des arbres ont un âge estimé à 800 ans.

Arolles, petit lac et restaurant

L'itinéraire continue en montant: nous bifurquons à droite, près d'un embranchement de chemins, en direction de grandes étables. Après quoi – 200 m plus loin – nous grimpons sur la gauche entre deux pans de forêt où croissent des arolles jusqu'à la haute plaine et au **lac Noir**, dans un large creux du terrain. Sur

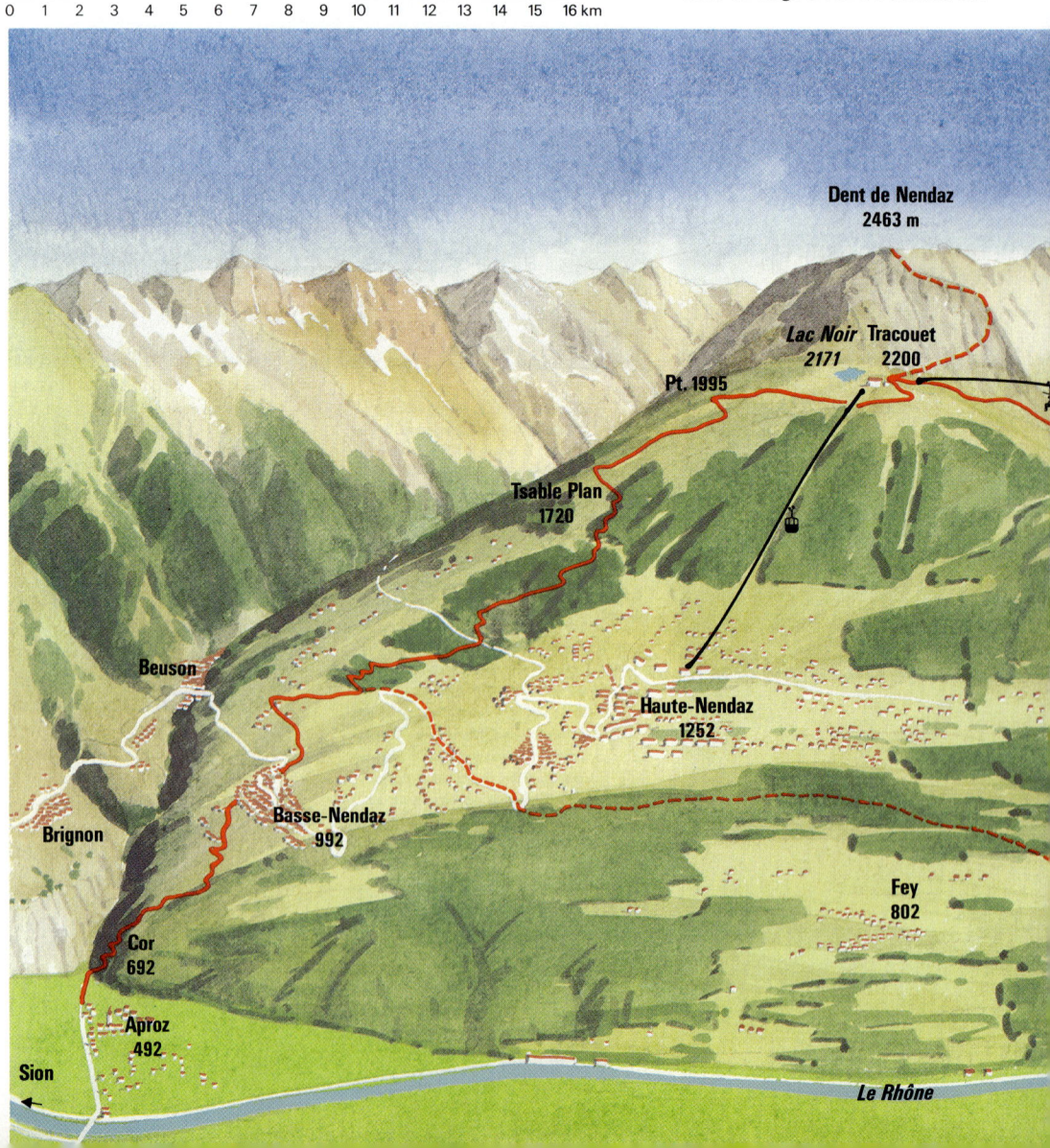

un saillant arrondi se trouve la station *Tracouet* de la télécabine, qui donne une nouvelle possibilité de raccourcir le parcours en descendant à Haute-Nendaz. On trouve également un restaurant à Tracouet. Qui ne se satisfait pas de la belle vue qu'on découvre de ces hauteurs peut monter encore par la crête ouest, jusqu'à la Dent de Nendaz. Le haut-plateau des sommets laisse admirer au sud un vaste panorama de cimes. Pour la descente, même chemin (montée 45 min., descente 25 min.). Le parcours se déroule partiellement sous bois, direction nord-est de Tracouet à l'alpage de **Tsable Plan,** et de là presque uniquement en forêt par les pt 1559, pt 1504, pt 1351. Puis nous croisons la route de montagne de Siviez pour aboutir 200 m plus bas à une autre route, près du lieudit *Les Boulets:* nous la suivons en descendant vers la forêt. A 200 m de la lisière, on découvre un chemin qui s'écarte à droite en direction de **Basse-Nendaz.**

Le parcours coupe maintenant les nombreux virages anguleux de la route d'Aproz à Haute-Nendaz, si bien que très tôt – mais avec quelques coups d'œil par-ci par-là – on arrive par la gorge de la Printse et par **Cor** à **Aproz.** Pour atteindre la gare de Châteauneuf-Conthey, il faut compter 20 min., tandis que le chemin pédestre, le long du Rhône jusqu'à Sion, dure 1 h 15.

Bifurcation
Retour à Isérables en longeant la route supérieure après la petite forêt Les Boulets, jusqu'à la forêt au-dessous de Haute-Nendaz, près du pt 1226. A partir de là, direction sud-ouest. Après Les Tsintres, traverser le pont: puis un chemin carrossable conduit par Les Condémines dans la pente dominant le Rhône. On oblique ensuite dans la vallée d'Isérables (Les Boulets–Isérables 1 h 50).

 Nendaz est un centre touristique avec courts de tennis, piscine de plein air chauffée, piscine couverte, patinoire artificielle, parcours fitness, équitation, tir à l'arc, vol delta, parapente et autres. Mais la commune est particulièrement fière de son réseau de 200 km de chemins de randonnées balisés le long des anciens bisses. La Printse est une rivière à truites.

 A 1 km d'*Aproz,* direction Fey, une carrière de tuf recèle de belles impressions de feuilles dans les couches géologiques provenant d'une époque chaude du pléistocène.

Au lieu de routes – elles ont été construites seulement après 1910 – existaient à divers endroits, au milieu du 19e siècle, des glissoirs sur lesquels on conduisait dans la vallée le charbon et le minerai exploités dans des mines de petite dimension.

Les vaches d'Hérens: On dénombre quelque 6000 petites vaches au pelage sombre, solides, frustes, au pied sûr en montagne, vivant en Valais, et nulle part ailleurs. On les dit idéales pour le canton montagneux, mais il est bien certain qu'elles doivent leur survie au fait qu'elles proposent tout autre chose que la production laitière aux paysans parcimonieux. Et cela bien souvent contre le gré et malgré la résistance des femmes, plus soucieuses des deniers du ménage. Il s'agit de vaches à combats et le souci des femmes s'explique déjà par leur prix: au lieu des 4000 ou 5000 francs habituels, on compte 15000 francs et plus pour une vache à combats. Mais les bêtes de luxe élevées pour ces compétitions ne sont pas les seules qui font monter la fièvre: plus d'un passionné, avant la confrontation cantonale d'Aproz, a parfois parié une fortune sur une future «reine» qui a été finalement supplantée par une rivale…

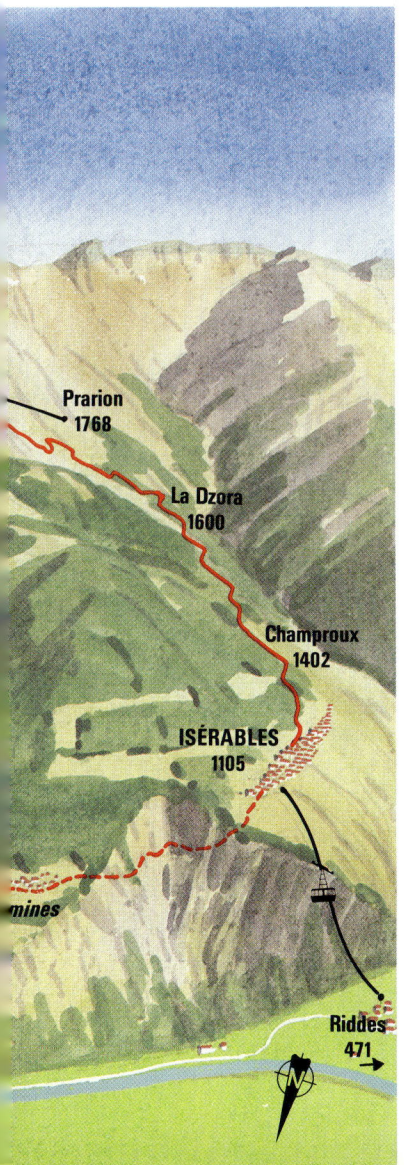

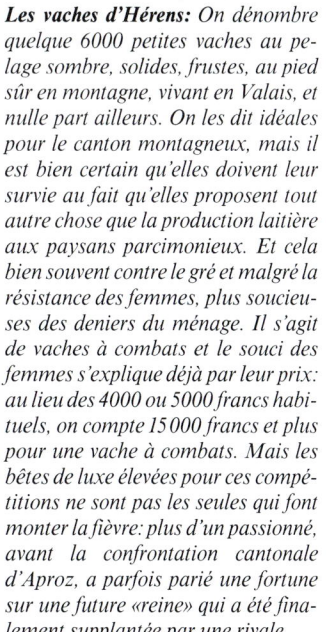

Grenier à grain sur une gorge

Comment une localité aussi étendue a-t-elle pu naître en pareil endroit? La pente est si rude que le village s'étend en altitude sur plus de 200 m, il n'est même pas orienté au sud mais regarde bien plus à l'ouest, par-dessus les gorges sauvages de la Fare. A part cela, on ne pouvait autrefois l'atteindre de la vallée principale que par un pénible sentier et même au péril de sa vie pendant la saison hivernale. On dit dans la région qu'Isérables a été colonisé à partir de Leytron, dont les habitants possédaient des alpages sur ces hauteurs. Isérables, jusqu'en 1264, faisait réellement partie de la paroisse de Leytron, sur la rive droite du Rhône, et la commune possède aujourd'hui encore des vignes à cet endroit. Une migration a peut-être eu lieu, à partir du village vigneron de Leytron, mais cela n'a sans doute pas été le commencement d'une implantation «près des érables», d'où Isérables. Quoi qu'il en soit, on a découvert ici des tombeaux de La Tène, période de l'âge du fer, de même que des monnaies romaines et des poteries. Mais ce qui a fait de tout temps l'attrait de la vallée d'Isérables aux allures de gorge, c'est la richesse en minerai de fer des hauteurs à gauche du Rhône. On exploitait encore en 1850 dans la vallée d'Isérables de l'anthracite et du plomb argentifère et il est possible qu'on ait également recueilli à cet endroit du cuivre et du fer.
A la recherche de moyens pour leur propre alimentation, les montagnards préhistoriques ont découvert la légendaire fertilité du versant d'Isérables: le lieu a pendant des siècles livré aux tenaces travailleurs de la terre des surplus de céréales dont ils ont tiré profit pour acquérir un complément de terres cultivables dans les régions de Riddes et Nendaz.

Verbier/Les Ruinettes–Col Termin–Fionnay

Au point de vue climatique, la partie du Val de Bagnes qui s'étend au-dessous du lac artificiel de Mauvoisin apparaît comme un fac-similé, à plus haute altitude, de la vallée inférieure du Rhône. On le remarque de manière frappante du sommet de la Pierre Avoi – Pierre à voir – à l'altitude de 2473 m, d'où le regard découvre à vol d'oiseau les deux vallées. On y grimpe sans peine en 30 min. de la station de la télécabine de Savoleyres sur Verbier. Au point culminant de l'itinéraire proposé, nous allons toutefois au-delà de ce beau paysage du sud, pour nous approcher du monde glaciaire arctique, les «3000» de la région de la Rosablanche.

Route		Altitude	Temps
	Verbier	1400 m	—
1	Croix des Ruinettes	2195 m	—
2	Cabane CAS Mont Fort	2457 m	1 h
3	Col Termin	2648 m	2 h 30
4	Louvie	2215 m	3 h 10
5	Fionnay	1500 m	4 h 30

Point de départ de cette randonnée, la station de télécabine **Croix des Ruinettes** (2195 m), au-dessus de **Verbier.** Pour qui préfère monter de Verbier à pied – par Clambin et à travers la forêt Le Darbey – il faut compter 2 h supplémentaires. A partir des *Ruinettes,* une route conduit à l'alpage de La Chaux, mais nous parcourons le chemin pédestre qui lui tient compagnie en direction de la cabane CAS Mont Fort. La Chaux est un large espace rempli de petites maisonnettes. La **cabane CAS Mont Fort** est visible de loin sur une avancée dans la dépression de terrain, entre les crêtes du Mont Gelé, du Mont Fort et le Bec des Rosses.
On doit savoir, si l'on veut continuer sur cet itinéraire à partir de la cabane du Mont Fort, qu'il présente des tronçons peu recommandables aux gens peu habitués à la montagne ou craignant le vertige. L'utilisation du téléphérique et de la télécabine propose en contrepartie de nombreuses et charmantes excursions circulaires avec Verbier pour objectif. C'est ainsi qu'on peut parcourir le chemin direction nord-ouest conduisant par un contrefort de la crête du Mont Gelé dans la dépression de terrain qui lui fait suite, et au chemin de lisière qui en 1 h permet de rejoindre la station du téléphérique Les Attelas. A partir de là, on peut soit «escalader» le Mont Gelé par le téléphérique, soit revenir également par le téléphérique aux Ruinettes, enfin par la télécabine ou à pied à Verbier. Mais on peut, mieux encore, profiter un peu plus de l'atmosphère des hautes cimes, en choisissant au départ de la cabane Mont Fort le chemin qui monte en lacets de La Chaux au glacier de La Chaux, afin de grimper toujours par des courbes encore plus prononcées sur un chemin bien amé-

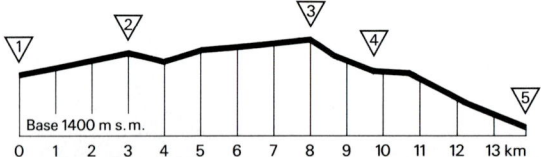

nagé, au Col des Gentianes (cabane CAS – station du téléphérique Col des Gentianes, 2 h). A cet endroit, des téléphériques conduisent au Mont Fort, reviennent à La Chaux ou descendent à Tortin, d'où une autre télécabine conduit au Col de Chassoure: il est facile – 15 min. de marche – d'aller un peu plus haut à la station Les Attelas.

Au royaume des chamois et des bouquetins

Mais il est temps de revenir à notre itinéraire! Le chemin pédestre qui mène au lac de Louvie contourne à partir de la cabane CAS Mont Fort la dépression marécageuse de Patiéfray, pour monter ensuite à une crête d'où le coup d'œil sur le massif du Grand Combin est magnifique. La montée suivante vers le **Col Termin** est malaisée, elle passe en partie par des prés, en partie dans les rochers et les éboulis. Dans cette pente largement étirée du Bec des Rosses, on a parfois la chance d'observer de grandes hardes de chamois dans leurs cabrioles à se rompre le cou! Au Col du Termin, en revanche, commence le domaine des bouquetins: qui sait se tenir immobile a toutes les chances de suivre aux jumelles les allées et venues de ces majestueux quadrupèdes et même de les photographier à courte distance.

La descente au *lac de Louvie* commence d'abord direction sud, par une pente abrupte le long de la crête. Par temps humide ou de pluie, il faut être d'une grande prudence à cet endroit. Aux *Têtes de Louvie*, le chemin prend brusquement la direction est, à travers des rochers dans la pente qui domine un petit lac à l'extrémité nord duquel nous descendons. Après les cabanes de **Louvie**, nous longeons la rive est du petit lac jusqu'à son écoulement et nous cheminons plus loin par *Plan de la Chenau* au pied d'une falaise rocheuse sous laquelle la pente abrupte tombe de 600 m vers la vallée et la Drance. Le chemin conduit plus loin par le *Couloir des Montis* et descend en pente accentuée à **Fionnay** où nous rejoignons la halte d'automobiles postales.

Verbier n'est pas seulement le centre de la plus vaste région de ski d'Europe (320 km de pistes, 85 remontées mécaniques). La station offre également des attractions telles que tennis, squash, patinage, curling, natation, vol delta, golf, équitation.

Le téléphérique «Jumbo», qui conduit au Mont Fort, est le plus grand d'Europe, avec 2 cabines de 150 places chacune.

Fionnay n'est pas une station mondaine, mais son originalité tient à son environnement naturel, protégé sur une superficie qui atteint 150 km².

A l'extérieur des localités, on trouve le long de cet itinéraire des possibilités de ravitaillement et de logement, à la **Cabane CAS Mont Fort (026/38 13 84**, gardien: 026/31 15 91) et au **Refuge des bouquetins au lac Louvie** (gardien: 021/845 67 67).

Costume ancestral de St-Maurice: Le comte Humbert III de Savoie a accordé après 1149 un certain nombre de privilèges à l'abbaye de St-Maurice: depuis cette époque, il existe des liens culturels entre la vallée et le couvent bas-valaisan, qui n'est pourtant pas très proche et dont les abbés se faisaient représenter au Châble par un vicedominus et un métral, un métayer. On ne s'étonne donc pas si les divers costumes traditionnels des villages du Val de Bagnes sont aussi identiques à celui de St-Maurice. Le chapeau falbala (en allemand: Kreshut), qui apparaît sous des formes très variées de la coiffure féminine dans tout le Valais, a toutefois une origine moins lointaine. Il remonte à une mode parisienne du 18ᵉ siècle qui a fait fureur parmi les patriciennes valaisannes. Photo: Falbala et châle à la mode de St-Maurice (Photo Rolf Weiss, tirée de Lotti Schürch: «Trachten der Schweiz», Ed. Birkhäuser, Bâle 1984).

Mystérieux château des hauteurs

Un obscur secret entoure l'histoire du château de Verbier. Un seul document historique en fait mention, l'emplacement lui aussi est bien étrange: les habitations, en bas dans la vallée, sont situées à 860 m, le vieux Verbier à 1400 m d'altitude. Qu'est-ce que c'est donc, ce château perché à 1800 m sur les hauteurs? La marotte d'un plaisantin un peu fou? Pas le moins du monde! Pour saisir la signification de la forteresse, il faut se représenter le pays il y a environ 900 ans. La construction a dû s'achever avant l'an 1100. Alors, le Val de Bagnes est encore très favorisé, comme de nos jours, au point de vue climatique, ce qu'on devine aux vignes de Vollèges, étagées jusqu'à 810 m d'altitude. Au haut moyen-âge, le climat était encore plus chaud pendant de longues périodes. On peut donc supposer que sur la terrasse ensoleillée de Verbier – «vers biez», vers le ruisseau – les champs de céréales s'étendaient très haut lorsque la château a été édifié. A cela s'ajoute l'exploitation du minerai qui devait à cet endroit être une très vieille tradition. Les terrils de scories sur le Mont Chemin en sont le témoignage. Au moyen-âge, on ne comptait pas moins d'une dizaine d'endroits, dans un rayon de 10 km autour de Verbier, où les hommes extrayaient le fer, le plomb, le cuivre, l'argent et même l'or. On doit enfin se souvenir qu'une route commerciale importante partant d'Aoste conduisait par le col Fenêtre de Durand dans le Val de Bagnes et par le Mont Chemin dans la vallée du Rhône. Le château de Verbier avait une situation idéale pour le contrôle de ce parcours, dans un endroit moins à l'écart qu'il n'y paraît de nos jours. Le manoir se dressait sur un chemin de Verbier à Levron, sur lequel à mi-parcours devait se trouver un troisième village du nom de Curru, qui en 1545 s'est effondré dans les profondeurs en même temps que toute la terrasse suspendue au versant de la montagne.

Solitude montagnarde

St-Luc–Tsa du Toûno–Zinal

Celui qui par une route de montagne sinueuse passe pour la première fois de la plaine spacieuse du Rhône dans l'étroit Val d'Anniviers, aura de la peine à croire qu'un paysage si ouvert s'étend au-dessus des hautes pentes abruptes et boisées. La région des glaciers qui marquent le paysage, entre la crête nord-sud effilée de l'alignement de Tourtemagne et la vallée exiguë de la Navisence, peut apparaître par endroits comme un désert; c'est vrai, mais un désert fascinant, plein de vie qui propose ce que trop souvent nous oublions: le calme et la solitude…

Route		Altitude	Temps
1 St-Luc		1655 m	–
2 Le Chiesso		2201 m	1 h 35
3 Hôtel Weisshorn		2337 m	2 h 05
4 Ouest pt 2732		2690 m	3 h 25
5 Bella Lé		2457 m	3 h 50
6 Lirec pt 2173		2173 m	5 h
7 Zinal		1675 m	5 h 50

Au départ de **St-Luc**, nous montons en forêt à la *Pierre des Sauvages* pour suivre de là, sur la droite, un bisse – ancien canal d'amenée d'eau – jusqu'à l'emplacement où il conduit hors de la forêt. Nous choisissons d'abord le chemin qui monte à gauche, puis celui de l'extrême droite, là où le parcours se ramifie en trois branches. Par des prés à flanc de coteau et un petit ruisseau, nous arrivons près du pt 1907 à une première clairière; à la suivante, nous découvrons un groupe de cabanes, *Les Girettes*. Plus loin, il nous faut rester constamment sur la gauche, au passage de deux embranchements de chemins, comme aussi près des cabanes de montagne de *Prarion* (2065 m). L'itinéraire va montant jusqu'à la vaste loge à bétail au lieudit **Le Chiesso** (2201 m), où plutôt que le chemin nous choisissons un sentier qui monte à l'**Hôtel Weisshorn.**

C'est un endroit de montagne sauvage, mais pourtant – le cas est unique avec 2337 m d'altitude – relié au reste du monde, depuis le début du siècle, par un téléphone. L'Hôtel Weisshorn est ainsi nommé à cause de la vue directe sur le Brocken haut de 4500 m, tout au bout de la vallée. On trouve dans cet établissement de montagne non seulement le couvert mais aussi le gîte – chambres, hébergement de groupes – ce qui est bon à savoir pour le cas où le temps se gâte brusquement…

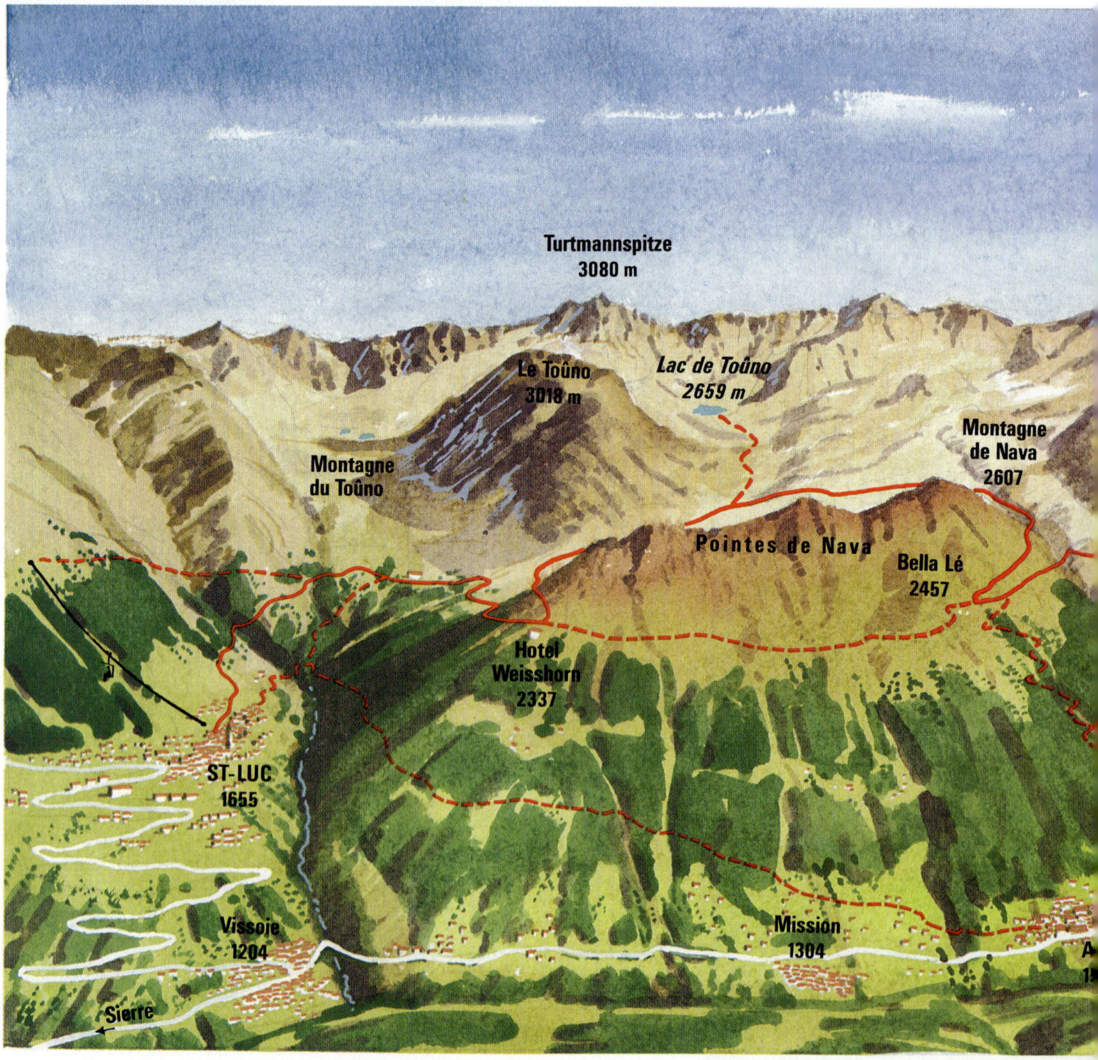

Nous quittons la région de l'hôtel par les contreforts plats les plus au nord des Pointes de Nava, pour cheminer jusqu'à la cabane des *Faches;* de là, nous longeons le chemin pédestre balisé, par les hauteurs légèrement montantes de *Tsa du Toûno* jusqu'à la Montagne de Nava. Près du pt 2507, il vaut la peine de faire un léger détour, par la gauche, à l'en-

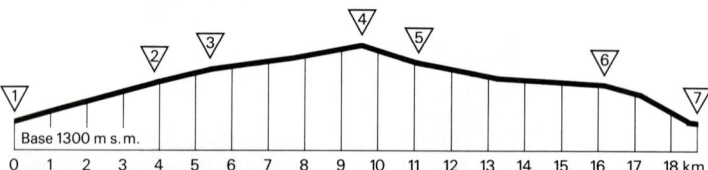

chanteur petit lac de Toûno (2569 m). A droite de la bifurcation se trouve un autre petit lac sans nom.

Le charme d'un paysage multiforme

La haute vallée de Toûno, entre les parois rocheuses dénudées des Pointes de Nava au sud-ouest et le groupe de Tourtemagne à l'est, présente une précieuse flore et faune alpines, dues au compartimentage en prés d'alpages, cours d'eau, massifs et blocs rocheux, pierriers: une région dans laquelle il vaut la peine de ne pas causer de dommages!

Près du petit ensellement entre Alp Toûno et Alp Navara, nous atteignons à quelque 2700 m d'altitude le point le plus élevé de notre itinéraire. La descente à **Zinal** est bien balisée et conduit d'abord dans la partie supérieure de la gorge de Nava, puis autour du verrou est-ouest de la Crête du Barneuza, dénudé et rongé par le temps, jusqu'à la *Gorge de Barneuza* et enfin, après quelques boqueteaux d'arolles et de mélèzes, par une épaisse forêt de résineux le long du ravin du *Torrent de Lirec.* Pour ménager genoux et jarrets, il est préférable d'entamer calmement la descente par endroits très escarpée.

Bifurcations

La randonnée peut être raccourcie d'environ 50 min. si l'on prend le téléphérique St-Luc-Tignousa. Le parcours conduit ensuite par Chalet Blanc à Le Chiesso, 5 h.

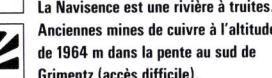
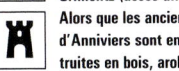

Piscine chauffée à Vissoie.
Piscine couverte à Zinal.
La Navisence est une rivière à truites.
Anciennes mines de cuivre à l'altitude de 1964 m dans la pente au sud de Grimentz (accès difficile).
Alors que les anciennes maisons du Val d'Anniviers sont en grande partie construites en bois, arolles souvent, que le soleil et les intempéries ont assombri, la partie la plus ancienne du St-Luc est composée de maisons de pierre, conséquence de plusieurs incendies dévastateurs au 19e siècle.

Près de Bella Lé, on peut raccourcir la randonnée en descendant à Ayer 🚌 2 h 30.
On peut également, de Bella Lé, rejoindre l'Hôtel Weisshorn par le flanc ouest des Pointes de Nava, et de là parcourir un moment la route connue, mais en obliquant à gauche avant Le Chiesso, sur un chemin escarpé par la gorge boisée du Torrent des Moulins, jusqu'à St-Luc: Bella Lé–St-Luc 🚌 2 h
Au départ d'Ayer, un agréable chemin pédestre mène à St-Luc. Pour qui se sent de bonnes jambes existe aussi la possibilité de rejoindre St-Luc à partir de Zinal:
Ayer–St-Luc 🚌 1 h 45
Zinal–St-Luc 🚌 3 h

Carte d'excursions pédestres
Val d'Anniviers

Guide pédestre
Val d'Anniviers–Val d'Hérens

St-Luc: L'exposition vers sud-ouest garantit un site ensoleillé.

Bloc erratique historique: Le puissant bloc erratique en trois fragments, dans la forêt surplombant St-Luc, porte le nom de Pierre des Sauvages. Au début du siècle, on l'appelait encore Pierre des Servagios, ce qui signifie Pierre des lutins, gnomes ou farfadets. Les singuliers dessins profondément gravés dans le roc sont d'origine inconnue, mais ils correspondent par leur facture aux dessins sur roches dans les communes voisines de Vissoie, Ayer, Grimentz, Guernerey et St-Jean. On pense qu'il s'agit de monuments qui aux temps préhistoriques servaient au culte et aux offrandes.

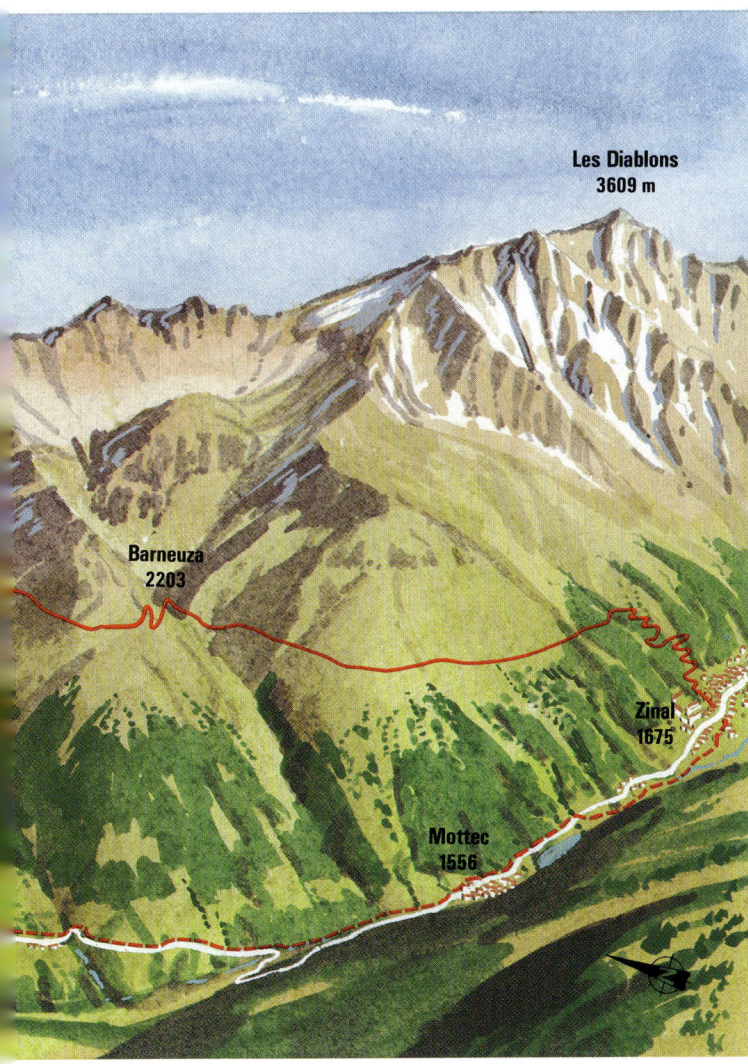

On perçoit les conditions particulières du climat valaisan, considéré comme continental, en observant la limite de croissance des arbres. Les températures estivales les plus élevées sont telles que le total de la chaleur annuelle est déterminant pour leur croissance, sous condition de précipitations locales suffisantes. On observe ainsi des plantations clairsemées et des arbres isolés – le plus souvent des arolles – jusqu'à une altitude de 2500 m, ce qui est très élevé. Dans les Alpes du nord, la limite de croissance des arbres se situe entre 1700 et 1800 m, dans les Alpes du sud entre 1800 et 2000 m, dans le Jura entre 1500 et 1700 m, et à 1400 m environ dans les Vosges. Les conditions climatiques de ces grandes étendues sont dans tous les cas influencées par les masses maritimes (climat océanique) et montrent par conséquent des températures extrêmes et des températures estivales moins accusées que dans les Alpes centrales. Dans la pente qui s'abaisse d'environ 1000 m au-dessous de l'Hôtel Weisshorn, nous remarquons des forêts compactes jusqu'à 2500 m d'altitude. Les arbres croissent encore une centaine de mètres plus haut, dans des plantations très clairsemées d'arolles et de mélèzes, au flanc nord des Pointes de Nava. L'arolle est l'arbre caractéristique de ces altitudes extrêmes. Là où il manque – surtout dans les régions de pâturages – c'est qu'il a été volontairement étouffé au profit du mélèze: les déchets d'arolle se décomposent mal, alors que les aiguilles du mélèze qui tombent en quantité l'automne forment un humus de qualité sur lequel croissent de plus gras herbages.

Leukerbad–Torrenthorn–Rinderhütte

Escapade sympathique jusqu'au panorama total sur Loèche-les-Bains. Le village thermal, environné de parois rocheuses hautes de 1000 m, s'étend dans la vallée de la Dala, dans une dépression rocheuse solitaire. Un chemin s'étire en direction nord, vers le col de la Gemmi et plus loin vers l'Oberland bernois. Côté est, après l'ascension par de calmes forêts et les pâturages de la Torrentalp, le coup d'œil du sommet du Torrenthorn est ravissant. La vue circulaire embrasse les cimes fameuses des Alpes bernoises et valaisannes; par temps clair, on découvre même, à travers une échancrure du paysage, les hauteurs du Jura.

Route		Altitude	Temps
1	Leukerbad	1395 m	—
2	Wolfstritt	1639 m	0 h 50
3	Torrentalp	1920 m	1 h 50
4	Rinderhütte	2310 m	3 h
5	Hôtel Torrenthorn	2549 m	3 h 30
6	Torrenthorn	2997 m	5 h 30
7	Hôtel Torrenthorn	2549 m	6 h 40
8	Rinderhütte	2310 m	7 h

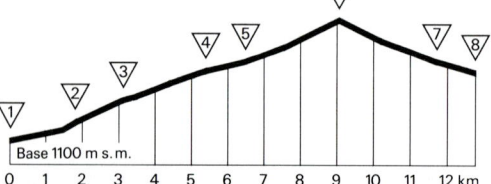

Alors que nous pourrions nous laisser transporter par télésiège à la Rinderhütte, il vaut pourtant la peine de choisir la montée à pied, directement de **Loèche-les-Bains**. Près de la halte d'automobiles postales, nous continuons de monter vers la place du village afin de franchir un passage, près de l'hôtel «Maison Blanche». Par la petite route montant direction sud-est, nous traversons la Ringstrasse et pénétrons dans la forêt. Le chemin s'incurve bientôt à gauche et revient vers une large boucle, puis – à proximité d'un mur de protection – il tourne une nouvelle fois au sud et croise une route forestière bien aménagée. Près du pt 1554, nous aurions tout loisir de monter par la gauche par Folljeret à la Rinderhütte, mais nous choisissons de longer en droite ligne le chemin qui se dirige au sud. Peu avant le **Wolfstritt,** nous changeons de direction, à gauche sous une falaise rocheuse verticale; à cet endroit s'étirent sur nos têtes les câbles du téléphérique de la Rinderhütte. La montée aux nombreux détours nous rend de plus en plus proches, au nord par-dessus la vallée de la Dala naissante, le Rinderhorn et le Balmhorn. Un chemin légèrement montant vers le sud nous conduit par le Wolfstritt jusqu'aux abords de la **Torrentalp.** A courte distance avant la station intermédiaire de la télécabine Albinenleitern–Torrentalp–Rinderhütte, notre sentier s'écarte vers la gauche, côté montagne. Au voisinage de la télécabine, nous montons par de nombreux lacets côté nord-est jusqu'à la **Rinderhütte.**

La Rinderhütte est le centre de la grandiose et très fréquentée région de randonnées et de ski de la Torrentalp, techniquement bien accessible. Pendant l'hiver, on y organise des compétitions internationales de ski. Sur la pente opposée, les hautes falaises rocheuses s'élèvent de l'ouest au nord-est. Le passage vers la Gemmi s'ouvre au nord-ouest et derrière, à la frontière du canton de Berne, le Stegkhorn et le Rote Totz dressent leurs cimes.

Au-dessus de la grande station de la télécabine, nous marchons côté montagne pour rejoindre l'**Hôtel Torrenthorn,** près duquel nous gravissons la pente directement vers la crête. Pour un cheminement plus commode, nous nous écartons à gauche, afin de gagner par la *Rinderhalte* la crête nord, qui nous amène plus haut encore. A notre gauche, le regard plonge dans la vallée supérieure de la Dala et sur le glacier de Dala.

Jusqu'à la station supérieure du téléski (pt 2748), nous marchons à travers des pâturages émaillés de fleurs où fourmillent les insectes. La prochaine montée, escarpée mais sur un bon chemin, conduit à travers des éboulis rocheux. Nous accomplissons sans peine, par une large croupe, les derniers 500 m en direction du sommet.

Panorama immense

Le panorama qu'on observe des hauteurs du **Torrenthorn** vaut à lui seul la randonnée. Au sud, par-dessus la vallée de Tourtemagne, domine le Weisshorn flanqué à droite par le Rothorn de Zinal, le Cervin et la Dent Blanche. Au sud-est surgit le groupe des Mischabel et le Dom par-dessus les vallées de la Viège. Plus loin à l'est, on reconnaît le Weissmies, le Fletschhorn et le Monte Leone. Si nous tournons de nouveau nos regards à l'ouest, nous découvrons la plus grande éminence d'Europe, le Mont-Blanc. La boucle s'achève sur la vallée du Rhône, le Wildhorn et le Wildstrubel jusqu'au col de la Gemmi. Au nord, entre ce passage et le Rinderhorn, par la faille de l'Ancienne Gemmi, on aperçoit même le Jura. Du nord à l'est émergent la Blümlisalp, la Jungfrau, le Finsteraarhorn, l'Aletschhorn et finalement le Bietschhorn. Le plaisir que procure un tel panorama ne nous fait pas pour autant oublier la descente, mais nous restons sur le parcours de la montée, jusqu'à la station de **Rinderhütte**.

Descente et bifurcation

Pour qui veut encore continuer à pied jusqu'à Loèche-les-Bains, il est loisible, près de la Rinderhütte, de descendre direction nord, par Follje-

ret. Le parcours, par un bref tunnel puis des ouvrages de protection contre les avalanches, par des pâturages et forêts, propose quelques surprenants coups d'œil sur le paysage: Rinderhütte 🚠–Folljeret–Leukerbad 🚌 🚠 2 h 10

A Loèche-les-Bains, au pied de la Gemmi, il n'y a pas seulement des bains curatifs dans la Clinique rhumatologique et des hôtels pour nous accueillir.

Au village-même, ou dans son voisinage immédiat, existent d'innombrables possibilités de pratiquer les sports d'été ou d'hiver: Centre sportif aux limites ouest de la localité, avec halle de curling et patinoire artificielle, courts de tennis, piste circulaire de ski de randonnée.

Voie romaine (Römerweg) pour Birchen et Bodmen, aller retour 1 h chacun.

Pour qui ne veut pas prendre son départ au village, il existe près de la Rinderhütte et sur la Gemmi des montées vers de courtes randonnées alpestres riches en points de vue et pour des excursions plus exigeantes d'une journée. Par exemple, pour citer quelques buts d'excursions: le Lötschental, le chemin des Albinenleitern à Jeizinen par la vallée du Rhône, la belle vieille ville de Loèche, ou encore Montana, Adelboden ou Kandersteg.

Loèche-les-Bains propose, pour une cure de guérison et de convalescence, 11 piscines et 17 bains thermaux de plein air. On suppose aujourd'hui que l'eau thermale aux vertus curatives, connue depuis les temps les plus reculés, a ses origines dans la région située entre Majinghorn, Restirothorn, Wysse See et Torrenthorn. Les eaux de pluie s'infiltrent dans les profondeurs du sol, traversent plusieurs couches géologiques et plongent jusqu'au granit de Gastern, se réchauffent et dissolvent des matières minérales. A une profondeur de 2200–2500 m, elles trouvent leur point de conversion, remontent par des failles et refont surface sur une vingtaine de points du terrain, à une température de 48 à 51°C.

La haute teneur en calcium et sulfates, la température élevée rangent ces sources parmi celles dites «sources hyperthermales gypseuses». Le succès médical des cures thermales est prouvé, des facteurs thermiques, mécaniques et chimiques jouent ensemble un rôle positif; le climat agréable de Loèche-les-Bains a une influence prépondérante sur le succès de la station.

Les innombrables trouvailles historiques remontant du 4e siècle av. J.-C. jusqu'au 4e siècle ap. J.-C. démontrent que la région de Loèche-les-Bains a été habitée dans des temps très reculés. La localité est citée pour la première fois en l'an 1229, sous le nom de «Boez»; la charte la plus ancienne des archives communales date de 1315.

La première période faste de Loèche-les-Bains comme station thermale remonte au moyen-âge. Les avalanches qui de la pente est ont dévalé sur le village, semant la dévastation, ont toutefois provoqué de fortes régressions: le 17 janvier 1719, une avalanche a coûté la vie à 53 personnes. Aujourd'hui, alors que de grands ouvrages de protection apportent la sécurité, le 17 janvier est toujours et encore fête du souvenir pour demander à Dieu protection contre de nouvelles catastrophes.

Loèche-les-Bains connaît un nouvel essor depuis le début du siècle. On peut mentionner en particulier la fondation, en 1896, de la Société hôtelière et des bains, qui consacre de manière exemplaire tous ses efforts à l'exploitation et au maintien des hôtels-restaurants. La grande clinique rhumatologique, qui dispose de 110 lits, a été mise en exploitation le 1er juillet 1961. A l'initiative de la commune bourgeoise, on a construit en 1980 le Centre thermal avec piscine couverte géante, bains chauds en plein air et bains effervescents.

Un réseau étendu de voies de communications réalise la liaison avec la vallée du Rhône et les régions de ski. Le village a été doté en 1915 d'une voie ferroviaire qui le reliait à Loèche, dans la vallée du Rhône, mais l'exploitation a été remplacée en 1968 par un service de bus plus performant. Un téléphérique conduisant à la Gemmi a été réalisé en 1958; plus tard sont venus en 1971 le téléphérique Loèche-les-Bains–Albinenleitern–Rinderhütte et la télécabine Torrentalp–Rinderhütte.

Zermatt–Zmuttgletscher–Zermatt

Incomparable: c'est bien le mot qui convient à cette randonnée en altitude, dominée par le Cervin, dans l'univers infini des montagnes et glaciers de Zermatt.

La montée très variée, d'abord dans les gorges écumantes, plus tard à travers les alpages, conduit sur le plateau Höhbalmen, d'où l'on admire – à part l'impressionnante paroi nord du Cervin – la vallée de Zermatt, entourée de «4000», cimes entre toutes impressionnantes. La descente à l'extrémité inférieure du glacier de Zmutt nous conduit à un ancien chemin de commerce, par lequel nous revenons à Zermatt, en passant au vieux hameau de Zmutt.

Route		Altitude	Temps
1	Zermatt	1616 m	–
2	Alterhaupt	1961 m	1 h 10
3	Höhbalmen	2665 m	3 h 30
4	Schwarzläger	2741 m	4 h 10
5	Glacier de Zmutt	2327 m	5 h
6	Chalbermatten	2105 m	5 h 30
7	Zmutt	1936 m	6 h
8	Zermatt	1616 m	7 h

A **Zermatt,** près de l'Hôtel de la Poste, notre itinéraire s'écarte de la route principale en direction ouest. Comme prélude de randonnée en altitude, il conduit par l'enclos des bouquetins à la sortie de la gorge. Les eaux écumantes nous suivent tout au long d'un bon chemin en lacets, à travers le défilé par lequel nous atteignons l'**Alterhaupt,** haut perché au-dessus de Zermatt, sur une terrasse qui est un remarquable point de vue. A cet endroit, nous abandonnons le chemin des pacages pour un sentier qui grimpe à gauche dans la pente, direction sud. La longue montée par les vastes pâturages fleuris exige du temps, mais on découvre, de plus en plus impressionnant, tout l'univers des montagnes et glaciers de Zermatt.

Cervin grand format

A **Höhbalmen,** nous avons bien mérité un moment de répit et la vue qui s'offre à notre regard. A aucun autre endroit le Cervin (4476 m) n'apparaît plus grandiose. La paroi nord se dévoile dans ses moindres détails et dans toute sa sévérité. Le coup d'œil dans le Mattertal est totalement différent, avant que le regard se porte sur les hauteurs de la crête sud, sur le Breithorn, le Mont-Rose et la Pointe Dufour (4515 m).

Une agréable promenade nous attend, par *Höhlicht*, à travers les Wysse Tschuggen, jusqu'au **Schwarzläger.** Nous pouvons contempler à loisir la parade des géants alpins, du Cervin au Rimpfischhorn (4198 m) à l'est, comme aussi les glaciers dont les eaux s'épanchent sur les larges pans de rochers pour se rejoindre, en bas, dans la dépression de Zermatt.

Afin de ne pas se perdre dans les pentes abruptes et sans chemin, qui tom-

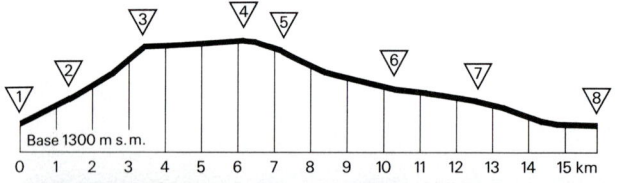

bent vers le ruisseau de Zmutt, nous ne devons pas quitter un instant le sentier bien marqué sur lequel nous cheminons. Il continue de se dérouler tout d'abord en direction ouest vers Arben, et s'incline près du ruisseau d'Arben en direction des ultimes moraines du **glacier de Zmutt**: nous sommes alors tout au bout d'un gigantesque monde de glaciers, entouré de sommets célèbres.

A l'ouest du Cervin, voici Dent d'Hérens, Tête de Valpelline, Tête Blanche et Wandfluehorn. L'itinéraire d'accès à la cabane de Schönbiel se déroule dans la vallée. Le chemin, à travers la vallée de Zmutt et par le col d'Hérens, était autrefois itinéraire commercial important qui reliait Zermatt à Sion, chef-lieu valaisan. Une procession qui durait 15 heures se déroulait chaque année sur ce parcours. Le curé de Zermatt et huit hommes étaient tenus, par un vœu, d'accomplir ce pèlerinage annuel. Mais le chemin du col devint avec le temps si difficile que les habitants de Zermatt furent – contre rémunération – déliés de cette obligation, en 1666.

Pour le retour, nous restons sur le chemin qui conduit hors de la vallée, par le flanc gauche, au-dessus de **Chalbermatten**. Après *Bodmen*, nous découvrons en contrebas à droite un grand bassin fermé par un haut mur de béton. C'est à cet endroit que Grande Dixence SA rassemble une partie des eaux de la région de Zermatt et les conduit par le truchement d'une station de pompage et une galerie au lac artificiel du Val des Dix, dont le barrage est le plus haut du monde. Le surplus des eaux coule dans le lit des ruisseaux. Peu après le bassin d'accumulation, nous atteignons l'ancien hameau de **Zmutt**. La chapelle datant de 1797 est enjolivée par un autel baroque. La «Weisse Haus» – Maison Blanche – de Zmutt a été bâtie en 1595 pour servir d'auberge sur le chemin de commerce jadis très fréquenté. La légende dit qu'un village était autrefois situé dans le vallée de Zmutt, mais qu'un éboulement l'aurait détruit: il aurait porté le nom de «Dorf zu den tiefen Matten», le «village des profonds pâturages».

Nous longeons le chemin de la vallée pour arriver, à gauche, au ruisseau de Zmutt qui se faufile partiellement dans une gorge, afin de revenir à notre point de départ, la grande station de vacances de **Zermatt**.

Bifurcations
Glacier de Zmutt–Cabane Schönbiel 1 h 20
Glacier de Zmutt–Stafel–Zum See–Zermatt 2 h

 Zermatt est reliée par Viège et Brigue à des voies de chemin de fer internationales. L'«Express des Glaciers» propose – sur le plus long tracé ferré européen à voie étroite – un voyage jusqu'en Engadine, unique par la variété et la beauté des paysages.

P A Zermatt même, pas de trafic automobile: la route ouverte à la circulation prend fin à Täsch, sur un vaste parking. A partir de Täsch, le chemin de fer Brigue-Viège-Zermatt assure un rapide trafic de navette.

 Le Musée alpin à *Zermatt* cherche à éveiller la connaissance de la montagne tout en attirant l'attention sur difficultés et risques. On y découvre entre autres les équipements des alpinistes du temps passé, à commencer par ceux qui les premiers ont gravi le Cervin.

SP Dans les régions de ski, 36 chemins de fer de montagne et skilifts, avec une capacité horaire de 32 500 passagers, desservent 150 km de pistes balisées et aménagées avec toute sécurité. Le ski est praticable, à haute altitude, toute l'année. Zermatt, dans un environnement de «4000», est un centre d'alpinisme. De nombreux guides expérimentés sont disponibles. A moyenne altitude, plusieurs restaurants et cabanes offrent un accueil de qualité avant l'ascension matinale des sommets.

 Zermatt est une région très favorable aux randonnées, et pour ainsi dire inépuisable. Presque 400 km de chemins de randonnées et de promenades, balisés à travers forêts de montagne, pâturages et hautes régions montagneuses, conduisent aux calmes lacs alpins et à de merveilleux points de vue.

Cervin: Chacun la connaît, cette impressionnante pyramide à quatre pans, la montagne sans doute la plus célèbre de la planète! La première ascension reste un événement inoubliable, exploit réussi par l'Anglais Edward Whymper en 1865, mais qui coûta la vie à quatre des six alpinistes qui l'accompagnaient. On peut voir au Musée alpin de Zermatt quelques objets d'équipement de cette première ascension. Depuis cette réussite, le «Horu» (corne) comme on appelle affectueusement la montagne à Zermatt, a été vaincu à d'innombrables reprises. La paroi nord a été gravie pour la première fois en 1931, par les Allemands Franz et Toni Schmid.

Autant que les images du Cervin, les pierres qui proviennent de la montagne sont estimées à tel point qu'on en expédie sur les cinq continents. Par chance, on a pu empêcher la construction d'un chemin de fer conduisant au sommet (4477 m), projet élaboré il y a bientôt un siècle. Le Klein Matterhorn (Petit-Cervin) est aujourd'hui, comme une compensation, accessible par une grande télécabine.

Les sommets hauts de 4000 m se dressent alentour, formant une large couronne entrecoupée de glaciers et de moraines: Zermatt est tout à la fois vieux village de rêve et moderne station de montagne. Le vieux Zermatt est cité en 1280 sous le nom de «Pratobornum». L'endroit a conquis la célébrité au temps de la lutte de Whymper, en 1865, pour vaincre «l'effrayante montagne». Le plus grand essor date de la construction des chemins de fer et du percement des Alpes. La voie ferrée longue de 35 km à travers l'étroite vallée de Viège à Zermatt a été ouverte au trafic en 1891 déjà. Le premier train transportant des voyageurs au Gornergrat a été mis en circulation en 1898, pour atteindre le point de vue le plus sensationnel des Alpes, où a été construit un observatoire astronomique. Aujourd'hui, 36 chemins de fer de montagne et skilifts desservent la large vallée, parmi lesquels – à part le chemin de fer du Gornergrat – la plus grande attraction est sans conteste le funiculaire souterrain de Sunnegga et le téléphérique du Klein Matterhorn (Petit-Cervin, 3820 m). Le nom de Zermatt est étroitement lié avec le nom des Seiler, véritable dynastie d'hôteliers à l'origine de la construction d'excellents hôtels et restaurants. Mais l'initiative des communes, bourgeoisies et particuliers n'est pas négligeable, au contraire! Leur dynamisme a fait du petit et paisible village montagnard d'autrefois un centre de tourisme de grande classe. Zermatt peut offrir aujourd'hui un accueil à quelque 20 000 personnes dans plus de 100 hôtels et 3000 maisons de vacances; chaque jour, des centaines de touristes y font une brève escale, à condition de monter dans le train au plus tard à Täsch, le village de Zermatt étant interdit à la circulation. Mais il ne faut pas oublier le vieux village, avec ses calmes ruelles, dans lesquelles les vieilles familles du lieu sont «bien chez soi». Près de l'église, le cimetière réunit, habitants de Zermatt ou étrangers, tous ceux pour qui la montagne infinie et insondable a été un destin fatal.

Les points de vue sont captivants, au cours de cette excursion aux glaciers de Chessjen et de Fee, sous les cimes impressionnantes des «4000» du massif des Mischabel.

La montée par les forêts de mélèzes et d'arolles conduit dans un monde sauvage de montagnes, étonnant par la succession de points de vue sur les hauteurs et les profondeurs de toute cette région. Après la traversée – sans danger – du glacier de Chessjen, nous découvrirons près de l'Egginerjoch l'immense univers de glaciers et de montagnes de l'arrière vallée de Saas. Pour le retour dans la vallée, plusieurs possibilités sont offertes, au gré des forces de chacun. L'itinéraire décrit est celui qui passe en bordure droite du glacier de Saas.

Saas Fee–Britanniahütte–Saas Fee

Route		Altitude	Temps
1	Saas Fee	1803 m	—
2	Restaurant de montagne Plattjen	2411 m	2 h 15
3	Plattjen	2570 m	2 h 40
4	Meiggertal	2732 m	3 h 15
5	Cabane Britannia CAS	3030 m	4 h 10
6	Egginerjoch	2989 m	4 h 30
7	Saas Fee	1803 m	7 h

Au départ de la halte postale de **Saas Fee,** nous traversons le village au pied du glacier en direction sud-ouest et nous franchissons avant le hameau *Chalbermatten* la Viège de Fee. Peu après la station inférieure de la télécabine de Plattjen, nous découvrons en lisière de forêt une bifurcation: à cet endroit commence une montée régulière à travers les forêts de mélèzes et d'arolles. Le parcours grimpe en zigzag à l'alpage communautaire de *Galu,* au flanc nord-ouest du Mittaghorn. Par quelques lacets, nous montons en direction sud-est jusqu'à l'endroit où le sentier devient plus pierreux et les arbres plus clairsemés.

Près du **restaurant de montagne de Plattjen** nous attend un grandiose panorama sur les Alpes bernoises, le Bietschhorn, sur la chaîne des Mischabel avec le glacier de Fee largement étalé devant nous, sur le Fletschhorn et les sommets environnants. Au fond de la dépression de terrain, nous apercevons Saas Fee et la partie extérieure de la vallée de Saas.

Par le flanc du Mittaghorn à la cabane Britannia

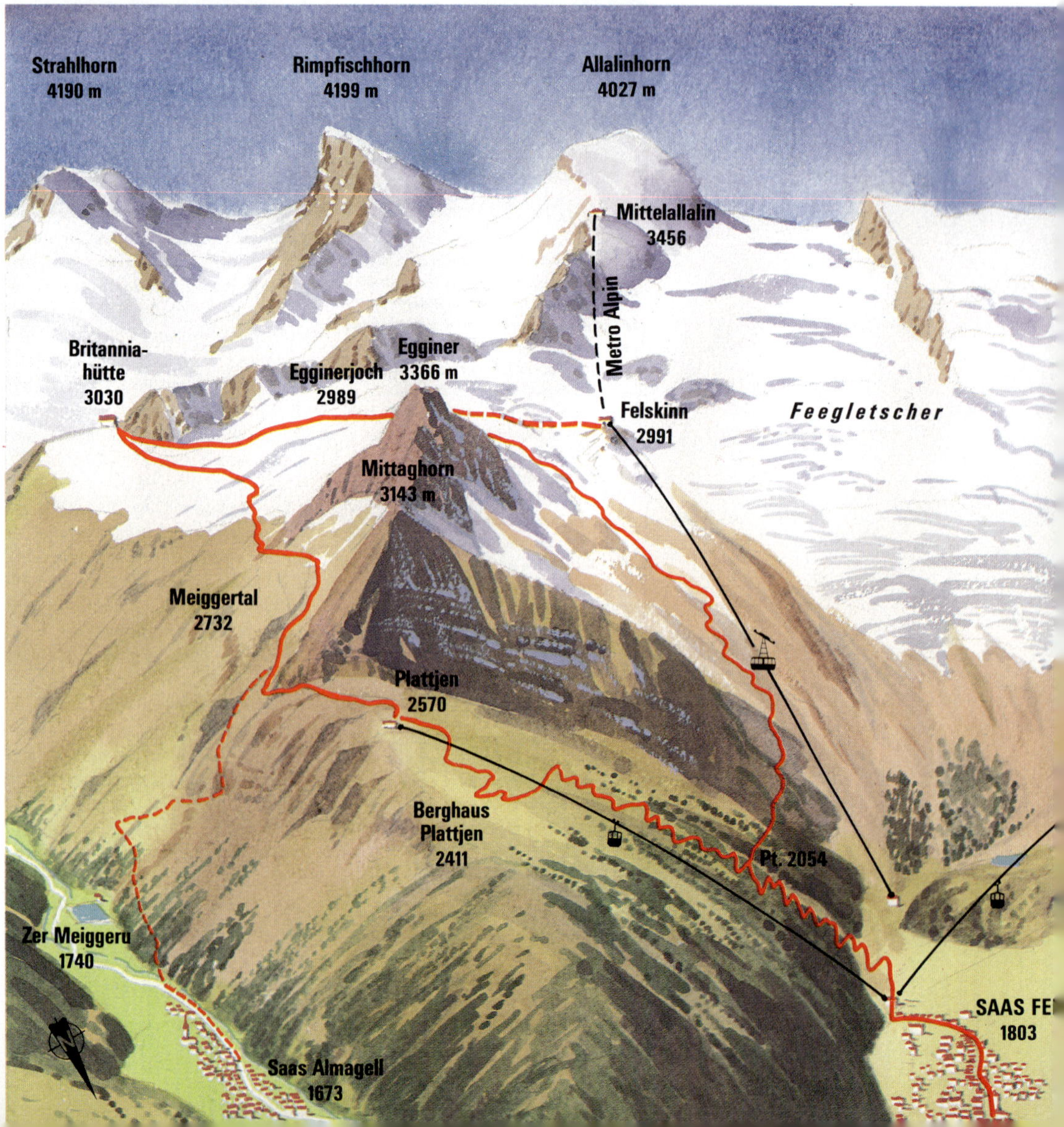

Plus loin que la station de la télécabine, notre chemin est à nouveau moins escarpé: on dirait une jolie balade, à aucun moment dangereuse. Par **Meiggertal** et le *Heidefridhof* nous arrivons, en cheminant sous le Mittaghorn et l'Egginer, en bordure inférieure du glacier de Chessjen. Au cours de ce passage, le regard vagabonde au sud sur le contrefort du glacier d'Allalin et sur le barrage de Mattmark: derrière une digue haute de 115 m, il peut contenir 100 millions de m³ d'eau. Plus loin

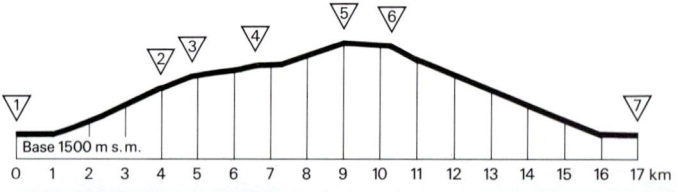

au sud s'étale la partie la plus reculée de la vallée de Saas jusqu'au col du Monte-Moro, où pendant des siècles passait un trafic de marchandises très dense. Le chemin s'incline, derrière le col, vers la localité italienne de Macugnaga, qui a été habitée dans le moyen-âge tardif par des Walser, émigrants du Haut-Valais, fidèles jusqu'à une époque très récente à l'allemand, leur langue maternelle.

C'est au sud que nous dirigeons désormais nos pas, sur les hauteurs, par le *glacier de Chessjen.* La traversée ne présente pas de difficulté particulière mais il convient de garder la prudence indispensable, comme dans toute randonnée sur les glaciers. Au pied du petit Allalin, nous rencontrons la **cabane Britannia,** bien connue, qui est l'un des refuges du Club alpin suisse les plus fréquentés dans nos montagnes. Lors de temps peu favorable, comme aussi pour les marcheurs peu entraînés, la descente recommandée pour le retour est celle qui passe par Plattjen. Mais ceux qui se sentent en forme pour suivre l'itinéraire circulaire se tiennent au bord supérieur du glacier de Chessjen, de manière à rejoindre au sud-ouest et par un parcours plat l'**Egginerjoch.** Le regard panoramique est exceptionnel sur le bassin glaciaire de Saas Fee et sa couronne de «4000», où l'on reconnaît l'Allalinhorn, l'Alphubel, le Täschhorn (4490 m), le Dom et la Lenzspitze. Le Felskinn, saillant rocheux qui se profile tout proche dans cet environnement de glace, est le point de départ du Métro Alpin pour l'Allalin moyen. Les montagnards chevronnés, familiers des régions glaciaires, ont tout loisir de traverser le glacier à la hauteur de ce saillant et de revenir à Saas Fee par le funiculaire.

A cause des fréquentes chutes de pierres, le premier tronçon de chemin sous l'Egginerjoch est peu visible: il s'abaisse au nord-ouest vers la moraine latérale droite du glacier de Fee. Au voisinage immédiat, à notre gauche, passe le funiculaire qui conduit au Felskinn. Le sentier devient peu à peu chemin, sous le Mittaghorn, dans la pente du Ritzji. Par un bon chemin d'alpage, nous revenons au pacage communautaire de *Galu* que nous avons parcouru lors de la montée. A *Chalbermatten* nous sommes déjà dans le fond de la vallée et en peu de temps à **Saas Fee.**

Bifurcations

pt 2732 (Heidefridhof)–Zer Meiggeru–Saas Almagell 🚐 ⛴ 2 h 30
Egginerjoch–Felskinn 🚡 ⛴ 15 min.

 Les courses d'automobiles postales relient régulièrement depuis 1950 le village glaciaire aux gares de Brigue et Viège. Les excursionnistes qui utilisent leurs voitures automobiles doivent les laisser sur les vastes parkings – et parkings couverts – à l'entrée du village. Saas Fee est libre de tout trafic motorisé.

 Tout au long de l'année, de nombreuses activités sportives sont praticables au village: natation en piscine couverte, luge, randonnées à ski de fond, curling, patinage, tennis, minigolf et athlétisme.

 Les moyens de transport de montagne sont nombreux et desservent sous les cimes du groupe des Mischabel une vaste région de ski, praticable en haute altitude également en été. Le funiculaire souterrain – Métro Alpin – qui va du Felskinn dans la région moyenne de l'Allalin, à une altitude voisinant 3500 m, est spécialement attrayant.

 Les promenades à *Saas Fee* sont agréables en toute saison. On peut se rendre à la *grotte glaciaire* au pied du glacier de Fee ou à *Saas Almagell* – par un chemin forestier discret – en une petite heure de flânerie sympathique.

Les promeneurs ou montagnards vraiment chevronnés peuvent prendre à Saas Fee le départ pour des buts plus lointains, en altitude. Celui qui se laisse volontiers guider se joint de préférence à un groupe de randonnée organisé ou gravit les célèbres «4000» accompagné d'un guide alpin expérimenté.

L'univers glaciaire de Saas Fee: En route vers la cabane Britannia les glaciers des Mischabel s'étendent devant nous. Le soleil donne naissance à un fantastique jeu de couleurs: le bleu et le vert chatoyants miroitent des profondeurs glaciaires. Les rochers, de chaque côté, se délitent sous l'influence des intempéries en laissant s'échapper des masses de pierres qui dégringolent. Les apparences sont trompeuses: le glacier semble immobile, mais en réalité il est en mouvement constant. Sous la poussée de la neige qui tombe en abondance, le flot de glace se déplace graduellement vers la vallée. Au cours de ce mouvement incessant, il se débarrasse des pierres et corps étrangers qui forment alors les moraines latérales, frotte, lime, use les aspérités du fond, broie les blocs de rochers dans ses moulins profonds jusqu'à les transformer en gravier et en sable qui seront emportés par les eaux de fonte des neiges. Le glacier est sillonné par des cours d'eau; on en voit à la surface, d'autres se frayent un passage sous la glace et s'écoulent sous sa masse géante. La langue du glacier laisse finalement s'échapper un sauvage ruisseau écumant qui coule impétueusement vers la vallée.

Saas Fee

On dit de Saas Fee qu'elle est la «Perle des Alpes», et ce n'est pas un nom usurpé. Le nom même de «Fee» proviendrait de «Vieh», qui signifie bétail, devenu «Vee» dans le patois populaire. Aujourd'hui encore, de nombreux paysans de la localité s'occupent également de tissage et de sculpture sur bois. Les meubles de style valaisan travaillés à Saas Fee sont très connus. La première chapelle de Saas Fee a été bâtie en 1535; la grande église moderne qui date de 1961 forme avec la maison communale et l'école le cadre de la superbe place du village. A cet endroit, une statue de bronze du chanoine Johann Josef Imseng rappelle le pionnier en soutane qui, tout à la fois alpiniste et aubergiste, a donné au siècle passé l'élan touristique à la vallée de Saas. Le chemin de croix de Saas Grund à Saas Fee mérite aussi un regard: on y découvre de petits oratoires érigés en 1709, dans lesquels des personnages de bois sculpté originaux illustrent les mystères du rosaire. A peine au-dessous de Saas Fee, la chapelle de pèlerinage d'Hohe Stiege, construite en 1687, forme la dernière étape.

On ne pouvait atteindre Saas Fee jusqu'en 1950 que par une route marginale ou par le chemin des oratoires. Une bonne route automobile conduit depuis lors jusqu'au village au milieu des glaciers, mais l'agglomération même est interdite au trafic: des parkings en nombre suffisant sont aménagés à l'entrée de la localité. Les téléphériques, funiculaires et téléskis desservent tout l'environnement montagnard. Le Métro Alpin, à l'intérieur de la montagne, est la plus grande attraction: du Felskinn, il atteint à la station supérieure de l'Allalin moyen une altitude de 3456 m. On peut admirer de cet endroit, bien installé dans un restaurant panoramique tournant, l'univers montagneux absolument unique.

Grächen–Hannigalp–Grächen

Au pied du puissant groupe des Mischabel, voici une randonnée pleine d'imprévus, par les forêts montagneuses, les pâturages et les éboulis sauvages

La montée à travers la forêt de Grächen, par un paisible lac de montagne, conduit à l'un des plus puissants ouvrages réalisés pour protéger les gens et leurs résidences contre les avalanches. Sur les hauteurs du Heidnischer Tossu, nous ne savourons pas uniquement les beautés du panorama lointain: l'endroit est à lui seul impressionnant par son austère solitude. La descente, par les pâturages de Stafel vers Hannigalp et par la forêt de Grächen, nous ramène vers une campagne aux lignes plus douces.

Route	Altitude	Temps
1 Grächen	1615 m	—
2 Äbnet	1780 m	0 h 30
3 Lowizig	2069 m	1 h 20
4 Heidnische Tossu	2454 m	2 h 40
5 Stafel	2206 m	3 h 15
6 Hannigalp	2121 m	3 h 30
7 Äbnet	1780 m	4 h 10
8 Grächen	1615 m	4 h 30

Au centre de **Grächen,** sur la place de l'église ou près de l'Hôtel Mischabel, nous restons sur le versant de la montagne; après la traversée d'une petite route, le large chemin pédestre se déroule en montant à gauche vers la forêt de Grächen. Près de *Z'Seew,*

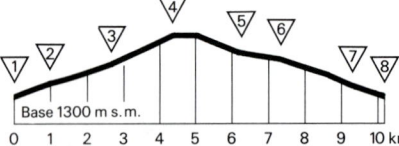

nous nous réjouissons à la vue du lac de Grächen dans son environnement idyllique. Pendant une courte distance, nous continuons notre randonnée en ligne droite, jusqu'à l'endroit où, dans les pâturages plats d'**Äbnet,** nous franchissons l'Eggeri, le bisse supérieur amenant les eaux du Riedbach vers les finages de Grächen. A cet endroit, nous obliquons à droite. La montée peu accentuée nous conduit en direction sud à travers la forêt de Grächen: par les échappées entre les arbres, nous admirons le coup d'œil sur Grächen, dans la pente opposée. Au-dessus de nous plane la télécabine du Seetalhorn. Près du pt 2069, nous commençons à monter dans la **Lowizig,** couloir d'avalanche. Après quelques virages, nous approchons d'une cabane aménagée en 1921, pour abriter les travailleurs lors de la construction des *ouvrages de protection contre les avalanches.* L'ensemble, constitué de neuf murs cyclopéens, se trouve au-dessous des bizarres créneaux du Gabelhorn et protège Grächen contre avalanches et éboulements. Au pied du mur inférieur, une source propose un rafraîchissement. A proximité du mur supérieur, le sentier se ramifie: à droite, il va vers la Plattja et au pied du Färrichhorn, mais pour notre part nous restons sur la gauche, direction nord-est. Par un champ de décombres à l'allure préhistorique, nous atteignons au-dessus de la limite de la forêt, la **Heidnische Tossu.**

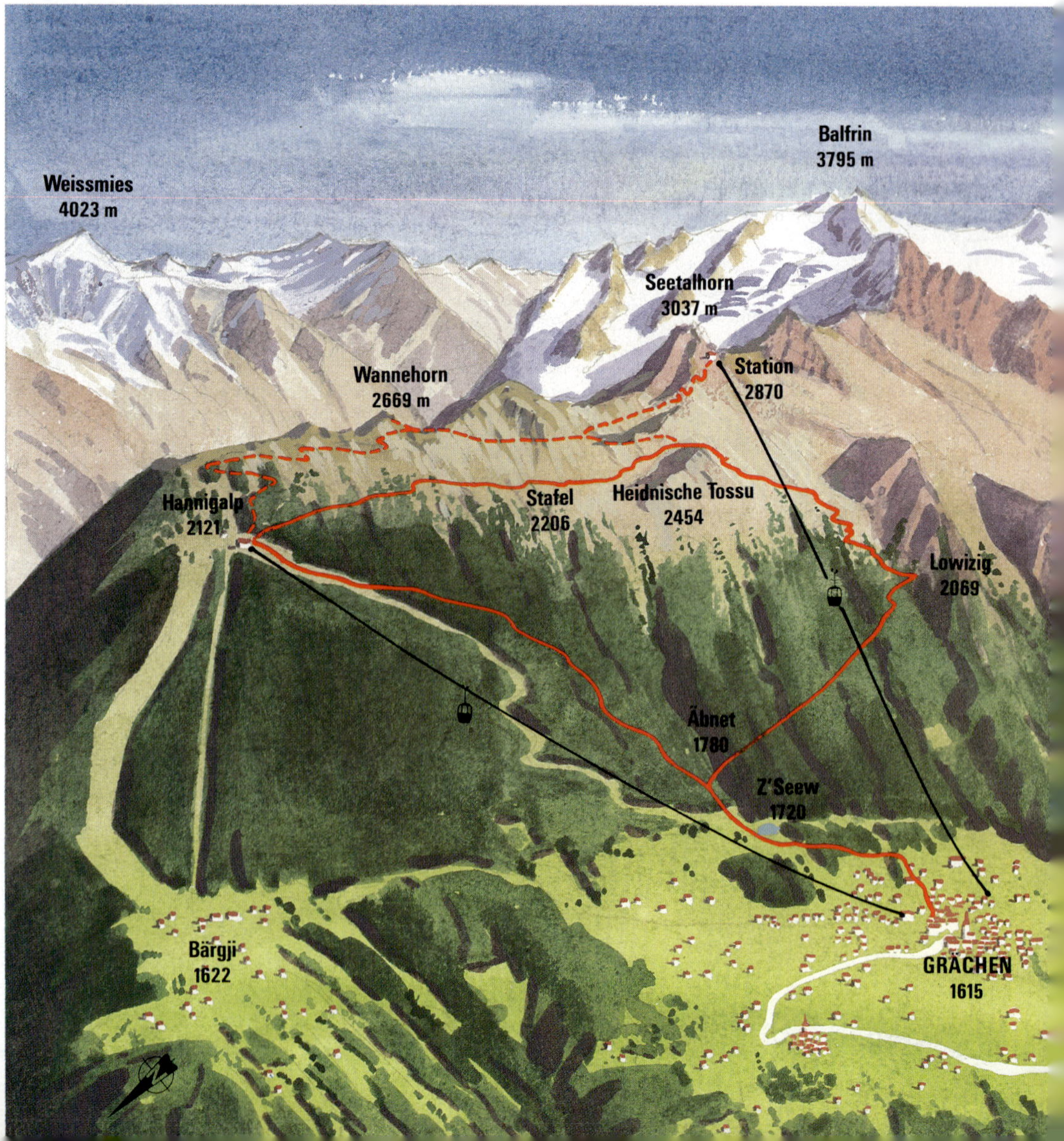

Regard sur le Tossu entouré de légendes

Tossu: le mot patois désigne un bloc de rocher semblable à une tour. A en croire la légende, les anciens habitants païens auraient, sur ce rocher, offert des sacrifices à leurs divinités. On prétend que c'étaient des nains, que les habitants plus tardifs de Grächen auraient rejetés des calmes paysages sur les hauteurs peu accueillantes. Avec leurs chèvres, ils résidaient dans des cavernes, au sud-ouest du Tossu.

Près d'une croix sur notre itinéraire, nous cheminons prudemment sur le saillant Tossu, près duquel croissent les derniers arolles: tout en marchant sans hâte, nous avons le temps d'admirer au sud-ouest l'étincelant Weisshorn, au nord les puissantes pyramides du Bietschhorn. Au fond de la vallée, nous apercevons St. Niklaus, Embd, Törbel, Zeneggen et Viège. Qui est rassasié de la vue lointaine découvre dans le proche environnement de quoi s'étonner et dresser l'oreille: le cri strident d'une marmotte retentira peut-être… Avec Conrad Ferdinand Meyer, on dira comme dans le poème intitulé «Himmelsnähe»:

«Je suis seul sur mon récif rocheux et je sens que Dieu est tout proche de moi».

Le sentier que nous suivons serpente en direction nord-est au pied de la pente, dans un paysage d'éboulis qui illustrent le lent travail des glaciers et des chutes de pierres. Le chemin descend progressivement vers la région de pâturages de **Stafel** et à l'**Hannigalp**, où nous trouvons une auberge. Au sud-ouest, nous apercevons la cime indiscrète du Cervin. Derrière la crête est se déroule le chemin des hauteurs de Balfrin, en direction de Saas Fee.

Pour la descente à Grächen, nous utilisons au sud-ouest un large chemin d'alpage. A proximité de la «*Steinerne Stiege*», on remarque sur un rocher le mot «Nordmann» gravé dans la pierre: c'est le souvenir du premier hôte de Grächen, le professeur bâlois Nordmann, qui en 1905 a fait inscrire son nom à cet emplacement. Nous cheminons plus loin, vers **Äbnet** que nous apercevons déjà au cours de la montée. Au bord du chemin s'étend le *Ringchrommen*, pâturage forestier entouré de murs entre lesquels les vaches, après un long séjour hivernal dans les étables, gambadent et se battent avant la montée à l'alpage. Passant près du lac, nous rejoignons bientôt le village ensoleillé de **Grächen**.

 Le village de *Grächen*, ensoleillé et où les précipitations sont rares, est facilement accessible sur sa terrasse entourée de forêts, par les transports publics au départ de Viège, dans la vallée du Rhône: chemin de fer Brigue–Viège–Zermatt jusqu'à St. Niklaus, puis automobile postale St. Niklaus–Grächen.

 A *Grächen*, les installations de sport sont variées et le village dispose de bains privés. Un centre de sports bien aménagé propose en hiver et en été de nombreuses possibilités de séjour actif, telles que tennis, boccia, minigolf, patinage et curling.

 Les télécabines et restaurants d'altitude sur l'Hannigalp et au Seetalhorn ne conduisent pas seulement à des points de vue sur un grandiose environnement montagneux: pendant la saison hivernale, les hôtes de Grächen se pressent sur 40 km de pistes de ski de tous les degrés de difficulté.

 Les merveilleuses promenades et randonnées à partir de *Grächen* sont une découverte inoubliable. Les chemins qui longent les bisses (Eggeri, Chilcheri, Drieri et Bineri) à travers la forêt de Grächen au pied du glacier de Ried, la montée à la cabane Bordier, le chemin de crête de Balfrin par l'Hannigalp jusqu'au village de Saas Fee, ont un attrait inégalable. A partir de Grächen, on peut même entreprendre l'ascension de quelques «4000», prestigieux sommets alpins.

Bifurcations

Heidnische Tossu–Seetalhorn 1 h 20

Heidnische Tossu–Wannehorn–Hannigalp 2 h

Grächen: Greniers sur pilotis, halte aux souris!

Thomas Platter, né en 1499 à Grächen, gardait les moutons de son oncle, sur les coteaux dominant Eisten, jusqu'au temps où, étudiant pauvre, il parcourut la Suisse et l'Allemagne, apprenant l'hébreu, le grec et le latin. Il fut d'abord cordier, puis imprimeur d'ouvrages de philosophie, philologie et médecine, avant d'être appelé au gymnase de Bâle. Pendant 37 ans, il y fut maître et recteur, tout en parvenant à devenir bourgeois de la cité, membre de la Confrérie de l'ours et propriétaire de quelques maisons. Les princes et les savants, parmi lesquels Erasme de Rotterdam, étaient de ses amis et connaissances. L'autobiographie qu'il a écrite – précieux tableaux des coutumes et de l'art de vivre au 16e siècle – lui a valu une place immortelle dans la littérature suisse alémanique de son temps. Dans le cloître de la cathédrale de Bâle, une plaque de pierre avec inscription latine et grecque rappelle la mort de l'humaniste, en l'an 1582. Deux fils de Thomas Platter, Félix (1536–1614) et Thomas (1574–1628), nés d'un mariage tardif, étaient médecins et célèbres professeurs de l'Université de Bâle.

Grächen est située dans un superbe paysage montagneux, sur un replat ondulé et sous les derniers contreforts des Mischabel. Jungfrau, Eiger, Mönch, Bietschhorn et Aletschhorn apparaissent au nord. On peut se promener dans le silence des heures durant, dans les calmes forêts de mélèzes et d'arolles qui à plusieurs endroits descendent jusqu'à proximité des maisons. Les nombreux bisses conduisent l'eau du glacier de Ried (Riedgletscher) sur les prés et champs arides de Grächen, qui est l'endroit de Suisse où l'on enregistre la plus faible quantité de précipitations.

Les tombes mégalithiques découvertes au hameau de Binen témoignent d'un habitat d'avant l'ère chrétienne. Le nom de «Grächen» est probablement dérivé au latin «granica», qui désigne la grange. Les nombreux greniers à graine, brunis par le soleil, posés sur pilotis et pierres plates pour empêcher les souris et autres rongeurs d'y pénétrer, montrent que depuis des siècles on a cultivé à Grächen beaucoup de céréales.

A l'apparition du christianisme, Grächen appartenait à la paroisse de Viège, plus tard à Stalden où on enterrait les morts. Les habitants de Grächen ont construit en 1433, en l'honneur de saint Jacques, une chapelle agrandie en 1704 pour devenir église. C'est en 1750 que Grächen se détacha totalement de la paroisse de Stalden. L'église actuelle, bâtie en 1935, a conservé le clocher et les autels de l'ancien sanctuaire baroque.

Il y a quelques dizaines d'années à peine, on ne pouvait atteindre Grächen, en quittant la station du chemin de fer de Kalpetran, qu'à pied ou à dos de mulet, deux heures de marche. Une bonne route automobile conduit aujourd'hui de Viège, par St-Niklaus, sur les hauteurs ensoleillées du village qui ne vit plus seulement des rudes travaux agricoles; de nombreux restaurants, des maisons de vacances, une infrastructure touristique bien conçue comblent les plus hautes exigences.

Grande randonnée par divers cols, des vallées de la Viège sur les hauteurs du Simplon, par la solitaire vallée de la Nanz. De forêts en alpages, nous gagnons les cols de Gebidum et Bistine: au voisinage du col de Gebidum, l'attrayant lac du même nom nous invite à la flânerie. Tout au long du chemin, nous sommes surpris par les étonnants points de vue sur les Alpes valaisannes et bernoises, mais nous avons aussi tout loisir d'admirer quelques curiosités culturelles, telles que la chapelle forestière qui domine Visperterminen, l'«Alter Spittel» au pied sud du Simplon et l'imposant hospice au sommet du col.

Visperterminen–Simplonpass 25

Route		Altitude	Temps
1 Visperterminen	🚌 🚡	1368 m	–
2 Chapelle forestière		1586 m	0 h 40
3 Giw	🚡	1976 m	1 h 50
4 Col de Gebidum		2201 m	2 h 30
5 Mättwe		1826 m	3 h 10
6 Col de Bistine		2417 m	5 h
7 Blatte		1893 m	6 h
8 Simplon/hospice	🚌	1997 m	6 h 30

Près de la halte des automobiles de **Visperterminen,** nous longeons un instant la route carrossable montant au nord-est, jusqu'à l'endroit où nous pouvons nous engager à droite sur l'ancien chemin pédestre. Bientôt, nous nous trouvons devant la première chapelle du Chemin de croix construit au 18e siècle. Les statues de bois à taille humaine représentent les scènes de la vie de Jésus-Christ à travers les mystères du rosaire. Après dix stations, nous arrivons en forêt à une grande **chapelle** dédiée à la Vierge Marie, lieu de pèlerinage populaire. Le sanctuaire abrite l'orgue le plus ancien du Haut-Valais, datant de 1619, avec ses deux vantaux peints, instrument qui aux origines était installé dans l'église de Viège.

A proximité du télésiège, le chemin se déroule en plusieurs lacets dans la forêt dite Bawald, jusque sur les hauteurs. A **Giw,** nous rencontrons la station supérieure du télésiège et une auberge de montagne. Au-dessous du relais, nous abandonnons la forêt: une dernière ascension nous conduit sur les hauts marqués d'une croix, le **col de Gebidum.** A cet endroit, nous quittons les vallées de la Viège, avec au centre le massif des Mischabel. A gauche derrière une éminence de terrain se cache le lac de Gebidum, mais le détour vaut la peine. A droite de notre chemin, **le bisse de Heido** amène sur les pacages le précieux liquide provenant de la vallée de Nanz.

Le col franchi, notre chemin oblique à droite et plonge par Schene Wase au sud-est vers le pont de la vallée de la Nanz. La légende prétend qu'à cet endroit existaient plusieurs communes formant une seule et même paroisse. Le vin même, le «Heida» – le

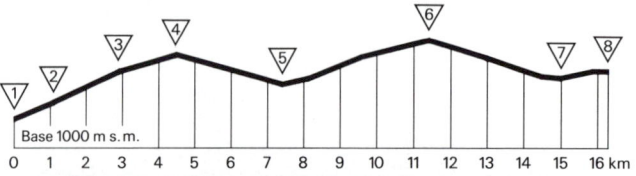

«vin des Terbiner» comme on désigne ici les habitants de Vispertherminen – aurait crû à l'origine dans la vallée de la Nanz. La preuve historique est faite que, des 3000 Lombards qui ont franchi le Simplon pour se porter en renfort de Charles le Téméraire à Morat, une partie entendaient passer par la vallée de la Nanz et furent exterminés à cet endroit.

Au fond de la vallée, près de la Gamsa, nous pouvons cheminer en direction nord, tout au long du large chemin bien aménagé, et descendre à Brigue par Schratt et Holzji. Pour qui veut rejoindre le Simplon, il faut franchir le ruisseau par un pont afin de monter au nord par la Nanz de Viège jusqu'au Bististafel. Un bon chemin s'étire de cet endroit en larges courbes à travers l'alpage escarpé, jusqu'au col marqué par une tourelle de pierres entassées.

Sur les hauteurs du **Col de Bistine**, entre Magerhorn et Staffelgrat, une vue magnifique s'offre à notre regard. Au nord, derrière le Spitzhorli, surgissent les Alpes bernoises et une fois encore c'est le Bietschhorn qui captive le regard. A l'est s'étendent les névés du glacier de Chaltwasser, dominé par le Monte Leone, la montagne qui marque la frontière entre la Suisse et l'Italie. Au sud apparaissent, puissantes, les cimes enneigées du Fletschhorn.

Le chemin légèrement descendant conduit à l'est, à travers les pacages fleuris des **Bistine**. Au-dessous de nous, au fond de la vallée, s'élargit l'alpage traversé par la route du Simplon, grandiose construction. L'«Alte Spittel», au voisinage de notre itinéraire, est un hospice construit en 1235 par l'Ordre de St-Jean-de-Jérusalem que Kaspar Jodok von Stockalper acheva et agrandit en 1666 pour en faire sa résidence d'été et l'étape des conducteurs d'attelages marchands. Près des hameaux d'alpage de Bielti et **Blatte**, nous atteignons le bas de la vallée. Une brève montée au sud-est nous amène tout près du col, à la halte postale proche de l'**Hospice du Simplon**. Le bâtiment massif devait être construit sur ordre de Napoléon Ier en même temps que la route; mais la première pierre ne fut posée qu'à fin août 1813. A cette époque déjà, les résidents actuels, les chanoines du Grand Saint-Bernard, en prenaient la direction.

Bifurcations
Col de Gebidum–Lac de Gebidum 10 min.
Mättwe–Schratt–Holzji–Brigue
2 h 40

Une bonne route, sur laquelle circulent de nombreuses courses automobiles postales, relie *Vispertherminen* à Viège, dans la vallée. Grâce à une situation centrale et aux bonnes voies de communication, plusieurs localités connues du Haut-Valais à part *Viège* (centre commercial, piscine, diverses possibilités de sport) peuvent être atteintes au cours de randonnées facilement réalisables en une journée.

Vispertherminen n'est pas le lieu d'un flux touristique très important; mais de nombreuses auberges et restaurants, une quantité de maisons de vacances au village et dans les hameaux sont à disposition des hôtes à la recherche de repos, aimant la découverte de la nature.

Un télésiège relie toute l'année le village à Giw, à mi-chemin du col de Gebidum; trois skilifts mènent en hiver à 8 km de pistes aménagées dans un paysage magnifique.

Plusieurs chemins de randonnées partent de Giw, la plupart le long des «bisses» (conduites d'eau) vers la vallée de la Nanz et le Simplon, comme aussi dans la vallée de Saas ou par les nombreux hameaux, dans les vignobles et les prés, jusqu'à l'entrée des grandes vallées de la Viège.

Les vignes de Vispertherminen: Sur la route de Viège à Vispertherminen croissent des vignes, bien exposées au sud dans les coteaux du Bächji, abritées du vent, à une altitude de 600 à 1100 m: on les appelle «Heida» et c'est le vignoble le plus élevé d'Europe. Pour travailler les terres, dans les pentes escarpées, les «Terbiner» – c'est ainsi qu'on désigne les habitants de Vispertherminen – ont dû soutenir le terrain par d'innombrables murets de pierres sèches. L'eau indispensable à l'irrigation du sol était acheminée autrefois des caniveaux à ciel ouvert; la récolte était transportée à dos d'homme jusque dans les caves. Aujourd'hui, des chemins de vignes carrossables sillonnent les pentes, l'eau est amenée par un réseau de conduites. A l'image d'autres régions, l'apparition du phylloxéra a eu ses contraintes: les plants indigènes, porteurs directs, sarments non greffés, ont cédé le pas devant des ceps d'origine américaine.

Chaque «Terbiner» est fier du vin cultivé dans sa région: certains ont même aménagé et décoré leur cave comme de véritables petits musées! A certains endroits, on peut encore admirer d'anciens et vénérables pressoirs. Au cours de l'automne 1981, les «Terbiner» se sont associés pour constituer, sous l'égide de Saint Joder, une cave à la capacité de 360 000 hectolitres. Goûtez dans une cave de la région à la fine goutte de «Heida»!

La grande commune de Vispertherminen, dans la fertile pente de montagne dominant Viège, est riche en vignes, prés, champs et forêts. La colonisation de cette région remonte à des temps très anciens, comme le prouvent des sépultures découvertes en 1885 à Ober Stalden. A part le village principal, la région est parsemée d'une série de hameaux dans lesquels, jusqu'à notre siècle, les habitants vivaient, changeant de lieu au rythme des saisons, afin de ne pas être contraints à de trop longues marches d'approche pour cultiver les terres et en tirer profit.

On ne saurait vraiment dire si le nom de Vispertherminen provient du latin «terminus», donc frontière, ou de «Bine», qui signifie «champs». Quoi qu'il en soit, les habitants se nomment eux-mêmes «Terbiner», résidant sur le «Terbinerberg».

Pendant le haut moyen-âge, la partie supérieure du Terbinerberg appartenait à la paroisse de Naters. Au 13e siècle, par suite d'échange contre Eggerberg, elle passa à Viège. C'est en 1713 seulement que Vispertherminen devint paroisse indépendante. Les quatre points qui figurent dans le blason rappellent les quatre communes originelles de Terminen, Niederhäusern, les Stahlergemeinden et Barmühle (Parmili) qui en 1715 ont formé une seule entité. A l'exemple de plusieurs régions valaisannes, la pluie parcimonieuse de l'été ne suffit pas à l'irrigation des cultures. La partie supérieure de la montagne a été alimentée en eau par les vieux Heido-Suonen (bisses) de la vallée de la Nanz. Les conduites de cette vallée, déjà citées en 1545, les Niwwen, amenaient l'eau de la Gamsa par un long tracé tout autour de la montagne. L'année 1897, l'assemblée des citoyens décida le percement de la montagne de Gebidum, mais ce n'est qu'en août 1916 que la galerie longue de 2650 m fut inaugurée. L'alimentation en eau est aujourd'hui abondante et sûre. Au cours de l'hiver, l'eau est conduite à la centrale électrique Ackersand 1 de la Lonza SA, pour la production d'électricité.

Les magnifiques alpages de Bettmeralp sont une région de randonnées qui, pour les passionnés de la montagne, compte parmi les plus belles et les plus riches en découvertes. Une balade loin des soucis, à 2000 m d'altitude et dans l'air pur de cette «zone piétonne la plus vaste d'Europe», la vue toujours splendide sur un univers de montagnes et de glaciers tout proches, le cheminement ou la pause dans le milieu encore intact de la réserve naturelle de la Forêt d'Aletsch, sont autant de moments d'une passionnante aventure.

On se rend à Bettmeralp par chemin de fer ou avec sa voiture personnelle, jusqu'à la station de Betten, sur la ligne Furka-Oberalp. Télécabines géantes directes pour Bettmeralp. Places de parc près de la station inférieure.

Bettmeralp–Aletschwald–Riederalp–Bettmeralp

Route		Altitude	Temps
1 Bettmeralp		1920 m	—
2 Biel/Greichergrat		2292 m	1 h 10
3 Forêt d'Aletsch		2000 m	2 h
4 Riederfurka		2065 m	2 h 20
5 Riederalp		1940 m	2 h 35
6 Bettmeralp		1920 m	3 h 20

Au départ de la station supérieure **Bettmeralp** du téléphérique qui assure la seule liaison avec la halte de Betten, sur la ligne de chemin de fer FO/Furka-Oberalp-Andermatt, nous marchons dans la bienfaisante atmosphère d'un village sans trafic automobile, qui malgré un développement frénétique a su conserver une bonne part de sa tranquillité. Par la droite du lac, le *Bettmersee*, nous arrivons aux bergeries d'alpage, et plus loin vers le nord à un creux de terrain marécageux. Une légère ascension nous fait rencontrer le croisement de deux chemins, avant que notre itinéraire oblique à gauche et vers l'ouest – bientôt en pente plus prononcée – pour grimper à **Biel,** point le plus bas de la crête du **Greichergrat.** A cet endroit, nous croisons le chemin qui descend du Bettmerhorn et du Bettmergrat, et à notre gauche celui qui descend par les hauts de *Mossfluo* et *Hohflüe* vers la Riederfurka.

Verte forêt, glaciers blancs, ciel bleu...

Pour franchir la crête, nous continuons dans la même direction et grimpons légèrement à l'écart sur le chemin de moraine, à peine après que le grand Glacier d'Aletsch, tout proche, ait dévoilé à nos yeux émerveillés son image fabuleuse!

Plus loin que le mur de pierre de la Protection de la nature, près du pt 2224, nous traversons le chemin qui de *Breite Boden* descend en biais à l'*Alte Stafel.* Nous nous rapprochons de plus en plus de la **Forêt d'Aletsch,** dont l'immense surface couvre la pente sud-est du Massatal, entre Riederfurka et Breite Boden.

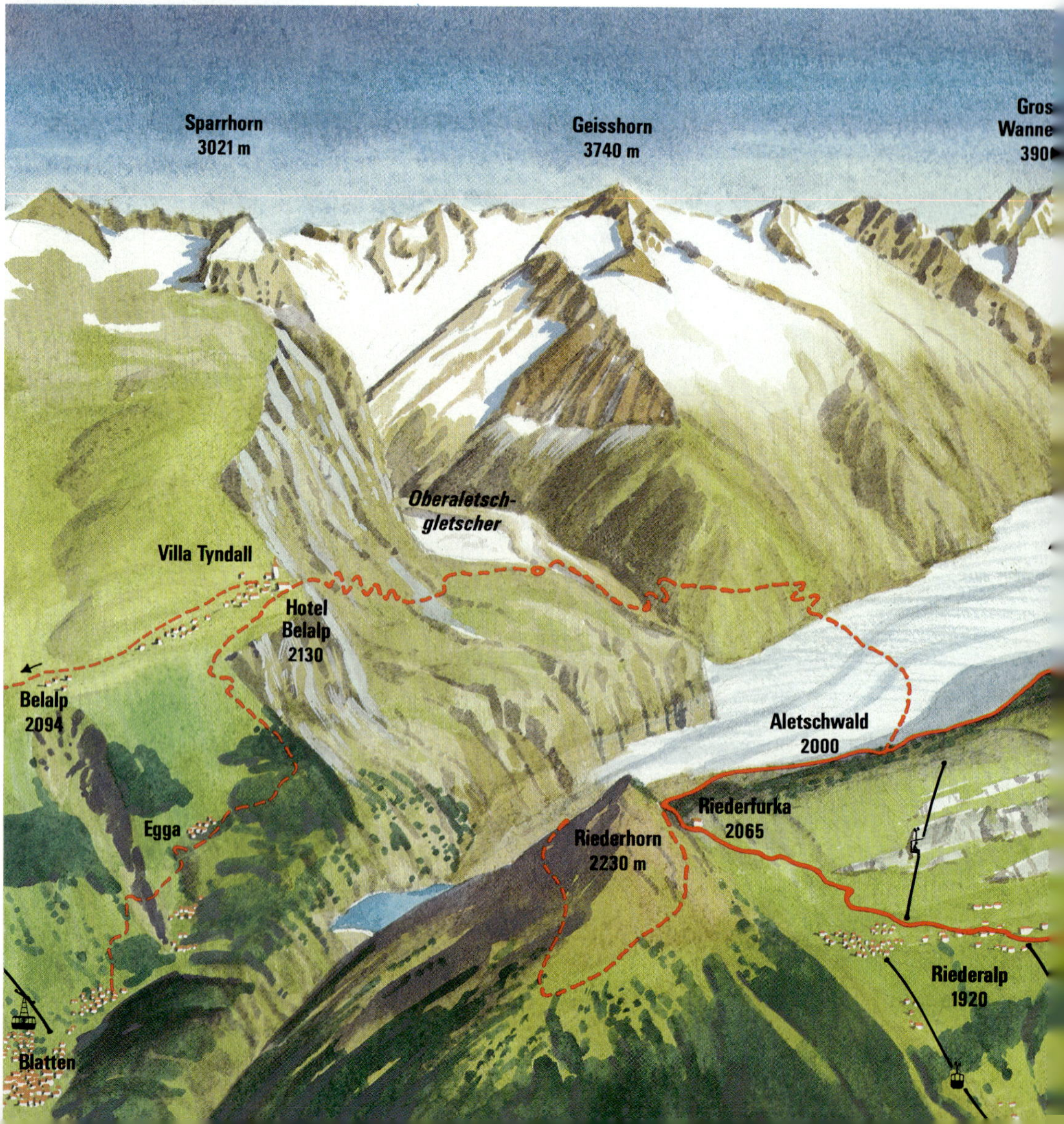

A la prochaine intersection, nous abandonnons le chemin que nous suivions et qui longtemps encore se prolonge à même altitude au sud-ouest, pour obliquer à angle aigu sur

notre droite afin de poursuivre notre parcours dans la direction primitive, sur le chemin inférieur: il nous amène finalement à la Riederfurka, tout en s'étirant partiellement à travers des groupes d'arbres.

Peu avant la **Riederfurka** – dans l'ensellement entre la crête de la Hohflüe et le Riederhorn – nous quittons la réserve naturelle protégée ainsi que la moraine sur laquelle se déroulait notre sentier. Un bon et large chemin conduit à **Riederalp**, station de vacances très connue et reliée par trois téléphériques à la station inférieure de Mörel. Quel étonnement! Après les pentes abruptes des moraines du flanc nord, nous nous retrouvons sur un haut-plateau à la flore riche et odorante, qui offre un contraste frappant avec le site de la Forêt d'Aletsch que nous venons de parcourir. Là, le regard s'étend une nouvelle fois sur le lointain, des montagnes du Binntal jusqu'au Cervin.

Depuis la construction des téléphériques, dans les années 50, le cachet de Riederalp s'est sensiblement modifié. Les mayens d'autrefois ont été de plus en plus supplantés, d'innombrables chalets de vacances et auberges constituent aujourd'hui l'image de ces hauteurs riantes. La région touristique de Riederalp a pris l'avantage sur les anciens pâturages de la commune de Ried-Mörel, mais si l'activité pastorale sur les alpages a pu se maintenir malgré la pression du tourisme, le romantisme montagnard a dû céder face à une exploitation rigoureusement rationnelle.

La visite de la vénérable chapelle datant de 1679 ou du musée alpin dans la cabane alpestre de Nagulschbalmu réveille le souvenir nostalgique du temps passé…

Pour achever notre parcours, nous marchons sur une petite route libre de toute circulation, par *Greicheralp, Golmu, Wälligstafel* et *Schweibe,* pour revenir ainsi à notre point de départ de **Bettmeralp,** sans peine et sans tracas, dans cette «plus vaste zone piétonne d'Europe», ainsi vantée avec à-propos par l'office du tourisme de la région.

Itinéraires secondaires et bifurcations

Un chemin conduit de la Riederfurka à travers la Forêt d'Aletsch, traverse le glacier et monte dans la pente nord jusqu'à l'hôtel et à la station du téléphérique de Belalp, 5 h 45. Mais attention: cette randonnée ne doit cependant être entreprise que sous conduite d'un guide expérimenté!

La randonnée de montagne à l'Eggishorn et au lac de Märjelen est lointaine, mais sans difficulté. Au départ de l'alpage de Kühboden, 1 h. Téléphérique pour l'Eggishorn (13+15 min., par le Tälligrat au Märjelensee 1 h 30) et retour par Roti Chumma, sur les hauteurs dominant le Glacier d'Aletsch jusqu'à la crête de Greicheralp et à Bettmeralp, 3 h. Pour le retour à partir de Riederfurka vers Bettmeralp, on a le choix entre quatre parcours, qui se déroulent entre le chemin de crête décrit et les crêtes de Hohflüe et Mossfluo, chacun d'une durée variant entre 1 h et 1 h 30.

Guide pédestre
Brig–Aletsch–Goms

Dans l'ancienne cabane de Nagulschbalmu, sur la Riederalp, on a mis en valeur depuis 1986 un musée illustrant l'exploitation agricole alpine. On n'y découvre pas seulement des intérieurs aménagés avec le mobilier et les objets d'une cabane typique, mais dans une construction plus récente plusieurs autres aspects de la vie pastorale sur la Riederalp.
Dans l'ancienne Villa Cassel, à la Riederfurka, la Ligue suisse pour la protection de la nature a aménagé un premier Centre de protection du milieu naturel. L'exposition permanente ne propose pas seulement des documents et statistiques intéressants sur la réserve naturelle de la Forêt d'Aletsch, mais également de nombreuses indications sur la protection de la nature en général. Comme dans le Parc national suisse, des gardes particuliers veillent, pour que les prescriptions sur la protection de la nature soient strictement observées. Une quantité d'études renseignent sur la flore et la faune. On peut également s'instruire en détail sur l'évolution du Glacier d'Aletsch.

Réserve naturelle de la Forêt d'Aletsch: Quatre grands névés rejoignent sur la Concordia-Platz le Glacier d'Aletsch, qui avec ses 20 km de long est le plus grand de toute des Alpes. Le flanc gauche, dans la partie inférieure de la vallée glaciaire, est couvert entre 1600 et 2140 m d'altitude par la Forêt d'Aletsch. Les aroles et mélèzes dominent. La Ligue suisse pour la protection de la nature (LSPN) a aménagé à cet endroit, en 1933, une réserve protégée de plus de 200 ha, qui englobe la partie supérieure de la forêt. Toute proche se trouve la Villa Cassel, sur la Riederfurka acquise en 1974 par la LSPN qui a ouvert en ces lieux le premier Musée de la protection de la nature de toute la Suisse.

Bettmeralp

Au début du siècle, une publication décrivait Bettmeralp comme un grand pâturage alpestre, bien situé au soleil, avec ses 24 cabanes habitées – en été seulement – par une centaine de bergers. Les quelques maisons étaient sous la protection d'une jolie chapelle, dédiée à «Maria zum Schnee» – la «Vierge des neiges» –, construite aux temps bénis de paix et bien-être, en 1697, et qui aujourd'hui encore apparaît comme un refuge au milieu des maisons qui ont envahi tout l'espace. On admire, à l'intérieur du sanctuaire, le vieil autel et la madonne, œuvre du 17e siècle due à Johann Ritz.
Un téléphérique pour Betten a été mis en activité en 1950, un autre pour Bettmeralp en 1952: c'est l'origine d'un développement touristique tout d'abord mesuré, mais bientôt irrésistible. Après la construction du téléphérique à cabine géante montant de la vallée, en 1974, Bettmeralp a totalement conquis son image de station touristique valaisanne de premier plan.
Malgré le tourisme, Bettmeralp reste pourtant, dans une certaine mesure, le petit village alpin accueillant d'autrefois, moderne toutefois, avec hôtels, piscine, courts de tennis, télécabine et téléskis, mais qui a échappé aux pesantes habitations de béton transformant en soi-disant grandes villes et banlieues tant de stations de vacances. Bettmeralp est toujours encore un magnifique paradis de randonnées, d'où l'on atteint sans peine des buts d'excursion attrayants. Le chemin des crêtes long de 10 km de la Riederalp et de Kühboden, commode, à l'écart du trafic automobile, riche en points de vue, Bettmerhorn, Eggishorn, lac de Märjelen dans son paysage aux allures polaires, qu'on peut aller voir en une demi-journée, ne sont pas les seuls attraits: l'imposant Glacier d'Aletsch et sa célèbre réserve naturelle de la Forêt d'Aletsch sont des morceaux de choix au programme d'excursions du touriste attiré par cette magnifique région.

Fiesch–Fieschergletscher–Fiesch

Un instant vécu dans le monde glaciaire

La randonnée conduit au glacier de Fiesch, long de 14 km. Les crevasses bleu-vert toutes proches impressionnent le regard et le romantisme sauvage de la vallée de Fiesch n'est pas moins surprenant.

Route	Altitude	Temps
1 Fiesch	1049 m	—
2 Zer Flie	1108 m	0 h 45
3 Unnerbärg	1350 m	1 h 30
4 Burg/Glacier de Fiesch	1782 m	3 h
5 Zer Brigge	1160 m	4 h 35
6 Stägmatta	1090 m	4 h 55
7 Fiesch	1049 m	5 h 15

Au départ de la gare de **Fiesch**, sur la ligne de chemin de fer Furka-Oberalp, nous choisissons la direction est, pour obliquer sur le grand virage à droite, en ligne droite vers la station inférieure du téléphérique qui s'élance vers le Kühboden. Le long de la bordure nord du parc zoologique, nous marchons parallèlement à la voie ferrée. Le chemin longe ensuite un ancien «bisse» qui date de 1642, conduite d'eau aujourd'hui abandonnée (Bregera). La voie de chemin de fer oblique bientôt à gauche, alors qu'à droite, proche d'un petit *monument* à saint Antoine, s'ouvre un chemin qui monte à la Gibelegge par la forêt d'Äbiwald. Sur cette croupe boisée entre vallée de Fiesch et vallée du Rhône, le parcours conduit à la station de séjour très connue de Bellwald (1 h 30), avec son église baroque (1610) au milieu des maisons brunies au soleil. Nous poursuivons quant à nous notre itinéraire en ligne droite vers le nord, sur le chemin forestier qui sans grande pente remonte le cours de la Wysswasser jusqu'au hameau de *Wichel*. Jusqu'à cet endroit, notre parcours qui se déroulait au pied de l'ancienne moraine latérale gauche du glacier de Fiesch tire au nord par le fond de la vallée vers le hameau de *Zer Flie*, et un peu plus haut vers celui de *Wirbul*. Les trois localités forment la commune de Fieschertal. Le paysage se métamorphose de plus en plus: des rochers grossiers interrompent le fond ample de la vallée où coule la Wysswasser, des parois rocheuses dénudées prennent le pas sur la forêt dense de pins et de mélèzes. Les rochers de granit du Distelgrat et les parois pleines d'anfractuosités du Wannenhorn ferment l'horizon. Un paysage désertique s'ouvre à nous, celui que le glacier de Fiesch a

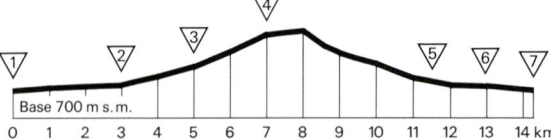

laissé au cours de son retrait. Nous allons le long du ruisseau, sur un chemin tout nouveau, jusqu'au pont du pt 1225. La montée se fait alors plus escarpée; après la traversée de la Wysswasser, elle conduit par les prés et pâturages d'**Unnerbärg,** puis par les ombrages d'une forêt de sapins et mélèzes jusqu'aux alpages préalpins de Titter. Une courte halte bienvenue permet de jeter un regard sur toute la vallée de Fiesch et sur la chaîne sud des Alpes valaisannes.

Glacier de Fiesch sous le charme des glaces éternelles

La randonnée continue direction nord: nous traversons une dernière forêt et déjà nous atteignons les moraines du **glacier de Fiesch** qui témoignent du recul considérable du glacier au cours des dernières décennies. Après le pt 1782, nous aurions la possibilité, pour raccourcir le parcours, de choisir sur notre gauche un chemin descendant dans la vallée où coule la Glingulwasser. Mais il vaut la peine de faire un dernier effort, monter un peu plus haut, dans le voisinage du glacier et découvrir – image inoubliable – la masse bleu-vert de ce gigantesque flot de glace. A l'altitude de presque 1900 m, nous tenons notre gauche et descendons par l'*alpage de Stock*, puis très abruptement au ruisseau de Seebach qui s'écoule du lac de Märjelen. Nous cheminons par la vallée où la Glingulwasser se fraye un chemin, par *Steiniga* et **Zer Brigge,** jusqu'au moment où près de *Zer Flie* nous atteignons le fond de la vallée. Pour y parvenir, nous demeurons sans cesse sur la rive droite de la Wysswasser. Là aussi à l'écart de la route un chemin aisé longe le flanc droit de la vallée par le Milibach, pour conduire à **Fiesch.**

Bifurcations
Glacier de Fiesch–Alp Stock–Märjelen 2 h
Märjelen–Unners Tälli–Salzgäb–Kühboden 1 h 30

Carte d'excursions pédestres
Aletschgebiet

Guide pédestre
Brig-Aletsch-Goms

 A *Fiesch,* la chapelle St-Augustinus a été érigée en 1722 sur l'emplacement d'un sanctuaire du couvent de Gnadenberg, dont les religieux avaient de 1344 à 1480 le droit de pêche deux fois par semaine dans le lac de Bettmersee. On peut citer également à *Wichel* la chapelle baroque St-Antoine de Padoue élevée en 1688, ainsi qu'une chapelle du 17ᵉ siècle à *Wirbul*.

Centre de vacances de Fiesch: c'est grâce à la collaboration du secteur privé et de la Confédération que le village de vacances de Fiesch a vu le jour. Un terrain boisé au sud-ouest de Fiesch offrit d'excellentes conditions pour cette réalisation. Dans le centre qui abrite 1000 lits, on accueille les jeunes de Suisse et de l'étranger pour des cours, semaines d'études au vert et séjours de convalescence. Une grande piscine couverte et de nombreuses installations de sport complètent ce centre.

Randonnées sur les glaciers: A part les innombrables excursions pédestres, la région d'Aletsch et de Fiesch permet quelques intéressantes randonnées sur les glaciers, qui ont de plus en plus d'attrait. Mais chacun de ces tours dans la neige et la glace est une véritable excursion en haute-montagne, qui exige tout à la fois bon équipement et prudence. Corde, piolet, guide expérimenté ou accompagnateur chevronné sont la condition indispensable à de telles expéditions.
L'Ecole d'alpinisme de Fiesch organise des excursions circulaires sur le glacier d'Aletsch, une descente du Jungfraujoch à Fiesch et de nombreuses randonnées de montagne sous conduite.

Fiesch et sa vallée

Fiesch est situé au milieu d'un paysage très varié, à l'endroit où les eaux de la Wysswasser provenant du glacier se jettent dans le Rhône après avoir parcouru toute la vallée. Depuis que le village est relié à la route et au rail, la localité est devenue centre commercial de la vallée de Conches. On y parvient par la route ou par le chemin de fer Furka–Oberalp. La vallée de Fiesch est un paradis d'excursions, avant tout pour qui aime les randonnées calmes et contemplatives. L'altitude favorable, peu au-dessous de 1000 m, attire surtout des personnes âgées à la recherche de convalescence. Les téléphériques permettent également des excursions dans des régions plus élevées, par exemple à Bellwald, sur l'alpage de Kühboden, et même au point de vue très connu sur le sommet de l'Eggishorn.

Lac de Märjelen

Il y a 10 000 ans, un bras latéral du glacier d'Aletsch s'étendait encore à travers la dépression entre Strahlhorn et Eggishorn et plus bas encore dans la vallée de Fiesch. Lors du retrait des glaces, un grand lac a pris naissance à la limite du glacier, mais qui débordait presque chaque année en direction de Fiesch. Parfois même, le lac dont la profondeur atteignait jusqu'à 80 m déversait une partie de ses 10 millions de m³ d'eau dans une faille qui chaque fois s'ouvrait au glacier d'Aletsch. Le recul constant du glacier a provoqué la réduction du lac de Märjelen, de telle sorte qu'aujourd'hui on ne peut plus guère admirer qu'une modeste étendue d'eau. Comme l'a écrit O. Lütschig avec enthousiasme, «c'est un petit lac, qui par son admirable situation et le merveilleux reflet des glaciers qui s'élèvent sur le miroir des eaux, dessine une image inimitable et fait penser à la beauté d'un paysage polaire».

Hasliberg–Wasserwendi–Planplatte–Bidmi

La vue est constante sur le Wetterhorn qu'on appelle aussi Hasli-Jungfrau. Le parcours se déroule de la terrasse ensoleillée du Hasliberg sur les sentiers montant modérément, par les magnifiques pacages, les bergeries pittoresques et les fromageries d'alpages, jusque sur les hauteurs de Planplatten. On a de cet endroit un merveilleux coup d'œil sur le toit des Alpes et sur les vallées profondes. La descente par les pentes herbeuses et les forêts montagneuses est assez escarpée et la partie supérieure parfois glissante par temps humide ou pluie: c'est une bonne raison de se mettre en route équipé de bonnes chaussures. Par brouillard, la descente par la Mägisalp est recommandée. Les promeneurs affamés ou assoiffés pourront se rafraîchir dans le restaurant de montagne Käserstatt ainsi qu'au restaurant de montagne de la Mägisalp.

Route		Altitude	Temps
1	Wasserwendi	1217 m	—
2	Alpbrücke	1523 m	0 h 50
3	Balisalp/Vorderer Stafel	1681 m	1 h 20
4	Restaurant de montagne Käserstatt	1831 m	1 h 50
5	Hääggen	1961 m	2 h 50
6	Planplatten	2245 m	4 h
7	Alp Gummen/Oberer Stafel	1831 m	4 h 40
8	Bidmi	1423 m	5 h 30

La randonnée commence dans le village le plus haut situé de la commune d'Hasliberg, **Wasserwendi**. L'origine du nom de ce lieu provient du partage des eaux, qui près de l'Ursiflue s'écoulent à gauche et à droite vers la vallée de l'Aar. La localité s'étend au-dessus de Meiringen, sur une terrasse ensoleillée très étalée et entrecoupée de sauvages ruisseaux.

Au départ de la poste, le trajet monte pendant quelques pas avant d'obliquer à gauche pour aboutir au hameau de *Stein*. Le chemin montant conduit aux maisons de Halti, mais nous l'abandonnons après quelques mètres déjà, pour un sentier qui s'ouvre sur la gauche, montant à travers les pâturages odorants de *Bort*. Un ruisseau joyeux cascade dans la pente.

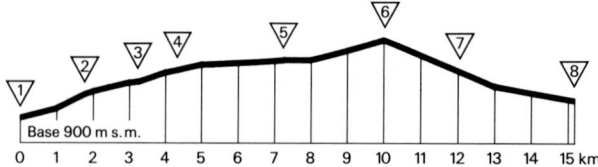

Nous arrivons au Bannwäldli et à l'**Alpbrücke**. Le chemin monte sous les arbres, tout au long du ruisseau de Louwenen vers les habitations de **Vorderer Stafel**, au lieu-dit **Balisalp**. Les bergeries et les étables brunies au soleil, avec leurs greniers à fromages et leurs toits de bardeaux parfois assurés par des pierres, parsèment l'itinéraire. Le groupe massif du Wetterhorn apparaît dans toute sa majestueuse splendeur.

La lisière de la forêt est maintenant derrière nous, nous cheminons par la pente escarpée des pâturages sous la crête, entre les pointes du Chingstuel et du Hohbiel. Les mouches et insectes virevoltent dans ces gras pâturages, une télécabine rouge plane dans les airs.

Nous arrivons **au restaurant de montagne Käserstatt** (possibilité d'hébergement). A partir de là, nous continuons en direction est. Pendant un

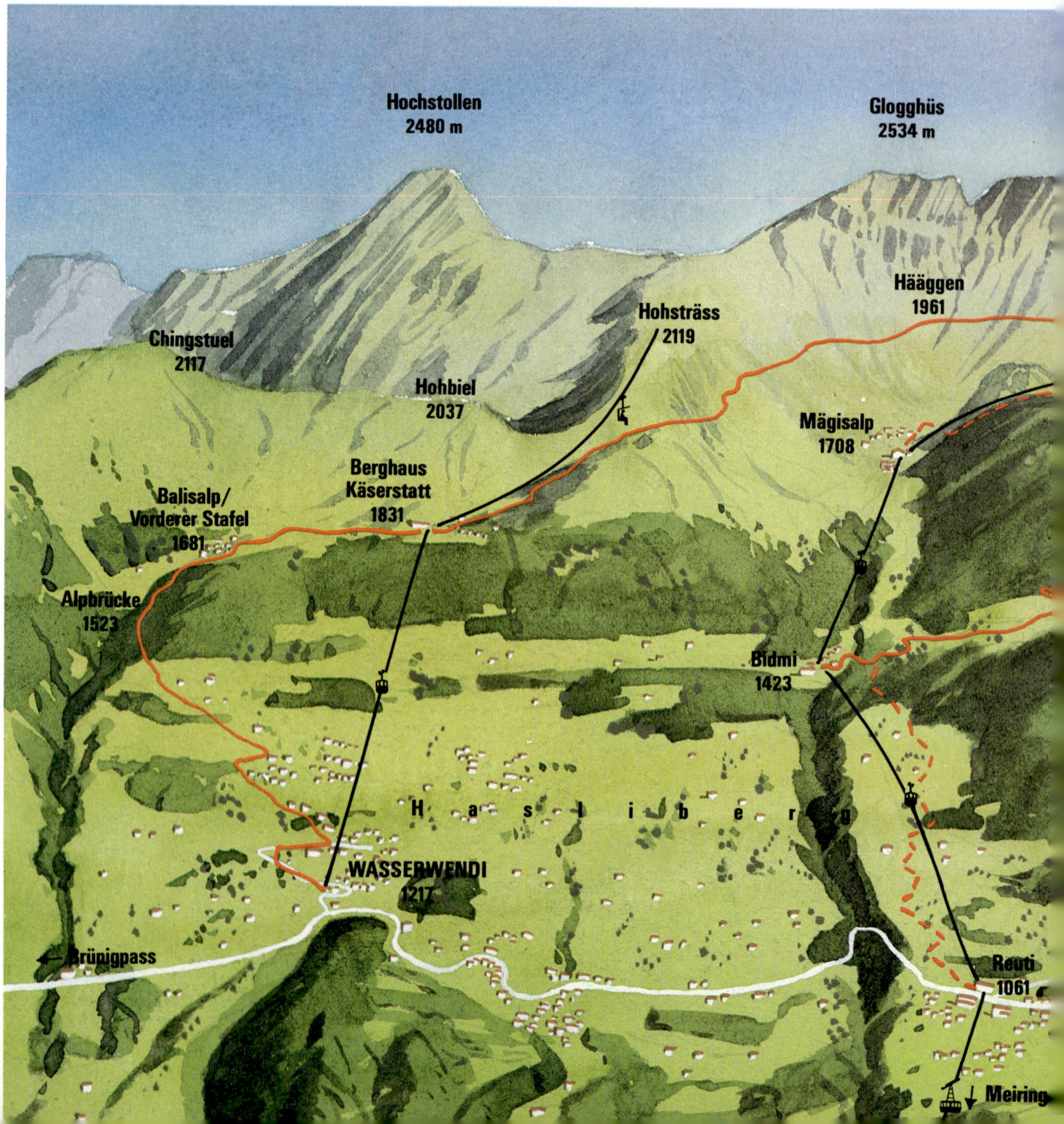

court laps de temps, nous cheminons sur le fameux chemin de crête qui conduit à Melchsee-Frutt. Près des bergeries de *Gugerhubel*, le sentier se met à grimper modérément: le balisage rouge/blanc guide nos pas à travers la pente par le passage dit *Passlücke* (1950 m), vers la *crête nord de la Leitistöck*. L'arête se déroule en montant vers la haute route de crête. Une mare, à droite en bas, scintille dans le creux du terrain.
Sur l'autre versant de la crête herbue, le chemin presque plat conduit aux cabanes des pâturages en pente de **Hääggen**, dans la grande dépression de terrain de la Mägisalp. L'alpage est échelonné en plusieurs étages, avec des cabanes très nombreuses. Sur la lisière de la cuvette du terrain, et à son entrée 200 m plus loin, on aperçoit les bâtiments de la station des moyens de transport Meiringen-Hasliberg (télécabine/télésiège) et du restaurant de montagne. Nous franchissons le petit cours tourbillonnant de l'Alpbach, puis nous montons au pied du Glogghüs et du Rothorn, en gagnant sensiblement les hauteurs. L'itinéraire décrit une large courbe autour du fond de la vallée. On voit des sillons d'éboulis qui s'étendent des bancs rocheux et des crêtes rocailleuses vers le bas de la pente. Des spioncelles s'élancent dans les airs, au son de leur «zip-zip» strident et joyeux.

Coup d'œil sur le cœur profond des Alpes

Et nous voici enfin sur la *Planplatten-Sattel* (2186 m). Les cabanes de l'alpage de Schlafenbielen s'étalent au bas du versant escarpé qui s'ouvre sous nos pieds; plus loin s'étire la vallée solitaire du Gental.
Par la crête et au large de la station du télésiège, le parcours se prolonge maintenant vers le sommet des **Planplatten**. La vue sur l'univers montagneux, avec ses sommets et ses dépressions profondes en plein cœur des Alpes, est fascinante. Le regard, partant de l'est où se dresse le Titlis, se déroule par le Sustenhorn et les massifs rocheux de la Damma, jusque sur les «4000» du groupe du Finsteraarhorn. Au sud-ouest émergent les cimes du massif du Wetterhorn. Aux côtés du Schwarzhorn s'ouvre à l'ouest la vallée de l'Aar. La brume s'effiloche sur le lac de Brienz, dans le lointain se déroule la chaîne des montagnes, de l'Augstmatthorn jusqu'au Brienzer Rothorn. Mais nous laissons derrière nous le sommet qui nous a offert ce splendide coup d'œil pour descendre en zigzags dans les pentes abruptes, herbeuses, s'inclinant à l'ouest vers les cabanes de l'**Obere Stafel** et à l'**Alp Gummen**. A proximité des premiers conifères, notre itinéraire se déroule par les croupes des pâturages dominant le petit ravin du Schlüöcht-Bach, où se trouvent les étables et bergeries d'Underen Stafel. Après quoi nous descendons par les finages et à travers la forêt de *Gummenwald*. Le flot écumant d'un ruisseau, l'Alpbach, nous tient compagnie pour aller vers la station de la télécabine de **Bidmi**, où la rive artificielle du petit lac calme et serein nous invite à un instant de repos bienfaisant.

Descentes
Bidmi –Reuti 40 min.
Planplatten –Mägisalp 50 min.

Carte d'excursions pédestres
Région Jungfrau–Oberhasli

 Parmi les innombrables curiosités naturelles de la région, la plus étonnante est sans conteste la gorge de l'Aar, avec ses cavités, niches, grottes, comme aussi les grottes glaciaires du Rosenlaui ou la chute aux eaux vives du Reichenbach.

 L'église baroque de *Meiringen* a été édifiée sur les vestiges romano-gothiques d'édifices antérieurs. Au sud-est du sanctuaire, on remarque des constructions anciennes, datant des 16e au 19e siècles, avec toits en bâtière. On voit sur la *Mägisalp* des groupes de greniers à fromage caractéristiques construits aux 18e et 19e siècles.

 Le Musée local du paysage du Hasli, à *Meiringen*, présente des meubles, outils, armes et moyens de transport. Le Musée de plein air du *Ballenberg* illustre la construction et l'habitat: dans un terrain aménagé comme un itinéraire, on découvre 60 ha les divers genres de construction et des maisons provenant de toutes les régions du pays suisse. Les demeures sont aménagées avec meubles et objets divers, regroupées par régions et entourées de jardins et prés sur lesquels croissent plantes et herbes utiles. Un certain nombre d'ateliers artisanaux créent l'animation: la vie est intense autour de ces maisons, on y cuit le pain, on y tresse des corbeilles, on y file la laine, on y tisse la toile, on y sculpte le bois.

Paysannerie vivante et traditionnel «Chästeilet»: On partage depuis toujours, entre les paysans qui ont estivé du bétail sur les hauteurs du Hasliberg, le produit des fromages fabriqués pendant toute une saison alpestre: c'est une tradition du mois de septembre. Au cours de l'été, on mesure les performances des vaches laitières, les «Blüemli», les «Stärnli», les «Bläss»; la répartition du fromage est proportionnelle aux productions. Autrefois, l'événement se déroulait dans le plus grand calme; de nos jours, les paysans proposent les fromages trois-quarts gras et tout frais du Hasliberg, au cours d'une grande fête populaire, la «Chästeilet» sur la Mägisalp.

Au Moyen Age, les montagnards des sources de l'Aar ont réussi à se tailler des droits étonnants: les seigneurs germaniques ne toléraient aucun gardien hostile sur les chemins de première importance du Grimsel. Un document de 1296 prouve que la «Gmeind von Hasle» – la communauté de Hasle – était riche en droits et qu'elle s'était alliée pour la première fois en 1275 avec la jeune ville de Berne. L'empereur d'Allemagne mit cependant en gage le territoire, en 1310, aux seigneurs de Weissenburg. Les habitants du Hasli perdirent leurs privilèges et Hasle passa par contrainte, en 1334, sous régime bernois. Les nouveaux maîtres respectèrent les anciens droits et libertés des gens du pays. Au 14e siècle, le trafic apporta un certain bien-être dans la vallée du Hasli. Au cours des siècles qui suivirent, hivers rigoureux, tempêtes de foehn, inondations et peste (1668/69) apportèrent une grande misère dans la vallée de Hasli. Pour faire face à l'adversité, on exploita du 14e au 19e siècles le minerai de fer sur le Planplatten, à 2190 m d'altitude. Les mines du «Hasli-Eisenwerke» furent fermées 17 ans après, en 1834, l'ancienne «Gmeind» – la communauté – céda la place au district d'Oberhasli. Alors que les premières volées de touristes débarquaient dans cette région, et que 160 métiers à tisser s'activaient sur le Hasliberg, le fond de la vallée était asséché, débarrassé de ses marécages (1866–1881). Le désenclavement de la région par la route et le chemin de fer – chemin de fer du Brünig en 1888, route du Grimsel en 1896, voie ferrée vers Interlaken en 1916, route du Susten en 1946, télécabine Hasliberg–Käserstatt en 1960, moyens de transport Meiringen–Hasliberg en 1973 – contribua largement à l'expansion touristique, entraînant du même coup un développement économique.

Grindelwald–Stieregg–Pfingstegg–Halsegg–Grindelwald

Les espaces étendus dans lesquels invite cette randonnée en montagne sont précédés d'une montée, courte mais escarpée. Le parcours se déroule alors sur de magnifiques chemins de crête. On monte des abords de la gorge glaciaire dominant Grindelwald vers le chemin panoramique qui conduit du glacier inférieur au glacier supérieur de Grindelwald. Le coup d'œil est magnifique sur des paysages variés: fiers sommets montagneux, champs de glace étincelants, lumineux glaciers, parois rocheuses aplanies, vertes forêts et pâturages. Le parcours se déroule, au commencement et à la fin, sur un revêtement dur, mais dans l'ensemble par chemins naturels et bien balisés; il est conseillé de porter de bonnes chaussures pour profiter sans peine de cet itinéraire. On peut raccourcir l'excursion, grâce au téléphérique de la Pfingstegg et à la liaison par bus à l'Hôtel Wetterhorn.

Route		Altitude	Temps
1	Grindelwald	1034 m	—
2	Marmorbruch	1120 m	0 h 50
3	Weisse Fluh	1386 m	1 h 45
4	Bäregg	1652 m	2 h 25
5	Stieregg	1650 m	2 h 30
6	Bäregg	1652 m	2 h 35
7	Weisse Fluh	1386 m	3 h 05
8	Pfingstegg	1392 m	3 h 15
9	Halsegg	1348 m	3 h 55
10	Hôtel Wetterhorn	1223 m	4 h 15
11	Grindelwald	1034 m	5 h 10

Au départ de la gare de **Grindelwald**, nous parcourons la rue principale à travers le village. Les innombrables magasins et boutiques aux mille couleurs jalonnant la rue – souvenirs, restaurants, mondanités – ne manquent pas d'attirer le regard. A proximité du grand hôtel «Adler/Sunstar», nous obliquons à droite sur un chemin de randonnée qui descend vers la *Schwarze Lütschine*. Nous franchissons le cours d'eau et cheminons au long de la *Mättenbergstrasse*, en montant vers la lisière est de la *gorge glaciaire*. Le petit pont permet de jeter un coup d'œil sur les profondeurs du défilé rocheux. Pourtant, nous ne traversons pas la gorge: un virage à gauche nous conduit en forêt, puis nous arrivons au sentier forestier qui sur notre droite grimpe au restaurant **Marmorbruch**.

A cet endroit, les habitants de Grindelwald ont exploité jusqu'en 1903 une roche décorative (Breccie) de couleur rougeâtre et partiellement verdâtre. La roche – appelée marbre de Grindelwald – est entremêlée de calcaire clair: on y a taillé notamment les encadrements de portes du Palais fédéral, à Berne. A partir de 1770, le glacier inférieur de Grindelwald s'est mis à croître, il a recouvert la carrière de marbre et mis fin aux travaux pendant un siècle environ.

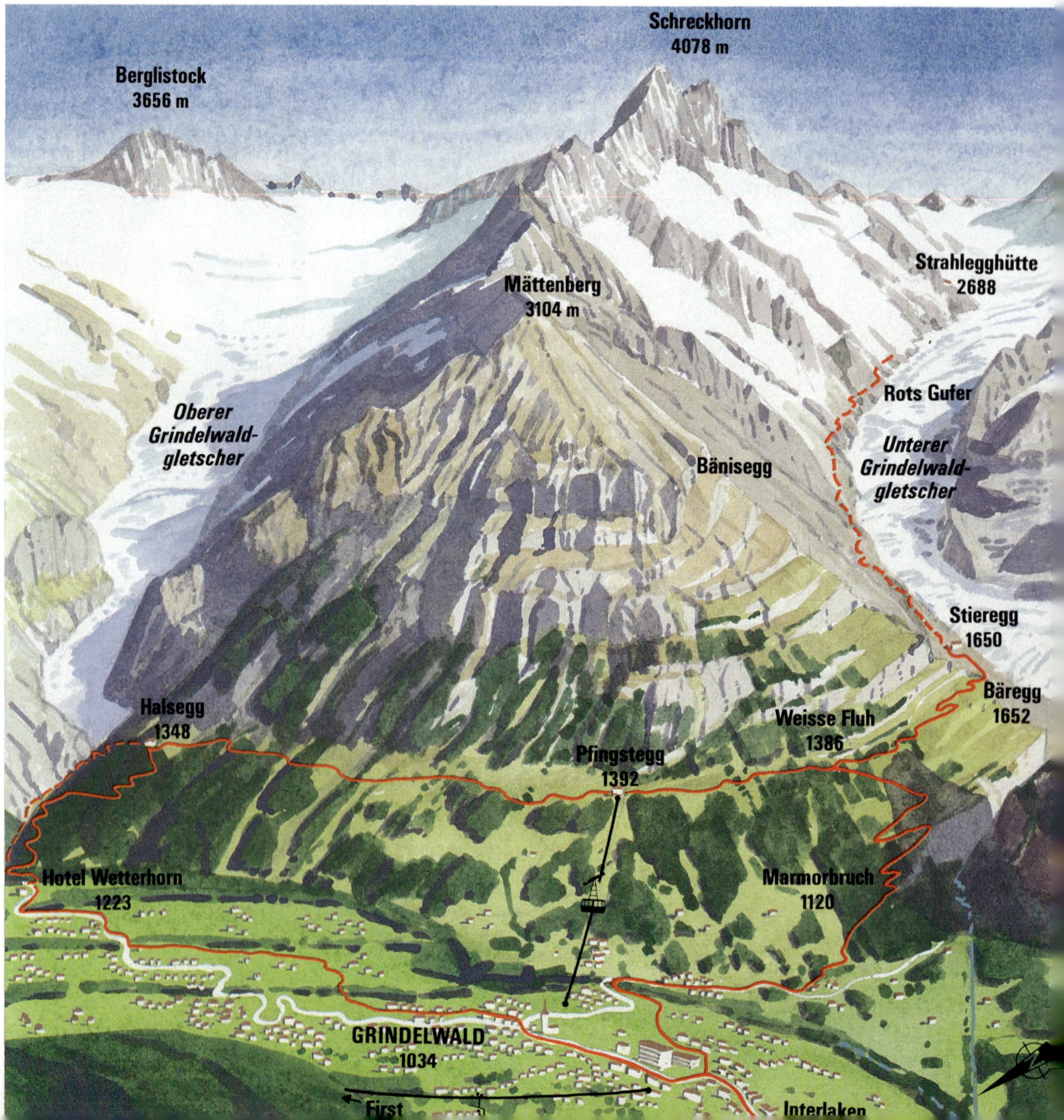

Le chemin commence maintenant à monter assez rudement: il serpente dans la forêt, entre les rochers, et grimpe à la **Weisse Fluh**. Les sauterelles, les abeilles et les bourdons s'agitent entre les herbes: on entend dans les profondeurs le bruissement

des eaux de fonte des neiges; au cours des journées chaudes, un bloc de glace dévale de temps à autre à travers la gorge, vers le fond de la vallée.

Sur le chemin qui provient de la station du téléphérique de Pfingstegg, nous poursuivons notre marche en direction sud. Laissant les arbres derrière nous, nous pénétrons dans l'étroite vallée du glacier inférieur de Grindelwald. Au-dessous du chemin tombent abruptement les parois rocheuses que les courants glaciaires ont limées dans la nuit des temps: on ne doit donc quitter en aucun cas le parcours!

Nous franchissons le ruisseau écumant qui cascade à travers la *Hohturnenlammrinne*. Les pierres crissent sous les pas. La vallée s'élargit petit à petit. Dans la profondeur s'étale la langue du glacier, recouverte en bonne partie par les éboulis.

Par le versant sud du Mättenberg, nous gagnons insensiblement en altitude pour atteindre le **Bäregg**, point culminant de notre randonnée. A cet endroit existait autrefois une auberge de montagne, emportée à deux reprises par des avalanches et jamais plus reconstruite.

Paysage de haute montagne marqué par les glaciers

Le chemin – qui à certains endroits a été élargi à la mine – nous conduit à la côte rocheuse de la **Stieregg** (auberge), sorte de niche dans le terrain herbagé. On a de cet endroit une très belle vue sur le «Heissi Blatta», courant de glace descendant du glacier de Fiesch, qui se rassemble avec la mer de glace émergeant de la gauche, vers le glacier inférieur de Grindelwald. Les traces du glacier autrefois beaucoup plus puissant sont visibles: ce sont les moraines qui parfois s'étirent bien plus haut que le niveau actuel des glaces.

Le paysage de haute montagne est encadré par les étincelants névés et les sombres parois rocheuses: fascinant! Le Fiescherhorn apparaît sous sa meilleure face, flanqué sur sa gauche par les cimes de l'Ochs, du Finsteraarhorn, du Lauteraarhorn ainsi que du Schreckhorn. Les sommets du Mönch et de l'Eiger s'élèvent sur la droite.

Nous abordons le retour à la **Weisse Fluh**, pour rejoindre le chemin de crête qui conduit à **Pfingstegg**. La vallée de Grindelwald s'étale dans la profondeur, à l'horizon la chaîne montagneuse se déroule de la Schynige Platte jusqu'au Faulhorn et au Schwarzhorn.

Peu de temps nous suffit pour arriver à la station supérieure du téléphérique (restaurant). Ici, comme à l'Office du tourisme de Grindelwald, on peut obtenir un dépliant sur le sentier naturel de Pfingstegg: on y décrit les diverses espèces de pierres qui jalonnent l'itinéraire (Pfingstegg-Marmorbruch, Pfingstegg-Stieregg, Breitlouwina).

Après la station du téléphérique, nous restons quelques pas encore sur le chemin qui conduit à la vallée, avant d'obliquer à droite. Le sentier se déroule maintenant presque à plat, le long du versant nord du Mättenberg, pour nous amener à la loge à bétail de la Rubiweid. On entend le strident «hid-teck-teck» de quelque rouge-queue...

Le parcours continue en ligne droite vers les éboulis de *Breitlouwina*. Une passerelle de bois nous permet de franchir le ravin du ruisseau. A droite s'étagent des blocs de calcaire poli: on découvre sur leur surface les stries laissées par des blocs de pierre plus dure charriés à l'ère glaciaire, mais des veines claires sont mêlées aussi aux roches. On entend dans la profondeur, côté gauche, le mugissement de la Schwarze Lütschine.

La randonnée se poursuit, sans peine jusqu'au «Chalet Milchbach» (restaurant de montagne) sur le **Halsegg**. Le glacier supérieur de Grindelwald scintille à nos yeux, sous le soleil. Le courant de glace est entrecoupé de profondes crevasses. Les parois du Wetterhorn se dressent, de l'autre côté, abruptement vers les hauteurs. Par la pente est du Halsegg, nous montons à travers la forêt clairsemée qui sent bon la résine. Un chemin s'écarte à droite, allant à la grotte de glace, mais notre parcours conduit à la Schwarze Lütschine qui, un peu plus haut, sourd des glaces.

Nous traversons le ruisseau glaciaire pour arriver au chemin légèrement montant qui conduit à l'**Hôtel Wetterhorn**. A peine 1 km plus loin, nous rejoignons la route. Près du Horbach, parmi les arbres isolés, nous obliquons à gauche pour parvenir par le chemin de randonnée à **Grindelwald**.

Bifurcation
Stieregg–Bänisegg–Rots Gufer 1 h

Carte d'excursions pédestres
Région Jungfrau–Oberhasli

Guide pédestre
Jungfrau-Region

Profondes et fraîches «archives» de notre environnement: La neige s'épaissit généralement, sous la pression, pour passer de l'état de névé à celui de glace. Au cours de ce phénomène, elle retient des gaz, des poussières et autres traces de notre environnement, précieuses informations pour connaître le développement de l'atmosphère, les mouvements de l'air, les variations climatiques: elles «archivent» les pollutions de notre histoire industrielle. Les glaciers rejettent aussi, de temps à autre, les dépouilles d'alpinistes malchanceux. C'est ainsi qu'au glacier supérieur de Grindelwald une stèle, près de l'Hôtel Wetterhorn, rappelle le destin de trois alpinistes qui en 1880 ont chuté au glacier de Lauteraar et dont les cadavres ne sont revenus au jour qu'en 1959.

 Un téléphérique – inauguré en 1967 – relie Grindelwald à la Pfingstegg. La télécabine Grindelwald–Männlichen (1978) ainsi que le télésiège Grindelwald–First (1947) conduisent également dans des régions de randonnées attrayantes; ces moyens de transport sont en Europe les plus longs du genre.

 Le grand Centre de sport de *Grindelwald* offre de nombreuses possibilités aux touristes actifs.

 Les gorges du glacier inférieur, comme aussi la Grotte bleue (Blaue Grotte) du glacier supérieur de Grindelwald figurent parmi les curiosités naturelles les plus étonnantes de toute cette région.

Le village des glaciers

Le fond de la vallée de Grindelwald était déjà habité aux temps celtiques: le lieu-dit Heitbühl (Heidenbühl, c'est-à-dire colline des païens) en fait foi. L'origine du nom de Grindelwald est à rechercher dans l'ancien haut-allemand «grintil», qui signifie verrou, domaine fortifié. Il apparaît en 1146 sous la forme «Grinddwalt» dans une donation du roi Conrad III au couvent d'Interlaken. Les baillis allemands rognèrent les droits des seigneurs ce qui provoqua leur insurrection, mais le duc Berthold V de Zähringen leur infligea une lourde défaite en 1191, près de Grindelwald. Le couvent des Augustins d'Interlaken fut finalement maître des deux vallées de la Lütschine, presque absolument du 13e siècle jusqu'à la Réformation. La vallée de Grindelwald passa en 1528 sous la domination de Berne.

Les premiers touristes ont fait leur apparition à la fin du 17e siècle: les artistes, nobles et gens «de la meilleure qualité» trouvaient dès 1810 un gîte dans la cure paroissiale. On ne compte plus les récits enthousiastes écrits autour des deux glaciers de Grindelwald, dont la langue de glace s'étendait parfois encore jusqu'aux abords de la localité. Le village connut une renommée mondiale; il comptait en 1880 une dizaine d'hôtels et de pensions. A partir de 1888 les habitants ouvrirent leur région aux sports d'hiver: une véritable première pour l'Oberland bernois. La liaison ferroviaire avec Interlaken a été mise en activité en 1890. La construction de l'ascenseur du Wetterhorn – première section active dès 1908 – était aussi une grande sensation mondiale. Le manque d'argent devait mettre cette audacieuse idée en panne: les trois étapes prévues jusqu'au sommet demeurèrent à l'état de projet et l'installation fut finalement démontée en 1934. Les bâtiments abandonnés et la réplique d'une cabine sont – près de l'Hôtel Wetterhorn – les seuls survivants de ce légendaire ascenseur de rêve...

Le chemin qui se déroule dans les forêts, les pentes herbeuses et quelques endroits rocheux est vraiment escarpé, mais c'est un très bel itinéraire vers l'un des plus beaux points de vue de l'Oberland bernois, le Männlichen. On descend alors par les versants est des Tschuggen et du Lauberhorn, avec en face de soi le célèbre trio Eiger, Mönch, Jungfrau, jusqu'au col de la Kleine Scheidegg. La randonnée exige de bonnes chaussures et il faut savoir, la légère descente se déroulant à plus de 2000 m d'altitude, qu'on sent la fraîcheur même en été. Les chemins de fer de montagne permettent de raccourcir l'excursion.

Wengen–Männlichen–Kleine Scheidegg

Route		Altitude	Temps
1	Wengen	1275 m	—
2	Ussri Allmi	1415 m	0 h 30
3	Parwengi	1864 m	1 h 45
4	Restaurant de montagne Männlichen	2229 m	2 h 55
5	Männlichen	2342 m	3 h 15
6	Restaurant de montagne Männlichen	2229 m	3 h 30
7	Inberg	2114 m	4 h 10
8	Kleine Scheidegg	2061 m	4 h 30

Près de la gare de **Wengen**, nous allons vers la gauche et nous longeons la Dorfstrasse dans laquelle règne une animation commerciale

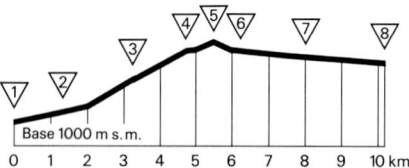

tout en couleurs. Au carrefour de l'Hôtel «Bernerhof», nous allons d'abord à droite, puis peu après demi-droite. Par les chalets brunis et l'Hôtel «Berghaus», nous arrivons plus haut au «Parkhotel» où se trouve également la station inférieure du téléphérique du Männlichen.

A cet endroit, entre les érables de montagne, le «Männlichenweg», le chemin du Männlichen, commence à grimper. Dans la première courbe à droite décrite par la petite route, nous obliquons à gauche, pour monter dans la forêt ombragée et les prés fleuris. A proximité de la forêt et de la pente boisée de *Meiezun*, nous abandonnons le chemin pédestre («Meisti», 1380 m). La route alpestre légèrement montante se déroule sur la gauche. Le village de Wengen, bien campé sur une large terrasse, s'étale en bas avec ses ruelles enchevêtrées; sur l'autre versant de la vallée de Lauterbrunnen, le Staubbach tombe de 300 m de haut comme un ruban argenté.

Nous arrivons sur les pâturages d'**Ussri Allmi**: un chemin pédestre s'écarte en montant à droite, pour déboucher bientôt dans un chemin qui nous amène par une large courbe à la lisière de la forêt. A cet endroit, nous bifurquons sur un sentier qui monte en serpentant à travers la forêt. Le «gipp-gipp-gipp» sonore des becs-croisés résonne dans le sous-bois et les fourmis grouillent sur l'humus, parmi les aiguilles de résineux.

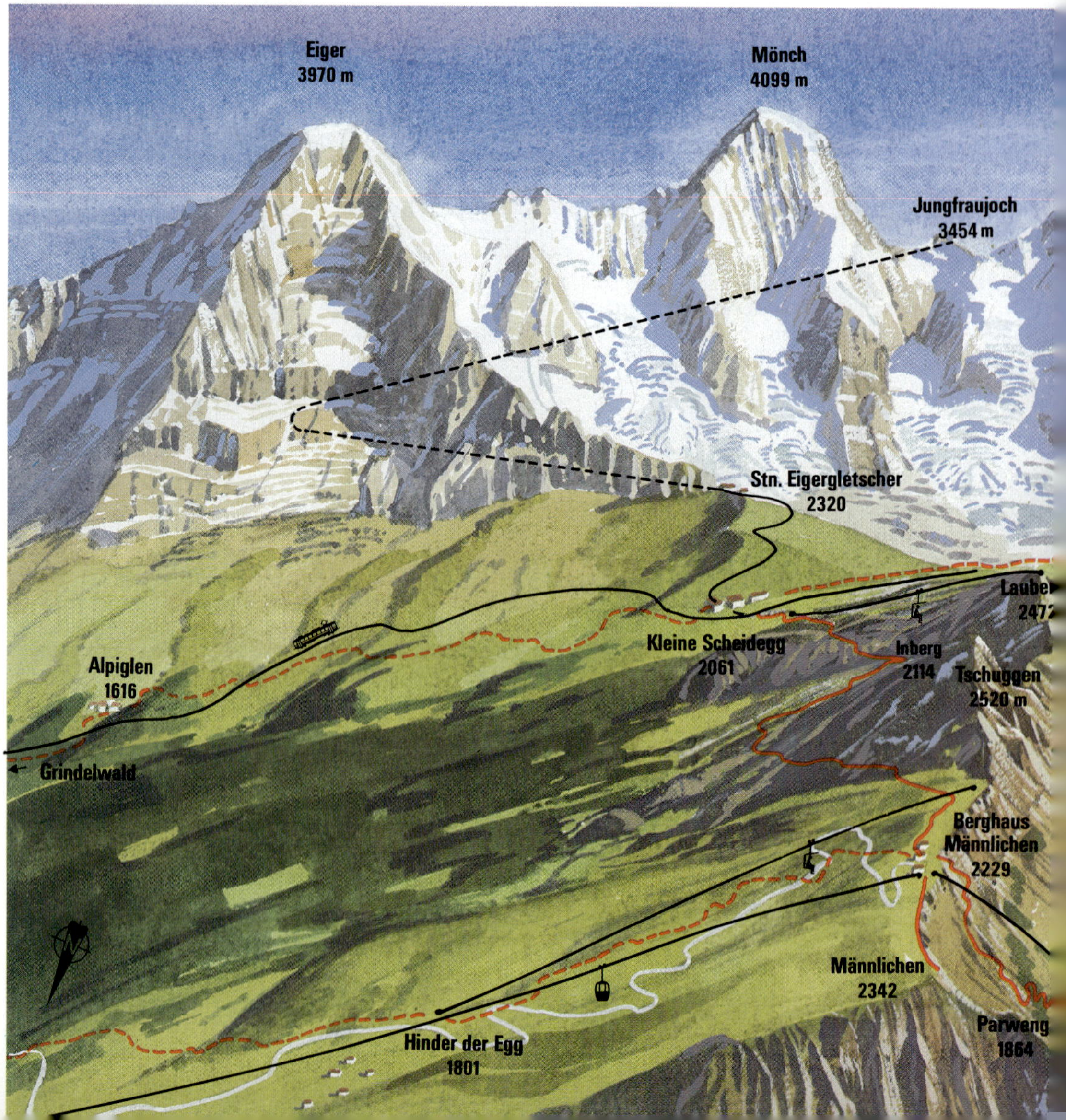

Nous quittons la forêt (1650 m) en gagnant régulièrement de la hauteur. Buissons, arbrisseaux et arbustes prennent racine sur chaque petit espace pentu et parfois rocailleux. Une flore des plus variées croît sur le sol âpre: à chaque pas, les bourgeons aux couleurs vives et les fleurs éclatantes nous révèlent de nouvelles surprises. A gauche sur le haut s'étendent les sillons d'éboulis de l'éperon rocheux de Bärenbodengrind et de son pendant.

Au-dessus des deux cabanes de **Parwengi** nous atteignons l'emplacement d'un indicateur, d'où le coup d'œil sur la vallée de Lauterbrunnen et son univers montagneux est grandiose: derrière les parois rocheuses montant perpendiculairement du Schwarz Mönch se dresse la cime claire du Mittaghorn; le Grosshorn et le Breithorn apparaissent tout près, magnifiques; la langue blanche du glacier s'avance en descendant près du Tschingelhorn; le Tschingelgrat se déroule devant le Gspaltenhorn; à droite, la Mürrenflue tombe abruptement de la haute terrasse boisée vers la vallée.

Le chemin monte alors, très escarpé, en lacets, il change de direction et tourne à droite. A certains endroits, il est étroit, très glissant. Les pentes sont parsemées de rochers. Par des croupes et des crêtes herbues, nous arrivons au **restaurant de montagne Männlichen** sur la crête.

Rochers et glaciers géants tout proches

Nous grimpons par la station supérieure du téléphérique venant de Wengen sur la gauche et par la crête herbue, jusqu'au sommet du **Männlichen.** Le coup d'œil sur la vallée de la Schwarze Lütschine, sur la baie est du lac de Thoune et sur la vallée de la Weisse Lütschine (vallée de Lauterbrunnen) est aussi admirable que le panorama montagneux. L'Eiger, le Mönch, la Jungfrau dominent d'autres sommets alpins; à l'ouest les chaînes des Préalpes se groupent autour du Niesen, auquel est relié vers le nord-ouest le Jura estompé dans la brume bleutée; au nord, comme à portée de main, se dressent les sommets du groupe du Faulhorn et du Schwarzhorn; à l'est, les dentelures fissurées du Wetterhorn et du Schreckhorn s'élancent vers le ciel. Nous redescendons au **restaurant de montagne Männlichen**: le chemin, par la station de télécabine venant de Grindelwald et sur une certaine distance par une croupe herbeuse, conduit direction sud. La crête burinée et massive du Tschuggen s'élève face à nous: nous cheminons sur son versant est jusqu'au dos montagneux de *Honegg* (2150 m). Au sud jaillit jusqu'à près de 1800 m d'altitude la paroi nord de l'Eiger, célèbre et redoutée: elle a fasciné bien des alpinistes, mais beaucoup ont laissé leur vie dans l'aventure de cette escalade, dont la première a eu lieu en 1938. On descend dès maintenant tout en douceur dans le creux d'**Inberg**, entre Tschuggen et Lauberhorn. Un ruisseau clapote gaiement, les arolles peuplent la pente au-delà de la forêt compacte, vers le col de la Kleine Scheidegg. Le regard sans cesse enchanté par les fiers sommets et glaciers, nous cheminons dans les alpages de la pente est, escarpée, du Lauberhorn. Le chemin aboutit bientôt aux bâtiments de l'auberge sur le col et à la station de chemin de fer de la **Kleine Scheidegg.**

Bifurcations
Kleine Scheidegg – Wengernalp 30 min.
Wengernalp –Wengen 1 h 15

Carte d'excursions pédestres
Région Jungfrau–Oberhasli

Dur combat sur la montagne solitaire: Les arolles noueux se cramponnent au pied nord de l'Eiger, au-delà de la forêt compacte; sur le sol rocailleux, ils se maintiennent contre vents et tempêtes, contre la neige, bravant la nature rigoureuse et sauvage. Les solides et sombres conifères à plusieurs cimes peuvent atteindre plusieurs centaines d'années. Au printemps de la troisième année après la fécondation, les cônes écailleux des arolles tombent avec les semences. Parfois un rejeton se développe près du tronc d'origine dans la terre très parcimonieuse. Le casse-noix qui constitue des réserves de graines contribue parfois à la dispersion des arolles.

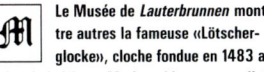

Vallée de Lauterbrunnen, Wengen, Kleine Scheidegg

Le nom de Wengen, apparenté au mot Wange – la joue – a été utilisé pour désigner une pente, une déclivité du terrain. C'est en 1268 qu'il apparaît pour la première fois sous la forme «uf dem Berge Wengen» (sur la montagne de Wengen) dans un contrat de vente. Une étrange migration populaire commença en ce temps-là, sous la pression des seigneurs féodaux valaisans de la Tour-Châtillon: des habitants du Lötschental émigrèrent dans l'Oberland bernois. Dans la vallée de Lauterbrunnen, des habitats de Walser, comme on les désignait, apparurent à l'exception de Wengen. Au 14e siècle, les puissantes dynasties bernoises perdirent petit à petit leur possession. Les chanoines d'Interlaken étendirent alors leur sphère d'influence également sur la vallée de Lauterbrunnen et sur la colonie de Wengen. Au cours de la première moitié du 15e siècle, ils transmirent le bailliage aux «bienveillants seigneurs de Berne». La Réformation mit fin en 1528 à la puissance du couvent des Augustins d'Interlaken, la propriété passa à l'Etat de Berne, dont la vallée de Lauterbrunnen partagea désormais l'histoire. A partir du milieu du 18e siècle, les voyageurs découvrirent le chemin de la Wengernalp et la Kleine Scheidegg. En 1841 déjà, on a ouvert sur la Wengernalp l'Hôtel «De la Jungfrau», l'année suivante l'Hôtel «Belle-Vue» sur le col. A cette époque, il n'y avait encore aucune auberge à Wengen. Les premiers hôtes et vacanciers logeaient en 1855 dans la maison de la famille Lauener, qui bâtit en 1859 un petit restaurant. A partir de 1893 les trains du chemin de fer de la Wengernalp crachant leur panache de fumée de Lauterbrunnen à Wengen et à la Kleine Scheidegg attirèrent un nouveau courant touristique. La première saison hivernale de Wengen a été ouverte en 1909/10, le téléphérique du Männlichen a été mis en activité en 1954, relié depuis 1978 à la télécabine de Grindelwald.

Mürren–Engital–Schilthorn

Tour en montagne très prometteur, mais exigeant un certain effort sur des chemins et sentiers escarpés

La montée à l'un des points de vue les plus appréciés de l'Oberland bernois, le Schilthorn, demande un minimum de condition physique, pour maîtriser une différence d'altitude de 1300 m! Un bon équipement – les chaussures en particulier – est indispensable. Pour être bien à l'aise sur les hauteurs, quel que soit le temps, il ne faut pas oublier lunettes de soleil et crème solaire, ni bon pullover et windjack.

Route		Altitude	Temps
1 Mürren	🚡🚞	1638 m	—
2 Allmendhubel/Sattel		1899 m	0 h 55
3 Cabane du Schilthorn		2432 m	2 h 40
4 Seewlifura		2600 m	3 h 20
5 Schilthorn	🚡	2960 m	4 h 30

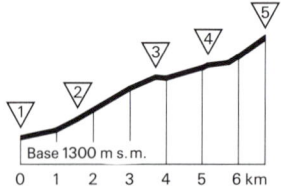

La belle et grande gare de **Mürren** est le point de départ de notre excursion de montagne: nous la quittons pour monter par la petite route supérieure, passant à proximité des installations modernes du Centre de sport alpin de la station de renommée mondiale. A une centaine de mètres de la station inférieure du funiculaire d'Allmendhubel, nous obliquons à droite, non loin du carrefour. Un peu au-dessus du village, la route alpine n'est plus goudronnée, dès l'instant où elle monte en pente très prononcée vers les étables à chèvres, brunies par le soleil (1750 m). Nous abandonnons cette route pour gravir un court tronçon du *Panoramaweg,* avant d'obliquer à gauche sur un chemin pédestre. Un coup d'œil en arrière nous dévoile la terrasse sur laquelle sont blottis les toits de Mürren. Plus loin et en arrière encore, mais sur l'autre versant de la vallée de Lauterbrunnen, se dresse le majestueux Schwarzmönch.

Notre sentier nous conduit un peu au-dessous de la forêt, en gravissant les très beaux finages *«Bim mittleren Tilli».* Le ruisseau de Mürren serpente sur notre gauche, à travers les pâturages de la pente du Blumental, en descendant dans la cuvette de la *Suppenalp.* Devant nous, sur le rocher de Birg, on aperçoit la station intermédiaire du téléphérique Mürren–Schilthorn et çà et là une cabine rouge accrochée dans les airs. Peu à peu nous nous approchons de la lisière de forêt pour atteindre le **Sattel,** sur les contreforts ouest de l'**Allmendhubel.**

Pour une courte distance, nous allons le long de la crête qui s'étire vers la gauche. Le large chemin de gravier – tracé de piste de ski – mène bientôt, à droite, en pente abrupte vers les hauteurs. Il se déroule par des bosquets verdoyants et des pentes ravinées par les eaux de fonte des neiges, dans le petit vallon ensoleillé au pied du Bietenhorn, appelé aussi Schwarzbirg. Les installations du téléphérique disparaissent derrière les roches du Muttlerenhorn, qui s'élève à gauche. Dans une dépression du terrain folâtrent des papillons alors

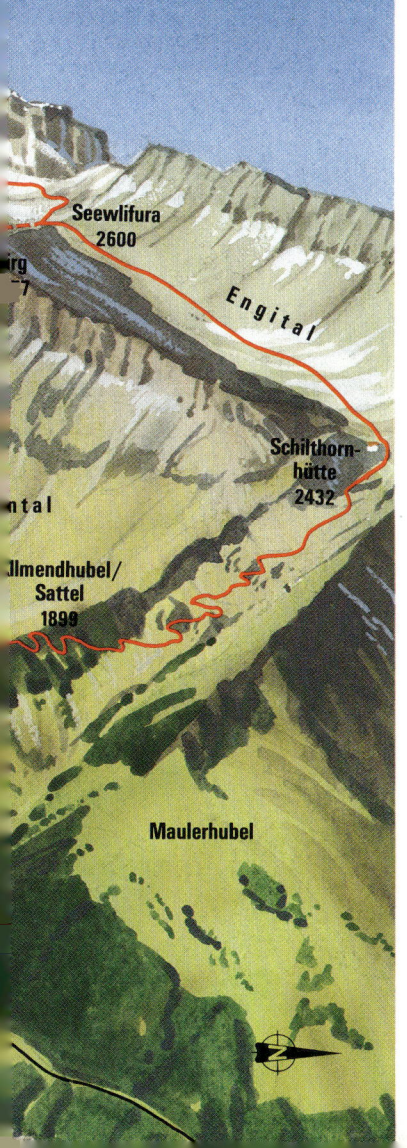

que le sentier se déroule, un peu plus escarpé, au-dessus du ruisseau clapotant, l'Ägertenbach que nous franchissons à deux reprises. Près de la dernière éminence du Muttlerenhorn, marquante tête rocheuse herbue, un nouveau sommet apparaît, le Birg, qui supporte les bâtiments de la station. Plus loin surgit tout à coup la cime du Schilthorn. Le mugissement du ruisseau de Mürren monte de la vallée. Le sentier se prolonge à gauche, vers l'entrée du caillouteux Engital et vers la **Cabane du Schilthorn,** desservie pendant la saison de randonnées. On a de cet endroit une superbe vue sur l'Eiger, le Mönch et la Jungfrau.

La randonnée continue dans le vallon où conduisent plusieurs chemins montant par éboulis et pierrailles. Le désert caillouteux est toutefois un milieu où croît une fascinante flore de haute montagne: ici des herbes folles, là des génépis blancs, là encore des fleurs jaunes, dans les éboulis des rosettes de saxifrages et sur les rochers les renoncules des glaciers formant un véritable tapis rouge. Les formations rocheuses imprègnent également le paysage: à gauche, les couches d'ardoises du Schwarzgrat s'étagent comme des tours, les falaises et bancs rocheux prennent vie dans le jeu des ombres et des lumières.

Piz Gloria: panorama circulaire sur les tout grands

Nous gagnons constamment en altitude pour arriver, par des vallons qui vont se rétrécissant, à la dépression de terrain de **Seewlifura.** Sur la terrasse rocheuse proéminente (piste de ski), nous marchons presque en chemin plat au pied de la crête est du Schilthorn, qui tout en bas est orientée au nord. A main gauche s'étale, dans un pli du terrain, le petit lac de Grauseeli. Nous gravissons le sentier escarpé sur le versant est, tout près de la dépression où subsistent des neiges, par les crêtes rocheuses du Petit-Schilthorn (2863 m) et finalement par des bancs rocheux – des rampes offrent protection et aide – jusqu'au sommet du **Schilthorn.**

Itinéraire secondaire
Stechelberg 🚂–Schilttal–Schilthorn 🚶 6 h 45

Bifurcation
Allmendhubel/Sattel–Im Schilt 40 min.

Carte d'excursions pédestres
Région Jungfrau–Oberhasli

Schilthorn: Le Restaurant tournant de l'hôtel de montagne livre au regard un panorama époustouflant, qui s'étend jusqu'au Mont-Blanc au nord, par-dessus le Plateau suisse, comme aussi par-dessus le Jura jusqu'aux Vosges et à la Forêt-Noire. La terrasse d'observation du restaurant, qui a été l'un des lieux de tournage du film «Au service de sa Majesté» sur l'agent secret James Bond est devenue mondialement célèbre sous le nom de «Piz Gloria».

 Le chemin de fer de montagne Lauterbrunnen–Mürren conduit commodément à la station estivale et hivernale, sur une terrasse bien abritée des vents.

 Le premier tronçon du chemin de fer de Mürren est un funiculaire, qui conduit jusqu'à la Grütschalp. De cet endroit, on continue par un chemin de fer à adhérence jusqu'à Mürren. Entre Mürren et l'Allmendhubel circule également un funiculaire.

 Le Centre de sport alpin de Mürren est le point d'attraction pour sportifs, grâce à sa piscine couverte, ses bains effervescents, squash, halle de sports et courts de tennis. Un terrain d'entraînement est disponible pour les varappeurs. Mürren est connu également pour ses Semaines internationales de ballon en région alpine.

 Grandiose spectacle naturel au milieu de la vallée de Lauterbrunnen: les Chutes du Trümmelbach. Un funiculaire souterrain à la pointe des techniques modernes, plusieurs tunnels, des galeries et des ponts permettent d'accéder à sept chutes d'eau glaciaires. La chute du Staubbach, près de Lauterbrunnen, imposante et mondialement célèbre, a été chantée par Johann-Wolfgang Goethe dans son poème «Gesang der Geister über den Wassern».

 On découvre à Mürren une charmante église anglicane construite en 1878. Au-dessus de Stechelberg s'étend la colonie de Schürboden, avec ses bâtisses en bois rond et une cabane datant de 1812, décorée par des scènes de chasse et de vie alpestre.

 A Lauterbrunnen le Musée régional de la vallée. Le Musée du sport aérostatique alpin se trouve à Mürren.

Mürren

«Il n'y a pas d'auberge, mais on peut se procurer du lait, du pain et le gîte chez un paysan…», pouvaient lire les amateurs de voyages, en 1850, dans la cinquième édition du célèbre guide Baedeker «Die Schweiz, Handbuch für Reisende/La Suisse, Manuel du voyageur». La première auberge a été ouverte huit ans plus tard dans le village de rêve: l'Hôtel «Silberhorn». Avec le boom touristique, on construisit un hôtel après l'autre. Le nom de Mürren devint mondialement célèbre: au début du siècle déjà, la station était – selon Baedeker – un des endroits les plus visités de l'Oberland bernois. Lorsque les chemins de fer à vapeur commencèrent en 1890 à parcourir l'Oberland bernois, et qu'une année plus tard la voie ferrée était prolongée jusqu'à Mürren, la localité connut une expansion encore plus rapide et une augmentation régulière du nombre de ses hôtes, à commencer par une clientèle anglaise. Le chemin de fer de Mürren inaugura en 1910 sa première saison hivernale: le coup d'envoi était donné au rush des amateurs de sports d'hiver sur les pentes enneigées. Le téléphérique de l'Allmendhubel a été mis en activité deux ans après, d'abord comme moyen de transport hivernal, pour faciliter la montée à la piste de luges! La suite devait être frénétique: 1928, premières descentes infernales du Schilthorn dans la vallée, 1930, première Ecole suisse de ski, 1937, premier téléski de l'Oberland bernois… Aujourd'hui, Mürren est une station de vacances attrayante toute l'année; le tourisme estival a en effet reçu de nouvelles impulsions avec la mise en service du téléphérique du Schilthorn. C'est grâce à cette installation que d'innombrables touristes sont montés depuis 1967 au Piz Gloria. Aux alentours de 1900, Baedeker décrivait déjà la montée à pied comme «facile et gratifiante». On disait alors: «Qui est allé à Mürren sans gravir le Schilthorn est comme quelqu'un qui serait allé à Rome sans y voir le pape.»

Interlaken/Harder-Kulm–Augstmatthorn–Habkern

Randonnée sur les crêtes, longue mais facile

A partir du Harder, au-dessus d'Interlaken, le parcours nous conduit par la crête sud-ouest dans une région protégée, refuge de bouquetins et chamois, et sur l'Augstmatthorn, point de vue très élevé sur la nappe bleue du lac de Brienz, face aux 4000 des Alpes bernoises. Plusieurs possibilités de descente, en cours de randonnée, permettent d'abréger l'itinéraire. Pour cette excursion, il faut être équipé de bons souliers de marche: canne ou bâton de ski ne sera pas inutile, les parties supérieures de la montée au Suggiture et surtout la descente de l'Augstmatthorn étant parfois très glissantes par temps de pluie ou de neige!

Route		Altitude	Temps
	Interlaken	567 m	—
1	Station Harder	1306 m	—
2	Harder-Kulm	1322 m	0 h 10
3	Roteflue	1660 m	1 h 25
4	Horetalp	1750 m	1 h 55
5	Tritt	1860 m	2 h 40
6	Suggiture	2085 m	3 h 20
7	Augstmatthorn	2137 m	3 h 40
8	Lägerstutz	1560 m	5 h
9	Schwendallmi	1408 m	5 h 30
10	Habkern	1055 m	6 h 30

La randonnée prend naissance à la station du funiculaire **Interlaken-Harder**. Après quelques pas à peine sur la route, nous nous trouvons sur la montagne familière d'Interlaken, devant le pavillon-restaurant: du sommet – **Harder-Kulm** –, superbe coup d'œil sur Interlaken et la région de la Jungfrau.

Nous quittons le point de vue pour monter à l'est et en forêt. Le chemin serpente à droite près du réservoir pour grimper en pente douce vers la crête montagneuse, à travers des forêts au parfum de résine et parfois entre les fougères. On aperçoit, entre les arbres, vers le bas, la vallée d'Habkern où résonne de temps à autre le klaxon typique des automobiles postales. L'itinéraire continue, escarpé, à droite et en zigzags à travers une clairière. Un regard en arrière à l'ouest permet de découvrir la chaîne du Niesen et même, entre les sapins, un pan du lac de Thoune. Le sentier se déroule bientôt au flanc sud du Wännichnubel, par une forêt de conifères parmi lesquels se dressent des hêtres écimés (de la croupe menant à *Hürelisegg*, descente abrupte à Goldswil: 2 h). On aperçoit, tout en bas, Ringgenberg, le Burgseeli et Bönigen à l'extrémité du lac de Brienz.

Tantôt au flanc sud, tantôt sur la crête, de temps à autre au flanc nord, le chemin parsemé de racines monte résolument vers les hauteurs, jusqu'à l'endroit où surgit inopinément la paroi rocheuse de la **Roteflue** (descente à Ringgenberg: 2 h 15). On la contourne par le chemin supérieur dans la pente sud pour rejoindre de nouveau la crête. Pendant quelques

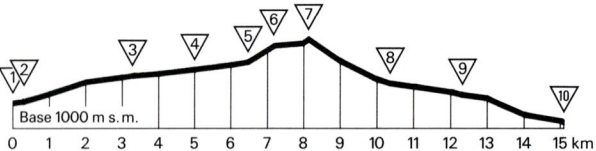

instants, nous cheminons encore dans la forêt, avant de parvenir aux pâturages d'Horetalp, et là où le chemin – à 1710 m d'altitude – oblique vers les bergeries situées juste au-dessous de la crête (descente à Habkern: 1 h 40). Pour notre part, nous ne quittons pas la croupe montagneuse et nous arrivons bientôt, près du deuxième signal, à **Horetalp** (descente à Ringgenberg: 2 h 15). Par la gauche d'Horetegg, nous revenons à la crête, à travers la forêt clairsemée et par des massifs et bouquets de rhododendrons, jusqu'à l'orée du bois. Une courte montée au pied du Suggiture nous amène au Tritt (descente à Niederried: 2 h 35).

Augstmatthorn: domaine des bouquetins

La montée au sommet du **Suggiture** est vraiment raide et malaisée. Un sentier très peu marqué conduit ensuite par des pentes herbues à l'**Augstmatthorn.** C'est le moment de faire silence et de se tenir immobile, pour observer les bouquetins qui, en grand nombre, prennent leurs ébats, caracolant dans les pentes rocailleuses du flanc sud. Les rochers de la pente nord abritent souvent des chamois et il arrive même qu'on observe dans cette région des marmottes. A part cela, le coup d'œil est magnifique: à nos pieds s'étale tout le bassin du lac de Brienz, de l'autre côté de la nappe d'eau s'élèvent la Schynige Platte et la chaîne du Faulhorn, plus en retrait la chaîne principale des Alpes bernoises aux sommets prestigieux: Eiger, Mönch, Jungfrau. Au nord, le regard s'attarde sur le Hohgant, à l'ouest sur l'Habkerntal. Les pentes de l'Augstmatthorn sont, au mois de juin, recouvertes d'un splendide tapis coloré de fleurs des montagnes.

La descente commence par un sentier de crête: après quelques pas, le parcours descend abruptement vers la droite dans une pente herbeuse et sur l'épaulement du pâturage qui domine Alp Bodmi (1771 m) où nous cheminons en direction des premiers arbres. A partir de là, nous descendons vers l'une des cabanes du Läger qui fait partie de l'alpage de Lombach (1630 m). La descente se poursuit vers la *place de parc «Lombach»* près du **Lägerstutz** et vers la petite route goudronnée. Nous longeons cette route, en passant par les bergeries de *Rotenschwand* et vers le ruisseau cascadant de Lombach, pour obliquer à droite, environ un kilomètre plus loin.

Le sentier conduit désormais par des prés à **Schwendallmi.** Après quelques pas, nous obliquons à gauche sur un chemin pédestre qui serpente par les pentes ensoleillées de Schwendi pour s'en aller vers le ruisseau bruissant de Bolbach et vers un pont. Mais nous restons sur la route asphaltée; près de l'intersection, nous choisissons le chemin inférieur qui par un pont franchit le Traubach pour nous amener à **Habkern.**

Montée
Interlaken 🚋 🚌 ⛴ 🚠–Harder-Kulm 🚠 2 h 25

Bifurcation
Habkern 🚌–Bort–St-Niklausen 🚌–Interlaken 🚋 🚌 ⛴ 🚠 2 h

Carte d'excursions pédestres
Région Jungfrau–Oberhasli

Mythes et légendes autour des géants alpins: Le vigoureux bouquetin aux cornes enroulées et torsadées a fasciné les hommes depuis le moyen-âge: on le trouve dans de nombreuses légendes, symbole séculaire du dixième signe du zodiaque. La médecine populaire attribuait des vertus curatives merveilleuses aux cornes, à certains organes, au poil et au sang de ces animaux. Une telle croyance fut fatale: le dernier bouquetin de Suisse a été abattu en 1809 dans le Valais… Pionnier de la sauvegarde des hardis mammifères, Victor-Emmanuel II (1820–1878), roi de Sardaigne et, dès 1861, premier roi d'Italie, mit sans hésiter les derniers bouquetins d'Europe sous protection draconienne, dans le Gran Paradiso, au sud d'Aoste. On acclimata par la suite des bouquetins provenant de ce territoire dans tous les pays alpins. L'animal – emblème d'Interlaken et d'Unterseen – a également retrouvé gîte avec succès, après la première guerre mondiale, dans la région de l'*Augstmatthorn*.

 Les amateurs de voile et de planche à voile trouveront sur les lacs de Thoune et Brienz des conditions idéales.

 Près de la station inférieure du funiculaire du Harder prend naissance un sentier botanique avec 79 espèces d'arbres et de fleurs répertoriées.

 Les amis des animaux visiteront avec plaisir le parc d'animaux alpins, près de la station inférieure du chemin de fer du Harder, comme aussi le zoo «Manor-Farm».

 Les Grottes de St-Beat – fantastiques formations de stalactites et stalagmites, nombreuses galeries et couloirs – sont situées entre Interlaken et Merligen. A part la cellule de saint Beat, on peut visiter à cet endroit le seul Musée suisse des grottes.

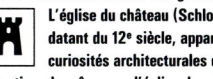 **L'église du château (Schlosskirche), datant du 12e siècle, appartient aux curiosités architecturales qui méritent attention, de même que l'église du couvent (Klosterkirche) avec son cloître gothique, ainsi que le village d'Unterseen et les anciennes maisons paysannes de Matten. Plusieurs châteaux en ruine, dans les environs, sont les témoins muets de l'époque médiévale.**

Interlaken et le Bödeli

Longtemps la Jungfrau s'est mirée dans un grand lac formé par l'Aar, où Lütschine et Lombach amenaient leurs alluvions, jusqu'au jour où la grande nappe d'eau se sépara en deux, lac de Thoune et lac de Brienz. Beaucoup plus tard arrivèrent les hommes, d'abord chasseurs et pêcheurs celtes. Lorsque l'Helvétie fut englobée dans l'empire romain, les Celtes installés à cet endroit furent romanisés et c'est seulement vers la moitié du 6e siècle que les Alamans colonisèrent entre les deux lacs la région du «Bödeli». Au début du 12e siècle, les chanoines qui fondèrent sur ces terres un couvent selon la règle de saint Augustin lui donnèrent le nom «inter lacus», qui signifie précisément «entre les lacs». Berthold d'Eschenbach fonda en 1279, près de l'Aar, la petite cité appelée «Inderlappen», qui est devenue Unterseen. Un prieur du monastère nommé Leonhardus, qu'on appelait parfois «Harder» fut, selon la légende, banni à tout jamais dans la montagne pour avoir péché avec une jolie fille de pêcheur de Ringgenberg. C'est ainsi que la croyance populaire a reconnu au Harder le «Hardermandli». Des savants, scientifiques, poètes et philosophes, tels qu'Albrecht von Haller (1708–1777), Johann-Wolfgang Goethe (1749–1832) et Jean-Jacques Rousseau (1712–1778) découvrirent les beautés des Alpes, donnant ainsi l'impulsion au passage d'hôtes célèbres du monde entier. L'afflux de voyageurs et touristes augmenta fortement en 1805 et 1808, après les grandes fêtes des bergers d'alpages à Unspunnen. Les paysages peints par Franz-Niklaus König (1765–1832), qui vivait au château d'Unterseen, ont créé aussi un grand attrait pour ce coin de terre. La mise en service des premiers bateaux à vapeur sur les lacs de l'Oberland bernois (1835–1837), la construction des chemins de fer et des routes ont fait d'Interlaken le véritable centre de toute cette région.

Thun–Oberhofen–Merligen

Petits ou grands, tout le monde en chemin pour cette randonnée facile et aux paysages très divers

Au-dessus des eaux bleu foncé du lac de Thoune, on monte dans les pentes ensoleillées, par les prés richement fleuris, forêts intimes, clairs ruisseaux, à travers ravins, gorges romantiques et vignobles avec leurs maisons vigneronnes, à la découverte de châteaux moyenâgeux. Le coup d'œil sur l'eau, les collines, les montagnes et l'horizon lointain est sans cesse renouvelé. On peut écourter la randonnée à plusieurs endroits; les descentes sont nombreuses vers les moyens de transport publics et vers les embarcadères sur les rives du lac. La gastronomie est si richement représentée, dans les grands restaurants ou petites auberges, qu'on peut sans crainte oublier pour une fois le sac de touriste et son plein de provisions!

Route	Altitude	Temps
1 Thun	560 m	—
2 Hünibach/débarcadère	560 m	0 h 35
3 Burech/Hilterfingen	660 m	1 h 20
4 Klösterli/Oberhofen	590 m	1 h 45
5 Örtli	582 m	2 h 20
6 Gunten	565 m	2 h 40
7 Stampach	560 m	3 h 10
8 Ralligen/château	600 m	3 h 20
9 Merligen	563 m	4 h

Nous quittons la gare de **Thoune** par le Sinnenbrücke et nous allons au plus vieux pont de la ville par le pont de la gare et la Freienhofgasse. Après le franchissement de l'Aar, nous choisissons immédiatement à droite l'escalier qui descend vers la promenade au bord du lac. Nous parvenons ainsi à l'Aarefeldstrasse, qui prend naissance en face de la gare, puis au-dessus du pont couvert de l'Obere Schleuse et du Göttibachsteg.

Le très beau quai se déroule le long du cours de l'Aar dans le quartier extérieur d'*Hofstetten:* les cygnes glissent doucement sur la surface des eaux, on aperçoit sur l'autre rive la petite église millénaire de Scherzligen, plus loin le château de Schadau et son parc; le bassin de l'Aar s'élargit jusqu'à devenir lac et le Stockhorn complète l'admirable décor.

Jusqu'à *Seematten* et au débarcadère du village d'**Hünibach,** nous demeurons sur la rive. Après cela, notre parcours nous conduit à gauche, monte vers la route principale et plus loin aux premières maisons du village. Nous franchissons par le pont supérieur le ruisseau tout en cascades qui vient de la gorge de Choleren, et quelques pas plus loin à droite en montant, nous cheminons sur le chemin qui borde la forêt. La colline d'Eichbüel déroule sa gracieuse courbe plus bas, dans son site pittoresque avec sa belle résidence campagnarde au milieu du très beau paysage.

La Quartierstrasse conduit de l'orée de la forêt au fossé planté d'arbres du *Lauelibach,* puis – montant de nouveau légèrement – dans la forêt d'Hilterfingen, à la croisée des chemins de **Burech.** Par un bon sentier, nous cheminons vers l'intérieur de la forêt, traversons dans une courbe le romantique ravin du Dorfbach et sortons du bois près de *Tannebüel.* La sombre pyramide du Niesen se dresse au sud.

Le long de la pente, nous arrivons à l'*Allmendstrasse* escarpée, avant de redescendre vers le «Parkhotel», sur les hauts qui dominent Oberhofen. A cet endroit, direction à gauche dans la *Burghaldenstrasse.* Le château d'Oberhofen au milieu de son parc dresse sa silhouette au-dessous de nous, sur la rive du lac.

A chaque pas un paysage merveilleux

La Länggasse est pavée, elle nous permet de descendre à la belle et grande maison vigneronne de **Klösterli,** appelée aussi Herbsthaus, maison d'automne. La Blochstrasse nous amène au Rebbergweg: aux dernières maisons, nous gravissons par des escaliers la rude pente du Riedbach. Au-dessus du chalet et des vignes d'Oberhofen, le chemin s'étire vers les maisons de *Längenschachen* et la route qui conduit à Aeschlen. Nous traversons le chemin carrossable et cheminons à l'orée de la forêt de *Glesichopfwald,* située sur une terrasse élevée. On aperçoit toujours de temps à autre, entre les arbres, les montagnes impressionnantes qui se mirent dans le lac scintillant. Près d'**Örtli,** au sortir du ravin de Ringoldswil, nous traversons le ruisseau pour aller aux chalets sur

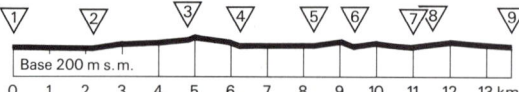

le versant du coteau. Au bout de l'alignement de maisons, un étroit chemin entre les prés conduit dans la forêt, près de la *réserve naturelle Amez-Droz*. Les feuilles des arbres et des buissons frémissent au vent, les papillons volètent çà et là dans les

 La plus grande merveille naturelle de toute la région est sans conteste la *grotte de saint Béat* près de Merligen. A part la cellule du saint ermite et le seul et unique Musée suisse des cavernes, on peut admirer de splendides grottes avec stalactites et stalagmites ainsi que gorges et chutes d'eau à l'intérieur des roches.

L'image caractéristique de *Thoune* est le château médiéval datant du 12ᵉ siècle avec ses quatre tours angulaires. Le monument abrite le Musée historique. On admire au Musée des beaux-arts de Thoune des collections d'art ancien et moderne. Dans le château centenaire de Schadau se trouve le Musée suisse de la gastronomie. Le Parc de Schadau présente le plus ancien Panorama géant de la Suisse, le Wocher-Panorama: cette image circulaire, peinte entre 1808 et 1814 par Marquard Wocher, est une représentation fidèle de Thoune à l'époque Biedermeier. Le château d'*Oberhofen* date du 12ᵉ siècle (avec modifications jusqu'au 19ᵉ siècle), il abrite un Musée de l'habitat et à l'image du splendide parc il est accessible au public. Le château de *Hünegg* à Hilterfingen est aménagé dans le genre Jugendstil.

 L'image de la ville de *Thoune* et sa situation au bord du lac méritent déjà en soi un coup d'œil. Sur le Schlossberg se dresse l'église réformée (14/18ᵉ siècle). Plus anciennes que la vieille ville datant du moyen âge tardif, certaines parties du château et l'église réformée de *Scherzligen*. Le pont couvert et praticable de l'*Untere Schleuse* relie avec la vieille ville la longue île du Bälliz, qui s'allonge entre Aar intérieur et extérieur. Curiosité inattendue et unique: les trottoirs surélevés de l'Obere Hauptgasse.

rayons du soleil… Près de la *pente du Schönberg,* nous abandonnons la forêt. Les sommets éclatants du groupe de la Jungfrau, au sud-est, dominent le paysage; à l'est émerge la Spitzi Flue qui fait partie de la crête du Sigriswilgrat, plus loin le Niederhorn.

Le chemin qui descend à l'orée de **Gunten** est escarpé. Nous laissons derrière nous la place du village pour aller, un peu au-dessus de la route à Sigriswil, en passant par l'Hôtel Bellevue, dans la pente ensoleillée. Au virage que forme la route, nous marchons en ligne droite, cheminons à la limite supérieure de la forêt de *Seehaltenwald* tout en passant le Lindengraben qui débouche dans cette forêt. Le chemin pédestre oblique à droite et conduit, en descendant par le saillant de la forêt et les vignes, à la Seestrasse et au hameau de **Stampach**.

Le chemin au versant gauche du *ravin de Stampach* monte pendant un court instant, puis commence un beau sentier à travers l'ancien vignoble de Ralligen et dans la forêt aux herbes odorantes. On jouit tout au long de ce trajet de quelques coups d'œil sur les villages blottis sur la rive opposée, et sur le bleu profond du lac parsemé de voiles blanches.

Au-dessus du **château de Ralligen**, nous traversons une nouvelle fois un fossé et son ruisseau clapotant. Un chemin de prés et de champs nous mène sur le versant à peine bâti du *Bärenegg* et dans la forêt du Ralligholz. A la croisée des chemins, nous bifurquons à droite et quittons la forêt par une petite route goudronnée pour rejoindre les premières maisons de l'*Usserdorf* de Merligen. Par un chemin presque plat, nous allons par le Stillenbach, au large de chalets, vers l'église admirablement située. On atteint la Seestrasse et la station de bus de **Merligen,** de même que le port et ses bateaux, en quelques minutes à peine.

Itinéraire secondaire
Thoune 🚂🚌⛴-Heiligenschwendi 🚌-Blueme-Margel-Schwanden 🚌-Sigriswil 🚌-Merligen 🚌⛴ 5 h 25

Bifurcations
Margel-Aeschlen 🚌-Gunten 🚌⛴ 1 h 20
Heiligenschwendi 🚌-Ringoldswil-Aeschlen 🚌-Gunten 🚌⛴ 2 h 05

Navigation grâce aux pionniers et à la spéculation: Lorsque fut construite la route de la rive sud du lac de Thoune, en 1834, les deux frères Johann Jakob et Friedrich Knechtenhofer commandèrent à une fabrique parisienne de machines un «bateau à vapeur de 16 chevaux», pour conserver le flux de touristes dans la pension «Bellevue» qu'ils avaient ouverte près du bassin de l'Aar. Le voyage inaugural de leur vapeur «Bellevue» se déroula le 31 juillet 1835. L'année 1842 vit la constitution de la «Société de navigation à vapeur des lacs de Thoune et Brienz», qui commanda un deuxième bateau. L'exploitation des bateaux sur les deux lacs se fait, depuis 1913, sous l'égide du BLS, la Société du Chemin de fer Berne–Lötschberg–Simplon.

Thoune

Le nom de lieu celtique «dunon» – latin «dunum» – désigne une colonie ceinte de palissades et fortifiée, il est apparenté au mot allemand «Zaun» et à l'anglais «town». Le nom du lac dont la première mention historique remonte à l'an 660 correspond également: «Lacus Dunensis». L'endroit était jusqu'en 1175 siège des puissants comtes de Thoune. Le duc Berchthold V de Zähringen s'empara de la cité et édifia en 1190, à la place du Château des chevaliers, le château actuel. Les comtes de Kyburg en devinrent propriétaires en 1218, par héritage des Zähringen. Ils fortifièrent l'emplacement et accordèrent de nombreux privilèges aux habitants. Après divers changements de mains, sous le nouveau règne des Kyburg – au cours duquel en 1322 même un fratricide fut commis au château – Thoune passa en 1384 sous la domination de Berne et les «Schultheissen» (maires) bernois régnaient sur la ville. Après que Berne, en 1798, eut subi l'assaut des troupes françaises, Thoune fut pendant près de trois ans sans le vouloir la capitale du canton de l'Oberland, constitué après la fondation de la République helvétique, sous l'influence française. Après la proclamation d'indépendance de la Confédération suisse (1815), Thoune vécut à partir de 1819 un important essor en qualité de Place d'armes fédérale. Au début du 19ᵉ siècle, le tourisme commença son développement. Le bateau «Bellevue» navigua pour ses premières croisières dès l'année 1835. A partir du 1ᵉʳ juillet 1859, le premier convoi du «Chemin de fer Central» crachait son panache de fumée entre Berne et Thoune. Aujourd'hui, la «Porte de l'Oberland bernois» est comme autrefois l'étape et le but de nombreux voyageurs.

Adelboden–Schwandfeldspitz–Adelboden

Route		Altitude	Temps
1	Adelboden 🚌	1353 m	–
2	Höreli	1520 m	0 h 30
3	Tschentenegg	1798 m	1 h 30
4	Schwandfeldspitz	2026 m	2 h 10
5	Schermtanne	1483 m	3 h 20
6	pt 1414 (Rossweidli)	1414 m	3 h 30
7	pt 1367 (Rehärti)	1367 m	3 h 50
8	Adelboden 🚌	1353 m	4 h 15

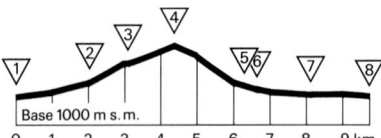

Au départ de la station de vacances d'Adelboden, l'itinéraire conduit par les vieilles maisons paysannes brunies au soleil, les finages et forêts ombragées de sapins et la Tschentenegg semblable à une figure de proue, jusque vers le Schwandfeldspitz. On aime la montée vers ce magnifique point de vue, d'où l'on découvre sous son plus beau visage l'univers montagneux de la région de Frutigen. On descend par les pâturages escarpés mais bien ensoleillés vers le hameau de Schermtanne et, au-dessus du sauvage Allebach, à Adelboden. A la fin du parcours, on doit cheminer sur une route au revêtement d'asphalte, bien balisée blanc-rouge-blanc. Pour marcher sur les chemins de montagne, il faut de bonnes chaussures qui s'agrippent bien au terrain, et ne pas oublier qu'un bon équipement contre le mauvais temps est lui aussi indispensable.

La poste du joli village d'**Adelboden** est notre point de départ: nous allons de là en direction nord-est vers *Schmittegraben*. Le ruisseau de montagne murmure joyeusement entre les arbres et cascade vers l'Engstlige qui à travers la forêt coule en clapotant vers la vallée. Le cours d'eau tire son nom de la déesse celtique Ande-Kingila, qui désigne quelque chose de rapide et qui prend sa liberté.

Le chemin de Höreliweg se ramifie à gauche, immédiatement après le pont, et conduit en montant vers les habitations de *Schlegeli*. Les maisons paysannes – Gwätthäuser ou Fleckenhäuser – aux charpentes et poutres parfois décorées de versets, s'élèvent au bord du chemin.

Laissons derrière nous le village pour franchir le ravin de *Chlyne Grabe*. Le sentier s'étire le long de *Port,* vers les hauteurs. Nous passons près de pins sombres, à travers des prairies maigres mais riches en fleurs, jusqu'à l'éperon rocheux d'**Höreli.** Le coup d'œil sur l'Engstligental et la chaîne du Niesen est splendide. Plus loin et plus haut – sur l'Egg – se dressait autrefois une vigie: lorsque la guerre éclatait, les feux allumés donnaient l'alarme dans toute la région.

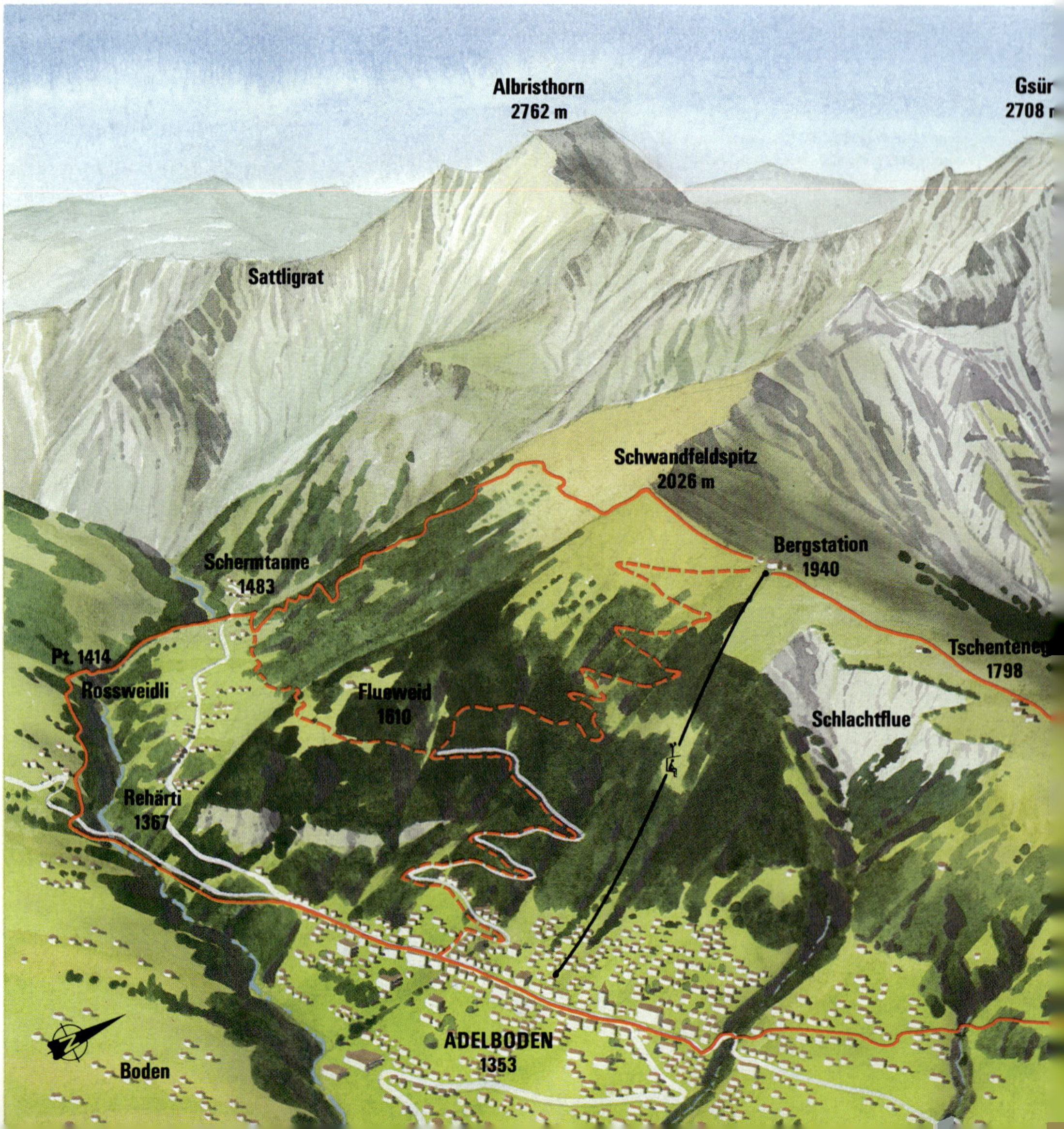

Le parcours continue à travers la forêt montante. Les senteurs de résine et d'aiguilles de sapin embaument l'atmosphère. Plus loin que les arbres commence la montée par la crête de **Tschentenegg**. Au bord du chemin croissent les herbes les plus diverses et on découvre même des rhododendrons, plutôt rares dans cette région. Le massif du Gsür aux profondes fissures se dresse face à nous; son contrefort puissant prend fin au Schwandfeldspitz. A droite en bas s'étale le vaste alpage de Tschentenalp. La Schlachtflue, à gauche, tombe abruptement vers la vallée. Les accenteurs alpins – on les appelle «Flüevögeli» – s'élancent en trillant dans l'espace.

Pays de Frutigen: splendides paysages naturels et montagneux

La station supérieure du télésiège est bientôt atteinte, de même que son restaurant et le tableau panoramique des montagnes environnantes. Le chemin serpente sur la crête, dominant la ceinture de buissons de saules verts sur le **Schwandfeldspitz**, où se trouvent également une auberge et un tableau panoramique. L'univers montagneux de la région de Frutigen se dévoile au regard, tel un paysage de livre d'images, et nous invite à une pause pour saisir cette impression fascinante. Vers le bas s'étendent des vallons solitaires. La vallée d'Engstligental et ses hameaux dispersés se déroule au nord. A l'est, les sommets imposants du Lohner s'élancent vers le ciel: on aperçoit derrière eux l'Eiger, le Mönch et la Jungfrau. Au sud, les névés du Wildstrubel étincellent dans le soleil. L'Engstlige cascade en deux chutes sur les rochers grisâtres. L'Albristhorn parsemé d'éboulis est presque à portée de main, et à cela s'ajoutent les créneaux érodés du bestion escarpé du Gsür, ainsi que la longue chaîne du Niesen. Paysage inoubliable…

La descente commence par la pente abrupte et herbeuse de la *crête sud*. Le sentier oblique bientôt à droite et s'étire un bout de temps au flanc de la pente. Plus haut que l'extrémité de la forêt, nous avançons sur un bon chemin, par des pâturages inclinés, au large de bergeries au bois bruni, puis nous descendons dans la pente prononcée vers la forêt clairsemée. Bientôt nous atteignons le *Stigelbach* puis le hameau de **Schermtanne** et son restaurant. On a une belle vue, de cet endroit, sur le massif du Lohner et sur le Tschingellochtighorn, le Laveygrat, l'Albristhorn et le Gsür.

Le chemin longe le ruisseau qui près de **Rossweidli** (pt 1414, foyer) se jette dans l'Allebach: nous franchissons le cours d'eau. Le chemin se déroule, presque plat et surplombant le ruisseau, dans le terrain entrecoupé de prés et de forêts, jusqu'au ravin boisé de **Rehärti** (pt 1367). La route d'Hahnenmoosstrasse conduit de là, par le pont, à **Adelboden.**

Bifurcations
Schwandfeldspitz–Flueweid–Adelboden 🚍 1 h 15
Schermtanne–Flueweid–Adelboden 🚍 1 h

Carte d'excursions pédestres
Saanenland–Simmental–Frutigland

Guide pédestre
Kandertal

 Un sentier forestier Grütli est aménagé entre Adelboden et le Höreli; un sentier naturel alpestre se déroule entre le Schwandfeldspitz et Adelboden. On peut obtenir des guides pour les deux sentiers dans les offices et bureaux de tourisme.

 Les gorges de Choleren près d'Achseten, ainsi que les chutes d'Engstligen dans le vallon des pâturages d'Engstligenalp – zones naturelles sous protection – font partie des plus remarquables curiosités naturelles de toute la région.

 L'église d'*Adelboden,* avec ses fresques – sur la paroi extérieure représentation du Jugement dernier – date du 15e siècle.

 Adelboden abrite un musée local. A part cela, on peut y visiter une fromagerie de montagne et les sources d'eau minérale d'Adelboden.

«Donnerrosen», fleurs d'âge biblique: Les montagnards croyaient autrefois que les rhododendrons ferrugineux aux feuilles rose sombre et rouille attiraient la foudre et les éclairs: cela explique que ces plantes, qui peuvent atteindre cent ans d'âge, portent aujourd'hui encore des noms rappelant cette croyance. On prête les mêmes propriétés au rhododendron cilié, moins fréquent. Ces buissons nains aux fleurs rouge-rose sont un peu plus petits que ceux du rhododendron ferrugineux (20 à 100 cm) et vivent moins longtemps. La troisième espèce, le «rhododendron nain» (rhodothamne ciste nain, jusqu'à 40 cm), avec ses fleurs rose clair, appartient comme les deux autres aux bruyères. On ne les rencontre pas dans les Alpes centrales. Le rhododendron ferrugineux aime les sols acides et forme souvent des peuplements importants. Le rhododendron cilié croît toujours sur des sols calcaires. Les ombelles des deux plantes attirent abeilles et bourdons. Le vent disperse capsules et minuscules graines, qui pour germer demandent avant tout de la lumière.

Tschente

Höreli 1520

Engstligental et Adelboden

Les herbes fourragères nobles – «Adelgras» – ont probablement donné leur nom à la vallée de l'Engstlige, dans laquelle estivaient les bestiaux. Le nom apparaît pour la première fois en 1409. L'Engstligenalp était connue bien auparavant: le bon pâturage est cité en 1232 déjà sous l'appellation «Itenssigulam». Un certain nombre de familles de la commune de Frutigen, dans la vallée, colonisèrent finalement l'«Adelboden». Le seigneur valaisan Anton von Turn vendit en 1400 le village de Frutigen à la ville de Berne, avec la région habitée par les «forestiers», les «Waldleute», qui étaient des sujets peu dociles. A force d'obstination, ils obtinrent en 1432 leur propre chapelle et même en 1478 un droit de justice. L'élevage du bétail a été longtemps seule ressource des bergers. C'est seulement au 19e siècle que l'industrie des allumettes apporta un revenu complémentaire dans les ménages paysans. Le pasteur de la cathédrale de Berne, Karl Rohr, arriva en 1872 en qualité de premier vacancier au Schlegeli. Le maître d'école Christian Hari se mit à accueillir et loger les étrangers à cet endroit, donnant ainsi la première impulsion touristique à la région. Pour la première fois en 1884 une diligence postale prit la direction de la vallée sur une nouvelle route. La construction hôtelière vécut alors un «boom» et donna naissance au véritable village d'Adelboden. Au commencement du 20e siècle, on vit paraître les premiers touristes hivernaux, qui voyageaient par la ligne à peine ouverte du BLS jusqu'à Frutigen, puis au moyen de traîneaux à Adelboden. La ligne d'automobiles Frutigen–Adelboden S.A. a été mise en service en 1917. Au cours des années suivantes, on a installé de nombreux téléphériques et télésièges. L'eau minérale réputée d'Adelboden contribue depuis 1949 à la renommée de la station de vacances, mais le Conseil de Berne connaissait en 1559 déjà la fameuse source, sous le nom de «Gsundbrunne».

Lenk–Metschhorn–Simmenfälle

Une randonnée aux multiples paysages, pour les petits comme pour les grands

La montée est facile sur le Metschhorn, le rocher surplombant La Lenk, et cette excursion vaut la peine, ne serait-ce que pour son coup d'œil impressionnant sur la région où la Simme prend sa source. On peut raccourcir le parcours d'une bonne heure, en utilisant le téléphérique Lenk–Metsch. La descente conduit par de somptueux pâturages et des forêts ombragées vers les eaux mugissantes.

Route		Altitude	Temps
1	Lenk	1068 m	–
2	Innere Brand	1230 m	0 h 30
3	Metsch	1480 m	1 h 10
4	Metschberg/Hubel	1757 m	2 h
5	Metschhorn	1900 m	2 h 30
6	Wengibergli	1875 m	2 h 45
7	Am Bummere	1766 m	3 h
8	Nessli	1620 m	3 h 30
9	Staldenweid	1380 m	3 h 55
10	Hôtel Simmenfälle	1102 m	4 h 25

De la gare de **La Lenk,** nous marchons en direction sud-est, à travers le village, pour arriver sur un parcours pierreux au *Gruebi.* Le chemin monte à l'intersection qui conduit à Rotebach, puis il serpente sur une courte distance en grimpant raidement vers l'indicateur **Innere Brand,** proche du pont (1230 m). Nous franchissons le ruisseau et tout de suite après nous obliquons à gauche, sur un ancien chemin pédestre: il nous conduit, sans cesser de monter légèrement par la pente du Büelberg, dans la forêt du *Büelersweid Graben.* Nous traversons sur des blocs de pierre le ruisseau qui descend en tourbillonnant dans le ravin, puis montant en pente douce nous longeons le chemin qui s'étire vers la forêt proche du *Metschgraben* (1402 m). De cet endroit, nous arrivons par une petite route asphaltée au groupe de maisons de **Metsch,** peu avant la station supérieure du téléphérique (Restaurant). Le chemin conduit en ligne droite au romantique site «I de Lauene», mais pour notre part nous obliquons à gauche, près des maisons (1480 m). Plus loin, nous remontons pendant 200 m le cours du ruisseau qui clapote gaiement avant de bifurquer à droite. Le chemin pédestre passant sous les câbles du téléski nous conduit en montant au prochain indicateur de direction (1600 m, à Büelberg), puis il se déroule, très escarpé à travers les finages, par les cabanes de la Rütiweid jusqu'à un indicateur placé sur le **Metschberg,** le **Hubel.**

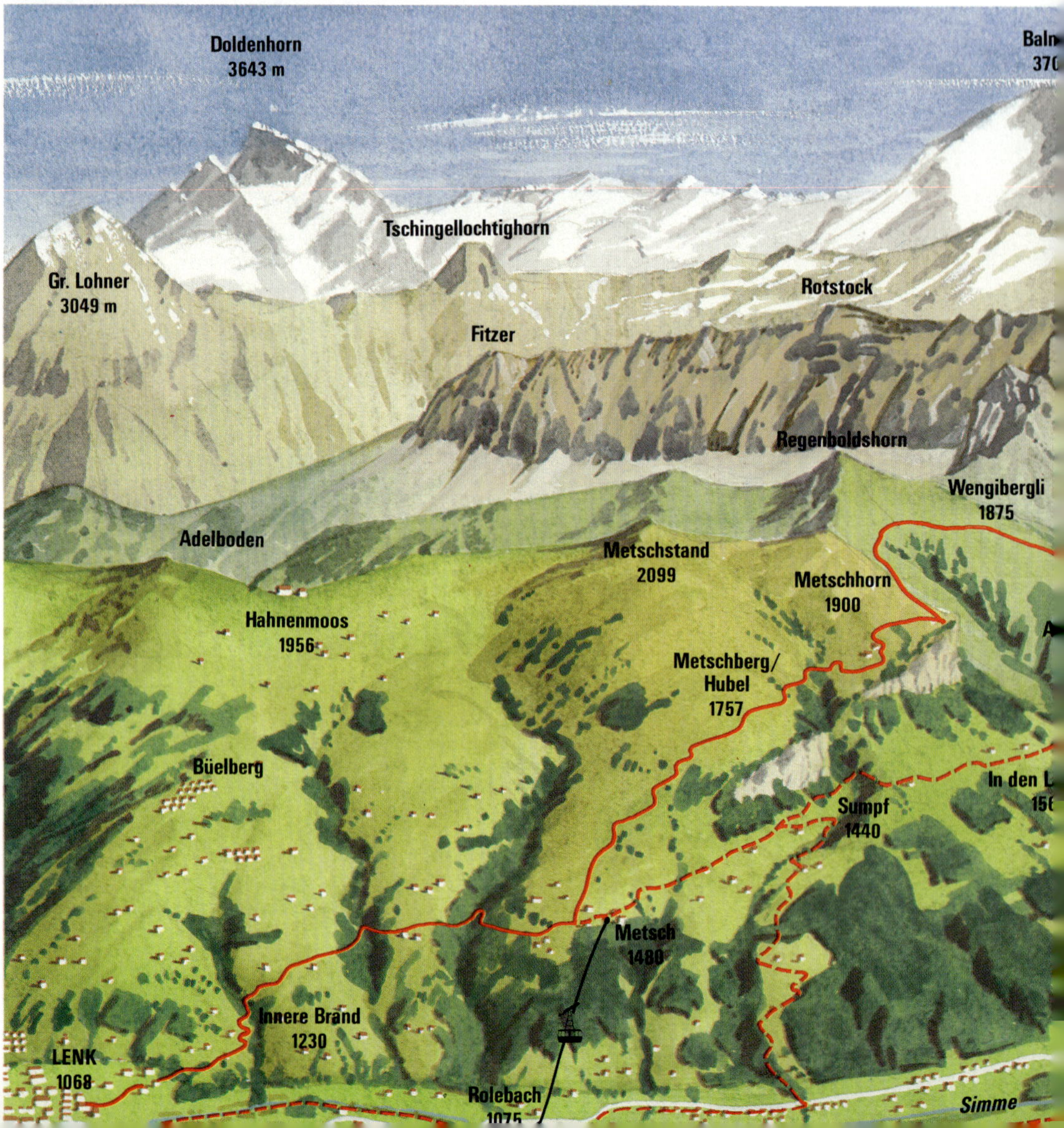

A partir de là, nous suivons une petite route direction vallée, nous traversons un ruisseau palustre et

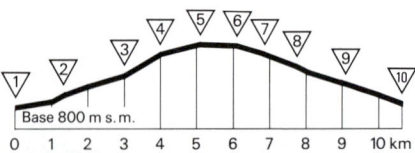

nous cheminons en montant en bordure de la limite forestière, vers les deux cabanes d'*Alp Guettflācke*. Après la courte et dernière montée – par moments sans aucun sentier apparent – nous voici bientôt sur le **Metschhorn**: il faut prendre garde – et surtout aux enfants – car le «nez rocheux» du Metschhorn tombe à pic!

Metschhorn: belvédère rocheux sur une crête herbeuse

On a de ces hauteurs une vue impressionnante sur le robuste massif du Wildstrubel. A droite s'étendent les neiges immaculées de la Plaine Morte, puis les sommets rocheux proches du Col du Rawil, le Wildhorn et toute une ligne de cimes préalpines dans le pays de Gstaad et du Haut-Simmental. Les eaux du Bummerebach, de l'Ammertenbach, du Laubbach et du Trüebbach mugissent sur leur lit de pierres. Parois de rochers abrupts, glaciers, sommets élevés enferment le Simmental. Tout au fond, dans la région de forêts et de pâturages de l'alpage Rezliberg, se cache la source de la Simme et jaillissent les «sibe Brünne», les «sept fontaines». La Simme, large rivière à plusieurs jets, surgit à la lumière avec un débit de quelque 3000 litres/seconde. Peut-être existait-il autrefois sept jets, ce qui expliquerait que la vallée se soit appelée dans le passé Siebental. On découvre, en bas dans la vallée, les maisons de la fraction d'Oberried. La descente nous conduit par les prairies pentues au flanc du Regenboldshorn jusqu'à l'alpage de **Wengibergli**. Le chemin d'alpage se déroule en lacets descendant aux cabanes **Am Bummere**. Un regard en arrière nous dévoile l'éperon du Metschhorn.

A présent, nous longeons le chemin de gravier qui se déroule en descendant à *l'alpage de Nessli*, d'où il décrit un angle à gauche très prononcé et bifurque (à 1072 m) vers une haute forêt. Le chemin usé par les pas descend rudement à l'intersection de **Nessli**, où débouche le sentier pédestre de Metsch (In der Lauenen). Nous continuons de descendre sur la petite route carrossable, près de l'Ammertenbach jusqu'à **Staldenweid** et à l'indicateur de Stalden (1370 m; détour à l'auberge de montagne de Rezliberg et à la source de la Simme: environ 30 minutes, aller-retour).

A partir de Stalden, on continue dans la vallée, jusqu'à l'endroit où l'on rencontre les véritables *chutes de la Simme*. Près du pont de Barbara (1240 m) nous délaissons la route carrossable alpestre par la gauche afin de descendre directement près des chutes déchaînées, jusqu'à la station d'autobus proche de **l'Hôtel Simmenfälle**.

Bifurcations

Metsch –In den Lauenen–Nessli
1 h 20

Hôtel Simmenfälle 🚌–Lenk 🚋 🚌 1 h

Carte d'excursion pédestres

Saanenland–Simmental–Frutigland

 Téléphérique La Lenk–Metsch; il existe une liaison par autobus (gare–chutes de la Simme) à la station inférieure. Une télécabine relie La Lenk avec le Betelberg (Leiterli).

 Pour les amateurs de vie sous tente, deux places de camping à «Hasenweide» et «Seegarten».

La Lenk propose à ses hôtes une piscine de plein air, une piscine couverte, un Parcours-Vita de même que des courts de tennis. La station dispose d'un imposant centre de cure, avec sources sulfureuses et piscine minérale.

 Au pied de la Seefluh, à 10 min. à peine du centre du village, on découvre la région naturelle protégée du lac de La Lenk. La petite surface d'eau est un lieu de nidification pour de nombreux oiseaux aquatiques.

 A part les chutes de la Simme et le «sibe Brünne», on peut voir la chute d'eau la plus élevée des environs de La Lenk, l'Iffigfall. Plus près du village s'ouvre la gorge du Wallbach dont les eaux se précipitent dans les rochers modelés par l'érosion. Le Fluhsee se trouve sur une terrasse au Wildstrubel, d'où l'on a une très belle vue. L'Iffigsee, sur le chemin qui conduit à la cabane du Wildhorn, est le plus grand lac de montagne de La Lenk. Au fil du parcours Leiterli–Gumeli apparaissent les «Gryden», excavations du sol en forme de cratères: il ne s'agit pas de cheminées d'anciens volcans éteints mais d'entonnoirs naturels par lesquels les eaux érodent le sol gypseux.

 On découvre d'anciennes maisons paysannes typiques dans toutes les communes du Haut-Simmental.
A St-Stephan, remarquable ancienne église du 15e siècle, avec orgue datant de l'an 1778.

Le «boom» du fromage dynamise l'élevage du bétail: Au 17e siècle, les fromagers de la vallée de Saanen faisaient les meilleures affaires dans le commerce du fromage, mais les paysans du Simmental devinrent à leur tour très connus pour leur élevage: les vaches de race tachetée brun-rouge du Simmental, excellentes aussi bien pour la production de viande que de lait, paissent aujourd'hui sur les pâturages des fermes aux Etats-Unis, au Cap de Bonne-Espérance, dans les steppes australiennes et jusque dans les pampas sud-américaines.

Il y a plus de 4500 ans, les hommes des cavernes chassaient pendant la saison d'été à 2500 m d'altitude, sur les hauteurs dominant le Simmental. La preuve en est donnée par une pointe de flèche en silex, découverte dans une petite caverne au Tierberg, sur le chemin du Rawil, et qui date de l'âge de la pierre taillée. La caverne du Tierberg est probablement le site préhistorique alpin habité le plus élevé. Mais la région dite «lange Egg» – «a dr Lengg» n'a été habitée que beaucoup plus tard, car le fond de la vallée était marécageux et menacé par les inondations. Les premiers habitants de cette région s'installèrent également dans les pentes ensoleillées au flanc est de la vallée, à l'endroit nommé «uf dr Pletsche» au Guetebrunne. La construction d'une église a débuté en 1504 dans le village qui s'est constitué sur les éboulis du Wallbach et de son affluent. Le sanctuaire a été détruit par le grand incendie du village le 16 juillet 1878. Une nouvelle église a subi en 1946 des dommages irréparables, par suite d'un tremblement de terre; c'est en 1950 qu'a été bâtie l'église actuelle. Les eaux ont conditionné toute vie «a dr Lengg», pour le meilleur et pour le pire! Les chroniqueurs ne décrivent pas seulement les coûteux aménagements et corrections de ruisseaux qui après les orages de l'été causaient de méchantes inondations: ils parlent également du «sujet Christian Peretten», qui en 1689 reçut de l'Avoyer et du Conseil de la ville de Berne la permission d'aménager en bains une source sulfureuse qui avait jailli sur ses terres. Les vertus curatives de cette source attirèrent de plus en plus d'hôtes à La Lenk. Le tourisme régional reçut une nouvelle impulsion en 1828 par l'aménagement d'une route «large de 14 pieds» jusqu'à La Lenk, et surtout au début du 20e siècle par la construction du chemin de fer dans le Simmental. La nouvelle ligne relia dès 1912 La Lenk au MOB, le chemin de fer Montreux–Oberland bernois.

Gstaad/Wasserngrat–Giferspitz–Gstaad

La randonnée que voici exige un peu d'expérience montagnarde: elle est destinée avant tout à ceux qui ont le pied ferme et ne craignent pas le vertige… L'itinéraire n'est pas une escalade, mais il faut à certains endroits savoir s'aider de ses mains!

Le parcours conduit par le Wasserngrat sur les points de vue les plus élevés de la commune de Gstaad, le Giferspitz et son profil rocheux inimitable.

Route		Altitude	Temps
Gstaad		1050 m	–
1 Wasserngrat Dürrischilt		1936 m	2 h 30
2 Wandeliflue		2203 m	3 h 25
3 Turnelssattel		2086 m	3 h 45
4 Lauenehore		2477 m	5 h 00
5 Giferspitz		2541 m	6 h 00
6 Giferhüttli		1941 m	6 h 50
7 Berzgumm		1663 m	7 h 15
8 Scheidbach		1271 m	7 h 55
9 Gstaad		1050 m	8 h 40

La gare de **Gstaad** sert de départ à notre randonnée en montagne. Traverser le village en suivat le ruisseau et gagner la vallée (sous le passage sous-voie MOB vers le Louibach). Monter vers l'école du quartier Bisse, là prendre à gauche le chemin du réservoir, et ici tourner à droite direction Wasserngrat que nous atteignons par Dürrifäng, Bissedürri et **Dürrischilt**. Sur notre droite, très haut sur la vallée de Lauenen, nous apercevons au-dessous de nous les cabanes alignées de l'alpage d'Obere-Brüesche, peut-être des troupeaux de moutons qui gravissent en paissant les pentes abruptes, parfois même des chamois. Les marmottes ne sont pas rares, dans cette région.

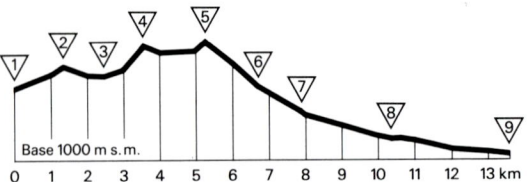

Le long du chemin assuré par des cordages et câbles, nous parvenons finalement à la **Wandelflue,** point le plus élevé du *Wasserngrat*. A peine quelques pas plus loin, nous atteignons un modeste refuge (WC) à 2140 m d'altitude. Un sentier conduit alors le long du flanc ouest, herbeux, de la crête du Brüesche, à suivre en allant vers les pentes du Baumersberg jusqu'à la dépression la plus profonde de la croupe montagneuse, le **Turnelssattel.**

Le long du petit mur de pâturages, on monte d'abord en pente douce, mais le sentier étroit se fait bientôt plus abrupt, dans l'arête ouest herbeuse du **Lauenehore,** et très raide pour la montée directe au sommet. La vue qu'on découvre de là est magnifique: au sud, le massif du Wildhorn avec le glacier de Gelten, l'Arpelistock et le Spitzhorn à droite, le glacier de Tungel, la cime du Niesen et le Rothorn à gauche composent tous ensemble un imposant écrin à la vallée.

A partir de Lauenehore, le chemin aux bancs rocheux descend par la crête nord et par le flanc est jusqu'à l'ensellement (2391 m). Il se prolonge, en descendant d'abord, puis remontant à travers les pierriers, par des crêtes rocheuses côté est du **Giferspitz,** au-dessous du sommet, jusqu'à la crête nord. Nous gravissons en cinq minutes la crête, en direction sud, jusqu'à la croix du sommet (2541,7 m).

Giferspitz: point de vue par excellence

Le coup d'œil circulaire vaut cinq étoiles. Le regard n'est entravé par aucun sommet voisin, il s'étend des sommités enneigées et des glaciers de l'Oberland bernois à l'ouest sur les hautes chaînes, plus loin, par-dessus les cimes des Alpes vaudoises et leurs Préalpes, du Pays d'Enhaut jusqu'aux sommets, pointes et dents les plus prononcés des Préalpes fribourgeoises; plus loin encore, sur les chaînes de montagnes, croupes, arêtes et pitons des Préalpes bernoises, pour revenir aux très hauts sommets des Alpes. Parfois retentit le cri de quelques corbeaux volant au-dessus des crêtes rocheuses du Giferspitz, sur le petit vallon solitaire et rocailleux entre les deux embranchements de la crête nord. A l'est de cet endroit, on plonge sur la partie inférieure et déboisée du Turbachtal, d'où les pâturages remontent abruptement vers le Wistätthorn et son arête proéminente.

Pour la descente, nous reprenons le chemin bien marqué dans la partie est du parcours de la crête nord. Il nous conduit, par des bancs rocheux, des éboulis et pierriers, de rudes pans de pâturages, vers les premières loges à bestiaux, aux toits couverts de bardeaux, la **Giferhüttli.** Nous cheminons d'abord sur un étroit sentier, le long d'un petit mur de pâturages, puis sans plus aucune trace sur les alpages, en direction des premiers sapins, pour continuer en descendant plus loin aux deux bergeries de l'alpage de **Berzgumm.**

La descente se poursuit sur un chemin à peine apparent, par une croupe herbeuse et entre des boqueteaux, vers le bas jusqu'au chemin de charroi qui s'incurve à l'ouest. Nous franchissons le Berzgummbach pour aller le long du chemin qui s'incline doucement à travers les pâturages du *Bärgli,* le long des pentes du Turbachtal, jusqu'à la route goudronnée pour atteindre la halte d'automobiles postales de *Mürni.* Passant près de quelques fermes, nous suivons un chemin qui conduit à un pont sur le Turnelsbach, jusqu'au hameau de **Scheidbach.** Au pied du Wasserngrat, nous commençons la descente au petit village de *Bisse,* puis vers le Lauibach, enfin en longeant sa rive jusqu'à **Gstaad.**

Bifurcations
Turnelssattel–Turnels–Bachbergli Zingrisberg–Gstaad 2 h 30
Turnelssattel–Trütlisberg–Turbachtal–Gstaad 3 h 30
Turnelssattel–Züneweid–Lauenen 1 h 20

Carte d'excursions pédestres
Saanenland–Simmental–Frutigland

Guide pédestre
Saanenland

Fascinants chefs-d'œuvre montagnards: Dans la première moitié du 19e siècle, la silhouette est devenue très populaire dans la région de Gstaad et dans le Pays d'Enhaut. Les petits chefs-d'œuvre de papier noir, fins et transparents, utilisés comme signets dans les bibles, ont donné son essor à cette technique artisanale et artistique. Le charbonnier et journalier Johann Jakob Hauswirth, dit «Le Grand des Marques», en confectionnait avec une simple paire de ciseaux. Pendant toute sa vie jusqu'à sa mort en 1871, il travailla dans des fermes de la vallée de la Sarine.

 A l'est de la gare de Gstaad se trouve la station du télésiège Gstaad–Wasserngrat en service qu'en hiver.

 Des télécabines conduisent de Gstaad à Höhi Wispile comme aussi de Gstaad à Eggli. Les cabines du téléphérique Reusch–Cabane-des-Diablerets emportent les skieurs sur les hauteurs.

 Le MOB, chemin de fer Montreux–Oberland bernois, avec son Superpanoramic-Express circule à travers le Pays de Gstaad et fait halte dans cette localité.

 La station internationale de très haut niveau de Gstaad accueille aussi les amateurs de camping.

Gstaad propose à ses hôtes de très nombreuses installations de sport, telles que piscine chauffée, piscine couverte, courts de tennis, golf, école d'équitation. On peut également s'y livrer à des descentes de cours d'eau en canoë/kayak.

SP Chaque année a lieu à Gstaad un tournoi international de tennis, le «Swiss Open».

Le célèbre «Alpen-Gala-Festival» – Festival alpin – de Gstaad et le «Festival Menuhin», dans l'église gothique tardif de Gstaad dédiée à St. Maurice, sont un moment privilégié de la musique classique en Suisse.

Les habitants de Gstaad ont de tout temps aspiré à l'indépendance et à la souveraineté. C'est ainsi qu'en 1312 déjà ils s'étaient acquis de leur seigneur, le comte de Gruyère, des droits étendus, dont celui d'utiliser leur propre sceau et leurs propres armoiries, «die kryen uff dem bergen», une grue sur un mont. Ces privilèges laissés pour ainsi dire intouchables par la ville de Berne jusqu'en 1798, furent renouvelés après la République helvétique, en 1803, dans l'Acte de Médiation dicté par Napoléon Ier, et concrétisés par la formation d'un district. Les Bernois avaient conquis le pays sur la Gruyère, sans doute pour l'amour qu'ils portaient au fromage de Gstaad, car le bailli envoyait avec un fromage aux autorités, avoyers, conseillers, secrétaires, juges et autres pour leur souhaiter la bonne année!

Mais c'est aussi l'originalité et les beautés du Pays de Gstaad qui attisaient l'enthousiasme bernois. «C'est une volupté de vivre en été dans ce pays charmant...» soupirait Carl Viktor von Bonstetten, écrivain qui fut un temps bailli de cette région. Tout autant émerveillé, il écrit en 1780 à propos de sports d'hiver: «Mille luges s'élancent dans toutes les vallées, tout est joyeux, tout vit...».

Gstaad est aujourd'hui station de sports d'hiver et station estivale de renommée internationale. L'ouverture au trafic du Chemin de fer Montreux–Oberland bernois (MOB) au commencement du siècle (1904/05) a puissamment contribué à cet essor. Le chemin de fer à voie étroite transporte aujourd'hui d'innombrables touristes dans le Pays de Gstaad, où des noms comme Pillon (pâturage), Arnen (buisson, bosquet), Saane (puissant), Abläntschen ou Aflantschen (saule sur un ruisseau) rappellent le temps où la région était celtique.

Erlenbach–Vorderstocken–Stockhorn

Parcours intéressant et facile, avec peu de montées escarpées

La randonnée conduit par des prés fleuris, belles forêts et vastes pâturages, du cossu village d'Erlenbach dans le Simmental, jusqu'au charmant lac d'Oberstocken, sur les hauteurs du Stockhorn. La montagne, avec son impressionnante silhouette rocheuse plongeant vers la vallée, est célèbre par la merveilleuse vue qu'elle offre sur le lointain et par ses richesses florales. Un guide botanique est utile à cette découverte. On peut aussi parcourir l'itinéraire en sens inverse, sous forme de descente à Erlenbach.

Route		Altitude	Temps
1	Erlenbach/station	681 m	—
2	Moos	916 m	0 h 40
3	Husallmi (Ufem Huus)	1446 m	2 h 15
4	Vorderstocken pt 1799	1799 m	3 h 10
5	Oberstocken	1776 m	3 h 45
6	Stockhorn/station	2190 m	5 h

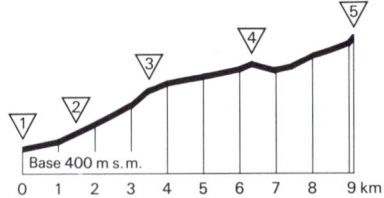

Dès que nous quittons la gare d'**Erlenbach**, nous montons sur la place du village et traversons la route principale, entre les vieilles maisons brun foncé du Simmental, rayonnantes habitations, confortables et accueillantes. A droite, près du bâtiment à colombages du Restaurant Krone, une petite ruelle nous amène à un escalier couvert unique en son genre, qui conduit à l'église. Nous longeons le Wildenbach, en remontant son cours jusqu'au point de rencontre avec la Kleindorfstrasse. Face à nous, la magnifique école d'où l'on a une très belle vue sur les environs du village. A cet emplacement, on a mis au jour, lors de la construction de l'école, les fondations – 1 m 30 de largeur – d'un mur appartenant à une tour, ainsi que des objets divers datant du moyen-âge.

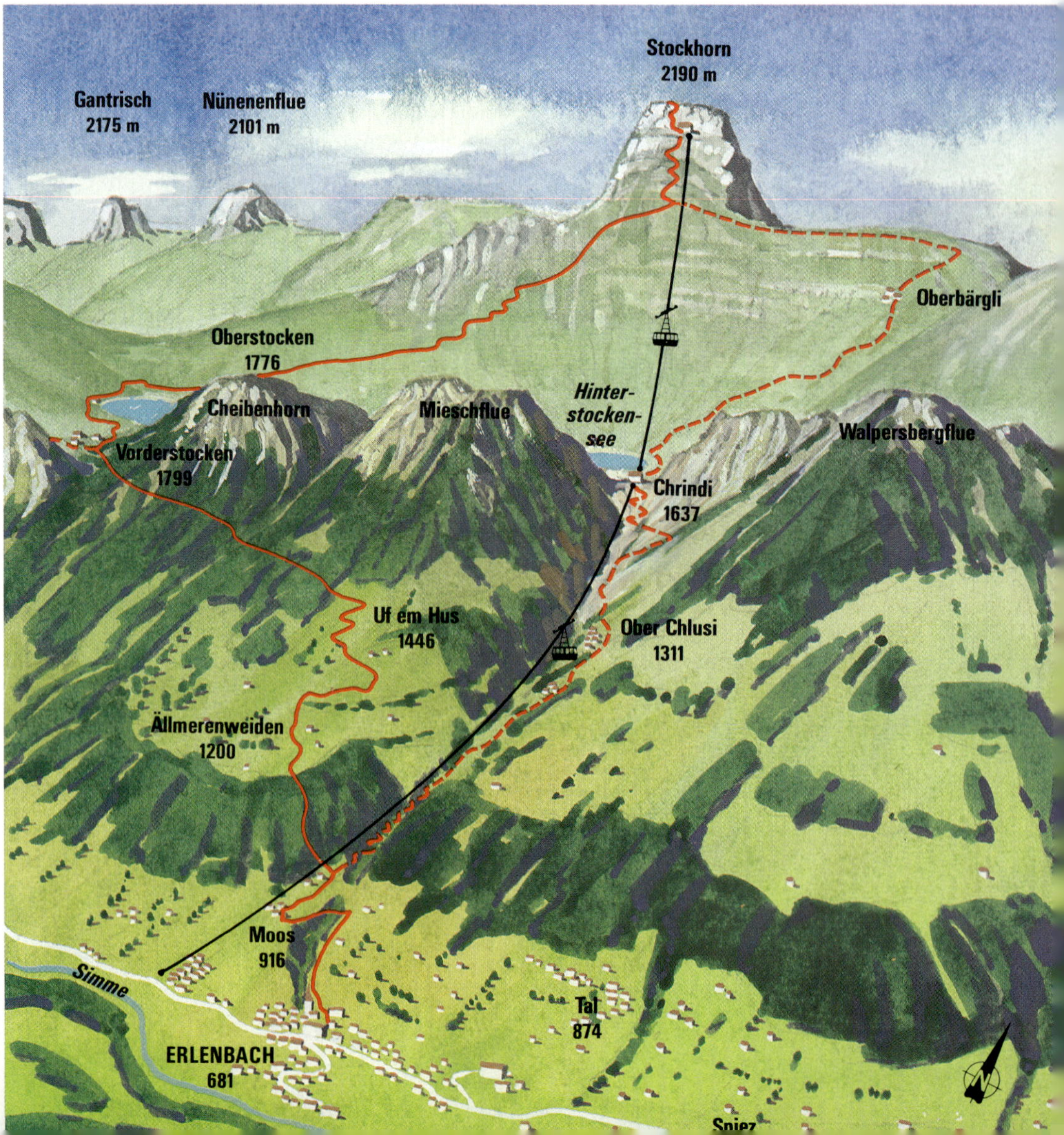

Nous délaissons cet emplacement de l'école pour monter sur une centaine de mètres le long de la petite route, puis nous obliquons à gauche sur le chemin pédestre: par de somptueux prés fleuris, il conduit à un groupe d'arbres puis monte en quelques lacets jusqu'à *Boden*, terrasse où sont groupées les maisons de **Moos.** Nous poursuivons notre itinéraire jusqu'à l'orée du bois et bifurquons après quelques pas à droite dans la forêt ombragée du Salachen. Nous arrivons aux pâturages d'*Älmeren*, et par les finages vraiment escarpés appelés «**Husallmi**» **(Ufem Huus)** sur la route, qui se déroule en montant direction ouest à travers le Stockenwald aux âcres senteurs de résine et d'aiguilles de sapins. Le fredonnement des bourdons et le martèlement des pics nous tiennent compagnie, avant que nous atteignions l'alpage de **Vorderstocken.** A main droite s'élève la croupe herbeuse du Cheibenhorn, à main gauche les parois rocheuses abruptes et crevassées, atteignant jusqu'à 250 m de haut, de la Stockenflue. La crête qui s'étire longuement à l'ouest n'est pas seulement le rendez-vous des varappeurs et alpinistes, mais également celui des chasseurs de chamois.

A partir de là, ou plus tard vers l'ensellement, nous pouvons faire un léger détour à la caverne préhistorique de Chilchhöhle (aller/retour environ 1 h). Le chemin conduit au flanc nord de la Stockenflue, où les rhododendrons forment de véritables parterres. La grotte est située à 1810 m d'altitude, dans les parois rocheuses du Sattelspitz. Les archéologues ont découvert à cet endroit la trace des hommes préhistoriques.

Nous reprenons notre itinéraire, à travers les pâturages, pour parvenir sur les hauteurs du *Sattel* (1799 m) d'où nous apercevons pour la première fois l'Oberstockensee, petit lac et véritable joyau de ce paysage. La lisière de la forêt s'étire le long des pentes qui montent des rives et se mirent dans les eaux. Les bergers le nomment parfois «Speetbärgseeli», parce que neige et glace de l'hiver, dans la dépression du terrain, bravent longtemps l'apparition du printemps…

A l'image de la nappe d'eau voisine, l'Hinterstockensee, le lac n'a pas de déversoir visible. Des colorations ont éclairci le mystère: il s'écoule dans le Buuschebach, et l'Hinterstockensee capte les sources sur la Chlusialp. Les deux plans d'eau sont reliés par une galerie artificielle et servent de bassin d'accumulation pour la petite centrale électrique de l'alpage d'Oberchlusi.

Le chemin continue, à droite, en descendant la pente herbue et dans la forêt clairsemée qui domine le lac. Mais nous ne cheminons pas jusqu'à la rive; le lac n'est assez réchauffé qu'au plus fort de l'été, permettant ainsi la baignade. Le milieu naturel, sur ces hauteurs, procure pourtant d'autres joies pendant toute la saison de randonnées: au fil des saisons, la flore montagnarde apparaît dans toute sa fascinante beauté. L'hiver à peine achevé, les crocus déploient leurs corolles blanches et violettes, puis viennent les trolles, aux ors lumineux, les gentianes dont le bleu sombre parsème le vert des prés, enfin le rouge profond des rhododendrons qui semblent enflammer les coteaux. Les corolles bleu clair, pourprées, blanches ou jaunes des variétés de campanules, colorent les prés, les éboulis et les rocailles. Et même, fin septembre encore, on découvre les chardons blancs éclatants, parfois teintés de rose avec leurs feuilles d'argent disposées en étoile, sur le sol des pâturages qui peu à peu prennent les couleurs plus douces de l'automne.

Un coup d'œil royal

Le lac est maintenant derrière nous. Après l'intersection des chemins (1742 m) pour l'Hinterstockensee, notre sentier recommence à grimper vers la bergerie de l'alpage **Oberstocken**: il monte en pente constante par le *Stockenfeld*, dépourvu d'arbres. Des accenteurs alpins jettent leurs trilles comme les alouettes. Nous arrivons au *Schattstall* (1998 m), où débouche dans notre chemin celui qui monte d'Oberbärgli. Une cabine rouge du téléphérique du Stockhorn plane de temps à autre dans les airs. La montée se déroule en zigzags jusqu'à l'auberge de montagne (possibilités d'hébergement) avant de s'achever, après une courte et dernière ascension, au sommet du **Stockhorn.**

La vue panoramique est grandiose et impressionnante: du Moléson, à l'ouest, elle se déroule par-dessus le Kaiseregg et la chaîne du Gantrisch du côté du Jura, jusqu'au Weissenstein, aux collines et montagnes de l'Emmental avec le Napf, au Pilate et au Glärnisch. On découvre au sud, jusqu'aux Diablerets, tout l'alignement des sommets aux neiges éternelles de l'Oberland bernois, auxquels se raccordent les Alpes vaudoises. Par temps clair, on reconnaît également les sommets valaisans, le Weisshorn, le Grand-Combin et le Mont-Blanc. A nos pieds se déploie le Plateau suisse, où se détache, lumineux, le bleu profond du lac de Thoune.

Carte d'excursions pédestres
Saanenland–Simmental–Frutigland

 Le téléphérique Erlenbach–Stockhorn conduit en quelques minutes sur le merveilleux sommet des Préalpes.

SP La Simme est un cours d'eau favorable aux pêcheurs et canoéistes. Le Stockhorn est un bon point d'envol pour amateurs de vol delta.

 Au sommet du Stockhorn existe un sentier botanique avec plus de 75 plantes déterminées et répertoriées.

 A part les troupeaux paisibles, cette région préalpine intacte est peuplée de chamois, chevreuils, marmottes et autres animaux sauvages. On peut se procurer à la station inférieure du téléphérique du Stockhorn un guide botanique, zoologique et géologique, brochure qui contient des indications intéressantes sur les chemins de randonnées entre Chrindi et Stockhorn.

 L'église d'*Erlenbach* remonte à une construction romane précoce du 10ᵉ siècle. On a érigé au 13ᵉ siècle une tour carrée. L'intérieur du sanctuaire est décoré par un ensemble de fresques gothique tardif.

L'art parfait de la charpente au temps de la croissance économique: Le commerce des bestiaux et du fromage a fait gagner, depuis le 16ᵉ siècle, bien de l'argent aux paysans du Simmental: leur aisance se manifeste aujourd'hui encore dans les belles maisons cossues construites par des artisans habiles et des charpentiers qui étaient de véritables artistes. On trouve, largement répandues dans toute la vallée, des maisons paysannes aux façades de bois brunies par le soleil, avec leurs innombrables sculptures, peintures et inscriptions. A Erlenbach même, à part les belles habitations caractéristiques aux toits pentus, on peut admirer les magnifiques maisons simmentaloises, aux toits à peine inclinés, encore plus attachantes avec leurs splendides décorations florales. La plupart des maisons du village ont été construites après le grand incendie de 1765.

La présence de l'homme préhistorique dans le Bas-Simmental, à partir du paléolithique, est prouvée depuis que les chercheurs ont découvert dans la grotte de Chilchhöhle, au-dessus du petit lac d'Hinterstocken, d'innombrables ossements d'ours des cavernes et des outils de pierre. Plus tard, les Romains occupèrent la vallée: leur passage est attesté par les trouvailles de nombreuses pièces de monnaie, et des lieudits tels que Port, Chlusi ou Kastel. Les dénominations Roden, Rueten, Schwenten ou Brennen dénotent en revanche l'immigration des Alamans. Le moyen-âge a vécu sous le signe des puissants seigneurs de Weissenburg, qui possédaient tout le Bas-Simmental en compagnie des nobles d'Erlenbach, dont la famille s'est toutefois éteinte au 13ᵉ siècle. Leurs incessants démêlés avec Berne furent finalement fatales aux fiers comtes de Weissenburg: en 1334, ils furent contraints de jurer aux Bernois qui assiégeaient le château de Wimmis le droit éternel de combourgeoisie et de leur abandonner le «Niedersibental» comme pays sujet. Alors que, grâce aux sources thermales découvertes vers 1600, Weissenburg se développait comme station de bains de grande renommée, la réputation d'Erlenbach grandissait comme place importante de foires et marchés aux bestiaux. Mais aussi comme centre de rassemblement politique: au moyen-âge déjà, les gens des quatres régions de la seigneurie – Wimmis, Diemtigen, Erlenbach ät Därstetten – s'y retrouvaient pour la landsgemeinde. Les grandes foires au bétail d'Erlenbach étaient connues et réputées loin à la ronde, attirant avant tout des marchands italiens. Aujourd'hui encore, on tient dans la localité de grands marchés de bestiaux. Mais le village et sa région n'ont pas que cet attrait: ils intéressent également les touristes, grâce au téléphérique du Stockhorn, en activité depuis 1966.

Neuenegg–Schwarzwasserbrücke–Schwarzenburg

Une tournée agréable, en terrain facile

Les rives de la Singine et de la Schwarzwasser nous invitent à cette randonnée par des vallonnements romantiques et des ravins aux imposantes formations rocheuses. Le parcours monte ensuite vers un paysage de collines entre les rivières. Le point de vue sur les Alpes et le Jura, au-delà des collines, gorges, forêts, prés, pâturages parsemés de fermes et hameaux du pays de Schwarzenburg est remarquable. On découvre en cours de route une flore et une faune dont la diversité est étonnante. A part les effets de bain et la crème solaire, les curieux ne manqueront pas d'emporter guides et atlas pour reconnaître les oiseaux, les animaux et les plantes tout au long de ce parcours passionnant.

Route		Altitude	Temps
1	Neuenegg 🚂	523 m	—
2	Pont de pierre	547 m	0 h 35
3	Gäu	560 m	1 h 15
4	Vieux Pont de la Schwarzwasser 🚌	592 m	1 h 50
5	Sackholzau	601 m	2 h 15
6	Nidegghöhe	836 m	3 h
7	Wahlern/église	837 m	3 h 45
8	Schwarzenburg 🚌 🚂	792 m	4 h 15

De la gare de **Neuenegg** nous prenons la direction du pont sur la Singine, sans toutefois le traverser, mais pour obliquer sur le chemin pédestre qui par la lisière de forêt se déroule le long de la rivière. A gauche nous apercevons à l'orée du bois l'obélisque de pierre blanche qui rappelle la bataille victorieuse contre les troupes françaises le 5 mars 1798. Sur l'autre rive de la Singine, la région est dominée par le viaduc autoroutier de Flamatt et le gigantesque silo implanté à cet endroit.

Le chemin nous conduit par un passage sous la voie du chemin de fer, puis sur la digue ou à travers la forêt, jusqu'au pont routier. Nous passons également sous celui-ci pour rejoindre le vieux **Pont de pierre.** Le bel ouvrage est fermé à la circulation automobile depuis la mise en activité de l'autoroute.

Après le pont, nous cheminons par la place de camping et les boisements de la rive jusqu'à la *Forêt d'Au.* Pour aller à l'extrémité de la forêt, nous passons sous les ponts de l'autoroute et du chemin de fer; après cela, nous atteignons le chemin de rive et le petit pont couvert sur la Singine. A gauche, dans la pente, nous aboutissons au-dessus des maisons de Graferied. Le sentier qui longe la rive effleure les maisons de la Sensematt, à la sortie du ravin de Scherli. Le paysage se fait plus âpre: la Singine cherche son cours en écumant entre les bancs de gravier et sur les rochers bordant les rives. Pendant l'hiver, elle ne charrie plus grande eau, mais au printemps son cours se déchaîne, sauvage et bouillonnant.

Près du groupe de maisons de **Gäu** nous nous écartons légèrement vers la route; elle conduit ensuite à travers un beau paysage de plaine riveraine. Le pré est parsemé de pentes rocheuses boisées. Nous arrivons au rétrécissement dans la forêt: la région naturelle protégée Singine-Schwarzwasser prend naissance à cet endroit. Plantes et animaux sont protégés, il est interdit d'allumer des feux!

Nous cheminons à présent pour un bon bout de temps dans la forêt alluviale. Le chant de nombreux oiseaux nous tient compagnie, surtout par les petits matins printaniers. Le martèlement rythmé des pics résonne, les grenouilles joignent leur coassement à ce concert insolite… L'ail des ours piétiné dégage son parfum, les feuilles enveloppantes de bourgeons d'arum chatoient de toutes leurs teintes vert et blanc. Les libellules en chasse virevoltent dans un léger frémissement.

Plus loin, nous allons vers le pied de rochers élevés où les lézards se dorent au soleil, sur les pierres réchauffées. Le ravin s'élargit: la Schwarzwasser se jette dans la Singine. Par les chaudes journées on voit s'ébattre les baigneurs qui souvent trouvent leur place habituelle couverte de pierres et plus du tout les buissons donnant ombrage: après chaque orage les deux rivières modifient leur cours et on voit naître de nouveaux passages d'eau, mares et places à baignade! L'itinéraire oblique vers le *ravin de la Schwarzwasser,* au-dessus duquel sont jetés le pont routier et le pont ferroviaire; à une hauteur de 65 m, ils relient la région de Schwarzenburg à Berne. Après quelques minutes, nous atteignons le **vieux pont de**

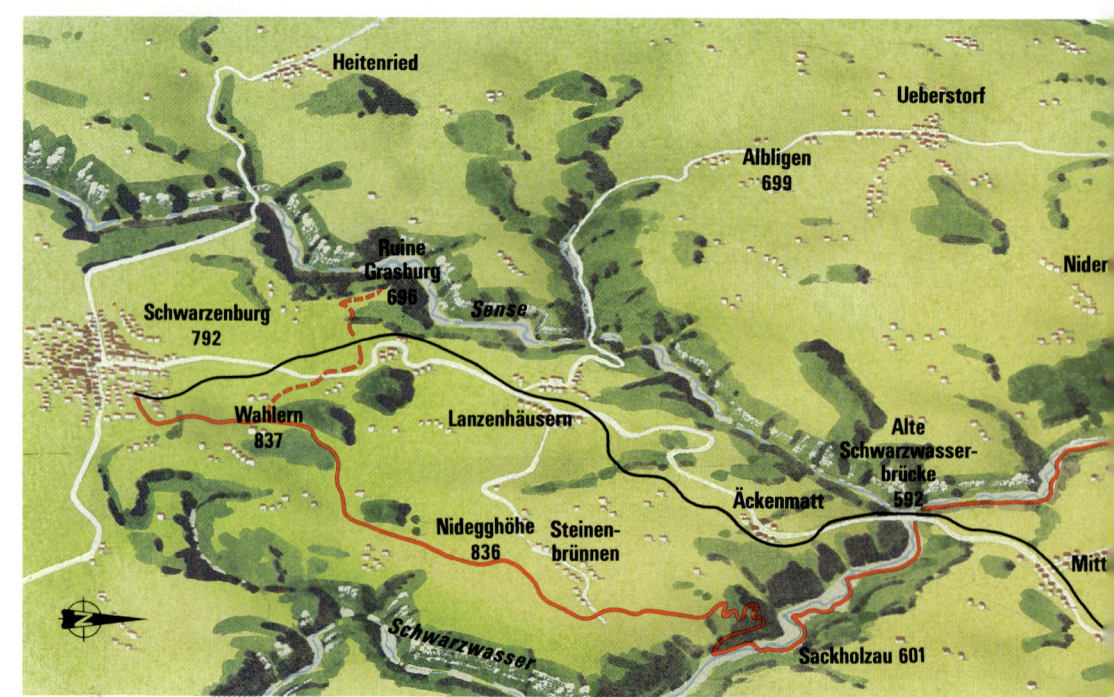

la **Schwarzwasser.** Un agréable sentier remontant le cours d'eau nous conduit à travers le ravin solitaire. La Schwarzwasser coule calmement dans l'étroit fond de la vallée et serpente d'un versant à l'autre entre prés et champs. La rivière est parsemée de buissons, des passerelles rudimentaires conduisent par-dessus les eaux qui au cours de milliers d'années se sont frayé un chemin dans les profondeurs, comme le montrent les hautes falaises rocheuses.

Ravin de la Schwarzwasser et points de vue sur les hauteurs

Le moment est venu de changer de rive et de passer sur le bord ouest de la rivière. A proximité de la ferme de **Sackholzau** nous cheminons à travers prés jusqu'à la forêt. A cet endroit commence le chemin pédestre qui grimpe en zigzag dans la pente forestière abrupte. Sur le petit chemin forestier, nous dirigeons nos pas vers la gauche et obliquons un peu plus tard à droite. Le sentier forestier monte une nouvelle fois à droite par quelques virages en pente très prononcée. Au sortir de la forêt, une bonne senteur d'herbe fraîchement fauchée nous surprend, parmi les essaims de moucherons tourbillonnants.

Nous arrivons à la ferme de Sack et par la lisière de forêt à la route asphaltée qui monte au hameau de *Nidegg*. Près de la dernière maison, le parcours emprunte un chemin de prés qui monte en droite ligne au réservoir des eaux de la **Nidegghöhe**. Le panorama circulaire est magnifique: au sud, le regard plane sur le long alignement des Préalpes bernoises et fribourgeoises et plus loin sur les «4000» de l'Oberland bernois; le haut rempart du Jura, du Weissenstein au Chasseron, ferme l'horizon au nord et à l'ouest; d'innombrables fermes et hameaux se blottissent dans la mosaïque des forêts et des pâturages entre lesquels courent les profonds ravins boisés de la Singine et de la Schwarzwasser. Plus bas, on aperçoit les belles maisons paysannes – appelées «Tätschhäuser» – du hameau de Steinenbrünnen.

La randonnée continue sur un chemin envahi par les herbes, par la ferme de *Chrummoos* jusque dans la forêt de *Gschneit* au-dessus de l'agglomération de Hellstett. A la lisière sud de la forêt, nous cheminons sur la route asphaltée en direction des fabriques proches des maisons de Ried et, plus loin, à la *Husmatt*. On atteint bientôt la «Trüllplatz» sur le rempart morainique: c'est à cet endroit qu'au 18e siècle les réfractaires à l'armée de Schwarzenburg étaient drillés militairement, douze fois par année, après le culte dominical!

Après la traversée du *Bannhölzli* nous longeons l'orée de la forêt jusqu'à la ferme de *Weidli*. On aperçoit la jolie **église de Wahlern**. L'itinéraire nous conduit sur la langue morainique puis à l'esplanade de l'église entourée de très beaux arbres. Le coup d'œil sur le pays de Schwarzenburg, sur les Préalpes et les sommets de la région du lac Noir, sur le Plateau et jusqu'au Jura est admirable.

Par le *chemin creux de l'église* escarpé nous descendons à la route qui surplombe le ruisseau jusqu'aux premières maisons de Schwarzenburg. Un chemin par le bord du ruisseau nous amène finalement à la gare de **Schwarzenburg.**

Le Pays de Schwarzenburg propose de nombreuses randonnées. Parmi les buts les plus charmants, le *Guggershörnli*, un des plus beaux points de vue du territoire bernois.

Schwarzenburg est le siège de nombreuses entreprises industrielles des branches métallique, bois, plastique, alimentation, imprimerie et électronique. La commune est connue dans le monde entier par l'émetteur à ondes courtes installé sur son sol.

 Le *Grasburg,* au nord-ouest de Schwarzenburg, est considéré comme le plus impressionnant vestige de château du canton. Au moyen-âge, c'était une puissante forteresse proche d'un gué que les Romains utilisaient déjà pour le franchissement de la Singine. Le château de Schwarzenburg a été érigé au 16e siècle pour remplacer celui du Grasburg. Le plus ancien édifice de *Schwarzenburg* est la chapelle Maria Magdalena avec son clocher conique qui semble venu d'ailleurs et son toit de bardeaux. Les ravages des guerres ont conduit à la reconstruction dans la seconde moitié du 15e siècle. L'église principale de la localité est celle de Wahlern, dont les parties les plus anciennes remontent à l'époque romane. Au chœur, on admire la voûte réticulée de style gothique tardif.

Cañons romantiques et sauvages, vestiges glaciaires: Les glaciers du Rhône et de l'Aar étreignaient il y a environ 20000 ans, un bandeau du haut plateau légèrement ondulé où les eaux se déversaient dans la puissante Singine et son affluent sauvage, la Schwarzwasser, en se taillant impétueusement un chemin dans la molasse tendre. L'érosion a donné naissance à des parois verticales où apparaissent de bizarres effritements du grès et des pentes boisées abruptes délimitant un imposant paysage à la faune et à la flore fascinantes. Les ravins de la Singine et de la Schwarzwasser sont un gîte familier des chamois, mais on peut également y observer des chauves-souris, et sur le plan botanique une flore très intéressante comportant plusieurs espèces rares.

Carte d'excursions pédestres
Berner Mittelland

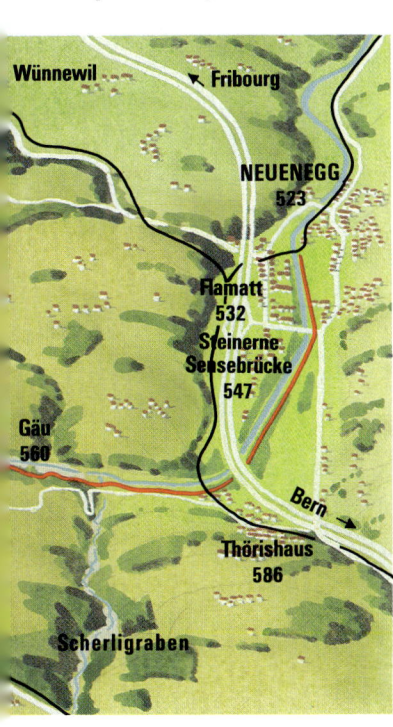

Après la chute de l'Empire carolingien, l'Üechtland passa au Royaume de Bourgogne. A cette époque, c'est-à-dire en 1025, apparaît pour la première fois le nom de Schwarzenburg sous la forme «Suirarcenburg». La construction du Grasburg, château sur un éperon rocheux dominant la Singine, à un passage stratégique important, a débuté dans la première moitié du 12e siècle. Avec la fin des Zähringen (1218), la domination bourguignonne se scinda en deux parties: l'une savoyarde (à l'ouest), l'autre kyburg-habsbourgeoise (à l'est). La région de Schwarzenburg, sur la limite, devint alors pomme de discorde entre les deux dynasties! Les ducs de Savoie se maintinrent le plus longtemps. L'an 1422, ils garantirent à Schwarzenburg le droit de tenir marché. Onze ans plus tard, les Savoyards vendirent la seigneurie de Grasburg aux villes de Berne et Fribourg. Pour les gens de Schwarzenburg commençait un interminable va-et-vient: les baillis bernois et fribourgeois alternaient tous les cinq ans. Jusqu'en 1575, ils résidaient au Grasburg avant de s'établir dans le nouveau château de Schwarzenburg. La difficile période de double souveraineté dura jusqu'à la fin de l'ancienne Confédération (1798). La région revint à Berne en 1803, la petite ville de Morat donnée en compensation à Fribourg. La cité de Schwarzenburg devint chef-lieu de district, tout en appartenant à la commune très étendue de Wahlern. Le grand village aux structures agricoles et artisanales est devenu le véritable centre économique de sa région autrefois très pauvre, grâce aussi à plusieurs industries qui s'y sont remarquablement développées pour faire de Schwarzenburg une place importante.

Magglingen–Twannbachschlucht–Biel/Bienne

La variété du paysage est le premier attrait de cette randonnée, pas trop longue et dans un terrain facile

Le parcours par les collines les plus au sud de la chaîne du Jura, les points de vue sur le lac de Bienne, sur l'Ile de St-Pierre et dans le lointain sur les Alpes, les romantiques Gorges de Douanne et le vignoble: tout est charmant au fil de cet itinéraire. Le chemin parcourt les vignes, sur les coteaux qui dominent les villages riverains: même s'il est presque complètement asphalté, il n'en est pas moins agréable. On peut aisément raccourcir la randonnée afin de prendre à Douanne ou Engelberg le bateau pour Bienne.

Route		Altitude	Temps
1	Macolin	875 m	—
2	Twannberg	868 m	1 h 35
3	Les Moulins/Gorges de Douanne	750 m	2 h
4	au-dessus de Douanne	470 m	2 h 40
5	au-dessus de Tüscherz	477 m	3 h 30
6	Vingelz/Chemin des Bourguignons	500 m	4 h 05
7	Pavillon	494 m	4 h 35
8	Bienne/Faubourg du Lac	446 m	4 h 45
9	Bienne	437 m	4 h 55

A la station du funiculaire Bienne–**Magglingen/Macolin,** nous commençons notre itinéraire direction ouest, en allant vers les bâtiments administratifs de l'Ecole fédérale de sport. On a déjà de cet endroit une magnifique vue sur la ville de Bienne et toute sa région, sur le lac et les villages de la rive sud, sur le Seeland et tout au loin sur la ligne des «4000» de la chaîne des Alpes.

Nous quittons le point de vue et choisissons l'ancien *Kurhausweg.* Le beau sentier naturel se déroule presque au plat. Le vent frémit doucement dans les cimes élevées des arbres feuillus et résineux, une bonne senteur de feuillages et d'humus nous environne. Le regard se faufile çà et là, par quelque échappée, sur la chaîne des Alpes. Près de la limite communale entre Bienne et Nidau, le chemin forestier commence tout doucement à monter. A la lisière de la forêt, nous arrivons au point le plus élevé de l'itinéraire (975 m) et sur les *Magglingermatten,* les prés de Macolin. Par un chemin carrossable, nous allons à l'ouest et obliquons à gauche après une centaine de mètres, au-dessus du saillant de la forêt. A l'orée du bois, nous cheminons vers la *Gaichtstrasse,* après quoi l'itinéraire pénètre une nouvelle fois sous bois, plein du gazouillis des pinsons, mésanges, grives, fauvettes et autres oiseaux chanteurs, surtout au printemps.

Nous passons une autre petite route et abandonnons la forêt. On voit une fois encore, au sud, les sommets alpins. Un chemin à travers les champs de dents-de-lion conduit sur les hauteurs dénudées du Twannberg et au

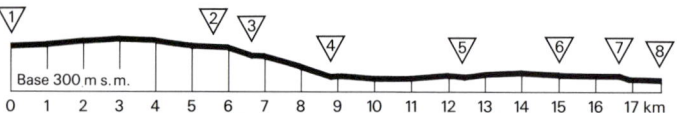

restaurant-pavillon du village de vacances du **Twannberg.** Par la place de parc, nous atteignons la lisière de la forêt. Le chemin forestier mitoyen, qui croise un chemin de débardage de bois, conduit à une voie de charrois pavée au 13ᵉ siècle, par laquelle nous atteignons la route près du lieu-dit **Les Moulins.**

Gorges romantiques à travers le vignoble du lac de Bienne

Au-dessous du rest. «Schlucht», nous descendons vers le Twannbach et franchissons le cours d'eau par une passerelle afin de pénétrer sous bois. Le sentier conduit au *chemin de débardage de bois* sur lequel nous restons pendant 300 m environ avant de descendre – en partie par un escalier – vers le ruisseau, où nous passons sur la rive gauche. Les **Gorges de Douanne** pleines de fraîcheur, se font de plus en plus étroites: nous franchissons le passage le plus exigu sur un sentier en partie taillé dans le rocher. Le ruisseau cascade et bouillonne dans les creux profonds qu'il a patiemment taillés dans la roche calcaire. On sort de la gorge au pt 478, près d'un *petit pont de béton*. A l'écart des rochers où filent parfois des lézards et où croissent quelques espèces rares d'orchidées, nous cheminons jusqu'au *«Känzeli».* Le hameau du Petit-Douanne est au-dessous de nous et juste à côté la route villageoise de Douanne bordée de vieilles maisons vigneronnes; derrière s'étagent les parchets, devant s'étale le lac et l'île de St-Pierre couverte de forêts. Les collines du Seeland moutonnent au sud et on aperçoit, dans le lointain, les cimes majestueuses des Alpes.

Nous montons un court instant le long de la route avant de bifurquer à droite, sur le chemin asphalté des vignes qui se déroule **au-dessus de Twann** (Douanne), village vigneron très connu, puis descend en pente douce à travers les coteaux. Tout au long de la pente, le regard flotte sur la baie du lac de Bienne. On aperçoit plus bas, animant le paysage, les toits du hameau de Wingreis. La rumeur de la route monte jusqu'à nous, la corne d'un bateau résonne de temps à autre par-dessus les vignes…

A la *croisée des chemins,* au-dessus du port d'Engelberg (450 m), nous obliquons à l'est, pour monter en forêt; **au-dessus de Tüscherz,** autre village vigneron, le chemin s'étire entre les vignes jusqu'au stand de tir et par un *ensellement herbeux* (502 m). Nous traversons la croisée des routes par le hameau d'Alfermée. Le parcours est parsemé de bosquets, de buissons et de vignes: les hirondelles chassent adroitement les mouches…

Nous parcourons maintenant un chemin naturel, à travers la magnifique forêt. Le **Chemin des Bourguignons,** en revanche asphalté, conduit par les maisons et villas de la terrasse de **Vingelz** et par un escalier jusque dans la forêt que nous traversons, comme aussi la zone naturelle protégée de «Felsenheide». Près du **Pavillon,** la vue est très étendue sur la baie du lac et la plage de Bienne. Par un escalier, nous descendons à la Rue des Alpes et au **Faubourg du Lac,** d'où nous suivons le balisage jaune des chemins pédestres jusqu'à la gare de **Bienne.**

Bifurcation
Gorge–Gaicht–Vingelz/Chemin des Bourguignons 1 h 40

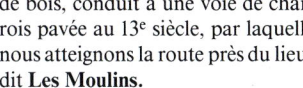

 Macolin est le siège de l'Ecole fédérale de sport. Un grand nombre de ses installations sont à disposition du public. Le centre de rencontre du Twannberg dispose également d'un ensemble sportif.

 Au-dessus des romantiques Gorges du Taubenloch, dans le parc zoologique de Bözingen/Boujean, animaux sauvages de la région.

 Le **Musée Schwab,** à *Bienne,* présente les trouvailles de la préhistoire. Le Musée Robert montre les dessins de plantes et d'animaux de la famille des peintres Robert. Le Musée Neuhaus illustre l'art de vivre au 19ᵉ siècle. La Fondation du vignoble, à *Wingreis,* est un musée de l'habitat du 17ᵉ au 19ᵉ siècles. A *Gléresse* se trouve également un Musée de la vigne.

Vigne et vin depuis la domination romaine: La population celte précédant la colonisation romaine connaissait déjà la vigne et le vin, mais l'art oriental très ancien de la culture des vignobles a été introduit seulement par les légionnaires et les gens venus de l'Italie dans la région. Au lac de Bienne, les vignes ont été implantées et développées par les nobles et par les couvents: la vigne était une propriété très convoitée! De nos jours, les coteaux sont plantés avant tout de raisin blanc, surtout de chasselas – environ 80% – et pour le vin rouge on élève et soigne uniquement le pinot noir. Photo: Gléresse.

Bienne et ses environs

Vers l'an 1200, le prince-évêque de Bâle fortifia l'emplacement et donna ainsi naissance à la ville de Bienne. La cité, bien qu'appartenant à la Principauté épiscopale de Bâle, réussit à conserver une certaine indépendance pendant presque six siècles. C'est ainsi que Bienne conclut au 14ᵉ siècle des combourgeoisies et alliances d'assistance et protection mutuelle avec Soleure et Morat. Après les Guerres de Bourgogne contre le duc Charles le Téméraire (1474–1477), Bienne fut reconnue comme territoire allié de la Confédération. Au début février 1798, les troupes françaises occupèrent la cité. Après le règne de Bonaparte, le Congrès de Vienne annexa en 1814/15 la ville de Bienne au canton de Berne, qui en fit une préfecture en 1832. C'est à peu près à cette époque que se développa dans la ville la production horlogère sur des bases industrielles, ce qui contribua du même coup à son développement de centre de voies de communications. Plusieurs autres industries – fabrication d'indiennes, manufacture de tabac, filage et tissage de coton, tirage du fer – ont été très tôt introduites à Bienne. La tréfilerie implantée à Boujean a seule survécu et s'est développée pour devenir industrie moderne, à l'image de l'industrie horlogère. La crise qui a frappé deux fois cette production ne l'a pas empêchée de devenir, derrière la métallurgie, le deuxième groupe économique biennois. Le bilinguisme biennois remonte surtout à l'arrivée massive de la population horlogère venue du Jura dans la seconde moitié du 18ᵉ siècle. Aujourd'hui, un tiers de la population biennoise parle le français.

Vermes–Mont Raimeux–Moutier

Agréable randonnée entre le canton de Jura et le Jura bernois

On prend le chemin du joli village de Vermes, à travers les forêts et pâturages jurassiens, pour monter sur les hauteurs d'où l'on découvre la cité de Moutier.

Route		Altitude	Temps
1	Vermes	566 m	—
2	L'Andoie	675 m	0 h 25
3	Les Petits Terras	885 m	1 h 10
4	Les Grands Terras	907 m	1 h 20
5	Château de Raymontpierre	938 m	1 h 35
6	Raimeux (signal)	1302 m	2 h 35
7	Raimeux de Grandval	1288 m	2 h 45
8	Raimeux de Belprahon	1089 m	3 h 15
9	pt 905	905 m	3 h 40
10	Moutier	529 m	4 h 20

Notre randonnée commence dans le vallon de la Gabiare, à la halte d'automobiles postales de **Vermes**, village très ancien puisqu'il est cité en 666 déjà dans les parchemins de l'histoire. Nous longeons la route et la rivière et, après quelques minutes de marche, nous obliquons à droite pour gravir le coteau de prés en direction du camping. Un chemin naturel, tout au long de bosquets et en lisière de forêt, nous mène à la ferme de **L'Andoie**. Peu après, nous bifurquons à droite vers une vaste clairière: le sentier étroit conduit par des prés, en ligne droite, au coin de la forêt et continue sous bois jusqu'au pt 687.8, en lisière. Le regard s'étend de cet endroit sur l'échancrure entre les collines où se faufile la Gabiare, vers le lieu-dit Tiergarten, dans le Val Terbi.

Un chemin naturel nous permet de monter vers la forêt mélangée de sapins, hêtres, chênes, érables de *Tramelbé*. Le parcours monte modérément et en nombreux lacets, par-dessus des ruisseaux cascadants, jusqu'à la lisière et sur le plat des **Petit Terras**. Un court passage sous bois nous conduit aux pâturages dégagés des **Grands Terras**, une grande ferme. A très proche distance, le **Château de Raymontpierre**. La demeure a été construite au 16e siècle, sur les domaines forestiers et de chasse de Georges Hugué de Delémont. Une chapelle de style gothique a été érigée dans les murs de la résidence, où ont séjourné les reliques de saint Germain, 1er abbé de Moutier-Grandval et de son compagnon saint Randoald. Le regard sur le paysage environnant se pose sur le Val Terbi,

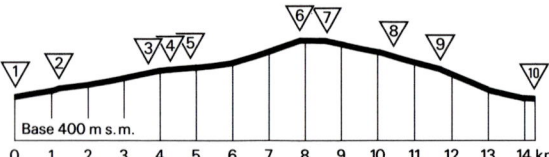

le sommet du Fringeli, les crêtes du Stierenberg et de la Hohe Winde et sur les hauteurs lontaines du Passwang.

Mais il faut quitter le beau château et choisir un chemin tourmenté qui, à la prochaine intersection, se dirige vers l'auberge de montagne *Sous Raimeux*. On aperçoit, dans la vallée, les maisons de Rebeuvelier. Après le franchissement d'un ruisseau, vers les bâtiments agricoles, nous continuons par une dépression du terrain d'où un sentier peu apparent parmi les herbes monte à la forêt: un sentier obliquant à droite conduit, en travers du coteau, à une large clairière. On a bientôt une très belle vue sur la ville de Delémont, chef-lieu du canton du Jura, et sur sa vallée. Un long passage sous bois nous amène dans le creux du *Pré des Auges*. On traverse alors les pâturages – parsemés en automne de hautes gentianes jaunes – avant de prendre à gauche le chemin escarpé qui s'engage sous bois et débouchant à la lisière supérieure, nous conduit direction ouest sur les hauteurs du **Mont-Raimeux**.

Regards au loin

A partir de là, la randonnée se déroule sans peine entre boqueteaux, jusqu'au sommet et à la tour d'observation qui se dresse sur les hauteurs: nous nous trouvons aux frontières des cantons du Jura et de Berne. La vue panoramique s'étend des hauteurs des Rangiers sur la campagne bâloise et sur les grands espaces de l'Alsace et de la Forêt-Noire.

La descente commence par un trajet vers le groupe de maisons et la ferme-auberge du **Raimeux de Grandval.** Nous passons vers le *Refuge des Amis de la Nature* et dirigeons nos pas à l'ouest. Le chemin s'incline à travers les pâturages; par un paysage parsemé de bouquets d'arbres, il oblique bientôt à gauche, pour nous permettre de traverser un rideau d'arbres et de cheminer vers le **Raimeux de Belprahon**. Le chemin qui de là descend vers la vallée est très abrupt, à travers la forêt. Au sortir du bois, nous obliquons à droite – **pt 905** – et nous arrivons vers un petit *promontoire*: la vue sur la ville de Moutier, qui nous apparaît entre les gorges et les rochers, est impressionnante. Le paysage alentour est dominé par les hauteurs de la Montagne de Moutier, du Moron et du Graitery. Par un sentier qui descend en zigzag dans la forêt, nous atteignons bientôt les premiers quartiers et la gare de **Moutier.**

Bifurcations
Raimeux de Grandval–Grandval –Belprahon–Moutier 2 h 30
Vermes–Tiergarten-Rebeuvelier–Choindez 2 h 10

Carte d'excursions pédestres
Soleure–Delémont–Porrentruy

Guide pédestre
Région de Moutier
Jura

Plantes témoins du passé: Dans les traités de botanique du moyen-âge, on parle beaucoup de plantes très connues, rarement de plantes alpestres. La grande gentiane jaune est l'exception, cette fleur qui habite les sols calcaires du Jura plissé et qui croît tout au long de la chaîne montagneuse: on la cite en 1537 déjà! Elle était certainement bien adoptée, car le médecin et botaniste Leonhart Fuchs en parle comme d'une «…véritable médecine contre tous les poisons…». La gentiane donne une eau-de-vie tirée de ses racines, dont on dit qu'elle est salutaire pour les maux d'estomac. Protégée dans le canton de Berne et dans celui du Jura – on ne peut en cueillir que quelques tiges, le contenu d'une main – elle fleurit de juin à août et dessine à l'automne une véritable décoration dans les pâturages élevés.

 Place de camping à Vermes.

 SP Moutier propose à ses hôtes une place de sport et sa belle piscine de plein air, des courts de tennis, un parcours VITA et à proximité un minigolf. Les amateurs de varappe trouveront dans les rochers qui surplombent les Gorges de Moutier et de Court des ascensions promettant tous les degrés de difficultés.

 A 7 km de Moutier, le «Siky Ranch», parc zoologique avec restaurant.

Chapelle romane de Chalière, fresques du 11ᵉ siècle, dans le style de la peinture de Reichenau. La collégiale St-Germain a été édifiée au 19ᵉ siècle, mais on a retrouvé les vestiges de murs plus anciens. Le château, actuellement préfecture de district et tribunal de district, est une construction baroque entourée de murs dont les bases remontent au moyen-âge.

 Le chef-lieu du district, Moutier, abrite des industries de renommée internationale (mécanique de précision, verrerie, micromécanique).

 On peut voir occasionnellement, au Musée jurassien des beaux-arts, une collection de peintures modernes.

Moutier

Au temps des rois francs mérovingiens, au milieu du 7ᵉ siècle, les moines de l'abbaye de Luxeuil (Vosges) reçurent donation de terres dans la vallée de la Birse. Les religieux défrichèrent ce territoire qu'ils appelèrent «Grandis Vallis», le Grand-Val, où ils bâtirent un couvent. Le premier abbé de Moutier-Grandval, Germain, fut assassiné près de Delémont par les soldats d'un duc d'Alsace. Le roi de Bourgogne Rodolphe III donna en 999 l'abbaye de Moutier-Grandval aux évêques de Bâle, ce qui marqua le commencement de leur pouvoir temporel sur la région. Le couvent devint en 1100 chapitre de chanoines. Lors de la Réformation, les chanoines se réfugièrent à Delémont où le chapitre demeura jusqu'en 1793. La Prévôté de Moutier-Grandval, signa des traités de combourgeoisie avec Bâle, Soleure, Berne. Lorsque le prince-évêque de Bâle quitta se principauté, devant l'invasion française de 1792, les Prévôtois se donnèrent une Constitution: le banneret et un conseil gouvernaient le pays, jusqu'à l'invasion française de 1797. Moutier fut annexée au canton de Berne avec toute l'ancienne Principauté épiscopale par le Congrès de Vienne, en 1815. Au cours du 20ᵉ siècle, la ville développa de nombreuses industries dont certaines ont acquis une renommée internationale. La création du canton du Jura, par le plébiscite du 23 juin 1974, a regroupé dans un nouvel Etat confédéré les trois districts de Porrentruy, Delémont et Franches-Montagnes. La ville de Moutier et son district est restée avec ceux de Courtelary et La Neuveville dans le canton de Berne.

Langenthal–Hohwacht–Huttwil

La randonnée que voici peut paraître longue, mais le terrain n'étant pas trop difficile, elle est très agréable

Le parcours se déroule par des hameaux, des forêts et des prés, des fermes au milieu de champs et de vergers. Le chemin conduit de Langenthal, centre de la Haute-Argovie, au point le plus élevé dominant les vallées de Langeten et de Rot: la Hohwacht. L'itinéraire continue par Huttwil et nous découvrons sans cesse par-dessus vallons et collines de nouveaux points de vue sur le Jura, le massif du Napf et les Alpes. On peut se mettre en route de mi-avril à fin octobre sans grand souci de ravitaillement, même le dimanche, car la Hohwacht est ouverte. Pour les groupes plus importants, il est indiqué de prendre contact au préalable au Restaurant Traube à Reisswil.

Route		Altitude	Temps
1 Langenthal	🚂 🚌	472 m	—
2 Obersand		613 m	1 h 10
3 Ghürn		648 m	1 h 50
4 Hohwacht		781 m	2 h 15
5 Oberauswil/Chappeli		685 m	3 h
6 Huttwil	🚂 🚌	638 m	3 h 50

Au départ de la gare de **Langenthal** nous gagnons la Jurastrasse, où nous longeons le trottoir élevé de la Bahnhofstrasse pour aller à la Spitalplatz et à la Melchnaustrasse. Malgré l'industrialisation et la vie trépidante, Langenthal est une jolie ville qui préserve intelligemment son caractère campagnard. Près du Restaurant Rössli, nous obliquons à droite dans l'Allmendgasse qui conduit par les calmes quartiers extérieurs en bordure sud de la cité et à l'*Alme,* l'ancienne Allmend (biens communaux). Pendant un instant, nous longeons le cours cascadant du «Schuelbächli», tout en apercevant sur la droite l'église du petit village de Lotzwil.

Nous pénétrons sous bois dans l'*Hambüelwald:* près du saillant de la forêt qui domine Lotzwil (pt 544), notre chemin croise la route avant de grimper légèrement à un embranchement où nous obliquons demi-droite, passons un chemin creux pour aboutir sous de majestueux sapins à l'intersection des chemins d'**Obersand.** Nous continuons par la droite, au large d'une cabane forestière et sur un chemin creux très pierreux, jusqu'à la lisière de forêt qui domine les fermes de *Breitacher*: on a du coin du bois une très belle vue sur le petit vallon de Busswil, sur la vallée de Rot, sur les hauteurs de l'arrière-pays lucernois et sur le Jura argovien. Nous cheminons dans la forêt toute proche, *Chuchiwald* ou *Sunnenwald;* à partir de la croisée des chemins, notre itinéraire se déroule en direction sud, à travers le «chemin creux de grès», jusqu'au col où passe la route Madiswil-Melchnau (641 m). On voit, à gauche en bas, le hameau de Rüppiswil. A l'endroit où, sous bois, la route de Madiswil commence à descendre, on aperçoit un tumulus préhistorique, colline abrupte entourée de deux fossés.

Un sentier herbeux prolonge la route et monte dans la forêt que nous traversons en peu de temps. La coupole boisée de la colline de la Hohwacht apparaît déjà, mais notre itinéraire descend en pente douce au hameau de **Ghürn,** dont les maisons paysannes sont couvertes de larges toits. A ce moment-là, à mi-chemin de notre randonnée, nous commençons la courte mais rude montée à la **Hohwacht.** De la lisière de forêt, on distingue nettement au nord la chaîne du Jura. Encore quelques pas sous bois et nous atteignons le point le plus élevé de notre excursion, entre les vallées de Langete et de Rot. Autrefois, en cas de danger, flambait à cet endroit le «Chutz», comme on appelait alors la Hohwacht (vigie élevée), pour appeler les gens aux armes. Aujourd'hui, une tour d'observation haute de 21,5 m s'élève sur cette hauteur, d'où l'on découvre un des plus beaux panoramas entre le Napf et le Jura: la vallée de l'Aar avec ses vallées adjacentes se déploie largement sous nos yeux, les hameaux, villages et villes sont blottis au creux des collines boisées, le massif jurassien s'étire au loin et on contemple au sud les Alpes majestueuses, du Säntis aux Alpes fribourgeoises. Un peu à l'écart, à gauche, apparaît le village de Reisiswil, avec ses nombreuses fermes isolées.

On arrive au sud aux maisons de la *Gmeinweid*. La petite route carrossable conduit dans la forêt étendue de *Schmidwald,* que nous quittons au

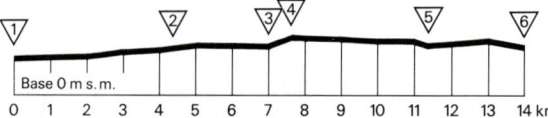

Sous les cerisiers, vue magnifique

pâturage de *Gruenholzweid*. Au coin du bois, près des fermes, nous découvrons avec enchantement une belle vue sur le massif du Napf et sur les montagnes de Suisse centrale. A peine plus loin, nous arrivons à un magnifique tilleul au-dessus du hameau de Gruenholz, et nous cheminons sur les hauteurs, à travers champs et prés. Le bourdonnement des abeilles nous tient compagnie, ce qui s'explique par la présence de nombreux cerisiers au fil du chemin;

 Au sud-est de la gare de *Langenthal* se trouve le Parc zoologique de Schorenweiher, au sud-ouest le Parc zoologique d'Hinterberg. Le finage de Langenthal est protégé. *Langenthal*, centre de foires et marchés, abrite plusieurs entreprises textiles de renommée internationale, de même que la plus ancienne manufacture de porcelaine de toute la Suisse.

 On célèbre à *Langenthal* un grand carnaval à l'ancienne mode. Au centre culturel Chrämerhus, on organise concerts, représentations théâtrales, conférences, expositions, présentation de films et lectures d'œuvres littéraires.

 Le Musée des traditions populaires de *Langenthal* propose une collection de trouvailles des périodes préhistorique et historique, des documents sur l'industrie textile dans la Haute-Argovie ainsi qu'une pharmacie de médecin de campagne du 18e siècle. Un autre musée de traditions populaires se trouve à *Huttwil*.

 Les amateurs d'architecture découvriront avec intérêt le *couvent de St-Urban*, édifice baroque de la première moitié du 18e siècle. A *Thunstetten*, on remarque un château style baroque tardif.

au printemps, la floraison ajoute encore au charme de l'endroit. Le village de Gondiswil apparaît sur la gauche, tandis qu'à droite surgissent les maisons paysannes d'Oberbusswil et plus loin, en bas dans la vallée de Langete, le village et les fabriques de Rohrbach.

L'itinéraire s'abaisse vers la croisée des chemins **Oberauswil/Chappeli** et nous atteignons la forêt en suivant une route asphaltée sur le dos de la colline. Au coin du bois, près du *Blattenberg*, nous choisissons la gauche afin d'aller par un sentier agréable à l'orée de la forêt près de l'*Huttwilerberg* (713 m). Au sud, on voit une nouvelle fois le Napf et ses collines boisées, plus loin les Alpes aux sommets étincelants de neige. L'itinéraire conduit ensuite par la droite sur le haut plateau, dans un chemin creux bordé d'arbres et sur la Hohlenstrasse, par laquelle nous descendons la pente prononcée qui aboutit à la Langete. Une courte montée par un passage souterrain nous amène finalement à la gare d'*Huttwil*.

Itinéraire secondaire
Langenthal 🚂 🚌 –Obersteckholz–Melchnau 🚂 🚌 –Gondiswil 🚌 –Huttwil 🚂 🚌 1 h 50

Bifurcation
Hohwacht–Melchnau 🚂 🚌 50 min.

Carte d'excursions pédestres
Oberaargau–Bucheggberg

Installations d'eau médiévales conservées: Les moines cisterciens du couvent de St-Urban ont aménagé au 13e siècle, de part et d'autre de la vallée de la Langete, un système étendu de canaux et d'écluses, aujourd'hui encore utilisé pour l'irrigation du sol. Les opulents «Wässermatten» – prés aux eaux – sont reconnus d'intérêt national dans l'Inventaire fédéral des paysages à protéger.

Les habitants de Langenthal maîtrisaient jadis, de manière remarquable, aussi les situations de hautes eaux: l'eau de la Langete était canalisée en pareil cas par les hauts trottoirs de la Bahnhofstrasse. La construction d'un canal avait définitivement sonné le glas de la bonne vieille méthode dont l'origine remontait à plus de 250 ans…

Langenthal et Huttwil

Les fouilles archéologiques ont montré que l'homme résidait déjà 800 à 500 ans av. J.-C. dans la région de Langenthal. Après leur victoire sur les Helvètes (58 av. J.-C.) les Romains se sont installés à cet endroit, sur l'importante route militaire de Vindonissa. Le nom de «marca Langatum» apparaît pour la première fois en l'an 861, dans un acte de donation.

C'est seulement trois siècles plus tard que le nom aux origines géographiques apparaît lié à celui de l'abbaye nouvellement fondée à St-Urban. Les liens économiques et culturels avec ce couvent ont duré six siècles, même après que les «bienveillants seigneurs de Berne» eurent repris en 1406 le landgraviat des seigneurs de Kyburg. Berne accorda déjà vers 1480 aux bouillants habitants de Langenthal le droit de tenir un marché. C'est à Langenthal qu'en 1653 les chefs de la Guerre des paysans fixèrent leur quartier général. Langenthal vécut un véritable essor économique lorsqu'en 1613 fut construite la première halle aux grains, mais n'en restait pas moins agricole. A partir de 1700, la cité devint centre de foires et de commerce; elle obtint en 1793 le rang de ville. La principale production était alors le lin. Après le raccordement à la voie ferrée Olten–Herzogenbuchsee, en 1857, d'autres industries s'implantèrent dans la localité qui devint la métropole de la Haute-Argovie. L'arrivée du chemin de fer déclencha un développement semblable dans la petite cité voisine d'Huttwil: lorsque la ligne de chemin de fer Langenthal–Huttwil–Lucerne fut ouverte au trafic, en 1889, les industries et commerces de l'endroit reçurent une forte impulsion. Par ailleurs, les Bernois furent aussi les maîtres de l'histoire à Huttwil, pendant quatre siècles. La cité leur avait été vendue en 1408 par les seigneurs de Kyburg, auxquels Huttwil était déjà revenue en 841, par héritage des ducs de Zähringen.

Burgdorf–Guetisberg–Wynigen 42

Le chemin des planètes sur les hauteurs de la vallée de Wynigen est la randonnée idéale pour les familles, une véritable aventure pour petits et grands. Le parcours parsemé de modèles des planètes du système solaire, réalisées à l'échelle et placées aux distances correspondant à leur éloignement réel, nous donne la mesure de notre petite Terre… Les chemins se déroulent dans un paysage dont la variété ajoute à cet étonnement, par la beauté et le calme de toute cette région.

Route		Altitude	Temps
1	Burgdorf	533 m	—
2	Waldeggbrügg	545 m	0 h 20
3	Binzberg/chemin planétaire	655 m	0 h 45
4	Cabane forestière Deuchelacher	695 m	1 h
5	Schlössli Egg	715 m	1 h 25
6	Guetisberg	690 m	1 h 45
7	Chänerech	570 m	2 h 10
8	Hirserenwald	655 m	2 h 25
9	Wynigen	528 m	2 h 50

De la gare de **Berthoud,** nous allons par la Poststrasse et la Gotthelfstrasse jusqu'à la Sägegasse. Près de l'Ecole Pestalozzi, nous traversons la place pour arriver, entre piscine couverte et piscine de plein air, à la digue sur l'Emme, sur laquelle nous atteignons **Waldeggbrügg.** Après le franchissement du pont, nous obliquons à droite, sur l'abrupt *Waldegghole.* A la sortie supérieure du chemin, encore sous bois, nous cheminons à gauche et en continuant de monter par le chemin de la *Binzberghole,* jusqu'au pt 653, et sur le plateau de la **Binzberg:** là commence le chemin des planètes aménagé en 1973 par la Société astronomique de Berthoud, un parcours qui nous révélera jusqu'à Wynigen l'échelle des distances entre les astres de notre système solaire.

Planètes au bord du chemin

La randonnée nous conduit en effet à travers l'univers, en commençant par un modèle du Soleil, que nous rencontrons au-dessus de Berthoud, jusqu'à Pluton, la planète qui en est la plus éloignée. A une centaine de mètres déjà, nous avons traversé tout l'espace dans lequel gravitent les planètes les plus proches, de Vénus à Mars. Une grande surprise nous attend alors dans le cercle plus éloigné: les distances se mesurent bientôt en kilomètres! La découverte, dans cette représentation de l'espace, des prochaines planètes, donne des ailes, surtout aux enfants: on ne les sent jamais fatigués, tout au long de la randonnée… Pour toute la famille, c'est une véritable aventure que cette simulation des distances, les énormes différences de volume entre planètes et soleil, ce qui ne manque pas de donner libre champ à la conversation… céleste!

Passé la ferme de Binzberg, nous traversons une forêt, au cœur de laquelle, peu avant la **cabane forestière de Deuchelacher,** nous rencontrons Jupiter. Le chemin s'étire bientôt dans la région des collines, très varié, tantôt sous bois, tantôt à la lisière sud-est de la forêt.

A proximité d'*Ober Rüüglen,* nous trouvons Saturne avec ses anneaux. La vue sur la partie inférieure du Plateau suisse, le Jura et les Alpes, est particulièrement saisissante le long du parcours suivant, par *Egg,* où nous apercevons Uranus, la troisième grande planète.

A l'intersection des chemins près de l'école de *Kaltacker,* le parcours continue par la gauche sur une route qui, pendant un cours instant, est relativement exposée au trafic, et plus loin sur une route asphaltée, à droite, pour descendre au hameau de **Guetisberg.** Près d'un grenier peint, nous devons choisir la route goudronnée qui se déroule à travers les pentes douces, au nord, à travers un paysage de cultures. Lorsque nous rencontrons des bifurcations, il faut se tenir dans la règle au chemin de droite, et après *Guetisberg* à gauche, pour atteindre la ferme de *Rutschiweid* et l'image de la planète Neptune.

Par un chemin champêtre qui prend naissance sur la gauche, nous descendons le long de la lisière de forêt dans l'idyllique vallon fleuri du **Chä-**

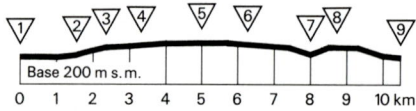

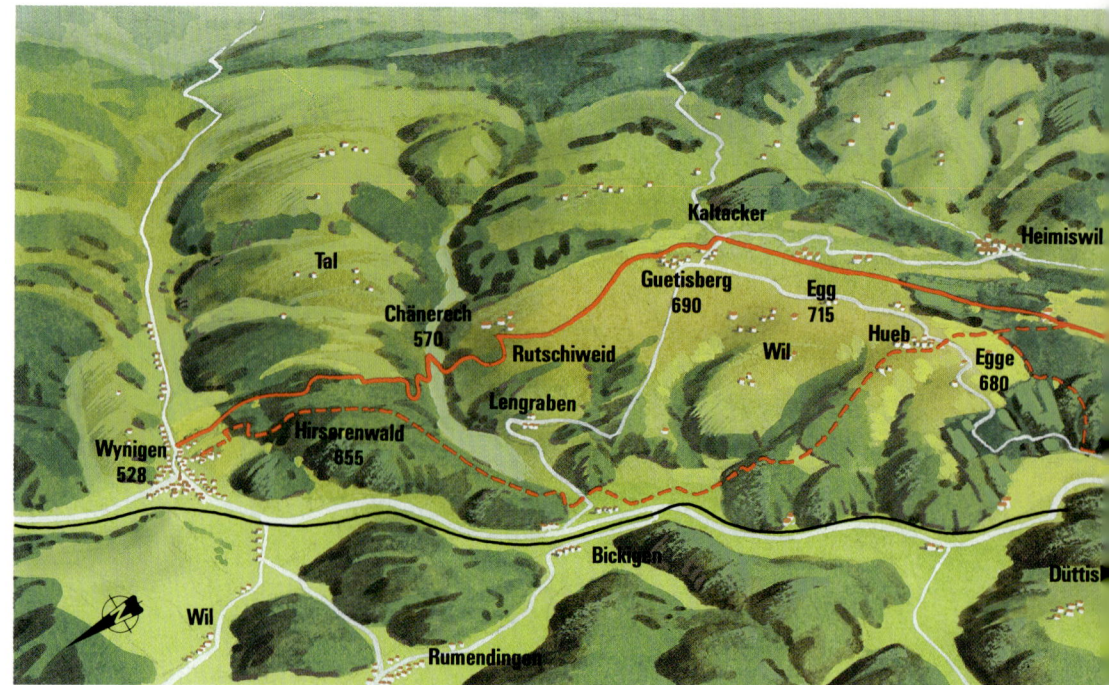

nerechbach. Lorsque nous avons atteint la pente opposée, nous cheminons en biais, sur notre gauche en pénétrant sous bois. La solitude de la Rutschiweid à la nature inaltérée laisse à peine deviner que nous sommes tout proches de Wynigen, sur une des principales voies ferrées du pays. La route, longeant la bordure sud de la forêt appelée **Hirserenwald,** nous conduit à droite sur les hauteurs, à un croisement où un étroit chemin se glisse dans la forêt pour déboucher à la lisière est sur l'itinéraire balisé Wynigen–Lueg. Une curiosité attire sous bois notre regard: quelques arbres gigantesques, originaires de Californie, qu'on ne trouve habituellement que dans les parcs et jardins botaniques de régions au climat plus favorable. Le chemin creux inégal nous amène finalement à la lisière inférieure, par le *Wyniholz.* On découvre, de ce côté-là du ravin de Chappelen, le point de vue très fréquenté d'Oberbüelchnubel. Aux premières maisons de Wynigen apparaît Pluton, l'astre le plus éloigné du soleil sur le chemin planétaire que nous avons parcouru. Par la Luegstrasse, on rejoint vers le Restaurant Linde la route de **Wynigen,** et en passant près de la coquette église, nous arrivons à la gare.

Retour

La route que voici est recommandée, pour qui veut revenir au point de départ de Berthoud par un itinéraire qui se déroule à plus basse altitude: Wynigen –Point de vue «Jumpferenblick» au-dessus de Wynigen–Bickingen–Matten–Hueb–Egge–chemin de Leuen dans la vallée en descendant à Summerhus–Wynigenbrügg–Berthoud 2 h 35

 Berthoud est cité pour la première fois en 1175, date à laquelle est mentionné le château construit par les ducs de Zähringen, résidence principale du bailli bourguignon. C'est une des plus anciennes constructions de briques de Suisse. L'église de la deuxième moitié du 15e siècle mérite aussi attention: le jubé de 1511/12 compte parmi les œuvres de style gothique tardif les plus précieuses de l'art des tailleurs de pierre. L'église de *Wynigen,* qui date du début du 16e siècle, a été restaurée et transformée en 1671. Le clocher, avec son célèbre pignon à volutes, remonte à 1620. A l'intérieur du sanctuaire, on peut admirer le plafond à listeaux de style gothique tardif, ainsi que la chaire, les fonts baptismaux (1671) et les vitraux baroques.

 Le château de *Berthoud* abrite la collection d'histoire locale de la Société des chevaliers. Près de l'Hôtel de ville, un autre musée présente une collection du folklore populaire.

La vue sur la ville de *Berthoud* est considérée comme une des plus belles du canton. Le château qui du haut de son éperon rocheux domine la cité, la vieille ville dans la dépression de terrain entre château et église, les cimes de la Gysnaufluh, au pied desquelles coule l'Emme: image superbe!

Vallée glaciaire entre Berthoud et Wynigen: Aux temps lointains des glaciations, une grande partie du Plateau suisse était recouverte par les glaciers géants. Lorsque survint la fonte des énormes étendues de glace, de puissants courants d'eau s'écoulèrent en direction nord-est. Mais comme la sortie de la vallée de l'Aar était obstruée entre Gurten et Grauholz par le glacier du Rhône, les eaux provenant de la fonte du glacier de l'Aar furent contraintes de se frayer un autre chemin; le cours des eaux se répandit entre Bantiger et Wägesse, entre ce dernier point et la Blasenfluh ainsi qu'au sud en descendant vers la vallée de l'Emme. Le déferlement donna alors naissance à plusieurs vallées larges et profondes, telles que le Lindental, le Bigetal et le Chisetal supérieur. Le glacier du Rhône bloquant également la partie inférieure de la vallée de l'Emme, il se forma à cet endroit un grand lac dont s'écoula un courant en bordure du glacier du Rhône, vidant du même coup une large vallée qui descend de Berthoud à Langenthal et dans laquelle, aujourd'hui encore, sur de larges distances, ne coule aucun cours d'eau: une «vallée glaciaire sèche».

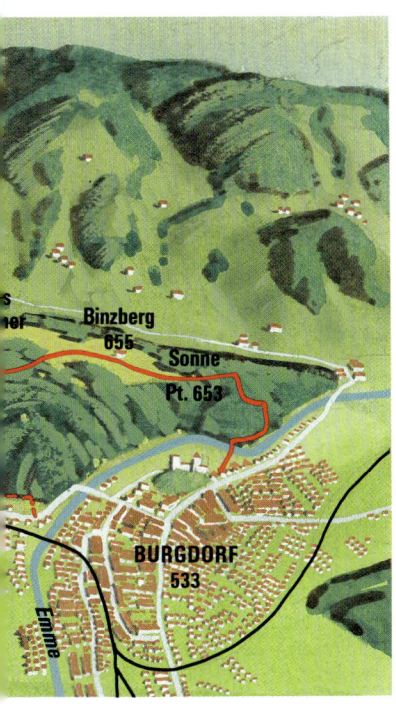

D'une planète à l'autre

La Société astronomique de Berthoud a aménagé en 1973 le chemin des planètes qui se déroule entre Berthoud et Wynigen. Le parcours de 6 km environ propose ainsi une approche facilement compréhensible des grandeurs et distances de notre système solaire. Le soleil et les planètes sont représentés à l'échelle 1:1 milliard. La série céleste commence sur le Binzberg, avec le Soleil, dont le diamètre atteint 1,4 m. La différence de taille avec Mercure, Vénus, la Terre et Mars – avant la Binzberg – est étonnante: petites sphères minuscules... Près de la cabane forestière de Deuchelacher, respectivement près de la ferme d'Ober Rüüglen, voici Saturne et Jupiter, dix à douze fois plus grandes. On découvre Uranus près d'Egg, Neptune dans le pâturage de Rutschiweid, et sur les hauteurs de Wynigen apparaît Pluton.

Les séquoias de la forêt d'Hirseren

La terre d'origine des gigantesques arbres-mammouths dont on rencontre quelques exemplaires dans la forêt d'Hirseren est la côte nord-américaine, plus précisément la Californie. Le Parc national Sequoia, dans les montagnes de la Sierra Nevada contient des aires forestières dans lesquelles ces géants de la nature sont protégés depuis 1890. Sur ces terres, ils atteignent 85 m et un âge qui s'approche des 4000 ans... Les séquoias de la forêt d'Hirseren – comme aussi ceux de la forêt de Rüschboden entre Bäriswil et Krauchthal – sont plus jeunes et plus petits: on a mesuré en 1977 une hauteur de 55 m, ce qui correspond à un âge approximatif de 100 ans. L'origine de ces colosses dans cette région s'explique semble-t-il par une mode du siècle passé: on aimait ramener des graines et plantes des pays lointains et les transplanter sous nos latitudes.

Langnau i. E.–Rämis–Lüderenalp

Route	Altitude	Temps
1 Langnau i. E.	673 m	–
2 Dorfberg	800 m	0 h 25
3 Hohgrat	940 m	1 h 05
4 Egg	1024 m	1 h 30
5 Rämis	1095 m	2 h
6 Point de vue Rafrüti	1202 m	2 h 20
7 Lüderenalp	1144 m	2 h 35

Facile et pas trop longue: c'est la caractéristique de cette ascension. La randonnée conduit par des prés ensoleillés, de belles maisons paysannes et quelques fermes, sur les hauteurs du Hohgrat et du Rämisgrat, et par ce parcours de collines à la ferme d'Ober Rafrüti: on y découvre un des plus beaux points de vue sur la région du Napf. L'itinéraire se prolonge plus loin à la maison de cure de la Lüderenalp. On observe à chaque pas une flore et une faune variées, en se réjouissant de n'avoir pas oublié les jumelles qui rendent plus intéressante encore la découverte. La montée, très courte, est la randonnée idéale pour une demi-journée, même si par endroits le parcours se déroule sur des routes asphaltées.

Dès l'instant où nous laissons derrière nous la gare de **Langnau** pour monter par la Marktgasse jusqu'à la Bärenplatz, les belles maisons aux fenêtres fleuries nous donnent une sympathique image du village. Nous continuons entre l'auberge cossue «Bären» et la «Chüechlihus» aux teintes brun foncé pour longer la Dorfbergstrasse: elle conduit à la cure et à l'hôpital pour monter ensuite vers un groupe de superbes chênes. Au bout du parcours escarpé, nous choisissons le chemin carrossable étroit pour aller, sur la droite, jusqu'à la prochaine maison, où nous obliquons à gauche. Le chemin pédestre nous mène, en montant de nouveau, à la route asphaltée et jusque sur le **Dorfberg**. Par une pente douce, nous parvenons dans une grande courbe d'abord à la ferme inférieure du Dorfberg, puis par un monticule à la ferme supérieure, brunie par les intempéries (853 m). Tout près de là, nous pénétrons dans la forêt, pleine de bruissements: frémissement des feuilles dans le vent, craquement des branches, bourdonnement des insectes, gazouillis des oiseaux, passage furtif des chevreuils ou des renards qu'on a peine à deviner. Le chemin monte de manière abrupte dans la pente escarpée, jusqu'à la crête. Par un incessant va-et-vient, il nous conduit dans l'angle de la forêt au-dessus des fermes d'*Unter-Langenegg*. Les courtes montées sont parfois rudes… Nous obliquons à droite, sur le large chemin à l'orée du bois. Après quelques pas, le sentier étroit s'écarte vers la clairière élevée et intime du *Höch Hohgrat*. On redescend à peine, de cet endroit, dans le vallonnement des collines vers *la forêt du Hochgrat*, où le chemin venant d'Unter-Langenegg rejoint notre itinéraire. Le par-

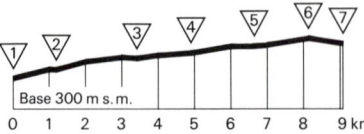

cours s'étire, légèrement descendant sur la croupe montagneuse, jusqu'au sortir de la forêt, près de la ferme **Hohgrat**. A gauche, nous jetons un regard sur le ravin d'Oberfrittenbach, à droite sur celui de Gohl. On aperçoit, çà et là dans les pentes, une ferme avenante où habitation, écuries et granges sont étroitement rassemblées sous un vaste toit à quatre pans, tout proche le grenier richement décoré, et un peu à l'écart le «Stöckli» (petite maison en bois pour les parents qui ont pris leur retraite).

Par la route, nous parvenons sur les hauteurs. Aux premiers arbres, nous montons à droite sur un chemin raboteux qui grimpe vers la forêt (984 m) et nous arrivons bientôt une nouvelle fois sur le chemin asphalté. Le parcours abandonne la forêt pour mener à la ferme de *Chammeren*. Peu avant le bâtiment, le chemin champêtre monte à l'orée du bois, au sommet de la colline, et coupe le grand virage décrit par la route: c'est par lui que nous allons ensuite aux fermes d'*Egg*. Plus loin, toujours en suivant à notre gauche le chemin carrossable, nous allons encore vers la forêt: on marche alors en ligne droite et en montant, pour atteindre l'appentis en bois puis, comme sur un véritable tapis, nous longeons la lisière. Dès que nous pénétrons sous la ramée, notre sentier monte à droite et nous parvenons par un chemin creux et escarpé sur une large côte boisée. Un chemin agréable s'incline vers la sortie du bois et vers la route asphaltée qui prend fin près de la ferme d'*Ober Rämis*. A partir de là, nous n'avons plus qu'un étroit sentier pour grimper à flanc de colline. A l'endroit où il décrit un arc de cercle, nous apercevons au loin la maison de cure de la Lüderenalp.

Panorama de collines et vallons: cinq étoiles!

Par un chemin plat, nous allons à la forêt que nous traversons en quelques minutes: le chemin serpente sur l'Egg, la crête de la colline, jusqu'à la *Chüenihüttli*, à moitié cachée derrière un mamelon herbeux. Les vaches nous dévisagent curieusement, au milieu des fleurs et herbes odorantes qui parsèment les pacages. Le chemin charretier conduit le long de la forêt et monte en biais à droite par des crêtes ensoleillées jusqu'à la ferme de montagne d'*Ober Rafrüti*. La crête herbue et venteuse nous amène bientôt à l'altitude de 1202 m, point culminant de notre randonnée.

A l'ombre d'un petit groupe d'arbres, on trouve une place de repos. La vue alentour est merveilleuse, interrompue à l'est seulement par la forêt. Au nord et à l'ouest on découvre ondulations, chaînes de collines et vallonnements, forêts, prés et champs sur les hauteurs du Jura. Le sud nous dévoile les parois et créneaux calcaires de la Schrattenflue et du Hohgant, derrière lesquels les «4000» de l'Oberland bernois couronnent cet impressionnant panorama.

Au départ du point de vue, nous allons par un portillon jusqu'à la forêt pour arriver, sur le haut de la colline, à un vaste pré qui domine le *Kobelhüttli*. L'étroit sentier s'étire en descendant dans la pente jusqu'à une petite route qui conduit à la maison de cure toute proche de la **Lüderenalp**.

Descentes
Lüderenalp 🚌–Rämis–Langnau 🚶‍♂️🚌 2 h 30
Lüderenalp 🚌–Dürsrüti–Langnau 🚶‍♂️🚌 3 h
Lüderenalp 🚌–Gmünden 🚌 40 min.

Carte d'excursions pédestres
Emmental-Napf-Entlebuch

Guide pédestre
Emmental

Exploitation forestière systématique: Les forêts jardinées sont constamment entretenues et soignées, de telle sorte qu'elles ont toujours plusieurs étages de végétation. Les résineux dominent: épicéas (sapins rouges) dans des endroits secs bien exposés au soleil, sapins (sapins argentés) plutôt dans les profondeurs ombragées; le hêtre croît également dans ces régions, mais en quantité contenue par l'économie forestière. On découvre également, plus dispersés, d'autres résineux comme le pin et le mélèze.

SP Langnau dispose d'une piscine couverte et d'une piscine chauffée, de même que d'un court de tennis. L'Emme et l'Ilfis sont des cours d'eau très appréciés des pêcheurs.

 La région de randonnées proche de Langnau abrite, dans la réserve naturelle de Dürsrüti, les plus hauts et plus forts sapins d'Europe.

 L'Emmental est tout imprégné de riches traditions paysannes. Les joueurs de hornuss se retrouvent presque chaque dimanche pour pratiquer ce jeu ancestral. L'événement de l'année, pour les paysans emmentalois, est la foire et l'exposition de bestiaux. La «Lüderenchilbi», fête populaire qui se déroule le deuxième dimanche d'août, voit s'affronter lutteurs, joueurs de cor des Alpes et lanceurs de drapeaux, dans une ambiance de danses populaires folkloriques et au hasard du «Zwirbele», la roue de la fortune. A *Lützelflüh*, le «Kulturmühle» – centre culturel – propose des animations dans ses murs anciens.

Langnau

On n'a découvert nulle trace de chasseurs de l'âge de pierre, d'hommes ou d'ours des cavernes dans la région qui s'étend entre le Hohgant et Bätterkinden, Huttwil et Worb. Quelques trouvailles – pointes de flèches, fers de lance, haches – remontent aux années 1600 à 1000 av. J.-C., autrement dit à l'âge du bronze. Les Celtes furent les premiers à travailler l'or, métal plus noble, dans la région du Napf, mais sans qu'on en découvre jamais la trace! La culture romaine, elle non plus, n'a pas laissé de témoins dans ce «désert helvétique». C'est seulement après l'époque des grandes migrations, à partir du 7e siècle ap. J.-C., que les Alamans défrichèrent progressivement la vallée de l'Emme. Le nom «langenouwa» – aux origines de Langnau – surgit en l'an 850 de la nuit des temps, mais c'est aux 13e et 14e siècles seulement que sont cités, dans les documents historiques, les seigneurs de Langnau, comme féaux des Kyburg. A la fin du 14e siècle, l'Emmental passa aux mains de Berne, par protections, contrats de vente ou conquêtes. Les Bernois occupèrent Langnau en 1386. Les habitants du lieu n'étaient pas toujours sujets dociles: en 1653, ils marchèrent sur Berne. La guerre des paysans ne prit fin qu'après trois mois et les gens de Langnau devaient rendre hommage à leurs maîtres «mit gebogenen Knüwen», en fléchissant le genou. Cent ans plus tard, les «seigneurs et gens de qualité» se pressaient en foule au Dorfberg, près de Langnau: là vivait et exerçait son art «Schärer-Micheli», le Dr Michael Schüpbach (1707–1781). On n'appréciait pas seulement les médications du «docteur-miracle», mais aussi le «Chacheligschirr», la vaisselle, la poterie ainsi que les tissages renommés de Langnau. Aujourd'hui encore, ces produits de la région sont proposés sur les foires de Langnau, qui depuis le moyen-âge sont un événement fermement ancré dans les coutumes de l'Emmental.

Escholzmatt–Napf–Menzberg

Route		Altitude	Temps
1	Escholzmatt	852 m	—
2	Wittenschwändi	1115 m	1 h 15
3	Chrüzboden	1155 m	1 h 55
4	Champechnubel	1261 m	2 h 25
5	Stächelegg	1300 m	3 h 30
6	Napf	1407 m	4 h
7	Stächelegg	1300 m	4 h 15
8	Gmeinalp	1012 m	5 h
9	Menzberg	1016 m	6 h

Au cours de cette randonnée par les crêtes et les profondes vallées, les «Chrächen», comme on les appelle dans l'Entlebuch, nous découvrons le paysage typique du Napf, avec ses alpages escarpés, le plus souvent difficiles à cultiver, et à grands frais. L'excursion exige un peu d'endurance, largement récompensée par la superbe vue panoramique.

Au départ de la gare d'**Escholzmatt**, nous suivons sur environ 200 m la Bahnhofstrasse, en direction nord, avant de la traverser pour arriver à Althus. Peu après l'élevage de volailles, un chemin s'écarte à droite, à travers champs, en direction de Schwandacher. A cet endroit, nous obliquons vers le Ballenbachtal, en suivant la route carrossable jusqu'à Rütihus. Là, nous escaladons à droite le Wolfsgraben, pour monter vers Arboden. Une petite pause nous permet de jouir de la vue sur le Beichlen, tout proche, sur l'autre versant de la vallée, et tout au fond sur le Wis Emmental. Toujours en direction nord, nous continuons en passant non loin de la ferme de Schwändili, jusqu'à une autre ferme de belle apparence, **Wittenschwändi** sise sur une hauteur dégagée. Par les pâturages et les forêts bruissantes, nous arrivons à Hinter Brandsegg. Sur terrain plat, tout d'abord, puis à travers le bois qui s'élève lentement, on atteint l'arête, au pt 1139. Sur ce contrefort du Napf, nous rejoignons **Chrüzboden**, par de légers vallonnements. Nous longeons le chemin qui se déroule d'abord en terrain découvert, puis sur 1,3 km à travers la forêt, pour aboutir enfin, par une montée plutôt rude, à **Champechnubel**.

Profondes vallées, fameux coups d'œil

Le chemin de randonnée se déroule une vingtaine de mètres sous le point de vue: il vaut donc la peine de s'en écarter légèrement, pour découvrir un panorama qui, à coup sûr, dépasse toute attente! Le regard s'étend du Pilate au Hohgant et aux Alpes, et côté nord jusqu'à la chaîne du Jura. On monte ensuite, sans grand effort, vers Hängelenflue et plus loin à **Stächelegg**. Avant de poursuivre l'excursion en direction nord, prenons le temps d'un détour au point le plus élevé de la randonnée, le **Napf**, qui rivalise sans peine avec le célèbre Rigi, comme point de vue sur le Plateau suisse. La situation idéale nous dévoile par temps clair une vue unique du Säntis sur la Chaîne des Alpes et dans le lointain, par-dessus les hauteurs du Jura, jusqu'à la Forêt Noire dont le trait sombre ferme l'horizon. Le tableau d'orientation permet de découvrir en détail tout le panorama.

Après une halte à l'auberge de montagne, ou à ses abords, nous revenons en direction de **Stächelegg**. Nous choisissons alors le chemin de gauche, qui se prolonge au-dessus de la paroi rocheuse d'où nous jetons un regard admiratif sur le large pan de pierre qui plonge vers le fameux Enziloch, tout entouré de légendes, la région des sources des Kleine Fontannen. Le sentier forestier escarpé mais bien marqué descend vers Chrotthütten et **Gmeinalp**. A partir de cet endroit, nous cheminons sur une route de transport jusqu'à Ober Waldegg et Oberlehn. A courte distance, nous atteignons l'idyllique village de montagne de **Menzberg**. On rejoint Menznau par automobile

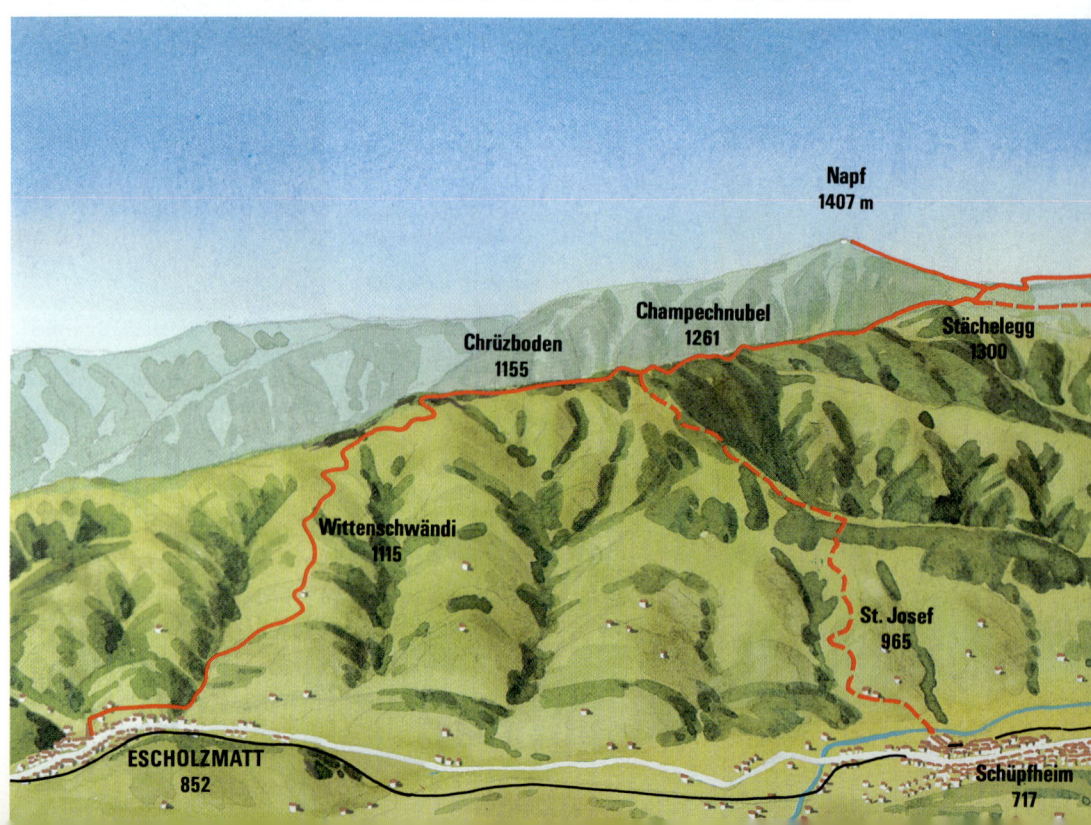

postale et, en chemin de fer par Wolhusen, on revient à volonté à Escholzmatt, point de départ de notre randonnée.

Bifurcation
On peut entreprendre une agréable excursion, à partir de Champechnubel, à travers des prés odorants et par de jolies fermes, jusqu'au chef-lieu du district d'Entlebuch: Champechnubel–St. Josef–Schüpfheim 🚌 2 h 10

 L'Hôtel au Napf est ouvert toute l'année (hiver sur demande). La possibilité d'hébergement comporte 28 lits et un cantonnement.

 Le Musée des traditions populaires d'Entlebuch est aménagé dans l'Ecole d'agriculture de *Schüpfheim*. On y découvre une intéressante présentation de la vie des anciens habitants de la région. Les heures d'ouverture sont très limitées; on peut prendre rendez-vous pour visites de groupes.

 L'église de *Schüpfheim* est un chef-d'œuvre d'architecture néo-classique. A *Entlebuch*, l'église paroissiale St-Martin nous découvre l'exemple de sanctuaires campagnards du genre baroque Singer-Purtschert. Les frères Putschert étaient des bâtisseurs d'églises venus du Vorarlberg.

 Harmonie parfaite: Les profondes vallées et les pentes escarpées du Napf sont couvertes de forêts. Sur les replats sont disséminées des habitations éparses et, sur les larges terrains bordant la vallée, les grands villages.

 En été et en automne, quelques colonnes de fumée montent vers le ciel, p.ex. à Finsteregg et à Drachslis: ce sont les derniers vestiges d'une industrie qui disparaît dans le Napf, les meules à charbon de bois. On comptait encore, en 1850, plus de cent feux de charbonniers dans la seule commune de Romoos.

On peut faire diversion en cheminant par des crêtes, des ravins, des alpages aérés et des forêts bruissantes en direction de l'Entlebuch: Napf–Holzwegen–Romoos–Habschwanden–Entlebuch 🚌 3 h 30

Cartes d'excursions pédestres
Emmental–Napf–Entlebuch
Canton de Lucerne

Guide pédestre
Entlebuch

Le Napf: Les profondes vallées échancrées en V du Napf, les hauteurs étroites et allongées montrent que toute la région a été formée exclusivement par l'érosion due au ruissellement des eaux, sans aucun aplanissement par les glaciers, à l'ère des glaciations, comme c'est le plus souvent le cas sur le Plateau suisse. Les hauteurs sont exposées à tous les vents, aux orages fréquents et violents, souvent accompagnés de grêle et de très fortes précipitations.

Le Napf est formé par la molasse d'eau douce: elle est pour la majeure partie composée d'éboulis qui ont été roulés, à l'ère tertiaire, de la région alpine. L'embouchure d'un grand fleuve se trouvait probablement dans la région, car à cet endroit les couches de molasse atteignent une épaisseur supérieure à 1000 mètres. Des éboulis gros et durs ont été agglomérés par un liant calcaire, comme par du béton, pour former la nagelfluh, qui par endroits constitue de hautes falaises presque verticales.

Escholzmatt

Le village d'Escholzmatt est situé dans la partie supérieure du district d'Entlebuch, au confluent de la Grande Emme et de la Petite Emme. Le monument le plus intéressant est l'église paroissiale de St-Jakob, une des plus significatives de l'art néo-gothique en Suisse. On admire particulièrement, dans la façade principale, sa merveilleuse rosace, vitrail richement coloré.

Repères historiques:
1478 Lors de la querelle pour le partage du butin bourguignon, les Obwaldiens ameutèrent l'Entlebuch contre Lucerne. Peter Amstalden, aubergiste à Escholzmatt, meneur des habitants d'Entlebuch dans les guerres de Bourgogne, fut amené à Lucerne, condamné et décapité. Un des caractères des gens de l'Entlebuch semble lié aujourd'hui encore, comme le cite un livre du patrimoine régional, à cet événement: «C'est un peuple robuste, résistant, opiniâtre, vif, plus proche des gens d'Unterwald que de ceux de Lucerne, espiègle, railleur, avec un sens très aigu de la liberté d'esprit.»
1653 Guerre des paysans. Les meneurs de l'Entlebuch étaient le banneret Hans Emmenegger, de Schüpfheim, et Christian Schibi, d'Escholzmatt. Leur monument se dresse sur la place du village.
1871 Lors du désarmement et de l'internement de l'armée française du général Bourbaki, aux Verrières (NE), le bataillon 66, formé dans l'Entlebuch, était présent, avec des soldats d'Escholzmatt.
1875 Ouverture au trafic de la voie ferrée Langnau–Lucerne. La manifestation la plus vivace de la vie de société, très active dans la région, est l'*Amts- und Wyberschiesset*, fête de tir qui se déroule par turnus de trois ans entre Entlebuch, Schüpfheim et Escholzmatt, un tir auquel participent les femmes.

Une randonnée circulaire aux paysages très divers: passage de la zone parsemée de maisons de vacances aux alpages où pâturent les troupeaux de vaches, vers les pentes pierreuses à maigre végétation où paissent des chèvres et des moutons, jusque sur les hauteurs rocheuses. On observe une flore riche et des animaux d'altitude peu craintifs, tout en jouissant des beautés d'un parcours agréable et d'une vue panoramique inoubliable.

Sörenberg–Arnihaaggen–Schönbüel–Sörenberg

Route		Altitude	Temps
1	Sörenberg 🚌	1159 m	—
2	Schönenboden 🚡	1265 m	0 h 50
3	Stafel	1467 m	1 h 25
4	Eiseesattel	2025 m	3 h 10
5	Arnihaaggen	2207 m	3 h 45
6	Schönbüel 🚡	2011 m	4 h 35
7	Biet	2056 m	4 h 55
8	Heidenboden	1800 m	5 h 25
9	Jänzimatt	1637 m	5 h 55
10	Schönenboden 🚡	1229 m	6 h 55
11	Sörenberg 🚌	1159 m	7 h 40

Le point de départ de cette magnifique randonnée par les alpages et en montagne est le village de vacances et station de sports bien connue de **Sörenberg.** Par un chemin de promenade bien commode, sur la rive gauche de l'Emme, nous nous approchons sans peine de l'imposante chaîne du Rothorn. Peu après la ferme de *Witmoos,* nous empruntons un court instant la route asphaltée. Au bout du virage, nous choisissons à droite un chemin légèrement montant qui conduit à la station inférieure du LSBR à **Schönenboden.** Pour atteindre la crête, nous prenons la montée conduisant à Eisee, en nous écartant de la station direction sud-est. Le chemin conduit en pente modérée à travers les pâturages pour nous amener, un peu plus haut, à travers la forêt, jusqu'à l'alpage de **Stafel:** nous continuons, en montant au sud, vers la loge à bétail de *Stäfeli.*

Chamois, bouquetins et marmottes

Le terrain se fait maintenant plus pierreux. Par temps favorable, on découvre avec un peu d'attention des chamois paissant ou se reposant, et parfois même des bouquetins qui, du haut des parois rocheuses, semblent épier les alentours! Le cri strident des marmottes en éveil retentit de temps à autre dans le silence de la montagne. Nous cheminons à même les parois rocheuses pour voir bientôt surgir, sur un replat, le calme petit lac d'*Eisee.* Un peu plus haut à droite, un restaurant de montagne nous invite à une halte agréable, le temps de découvrir au sud, à peine au-dessus de ce petit plan d'eau, l'**Eiseesattel.** L'indicateur nous désigne la direction est, vers **Arnihaaggen:** le sentier abrupt, mais totalement sans danger par temps sec, assuré par des cordages à divers endroits, nous amène au sommet. Le panorama qu'on découvre de ces hauteurs est exceptionnel.

Plus bas, en marchant direction est, nous atteignons *Zwischenegg,* et en continuant dans le même sens, nous parvenons sans grande différence d'altitude sur une terrasse où se trouve le point de vue connu de **Schönbüel.** Un moment de répit s'impose, pour se rafraîchir quelque peu, mais surtout pour apprécier l'univers montagneux environnant. Les sonnailles des troupeaux nous tiennent compagnie, tout au long du large chemin alpestre qui se déroule à travers le creux par lequel nous remontons au **Biet** (2056 m), et au-dessus de nous le Höch Gumme et l'Arnifirst. Lorsque nous quittons la petite crête, nous longeons le chemin qui à gauche descend dans la pente. Au-dessous d'un banc rocheux et des Stellenen, nous arrivons au **Heidenboden.**

A l'endroit où nous passons sous la ligne à haute tension, nous voyons devant nous les parois abruptes de la Rossflue et à gauche en bas les caba-

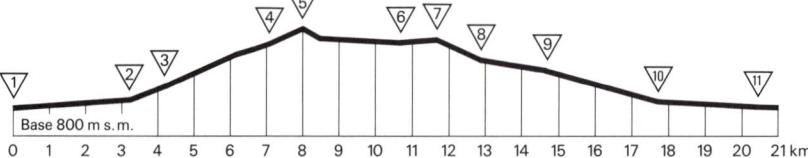

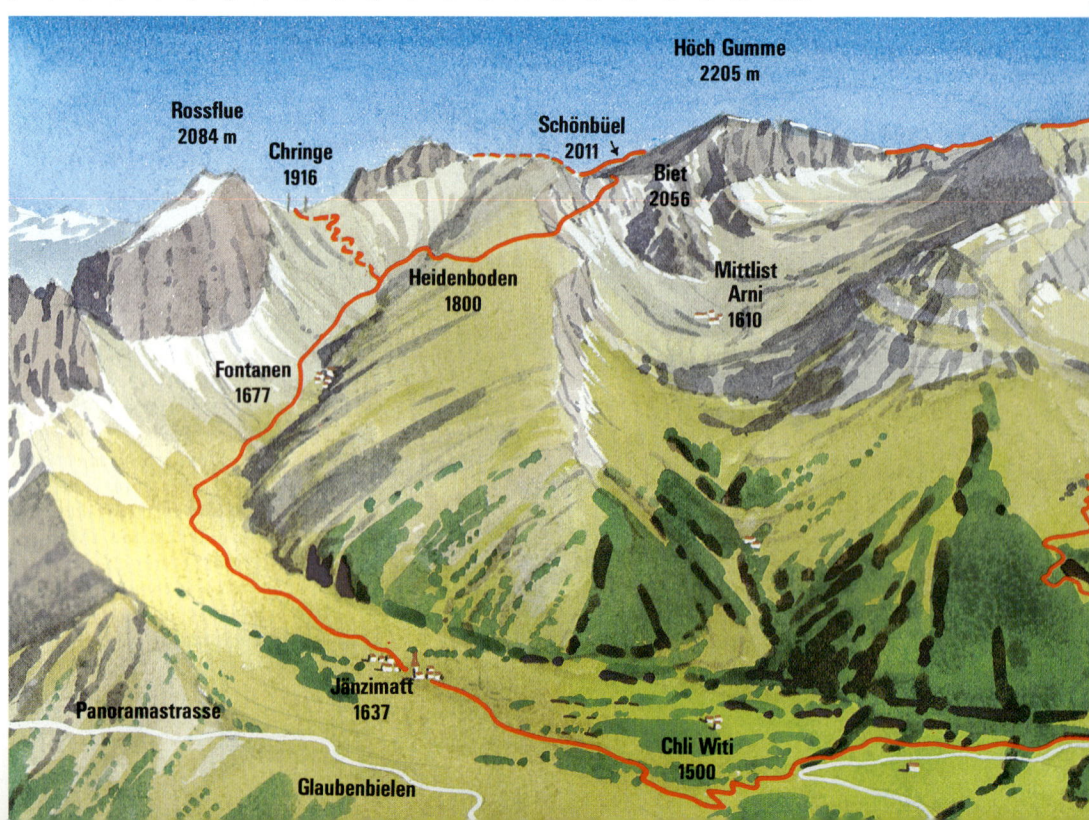

Le gibier, provenant de l'Augstmatthorn, est acclimaté sur toute la crête du Brienzergrat. Les chamois gîtent dans toute la région. Le fier quadrupède des crêtes apparaît souvent en grandes hardes, surtout dans les espaces où domine la forêt. La marmotte n'est pas signalée dans les vieilles chroniques. Lorsqu'en 1928 on a implanté quelques-uns de ces animaux au Böli, ils ont choisi librement leur habitat de telle sorte qu'on les aperçoit aujourd'hui, en colonies, sur le flanc nord du Tannhorn et du Rothorn. Les aires où gîte l'aigle – environ 100 km² – sont très étendues. On en observe régulièrement deux couples dans la région de Flühli. On a repéré également des nids qui sont de temps à autre habités.

Une belle variété de plantes croissent dans les régions de Sörenberg, du Rothorn et de Schönbüel, mais protégées par des ordonnances cantonales et fédérales. Par exemple l'edelweiss, la véronique, le rhododendron, l'oreille d'ours, diverses gentianes telles que la gentiane jaune et la gentiane pourpre.

L'accueillant Sörenberg propose un riche éventail d'activités sportives et de jeux, non seulement pour les hôtes individuels mais pour les vacances de famille, par exemple courts de tennis, parcours VITA, minigolf, 500 km de chemins de randonnées – et de randonnées sous conduite – des places de jeux pour enfants et des places de repos avec foyers, pêche dans la Waldemme et l'Eisee.
Pendant l'hiver, 18 moyens en transport, remontées mécaniques et skilifts sont en activité; la station offre également des circuits de ski nordique, une patinoire naturelle, une piste de luges et des promenades hivernales.
La région de randonnées et de ski de Schönbüel fait partie du centre de sports de Lungern, qui propose de même d'innombrables possibilités estivales et hivernales.

Piscine couverte avec solarium à Sörenberg.

Le centre de tourisme de Lungern-Schönbüel organise des visites d'une fromagerie d'alpage.

nes isolées de Fontanen. Bientôt apparaît la colonie alpestre de **Jänzimatt** et sa chapelle visible de loin. On fabrique à Jänzimatt un excellent fromage et c'est une aubaine de goûter au fromage de chèvre ou au beurre d'alpage. Puis nous cheminons tantôt sans aucun sentier, tantôt sur un chemin de prés direction ouest vers la vallée, à la rencontre du pâturage moussu de *Chli Witi*. Le sentier se fait alors plus pentu, particulièrement dans un court passage en forêt. Près d'Arnischwand, nous utilisons un court instant la route de Glaubenbielen que nous quittons sous peu par la gauche, en descendant. La traversée de pâturages quelque peu marécageux nous conduit, accompagnés par le murmure du ruisseau Chruterenbach, vers la station inférieure du LSBR, à **Schönenboden**. C'est par le même chemin que nous avons parcouru au commencement de notre itinéraire que nous rejoignons le village de **Sörenberg**.

Itinéraire secondaire
Nous nous laissons transporter rapidement et sans peine par le téléphérique LSBR au Brienzer Rothorn. Au sommet, nous admirons avec étonnement et plaisir un impressionnant panorama au sud, avec les hautes Alpes bernoises toutes proches. Après une courte descente direction est, nous atteignons en peu de temps la dépression de l'Eisee:
Brienzer Rothorn – Eiseesattel
1 h

Bifurcation
Schönbüel – Col du Brünig
2 h 30

Carte d'excursions pédestres
Sörenberg

Guide pédestre
Entlebuch

Schönbüel est un agréable lieu de repos dans un site à beau point de vue. Les deux hôtels de montagne, situés sur une terrasse ensoleillée, offrent de bonnes possibilités d'hébergement. On atteint facilement cette station d'altitude en partant de Lungern-Obsee par un téléphérique, et de la station intermédiaire de Turren par une télécabine. Le touriste profite en été, sur ces hauteurs, des nombreux chemins de randonnées bien balisés. On y organise des randonnées pour observer le lever du soleil, d'autres sur les alpages pour y découvrir une fromagerie et une chapelle. Une Ecole de ski fonctionne pendant toute la saison hivernale. La région dispose de très bonnes pistes de ski, pour tous les degrés de difficulté, mais également de pistes spéciales pour ski acrobatique. Une piste spécialement bosselée fait la joie des connaisseurs! Pistes de luge et parcours circulaires de ski nordique complètent l'ensemble.

Sörenberg

La station de vacances, de cure et de repos de Sörenberg est située au sud de Flühli, commune dont elle fait partie. Avec ses 108 km² de territoire, Flühli est la commune la plus étendue du canton de Lucerne. Alors qu'aujourd'hui le tourisme est un secteur élémentaire de l'économie, l'agriculture et l'exploitation des alpages étaient autrefois pour ainsi dire la seule ressource. Les beaux alpages de cette région de Sörenberg ont été très tôt mis en valeur et, comme le montre aujourd'hui la frontière cantonale avancée par-dessus la ligne de partage des eaux, à partir d'Obwald. Les habitants de l'Entlebuch ont remporté en 1380 une victoire sur ceux de l'Obwald: l'alpage situé au pied du Brienzer Rothorn porte toujours le nom de Schlacht, qui signifie bataille. La légende parle à cette occasion d'un certain Windtrüeb, héros qui donna le succès des armes.
1832 Le Grand Conseil lucernois crée une commune indépendante, en rassemblant la paroisse de Flühli et des territoires de Schüpfheim et Escholzmatt.
1910 Eboulement au nord-est du village de Sörenberg. Les maisons de vacances qui ont étendu le village se trouvent dans le terrain parsemé de rochers.
1940 Fondation de l'Office du tourisme de Sörenberg. Les premiers téléskis sont installés vers la fin de la décennie, et à partir de cette époque se développe une intensive mise en valeur du tourisme estival et hivernal.

Brienzer Rothorn

Pour autant que nous ne choisissons pas de nous y rendre à pied, nous atteignons commodément par le téléphérique LSBR (cabine de 80 places) ou de Brienz par le chemin de fer à crémaillère, le plus impressionnant et le plus haut point de vue du canton de Lucerne, à la frontière avec le canton de Berne. Au sommet, le gîte et l'accueil nous sont promis par deux excellents hôtels.

Notre randonnée au Pilate convient à tous les marcheurs de montagne, avec une certaine expérience, et elle exige un peu d'endurance et de bons souliers de marche. Elle nous fait vivre la transition entre prés odorants, intensément cultivés au fond de la vallée et les pâturages de montagne, les forêts mélangées, les forêts de pins, jusqu'aux limites où croissent des arbres nains. Les rochers et les éboulis nous attendent, tout là-haut, et l'amateur de beau milieu naturel sera comblé, à chaque altitude, par l'observation de la faune et de la flore.

Horw–Pilatus–Alpnachstad

Route		Altitude	Temps
1	Horw	441 m	—
2	Schwändelberg	714 m	0 h 50
3	Rotenflue	1119 m	2 h 05
4	Alp Fräkmünt	1308 m	2 h 50
5	Treichen	1620 m	3 h 40
6	Klimsensattel	1869 m	4 h 20
7	Pilatus Kulm	2119 m	5 h
8	Chilchsteine	1865 m	5 h 30
9	Ämsigen	1359 m	6 h 35
10	Wolfortbach	721 m	7 h 50
11	Alpnachstad	435 m	8 h 30

Point de départ de cette randonnée quelque peu exigeante: à proximité de la gare de **Horw**. Le balisage nous indique, direction ouest, la tuilerie. Nous traversons bientôt l'autoroute Lucerne–Gothard (N2) et longeons sur 200 m la Grisigenstrasse. A la deuxième bifurcation signalée, à droite, nous pénétrons en forêt. Par un court trajet sous bois, un escalier nous conduit dans les champs et nous arrivons à l'est de la grande carrière où est extraite la marne utilisée dans la tuilerie située en contrebas. Une bonne petite route naturelle grimpe alors insensiblement à la ferme et auberge du **Schwändelberg**. L'endroit est très connu pour sa situation riche en points de vue; c'est un but d'excursions très fréquenté, qu'on peut également atteindre en automobile.

Au-dessus de l'auberge, un chemin s'ouvre en direction ouest et conduit en forêt. Par quelques lacets, on gagne rapidement de la hauteur, pour arriver finalement, à travers champs, à la cabane forestière de *Buholzer Schwändi*, fréquent rendez-vous de nombreux pique-niqueurs.

Nous traversons le pré en direction ouest pour nous engager bientôt sur un chemin forestier. Après quelques mètres à peine, au bout d'un virage prononcé, nous le quittons près du pt 1043. Avec un peu d'attention, on distingue la trace peu marquée du sentier qui conduit du terrain découvert à la forêt. On chemine aisément, en suivant le balisage fixé aux arbres, pour monter jusqu'à **Rotenflue**, à la limite des cantons de Lucerne et de Nidwald, et des communes de Horw et de Hergiswil. A proximité de la

Vierwaldstättersee

place de repos, on découvre une vue surprenante sur Horw, le lac et les montagnes voisines. Le chemin se déroule dorénavant en direction ouest, sur la crête du Trämelegg. Près du pt 1281, nous obliquons au sud pour atteindre en quelques minutes, et par un chemin presque plat, l'**Alp Fräkmünt,** où surgit, en face de nous, le Pilate, majestueux. A 200 m à l'ouest du bâtiment, nous trouvons le sentier qui vient de la station intermédiaire du téléphérique. Le panneau indicateur invite à traverser obliquement la pente. Le sentier, peu visible au départ, est balisé rouge/blanc: il devient par endroits très abrupt, dans la forêt clairsemée et près d'un ensellement parsemé de roches, ce qui exige une certaine prudence. Certains endroits difficiles sont équipés de cordes, pour les rendre franchissables sans aucun danger. On reconnaît déjà, en bas à gauche, le chemin étroit qui monte de Hergiswil, sentier sur lequel, près du pt 1620, on atteint **Treichen.**

L'itinéraire, soigneusement aménagé en zigzags, monte régulièrement au flanc de la montagne. La petite chapelle de **Klimsensattel** est de plus en plus proche, et on peut bientôt faire halte sous son ombrage. Là, sur une paroi rocheuse qui nous domine, presque verticale, nous apercevons le premier objectif de no-

Au rendez-vous international

tre excursion, le **Pilatus Kulm,** que nous atteignons en moins d'une heure, par un chemin de montagne escarpé. La vue est exceptionnelle, la présence touristique internationale nous fait oublier un instant les efforts de cette ascension.
Pour redescendre de ces hauteurs, nous prenons la route d'Alpnachstad. A travers un coteau d'éboulis, on descend d'abord en direction sud, vers **Chilchsteine.** A la croisée des chemins, nous obliquons à gauche dans la pente nord-est assez escarpée du Matterhorn. Le chemin aménagé avec toute sécurité s'abaisse en plusieurs courbes jusqu'à la voie du chemin de fer à crémaillère, qu'il longe jusqu'à l'alpage d'**Ämsigen,** où se trouve le croisement du chemin de fer du Pilate avec les chariots transbordeurs. A cet endroit, les locomotives à vapeur étaient autrefois alimentées en eau. Plus loin, en direction de la vallée, d'abord sur un pâturage en pente, puis en passant de l'autre côté de la voie ferrée, on parvient à la forêt dans laquelle, après plusieurs lacets, on aboutit près du pt 721, à **Wolfortbach.** Nous franchissons le cours d'eau, pour parcourir bientôt le terrain découvert du Grossrüti. A peine au-dessous de la ferme, nous obliquons à gauche vers le bois parsemé de feuillus; nous croisons la voie à crémaillère un peu au-dessus de la station inférieure pour arriver enfin dans la vallée et au village d'**Alpnachstad.**

 Alpnachstad–Pilatus Kulm: chemin de fer à crémaillère le plus haut du monde, avec une pente maximum de 48% et une longueur de 4618 m. Première voiture à vapeur à l'Exposition universelle de Paris en 1899. Electrification en 1937.

 Kriens–Kriensrutegg–Fräkmüntegg: télécabine pour 4 personnes par cabine. Le moyen de transport propose d'innombrables possibilités d'excursion et réduit de moitié la montée au Pilate.
Fräkmüntegg–Pilatus: téléphérique à deux cabines de 41 personnes. Mise en activité en 1956, revision technique complète en 1983. Le moyen de transport clôt le parcours circulaire favori Lucerne–Pilate–Alpnachstad (chemin de fer de montagne) et Alpnachstad–Lucerne (bateau).

Bifurcations
Descente par le flanc nord du Pilate à Hergiswil:
Pilatus Kulm –Treichen–Gschwänd –Brunni–Hergiswil 3 h 20
Descente un peu plus longue, mais plus aisée, par Lütoldsmatt à Alpnachstad:
Pilatus Kulm –Lütoldsmatt–Alpnach 3 h 30

Carte d'excursions pédestres
Lucerne, Ob- et Nidwald

Guide pédestre
Lucerne–Pilatus–Rigi

Horw: La localité, faubourg de Lucerne, compte 12 000 habitants. L'emplacement qu'elle occupe, dans une dépression du terrain, lui a donné son nom. Horw signifie en effet «région marécageuse». Située dans la baie du lac, la ville a reçu une impulsion par son développement portuaire. Pendant des siècles, le trafic de bac a existé entre Stansstad et Alpnachstad, en particulier depuis l'ouverture de la route du Gothard et jusqu'à la mise en service du chemin de fer du Brünig. Aujourd'hui, les péniches et les barges frappent le regard: elles transportent des matériaux pour les constructions routières à Horw, où ils sont déchargés pour être conditionnés dans la localité. Mais diverses autres matières naturelles contribuent au dynamisme de l'endroit: les forêts toutes proches du Pilate ont donné naissance aux industries du bois.

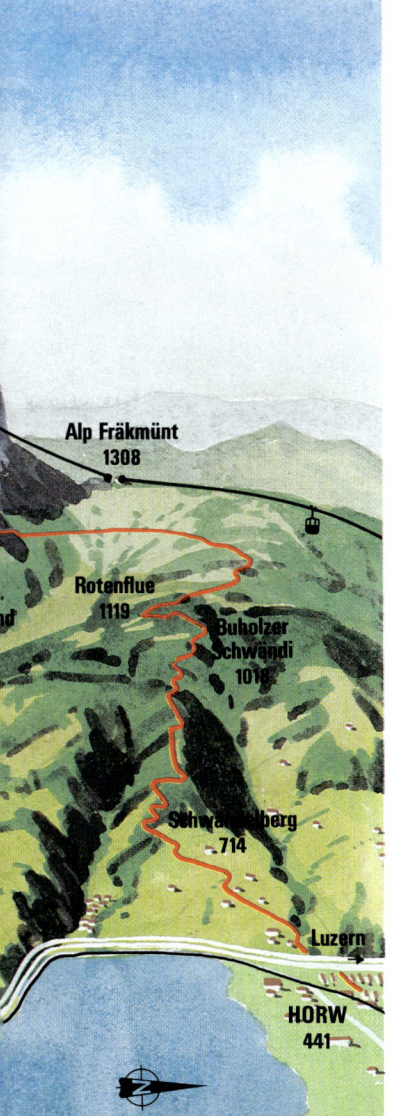

Pilate, montagne familière des Lucernois

Avec ses restaurants sympathiques, ses auberges accueillantes, le Pilate invite au séjour. A en croire la légende, tel n'a pas toujours été le cas. La plus ancienne tradition de cette montagne fait le parallèle entre l'ancien lac du Pilate sur les hauteurs entre Tomlishorn et Mittaggüpfi, et l'âme bannie de Ponce Pilate. Cette malédiction serait finalement parvenue jusqu'à un compagnon errant, après que – du Tibre romain où elle avait été jetée – la dépouille du pontife soit arrivée par des chemins inexplicables dans les eaux du Rhône. Partout où les restes mortels et l'âme de Ponce Pilate apparaissaient, des intempéries violentes et épouvantables se déchaînaient. Ainsi à la montagne du Pilate… C'est pourquoi les autorités ordonnaient aux armaillis de tenir tous les étrangers à l'écart du lac, car ceux qui troublaient le repos de cette âme en perdition déclenchaient la colère du Pilate et les cataclysmes. Ceux qui bravèrent l'interdiction furent nombreux, et ils étaient punis et bannis. C'est seulement à la fin du 16e siècle que la croyance disparut, lorsqu'on asséchea le lac en 1594. Une nouvelle surface d'eau existe depuis 1976, seul souvenir de la légende de ces lieux…
Le nom de la montagne était autrefois Frakmont, du latin «fractus mons», la «montagne brisée», par allusion à sa forme. L'observation des couches calcaires est intéressante. Les connaissances scientifiques actuelles confirment que le Pilate faisait partie d'un puissant massif rocheux qui a été compressé et disloqué lors du plissement alpin.
On peut découvrir en grand nombre de semblables fractures. Frakmont ou Fräkmünt aujourd'hui: deux alpages au flanc nord et au flanc sud du Pilate, portent encore ce nom.

Dallenwil–Niederrickenbach–Haldigrat–Dallenwil

Randonnée quelque peu astreignante, mais riche en découvertes, dans la région du Brisen et de l'Haldigrat. Le parcours conduit de la vallée de l'Aa d'Engelberg au centre de pèlerinage de Niederrickenbach, par des alpages fleuris et des pentes pierreuses au nord du Haldigrat. La vue, tout au long du chemin de crête, est ravissante.

Route		Altitude	Temps
1	Dallenwil	485 m	—
2	Niederrickenbach	1162 m	2 h 15
3	Hüethütte	1415 m	3 h 10
4	Haldigrat	1937 m	4 h 45
5	Gigi	1774 m	5 h 10
6	Oberist Hütti	1534 m	5 h 35
7	Grunggis	930 m	6 h 50
8	Dallenwil	485 m	8 h

Près de la gare de **Dallenwil**, nous traversons la voie ferrée pour cheminer sur quelque 500 m en direction d'Engelberg. Une petite route bétonnée conduit à gauche, plus loin que les bâtiments, en montant légèrement vers la forêt. Près du *Geisssteg*, dans un fort virage, nous abandonnons notre premier chemin pour gravir le *Pilgerweg,* nettement plus abrupt. Nous croisons à quatre reprises la route, la dernière fois pour y rester sur une distance de 100 m et revenir finalement un court instant sur le Pilgerweg. Une nouvelle fois le long de la route, nous suivons en terrain découvert, à travers les prés de la Wandflue, par le Kreuzweg, le Chemin de Croix: il est bordé par la représentation des quatorze stations du calvaire du Christ. La route bétonnée prend fin près du Buoholzbach: nous gravissons alors la Hasenmatt par une série de zigzags jusqu'à **Niederrickenbach.** Une visite vaut la peine à la chapelle contenant de nombreux ex-voto et signes de reconnaissance, images peintes ou versets, adressés à la Vierge Marie pour la remercier de grâces obtenues et de vœux exaucés.

Le parcours le plus rapide et le plus utilisé pour atteindre l'Haldigrat nous conduit, par la gauche de la chapelle votive et lieu de pèlerinage, jusqu'au pont sur le Buoholzbach, puis en pente plus prononcée sur les hauteurs de l'*Alpboden* et de là par le télésiège sur la crête.

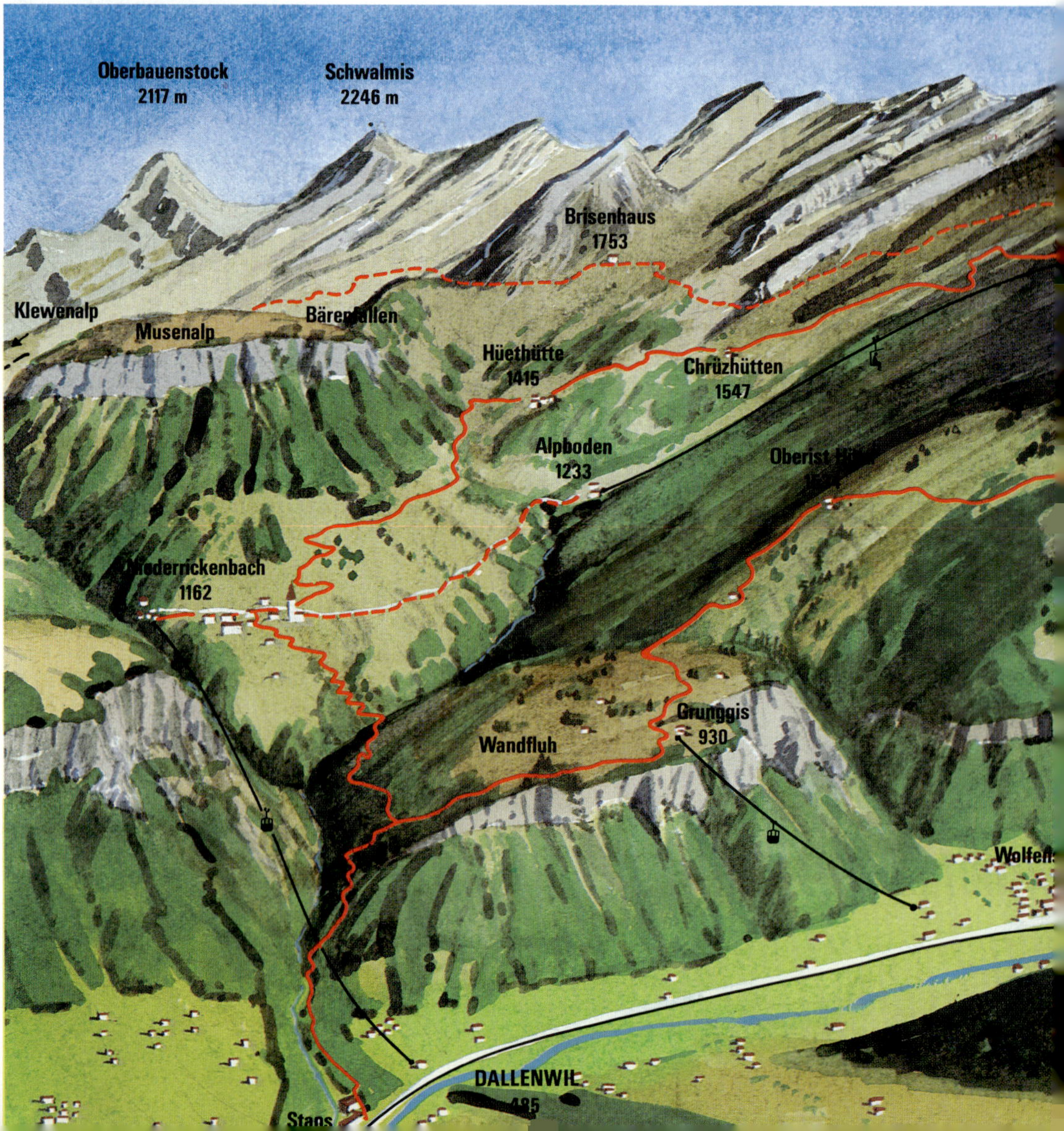

Le parcours le plus recommandable est toutefois celui par la route qui de la *chapellenie* de Rickenbach oblique à gauche et nous conduit par les finages, en plusieurs lacets, jusqu'à la lisière inférieure de la forêt, au sudest. A quelque 250 m de la cabane de bois, nous prenons comme le proposent les indicateurs la direction à

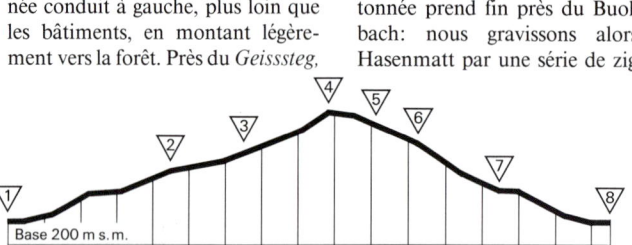

droite, sur un chemin presque plat en direction du ruisseau. On monte la pente assez raide qui de là conduit à la **Hüethütte**. L'itinéraire continue toujours montant, par un chemin rocailleux, vers Chrüzhütte et à l'alpage de *Chäserstad*. Une fontaine nous invite à quelques instants de répit, avant de poursuivre le parcours, qui n'est pas très long mais bien escarpé. A courte distance du bâtiment, nous atteignons une bifurcation.

Un des plus beaux points de vue de Suisse centrale

Nous pouvons cheminer à volonté de ce côté-ci du télésiège, ou rester sur la droite: dans ce dernier cas, nous arrivons sur les hauteurs par des pâturages verdoyants pour atteindre l'hôtel de montagne du **Haldigrat**. C'est un des points de vue les plus remarquables de toute la Suisse centrale. Par beau temps, c'est aussi le point de départ favori pour de nombreux amateurs de vol delta.

Nous cheminons sans peine en direction ouest, contournons le Giri (1923 m) par le sud et découvrons de toutes parts une splendide vue. L'alpage de **Gigi** est situé à droite, un peu à l'écart. Le sentier que nous suivons direction nord, par le Plütschgengrat et dans un creux du terrain, s'incline bientôt vers **Oberist Hütti**. A partir de là, nous cheminons sur des traces de chemin, pour descendre par une côte à *Mittlist Hütti* avant de parvenir, par une forêt escarpée, à l'endroit où est située, favorablement exposée, l'*Underist Hütti*. Par le nord, nous aboutissons au pt 1079, où nous tournons à gauche vers la Hüttimatt pour bientôt apercevoir au-dessous de nous les maisons de **Grunggis**. L'itinéraire se poursuit par une bonne route à l'orée de la forêt, dans les bois de Wandflüeli, avant de rejoindre la route et le *Pilgerweg* que nous avons parcouru au début de notre randonnée. Pour descendre dans la vallée de l'Aa d'Engelberg, nous atteignons en quelques minutes notre point de départ, le village de **Dallenwil**.

Itinéraire secondaire

Parcours facile de Niederrickenbach vers les alpages d'Alpboden et de là par télésiège au Haldigrat.
Niederrickenbach–Alpboden 🚠 25 min.

Bifurcations

Une variante souvent choisie pour la descente conduit à la cabane CAS Brisenhaus et à la Klewenalp, d'où le téléphérique nous transporte à Beckenried.
Haldigrat–Brisenhaus–Klewenalp 2 h

L'ascension au Brisen (2404 m) donne une dimension nouvelle à notre itinéraire, tout en étant recommandée seulement aux montagnards expérimentés et bien équipés. Le retour de l'Hôtel du Haldigrat se déroule par le même chemin que pour la montée.

Le crépuscule et l'aurore: c'est la sensation qu'on peut vivre sur les hauteurs aérées du Haldigrat, avec en plus une merveilleuse vue panoramique. La cabane du Haldigrat dispose de chambres pour 4, 6 ou 8 personnes, ainsi que de couchettes pour 4 personnes.

A *Wolfenschiessen*, on remarque deux maisons paysannes du 17e siècle (Grossitz et Unteres Brunnifeld) et d'anciennes habitations parmi lesquelles, la plus intéressante, l'Höchhus, construite en 1586 par le chevalier Melchior de Lussy qui la destinait à son épouse. Une tour habitable restaurée, avec toit de bardeaux, se dresse à l'emplacement d'une ancienne «Sust» (relais et entrepôt) à Dörfli au sud de Wolfenschiessen.

Wolfenschiessen: Exemple des merveilleuses maisons d'Obwald.
Dallenwil: Le village de Dallenwil, point de départ et d'arrivée de notre randonnée, est situé dans la sympathique et coquette vallée de l'Aa d'Engelberg, sur la ligne de chemin de fer Lucerne–Engelberg, à courte distance de Stans. L'église paroissiale de St-Laurent (1697/98) est décorée de stucage d'influence italienne. A gauche et à droite, les hautes parois montagneuses s'élèvent vers le Stanserhorn, le Buochserhorn et vers la région du Brisen. Plusieurs endroits touristiques importants sont reliés par téléphérique, tels que les alpages du Wiesenberg et la région de ski de Wirzweli. Les remontées mécaniques sont d'une grande importance pour l'économie de Dallenwil, qui abrite une grande fabrique de câbles.

Niederrickenbach

**Le petit village montagnard est accroché à la pente abrupte, sur une terrasse. Le centre est formé par le couvent bénédictin Maria Rickenbach, fondé par sœur Gertrud Leupi (1825–1904), et par l'église, lieu de pèlerinage, avec la sainte image de la Vierge Marie et les innombrables ex-voto et signes d'action de grâces.
L'Hôtel de l'Ange (Engel) est équipé pour un bon accueil des pèlerins, touristes et vacanciers. Mais quelle est l'histoire de ce petit centre de pèlerinage? Un jeune berger avait caché dans le creux d'un érable l'effigie sculptée de la Vierge Marie qu'il avait sauvée d'un vol. A cet endroit fut érigée en 1550 une chapelle, et c'est plus tard qu'on y construisit l'église de Maria Rickenbach. Pendant des siècles, les pèlerins ont visité cet endroit, sur les pentes dominées par les rochers altiers de Musenalp, dans une région bien ensoleillée.**

Haldigrat

**C'est le centre d'une région aux nombreuses randonnées d'importance variable, un des points de vue les plus étonnants sur la Suisse centrale, et aussi le point d'où s'envolent de nombreux vélidelistes, les passionnés d'aile delta.
On atteint facilement cette crête par télésiège en partant d'Alpboden, près de Niederrickenbach, ou alors – mais moins facilement – par le bon chemin de randonnée partant de Dallenwil ou de la Klewenalp, ou encore de la cabane du Brisen.
La vaste région du Brisen offre en été d'innombrables possibilités de repos; elle est en hiver, avec un enneigement garanti, un véritable paradis des skieurs.**

La route du col, très connue et riche en traditions, nous propose une des excursions les plus gratifiantes de Suisse centrale: sur des chemins très agréables, nous découvrons de hautes parois rocheuses abruptes et quelques petits lacs de montagne. Les clairs sommets des hautes Alpes, avec leurs champs de glace scintillants, les nuances bleutées des glaciers enchantent le regard. L'accès est facilité par les nombreux télésièges, télécabines et téléphériques, mais l'itinéraire exige un bon équipement pour excursions en montagne.

Melchsee-Frutt–Jochpass–Engelberg

Route		Altitude	Temps
1	Melchsee-Frutt	1902 m	—
2	Distelboden	1900 m	0 h 15
3	Engstlenalp	1834 m	1 h 40
4	Jochpass	2207 m	3 h
5	Ober Trüebsee	1771 m	3 h 45
6	Trüebsee Hôtel	1796 m	4 h 05
7	Vorder Stafel	1257 m	5 h 15
8	Engelberg	1000 m	6 h

Nous atteignons l'imposante vallée supérieure près de **Melchsee-Frutt,** en partant de Sarnen par automobile postale jusqu'à Stöckalp, et de là commodément par télécabine.

Un petit chemin de montagne nous conduit de cet endroit, entre hôtels et maisons de vacances, sur les hauteurs et vers le Melchsee. On passe au large d'une petite église, avant d'atteindre **Distelboden.** Par les alpages fleuris, en montant légèrement à l'est, on chemine en face de la coupole blanche du Titlis. Bientôt nous nous approchons de la Tannalp et du Tannensee. A la croisée des chemins, près de la digue, nous prenons à droite, et en suivant la rive, pour accéder à l'alpage de Fachshubel, plus loin à celui de Tannen avec son restaurant et sa chapelle. Sur un sentier bien balisé, on continue au sud-est, en direction de la Spycherflue, puis en descendant le long de sa paroi sud, jusqu'au village de vacances d'**Engstlenalp.** Là s'étendent les eaux bleues profondes de l'Engstlensee. La rive nord est propice au repos, tout en admirant de près les parterres fleuris et au loin les majestueuses cimes enneigées.

Un passage historique

A partir de là, le chemin de montagne prend de l'altitude, mais la montée se fait bientôt plus douce. A l'endroit où nous croisons le télésiège conduisant au **Jochpass,** nous nous approchons déjà du col, atteignant sans grande peine ce passage historique qui surgit devant nous. Il vaut la peine de prendre un peu de temps pour admirer l'imposant panorama qui s'offre au regard.

A gauche, en contrebas, un petit lac scintille: c'est notre prochain objectif. Nous descendons sur un chemin

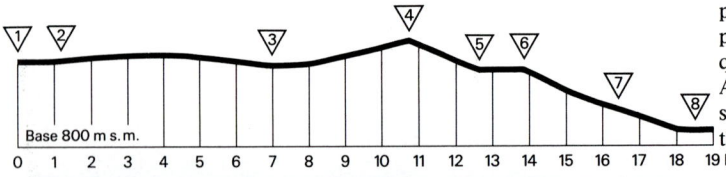

caillouteux à **Ober Trüebsee**, à la terrasse et à son lac. La région n'est pas simplement connue dans le monde entier pour les sports d'hiver: elle attire, en été également, de très nombreux touristes. A proximité de l'**Hôtel Trüebsee,** nous découvrons un nouveau paysage de glaciers et, en bas, la vallée d'Engelberg. Un sentier tout en lacets, mais bien praticable, conduit de là, en pente assez prononcée, dans la région de Gerschnialp. Nous cheminons par la droite de la station de télécabine, pour gagner **Vorder Stafel,** et de là en direction nord-est, nous continuons sur une étroite route champêtre puis en forêt, vers la vallée. Nous rejoignons en peu de temps le fond de la vallée, vers Bänklialp et l'Engelberger Aa. Par Erlen, on arrive en quelques minutes au village d'**Engelberg.**

Bifurcations

Sur les hauteurs aérées au nord de la vallée montagnarde, au-dessus de Tannensee: dans une très belle région de flore protégée et dans un paysage karstique impressionnant.
Melchsee-Frutt–Bonistock 45 min.
Vivifiante randonnée de crête avec splendide panorama:
Tannenalp–Schaftal–Jochpass 1 h 40

Guide pédestre
Obwalden

 On peut, en cours de route, utiliser les moyens de transport suivants pour faciliter la randonnée:
Trüebsee–Gerschnialp
Gerschnialp–Engelberg
Randonnée impressionnante:
Trüebsee–Stand–Klein Titlis

 Saumboden pt 1929–Jochpass
Jochpass–Ober Trüebsee

 Dans la belle région d'excursions Melchsee-Frutt, plusieurs randonnées circulaires faciles sont recommandées:
Autour du Melchsee 1 h 30 min.
Autour du Tannensee 2 h 30 min.
Melchsee-Frutt–Blausee 20 min.
Melchsee-Frutt–région de flore protégée Bonistock 1 à 2 h.
Melchsee-Frutt–Aa Alp 30 min.
Melchsee-Frutt–Bettenalp 1 h.
La région du Trüebsee est un magnifique terrain de randonnées estivales. Les ressources hivernales de ce véritable paradis du ski sont inépuisables.

 La diversité des biotopes, à la limite de la forêt et de la végétation alpine, les régions sous protection offrent des possibilités d'observation innombrables de l'éventail floral, de nombreuses espèces animales telles que perdrix des neiges, ou coq de bruyère, mais aussi l'aigle royal, le choucas alpestre, le grand corbeau, diverses variétés de martres, les cerfs, chamois, bouquetins, blaireaux et marmottes.

 Cloître de bénédictins: église abbatiale, chapelles des 17e et 18e siècles à Espen, Horbis, Holz et Schwand.

Jochpass: C'est un sentier très ancien, utilisé autrefois par les montagnards des Waldstätten pour se rendre dans l'Oberland bernois.
La région d'Engstlensee est renommée pour sa flore alpine unique, mais on peut y observer aussi marmottes et bouquetins dans leur milieu naturel. Le Jochpass a également un caractère très spécifique et profond, au sens propre du terme: les profondeurs du sol présentent une ordonnance intéressante des couches géologiques. Au cours de randonnées, on a justement l'occasion de découvrir la multiplicité et la diversité des formes de la surface terrestre et de s'interroger sur leur origine. On s'aperçoit que le façonnage de la surface supérieure est toujours conditionné par la différence de dureté entre les divers minéraux. L'échancrure du col se trouve dans une zone de transition insérée entre le massif cristallin de l'Aar et les puissantes étendues calcaires des Alpes suisses du nord. Les ardoises démontrent la longue fatigue des roches sous la pression, et les calcaires et grès relativement tendres ont avantagé le déblaiement, par exemple par les glaciers de la période des glaciations. La naissance du col se situe donc il y a environ 20–30 millions d'années, lorsque lors de la formation des Alpes, sa genèse même à 50–100 millions d'années, lorsque les divers sédiments des mers ont pris forme...

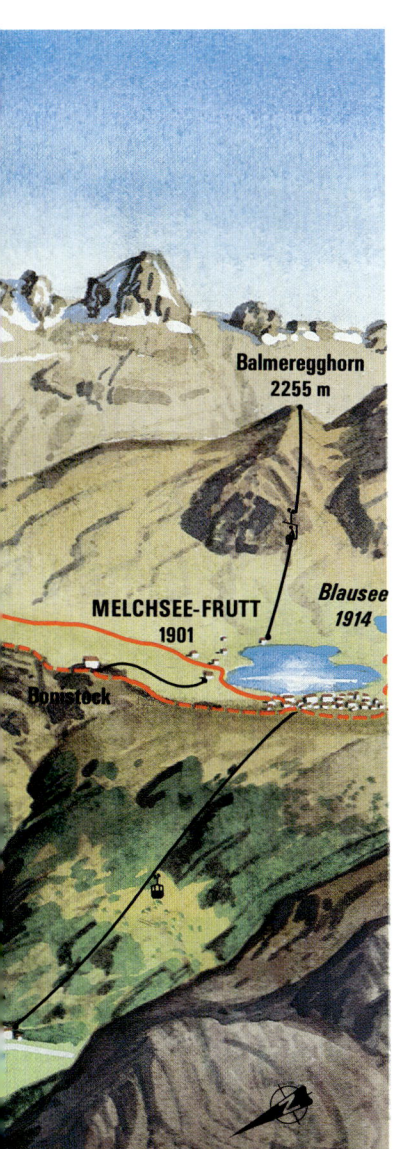

Melchsee-Frutt

Le nom de Frutt provient du celte et indique une montée difficile, comme une sorte d'escalier, dans une paroi rocheuse. L'endroit était connu comme passage au trafic très dense qui s'écoulait entre Bernois et habitants du Melchtal.
1426 On commence à exploiter le mineral de fer, sans grand succès.
vers 1800 Melchsee-Frutt gagne sa renommée comme lieu de séjour et de cure.
1937 Le premier téléphérique est mis en activité entre Stöckalp et Melchsee-Frutt. Aujourd'hui, la région se développe: lieu de séjour et de cure estivale et gigantesque domaine skiable. Le flot touristique est croissant. Pour favoriser l'observation du magnifique paysage et la diversité de la flore, toute la région du Bonistock a été placée sous protection.

Engelberg

L'évolution historique, après la Révolution française, a fait que la vallée supérieure d'Engelberg appartient aujourd'hui à trois cantons, Uri, Obwald et Nidwald. L'histoire d'Engelberg prend naissance avec l'arrivée des premiers moines, venus de Muri en Argovie. Le chevalier Konrad von Seldenbüren abandonne son petit château pour revêtir lui aussi l'habit monacal et mener une vie consacrée à la prière et à la méditation. C'est ainsi qu'il fonde, en 1120, le couvent actuel. Par la suite, l'abbé était aussi le seigneur temporel de la vallée.
1798 A la suite de la Révolution française, l'abbé de Klosters doit renoncer à son pouvoir temporel sur la vallée.
1850 Premiers hôtels et lieux d'hébergement à Engelberg.
1905 Débuts du tourisme hivernal.
1927 Mise en service du téléphérique Gerschnialp–Trüebsee, le plus ancien téléphérique concessionné de Suisse.
1965 Mise en service du téléphérique Trüebsee–Stand.
1967 Mise en service du téléphérique Stand–Klein Titlis.

Engelberg–Surenenpass–Attinghausen

Randonnée intéressante même si elle est un peu longue, sur un itinéraire historique aujourd'hui très parcouru, du haut de la vallée d'Engelberg dans la vallée de la Reuss. La route Engelberg–Melchsee-Frutt avait au temps passé une très grande importance économique et politique. Le parcours tout entier est riche en découvertes. On l'accomplit de préférence en deux jours, dans les deux sens.

Route		Altitude	Temps
1 Engelberg	🚂	1000 m	–
2 Herrenrütiboden	🚠	1084 m	1 h 10
3 Alpenrösli		1258 m	2 h
4 Chute du Stäuber		1630 m	3 h 20
5 Blackenalp		1773 m	3 h 55
6 Surenenpass		2291 m	5 h 35
7 Crête du Nussfruttli		1953 m	6 h 20
8 Brüsti	🚠	1525 m	7 h 20

A la station d'**Engelberg,** nous choisissons en direction sud-est une petite route par Erlen, qui croise bientôt la route cantonale et nous amène au-dessous de Bänklialp, au pont sur l'Aa. Nous continuons sur la rive gauche du cours d'eau *(Professorenweg).* Après un cône d'avalanche, on atteint Vordrist Eien, pour obliquer directement à gauche et arriver par un virage anguleux à Mittelist Eien et Hindrist Eien. A quelque 600 m de là, après la chute d'eau, on franchit le cours de l'Aa.

A cet endroit, **Herrenrütiboden,** nous prenons la route du Restaurant Alpenrösli: choisir alors tout de suite le chemin champêtre de droite, jusqu'à l'orée de la forêt. Un coup d'œil en arrière, sur la vallée d'Engelberg, et déjà nous montons sous l'imposante paroi nord du Titlis, du Gassengrat et du Spannort.

Avalanches en hiver, paradis fleuri en été

A travers la forêt, nous avons le sentiment de la démesure et de la puissance des masses de neige qui au printemps se précipitent dans la pente à notre droite. Jusque très haut dans la paroi opposée, des sapins et autres arbres, couchés comme par un peigne géant, sont alignés dans le même sens.

Par une bonne route forestière en pente, nous rejoignons le Restaurant **Alpenrösli**. A droite, vers le bas, on aperçoit la pyramide du Schlossberg. L'ancien chemin de lisière conduit en montant vers l'alpage de Stäfeli; il prend insensiblement de l'altitude jusqu'au Stierenbachfall, la chute d'eau appelée **Stäuber,** où se trouvent place de repos et de pique-nique. Après le pont, nous nous approchons de la vaste **Blackenalp,** environnée des altières parois rocheuses du Wissigstock et du Blackenstock, ainsi que du Schlossberg. Au cours de l'été, plus de 400 têtes de bétail sont au pacage sur les pâturages. Une courte visite à la chapelle, une pause dans l'accueillante bergerie agrémentent la randonnée. On monte dans le pâturage à pente régulière, un peu plus accentuée dans la partie supérieure, sur un bon chemin qui conduit au Surenenpass. En chemin, nous faisons volontiers une courte halte pour reprendre haleine tout en contemplant le splendide paysage qui apparaît de plus en plus grandiose. Les esprits géniaux – de bons camarades de montagne – ont pensé à l'imprévu, en construisant quelques mètres en-dessous du col une jolie cabane qui porte l'inscription «Schutzhütte Surenen-Eggen». Pendant la halte, au point le plus élevé de notre excursion, le **Surenenpass,** ou col de Surenen, nous admirons le large panorama qui surgit à l'est, avec les sommets immaculés des Alpes glaronnaises et uranaises. Parmi d'autres cimes émergent, de gauche à droite, Glärnisch, Schächentaler Windgällen, Claridenstock, Schärhorn, Grosse Windgällen, Düssistock, Tödi, Bristen et Oberalpstock. Plus loin, au nord, le Fronalpstock et le Rophaien. A nos

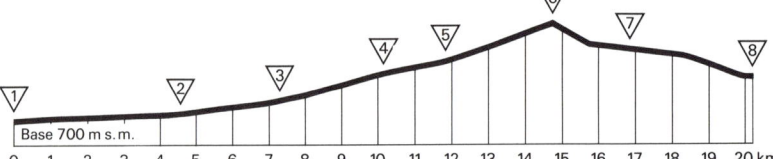

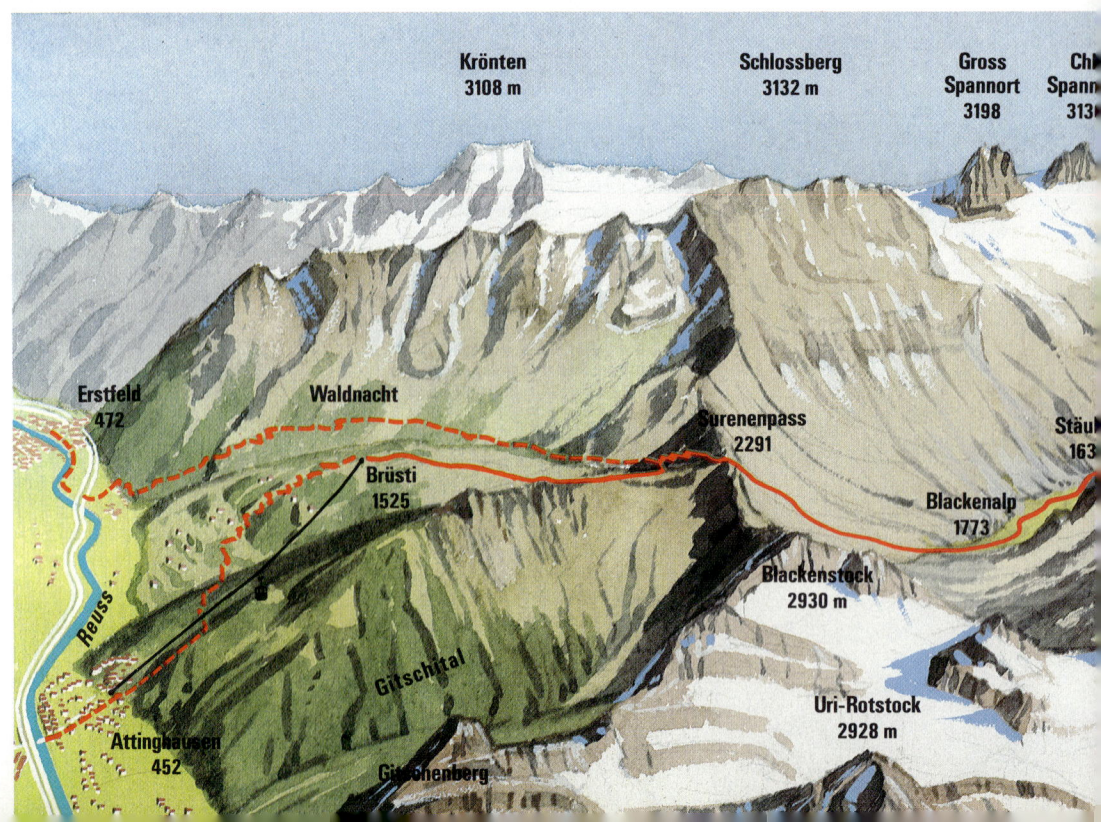

pieds s'ouvrent, perpendiculaires à la vallée de la Reuss, le Schächental et le Maderanertal. A gauche, étincelant dans la lumière, l'Urnersee, le lac d'Uri.

Au pied sud du Blackenstock, entre les bancs de neige et par les coteaux pierreux, le sentier de montagne bien visible descend à la croisée des chemins, au pt 2004. Là, nous choisissons la ligne qui sur la gauche d'abord traverse la partie inférieure d'un pierrier, pour se dérouler ensuite, direction est, sur la **crête** entre Gitschital et Waldnacht. Le coup d'œil bien dégagé sur l'Urnersee et les montagnes environnantes, le spectacle des fleurs partout éparpillées, font oublier l'effort. Peu avant notre but, on trouve tables et bancs au bord du chemin, où il est possible de pique-niquer et de se délasser. Après quoi nous descendons vers **Brüsti,** d'où le téléphérique nous amènera à Attinghausen, tout en bas, dans la vallée de la Reuss.

Tout autour d'Engelberg, on trouve les points de départ de nombreuses randonnées avec points de vue et restaurants de montagne, par exemple dans les régions de la Fürenalp, de Gerschnialp et de Brunni. Pendant l'hiver, ces régions sont autant de domaines skiables. L'Ecole d'alpinisme d'Engelberg organise des journées et semaines de cours formant aux techniques d'escalade.

Centre de sport Erlen/Engelberg: tennis en plein air et tennis couvert, musculation et «fitness»; en hiver, patinage, curling et crosse sur glace, centre de randonnées à ski.

On trouve à Engelberg des piscines de plein air ou couvertes, solarium et sauna.

Itinéraire secondaire
Une partie de l'ascension peut se faire par téléphérique d'Herrenrütiboden à Füren. A cet endroit existe un bon chemin au flanc est du Wissberg, par des pâturages élevés où croît une flore exceptionnelle, avec gentianes, arnica, aconit jaune. Le chemin légèrement descendant conduit à la chute du Stäuber, d'où l'on peut retourner au chemin du Restaurant Alpenrösli.

Bifurcations
Du pt 2004, au-dessous du Surenenpass, descente abrupte aux alpages de Waldnacht, dans une jolie dépression du terrain, et plus bas dans le ravin du Bockitobel. Au sud-est, on atteint le village et centre ferroviaire d'Erstfeld, dans la vallée de la Reuss.
Pt 2004–Waldnacht–Erstfeld 2 h 15
Près de Brüsti, on peut emprunter une descente escarpée, peu fréquentée, dans la vallée de la Reuss, la plupart du temps longeant le chemin de Surenen. Autre point intéressant, dans le compartiment de terrain inférieur, le chemin construit à la manière d'une piste de bob.
Brüsti 🚠–Höchiberg–Attinghausen 🚌 2 h

Carte d'excursions pédestres
Canton d'Uri

Guide pédestre
Engelberg

Engelberg: L'abbaye bénédictine sise au fond de la vallée de l'Aa d'Engelberg est aussi riche de traditions que les abbayes bénédictines de St-Gall et d'Einsiedeln, même si elle n'a pas tout à fait la même importance au point de vue architectural. La croix reliquaire de l'abbé Henri Ier, dont la tradition fait mention vers 1200, est le chef-d'œuvre du riche trésor de l'église. La bibliothèque conserve de très beaux exemplaires de livres enluminés à Engelberg au moyen-âge. L'abbaye d'Engelberg a sur celles de St-Gall et Einsiedeln l'avantage de sa situation privilégiée dans un paysage alpin dominé par le Titlis. Les Bénédictins qui en 1120 ont érigé cette abbaye comme centre d'un petit Etat ecclésiastique et qui en 1730–1737 ont reconstruit église et monastère, furent aussi à l'origine de la renommée d'Engelberg en qualité de centre de vacances et de séjour de cure climatique.

Attinghausen

Au moyen-âge, l'Alaman Atto fixa sa résidence à cet emplacement. Le nom d'Attinghausen désignerait ainsi «les maisons des parents d'Atto». L'ancien carrefour des routes sur les cols du Gothard et de Surenen était en son temps un endroit privilégié pour un habitat. Les seigneurs d'Attinghausen y bâtirent un château-fort, qui disparut subitement au 14e siècle. Les vestiges de l'ancienne résidence nous font remonter le cours des siècles, jusqu'aux temps de la Suisse primitive, lorsque Werner II d'Attinghausen scella la première charte de franchises de 1291. Curiosités: la tour de l'église paroissiale, avec ses fenêtres romanes, date du haut moyen-âge. A une distance de quelque 500 m des ruines du château se dresse aujourd'hui encore la tour habitée de Schweinsberg. On peut voir, dans la région sud d'Attinghausen, les fondations d'une autre résidence médiévale (Schätzbödeli). A découvrir également, l'ancienne «Maison de Walter Fürst», qui n'est pas le moindre attrait de la cité. Un quart d'heure au-dessus de la station intermédiaire du téléphérique de Brüsti, la chapelle St-Onofrio, érigée en 1723 en guise de protection contre les débordements au Chummetbach.

Agréable et facile randonnée en montagne, d'abord en montant dans les forêts ombragées mais aux larges échappées qui permettent sans cesse une vue sur Andermatt et la vallée d'Urseren. Le paysage met aussi en évidence les impressionnants ouvrages construits pour maîtriser les avalanches. Tout en haut, sur les pâturages aérés, nous jouissons d'un superbe panorama vers le bas, sur la vallée d'Urseren, de la Furka à l'Oberalp, en haut sur les gorges des Schöllenen et sur la couronne des sommets alpins suisses.

Andermatt–Gurschen–Hospental

Route		Altitude	Temps
1	Andermatt	1436 m	–
2	Alp Gurschen	2015 m	1 h 50
3	Gurschen (station intermédiaire du téléphérique Andermatt–Gemsstock)	2209 m	2 h 20
4	Mändli	2034 m	2 h 40
5	Hospental	1452 m	4 h 10

De la gare d'**Andermatt,** nous marchons sur le trottoir direction sud vers le centre de la localité. Peu après le pont qui conduit au village, nous allons en droite ligne jusqu'au panneau indiquant le chemin de la chapelle. Un escalier nous permet de

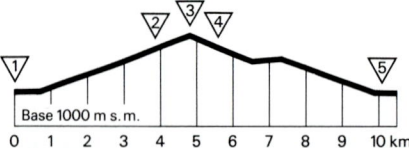

rejoindre plus haut la Chapelle Maria Hilf. Notre itinéraire continue sur la droite, en montant vers la forêt toute proche d'Urseren: les habitants du lieu l'appellent Gurschenwald. Sans grande peine, sur un chemin forestier régulier par plusieurs lacets dans la pente, nous gagnons encore de la hauteur. A plusieurs endroits, les arbres sont moins denses, de telle sorte que le regard réussit à se porter sur le village d'Andermatt et sur la vallée d'Urseren.
Plus loin en gravissant la pente, les sapins s'éclaircissent: nous arrivons dans les reboisements aux premiers *ouvrages de protection contre les avalanches.* Les puissants barrages de fer, d'acier, d'aluminium et de béton font grande impression. Avec les fo-

Protection contre les avalanches – la technique contre les forces de la nature

rêts protectrices d'Urseren et St-Anna, ils représentent pour la vallée et les villages un rempart vital.
Au-dessus de la forêt, dans le terrain dégagé, nous apercevons bientôt devant nous l'**Alp Gurschen** (2015 m). Un chemin neuf et large conduit de cet endroit sur les pâturages alpestres bien dégagés et monte à **Gurschen,** la station intermédiaire du téléphérique Andermatt–Gemsstock.
Pour le marcheur qui ne s'effraye pas d'un court trajet à l'ouest vers une cabane (station de montagne d'un téléski), l'effort sera récompensé par une vue grandiose. On découvre Andermatt, la vallée, Hospental, à

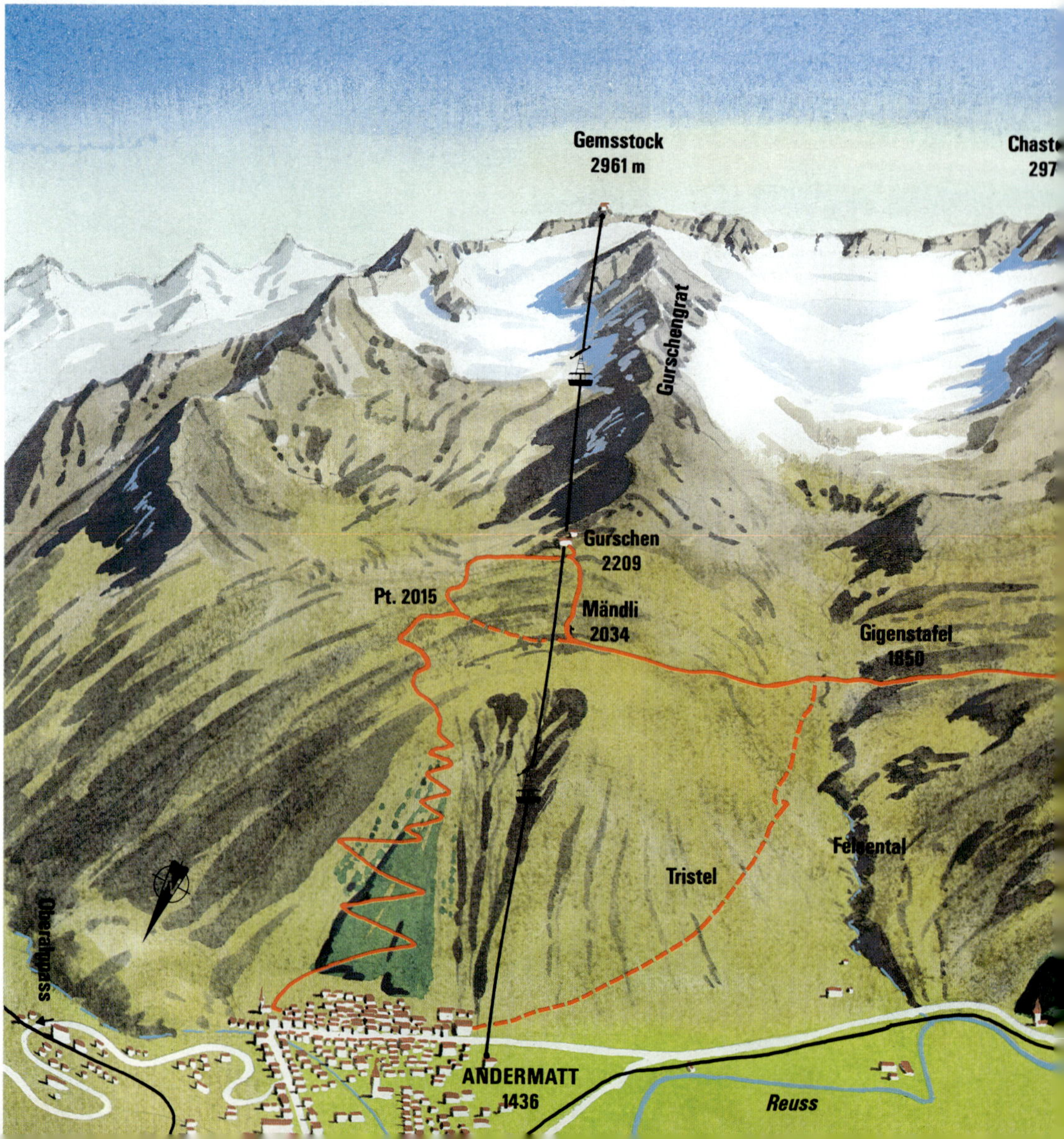

gauche l'accès au Col du Gothard, la Furka, droit devant la gorge des Schöllenen, à droite l'Oberalp, et en toile de fond les majestueux sommets des Alpes. Une descente profitable nous conduit à Hospental. Le sentier descend, assez abrupt à travers pâturages, jusqu'au **Mändli**. Nous jouissons une nouvelle fois du prestigieux panorama, avant de descendre en pente douce au ruisseau St-Anna. Nous le franchissons pour parvenir dans la région de *Gigenstafel*, et en montant très légèrement pour accéder à la nouvelle route goudronnée. Après quelques virages déjà, nous pénétrons dans la forêt de St-Anna: le bas de la vallée se rapproche, nous arrivons presque sans nous en apercevoir à **Hospental**.

Le village idyllique, surplombé par une ancienne tour de guet qui domine l'animation régnant sur les routes du Gothard et de la Furka, suscite l'intérêt et invite à un peu de répit avant que le train Furka–Oberalp nous ramène à Andermatt.

Hospental ou Hospenthal?
Le nom de la localité – à l'image d'autres mots du dialecte d'Urseren – devrait être apparenté à l'italien «ospedale» et l'écriture «Hospenthal» ne serait ainsi pas juste. Chemin de crête court pour réduire le parcours: Alp Gurschen–Mändli 10 min.

Bifurcation
Agréable descente du ruisseau St-Anna à travers le Jungholz et retour à Andermatt, 1 h

Carte d'excursions pédestres
Urner Oberland

Guide pédestre
Uri

Parmi les curiosités les plus remarquables d'Andermatt, nous découvrons d'abord trois édifices religieux. A gauche, à l'entrée du village près de la caserne, l'impressionnante église St-Colomban, édifice gothique tardif du 13e siècle. Le clocher roman et l'intérieur des 16e et 17e siècles sont de véritables raretés. Au milieu du village, l'église St-Pierre et Paul construite en 1609, toute proche des maisons aux lisières sud de la localité. On découvre enfin la chapelle Maria Hilf, édifiée de 1739 à 1742.
L'Hôtel de ville, datant de 1583 et reconstruit en 1767 après l'incendie du village, ainsi que la plus ancienne auberge d'Andermatt, l'Hôtel des Trois Rois, près du pont, méritent également un peu d'attention.

SP Avec la construction en 1937 du téléski Nätschen–Gütsch, première installation de ce genre réalisée en Suisse, et le téléphérique du Gemsstock, en 1962/1963, on a ouvert un paradis de ski presque inépuisable. La région est considérée depuis longtemps comme la plus grande région de sports d'hiver de Suisse centrale.

Hospental: La première citation d'Hospental dans les documents historiques date de l'an 1317. La localité, au pied de l'ancienne tour de guet, était déjà un poste important pour les attelages sur la route nord-sud. Le village a peu changé au cours des siècles, mais la transition entre le passage des troupeaux de bestiaux et celui des engins motorisés a apporté une rude évolution… Les auberges et le vieux pont construit au moyen de pierres d'éboulis rappellent les anciens temps. Parmi les édifices qui méritent d'être vus, on retiendra l'ancienne «Sust» devenue arsenal, la chapelle St-Charles aux limites ouest du village, et particulièrement l'église paroissiale baroque dédiée à l'Assomption de la Vierge Marie (1705–1711).

Andermatt

Une pointe de flèche en pierre finement dentelée (4000 ans av. J.-C.) et quelques monnaies romaines (300 ans ap. J.-C.), témoignent du passage dans la vallée d'Urseren (du latin ursaria, vallée des ours) par les messagers, des légionnaires, des marchands.
1170–1190 Colonisation de la vallée d'Urseren appartenant depuis huit siècles au couvent de Disentis, et fondation, parmi d'autres, d'Andermatt (La Prairie).
vers 1200 Les Schöllenen sont rendues praticables par le Pont du Diable et le Twärenbrücke, qui accroissent le trafic commercial déjà intensif par le Gothard.
1615 Premier service de courrier régulier par le Gothard.
1834 Mise en activité d'une entreprise de diligences à horaire régulier par le Gothard.
1882 L'ouverture au trafic du tunnel du Gothard, entre Göschenen et Airolo, conduit à un certain abandon du trafic des marchandises par le col du Gothard et contraint bon nombre d'habitants à chercher ailleurs un gagne-pain.
1895 Fondation de la Place d'armes d'Andermatt.
1917 Ouverture du Chemin de fer des Schöllenen, de Göschenen à Andermatt.
1920 Circulation des premières automobiles postales par l'Oberalp, la Furka et le Gothard.
1929 Ouverture entre Gletsch et Disentis du chemin de fer Furka–Oberalp.

Bristen–Tritt–Bristen

Voici une randonnée sans de trop grandes difficultés, qui nous dévoile la diversité et la majesté de l'univers montagneux uranais. Dans la vallée latérale solitaire, nous admirons la flore alpine variée et bigarrée, les prés montagneux multicolores, les pentes enneigées et l'éclat des glaciers, nous entendons les sources cascadantes, nous écoutons les sonnailles des troupeaux, nous sursautons au cri strident des marmottes toujours en éveil. Le spectacle des beautés naturelles ne doit pourtant pas nous faire oublier que l'habitant de ces régions alpestres doit aussi vivre dans un monde de brouillards, de vent, de neige et de froidure qui l'obligent parfois à abréger le temps de sa présence!

Route		Altitude	Temps
1	Bristen	770 m	—
2	Station inférieure	832 m	0 h 30
3	Seewen-Golzern	1423 m	2 h 30
4	Alp Stäfel	1927 m	4 h 05
5	Tritt	1760 m	4 h 40
6	Sass	1465 m	5 h 15
7	Balmenegg	1349 m	5 h 40
8	Balmenschachen	1185 m	6 h
9	Station inférieure	832 m	6 h 55
10	Bristen	770 m	7 h 20

A partir de la gare CFF d'Amsteg, l'automobile postale nous amène – parcours romantique – par une suite de tunnels et de virages étroits montant au sympathique petit village montagnard de **Bristen.** Le long du Chärstelenbach, en remontant la vallée, nous atteignons en une demi-heure la **station inférieure du téléphérique** Bristen–Golzern. Une petite route se ramifie, immédiatement après, à gauche en direction des bâtiments situés dans la partie supérieure de la pente. A cet endroit, nous gravissons la forêt sur un bon chemin, au flanc escarpé de la vallée. Au-dessus de Glausen, nous arrivons dans le fossé de la *Widderlaui*. A travers les prés de montagne, obliquement en direction est, on arrive par une pente plus douce au hameau de **Seewen-Golzern,** où deux auberges nous proposent un moment de halte.

Après la dernière maison de Seewen-Golzern, notre chemin s'écarte à gauche de celui qui conduit au lac, pour prendre régulièrement de la hauteur à travers pâturages et rideaux d'arbres, puis en terrain plus ouvert et en partie boisé. Dans la région des *Golzeralpen,* le terrain se fait plus agréable. Nous cheminons une demi-heure au-dessous de la cabane des Windgällen, à la rencontre de l'**Alp Stäfel.** L'amateur d'atmosphère montagnarde trouve à cet endroit une place de pique-nique et une fontaine pleine de fraîcheur. Peu avant les cabanes, le chemin dit Eselweg – Chemin des Anes – s'incline directement vers le Balmenegg (Hôtel CAS). Nous gardons cependant la direction est, à travers des pâturages alpestres fleuris et, par plusieurs ruisseaux, descendant des rochers de

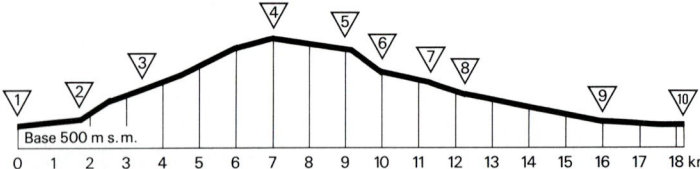

Tritt. Par temps sec, la traversée de l'eau claire ne pose pas de problème; mais pendant et après les intempéries, elles peuvent devenir infranchissables et obliger le promeneur à faire le détour.

Coup d'œil grandiose sur les montagnes uranaises

Au cours de toute la randonnée au flanc de la montagne, nous jouissons d'un coup d'œil imposant sur l'univers montagneux, où l'on reconnaît l'Oberalpstock et le Gross Düssi. La cuvette de l'Hüfifirn s'ouvre devant nous, avec les rochers bouleversés du Chalch, les colosses du Gross Ruchen et du Grosse Windgällen. La *flore alpine* très variée mérite aussi un regard admiratif.
A partir de Tritt, un chemin sûr descend en plusieurs lacets vers la vallée, puis s'abaisse plus doucement vers **Sass** (1465 m) et Butzli à l'Hôtel CAS de **Balmenegg**. Avant de prendre la route pour la dernière partie de cette randonnée, nous trouvons ici une halte agréable. Puis nous revenons sans peine, sur une bonne route passant par **Balmenschachen** le long du Chärstelenbach, au petit village de **Bristen**.

Itinéraire secondaire

Un sentier conduit du Golzerensee, d'abord sur la route principale par des prés de montagne odorants et des forêts clairsemées, en gravissant la pente. Plutôt que d'aller directement à l'alpage de Stäfel, nous choisissons à proximité de la lisière de forêt une bifurcation à gauche, pour aller à la cabane des Windgällen (AACZ, 2032 m). Les sapins nains et les aulnes verts montrent la limite de croissance des arbres. Le chemin conduisant de la région d'ardoises cristallines du massif de l'Aar aux calcaires du Grosse Windgällen, la flore tout au long de ce parcours est particulièrement variée: on y rencontre des plantes croissant sur les sols acides et basiques, complétées par les espèces les plus diverses. Les étonnantes dolines, derrière la cabane des Windgälle, font partie de la transition vers les régions calcaires. A partir de la cabane, nous rejoignons bientôt l'itinéraire principal à la hauteur de l'alpage de Stäfel. 1 h 50

Bifurcation

L'Eselweg, variante plus courte de l'itinéraire avant le Tritt, pourrait servir lorsque les ruisseaux charrient de grandes eaux.
Alp Stäfel–Alt Stafel–Balmenegg
1 h 15

Le téléphérique Bristen–Golzern nous permet d'atteindre rapidement les hauteurs de Golzern. Bristen–station supérieure de Golzern, 30 min.

Le village d'Amsteg, au pied du Bristenstock et à l'entrée du Maderanertal, est cité pour la première fois en 1297. Avant l'ouverture du tunnel du Gothard, l'endroit était une étape de choix, car d'ici le chemin des attelages conduisait au sud par Bristen–Etzlital–Disentis–Lukmanier. Là se rencontraient pèlerins, marchands, soldats. L'accueil et l'hospitalité de ce lieu se sont maintenus au fil des siècles jusqu'à nos jours.

Dans le fond étroit de la vallée, les habitants travaillaient autrefois dans des mines de fer, où ils transformaient en lingots, ferrements, clous et matériel militaire le fer provenant du Maderanertal. Cette industrie n'a pourtant jamais été très prospère: elle devait s'éteindre finalement en 1733. Une grande inondation détruisit en 1762 les forges du village, et il fallut renoncer aux charrois pour retrouver la dure exploitation agricole.

Carte d'excursions pédestres
Uri

Guide pédestre
Uri

Golzern: C'est un lieu de vacances volontiers visité, au milieu de son splendide univers alpin. Tous ceux qui sont à la recherche de calme et de détente y découvriront le repos, mais aussi à leur gré des possibilités d'excursion et de randonnées de plus ou moins longue durée. On peut se baigner dans le clair petit lac de montagne, dont la température estivale atteint jusqu'à 20°C. Les rives romantiques de la nappe d'eau proposent aux groupes ou écoles des places de pique-nique bienvenues. Les amateurs assidus pourront cueillir des baies dans les pentes, en fin d'été ou au début de l'automne.
L'agriculture de montagne est la principale ressource de la population, mais les revenus parcimonieux provenant du sol exigent une occupation accessoire. Les enfants des classes supérieures doivent se rendre jusque dans la vallée pour y suivre l'enseignement. Au cours des hivers de très haute neige, de janvier jusqu'en avril, la plupart des maisons sont désertes.

Bristen dans le Maderanertal

A peine a-t-on derrière soi la route de montagne aux nombreux virages montant d'Amsteg, que déjà nous saluons à l'entrée du Maderanertal le joli village de Bristen. Le nom de la vallée provient de la famille Madran qui de 1536 à 1631 a déployé dans cette région une grande activité. A en croire les sources historiques, on a exploité en 1480 déjà le fer dans les cavités des Windgällen. Aujourd'hui encore, certaines galeries et puits de mine sont intacts. Un haut-fourneau récemment rénové, près de la station inférieure du téléphérique Bristen–Golzern, est le témoin exceptionnel de cette ancienne époque.
Le Maderanertal est une région de prédilection pour les chercheurs de pierres et de cristaux de roche: dans le seul village de Bristen, la société réunissant de tels chercheurs compte des dizaines de membres. La recherche de minéraux permet de remonter jusqu'à l'époque lacustre, quand les hommes taillaient de bonnes pointes de flèches dans la pierre très dure.
A l'écart du bruit des rues et des émanations nocives du trafic routier, cette région livrée à l'exploitation parcimonieuse de l'économie alpestre est pour l'ami de la nature une vallée dans laquelle chacun aime à se retrouver.

Le paysage changeant caractérise cette randonnée. La cité de Schwyz, avec ses édifices historiques, puis les champs et prés bigarrés, enfin les pâturages alpestres avec de beaux points de vue au cœur de la région préalpine, sont autant d'étapes exaltantes et variées. Par le col d'Ibergeregg, nous atteignons sans grand effort Oberiberg, station de sport et de vacances bien connue.

Schwyz–Ibergeregg–Oberiberg 52

Route	Altitude	Temps
1 Schwyz 🚌	516 m	—
2 Perfiden	609 m	0 h 35
3 Hand	1065 m	2 h 05
4 Ibergeregg	1406 m	3 h 10
5 Tschalun 🚠	1068 m	4 h
6 Oberiberg 🚌 🚠	1087 m	4 h 10

A **Schwyz,** nous quittons la halte d'autobus en suivant les indicateurs de randonnées jusqu'à la place principale. Autour de l'église baroque dédiée à St-Martin, on admire les très belles maisons et l'Hôtel de ville dont la peinture murale illustre la bataille de Morgarten en 1315. Lors de l'incendie de la cité en 1642, l'édifice a été complètement détruit; on l'a reconstruit sur les fondations du bâtiment précédent qui datait de 1593.

L'image de Schwyz est agrémentée par les pentes abruptes des *Grands Mythen* et *Petits Mythen.* Nous quittons la place chargée d'histoire par la Reichsstrasse, où nous remarquons au passage une plaque commémorant la naissance du poète schwyzois *Meinrad Inglin* (1893–1971). La très vieille maison de bois sur la gauche est probablement, selon les recherches les plus récentes, une des plus anciennes de Suisse. Nous obliquons à gauche, pour prendre la Reichsgasse, dont les pavés laissent deviner l'âge. Bientôt nous arrivons à l'Hinterdorfstrasse, que nous longeons sur un trottoir jusqu'à la fontaine, avant de passer de l'autre côté: un étroit chemin nous conduit alors à travers prés. Après 130 m environ, nous bifurquons à gauche, pour monter en pente douce au creux du Tobelbach. Le regard sur Schwyz est de cet endroit surprenant.

A notre droite se trouve le cimetière; nous passons par *Waldegg,* une des plus anciennes résidences nobles entourée de murailles, et peu après à la *Maison Immenfeld* bâtie en 1637 par Sebastian Ab Yberg, avec chapelle érigée en 1687 sous la dédicace de saint Antoine de Padoue. Puis nous arrivons au hameau de **Perfiden**. Après la traversée de la route qui provient de Rickenbach, la randonnée prend le cours d'un chemin des

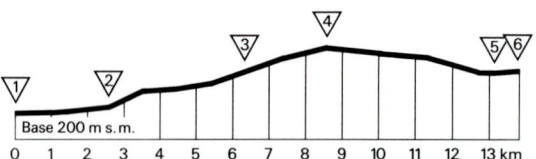

près et commence à gravir les pentes.

Un beau et bon chemin soutenu par un mur de pierres naturelles nous conduit à la route d'Ibergeregg que nous franchissons; le tronçon suivant du chemin a été construit en 1987 par la Protection civile. A proximité d'un restaurant, nous traversons une fois encore la route d'Ibergeregg, pour passer au plateau de *Lotenbach.* L'indicateur de direction nous invite à monter vers des loges à bétail puis en franchissant un pont vers les prés et marécages de Chaisten.

Près de **Hand** (restaurant) où nous montons encore pour traverser une

Par l'ancien col d'Ibergeregg

fois de plus la route d'Ibergeregg, la randonnée se poursuit en partie à l'ombre, sur un parcours où pylônes et câbles nous signalent l'existence d'une piste de ski.

Par les cabanes de Grossboden, le chemin en partie démantelé nous conduit au passage ancien et bien connu d'**Ibergeregg**. A droite en contrebas se dresse une chapelle, à gauche l'auberge de montagne. Toile de fond de ce paysage: le massif rocheux des *Mythen* et devant nous le *Brünnelistock* couvert d'herbages. Tout près du restaurant, à gauche, nous entrons après 200 m sur *l'ancien Schwyzerweg,* que nous suivons en descendant et pratiquement toujours en terrain découvert. Bientôt nous apercevons dans le bas le but final de notre excursion, Oberiberg. Un peu au-dessous de **Tschalun,** près de *Petersboden,* un télésiège conduit sur les hauteurs, au Steinboden, pour desservir les régions de randonnées de Laucheren et de Hoch-Ybrig. Par

SP La région de Schwyz dispose de nombreuses installations pour la pratique des sports d'été et d'hiver, par exemple le tennis, l'équitation, l'escalade, parcours VITA, baignades, patinoire couverte. Au Stoos et dans la région des Mythen, téléskis et pistes.

Au cœur de *Schwyz,* la magnifique place devant l'église St-Martin, environnée de splendides habitations, est la plus belle place baroque de Suisse. L'Hôtel de ville, somptueux édifice de 1642, aux façades peintes et décorées, est un élément privilégié de cet ensemble architectural. L'intérieur aux riches boiseries et vitraux est également impressionnant. Il faut faire mention de la Maison Ital Reding, qui abrite un musée de l'habitat, la Tour des archives avec son musée des traditions populaires et les Archives du canton de Schwyz avec les collections de chartes fédérales ainsi qu'une collection unique d'emblèmes, de drapeaux et de parchemins remontant jusqu'en 1291.

la route d'Ibergeregg, nous parvenons finalement à la halte d'automobiles postales d'**Oberiberg**. Avant le départ, une brève balade jusqu'au village ne manque pas d'intérêt.

Bifurcations

Belle randonnée d'Ibergeregg par la Rotenfluh à Holzegg, et descente à Schwyz.
Ibergeregg–Rotenfluh–Holzegg–Schwyz, 3 h
Retour raccourci de l'Ibergeregg à Rotenfluh, puis descente par téléphérique à Rickenbach et à pied jusqu'à Schwyz.
Ibergeregg–Rotenfluh 50 min., Rickenbach–Schwyz 20 min.

Guide pédestre
Schwyz

Oberiberg: Village d'altitude bien situé, très ensoleillé, où aujourd'hui encore des paysans de montagne cultivent les terres. On s'imprègne du calme et de la mesure des habitants, première condition pour des vacances bénéfiques. Oberiberg, qui fait partie d'une région de détente et de séjour proche de l'agglomération zurichoise, offre diverses installations touristiques: parcours VITA, tennis, manèges, randonnées à ski, remontées mécaniques. C'est la voie d'accès à Hoch-Ybrig, la région très étendue de randonnées et de sports d'hiver, avec funiculaire, télésièges et téléskis. La région de Hoch-Ybrig est considérée comme un endroit particulièrement bien maintenu au point de vue paysage et réserves de plantes protégées.

Schwyz

La cité et le canton de Schwyz ont donné leur nom à la Suisse. La première citation historique, 14 août 972, apparaît sous l'orthographe «Suittes». Aujourd'hui bourgade aisée dans le fond de sa vallée, protégée au nord-est par les Deux Mythen, Schwyz compte 12 000 habitants, avec Seewen, Ibach et Rickenbach. Les Archives fédérales possèdent une collection complète des chartes de l'ancienne Confédération (1291–1513). La collection de drapeaux appartient, par l'ancienneté, le nombre et la qualité, aux plus prestigieuses et aux plus précieuses d'Europe. La fresque peinte sur la façade, le Serment du Rütli, est l'œuvre d'Heinrich Daniot (1896–1953). A voir également: le Musée régional dans l'ancienne Tour des Archives, l'église baroque et sa chapelle du Chemin de Croix, l'Hôtel de ville, le Musée de l'habitat dans la Maison Ital Reding. Le «Narrentanz» – la «Danse des gilles» – est une vieille coutume de Carnaval, de même que le «Nüsslen», ancienne danse culturelle alamane. Le nom de «Nüsslen» vient du fait qu'autrefois, en lieu et place des oranges, on distribuait le «Fürst-Ei» (œuf princier), des petits pains et des noix. La «Narrentanz» est un cortège aux tambours, sur un rythme syncopé, dans lequel s'agitent des masques. La figure principale des «Schwyzer-Nüssler» est le «Blätz», vêtu d'un costume somptueux et portant un balai de branches de sapin. Les «Schwyzer-Nüsslete» animent le jeudi de Carnaval (Schmutziger Donnerstag), le lundi et le mardi (Güdismontag et Güdisdienstag). Au mois de mars a lieu le «Chlefelen» des écoliers et à Pâques on assiste à la survivance d'une coutume appelée «Eiertütschen» qui consiste à entrechoquer les œufs teints. Le mois de mai voit se dérouler dans les districts les «Landsgemeinden», assemblées populaires sur la place du village.

Très belle randonnée des rives du lac de Zurich et de la plaine de March, par les hauteurs aux nombreux points de vue dominant le lac de Sihl. A cause de certains endroits humides ou marécageux, on sera tout content d'avoir chaussé de bonnes chaussures…

Lachen–Stöcklichrüz–Einsiedeln

Route		Altitude	Temps
1 Lachen	🚂 ⛴	417 m	—
2 Tschuepis		425 m	0 h 15
3 Bräggerhof		815 m	1 h 30
4 Stöcklichrüz		1247 m	2 h 45
5 Grueb		1240 m	3 h 05
6 Summerig		1191 m	3 h 15
7 Willerzell		890 m	4 h 10
8 Einsiedeln	🚂	881 m	5 h 15

Pour commencer cette randonnée, au départ de la gare de **Lachen,** nous franchissons le passage sous-voies sud. Les panneaux indicateurs nous désignent la droite pour traverser à quelque 150 m la Neuheimstrasse et passer sous la route nationale N 3. Après avoir parcouru la Breitenstrasse, nous nous trouvons dans un quartier de la *zone industrielle* de Lachen. Notre route suit sur 200 m la Tschuepisstrasse, oblique ensuite à gauche dans la Mülistrasse que nous longeons sur 200 m également: un chemin naturel qui se déroule sur la gauche, à proximité d'écuries, lui fait suite. A cet endroit commence la montée, par des chemins champêtres, jusqu'à la route de montagne. Près d'un large virage, nous quittons cette route, à droite, pour guider nos pas vers un ruisseau dont nous re-montons le cours. Le sentier proche du cours d'eau est de temps à autre étroit et raviné, on le distingue à peine entre les prés, mais quelques plaques de pierre marquent çà et là l'itinéraire. Nous parvenons par quelques courbes à la route de montagne. A peine à droite de l'*Ecole de montagne* (Bergschulhaus), nous traversons la route du Vorderberg: après une centaine de mètres, nous quittons par la gauche la petite route conduisant aux fermes. A côté du ruisseau, le chemin parfois difficile à découvrir nous amène à l'emplacement où il rejoint l'itinéraire des crêtes, qui en obliquant à gauche nous conduit à la forêt. Les souches déracinées rappellent la violente tempête de foehn qui en 1987 a dévasté la région. Le chemin pédestre dans les parages de la propriété de *Zug* est très étroit et seulement reconnaissable par quelques dalles de pierre: on a ici

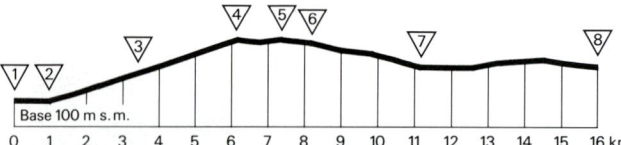

avantage à marcher en file indienne… Une centaine de mètres après les bâtiments, nous débouchons de nouveau sur la route de montagne que nous longeons jusqu'à l'auberge du **Bräggerhof**.
Après une brève halte, nous contournons la colline pour nous trouver près d'un banc, à l'endroit d'où l'on découvre le paysage. Puis nous montons par un bon chemin vers les pâturages alpestres et plus haut encore aux cabanes de *Waldeggli*. Près des cabanes de *Diebishütten*, on trouve encore une possibilité de ravitaillement.

Sur la ligne de partage des eaux entre lac de Zurich et vallée de la Sihl

La dernière partie de cette randonnée nous conduit en montant au **Stöcklichrüz**, où une vue magnifique est offerte au regard. Tout en bas, nous apercevons une partie du lac de Zurich et Rapperswil sur la rive la plus proche. Par une échancrure, devant nous, on voit la région de March, le Buchberg, et par beau temps on peut même distinguer le Säntis. A partir de cet endroit, l'itinéraire épouse la descente: un court instant de marche nous permet de gagner la place de repos avec foyers de l'illustré alémanique «Schweizer Familie» («Famille suisse»). A cet endroit, une courte contrepente nous conduit à **Grueb**, au croisement avec la route Etzelpass-St-Meinrad-Sattelegg. Le chemin descend alors sous bois; peu après avoir abandonné la forêt, nous bifurquons à gauche vers l'alpage de **Summerig**. Les pâturages à découvert et la forêt clairsemée facilitent à tout instant le coup d'œil sur quelques régions du lac de Sihl, sur le viaduc qui relie les deux rives et Einsiedeln, dans le lointain. La descente continue: à notre gauche apparaît tout à coup le village de Willerzell, à notre droite la place de camping. Nous atteignons en peu de temps la route principale où un indicateur signale à main gauche la direction de **Willerzell** et la halte d'automobiles postales. Par la droite, nous arrivons à la route principale le long du lac de Sihl, jusqu'au viaduc pas très large et dépourvu de trottoir: la circulation n'étant pas très intense, il reste place pour le marcheur. Après avoir dépassé Birchli et St-Benedikt, nous découvrons le village d'**Einsiedeln** autour de son couvent. La dernière partie de la descente est aisée et nous conduit sans peine au terme de notre randonnée.

Construction du couvent: Les plans pour la bâtisse du couvent sont l'œuvre géniale du frère lai Kaspar Moosbrucker (1656–1723), religieux d'Einsiedeln mais originaire d'Au, dans le Bregenzerwald. Première étape 1674–1684: chœur inférieur de l'abbatiale, chapelle des confessions et actuelle chapelle des novices, construites par J. G. Kuen, venu du Vorarlberg.
Deuxième étape 1704–1770: construction du couvent (1704–1718), église abbatiale (1719–1735) et bâtiments des services. L'ensemble du couvent couvre quelque 34 000 m carrés. La bibliothèque compte plus de 160 000 volumes, parmi lesquels 1200 incunables et 1350 manuscrits du 8e au 15e siècles, dont certains sont les fleurons de l'école d'écriture qui a prospéré à Einsiedeln aux 11e et 12e siècles.

Spectacle son et lumière: visite du couvent. Panorama: représentation du calvaire du Christ. Diorama: figures sculptées, image vivante des événements au temps de la naissance du Christ. Bibliothèque du couvent: visites sur demande.

SP *Einsiedeln*, bastion des circuits de ski de randonnée, offre toute l'année des possibilités nombreuses de sports, par exemple tennis, équitation – aussi en manège – sports nautiques, randonnées dans toutes les directions, ski, patinoire naturelle. *Lachen*, centre de sports nautiques, courts de tennis, vols circulaires.

Bifurcations
Randonnée très variée dans les collines de Stöcklichrüz, par Egg, au lac de Sihl, et de là sur la route principale jusqu'à Einsiedeln:
Stöcklichrüz-Chörnlisegg-Egg 1 h 15,
Egg-Einsiedeln 1 h 45

Guide pédestre
Schwyz

Lachen: La March est à l'origine d'une tragique guerrre civile. Lorsque le comte Frédéric de Toggenbourg, seigneur de cette région, mourut sans successeur en 1436, Schwyz et Zurich convoitèrent ce territoire: la première Guerre de Zurich provoqua un grand risque d'éclatement de l'ancienne Confédération.
On doit rapprocher Lachen d'un curieux événement historique: pendant la courte période où les districts extérieurs furent séparés de l'ancien Pays de Schwyz, la localité fut le premier chef-lieu du canton «Schwyz Äusseres Land» – Schwyz extérieur nouvellement créé.
L'église baroque à deux clochers datant de 1708/1711 est digne d'intérêt, de même que la chapelle du Ried, style baroque précoce, datant de 1684, la Fontaine de la Vierge sur la Kreuzplatz (1794), la Maison du Conseil de district (1836), la pierre commémorative dédiée aux soldats français et le Monument militaire près de l'église.

Einsiedeln

C'est un lieu de pèlerinage très connu à la Vierge Marie.
vers 828 Meinrad, moine de Reichenau, vient vivre dans la solitude sur l'Etzel, avant de choisir vers 835 un autre ermitage dans le «Finsterwald» et d'être assassiné en 861 par deux vagabonds.
934 Eberhard, ancien prieur de Strasbourg, pose la première pierre, en qualité de premier abbé du premier couvent bénédictin. Le duc Hermann de Souabe fait donation à l'abbaye des terres environnantes.
947 Einsiedeln devient couvent impérial, l'abbé est investi du titre de prince impérial.
L'empereur Henri II donne à la communauté la région de Sihl, Alp et Biber.
1314 La querelle de March, allumée par quelques-unes de ces régions, conduit à la guerre de Morgarten.
Avant son départ à Zurich, le réformateur Ulrich Zwingli était prêtre de ce monastère. Lors de la Révolution française, le couvent subit le pillage par les soldats français et fut supprimé, mais rétabli peu après, en 1804.
En alternance avec Lachen, la ville d'Einsiedeln était également chef-lieu de canton, aux temps du demi-canton d'Ausserschwyz – Schwyz extérieur. A part le couvent, le lac de Sihl est un point d'attraction pour la région d'Einsiedeln. C'est, par la surface, le plus grand lac artificiel de Suisse: sa longueur atteint 9 km. La mise en barrage et l'exploitation des forces motrices de l'Etzel datent de 1937; la différence d'altitude entre le barrage et la centrale d'Altendorf est de 480 m. Le lac et ses rives enrichissent véritablement l'offre touristique de la région, mais également le milieu naturel pour la flore et la faune, surtout comme complément aux zones naturelles protégées voisines de Schwantenau-Roblosen.

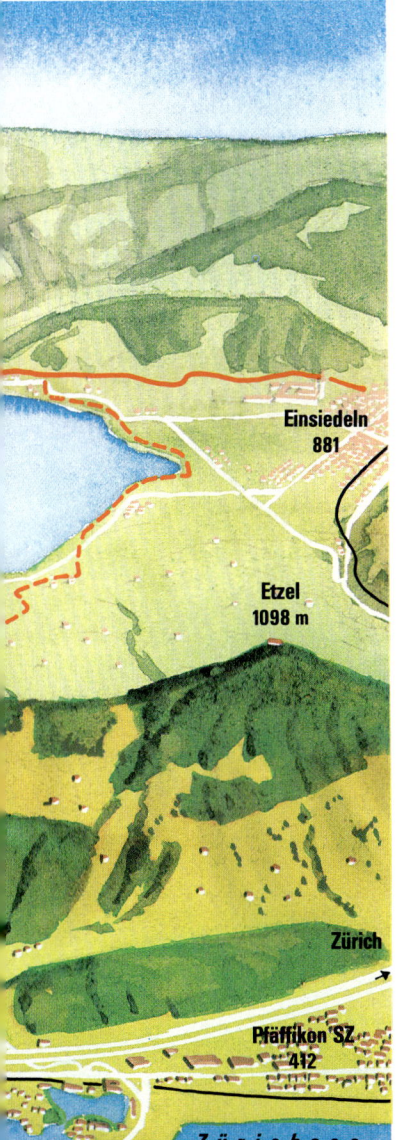

Agréable ascension, avec panorama de plus en plus étendu sur Zoug, les villages environnants et le bleu profond du lac. Sur les hauteurs, nous profitons des beautés que nous offre la nature, dans une région de prés et de marécages près d'Eigenried. La pente à peine plus prononcée nous invite à descendre à travers prés et forêts sur les rives ravissantes du lac de Zoug.

Zug–Zugerberg–Walchwil

Route	Altitude	Temps
1 Zoug	424 m	—
2 Blasenberg	760 m	1 h 10
3 Zugerberg	925 m	1 h 50
4 Tankfalle	943 m	2 h 05
5 Früebüel/Walchwiler Berg	980 m	2 h 55
6 Utenberg	657 m	3 h 55
7 Walchwil	417 m	4 h 30

De la gare de **Zoug** nous dirigeons nos pas à l'est. Par la Baarstrasse, nous cheminons au sud sur le trottoir, puis par la Kolinplatz jusqu'au croisement avec la Zugerbergstrasse. A gauche, en montant légèrement, elle nous conduit vers l'église Saint-Michel. Le parcours continue par le Regetenweg, le Klosterweidweg et finalement le Tschuepisweg. Après la montée escarpée du Tschuepisweid, on peut faire une petite pause sur le **Blasenberg** afin de profiter de la vue splendide sur la ville, le lac et la campagne de Zoug.

A gauche de l'auberge, nous reprenons notre montée près du Klosterhof, vers la première étape de notre randonnée, le **Zugerberg**. Nous marchons en droite ligne, entre bâtiments, places de verdure et de sport, pour atteindre bientôt la station du chemin de fer du Zugerberg. Après une pause revigorante et la découverte du très beau paysage, notre excursion se fait plus aisée, en direction de l'Institut Felsenegg et plus loin en direction sud.

Par les crêtes lumineuses vers la Riviera zougoise

A la croisée de **Tankfalle** (barrage militaire), pt 943, nous obliquons à droite: nous arrivons ainsi au point de vue d'Ewegstafel et au ravissant paysage des marécages de l'Eigenried. C'est une réserve naturelle qui nous révèle toute sa végétation: airelles, genièvre, myrtilles, bouleaux, aulnes, saules, trembles et pins.

A **Früebüel**, nous choisissons la route du Sürenmoos et la direction de Stafel; mais à 400 m de là, près d'Egg, pt 952, notre chemin oblique à droite, vers les fermes de Chatzenberg et Hessetschwändi. Plus loin, en descendant sur la route qui longe la forêt, nous apercevons dans une légère courbe à gauche un sentier abrupt qui s'enfonce sous bois. Nous le suivons à travers la forêt et sur les prés en direction de la vallée, jusqu'à **Utenberg**. Finalement, nous atteignons ainsi par une bonne petite route le village de **Walchwil**, sur l'idyllique Riviera zougoise.

Bifurcations

Sur le Rossberg, dans un paysage montagneux tourmenté par les éboulis: du Zugerberg à Alpli, d'où la montée au Wildspitz prend naissance, assez rude et en bordure de crête, impressionnante à l'endroit où s'est réalisée la rupture des roches, puis descente vers Goldau:
pt 943/Tankfalle–Buschenchäppeli–Alpli–Wildspitz–Gnupen–Goldau 5 h
Descente du Zugerberg dans l'Ägerital:
pt 943/Tankfalle–Buschenchäppeli–Nollengatter–Breitried–Zittenbuech–Bogenmatt–Unterägeri 1 h 20
Du Zugerberg, direction ouest par Gnipen à Goldau:
Egg/pt 952–Stafel–Heumoos–Rufiberg–Ochsenboden–Unter Spitzibüel–Goldau 2 h 20

Guide pédestre
Zentralschweiz

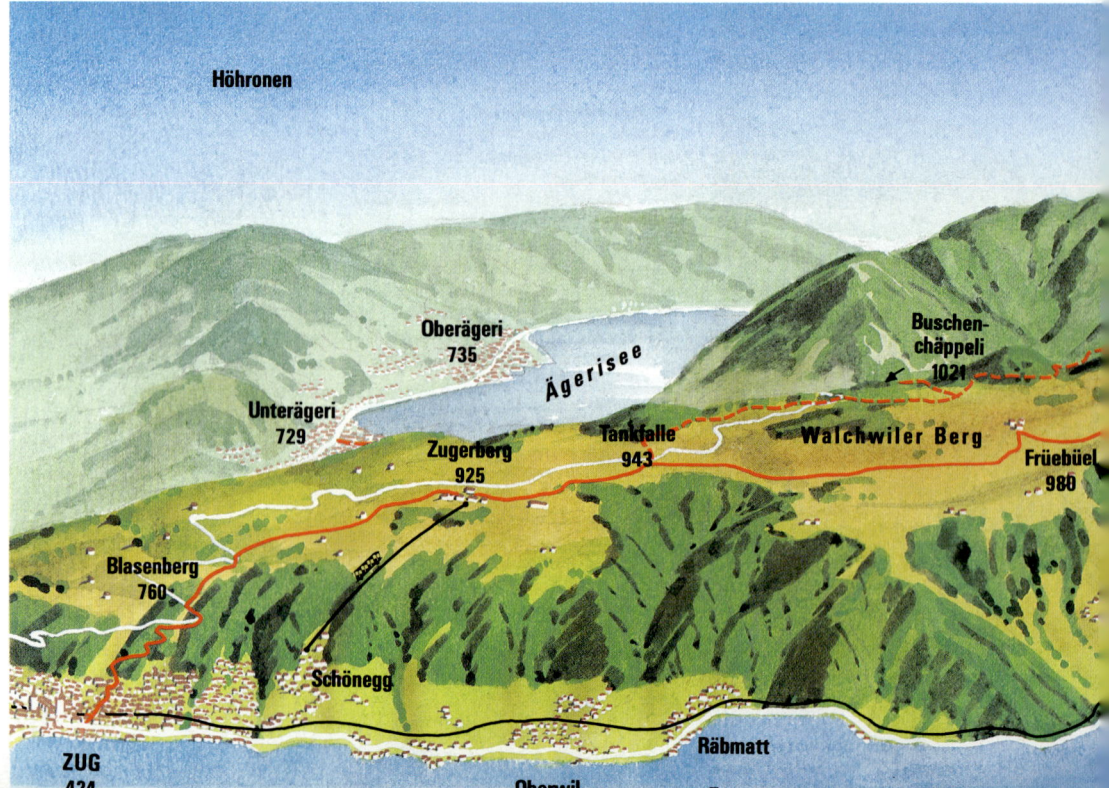

Le Zugerberg est une région de randonnées très favorable à la détente. Le point de vue est facilement accessible par funiculaire ou, plus agréablement encore, à pied.

Le château médiéval, transformé au 16e siècle, contient une riche collection historique sur la ville et le canton de Zoug.

Greth-Schell: Lorsque le cri «Greth Schällebei» retentit dans les rues et ruelles, le lundi du Carnaval, Greth-Schell apparaît sous son visage grimé, personnage aux couleurs sympathiques, moitié homme, moitié femme, à qui les enfants mendient oranges, sucreries et autres friandises.

Le Bäckermöhli: peu après la fête de sainte Agathe, les maîtres et apprentis de la corporation des boulangers, pâtissiers, confiseurs et meuniers se réunissent en grande assemblée. Après l'office divin et la revue des affaires, ils consacrent leur temps à la jeunesse, qu'ils comblent de victuailles et de friandises.

Walchwil: Le village est situé à l'abri des vents dans un endroit climatique favorable, au bord du lac de Zoug. Les vignes, les châtaigniers, les figuiers et les abricotiers y croissent. Grâce à l'initiative de quelques habitants de la cité, la tradition vigneronne est restée vivace.

La gastronomie est aussi un fleuron du village de Walchwil: les mets de poissons sont fameux.

Eboulement de Goldau: Le 2 septembre 1806, vers quatre heures de l'après-midi: une gigantesque avalanche de pierres s'abat sur l'ancien Goldau, avec une telle violence que des blocs de rochers roulent jusque dans les pentes opposées du Rigi, très haut dans le terrain. Après une longue époque de pluies, les masses de nagelfluh avaient glissé sur les couches de marnes pour foncer sur la vallée. La catastrophe a fait 457 morts, causé la perte de 457 pièces de bétail et détruit 322 maisons d'habitations et loges à bétail.

Zoug

Zoug est une charmante petite cité, au centre historique bien conservé et attrayant, mais elle ne manque pas pour autant du souffle dynamique d'une ville moderne grâce au développement de ses industries et du secteur des services.

1435 Le lac engloutit 26 maisons qui s'écroulent dans ses eaux: 60 personnes perdent la vie.

1594 Nouvel éboulement des rives du lac: 9 maisons disparaissent dans les eaux.

1887 Une fois encore, le lac engloutit 16 maisons d'habitation, emportant avec elles 11 personnes qui perdent la vie.

Curiosités principales en ville: Le Zytturm, porte d'accès à la vieille ville, est un des rares témoins de la fondation de la cité. Le majestueux Hôtel de Ville, qui forme avec le Rathauskeller un remarquable ensemble architectural, a été construit en 1505. C'est là que, pendant près de quatre siècles, les plus grandes décisions politiques et judiciaires ont été prises.

L'église Saint-Oswald, bâtiment religieux, fait pendant à l'édifice profane de l'Hôtel de Ville. Cette église, restaurée de 1478 à 1483, transformée et agrandie en 1505, est considérée comme un témoin parmi les plus remarquables et les plus impressionnants du gothique tardif en Suisse.

A peine hors de ville, on découvre le Zurlaubenhof, ancienne résidence de l'influente famille Zurlauben, qui accueillait autrefois militaires de haut grade, personnalités politiques et dignitaires ecclésiastiques. La maison seigneuriale dispose des plus grands locaux d'assemblée en Suisse centrale.

179

Nous allons dans l'île mondialement connue, libre de toutes brumes et bien ensoleillée au cœur de la Suisse. L'ascension très variée conduit sur les crêtes, à travers de séduisants bosquets et des pâturages étendus. Le point fort de la randonnée est la promenade riche en points de vue sur la haute crête, à travers pâturages. La situation de cette région, au centre des lacs de Suisse centrale, est absolument unique.

Küssnacht–Rigi–Scheidegg–Gersau

Route		Altitude	Temps
1	Küssnacht	457 m	—
2	Seebodenalp	1027 m	1 h 50
3	Rigi Staffel	1603 m	3 h 30
4	First	1453 m	4 h
5	Rigi Scheidegg	1656 m	5 h 25
6	Gätterli	1190 m	6 h 25
7	Chäppeliberg	1071 m	6 h 45
8	Rotzingel	821 m	7 h 10
9	Gersau	436 m	8 h

A partir de la gare ou du port de **Küssnacht,** nous allons d'abord jusque sur la place pittoresque du village. Un panneau jaune, au mur d'une maison, nous indique le chemin en direction de Seebodenalp. Nous arrivons bientôt à la première intersection, où nous tournons à droite pour gagner les maisons construites dans la partie supérieure du village. L'itinéraire continue, à travers des prés et des vergers abondants, jusqu'au Restaurant Alpenhof. Un chemin pédestre abandonne la route à cet endroit et grimpe vers le ruisseau en lisière de forêt, franchit le cours d'eau avant de prendre de la hauteur par-dessus une colline. Nous pénétrons sous bois: un sentier forestier bien aménagé mais pierreux nous permet de grimper en traversant à deux reprises la route alpestre. A l'emplacement où il la rejoint pour la troisième fois, on aperçoit en face les bâtiments de la **Seebodenalp:** du haut de la terrasse, on découvre un remarquable panorama. L'endroit est un lieu d'excursions très fréquenté, qui offre d'innombrables itinéraires. Un gros bloc erratique est posé derrière l'hôtel, au bord du chemin. On l'a baptisé «La Pierre d'Albert Heim». On peut lire sur une plaque:

«Am Gotthard verladen,
vom Gletscher gebracht
Halt über dem grünenden Land
ich hier Wacht»

qu'on peut traduire:
Charrié par le glacier,
embarqué au Gothard,
Je veille ici sur le vert pays…

Le chemin qui conduit en direction de Rigi Staffel rejoint bientôt le sentier qui provient d'Immensee. Au-dessus de Grodboden, nous franchissons un ravin en forêt et montons à Holderen Alp. Le pâturage de Seebodenalp s'étend à nos pieds; en été, on y dénombre quelque 600 têtes de bétail au pacage. A quelque distance, on passe un petit ruisseau et le chemin monte vers Rütlersplangg pour pénétrer dans une forêt pleine de fraîcheur. On franchit avec facilité,

Magnifique vue panoramique…

sur un bon chemin de montagne, tout le passage entre fuseaux de verdure et couches rocheuses, jusqu'à la crête du **Rigi Staffel.** Le panorama grandiose qui se dévoile à cet endroit mérite un moment de contemplation.

Les possibilités de continuer l'excursion sont nombreuses (voir Bifurcations). Nous choisirons l'itinéraire par la crête, qui n'a pas son pareil. Tout d'abord, nous prenons le chemin qui commence par longer sur une distance d'environ 400 m la voie de chemin de fer, en descendant. Puis nous obliquons à gauche pour rejoindre sur un pâturage le flanc est du Rotstock et aboutir au **First,** véritable carrefour de chemins pédestres. A partir de cet endroit, le chemin très fréquenté, taillé en pleine roche dans la paroi verticale, sur le

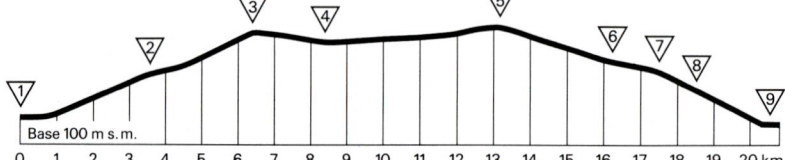

côté lac des Quatre-Cantons, est recommandé. Nous rejoindrons bientôt le Scheideggweg, avant de contourner le Dossen, sur le côté nord. Près du pt 1546 – de nouveau sur la crête – le panneau indicateur nous invite à obliquer à gauche. Le sentier rude conduit par l'alpage et la forêt montagneuse jusqu'à l'Hôtel et à la station du téléphérique de la Rigi Scheidegg. A cet endroit également, nous pouvons interrompre l'excursion et utiliser le téléphérique en direction de Goldau.

Mais le véritable plaisir, c'est de marcher le long de la crête de **Rigi Scheidegg** à **Gätterli,** et plus bas jusqu'à Gersau. Le chemin est facile et riche en points de vue sur Burggeist et Höcheli, jusqu'au moment où, un peu plus abrupt, il s'incline en forêt, par Chellensack jusqu'à Gätterli. L'auberge de campagne permet une halte bienfaisante et donne la possibilité de se restaurer.

Plusieurs possibilités de descente s'offrent une nouvelle fois. Nous utilisons cependant, pendant quelques mètres, la route en direction ouest. Déjà nous plongeons à gauche dans la forêt, pour atteindre finalement, sur un chemin à travers champs, les maisons de **Chäppeliberg** et la jolie chapelle dédiée à saint Wendelin. A partir de là, la pente se fait plus abrupte. Le chemin balisé part en direction de la vallée et de la ferme de **Rotzingel,** puis entre sous bois pour s'achever en nombreux lacets au pont sur le Teuffibach. Nous franchissons le ruisseau et nous aboutissons, après un court instant, sur une bonne route qui mène à la station de vacances et de tourisme de **Gersau.**

Bifurcations
De Rigi Staffel, nous montons à gauche le long de la route asphaltée et en pente, et nous arrivons en peu de temps au Rigi Kulm:
Rigi Staffel – Rigi Kulm
30 min.
Pour tous ceux qui ne s'effraient pas de descentes plus longues et plus raides, on peut choisir au flanc nord-est du Rigi un parcours vers la ligne du Gothard:
Rigi Kulm – Goldau 2 h 10
On peut aussi parcourir en peu de temps la belle et vivifiante descente sur le flanc sud du Rigi, toutefois assez pentue par endroits:
Rigi Staffel – Rigi Kaltbad – Vitznau 2 h 30

Carte d'excursions pédestres
Schwyz–Zoug–Lac des Quatre-Cantons

Küssnacht: Le centre du village et les quartiers inférieurs créent une ambiance caractéristique, avec leurs maisons anciennes; à Merlischachen également, belles demeures schwyzoises, Chapelle de Tell dans le Chemin creux, vestiges du Château faussement attribué au bailli Gessler.

Gersau: Hôtel de ville du temps de la République libre de Gersau, nombreuses maisons anciennes, église paroissiale classique.

Le Chemin de fer du Rigi Vitznau–Kaltbad organise pendant le semestre d'été des parcours par locomotive à vapeur: alors que la traction électrique permet de gravir la montagne à la vitesse de 18 km/h, la machine à vapeur grimpe à la vitesse de 9 km/h.

Lieux idylliques sur le lac: Les stations de vacances au paysage choisi et aux conditions climatiques favorables, Weggis (photo), Vitznau et Gersau, sont à l'écart des routes à grand trafic; mais les beaux bateaux y font escale. On soigne dans ces lieux une végétation semblable à celle du sud, dans des jardins bien entretenus, avec figuiers et autres plantes exotiques qui apportent un charme inattendu. A Weggis, on connaissait déjà au 15e siècle les châtaigniers et depuis le 11e siècle les vignobles. Gersau peut se vanter d'avoir été, de 1390 à 1798, la plus petite république du monde. Les voisins de la localité, jaloux de la position du village pendant des siècles, ont donné aux habitants le renom de «nigauds bourgeois de Suisse». On ne compte plus le nombre d'anecdotes sur la «langue pointue» des habitants de Gersau…
Une étrange légende est attachée à la chapelle de Kindlimord, à l'est de Gersau: un ménétrier aurait mis à mort son propre enfant orphelin à cet endroit, sur le rocher.

Rigi

Depuis le 18e siècle, le Rigi – qu'on appelle souvent «reine des montagnes» – est renommé comme inoubliable région de randonnées et paradis de vacances. A partir de plusieurs endroits bien marqués, on a une vue panoramique saisissante sur plusieurs centaines de kilomètres; l'aurore et le crépuscule peuvent être observés dans une ambiance inoubliable et la mer de brouillard, en automne, est aussi un spectacle exceptionnel.

La première mention historique remonte à l'an 1353. Le Rigi a eu sa première heure de gloire au cours du 17e siècle, à l'époque où les pèlerins se rendaient à Kaltbad pour chercher la guérison de leurs souffrances.

En 1756, le gouvernement lucernois autorisa la construction de la première auberge à Rigi Kaltbad; en 1816, on a ouvert le premier hôtel au Rigi Kulm. Avant la mise en service du premier chemin de fer du Rigi, les gens se faisaient transporter sur la montagne dans des chaises à porteurs ou par des chevaux; on croyait en ce temps-là que la manière de voyager à pied n'était pas bonne pour la santé, et même indécente! L'inauguration du premier chemin de fer construit par l'ingénieur Niklaus Riggenbach a eu lieu le 21 mai 1871, l'électrification en 1937. Le chemin de fer à partir d'Arth-Goldau a été mis en service en 1875. Un téléphérique relie depuis 1968 Weggis à Rigi Kaltbad. Le Rigi Kulm et la Scheidegg, avec leurs couches rocheuses transversales de nagelfluh et de calcaire, appartiennent déjà au domaine alpin. A l'ère des glaciations, le glacier de la Reuss a travaillé les flancs de la montagne et laissé moraines et blocs erratiques, par exemple sur la Seebodenalp. La diversité des formations rocheuses, dans la région du Rigi, laisse pourtant place à une flore très variée: près de 900 plantes à fleurs, 300 espèces de lichens et 100 sortes de mousses croissent dans ces terrains.

Lenzburg–Hallwil–Boniswil

Les beaux points de vue ne manquent pas, tout au long de cette randonnée, surtout sur le lac de Hallwil et sur les Alpes. Le parcours est agrémenté par deux belles résidences seigneuriales d'autrefois, les châteaux de Brestenberg et Hallwil.

Route		Altitude	Temps
1	Lenzburg	400 m	—
2	Ebnet	510 m	1 h
3	Eichberg	610 m	2 h 10
4	Seengen	477 m	2 h 40
5	Château de Hallwil	452 m	2 h 55
6	Boniswil	477 m	3 h 10

On quitte la ville de **Lenzburg** par le sud, en longeant la Bahnhofstrasse, que nous traversons près de la barrière. Nous continuons par le cours de l'Aabach jusque vers les prisons, pour obliquer, derrière les bâtiments, vers la forêt, en passant par le *Burgfeld*. Après la traversée d'une petite plaine, nous atteignons une route forestière et, restant sur la gauche, nous arrivons dans le site idyllique de *Fünfweiher*. A cet endroit, nous choisissons le chemin à l'est de l'étang, vers le Bärenloch. Peu avant le virage du pt 497, nous délaissons la route à gauche, pour en rejoindre une autre, toujours sous bois: c'est en suivant son tracé que nous parvenons à la tour d'observation. Un court instant, nous revenons sur nos pas, en cheminant sur notre gauche à flanc de coteau autour du Birch, pour descendre au *Tribächli*. L'itinéraire suit sur une courte distance la route de jonction Ammerswil-Egliswil, en direction nord: il faut obliquer à droite, le long de la lisière, en traversant le Tribächli. On observe de temps à autre, dans ces parages, des hérons cendrés et des milans. La randonnée conduit, à travers la forêt, à la ferme de Berg. Après le réservoir des eaux, nous obliquons une centaine de mètres plus loin pour pénétrer en forêt et aboutir à l'**Eichberg**.

Magnifique vue

Par temps clair, on jouit de cet endroit d'une vue panoramique splendide sur les Alpes, le lac de Hallwil et sur Seengen. L'Eichberg était autrefois le repaire et territoire de chasse des seigneurs de Hallwil: aujourd'hui, c'est une auberge de campagne très fréquentée. Après l'Eichberg, nous cheminons en montant légèrement à la lisière de forêt, puis nous restons sur la droite du chemin.

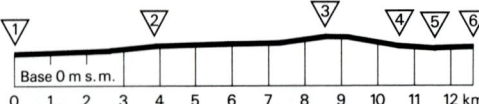

Nous arrivons, en passant par Bockshorn et Müliboden, dans le joli village de **Seengen**, plus bas dans la pente. Les innombrables trouvailles et vestiges de bâtiments découverts lors de fouilles archéologiques démontrent que Seengen a été habité aux temps romains déjà. La cure, avec ses armoiries gravées dans la pierre, a été bâtie en 1741. Au milieu du village, dans la maison «zum Burgturm», on peut visiter l'atelier de l'âge de la pierre dans lequel les écoliers, les jeunes, des classes d'école et même des adultes peuvent fabriquer des outils et ustensiles à la manière des lacustres et des hommes de l'âge de la pierre taillée et polie (atelier de M. Zurbuchen, il est recommandé de prendre rendez-vous). Après l'église, nous choisissons la gauche pour marcher le long de la route: lorsque nous avons passé la deuxième intersection (environ 300 m), nous prenons un chemin qui s'ouvre à droite et peu après à gauche et qui nous amène au magnifique *Château de Brestenberg*, avec son beau jardin. Les vignes proches de la résidence font croître un surprenant vin, qu'il convient de boire sans tarder parce qu'il ne se conserve pas longtemps… Le long du lac, direction nord, nous atteignons quelques minutes plus tard le **Château de Hallwil.** Près du Ries, on a découvert les vestiges d'un habitat lacustre remontant au premier âge de la pierre. Le château, construit au 12e siècle, appartient aux plus belles résidences bâties sur un plan d'eau dans l'ensemble de notre pays. On peut y visiter aujourd'hui un très intéressant musée. Par la route principale, nous atteignons en quelques minutes la gare de **Boniswil.**

Lenzburg a conservé malgré l'industrialisation – notamment industrie des conserves – son caractère médiéval. Le coup d'œil est aujourd'hui encore dominé par l'accord parfait entre la puissante colline du château et la vieille ville tapie à ses pieds. L'incendie de la cité, en 1491, a eu pour conséquence l'emprise du baroque, tel qu'on le découvre aujourd'hui de nos jours. Le château, dont les parties les plus anciennes remontent au haut moyen-âge, était aux origines le siège des comtes de Lenzburg, plus tard celui des baillis habsbourgeois et finalement – à partir de 1422 – des baillis bernois: portail des 16e/17e siècles, maison bailliale de 1460 («Landvogtei», habitation style gothique tardif), deux donjons datant d'avant 1460, Maison des chevaliers ou des ducs (14e au 16e s.), Maison bernoise ou Maison Philippe-Albert Stapfer (17e/18e s.). L'église réformée de Staufberg, style roman-gothique aux beaux vitraux datant de 1420, forme avec la cure et la maison du sacristain le pendant spirituel au château.

Le château de Hallwil est un des plus imposants manoirs construits sur l'eau dans toute la Suisse; il contient dans la «Vorderes Haus» un Musée du château illustrant la tradition de l'habitat aux 17e et 18e siècles. Dans l'«Hinteres Haus», collection sur les traditions populaires. Le château est construit sur deux îles; les parties les plus anciennes (fondations du donjon, logis sur l'île inférieure) datent du haut moyen-âge, la plus grande part des édifices, en revanche, remontent au moyen-âge tardif. Le château de Hallwil est demeuré depuis sa fondation aux mains d'une seule et même dynastie; le propriétaire actuel est la Fondation de Hallwil.

Langues de serpents

Les molasses de la région de Lenzburg–Mägenwil sont connues pour les nombreuses dents de requin et autres fossiles de l'ère tertiaire (environ 25 millions d'années) qu'elles contiennent. La gravure du moyen-âge tardif nous montre diverses dents de requin considérées autrefois comme des langues de couleuvres, d'oiseaux ou de corneilles. On croyait aussi que ces «pierres de langue» ou «langues de pierre» – en latin Glossopetra – étaient des dents perdues par un loup lunaire. Les plus estimées étaient celles de Malte, qu'on croyait antidotes aux morsures de serpents. La légende prétend qu'à cet endroit l'apôtre Paul a injurié et damné les serpents, après avoir été mordu par un de ces reptiles: ces pierres seraient les dents des serpents honnis. Un fait qui ne manque pas d'intérêt: le savant chercheur scientifique Cesalpino Mercati aurait reconnu dans ces pierres des dents de poissons.

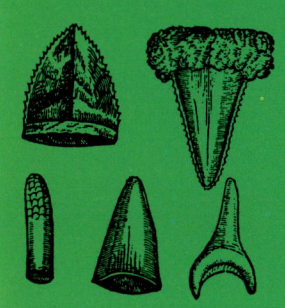

Voici une charmante randonnée dans la région de l'ancien cours de l'Aar. On y perçoit le contraste entre le milieu naturel et, grandeur nature, les conquêtes de la civilisation technique.

Olten–Niedergösgen–Aarau

Route	Altitude	Temps
1 Olten	396 m	—
2 Obergösgen	383 m	1 h 25
3 Niedergösgen/Usine électrique au fil de l'eau	379 m	2 h 40
4 Barrage d'Erlinsbach	374 m	3 h 15
5 Aarau	383 m	4 h 15

Nous quittons la gare d'**Olten** par le passage sous-voies et nous gardons notre droite – direction nord – pour aller à l'Aarestrasse. A partir de là, nous bifurquons à gauche, toujours en longeant l'Aar, jusqu'au pont du chemin de fer. Près de l'endroit où il décrit un large coude (Rankwog), nous obliquons sur le chemin de rive, à droite de la rivière, jusqu'au *barrage* de l'ATEL, d'où s'écarte le canal long de 5 km. Là, nous franchissons l'Aar par la passerelle pour piétons (par mauvais temps, utiliser l'escalier), afin de suivre ensuite la rive gauche de l'ancien cours de l'Aar. Une belle place de repos avec foyers se trouve, à proximité de la rivière, entre Winznau et **Obergösgen.** Un pont, au sud de cette localité, enjambe le cours d'eau et conduit jusqu'à Dulliken (gare CFF); mais nous continuons notre randonnée à travers le *Schachen,* région naturelle qui, au gré des saisons, dévoile de nombreuses curiosités aussi bien au botaniste qu'à l'ornithologue passionnés par la nature.

Nature et technique

Sur la rive opposée se dresse la centrale nucléaire de Gösgen, dont le panache de vapeur visible de loin aide à s'orienter sur le Plateau suisse. Après le hameau de Mühlidorf, aux maisons peu nombreuses, le chemin continue de se dérouler le long de l'Aar. Nous cheminons au large de la station de couplage de l'**usine électrique au fil de l'eau de Gösgen,** appartenant aux Forces électriques Aare-Tessin et construite pendant la première guerre mondiale. Par une petite forêt, à gauche, nous atteignons une agréable place de repos qui invite aussi les enfants à jouer. Peu avant que le canal débouche dans l'ancienne Aar, nous franchissons le cours d'eau sur un pont et nous arrivons en peu de temps au village de *Niedergösgen.* Pour qui ressent quelque fatigue, la possibilité existe de revenir par bus à Olten, ou de raccourcir l'itinéraire, par chemin de fer au départ de Schönenwerd.

Le parcours vers Aarau vaut vraiment la peine, tout au long de la rive gauche de l'Aar où l'on découvre encore quelques splendides bouquets d'arbres. Au sud de Niedererlinsbach, au lieudit *Aufeld,* nous avons le choix entre la rive gauche là où se détache le canal supérieur, ou le franchissement du pont, pour longer la rive droite. Dans le premier cas, nous devons – peu avant Aarau – traverser d'abord le canal, près de l'usine électrique, puis l'ancien cours de l'Aar. Si nous choisissons l'autre variante, nous n'avons plus à passer que le pont par-dessus l'ancien cours de la rivière. Le parcours continue, rive droite, par le *Chemin Albert Einstein* jusqu'à un nouveau pont, appelé «Kettenbrücke». On se souvient alors que le génial physicien, inventeur de la théorie de la relativité, a suivi les cours de l'Ecole cantonale d'Aarau, mais – ô ironie! – qu'il a dû quitter prématurément l'établissement pour résultats insuffisants dans l'enseignement des langues…

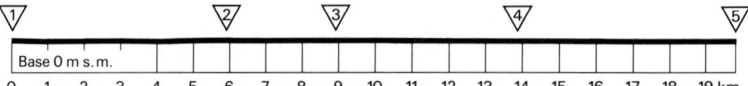

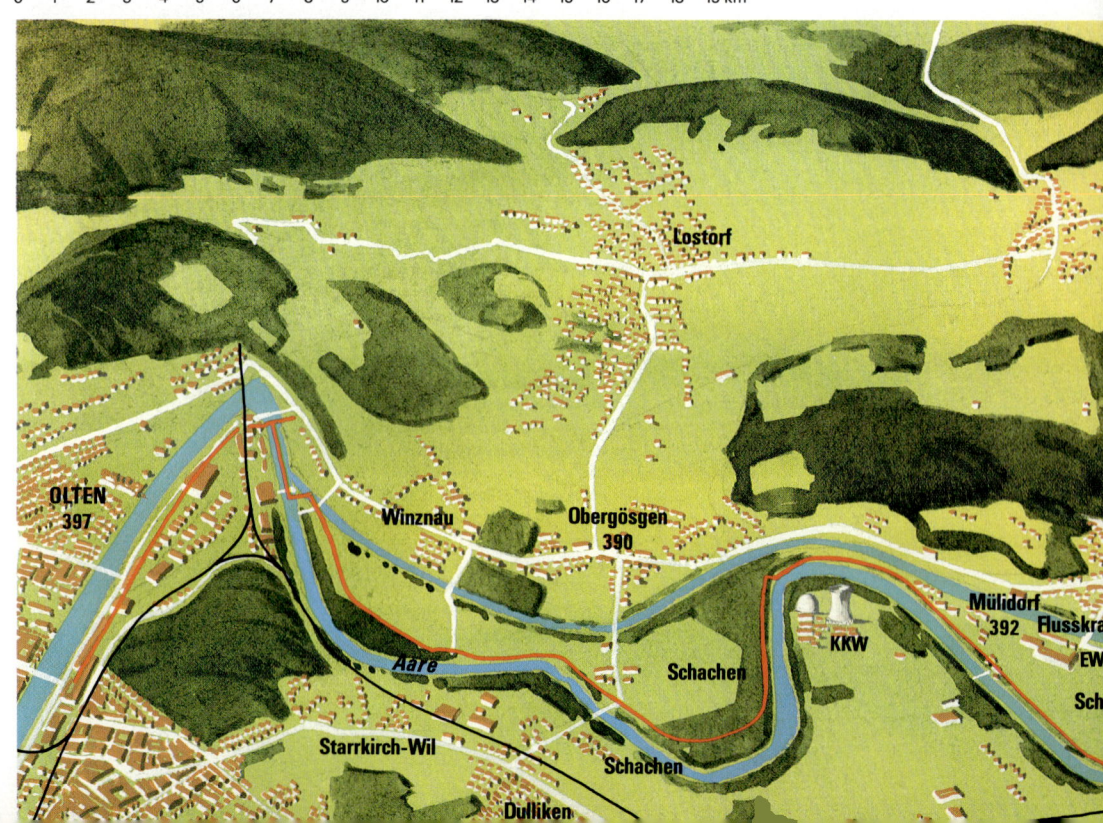

A partir de ce dernier pont, nous apercevons la vieille ville qui nous invite à une courte balade, à quoi peut fort bien et agréablement s'ajouter une petite agape dans un des nombreux et sympathiques restaurants. A l'extrémité sud de la vieille ville, nous continuons en direction de la rue principale (Hauptstrasse) et nous obliquons plus loin sur la gauche, pour atteindre en quelques minutes la gare d'**Aarau**.

Carte d'excursions pédestres
Argovie–Bâle-Campagne–Bâle-Ville

 Le Musée cantonal d'*Olten* abrite une collection d'art avec des œuvres de Martin Disteli, natif de la cité, ainsi que d'autres artistes locaux et suisses. Le Musée d'histoire naturelle, dans la Kirchgasse, montre sur trois étages des animaux et pierres de la région. Le Musée de la Fondation Bally, à *Schönenwerd*, abrite la collection très étendue d'E. Bally-Prior (1847–1926), qui met particulièrement en valeur la géologie, l'histoire locale de même que l'histoire ancienne et la préhistoire.

 Le pont de bois couvert, de même que la tour de 1521 – clocher de l'église paroissiale St-Martin désaffectée en 1844 – sont les symboles d'*Olten*. On remarque dans la Rue principale (Hauptgasse) et dans la Rue du Marché (Marktgasse) de nombreuses maisons du 17e siècle.
Aarau possède un centre médiéval pittoresque, dans lequel les éléments baroques apparaissent en plus grand nombre que les éléments gothiques. Les corniches et avant-toits typiques sont richement décorés. L'église gothique tardif (1471–1478) a un élégant clocher de la fin du 17e siècle. Le château dit «Schlössli» – 11e/14e siècles – abrite le Musée du Vieil Aarau et ses collections très intéressantes d'histoire et géographie locales.

Olten, un Eldorado de l'âge de pierre: *Il y a dans les environs d'Olten plus de sites de l'âge de pierre récent que dans l'ensemble de la Suisse. On y a mis au jour, notamment, des outils en silex, tels qu'ils étaient confectionnés par nos lointains ancêtres chasseurs. On a également découvert dans de nombreuses cavernes de la région, à part des outils, d'autres objets et des foyers. L'une de ces cavernes est le Käsloch, inclinée dans la pente qui domine la courbe de l'Aar, au Rankwog par où passe notre itinéraire. Le secret des cavernes autrefois habitées par l'homme s'explique par la richesse de la région en matériau pierreux. On découvre dans le voisinage plusieurs couches du jurassique, contenant une extraordinaire densité de silex, au moyen desquels les hommes des cavernes fabriquaient toutes sortes d'outils. N'est-ce pas là une raison pour laquelle nos lointains prédécesseurs se sont installés pour une longue période dans cette région?*

Un bison de l'ère glaciaire à Niedererlinsbach

Au début des années quatre-vingts, le Musée d'histoire naturelle d'Olten recevait une communication concernant la trouvaille d'ossements dans la gravière de Belfer. Les spécialistes de l'Atelier Imhof (Olten) réussirent à extraire ces ossements spongieux et friables: on rassembla les fragments, en laboratoire, morceau par morceau, et on les consolida au moyen de produits synthétiques. La surprise fut grande, lorsqu'on réussit à recomposer le crâne presque complet d'un bison des steppes, y compris les cornes! L'animal provient des dépôts fluviaux de la dernière glaciation. Il est possible que le bison se soit trouvé sur les pierrailles amassées devant le glacier du Rhône et se soit noyé en tentant de traverser un courant d'eau du glacier. Ses restes fossiles voisinent avec ceux d'un mammouth au Musée d'histoire naturelle d'Olten.

Oberdorf–Rötiflue–Solothurn 58

Splendide randonnée jurassienne, variée et avec plusieurs points de vue magnifiques. Le parcours permet de vivre le passage entre le Plateau suisse, fertile et riche en agglomérations, et le territoire des crêtes du Jura, plus rude, mais riche en flore. A plusieurs reprises, le coup d'œil permet un regard exceptionnel sur la construction géologique de la Suisse.

Route		Altitude	Temps
1	Oberdorf	655 m	—
2	Hinter Weissenstein	1226 m	1 h 20
3	Hôtel Weissenstein	1247 m	1 h 50
4	Rötiflue	1396 m	2 h 20
5	Balmfluechöpfli	1289 m	2 h 50
6	Falleren	559 m	4 h 05
7	Solothurn	430 m	5 h 30

Le point de départ de notre randonnée est la gare d'**Oberdorf,** sur la ligne du chemin de fer SMB – Soleure-Moutier. Nous longeons pendant un certain temps la route du Weissenstein, jusqu'à l'entrée de l'Oberdörfer Chlus.

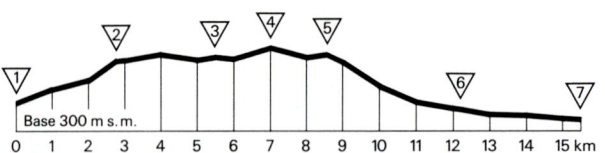

A cet endroit, nous tournons à gauche pour traverser la cluse, par un chemin balisé, afin d'atteindre Hinter Weissenstein. Nous parcourons les zigzags abrupts qui s'élèvent dans le forêt, traversons un ruisseau qui par temps d'orage peut devenir véritable torrent. Par d'autres lacets,

Fascinants détails dans le voisinage, magnifique coup d'œil lointain

mais dans une pente moins raide, nous atteignons l'orée de la forêt au-dessus d'Hinter Weissenstein. A l'emplacement où le sol prend une coloration rougeâtre, nous aurons peut-être la chance de récolter quelque coquille de mollusque ou d'escargot fossilisé.

Après une courte montée, nous arrivons au Restaurant **Hinter Weissenstein.** Directement derrière le bâtiment, nous suivons le Hammerweg qui mène à la crête de Dilitschkopf d'où la vue est remarquable. Avec beaucoup de chance, au printemps naissant, on découvrira les iris violacés en fleurs ou le lys martagon aux couleurs éblouissantes.

Plus loin, nous arrivons au sentier légèrement descendant qui se dirige vers le col du Weissenstein (1279 m) et de là à droite, obliquant pour rejoindre la terrasse de l'**Hôtel Weissenstein** (Kurhaus Weissenstein). Par temps clair, on a de cet endroit une vue circulaire unique du Säntis par les Alpes bernoises jusqu'au Mont-Blanc.

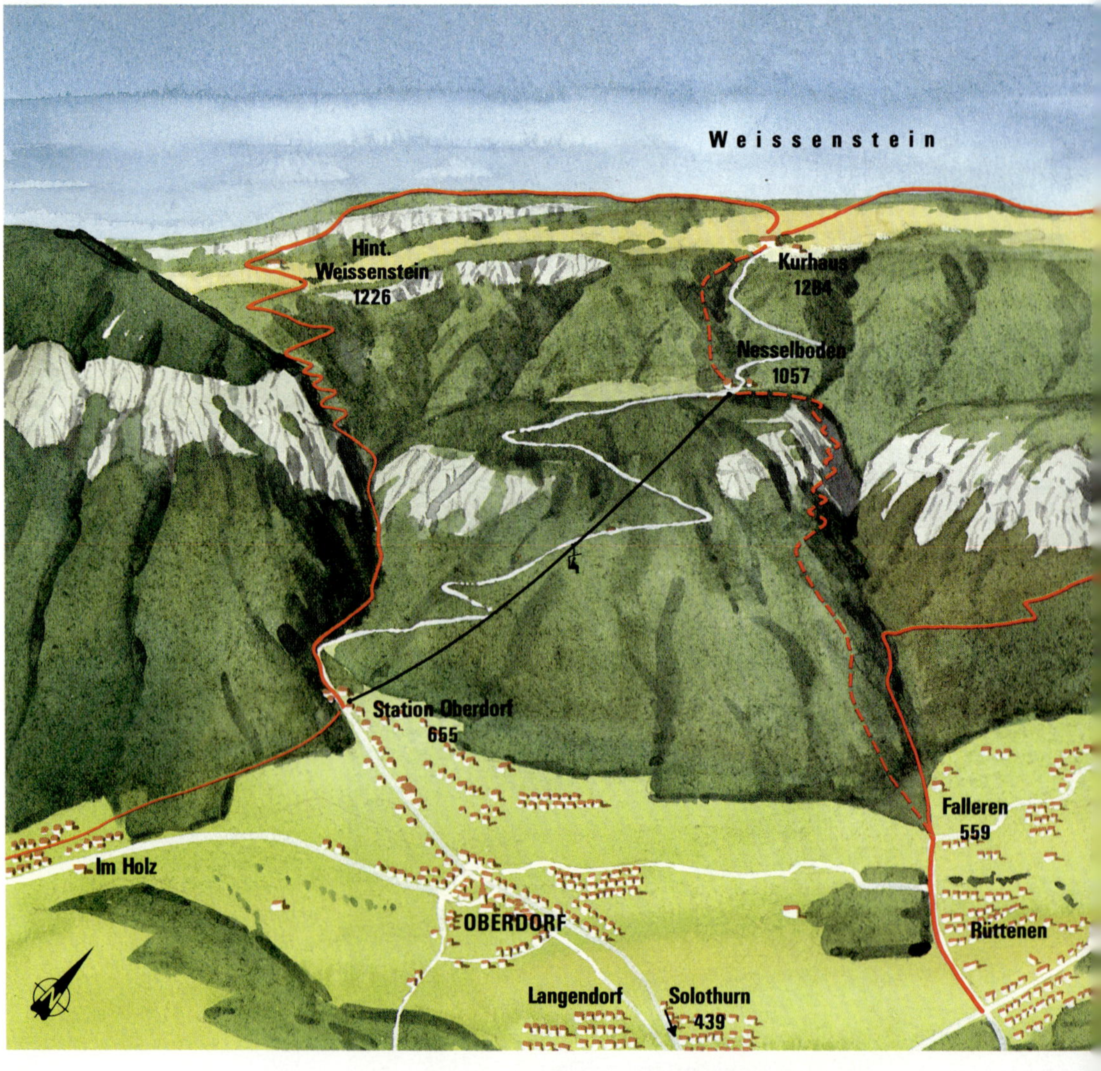

De l'Hôtel du Weissenstein nous dirigeons nos pas au nord-est, dans une légère dépression de terrain, puis nous avançons dans la pente assez peu prononcée, à travers les splendides pâturages jurassiens, jusqu'au sommet de la **Rötiflue.** On a, de cet endroit également, une vue extraordinaire sur les Alpes et sur la vallée de la Dünnern et Balsthal. Par temps clair, nous découvrons même au nord les contreforts de la Forêt-Noire et des Vosges. A partir du sommet, nous longeons direction sud le sentier de Nesselbodenröti et, après une légère montée, nous parvenons à **Balmfluechöpfli**: le point de vue appartient sans aucun doute aux plus saisissants de tous ceux que propose la chaîne des montagnes du Weissenstein. A part le coup d'œil sur les Alpes, nous jouissons de la vue sur la ville de Soleure et ses environs. Au sud-ouest, le regard plonge sur le Plateau suisse et sur les lacs de Bienne, Neuchâtel, Morat.

La descente passe par le chemin de crête, en direction sud-ouest jusqu'à une petite dépression du terrain: là, nous bifurquons à gauche, par-dessus la crête. Longeant le flanc du Vorberg, nous atteignons la vallée près d'une cabane forestière. On va de cet endroit au hameau de **Falleren** (Restaurant) et au Brüggmoos. Nous obliquons alors à gauche, à l'écart de la route principale et nous longeons le chemin de l'ermitage qui forme l'entrée des pittoresques Gorges de Sainte-Vérène (Verenaschlucht). Par temps chaud, le parcours de ces gorges apporte une fraîcheur bienvenue… Au sortir de ce défilé, nous prenons à gauche pour atteindre la chapelle Saint-Nicolas et de là nous marchons dans la St-Niklaus-Strasse, jusqu'à l'endroit où elle aboutit à la grand'route, près du Cartierhof. Par le passage inférieur, à main droite, nous parvenons dans un parc ombragé avec de puissantes redoutes et des remparts massifs. Par une étroite brèche dans la muraille, juste à droite près de la tour du Riedholz, nous rejoignons en peu de temps la cathédrale Saint-Ours et, en suivant le Kronen-Stutz, nous parvenons au pont du Kreuzacker, fermé à la circulation motorisée, puis en quelques minutes à la gare principale de **Soleure.**

Bifurcations
Weissenstein–Soleure 2 h 20
Weissenstein–Balmberg–Welschenrohr 1 h 45

Juste à côté de la gare d'Oberdorf se trouve la station inférieure du télésiège pour le Weissenstein.

A quelques minutes au-dessous du Restaurant Hinter Weissenstein s'ouvre le Nidleloch, système de grottes long de 7 km, avec stalagmites et stalactites, colonies de chauves-souris et lacs souterrains.

Au-dessous de l'Hôtel du Weissenstein un jardin botanique à caractère jurassien invite à découvrir les plantes de la région.

SP La cluse d'Oberdorf et le flanc sud du Balmfluechöpfli permettent de nombreuses escalades, à tous les degrés de difficulté, dans un terrain rocheux de bonne qualité. Pour les amateurs de vol delta, place d'envol au-dessous de l'hôtel.

Soleure est considérée comme une des plus belles villes baroques de Suisse. Les fortifications et murs d'enceinte, avec leurs tours angulaires massives, la cathédrale Saint-Ours et l'ancien arsenal sont autant de curiosités.

Ne pas oublier une visite au Musée local d'histoire naturelle: situé au cœur de la cité, il explique clairement et de manière attrayante de nombreux phénomènes naturels. L'accent est mis sur la faune, la flore, les formations géologiques de la région. Véritable attraction: les tortues fossiles et les étoiles de mer du Weissenstein.

Carte d'excursions pédestres
Soleure–Delémont–Porrentruy

Guide pédestre
Solothurn

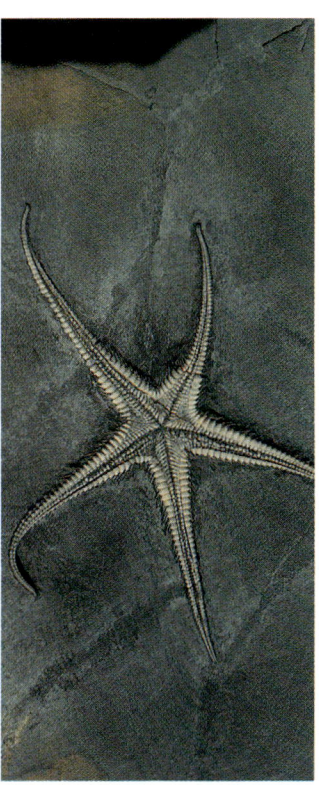

Fossiles rares: A quelques kilomètres à peine au nord-ouest de l'Hôtel du Weissenstein, on a trouvé à la fin des années 1970 des étoiles de mer. On peut admirer aujourd'hui, au Musée d'histoire naturelle de Soleure, cette trouvaille significative: une plaque sur laquelle sont fossilisées treize étoiles de mer et autres animaux marins. Les étoiles de mer appartiennent au genre des échinodermes vivant dans le milieu marin et sont considérées comme fossiles extraordinairement rares. Leur corps est formé d'une multitude de plaquettes calcaires, qui après leur mort tombent en morceaux. Des étoiles de mer aussi admirables doivent leur conservation à un pur hasard: toute une colonie d'étoiles de mer surprises par une tempête ont été totalement recouvertes de sable et n'ont plus pu se libérer, si bien qu'elles furent totalement emprisonnées et fossilisées. Ces animaux vivaient il y a 155 millions d'années à une profondeur de 30 à 70 m aux abords d'un récif de corail qui s'étendait de Moutier à Büsserach. Ils attestent que le Jura était le bras d'une mer préhistorique qui s'étendait sur de larges portions de l'Europe jusque dans l'Himalaya et dont il ne reste de nos jours que la Méditerranée.

Connaissez-vous la pierre de Soleure?

Le Weissenstein a tiré son nom du blanc calcaire jurassien qui imprègne tout le paysage. Les anciens bâtiments de Soleure sont construits dans cette pierre solide et claire, appelée souvent «pierre de Soleure». Le calcaire de la région était déjà extrait aux temps romains dans des carrières ouvertes sur les hauteurs de la ville. Aujourd'hui, deux seules sont encore en exploitation. Les Soleurois ont fait connaître loin à la ronde la richesse de leurs formations calcaires et leur qualité pour la sculpture. Dans presque toutes les villes suisses, on rencontre des fontaines dont les fûts et les bassins ont été taillés dans ce matériau. Mais du calcaire de Soleure a également servi à tailler le monument qui célèbre la victoire de la Hollande sur Sumatra! On peut admirer au Musée d'histoire naturelle de la ville les tortues fossilisées, poissons, oursins et écrevisses découverts dans les couches calcaires. Les pierres dites «calcaire à tortues soleurois», comme certains l'appellent, sont jusqu'à maintenant la trouvaille la plus importante au monde de tortues fossilisées remontant à 135 millions d'années, à l'ère du jurassique supérieur.

Passwang–Helfenberg–Langenbruck

Randonnée profitable au cœur de la chaîne du Jura. L'excursion nous conduit du Passwang, par le Chellenchöpfli, à Langenbruck sur le Haut Hauenstein. On découvre, à divers endroits, de magnifiques points de vue sur la vallée de Balsthal et sur la région bâloise.

Route		Altitude	Temps
1	Tunnel du Passwang 🚌	943 m	—
2	Passwang/Vogelberg	1204 m	0 h 55
3	Hintere Wasserfallen	1013 m	1 h 10
4	Chellenchöpfli	1157 m	1 h 55
5	Hinter Hauberg	990 m	2 h 20
6	Helfenberg	1124 m	3 h
7	Oberer Hauenstein	856 m	3 h 50
8	Langenbruck 🚌	708 m	4 h

A l'extrémité nord de l'étroit **tunnel du Passwang,** nous partons direction est le long de l'ancienne petite route qui conduit à l'auberge de montagne d'Oberpasswang. Nous continuons obliquement, à gauche, vers la crête, puis en bifurquant à droite sur le chemin qui monte au sommet du **Passwang/Vogelberg.** En cours de route, nous découvrons un très beau point de vue sur la région bâloise et sur le Jura soleurois. On aperçoit au nord-ouest la Vordere Wasserfallen, région de ski, qu'on atteint sans peine par télécabine dont le départ est situé à Reigoldswil. A peu près 200 m après le pt 1041, nous abandonnons la crête et suivons le chemin d'**Hintere Wasserfallen.** A la lisière de forêt, nous choisissons le chemin de droite, à suivre encore sur environ 200 m. Après une bifurcation à gauche (nord), nous empruntons l'étroit chemin qui se dirige vers un rideau d'arbres et de bosquets. C'est une limite naturelle entre les cantons de Soleure et de Bâle-Campagne. Le promeneur attentif trouvera là une ancienne borne-frontière. Juste derrière les arbres, nous obliquons à droite et grimpons le long du sentier escarpé en zigzag, vers le sommet du **Chellenchöpfli.** Par beau temps, on jouit là également d'un remarquable point de vue. A partir du sommet, nous suivons l'orée de la forêt, d'abord en direction est, puis sud-est, pour descendre à la ferme de Sol. A cet emplacement se dresse une éolienne visible de loin: elle fabrique une part de l'énergie électrique utilisée par l'exploitation agricole. Une petite route, assez large quand même, nous conduit en peu de temps à **Hinter Hauberg.** Derrière la ferme, nous montons à gauche le long d'une haie, au Bilsteinberg

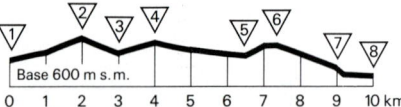

(pt 1123.9), le plus haut point de l'**Helfenberg**.

On aperçoit, à main droite dans la vallée, le village de Mümliswil, et Langenbruck, à gauche, but de notre excursion. Waldenburg, sympathique petite cité médiévale, est situé avec Oberdorf au fond de la vallée: on peut les atteindre toutes deux par le chemin de fer à voie étroite de Liestal. En été, on organise sur ce parcours des voyages nostalgiques au moyen d'anciens wagons tirés par une locomotive à vapeur.

Il vaut la peine de s'attarder un instant sur ce beau point de vue, pour profiter du panorama et goûter un peu de repos. On imagine, au centre de cette région, quelles forces titanesques il a fallu pour plisser les chaînes jurassiennes à une pareille hauteur. Les vestiges de la mer préhistorique, la fameuse Tethys, témoignent du choc fabuleux entre les continents européen et africain. C'est à ce choc que nous devons aussi la formation des Alpes. Si nous tentons d'imaginer que le Jura a été formé il y a environ cinq millions d'années, la vie humaine nous apparaît sous un tout autre jour…

Après une courte pause, nous longeons la longue crête de l'Helfenberg. Sur un chemin légèrement descendant tout d'abord, puis dans la pente plus accentuée, nous arrivons au col d'**Oberer Hauenstein**. On atteint ensuite en une dizaine de minutes le centre du village de **Langenbruck**.

Bifurcation
Hintere Wasserfallen–Mümliswil
🚌 1 h 15

Carte d'excursions pédestres
Argovie–Bâle-Ville–Bâle-Campagne–Olten

Guide pédestre
Solothurn; Chemins des crêtes du Jura suisse

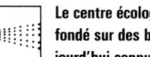 Langenbruck, point terminal de notre randonnée, est en hiver une région de ski privilégiée par les Soleurois et Bâlois. On y parvient aisément par les transports publics.
Au flanc nord du Bachtelenberg, à l'ouest du village, on a aménagé un tremplin de saut à ski: équipé de gazon artificiel, il est praticable également en été.

Le centre écologique de Langenbruck, fondé sur des bases privées, est aujourd'hui connu dans toute la Suisse. On s'est donné pour tâche la recherche de méthodes pour l'approvisionnement en énergie, dans une perspective de protection de l'environnement. Plus d'une famille a fait étudier par ce centre son projet de bâtir en tenant compte des dernières expériences en matière biologique.

Minerai de fer: Les petites sphères de minerai étaient extraites autrefois dans divers creux et carrières de la région. Elles contiennent un taux élevé de métal et on les utilisait dès le 13ᵉ siècle dans les hauts-fourneaux. Le centre de cette industrie autrefois florissante à Klus ou à Choindez n'est donc pas un hasard. Dans le même temps que le minerai de fer, on extrayait souvent aussi un sable de quarz blanc et fin (Huppersand) employé à la confection des moules et formes dans les fonderies. Aujourd'hui, seuls certains noms alémaniques comme Erzmatt ou Schwängi, témoignent de l'existence de cette extraction.
Le minerai et le sable de quarz sont des formations pétrifiées qu'on trouve sous les climats tropicaux à subtropicaux. On découvre de temps à autre dans ces dépôts des dents ou des os de chevaux et tapirs des temps lointains: ce sont les témoins de l'évolution des mammifères au commencement de l'ère tertiaire, il y a environ 60 millions d'années.

Un passage romain à l'Oberer Hauenstein

Au flanc sud du Hauenstein, le long de la route du col, on découvre Holderbank. Au-dessus du village, dans la pente exposée au sud, on reconnaît aujourd'hui encore la trace de roues sur la route romaine: c'est une partie de l'importante voie qui conduisait de l'ouest de la Suisse par Avenches (Aventicum) et Soleure (Salodurum), à travers le Jura, jusqu'à Augst (Augusta Raurica) et dans la plaine du Rhin. Des fouilles archéologiques dans les années 40 et 70 ont dévoilé la présence de maisons de bois des premiers temps romains. Les diverses couches ont produit en abondance de petits objets, tessons, restes de poteries datés des 1ᵉʳ et 2ᵉ siècles après J.-C.
Un trouvaille particulièrement intéressante est le morceau de statuette montrant une divinité féminine assise et allaitant deux enfants. Il s'agit d'un fragment d'objet importé de la Gaule moyenne, plus précisément de la région environnant Vichy. Elle doit avoir eu une signification religieuse et se trouvait probablement dans un autel familial du col du Passwang.
Les fruits et graines retrouvés donnent des indications sur les habitudes de vie des habitants. Les trouvailles d'ossements nous documentent sur la chasse à l'ours et au sanglier. On a également repéré trois sortes de céréales, ainsi que des semences de chanvre et de lin. A cette époque, on consommait également cerises, pruneaux, noix et noisettes.

Jolie randonnée variée, au sommet de trois points panoramiques du Jura bâlois.

Liestal–Sissacher Flue–Farnsburg

Route		Altitude	Temps
1 Liestal	🚂 🚌	327 m	—
2 Schleifenberg		606 m	1 h
3 Grimstellucke		599 m	2 h 10
4 Sissacher Flue		700 m	2 h 50
5 Rickenbacher Höchi		558 m	3 h 40
6 Ruine du Farnsburg		734 m	4 h 35
7 Rest. Farnsburg	🚌	642 m	4 h 50

Point de départ de cette randonnée: la gare de **Liestal**. Nous contournons le bâtiment du Tribunal par la droite et longeons le petit ruisseau d'Oristal jusqu'à la Brasserie Ziegelhof. A cet endroit, nous traversons l'Ergolz pour monter dans la pente, tout de suite après la fonderie, jusqu'à la lisière de la forêt. Lorsque nous avons atteint la crête, nous en suivons le tracé, en passant au large de l'Ecole d'arboriculture, pour prendre la direction de la Rote Flue et aller plus loin à la *tour d'Alti Stelli* (Restaurant) qui permet de découvrir la région. Par beau temps, la vue est splendide. Au sud, nous découvrons de larges portions du Jura tabulaire et de la chaîne montagneuse du Jura. A l'opposé, le regard se porte au nord sur les contreforts de la Forêt-Noire et les Vosges, séparés par le fossé du Rhin, qui est aussi une région de tensions de l'écorce terrestre. Depuis les temps lointains du tertiaire (il y a 20 à 40 millions d'années) le fossé du Rhin s'est affaissé et il est aujourd'hui encore en mouvement. Une des conséquences directes de ces mouvements, le tremblement de terre de 1356 qui a touché la ville de Bâle et toute une région de ses environs.

A partir de la tour/point de vue, le chemin descend légèrement à l'est, vers *Stächpalmenhegli*. Nous suivons la route direction sud-est jusqu'au pt 512 et de là, obliquant demi-droite, vers le pt 558, à travers prés. La montée qui commence vers la forêt par une boucle tournant à droite contourne le Schwardchöpfli pour aboutir à la **Grimstellucke.** Sur le Chemin des crêtes du Jura, nous descendons en légère pente la route cantonale Neuhof–Sissach.

De l'époque celtique au moyen-âge

Après un petit parcours sur la route, nous la quittons près du pt 603 et nous montons entre les prés à la **Sissacher Flue,** qui était autrefois un site celtique. Avec un peu de chance, nous distinguons derrière les contreforts de la chaîne du Jura quelques sommets des Alpes bernoises. Le chemin monte légèrement vers le plateau de la *Rickenbacher Flue.* Au flanc nord et ouest des parois de la montagne, on a parfois la chance de découvrir de belles pétrifications, fossiles de coquillages et d'ammonites.

Au sud de cette petite plaine, sur un éperon rocheux, on aperçoit les vestiges du Bischofsstein. Par un escalier pentu, nous arrivons en peu de temps à **Rickenbacher Höchi,** où nous traversons la route pour continuer par l'orée de la forêt du Staufen. En passant près d'une plaque commémorative rappelant le souvenir d'un camp d'internés polonais au cours de la deuxième guerre mondiale, nous arrivons à *Waldegg,* puis nous continuons jusqu'au Buuseregg, toujours sur notre droite et en forêt. A partir de là, nous obliquons à gauche pour monter sous bois au plateau du Farnsburg. Près du pâturage supérieur, une belle vue s'offre au regard et on peut selon son gré s'arrêter et découvrir une place où pique-niquer et se reposer un moment. Un court détour à la **Ruine du Farnsburg,** qui domine le plateau rocheux au nord, est intéressant. Le château de Farnsburg était autrefois

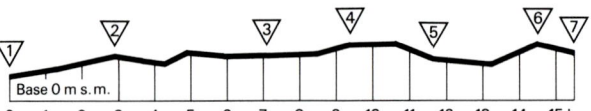

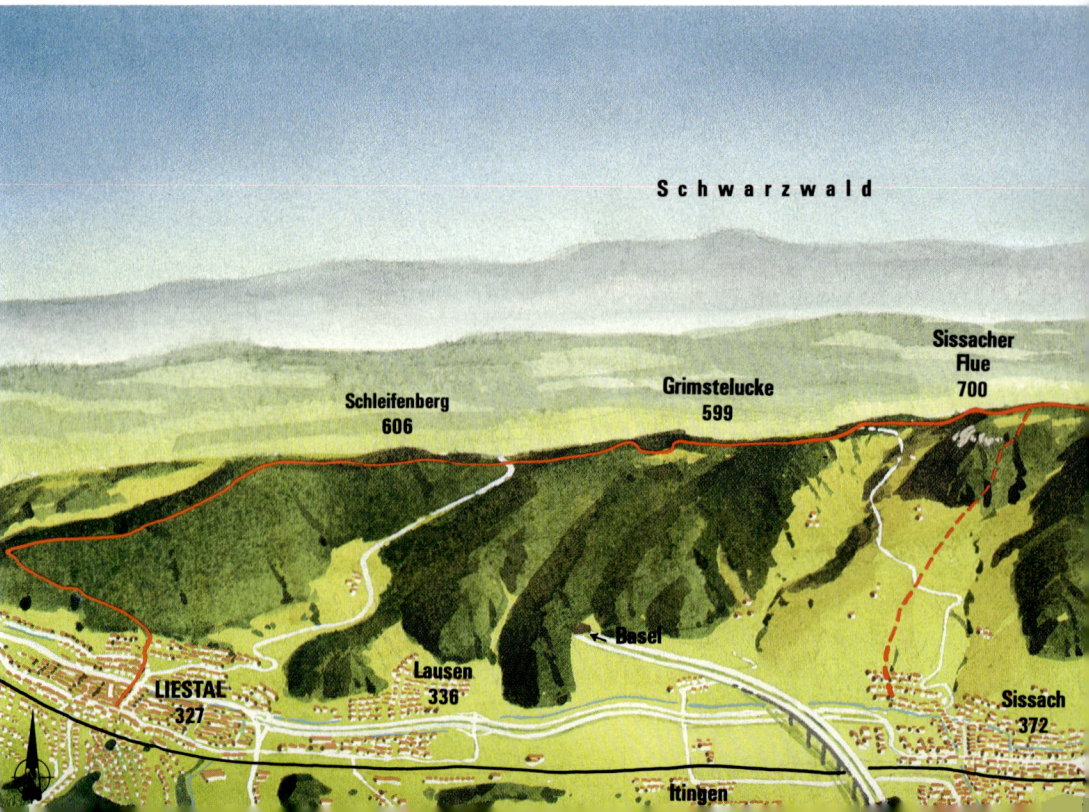

une des résidences les plus en vue de la région bâloise où il a joué un rôle historique. Nous quittons ces vestiges en gravissant la légère pente par un étroit chemin, qui tout à coup redescend abruptement au **Restaurant Farnsburg**.

Bifurcations
Sissacher Flue–Sissach 🚋 50 min.
Restaurant Farnsburg 🚌–Gelterkinden 🚋 1 h

Carte d'excursions pédestres
Argovie–Bâle-Campagne–Bâle-Ville

 Le Musée de l'ancien arsenal de *Liestal* expose des objets intéressants sur les connaissances naturelles et l'histoire locale de la région. Une véritable petite carrière est reconstituée dans le sous-sol.

 Dans les environs de Liestal et Sissach croît un excellent pinot noir.

 Les salines de Schweizerhalle – entre Muttenz et Pratteln – produisent annuellement 350 000 tonnes de sel, dont seulement un dixième est utilisé comme sel de table, le reste étant employé dans l'industrie chimique, sel pour les routes, pour l'agriculture, etc. Le sel de Schweizerhalle est extrait d'une profondeur de 100 m, sa formation remonte à plus de 200 millions d'années, par évaporation de petits bassins de mer.

 Liestal a remarquablement conservé le noyau historique de sa cité: Oberes Tor (13e/16e s.), Thomasturm (1509), Hôtel de ville de 1568 avec peintures de façades reconstituées en 1901 d'après les originaux de 1590; dans la salle du Maire, on admire la «Burgunderschale», coupe bourguignonne provenant du butin conquis en 1477 à Nancy, sur le duc de Bourgogne Charles le Téméraire.

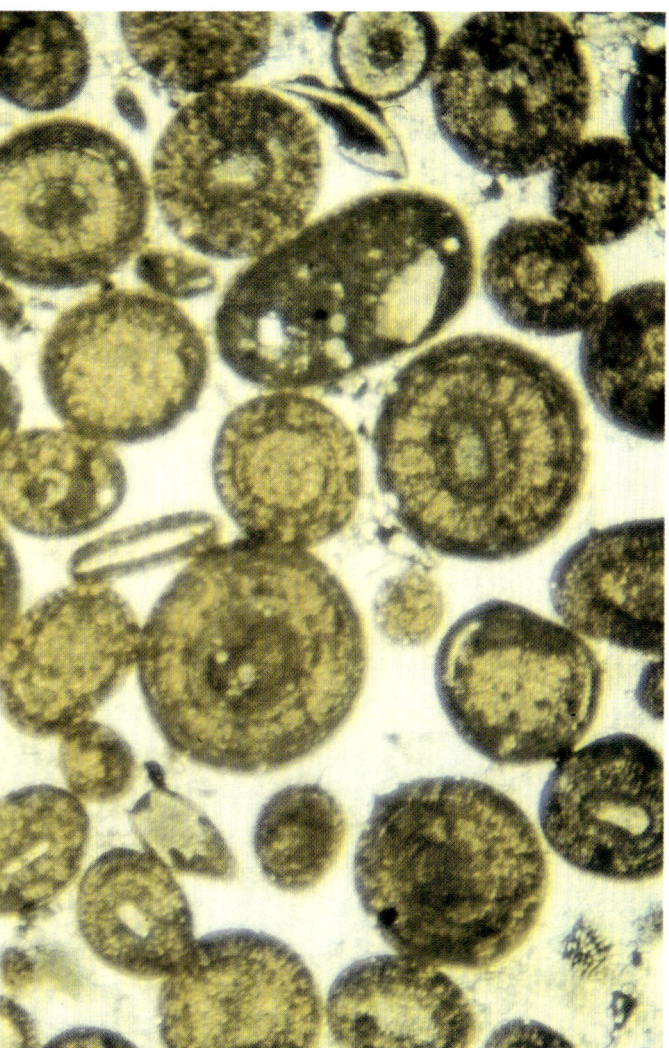

«Œufs de poisson» pétrifiés: Ces formations sphériques arrondies étaient d'abord considérées comme des œufs de poisson (en allemand: Rogen) pétrifiés. Presque toutes les parois rocheuses de la région bâloise sont constituées de cette pierre calcaire appelée Rogenstein. L'image montre une prise de vue microscopique d'une tranche épaisse d'environ un centième de millimètre, qui laisse apparaître les plus infimes structures (diamètre des sphères: 0,4 à 0,7 mm). Les géologues ont découvert que ces formations ne sont pas d'origine animale mais sont constituées par des résidus calcaires dans la mer; ce sont des parcelles de grandes dunes sous-marines, comme il en existe aujourd'hui encore dans le Golfe persique ou aux Bahamas. Ces résidus forment une enveloppe autour des coquillages ou des animaux marins morts. Les courants marins font de telle sorte que les dépôts se font de toutes parts. Notre photographie montre une coupe à travers ces formations sphériques: on reconnaît parfaitement les diverses couches de croissance.

Le Rogenstein s'est donc formé à une époque où la région bâloise faisait partie d'une vaste mer tropicale, qui peut être comparée au paysage des Bahamas actuels. Mais les géologues ont estimé que cela se passait il y a 150 millions d'années…

Château d'Ebenrain, à Sissach, la plus importante résidence campagnarde bâloise. La demeure a été construite de 1774 à 1776, sur des plans de Samuel Werenfels, pour Martin Bachofen-Heitz. Les anciens jardins à la française sont dûs à Niklaus Sprünglin, le jardin anglais a été aménagé en 1872 par Albert Hübner. Le bâtiment principal, sous son toit en croupe avec avant-corps à trois axes et pignon triangulaire fait beaucoup d'impression. Dans le vestibule intérieur à l'imposant escalier de chêne, grand salon à panneaux muraux et reliefs avec emblèmes de la chasse, de la pêche et de l'art des jardins.

La Sissacher Flue, refuge celtique

Le plateau rocailleux de la Sissacher Flue, qu'on peut parcourir à partir du nord-ouest, était au temps celtique un refuge. Le seul accès facile était verrouillé par un fort rempart. Les fouilles archéologiques dans les années 40 de notre siècle ont mis au jour – à part ce rempart de terre dans la partie nord du plateau – les vestiges de maisons de l'âge du bronze. A cette occasion, on a également découvert des fragments de céramiques, qui sont comparables aux ustensiles datés de l'époque de La Tène. Parmi les trouvailles les plus importantes figure également une épée de fer. Au moyen-âge, le rempart fut partiellement déplacé pour la construction d'un nouveau mur. Bien que les résultats des anciennes fouilles soient difficiles à interpréter aujourd'hui, cette implantation celte peut être qualifiée de camp passager et être mise avec certitude en rapport avec le village de potiers de Sissach-Brühl.

Admirable itinéraire tout au long de la rive du Rhin, qui combine la découverte de quelques curiosités culturelles et une brève étape thermale.

Zurzach–Koblenz–Zurzach

Route		Altitude	Temps
1 Zurzach	🚗 🚌	340 m	—
2 Achenberg		513 m	0 h 45
3 Koblenz	🚗 🚌	314 m	2 h
4 Zurzach	🚗 🚌	340 m	3 h 45

Le chemin escarpé nous conduit en montant, par Bsetzi, de **Zurzach** sur les hauteurs de l'**Achenberg**. Une brève halte en cours de route nous laisse le temps de visiter la petite *Chapelle de Lorette,* bâtie en 1660. A l'orée de la forêt qui domine le modeste sanctuaire, nous obliquons à droite et cheminons sous bois: après un parcours de quelque 500 m, nous choisissons à notre gauche un sentier légèrement montant, pour parvenir en peu de temps sur une large route forestière, que nous longeons par le pt 443 à travers le Bergwald.

Saints, églises et chapelles

Par les quartiers extérieurs de **Koblenz,** nous atteignons le cœur de la vieille ville. Dans l'église paroissiale, construite en 1959, nous découvrons avec étonnement une statue style baroque tardif de sainte Vérène. A partir de là, nous dirigeons nos pas vers le pont du Rhin: immédiatement à droite, avant le passage qui conduit à la ville allemande de Waldshut, nous choisissons le chemin de rive en remontant le cours du fleuve. Près du pt 334, un peu à l'est de Koblenz, nous arrivons à la *Römerwarte,* vigie érigée par les Romains au 4e siècle après J.-C. Près du *Koblenzer Laufen,* comme on appelle ici le cours encore libre du Rhin, nous découvrons une belle vue sur la rive allemande, avec les châteaux de Kadelburg et, un peu plus haut, de Küssaburg. Au large de l'ancienne douane et du moulin de Birzmühle, nous suivons sans nous en écarter le chemin de rive jusqu'à **Zurzach**.

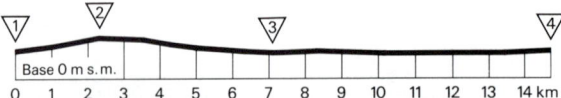

Bifurcations
Achenberg–Döttingen/Klingnau
🚌 35 min.
Combinaison avec une randonnée circulaire autour du lac artificiel de Klingnau c'est un paradis des oiseaux qui contient des particularités ornithologiques d'intérêt mondial; des espèces rares d'oiseaux hivernent à cet endroit.
Achenberg–Klingnau–Usine électrique de Klingnau–Gippingen–Kleindöttingen–Klingnau/Döttingen
🚌 2 h 45

Carte d'excursions pédestres
Argovie–Bâle-Campagne–Bâle-Ville

 Bad Zurzach est une station de cure et de vacances récente (1955), par comparaison avec d'autres dont l'origine remonte au moyen âge ou même à l'époque romaine.

 Courts de tennis, équitation, minigolf, grand échiquier de jardin à *Bad Zurzach*.

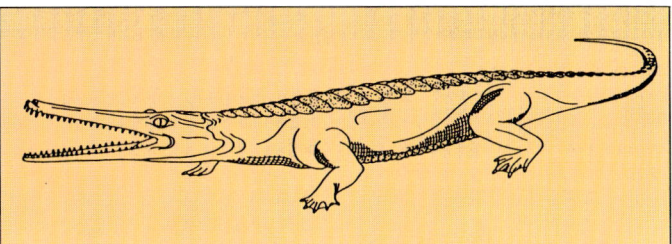

Le crocodile d'Achenberg: A la fin des années septante, le collectionneur zurichois de fossiles Rolf Chiarini a découvert dans la pente de l'Achenberg, près de Döttingen en Argovie, la mâchoire supérieure pétrifiée d'un crocodile.
Le paléontologue spécialisé des vertébrés Olivier Rieppel, de l'Institut de paléontologie de l'Université de Zurich, a reconnu dans cette trouvaille les restes d'un crocodile marin à long museau. Les pierres dans lesquelles le crocodile a été découvert datent du jurassique moyen et se sont formées il y a environ 160 millions d'années. Le Jura suisse était alors partie d'une mer qui s'étendait largement sur l'Europe. Les crocodiles de mer atteignaient au maximum presque 6 m de longueur. On suppose qu'ils se nourrissaient de poissons et d'ammonites (céphalopodes), animaux dont on trouve aujourd'hui encore, avec un peu de persévérance, des coquilles dans les environs de l'Achenberg.

Zurzach: La petite ville d'eau doit sa renommée aux anciennes foires et pélerinages: on cite d'importants marchés dans ce lieu depuis le 14e siècle. La visite des maisons du centre de la cité est intéressante. La collégiale gothique Ste-Vérène a été érigée au 10e siècle. Le chapitre de chanoines fondé en 1279 n'a été supprimé qu'en 1875. Près de l'église réformée, nous apercevons une maison d'habitation avec un portail provenant du petit château de Schwarzwasserstelz, résidence bâtie au 12e siècle mais détruite lors de la construction du chemin de fer à la fin du 19e siècle. La vie des troubadours et trouvères du moyen-âge dans ce château est admirablement dépeinte dans la nouvelle écrite par Gottfried Keller sous le titre «Hadlaub». La vogue de Zurzach ne réside pas uniquement dans sa situation privilégiée: sa renommée a été acquise avant tout par ses sources thermales. L'endroit est aujourd'hui une station moderne de cure et de bains. A part les sources curatives vivifiantes, la station a ouvert un bain thermal dont l'eau est chauffée à travers des salines rhénanes du voisinage.

Tombeau médiéval

Lors de fouilles dans l'enceinte de l'église Ste-Vérène, on a mis au jour en 1975, à l'intérieur et à l'extérieur du plus ancien corps de bâtiment, cinq sépultures moyennâgeuses garnies d'offrandes. Un de ces tombeaux a été reconnu, sur la base des trouvailles qu'on y a faites, comme étant celui d'un prêtre. Les archéologues ont en effet découvert les restes mortels d'un homme d'une soixantaine d'années, avec une ceinture à laquelle était accroché un grand couteau, le tout posé sur la partie supérieure des cuisses; à sa gauche se trouvait un bâton de frêne, reconnu de manière indirecte par une virole de bronze et un ardillon de fer. La boucle de ceinture était découpée dans le bois d'un élan et richement décorée. On sait qu'autrefois, et sans aucun doute, les boucles en os n'étaient confectionnées que par des artisans romans, non alémanes; à l'exception des prêtres, elles n'étaient portées que par les femmes. Le tombeau du prêtre découvert à Zurzach date du 6e siècle après J.-C.

Etonnante expédition entre Lägeren et Rhin

Dans un paysage en apparence abondamment peuplé, nous découvrons pourtant de fascinants espaces naturels, des régions d'habitat soigneusement implanté, mais également la trace d'anciennes cultures et techniques. Nous apprenons aussi – dans les magnifiques cités médiévales de Kaiserstuhl ou près du Neeracher Riet – que la protection de la nature et du paysage ne conduit pas forcément à la création d'un musée kitsch…
Tout au long de cette randonnée, les localités sont reliées aux transports publics: on peut ainsi selon son gré – à condition d'étudier un peu les horaires – choisir des parcours de plus ou moins longue durée. La grande excursion décrite ici peut être accomplie en une journée, mais il est parfois agréable de prendre à volonté un peu plus de temps…

Kaiserstuhl–Bachs–Neerach–Zweidlen–Kaiserstuhl

Route		Altitude	Temps
1	Weiach-Kaiserstuhl	368 m	—
2	Spitzflue	543 m	0 h 50
3	Bachs	461 m	1 h 55
4	Hochwacht/Tour d'observation	620 m	2 h 45
5	Stadel	435 m	3 h 20
6	Neerach	427 m	3 h 50
7	Hochfelden	400 m	4 h 50
8	Strassberg	459 m	6 h
9	Leuechopf	505 m	7 h 30
10	Zweidlen	368 m	8 h 05
11	Weiach-Kaiserstuhl/	368 m	9 h 20

Point de départ: la **gare de Weiach-Kaiserstuhl**. On marche de cet endroit, mais pour une courte distance, sur la route très passante en direction de Bâle, et en choisissant la première occasion pour s'en écarter à gauche. Dans un saillant du terrain, le chemin décrit un crochet, puis revient à gauche, par le stand de tir de Fisibach, pour se diriger vers l'orée de la forêt du Sanzenberg. A cet endroit, nous bifurquons à gauche, puis à droite dans un petit ravin asséché, pour monter sous bois, puis à travers une clairière et toujours en gravissant la pente, jusqu'au point de vue de la **Spitzflue** (pt 543.3).
Le chemin conduit le long de la frontière cantonale, qui autrefois était également frontière entre les seigneuries de Regensberg et Baden. On y remarque de nombreuses bornes anciennes, et au pt 452.2 la plus belle et la plus intéressante.
A partir de la Spitzflue, nous suivons l'arête du haut-plateau en direction sud, vers la Hochflue. Pour les amateurs d'archéologie, un point intéressant dans le terrain – coordonnées 673.35/266.18 – révèle les vestiges du seul repaire fortifié préhistorique connu jusqu'à maintenant dans le canton de Zurich. C'est son nom, *Erdmannliloch*, qui fait conclure à un site remontant pour le moins aux commencements des temps histori-

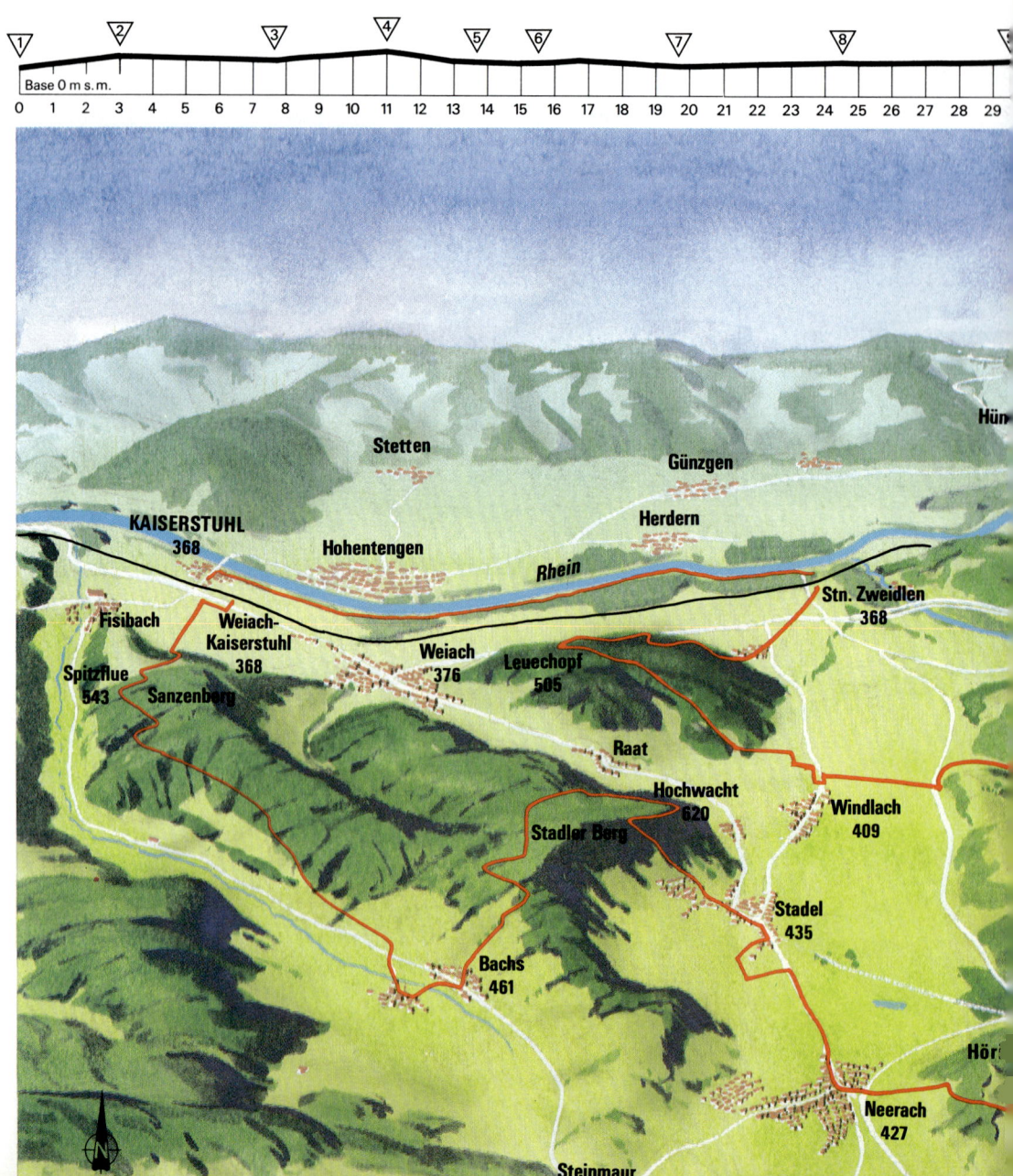

ques, peut-être même au cœur de la préhistoire.

Le chemin se prolonge maintenant, légèrement descendant, pour sortir de la forêt près de Flüelen et déboucher dans le joli Bachsertal, jusqu'à **Bachs**. La portion du village qui s'étend à droite du ruisseau Fisibach se nomme Neubachs, parce qu'il a été détruit par le feu en 1763 et reconstruit; on y trouve pourtant davantage de belles et anciennes maisons que dans le quartier dit Altbachs.

De la préhistoire celtique aux débuts de l'industrie

Après une flânerie dans le village, nous montons de Neubachs, par Hinterzälg, à la petite route forestière qui va de Stadelbach à Hochrüti; nous la longeons jusqu'à la cabane de forêt, au pt 610.9 où nous obliquons à gauche. Nous traversons le plateau jusqu'à la bordure nord d'où nous parcourons le chemin qui s'ouvre à notre droite, en passant par le «retranchement helvète», refuge celtique avec remparts et fossés (panneau explicatif), jusqu'à la **Hochwacht** (tour d'observation). Le chemin descend alors en nombreux lacets à travers un ancien vignoble (Gibisnüd) jusqu'à **Stadel**. On peut s'écarter de l'itinéraire, en direction d'Unterneerach, en marchant du Galgenbuck au Strick, pour diriger alors ses pas à gauche, afin de traverser la route et la longer sur un chemin parallèle. Le parcours, à partir de **Neerach**, par le Höriberg à Niederhöri, est balisé. Nous descendons alors le cours de la Glatt: près de l'ancienne filature de Jakobstal, possibilité d'interrompre l'excursion, puisqu'on peut prendre le train à Bülach. Nous franchissons la Glatt, pour cheminer direction nord sur la rive droite; passer également sous l'autoroute et marcher direction est, au large de l'établissement hospitalier, pour atteindre plus loin **Hochfelden**. A cet endroit, sur une courte distance, il faut prendre la route de Bülach et tourner à gauche, près du pont, pour longer le cours de la Glatt.

Près des bâtiments de la fabrique d'Herrenwis, nous abandonnons le cours d'eau pour aller par la petite route, à gauche vers le **Strassberg**. Sur ces hauteurs, les chemins de forêt sont enchevêtrés: il faut passer par les pts 416, 417, 442 et 476 en direction sud-ouest, afin de sortir du bois et rejoindre par le pt 459 la région au sud-est de la ferme Hasli.

Nous marchons désormais par les ravins de Stadel et de Hasli (anciennes voies d'écoulement de l'ère glaciaire, aujourd'hui asséchées) par le sud de la gravière de Steinäcker, le fossé de Zweidlen, puis Weidhof, Haberstal et Nachtweid jusque sur les hauteurs d'Ämpberg; aucun sentier n'est plus tracé entre la fin du chemin de la Nachtweid et le pt 471, une centaine de mètres au nord-ouest. A cet endroit, en passant par **Leuechopf** et Flue, nous poursuivons notre itinéraire qui nous amène à **Zweidlen**.

A partir de là, nous parcourons un chemin balisé par la gare de Zweidlen et en descendant le cours du Rhin vers Eglisau, afin de rejoindre Kaiserstuhl puis notre point de départ, la gare de **Weiach-Kaiserstuhl**.

Un biotope aquatique aux mille facettes: On ne croirait jamais qu'un paysage où la technique s'est implantée aussi intensément – aéroport, autoroutes, gravières, zones d'habitat – puisse montrer encore autant de facettes naturelles! Mais qui a vu l'univers floral des lisières de forêts sèches exposées au sud, les roches en bordure du plateau de collines, les creux de terrain sur le Strassberg et la réserve ornithologique d'importance nationale au Neeracher Riet sera bien contraint de l'admettre. Pourtant, ce qui épate encore plus, c'est un joyau protégé de la nature, les méandres de la Glatt, près de «Wehr» et «Klarenwisen». Lors d'un abaissement du niveau de la rivière entre Jakobstal et Herrenwis, en 1976, on a travaillé avec de grandes machines de chantier si bien qu'en évitant de doter le cours d'eau d'un nouveau lit on a créé un biotope fluvial si riche qu'on n'en connaissait pas encore la pareille dans le canton de Zurich. Une multitude de plantes et d'animaux rares ont depuis lors transformé la zone dénudée des travaux en un paradis sauvage.

 Neeracher Riet: Réserve d'oiseaux aquatiques, colonie de mouettes rieuses. L'accès est interdit mais on trouve de bons points d'observation à distance aux flancs sud et ouest de l'Höriberg.

Trous en tous genres…

Un sondage en profondeur fait par la CEDRA a montré que sous la plaine de Weiach-Kaiserstuhl les roches cristallines forment une dépression, dans laquelle gît du charbon vieux de 250 millions d'années. Mais l'arrière-pays zurichois n'est pas devenu pour autant une nouvelle Ruhr… La marne, le gravier, les pierrailles sont les seuls matériaux véritablement exploitables, en suffisance.

Tel n'a pas toujours été le cas, puisqu'il existait autrefois dans cette région des exploitations minières. La forme la plus ancienne qui soit connue est l'extraction de silex dans les couches calcaires des Lägeren. Un chantier de cette sorte datant de l'âge de pierre, témoin du plus lointain esprit d'entreprise des premiers habitants de l'arrière-pays zurichois, est visible dans les environs de Regensberg. Autre exemple de prospections minières: l'endroit où notre itinéraire sort de la forêt, au-dessus de Zweidlen, à droite, quelque peu caché par le chemin. On a trouvé là des outils montrant qu'aux temps romains on extrayait un grès à coquillages utilisé pour confectionner des meules. Le passage artificiel à travers le Simelihölzli sur le Rhin n'a en revanche rien à voir avec les trésors souterrains. Les habitants de Rheinsfelden, perturbés par les hautes eaux, obtinrent par une pétition, en 1820, que les derniers mètres du cours de la Glatt soient mis sous conduites, ce qui n'empêcha pas, cent ans plus tard lors de la construction de la centrale électrique, l'inondation de la bonne moitié du village…

Au contraire, les nombreuses grottes de cette région – près du Leuechopf, du retranchement helvète ou du repère fortifié de la Hochflue – ne sont pas le travail des hommes. Leur origine est à rechercher dans la couverture de cailloutis bien cimentée qui dans cette région couronne les collines au-dessus de 500 m et tombe en bordure comme des falaises, formation lentement érodée par les intempéries.

Feuerthalen–Chundelfingerhof–Cholfirst–Marthalen

Exploration et bonne chère dans le vignoble zurichois

Le territoire le plus avancé au nord du canton de Zurich a beaucoup plus à offrir que la beauté incontestable de ses paysages. Les passionnés de biologie, géologie, paléontologie, archéologie, histoire et culture seront comblés. Mais chacun pourra aussi goûter dans les sympathiques auberges campagnardes des villages coquets ce que la cuisine et surtout la cave – nous sommes en pays vigneron! – savent proposer de plus raffiné.
Schlatt et Dachsen étant situés sur des voies de chemin de fer, il est loisible de raccourcir le parcours selon son gré.

Route		Altitude	Temps
1	Feuerthalen	408 m	–
2	Chundelfingerhof	408 m	1 h 40
3	Espi	464 m	2 h 15
4	Hohmarchstein	539 m	3 h 05
5	Guggeeren	493 m	3 h 45
6	Wildensbuch	488 m	4 h 25
7	Rudolfingen	422 m	5 h 05
8	Benken	421 m	5 h 45
9	Marthalen	412 m	6 h 40

La randonnée vers le Cholfirst commence à la gare de **Feuerthalen,** toute proche du point situé à l'extrême nord du canton de Zurich. Le long du Rhin, nous longeons dans le Schaarenwald un chemin balisé, par *Langwiesen* et par *Paradies,* ancien couvent de femmes, aujourd'hui Bibliothèque technique de la fonderie et Centre de rencontres de l'entreprise Georg Fischer S.A. A une centaine de mètres au nord/nord-est d'Eschenriet, nous dirigeons nos pas vers la droite, traversons la forêt jusqu'à la ligne de chemin de fer que nous franchissons – prudemment! – afin de marcher à 200 m de là sur la gauche, le long de la route cantonale, jusqu'à la ferme de **Chundelfingerhof.** Plus loin, nous allons par la *forêt du Buechberg* et par *Schelmenbüel* au pt 415, en franchissant un ruisseau puis par les pt 416 et pt 435 nous montons jusqu'à **Espi.** L'endroit est intéressant par quelques surfaces marécageuses et des traces de sources, par sa flore parmi laquelle on distingue notamment Primula farinosa et Parnassia palustris. Après ce passage à Espi, nous choisissons la direction nord pour entrer en forêt à la hauteur de *Schnäggeacker.* Nous continuons alors jusqu'au pt 469, d'où nous obliquons à gauche, puis à gauche une fois encore, et enfin à droite afin de rejoindre le pt 473. A cet endroit, nous débouchons sur un chemin balisé qui par *Hochebni* monte au **Hohmarchstein.**
Direction sud, nous longeons la li-

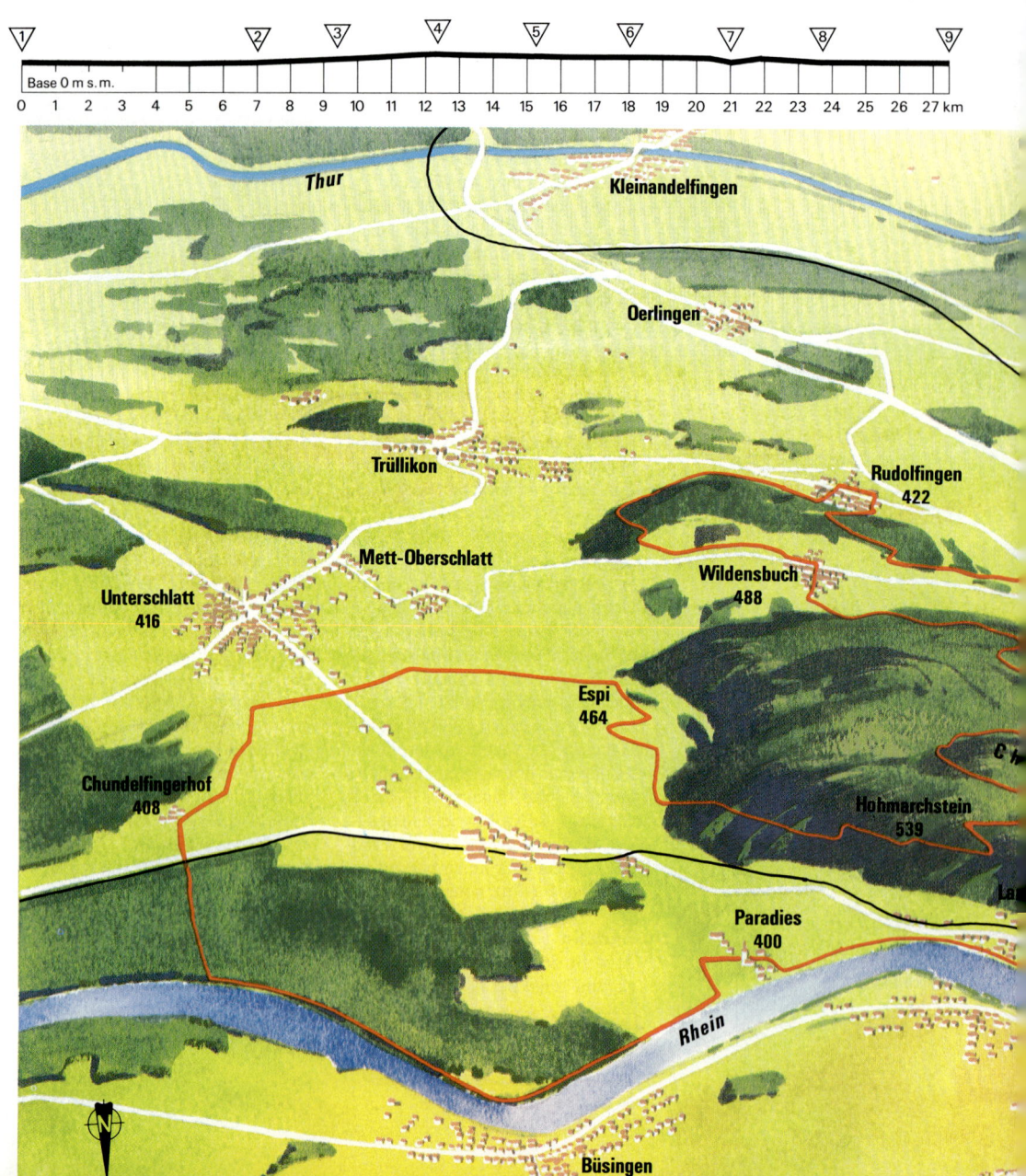

mite cantonale jusqu'à la prochaine borne-frontière. Là, nous obliquons à droite à travers le *Tüfelsacker,* pour aller jusqu'à la clairière de *Grüt.*
Nous reprenons notre parcours sur le chemin pédestre, direction sud, jusqu'au restaurant et point de vue de **Guggeeren,** d'où le regard s'arrête sur les vignes et la plaine de l'Irchel, et s'attarde plus loin sur la Forêt-Noire et les Alpes. A partir de là, nous cheminons en direction de Benken, puis à gauche jusqu'à un minuscule étang, enfin par le réservoir des eaux, le long de la lisière de forêt jusqu'à l'emplacement où elle décrit un angle à droite. Sous bois, nous marchons à travers une ancienne carrière de sable de quarz. On a exploité à cet endroit, jusqu'en 1983, des éboulis grossiers provenant d'une secousse sismique qui s'est produite il y a 18 millions d'années dans la région des Carpathes actuelles: on y trouve de remarquables fossiles d'animaux marins et terrestres. Poursuivant notre route plus loin autour du Brotchorb, au-dessus du vignoble de Bergli, nous descendons ensuite à **Wildensbuch:** nous prenons alors la direction de Trüllikon, puis près du pt 476 nous obliquons à droite après la *forêt de Grüt,* afin de monter sur les hauts du *Schlossberg,* château-refuge avec remparts et fossés, datant du premier âge du fer. Descente à **Rudolfingen,** puis montée à travers vignes jusqu'au pt 473: à cet endroit, nous obliquons à gauche, d'abord vers la *forêt d'Hamenberg,* jusqu'à trois ravissants marécages, enfin à travers prés jusqu'à Hüneren. De cet endroit, nous allons à **Benken,** puis en direction de Rheinau, en passant sous l'autoroute et en obliquant à gauche au deuxième embranchement de chemins. Par la ferme d'*Hintergraben* et le long de la pente de l'Isenbuck, nous rejoignons la voie de chemin de fer avant de bifurquer à gauche et de traverser la route. Plus loin, à travers la *forêt d'Abist* nous cheminons jusqu'à la gare de **Marthalen.**

 Natation dans le Rhin près des places de camping et à Dachsen dans la piscine directement sur le fleuve.

Plusieurs anciennes bornes-frontière près du Hochmarchstein. La plus connue est la «Pierre du Kyburg», limite entre le comté de Kyburg et la riche ville libre de Diessenhofen; aujourd'hui frontière cantonale, autrefois peut-être limite entre Raetia prima et Gallia superior.
Vigie romaine (vestiges des fondations) aux coordonnées 689.57/278.05, ravin du Höllbachtobel sur le Rhin au sud-ouest de Benken. Burgmöösli: petite éminence non prospectée, peut-être emplacement d'une forteresse construite en bois, aux coordonnées 691.58/281.70.
Centres historiques de Dachsen et Marthalen, Benken, Rudolfingen, avec bâtiments de très belle facture architecturale.
Chapelle dans les vignes, sur Dachsen, citée en 1491, vestiges de fresques datant de 1520 (la clé de la chapelle se trouve dans l'auberge voisine).

 Chundelfingerhof: domaine avec grande pisciculture de truites; vente de truites fumées et de pain au four ancien.

L'accès à la **carrière de sable quartzifère** *de Benken – ancienne exploitation abandonnée – est fermé par une barrière, mais pour autant qu'on suive simplement le passage qui traverse les lieux, comme nous le proposons, il n'y a pas de sanction en vue. Au contraire, il faut en revanche absolument tenir compte de l'avertissement affiché sur le panneau d'interdiction et dans tous les cas éviter la proximité de la paroi, haute de 40 m, où peuvent se produire des éboulements dangereux. Il n'est pas raisonnable non plus de chercher là des pétrifications: les couches du terrain ne sont absolument pas prometteuses…*
Pour qui veut observer les restes de tortues, crocodiles, requins géants, baleines, veaux de mer, éléphants et cerfs préhistoriques provenant des couches géologiques de Benken, la visite du Musée zoologique de l'Université de Zurich est de loin beaucoup plus profitable. La plupart des trouvailles y sont bien mises en valeur.

Frontière de plus de deux mille ans

Un fleuve tel que le Rhin forme de toute évidence une frontière naturelle. Le Cholfirst, semblable à un énorme bloc fiché dans le coude du cours d'eau face à Schaffhouse, renforce encore cette limite. On y reconnaît la survivance d'une défense celtique. La couverture de pierres provenant du temps des glaciations, renforcée plus tard par des plaques de pierres, a conduit à la formation de cette étendue élevée aux lignes calmes et de toutes parts bordée de falaises escarpées. Dans un tel milieu géographique, celui qui va à la découverte des anciennes frontières et de la défense territoriale sera bientôt comblé. Les lieux-dits – Hochwart, Letzacker – montrent bien et de tout temps l'importance stratégique de cet ensellement en direction de Schlatt. Une «letzi» – le mot du moyen haut allemand signifie entraver, faire obstacle – était un ouvrage fortifié avec remparts, fossés et palissades. On découvre une implantation semblable au-dessus de Feuerthalen, au nord-ouest de l'antenne de télécommunications (pt 570). On ne l'a pas encore livrée aux recherches, mais on sait qu'elle remonte probablement à des temps plus anciens que celle décrite dans l'itinéraire, sur le Rudolfinger Schlossberg. Les trouvailles du Schelmenbüel, près d'Unterschlatt, remontent pour leur part à l'époque romaine. A cet endroit s'élevait une fortification en liaison avec le système d'alarme et de défense sur le cours du Rhin, ce qu'on appelait le «limès du Rhin» vers la fin de l'époque romaine. On a d'autre part découvert une grande quantité de monnaies romaines, ce qui indique de grands mouvements de troupes dans cette région de notre frontière.

Neuhausen–Ruine Radegg–Osterfingen

Un panorama resplendissant s'ouvre au regard, après la randonnée sur la frontière aux lignes tourmentées dans le sud du Klettgau. Le parcours se déroule souvent à l'ombre de forêts étendues, on aperçoit le donjon altier de Radegg d'où se dévoile le paysage de vignobles ensoleillés du Bas-Klettgau. Plaisir des yeux, plaisir du palais aussi, dans cette région paradisiaque qui promet quelques délices surtout au temps du «Sauser», le fameux jus de raisin en état de fermentation dont on se délecte…

Route		Altitude	Temps
1 Neuhausen	🚂🚌	440 m	—
2 Rossberghof		621 m	2 h 20
3 Ruine de Radegg		586 m	2 h 40
4 Osterfingen	🚌	440 m	3 h 25

Au départ de la gare de la Deutsche Bundesbahn (DB) – chemins de fer fédéraux allemands – à **Neuhausen**, nous allons d'abord par la Staatsstrasse en direction de la douane, jusqu'à la bifurcation à droite (panneau stand de tir Langriet/Aazheim).

Nous longeons cette petite route en passant près des nouvelles écoles, jusqu'à la bifurcation dans le quartier d'*Hofstetten.* A cet endroit nous avons le choix, soit de monter à la lisière de la forêt que nous longeons direction sud-ouest jusque sur les hauteurs dominant la ferme d'Aazheim, soit aller en ligne droite par stand de tir et installations sportives à la ferme d'Aazheim, puis seulement après obliquer à droite, monter et retrouver la jonction des deux chemins au Bückli. De là, nous cheminons une centaine de mètres sous bois avant de diriger nos pas, près du pt 483, sur le chemin pédestre qui s'ouvre à gauche.

Par *Tannenhau* et *Bonenrüti,* nous arrivons à la borne-frontière 54, sur la frontière nationale que nous longeons cap à l'ouest. Entre les bornes-frontière 58 et 59 jaillit, à droite en bas dans une dépression du terrain, la source de Zieglerhaubrünneli captée en 1928 par l'administration forestière de Schaffhouse. Près de la borne-frontière 67, dans un creux, on voit le *«Grauer Stein»,* bloc erratique déjà cité dans un parchemin de l'an 1330. Autrefois, la route de Neunkirch à Jestetten franchissait la limite entre les deux pays à proximité de la borne-frontière 70: aujourd'hui, elle oblique en direction d'Osterfingen, le passage frontalier n'est plus praticable que par les piétons. A partir de cet endroit, nous prenons la petite route de l'Erlenboden, par Wasenhau jusqu'à la *Wasenhütte*. Le balisage nous invite à prendre la direction Rossberghof/Ruine de Radegg. Après quelque 20 min. de marche, nous arrivons à l'auberge du **Rossberghof** où nous pouvons prendre un petit moment de répit bienvenu.

Plus loin, nous poursuivons sur un chemin aisé jusqu'à **Radegg**; après le

Plusieurs chemins conduisent à Bad Osterfingen

passage de l'imposant site du château et le franchissement du petit pont sur le fossé ouest, nous pouvons suivre l'éperon de terrain et descendre par un sentier très abrupt dans le ravin d'Heusteig, ou bien – ce qui est plus commode – nous engager en forêt après le petit pont, à droite et beaucoup plus loin, par Heusteig. Nous croisons un premier chemin carrossable et arrivons par un autre, à droite, en bordure d'une carrière de calcaire et de marne très intéressante sur le plan botanique, et finalement par une vigne aux bains et à l'auberge-restaurant d'**Osterfingen.** Il n'y a plus qu'un pas, de cette auberge-restaurant renommée jusqu'au terme de notre randonnée, le village d'Osterfingen.

Bifurcations

A partir d'Osterfingen 🚌 monter à travers le vignoble jusqu'au Spitz et de là cheminer sous les rochers direction ouest, par Betten, jusqu'à Wilchingen 2. Pour qui préfère le chemin de fer, le parcours balisé indique clairement la direction de la gare de Wilchingen-Hallau 🚂🚌, jusqu'à Wilchingen 30 min., jusqu'à la gare 1 h.

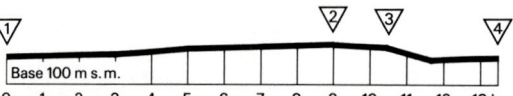

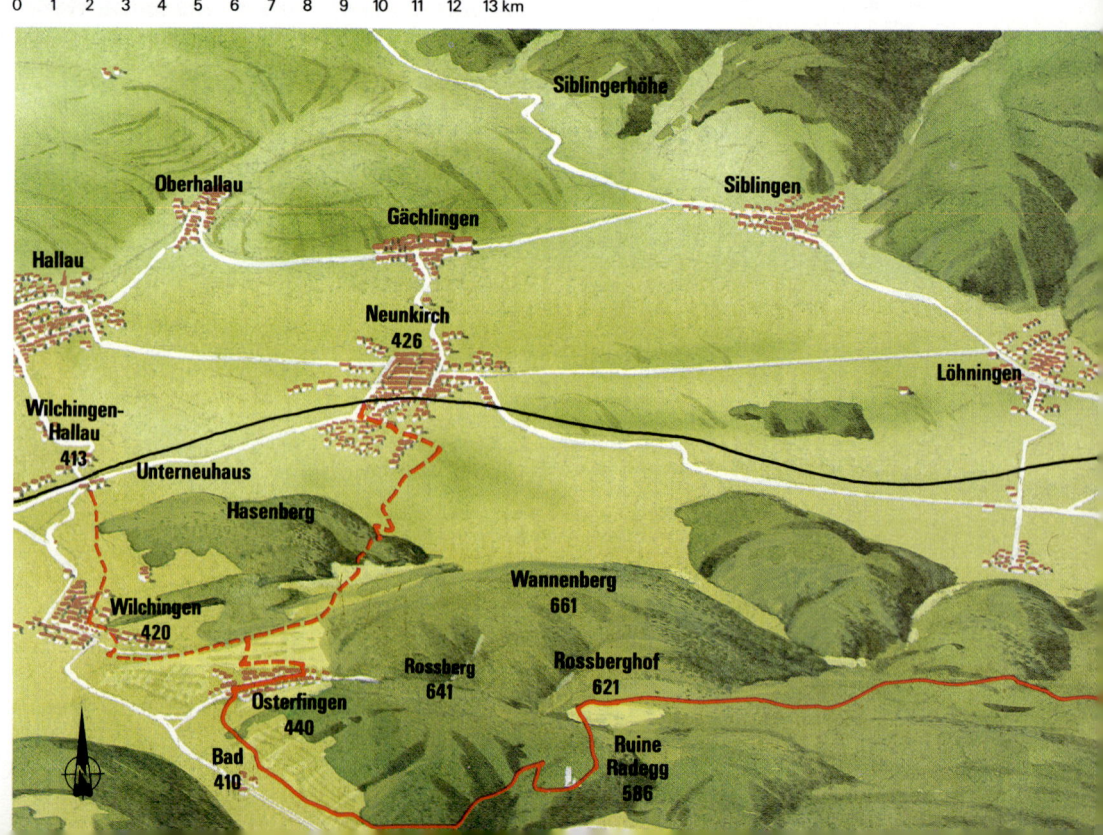

🏰 **La ruine de *Radegg*,** château construit au 12e siècle, est en partie entourée par un système de fossés aménagés dans le rocher calcaire. La forteresse a sans doute été imposante construction, comme le laissent supposer les murs épais de 4 m du donjon, que l'on peut escalader pour y jouir d'une très belle vue. C'est probablement en 1342 que le château a été détruit par un incendie. La configuration primitive de l'ensemble a été reconstituée en 1923 et 1927, après des fouilles, et ainsi sauvegardée.

🍽 ***Bad Osterfingen*** était autrefois une station de bains renommée grâce à ses eaux sulfureuses et contenant de l'alun. On trouve la première mention historique de ce lieu seulement en 1472, mais on sait qu'un domaine romain était situé à cet endroit. Le temps où les bains avaient encore une importance a perpétué jusqu'à aujourd'hui une excellente tradition gastronomique campagnarde.

⚡ Au nord de la ferme du Rossberg se trouve un puits profond de 24 m, désigné sous le nom d'*Unergründlich Loch,* au fond duquel une source se déverse dans un petit lac en forme de croissant. Le *Wangental,* de grande valeur botanique et zoologique, figure dans le catalogue des régions d'importance nationale qui méritent protection.

On a toujours bien vécu à **Aazheim.** Les vétérans des glorieuses armées romaines vivaient ici le soir de leur existence, loin de toute administration bureaucratique de la capitale, dans un domaine aménagé avec luxe. Au pied sud du Lauferberg, ils doivent avoir apprécié le site, comme les administrateurs des hôpitaux schaffhousois – plus de 1000 ans après – appréciaient au même endroit jambons gras et chapons rondelets, fromages savoureux et beurre frais de la grande métairie d'Aazheim. La ferme passa en 1556 au couvent de Rheinau et devint résidence estivale des abbés, séjour aux allures seigneuriales. La magnifique métairie, complétée par de nouveaux bâtiments destinés à l'économie et à l'habitat, appartient depuis 1952 à la ville de Schaffhouse.

Trois siècles d'industrie lourde pour les crapauds!

Même si, aujourd'hui, les productions plus «douces» dominent dans l'industrie de Neuhausen – notamment gaze hydrophile – la localité reste le symbole de l'industrie lourde (aluminium). Mais elle imprègne également la région d'une tradition bien plus ancienne, dont nous découvrons presque à chaque pas, au cours de notre balade dans le Klettgau, les traces historiques. A Neuhausen, entre 1678 et 1850, on ne travaillait pas seulement le fer, on le fondait à partir de minerai extrait sur place. Aux abords de notre parcours, avant tout le long de la frontière, nous découvrirons des creux en forme d'entonnoirs de plus ou moins grande dimension, ainsi que des remblais. On a extrait ici, depuis des temps immémoriaux, le minerai de fer dit «Bohnerz», recueilli dans les cavités calcaires du malm. Les poches dans la roche ont acquis leur forme au crétacé, lorsque la région a pris son relief karstique. Lors des pluies, un fin sédiment d'argile rouge se rassemblait dans les fissures et les cavités. La teinte rouge trahit d'une part un climat chaud et sec, d'autre part une haute teneur en fer. Un fer qui au cours de millions d'années s'est enrichi de petites sphères et petits grains – en allemand Bohne – d'où son nom de «Bohnerz».

La création du réseau de chemin de fer a changé en Suisse le système des importations: les prix du fer ont chuté alors que le bois se faisait plus cher. Cela a conduit en 1850 à l'abandon des hauts-fourneaux de Neuhausen. Les mines, rendues étanches au moyen de glaise, abandonnées à la tranquillité après leur exploitation, sont devenues de nos jours autant de mares animées, propices au frai pour les tritons, grenouilles et crapauds sur le Laufenberg, le Wannenberg et le Rossberg.

Schaffhausen–Nordhalden–Beggingen

Pour une fois, voici sur un long parcours le moyen de contempler notre pays de l'extérieur. L'itinéraire frontalier au saillant de l'extrême nord de la Suisse – région très accueillante des vignes du Klettgau – propose deux avantages sur les randonnées classiques: on reste d'une certaine manière à hauteur égale et la région du Randen nous apparaît sous son jour le plus agréable et le plus paisible. On découvre aussi l'aspect plus tourmenté du territoire suisse très découpé.

Route		Altitude	Temps
1	Schaffhausen halte d'autobus de Buechbrunnen	468 m	—
2	Borne-frontière 689	669 m	1 h 15
3	Poste de douane Oberwiechs	666 m	2 h 10
4	Nordhalden	680 m	3 h 10
5	Randenhof	820 m	4 h 25
6	Borne-frontière 542	894 m	5 h 05
7	Beggingen	545 m	5 h 45

Peu après la **halte d'autobus de Buechbrunnen,** un chemin escarpé monte au pt 532, sur le *Längenberg.* Pour aller de là aux prés de l'*Emmerberg* – prés maigres typiques du Randen mais avec flore variée – il y a plusieurs possibilités. La plus recommandable est celle bordant la pente est du Längenberg, avec de temps à autre un beau coup d'œil sur le Freudental et surtout dans le lointain sur la vallée de Merishaus.

Nous traversons les prés d'Emmerberg en direction est pour arriver, dans la partie supérieure du ravin de Chörbli, à la **borne-frontière 689.** A partir de là, nous longeons la frontière pour aller à *Cholrüti* (possibilité de faire le détour au sud-ouest au Jakobsfelsen: volumineux affleurements calcaires, échelle et rampes de fer dans le haut, point de vue). Là, nous abandonnons la Suisse pour arriver d'abord sur le chemin carrossable conduisant à la *Hilbe* par la vallée de Beisen. Près de l'endroit où l'itinéraire se ramifie en quatre, nous choisissons le chemin pédestre qui va vers le nord pour aboutir par le pt 764 et la Reute dans l'*Eichert*. Ce n'est pas encore le moment de descendre vers Wiechs, mais bien de continuer par le pt 700 au **poste de douane d'Oberwiechs** et – en conservant le même cap – par le pt 689 au pt 710.

A cet endroit, nous obliquons à gauche tout en restant sur le chemin carrossable et en longeant la frontière

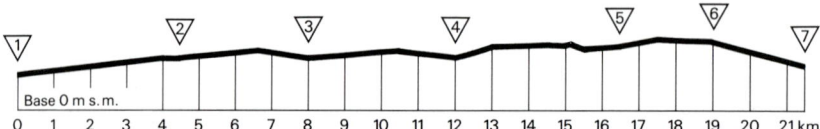

suisse, afin de rejoindre la *Langecke,* peu après la borne-frontière 625. A cet endroit, nous obliquons à droite et cheminons jusqu'à **Nordhalden.**

Pas à pas sur une ancienne route romaine

Nous franchissons le cours de la Biber avant de monter dans la pente prononcée jusqu'à la crête du Rubi. Là, nous choisissons le chemin carrossable à gauche, nous traversons ensuite l'autoroute et – restant sur les hauteurs – nous continuons direction ouest par les pt 828 et pt 837 (Am Altweg) jusqu'à la limite du territoire national, près de la borne-frontière 593. Une nouvelle fois nous longeons la frontière en restant sur le sentier pédestre jusqu'au chemin forestier à l'ouest de Rotmund: par ce parcours nous arrivons à la ferme de **Randenhof,** appelée parfois Klausenhof. Nous nous trouvons à cet instant sur l'ancienne voie romaine qui de Iuliomagus (Schleitheim) conduisait au nord, en Germanie. La voie romaine que nous parcourons direction sud est désormais notre itinéraire, sur les hauteurs du *Hoher Randen,* jusqu'au passage de la frontière près de la **borne-frontière 542,** où nous retrouvons le territoire suisse.

On peut faire un détour à la tour toute proche de Hagen – point de triangulation de premier ordre qui avec ses 912.2 m d'altitude est le point culminant du canton de Schaffhouse. La forêt récente, d'où l'on avait une vue grandiose depuis son implantation en 1904, est aujourd'hui plus élevée que la tour d'observation aux 14 m de hauteur, mais nous sommes récompensés par la fameuse vue sur le lointain à partir de la *Schwedenschanze* (retranchement des Suédois), que la tradition populaire fait remonter à l'occupation suédoise au cours de la Guerre de trente ans (1618–1648). Le long de la descente escarpée par le Stiegenbrünneli à **Beggingen,** but de la randonnée, nous traversons après la Schwedenschanze les décombres de roches calcaires avec – au flanc de la montagne – un fossé de 30 m provenant vraisemblablement d'un glissement de terrain.

Bifurcations

L'excursion devient une véritable promenade si à la borne-frontière 689 nous prenons la direction du ravin de Chörbli, pt 526, puis à notre droite par Lätten et, sur le chemin pédestre passant sous l'autoroute, si nous descendons à Merishausen:
frontière–Merishausen 35 min.
Autre possibilité d'interrompre prématurément l'itinéraire, par la Langecke au-dessus de Bargen. Près de la borne-frontière 625, utiliser le chemin pédestre par-dessus la frontière et descendre par Wolfbüel, Nübruch et Hauental à Bargen:
frontière–Bargen 30 min.
On peut aussi allonger de diverses manières la randonnée, notamment de la borne-frontière 542 près du Hagenturm, direction sud puis en bordure de la pente par Ob Lucken, Im toten Chrieger, Schmidshau jusqu'au Talisbänkli; de là, à travers la clairière de Zelgli, puis descente sans aucune trace marquée dans le merveilleux pré des bois de Mösli, vers le sentier qui conduit en serpentant à la route forestière par laquelle nous atteignons Im Tal et Guggental-Hemmental:
frontière–Hemmental 2 h 15.

Schweizersbild: A 200 m à peine au sud-est de la station de bus de Buechbrunnen se dresse, près de la route, une paroi rocheuse haute de 18 m. Son nom, cité en 1424 déjà, est Immenfluh, mais les scientifiques l'appellent aujourd'hui Schweizersbild, car elle est à leurs yeux significative. La dénomination était autrefois celle d'une maisonnette en bordure du chemin, pourvue d'une image sainte, fondée par un Schaffhousois du nom de Schweizer. Le nom a été reporté au rocher tout proche. Pendant certaines périodes, des hommes vivaient sous la protection de ce rocher, depuis l'âge de la pierre taillée jusqu'à l'âge de la pierre polie. Les fouilles archéologiques de 1891 à 1893 ont mis au jour des milliers d'outils et d'objets d'art, en pierre, os et corne, de même qu'une quantité d'ossements provenant des repas de ces hommes d'autrefois. Rareté parmi toutes: 27 squelettes provenant de tombes néolithiques. Le Musée national de Zurich abrite la plus grande partie de ces trouvailles, d'autres sont visibles au Musée Allerheiligen à Schaffhouse.

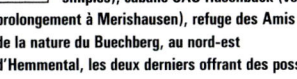

Les amis du chemin de fer à vapeur bade-wurtembergeois ont fait tant et si bien que cette ligne dite stratégique du Wutachtal a repris du service, au goût du jour, pour des voyages nostalgiques. A cause de ses tunnels hélicoïdaux, on l'appelle dans le dialecte régional «Sauschwänzlebahn», à l'image d'une queue de cochon en tire-bouchon! Renseignements pour l'organisation et la réservation de courses spéciales entre la douane de Blumberg et Weizen: Ville de Blumberg, D-78176 Blumberg 1, tél. 0049 7702/51 27 le matin; pour raccordement aux courses Schaffhouse–Weizen (groupes): Autobus ASS, Schaffhouse, tél. 053/33 42 22.

SP Le **Randen** est également un paradis pour randonnées à ski de fond. Pendant la saison hivernale, parcours et parcours circulaires sont balisés et équipés de bons panneaux d'orientation.

Le long de l'itinéraire ou à proximité, hors des localités, on découvre de nombreuses possibilités de divertissements: ferme de Randen – ou Klausen – au-dessus de Fützen (boissons simples), cabane CAS Hasenbuck (voir prolongement à Merishausen), refuge des Amis de la nature du Buechberg, au nord-est d'Hemmental, les deux derniers offrant des possibilités d'hébergement.

Curiosités naturelles et vies marginales

Le Randen, contrefort du Jura souabe mais également prolongement du Jura tabulaire suisse, a toujours été et reste une région aride. Ce n'est qu'aux endroits où le glacier du Rhin a pu pousser quelques minces moraines par-dessus le malm calcaire que des terres bien cultivables se sont développées. Mais la plupart des terrains ne couvrent que d'une mince couche la roche karstique, par laquelle l'eau disparaît rapidement dans le système de galeries souterraines. On s'explique ainsi que la région soit bien moins peuplée que le Plateau suisse. Les rares villages se limitent aux vallées fermées par les marnes où s'écoulaient les eaux à l'ère glaciaire. Sur les terrains situés plus haut, en revanche, existaient déjà au moyen-âge un petit nombre de fermes munies de citernes. Le désespoir de l'homme de la terre fait parfois la joie de l'ami de la nature: la flore et la faune de la région du Randen dévoilent bon nombre d'espèces très rares, adaptées aux conditions de sécheresse. Les prés maigres, sur la montagne de prédilection des Schaffhousois, parsemés de pins clairsemés, sont aussi le territoire de quelques oiseaux peu communs qu'on peut aisément observer. Au 19e siècle, le Randen était encore un refuge pour les hommes qui devaient fuir la protection des villes et villages: malfaiteurs, mais le plus souvent gens poursuivis à tort, forains, vagabonds, réfugiés politiques ou persécutés pour leurs opinions religieuses, trouvaient là une cachette. Parfois les gendarmes suisses ou badois leur faisaient la vie dure. La chasse à l'homme était même pour certains sbires un véritable sport dans les forêts du Randen, à l'écart du monde…

Au nord de la Thurgovie, on choisit le plus souvent des itinéraires classiques, sur les hauteurs du lac, avec au premier plan la vue sur l'Untersee (le lac inférieur), le Rhin et l'île allemande de Reichenau. C'est un autre monde que nous allons découvrir, dans le bel arrière-pays de collines qui de tout temps a su attirer les regards. Comment s'expliquer autrement la présence, sur un seul parcours, de quatorze châteaux – il y en a d'innombrables dans toute la région – résidences et demeures seigneuriales dont certaines sont aujourd'hui encore au centre de merveilleux domaines?

Mammern–Herdern–Pfyn–Müllheim

Route		Altitude	Temps
1	Mammern	411 m	—
2	Eggmüli	540 m	0 h 35
3	Berghof	632 m	1 h 20
4	Herdern	502 m	1 h 40
5	Tebrunnen	494 m	2 h
6	Pfyn	422 m	2 h 35
7	Müllheim	413 m	3 h 35

Lorsque nous quittons la gare de **Mammern** par un chemin bien balisé, nous montons dans la pente et par le ravin d'Eggmüli jusqu'à **Eggmüli**. A partir de là, toujours en suivant les panneaux indicateurs, nous montons par Amenhusen et Chleebuck vers **Berghof** avant de redescendre à Herdern. Le château de **Herdern,** au-dessus des vignes, est remarquable: depuis un siècle, c'est un centre de réinsertion pour handicapés. Au 18e siècle, on a ajouté au bâtiment certains éléments construits dans le style des diverses époques. Le toit en forme de bulbe à huit pans, sur l'ancienne tour, date du siècle passé. On voit également, morceau de choix parmi les vignes de Herdern, l'établissement d'éducation au travail de *Kalchrain,* autrefois couvent de nonnes.

Le très beau domaine de **Tebrunnen** appartient également au centre de réinsertion de Herdern: nous marchons dans sa direction, en franchissant par le sud-est le petit ravin de Tebrunnen. Puis nous descendons la pente, direction sud, pour rejoindre la *réserve naturelle d'Hinterried*.

Région de culture néolithique

Le petit lac, dans le vallon voisin de Seebach, est pour ainsi dire parent éloigné des lacs de Nussbaum et d'Hüttwil: c'est un vestige de glace morte qui s'est formé dans le bras de la Thur du glacier du Rhin. La surface des eaux était autrefois bien plus étendue, mais elle a cédé la place à l'envahissement du marécage. A *Breitenloo,* on observe dans les couches de tourbe les traces d'une implantation humaine de la période néolithique. Les creusages ont mis au jour des céramiques qui sont le fil conducteur de l'époque dite après ces premières trouvailles «culture de

Untersee

Pfyn» et qui s'est étendue jusque dans l'ouest de la Suisse. Pareilles constructions sur pilotis se trouvaient souvent sur le lac inférieur, de même que sur de petits cours d'eau de la région des vignes et de leur prolongement vers l'est.

Par Vorderriet et In Stücklenen, nous atteignons **Pfyn,** où il vaut la peine de faire un détour au *Städtli,* la partie la plus ancienne du village, érigée sur les fondations du camp militaire romain Ad Fines, construit au 3e siècle sous l'empereur Dioclétien. L'école de Städtli ne sert à cet usage que depuis 1864: c'est l'ancien château de Pfyn. La petite église est le sanctuaire le plus ancien de toute la Thurgovie. On pense que les soldats romains avaient élevé à cet endroit une chapelle, dans les derniers temps de l'occupation militaire.

Par un chemin fort bien balisé au départ de Pfyn, nous rejoignons par Wiberg, Säntisblick, Maltbach, le village de **Müllheim,** entouré de magnifiques vergers, ce qui invite à choisir le printemps, saison où tout est en fleurs, pour parcourir ce charmant paysage.

Bifurcations
La gare Müllheim-Wigoltingen 🚌 est à 25 min. de Müllheim 🚌. Les chemins bien balisés permettent de revenir de Müllheim au lac inférieur:
Klingenberg–Homburg–Heidenhus–Steckborn 🚌 🚌
2 h 15

 La région entre le lac inférieur et la Thur est un paradis pour les amateurs de châteaux anciens. Voici des résidences seigneuriales qui ne sont pas mentionnées dans la description du parcours, mais qui se trouvent sur l'itinéraire ou dans le proche voisinage:
Mammern: A part le château au lac (depuis 1866 établissement de cure et convalescence), refuge de l'âge de fer – Hallstatt – à la Rutschi, le Neuburg (considéré comme la construction la plus signifiante sur le lac inférieur, démantelée en 1722), Burstel, (château-fort médiéval le plus ancien de Mammern, mais dont on ne voit plus que les fossés), Freudenfels (château reconstruit en lieu et place de la forteresse, aujourd'hui domaine du couvent d'Einsiedeln), Liebenfels (cité pour la première fois en 1254, ample cave voûtée à plusieurs étages, propriété particulière avec exploitation agricole et forestière étendue).
Gündelhart: Château construit en 1571 comme dépendance de Liebenfels, aujourd'hui domaine particulier.
Hörhausen: Sur une colline, emplacement d'un château-fort avec vestiges d'un mur d'enceinte, cité selon les documents en 1050–1083.
Hörstetten: Fortification non datée, remontant probablement à la préhistoire. Plateau avec rempart et fossés à l'est.
Pfyn: A part l'emplacement cité, on voit dans la forêt, au-dessus du Säntisblick, totalement aplani par exploitation de carrières, le site de l'ancien château-fort de Schauhausen, siège des baillis Mötteli de Rappenstein.

Ad Fines, le Pfyn romain: On sait qu'après le départ des légions, les populations celto-romaines très mélangées n'ont pas retrouvé dans leurs séjours voisins des camps militaires l'ancienne activité urbaine, comme au temps où Rome était omniprésente. Les chefs des tribus alamanes, qui étaient alors devenus leurs voisins exploitant les terres, n'offraient pas dans ces conditions de véritable compensation. On a donc vu naître très tôt des légendes sur le bon vieux temps au cours duquel on était encore quelqu'un, près du camp retranché Ad Fines.
Photo: Le côté longitudinal nord du fort quadrangulaire aux fondations épaisses de 3,3 m est aujourd'hui encore mur de soutènement du Städtli, la plus ancienne partie du village de Pfyn.

Les amateurs d'histoire de l'architecture et archéologie industrielle verront sans doute avec intérêt le *village industriel de Grüneck,* au sud-ouest de Müllheim. On aperçoit déjà des hauteurs du vignoble de Pfyn le quadrilatère tiré au cordeau, érigé en 1856, près du ruisseau Chemibach utilisé autrefois à des fins industrielles.

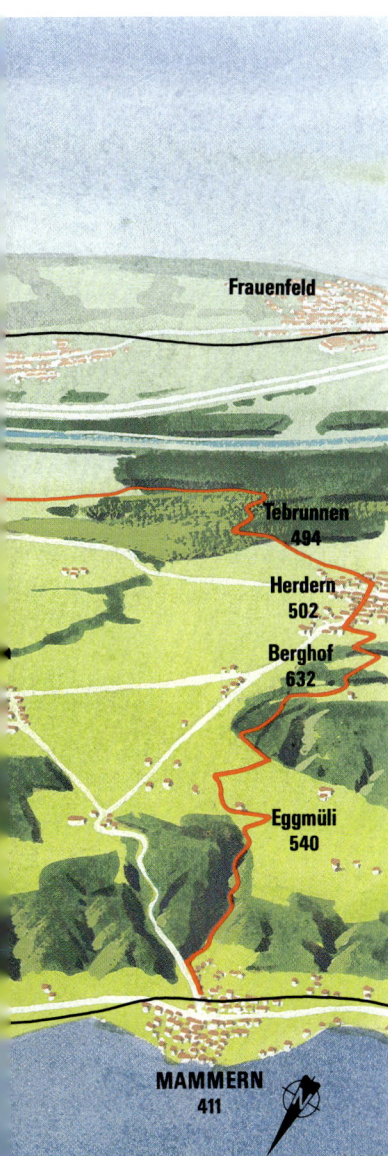

Vignes au pays du jus de pomme

On dit de la Thurgovie, en plaisantant, qu'elle est l'eldorado du jus de pomme... Qui veut étancher une honnête soif à la manière du pays commande à l'aubergiste un «saft», cidre de pommes et de poires. Mais, il y a 150 ans encore, chaque coteau entre le lac inférieur et la vallée de la Thur était couvert de vignes. Les lieux-dits tels que Wigärtli, Rebberg, Trubeschloo et autres rappellent le temps où le vignoble thurgovien s'étendait sur 2100 ha: on n'en compte plus que 188 aujourd'hui. Alors que les grappes rouges dominent de nos jours, on ne cultivait autrefois, pour ainsi dire, que du raisin blanc et de diverses sortes très locales, avant tout grappes de Knipperlé et d'Elbling, aujourd'hui disparues. La dernière avait été probablement implantée par les troupes de l'occupant romain, sous l'appellation «vitis albuelis». "Quant à savoir si les petites collines aux abords d'Ad Fines, le Pfyn romain, étaient couvertes d'échalas et de ceps, on peut en douter: les Romains laissaient plus volontiers leurs vignes grimper dans les branchages des arbres.

L'offre thurgovienne en vins est aujourd'hui modeste. Petite vigne, mais belle finesse! A part le pinot noir dominant, on élève dans cette région des blancs très bons à boire, notamment le Müller-Thurgau. Le savant agronome Hermann Müller (1850–1927), qui en 1882 a développé dans la région allemande de Geisenheim le croisement Riesling×Sylvaner, s'est différencié des autres Müller en ajoutant à son patronyme celui de son canton. Les vins Riesling×Sylvaner ont un bouquet de muscat typique, alors que les vins de la vallée de la Thur ont pour leur part plus de corps.

St. Margrethen–Walzenhausen–St. Margrethen

Un saut et un regard par-dessus les frontières

Walzenhausen est perché comme un balcon dominant les trois frontières, cela explique que de cet endroit le coup d'œil semble indiscret: comme on jette un regard curieux dans le jardin du voisin, on voit d'ici le «patchwork» du delta autrichien du Rhin et du Bregenzer Ach, plus en arrière les Préalpes du Vorarlberg et de l'Allgäu, et encore l'île de Lindau sur le lac de Constance. Sur le parcours qui conduit à la paisible station thermale, nous franchissons les frontières enchevêtrées des cantons et demi-cantons de St-Gall, Appenzell Rhodes-Intérieures et Rhodes-Extérieures, tout en sachant toujours bien où nos pas nous conduisent…

Route	Altitude	Temps
1 St. Margrethen		
🚂 🚌	402 m	—
2 Kobel	420 m	1 h 10
3 Gebertshöchi	881 m	2 h 45
4 Walzenhausen		
🚂 🚌	673 m	3 h 10
5 St. Margrethen		
🚂 🚌	402 m	3 h 55

Point de départ, sur la frontière: **St-Margrethen**. A l'extrémité est de la gare, nous traversons les voies ferrées pour suivre un instant la route par-dessus le pont autoroutier et l'Alter Rhein, ancien lit du Rhin. Nous voici dans un «no man's land», la région entre Suisse et Vorarlberg. Le long de la digue, nous remontons le cours du fleuve jusqu'aux premières maisons d'Au. Passant sous l'autoroute et sur l'Alter Rhein, nous arrivons au village, où nous longeons la rive du Littenbach, que nous abandonnons peu après le cimetière afin de monter à **Kobel**. A partir de là, nous cheminons autour du vignoble de Berneck, pour gagner le hameau d'*Ober-Rüden*. Plus bas que les vignes, on découvre Berneck.

Le chemin pédestre conduit à la route et, plus haut, au vignoble d'Isenbüel. A une distance d'environ 200 m après le virage décrit par la route, le chemin oblique à gauche vers Birkenfeld. La forêt monte doucement jusqu'à *Freienland*, puis nous allons au nord par un chemin

Large plaine, arrière-pays cloisonné

qui s'incline légèrement vers *Gebert*, d'où nous rejoignons direction est la **Gebertshöchi**. Le chemin forestier descendant nous conduit au Rosenberg, d'où nous distinguons déjà **Walzenhausen**. Au Güetli, nous sommes déjà au centre de la station thermale qui s'allonge, au-dessus du lac de Constance et du Dreiländereck, point de rencontre des trois pays, Autriche, Allemagne et Suisse. Pour descendre à St-Margrethen, nous quittons la route au centre du village en marchant vers le *Mörenloch*. Plus loin, en descendant sous bois, nous atteignons les *ruines du*

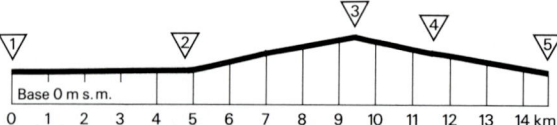

château de Grimmenstein. Près de Wasen, en bas, nous franchissons deux ruisseaux, le Wasenbach et 500 m plus loin le Schutzbach. Lorsque nous arrivons sur la terrasse principale, il nous reste peu à cheminer pour rejoindre notre point de départ, la gare de **St-Margrethen**.

Bifurcations
Plutôt que descendre des environs de Freiland à Walzenhausen, nous pouvons traverser la limite communale d'Oberegg et arriver par la forêt sur les hauteurs de Blatten. A Schachen, nous sommes obligés de longer un tronçon de route, que nous pouvons abandonner un peu plus loin, à gauche de la forêt de Städeli, pour arriver bientôt à Oberegg, enclave d'Appenzell Rhodes-Intérieures dans l'avant-pays d'Appenzell Rhodes-Extérieures. Le territoire de cette commune s'étend jusque dans la vallée du Rhin.
A la sortie d'Oberegg, nous longeons pendant quelques instants la route principale en direction de Heiden, puis nous bifurquons à gauche pour monter aux Vordere Laderen. Le chemin descend par Hintere Laderen jusqu'à Wäseren et plus loin à Heiden. 1 h 55. Plusieurs moyens de transports publics permettent de cet endroit le retour: les automobiles postales vers St-Gall, mais également par Wolfhalden à Rheineck ou Walzenhausen et St-Margrethen. Un chemin de fer à crémaillère circule en direction de Rorschach.

Raccourci
Pour qui préfère éviter la descente de Walzenhausen à St-Margrethen, l'automobile postale permet d'abréger le parcours; itinéraire également raccourci par le chemin de fer à crémaillère vers Rheineck pour descendre à la gare CFF de St-Margrethen.

 Chemin de fer à crémaillère de Walzenhausen à Rheineck et de Heiden à Rorschach.

 Piscines à ciel ouvert ou couvertes à *St-Margrethen, Walzenhausen* et *Heiden.*

 Musée Henry Dunant, maison de retraite de la Werdstrasse à *Heiden*: dans l'ancien hôpital de district où Henry Dunant passa les dernières années de sa vie entre 1892 et 1910, après avoir habité depuis 1887 à Heiden, on a rassemblé une petite collection de photos et copies de documents en souvenir du fondateur de la Croix-Rouge.

C'est aux environs de 1848 que **Heiden** a pris son essor de station thermale. Les cures de petit-lait étaient les plus connues. Le célèbre ophtalmologue Dr Albrecht von Graefe découvrit en 1860, pour y pratiquer son art, le village de Heiden, situé dans un replat de terrain, sur la pente nord des collines appenzelloises, 400 m au-dessus du lac de Constance. Chaque été, le Dr Graefe déplaçait ses consultations de Berlin à Heiden. A la suite de l'ophtalmologue, un autre médecin a contribué à la renommée de Heiden, station thermale: le Dr Heinrich Frenkel, neurologue suisse et fondateur de ce qu'on appelle aujourd'hui «réhabilitation médicale». Aujourd'hui encore, Heiden est la station climatique la plus fréquentée de la région appenzelloise.
Un troisième personnage célèbre a vécu à Heiden: Henry Dunant, fondateur de la Croix-Rouge a résidé dans la localité de 1887 à 1910. Sur l'allée bordant le lac, Place Henry-Dunant, un monument honore sa mémoire et un modeste musée lui a été dédié.

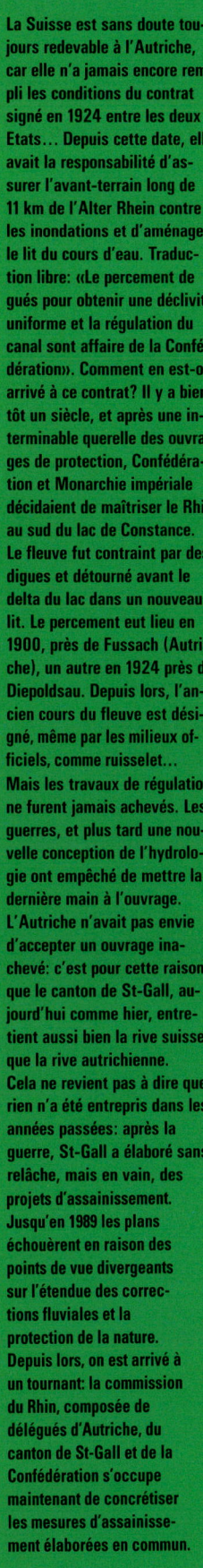

Un ruisselet dont on parle…

La Suisse est sans doute toujours redevable à l'Autriche, car elle n'a jamais encore rempli les conditions du contrat signé en 1924 entre les deux Etats… Depuis cette date, elle avait la responsabilité d'assurer l'avant-terrain long de 11 km de l'Alter Rhein contre les inondations et d'aménager le lit du cours d'eau. Traduction libre: «Le percement de gués pour obtenir une déclivité uniforme et la régulation du canal sont affaire de la Confédération». Comment en est-on arrivé à ce contrat? Il y a bientôt un siècle, et après une interminable querelle des ouvrages de protection, Confédération et Monarchie impériale décidaient de maîtriser le Rhin au sud du lac de Constance. Le fleuve fut contraint par des digues et détourné avant le delta du lac dans un nouveau lit. Le percement eut lieu en 1900, près de Fussach (Autriche), un autre en 1924 près de Diepoldsau. Depuis lors, l'ancien cours du fleuve est désigné, même par les milieux officiels, comme ruisselet…
Mais les travaux de régulation ne furent jamais achevés. Les guerres, et plus tard une nouvelle conception de l'hydrologie ont empêché de mettre la dernière main à l'ouvrage. L'Autriche n'avait pas envie d'accepter un ouvrage inachevé: c'est pour cette raison que le canton de St-Gall, aujourd'hui comme hier, entretient aussi bien la rive suisse que la rive autrichienne.
Cela ne revient pas à dire que rien n'a été entrepris dans les années passées: après la guerre, St-Gall a élaboré sans relâche, mais en vain, des projets d'assainissement. Jusqu'en 1989 les plans échouèrent en raison des points de vue divergents sur l'étendue des corrections fluviales et la protection de la nature. Depuis lors, on est arrivé à un tournant: la commission du Rhin, composée de délégués d'Autriche, du canton de St-Gall et de la Confédération s'occupe maintenant de concrétiser les mesures d'assainissement élaborées en commun.

St. Gallen–Gübsensee–Hundwil–St. Gallen

Appenzell, dans l'écrin saint-gallois…

On peut arriver de toute part dans le canton d'Appenzell, à condition de passer par le territoire saint-gallois, mais la transition d'un paysage à l'autre est marquée par des nuances. Les collines aux pentes douces jusque vers les alpages, les vallons où courent des ruisseaux, les forêts, les flancs larges des pâturages sont une des caractéristiques du Pays d'Appenzell. De même que les petits villages et les hameaux composés de maisons de bois et de pierre aux inimitables pignons chantournés.

Route		Altitude	Temps
1	St. Gallen-Bruggen	651 m	—
2	Gübsensee	682 m	0 h 20
3	Ufem Tobel	810 m	2 h 05
4	Urnäscher Tobel	665 m	2 h 20
5	Hundwil	788 m	2 h 45
6	St. Gallen-Bruggen	651 m	4 h 30

La gare CFF de **St-Gall/Bruggen**, est notre point de départ: elle est située à l'ouest de la ville, on peut s'y rendre par le trolleybus (2 min. depuis l'arrêt). Le parcours conduit par la Brasserie Stocken, puis la Lehnstrasse à gauche, avant de franchir la voie ferrée par une passerelle. Le chemin qui très haut domine le cours de la Sitter et passe au-dessus du pont du chemin de fer est impressionnant. Après un parcours de quelque 500 m, nous obliquons à gauche en nous écartant de la voie ferrée, afin de longer une petite rout au sud du **Gübsensee**, dans une zone cantonale de protection des plantes et des oiseaux aquatiques. Un chemin passant sur la digue du Gübsensee conduit par-dessus la frontière à la ferme appenzelloise de *Sturzenegg*. A cet endroit nous conservons notre gauche mais nous quittons le chemin après 250 m pour en découvrir un autre qui s'écarte à droite à travers champs. Près de la ferme d'*Engelen*, nous montons à gauche en direction du hameau d'*Ufem Berg* et nous descendons au creux de terrain de Saum, dépression dans laquelle sont implantées aujourd'hui de nombreuses habitations. Au carrefour, nous bifurquons à droite, et une fois encore à droite environ 200 m plus loin, pour cheminer sur un sentier pédestre jusqu'à une colline du haut de laquelle on aperçoit Gossau. Sur la crête, nous marchons direction

Par monts et par vaux, de cluses en sommets

ouest jusqu'à *Lutzenland*, point de vue unique. A travers des gorges et par quelques hauteurs, le chemin tantôt montant, tantôt descendant nous amène à la route proche d'Egg, que nous traversons obliquement

pour arriver au pt 938 par les maisons de *Büechli* et *Rorenschwendi*. Au fond du petit vallon, en-dessous de nous, nous cheminons au nord pour atteindre un croisement: nous restons sur la droite pour pénétrer ainsi une nouvelle fois en forêt. Près du hameau d'**Ufem Tobel,** nous traversons la route et descendons par une forêt épaisse dans l'**Urnäscher Tobel.** Le pont de bois construit en 1778 par Hans Ulrich Grubenmann nous permet de franchir le cours de l'Urnäsch.

Le chemin escarpé serpente en montant au *Moos,* d'où nous atteignons bientôt **Hundwil.** La localité est depuis 1600, en alternance avec Trogen, l'endroit où dans les années impaires se déroulent régulièrement les Landsgemeinden. Une petite pause dans l'une ou l'autre des magnifique auberges aux pignons chantournés vaut la peine. Après quoi nous revenons d'abord au *Moos* et descendons le chemin de droite jusqu'au Sonderbach, dont nous franchissons le cours sur une passerelle, au voisinage de sa jonction avec l'Urnäsch. Sur l'autre rive, par un chemin tantôt plat, tantôt montant, nous arrivons à travers bois sur les hauteurs des prés de *Bruggli.* Une pente riche en points de vue nous amène en bas au *Störgel.* Par la passerelle légère sur le ravin de la Sitter, longue de 500 m et haute de 100 m, uniquement autorisée au passage des piétons et cyclistes, nous parvenons à Haggen, avant de rejoindre **St-Gall/Bruggen.**

Bifurcation
Près d'Egg nous pouvons longer la route direction vallée pour aller au centre d'Herisau. Un joli chemin de promenade qui prend naissance près du Restaurant Gübsen conduit autour du Gübsensee (40 min.). Autrefois existait dans la dépression de Gübsen un village de pêcheurs qui appartenait au couvent de St-Gall. Après que les Appenzellois, en guerre contre l'abbé de St-Gall, eurent détruit la digue, on l'abandonna à l'envahissement des terres et c'est alors que se développa un marécage de tourbe. On a érigé à l'est du lac, en 1887, un mur pour contenir les eaux; le barrage de la vallée a été formé par une digue de terre. C'est ainsi que prit forme le Gübsensee, dont les eaux sont amenées du cours de l'Urnäsch.

Guide pédestre
St. Gallen–Appenzell

 A *Herisau*, grand centre sportif avec piscine couverte et patinoire couverte en activité toute l'année.
Le Musée d'*Herisau*, aménagé dans l'ancien Hôtel de ville, sur la place du village, met en valeur une collection ayant trait notamment aux coutumes populaires appenzelloises, à la peinture paysanne, au tissage et à la broderie.

 L'église réformée d'*Hérisau*, à l'est de la place du village, date de 1516–1520 et pour l'essentiel elle est imprégnée du style gothique tardif. Curiosité: à l'intérieur du sanctuaire, côté nord de la nef, une chapelle latérale de style gothique tardif, appelée «Schwätzchörli» (chœur de bavardage), aujourd'hui chapelle baptismale. Les maisons aux toits de pierre, dans la Schmiedgasse, sont typiques. Belles résidences bourgeoises, par exemple Haus zur Rose et Haus Wetter, toutes deux de 1737 et toutes deux de Jakob Grubenmann, le frère du célèbre constructeur de ponts. L'église réformée de *Hundwil* est un bâtiment roman-gothique tardif du 13e siècle, restauré et tranformé en 1750 par Hans Ulrich et Jakob Grubenmann. L'ancien Hôtel de ville et maison curiale, érigé en 1607/08, a été transformé en édifice baroque tardif au 18e siècle.

Herisau: Le chef-lieu d'Appenzell Rhodes-Extérieures a été le séjour du célèbre écrivain Robert Walser qui y a vécu ses derniers instants.

Lors du partage du territoire entre les deux Appenzell – décidé en 1597 mais à une faible majorité, il est vrai – Trogen a été érigé en chef-lieu. Les habitants d'Herisau se sentirent dès lors ignominieusement mis à l'écart, la cité étant paroisse plus ancienne et plus peuplée. Après de violentes protestations et disputes, on décida que le Parlement et le Gouvernement siégeraient à tour de rôle une fois à Herisau, une fois à Trogen. C'est en 1786 qu'Herisau devint définitivement chef-lieu.

L'industrie du tissage était une source importante de revenus, avec la production de lait et l'exploitation forestière. Avec l'apparition des mousselines, à la fin du 18e siècle, on dénombrait à Herisau 191 fabricants et marchands de fil. Mais l'industrie textile ne se releva jamais de la crise qui l'avait frappée au cours du 19e siècle.

Grubenmann, architecte autodidacte de génie

Aujourd'hui encore, la vie et l'œuvre de l'architecte et constructeur de ponts Hans Ulrich Grubenmann (1709–1783) exercent une véritable fascination. Historiens, ingénieurs et architectes sont toujours encore impressionnés par la construction raffinée de ses ponts de bois arqués et de ses charpentes d'églises. Grubenmann a été désigné par d'éminents spécialistes comme «celui qui a pleinement achevé l'art de la construction des ponts». La renommée de son chef-d'œuvre, le pont couvert de Schaffhouse réduit en cendres en 1799, a gagné même l'Angleterre et l'Irlande.
L'Appenzellois Grubenmann avait des dons innés, qui lui permirent de devenir sans aucune formation théorique un constructeur passionné et original de ponts, à la réussite incontestable. Il était issu d'une famille en vue d'architectes de Teufen, dont les nombreuses réalisations ont été mises en évidence seulement depuis quelques décennies. Les trois frères, Jakob, Johannes et Hans Ulrich Grubenmann ont érigé ou restauré un grand nombre d'églises et bâti plusieurs belles et vastes résidences.
Hans Ulrich est le plus connu de cette famille, par ses ponts de bois et constructions à charpentes suspendues. On lui doit d'avoir jeté des ponts de portée étonnante par-dessus ravins et cours d'eau. Dans le Pays appenzellois, il put tirer parti d'une ancienne tradition, car les ponts, dans cette région très découpée, avaient toujours été importants. Rien qu'à Urnäsch, Hans Ulrich Grubenmann réalisa neuf ponts couverts, mais – comme la plupart de ses ouvrages – ils n'ont pas tous subsisté jusqu'à notre époque. Parmi les plus anciens ponts de bois appenzellois bien conservés, on connaît le pont de Wattbach, entre Teufen et St-Gall/Bruggen, les deux ponts de Goldach entre Rehetobel et Speicher ainsi que le pont jeté sur le ravin de l'Urnäsch près de Hundwil.

Champs de bataille et délices de la nature

C'est un caractère bien marqué du paysage appenzellois, que celui des montées et descentes qui alternent sans fin, dans cette région où les lopins de terre exigus sont bien sagement alignés et soignés. Paysage calme, où la chapelle et le monument du Stoss, les ruines de la forteresse de Clanx, réduite en cendres en 1402 lors d'un soulèvement des Appenzellois, nous rappellent des temps moins paisibles. Le seul témoin qui reste de ces moments troublés, ce sont quelques murailles. L'ère plus lointaine des glaciations a laissé des traces vivantes, quelques rares pins nains dans le biotope de très grande valeur scientifique, au pied nord de l'Hirschberg.

Gais–Brandegg–Appenzell–Gais

Route		Altitude	Temps
1	Gais	933 m	—
2	Stoss	942 m	0 h 55
3	Brandegg	1125 m	1 h 45
4	Stralhütten	1006 m	2 h 35
5	Appenzell	780 m	3 h 15
6	Gais	915 m	4 h 55

Lorsque nous quittons la place du village de **Gais**, nous traversons en direction est le Rotbach et nous marchons environ 250 m sur la route parallèle à la voie du chemin de fer Gais-Altstätten. Près d'Hebrig, nous abandonnons la route, à l'endroit où prend naissance le Sommersberg.

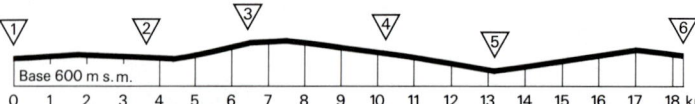

Par une petite route, nous arrivons au hameau de *Riedtli* puis au **Stoss**. A proximité de la chapelle qui commémore la bataille du Stoss se trouve une auberge de campagne. Un chemin pédestre conduit en bas à Altstätten, dans la vallée du Rhin. Pour notre part, nous choisissons cependant de revenir un instant sur nos pas, traversons après quelque 500 m la route et la ligne de chemin de fer pour rejoindre *Starchenmüli*. Puis nous gravissons un étroit chemin, en direction sud-est, en partie en forêt, en partie à travers des prés marécageux appelés Grossmoos, au voisinage de la ferme d'Erlengschwend,

complètement entourée par la forêt. A 150 m de cette clairière, nous tournons à droite pour monter jusqu'à la croupe boisée de **Brandegg**.

Splendides maisons colorées

A partir de là, il faut suivre la crête de la montagne en direction sud-ouest, en franchissant la limite cantonale. Sur le territoire des Rhodes-Intérieures, nous arrivons par la forêt au *Höch Hirschberg*, et nous atteignons par sa pente légèrement inclinée le chef-lieu du canton, *Appenzell*, partagé par le cours de la Sitter. Nous quittons le centre de la localité, aux belles maisons artistement décorées, en franchissant la Sitter près du cimetière et, tout de suite après le pont, en obliquant à gauche. Par une petite route secondaire nous rejoignons la route principale, que nous traversons pour aller au hameau d'*Untere Lauf-*

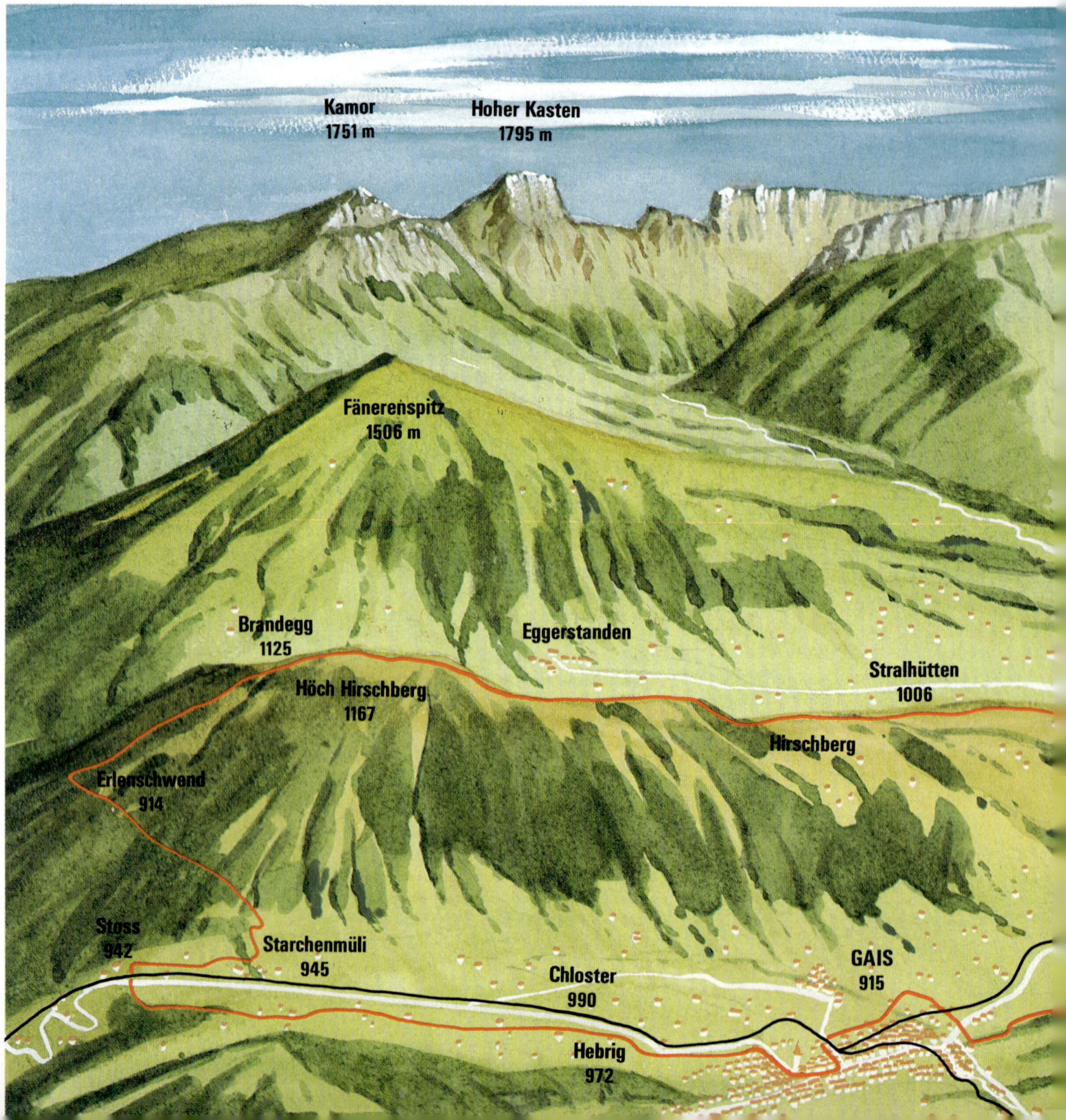

ten. Sur l'autre rive du Lauftenbach, un sentier pédestre nous amène à *Unter Lehn*, puis en montant par des maisons isolées, jusqu'à *Ruedlis*. A cet endroit, nous débouchons sur une route secondaire, que nous abandonnons de nouveau près d'Egg, afin de rejoindre Chapf. Par des prés et quelques boqueteaux, nous descendons lentement à *Gais.* Avant le retour, il vaut la peine de flâner un moment dans Gais, qui a su conserver son caractère de village appenzellois. L'image du lieu lui a valu en 1977 le Prix Wakker qui récompense la station, connue depuis le 18e siècle, pour le soin mis à préserver son allure.

Raccourci

Si on ne désire pas revenir à pied d'Appenzell à Gais, en choisissant au contraire de prendre le temps d'une pause dans cette jolie localité où ne manquent pas les petites auberges accueillantes, on peut se rendre à Gais par un chemin de fer à voie étroite.

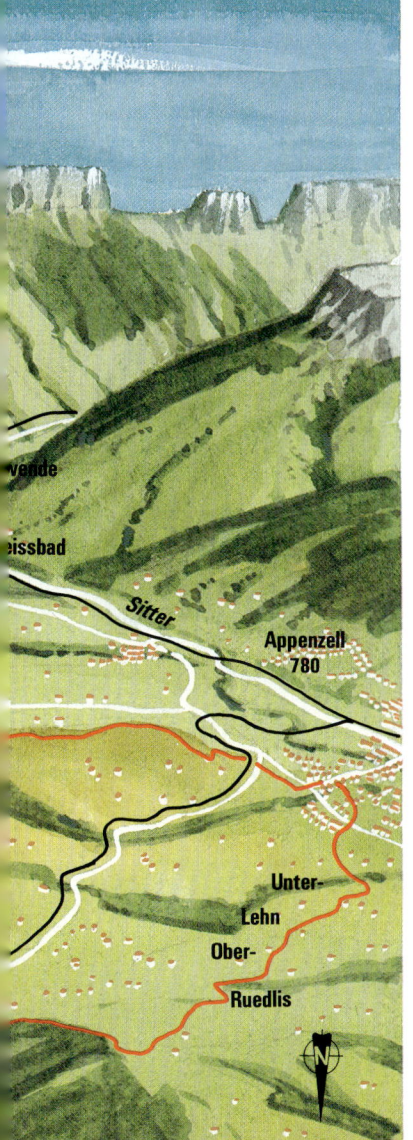

 Piscines et piscines couvertes à *Gais* et *Appenzell*.

 Appenzell est le point de départ de nombreuses excursions dans la région alpine.

 Une petite collection historique et culturelle du canton d'Appenzell Rhodes-Intérieures est mise en valeur au Musée des traditions locales d'*Appenzell*. Le Musée de la famille Hermann Füssler montre une collection plus complète.

 La place du village de *Gais* est parsemée de maisons aux pignons originaux. La disposition du village telle qu'on la connaît remonte principalement aux années qui ont suivi le grand incendie de 1780. L'église réformée (1781/82) est due à Hans Ulrich Haltiner. La chapelle du *Stoss*, à l'est de Gais, a été érigée au 15e siècle pour célébrer la victoire des Appenzellois, en 1405, sur les Autrichiens. A *Appenzell*, c'est à un incendie de 1560 que l'on doit la physionomie actuelle de la localité: maisons de bois en partie peintes de couleurs vives, pignons échancrés ou cassés, surtout dans la rue principale. L'église catholique St-Mauritius montre des influences gothique tardif, baroque et classique. A l'intérieur, elle dévoile de très beaux vitraux. L'Hôtel de Ville, style gothique tardif, est également à voir, de même que le couvent des Capucins Mariä Lichtmess et le couvent des Capucins Maria der Engel, tous deux datant du 17e siècle.

Appenzell est, avec ses 5000 habitants, le chef-lieu du demi-canton catholique d'Appenzell Rhodes-Intérieures. Le coup d'œil le plus passionnant sur la cité est celui des maisons de bois aux peintures multicolores, construites après le grand incendie de 1560. Une flânerie conduit par des relles décorées sur la place de la Landsgemeinde, où chaque dernier dimanche d'avril se tient l'assemblée poplaire pour des votes et élections cantonales.

La première assemblée civique de ce genre a été convoquée en 1409. Dans le canton d'Appenzell Rhodes-Extérieures, la Landsgemeinde à lieu à tour de rôle à Trogen et Hundwil. Malgré l'introduction du droit de vote et d'éligibilité des femmes sur le plan fédéral (1971), les deux Appenzell restèrent encore longtemps un bien curieux bastion des droits civiques masculins sur le plan cantonal: les Rhodes-Extérieures accordaient ces droits aux femmes en 1989, les Rhodes-Intérieures ne se pliaient qu'en 1991 à une décision du Tribunal fédéral.

Culture pastorale

**Le canton d'Appenzell est le seul espace de Suisse orientale qui a conservé des coutumes ancestrales, pas vécues, aujourd'hui, uniquement pour les touristes! Au premier plan, il faut voir une culture d'alpage, orientée vers l'économie alpestre de la région du Säntis. Les coutumes des bergers ne connaissent pas de frontière entre les Rhodes-Intérieures, catholiques et les Rhodes-Extérieures, réformées: dès que les premiers jours d'été réchauffent l'atmosphère alpestre de la région du Säntis, on monte à l'alpage, les enfants infatigables devant, en costume folklorique, tirant les chèvres, puis trois vaches portant les lourdes cloches. On ne doit entendre que ce carillon formé de trois sons, et pour cette raison on bourre de foin les cloches et grelots des autres vaches du troupeau. Les bergers en blousons rouges ornés sur la poitrine de ferrures argentées, poussant des cris et jetant des exclamations, tirent les vaches sur le chemin. Au bout de cet étrange cortège, suivent les attelages, avec la «Ledi» et tous les ustensiles de bois décoré qui sont utilisés sur l'alpage pour le travail du lait. Mais ces beaux objets du passé n'ont plus de nos jours qu'une valeur décorative: aluminium et acier chromé sont plus hygiéniques.
La production de fromage, autrefois si importante sur les alpages, s'est de plus en plus déplacée et concentrée dans les vallées.
Les fêtes font partie, évidemment, de cette culture alpestre, comme les «Alpstobete», les bals pastoraux qui mettent fin à la saison, aux derniers jours de l'été. Lors de ces bals qui ont lieu dans les cabanes et bergeries les plus grandes, la danse est entraînée par des orchestres appenzellois – Appenzeller Streichmusik – avec violon, violoncelle, contrebasse et le célèbre «Hackbrett», le tympanon.**

La région du Hörnli, où la Thurgovie aux traits plutôt paisibles voisine le pays du Tössberg zurichois et le Toggenburg saint-gallois, dans un enchevêtrement de crêtes, arêtes, croupes et gorges, était autrefois appelée Cheleland: à part des objets de bois et du charbon de bois, cette région forestière éloignée n'avait pas grand'chose à exporter. Même l'élan donné au développement industriel par la construction en 1856 du chemin de fer Winterthour–St-Gall n'a pas laissé de traces à cet endroit. Le paysage, en revanche, dans lequel l'ours était encore familier jusqu'au 16e siècle, permet de vivre quelques découvertes et moments de détente.

Eschlikon–Hörnli–Gähwil

Route		Altitude	Temps
1 Eschlikon	🚂 🚌	566 m	—
2 Vogelsang		587 m	0 h 45
3 Dussnang	🚌	593 m	1 h
4 Fischingen	🚌	620 m	1 h 35
5 Chrüzhof		828 m	2 h 20
6 Hörnli		1133 m	3 h 45
7 Hulftegg		949 m	4 h 40
8 Mühlrüti	🚌	759 m	5 h 05
9 Gähwil	🚌	745 m	6 h 10

Au départ de la gare CFF d'**Eschlikon,** nous traversons à la première occasion la voie de chemin de fer en direction sud. Par une route à circulation peu importante, nous arrivons à **Vogelsang.** Aux dernières maisons, nous obliquons à droite sur un étroit chemin pour aller à l'orée du Tolenberg. Après 200 m environ, nous aboutissons à un virage routier, près duquel nous choisissons tout de suite la gauche, ce qui en quelques minutes nous amène à **Dussnang.** Jusqu'à la prochaine intersection des chemins, nous longeons la route, puis nous la quittons pour gagner à l'ouest la lisière de la forêt: nous longeons l'orée puis nous pénétrons sous bois, et nous atteignons ainsi **Fischingen.** Un détour pour voir le *couvent bénédictin* de ce lieu et sa chapelle vaut la peine.

Après cela, nous montons dans la forêt de Balmwald, à l'ouest du couvent; près des maisons de Gnist, nous arrivons à une clairière. Peu après la ferme de **Chrüzhof,** nous atteignons la route que nous suivons par les maisons de Rotbüel, à gauche sur 2 km, jusqu'au prochain virage qui coupe la frontière cantonale. C'est là que commence la montée au **Hörnli** dont le sommet culmine à 1133 m d'altitude.

Vue du toit de Thurgovie

On peut du Hörnli descendre par Bauma dans la vallée de la Töss, mais pour notre part nous choisis-

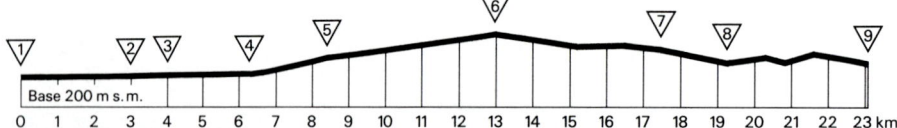

sons la descente par Tanzplatz et plus bas en forêt jusqu'au pt 992.2. Par les prés et la forêt, un chemin plat nous amène à la **Hulftegg**.
Nous traversons la route pour descendre dans la pente modérée jusqu'à **Mühlrüti**. Le chemin se déroule alors dans les côtes qui montent à la ferme d'Egghof. Nous descendons au ruisseau Rietholzbach, près duquel nous franchissons la route conduisant à Gähwil. A une différence d'altitude de 100 m environ, nous débouchons sur une route secondaire par laquelle nous allons à Egg. Un quart d'heure plus tard, nous sommes à **Gähwil**.

Bifurcations
Hörnli–Bauma 🚂 1 h 15
Pour revenir à pied de Gähwil au point de départ, suivre les chemins pédestres balisés, par les hameaux de Lütenriet et Sackgrütli jusqu'à Dietschwil. Après la forêt de Langenauwald, nous descendons à Littenheid. Par les routes secondaires, nous revenons par Wiezikon à Eschlikon:
Gähwil 🚂–Dietschwil–Littenheid 🚂–Wiezikon 🚂–Eschlikon 🚂 🚂 2 h 15
Un chemin pédestre conduit de Littenheid à Wil, où de bonnes correspondances de chemin de fer conduisent dans toutes les directions 🚂 🚂 1 h 15.

Guide pédestre
Toggenburg–Churfirsten

A l'ouest du sommet du Hörnli, dans un cirque de l'époque glaciaire, prend naissance le Bärtobel, terrain difficile à parcourir, qui est protégé comme réserve de forêt vierge, dans laquelle on n'exploite pas le bois. On y découvre une très intéressante flore et faune aux nombreux caractères alpins.

Le *couvent de Fischingen* est aujourd'hui foyer d'accueil administré par les religieux bénédictins. L'église, la chapelle dédiée à sainte Idda et certaines parties du couvent sont cependant ouvertes aux visiteurs. Le matériau noir dans lequel sont taillés le portail de l'église et les fonts baptismaux sont une curiosité géologique: il s'agit de ce qu'on appelle le «granit appenzellois», poli mais qui n'a pour autant rien à voir avec la pierre polie des temps passés. C'est un conglomérat de pierres diversement calibrées, rondes et anguleuses, dans une matrice de calcaire qui témoigne d'une puissante catastrophe, comme une marée du temps de la molasse, au cours de laquelle un gigantesque barrage naturel alpin s'est brisé. On découvre de tels sédiments du Pays d'Appenzell jusqu'aux rives de la Reuss argovienne et zurichoise.

Le Hörnli s'élève tout à l'est de l'Oberland zurichois et forme avec ses 1133 m d'altitude une pyramide à quatre pans, irrégulière, complètement dégagée. Au flanc nord se trouve le «Dreiländerstein», borne frontalière à l'endroit où se rejoignent les cantons de Thurgovie, Saint-Gall, et Zurich. Par beau temps, le sommet où se trouvent un restaurant et une antenne de télécommunications propose une vue splendide jusque sur les pays voisins: Forêt-Noire, Alpes de l'Allgäu, Vorarlberg, Alpes glaronnaises, sommets de Suisse centrale, Jura. On aperçoit également les villes de Saint-Gall et Winterthour. La vue est riche d'enseignements, car on découvre de cet endroit nos trois principaux systèmes montagneux: chaînes de montagnes, plateaux, collines.
Le Hörnli et ses environs sont également connus des botanistes, par la présence de nombreuses espèces de plantes alpines, reliquats de l'époque glaciaire.

Le couvent de Fischingen

Fischingen est situé dans une région calme, sur la partie supérieure et étroite de la vallée de la Murg. Le village s'est développé autour du couvent bénédictin construit un peu plus haut en l'an 1035. Quelques années plus tard, les bâtiments étaient la proie des flammes. Les parties les plus anciennes de l'église ont été érigées au 17e siècle, probablement sur les plans de Caspar Mosbrugger, maître très en vue de l'école architecturale du Vorarlberg. Mosbrugger a travaillé dans la Suisse entière à la construction de couvents: c'est sur ses plans qu'a été bâtie l'église du couvent bénédictin d'Einsiedeln. L'église du cloître de Fischingen, à la voûte très élancée, est dotée d'une nef à cinq travées. Dans le chœur latéral se trouve la crypte de sainte Idda, patronne du Toggenburg, jusqu'au 19e siècle lieu de pèlerinage très fréquenté. Idda était l'épouse de l'irascible comte Heinrich de Toggenburg. La légende raconte qu'un beau jour un corbeau lui déroba un anneau de grande valeur qui tomba aux mains d'un chasseur. Idda fut accusée d'infidélité par son mari jaloux qui la jeta par la fenêtre. Mais un bon ange rattrapa la comtesse lors de cette chute. Idda vécut alors, solitaire, au cœur de la forêt, ne quittant sa cachette que pour aller, accompagnée d'un cerf apprivoisé, aux offices dans le couvent de Fischingen. Une chapelle dédiée à sainte Idda est élevée au flanc nord de l'église de Fischingen.

Marais, marécages, étangs et lacs

Le temps est bien lointain où vanneaux, courlis et cigognes étaient encore les oiseaux caractéristiques de l'Oberland zurichois, et où le moindre creux de terrain, entre les collines remontant à l'ère glaciaire, était un biotope! Cela n'empêche pas, au passage, de découvrir çà et là quelque curiosité du milieu naturel, et pas seulement dans le domaine de la flore et de la faune… On se trouve dans une région peuplée depuis les temps lointains, l'âge de pierre, à tout le moins.

La randonnée circulaire peut être raccourcie au gré de chacun: la présence tout au long du parcours de nombreuses localités toutes reliées aux transports publics facilite le choix. Aucun des tronçons de cette excursion ne demande plus d'une heure et demie de marche.

Wetzikon–Lützelsee–Bubikon–Bäretswil–Wetzikon

Route		Altitude	Temps
1	Wetzikon 🚂 🚌	531 m	–
2	Hellberg	546 m	1 h 50
3	Ritterhus (Bubikon 🚂 🚌)	508 m	4 h 15
4	Dürnten 🚌	511 m	4 h 45
5	Hadlikon 🚌	579 m	5 h 15
6	Totenbüel (Hinwil 🚂 🚌)	605 m	5 h 40
7	Ringwil	693 m	6 h 25
8	Bäretswil 🚌	706 m	7 h
9	Kempten 🚂 🚌	561 m	7 h 55
10	Robenhausen 🚌	538 m	8 h 50
11	Wetzikon 🚂 🚌	531 m	9 h 15

Le parcours commence à la gare de **Wetzikon,** où nous choisissons le chemin pédestre pour Hinwil. Après quelques centaines de mètres à peine, nous devinons une multitude de collines allongées, premières traces marquantes de l'ancien glacier Linth/Rhin, qui a modelé il y a 10 000 ans cette vaste cuvette entre Pfannenstiel et Tössberg.

Après le franchissement de la voie ferrée CFF conduisant à Hinwil, on peut poursuivre le chemin par la colline boisée de *Schwändi.* Pour qui préfère découvrir de plus près les vestiges typiques de l'ancien marécage oberlandais qui dominait la région, c'est la lisière de forêt à gauche qui est le bon itinéraire: un détour au *Hinwiler Riet,* marécages et dernier carré protégé de pins sylvestre (attention de ne pas s'écarter des sentiers existants!) et ensuite retour mais cette fois de la direction Hinwil et sur l'autre côté de la colline.

Des vestiges glaciaires à la commanderie de l'Ordre de St-Jean-de-Jérusalem

Nous marchons ensuite sur le chemin pédestre d'Uster, par-dessus la voie ferrée Wetzikon-Rapperswil, vers la zone humide d'*Ambitzgi,* dont le nom signifie «fourmi», dans l'ancien dialecte zurichois. Dans

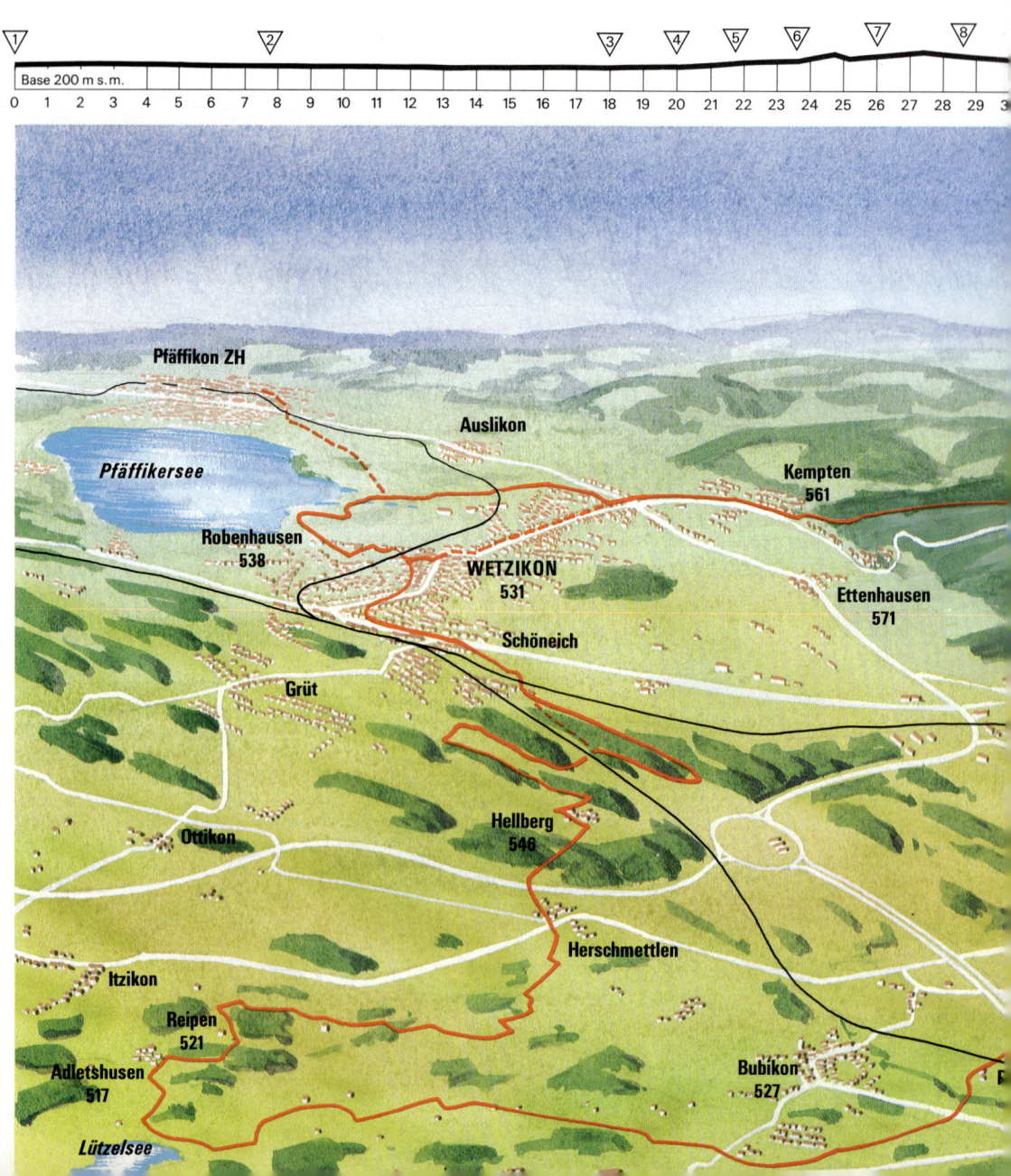

cette région également, il convient de ne pas se hâter ni s'écarter du parcours, mais on peut la contourner tout en observant le milieu naturel du Riet. Puis nous allons, sur des chemins qui ne sont pas officiellement balisés, par Langriemenholz, Zil, **Hellberg,** Herschmettlen, de là seulement en direction de Dürnten, et enfin à droite. Après les dernières maisons, nous nous trouvons à un triple embranchement des chemins: nous choisissons celui de droite, pour aller par Gstein à Alau.

A cet endroit, nous obliquons une fois encore à droite vers l'*Itziker Riet,* nous contournons la forêt d'Altrüti et passons au large du hameau de Reipen pour guider nos pas vers la forêt de Strangen. Là, nous débouchons de nouveau sur un sentier pédestre, que nous longeons par Adletshusen et Hasel afin de rejoindre le petit *Lützelsee* avec ses îlots de tourbe flottants. De cet endroit, nous allons par des chemins balisés à la commanderie de l'Ordre de St-Jean-de-Jérusalem (**Ritterhus**) de Bubikon et à **Dürnten.** Alors commence la montée à **Hadlikon.** Le parcours continue sur des chemins de randonnée par Bodenholz, Hueb, Betzikon, le cours du Rütibächli et le cimetière d'Hinwil. A cet endroit, nous choisissons le chemin qui s'ouvre sur la droite et nous restons sur la petite route Bernegg–Girenbad. Nous passons non loin de **Totenbüel** – ancienne résidence des seigneurs d'Hinwil – et nous abandonnons la petite route au sud-est du pt 707.7 pour choisir un sentier à gauche. A l'endroit où le chemin prend fin, il faut continuer en ligne droite, en forêt, sur une éminence du terrain. Près des coordonnées 700.000/240.960, nous débouchons sur un intéressant enchevêtrement de remblais et de fossés, *camp retranché* sur le ravin du Waldbach probablement encore utilisé pendant le moyen-âge, mais dont les origines remontent aux temps préhistoriques. Dans le ravin, nous pourrions aller à la rencontre du chemin ombragé et romantique qui nous guiderait vers Girenbad: nous gravissons au contraire le sentier tout en lacets, dans le talus opposé, pour arriver à un curieux flot d'eau, une chute sur une couche de nagelfluh et à l'un des petits lacs artificiels nombreux dans cette région, avant d'arriver à **Ringwil.**

A partir de là, nous prenons le chemin qui surplombe la route, pour continuer vers **Bäretswil** et, par un parcours balisé dans le ravin de l'Aabach – appelé parfois Chämter Tobel – nous descendons à **Kempten.** La cluse est intéressante, aussi bien au point de vue géologique qu'au titre de l'histoire industrielle. Un chemin explicatif existe, pour lequel on peut se procurer en librairie une notice précise.

Castel romain d'*Irgenhausen*, près de Pfäffikon, une des fortifications romaines les plus étendues et les mieux conservées de Suisse, érigée à la fin du 3e siècle par l'empereur Dioclétien.

Grüningen: petite cité bailliavale moyenâgeuse au centre historique bien conservé. L'église réformée, construite au château en 1782/83 en lieu et place de la chapelle du manoir, a subi une restauration intérieure complète en 1973. Aux origines, le château était parmi les plus grands dans l'est de la Suisse, construit au commencement du 13e siècle, de 1442 à 1798 siège des baillis zurichois.

A partir de Kempten, on peut rallier Pfäffikon par un itinéraire de rives, pittoresque et bien balisé. Mais, avant la fin de cette randonnée, on ne peut que recommander une promenade circulaire tout au long du sentier aménagé en rondins – interdiction de s'en écarter! – à travers le *Robenhuser Riet*, réserve naturelle de tourbières bombées de valeur nationale. On peut ensuite, à partir de **Robenhausen,** quartier de Wetzikon, rejoindre à volonté le chemin de fer à Kempten ou **Wetzikon.**

***Commanderie de l'Ordre de St-Jean-de-Jérusalem à Bubikon:** L'Ordre de St-Jean-de-Jérusalem a érigé en 1192 une commanderie (Ritterhus) à Bubikon. A l'origine, les chevaliers de l'Ordre de St-Jean-de-Jérusalem – à la manière des chevaliers de l'Ordre Teutonique – avaient pris part, en fonction de clergé guerrier, aux croisades contre les païens et organisaient les pèlerinages en Terre sainte. Les chevaliers de l'Ordre de St-Jean-de-Jérusalem de Bubikon étaient des seigneurs purement territoriaux et des financiers avisés. Des familles nobles de moindre importance dans toute la région – tels ceux de Bernegg ou d'Hinwil – durent vendre pour un prix de misère leurs biens aux grands seigneurs, faute d'avoir pu durer au moins comme propriétaires terriens, à la fin du 13e siècle, époque où la chevalerie était de plus en plus influencée par l'appât de l'argent et de la fortune (Commanderie ouverte dès début avril à fin octobre).*

Si on les contemple des hauteurs de Ringwil ou de Bäretswil, les structures de la vallée supérieure de la Glatt, dont la déclivité est à peine apparente, montrent une orientation précise. A cet endroit se dévoile la direction prise, il y a des dizaines de milliers d'années, par le bras de la Linth du glacier du Rhin. Le Pfannenstiel jouant avec un brise-glaces, la masse glaciaire s'est partagée avec violence, de telle sorte que des crevasses terriblement profondes se sont formées d'un côté dans la vallée du lac de Zurich, et de l'autre dans la vallée de la Glatt. Le rocher de molasse de l'ère pré-glaciaire se trouve encore dans le lac de Zurich, mais toutefois recouvert aujourd'hui par 300 m de puissants dépôts plus tardifs de glaciers et du lac, presque au niveau de la mer. Près d'Uster, on a sondé un chenal rocheux enfoui de manière étrange à 300 m sous le niveau de la mer, profondément sous des collines de molasse et non pas où se trouve actuellement le Greifensee. Une telle curiosité glacio-géologique montre le rôle puissant des glaciers dans la formation du paysage: ils ne se sont pas limités à bousculer des structures existantes, ils en ont au contraire créé de nouvelles. Le phénomène vaut pour les collines, qui ont ici la forme appelée drumlin, masses rocheuses poussées par les glaciers dans le sens de leur écoulement, ou de roches moutonnées, restes des roches originelles, résistantes et polies par les glaces. Mais cela vaut aussi pour les eaux: soit elles se sont rassemblées dans ces bassins fermés remplis de glaise morainique, soit elles proviennent de reliquats des blocs de glace morte – survivances du retrait des glaciers. On y trouve ces fameux drumlins en abondance; en outre, on peut y découvrir une de ces typiques roches moutonnées: le Lättenberg, près de Bäretswil, qui n'est pas une formation du glacier Rhin-Linth, mais celle du propre déplacement du glacier du Tössberg. Un lac caractéristique de fusion de glace morte est le Lützelsee.

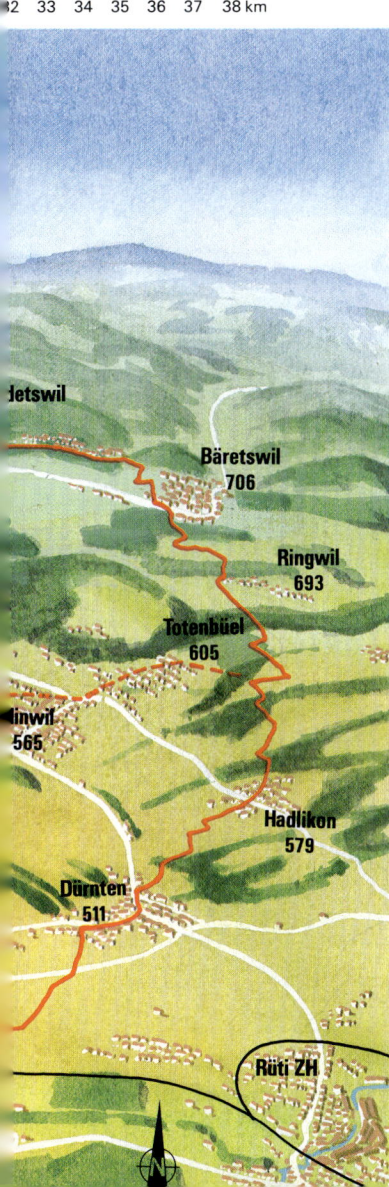

213

Entre Toggenburg et lac de Walenstadt

Le Toggenburg s'étend de Wil en direction sud le long de la Thur. Les lignes montagneuses de l'Alpstein, des Churfirsten et du Speer dominent avec leurs contreforts le paysage du Haut-Toggenburg. Côté lac de Walenstadt, la région est limitée par les massifs presque à pic du Speer et des Churfirsten. Avec l'Alvier, qui se dresse au-dessus de Sargans, toute cette région montagneuse est classée sur le plan fédéral parmi les sites, paysages et monuments naturels à préserver.

Nesslau–Speer–Stein

Route		Altitude	Temps
1 Nesslau	🚌 🚆	759 m	—
2 Stofel		1286 m	1 h 45
3 Speer		1951 m	3 h 40
4 Muelt		1546 m	4 h 25
5 Stein	🚌	838 m	6 h 20

Au départ de la gare de **Nesslau,** nous nous rendons à l'extrémité est du village où nous franchissons la Thur. Par une petite route, nous montons au hameau de Schneit où s'ouvre la vallée allongée d'*Ijental.* Le nom provient du mot alémanique Ije, Ibe, c'est-à-dire Eibe (if), espèce d'arbres autrefois nombreux à cet endroit. Par **Stofel,** nous longeons la vallée en montant jusqu'au pied du Speermürli. Au voisinage de l'alpage de *Bütz,* nous atteignons la crête du Schiltsattel qui prolonge le Speer, et nous parvenons du même coup au chemin pédestre venant de Krummenau-Rietbad. Le paysage est montagneux et solitaire.

Vue panoramique saisissante

A présent, nous franchissons un banc de rochers affleurant du Speer, nommé Leiterli, dans un goulet assuré par des câbles. La vue sur le «Righi de l'est de la Suisse» est saisissante. L'itinéraire se déroule au flanc est du Speer, en direction nord-ouest, jusqu'à *Stelli* où commence la montée escarpée au **Speer.** Le sommet de la plus haute montagne de poudingues dans les Alpes culmine à 1950,5 m d'altitude.

Au cours de la descente, passant au-dessus de l'alpage de **Muelt,** nous arrivons à travers pâturages aux pacages d'*Herrenalp.* Nous descendons la pente jusqu'au pt 1259, au milieu de la forêt. A proximité de l'alpage de *Perfiren,* nous cheminons constamment au-dessus de la forêt dite Bannwald, franchissons le cours d'un ruisseau pour obliquer, à droite dans cette forêt, tout de suite après la passerelle, et redescendre enfin par prés et bois au pt 948, à la route qui se déroule parallèlement au cours de la Wiss Thur. En longeant cette route, nous passons vers une scierie: près du virage proche d'*Eggli,* nous

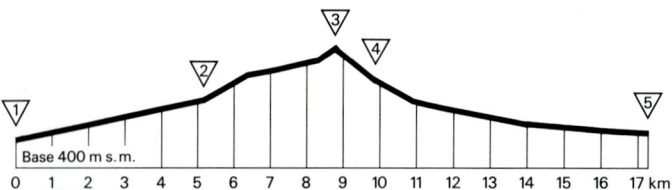

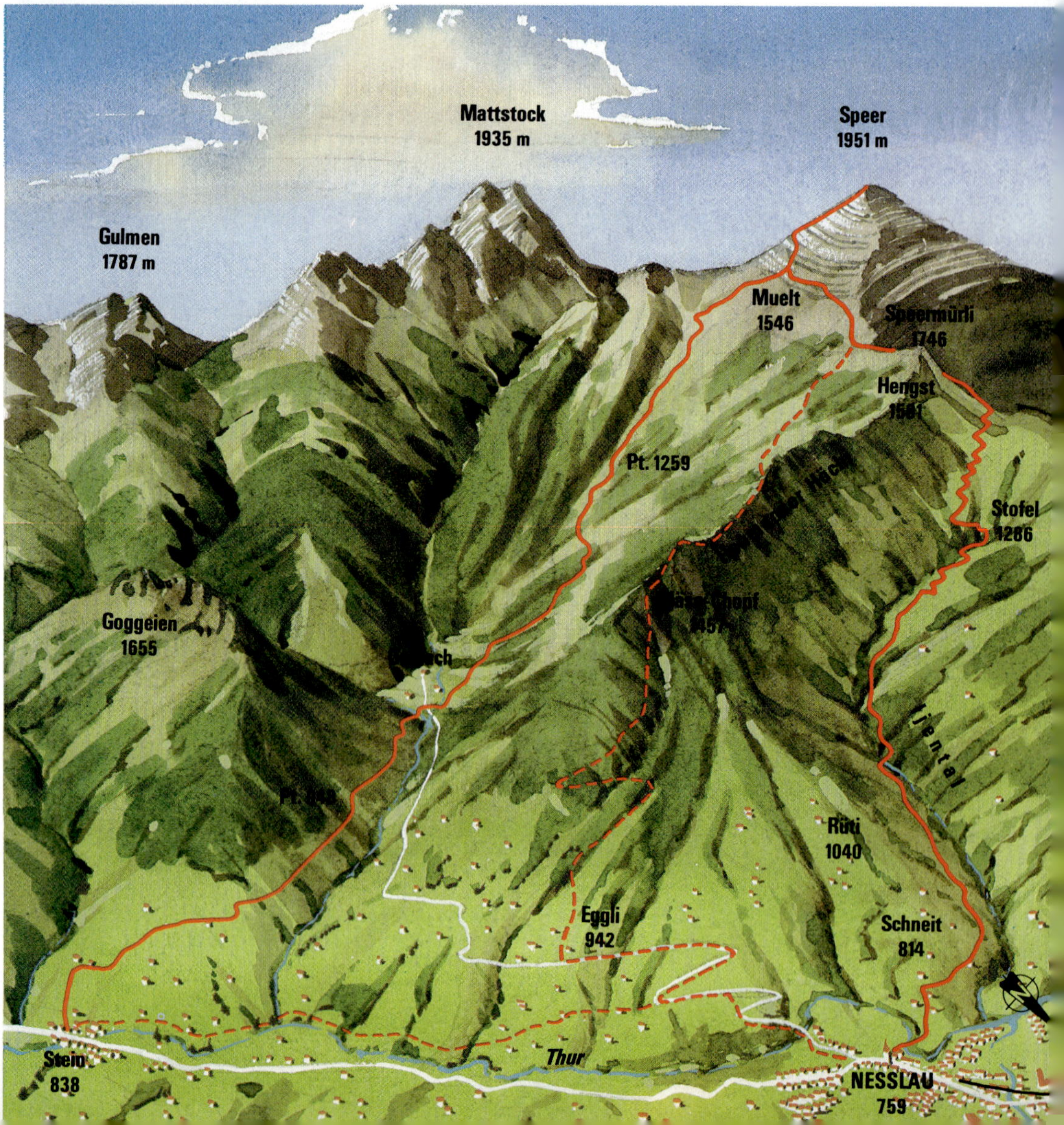

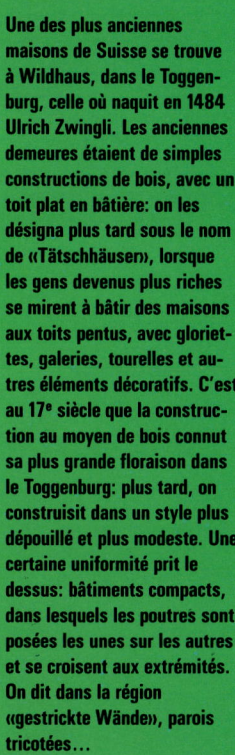

«Tätschhäuser» – toits en bâtière

Une des plus anciennes maisons de Suisse se trouve à Wildhaus, dans le Toggenburg, celle où naquit en 1484 Ulrich Zwingli. Les anciennes demeures étaient de simples constructions de bois, avec un toit plat en bâtière: on les désigna plus tard sous le nom de «Tätschhäuser», lorsque les gens devenus plus riches se mirent à bâtir des maisons aux toits pentus, avec gloriettes, galeries, tourelles et autres éléments décoratifs. C'est au 17e siècle que la construction au moyen de bois connut sa plus grande floraison dans le Toggenburg: plus tard, on construisit dans un style plus dépouillé et plus modeste. Une certaine uniformité prit le dessus: bâtiments compacts, dans lesquels les poutres sont posées les unes sur les autres et se croisent aux extrémités. On dit dans la région «gestrickte Wände», parois tricotées…

Au 18e siècle commença la couverture des parois exposées aux intempéries, au moyen de bardeaux. La caractéristique des maisons paysannes du Toggenburg est l'alignement des fenêtres aux encadrements peints en blanc, ainsi que les «Klebedächer», petits avant-toits simples placés au-dessus des fenêtres et couverts eux aussi de bardeaux.

Beaucoup de maisons campagnardes possèdent des galeries, toujours placées du côté pluie, servant ainsi de protection contre l'humidité et le froid tout en étant utilisées comme lieu d'entreposage. Les poêles primitifs revêtus de marne, à l'intérieur de la maison, avaient un rôle important, comme aussi les «Webkeller» (caves à tissage) et les «Firstkammern», petits locaux où l'on se rencontrait le dimanche pour chanter des chansons et des psaumes. On s'explique ainsi la présence, dans de nombreuses habitations, d'orgues et harmoniums qui étaient fabriqués dans le Toggenburg même.

---

avons la possibilité de choisir un raccourci par un autre chemin. A 1 km de cet endroit, nous arrivons à **Stein.** Là, nous cheminons le long de la rive gauche de la Thur, nous traversons son affluent, la Wiss Thur, et nous aboutissons dans la partie supérieure du Giessenfall. Peu après, nous abandonnons la Thur en obliquant à gauche. Près du hameau d'Heidelbüel, nous décrivons sur la route un virage serré en épingle à cheveux avant de nous retrouver sur un chemin pédestre. Pour la dernière partie du parcours, dès le hameau de Goor, nous longeons une fois encore la route qui passe sur la Thur et qui nous amène finalement à *Nesslau* 🚌 🚆 1 h.

Bifurcation
Pour qui préfère éviter la montée au Speer, possibilité de marcher en direction de Schiltsattel, dès l'alpage d'Eglisalp qui est situé entre Chli Speer et Schwarzi Chöpf. A partir de cet endroit – Schiltsattel – la montée est possible vers le Speermürli, altitude 1745,6 m. Au pied sud du Speermürli, on chemine par le Steingraben vers le Seilchöpf, puis par la Heumooser-Höchi jusqu'à Bläss-Chopf. On atteint en passant entre deux forêts la clairière de Windbläss d'où, direction nord-ouest, nous arrivons à la forêt dans laquelle la montée nous mène à l'Eggli. Peu après nous débouchons sur la route qui descend à Nesslau.
Schilt–Nesslau 🚌 🚆 2 h 25

🚌 La double localité Nesslau-Neu St. Johann est station terminale du chemin de fer lac de Constance–Toggenburg.

 L'ancienne abbaye bénédictine de *St. Johann* est située au-dessous du Luterenbach, dont les eaux traversent Nesslau avant de se jeter dans la Thur. A part St-Gall et Pfäfers, l'abbaye de Neu St. Johann est le couvent médiéval le plus important de l'est de la Suisse. Au point de vue histoire architecturale, on remarque parfaitement dans l'église la transition entre gothique et baroque. A quelques kilomètres à l'intérieur de la vallée, direction Wildhaus, on découvre le couvent bénédiction d'*Alt St. Johann*, annexé en 1555 à l'abbaye de St-Gall et supprimé en 1805.

Nesslau est cité pour la première fois en 1178 sous le nom de «Nezelova». Le lieu appartenait aux possessions de l'abbaye de St.Johann. Longtemps, Nesslau resta étroitement lié avec cette communauté. L'église réformée est une construction plus récente, datant de 1811. Sur la place du sanctuaire, on remarque un groupe de maisons classiques. Le Restaurant Rössli est une demeure baroque au toit mansardé. Une maison du quartier de Lauffen est du même genre, avec peintures sur bois décorant les encadrements des portes et fenêtres.

La Toggenburg était depuis 1209 sous l'autorité des comtes de ce nom (Friedrich Schiller a dédié à l'un d'entre eux un véritable monument dans une de ses ballades). La région passa en 1468 parmi les biens de l'abbaye de St-Gall: après de nombreux troubles politiques, elle forma en 1802 une partie du canton de St-Gall qui s'est justement constitué à cette époque, avant d'entrer en 1803 dans la Confédération.

Merlen–Mürtschenalp–Murgsee–Merlen

Une dernière chance! La vallée de la Murg – longueur 10 km – est l'une des dernières vallées montagnardes dans l'est de notre pays qui n'ont jusqu'à maintenant pas été mises à mal par la civilisation. Mais la chance d'avoir échappé aux atteintes de la technique, l'étonnante beauté des paysages, les trois petits lacs de montagne sertis dans un écrin de roches rougeâtres ne font pas à eux seuls l'originalité inoubliable de ce site. La variété de la flore aux allures méditerranéennes qui croît aux abords des lacs contraste avec celle du nord des Alpes, et les alpages et marécages plus haut que la limite des arbres font tout autant le charme de cette région.

Route		Altitude	Temps
1	Merlen	1089 m	—
2	Unter Mürtschen	1494 m	1 h 10
3	Ober Mürtschen	1720 m	2 h
4	Murgseefurggel	1985 m	2 h 45
5	Oberer Murgsee/ cabane des pêcheurs	1817 m	3 h
6	Mornen	1335 m	4 h 05
7	Merlen	1089 m	4 h 40

Après avoir admiré, de la voiture, les curiosités de la vallée de la Murg, laissé derrière nous les noyers et châtaigniers qui croissent dans la partie inférieure de cette région et vu le bloc d'éboulis au-dessous de **Merlen** en serpentant dans le terrain, nous prenons le départ de notre randonnée: près du pt 1099, après la place de parcage, nous allons à droite par-dessus le ruisseau de Murg, et déjà nous réchauffons nos muscles dans la pente érodée de *Gspon,* d'emblée très abrupte, où la végétation est typiquement celle d'une gorge en forêt. L'itinéraire longe désormais le ruisseau Gsponbach, surmonte une fois encore près de Schwämmli un ravin rocailleux, conduit à l'alpage d'**Unter Mürtschen** et, par un petit pont près de *Murgegg,* quitte le ruisseau pour la région d'éboulis dans la pente sud-est du Ruchen Mürtschen. A cet endroit, nous débouchons dans une belle plantation d'arolles – rareté sur sol glaronnais – et enfin, près d'**Ober Mürtschen,** dans un paysage encore intact de marécages alpins.

Forêt d'arolles, mer de rhododendrons

A cet endroit, nous conduisons nos pas à gauche pour monter à **Murgseefurggel,** plus haut que la limite de végétation des arbres. Après cela commence la descente, en biais à travers la pente du Sunnenchamm, en direction des cabanes de Murg et Quartner et finalement au refuge des pêcheurs, au bord du lac **Oberer Murgsee:** l'endroit est propice pour savourer un rafraîchissement…
Une nouvelle descente à travers d'intéressantes formations glaciaires conduit au petit jumeau de l'Oberer Murgsee, qui n'est séparé de l'autre que par une petite barre de roches –

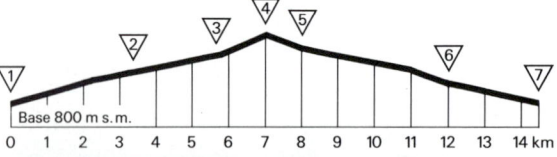

et plus bas à *l'Unterer Murgsee.* On observe à cet endroit une quantité d'arolles – saint-gallois, cette fois – et, entre les blocs rocheux qui ont déboulé du Hochmätteli avec leurs griffures typiques laissées par le mouvement du glacier de Murg, on reconnaît quelques traces de hauts marécages. La Murg, encore proche de sa source, cherche à se frayer un passage vers l'est. Par une véritable mer de rhododendrons, nous atteignons bientôt l'alpage de **Mornen;** de là, droit au but, direction nord, nous cheminons vers notre place de parcage près de **Merlen,** dans la vallée de la Murg qui étale sa pente descendant au nord.

Montée

On a la possibilité d'organiser cette randonnée, classique et parmi les plus idylliques en région alpine, au moyen des transports publics, grâce à l'automobile postale jusqu'à Murg, mais cela équivaut à deux heures de marche supplémentaires sur une route asphaltée.

Bifurcation

Pour prendre le chemin de la vallée de la Sernf, il faut bifurquer à la cabane des pêcheurs: du sentier qui oblique au sud, un autre s'écarte à nouveau vers l'est, passant par Chilbiweid, Hinterchamm et Erdis pour réaliser la jonction avec quelques belles randonnées plus longues. Le choix de ces possibilités doit pourtant être réservé à des marcheurs chevronnés et seulement en période sans neige. Elles mènent au nord sur les splendides hauts-plateaux du Spitzmeilen et plus loin dans la région des Flumserberge, presque trop bien reliée au monde.

 Possibilités d'hébergement dans la cabane de pêcheurs (lac supérieur de Murg, tél. 081/738 19 38, Mme Gmür).

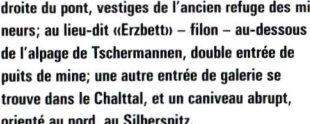 **On trouve des traces de l'exploitation du minerai de cuivre sur l'alpage d'Unter Mürtschen: près du pt 1482, à droite du pont, vestiges de l'ancien refuge des mineurs; au lieu-dit «Erzbett» – filon – au-dessous de l'alpage de Tschermannen, double entrée de puits de mine; une autre entrée de galerie se trouve dans le Chalttal, et un caniveau abrupt, orienté au nord, au Silberspitz.**

 La vallée de la Murg, milieu naturel encore préservé, possède une flore parmi laquelle apparaissent des plantes devenues très rares, et dont le promeneur doit savoir qu'elles doivent être protégées.

*Le paysage de rêve encore intact des **lacs de Murg** est sur territoire saint-gallois, mais les formations rocheuses aux colorations rouge/violet sont une spécialité vraiment glaronnaise. C'est un conglomérat d'éboulis provenant de masses rocheuses rouges qui ont dégringolé il y a des centaines de millions d'années dans l'océan qui s'était fait place entre les continents autrefois d'un seul tenant, Europe et Afrique. Les géologues parlent de verrucano: le matériau qu'on trouve sur le Plateau suisse et qu'on nomme «Roter Ackerstein» en quantité telle qu'on l'exploitait pour la construction de maisons, est précisément du verrucano. Le glacier de la Linth, relié au glacier du Rhin par le bras du lac de Walenstadt, a exporté cette formation géologique hors du pays glaronnais. Mais la contribution du glacier de Murg à ce mouvement doit avoir été limitée: il a été poussé de côté par les glaces du Rhin, si bien qu'on ne découvre sa «cargaison» que très haut au-dessus de la rive gauche du lac de Walenstadt, de même que – sous forme de blocs gigantesques provenant vraisemblablement de l'éboulement proche de Merlen – un peu au-dessus de Murg.*

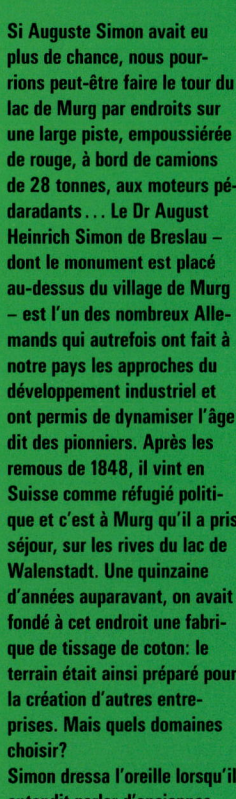

Le trésor du Silberberg

Si Auguste Simon avait eu plus de chance, nous pourrions peut-être faire le tour du lac de Murg par endroits sur une large piste, empoussiérée de rouge, à bord de camions de 28 tonnes, aux moteurs pédaradants... Le Dr August Heinrich Simon de Breslau – dont le monument est placé au-dessus du village de Murg – est l'un des nombreux Allemands qui autrefois ont fait à notre pays les approches du développement industriel et ont permis de dynamiser l'âge dit des pionniers. Après les remous de 1848, il vint en Suisse comme réfugié politique et c'est à Murg qu'il a pris séjour, sur les rives du lac de Walenstadt. Une quinzaine d'années auparavant, on avait fondé à cet endroit une fabrique de tissage de coton: le terrain était ainsi préparé pour la création d'autres entreprises. Mais quels domaines choisir?
Simon dressa l'oreille lorsqu'il entendit parler d'anciennes mines dans la région de Mürtschen; il engagea des prospections, fonda une société et ouvrit une mine de cuivre à la Mürtschenalp. Le succès ne fut pas à la mesure des espérances et il fallut bientôt abandonner. Pendant les années de guerre, en 1916/17, un entrepreneur zurichois fit une nouvelle tentative, mais pour lui aussi la montagne fut avare de ses promesses...
Personne ne sait exactement à quel moment, avant les recherches du Dr Simon, le minerai a été exploité sur la Mürtschenalp. Très probablement au moyen-âge, peut-être déjà à l'époque du bronze, quand le cuivre avait encore une très haute valeur. On a découvert à Murg un couteau en bronze de cette époque.
La pierre de Mürtschen, désignée sous le nom de «Fahlerz» contient, en plus du cuivre, du bismuth et de l'argent. On appelle aujourd'hui encore «Silberspitz» l'éminence du terrain dans laquelle on remarque des traces d'exploitation minière.

Klöntalersee–Pragelpass–Muotatal

Chemins commodes, montagne sauvage

On n'a pas souvent la chance de parcourir des chemins aussi bien adaptés, dans le monde alpin, aux plus jeunes et aux plus âgés, sinon au cours de cette très passionnante randonnée: le col du Pragel n'est situé qu'à une altitude de 1550 m, entre le Muotathal schwyzois et le Klöntal glaronnais. Là-haut, à chaque pas, les masses rocheuses éboulées, les coulisses verticales du massif du Glärnisch couronné de névés et un bizarre désert karstique nous font vivre des sensations que seule la haute montagne pourrait nous faire découvrir.

Route		Altitude	Temps
1	Plätz 🚌	853 m	—
2	Vorder Richisau 🚌	1103 m	0 h 55
3	Stafel (Col du Pragel)	1550 m	2 h 45
4	Schafmatt	1059 m	4 h
5	Egg	798 m	4 h 30
6	Hinterthal 🚌	624 m	5 h

A l'est du restaurant «Klöntal» nous prenons le départ de notre randonnée, au lieu-dit **Plätz**, sur un sentier des prés, au nord vers la petite chapelle de montagne et la maison de vacances, direction Richisauerstrasse. On monte par cet itinéraire à l'alpage de **Richisau** (possibilité de raccourcis au-dessous de Schwändeli) et à la frontière des cantons de Glaris et Schwyz. A cet endroit prend naissance l'ancien chemin du col du Pragel, plus escarpé que la nouvelle route que nous croisons à diverses reprises.

Partage des eaux et frontières régionales

Au **sommet du col,** nous prenons à droite puis par **Stafel** et Gruebi sur le chemin de lisière, pour diriger nos pas vers le fond de la vallée de Guetental. Nous cheminons de cet endroit sur l'ancienne route carrossable, en franchissant le ruisseau Starzelen qu'il faut longer jusqu'au moment où, près de Fruttli, nous atteignons une nouvelle fois la route du col. Un chemin bien entretenu s'écarte à droite, que nous utilisons à travers pâturages, éboulis, forêt et cours boisé de ruisseaux, au flanc nord de la chaîne des crêtes: par **Schafmatt**, Haselbach, **Egg** et Stalden nous parvenons à **Hinterthal**.

Routes de correspondance

Tous les chemins décrits peuvent être parcourus sans difficultés et ne réservent aucun passage trop escarpé. Le programme maximum – c'est-à-dire en utilisant l'itinéraire principal – conduit en 9 h de Glaris au Muotathal. Les courses automobiles postales – horaire indispensable, certains parcours sont réduits – permettent de composer sa propre randonnée sous forme de parcours de caractère

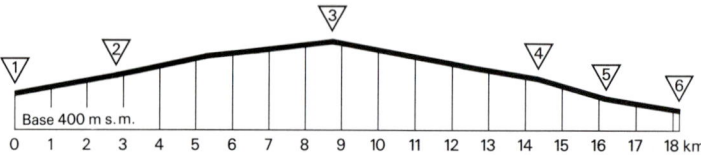

très différent:

Promenade de Glaris à la digue de Rhodannenberg (2 h). Par un chemin balisé en forêt, sur le cours varié que la Löntsch s'est frayé à travers les éboulis du Saggberg. Promenade en terrain presque plat sur la rive sud du lac de Klöntal, de Rhodannenberg à Plätz (1 h 45). Les éboulis rappellent que la paroi abrupte à notre gauche se dresse à pic et à 2000 m d'altitude dans le massif du Glärnisch. Les vestiges d'avalanches, le terrain raviné, les ruisseaux cascadants sont le domaine d'une intéressante végétation.

Bifurcation

Variante par la réserve forestière mondialement connue du Bödmerwald, avec ses épicéas colonnaires. Pour ne pas perturber la flore et la faune, et pour sa propre sécurité dans cet endroit karstique parfois traître, il est préférable de ne pas s'écarter du chemin:

Du sommet du col, continuer sur la route qui y mène, jusqu'à Unter Roggenloch (pt 1525, près de la prochaine cabane à gauche de la route), puis choisir à gauche le chemin pédestre autour du Roggenstöckli pour aller à l'alpage de Wolfsbüel (1536 m). De cet endroit, il faut suivre le chemin carrossable par Unteren Flöschen, vers l'alpage Ober Gschwänd; de là, sur un chemin pédestre, puis sur des traces de sentier, on chemine par Gütsch, Plätsch, Mittlist Weid et Fedli près du pt 908 au-dessous de Sturzegg, pour revenir à la route du col et descendre – 3 h 10 à partir du col – jusqu'à Hinterthal.

 Le lac de Klöntal est un lieu de prédilection pour la pêche à la ligne.

 Possibilités d'hébergement en cours de route, à Plätz, Richisau et au col du Pragel. Le centre de cure et de vacances de Richisau est connu pour son fameux Livre d'or, dans lequel les écrivains C. F. Meyer et Carl Spitteler, les peintres Böcklin, Koller et Steffen, les compositeurs Wagner et Goetz ont apposé leur signature.

 On peut s'annoncer pour des visites de la grotte du Hölloch, au restaurant «Höllochgrotte» à Stalden (043 47 12 08).

Les familles implantées dans le Muotatal travaillent depuis des temps immémoriaux les mêmes terres mais vivent aussi depuis des générations dans les mêmes maisons. Les plus anciennes bâtisses sont situées dans la partie la plus reculée de la vallée, au *Stalden*, à *Tschalun* et *Wil*. Elles datent du 16e siècle. Les habitations aux proportions bien conçues présentent deux étages avec galerie et «Klebdächer», sortes d'avant-toits d'un bout à l'autre de la façade, et par-dessus une chambre mansardée sous le pignon. A cause de la couverture primitive de bardeaux la pente des toits est peu prononcée. On reconnaît en revanche à leur toit plus pentu les maisons du 18e siècle. Le plus souvent, elles sont à trois étages au-dessous de la chambre aménagée sous le toit et, à la façade également, les curieux «Klebdächer».

*La région située entre le **col du Pragel** et **Muotathal** au sud du Starzlenbach apparaît, sur la carte déjà, comme unique en son genre. Là où le rocher est à nu, il présente clairement une structure très complexe et les courbes de niveau se déroulent aussi, dans les parties couvertes de végétation, sous une forme originale. Mais ce qui frappe surtout, c'est l'absence presque totale des eaux. L'eau de pluie est ainsi la cause principale du relief karstique: elle corrode le calcaire, tant et si bien que se forment entre les crevasses profondes des arêtes effilées, dangereuses et qui peuvent blesser en cas de faux-pas. Mais la corrosion ne se limite pas à cela: dans les entrailles de la montagne, l'eau grignote également la pierre et donne ainsi naissance à des systèmes de galeries à l'image du Hölloch, long de 150 km, dans lequel les précipitations disparaissent à Silberen et Bödmeren pour refaire surface aux Schlichende Brünnen à l'est du Muotathal.*

Un lac à l'histoire mouvementée

Lorsqu'en 1908 on commença la construction d'un barrage au lac de Klöntal, pour accumuler les eaux destinées à une centrale électrique de la Löntsch – l'extension correspondait alors à la courbe de profondeur de 825 m – on n'a en fait reconstitué qu'un état existant: on avait déjà aménagé à cet endroit une digue avec un tout grand bassin. Les géologues admettent qu'au commencement de la dernière glaciation, celle de Würm, des masses rocheuses abondantes se sont détachées du Heustock sur Ennenda pour se précipiter jusqu'au flanc du Schijen. Après quoi les masses réunies des glaciers du Klöntal et du Glärnisch ont sauté l'obstacle et l'ont recouvert de moraines. Vers la fin des glaciations, le prolongement est du Dejenstock s'est précipité sur ce «pâté glaronnais», et cette couche rocheuse a été une fois encore écrasée, mais par le seul glacier du Glärnisch: il doit avoir alors enveloppé comme un carrousel de glace le Näbelchäppeler. Dans ce mouvement s'étendant sur les moraines latérales de Schwammhöchi, il a donné naissance au fond de la vallée de Richisau. Avec la marne morainique, la langue du glacier a colmaté à l'ouest le verrou d'éboulis et de moraines du Saggberg, et c'est ainsi qu'après la fonte des glaces le lac de Klöntal se trouva à une profondeur de 90 m dans l'ancienne dépression glaciaire. Plus tard, il a perdu par extension des alluvions la moitié de son étendue, jusqu'au moment où les ingénieurs lui ont donné à nouveau plus de volume.

On a utilisé déjà plus tôt le lac de Klöntal: comme il reste à l'ombre de mi-octobre à fin février, il était «usine à glace» idéal pour les brasseries. Une assemblée de propriétaires des fabriques sur la Löntsch a décidé, au cours du 19e siècle, de construire une galerie longue de 400 m à travers le Saggberg, pour abaisser de 7 m en hiver le niveau du lac et tirer ainsi meilleur parti de la force des eaux.

219

Braunwald–Chnügrat–Ortstockhaus–Braunwald

Soleil, air pur, agréables chemins

Braunwald est depuis toujours considéré comme une région attrayante pour les vacances familiales, mais la magnifique terrasse ensoleillée sur les hauteurs de la grande vallée glaronnaise est aussi point de départ pour d'innombrables excursions en montagne, de la tranquille promenade jusqu'aux longues randonnées et parcours circulaires ou escalades plus difficiles. Les réserves naturelles alpines, les curiosités géologiques et une célèbre carrière à fossiles près du lac d'Oberblegi rendent encore plus agréable cette région aux chemins bien entretenus et très variés.

Route		Altitude	Temps
1	Braunwald	1256 m	—
2	Rubschen	1469 m	0 h 40
3	Pt. 1880 Chnügrat	1880 m	1 h 25
4	Kleiner Gumen	1901 m	2 h 25
5	Ortstockhaus	1772 m	2 h 55
6	Braunwald	1256 m	4 h 25

La station du téléphérique de **Braunwald** est notre point de départ, mais il n'y a pas d'accès à cet endroit par automobile! La montée commence progressivement au nord-est par Höcheli jusqu'à **Rubschen,** et plus loin encore par un chemin carrossable montant à l'ouest vers *Unter Stafel* sur l'alpage de *Bruwald*. Nous continuons notre parcours en direction ouest, par des alpages marécageux et une forêt clairsemée, toujours sur le chemin carrossable qui monte au pt 1581. A cet endroit, il faut une première fois choisir la droite, et une fois encore à une centaine de mètres de là, pour gravir la *forêt de Seblen,* sous la crête du **Chnügrat,** où l'itinéraire aboutit à un sentier. On voit dans la pente abrupte des constructions aménagées après l'hiver 1951, au cours duquel une avalanche s'est abattue du Chnügrat jusque dans la vallée de la Linth, faisant un mort et causant des dommages importants. Nous grimpons en zigzags au pt 1880, entre Chnügrat et Seblengrat: magnifique vue sur l'alpage de Bächi jusqu'au Bächistock et son petit glacier, sur la haute dépression de terrain d'Oberblegi avec son petit lac insolite, dont les eaux disparaissent mystérieusement quelque part dans la montagne. A partir de là, il faut cheminer par le Seblengrat et dans la pente sud-est des Eggstöcke (on évite un passage dangereux par un tunnel) jusqu'à **Kleiner Gumen,** où une auberge propose rafraîchissements mais aussi intéressante table d'orientation panoramique.

Sources sans ruisseaux, lacs sans écoulements

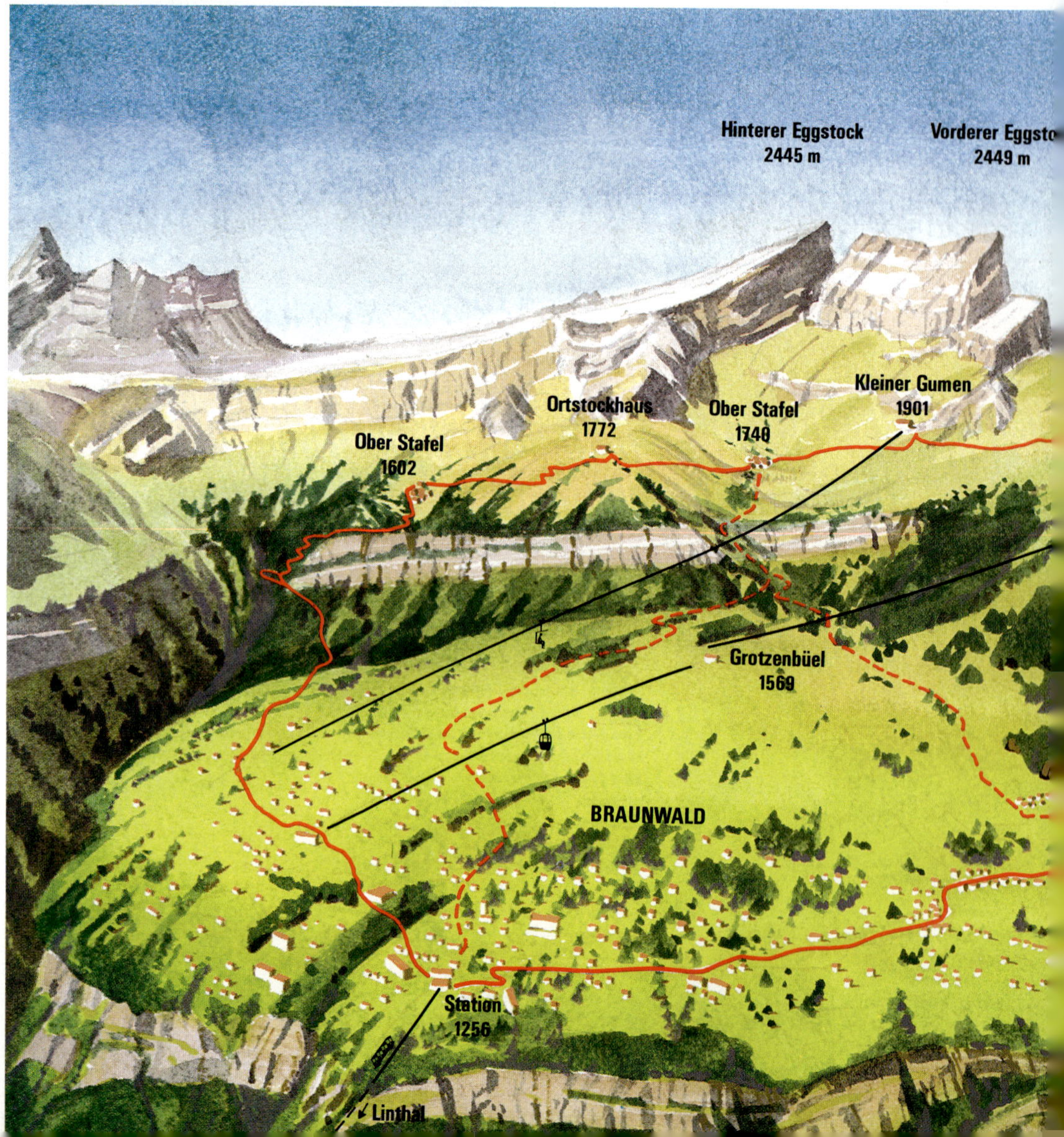

Nous descendons de cet endroit par une pente escarpée vers *Ober Stafel,* puis confortablement et presque au plat à travers les blocs rocheux d'un

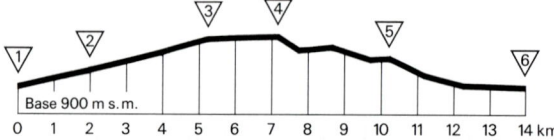

ancien éboulement, sur un chemin carrossable, jusqu'en bas à **Ortstockhaus.** Qui a soif continue de monter, les purs ascètes, pour une fois, contournent exceptionnellement l'éperon où légèrement à l'écart se dresse une auberge! Les chemins se rejoignent de toute manière près du pt 1674, d'où il faut descendre à Ober Stafel sur l'alpage de *Brächi.* Après le passage du ruisseau, choisir à gauche. Le Brummbach est un des rares ruisseaux qui, de ces hauteurs, écoule ses flots de manière ininterrompue vers la Linth. Le sous-sol extrêmement tourmenté de la terrasse de Braunwald laisse pourtant jaillir souvent des cours d'eau, pour les voir, après un parcours peu étendu, se faufiler de nouveau dans les entrailles du sol. On pourrait croire qu'il y a là davantage de sources que de cours d'eau… Le petit lac de Bergeten, au voisinage d'Ober Stafel – le détour vaut la peine – n'a apparemment ni affluent ni écoulement. La richesse des sources, dans cette région d'éboulis et de moraines, explique le nom de Braunwald, qui devrait plutôt être Brunnwald (forêt des sources).

Par de nombreux détours, nous descendons dans la pente abrupte du *Brächer,* franchissons une nouvelle fois le Brummbach pour flâner sans hâte sur le chemin de Nussbüel qui nous ramène à la station de **Braunwald.**

Carte d'excursions pédestres
Glarnerland

Guide pédestres
Glarnerland

 Plusieurs hôtels à Braunwald; auberge de jeunesse à Gyseneggli; possibilités intermédiaires d'hébergement à Ortstockhaus et à la station supérieure Gumen du télésiège.

 Sur le rivage ouest du petit lac d'*Oberblegi* se trouve, dans la paroi presque verticale de la crête une couche d'oolithe du Dogger, large d'environ 1 m, avec ammonites, bélemnites, brachiopodes, etc.

 Sur le seul territoire de la commune de *Braunwald*, pas moins de 50 km de chemins de randonnées sont balisés, d'où l'on peut également entreprendre dans les environs mêmes ou plus loin des excursions de tous les degrés de difficultés.
La randonnée dans la région de Braunwald est facilitée par le téléphérique de Grotzenbüel et par trois télésièges: ils permettent également des excursions au lac d'Oberblegi et dans la partie supérieure du Bächital, de Braunwald sans marche d'approche.

 La région botanique protégée dans les pentes de l'Eggstock, du Schattenstock et de Rundeggen est célèbre. Au mois de juillet, la floraison est à son apogée. On doit cependant éviter de s'écarter des chemins et sentiers, d'autant plus que l'inclinaison des couches d'ardoises les rend très dangereuses.

Bächifirn: Le névé de Bächi était à l'ère glaciaire un important fournisseur pour le glacier de la Linth: la glace provenant du site sud-est du Bächistock (2914 m), qui appartient au massif du Glärnisch, put s'étendre à travers l'Oberland zurichois et jusqu'au Rhin actuel. Sur son cheminement vers le courant glaciaire de la Linth, elle a creusé la dépression d'Oberblegi. Lorsque du Seblengrat – crête de Seblen – nous regardons vers le nord, nous ne percevons plus qu'un petit reste pitoyable de la puissance déployée par la nature, mais cela suffit à nous faire saisir les mécanismes des phénomènes naturels.
A vrai dire, il ne devrait plus exister de névé du Bächifirn, puisqu'il est situé au-dessous de la limite climatique des neiges. Il doit son existence au fait qu'il reçoit plus de neige qu'il n'en a besoin. C'est ce qu'on appelle un «glacier de vent», sur lequel, bien protégé par le vent, reste accumulé ce que les rudes tempêtes de la montagne font jaillir par-dessus la crête effilée.

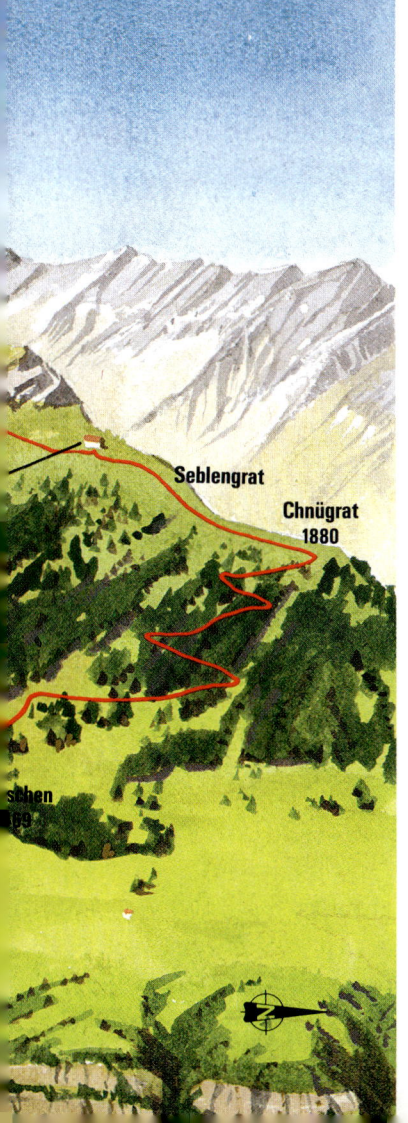

Elan tardif bienvenu

L'inimitable Braunwald existerait-il, si la découverte touristique de cet endroit avait eu lieu cent ans plus tôt? Peut-être qu'alors des promoteurs bien intentionnés auraient, par une construction routière hardie, relié à la vallée de la Linth la terrasse difficilement abordable, et engendré ainsi un développement prématuré, inimaginable à leur époque tranquille! Au début du 19e siècle, il n'y avait pas encore ici de touristes, et lorsqu'ils apparurent, on savait faire mieux que des routes. Mais avant cela, la région de Braunwald était avant tout vouée aux mayens et résidences estivales des familles qui conduisaient leur troupeaux sur les pacages élevés. Le nombre de familles qui même en hiver demeuraient sur ces hauteurs avait augmenté pendant la seconde moitié du 17e siècle. Les trois communes de Linthal, Rüti et Betschwanden décidaient en 1841 déjà que les résidents permanents de la région de Braunwald devaient avoir un maître d'école; on construisit même en 1857 une école commune.
Mais en 1897 c'en était fini de l'éloignement et de la volonté d'isolement des habitants de cette terrasse naturelle: l'ouverture du sanatorium glaronnais pour maladies pulmonaires ouvrait la voie à un tourisme d'un genre très particulier. Les qualités curatives de l'air de Braunwald connurent bientôt une grande renommée, mais l'accès difficile à cet endroit ne convenait plus à une clientèle toujours plus nombreuse et exigeant certains ménagements. Après dix ans, la solution technique adéquate était trouvée: le funiculaire qui aujourd'hui encore ménage plus qu'ailleurs la qualité de l'air de Braunwald. La station est devenue indépendante, dans l'intervalle, et ses autorités se réjouissent que l'éclosion au tourisme ait été si tardive et corresponde aux exigences réelles de notre temps.

Voici une fascinante randonnée en montagne

La région du Pizol, délimitée par les vallées de Weisstannen, du Rhin, de la Tamina et de Calfeisen, est très bien reliée aux centres de tourisme, mais elle recèle encore quelques endroits discrets et solitaires. Le massif montagneux se compose de flysch, schiste de glaise et de marne dans lequel sont insérées des couches de grès. La pierre très friable a donné naissance à l'articulation typique du massif du Pizol, avec ses vallées, ses crêtes et ses sommets.

Wangs/Pizol

Route		Altitude	Temps
	Wangs	565 m	—
1	Cabane Pizol	2221 m	—
2	Wildseeluggen	2493 m	0 h 55
3	Schottensee	2335 m	1 h 10
4	Schwarzplangg	2500 m	1 h 40
5	Schwarzsee	2372 m	1 h 50
6	Gamidaurspitz	2309 m	2 h 25
7	Baschalvasee	2174 m	2 h 35
8	Cabane Pizol	2221 m	3 h 35

Le point de départ de cette «randonnée aux cinq lacs» est la **cabane Pizol,** toute proche du chemin de fer du Pizol, venant de *Wangs.* A quelques mètres à peine au-dessous de la cabane, on aperçoit déjà le *Wangsersee,* petit lac dont les eaux s'écoulent dans la gorge de Valeisa. Nous marchons par le Twärchamm en direction sud-ouest, par une dépression de terrain, par des éboulis et en franchissant un ruisseau; puis nous cheminons au flanc sud autour des Schwarze Hörner. Le chemin gravit ensuite la pente conduisant au **Wildseeluggen,** où s'ouvre un somptueux paysage de haute montagne, comme on n'en attendait pas à cette altitude de 2943 m. Le *Wildsee,* devant nous, est le lac le plus élevé de la région des Graue Hörner, souvent couvert de glaces jusque tard dans l'été. A une soixantaine de mètres au-dessus de la nappe d'eau surgit le glacier de Pizol. La descente nous conduit en contournant les Schwarze Hörner au **Schottensee** dans une cuvette profonde; il tire probablement son nom du fait que ses eaux, selon les saisons, apparaissent laiteuses, teintées de jaune, comme la «Schotte», qui signifie «crème» dans le langage régional.

Le chemin conduit maintenant au **Schwarzplangg,** passage où nous atteignons le point le plus élevé de notre randonnée. Un vaste coup d'œil s'offre au regard, sur les trois lacs, le glacier de Pizol, les Alpes glaronnaises, le Falknis et Schesaplana. A partir de là, nous descendons au **Schwarzsee,** dans un environnement austère qui lui a valu de nombreuses légendes.

Pour atteindre le *Plateau Baseggla,* nous montons à l'est, puis nous arrivons au **Gamidaurspitz,** puissante

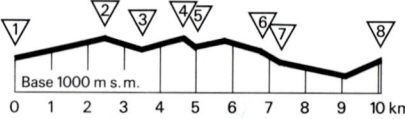

cime d'où le regard s'étend, par temps clair, jusque sur le lac de Constance.

Eté de neige et de glace

Nous descendons de Gamidaur au Baschalvasee, petit lac qui est lui aussi entouré de légendes, avec ses eaux scintillantes et verdâtres. Pendant la plus grande partie de l'année, le lac sans affluent ni déversoir est couvert de restes de neige et de glace. On peut descendre du **Baschalvasee** à la station supérieure de Gaffia, 40 min.
Un télésiège conduit de Gaffia dans le vallée à Wangs, un autre à la cabane de Pizol. Si nous désirons aller à pied à la cabane Pizol, nous marchons au-dessus de la station supérieure de Gaffia pour aller dans le Täli. Le chemin pédestre conduit alors sous le télésiège et monte à la cabane de Pizol.

Descentes

Pour qui veut descendre à Bad Ragaz, le chemin se déroule par le lac de Wangs jusqu'à la station supérieure de Laufböden 🚶 15 min.
De la cabane Pizol, on peut également atteindre Pardiel, où se trouve un restaurant et la station supérieure de la télécabine de Bad Ragaz 🚶 1 h

Guide pédestre
St. Galler Oberland

 Bains thermaux à *Bad Ragaz*.

 Près de *Bad Ragaz*, vestiges du château de Freudenberg, datant du 13e siècle, détruit en 1437 par les Confédérés. L'ancienne église du couvent de *Pfäfers*, bâtie de 1688 à 1693 sur le modèle du Vorarlberg, s'élève majestueusement au-dessus de la vallée du Rhin. L'ancienne abbaye bénédictine – aujourd'hui clinique psychiatrique – date elle aussi du 17e siècle.

 Transports publics: automobiles postales de *Sargans* à Wangs et retour. La station inférieure du chemin de fer de montagne de Ragaz est accessible en 5 min. au départ de la gare CFF.

Bad Ragaz, au pied du Pizol, est depuis le 19e siècle renommée pour ses eaux thermales bienfaisantes. Elles surgissent de la profondeur des gorges de la Tamina d'où elles sont amenées, par Pfäfers, dans une conduite longue de 4 km jusqu'à Ragaz. C'est une des rares sources que les Romains n'ont pas connues. L'eau des thermes provient de la fonte des neiges dans les pentes autour de Vättis; elles coulent, souterraines, le long des couches géologiques. L'eau est relativement douce et, à part le fluor, le contenu en minéraux n'est pas très riche. A Ragaz, l'eau thermale a une température constante de 35 degrés centigrades. Le chemin dans la gorge de la Tamina conduit à un établissement de bains datant de presque 300 ans; le parcours est taillé dans la roche et se déroule au-dessus des eaux bouillonnantes, où les parois rocheuses se referment peu à peu sur le promeneur qui pénètre dans les profondeurs sombres du défilé.

Bouquetin agile et confiant

**Au-dessus de la limite des arbres, il n'est pas rare de rencontrer sur les hauteurs, jusqu'à 3500 m d'altitude, les bouquetins qui grimpent dans les rochers. On les aperçoit le plus souvent en hardes. Au début du 19e siècle, le bouquetin avait été exterminé: la faute était entre autres à la médecine populaire, dans laquelle les «Bezoarsteine» jouaient un rôle. Il s'agit de boulettes de poils, résine et petits cailloux qui peuvent se former dans l'estomac des bouquetins. Les miraculeuses «Bezoarsteine» étaient considérées depuis la médecine médiévale comme un remède au cancer.
Une nouvelle acclimatation des bouquetins en Suisse a été couronnée de succès. Les animaux agiles sont souvent confiants et familiers de l'homme dans les régions pourtant largement ouvertes au tourisme: c'est surtout le cas au Pizol. On distingue facilement mâles et femelles: le mâle porte de grandes cornes, recourbées, le plus souvent avec des bourrelets qui atteignent parfois près d'un mètre de long; la femelle porte des cornes de bien plus faible dimension.**

Flims/Fil de Cassons–Crap da Flem–Flims

La randonnée par le Crap da Flem (Flimserstein) est riche en points de vue et compte parmi les plus belles découvertes dans toute la région. Crap da Flem dévoile des témoins exceptionnels de l'évolution de notre planète.

Route		Altitude	Temps
	Flims 🚌 🚡	1081 m	–
1	Fil de Cassons 🚡	2634 m	–
2	Tegia Gronda	2016 m	1 h 45
3	Bargis 🚌	1552 m	3 h 30
4	Flims 🚌	1081 m	5 h

Les moyens de transport de montagne nous conduisent sans peine de **Flims** à la station de montagne **Fil de Cassons**. Pendant le trajet – merveilleuse vue sur la région entourant Flims – on est impressionné par les puissantes parois rocheuses du Crap da Flem (Flimserstein). On fait, de la station supérieure, un léger détour à la *crête de Cassons,* d'où l'on a une vue impressionnante, expliquée par un intéressant panneau d'orientation.

La randonnée se déroule sur la crête large du Cassons, en direction est. La station supérieure se trouve à droite, au-dessous de la route. A peine franchi le point le plus élevé, la crête se fait plus étroite. Magnifiques vues au sud, entre autres sur les groupes de l'Ortler et de la Bernina, formations crevassées, tombant à pic et captivant le regard. Les nombreux panneaux d'information montrent que le parcours naturel alpin est bien suivi. Au moment où nous atteignons l'extrémité est de la crête de Cassons, notre regard tombe dans les profondeurs, sur le cours de l'Aua de Mulins. Nous descendons maintenant en direction sud, dans les vastes pâturages alpestres. Après un certain temps, le sentier naturel oblique à droite et revient vers la station supérieure. Pour notre part, nous cheminons en droite ligne par Crap da Flem où nous étonnent des formations rocheuses singulières: nous marchons sur des couches de pierres impressionnantes qui ont été formées et polies par les eaux. La végétation devient de plus en plus luxuriante et nous arrivons dans la région d'*Alp Tegia* où nous découvrons le chemin alpestre qui nous permet de descendre à l'alpage de **Tegia Gronda.**

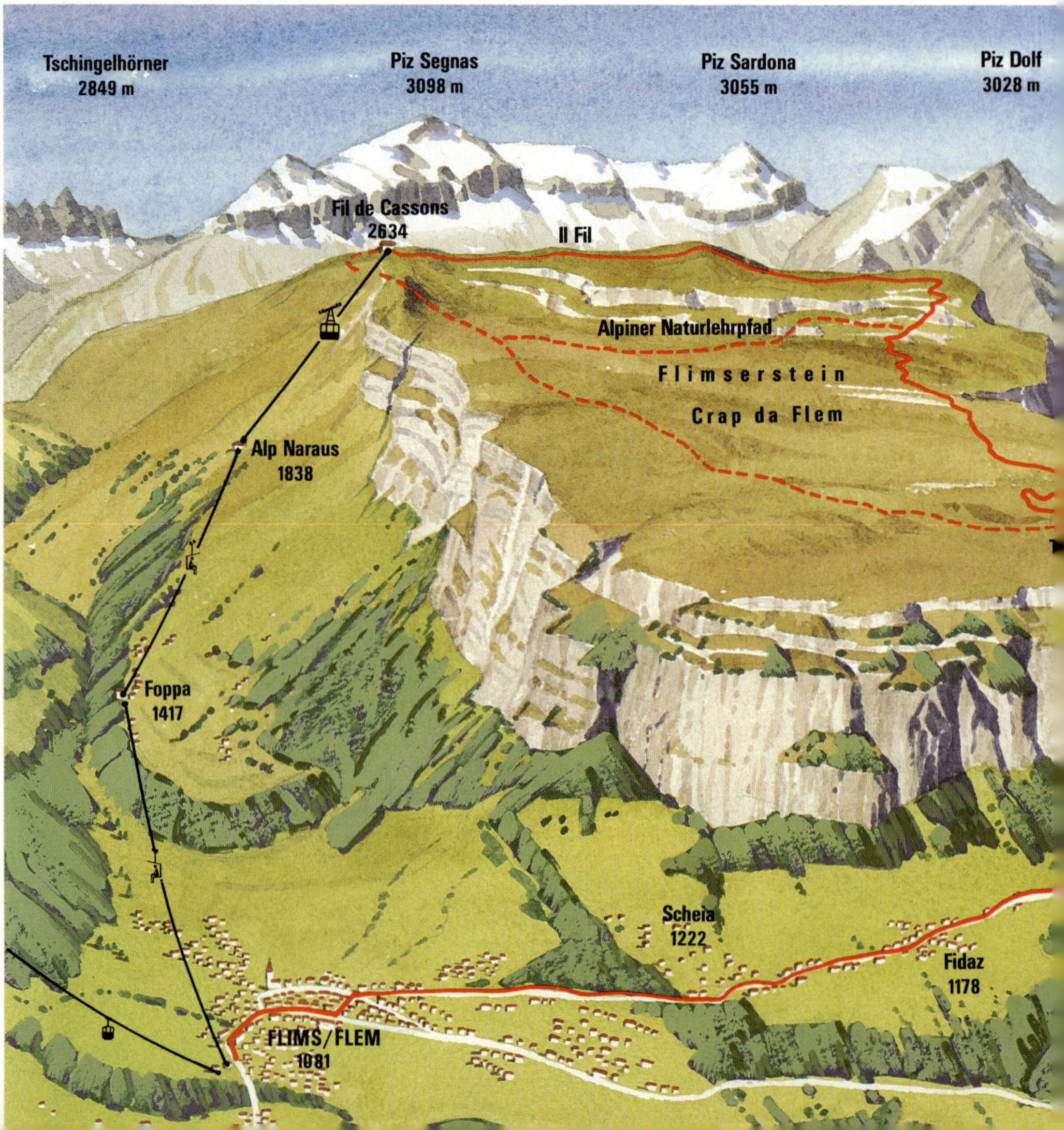

L'alpage est relié au fond de la vallée par un petit téléphérique, qui ne sert pourtant pas au transport des per-

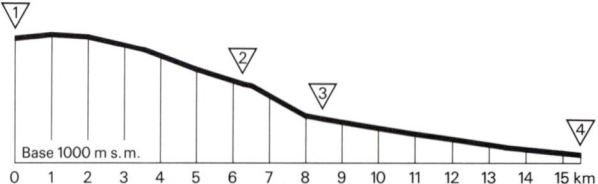

sonnes mais à celui du lait utilisé à Fidaz. Mais par ce système ingénieux, les habitants de ces régions élevées sont chaque jour ravitaillés en produits frais: le moyen de transport doit être unique dans le monde alpin!

Technique et alpages

Le chemin conduit de l'alpage, par les pâturages descendants, à la lisière est du Flimserstein. On a de cet endroit une vue remarquable sur la dépression de terrain de **Bargis,** et on se demande comment cette paroi impressionnante qui tombe vers la vallée peut bien être praticable: avec beaucoup d'habileté et un énorme travail, on a aménagé un chemin d'alpage original, parcours romantique, pavé de pierres sur toute sa longueur, largement connu aux alentours.

Par ce cheminement, les troupeaux gagnent leurs pâtures et en redescendent en automne. Le chemin descend très abruptement vers la vallée où les marcheurs peuvent se réconforter et se rafraîchir. A partir de Bargis, il est possible de rejoindre Flims par automobile postale. Pour notre part, nous cheminons encore plus loin et traversons au pied de Crap da Flem un beau paysage de forêts. Au bord du Val Turnigla se dresse un cône élevé de calcaire sur lequel subsistent les ruines de l'ancien château de Belmont. Un petit détour pour descendre à cet endroit ne manque pas d'intérêt. Nous continuons notre chemin le long de la route par Fidaz, aux maisons artistement décorées, pour descendre à **Flims**.

Itinéraires secondaires
Fil da Cassons–Ils Lags–Crap da Flem–Tegia Gronda 1 h 30
Sentier alpin naturel le long du Fil da Cassons 2 h 30

Carte d'excursions pédestres
Surselva

Guide pédestre
Surselva

 Flims abrite de nombreuses anciennes maisons bourgeoises. Le «Schlössli», construit en 1682 par Gaudenz von Capol, servait de résidence aux députés des Ligues grisonnes. Les plus beaux aménagements intérieurs, et de haute valeur, ont été sortis en 1900 de leur cadre original et vendus: ils sont depuis lors au Metropolitan Museum de New York. L'actuel Hôtel Bellevue était la résidence de la famille Capol; le poète C.-F. Meyer était souvent l'hôte de ces lieux. L'église réformée St-Martin est déjà citée en 830. Certaines parties du clocher datent du 12e siècle. La nef gothique tardif a été construite en 1512. On remarque à l'intérieur du sanctuaire la chaire datant de 1645.

Au-dessous de Bargis, sur un éperon rocheux avancé, se dresse la ruine du *château de Belmont*. Le manoir construit aux 10e/11e siècles était résidence des seigneurs de Belmont, puissante famille de l'Oberland grison.

 Le sentier naturel alpin est à voir, sur le Cassonsgrat: on en retire un intéressant survol de l'histoire de la terre et de la végétation alpine.

Dans le Lag da Cauma (lac de Cauma), au cœur de la puissante région d'éboulement, la baignade est autorisée.

 On organise des descentes en canots pneumatiques à travers le «Grand Canyon» grison, la gorge de Ruinaulta, creusée au cours des âges par le Rhin. Le parcours romantique et plein d'aventure conduit d'Ilanz à Reichenau.

Etude de la nature: On peut à volonté entreprendre la randonnée au Cassonsgrat par un sentier expliquant le milieu environnant, sur lequel il est possible d'étudier les effets combinés des divers facteurs naturels. On y observe par exemple de quelle manière – il y a plus de 8000 ans – les roches ont influencé la forme des montagnes, la naissance d'espaces plats ou l'éboulement de la montagne de Flims. Mais des formes plus précises, comme les crevasses et les failles dépendent aussi de la roche, qui détermine les caractéristiques chimiques du sol et par conséquent la composition végétale. Les mutations climatiques de toute l'histoire de la terre ont laissé leurs traces, effritement et érosion de l'époque postglaciaire. Le point de départ, pour qui veut parcourir dans sa totalité ce sentier naturel, se trouve au nord-ouest de la station supérieure de téléphérique de Cassons. Photo: Tapis fleuri formé par la végétation alpine, au premier plan; au milieu, les dalles rocheuses limées et usées par les glaciers; à l'arrière-plan, la ligne superbe et bien visible des charriages glaronnais.

L'énorme éboulement de Flims, qui a eu lieu il y a environ 10 000 ans, a un volume d'environ 13 km³. Les masses d'éboulis couvrent une superficie de 50 km² et s'étendent de Reichenau/Bonaduz jusqu'à Ilanz: cet éboulement est ainsi un des plus impressionnants phénomènes du genre, dans le monde entier. Très tôt, des hommes s'étaient déjà établis à la partie supérieure de cette région. Près de Trin et Laax, on a découvert des «Schalensteine» (pierres élaborées en forme de jattes à usage de culte) datant d'avant l'ère chrétienne et sur l'Alp Mora une fibule de type Certosa au disque rond, Certosa signifiant une partie du second âge du fer.

Flims est mentionné pour la première fois en 765 dans le Testament de Tello. Le christianisme s'est manifesté très tôt à cet endroit: l'église St-Martin de Flims existait déjà en 831. La région a été habitée pendant des siècles par des paysans, installés sur ces bonnes terres fertiles, où ils profitaient également d'une situation favorable sur la route de la Surselva. Flims, autrefois village agricole, est devenu aujourd'hui centre de tourisme. Des chemins de fer de montagne et remontées mécaniques desservent le magnifique flanc gauche de la vallée et emportent touristes et vacanciers sur les régions de randonnées riches en points de vue, ou dans les véritables paradis de ski.

Le sentier naturel alpin aménagé sur la crête du Cassonsgrat/Flimserstein propose une incursion du plus haut intérêt dans l'évolution de la terre. On peut là aussi se faire une idée du gigantesque éboulement de Flims. Le Rhin, dans la profondeur, s'est frayé pendant des millénaires un chemin à travers les gorges de Ruinaulta. Les blanches parois calcaires illustrent la puissance du cours des eaux, qui longtemps ont rendu le passage infranchissable. Au tournant de notre siècle, on a construit la voie ferrée à travers les gorges de Ruinaulta: le voyage dans cette étonnante région est une véritable aventure.

Voici une randonnée qui se déroule pour une bonne part à plus de 2000 m d'altitude, sur les hauteurs où l'air est encore pur. Le panorama prodigieux donne une véritable impression d'aventure alpestre.

Sedrun/Cungieri – Lac Serein – Disentis

Route		Altitude	Temps
	Sedrun 🚂 🚠	1441 m	—
1	Cungieri 🚠	1845 m	—
2	Val Magriel	2173 m	1 h 45
3	Lag Serein	2072 m	3 h
4	Plaun Tir	2151 m	3 h 20
5	Lag Crest Ault	2268 m	4 h
6	Catan	2127 m	4 h 15
7	Plaun Grond	1578 m	5 h 15
8	Disentis/Mustèr 🚂 🚠	1130 m	6 h 15

A **Sedrun**, au-dessus de la gare, côté est, nous trouvons le télésiège qui conduit à **Cungieri**. On a de cet endroit une agréable et belle vue sur Sedrun et le fond de la vallée du Tujetsch, arrosée par le Rhin antérieur.

De la station supérieure du télésiège de Cungieri, nous gravissons la forêt de conifères et déjà on atteint au delà de la limite forestière les pâturages que nous parcourons par le sentier montant jusqu'à l'ensellement du pt 2205. Une superbe vue se dévoile ici au regard, sur le Val Segnas, Disentis, La Surselva, le groupe des glaciers du Medel. Nous montons à gauche par le dos montagneux, d'où l'on a une vue englobant le Tujetsch, bouclé par la région de l'Oberalp. Le sentier débouche dans un nouveau chemin qui a été aménagé pour mieux assurer la jonction avec les téléskis. Nous longeons ce chemin à travers le creux de *Gendusas*, avec son petit lac, avant de continuer dans la pente parsemée de gros blocs de pierre vers l'éperon rocheux du pt 2305. Le chemin descend alors brusquement en forte pente dans le **Val Magriel,** vers les bâtiments des téléskis. A cet endroit, nous l'abandonnons pour franchir le ruisseau et cheminer sur le flanc gauche de la vallée: il faut faire bien attention, suivre le parcours qui descend vers la vallée, et non pas le balisage qui invite à conduire ses pas vers le Lag Serein.

Balade dans un jardin paradisiaque

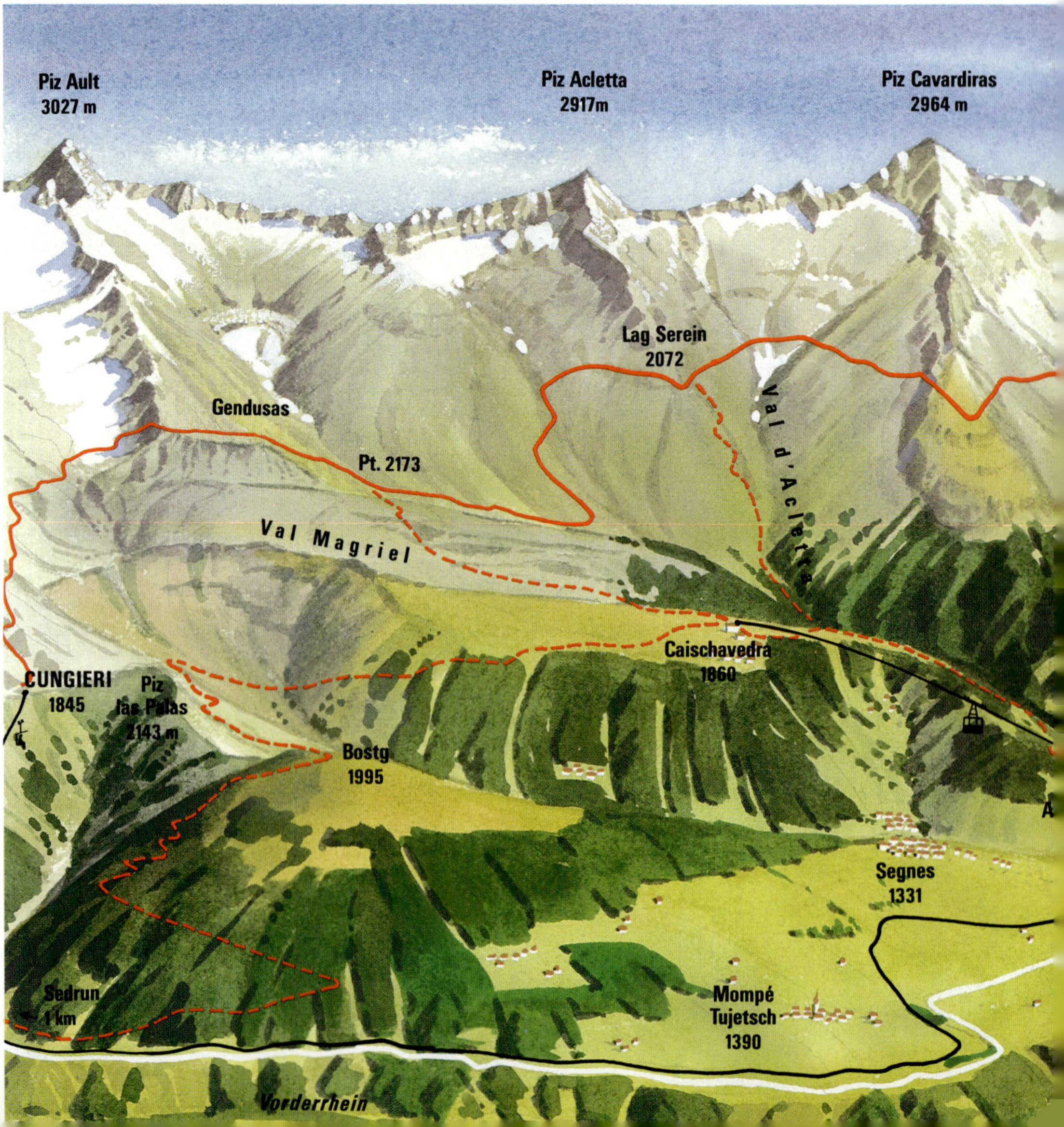

Le sentier légèrement descendant conduit entre de puissants bancs rocheux autour du sommet arrondi, vers le *Val'Acletta*. On parcourt alors des alpages à végétation luxuriante,

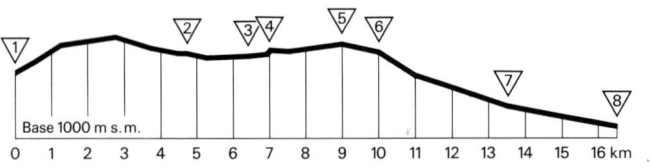

tout en se réjouissant du paysage merveilleux. Sur le flanc opposé de la vallée, on reconnaît le Val Naps avec son lac artificiel et le Val Medel où s'étire la route qui par le Lukmanier conduit au Tessin. Au premier plan s'élargit la spacieuse région de Caischavedra qu'on peut atteindre de la vallée par téléphérique. Le sentier oblique au nord, et descendant vers le Val'Acletta il débouche dans le chemin de Caischavedra. Le parcours se déroule en formant un grand arc au creux du Val'Acletta: nous nous trouvons bientôt au-dessus du **Lag Serein,** blotti tout au fond d'un creux.

A partir de Lag Serein, nous cheminons dans la dépression de terrain jusqu'aux rochers: une courte mais très raide montée nous permet de franchir l'obstacle, et nous arrivons à **Plaun Tir,** plateau élevé aux nombreux points de vue. Il faut traverser ce replat, jusqu'aux ouvrages de protection contre les avalanches, avant d'obliger vers le *Val Clavaniev.*

Sous la paroi est de Muotta dil Tir, le sentier conduit dans la vallée, non sans décrire un grand arc pour traverser le Val Clavaniev. A certains endroits, il est peu apparent et se perd même dans le terrain, mais en mettant le cap sur l'éperon rocheux, on aboutit à coup sûr au **Lag Crest Ault.**

L'itinéraire se déroule dès maintenant sur les larges pâturages d'*Alp Run,* en descendant aux cabanes de **Catan.** Nous cheminons plus loin par d'autres pâturages très escarpés pour aboutir à la route qui en de nombreux lacets conduit à Disentis. La descente passe par **Plaun Grond,** Clavaniev ou Faltscharidas jusqu'à **Disentis.**

Bifurcations
Val Magriel–Caischavedra 🚠–Acletta–Disentis 🚌 1 h 30
Lag Serein–Val'Acletta–Acletta–Disentis 🚌 1 h 30

Itinéraires secondaires
Sedrun 🚌–Bugnei–Bostg–Segnas–Caischavedra 🚠 3 h
Lag Crest Ault–Lag Brit–Alp Lumpegna–Disentis 🚌 3 h 15

Carte d'excursions pédestres
Surselva

Guide pédestre
Surselva

 On ne peut que recommander une visite au musée local «La Truaisch», à *Sedrun,* qui présente une riche collection de minéraux du Val Tujetsch. Le fleuron est un groupe de cristaux de quartz entouré de la roche originale.

 Disentis est dominé par les bâtiments et par l'église baroque du couvent. Un musée aux très riches collections a trouvé place dans le couvent. Au-dessous de cet intéressant ensemble architectural se trouve la place de la landsgemeinde. L'église paroissiale, qui figure parmi les plus imposants sanctuaires baroques des Grisons, a été érigée en 1643; on y admire un autel latéral de style gothique tardif, achevé en 1489 par les maîtres Ivo et Bernhard Strigel.

La situation de Disentis est des plus favorables pour la communication par les cols de l'Oberalp et du Lukmanier. Un programme détaillé de transports par bus et par le chemin de fer Furka-Oberalp permet à chacun de choisir à son gré entre d'innombrables excursions.

 A Disentis, l'hôte dispose de courts de tennis en plein air et d'un tennis couvert, de places de badminton, d'une piscine couverte, d'un centre fitness, d'un mini-golf, d'un parcours VITA.

Le couvent bénédictin dominant le fond de la vallée de Disentis a été fondé en 750. Sa physionomie actuelle remonte à l'achèvement de la construction, dans les années 1683 à 1695. L'église à deux tours a été bâtie en 1704. Le couvent a donné l'impulsion à la naissance et au développement de Disentis, même s'il était implanté dans une région sans village, solitaire et désertique: en latin, Desertina désigne Disentis. Le prochain village, situé beaucoup plus loin et plus bas, était «Summus vicus», Somvix. Disentis a profité de plusieurs éléments favorables, notamment des activités du couvent, de sa situation au pied des cols du Lukmanier et de l'Oberalp, de sa réputation très ancienne de station de bains et du rayonnement actif de ses sources. Plus récemment, le chef-lieu du district du Rhin antérieur a gagné une remarquable renommée de station de vacances et de sports d'hiver.

Oberland grison, Vallée du Rhin antérieur, Surselva: autant de noms dans la magnifique vallée où coule le Rhin, un des plus grands fleuves européens. Au pied du Piz Badus s'étend le pittoresque Lai (lac) da Tuma, où le cours d'eau prend sa source. Dans la région de Surselva, les noms de nombreuses localités révèlent que nous nous trouvons dans l'aire linguistique rhéto-romanche. L'endroit aux conditions climatiques favorables a été habité très tôt déjà, comme le prouvent des trouvailles de l'âge du bronze, 1800 à 800 ans avant l'ère chrétienne. Vers l'an 700, le moine franc Sigisbert fixa son ermitage au point d'intersection des cols de l'Oberlap et du Lukmanier: c'est à partir de cette modeste résidence que naquit le prestigieux couvent de Disentis. De nombreux peintres et sculpteurs de talent réalisèrent dans la Surselva des fresques, des peintures murales, des autels sculptés et décorés de figures à l'aspect vivant.

Les anciens chemins muletiers par les cols alpins furent remplacés au 19e siècle par des routes, l'Oberalp en 1863, le Lukmanier en 1877. Les Chemins de fer rhétiques étaient achevés jusqu'à Ilanz en 1903 et le parcours jusqu'à Disentis inauguré en 1912. Le Chemin de fer Furka–Oberalp circule depuis 1926 de Disentis, par Andermatt, jusque dans le Haut-Valais.

La Surselva doit à la formation géologique des montagnes, aux innombrables sortes de pierres, ses richesses en minéraux. Les interstices, crevasses et fentes dans les roches du massif de Tujetsch recèlent de merveilleux cristaux: les chercheurs de minéraux les découvrent avec ardeur mais non sans peine et font surgir à la lumière du jour les plus étonnantes variétés, qu'on peut admirer dans les bourses aux minéraux.

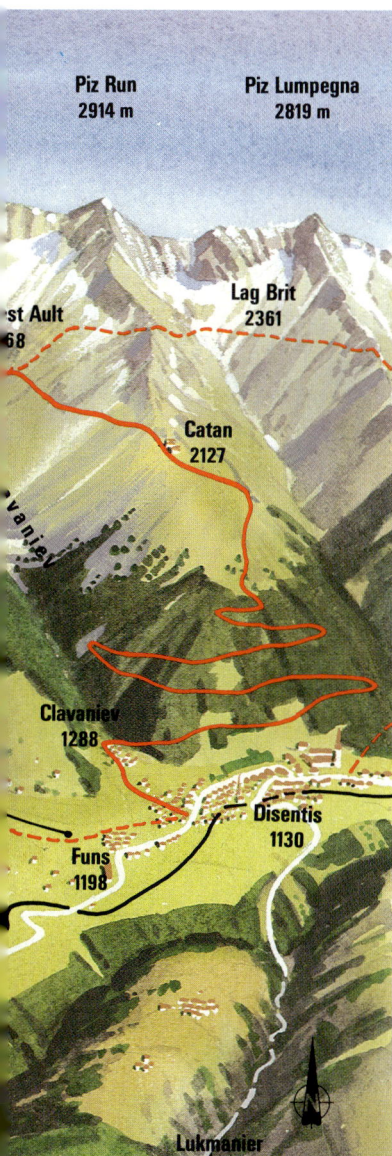

La vallée de Vals (nom dérivé des Walser) offre d'innombrables possibilités d'excursions. Au flanc ensoleillé de la vallée, nous nous offrons une randonnée par les crêtes, à travers les pâturages et d'innombrables mayens pittoresques.

Valé/Gadenstatt–Leisalp–Vals-Platz

Route	Altitude	Temps
Valé 🚡	1271 m	–
1 Gadenstatt 🚡	1805 m	–
2 Leisalp	2051 m	1 h
3 Hüttenen	1878 m	1 h 40
4 An der Matte	1740 m	2 h
5 Zorts	1552 m	2 h 30
6 Leis	1526 m	2 h 50
7 Vals-Platz 🚌	1252 m	3 h 30

On se laisse agréablement transporter par le télésiège de **Valé** à **Gadenstatt**, avant de commencer vraiment cette randonnée sur les crêtes. Nous marchons de la station, à droite autour de la colline et nous franchissons un ruisseau. Le sentier balisé conduit par la bordure des prés aux mayens de *Mützerli,* autrefois habités toute l'année. A travers des prés montagneux à la riche végétation, le sentier se déroule au flanc de la pente en montant au joli groupe de maisons de *Stafelti.* Nous aboutissons ici à la route alpestre que nous longeons en montant jusqu'à la **Leisalp**.

Les grands bâtiments d'alpages sont situés dans une cuvette du terrain qui est sous protection, au pied d'imposants sommets, Piz Serenastga, Piz Aul. Plus de 500 têtes de bétail sont en estivage dans cette vaste région de pâturages, qui est ainsi l'une des plus importantes des Grisons. Le promeneur apprécie l'admirable paysage des vallées de Grava, Tomul et Peil, et les sommets qui couronnent à l'est et au sud-est la Vallée de Vals: Crap Grisch, Piz Tomül, Bärenhorn et Valser Horn.

A proximité des étables, nous cheminons en direction de la vallée en suivant le chemin des pâturages. Plusieurs imposantes parois rocheuses se dressent à notre gauche. Après un ravin modeste, le sentier bifurque à droite en descendant au mayen abandonné de *Schloss.* Le parcours continue en sortant de la vallée, à travers les pâturages, jusqu'à Brand, où un éperon rocheux boucle le chemin: il faut, peu avant, tourner carrément et descendre le long de la clôture de pâturage au groupe de maisons d'**Hüttenen**: nous découvrons à cet endroit un cheminement qui conduit en direction sud et débouche dans le chemin alpestre.

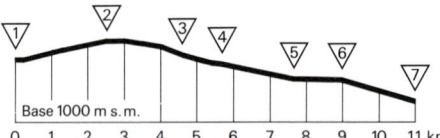

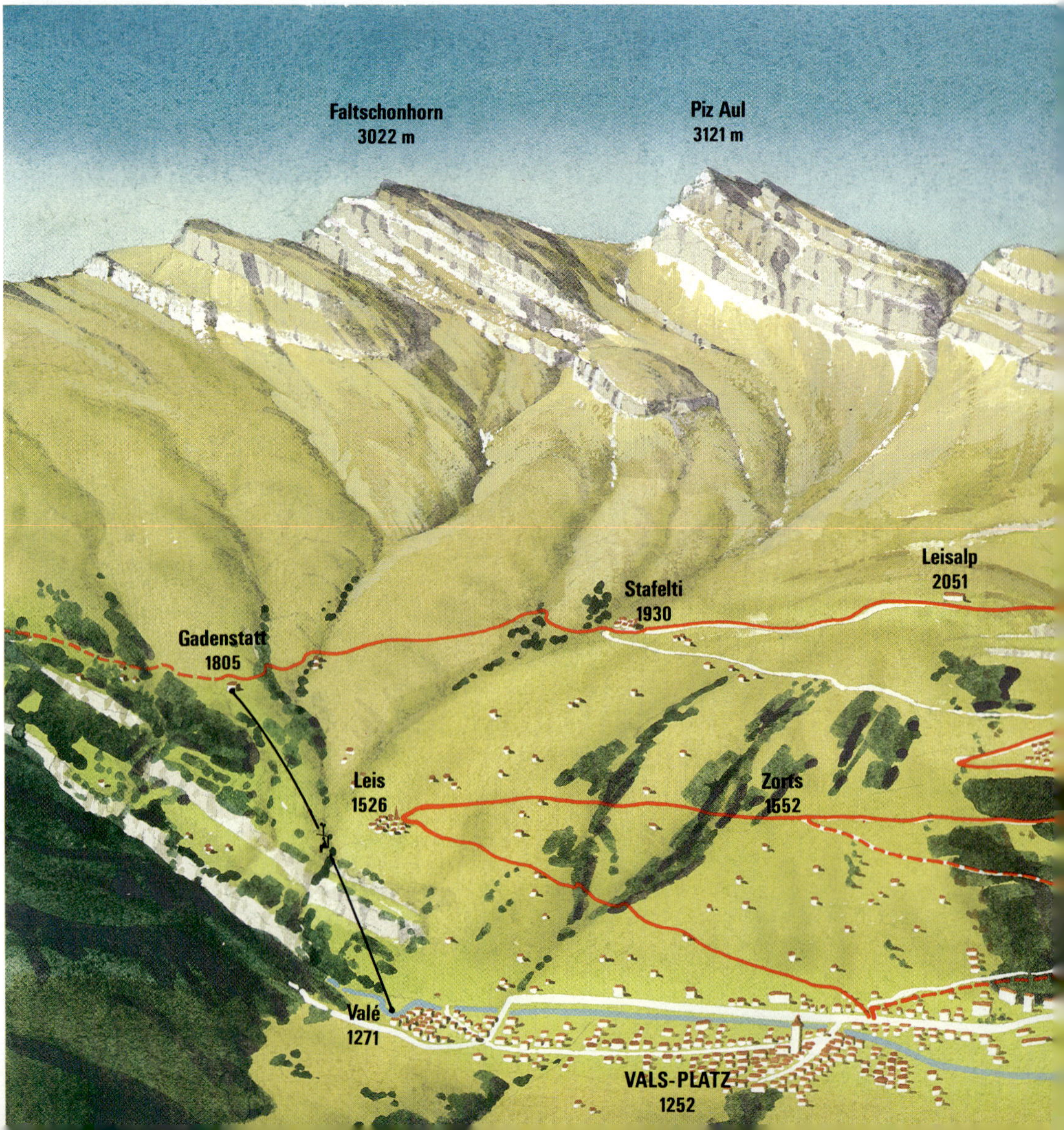

Après quelques pas seulement, on atteint déjà le groupe de maisons **An der Matte,** où une auberge invite à une petite pause. Nous cheminons de là jusqu'à **Zorts** (troisième virage) afin de nous retrouver au-dessus de Vals-Platz d'où l'on découvre une belle vue sur le village.

Toits de pierre

La couverture typique des maisons au moyen de pierres plates, gneiss ou granit, imprègne tout le paysage. Par des prairies fleuries, nous parcourons le chemin qui mène au hameau romantique de **Leis.** Les maisons brunies au soleil se serrent sur un replat de prés, autour de la *chapelle St-Jacques,* construite au 15ᵉ siècle. Au-dessus de Leis existait autrefois la Gandahaus, qui a été démontée et reconstruite près de Vals-Platz. L'ancienne bâtisse abrite aujourd'hui le musée de la vallée, avec une riche collection d'objets familiers du temps passé. Nous quittons Leis par les prés et *Zergreza:* peu avant le pont, nous rejoignons la route de la vallée pour arriver sans peine au centre de **Vals-Platz.**

Bifurcation
Zorts–Soladüra–Vals-Platz 🚌
40 min.

Itinéraire secondaire
Gadenstatt 🏠–Frunt–Zerfreila 🚌
2 h

Carte d'excursions pédestres
Surselva

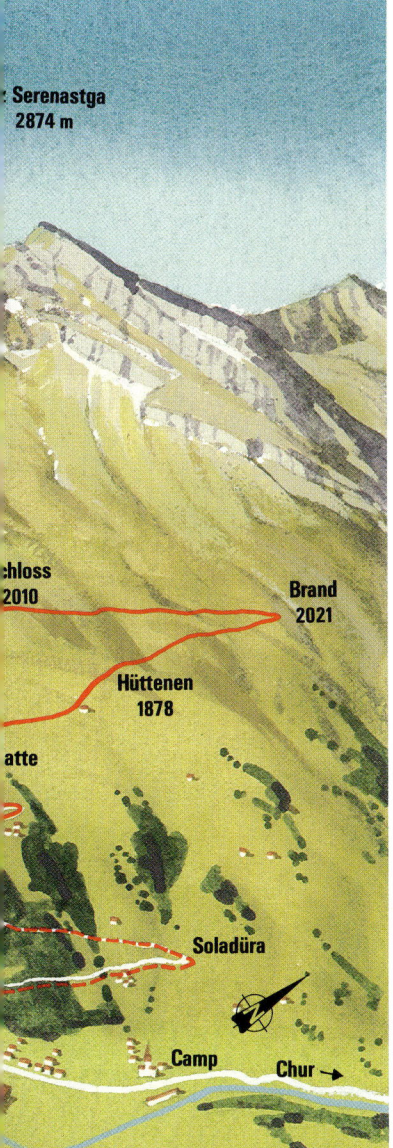

Vals: Le coup d'œil sur le village dévoile les toitures d'ardoises micacées et de gneiss, par endroits recouvertes de lichens jaunes. On voit dans le village même, mais aussi dans les hameaux plus écartés, des maisons de bois typiques de la région de Vals, qui dans la forme plus tardive de leur architecture présentent une partie de cuisine maçonnée. Les maisons les plus anciennes de Vals étaient des constructions compactes, sans cheminée, alors que plus tard les bâtisses ont été munies d'un gros conduit à fumée maçonné.

🏛️ A *Vals,* dans la Gandahaus, ancienne maison des Walser qui se trouvait autrefois au hameau de Leis, on a aménagé le Musée des traditions locales avec collection illustrant les coutumes des Walser.

ℹ️ L'Office du tourisme propose toute une gamme d'activités telles que visites guidées dans le village, visite d'une fromagerie sur un alpage, conférences historiques, visite des installations d'embouteillage de la source St-Peter.

🚶 Un grand nombre de randonnées guidées et de tours en montagne sont proposés. Parmi les favoris, la randonnée des chapelles, nombreuses dans la vallée de Vals, itinéraire au cours duquel on explique les conditions dans lesquelles les Walser se sont établis dans la région.

♨️ On peut utiliser au Kurhotel la piscine thermale couverte (32 °C et un bain thermal effervescent en plein air (25 °C).

La Vallée de Vals est située bien à l'écart des centres de communication agités et fébriles. A Ilanz, première ville sur le cours naissant du Rhin, on oblique par un trajet de 20 km riche en virages, pour aller à Vals. La route postale a été ouverte en 1881. Auparavant, l'ancien chemin muletier servait au transport des marchandises vers la vallée, à travers la gorge sauvage et non sans périls. Les trouvailles préhistoriques au Valserberg et à proximité des sources thermales – le Schalenstein (pierre élaborée en forme de jatte à usage de culte) dans le Peiltal, le Teufelstein (Pierre du diable) à l'entrée de la vallée – prouvent que ces lieux étaient déjà colonisés aux temps préhistoriques. Les Walser, venus du Valais au 14ᵉ siècle, s'étaient fixés à cet endroit où ils ont apporté leur culture et leur art de vivre. Vals est située dans un creux de terrain long de 3 km. Les belles maisons brunies par le soleil forment un ensemble harmonieux et pittoresque. La région de Vals compte plus de 40 sommets, de superbes alpages, d'innombrables mayens et offre de nombreuses possibilités de randonnées.

Lors de l'ancien captage de sources, à la fin du 19ᵉ siècle, on a découvert des ossements d'animaux et des tessons de céramiques qui proviennent de l'âge du bronze moyen (civilisation de Crestaulta), ce qui démontre que les sources de Vals dispensaient il y a déjà 3000 ans leurs bienfaits à l'humanité. Dans la Chronique rhétique de 1672, on cite les sources de Vals, dont les eaux seraient un bain bienfaisant pour le «mal froid». Au 19ᵉ siècle, on mentionne une petite installation de bains et de cure qui comptait entre autres quatre salles de bain, chacune avec deux cuves, une salle où l'on posait des ventouses, avec une seule cuve, une installation plus modeste qui apportait un soulagement aux douleurs articulaires et aux maladies de la peau.

La vallée de Vals procure tous les éléments contenus dans la langue Walser de cette région, «Hirma», c'est-à-dire repos, détente, guérison!

Thusis–Carschenna–Thusis

Une randonnée d'une demi-journée, avec l'histoire en toile de fond

Le Domleschg, c'est la porte du sud, sur la face nord des Alpes: le paysage fascine d'autant plus les visiteurs qui viennent des régions situées au nord du massif alpin. Mais les innombrables châteaux qui parsèment le Domleschg en font une passionnante région d'excursions: il suffit de prendre son temps et de renoncer à visiter ce territoire à la hâte…

Route		Altitude	Temps
1	Thusis	697 m	—
2	Hohenrätien	956 m	1 h
3	Sant Albin	970 m	1 h 30
4	Crap Carschenna	1130 m	2 h 15
5	Sils im Domleschg	735 m	3 h 15
6	Thusis	697 m	3 h 45

On descend de l'extrémité sud de **Thusis** vers le pont de pierre: là prend naissance le sentier d'**Hohenrätien** (Hoch-Rialt), l'ancien château fortifié, sur un éperon rocheux autrefois peu accessible. L'ascension est divertissante et plus courte qu'on n'imaginait d'en bas. La dernière partie du parcours, entre la montagne et la colline où se dresse le manoir, se déroule sur le chemin de pierre et invite à une visite de ce château considéré comme centre de gravité de l'histoire de la vallée.

Au carrefour de l'histoire et de la légende

La légende – pleine de fantaisie encore que déformant les faits de la réalité historique – rapporte qu'un prince étrusque nommé Rätus aurait fixé sa demeure à cet endroit et donné ainsi son nom à la Rhétie. Au centre du château s'élève, couverte aujourd'hui d'une toiture, *l'église dédiée à Jean-Baptiste*. Si nous nous approchons du précipice, nous découvrons la vue sur le Domleschg, qui avec ses nombreux châteaux prend une allure d'authenticité historique comme on n'en découvre que rarement en Suisse. Le regard s'étend aussi, au pied de la montagne, sur Thusis dont on remarque les anciennes constructions – appelées Altdorf – qui datent d'avant l'incendie de 1845 et le village nouveau – le Neudorf – de même que sur toute la vallée. Mais la véritable falaise qui captive notre regard, au premier plan, nous rappelle l'histoire du dernier chevalier de Haute-Rhétie, qui à cause de ses méfaits subit la hargne des paysans et finit par se précipiter à cheval dans le gouffre.

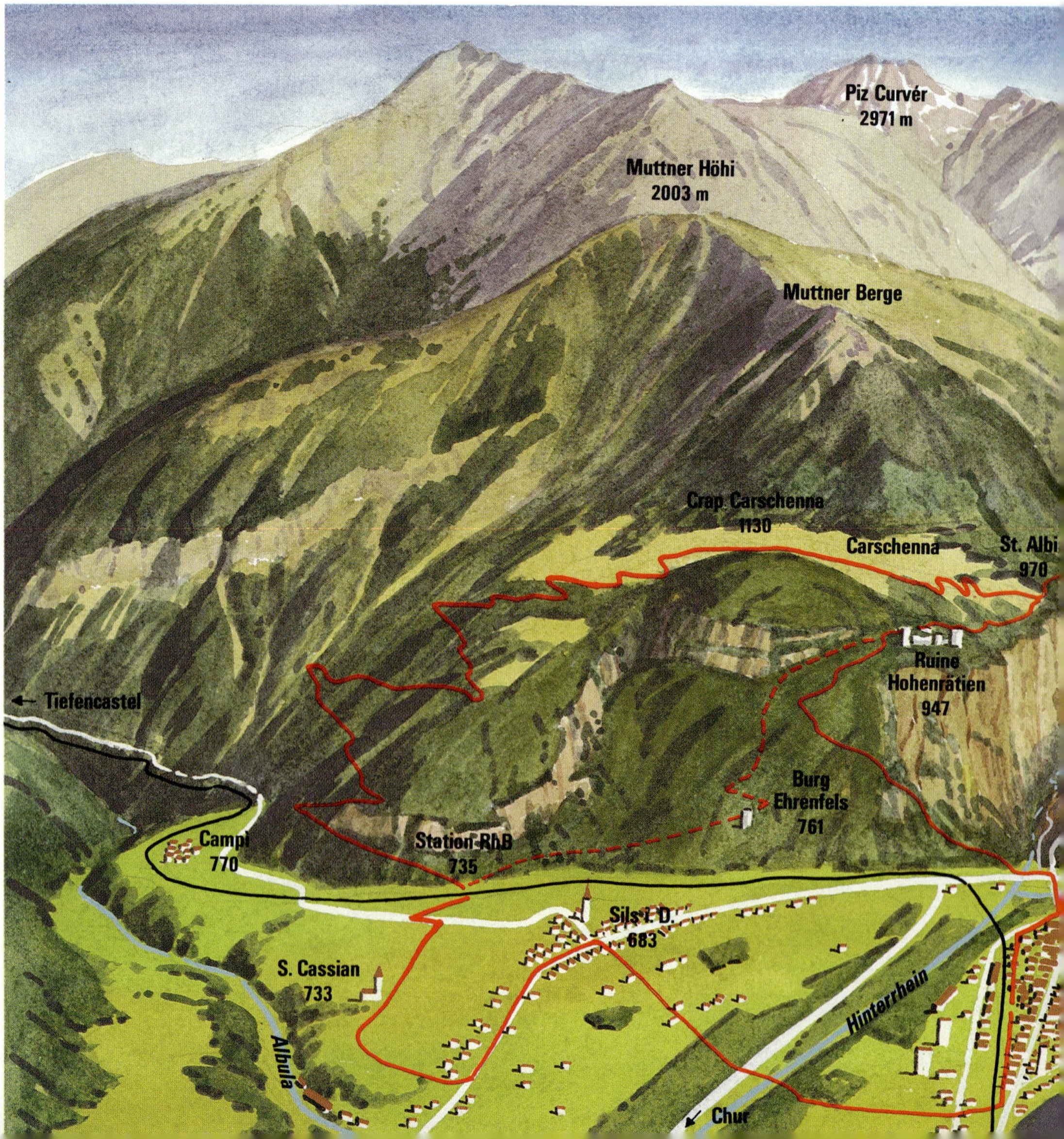

Le chemin de Carschenna revient d'abord à l'échancrure, près du châ-

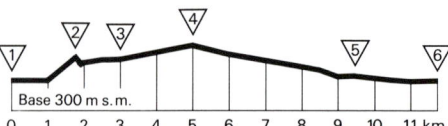

teau, où un sentier se déroule à quelque cinquante mètres au-dessus du chemin. On arrive par la forêt dans les prés situés en-dessous de Carschenna. Près de l'intersection, on peut se décider pour un léger détour, et cheminer en ligne droite dans les prés au milieu desquels se dressent les vestiges de l'ancienne chapelle **Sant Albin**: elle veillait autrefois sur l'entrée de la Viamala, à l'endroit où se trouve son plus ancien accès. Il suffit de passer derrière la chapelle, par un mince rideau d'arbres, pour se trouver à la lisière supérieure de la puissante paroi dominant la Viamala et jeter un regard sur la profondeur du défilé.

Après ce petit détour, nous revenons à notre itinéraire: un chemin champêtre traverse une calme région de prés jusqu'au point le plus élevé; de là, nous guidons nos pas à gauche vers **Crap Carschenna,** un belvédère élevé, proéminent entre les ravins qui conduisent à la gorge de Schin (Schin-Schlucht) et à celle de la Viamala. A partir de Carschenna, des traces et sentes nous conduisent entre les sapins; nous découvrons là les célèbres *plateaux rocheux de Carschenna,* ornés de curieuses spirales et figures, sur lesquelles les chercheurs ne sont pas encore d'accord quant à leur origine, tout en convenant qu'il faut la chercher avant l'ère chrétienne.

On découvre peu après le chemin qui conduit à la route de Sils im Domleschg. Ce parcours aménagé en collaboration avec les Forces motrices de la région se déroule sans à-coups, en direction de la route par laquelle on rejoint d'abord la gare de **Sils im Domleschg,** et plus loin **Thusis.**

Itinéraire secondaire
Hohenrätien–Château d'Ehrenfels–Chapelle St-Cassian–Sils im Domleschg–Thusis 🚂 🚌 1 h

Carte d'excursions pédestres
Hinterrheintäler

Guide pédestre
Hinterrheintäler–Misox

 L'église réformée de style gothique tardif de *Thusis* est reconnue parmi les plus belles des Grisons. Elle a été construite en 1506 et possède dans son chœur une élégante voûte réticulée. A partir de Thusis, on peut visiter les nombreux châteaux, vestiges de châteaux et chapelles du *Domleschg.* Ce n'est qu'en 1965 qu'on a découvert des dessins sur roches, au *Crap Carschenna.* Les pierres décorées datent de l'âge du bronze (environ 3000 av. J.-C.). On reconnaît, gravés dans le rocher, des spirales, coques et coquillages, des cavaliers et autres figures.

 Les gorges de la *Viamala* sont impressionnantes, sur le Rhin postérieur entre Thusis et Zillis. Au cours des millénaires, les eaux du fleuve ont creusé dans le rocher un défilé dont la profondeur atteint 600 m. La Viamala a été impraticable pendant des siècles.

Domleschg: Le regard plonge de Crap Carschenna sur le Domleschg comme du haut d'un nid d'aigle. A nos pieds, Sils im Domleschg où apparaissent quelques maisons de style italien, aux toits à quatre pans. La plus étonnante de toutes est le plus beau «palazzo» du Domleschg, l'Hôtel de ville, en bordure du quartier gauche du village. On reconnaît, soigneusement compartimenté, le vaste jardin baroque. Au plan intermédiaire, on peut apercevoir le petit village de Lazis, son couvent de femmes, bâti au 8e siècle, et à droite, dans le voisinage du Rhin postérieur, le grand château de Fürstenau, ancienne résidence épiscopale.

Thusis

Le développement de Thusis est étroitement lié à celui du trafic de transit: quelques trouvailles de l'âge du bronze démontrent que des voies de communication très anciennes passaient à cet endroit. Tosana, ancien nom de Thusis, est cité pour la première fois en 1156, lorsque le pape Hadrien IV confirma les possessions du couvent de Cazis dans le Domleschg. L'année 1473 est importante: à cette date, le comte Georg von Werdenberg fit aménager les gorges de la Viamala, ouvrant ainsi ce défilé étroit aux charrois et traîneaux. C'est un événement significatif, au point de vue historique et politique, confirmé dans le parchemin dit «Viamala-Brief». Depuis le haut moyen-âge, Thusis est de langue allemande et forme avec ses environs immédiats du Domleschg un îlot linguistique dans la région rhéto-romanche.
A Thusis s'installèrent bientôt des corporations de transporteurs, appelées «Porten». Les routes du Splügen et du San Bernardino facilitaient le trafic des marchandises avec l'Italie, ce qui permit à Thusis de conquérir une bonne place en qualité de centre de transports. Une nouvelle route par la Viamala a été construite en 1820–1823. L'ouverture du chemin de fer du Gothard en 1882 a causé une forte régression du trafic commercial par les routes de transit grisonnes. Lorsque les Chemins de fer rhétiques furent mis en exploitation, Thusis a été de 1896 à 1903 station terminale. Les voyageurs devaient y faire étape, passer la nuit et se faire transporter plus loin par des diligences attelées de chevaux, ce qui apporta une certaine activité aux habitants de la localité.
La circulation n'a pas laissé de traces à Thusis seulement, mais dans tout le Domleschg, où plusieurs ouvrages routiers et installations renforcées montrent l'importance de ce passage.

Lenzerheide/Lai–Parpaner Rothorn–Valbella

Aux alentours de Lenzerheide, les randonnées sont innombrables; en voici une qui conduit d'une très belle montagne offrant un intéressant point de vue, jusque dans la vallée, par de magnifiques chemins. L'itinéraire permet des variantes nombreuses pour allonger ou racourcir à son gré le parcours.

Route		Altitude	Temps
	Chemin de fer du Rothorn, station inférieure 🚡	1513 m	—
1	Parpaner Rothorn 🚡	2861 m	—
2	Gredigs Fürggli	2617 m	0 h 45
3	Urdenfürggli	2546 m	1 h 15
4	Alp Scharmoin	1922 m	2 h 15
5	Aua da Sanaspans (chute)	1826 m	3 h
6	Au-dessus de Crapera	1640 m	3 h 30
7	Chemin de fer du Rothorn, station inférieure 🚡	1513 m	4 h 15

Au Heidsee (Igl Lag) entre *Lenzerheide/Lai* et Valbella, se trouve la **station inférieure du chemin de fer du Rothorn:** c'est de là que le promeneur parvient sur les hauteurs du **Parpaner Rothorn.** On a de cet endroit une vue panoramique complète sur les montagnes grisonnes, et un regard en profondeur sur la vallée, avec les stations bien connues de Lenzerheide, Valbella, Parpan et Churwalden.

Plusieurs chemins conduisent vers la vallée: nous choisissons l'itinéraire le plus connu et le plus fréquenté pour descendre au nord vers le sommet arrondi du **Gredigs Fürggli.** A partir de là, nous cheminons tout au long du très beau chemin de crête, toujours varié, au pied du Parpaner Weisshorn, jusqu'à **Urdenfürggli.** Les parcours très fréquentés entre Lenzerheide et Arosa se déroulent par les deux Fürggli.

Au moyen-âge, on exploitait le fer dans de nombreuses mines, particulièrement au flanc de la chaîne de montagne dominant Arosa. On ne possède pas beaucoup d'indications sur l'importance de cette activité.

A partir d'Urdenfürggli, nous continuons notre randonnée en direction ouest, en montant vers les alpages très spacieux. Le parcours descend alors au sud pour se dérouler par *Motta* jusqu'à l'alpage de Scharmoin.

De parfaits modeleurs de paysages

La belle région entourant Lenzerheide doit son visage actuel au travail inlassable des forces de la nature. Le

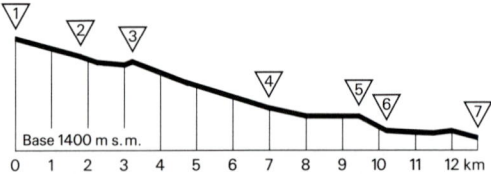

cours est du Rhin, venant du Julier, coulait autrefois par Lenzerheide vers Coire, et plus loin vers le lac de Constance. Les masses d'eau se creusèrent ensuite une voie dans la gorge de Schin (Schinschlucht) et se réunirent avec le Rhin de l'ouest. La région de Lenzerheide demeura à l'écart sur la hauteur. Plus tard, l'éboulement de Parpan changea une nouvelle fois l'aspect de la vallée et lui donna tout son charme. On découvre cette physionomie, paysage de collines et d'ondulations du terrain, au cours de la descente à l'**Alp Scharmoin**.

On descend de là par un chemin alpestre pour traverser au-dessous de la station intermédiaire le tracé du chemin de fer du Rothorn. Un court instant plus tard, un chemin de crête s'écarte vers la gauche et conduit par un replat parsemé d'éboulis, sous les rochers du Foil Cotschen, vers l'*alpage de Sanaspans*. A travers la forêt clairsemée, le parcours mène au pt 1826: en continuant par la gorge, on rejoint après une courte montée l'imposante **chute de l'Aua da Sanaspans**. Il faut reprendre le même chemin pour revenir au pt 1826. A cet endroit, le chemin oblique et descend en zigzag dans la forêt. **Au-dessus de Crapera**, on trouve un chemin forestier, à suivre par Gimeglia et Dieschen, jusqu'à la **station inférieure du chemin de fer du Rothorn**. Un bref parcours nous amène finalement à *Valbella* et directement à *Lenzerheide* par Crapera.

Itinéraire secondaire
Parpaner Rothorn–Alp Sanaspans–Lenzerheide 🚌 2 h 30

Autres descentes
Alp Scharmoin–Parpan 🚌 1 h
Alp Scharmoin–Station inférieure du chemin de fer du Rothorn 🚌🚠 1 h
Alp Scharmoin–Lenzerheide 🚌 1 h 15

Carte d'excursions pédestres
Prättigau–Albula

🏛 Le musée local de *Lai* présente entre autres une abondante documentation sur la naissance et l'histoire de Lenzerheide (Obervaz).

🏰 L'église catholique St-Luzius à *Lai* est déjà mentionnée en 1508. La construction actuelle, de style baroque, date de 1680. Les stalles, la chaire et le trône du célébrant sont artistement sculptés et enrichis d'incrustations.

🍴 Sur l'alpage de Scharmoin (télésiège) on fabrique au cours de l'été des fromages. L'alpage est aménagé en fromagerie de démonstration, où le visiteur peut jeter un regard sur les activités de bergeries.

🏠 Lenzerheide et Valbella, centres de sports d'hiver réputés et très fréquentés, offrent également beaucoup de possibilités de sports estivaux. L'Heidsee est particulièrement indiqué pour la natation, la voile, le surf; piscine de plein air à même le lac. Les stations disposent également de tennis couverts et en plein air, ainsi que de parcours VITA. On peut y pratiquer le vol delta – et même en apprendre la technique à deux avec un moniteur! – les excursions guidées à la découverte de la nature ou des traditions régionales, de même qu'en haute montagne.

Descente du Rothorn de Parpan, avec vue en face sur le Lenzerhorn. Le Rothorn de Parpan (Parpaner Rothorn) est en quelque sorte frère du Rothorn d'Arosa (Aroser Rothorn) tous les deux étant formés de la même roche. Leur nom provient des belles ardoises cristallines dont ils se composent. Ces ardoises sont les contreforts ouest de la nappe de Silvretta qui forme vers l'est un puissant prolongement de la région de l'Arlberg, jusque dans la Basse-Engadine. L'origine de ces ardoises nous reporte à des temps qui se mesurent en centaines de millions d'années, car la transformation ardoisière et cristalline – métamorphose des roches – à l'époque de la «jeune» formation des Alpes, a eu lieu par des roches du paléozoïque. La métamorphose a complètement transformé les vieilles roches, d'une certaine manière en les rajeunissant. Le Lenzerhorn, en revanche, est constitué de sédiments.

Lenzerheide

La Lenzerheide est comparable à un paysage de forêts et de prés, animé par un lac, le Heidsee. La région appartient à la circonscription politique de la commune d'Obervaz, lieu d'origine des nobles féodaux rhétiques les plus marquants, les seigneurs de Vaz. Leur dynastie a été florissante de 1160 à 1338 et a donné naissance à onze personnalités dont l'action a été déterminante. La grande voie de communication – l'Obere Strasse – qui reliait Coire à l'Italie par les cols du Julier et du Septimer passe par la région de la Lenzerheide. Le passage, déjà cité comme itinéraire militaire et postal dans le réseau des voies romaines, était l'une des composantes de la grande voie des armées conduisant de Milan à Augsburg. L'empereur allemand Otton le Grand, lors de son voyage en Italie en l'an 962, a confié la route du Septimer à l'évêque de Coire avec tous les droits jusqu'à Chiavenna. La réputation de l'évêché devait inciter de nombreux hauts dignitaires, tels l'empereur Frédéric Barberousse, à choisir (1158) l'«Obere Strasse» comme itinéraire. C'est en 1840 que la route actuelle par le Julier a été tracée, pour permettre aux diligences postales à grands attelages de passer par la Lenzerheide et le Julier pour rejoindre l'Engadine. Le courant touristique par la Lenzerheide prit dès lors un grand essor. Le trafic par le col, important pour cette région, devait cependant souffrir de l'ouverture, dès 1903, de la ligne de l'Albula sur le réseau des Chemins de fer rhétiques. Lorsqu'en 1926 le trafic automobile fut autorisé également dans les Grisons, le tourisme reprit un nouvel élan. La Lenzerheide est aujourd'hui station de vacances renommée par ses grands espaces de randonnées et de ski.

Par les crêtes, sans de trop grandes dénivellations, voici une randonnée à la fois variée, agréable et qui n'exige pas d'effort démesuré. Le parcours conduit par de très beaux alpages, des vallées plaisantes, et donne une impression des sites des Walser. Les larges espaces des pâturages subalpins effleurent dans la région de Davos et Klosters les cols qu'il ne faut pas perdre de vue pour d'autres excursions.

Arosa–Sapün–Langwies

Route	Altitude	Temps
1 Arosa	1739 m	–
2 Isel/Lac artificiel	1602 m	0 h 25
3 Furggenalp	1695 m	0 h 40
4 Tieja	2011 m	1 h 45
5 Medergen	1994 m	2 h 10
6 Chüpfer Alp (Seewjiboden)	2072 m	2 h 40
7 Chüpfen	1763 m	3 h 30
8 Sapün/Dörfji	1725 m	3 h 45
9 Langwies	1317 m	4 h 45

Au départ de la gare d'**Arosa**, nous cheminons en descendant à droite par l'Oberseeplatz puis l'Unterseestrasse jusque vers la plage de l'Untersee, partie inférieure du lac. A l'endroit où s'écoulent les eaux du lac, nous obliquons à gauche pour longer le chemin de forêt qui suit la voie des RhB – les Chemins de fer rhétiques – jusqu'au **lac artificiel d'Isel**. Nous franchissons le barrage pour monter à la **Furggenalp**. Après que de nombreux bourgeois d'Arosa eurent quitté la vallée, au 16e siècle, on mit en vente certains alpages et droits de pâture; c'est ainsi que la ville de Maienfeld devint propriétaire de la Furggenalp et de ses vastes pacages, jusqu'à la Furgga de Maienfeld. Le chemin conduit des alpages cultivés, en montant par les pâturages, jusqu'à la lisière de la forêt. A travers des bois clairsemés de sapins et de mélèzes, on monte par la pente de temps à autre escarpée, mais on découvre du même coup de beaux points de vue sur la vallée d'Arosa. Lorsqu'on a atteint les hauteurs, un chemin plat se déroule vers le *Chilchelitobel*: les efforts de l'ascension sont récompensés par une magnifique vue. Plusieurs villages des Walser sont visibles, et dans le lointain on reconnaît surtout le petit village de Strassberg, dans la vallée alpestre de Fondei.

Sur les traces des Walser

L'itinéraire s'étire plus loin, au-dessus de l'orée de la forêt. Après le franchissement du *Tiejerbach*, une courte montée conduit à l'alpage de **Tieja**. A travers des prés riches en fleurs et herbes odorantes, nous allons par Tschuggen à **Medergen**. On

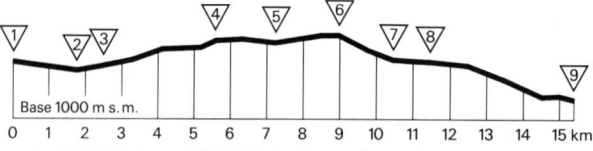

découvre de cet endroit les ravins du Schanfigg et la vallée du Rhin grisonne avec, en toile de fond, la Calanda. Medergen est une belle petite localité, avec anciennes maisons de bois et auberge accueillante.

Au départ de Medergen, le sentier monte doucement autour du sommet arrondi de Wangegg, jusqu'à **Chüpfer Alp,** pour se ramifier bientôt: à droite, montée par le Tritt à Davos (3 h), mais nous choisissons pour notre part de descendre dans le creux à gauche pour remonter aussitôt le long du chemin escarpé, jusque dans le *Chüpfer Tälli.* Le regard est captivé par les parois à pic qui ferment la vallée. Nous traversons tout au fond un ruisseau et cheminons vers **Chüpfen.** Pour qui est tenté par le détour par la petite *auberge Heimeli,* il faut éviter de descendre jusqu'aux maisons, mais suivre le balisage qui invite à monter dans l'ensellement tout proche.

Sapün avait au temps passé une situation privilégiée sur la route de Coire – par les cols de la Strela et de la Scaletta – dans le Vintschgau (Val Venosta) dont l'évêque de Coire était le seigneur et où il disposait de droits nombreux. On peut lire l'histoire de ces temps lointains sur un tableau explicatif à Dörfji.

Nous marchons sur l'ancien chemin d'attelages, à travers les pittoresques *hameaux de Sapün* de Chüpfen et par Schmitten à **Dörfji.** Plus loin que le hameau, l'itinéraire oblique à droite et conduit par les prés en direction de la vallée. A proximité des derniers greniers à foin, près d'*Eggen,* nous prenons le sentier qui descend sous bois et débouche de nouveau sur le chemin de charrois. Après une courte distance, nous parvenons au vieux pont de bois couvert, le *Sapünerstäg,* au confluent des deux ruisseaux provenant des vallées de Sapün et Fondei. Un petit bout de chemin encore et nous atteignons la route cantonale près d'une scierie. Le chemin oblique à droite et se déroule parallèlement à la route de Langwies. Après l'église, nous cheminons le long du ruisseau jusqu'à la gare des RhB, à **Langwies.** On voit de cet endroit le fameux viaduc qui s'élance en un arc puissant par-dessus la Plessur.

Bifurcations

Chüpfer Alp–Tritt–Letschüelfurgga–Davos Platz 2 h 50
Chüpfen/Sapün–Col de la Strela–Davos Platz/village 3 h 20

Itinéraires secondaires

Dörfji/Sapün–First–Strassberg–Langwies 2 h 15
pt 1373 (scierie avant Langwies)–Sunnenrüti–Litzirüti 45 min.
Langwies–Litzirüti–Arosa randonnée dans la vallée 2 h 15

Carte d'excursions pédestres
Arosa

Guide pédestre
Chur–Arosa–Lenzerheide

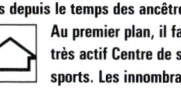 La modeste chapelle de montagne d'*Inner-Arosa* a été bâtie en 1492. Les concerts d'orgue à la lumière des chandelles, animés par l'organiste Hannes Meyer connu loin à la ronde, sont un morceau de choix.

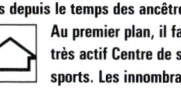 Un musée régional est installé dans la belle et vieille Egghus, à *Inner-Arosa.* On y a rassemblé tous les objets sauvés depuis le temps des ancêtres jusqu'à nos jours.

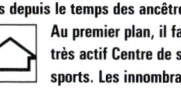 Au premier plan, il faut citer à Arosa le très actif Centre de santé, tourisme et sports. Les innombrables possibilités d'activités hivernales forment un tout avec les possibilités de distractions estivales très complètes: plage d'Untersee, aviron sur l'Obersee, piscines couvertes, équitation, golf, minigolf, parcours VITA, tennis de table, 22 courts de tennis publics couverts ou en plein air, randonnées guidées (tours en montagne, observation des animaux sauvages, exploitation minière, sentiers hivernaux, pistes de luge, randonnées en traîneaux, curling, randonnées à ski de fond et tant d'autres.

Sapün: Les anciens chants populaires naissent souvent autour d'historiettes très locales; toujours est-il que le «Sapünerlied», la chanson de Sapün, qui image les amours déçues d'une jeune fille, est liée à la signification technique, pour la circulation, du vieux pont couvert sur le ruisseau de Fondei (Sapünerstäg), entre Langwies et Sapün. «A mon amoureux qui revient par le pont de Sapün, je souhaite plein d'eau dans ses souliers: les gens murmurent qu'il en aime une autre, bonne chance à lui!» A l'image des deux autres vallées latérales de Fondei et Arosa, Sapün est peuplé de Walser, contrairement à la vallée principale rhéto-romanche du Schanfigg. Le paysage apparaît très différent: hameaux et fermes dispersés et isolés, plutôt que villages bien groupés comme dans le Schanfigg.

Arosa

Les premiers habitants d'Arosa étaient des Walser, venus de Davos par les cols au cours du 14e siècle. Une charte de 1336 confirme les revenus des seigneurs de Vaz sur le domaine dit «Araus». Arosa était, jusqu'au milieu du siècle dernier, partie de la commune de Davos. Au 16e siècle déjà, on avait assisté à un rapide dépeuplement: de nombreuses familles vendaient leurs maisons, pâturages et alpages pour émigrer. C'est ainsi que Coire et Maienfeld entrèrent en possession d'alpages étendus dans la région d'Arosa. Le minimum fut atteint aux alentours de 1850, lorsqu'Arosa ne comptait plus que 56 habitants.

La route du Schanfigg fut prolongée en 1875 jusqu'à Langwies et en été 1890 Arosa était également reliée par route. Le chemin de fer à voie étroite Coire–Arosa a été mis en activité en 1914. La construction a obligé à surmonter de nombreux obstacles, parmi lesquels la profonde gorge de la Plessur, sur laquelle on a jeté l'imposant viaduc de Langwies. Arosa devait alors se développer et, village agricole, devenir station d'altitude de renommée mondiale.

Aux 13e et 14e siècles, les Walser immigrants occupèrent de larges territoires alpins. Longtemps, les conditions de cette immigration restèrent peu claires, mais on sait aujourd'hui que les Walser provenaient du Haut-Valais et qu'ils ont quitté la vallée du Rhône pour cause de surpopulation. Seules les hautes vallées grisonnes, pauvres et aux hivers rigoureux, leur ont offert une terre où s'implanter librement. Gens consciencieux et travailleurs, ils ont obtenu des seigneurs féodaux des droits spéciaux, le droit des Walser, qui leur permit de défricher le sol et de l'exploiter pour leur propre compte. On se mit à construire maisons et étables au milieu des terrains concédés, ce qui facilitait leur mise en valeur tout en donnant un aspect caractéristique à la disposition de l'habitat.

Davos–Seehorn–Davos

La randonnée que voici ne dépasse pas la demi-journée, elle est agréable et offre sur les hauteurs une vue très attachante sur le paysage environnant Davos. L'absence de tout moyen de transport permet de goûter pleinement à la solitude montagnarde.

On peut recommander de gravir la montagne le matin, par le flanc sud et pierreux, avant la trop forte chaleur du jour; la randonnée s'achève ainsi à l'ombre, vers les rives du lac.

Route		Altitude	Temps
1 Davos Dorf	🚌 🚋	1560 m	—
2 Chaltboden		2119 m	1 h 45
3 Seehorn		2238 m	2 h 10
4 Alp Drussetscha		1759 m	3 h
5 Davos Dorf	🚌 🚋	1560 m	3 h 50

Au départ de la gare de **Davos Dorf**, nous suivons la Flüelastrasse jusqu'à la rue qui, à gauche, monte à l'home pour demandeurs d'asyle, à suivre une centaine de mètres avant d'obliquer à droite sur le chemin pédestre. Vers le *stand de tir*, nous commençons à monter, un peu plus rudement, à travers la forêt de pins très dense. Au premier virage, le risque existe de prendre à droite le mauvais chemin, qui dans un premier temps monte avant de se dérouler, presque au plat, dans la vallée de Flüela; pour notre part, nous bifurquons à gauche, pour monter encore dans la forêt. Nous arrivons ainsi à une clairière plane, afin d'atteindre – près d'une courbe prononcée à gauche – un petit bassin de fontaine, endroit où nous abandonnons le chemin forestier pour nous diriger vers la droite. Là, de bon matin, apparaissent de temps à autre cerfs et chevreuils; plus haut, dans les pierriers, on aperçoit parfois, avec un peu de chance, quelques chamois. Par la lisière de la forêt, où le sentier se perd, nous découvrons un gros bloc de pierre, que les chasseurs de la région nomment «Kanzel», et qui nous sert de repère. Pour rejoindre sans peine le **Chaltboden**, l'ensellement entre Seehorn et Hüreli, il faut guider ses pas à droite, jusqu'à l'endroit où les mélèzes se disputent le terrain.

Une cime sur un œil bleu

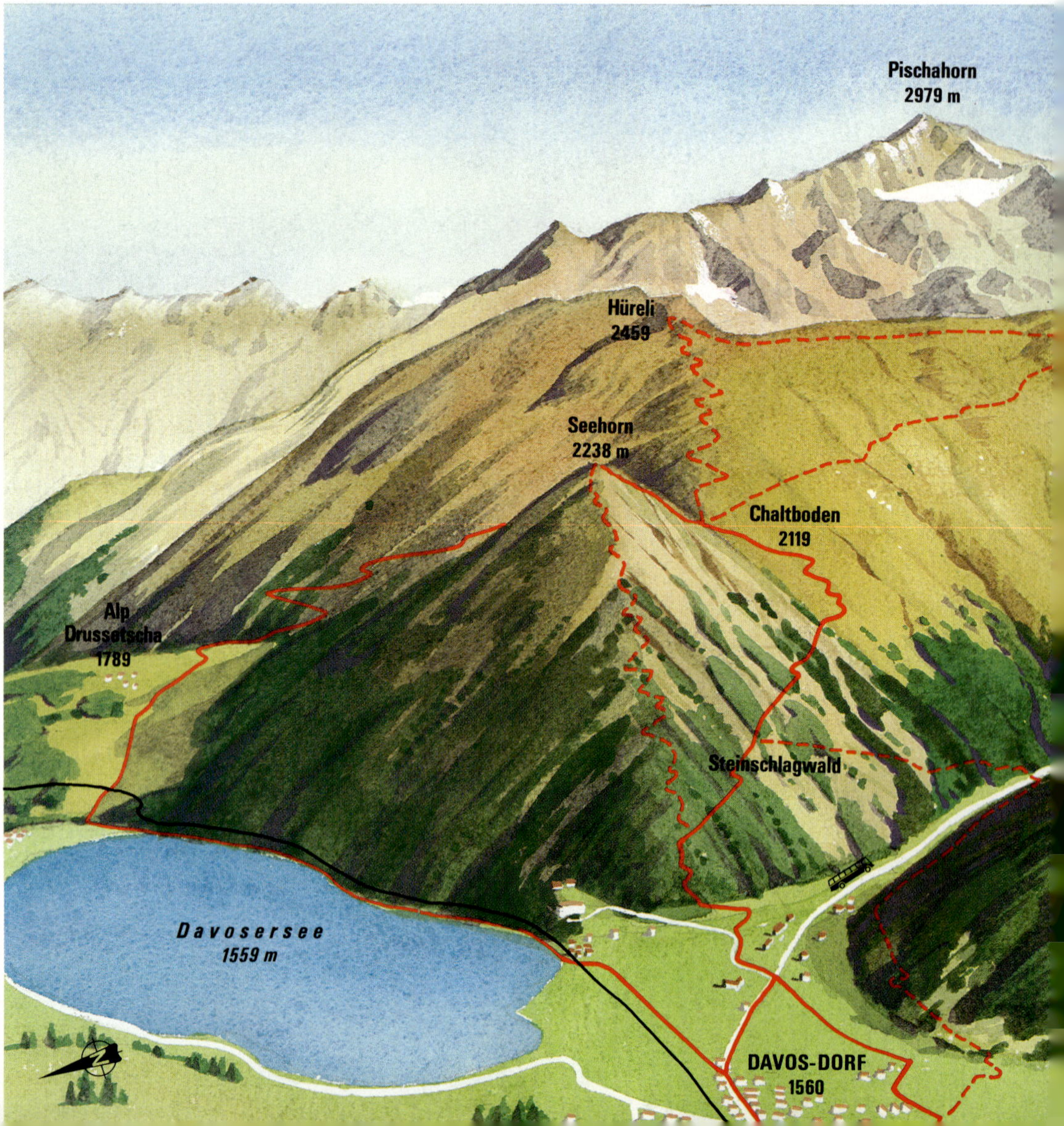

Pour atteindre le fier et altier **Seehorn** dans les meilleures conditions, nous quittons l'ensellement, d'abord en direction nord-ouest, puis sud-ouest, par un coteau montant et herbeux, dans lequel nous trouvons la trace d'un sentier. A part le flanc est, par lequel nous sommes montés, la montagne tombe presque à pic de tous côtés mais offre un regard admirable sur la vallée, et notamment sur

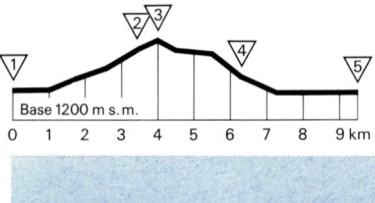

celui qu'on appelle «Œil bleu de Davos», le lac de Davos. Dans les rochers exposés au sud fleurit au printemps une rouge primevère visqueuse, la Primula viscosa.

Les bons montagnards peuvent aussi gagner le sommet par le saillant sud-ouest. Au-dessus du bassin de fontaine que nous avons déjà rencontré, un sentier peu marqué se détache du chemin forestier et conduit en pente bien marquée sous bois jusqu'à une paroi rocheuse, qu'il faut contourner par la droite. On atteint alors le sommet par l'arête, sur un sentier également peu apparent et par quelques marches taillées dans la roche. Du Seehorn, nous redescendons dans l'ensellement du *Chaltboden* et continuons notre randonnée en direction nord-ouest. Il faut longer le petit ruisseau en descendant vers les premiers mélèzes, par l'orée de la forêt, et de là maintenir cap au nord, par quelques petits bancs rocheux. Au flanc de la pente et en descendant légèrement, un sentier parcourt les étendues couvertes de rhododendrons; dans la forêt d'**Alp Drussetscha,** nous descendons directement aux loges à bétail. A l'endroit où nous rejoignons le plat de l'alpage, le sentier s'écarte à notre gauche, il longe le ruisselet de Drussetscha et descend par les prés d'Höhwald au *lac de Davos.* C'est par le chemin qui court sur la rive que nous rejoignons notre point de départ, **Davos Dorf.**

Itinéraires secondaires
Montée par l'arête sud-ouest, selon description ci-dessus 2 h
Davos Dorf 🚂 🚌 –Quartier de Bünden direction Dischmatal–Äbiwald–Waldji–Pedra/franchissement du ruisseau de Flüela–forêt d'éboulis et obliquer vers la route principale, 1 h 40.

Bifurcation
Une variante qui vaut la peine, à partir de la route, conduit du Chaltboden sur le Hüreli, et de là sans danger par la crête qui s'incline fortement dans le Mönchalptal, jusqu'à Mittertälli, la station supérieure du téléphérique de la Pischa 🚠 1 h 40.

 Le musée populaire de *Davos,* aux riches collections d'objets et ustensiles anciens, mérite une visite. Le Musée Kirchner montre un large aperçu de l'œuvre de l'artiste connu, E.-L. Kirchner, qui a vécu à Davos de 1917 à 1938, dont les sculptures sur bois très expressives sont aujourd'hui très recherchées. On peut voir au *Schmelzboden* le Bergbaumuseum, qui illustre l'exploitation des mines, les techniques minières, l'extraction de minerai de fer et d'argent dans la région.

Divers moyens de transport de montagne conduisent les amateurs de randonnées aux points de départ intéressants – Jakobshorn, Schatzalp, col de la Strela, Weissfluhjoch/Parsenn, Pischa, Rinerhorn. Des excursions sous conduite mènent dans diverses régions intéressantes au point de vue botanique. On trouve également, dans les programmes de l'Office du tourisme, des itinéraires qui permettent l'observation des animaux sauvages, des promenades circulaires autour de Davos et du lac de Davos, une randonnée à travers la gorge de Zügenschlucht.

Toutes les possibilités d'activités touristiques qu'on peut souhaiter existent à Davos, aussi bien en été qu'en hiver, à commencer par le grand Centre sportif, le Centre de tennis, piscine couverte et piscine de plein air, voile et surf sur le lac – régime des vents idéal – jusqu'aux deux patinoires et diverses installations de sports d'hiver.

Le Seehorn, bien exposé et aux pentes escarpées, permet de jeter un regard dégagé sur le lac et la haute vallée de Davos. Dans la profondeur, l'espace habité apparaît comme un paysage de maquette. Sur la pente opposée, apparaissent les influences de l'habitat et de l'exploitation du milieu naturel, à commencer par la forêt. Les grandes brèches dans la ceinture forestière ont rendu nécessaire la construction d'ouvrages de protection contre les avalanches – on les voit de loin – dans les pentes abruptes du Schiahorn (au centre de la photo) et plus haut du côté de la Weissfluh: c'est le moyen de contenir, à une altitude de plus de 200 m, la couche de neige des espaces où risquent de se détacher les avalanches. L'Institut fédéral pour l'étude de la neige et des avalanches, à Davos, a joué un rôle de pionnier dans la recherche sur les propriétés mécaniques et physiques de la couverture de neige. On élabore à cet endroit, depuis des décennies, une statistique pour l'ensemble de la Suisse concernant les accidents dûs aux avalanches et les causes de ces phénomènes.

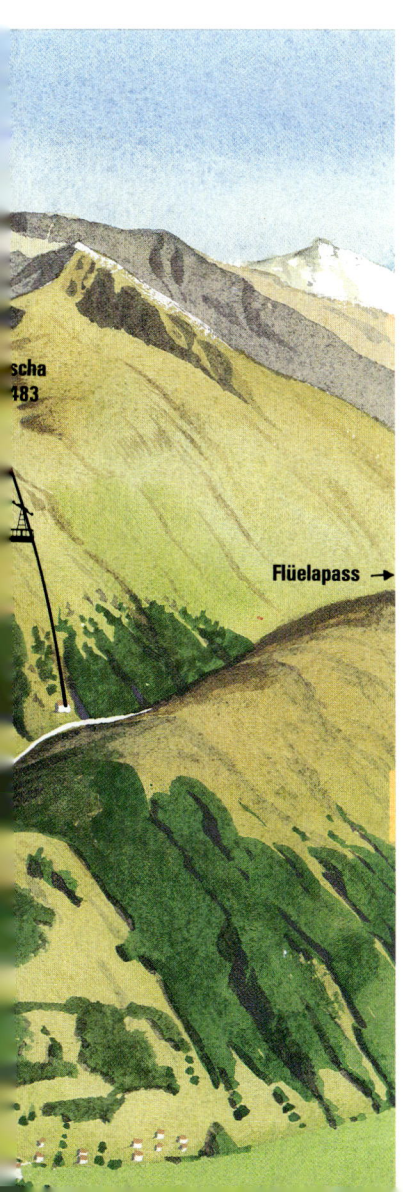

Davos

Davos, avec un territoire qui couvre 254 km², est une des communes les plus étendues de Suisse, plus vaste que le canton de Zoug tout entier. La ville, à 1560 m d'altitude, est ainsi la plus hautement située d'Europe. C'est à partir de 1870 seulement que le lieu s'est vraiment développé pour devenir station de vacances. A cette époque, on a construit de nombreux hôtels et pensions. La situation climatique favorable a suscité la création, au tournant du siècle, de plusieurs sanatoriums, dans lesquels on a combattu alors «l'ennemi n°1», la tuberculose. C'est dans un sanatorium de Davos qu'en 1948 on a utilisé pour la première fois avec succès la streptomycine pour le traitement de la tuberculose et de la méningite: un grand triomphe médical qui contribua à la disparition de cette maladie, véritable fléau populaire. Mais l'aspect curatif de Davos devait dès lors régresser; la mutation de la station de cure en centre de vacances, de sport et de congrès s'avérait indispensable, pour assurer les ressources économiques de Davos qui bénéficie aujourd'hui d'une renommée internationale en qualité de Centre alpin de congrès.

Plusieurs instituts scientifiques se sont implantés dans la région de Davos, par exemple l'Institut de recherches sur le climat d'altitude et la tuberculose, l'Observatoire physique et météorologique, le Laboratoire de chirurgie expérimentale, le Centre mondial de télécommunications et le très connu Institut fédéral de recherches sur la neige et les avalanches du Weissfluhjoch-Davos.

Davos abrite de nombreux bâtiments intéressants au point de vue architectural et historique, parmi lesquels l'église St-Johann aux lumineux vitraux d'Augusto Giacometti et celle de St-Théodule aux peintures murales de grande valeur, l'Hôtel de Ville avec sa remarquable grande salle – la «Grosse Stube» – fondé en 1634 par Jürg Jenatsch.

La région qui entoure Klosters propose un grand choix de randonnées. L'itinéraire que voici conduit par la romantique gorge du Stützbach aux pâturages élevés de Mönchalp et vers de splendides points de vue.

Klosters–Mönchalptal–Klosters

Route	Altitude	Temps
1 Klosters Platz 🚌	1191 m	—
2 Innersäss	1993 m	2 h 45
3 Hohliecht	2168 m	3 h 30
4 Selfranga	1230 m	5 h 30
5 Klosters Platz 🚌	1191 m	5 h 45

On quitte la gare de **Klosters Platz** en direction sud, pour franchir la Landquart et longer la route de Davos jusqu'au prochain virage, où elle se sépare. Le parcours grimpe entre maisons et granges, à travers champs et prés: nous gardons la gauche en direction du Stützbach pour aboutir au pont qu'il faut franchir et cheminer le long du ruisseau, à travers de très belles forêts de sapins. Au pont suivant, passant sur la rive gauche, nous pénétrons dans la *gorge romantique* où le Stützbach a creusé son chemin au fil des siècles. Le long des eaux écumantes, nous choisissons le sentier qui monte en lacets jusqu'à *Gründji* (pt 1438), belle clairière et place de pique-nique qui invite à un instant de repos. Notre randonnée se poursuit sur un chemin naturel qui mène par la clairière sur l'autre rive du ruisseau. Après un modeste parcours, le chemin oblique dans le *Mönchalptal* dans lequel nous suivons le cours du Mönchalpbach. On grimpe à la Mönchalp et jusqu'à la cabane d'**Innersäss** par les luxuriants pâturages. Le refuge est situé dans un creux de terrain, au pied du Gatschieferspitz au nord et du Pischahorn à l'est, dont le flanc limite la vallée au sud, vers la Flüela. De l'autre côté s'étend la fameuse région de ski de Pischa qui est reliée de la route de la Flüela par un téléphérique.

A proximité d'Innersäss, le sentier oblique au nord et par les spacieux pâturages conduit hors de la vallée. On monte en pente régulière à la cabane d'Innerberg (pt 2152) et par l'Usserberg au point de vue d'**Hohliecht**.

Le regard découvre alors une vue imposante: au fond de la vallée, les stations mondialement connues de Davos et de Klosters, à l'ouest les pentes des régions de ski non moins connues du Weissfluhjoch et de la Parsenn dominent le paysage.

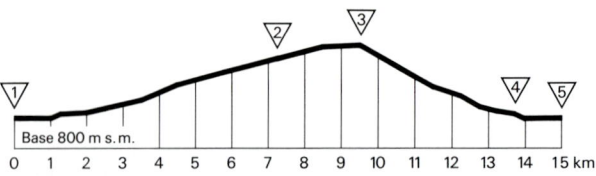

La région est en été un but d'excursions très apprécié, à cause des splendides regards qu'elle nous dévoile, et pour la variété des randonnées auxquelles elle nous invite.

Bois et tradition architecturale

La descente, toute en zigzags dans la pente escarpée, fait découvrir une belle vue sur Klosters et la région de Madrisa. Près d'*Ober-Gschwantenboden,* nous délaissons les pâturages fleuris afin de descendre dans la forêt clairsemée, d'abord sur un sentier très abrupt qui se fait petit à petit plus plat. Après la deuxième clairière, près d'*Unter-Gschwantenboden,* (pt 1594), le chemin tourne et descend dans le Bawald. Après une nouvelle boucle, nous parvenons à un bon chemin forestier, que nous suivons, jusqu'à la sortie du bois d'où nous découvrons une belle vue sur Klosters. La localité a une loi qui impose le bois comme matériau de construction: on a ainsi maintenu la tradition des Walser et conservé au village une belle harmonie et une belle unité architecturale.

Nous cheminons dès maintenant en direction ouest, par toute une série de granges à foin, pour arriver en peu de temps, avant le Stützbach, sur la route qui par Läusüggen et **Selfranga** nous ramène à **Klosters Platz.**

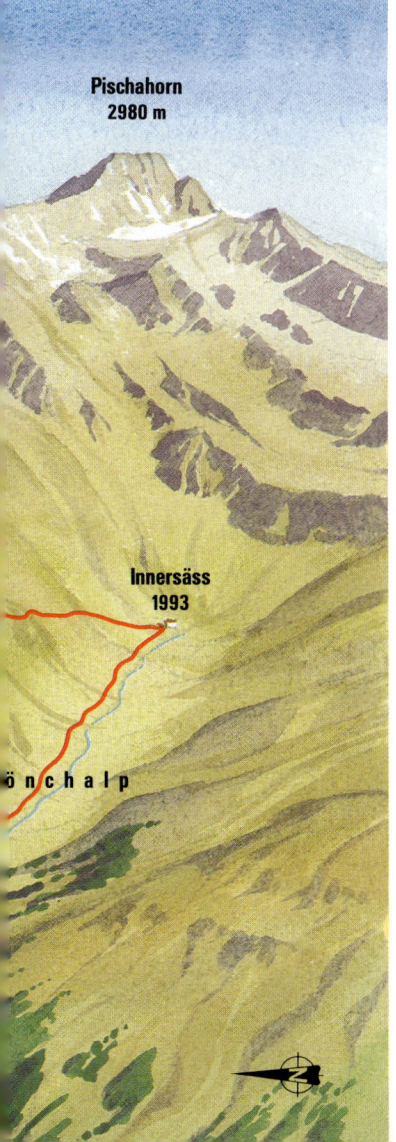

Guide pédestre
Landschaft Davos–Prättigau

Eglise réformée de Klosters: Les vitraux très colorés, sur le thème de l'Ancien Testament «L'échelle de Jacob», ornant les baies de style gothique tardif sont l'œuvre d'Augusto Giacometti (1877–1947) qui les a réalisés en 1928. Augusto, cousin au deuxième degré de Giovanni Giacometti dont le fils Alberto est devenu le sculpteur aux personnages allongés et minces qui ont acquis une renommée mondiale, est né à Stampa, dans le Bergell. Il a étudié à l'Ecole des arts et métiers (aujourd'hui Schule für Gestaltung) de Zurich, séjourné à Paris – où il obtint une médaille d'argent lors de l'Exposition universelle de 1900 – puis à Florence avant de s'établir définitivement à Zurich. Lorsqu'Augusto Giacometti réalisa les vitraux de Klosters, ils peignait depuis longtemps de manière abstraite; on pourrait même attribuer la paternité de l'art abstrait – qui selon la tradition commence en 1900 avec Kandinsky – à Augusto Giacometti, et cela à partir de 1898. Le Musée grison de Coire a organisé en 1981 une exposition rétrospective de l'œuvre d'Augusto Giacometti, sous le titre évocateur «Une vie pour la couleur».

Le téléphérique de Gotschna et la télécabine de Madrisa transportent vers de magnifiques points de vue dans de vastes régions de randonnées.

L'autobus local est gratuit pour les vacanciers de Klosters.

On peut se laisser transporter, par voitures attelées de chevaux, de Klosters jusque dans la vallée de la Vereina (Vereinatal). Pendant l'hiver, les traîneaux sont très appréciés. Les enfants sont des hôtes bienvenus à Klosters, où est organisé un programme spécialement conçu pour eux et qui leur propose des activités pendant toute la journée. Une kermesse pour les enfants a lieu chaque semaine à Madrisa.

Klosters offre à ses hôtes un programme de loisirs attrayant, avec randonnées guidées et excursions botaniques. Chaque semaine, à Monbiel, copieux déjeuner au jambon paysan.

Au Musée des traditions populaires dans le Nutli-Hüschi à *Klosters* se trouve une riche collection d'objets usuels.

L'église évangélique de *Klosters,* avec son clocher roman, date de l'époque de la construction du couvent. Le sanctuaire a été partiellement détruit en 1621 et restauré par la suite au cours de plusieurs étapes. La voûte en étoile dans le chœur, les vitraux chatoyants d'Augusto Giacometti, artiste originaire du Bergell, sont remarquables.

Klosters

Le Prättigau, où la station de vacances très connue de Klosters se situe dans le tiers supérieur de la vallée, a pris naissance et forme sous l'impulsion des glaces de la région de la Silvretta, à l'ère glaciaire. Le lieu est cité pour la première fois au commencement du 13e siècle, lorsque les religieux prémontrés de Churwalden dans le Prättigau fondèrent leur couvent, donnant ainsi à la localité son nom (Kloster en allemand = monastère). La région environnant Klosters a été colonisée au 14e siècle par les Walser, au temps où ils migraient pour chercher de nouveaux habitats. Le Prättigau ne devait pas avoir grande signification au moyen-âge, au point de vue des transports, car les chemins de transit partant de Coire vers le sud passaient par Davos à travers le Schanfigg. Au point de vue politique, la région de Klosters se rattacha à la Ligue des Dix, fondée en 1436 à Davos. Mais quand la juridiction de Klosters passa par la suite au duc Sigismond d'Autriche, la situation devint paradoxale: la région, membre de la libre contrée rhétique, était simultanément territoire sujet de l'Autriche. La conséquence fut que le Prättigau était sans cesse ravagé par des faits de guerre, mis à feu et à sang, événements qui ne prirent fin qu'en 1803, lorsque les Grisons entrèrent dans l'alliance fédérale. Au milieu du siècle passé, on a aménagé à travers le Prättigau la route de la vallée, qui amena la construction des premiers hôtels de Klosters. Le premier convoi de chemin de fer arriva en octobre 1889 à Klosters. La ligne Landquart–Klosters n'a été mise en service qu'après une année et demie de travaux, mais dès cet instant le village de paysans amorça son développement pour devenir station de vacances mondialement connue.

Scuol/Motta Naluns–Val Sinestra–Scuol

Randonnée de la station animée de Scuol jusque dans l'univers calme et réconfortant des montagnes. Itinéraire d'une journée sans difficultés. Regards magnifiques sur les Dolomites engadinoises et descente par le romantique Val Sinestra.

Route		Altitude	Temps
	Scuol	1286 m	—
1	Motta Naluns	2142 m	—
2	Fuorcla Champatsch	2730 m	2 h
3	Pra San Flurin	2035 m	3 h 15
4	Zuort	1711 m	4 h 15
5	Station de cure Val Sinestra	1524 m	5 h
6	Sent	1430 m	6 h 30
7	Scuol	1286 m	7 h 30

Au départ du téléphérique Scuol–Motta Naluns (station inférieure au nord-est de la gare de **Scuol**), nous nous laissons transporter à la station supérieure. A cet endroit, un somptueux coup d'œil se dévoile à notre regard, sur le fond de la vallée dominée par le château de Tarasp.

De la station supérieure **Motta Naluns,** nous suivons le chemin qui, sous le tracé des téléskis, conduit en montant à la Chamanna da Naluns. A proche distance de la cabane de skieurs, nous obliquons à droite de la route et cheminons sur le sentier presque plat qui se déroule dans la dépression de terrain du *Val Ruschna.* Nous croisons d'autres remontées mécaniques, signe que cette région est très appréciée pour les sports d'hiver. Par une très belle région de pâturages à la flore très diversifiée, nous marchons dans la large cuvette de *Campatsch.* Près de la station inférieure du téléski conduisant au Piz Champatsch, nous restons sur notre gauche et longeons le petit ruisseau alerte jusqu'à la source qui jaillit des éboulis. La végétation se fait de plus en plus rare, et les monceaux d'éboulis de serpentine, au pied du Piz Nair, remplissent la dépression. A travers les éboulis, nous montons pour atteindre l'ensellement du terrain, la **Fuorcla Champatsch,** entre le Piz Champatsch, à droite, et le Piz Nair, à gauche. Une descente très prononcée conduit ensuite de la Fuorcla, à travers des éboulis rougeâtres et scintillants: c'est de la serpen-

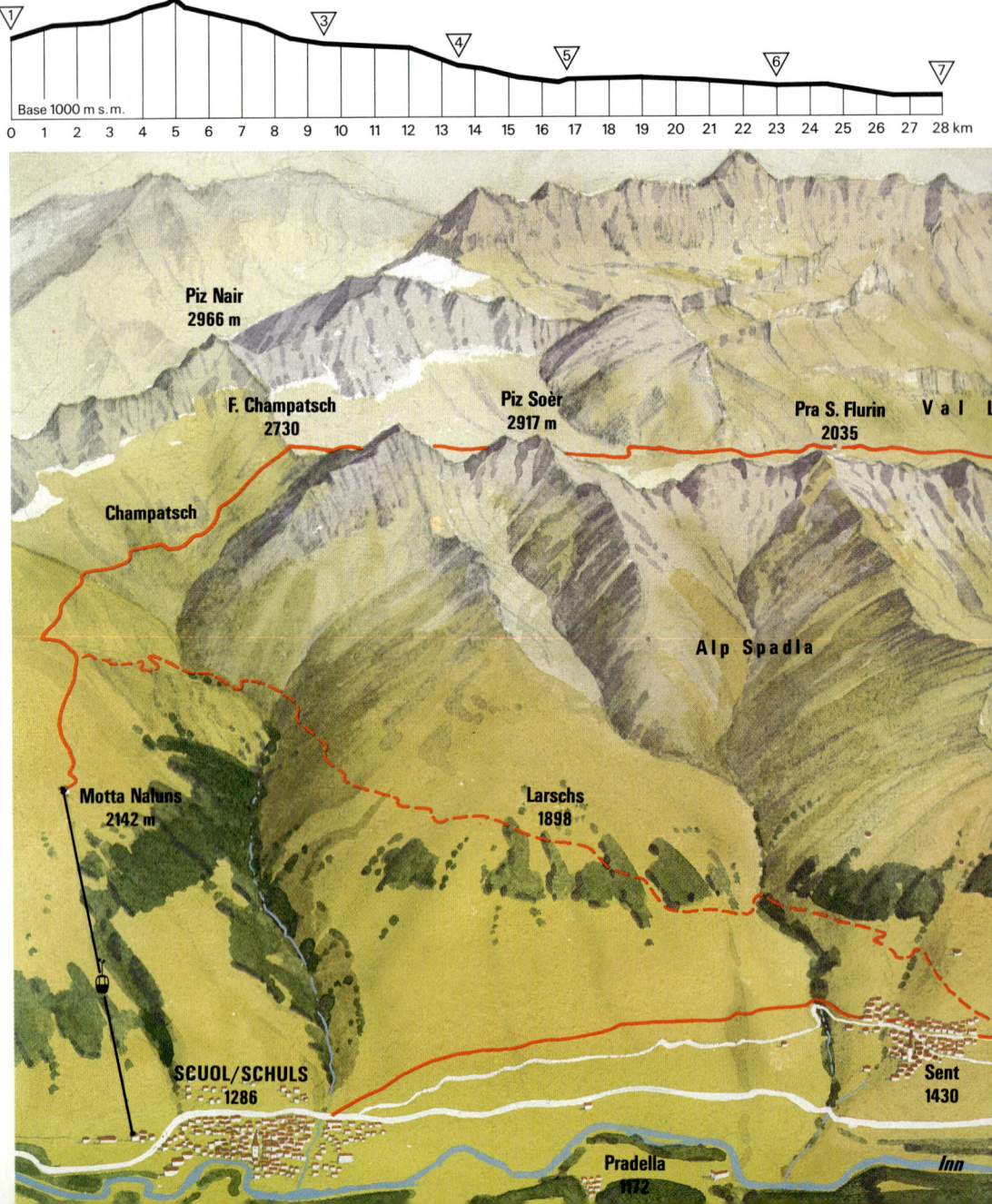

tine vert sombre qui se colore aux intempéries. Il faut observer le balisage blanc-rouge-blanc et le suivre pour descendre dans la cuvette de *Tiral.* Près de Plan Tiral, nous aboutissons à un sentier qui parcourt le vallon solitaire, déboisé et nu. Sans transition, entouré d'une végétation exubérante, nous suivons le sentier qui conduit en descendant à l'alpage de **Pra San Flurin.** Après cet alpage, nous longeons la route qui se déroule en décrivant un arc très large sur le flanc gauche du *Val Laver.* A la lisière de la forêt, le chemin se ramifie: à droite, il conduit dans la gorge et à travers le Val Sinestra, directement à Sent. Nous restons sur ce côté de la vallée et passons près des anciens bâtiments d'alpage, jusqu'à l'endroit où le chemin bifurque à droite et descend par une pente prononcée à travers la forêt.

Par *Charetsch Sot,* nous descendons à **Zuort,** où le randonneur affamé trouve une auberge sympathique, ouverte toute l'année et but apprécié d'excursions. On remarque au-dessus du ruisseau les *cheminées des fées* (pyramides de terre), appelées Chluchers en rhéto-romanche, c'est-à-dire clochers.

De Zuort, nous longeons le chemin carrossable avant d'obliquer à droite, pour parcourir la sauvage *Brancla.* L'itinéraire conduit tantôt sur la rive droite, tantôt sur la rive gauche du ruisseau, direction vallée. A proximité de l'ancienne **Station de cure Val Sinestra,** nous changeons de côté pour marcher au flanc droit de la vallée et monter jusqu'à la route. On utilise, à partir de l'ancienne Station de cure Val Sinestra, l'automobile postale qui conduit directement à Scuol. (Attention à l'horaire!) Le marcheur persévérant suit la route montante hors de la vallée. Au-dessus de la Brancla écumante, elle conduit par *Chavriz Pitschen* – embouchure du chemin direct du Val Laver – et par Jena, afin de sortir du Val Sinestra. La route tourne maintenant en direction sud-est, pour aboutir par les prés à **Sent.** A cet endroit, très beaux points de vue sur le flanc opposé de la vallée, avec le Val d'Uina. Dans le village de Sent, on admire de belles maisons engadinoises à pignons. Nous cheminons ensuite sur l'ancienne route de Sent, qui s'écarte de la route carrossable dans la partie ouest du village, pour rejoindre *Val da Muglins.* Nous descendons à **Scuol,** à travers des prés riches en fleurs et par Chauennas.

Bifurcations
Val Laver–Chavriz Pitschen 🚌 – Sent 🚌 2 h 40
Zuort–Vnà 🚌 1 h

**Carte d'excursions pédestres
Guide pédestre
Unterengadin**

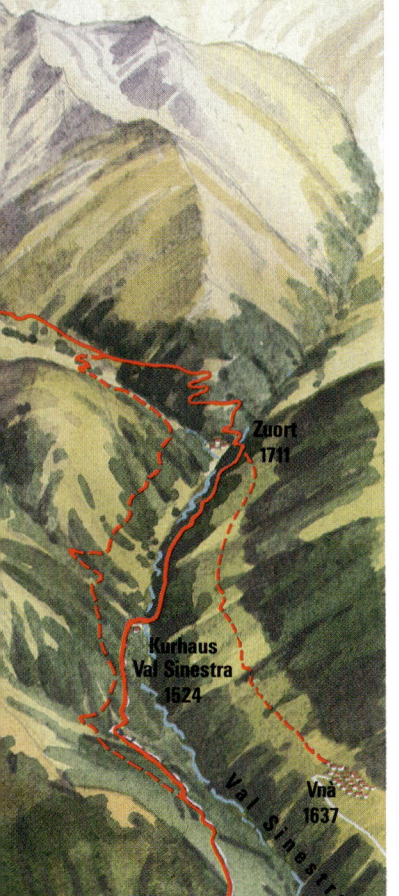

La ferme de Zuort: Willem Mengelberg (1871–1951), célèbre chef d'orchestre hollandais d'origine allemande, qui a dirigé pendant de nombreuses années le fameux «Amsterdamer Concertgebouworkest», a acquis en 1912 une parcelle de terrain achetée au propriétaire de la ferme de Zuort, dans le Val Sinestra. Lorsque le domaine était à vendre, en 1920, Mengelberg en devint possesseur et l'afferma au neveu de l'ancien propriétaire. Le terrain est aujourd'hui administré par la Fondation Willem Mengelberg. La ferme du 18e siècle (notre photo, aujourd'hui restaurant) a été décorée par Mengelberg au moyen de petits toits intégrés à la façade et de décorations en sgraffitte, tout d'influence tyrolienne.

Le château de *Tarasp* a été érigé au 11e siècle sur un éperon rocheux dominant la vallée, probablement par les seigneurs de Tarasp. C'est un des plus beaux édifices de la région alpestre, au passé historique riche en événements. La résidence est tombée en décrépitude à partir du 18e siècle, mais en 1907–1916 elle a été amplement restaurée. C'est aujourd'hui une propriété particulière. *Scuol* abrite beaucoup de maisons seigneuriales: la plupart ont été bâties au 17e siècle et laissent deviner l'influence autrichienne. Les belles places aux nombreuses fontaines, dont certaines laissent couler de l'eau minérale, méritent l'attention.

A *Scuol,* le Musée Engiadina Bassa possède une très riche collection d'objets et pièces illustrant la culture de la Basse-Engadine, un ancien moulin à grain et une galerie de mine reconstituée.

Scuol et ses environs sont renommés pour leurs bains et sources curatives. Piscines en plein air et piscines couvertes, ainsi que le centre thermal avec buvette d'eau minérale, sont ouverts aux hôtes de la station.

Les possibilités de promenade et d'excursion abondent dans la région de Scuol. Particulièrement recommandé: le Val S-charl, où l'église du 12e siècle, l'ancienne maison des écuyers, les vestiges de l'ancienne fonderie du hameau *S-charl* sont intéressants.

Scuol

La Basse-Engadine possède de nombreux villages et hameaux peuplés de belles maisons engadinoises. Les habitations sont embellies de décorations et versets artistement peints et gravés. Le village de Scuol est cité pour la première fois en 1095, à l'occasion de la fondation d'un couvent, transféré plus tard à Marienberg dans le Vintschgau (Monte Maria dans le Val Venosta). Mais Scuol était très tôt centre culturel, ce qu'atteste la création d'une imprimerie en 1661 déjà. C'est dans cette officine qu'a été imprimée en 1679 une bible en rhéto-romanche de Basse-Engadine, ouvrage qui est un chef-d'œuvre de l'art de l'imprimerie.

Le rhéto-romanche – parlé par la population rhétique romanisée – s'est développé comme les autres langues romanes à partir du latin. Le langage a englobé au début toute la région du sud des Alpes, des Grisons au Frioul; son unité a éclaté par l'intrusion de l'alémane à l'ouest et du dialecte bavarois à l'est.

Aujourd'hui, il existe encore trois régions romanches, dans le Frioul, les Dolomites et les Grisons. Au début du siècle, la langue rhéto-romanche semblait menacée: c'est pour en assurer la sauvegarde que fut créée en 1919 la Ligia Romontscha. Le rhéto-romanche a été reconnu comme quatrième langue nationale lors d'une votation populaire en 1938. Le premier pas était fait, mais le problème reste celui de l'usage, dans les Grisons, de cinq dialectes très différents les uns des autres. Avec la création d'une nouvelle langue écrite unique, le «Rumantsch Grischun», on a réussi à surmonter le fossé: la nouvelle langue s'implante toujours plus fort dans les administrations et moyens d'information, et on peut également l'étudier à l'Université.

Randonnée au Parc national suisse

Le fondateur du Parc national suisse, Paul Sarasin, écrivait en 1908: «Nous réaliserons une tentative grandiose, en maintenant une communauté de vie, semblable à celle que les Alpes ont vécues avant l'apparition de l'homme.»

Zernez–Val Cluozza–Vallun Chafuol

Route	Altitude	Temps
1 Zernez 🚂 🚌	1471 m	—
2 Prasüra	1789 m	1 h 15
3 Chamanna Cluozza	1882 m	3 h 15
4 Murtèr	2545 m	5 h 30
5 Plan Praspöl	1640 m	7 h 15
6 Vallun Chafuol 🚌	1766 m	7 h 45

Au départ de la gare, on traverse le village de **Zernez** en direction du Col de l'Ofen. Après le Musée du Parc national, on trouve à la sortie est du village le vieux pont de bois couvert sur le *Spöl*. Nous traversons le cours d'eau et cheminons à droite, à travers prés, pour monter à la lisière de la forêt. Un beau point de vue s'offre à nous sur la cuvette de Zernez et les montagnes environnantes. Un chemin oblique à gauche en forêt: nous le suivons en montant jusqu'au moment où il prend fin. Le chemin pédestre qui fait suite conduit dans la même direction, sur les hauteurs. On a bientôt un premier coup d'œil sur la région crevassée du *Val Cluozza*. A cet endroit, un monument de pierre rappelle la mémoire de Paul Sarasin, le précurseur de la protection de la nature et fondateur du Parc national suisse. Le chemin se déroule en plusieurs boucles par **Prasüra**, en montant le long de la limite du parc, avant que le parcours se déroule en totalité dans le Parc national. Lire attentivement les indications sur le panneau d'entrée et s'y conformer! C'est utile de se familiariser avec ces prescriptions qui régissent le Parc national, avant même de se mettre en route: le promeneur prudent et attentif aura la chance d'observer de nombreux groupes de fleurs et de plantes magnifiques, des animaux sauvages dans leur milieu naturel – les jumelles sont utiles – et d'intéressantes formations rocheuses et montagneuses. Nous atteignons bientôt les hauteurs, pour marcher le long de la pente aux nombreux bancs de rocher et descendre dans le Val Cluozza. Après avoir franchi un ruisseau cascadant, le parcours conduit en montant à **Chamanna Cluozza**, cachée par une éminence du terrain et bien protégée. A cet endroit, nous faisons à notre gré une halte, et nous

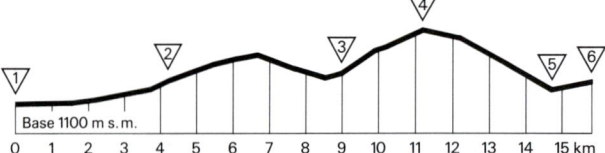

pouvons même passer la nuit, pour reprendre bien reposé notre chemin. Peu après la baraque Cluozza, le chemin se ramifie; à droite, il conduit par le Val Sassa jusqu'à S-chanf. Nous bifurquons, pour notre part, à gauche et nous longeons le sentier escarpé qui conduit sur les hauteurs, à travers les massifs de pins, une région de résidence idéale pour les cerfs.

Regard fascinant de la crête du Murtèr

Nous aurons tout loisir d'admirer les nombreux points de vue sur la descente qui conduit au Val Cluozza. Le chemin monte en étroits zigzags jusqu'aux puissantes parois rocheuses. Au-dessus de la lisière de la forêt, un sentier moins ardu conduit à droite, au pâturage de l'ancien *Alp Murtèr*. On a de là un coup d'œil imposant, qui ira grandissant jusqu'à l'arête du Murtèr. Tout au fond, le Val Cluozza se sépare en deux, pour former le Val Sassa et le Val dal Diavel. On ne peut pénétrer dans le Val dal Diavel (Vallée du Diable), région inhabitée, que dans un but de recherches. On est étonné, dans le Val Sassa, par la coulée de rochers qui semblable à une langue couvre le fond de la vallée. Parmi les montagnes environnantes, le Piz Quattervals mérite la mention: c'est le seul, sur la route du Val Cluozza, que l'on peut gravir dans le Parc national.

Nous montons par une colline herbeuse où gîtent des marmottes, jusqu'à l'arête du **Murtèr.** Il vaut la peine de prendre un moment de repos à cet endroit, pour contempler les nombreux sommets environnants. On a également la certitude d'observer des troupeaux de chamois ou de cerfs en train de paître. Nous descendons à présent en direction du Spöl jusqu'au Col de l'Ofen. Une vue magnifique sur le Val dal Spöl, la gorge du Spöl, se dévoile au regard dans la plaine *Plan dals Poms.* A Zernez, Pom signifie trolle, fleur qui a donné son nom à cet endroit. Le lac artificiel d'Ova Spin, des Forces électriques de l'Engadine, domine le paysage, et c'est par là que passe la circulation en direction du Col de l'Ofen. Sur les hauts qui dominent la gorge du Spöl, nous marchons à main droite en suivant le sentier qui descend en pente abrupte. L'allure prudente est de rigueur, pour éviter de fâcheuses glissades et chutes! Peu de temps nous sépare de la lisière: la randonnée conduit alors à travers une forêt aux allures de forêt vierge. On découvre avec étonnement de nombreuses espèces de champignons dans les sous-bois; d'innombrables genres d'oiseaux et d'animaux peuplent cette forêt de conte de fées. Le terrain se fait plus plat, et on se trouve tout à coup dans un pré odorant, **Plan Praspöl.** Nous cheminons à droite autour du pré, pour descendre vers le Spöl. Un solide pont nous permet de franchir la gorge impressionnante.

Nous gardons la direction gauche, nous bifurquons un peu plus tard à droite, le long du chemin qui traverse la forêt et monte à la route du Col de l'Ofen. C'est près de la halte d'automobiles postales de **Vallun Chafuol** (Place de parc 3, pt 1766) que nous rejoignons cette route.

Bifurcation
Chamanna Cluozza–Fuorcla Val Sassa–S-chanf 🚐 7 h 30

Carte d'excursions pédestres
Guide pédestre
Unterengadin

Chamois sur un reste de neige: Les ruminants parfaitement adaptés à la vie sur les hauteurs alpines vivent habituellement pendant l'été au-dessus de la limite forestière. Lorsque l'hiver apparaît, ils se mettent à l'abri des forêts subalpines de conifères, où ils trouvent leur pitance sous la couche de neige, avant tout dans les épais bois d'épicéas. A la lisière des forêts, les arbres plus clairsemés ne sont pas propices, par le fait que beaucoup de neige s'accumule dans les brèches. Au-dessus de la forêt, en revanche, les chamois trouvent de quoi brouter sur les crêtes balayées par les vents.

Au Musée du Parc national, à *Zernez*, on peut obtenir toutes les informations et la documentation sur le Parc national suisse. On y découvre des collections sur la flore, la faune, la géologie.

Zernez est un point de départ favorable pour les excursions dans le Parc national, en particulier dans le Val Cluozza et dans la région du col de l'Ofen. Ce milieu naturel splendide est visité avant tout pour l'observation d'animaux sauvages en liberté.

L'église réformée de *Zernez*, datant du 17e siècle, est décorée de belles stuccatures style baroque précoce et possède les plus anciennes orgues baroques des Grisons (1742), entourées d'un buffet richement ouvragé. On admire dans le chœur des peintures murales gothique tardif. Le château de Wildenberg, déjà mentionné au 13e siècle comme résidence des seigneurs Planta von Wildenberg, est aujourd'hui propriété de la commune de Zernez.

Le village de Zernez, mentionné pour la première fois en 1161 dans les documents historiques, est la commune la plus boisée des Grisons. Un incendie dévastateur a anéanti en 1872 la plupart des anciennes maisons engadinoises, dont quelques-unes seulement ont résisté. Parmi elles, l'église du 17e siècle, de style baroque précoce. A l'entrée du Parc national suisse, Zernez attire en été un important flot touristique. Les citoyens de la localité ont été enthousiasmés très tôt par le projet et se sont prononcés favorablement, le 2 novembre 1909, pour un bail sur les 21 km² du Val Cluozza, permettant ainsi la réalisation du parc, qui offre aux visiteurs un regard étonnant sur la diversité de la faune et de la flore, vivant dans un milieu commun sans subir les atteintes et agressions de l'homme. Le domaine s'étend aujourd'hui sur 168,7 km² et il est parcouru par un réseau de 80 km de chemins et sentiers, qu'il est interdit de quitter. L'homme n'est là que spectateur, qui doit respecter le cours de la nature, ne rien abandonner, ne rien emporter non plus!

Le Parc national suisse sert aussi à la recherche scientifique. On a ainsi déterminé jusqu'à aujourd'hui quelque 5000 espèces animales: environ 97% sont des invertébrés tels qu'insectes, araignées, vers et mollusques. Les animaux vertébrés sont représentés par 135 espèces, dont 30 mammifères tels qu'insectivores, chauves-souris, rongeurs, carnassiers et artiodactyles. L'effectif de cerfs et de chamois est demeuré stable; le bouquetin s'est de nouveau acclimaté au cours des années vingt. Le cerf trouve des conditions de vie idéales dans le parc où il se reproduit assez rapidement.

Les chercheurs ont découvert dans le Val Diavel, à 2180 m d'altitude, des empreintes de sauriens, celles d'un puissant reptile qui se déplaçait à deux pattes. Ces traces ont été laissées sur le fond de la mer des Wadden il y an environ 200 millions d'années.

Corviglia–Piz Nair–St. Moritz

Randonnée en montagne au parcours très varié, qui nous fait découvrir la diversité des paysages passant de la verdoyante région populeuse du haut vallon de l'Engadine aux sommets élevés et solitaires. Le parcours est aussi une occasion pour observer la flore, au bord des chemins, et pour admirer des hauteurs du Piz Nair un paysage étonnant.

Route	Altitude	Temps
1 Corviglia 🚠 🚡	2486 m	–
2 Lej Alv	2560 m	0 h 30
3 Fuorcla Schlattain	2873 m	1 h 40
4 Piz Nair 🚡	3057 m	2 h 25
5 Col de la Suvretta	2615 m	3 h 10
6 Alp Suvretta	2211 m	4 h 10
7 Signal 🚡	2110 m	4 h 45
8 Salastrains	2048 m	5 h
9 St. Moritz 🚠 🚌 🚂	1775 m	6 h

La station de montagne du chemin de fer de **Corviglia** n'est pas seulement une plaque tournante des sports d'hiver: c'est aussi le point de départ d'une très riche gamme de randonnées de montagne estivales. Au départ de Corviglia (rhéto-romanche pour choucas), on prend la direction nord-ouest, vers le téléphérique du Piz Nair, pour gagner le chemin qui traverse le tracé et qui monte en direction de la montagne. Après le troisième virage, un chemin oblique à droite, en pente douce vers la vallée. Le regard plonge sur le Val Saluver, les sommets marquants du Piz Saluver et du Piz Ot, les dentelures rocheuses de Las Trais Fluors. Au fond de la dépression, on aperçoit le **Lej Alv.** Nous franchissons le ruisseau de montagne idyllique et cascadant pour remonter son cours à travers le Val Valletta Schlattain. Dans la partie supérieure, la route conduit à travers éboulis et pierriers jusqu'à **Fuorcla Schlattain,** et finalement en redescendant dans la dépression de terrain, par le petit *Lej de la Pêsch.*

Piz Nair: sommet de rêve en Haute-Engadine

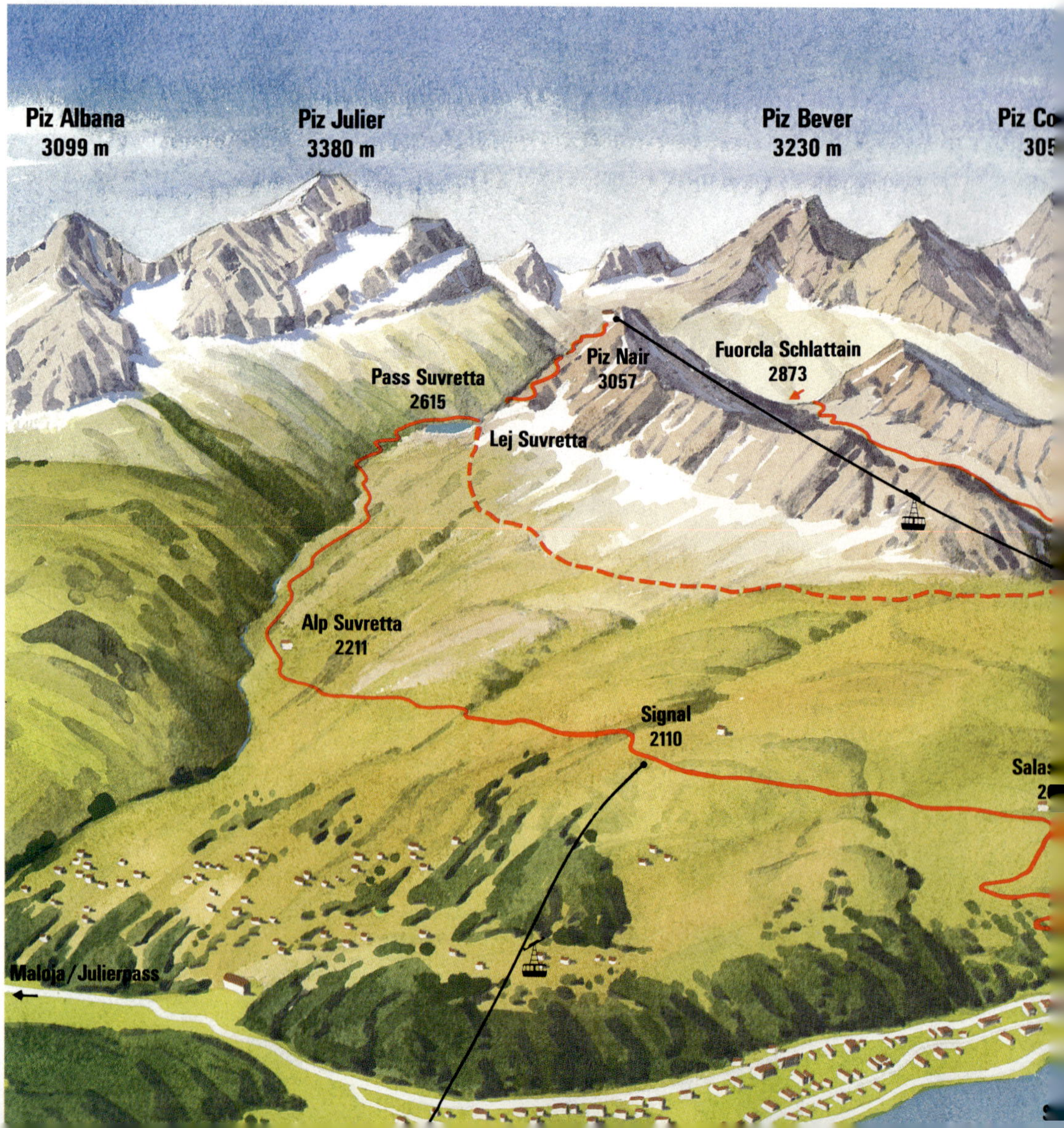

A partir de Fuorcla Schlattain, il serait possible de prendre un raccourci pour le Piz Nair, mais nous choisissons un meilleur itinéraire. A quelque 150 m du petit lac, le chemin obliquant brusquement à gauche en direction du **Piz Nair,** conduit plus haut sur un autre chemin par lequel nous atteignons la montagne du Col de la Suvretta. Là, il est possible de descendre directement au col, par la droite, mais le promeneur qui préfère les cimes continue de marcher en droite ligne pour parvenir par une

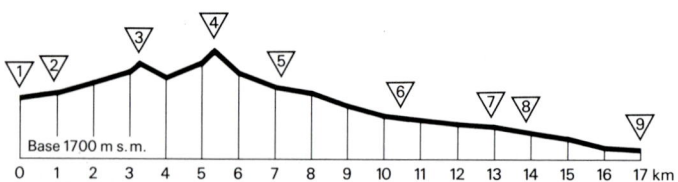

petite crête dans la large dépression du terrain, non loin au nord du Piz Nair. On atteint de là le sommet, par le large tracé des pistes de ski. Le coup d'œil est absolument irrésistible, au loin sur les profondes vallées, sur les montagnes environnantes, dominées par le puissant massif de la Bernina et les glaciers étincelants. Pour la descente, on refait le même parcours, avant de suivre le chemin en direction Lej Suvretta. A peu de distance du lac, nous obliquons à droite pour rallier en quelques minutes le **Col de la Suvretta**. Au nord s'ouvre le Val Suvretta da Samedan. Nous tournons vers le *Lej Suvretta*, où le Piz Bernina et le Piz Roseg se mirent dans toute leur splendeur. Le chemin, par la rive droite du lac, descend sur prés maigres. Nous franchissons une certaine différence d'altitude par des zigzags très pentus, après quoi le chemin évite les eaux de la fonte des neiges provenant de la région du Piz Güglia (Piz Julier), dont l'impressionnante pyramide rocheuse se dresse à notre gauche, au versant opposé de la vallée. Un joli sentier conduit à travers les pâturages en descendant du Val Suvretta da San Murezzan. La vallée est presque bouclée par un coin de moraine impressionnant, et l'Ova da Suvretta naissant est ainsi totalement rejeté vers le flanc de la vallée. A courte distance de ce paysage, le chemin bifurque à droite pour conduire à l'**Alp Suvretta**. Nous arrivons, par un bon et large chemin, qui se déroule dans les odorants prés et pâturages alpestres, jusqu'au **Signal** et à **Salastrains.** On découvre de là quelques magnifiques vues sur la région des lacs engadinois et les sommets alentour. Près de Salastrains (Zuberhütte), nous tournons à droite pour cheminer vers la Heidi-Hütte où le chemin oblique une fois encore, mais à gauche. Une belle voie naturelle conduit par la forêt d'arolles, en descendant jusqu'à la Via Tinus, au-dessus de St-Moritz. Nous la suivons jusqu'aux escaliers de la Via da l'Alp où nous descendons à la station inférieure du funiculaire de Chantarella. On atteint la gare ou le point de départ de l'automobile postale en traversant St-Moritz en direction du lac.

Bifurcation
Col de la Suvretta–Corviglia
1 h 20

Cartes d'excursions pédestres
Oberengadin
Oberengadin–Bergell

Guide pédestre
Oberengadin

Pionniers parmi les plantes: Le long du chemin, par les pentes et dépressions de terrain sur le flanc du Piz Nair, on découvre une flore spécialement bien adaptée à des conditions de vie difficiles. Dans les pierriers et les éboulis, certaines espèces trouvent moyen d'infiltrer leurs racines jusque dans la plus petite anfractuosité du terrain. Une forme typique de cette végétation, dans cette terre à tous vents, où l'ensoleillement d'altitude intensif et la sécheresse à la surface du sol peuvent être très grands, est représentée par la croissance de plantes aux feuilles charnues qui retiennent l'eau. Leur large dispersion, comme un manteau fleuri et leurs couleurs intenses et lumineuses contrastent avec les coteaux d'ardoise dénudés. La renoncule des glaciers bat le record des plantes à fleurs: on l'a même trouvée au Finsteraarhorn, à 4200 m au-dessus de la mer. L'observation des étages de végétation, aux diverses altitudes de la montagne est également frappante et passionnante.
Photo: Silène acaule.

 Au centre de St-Moritz, au-dessus du parking, se trouve la station inférieure du funiculaire de Chantarella et Corviglia. Téléphérique Corviglia (2486 m)–Piz Nair (station supérieure 3030 m). Un téléphérique circule également entre Signal (Alp Giop) et St-Moritz/Bad. Télésièges Suvretta–Randolins et Corviglia–Marguns.

 Les amateurs de planche à voile savent depuis longtemps que les lacs engadinois sont un véritable paradis pour ce sport, grâce aux vents fréquents et constants de la Maloja, et qu'ils attirent même en ces lieux des champions de niveau mondial.

 On peut réaliser à St-Moritz de nombreuses randonnées à pied faciles, par exemple autour du lac, par la forêt du Stazerwald au Lej da Staz, par le Suvretta-Hochweg, à partir de Corviglia, de St-Moritz/Bad à Surlej.

SP St-Moritz, deux fois Ville olympique (1928, 1948), offre à ses hôtes toutes les possibilités de sports, aussi bien en été qu'en hiver. La station dispose de nombreuses installations et de bâtiments faisant partie du Centre d'entraînement d'altitude. A Lej Alv, une composante de ce centre est formée par une piste finlandaise (2525 m).

 Deux musées spécifiquement engadinois à St-Moritz: au Musée Segantini, nous découvrons les œuvres du célèbre peintre, tandis que le Musée de l'Engadine expose tout ce qui touche au développement culturel de cette région.

St-Moritz et son église paroissiale sont mentionnés pour la première fois en 1139 dans les parchemins de l'histoire. Mais on sait que le site a été habité aux temps préhistoriques, comme le montre un captage de source datant de plus de 3000 ans. Les origines du St-Moritz moderne remontent à la deuxième moitié du 19e siècle, avec le fulgurant développement de la station de bains et de villégiature d'altitude, disposant de ses propres sources minérales. La construction du réseau des Chemins de fer rhétiques (Rhätische Bahn – RhB) en Engadine, de 1898 à 1904 (tunnel de l'Albula en 1908) a apporté à la région de St-Moritz une impulsion inattendue. Les prestations spéciales des Chemins de fer rhétiques, comme l'Express des glaciers et le nouveau Bernina-Express (depuis 1971) sont mondialement connues et ont placé St-Moritz au premier rang du tourisme. L'apport des Chemins de fer rhétiques a été d'autant plus considérable que les citoyens de ce canton, jusqu'en 1925, avaient toujours refusé le trafic automobile sur leur territoire! Les Jeux olympiques d'hiver de St-Moritz, en 1928 et 1948, ont affirmé son image de station hivernale. Parmi les meilleures publicités à l'étranger pour la station grisonne, on remarque avec étonnement un succès international du cinéma, «Heidi» réalisé en 1954. St-Moritz est de nos jours un centre de sports de premier plan, avec une multitude de possibilités, également pendant la saison estivale, comme les randonnées en canots (riverrafting) sur l'Inn, le ski d'été, les semaines internationales de golf ou la course d'été de l'Engadine. Une gamme étendue de belles et saines randonnées et excursions est mise en valeur par l'abonnement sportif pour simples courses – délivré dans les stations de chemins de fer de montagne, Chemins de fer rhétiques et PTT – qui donne également accès aux piscines de St-Moritz et de toute l'Engadine de même qu'à la patinoire artificielle de St-Moritz.

Parmi la grande variété d'excursions proposées par la Haute-Engadine, nous choisissons une des randonnées les plus riches en points de vue. Près de la Paradis-Hütte, on s'imagine au centre d'un gigantesque carrousel de glaciers. Le Schafberg dévoile, à Chamanna Segantini, un panorama étonnant.

Pontresina/Alp Languard – Chamanna Segantini

Route		Altitude	Temps
	Pontresina	1774 m	–
1	Alp Languard	2262 m	–
2	Chamanna Paradis	2540 m	1 h 30
3	Plaun da l'Esen	2730 m	2 h 30
4	Chamanna Segantini	2731 m	3 h 45

Du centre de **Pontresina,** nous marchons vers les limites est du village pour rejoindre, au-dessus de l'église Santa-Maria, le télésiège qui monte à l'**Alp Languard.** L'itinéraire commence près de la station supérieure; il faut redescendre de quelques pas pour prendre le chemin qui conduit au sud, et le suivre jusqu'au ruisseau.

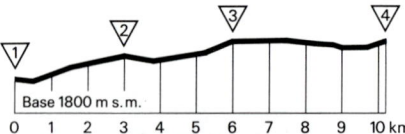

Après le franchissement de l'*Ovel da Languard,* nous obliquons à gauche pour traverser le deuxième cours du ruisseau. Le sentier montant conduit en zigzags sur le sommet de l'Alp Languard: on parvient en le suivant au pt 2387, paroi rocheuse tombant à pic au sud. L'itinéraire continue en montant par la crête moins escarpée et riche en points de vue, vers le **Chamanna Paradis.** Le moment d'effort est largement récompensé par la vue grandiose sur le groupe de la Bernina et ses pentes de neige et de glace. Le coup d'œil frappe par le Biancograt qui conduit au Piz Bernina. Les puissantes masses de glace descendent le long des pentes pour se rejoindre dans le Vadret da Morteratsch. La randonnée continue par une courte descente dans le Val Languard. Nous franchissons le ruisseau pour trouver le chemin qui oblique à gauche; nous longeons, sous les bancs rocheux, le sentier qui monte jusqu'au pt 2589 au flanc de l'*Ovel da Languard.* A cet endroit, nous rencontrons le chemin qui conduit à l'Alp Languard, que nous suivons jusqu'à **Plaun da l'Esen** (station équestre). Au temps où les chemins de fer de montagne n'existaient pas encore, on pouvait se faire transporter jusqu'à cet endroit à dos de cheval, d'âne ou de mulet, avant de finir à pied l'ascension vers le point de vue très fréquenté du Piz Languard.

A cet endroit, on oblique à gauche pour parcourir le *Steinbockweg,* le Chemin des bouquetins, qui, presque plat, conduit par la Costa dals

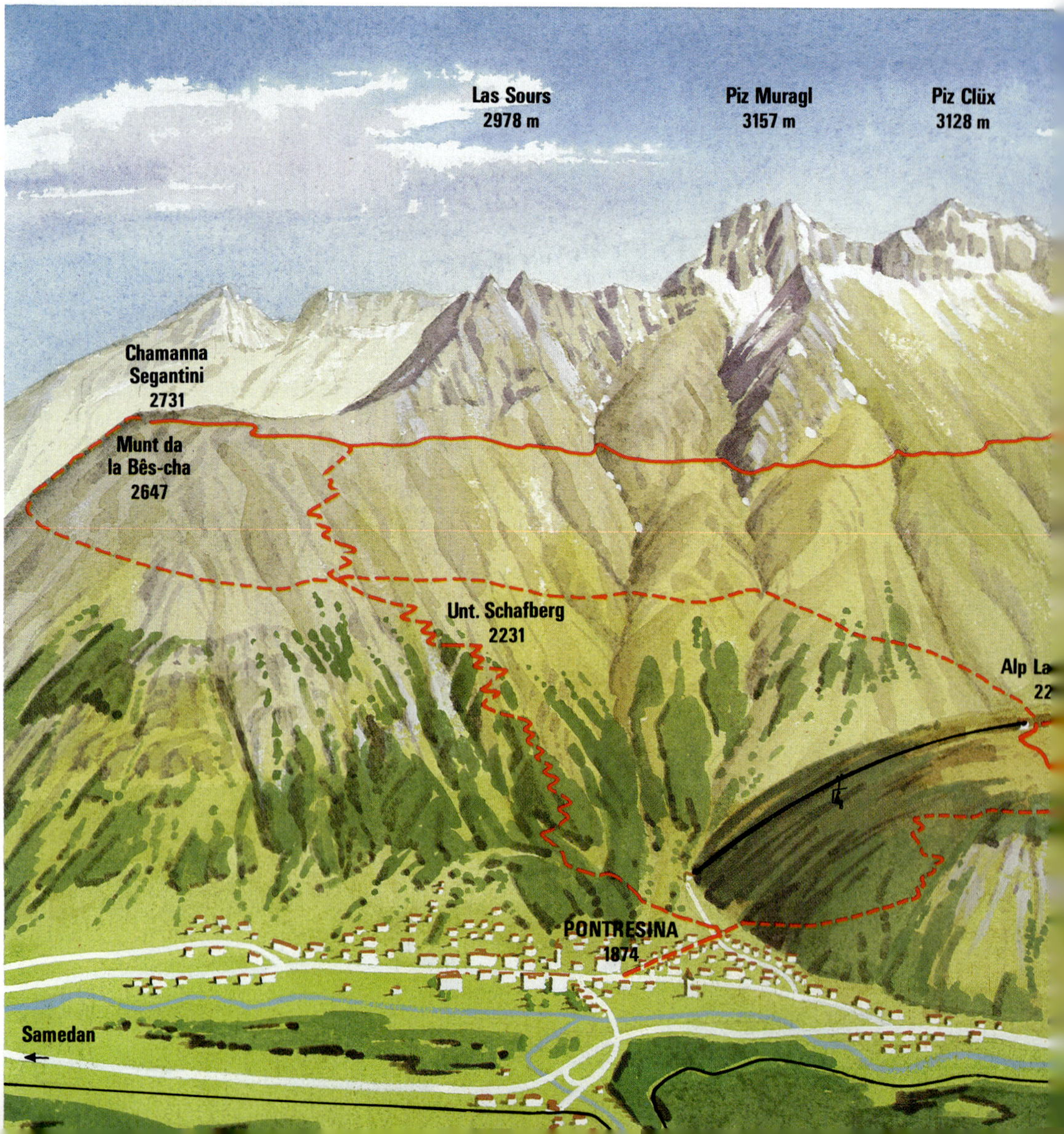

Süts vers la vallée. Les pentes abruptes du Piz Muragl et Las Sours offrent un milieu idéal aux chamois et bouquetins. L'observation de la faune et de la flore doit être faite debout, sans mouvements inutiles, et en prenant toutes précautions pour éviter une chute. Le bouquetin avait complètement disparu des Alpes suisses au 17e siècle. On l'a de nouveau acclimaté au 20e s. depuis le Gr. Paradiso italien et on le trouve à nouveau dans les Grisons depuis 1951. Autrefois, on capturait les bouquetins dans des trappes pour les transporter en d'autres endroits: on peut voir un de ces anciens pièges au-dessus du Steinbockweg.

Sur la trace de Giovanni Segantini

Au-dessous du pic montagneux de Las Sours, un sentier conduit à travers les nombreux ouvrages anti-avalanches: on doit parfois surmonter quelques passages étroits et abrupts, raison pour laquelle le Steinbockweg n'est recommandable qu'aux bons montagnards, qui ne connaissent pas le vertige. Après un kilomètre de marche, on a dépassé cette zone difficile, et on trouve le chemin qui, de l'Unterer Schafberg, conduit à la **Chamanna Segantini**. La cabane tire son nom du célèbre peintre Giovanni Segantini, qui mourut là de péritonite, alors qu'il travaillait au volet central de son triptyque «Werden – Sein – Vergehen» – «Harmonie de la vie – La nature – La mort». Mais le paysage qu'on découvre de ces hauteurs n'intéresse pas que les peintres. Le panorama circulaire s'étend du Col de la Bernina jusqu'au Col de la Flüela, en passant par Piz Palü, Piz Bernina, Piz Corvatsch, Piz Lunghin, Piz Julier, Piz Ot, Piz Kesch et Piz Grialetsch. Le Val Roseg s'étale au regard comme un livre ouvert. On ne peut pas tout décrire: il faut avoir contemplé et vécu cet étonnant spectacle!

Retour
Chamanna Segantini–Val Muragl–Muottas Muragl 1 h 15
Chamanna Segantini–Val Muragl–Alp Languard 2 h 15
Chamanna Segantini–Unterer Schafberg–Pontresina 2 h 15

Itinéraire secondaire
Plan da l'Esen–Alp Languard–Pontresina 2 h

Carte d'excursions pédestres
Oberengadin

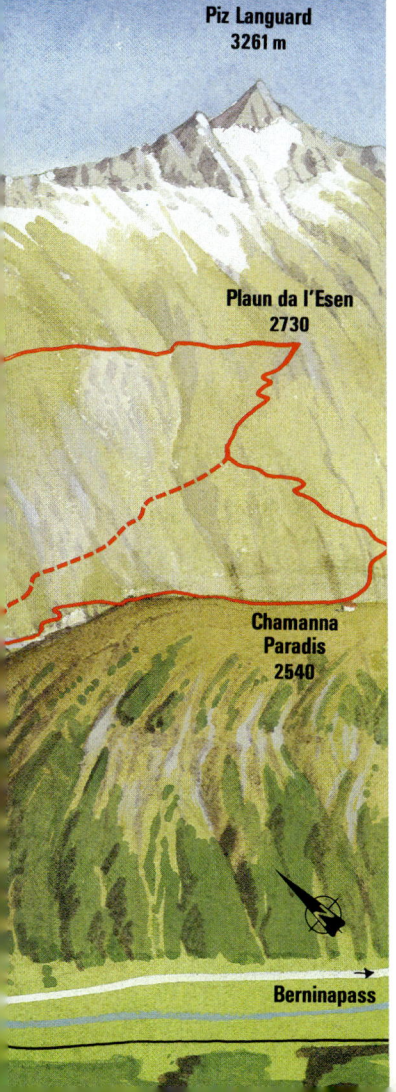

🏛 **Le Musée alpin de *Pontresina* montre une quantité d'objets et donne une foule d'informations sur l'histoire de l'alpinisme et du tourisme.**

🏰 **L'église Santa-Maria, sur les hauteurs de *Pontresina* – construite au 12e siècle et agrandie à la fin du 15e siècle – est célèbre pour ses peintures murales. L'église évangélique a été construite après l'incendie du village en 1618, sur l'emplacement d'une chapelle ancienne. Le clocher date du 19e siècle. Les chaires de bois et les fonts baptismaux de style gothique tardif sont remarquables. La tour pentagonale dite «Spaniolenturm», près de l'église Santa-Maria, a été érigée au 12e siècle et servait de résidence aux administrateurs de l'évêché, les seigneurs de Pontresina. On découvre dans le centre historique du village de nombreuses et belles maisons engadinoises. Le «Kronenhof-Bellavista» construit en 1857/1860, date des débuts de l'hôtellerie dans la région.**

ℹ **Une excursion en calèche dans le Val Roseg (circulation automobile interdite) est une aventure particulièrement enrichissante.**

Sur le chemin de Muragl à l'Alp Languard: On traverse la pente sud-ouest et se réjouit de l'impressionnante forme du Piz Palü à l'arrière-plan. Au cours d'une randonnée aux abords de la limite des forêts, on remarque dans la pente fortement exposée au soleil la limite forestière extraordinairement élevée, jusqu'à 2300 m d'altitude: elle n'est cependant perceptible que par endroits, à cause de l'extension des pâturages. A l'image d'autres régions intérieures des Alpes, c'est surtout la forêt montagneuse supérieure qui frappe le regard, par le contraste pittoresque entre le vert clair des mélèzes, jaune-or en automne, et le vert profond et intense des arolles et des épicéas. Dans la forêt montagneuse aérée, quelques associations de fleurs très dépendantes des conditions de croissance locales, se sont agglomérées à des buissons nains.

Pontresina

**La station de vacances réputée de Pontresina apparaît en 1139 dans les documents historiques. L'endroit avait déjà son importance pendant le moyen-âge, en qualité de résidence des seigneurs de Pontresina, qui tenaient la charge de chanceliers épiscopaux. La situation privilégiée de l'endroit, au point de vue communication vers le col de la Bernina, procurait une activité aux habitants, comme conducteurs d'attelages et dans l'entretien des chemins conduisant de la Valteline dans l'Engadine. On voit à Pontresina d'intéressants châteaux et de belles maisons paysannes qui ont été construits après le grand incendie du village en 1718. On peut admirer surtout l'église Santa-Maria, sur les hauteurs dominant la localité. L'intérieur du sanctuaire est de grande valeur artistique, avec son plafond de bois peint et sculpté portant le millésime 1497. On a découvert sur les murs des peintures de deux époques, roman tardif daté de 1230 et une couche richement colorée portant la date de 1495. Grâce à des techniques très au point, on a réussi à détacher quelques pans de la couche la plus ancienne et à les fixer sur la paroi nord où les fresques avaient été détériorées par l'humidité.
Dans le cimetière de l'église Santa-Maria repose le chasseur le plus célèbre de toute l'Engadine, Gian Marchet Colani. Au cours de cinquante années de chasses – il est mort en 1837 – il a abattu 2700 chamois, 2 ours, 2 loups, 2 cerfs, quelques aigles et gypaètes barbus. Colani était un habile artisan, serrurier, armurier, guérisseur et hôtelier; il exerçait en plus la culture des champs, sur son alpage d'Acla Colani, dans le Val Roseg. L'homme était un original, au tempérament fougueux: aucune autre figure de l'Engadine n'a passionné autant l'imagination populaire. Le personnage a été immortalisé par J. C. Heer dans son récit intitulé «Roi de la Bernina».**

Ospizio Bernina–Alp Grüm–Poschiavo

Randonnée aux nombreux points de vue, du Col de la Bernina à la Vallée de Poschiavo

Le parcours conduit par l'ancienne route du col de la Bernina dans la pittoresque petite cité de Poschiavo. Une multitude de plantes et fleurs parsèment le chemin, sur lequel nous découvrons une vue admirable.

Route		Altitude	Temps
1	Ospizio Bernina	2253 m	–
2	Scala	2243 m	0 h 40
3	Sassal Mason	2355 m	1 h 15
4	Alp Grüm	2091 m	2 h 15
5	Cavaglia	1693 m	3 h 15
6	Cadera	1383 m	4 h 10
7	Poschiavo	1014 m	5 h

Autrefois, le *Lago bianco* était formé de deux lacs. L'écoulement des eaux du lac de la Bernina devait se frayer un passage au sud, entre les rochers, à travers des gorges encaissées, avant de se libérer dans le Lago della Scala, riche en baies et îles et de s'épancher enfin dans le Val da Pila. Le Lago bianco est aujourd'hui contenu des deux côtés par des barrages. Les 18 millions de mètres cubes d'eau sont utilisés par les Forces motrices de Brusio.

Au départ de la station **Ospizio Bernina,** nous marchons pendant une centaine de mètres en direction sud, le long de la voie ferrée pour atteindre, par un sentier légèrement montant, le chemin de notre randonnée. Nous cheminons sur la rive gauche du lac jusqu'à **Scala,** le barrage à l'extrémité sud du lac. Près de là, nous découvrons une belle vue sur le glacier de Cambrena et sur la pente de la Bernina. Le chemin monte de Scala jusqu'au merveilleux point de vue de **Sassal Mason**: un coup d'œil magnifique s'offre au regard, qui vagabonde sur les nombreux sommets des montagnes de la Vallée de Poschiavo, et dans le lointain sur les Alpes bergamasques.

Flore superbe

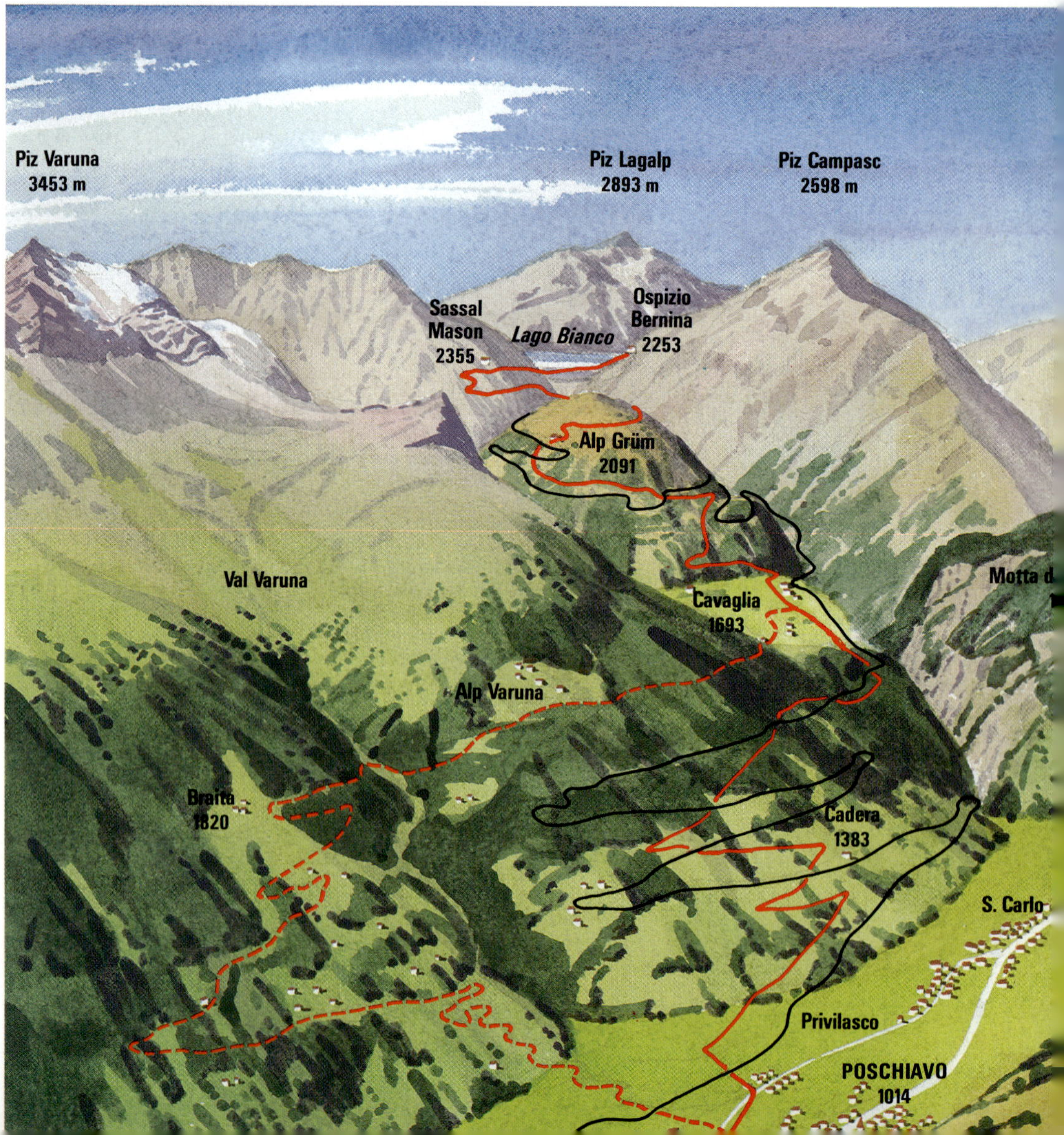

Les maisonnettes rondes sont construites en pierres sèches et servent de cave à lait et garde-manger. La montée épouse la pente, d'abord vers le glacier du Palü, dans un terrain où le promeneur attentif découvre de très beaux spécimens de flore alpine. Nous parcourons le chemin qui descend par un large arc de cercle dans la dépression de terrain et traverse la voie des Chemins de fer rhétiques, avant d'atteindre un léger ensellement. A cet endroit, près de *Mot,* nous avons très belle vue sur le Val da Pila et sur la ligne des sommets avec

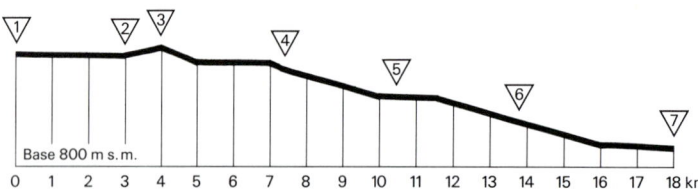

le Piz Campasc et la Corn da Prairol. Nous marchons assez haut, au-dessus du Val Pila, à travers des forêts de mélèzes clairsemées et dans les parterres de rhododendrons, en direction d'Alp Grüm. Là encore, magnifique vue: la Vallée de Poschiavo toute entière s'étale devant nous. Après une brève descente, nous arrivons à la station d'**Alp Grüm**; une fois de plus la vue est splendide, sur le puissant glacier du Palü, encadré au sud par le Piz Varuna, au nord par les Piz Palü et Piz Cambrena. La descente commence au sud de la station, avant le *jardin alpin.* Le lac Palü scintille entre les mélèzes. Nous suivons le chemin qui de La Dota descend à **Cavaglia**. A comparer avec le temps du grand trafic des marchandises, la vallée est aujourd'hui très calme: autrefois, 250 à 300 bêtes de somme franchissaient chaque semaine le col et leur nombre doublait au moment des transports de vin. La randonnée nous conduit par la station du chemin de fer à *Puntalta,* où nous découvrons la profonde gorge que le glacier a formée par un long travail d'usure. A partir de Puntalta, nous cheminons dans la forêt ombragée vers **Cadera**. Le parcours continue par des mayens et révèle de beaux points de vue sur la vallée, avec San Carlo, Poschiavo et le lac de Poschiavo. La fin de la randonnée se déroule sur un chemin de forêt, pour descendre de Cadera à Martin et finalement à **Poschiavo.**

Bifurcations
De Scala, descente directe à Alp Grüm.

Scala–Mot–Alp Grüm 25 min.
De Mot, descente par le refuge à gibier du Val da Pila.
Mot–Lagh da l'Ombra 1994 m– Val da Pila–Cavaglia 1 h 15
De Mot au Lagh da l'Ombra et au point de vue de Prairol.
Mot–Lagh da l'Ombra 1994 m– Prairol 1980 m–Puntalta 2 h 10

Cartes d'excursions pédestres
Poschiavo
Oberengadin

Guide pédestre
Poschiavo

 Bernina-Express: Le parcours Coire–Vallée de l'Albula–Pontresina–Col de la Bernina–Poschiavo–Tirano, à bord des Chemins de fer rhétiques, est une véritable attraction touristique riche en découvertes.

 Un Musée régional (Museo vallerano poschiavino) a été aménagé dans le Palazzo Mengotti, datant du 17e siècle. On y admire une très riche collection d'objets familiers illustrant la vie quotidienne des habitants de la vallée.

 Aux limites sud de Poschiavo s'étend ce qu'on appelle le «quartier espagnol» – le «Spaniolenviertel», construit vers 1830 par un groupe d'habitants de Poschiavo qui après une émigration en Espagne sont revenus au pays. C'est un ensemble coloré, aux maisons parfois polygonales, avec des éléments architecturaux de style mauresque. Pour les églises de Poschiavo, voir le texte marginal à droite, «La Vallée de Poschiavo».

Le Chemin de fer de la Bernina: La ligne de la Bernina, qui relie la Haute-Engadine à la Vallée de Poschiavo et à la Valteline italienne, est un remarquable moyen de transport touristique: il devrait être l'un des rares au monde qu'on n'a pas utilisé uniquement pour gagner un but précis, mais pour le plaisir du voyage en soi. Sur une distance de 61 km, la nature offre des contrastes d'une beauté unique, qui vont des sommets gigantesques du groupe de la Bernina – glaces et neiges éternelles – aux forêts de châtaigniers et aux vignes de la Vallée de Poschiavo. La ligne de la Bernina est le plus haut chemin de fer sans crémaillère et en plus le seul tracé qui ne franchit aucun tunnel de faîte mais conduit, tout au long de son parcours, à ciel ouvert à travers les Alpes. Le chemin de fer parcourt un itinéraire plus direct que la route du col de la Bernina au sud: il longe le Lago bianco et de l'Alp Grüm rejoint en de nombreuses courbes Poschiavo, où il retrouve la route de la Bernina (photo: train historique).

La Vallée de Poschiavo

Le paysage de la Vallée de Poschiavo doit son charme à sa disposition étagée: c'est l'éboulement préhistorique de Miralago qui a créé et modelé le fond de la vallée. Dans un rayon de 20 km, le voyageur découvre aussi bien les neiges éternelles du col de la Bernina que les châtaigniers de Brusio et les vignes de la Valteline italienne. Bien que la Vallée de Poschiavo ait été englobée dans l'empire romain – ses habitants avaient les droits des citoyens romains – le col de la Bernina n'était d'aucune importance stratégique. On l'utilisait en revanche activement pour le transport des marchandises. La route actuelle de la Bernina par la Rösa a été réalisée de 1847 à 1865 par le génial constructeur La Nicca. C'est grâce à cette route que se développa le transport par diligences et malles-poste, et c'est elle aussi qui dynamisa les premières activités touristiques dans la Vallée de Poschiavo (établissement de cure Le Prese). Le Chemin de fer de la Bernina, construit entre 1906 et 1910, a donné une grande impulsion à la Vallée de Poschiavo, notamment au tourisme qui prit dès lors un véritable essor.

Plusieurs églises de la Vallée de Poschiavo méritent d'être visitées. A San Carlo, on peut admirer dans l'église paroissiale de magnifiques peintures murales et dans la chapelle de la Passion des statues de bois. Le sanctuaire probablement le plus ancien de la vallée, la chapelle San Pietro de Poschiavo, est décoré dans son abside de fresques datées de 1538. La collégiale San Vittore, à Poschiavo également, possède un très beau clocher roman, et l'église réformée de ce lieu impressionne par son intérieur sobre. Au sud de Poschiavo, sur une éminence, se trouve l'église Santa Maria qui est considérée comme une des plus beaux sanctuaires baroques de Suisse. Les orgues baroques de l'église réformée de Brusio, datant de 1786, sont remarquables par leurs boiseries sculptées.

«La Panoramica»: le célèbre parcours panoramique de Casaccia à Soglio est l'un des plus intéressants chemins de crête. On parcourt toute une région de paysages changeants au sud de la Suisse. Les Romains appréciaient déjà cet itinéraire à travers la belle vallée de montagne.

Casaccia–Roticcio–Soglio

Route	Altitude	Temps
1 Casaccia 🚌	1458 m	–
2 Roticcio	1268 m	1 h
3 Durbegia	1410 m	2 h
4 Parlongh	1274 m	3 h 45
5 Soglio 🚌	1097 m	5 h

Voici une randonnée facile sur les crêtes: elle conduit sur le flanc droit de la vallée jusqu'en bas, à Soglio, par l'intéressant et historique Val Bregaglia. On quitte **Casaccia** par un chemin parallèle à la route du col de la Maloja, en direction vallée à travers les prés. A proche distance du point où deux rivières se rejoignent – la Maira qui vient du Val Maroz, l'Orlegna qui coule du Val Forno – nous franchissons le pont. Le parcours conduit le long de la Maira, sur le versant droit de la vallée, pour gagner un petit *lac artificiel* près de Löbbia. On utilise dans la centrale électrique de Löbbia l'eau accumulée du Lägh de l'Albigna, avant de la faire refluer par des conduites à une autre centrale proche de Castegna. A travers la forêt mêlée et les prés, le chemin conduit des maisons de Barga au hameau ensoleillé de **Roticcio.**

C'est à la charmante situation de ce petit village que la chanson populaire «E sün quela mota da quel bel Rutic…» – «Et sur cette colline du beau Roticcio…» doit ses jolis couplets. Notre randonnée se poursuit dans le ravin du torrent *Aua da Molina*. Sur l'autre côté, le chemin serpente en montant dans la pente, d'abord à travers prés puis à l'ombre de la forêt de sapins. Après un bref trajet, nous arrivons à une belle terrasse d'où le regard s'étend sur le fond de la vallée et Vicosoprano, chef-lieu de la Bregaglia. La route conduit ensuite, en longeant la pente très changeante, à **Dubergia,** endroit idéal pour une halte. Au sud, on aperçoit les cimes des fameuses crêtes de varappe et d'escalade de la Bregaglia.

Berceau de la chanson de la Bregaglia

Le chemin conduit au ravin où la Valer, coulant du Piz Duan, précipite

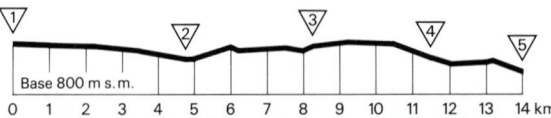

ses eaux que nous franchissons. Un étroit sentier mène par-dessus deux autres ruisseaux le long de la pente. La vue sur le groupe des Bondasca est de plus en plus impressionnante. Par des prés à maigre végétation et quelques pans de forêts, nous cheminons vers le bas et vers les mayens de **Parlongh.** La Bregaglia se rétrécit peu à peu: si l'on jette un regard en bas, vers la vallée, on saisit pourquoi la plupart des villages de cette région ne reçoivent que peu de soleil en hiver.

Notre randonnée nous conduit de Parlongh à **Soglio,** par un sentier plus que centenaire, le «Plattenweg». Le parcours se déroule entre de massifs bancs rocheux, sur un chemin sûr, aménagé avec beaucoup d'habileté.

La vallée s'élargit de nouveau et nous ouvre la vue sur Soglio, le plus connu et le plus fréquenté des villages de la Bregaglia. Une courte descente nous permet de rejoindre le but de notre excursion.

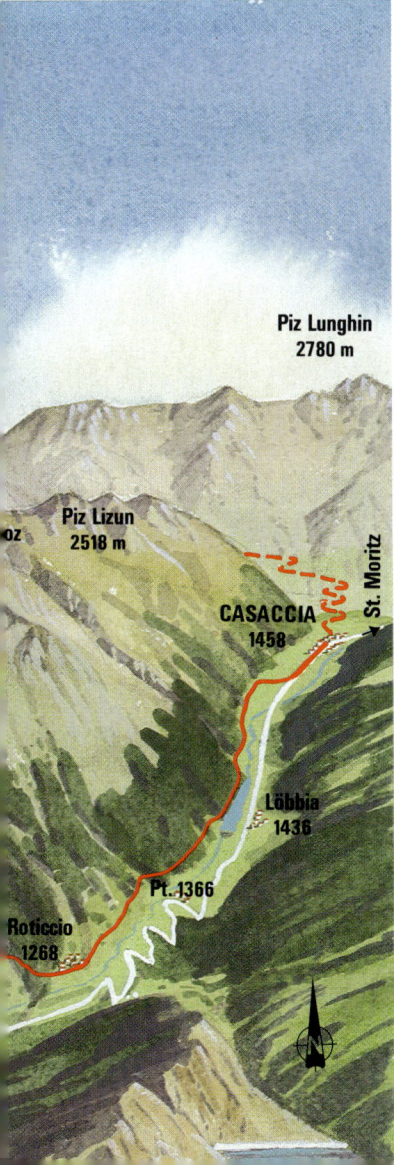

Itinéraires secondaires
Randonnée historique dans l'ensemble de la Bregaglia: Maloja 🚌–Castasegna 🚌 8 h
La vallée est riche en sites culturels, qui sont reliés par cet itinéraire.

Casaccia 🚌–Val Maroz–Val da Cam–Soglio 🚌 6 h
Soglio 🚌–Castasegna 🚌 1 h

Carte d'excursions pédestres
Oberengadin–Bergell

⚠️ Dans la *réserve naturelle Belvédère*, près de Maloja, on dénombre plus de 30 marmites glaciaires: la plus volumineuse mesure 6 m de diamètre et a une profondeur de 11 m. Sur la *voie romaine* Malögin, descendant de Maloja à Casaccia, on a découvert en 1972 un intéressant tronçon en escaliers. On parvenait ainsi à franchir une hauteur abrupte par des marches taillées dans le rocher.

 Le chemin de randonnées balisé entre Maloja et Castasegna conduit aux abords de tous les sites historiques intéressants.
A *Vicosoprano,* chef-lieu de la vallée, la Maison communale est digne d'intérêt. Une chaîne et des colliers de fer sont encore suspendus à la façade: c'est là que sorcières et malfaiteurs devaient attendre le moment de pénétrer dans la chambre des tortures de la tour ronde. Le Palazzo Castelmur, près de *Stampa,* a été bâti au 18e siècle. L'intérieur est aménagé dans le style de diverses époques. Près d'une chambre typique de la Bregaglia, datant de 1723, on voit un salon Empire, un autre de style Napoléon III, une salle des chevaliers et même une chambre chinoise. Près de *Promontogno,* sur la terrasse inférieure dans les rochers, est situé un habitat romain (Murus). C'est un endroit intéressant au point de vue historique. La forteresse de Castelmur, dont les ruines

Un pays de contes de fées en granit: Le village de Soglio, sur sa terrasse ensoleillée, n'est pas seulement connu pour ses maisons historiques de la famille Salis, les «palazzi» illustrant la puissance et la richesse de la famille patricienne de Salis. Le majestueux panorama des fameuses arêtes propices à l'escalade, dans la vallée de la Bondasca avec le Badile, Cengalo et le groupe de la Sciora ne manquent jamais d'impressionner le spectateur. Ce n'est pas en vain que le célèbre peintre Giovanni Segantini a choisi cette vue pour toile de fond de «Harmonie de la vie», la première partie de son fameux tryptique alpin.

forment avec l'église Nossa Donna un impressionnant ensemble, a été construite au moyen-âge.
Les Palais Salis, à *Soglio,* sont intéressants à voir.

 La Ciäsa Granda (grande maison) de *Stampa* abrite le remarquable Musée de la Bregaglia.

 Bondo est le point de départ des célèbres escalades dans les montagnes de la Bregaglia, autour du Pizzo Badile.

La Bregaglia

C'est très tôt que la Bregaglia a été habité: on a découvert dans cette région une hache de bronze, divers débris et une fibule d'argent. Les Romains géniaux constructeurs de routes, utilisèrent le plus court chemin à travers la Bregaglia pour franchir les Alpes par les cols du Julier et du Septimer. L'histoire de la vallée est étroitement liée au trafic par ces passages alpins, où le transport important de marchandises apporta travail et revenus. Les typiques villages bordant les routes, avec leurs maisons spacieuses et robustes, ont vu peu à peu le jour. Lorsque les routes alpines furent aménagées, au 19e siècle, on donna la préférence au Julier sur le Septimer et les colonnes d'attelages disparurent. La construction du chemin de fer du Gothard enleva également à la Bregaglia une part de son importance de route de transit.
Les habitants de la Bregaglia qui ont émigré pour gagner leur vie ailleurs sont innombrables, mais beaucoup n'ont pas trouvé leur chance et sont revenus au pays. On connaît de nombreux ressortissants de la Bregaglia qui ont acquis la célébrité, parmi lesquels les peintres Giovanni, Augusto et Alberto Giacometti, ce dernier sculpteur de grand renom.
Dans la Bregaglia inférieure, où apparaît une végétation méridionale, on trouve de vastes forêts de châtaigniers. L'arbre à la forte carrure et à la couronne très ample est utilisé à plusieurs fins. Le bois résistant et dur sert à la construction, à la confection de poteaux, à la fabrication de fûts – spécialement pour le vin de la Valteline – mais aussi comme bois de chauffage. Les châtaignes sont récoltées en automne et séchées dans des greniers ou foyers appropriés. On en remplit ensuite de longs sacs étroits qu'on bat avec des blocs de bois jusqu'à ce que les coques soient complètement défaites. Les châtaignes étaient autrefois un important aliment de base pour les habitants de la Bregaglia.

Mesocco–Gumegna–Mesocco

A flanc de montagne, voici une randonnée de durée moyenne, avec très belle vue sur les sommets peu connus du Val Mesocco. L'itinéraire franchit les ruisseaux qui ont tracé leur cours dans les coteaux. L'observation des divers milieux de végétation variée est intéressante, sur les pentes ombragées et humides, sèches ou ensoleillées.

Route		Altitude	Temps
1	Mesocco	766 m	—
2	Logiano	789 m	0 h 15
3	Nassel	1382 m	2 h
4	Puzzei	1301 m	2 h 40
5	Gumegna	1365 m	3 h 10
6	Deira	810 m	4 h 15
7	Mesocco	766 m	4 h 35

De l'ancienne gare de **Mesocco**, nous allons direction nord, par la scierie, jusqu'à une route qui monte modérément. Par jardins et vergers, on arrive à l'église San Rocco, avant de franchir le pont sur la Moesa: il faut garder la droite pour s'élever jusqu'au petit village de **Logiano**. Nous cheminons en montant le long du village, puis nous passons au sentier supérieur, sur la rive sud du ruisseau qui descend de Nassel. On peut continuer sur ce chemin montant sans grande déclivité, qui conduit en forêt et après quelque 200 m revient carrément en arrière, afin de grimper dans la pente au-dessus de Logiano; on peut aussi prendre un raccourci tout de suite après le ruisseau et monter directement à travers les prés. Revenus en forêt, quelque 200 m au-dessus des maisons les plus élevées, nous arrivons une nouvelle fois sur la rive nord du ruisseau et nous montons encore sous bois. Le chemin est maintenant en pente plus mesurée; il se prolonge de clairière en clairière, d'abord en direction nord jusqu'à l'endroit où, après quelques courbes, il débouche 250 m plus haut. Nous arrivons ainsi aux mayens de **Nassel**, d'où nous prenons définitivement la direction sud pour atteindre, par les prés, les loges à bétail situées à flanc de coteau, en face du ravin où coule le ruisseau de Recancin.

Alternance de forêts, pâturages et ruisseaux

Par les murs à moitié écroulés des loges à bestiaux, nous entrons dans le ravin et, sur la pente sud, à une altitude pratiquement constante, nous pénétrons dans la forêt. Après la traversée du bois, voici la clairière de *Calnisc.* Une descente de 40 m environ nous amène à un chemin qui conduit à un ravin et à une forêt où nous rejoignons les mayens de *Lau-*

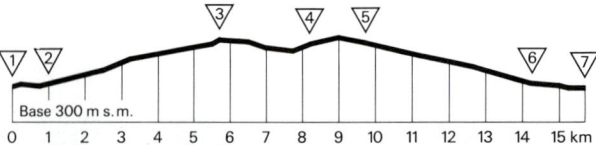

rascia. On monte alors légèrement dans l'échancrure de la forêt puis à peu près en direction sud, vers les prochaines loges à bétail de **Puzzei.** Pour qui préfère éviter le raccourci de Deira, une légère montée qui longe un large et profond ravin du Val del Rizeu prend naissance aux loges les plus élevées de Puzzei. Le parcours revient largement en arrière, jusqu'à l'endroit où l'on franchit, tout proches l'un de l'autre, les deux ruisseaux de la vallée. Après la traversée de la prochaine forêt, on débouche le long du versant montagneux, côté ouest, dans les prés de **Gumegna.** La randonnée tout entière, longue de 4 km à peu près et à une altitude constante depuis Nassel, nous découvre la superbe vue à l'ouest, avant tout sur le Piz Trescolmen et sur la chaîne montagneuse au sud de cette cime.

A Gumegna, près des bergeries à la limite des prés, nous abandonnons le chemin suivi jusqu'à maintenant pour commencer la descente. Nous trouvons très tôt la route alpestre qui se déroule dans la pente en décrivant quelques virages. Plus bas, dans la forêt, le chemin conduit sous un téléphérique à marchandises et traverse une nouvelle fois, direction nord, le ruisseau de Recancin. Un agréable chemin naturel nous amène à **Mesocco,** par un sentier qu'on rejoint après une bifurcation à peu près à mi-chemin entre **Deira** et Logiano.

Bifurcations
Nassel–Stabi–Alp de Barna, pt 1802 dans la vallée 2 h 30
Dans la montée de Logiano à Nassel, possibilité d'utiliser un raccourci conduisant directement aux mayens de Stabi.
Puzzei–Ronch–Deira 45 min.

La modeste église San Pietro de *Mesocco* est citée déjà en 1219. On a découvert dans les vestiges de l'abside semi-circulaire de l'ancien sanctuaire des peintures murales du 15e siècle. L'église actuelle a été bâtie au 17e siècle.
L'église paroissiale Santa Maria del Castello a été décorée au milieu du 17e siècle par les artistes lombards Cristoforo et Nicolao da Seregno.

Le Château de Mesocco reste, malgré sa destruction, un imposant ensemble architectural: c'est dans les Grisons la plus importante résidence de ce genre datant du haut moyen-âge. Les murs d'enceinte atteignaient une épaisseur de 5,6 m. La forteresse dominait toute la vallée; elle était, avec la chapelle construite dans ses murs, un refuge populaire. Au cours de travaux dans la chapelle dédiée à San Carpoforo datant du 12e siècle, on a mis au jour les fondations d'un sanctuaire du haut moyen-âge, datant du 8e siècle, ou peut-être plus ancien. Les seigneurs de Sax – appelés par la suite de Sacco – ont construit aux 11e et 12e siècles le château d'où ils contrôlaient tout le trafic commercial par le San Bernardino. Le château a été démantelé en 1525 après l'extinction de la dynastie.

Mesocco

La vallée de Mesocco était fermée au sud par la plus importante citadelle des Grisons, le château de Mesocco, position stratégique, puissant bastion dans l'ancienne Rhétie. Le premier château du haut moyen-âge a été agrandi après 1160 par la famille noble de Sax devint en 1480 propriété de la famille milanaise des Trivulzio. Les Trois Ligues donnèrent en 1526 l'ordre de le détruire, pour ne laisser aucune installation militaire intacte à un adversaire venant du sud. L'église paroissiale catholique Santa Maria del Castello est l'un des plus anciens sanctuaires du Val Mesocco; elle a été bâtie aux environs de 1100 et restaurée en 1627. On y découvre des peintures murales gothique tardif et une chaire du 16e siècle incrustée et décorée de marqueterie.

Le destin du Val Mesocco est depuis toujours lié aux voies de communication. Pendant des siècles, les charrois utilisaient le San Bernardino, jusqu'en 1823, année qui vit la construction de la route de Coire à Bellinzone. Un trafic intense commença à se développer, mais qui devait décliner avec l'ouverture de la ligne ferroviaire du Gothard, en 1882. Le chemin de fer Bellinzone–Mesocco a été mis en activité en 1906, apportant de nouvelles impulsions à la vallée, mais le moyen de transport a été abandonné en 1972, faute de rentabilité. Le percement du tunnel routier du San Bernardino a redonné un important trafic de transit au Val Mesocco.

Lors des travaux pour la construction de la N 13, on est tombé près du château sur des gisements d'importance culturelle: établissement remontant à l'époque du bronze tardif (1000 av. J.-C.) et site le plus ancien habité par l'homme dans les Grisons, au néolithique (environ 5000 av. J.-C.). Le Val Mesocco appartient avec la Vallée de Poschiavo, la Bregaglia et le Val Calanca, aux quatre vallées de langue italienne dans le sud des Grisons.

Arbedo–Capanna Gesero–Cima di Cugn–Bellinzona

C'est ici que les Confédérés ont perdu autrefois une bataille, ici que s'est produit, presque inaperçu, un grand éboulement, ici encore qu'on découvre un des berceaux de l'alpinisme tessinois, que les contrebandiers mais aussi les soldats suisses faisant leur service actif pendant la deuxième guerre mondiale ont découvert les sentiers les plus secrets par lesquels les partisans italiens ont sauvé leur vie, ici enfin, au voisinage de Bellinzone que croît le Merlot dont la fine goutte réjouit dans chaque «grotto» le palais des amateurs de bon vin… Pour accomplir la randonnée tout entière, il faut envisager la nuitée dans la cabane de Gesero, afin de monter le deuxième jour sur les montagnes voisines d'où les points de vue pour découvrir le Tessin moyen sont exceptionnels.

Route		Altitude	Temps
1	Arbedo	264 m	—
2	Monti di Cò	980 m	2 h 20
3	Cabane Gesero UTOE	1760 m	4 h 45
4	Col San Jorio	2014 m	6 h 05
5	Cima di Cugn	2194 m	6 h 40
6	Cabane Gesero UTOE	1760 m	8 h
7	Alpe d'Arbino	1640 m	9 h
8	Artore	390 m	11 h
9	Bellinzone	238 m	11 h 25

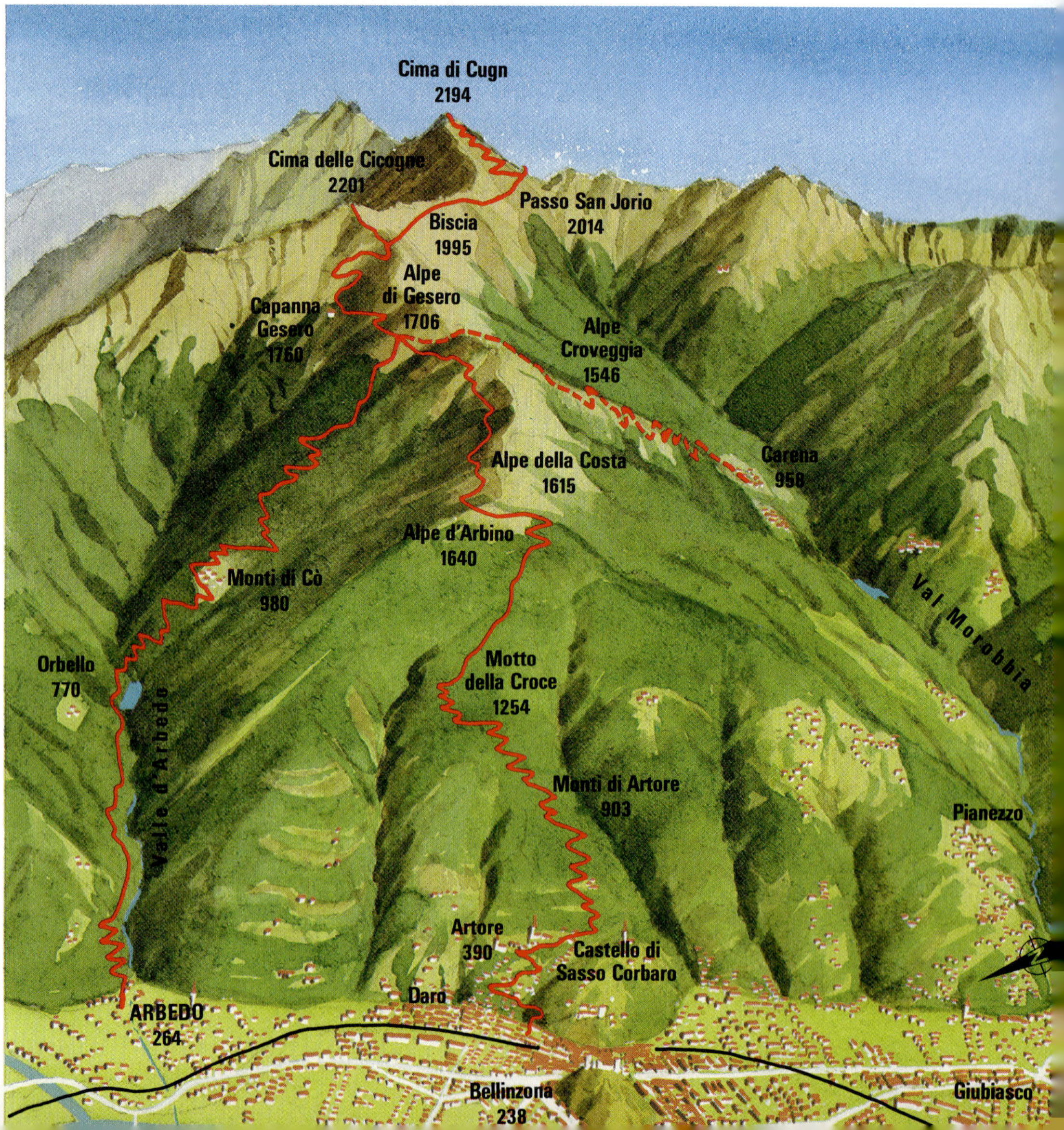

Au moment où, près de la halte d'automobiles postales, nous quittons **Arbedo** nous vient en mémoire le souvenir des Confédérés, qui à cet endroit, en 1422, ont combattu sans succès et en laissant sur le champ de bataille beaucoup de victimes, contre les Milanais six fois supérieurs en nombre. Mais cela ne doit pas nous empêcher de cheminer d'un bon pas à travers le village et de monter vers le ruisseau Traversagna pour en longer le cours jusqu'au pont supérieur. A cet endroit, sur la rive droite, commence l'itinéraire dans la vallée d'Arbedo. Le chemin décrit une courbe montante en bordure de vallée et coupe à deux reprises la route forestière. A la troisième rencontre avec cette route, nous la suivons pour pénétrer dans la vallée. On peut voir, en face le gigantesque éboulement – un des plus impressionnants de Suisse qui s'est abattu en 1928, sans même qu'on y prenne garde – et qui a donné naissance au *Laghetto d'Orbello.* Derrière la nappe d'eau, nous changeons de rive et montons le long du chemin de lisière au lieu-dit **Monti di Cò.** Après le «grotto», nous débouchons dans un chemin sur lequel, à la seconde courbe à angle très serré (pt 1206) nous obliquons sur un chemin pédestre: d'abord plat, il franchit les fossés de quelques ruisseaux, puis il monte abruptement par une croupe à l'*Alpe di Gesero.* Par la route qui

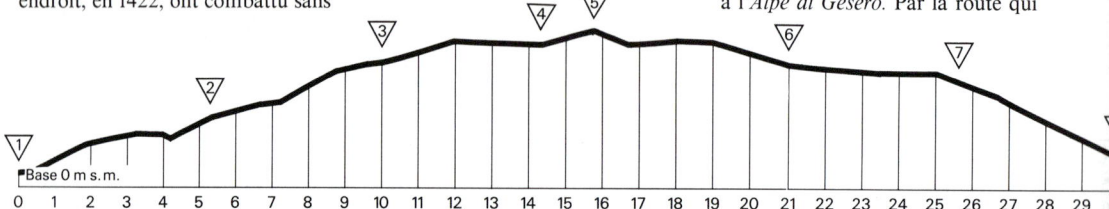

arrive ici de la grisonne Roveredo – ce qui hélas! incite les touristes à monter là-haut en automobile apportant bruit et nuisances – nous fuyons à la **Cabane Gesero**, à 1760 m d'altitude. C'est la propriété des UTOE, l'Union tessinoise des ouvriers excursionnistes, association de travailleurs amis de la montagne, qui à l'image des Amis de la Nature a vu le jour pour faire – ces temps-là – contrepoids au Club alpin suisse.

Col de San Jorio aller-retour

On peut parfaitement accomplir la randonnée d'Arbedo à Bellinzone par Gesero sans passer la nuit en route, mais huit heures de marche ne sont pas une promenade! Le long du parcours, il resterait assurément l'excursion en montagne au Col de San Jorio, d'où en 1848 des partisans italiens se sont enfuis vers la Suisse pour y trouver asile, suivant les chemins par lesquels les contrebandiers trimbalaient de lourdes charges de marchandises, où pendant la deuxième guerre mondiale de nombreux soldats suisses ont veillé aux frontières, un lieu où finalement aucune route n'était prévue comme tronçon d'une transversale alpine nord-sud entre Brigue et Bolzano. A cet endroit, nous découvrons de très beaux belvédères qui proposent une intéressante vue panoramique: l'un derrière la cabane Gesero en montant à l'est vers Biscia, les autres tout au long de la crête. A la prochaine intersection des chemins, nous obliquons à gauche pour atteindre en une demi-heure la *Cima delle Cicogne* sur laquelle se dresse une antenne de télécommunications PTT. Le sentier se déroule à droite dans la pente, mais pour revenir bientôt sur la crête et en même temps à la frontière Tessin/Grisons. Le parcours est presque horizontal jusqu'au **Col de San Jorio**. L'Italie est devant nous, en quelques heures nous pourrions atteindre Dongo, sur le lac de Côme; mais qui préfère la montagne à la baignade bifurque à gauche, encore avant le col, et grimpe à la **Cima da Cugn**, d'où la vue sur une véritable mer montagneuse est saisissante et insolite.

Le parcours ne présente aucune difficulté jusqu'à la **Cabane Gesero**, et la poursuite de la randonnée le long de la route – puis sur un chemin le long de la croupe jusqu'à l'alpage d'Arbino – n'est pas contraignant. Le détour au Motto d'Arbino, d'où la vue sur le lac Majeur est fascinante, est également facile. A partir des vestiges de maisons de l'**Alpe d'Arbino**, nous cheminons au sud-ouest en descendant en forêt: trois crochets au-dessus d'Arbinetto, descente direction nord-ouest dans la pente et nous voici déjà au Motto della Croce. Le chemin, à partir de là, s'abaisse en nombreux lacets par les *Monti d'Artore* au hameau vigneron d'**Artore,** puis descend de 150 m encore pour rejoindre la gare de **Bellinzone.**

La cabane Gesero UTOE dispose de 60 places et est desservie en permanence de juin à septembre (tél. 092 82 17 71).

On évite souvent *Bellinzone,* chef-lieu du canton du Tessin, par l'autoroute, et c'est à tort! La ville, il est vrai, a moins de banques et elle ne connaît pas les rives d'un beau lac, comme Lugano et Locarno, mais l'ambiance y est plus tessinoise. Bellinzone est célèbre pour ses trois châteaux – Castello Grande, Montebello et Sasso Corbaro – et pour sa vieille ville qui mérite une visite, ainsi que La Collegiata, église de style renaissance. Au sud de la cité se dressent les sanctuaires de Santa Maria delle Grazie, avec ses célèbres fresques représentant la crucifixion (fin 15e siècle), et San Biagio, décoré de fresques de l'époque gothique tardive.

Le Museo civico à *Bellinzone,* dans le château de Montebello, est aussi intéressant à visiter que les remparts et fortifications de cette citadelle. De même très recommandé l'exposition au Castelgrande de 6500 ans de colonisation locale. Dans le château de Sasso Corbaro est aménagé le Musée du folklore tessinois.

Le jardin d'alpinisme de «Palestra della Roccia», à *S. Paolo,* entre la gare de Bellinzone et Arbedo, est un terrain d'entraînement largement connu au-delà des frontières tessinoises.

Le «grotto» tessinois: Sous la tonnelle aux frais feuillages, quelques bouteilles différentes de vin tessinois, sur la table de pierre: le Merlot du Tessin, blanc et rosé, fait bon ménage avec le rouge, le véritable Merlot. Mais quelle que soit la couleur, une chose est certaine: c'est dans un «grotto» que le Merlot est le meilleur! Le «grotto», c'est une véritable institution, devenu pour les touristes la parfaite illustration de cette région ensoleillée. A part les petits restaurants inimitables, colorés de guirlandes et autres décorations, les «grotti» – autrefois caves aménagées dans le rocher pour conserver au vin toute sa fraîcheur – sont devenus de plus en plus lieux de rencontre et de repas pour les habitants de la région. Qui veut découvrir un «grotto» au caractère encore original trouvera peut-être une adresse dans le «Guida ai Grotti del Ticino e Mesolcina» d'Angelo Fornasier ou dans l'ouvrage illustré «Grotti», de Gianluigi Bisagni et Bruno Brocchi.

Le Merlot, quelle fine goutte!

Un soir encore chaud d'été, dans un frais «grotto» sous les châtaigniers, pain, salami et fromage sur la table de granit, un verre de rouge… Mais pas n'importe quel vin, du Merlot! Et pas simplement du Merlot, mais du Merlot du Tessin… Les anciens Romains avaient déjà planté la vigne dans ces régions. Au 19e siècle, on a commencé d'élever des plants américains pour augmenter le rendement, mais des épidémies de phylloxera devaient bientôt anéantir de nombreux vignobles. Les vignes tessinoises ne furent sauvées que par la mise en terre du Merlot: le noble cépage, dont le lieu d'origine est la région bordelaise, a été introduit en 1905, mais ce n'est qu'après la deuxième guerre mondiale qu'on parvint à l'implanter vraiment sur les terres calcaires du sud du Tessin. Le Merlot tessinois est aujourd'hui un vin rouge à la robe bien colorée, au riche bouquet, beaucoup de corps et de fumet. «VITI» – pour «Vini ticinesi» – est le sigle adopté en 1948 pour désigner le vin tessinois de haute qualité. Mais il existe des Merlot qui ne portent pas ce sigle, ceux qui proviennent de petites vignes et qui sont vendus comme «riserva», la réserve. L'un ou l'autre, le Merlot compte parmi les plus élégants vins suisses. Après le Valais, Vaud et Genève, le Tessin est le quatrième canton par ordre d'importance sur le plan culture des vignes. Le vin provient de 147 régions disséminées entre Giubiasco et Chiasso, sur une superficie de 900 ha de vignoble.

La plaquette «Merlot del Ticino» donne une vue complète sur les vins tessinois et les caves, dont plusieurs peuvent être visitées. On peut se procurer cette documentation à la Proviti, Piazza Cioccaro, 6900 Lugano.

Campo Blenio–Passo della Greina–Olivone

La randonnée que voici se déroule sur deux jours: elle étonne tout à la fois par le milieu naturel presque intact et les réalisations de la technique moderne. Greina, c'est un paysage montagneux unique, dans lequel – et cela aussi est unique – la protection du site a su tenir tête aux intérêts économiques. Le Lago di Luzzone, lac artificiel avec son imposant barrage, est au centre de cette excursion de dix heures, dans le saillant le plus au nord du Tessin. On découvre, sur cet itinéraire, deux cabanes alpestres d'où la vue est particulièrement belle.

Route		Altitude	Temps
1	Campo Blenio 🚌	1216 m	—
2	Daigra	1408 m	1 h
3	Cabane Scaletta SAT	2205 m	3 h 30
4	Col de la Greina	2357 m	4 h
5	Crap la Crusch	2271 m	4 h 40
6	Cabane Motterascio CAS	2172 m	5 h 20
7	Barrage de Luzzone	1592 m	7 h 25
8	Col de Muazz	1700 m	8 h 15
9	Olivone 🚌	890 m	10 h

A **Campo Blenio,** un chemin conduit au nord, par le fond de la vallée dans le Val Camadra. A travers des forêts de châtaigniers, nous arrivons près de *Ghirone* à l'ancienne route par laquelle on transportait de Blenio les matériaux pour les travaux du barrage au Lago di Luzzone. Nous traversons cette route, mais après la montée à **Daigra** nous devons cheminer environ 3 km dans la vallée sur cette ancienne voie d'accès aux travaux.

La nature reconquiert petit à petit le terrain, sur ce tracé, comme aussi, en arrière, dans les carrières de Pian Geirètt: nous avons tout loisir, au cours d'une heure et demie de chemin, de méditer sur la rapidité avec laquelle les activités humaines modifient le visage du milieu naturel, et combien est long le temps nécessaire à cicatriser les blessures de l'environnement! Après *Pian Geirètt*, nous plongeons dans un paysage intact. La montée commence dans la pente escarpée qui grimpe à la Scaletta, chemin taillé dans le rocher et qui exige une certaine prudence.

Dans la partie de la vallée qui fait suite, nous obliquons à droite, en direction de la **cabane Scaletta** (2205 m). Il suffit de quelques minutes pour atteindre la nouvelle cabane de la Società Alpinistica Ticinese ouverte en été 1995; le gardien y assure son service de juin à octobre (tél. 092/70 26 28, dès le 14 octobre 1995 092/872 26 28).

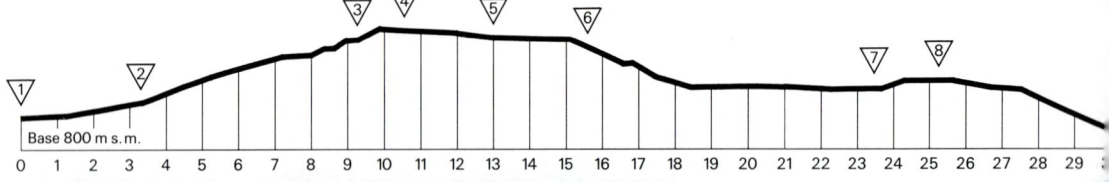

La cabane est joliment située, offrant une très belle vue sur Val Camadra et gorge du Sosto, jusque dans le Val Blenio.

Greina – ligne de partage des eaux entre mer du Nord et Adriatique

Nous revenons à la route pour atteindre en peu de temps le col, le **Passo della Greina** (2357 m), situé 22 m plus bas que le point le plus élevé du terrain. Au col, non seulement les eaux se séparent vers le Rhin et vers le Pô, mais c'est là aussi que passe la frontière entre les cantons du Tessin et des Grisons. Plus loin, à deux bons km au nord, se dresse le Piz Valdraus (3096 m), le point situé à l'extrême nord du canton du Tessin. Une nouvelle frontière passe à cet endroit, mais cette fois c'est une délimitation géologique: au nord les gneiss gris du massif du Gothard, au sud le Pizzo Corói aux ardoises gris sombre, séparés par une zone dolomitique dans le fond de la vallée. C'est vers cette plaine que nous cheminons dès maintenant, le *Plaun la Greina;* si les intentions des magnats de l'énergie et des communes concernées s'étaient réalisées, cette haute plaine, une des dernières du genre en Suisse, aurait été submergée. A l'endroit où la vallée s'incurve vivement au nord-ouest, un barrage aurait été dressé, mais le projet du lac artificiel de Greina a été abandonné en novembre 1986. On ne peut que se réjouir de voir dans cette région que les eaux et ruisseaux peuvent encore se creuser quelques méandres, et tracer leur cours au gré de la nature... Nous suivons une croupe, gardant la droite pour cheminer vers **Crap la Crusch,** bloc de rocher portant une petite croix de fer. Le long de la bordure gauche de la plaine marécageuse, nous trouvons un sentier qui se déroule au sud dans la région boisée de l'alpage de Motterascio, que nous longeons pour atteindre la **cabane Motterascio** du Club alpin suisse (2172 m). Le panorama, spectacle inoubliable, nous permet de patienter un instant; pour s'assurer une place, il est recommandé de s'annoncer, téléphone 092/70 16 22.

Pas la peine de nous laver très abondamment, au matin: les embruns de la chute toute proche du Ri di Motterascio, que nous traversons au cours de la descente, tiennent lieu de rafraîchissement matinal! Nous descendons vivement, mais non sans prudence, dans la Valle di Gorzora, aux allures de gorge qui débouche dans le Lago di Luzzone, dont le barrage s'étend jusque vers le goulet de la vallée. Un chemin conduit par le côté gauche de la gorge à Garzott, d'où notre regard porte sur le lac artificiel et le **barrage de Luzzone,** le lac dont les eaux ont été retenues en 1963. Une route, étroite et finalement un long tunnel nous amènent au barrage, qui avec 208 m est par sa hauteur le troisième de Suisse. A l'extrémité nord de cette couronne de béton, nous découvrons un restaurant, avant la possibilité de choisir le raccourci direct pour Campo Blenio. Mais il est beaucoup plus beau de contourner par le flanc est le magnifique Sosto (2220 m), image typique d'Olivone. Pour ce parcours, nous allons chercher à l'extrémité sud de la digue le chemin carrossable qui, d'abord par de nombreux lacets et un tunnel, conduit à Compieto par le **col de Muazz.** A cet endroit prend naissance un vieux chemin de lisière, ombragé, qui descend abruptement à **Olivone.** Par le quartier de *Marzano*, nous nous laissons gentiment aller jusqu'à la station, riche en curiosités, du Val Blenio.

Bifurcations
Crap la Crusch–Camona da Terri CAS 50 min.
Barrage de Luzzone–Campo Blenio/Ponte Semina 🚌 45 min.

Carte d'excursions pédestres
Tessin Sopraceneri

 Le chocolat est, en montagne, une agréable provision, et une gourmandise! Au 16e siècle déjà, on fabriquait une telle douceur dans le Val Blenio. Aujourd'hui, la production indigène de chocolat a pris fin: la dernière fabrique, la «Cima Norma» à Dangio est fermée depuis plusieurs années. Elle est un bel exemple d'architecture de l'ère industrielle.

🅼 On trouve dans le Val Blenio deux musées parmi les plus attrayants. A *Lottigna,* le Musée historique de Blenio, très bien documenté, est installé dans l'ancienne résidence des baillis fédéraux. A *Olivone,* la Cà da Rivöi donne un excellent aperçu de la culture et des traditions de la région.

 Olivone, villégiature d'été au col du Lukmanier, ne se distingue pas uniquement par son climat très doux, mais également par ses belles maisons anciennes, bâties en pierre et en bois.

Plaine de Greina: Mares innombrables, lacs minuscules, marécages, collines de gravier, plantes et fleurs rares, pierres très diverses, tout le paysage traversé par le cours de Rein da Sumvitg: c'est tout cela, Plaun la Greina. La randonnée nous laisse parcourir une partie seulement de cette plaine enchantée: qui veut la traverser entièrement devrait passer la nuit à la cabane Terri du Club alpin suisse (2170 m), ouverte en permanence en juillet/août, le reste de l'année seulement pendant les week-ends. Le deuxième jour, on revient par la plaine vers la cabane de Motterascio, ce qui fait goûter aux charmes de Greina à des moments différents et sous un autre jour.

«Voyagez en Suisse, pendant qu'elle est encore là...»

La randonnée, c'est s'évader du quotidien, loin du monde, de ses problèmes politiques, économiques ou autres, et de ses futilités. La randonnée tout au bout du Val Blenio montre que ce n'est pas toujours ainsi: «La Greina est devenue pour les protecteurs du milieu naturel et promeneurs le symbole d'une utilisation des forces hydrauliques qui ne recule devant rien; des gens de plus en plus nombreux ont appris à connaître personnellement cette région en la parcourant», écrit Jürg Frischknecht, dans «Wandert in der Schweiz» – Voyagez en Suisse (Editions Limmat, épuisé entretemps). L'auteur décrit des randonnées dans des paysages où la Suisse est menacée par des barrages artificiels, des places de tir, des pistes de ski. Si la Greina a été sauvée, c'est certainement aussi par la vision directe des lieux qu'en a eue le promeneur. Mais la joie de la nature restée intacte n'est pas encore tout à fait certaine: les deux communes grisonnes de Sumvitg et Vrin, qui auraient obtenu des intérêts par l'exploitation d'une centrale électrique de la Greina, doivent trouver ailleurs et d'urgence l'argent indispensable, par exemple pour des ouvrages de protection contre les avalanches. La Fondation suisse en faveur de Greina cherche à les aider à sauvegarder les cours d'eau alpestres, qui ne sont pas considérés comme un cas particulier, mais véritablement comme un modèle. Mais la randonnée, c'est aussi davantage que savoir placer un pied devant l'autre! On le savait déjà, il y a 200 ans, lorsque Johann Gottfried Ebel édita son «Anleitung auf die nützlichste und genussvollste Art in der Schweiz zu reisen» ouvrage décrivant la manière la plus utile et la plus agréable de voyager en Suisse. Premier guide de loisirs en Suisse, il ne tentait pas seulement de guider les touristes vers les beautés naturelles, mais aussi de leur faire découvrir les aspects politiques du pays.

La randonnée se déroule par deux cols; c'est un autre choix de la première étape de la Strada Alta, dans la Léventine

Léventine, porte du sud. Les automobiles qui ont franchi le tunnel du Gothard traversent à toute allure le Tessin, en direction de l'Italie. Strada Alta Leventina: la randonnée la plus connue, la préférée dans le Tessin, se déroule sur plusieurs jours. Par centaines, les excursionnistes montent d'Airolo sur les hauteurs au versant sud de la vallée. Plus loin et plus haut que la Strada Alta on découvre, idéal pour la randonnée, le Parco alpino di Piora, région de pâturages la plus étendue du Tessin, un paradis fleuri. On atteint cette magnifique région par le chemin de fer le plus escarpé du monde. Les lacs, plus bas – et parmi eux le plus grand lac de montagne du Tessin – apparaissent dans un merveilleux décor.

Piotta/Piora–Passo del Sole–Passo Predèlp–Osco

Route	Altitude	Temps
Piotta Centrale 🚌	–	–
1 Station supérieure du chemin de fer du Ritóm	1793 m	–
2 Barrage de Piora	1852 m	0 h 25
3 Alpe di Piora/ cabane Cadagno SAT	1987 m	1 h 35
4 Alpe Carorescio di sopra	2250 m	2 h 45
5 Passo del Sole	2376 m	3 h 20
6 Canali di Lareccio	2200 m	3 h 35
7 Passo Predèlp	2445 m	4 h 30
8 Predèlp 🚌	1671 m	5 h 45
9 Osco 🚌	1156 m	6 h 35

Le **chemin de fer du Ritóm** construit aux origines pour aménagement d'installations électriques est par sa pente – inclinaison maximum 87,7% – le plus escarpé du monde. La cabine qui peut emporter 50 personnes franchit depuis Piotta Centrale en 12 min. une différence d'altitude de 786 m. Nous cheminons par la route en direction du *lac Ritóm*, superficie 137 ha, le lac de montagne le plus étendu du Tessin. Au commencement, c'était un lac naturel, dans un bassin allongé né de l'érosion glaciaire; la construction du **barrage** de la centrale électrique – hauteur 27 m – lui a donné une plus grande dimension. L'ouvrage a été mis en activité en 1920, pour l'électrification du chemin de fer du Gothard. La consommation croissante d'énergie électrique a nécessité divers aménagements du lac Ritóm, si bien que la capacité actuelle atteint 47 millions de m³. Pour remplir cet énorme espace, on a creusé des galeries amenant les eaux du Val Cadlimo, du Val Canaria et même de l'Unteralptal uranais. Ainsi, l'activité humaine a d'une certaine manière repoussé au nord, pour certains cours d'eau, la ligne de partage des eaux entre Rhin et Pô qui, avant l'ère glaciaire, se situait plus loin au sud, à proximité du lac Ritóm. La rive droite sur laquelle nous cheminons est sur ses bords émaillée de fleurs qui rendent moins languissante cette longue «piste» de randonnée. A cet endroit comme dans toute la région de pâturages de l'Alpe di Piora – 3500 ha – croissent les espèces végétales les plus variées, telles que lis orangé, lis martagon; on découvre également dans les sites rocailleux bon nombre de plantes et d'herbes rares. Rien d'étonnant donc si le fromage produit à Piora – 18 tonnes en 1994 – a une saveur aromatique: on peut s'en assurer au restaurant proche de Cadagno di fuori, hébergement de vacances construit à partir d'anciennes étables. A cet endroit, nous avons grimpé du lac Ritóm à la *chapelle San Carlo:* nous jouissons de la vue sur le lac de Cadagno, aménagé en lac artificiel dans les années 1944/ 1947 avec une technique si douce qu'on ne remarque même pas ces travaux. Au-dessus de la rive sud, nous allons plus loin, à l'**Alpe di Piora** où est fabriqué le fromage.

Zone de failles géologiques

Si l'on désire se réconforter une fois encore, avant de poursuivre sur le chemin, on peut s'asseoir un instant, un peu plus haut, devant la **cabane Cadagno** de la Società Alpinistica Ticinese (SAT). Le calme des lieux nous laisse tout loisir de contempler la particularité géologique de Piora: au nord s'élève le puissant massif du Gothard, vieux de 225 millions d'années, au-dessous s'étend un bandeau de roches dolomitiques blanches,

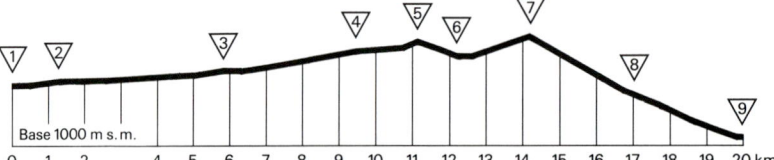

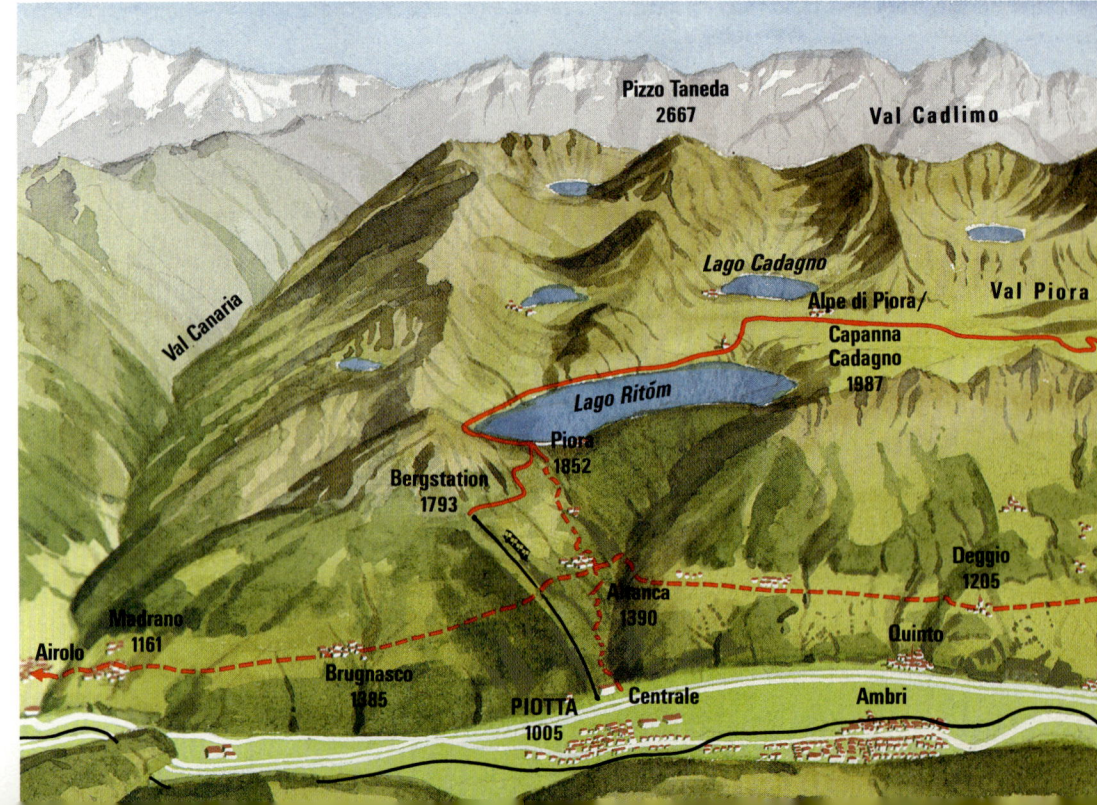

qui s'étagent vers l'est en sommets dominant de nombreux lacets, au sud enfin se dévoile la couverture pennine des Alpes tessinoises. A partir de l'endroit où les chemins se ramifient, après la cabane Cadagno, nous marchons en ligne droite en direction du plateau élevé de Pian Murinascia; nous montons par des prés de montagne fleuris vers le versant gauche de la vallée et nous traversons le Ri dei Calcestri pour aller vers l'**Alpe Carorescio**. A la limite nord de sa croupe nous atteignons une bifurcation (2250 m) et nous grimpons sous le Pizzo Colombo jusqu'au **Passo del Sole.** Au moment d'abandonner la Léventine et le Val Piora, dernier regard sur les Alpes bernoises dans le lointain. Puis nous descendons la pente des **Canali di Lareccio,** obliquons à droite et contournons cette haute-plaine, passons sous les rochers de Paré di Scut afin de pénétrer dans une vallée où nous haletons peut-être sur des restes de neige en montant vers le **Passo Predèlp:** nous avons retrouvé la Léventine. La grande circulation se déroule 1700 m plus bas, ininterrompue, de la vallée vers le sommet et du sommet vers la vallée. Aux temps où les attelages étaient encore de mise, le Passo Predèlp avait une certaine signification comme voie de liaison entre la route du Lukmanier et la Léventine moyenne. On ne rencontre plus ici que des chemins de randonnées. Les gens fatigués par l'excursion au **Predèlp** peuvent prendre le temps d'une halte, en haut, dans la région de ski de Cari; mais si on est encore vigoureux on descend par le dernier tronçon de l'ancien chemin au village qui était autrefois étape des charretiers, **Osco.**

Bifurcations
Sur la première étape de la Strada Alta Leventina:
Airolo 🚌–Brugnasco–Altanca 🚌–Lurengo 🚌–Osco 🚌 5 h
Piotta Centrale 🚌–Altanca 🚌–barrage artificiel de Piora 2 h 40
Osco 🚌–Faido 🚌 50 min.

 Le meilleur moyen de rejoindre le funiculaire du Ritóm est l'automobile postale d'Airolo à la station de départ de Piotta Centrale; l'automobile postale circule de fin mai vers fin septembre, à raison de deux courses le matin. On peut aussi de la station d'Ambri-Piotta (changement de train à Airolo) rejoindre Piotta Centrale par bus, ou à pied en 30 min.

 Une course régulière conduit d'Osco à Faido, également à Cari. De Predèlp, deux automobiles postales seulement vont quotidiennement à Cari.

Possibilités de passer la nuit au Ristorante Lago Ritóm près du barrage de Piora (tél. 094/89 14 24) ou à la cabane Cadagno SAT, ouverte de juin à octobre (tél. 094/89 13 23). Qui veut passer la nuit à Osco, afin de parcourir le lendemain la Strada Alta, devrait réserver sa place suffisamment tôt au seul hôtel-restaurant (Marti, tél. 094/38 11 89).

Printemps montagnard: On devrait patiemment attendre le mois de juin, avant de se lancer sur le parcours décrit, même si à cette époque on rencontre encore des restes de neige au col de Predèlp. Le monde végétal est en pleine floraison, incomparable dans le parc alpin où les plantes sont protégées. Un ouvrage spécial sur la flore sera un guide apprécié et un bon compagnon pour la découverte et la détermination botaniques.
La gentiane printanière (notre photo) fleurit de mars à juillet, de temps à autre une deuxième fois en août; on rencontre cette fleur le plus souvent sur le terrain sec, sur les prés aux allures de landes et dans les forêts de pins.

Carte d'excursions pédestres
Tessin Sopraceneri

Guide pédestre
Tre Valli

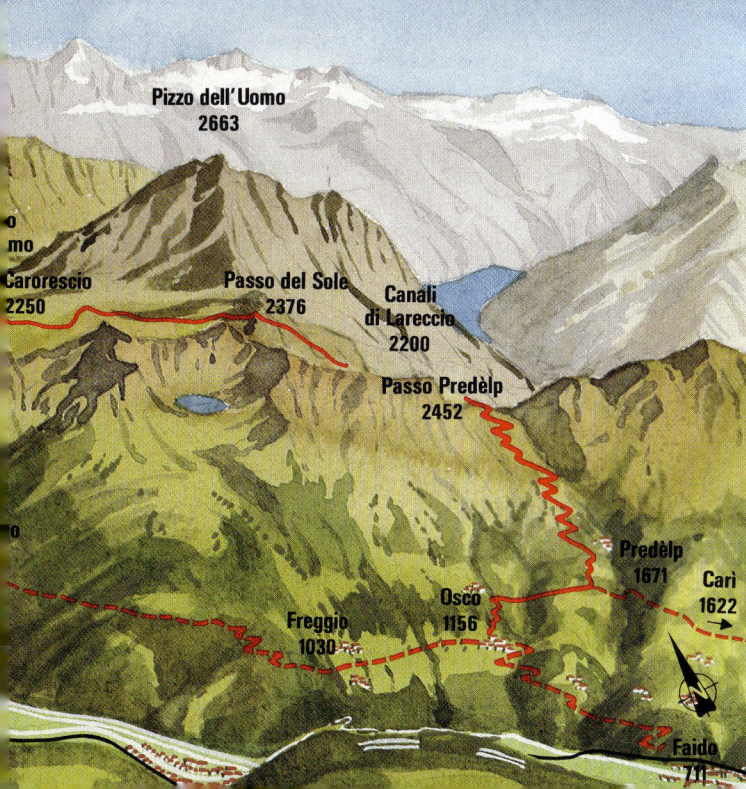

Pêche paradisiaque dans les clairs lacs de montagne

Entre le Lago Ritóm, à 1850 m, et le Lago Scuro 600 m plus haut, on trouve entre les vals Piora et Cadlimo une série de magnifiques lacs d'une grande diversité de conditions biotiques. Un rôle important doit être attribué aux influences extérieures telles que température et altitude, richesse en minéraux et apport d'oxygène. Ces dernières années, des études sur les lacs des contrées frontalières Italo-Suisse ont conduit à des erreurs journalistiques concernant ceux de Piora: on a même parfois parlé de «lacs de montagne morts» – au mépris des conditions spécifiques. En réalité, l'ouverture de la pêche au printemps y est chaque fois un événement qui attire les foules, non seulement du Tessin mais aussi d'autres régions de Suisse et d'Italie du nord. Les collectivités locales estiment à sa juste valeur une étude de l'EPF de Zurich qui atteste que ces lacs ont une réserve suffisante d'oxygène pour les poissons. Le fin gourmet, amateur de délicieuses truites des lacs de montagne, peut les déguster directement dans l'Albergo Lago-Ritóm Piora et se les verra servir avec la garantie d'origine. Pour taquiner soi-même le poisson, on peut acheter un permis pour 10 jours valable également dans tout le Tessin. Le pêcheur doit cependant faire preuve de ruse au lac Ritóm. Vu que les eaux de ce lac artificiel fluctuent, les poissons changent sans cesse d'habitat si bien qu'un impatient arrive à penser qu'il n'y en ait plus. Diverses sortes de truites et le saumon sont particulièrement appréciés. On trouve parmi les poissons quelques espèces exotiques telles le saumon Namaycush dont les habitudes voraces donnaient lieu à des inquiétudes. Il paraît cependant que le peuplement est maintenant sous contrôle.

S. Carlo–Capanna Cristallina–Fusio

Le Val Maggia, d'un bout à l'autre, deux cols classiques en deux jours de randonnée en montagne

Le Val Maggia, la plus longue vallée latérale de la région de Locarno, se ramifie à son extrémité pour former le Val Bavona et le Val Lavizzara, qui tous deux se rejoignent au Cristallina. A ce sommet – belvédère exceptionnel – naissent également la Valle di Peccia, célèbre par son marbre, et le Val Torta qui près d'Ossasco débouche dans le Val Bedretto. On peut prendre le départ à cet endroit, comme aussi parcourir le Val Maggia d'un bout à l'autre. La randonnée de deux jours dans la région tessinoise la plus riche en lacs et lacs artificiels, avec nuitée à la Cabane Cristallina – le plus grand refuge du Club alpin suisse – permet de découvrir le Sopraceneri sous ses aspects les plus variés et les plus surprenants.

Route		Altitude	Temps
1	S. Carlo 🚌 🚡	938 m	–
2	Cabane CAS Basòdino	1856 m	2 h 50
3	Robiei 🚡	1891 m	3 h
4	Col de Cristallina	2568 m	5 h 35
5	Cabane CAS Cristallina	2349 m	6 h
6	Col du Narèt	2438 m	7 h
7	Lac du Narèt	2310 m	7 h 25
8	Barrage de Sambuco	1460 m	9 h 45
9	Fusio 🚌	1289 m	10 h 10

A **S. Carlo,** le village le plus reculé du Val Bavona, un petit car postal conduit jusqu'à la station inférieure du téléphérique de Robiei: nous descendons toutefois à l'entrée même du village, près du Ristorante Basodino, même si finalement nous utilisons nos jambes, et non pas le train, pour gravir les premiers 1000 mètres de cette excursion de deux journées... Quel dommage, si nous ne prenions pas le temps de flâner un instant dans S. Carlo, où croissent les châtaigniers les plus élevés de toute la vallée et les cerisiers, entre les maisons de pierre! Mais il faut bientôt se mettre en route dans la pente: un chemin pédestre conduit au flanc droit de la vallée (donc à gauche du ruisseau), une petite route au flanc gauche. A l'endroit où elle croise la Bavona, on ne voit plus grand, chose du ruisseau de montagne qui, il y a quelques instants, écumait sauvagement: la plus grande partie des eaux disparaissent dans la montagne et se précipitent dans la vallée pour actionner des turbines. Nous arrivons sur le sentier escarpé et ombragé qui s'étire en haut vers le premier étage de la vallée, à l'*Alp Campo.* Là, il passe sur la rive gauche pour longer la vallée maintenant plus étroite. Le chemin se déroule vers la **Cabane Basòdino** du Club alpin suisse, montant, abrupt et assez pénible, mais le coup d'œil sur la chute d'eau de la Bavona compense la transpiration

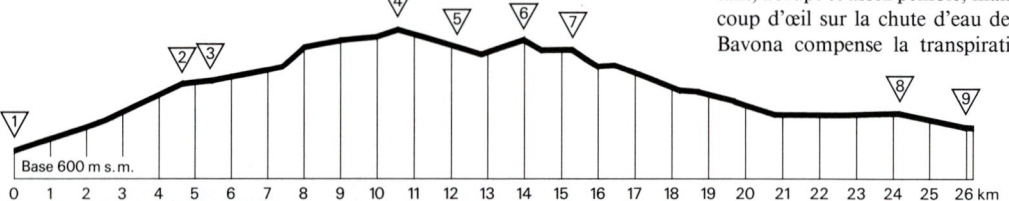

qui perle... Réconfortés, nous continuons et laissons à gauche derrière nous, à **Robiei**, la station inférieure du téléphérique et sa vilaine et haute bâtisse. Nous cheminons sur la route de la centrale électrique jusqu'au *Lago Bianco*: à cet endroit, le chemin se sépare pour le Lago Nero et le col de Cristallina. Après une pente escarpée qui nous conduit environ 240 m plus haut, nous obliquons à gauche afin de rejoindre bientôt le «lac tout profond», comme on désigne le *Lago Sfundau* dans le dialecte de la Maggia. Une longue transversale dans la pente conduit finalement au **col de Cristallina**. Avant de descendre en quelques minutes par le flanc opposé à la **cabane CAS Cristallina**, nous jetons un regard en arrière sur la grandiose région de Robiei et sur les deux grands glaciers des Alpes tessinoises, le glacier du Basòdino et celui de Cavagnöö. Un petit galop d'entraînement nous conduit dans la vallée, mais nous choisissons bientôt sur notre droite le

Après déjeuner, le Passo del Narèt

parcours qui grimpe au **Passo del Narèt,** le col du Narèt. A nos pieds s'étale déjà, presque circulaire, le **lac artificiel de Narèt**, une des sources de la Maggia, transformée en bassin d'accumulation lors de la deuxième extension des Forces électriques de la Maggia. Les routes d'accès aux **barrages** sont peu commodes, au moins pour la plante des pieds: si on peut éviter le revêtement asphalté au cours de la descente par le Val Sambuco, ce n'est plus le cas le long de l'étroit *Lago del Sambuco*. Par bonheur, au-dessous du plan d'eau retenu par un puissant barrage arqué, nous arrivons sur un sentier qui mène à **Fusio**, tout au bout du Val Lavizzara.

Bifurcations
Cabane Cristallina–Ossasco  (1313 m) dans le Val Bedretto 2 h
Lago del Narèt–Col du Sasso Nero–débris de marbre–Piano di Peccia 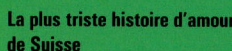 4 h

Carte d'excursions pédestres
Tessin Sopraceneri

 Le Val Maggia est relié à Locarno par une ligne d'autobus. A Bignasco, on doit changer pour aller à S. Carlo et Fusio.

 Le téléphérique S. Carlo–Robiei circule du début juin au début octobre. La saison de randonnées idéale commence et prend fin toutefois à peine un mois plus tard, car en juin les chemins sont encore partiellement enneigés. Aux derniers jours d'octobre, en revanche, les mélèzes dorés illuminent le bleu infini du ciel.

 La *cabane Cristallina* dispose de 160 places et est ainsi le plus grand refuge du Club alpin suisse. Malgré tout il est recommandé, le week-end, de réserver sa place (tél. 094/30 15 44). La cabane est ouverte en permanence; du printemps à l'automne, un gardien assure nourriture et boisson.

 Il faut voir *Fusio*: les habitations, rassemblées autour de l'église dans la rude pente qui surplombe la Maggia, sont des maisons de pierres typiquement tessinoises, alors que granges et écuries, dans la partie arrière du village, sont construites en bois, comme en Suisse centrale.

Le plus grand glacier du Tessin, le Ghiacciaio del Basòdino, se mire dans un petit lac, on le découvre au cours de la montée de Robiei au col de Cristallina. Avec ses 3272 m, le sommet est le deuxième du sud de la Suisse au point de vue altitude. C'est aussi un des plus impressionnants points de vue des Alpes. Le Basòdino est au centre de 14 lacs artificiels, dont sept appartiennent au sol italien et les sept autres au territoire suisse: ils font partie des Forces électriques de la Maggia S.A. qui produisent chaque année environ 1,2 milliard de kWh, en majeure partie pour alimenter les agglomérations au nord des Alpes. Les eaux de fonte des glaciers, enfermées dans les barrages sont exploitées intensivement. La dénivellation entre le lac artificiel de Gries, près du col du Nufenen, Cavagnöö et Narèt, jusqu'au lac Majeur, est de 2100 m, ce qui en fait la plus haute chute de Suisse.

La plus triste histoire d'amour de Suisse

«Je ne retournerai pas en Amérique»... Ainsi commence un roman qu'on devrait à tout prix avoir dans son sac de touriste, quand on se met en route dans la Val Bavona. On lit encore, quelques lignes plus loin: «Je pense qu'il serait trop beau de pouvoir faire défiler la vie à l'envers comme les kilomètres d'une voiture que l'on remet à zéro, pour retourner à la gare le jour où je suis parti, il y avait Madeleine aussi...» L'écrivain, c'est Plinio Martini qui a vécu de 1923 à 1981, et son roman «Le fond du sac» (publié dans la collection «Poche suisse», Editions L'Age d'Homme). Le personnage qui raconte, Gori, revient vers la fin des années quarante, après une longue émigration en Californie, dans le village pauvre qui comme tant d'autres ne suffisait pas à nourrir les siens. Il décrit le temps passé et le moment présent dans le Val Bavona et règle les comptes avec l'un et l'autre, d'où le titre italien de son œuvre «Il fondo del sacco» – Le fond du sac. Le récit romanesque est aussi celui des amours de Gori et Maddalena, un récit fait de tendre amertume, comme on n'en connaît pour ainsi dire pas dans la littérature suisse. Pour qui veut lire quelque chose de moins triste, il y a le guide «Vallemaggia» publié en 1988 par l'Office du tourisme (Ente turistico) de la région; le sous-titre de cette brochure richement illustrée est prometteur – «Pour tous ceux qui aimeront découvrir sans hâte la vallée» – et la publication ne se contente pas d'une approche superficielle du tourisme régional. Avec ces deux ouvrages dans le sac à dos, même un jour de pluie, à l'abri de la cabane Cristallina, est un moment de rêve...

Le Val Verzasca, c'est un morceau du cœur tessinois que cette randonnée nous fait aimer plus encore.

Le paysage du Val Verzasca est sans doute le plus intime du Tessin, entre les deux chaînes de montagnes abruptes qui s'élèvent de part et d'autre sans faille, parallèles aux vallées de la Maggia et du Tessin. Unité du paysage, unité aussi de l'architecture: c'est ici qu'on découvre en grand nombre les plus belles maisons de pierre typiquement tessinoises. Le Val Verzasca est l'expression même du «Ticino granito», mais le granit, pour ceux qui vivent et travaillent dans cette vallée, est vraiment une dure pierre… Le «sentierone», c'est le chemin qui de Mergoscia à Sonogno parcourt le paysage passionnant du Val Verzasca.

Mergoscia–Lavertezzo–Sonogno

Route	Altitude	Temps
1 Mergoscia 🚌	731 m	—
2 Corippo	563 m	1 h 40
3 Lavertezzo 🚌	536 m	2 h 30
4 Ganne 🚌	671 m	3 h 45
5 Brione Verzasca 🚌	756 m	4 h 05
6 Alnasca	757 m	4 h 15
7 Gerra 🚌	808 m	5 h
8 Frasco 🚌	885 m	5 h 40
9 Sonogno 🚌	918 m	6 h 15

C'est à **Mergoscia,** localité considérée comme le centre géographique du Tessin, que commence cette randonnée tout au long du Val Verzasca. Le village est situé à la sortie de la vallée, sur une pente prononcée dominant le Lago di Vogorno, lac artificiel de la Verzasca. Mergoscia, entouré de châtaigniers et des vignes les plus élevées du Val Verzasca, présente déjà les maisons typiques de cette région, construites en pierres sèches, aux toits couverts de pierres et aux encadrements de fenêtres blanchis à la chaux. Plus de lumière ainsi apportée dans la maison: c'est aussi, dit la tradition, pour empêcher l'invasion des souris et des mauvais esprits… Pendant des siècles, on ne pouvait atteindre cet endroit que de Locarno, par les Monti di Lego; c'est finalement des gens rentrés au pays qui ont financé la construction de la route de Contra à Mergoscia. L'endroit permet un coup d'œil sur le lac Majeur, avant que nous nous engagions – entre la maison communale et l'église – sur le chemin en escaliers qui monte à *Benetti.* A partir de là, une petite route puis un agréable chemin pédestre nous conduisent dans l'intérieur de la vallée. Dans la clairière de *Bedeglia,* nous découvrons pour la première fois le Val Verzasca jusqu'à Lavertezzo. Plus loin, nous traversons une forêt de châtaigniers; près des cabanes de *Liano,* nous choisissons le chemin qui grimpe dans la gorge et, par un pont de pierre et un escalier, nous arrivons sur la place de l'église de *Corippo.*

Le plus beau village du Tessin

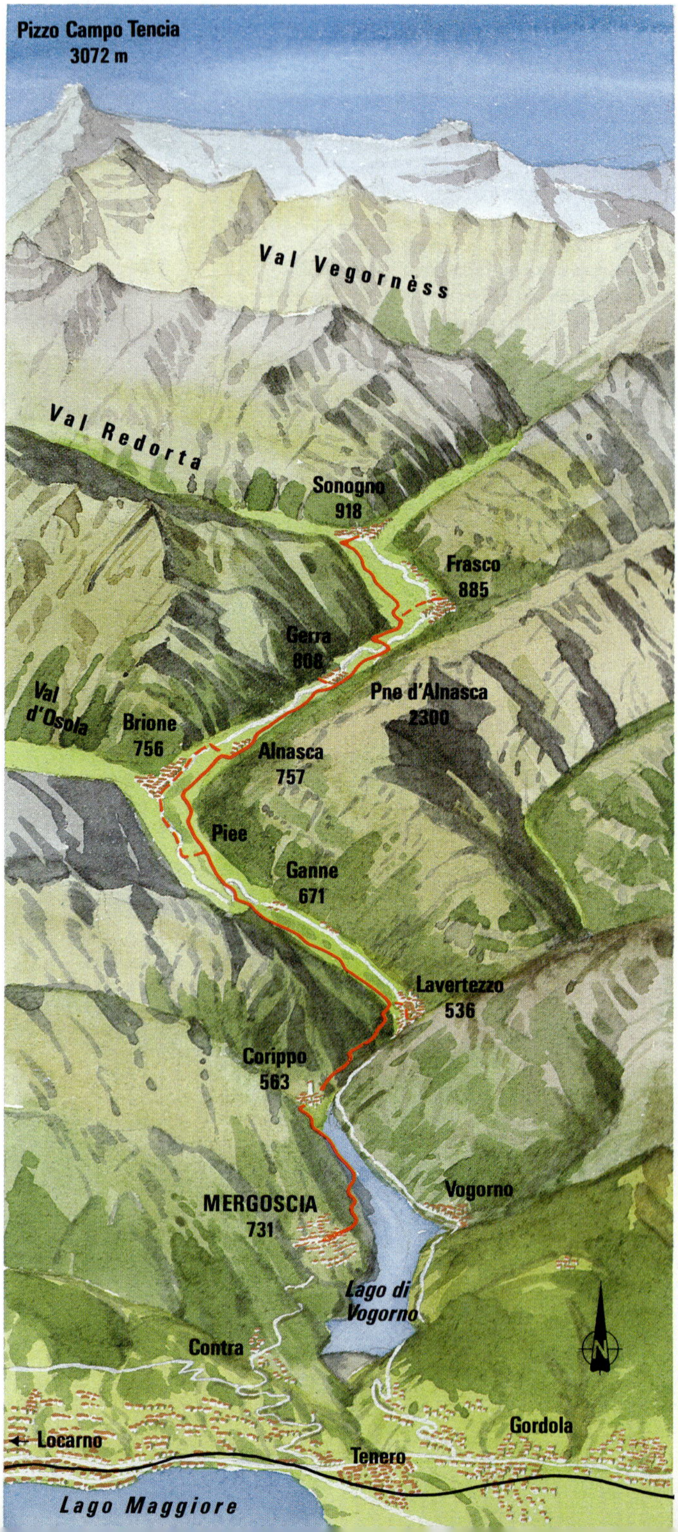

La pente à laquelle s'accroche Corippo, village tessinois des plus typiques, est si escarpée que dans la plupart des maisons les chambres aménagées au-dessus de la cuisine sont accessibles de plein pied. Autrefois, le «village de granit» était le centre du travail du chanvre: une cinquantaine de personnes étaient encore oc-cupées vers 1890 à cet artisanat qui a disparu progressivement à la suite d'importations étrangères. Corippo a subi en 80 ans la plus forte régression de population dans l'ensemble de la Suisse: il a perdu au cours de ces

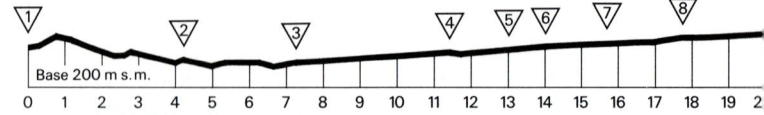

années 78% de ses habitants. Le village a été mis sous protection en 1975, en qualité de monument national d'architecture. Une fondation tente de maintenir dans leur état les bâtiments d'habitation et d'améliorer les conditions d'existence des habitants. Malgré cela, il n'y en a plus 40 personnes qui vivent encore cette idylle: il n'est pas facile de vivre uniquement du paysage et de la protection des monuments architecturaux. Nous suivons la route pendant un court laps de temps, puis nous choisissons le chemin balisé de la vallée, sur la rive droite de la Verzasca, sans manquer de contempler au fil de son cours les étonnantes formes que l'érosion millénaire a données aux rochers. Peu après le joli village de **Lavertezzo,** sur la rive opposée, nous arrivons au pont le plus photographié du Tessin, le *«Ponte dei salti»,* le «Pont des sauts».

Le parcours qui suit, de Lavertezzo à Brione, nous permet d'observer de nombreux baigneurs, amateurs de soleil, sur les grandes surfaces rocheuses qui parsèment le cours d'eau: comme nous avons choisi plutôt de marcher, nous continuons en longeant la rivière. Près de **Ganne,** nous passons de l'autre côté, sur la rive gauche, et nous cheminons parmi les énormes masses rocheuses descendues des sommets lors d'un éboulement préhistorique. Peu de temps après, nous atteignons **Brione,** le village principal du Val Verzasca. Un grand nombre d'hommes de cette localité travaillent dans les carrières de marbre du Val d'Osura, qui débouche ici de l'ouest, donnant un peu de lumière dans la vallée principale; les femmes travaillent la terre des petits champs et prés parcimonieux. Qui veut visiter le village et son église doit déjà changer de rive à *Piee,* pour revenir au «sentierone» près d'**Alnasca.** Le «sentierone» se déroule de l'autre côté du beau village de **Gerra** jusqu'à **Frasco** où il change une fois encore de rive. Le village était autrefois le centre de petits ateliers industriels. Les moulins étaient nombreux, sur un canal latéral de la Verzasca où s'activaient également une scierie et un rouissoir à lin. On voit au clocher de l'église une marque indiquant le plus haut niveau de l'avalanche qui en 1951 a dévalé sur le village, détruisant en grand nombre maisons d'habitation et écuries. En un mot comme en cent: sol âpre, dur travail, nature impitoyable, la vie dans le Val Verzasca n'a jamais été – et n'est pas – aussi ensoleillée que le croient encore beaucoup de citadins… Frasco possède la première auberge moderne construite et aménagée dans le village. Pourquoi ne pas prendre un temps de repos, passer la nuit et monter le lendemain jusqu'au Lago d'Efra, 3 h 30, perle bleue dans le paysage sauvage? A partir de Frasco, nous ne sommes plus très éloignés du but de notre randonnée: **Sonogno,** le village le plus reculé du Val Verzasca, à l'endroit où se rassemblent les deux pans de la vallée.

Carte d'excursions pédestres
Tessin Sopraceneri

Le «Ponte dei salti»: Les deux arches du *«Ponte dei salti»* enjambent à Lavertezzo les flots de la Verzasca; c'est un pont jeté sur le cours d'eau au moyen-âge, et non pas à l'époque romaine, comme on le prétend parfois. Les baigneurs se prélassent sur les rochers polis par les eaux, et cela nous donne envie de sortir du havresac le costume de bain pour profiter nous aussi d'une petite baignade rafraîchissante… L'eau aux teintes émeraude de la Verzasca invite vraiment à la baignade, mais on ne saurait être assez prudent, non seulement parce que même au cœur de l'été l'eau est glacée, mais parce que les courants perfides font chaque année des victimes. Mais on peut sans risque faire trempette pour soulager les pieds fatigués par la marche!

On peut atteindre aussi aisément Mergoscia, notre point de départ, que Sonogno, notre but, par les bus qui circulent régulièrement à partir de Locarno. Le voyage à Mergoscia par automobile personnelle n'a pas de sens, d'abord parce qu'il n'y a pas de place de parc au village, et parce que notre randonnée ne nous ramène pas à cet endroit.

L'église Santa Maria Assunta, à *Brione,* est un joyau du Val Verzasca: elle a été construite en 1683 sur les fondations d'un sanctuaire inauguré déjà en 1294. On y admire les restes de peintures des 14e et 15e siècles, apparentées à l'école de Giotto et qui figurent parmi les plus remarquables exemples de cette école dans toute la région alpine.

Le Musée du Val Verzasca, à *Sonogno,* montre surtout des ustensiles de l'économie laitière, du rouissage et du travail du chanvre.

Les amateurs chevronnés et courageux de canotage et de plongée trouveront leur plaisir dans la Verzasca, les pêcheurs plus tranquilles pourront exercer leur patience dans les belles eaux claires et vertes de la rivière.

Val Verzasca, souvenirs à la source

Paysage très beau, intact, belles maisons soignées, intactes aussi: dans le Val Verzasca, on croirait parcourir un véritable musée de plein air. Les touristes bardés d'appareils à photos et de caméras sont en nombre bien supérieur à celui des habitants. L'espace restreint, le sol âpre obligent la population à chercher une activité hors de la vallée. Autrefois, ils étaient ramoneurs en Italie ou chercheurs d'or en Californie; aujourd'hui, les centres de la région leur procurent un emploi et des ressources. Les habitants plus âgés restés au village ne sont pas en mesure d'accomplir seuls tout le travail et cela explique que beaucoup de maisons sont abandonnées. Leur utilisation comme résidences secondaires ou maisons de vacances n'est pas une solution, car cela ne crée aucun emploi. L'association d'entraide «Pro Verzasca», constituée en 1933, contribue à sauvegarder quelques activités: elle donne aux habitants de la vallée la possibilité de gagner un peu d'argent grâce aux productions traditionnelles de la région. Plus de 70 femmes fournissent leurs travaux au magasin «Artigianato Pro Verzasca» à Sonogno: céramique, objets en bois, étoffes, tricotages, laine à tricoter. La laine, à l'exception du bleu indigo, est teintée uniquement au moyen de fleurs et de racines provenant de la vallée. A part ces productions importantes au point de vue économique, exemplaires sur le plan écologique, on trouve à Sonogno des spécialités locales de fromages. Les souvenirs à la source: un cas rare dans le tourisme.

Intragna–Loco–Passo della Garina–Aurigeno

A travers trois vallées de la région de Locarno, avec une surprenante bifurcation, une randonnée très variée

Locarno et le lac Majeur sont aussi intimement liés l'un à l'autre que Locarno et ses vallées, de l'est à l'ouest, Val Verzasca, Val Maggia, Val Onsernone et Centovalli, la ville étant située à leur point de jonction. La randonnée d'Intragna à Loco et à Aurigeno par le Passo della Garina – le col de la Garina – touche trois de ces vallées. Le trajet est entré dans la littérature grâce à Max Frisch. Plutôt que descendre dans le Val Maggia, ceux qui connaissent bien les chemins montent du col sur le Salmone, et redescendent directement à Verscio dans le Pedemonte, plaine alluviale des rivières qui courent dans les trois vallées.

Route		Altitude	Temps
1	Intragna	339 m	—
2	Pila	590 m	0 h 40
3	Pont d'Isorno	406 m	1 h 30
4	Loco	678 m	2 h 30
5	Passo della Garina	1076 m	3 h 40
6	Aurigeno	341 m	5 h 15
7	Aurigeno-Moghegno	314 m	5 h 30

Le point de départ est **Intragna**, village à l'entrée des Centovalli et du Val Onsernone, bien que le chemin le plus fréquenté pour cette vallée – la route – bifurque déjà à Cavigliano. Le nom d'Intragna (inter amnes = entre les rivières) décrit clairement la situation de la localité, comme un éperon entre les deux rivières, Melezza et Isorno. Nous montons de la gare vers la petite église à la limite supérieure du village. Là commence le chemin de lisière asphalté qui conduit au Val Onsernone: il a été aménagé en 1768 et formait jusqu'en 1896 la liaison avec le monde extérieur. Le chemin se déroule en montant vers **Pila**, qu'on peut également atteindre par télésiège à partir d'Intragna. Le parcours s'incurve à droite et s'étire dans le Val Onsernone, bien haut au-dessus de la gorge où coule l'Isorno. Près du hameau de *Vosa*, dont les jeunes émigrèrent autrefois aux Etats-Unis d'Amérique comme valets de ferme et garçons de café, nous choisissons le chemin qui petit à petit nous conduit en descendant au nouveau **pont sur l'Isorno**, remplaçant celui que les intempéries ont détruit en 1978. Par les coteaux plantés de vignes, nous cheminons jusqu'à **Loco**, chef-lieu du Val Onsernone et naguère centre du tressage de la paille. Au cours de la seconde moitié du 19e siècle, la vallée était tout enluminée du jaune des champs de seigle et de froment. On en faisait toutefois peu de farine, on utilisait la paille pour en tresser des chapeaux, des sacs et des paniers qui plaisaient beaucoup à la bonne société. Le travail de la paille avait été introduit dans la région par des émigrants en Belgique rentrés au pays. Aujourd'hui, on ne voit et n'admire plus guère cette production que dans le

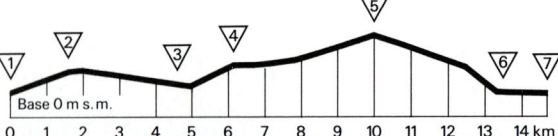

musée de la vallée, à Loco. Aux maisons, les longues poutres et perches sur lesquelles séchaient les chaumes flexibles sont le seul vestige de l'activité autrefois florissante des habitants de la vallée. La montée au **Passo della Garina** commence à l'extrémité est du village de Loco. Par un bon chemin montant en droite ligne, nous quittons le paysage modelé par l'époque glaciaire, en grimpant jusqu'à l'échancrure que nous atteignons par les étonnantes bosses qui parsèment la *cuvette de Campo*. Un bras du glacier de la Maggia s'étendait jusqu'à cet endroit à l'ère glaciaire et seul le sommet du Salmone émergeait des masses de glace. A proximité du col, nous devons choisir, soit de monter sur les hauteurs, soit de descendre dans le Val Maggia. Dans ce dernier cas, nous longeons le sentier étroit mais bien visible – avec prudence par temps humide ou par la pluie, car les dalles de pierre sont parfois glissantes – et nous descendons ainsi dans la forêt abrupte jusqu'à **Aurigeno**. Le beau village doit probablement son nom, comme Auressio sur l'autre versant de la vallée, au sable aurifère qu'on aurait découvert dans les deux ruisseaux dont la source jaillit au col. Un quart d'heure de marche suffit pour rejoindre la gare d'**Aurigeno-Moghegno**.

Bifurcations

La montée du col de la Garina en direction sud vers le Salmone, cette «tour de garde» veillant sur le Val Maggia et le Val Onsernone, est plus riche en points de vue, mais plus difficile et plus astreignante. Pour ménager ses forces, on peut prendre le départ à Loco, mais ce parcours n'est conseillé qu'aux marcheurs dotés d'un bon sens de l'orientation et d'une bonne musculature! A quelques mètres du col de la Garina, un sentier partiellement en mauvais état bifurque vers la crête nord et vers la cime du Salmone. A cet endroit, nous découvrons une merveilleuse vue sur les deux vallées, le village de Loco, le delta de la Maggia et le lac Majeur. On descend de là par la crête sud, puis par une côte escarpée passant près de nombreuses maisons de pierre, jusqu'à Verscio:
Passo della Garina–Salmone–Verscio 🚌 🚆 4 h 20
Aurigeno–Dunzio–Streccia–Tegna 🚌–Ponte Brolla 🚌 🚆 2 h 50

Cartes d'excursions pédestres
Tessin Sopraceneri
Tessin Sottoceneri

Guide pédestre
Locarno

🚌 Intragna aussi bien que Verdasio sont situées sur la ligne du chemin de fer des Centovalli, qui relie Locarno à la ville italienne de Domodossola par d'innombrables ponts et tunnels. Entre Solduno et Locarno le train passe complètement dans le tunnel; il n'apparaît que sur la place de la gare au jour.

🏛 Le Musée du Val Onsernone, à *Loco*, est ouvert tous les jours à l'exception du lundi. On y voit les outils et produits de l'époque du tressage de la paille.

🏰 La caractéristique d'*Intragna* est le clocher de l'église, qui avec 65 m de hauteur est le plus élevé du Tessin. Le pont jeté sur l'Isorno, qui franchit la rivière à une hauteur de 90 m, est également intéressant.
Verscio, au moyen-âge centre de la région du Pedemonte, est aujourd'hui très connu, pas seulement pour la très belle apparence du village, mais pour son théâtre et son école de mime animés par le célèbre clown suisse Dimitri.

Balade au Tessin: La randonnée dans le Tessin demande souvent plus d'exigences dans le domaine de l'orientation que les excursions au nord des Alpes. Le balisage n'est pas toujours aussi clair qu'ici, sur un ancien itinéraire de contrebande dans le Val Onsernone: pas de sentier bien apparent, quand cessent les indicateurs, on est facilement égaré. Les cheminements sont sans doute tracés sur les plus récentes cartes d'excursions, mais la végétation abondante a tôt fait de les masquer, les intempéries et glissements de terrain effacent les traces, tant et si bien que les chemins alpestres disparaissent et reviennent lentement mais sûrement à l'état naturel. La randonnée dans le Tessin a ainsi, aujourd'hui encore, un petit relent d'aventure…

Le Val Onsernone dans la littérature

«Le col se trouve à 1076 mètres au-dessus du niveau de la mer et Monsieur Geiser connaît depuis bien longtemps le cheminement jusqu'au sommet, et puis il y a aussi la carte: Monsieur Geiser sait qu'à l'endroit où le chemin se ramifie il faut garder sa gauche, qu'il y a en cours de route des étables où l'on peut s'abriter en cas d'orage, et d'autres étables encore vers le sommet du col…»

On lit ces mots dans la nouvelle «Der Mensch erscheint im Holozän» – L'homme apparaît au quaternaire (Editions Gallimard) – écrite par l'écrivain suisse Max Frisch, qui habitait temporairement à Berzona, près de Loco. Le personnage principal du récit, le retraité Geiser, cherche après un orage à quitter par le Passo della Garina le Val Onsernone coupé du monde, mais il se trouve bientôt en difficulté. L'ouvrage de Max Frisch n'est pas très volumineux, il trouve facilement place dans le sac à dos, c'est une bonne raison de l'emporter pour se délecter de ce récit au cours d'une petite pause, sur un alpage ensoleillé, au milieu de l'herbe, parmi les cailloux, et sous le ciel serein.

Max Frisch ne fut pas le seul écrivain qui se soit passionné pour le Val Onsernone. Alfred Andersch a vécu lui aussi à Berzona, et Golo Mann s'y rendait parfois.

L'écrivain suisse Aline Valangin est moins connue, mais elle aussi a vécu au cours des années 30 dans le Val Onsernone, sa deuxième patrie.

Alpe Foppa–Monte Tamaro–Monte Gambarogno–S. Nazzaro

On ne peut pas désirer mieux: une randonnée sur deux des plus beaux points de vue du Tessin et pour la fin un parcours en bateau!

Le Monte Tamaro manque de peu la classe des «2000», il lui manque 39 m à peine pour égaler cette altitude, mais sa situation privilégiée et la qualité du point de vue compensent largement cette apparente faiblesse… Si vous avez la chance de vous trouver là-haut par une belle journée claire, vous découvrirez avec étonnement un panorama exceptionnel: au nord, tout l'arc alpin, du Mont-Rose à la Bernina, par le Finsteraarhorn; au sud la plaine du Pô et les Apennins; tout en bas, sous vos yeux, le lac de Lugano encadré par les contreforts sud des Alpes, et les trois villes de Locarno, Bellinzone et Lugano. Un coup d'oeil inoubliable!

Route	Altitude	Temps
1 Alpe Foppa	1530 m	—
2 Cabane Tamaro UTOE	1867 m	1 h 15
3 Monte Tamaro	1961 m	2 h 05
4 Alpe di Neggia	1395 m	3 h 15
5 Monte Gambarogno	1734 m	4 h 15
6 Alpe Cedullo	1287 m	5 h 05
7 Monti di Vairano	790 m	6 h 05
8 Vairano	392 m	6 h 40
9 S. Nazzaro	211 m	7 h 15

Le point de départ de cette randonnée de crêtes jusqu'à deux sommets aux riches points de vue commence sur l'**Alpe Foppa,** facilement accessible par une télécabine à partir de Rivera, village situé directement au sud du Monte Ceneri. La meilleure manière de se mettre bien en route est de rejoindre cet alpage en fin d'après-midi – par la télécabine ou à pied – et de passer la nuit à l'auberge voisine de la station supérieure (tél. 091 95 22 51) ou même à la cabane Tamaro UTOE (tél. 091 95 10 08), située une bonne heure plus loin au-dessus du chemin du Tamaro. A voir la mer de lumières, dans la vallée et la mer d'étoiles dans le ciel, on ne regrette pas le meilleur hôtel cinq étoiles! Au matin, le départ sous les premiers rayons du soleil est tout simplement merveilleux…

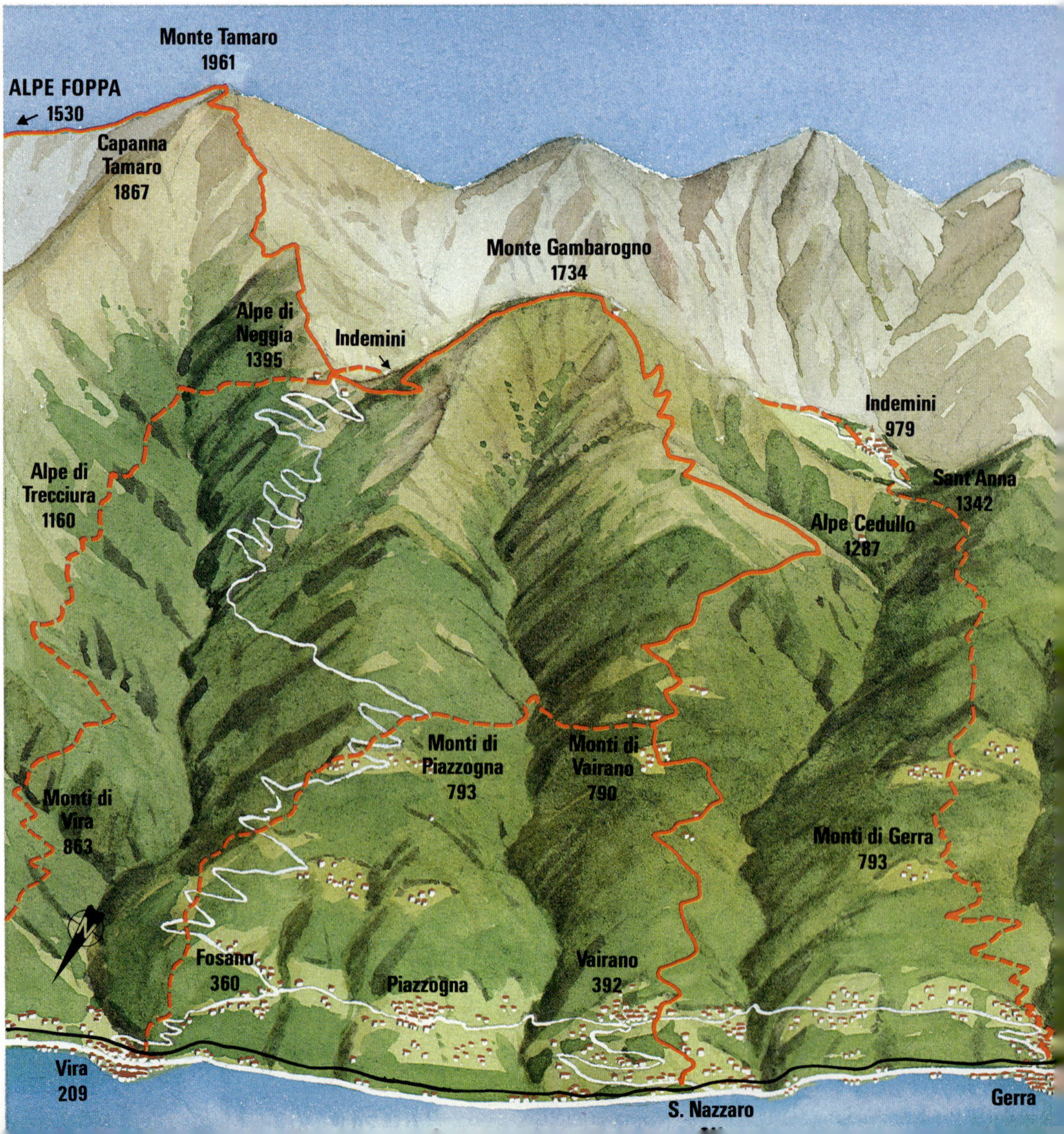

Le meilleur chemin pour atteindre la **cabane Tamaro,** près de l'antenne de télécommunications, est celui de la crête, qui va de la station supérieure de la télécabine à l'alpage de Foppa. On passe en cours de route près d'une station de télésiège. Le chemin quittant la cabane Tamaro conduit d'abord sur les hauts dominant le versant nord du Motto Rotondo, un ensellement au pied de la crête est du **Monte Tamaro:** c'est par cet itinéraire que nous rejoignons en quelques minutes à peine le sommet du Monte Tamaro aux pentes tombant de tous côtés à pic (1961 m). Le panorama, dont on ne se rassasie pas, mérite un bon temps d'arrêt, et si l'on n'a pas oublié les jumelles, on pourra le contempler avec le plus grand ravissement. Pourtant, il n'est pas temps de trop s'attarder: un bon

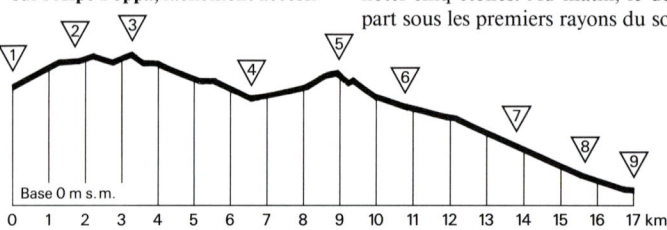

bout de chemin nous invite, même si nous aurons bientôt la possibilité, sur l'**Alpe di Neggia,** d'interrompre le parcours et de redescendre sur les rives du lac Majeur par l'automobile postale. Dans le terrain pentu, un chemin bien aménagé conduit du Monte Tamaro au col d'Alpe di Neggia, en déroulant son cours un peu au-dessous de la crête ouest et parfois le long même de cette crête. A partir de l'Alpe di Neggia, une route étroite descend par 35 courbes en épingle à cheveu très aiguës vers Vira, sur les rives du lac; au sud, elle se déroule par Indemini – le village probablement le plus isolé du Tessin, menacé par l'affluence de touristes – en décrivant un nombre tout aussi impressionnant de courbes pour pénétrer en territoire italien.

Mille cinq cents mètres de plongée…

Le parcours continue toutefois sur un petit sentier allant du col au sommet avancé du **Monte Gambarogno** par la crête sud-est et plus loin par le faîte au point le plus élevé (1734 m), d'où la vue est époustouflante. Le panorama complet est admirable, mais plus impressionnant encore le coup d'œil dans la profondeur, tout en bas sur le lac Majeur et le delta de la Maggia: 1500 m au-dessous de nos yeux, on distingue les bateaux, comme des jouets sur le bleu plan d'eau. Le sommet a donné son nom à la région qui s'étend au pied nord du massif montagneux: le Gambarogno est la rive gauche du lac Majeur supérieur, qu'on appelle aussi «Côte d'Argent», par opposition à la «Côte d'Or», sur la rive opposée, de Locarno à Ascona. Paysage adorable du Gambarogno: climat très doux, villages de pêcheurs et de vignerons, belles forêts, nombreux chemins de promenades, tourisme pas encore envahissant.

On chemine d'abord par la crête nord-ouest, en descendant, puis le chemin serpente dans les fougères et en forêt pour descendre encore vers l'**Alpe Cedullo.** Nous obliquons fortement à droite, évitant le sentier qui en direction du lac chemine longuement à travers une forêt de hêtres, pour se diriger à l'ouest seulement en bordure de la *Valle di Derbor* et finalement, à gauche et non loin d'un éperon rocheux, plonger vers les **Monti di Varaino.** A cet endroit au plus tard, une pause est recommandée, le temps de se rafraîchir un brin, avant de poursuivre en si bon chemin vers la limite du Valle di Cedullo: en restant sur la droite, nous parvenons bientôt au pittoresque village de **Vairano.** Le chemin de lisière, ancien et revêtu de gros pavés inégaux, mène finalement en bas, à **S. Nazzaro.** Le lac Majeur invite à la baignade, le bateau emmène les marcheurs fatigués à Locarno, on voit de la plage les deux magnifiques sommets sur lesquels il y a un instant se déroulaient nos pas…

Bifurcations

Alpe di Neggia 🚠–Pasturone–Indemini 🚌–Passo Sant'Anna–Gerra 🚐 🚌 ⛴ 5 h
Alpe di Neggia 🚠–Alpe di Trecciura–Monti di Vira–Magadino 🚐 🚌 ⛴ 2 h 30
Monti di Vairano–Monti di Piazzogna–Fosano–Vira 🚐 🚌 ⛴ 2 h

Carte d'excursions pédestres
Ticino/Sottoceneri

Merveilles printanières au Lido de Muralto: Le Monte Tamaro (à gauche) étincelant de lumière, le Monte Gambarogno au soleil couchant sur le lac Majeur, tout le contraste hivernal avec la nature déjà en plein éveil printanier dans le sud du Tessin. La saison n'est pas encore propice à la randonnée sur les cimes, on peut tout au plus y skier à cette époque de l'année. L'Alpe Foppa est également le centre de la région de ski du Tamaro, la plus étendue au sud du Tessin. Un petit téléski est installé sur les hauteurs de l'Alpe di Neggia.

Le déplacement à Rivera, point de départ de la télécabine pour l'Alpe Foppa, se fait au mieux par chemin de fer au départ de Bellinzone ou Lugano. La télécabine circule de mi-juin jusqu'au début novembre chaque jour et entre le premier jour de neige jusqu'à fin avril.

 Les bateaux du lac Majeur circulent de mi-mars à fin octobre. On peut revenir par bus ou chemin de fer à Bellinzone ou Locarno, mais le parcours est bien plus joli par le lac.

Sur l'Alpe Foppa, parc zoologique avec bouquetins, chamois et marmottes.

 Les Bolle di Magadino, à l'extrémité est de la rive de Gambarogno, forment une région naturelle protégée unique en son genre. Dans les anciens marécages de l'embouchure du Ticino croît une flore très variée. On ne doit pas abandonner les chemins dans cette région sous protection.

Parla italiano?

La région du Gambarogno, et plus encore celle de Locarno, sur la rive opposée, a vu s'implanter depuis quelques années un nombre toujours croissant de Suisses alémaniques et d'Allemands, avides de profiter du soleil italien, du bien-être suisse, et de vivre dans le confort et la sécurité, pour toujours ou seulement pour un temps de plus ou moins longues vacances. La situation n'a pas seulement conduit à des difficultés sur le marché du logement – beaucoup de Tessinois ne sont plus en mesure de lutter contre le prix exorbitant des terrains et le niveau des loyers, face à la riche concurrence nordique – elle a créé également des tensions entre groupes linguistiques. Sur les 282 000 habitants recensés au Tessin de nos jours seulement 179 000 sont de souche tessinoise. Les ressortissants allemands et suisses alémaniques sont nombreux à passer les années de retraite dans ce qu'on appelle parfois le «jardin ensoleillé de la Suisse». Une minorité de ces nouveaux résidents s'intègre à la société tessinoise, mais la majorité forme une espèce de colonie sans contacts avec la population indigène: on reste entre soi, on ne s'adapte pas lors de contacts avec la population autochtone, par exemple on parle d'emblée le «schwyzerdütsch». Le résultat est qu'à Locarno et dans les localités environnantes, où les Suisses alémaniques et les Allemands forment déjà la majorité de la population, même les Tessinois sont servis en allemand dans les magasins et restaurants. Pour ne pas amplifier encore cette perte d'identité, il faut faire preuve de courtoisie élémentaire, au Tessin, en cherchant d'emblée à se faire comprendre dans la langue italienne. Capito?

Les hauteurs d'abord, et puis les rives du lac de Lugano: tout pour une belle randonnée tessinoise

Pour cet itinéraire qui domine le lac, le beau temps est indispensable, mais aussi un bon équipement, à commencer par les chaussures. Le brouillard ou les nuages empêcheraient de porter le regard sur la splendide nappe d'eau et dans le lointain sur les Alpes; le chemin étroit, mais très praticable, exige bon pied bon œil, depuis les dentelures des Denti della Vecchia et par le Monte Boglia (1516 m) jusqu'à Brè. On a avantage, faute d'un bon équipement de marche, à prendre le téléphérique du Monte Brè pour redescendre ensuite à Gandria, où attend le bateau de Lugano. On peut agrémenter encore la promenade en parcourant la crête aérée entre la Suisse et l'Italie.

Cimadera–Monte Boglia–Brè–Gandria

Route		Altitude	Temps
1	Cimadera 🚌	1087 m	—
2	Cabane Pairolo SAT	1344 m	1 h 10
3	Borne-frontière 7 M (Denti della Vecchia)	1400 m	1 h 50
4	Pian di Scagn	1174 m	2 h 40
5	Monte Boglia	1516 m	3 h 45
6	Brè/village 🚠	785 m	5 h 15
7	Gandria ⛴	274 m	6 h 15

Le point de départ de cette randonnée sur les crêtes – long parcours qu'on peut facilement abréger – est **Cimadera**, le village le plus élevé du Val Colla, une des ravissantes vallées dans l'arrière-pays de Lugano. A partir de la halte d'automobiles postales, nous traversons le joli village en direction est pour gravir une éminence du terrain. Nous arrivons bientôt à une chapelle et, peu après, nous longeons le chemin de lisière dans la pente, pour aller à la **Cabane Pairolo** de la Sociéta Alpinistica Ticinese. Le refuge dispose de possibilités d'hébergement; la cabane est ouverte en permanence de juin au commencement d'octobre (tél. 091/971156). Un sentier grimpant direction ouest par les pentes des pâturages nous amène à la crête et au parcours frontalier; il s'étire ensuite, un peu au-dessous de la crête côté suisse, en direction des bizarres tours calcaires des Denti della Vecchia où les alpinistes peuvent se mesurer à tous les degrés de difficultés d'escalade.

Denti della Vecchia, les Dolomites tessinoises

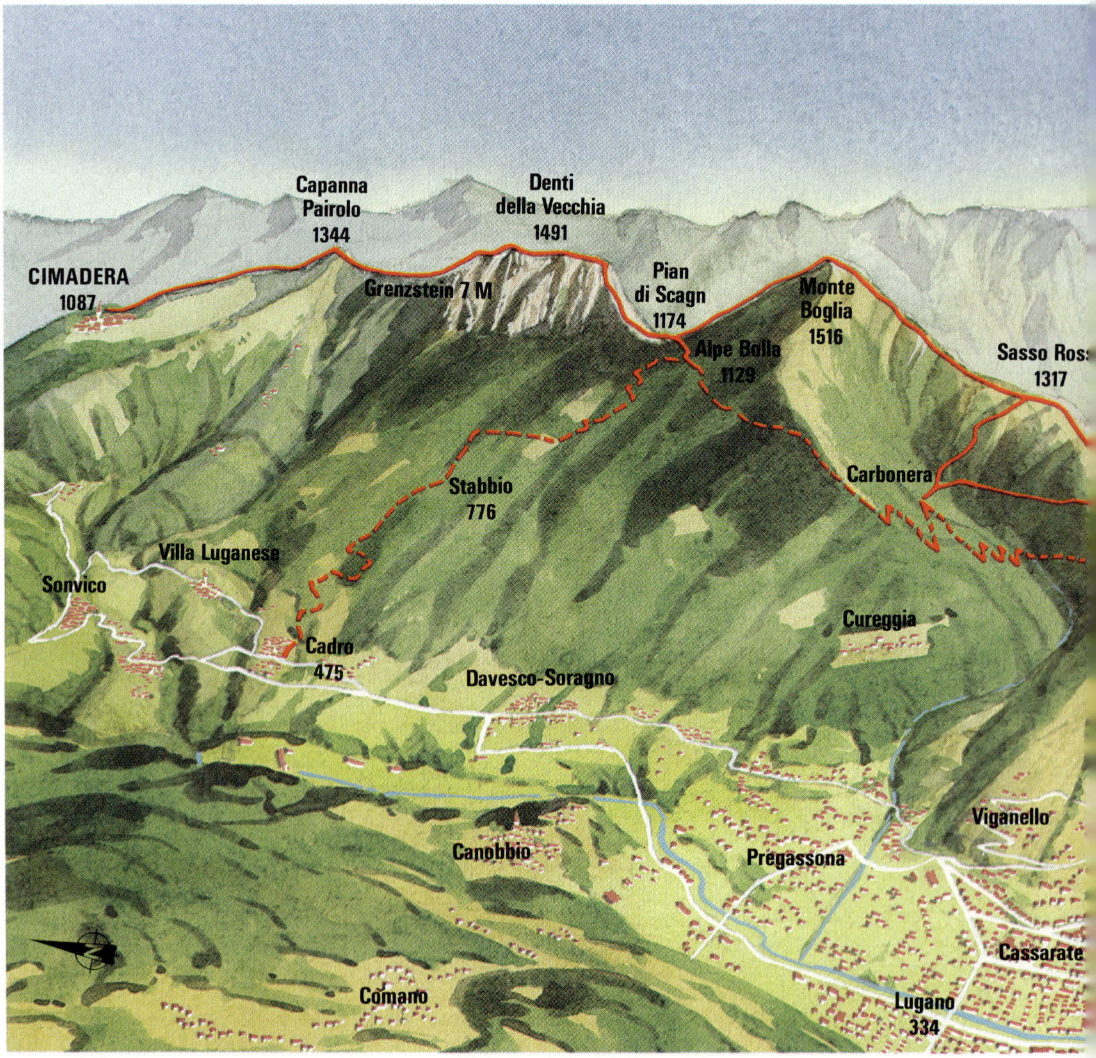

Les tours rocheuses gris-clair apparaissent comme une image miniature des Dolomites. Le Sasso Grande, avec ses 1491 m d'altitude est le point culminant des Denti della Vecchia. Au pied de cet imposant massif montagneux, on découvre à 1400 m d'altitude la **borne-frontière 7 M,** et sur la crête un idyllique pré que les alpinistes italiens appellent Passo Streccione. Le sentier, indiqué partiellement sur la carte topographique 1:25000, feuille Tesserete (8e édition 1983), se déroule au pied sud des Denti della Vecchia et en majeure partie sur sol italien, mais

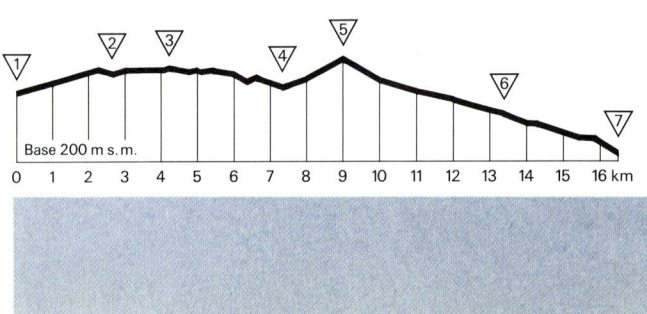

on ne doit pas pour autant être en possession d'un passeport ou d'une carte d'identité. Le chemin s'abaisse, partiellement en pentes et contrepentes, vers l'ensellement plat de **Pian di Scagn**, d'où nous pourrions en quelques minutes descendre à l'*Alpe Bolla*. On peut se ravitailler et se reposer à cet endroit, en cas de fatigue passer par la nuit, descendre à Cadro ou continuer vers Brè sans gravir le Monte Boglia. Les amateurs d'ascensions vers les cimes filent il est vrai de Pian di Scagn par la crête nord sur le sommet du **Monte Boglia** d'où l'on découvre un panorama incomparable sur Lugano et son lac aux allures de fjord. Nous pourrions, ici également, flâner pendant des heures, si ne nous attendait pas la descente escarpée par la crête sud! Avec prudence, nous allons à petits pas au *Sasso Rosso*, où un chemin s'écarte à droite en direction du réservoir des eaux de *Carbonera*. C'est le chemin que nous suivons – il conduit plus bas par une large courbe à droite – à moins que nous préférions rester sur le chemin de crête escarpé, pour ne pas rater les vertigineux coups d'œil sur le lac de Lugano. Par temps de pluie ou lorsque le sol est détrempé, on ne saurait être assez prudent à cet endroit, d'autant plus qu'un peu plus loin le chemin est quelque peu envahi par la végétation. Par une pente herbeuse, nous arrivons à la route de Carbonera et bientôt, en coupant le virage routier, à **Brè/village**. Là, nous devons nous décider: soit nous montons au Monte Brè et redescendons par le téléphérique à Cassarate près de Lugano, ou alors – mais pour autant qu'une descente à pied ne nous effraie pas… – nous descendons de Brè/village directement au pittoresque village de pêcheurs de **Gandria**. Un des bateaux que nous apercevions des hauteurs, petit point blanc sur le bleu du lac, attend le promeneur pour le ramener à Lugano. Un regard en arrière: nous admirons le Monte Boglia, dans la lumière chaude et rutilante du crépuscule.

Bifurcations

Pian di Scagn–Alpe Bolla–Stabbio–Cadro (475 m) 🚌 1 h 30
Pian di Scagn–Alpe Bolla–Carbonera–Brè/village 🚌 1 h 40
Brè/village 🚌–Monte Brè 🚠 (925 m) 🚠 35 min.
Gandria ⛴–Castagnola 🚌 50 min.

 Pour atteindre le plus rapidement Cimadera: autobus des ARL de Lugano à Sonvico et de là par le bus PTT à Cimadera.

 Les bateaux du lac de Lugano circulent toute l'année, sauf à Porlezza où d'avril à oct. Les courses sont soit directes de Gandria à Lugano soit par Cantine di Gandria, où se trouve le Musée suisse des douanes.

 Le Musée suisse des douanes à *Cantine di Gandria* est aménagé dans un ancien poste de douane en face de Gandria; on peut y pervenir de Lugano et Gandria uniquement par bateau. Le musée est unique en son genre. Ouvert tous les jours de dimanche des Rameaux à mi-octobre.

 Le village de pêcheurs de *Gandria*, aux maisons serrées les unes contre les autres, est bâti sur la pente abrupte qui s'abaisse vers le lac. Les façades, les ruelles aux allures de labyrinthes, les escaliers entre les murs font tout le charme de Gandria, merveilleux sujet pour les photographes.

Le signe distinctif de Lugano: Le Monte Brè, d'où cette vue a été prise, ainsi que le Monte San Salvatore, à l'arrière-plan, appartiennent à l'image de Lugano, comme la Tour Eiffel appartient au visage de Paris. Les deux montagnes ont belle allure. Le Monte Brè est ensoleillé, doux et largement bâti; le San Salvatore est ombragé, plus rude. L'un et l'autre sont en quelque sorte les deux montants de porte flanquant la ville la plus étendue et la plus importante du Tessin (28 000 habitants, 50 000 dans l'agglomération) étalée dans une baie du lac. Les deux sommets, véritables emblèmes de Lugano sur lesquels conduisent des téléphériques, offrent à une altitude presque identique un merveilleux panorama.

Le Ceresio

Le «Lago di Lugano» est un lac merveilleux, écrivait le bernois Carl Viktor von Bonstetten, qui à la fin du 18e siècle était bailli dans le Tessin, un lac qui se fraye un passage «calme et immobile entre les montagnes, tel un puissant fleuve». Et Stefano Franscini, premier conseiller fédéral tessinois, disait du Ceresio – c'est ainsi que les habitants de la région appellent le lac de Lugano – qu'il n'avait pas, comme le lac de Côme «ces rives paradisiaques pleines de myrtes et d'orangers où soufflent de doux vents balsamiques», ni comme le lac Majeur «ces îles qui semblent soulevées par des sylphes». Mais le lac de Lugano, le plus petit des trois, est «riche en attraits pittoresques et romantiques».
On peut dire qu'il conserve encore tous ses charmes, même si la frénésie de la construction et les atteintes à l'environnement ne l'ont pas épargné. La situation privilégiée du lac est presque devenue pour lui une fatalité. Le Ceresio – surface 49 km², longueur 35 km mais seulement 1 à 3 km de largeur – est le plan d'eau le plus ramifié de Suisse. Sa forme anguleuse entre Porlezza et Ponte Tresa a été dessinée par deux glaciers; les massifs montagneux du San Salvatore, du Monte San Giorgio et du Monte Caslano ont contraint la masse de glace à quelques détours. C'est ainsi que se sont formés bassins et baies, à travers lesquels l'eau, freinée en plus par la digue de Melide, coule vers le cours de la Tresa, indolente, paresseuse et sans parvenir à purifier le lac.

Brusino-Arsizio – Monte San Giorgio – Riva S. Vitale

Les montagnes les plus extraordinaires de Suisse sont le décor de cette randonnée riche en points de vue et pleine de découvertes.

Le Monte San Giorgio (1096 m) se dresse entre le Basso Ceresio et le Mendrisiotto, régions les plus méridionales du Tessin qui s'avancent au sud, profond saillant dans les provinces italiennes de Varese et de Côme. Ce morceau du territoire suisse, «plus italien» que le nord du canton, s'étendait il y a 200 millions d'années sur les côtes d'une mer: on a découvert au Monte San Giorgio des pétrifications de sauriens dont certaines sont uniques au monde. Les passionnés de beaux paysages, de plantes rares, de vieilles églises ne devraient pas manquer – également sur le sentier naturel – de parcourir cette montagne classée dans l'inventaire fédéral parmi celles qui ont un intérêt national.

Route		Altitude	Temps
1	Brusino-Arsizio 🚂 🚢	272 m	–
2	Alpe di Brusino	673 m	1 h 10
3	Monte San Giorgio	1096 m	2 h 30
4	Crocifisso 🚌	670 m	3 h 15
5	Meride 🚌	580 m	4 h
6	Riva S. Vitale 🚌	273 m	4 h 50

Le bateau au départ de Lugano est le meilleur moyen d'atteindre **Brusino-Arsizio**. Le Monte San Giorgio, d'où le lac de Lugano se ramifie, semble au premier abord de petite taille, mais après une heure de marche il apparaît comme une montagne imposante. Le village de pêcheurs de Brusino, situé face au site bien connu de Morcote, a reçu le nom complémentaire «Arsizio» en mémoire d'un grand incendie qui a ravagé les lieux (arsiccio = brûlé). La montée ombragée prend naissance près de l'église. A un embranchement des chemins, sur la hauteur déjà, nous obliquons à gauche vers l'Alpe di Brusino; le bâtiment inférieur abrite une auberge d'où nous pouvons contempler le merveilleux paysage et le lac, tout en sirotant une «gazzosa», typique boisson tessinoise servie dans d'anciennes bouteilles. On arrive plus facilement à l'**Alpe di Brusino** par un chemin plat en quittant la station supérieure du téléphérique Brusino–Serpiano, qui n'est toutefois pas en activité de novembre à février. A partir de là, le parcours se fait plus escarpé et monte exactement au sud vers la crête du Monte San Giorgio que nous atteignons près de *Tre Fontane* (pt 925). A cet endroit s'ouvre l'ancienne carrière dans laquelle on a mis autrefois au jour des fossiles. Du «cimetière des sauriens», nous continuons en direction des anciens pâturages de l'*Alpe Forello* pour nous trouver sur la croupe ombragée du **Monte San Giorgio**: c'est là qu'est bâtie la petite chapelle de l'ermite Beato Manfredo. Le premier dimanche de mai, les pieux habitants de Riva S. Vitale se rendent en pèlerinage d'action de grâce sur le Monte San Giorgio. Le coup d'œil est, de ces hauteurs, absolument saisissant.

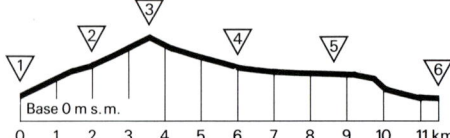

Premier «sentier naturel» tessinois

Nous revenons du sommet vers le chemin de la montée jusqu'à l'intersection du pt 925. Puis, le long de la crête, nous cheminons jusqu'au *sentier naturel* du Monte San Giorgio. Sur une distance de 7 km, ce *Sentiere naturalistico* – le premier du Tessin – explique à dix emplacements la flore, la faune et la géologie de la région au moyen de panneaux en langue italienne. Après ce parcours instructif, nous descendons à la cote 740 m, *station 6,* une carrière dite «Cave» sur la carte topographique. On a exploité à cet endroit des ardoises bitumineuses pour en tirer une huile thérapeutique, et c'est au cours de ces travaux qu'on a exhumé des squelettes de sauriens. La prospection de bitumes est aujourd'hui abandonnée. Les fouilles à la recherche d'autres pétrifications sont toujours en cours, mais il est interdit d'entreprendre des recherches individuelles. Légèrement au-dessous de la carrière, nous débouchons sur un pré de forêt d'où la vue sur le lac de Lugano est très attrayante. A partir de cet endroit, nous cheminons autour de collines arrondies formées autrefois par les glaciers, puis sur un chemin de charroi par lequel on conduisait le bitume à Spinirolo, à la halte postale de **Crocifisso**. Par forêts et prés nous flânons en descendant jusqu'à la *plaine de Spirolo* où l'on élaborait autrefois l'huile soignante de sauriens; le complexe industriel est aujourd'hui centre de formation pour Suisses alémaniques. On n'est pas très éloigné de Fontana, point de départ et but du sentier naturel. Le chemin nous conduit au beau village de **Meride,** dont le Musée des fossiles promet des découvertes passionnantes. L'itinéraire passe de la sortie est du village vers des vignes – c'est ici que croît le fameux vin blanc «Tre Castelli» – et vers la chapelle San Antonio. Après franchissement du ravin d'un ruisseau, le chemin s'incline vivement vers la plaine et près du cimetière rejoint la route, que nous longeons jusqu'à **Riva S. Vitale.** Un peu à l'est du centre du village, nous découvrons deux des plus remarquables églises de notre pays: le baptistère et l'édifice style renaissance de Santa Croce. Alors, déjà, nous voici revenus à notre point de départ, sur la rive du Ceresio et au pied du Monte San Giorgio.

Bifurcations

Monte San Giorgio–Albio–Riva S. Vitale 🚌 1 h 40

Itinéraire classique de Meride au Monte San Giorgio, partiellement sur le tracé du sentier naturel, plus court que le parcours décrit par Crocifisso:

Monte San Giorgio–Cassina–Meride 🚌 1 h
Crocifisso 🚌–Poncione d'Arzo–Arzo 🚌 2 h 30
Meride 🚌–Cantine al Bosco–Mendrisio 🚠 🚌 1 h

Carte d'excursions pédestres
Tessin Sottoceneri

Guide pédestre
Lugano

 On peut atteindre toute l'année le point de départ Brusino-Arsizio par les courses régulières de bateau. Il existe en plus une ligne d'autobus de Mendrisio à Brusino-Arsizio par Riva S. Vitale. On va par autobus de Riva S. Vitale à Mendrisio, ou on descend à Capolago, où s'arrête de temps à autre le bateau régulier pour Lugano.

 Le Musée des Fossiles du Monte San Giorgio est ouvert chaque jour à *Meride.*

 On découvre à 1 km environ au sud de Meride les *carrières de marbre d'Arzo.* Le marbre bigarré de haute qualité, exploité depuis le moyen-âge, était utilisé autrefois avant tout dans les églises.

 Serpiano, où conduit un téléphérique partant de Brusino-Arsizio, est situé au versant de la montagne, sur une terrasse. On a de ces hauteurs une très belle vue sur le lac de Lugano; un parc à flore très riche et rare invite à la balade.

Meride est aujourd'hui sous protection au titre des monuments historiques. Avec ses ruelles étroites, placettes, maisons dotées de cours intérieures et de loggias, le village blotti dans un creux de terrain, paysage insolite, compose une sorte de «musée en plein air» illustrant la demeure campagnarde dans le Mendrisiotto. L'église San Silvestro, un peu à l'écart à la sortie ouest du village, en est le véritable joyau.

Riva S. Vitale: Les églises de Riva S. Vitale, le village voisin, sont plus célèbres. L'église Santa Croce appartient aux sanctuaires de style renaissance les plus significatifs de notre pays. Le baptistère daté de l'an 500, aux larges fonts baptismaux, est le plus ancien monument d'art sacré encore conservé en Suisse.

La montagne des sauriens

Aucune montagne suisse n'est aussi intéressante, au point de vue paléontologique, que le Monte San Giorgio. Les paléontologues, spécialistes qui étudient les êtres vivants du passé terrestre, ont découvert dans les couches rocheuses les fossiles bien conservés d'un monde animal qui vivait dans cette région il y a 200 millions d'années – au temps du Trias moyen – quand le Mendrisiotto actuel émergeait du fond d'un bassin marin de la Méditerranée à cette époque lointaine. Poissons et invertébrés, mais surtout reptiles des eaux salées, dont la taille atteignait jusqu'à 6 m dans certains cas. Les collaborateurs de l'Institut de paléontologie de l'Université de Zurich, qui conduit les fouilles, ont mis au jour deux exclusivités mondiales sur le Monte San Giorgio: le Ceresiosaurus long de 230 cm (de «Ceresio», nom donné au lac de Lugano) et le Ticinosuchus ferox, encore plus grand. Ferox, en latin, signifie sauvage: quelle chance que nous n'ayons pas rencontré ces drôles de bêtes ailleurs qu'au Musée des fossiles de Meride! On a découvert les squelettes de sauriens lors de creusages à la recherche d'ardoise bitumineuse, que le langage populaire appelle «ardoise puante». Le bitume s'est formé à partir d'éléments organiques, dans la vase pourrie d'un fond marin pauvre en oxygène. On préparait autrefois, à partir du bitume, un onguent fort et à l'odeur prononcée, sous le nom de «Saurol» ou «Ichthyol»: aujourd'hui, la production des ces onguents sur le Monte San Giorgio est abandonnée.

Itinéraires cyclistes

avec vues topographiques

Carte des itinéraires cyclistes

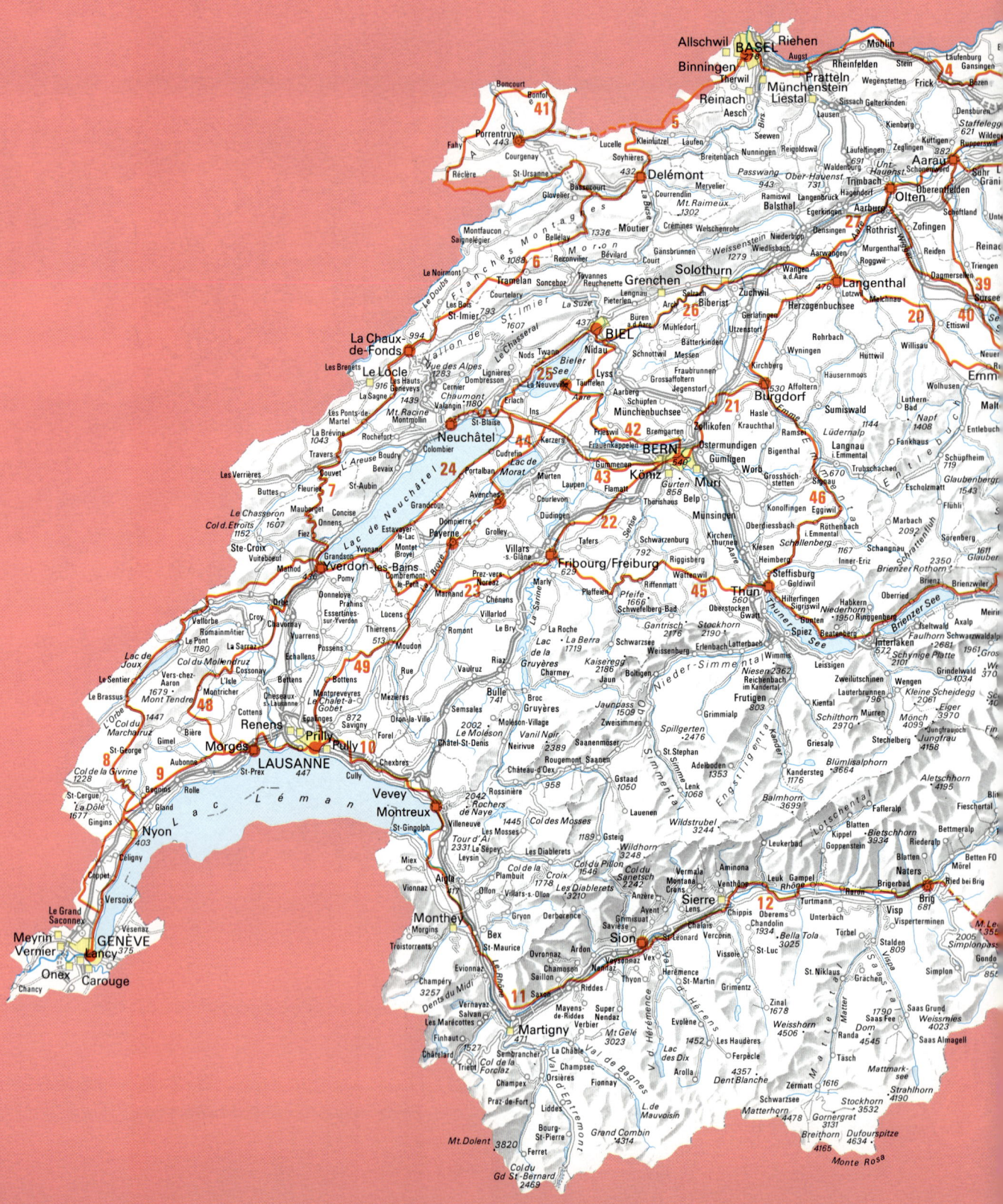

St. Gallen–Bischofszell–Frauenfeld

Traversons la Thurgovie en passant par Bischofszell, petite ville très pittoresque et par de pimpants villages. Entre St-Gall et Bischofszell, au tronçon qui permet d'admirer un passage vallonné et varié, succède une région peu accidentée, arrosée par la Thur, en direction de Frauenfeld.

Route		Distance	Temps
1	St. Gallen	—	—
2	Bernhardzell	8 km	1 h
3	Bischofszell	17 km	2 h
4	Bussnang	34 km	3 h 30
5	Frauenfeld	50 km	5 h

Dénivellation: 220 m

La gare de **St-Gall** est le point de départ de cette randonnée cycliste. A l'ouest de la gare et derrière celle-ci, un passage sous voie permet d'atteindre la Winkelriedstrasse, rue en forte pente. Nous la remontons jusqu'à la Dufourstrasse où nous bifurquons, peu après, à gauche, sur la Varnbüelstrasse. Parvenus en haut de cette rue, nous prenons à gauche la Gatterstrasse, très raide, que les cartes indiquent comme sans issue. En partie goudronnée, cette rue nous conduit à travers un bois jusqu'à l'auberge Erlacker, d'où nous obliquons pour rejoindre la rivière Sitter franchie par un petit pont que nous empruntons pour remonter par une forte pente vers *Schöntal*. De là, par la route principale, nous pédalons, à gauche vers **Bernhardzell**; non loin de cette localité, une route tourne à droite et se dirige vers Bischofszell et *St-Pelagiberg*. Ici, nous obliquons d'abord vers la gauche puis, immédiatement à droite; deux kilomètres plus loin, toujours sur la route menant à Bischofszell, nous roulons à nouveau à droite vers Stocken, d'où une descente rapide nous conduira au petit village d'Eberswil.

Une forteresse épiscopale

Une route, à main gauche, nous mène directement à **Bischofszell**, où le centre de la vieille ville se prête particulièrement au repos et à la détente. Remontant en selle, nous quittons Bischofszell par la route conduisant à Niederhelfenschwil, village où un vieux pont, mis en service en 1487, franchit la Thur. A huit arches, cet ouvrage d'art est l'un des plus anciens ponts de Suisse. A côté de l'auberge Muggensturm, la route descend à main droite, vers *Halden*. Nous l'emprunterons jusqu'à *Schönenberg*; dès lors, nous suivrons des poteaux indicateurs qui nous guideront vers *Buhwil*. Parvenus dans cette localité, nous nous dirigeons ensuite vers la droite et, juste après le pont, vers *Istighofen*. Nous poursuivons notre randonnée par Reuti; la route principale nous mène, à droite, vers *Rothenhausen*. A la sortie, nous tournons vers la gauche pour emprunter une petite route près du magasin Volg. Après avoir dépassé la fromagerie, nous retrouvons la route principale et pédalons en direction de **Bussnang**. Là, nous nous dirigeons vers un petit pont; à main droite, une route tranquille longe la Furtbach pour atteindre ensuite *Amlikon*, village dont la place est bordée de superbes maisons à colombages. Nous en profitons pour faire une courte halte. Après avoir franchi par un passage inférieur le pont qui enjambe la route et oblique à gauche, nous débouchons par un petit chemin sur la route principale et roulons en direction d'*Eschikofen*, tout en longeant un terrain d'aviation. A la lisière de la forêt, le chemin se transforme en piste et aboutit près de l'ancien pont de bois avant de retrouver la route principale que nous empruntons pour parcourir le court tronçon qui sépare Eschikofen de Mettendorf, via Hüttlingen. A *Mettendorf*, nous bifurquons à gauche, près du restaurant Rössli et progressons en direction de *Wellhausen*. Dans ce village, la Wellenbergstrasse nous ramène de nouveau vers un bois puis épouse le fond de la vallée, d'où nous gagnerons le centre de la ville de **Frauenfeld**, fondation des comtes de Kyburg, et chef-lieu du canton de Thurgovie.

Retour

Cet itinéraire est vivement recommandé aux participants qui souhaitent regagner St-Gall par des voies plus courtes. A Frauenfeld, ils emprunteront la piste cyclable qui longe la voie ferrée jusqu'à Matzingen, tourneront à gauche en direction d'Affeltrangen, via Stettfurt et Lommis, et poursuivront la promenade vers Mettlen par Märwil. Entre Mettlen et Istighofen, on traverse le hameau de Moos; là, on tournera à

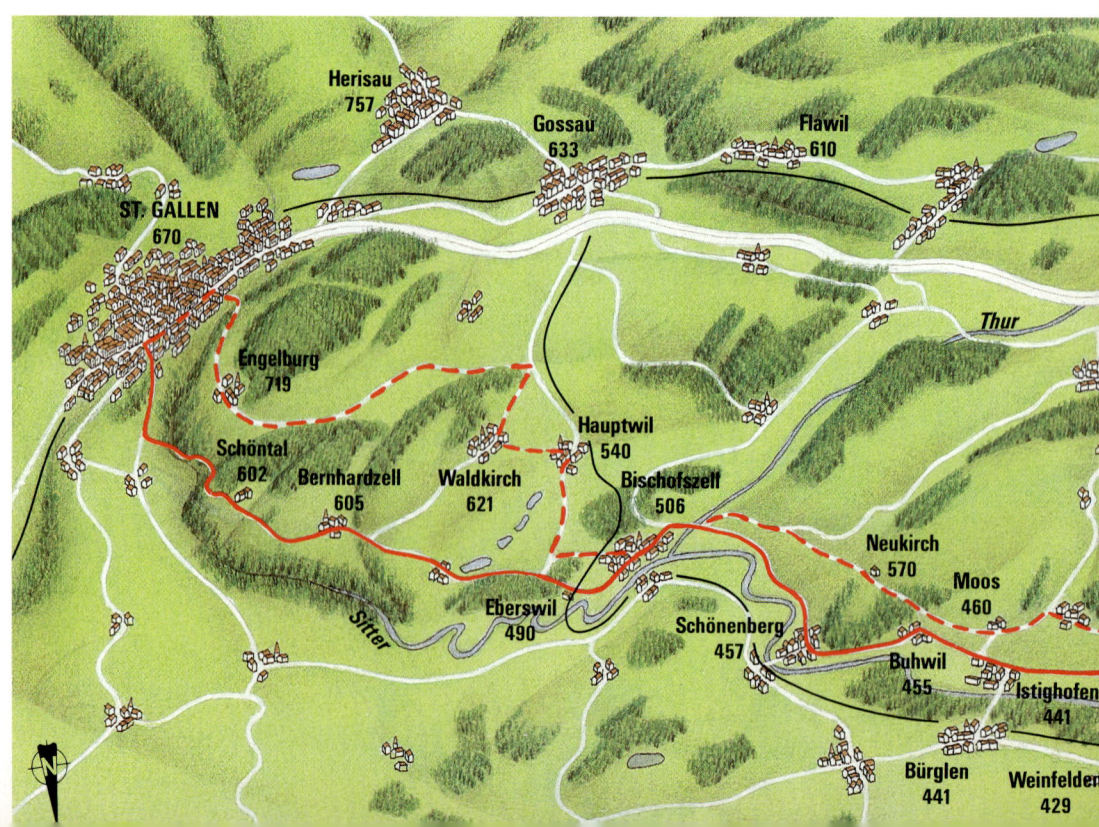

droite pour prendre la direction de Neukirch, par Ritzisbuhwil. Parvenus dans ce dernier village, on obliquera à droite avant de se laisser descendre en pente douce vers Bischofszell. De là, on empruntera la même route qu'à l'aller vers St-Gall, mais en sens inverse.

Frauenfeld 🚂–Matzingen 🚌–Affeltrangen 🚌–Bischofszell 🚂–St. Gallen 🚂 53 km, 5 h 30

Cartes cyclistes
St-Gall–Appenzell, Lac de Constance–Thurgovie

Déviation
Au retour, entre Bischofszell et St-Gall, on roulera vers Waldkirch via Hauptwil, et de là, vers Engelburg par les hameaux de Niederwil et Hohfirst. Après avoir dévalé la pente en direction de la vallée de la Sitter, on remontera de l'autre côté vers St-Gall.

Bischofszell 🚂–Waldkirch 🚌–St. Gallen 🚂 20 km, 2 h 30

Correspondances
Zurich–St-Gall r. 29, Buchs–St-Gall r. 17, St-Gall–Rapperswil r. 18, Frauenfeld–Schaffhouse r. 2.

 St-Gall, Frauenfeld

 St-Gall/Leebrücke, Lütschwil, près de Bischofszell, Frauenfeld

 St-Gall: La Bibliothèque de la Collégiale possède une inestimable collection de manuscrits anciens. On verra le Musée de l'industrie et des arts appliqués, le Musée historique, le Musée régional, dans la maison Kirchhofer, qui expose des objets préhistoriques trouvés dans les grottes, le Musée des Beaux-Arts qui abrite des œuvres des 19e et 20e siècles. Le Musée cantonal de Thurgovie est aménagé dans le château de *Frauenfeld*. Le Musée des Sciences Naturelles du canton de Thurgovie est riche en collections botaniques et géologiques régionales; enfin, la collection publique et la collection cantonale exposent des œuvres d'artistes thurgoviens contemporains.

Il ne faut pas quitter *St-Gall* sans avoir visité l'ancienne ville et la superbe collégiale. A *Bernhardzell* (1776–1778), l'église St-Jean Baptiste est un des rares monuments suisses à plan central. *Bussnang* possède deux églises, l'une, catholique (1936), l'autre, réformée (1423). Le château de *Frauenfeld* avec son puissant donjon (13e siècle) domine la ville depuis un éperon rocheux; de vieilles demeures patriciennes contribuent à recréer l'atmosphère du passé. La partie ouest de l'église St-Laurent, à Frauenfeld-Oberkirch remonte au 9e siècle. La gare des CFF, construite en 1855, retient l'attention.

 Dans le zoo «Peter und Paul», proche de *St-Gall*, vivent des animaux de la région: bouquetins, cerfs et marmottes. Les animaux de provenance exotique, notamment une quarantaine de fauves, peuvent être admirés au Plättli-Zoo de *Frauenfeld*.

Maisons à colombages: Ces magnifiques demeures, comme celles du village d'Amlikon, descendent en droite ligne des constructions en pan de bois du Néolithique. Ce type de construction utilise des pieux fichés en terre et des poutres transversales qui forment une solide armature. Les vides étaient obstrués par des clayonnages crépis d'argile. Dans les maisons à colombages, des solives, posées en diagonale dans les espaces vides, assurent la stabilité de l'ensemble; elles sont souvent renforcées par des éparts, pièces de bois qui consolident la structure de la construction. Ici, l'architecture a su associer harmonieusement l'esthétique et le fonctionnel, ce qui est rare. Dans les villes, l'architecture et la technique du colombage s'imposèrent à l'époque gothique, mais les campagnes, plus pauvres, demeurèrent fidèles à l'ancienne construction en pan de bois jusqu'au 17e siècle. Photo: Auberge «Muggensturm» près de Bischofszell.

Bischofszell

Les évêques de Constance, il y a mille ans, fondèrent une modeste bourgade sur un éperon rocheux situé au confluent de la Thur et de la Sitter. Le monastère fortifié offrait aux habitants des environs un abri contre les attaques des ennemis. Bischofszell, bastion avancé contre St-Gall, fut incendié en 1273 à la suite des luttes opposant les évêques de Constance et de St-Gall. Pendant les guerres d'Appenzell, le faubourg-est subit de graves dommages et les bourgeois de la ville décidèrent d'agrandir le périmètre fortifié en englobant le faubourg. Mais Bischofszell devait connaître bien d'autres destructions. L'an 1743, en quelques heures, 70 maisons furent réduites en cendres. L'aide financière, notamment celle du canton de Zurich, permit de reconstruire la petite ville sur les plans des Frères Grubenmann. Bischofszell connut aussi des périodes fastes et prospères, grâce au commerce de la toile. Malgré les incendies, le plan initial de l'ancienne cité est parfaitement identifiable.

Dans ses parties les plus anciennes, l'église catholique St-Pélage remonte au 14e siècle. Transformé et agrandi à diverses reprises, l'édifice est assez disparate: des restes de fresques d'époque gothique tardive contrastent avec le baroque du maître-autel et la décoration du chœur. De belles peintures murales de style gothique tardif ornent la chapelle St-Michel, édifiée au 15e siècle, au nord de l'église paroissiale.

L'imposant Hôtel de Ville, de style baroque, fut construit entre 1747 et 1750, après le grand incendie. Les maisons patriciennes de la vieille ville témoignent de la prospérité de la Bischofszell de jadis; on remarquera particulièrement la double maison «Zum Rosenstock» et «Zum Weinstock» (1743–1745). Le château, ancienne résidence épiscopale, abrite le Musée régional et ses collections d'histoire locale.

Nos randonnées le long du Rhin à travers la Thurgovie, région connue pour ses arbres fruitiers conviennent tout particulièrement aux promenades en famille. La Chartreuse d'Ittingen, sur le versant de la vallée de la Thur, les superbes villages, leurs belles architectures à colombages et les lacs pittoresques des environs de Nussbaumen sont autant de motifs d'intérêt majeur. La petite cité médiévale rhénane de Diessenhofen et les deux monastères riverains du Rhin méritent une halte un peu plus longue.

Frauenfeld–Diessenhofen–Schaffhausen

Route	Distance	Temps
1 Frauenfeld	—	—
2 Unterstammheim	15 km	1 h 30
3 Diessenhofen	23 km	2 h 30
4 Schaffhausen	34 km	3 h 30

Dénivellation: 150 m

Notre randonnée part de la gare de **Frauenfeld**, construite en 1885. Nous suivons les panneaux indiquant la direction de Schaffhouse jusqu'à la Schaffhauserplatz. Là, nous prenons à droite la Thurstrasse en direction de la Chartreuse d'Ittingen; contournant le terrain militaire, nous empruntons une piste cyclable, parallèlement à la grand-route pour atteindre le Thurbrücke. Traversant le pont, nous obliquons maintenant à gauche, après une petite montée; par *Warth,* nous arrivons devant la *Chartreuse d'Ittingen.* Le monastère fondé en 1152 comme prieuré de l'ordre des Augustins, dont les bâtiments datent principalement des 16e, 17e et 18e siècles est aujourd'hui un centre culturel. Poursuivant notre route à flanc de coteau, nous découvrons un vaste panorama sur la vallée de la Thur et sur Frauenfeld qui s'étend en oblique derrière nous. A la prochaine bifurcation, nous empruntons la route qui monte à droite, en direction de *Buch;* les panneaux nous indiquent qu'elle se poursuit en direction d'*Uerschhausen* et de Stammheim. Le paysage a été profondément modifié par la dernière glaciation. Drumlins et lacs de fusion glace morte renforcent le caractère pittoresque de la région. Passant à côté des idylliques Hasensee et Nussbaumersee, nous roulons désormais vers *Oberstammheim,* village aimable aux nombreuses et splendides maisons à colombages. A travers le village voisin d'**Unterstammheim,** lui aussi bien préservé, nous continuons en droite ligne jusqu'à *Guntalingen.* Dans le centre de cette localité, nous tournons à droite, pour rouler sur une petite route; elle passe au pied du château de Girsberg et aboutit à *Schlattingen.* Si le randonneur ne souhaite pas emprunter la route principale pour parcourir le dernier tronçon jusqu'à **Diessenhofen,** il tournera à droite à la sortie du village en direction du passage sous voie; de l'autre côté, un chemin de terre suit la voie ferrée et aboutit à Diessenhofen, petite ville médiévale des bords du Rhin.

Pour regagner Schaffhouse, trois possibilités s'offrent à nous. La plus tentante consiste, bien évidemment, à prendre le bateau sur le Rhin, ce qui ne peut se faire qu'entre fin mai et début octobre; les vedettes fluviales n'ont, toutefois, aucune obligation de transporter les bicyclettes. Avec une pièce d'identité sur soi, on peut aussi rouler sur la rive allemande pour regagner Schaffhouse par l'enclave de Büsingen. Du côté suisse, on quittera Diessenhofen par la route principale en direction de Schaffhouse; peu après, on tournera à droite vers l'ancien couvent *St. Katharinental.* A proximité du monastère, on montera d'abord à gauche, puis immédiatement après à droite, en direction de la Schaarenwald qu'on traverse en roulant droit devant soi sur une route empierrée. De l'autre côté de la forêt, on obliquera à droite vers la station d'épuration des eaux pour atteindre le *«Paradis»*, nom donné à l'ancien couvent des Clarisses. Après un dernier tronçon de route le long du Rhin, on pédale sur la piste cyclable parallèle à la route principale pour aboutir directement au cœur de **Schaffhouse,** cité rendue célèbre par son Munot.

Retour

L'itinéraire ci-après est vivement conseillé. Nous quittons Schaffhouse en suivant la route principale vers Zurich; une piste cyclable facilite le trajet jusqu'à Uhwiesen. La route continue, via Benken, jusqu'à Rudolfingen et Oerlingen. Quittant Oerlingen en direction de Kleinandelfingen, nous tournons dès que possible à gauche, à la sortie de la localité, traversons l'autoroute, et pédalons à travers la forêt jusqu'à Ossingen. En direction de l'est, la

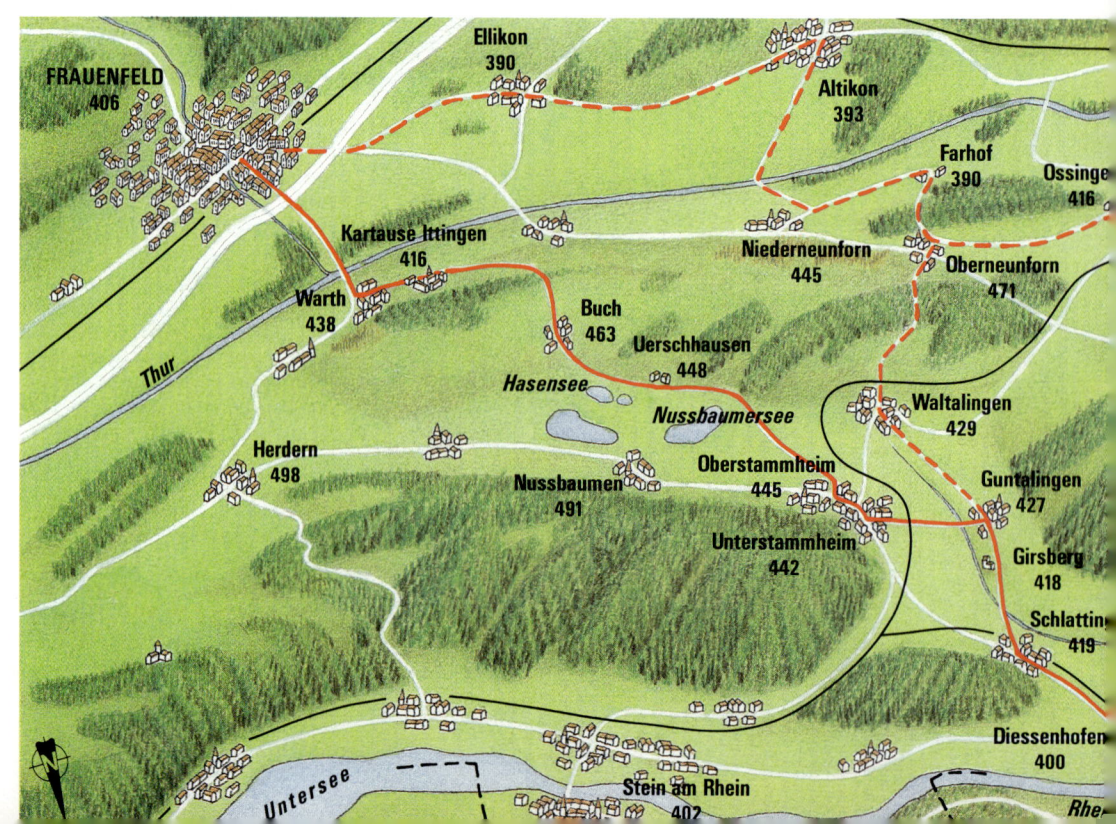

route conduit à Oberneunforn, où, dès l'entrée du village, nous oblique à droite. Une descente rapide nous mène à Farhof. La route court d'abord à flanc de coteau, s'incline à droite jusqu'à la Thur, puis franchit un pont pour aboutir à Altikon. Le dernier tronçon se parcourt sur une route relativement peu fréquentée.

 Frauenfeld, Waltalingen, Schaffhouse, Laufen am Rheinfall

 Langwiesen près Feuerthalen et Schaffhouse, Frauenfeld, Diessenhofen, Büsingen (D)

 Le château de *Frauenfeld* abrite le Musée cantonal d'histoire. On verra une collection de géologie et de botanique dans le Musée des sciences naturelles. La Collection publique des Beaux-Arts et la Collection d'art cantonale exposent des œuvres d'artistes thurgoviens contemporains. A *Unterstammheim*, se trouve le Musée local du Stammheimertal. Le Musée régional de Diessenhofen possède des planches à imprimer les textiles et une petite collection de tableaux.

 A *Frauenfeld*, le château et la vieille ville, caractérisé par ses maisons patriciennes du 18e siècle, sont particulièrement remarquables. Des peintures murales du haut gothique décorent la chapelle de Gallus (12e siècle), près d'*Oberstammheim*. L'intérieur du château de *Girsberg* possède une riche décoration d'époque baroque, des ornements en stuc et plusieurs poêles en faïence. On ne devrait pas quitter *Schaffhouse* sans profiter du panorama qui s'offre aux regards depuis la respectable forteresse du Munot sur la vieille ville, ses belles demeures et l'ancien couvent bénédictin.

 Plusieurs espèces d'animaux exotiques, notamment une quarantaine de lions, peuplent le zoo privé de Plättli, près de *Frauenfeld*.

Schaffhouse–Benken–Ossingen–Altikon–Frauenfeld 34 km, 3 h 30

Carte cycliste
Schaffhausen–Winterthur–Wutachtal

Déviation
Celui qui désire interrompre cette randonnée et regagner Frauenfeld à bicyclette, suivra l'itinéraire ci-après. Au carrefour, au centre du village de Guntalingen, on tourne à gauche en direction d'Oberneunforn et de Niederneunforn par Waltalingen. Là, on restera à droite pour arriver à Altikon, situé sur l'autre rive de la Thur, d'où on rejoindra Frauenfeld par Ellikon:
Guntalingen–Niederneunforn–Altikon–Frauenfeld 20 km, 2 h

Correspondances
St-Gall–Frauenfeld r. 1,
Winterthour–Stein am Rhein r. 31,
Schaffhouse–Brugg r. 3,
Zürich–Schaffhouse r. 34.

Paysage glaciaire dans le Stammheimertal: De même que les trois lacs de fusion de «glace morte» de Nussbaumen, formés par la fonte des blocs qui se sont détachés des glaciers lors de leur phase de retrait, les drumlins témoignent de l'action des glaciers au cours de la dernière glaciation. Le terme «drumlin» désigne les monticules de forme ronde ou elliptique que le glacier a déposés en se retirant. Ces drumlins se sont formés sous les langues glaciaires, quand celles-ci n'étaient ni assez épaisses ni assez pesantes pour rejeter de côté le matériel morainique. La moraine de fond s'est ainsi constituée en forme aérodynamique sur l'axe d'écoulement des masses glaciaires. Si la vitesse de progression de ces masses est lente, les drumlins ont une forme ronde; dans le cas contraire, ils acquièrent une forme elliptique. Sur la photo: le Hüttwilersee, l'un des trois lacs de fusion de «glace morte».

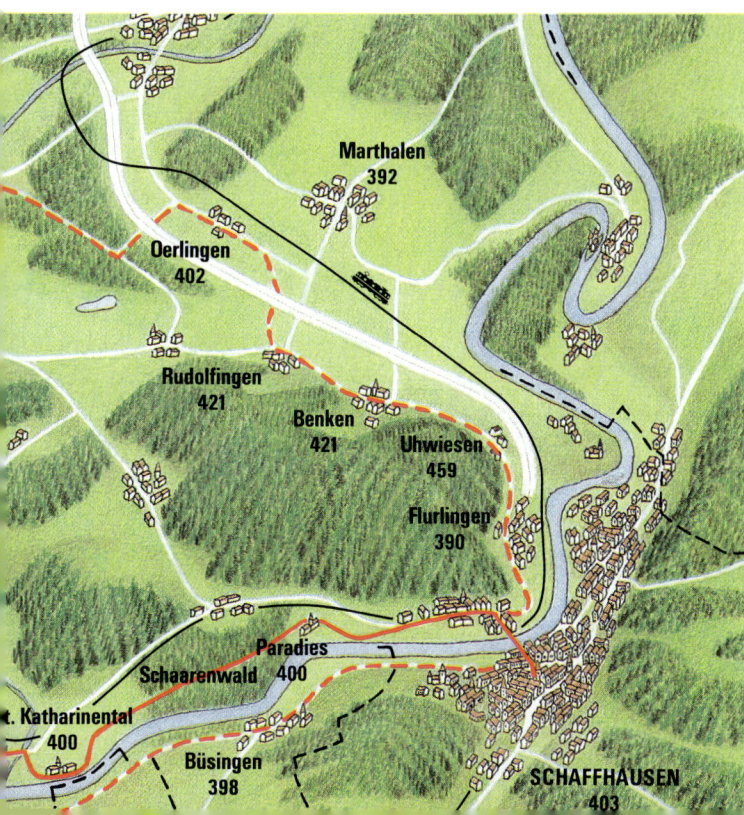

Diessenhofen

Dans un passé récent, le pont en bois de Diessenhofen fut, à deux reprises, victime de la guerre. En 1799, il fut détruit par les Russes; en 1945, les Américains bombardèrent l'ouvrage reconstruit. La petite cité qui jouissait depuis 1178 du statut de ville libre, connut généralement des époques plutôt paisibles. Le plan à angles droits de la localité laisse supposer qu'elle ne se développa pas simplement autour d'un château-fort, mais qu'elle fut conçue selon un plan raisonné. Située à la frontière du comté de Kybourg, cette petite cité fut longtemps un poste douanier et une place commerciale. Diessenhofen était avant tout une ville fortifiée au temps de la domination autrichienne, jusqu'au moment où les Confédérés s'en emparèrent et l'annexèrent. La physionomie des rues de la localité est caractérisée par des maisons bourgeoises de style gothique tardif et des fontaines à l'effigie du banneret. Les deux anciennes maisons des baillis, surnommées d'après leur ancien propriétaire ou leur situation «Vorderes Haus» ou «Konstanzer Amtshaus» ou encore «Hinteres Haus» ou «Peterhauser Amtshaus», sont particulièrement remarquables. L'Unterhof, édifiée au 12e siècle, semblable à un château-fort, était la résidence des écuyers de Diessenhofen. Des peintures murales du 14e siècle décorent le rez-de-chaussée du corps de logis. Des peintures plus récentes (1527) ornent également l'intérieur de la cour supérieure. Symbole de Diessenhofen, la Siegelturm a été construite en 1545/46 par Martin Heünsler. Cette tour à horloge sépare le faubourg de la vieille ville. Les deux parties de la cité étaient jadis entourées d'un mur d'enceinte flanqué de nombreuses tours de défense dont il subsiste quelques vestiges. L'église St-Denys servit pendant des siècles à la célébration de la messe et du culte; basilique romane au 12e siècle, elle fut transformée au 14e et 15e siècles en sanctuaire à trois nefs.

Partant de la ville du Munot, nous passons devant les chutes écumantes du Rhin et roulons, en aval du fleuve, traversant plusieurs charmantes localités, anciennes têtes de pont. A Koblenz, nous quittons le Rhin et pédalons à travers le paradis des oiseaux, près du lac de retenue de Klingnau en direction de Brugg ou de Baden.

Schaffhausen–Zurzach–Brugg

Route		Distance	Temps
1 Schaffhausen		—	—
2 Eglisau		29 km	3 h
3 Kaiserstuhl		39 km	4 h
4 Zurzach		51 km	5 h
5 Koblenz		57 km	6 h
6 Brugg		77 km	8 h

Dénivellation: 300 m

Notre randonnée commence à la gare principale de **Schaffhouse.** Pour la première partie de notre promenade, nous empruntons la grand-route en direction des chutes du Rhin; ensuite, nous tournons à gauche, franchissant le pont sur le Rhin vers *Flurlingen,* village que nous traversons en droite ligne. Nous suivons maintenant les indications de l'itinéraire cycliste qui nous conduit, par un étroit chemin, au *château de Laufen,* près des chutes du Rhin. Les plaques indicatives nous guident, par Dachsen et à travers le Rinauer Feld, jusqu'à *Rheinau.* Nous poursuivons en direction du sud à travers le bois du Niederholz, où nous visiterons un poste de guet romain; au delà du hameau d'Ellikon, nous traversons la Thur et nous nous dirigeons vers *Flaach.* Là, nous tournons à droite, traversons le Rhin à Ziegelhütte et arrivons sur l'autre rive, à *Rüdlingen,* village connu pour ses jolies maisons à colombages et ses anciennes auberges. A condition d'avoir sur soi une pièce d'identité on peut, à la saison d'été, faire un très joli raccourci en prenant à Ellikon le bac qui traverse le Rhin; sur l'autre rive, à gauche, on suivra un sentier forestier, puis une petite route asphaltée qui aboutit également à Rüdlingen.

Tête de pont et station thermale

De la vieille ville de Rüdlingen, à la hauteur du Restaurant Rebstock, une route s'élève en forte pente vers le croisement de Steinenkreuz, où nous continuons à rouler en droite ligne en direction de la petite ville rhénane d'**Eglisau.** De l'autre côté du pont sur le Rhin, nous tournons aussitôt à droite, montons vers la fabrique de boissons et suivons les panneaux indiquant la direction de Kaiserstuhl. Dépassant l'usine électrique de Rheinsfelden, nous pédalons vers la gare du chemin de fer, traversons à gauche un terrain et rejoignons la grand-route. Une piste cyclable permet de rouler commodément, par *Weiach,* jusqu'à **Kaiserstuhl,** prochaine petite ville-tête de pont. Nous suivons ensuite la route principale, partiellement doublée d'une piste cyclable jusqu'à *Rümikon,* puis l'itinéraire bien balisé en direction de Zurzach qui nous amène via *Reckingen* et le long de la ligne de chemin de fer jusqu'à la station thermale de **Zurzach.** Cette localité était, dès l'époque romaine, un important lieu de passage, grâce au pont qui enjambe le Rhin; cependant, elle n'est jamais devenue une véritable ville.

Suivant les panneaux de la piste cyclable indiquant la direction de **Koblenz,** nous roulons de Zurzach, via *Rietheim,* jusqu'à cette bourgade. Aux participants qui veulent continuer jusqu'à Bâle, il est conseillé vivement de rouler sur la rive allemande, où des pistes cyclables et des routes peu fréquentées sont à leur disposition. A Koblenz, nous quittons le Rhin et roulons sur la grand-route en direction de Baden, jusqu'au moment où, entre deux passages sous voie, à droite, s'ouvre une piste cyclable vers Klingnau. A hauteur de la centrale hydraulique de l'agglomération, une petite route conduit, à travers le magnifique «paradis des oiseaux» au bord du lac artificiel de Klingnau. Après le pont sur l'Aar, près de *Döttingen,* le chemin empruntant la berge débouche sur une route qui longe d'abord l'Aar pour aboutir à la ligne de chemin de fer. Restant sur le côté ouest de la voie, nous la suivons jusqu'à une route qui traverse une forêt, franchit un canal et arrive sur une île où s'élève la centrale atomique de Beznau. Par un pont, à l'extrémité sud de l'île, nous regagnons la route principale sur l'autre rive de l'Aar. Dépassant les centres de recherche de l'EPF, nous atteignons *Villigen;* à la sortie du village, une piste cyclable

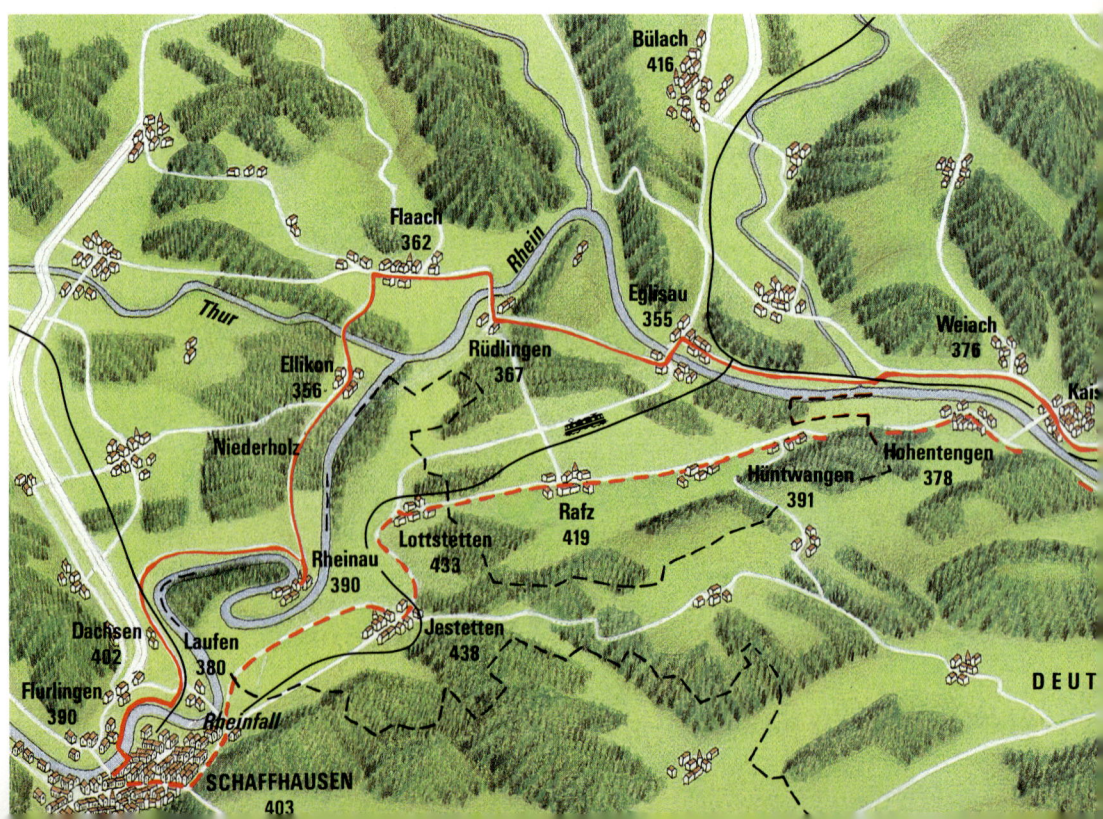

fléchée nous conduit par Stilli et Lauffohr jusqu'à **Brugg**. Nous traversons maintenant le noyau ancien de cette dernière localité pour arriver finalement à la gare.

 Schaffhouse, Laufen, Brugg, Baden

 Langwiesen près Feuerthalen, Schaffhouse, Flaach/Ziegelhütte, Hohentengen (D), Zurzach, Kadelburg (D), Koblenz

 Le Musée de Tous-les-Saints, à *Schaffhouse*, abrite des objets de fouilles du Néolithique, des objets d'art religieux et une galerie de tableaux d'artistes locaux. *Eglisau*, *Weiach* et *Zurzach* possèdent leur propre musée d'histoire locale. Le Musée Vindonissa, à *Brugg*, expose des objets de fouilles provenant du camp des légionnaires romains proche de Windisch.

 A *Schaffhouse*, il faut absolument voir le Munot, respectable forteresse, mais aussi la vieille ville avec ses splendides maisons; l'ancienne abbaye bénédictine de Tous-les-Saints mérite une visite prolongée. Le château de *Laufen* qui se trouve à proximité immédiate des chutes du Rhin a été transformé en auberge de jeunesse. A *Rheinau*, abbaye bénédictine et la petite cité forment un ensemble architectural gothique tardif et baroque. Particulièrement remarquable, l'église de la Collégiale Ste-Marie date de l'apogée du baroque. La petite cité de *Klingnau* a été fondée en 1239. Non loin de leur château ancestral, les Habsbourg fondèrent *Brugg* au début du 12ᵉ siècle. Au sud de cette ville, se trouvent l'ancien camp romain de Vindonissa *(Windisch)* et le plus grand amphithéâtre de Suisse. L'église du couvent de Königsfelden, à Windisch, possède le plus beau cycle de vitraux de toute la Suisse (1325–1330).

 Le Rhin a une hauteur de chute de 24 m. Près de 400 m³/s d'eau et plus de 1000 m³ en période de crue tombent en cascade dans un fracas assourdissant.

Carte cycliste
Schaffhouse–Winterthur–Wutachtal

Déviations
Avec une carte d'identité, on peut emprunter l'itinéraire suivant, depuis Zurzach, pour regagner Schaffhouse:
Zurzach–Rheinheim-Reckingen-Lienheim-Hohentengen-Günzgen-Hüntwangen – Rafz – Lottstetten – Jestetten – Schaffhouse 38 km, 4 h
On peut aussi rejoindre Bâle, avec une carte d'identité, à partir de Koblenz sur les routes moins encombrées de la rive allemande du Rhin:
Koblenz–Waldshut–Albbruck–Laufenburg–Bad Säckingen–Rheinfelden–Wyhlen–Bâle 65 km, 6 h 30
Pour se rendre à Baden, on bifurquera à Stilli:
Stilli–Untersiggenthal-Obersiggenthal-Baden 10 km, 1 h

Correspondances
Frauenfeld-Schaffhouse r. 2, Zurich-Schaffhouse r. 34, Brugg-Bâle r. 4, Lucerne-Brugg r. 38, Baden-Winterthour r. 36, Aarau-Baden r. 37.

Paradis des oiseaux de Klingnau: Le lac de retenue de Klingnau s'est transformé depuis la mise en service de la centrale hydro-électrique en véritable paradis pour les oiseaux. Des centaines de milliers de canards, de mouettes, de foulques noires passent ici l'hiver. D'autres espèces d'oiseaux, notamment le pluvier, utilisent le lac comme étape de repos dans leur migration vers le sud. Certaines espèces: les bécassines ou les maubèches alpines (photo) vivent ici toute l'année. Plusieurs sortes de canards et les sternes pierregarins élèvent ici leur progéniture. On a déjà observé une rareté exceptionnelle: des cygnes de Bewick comme hôtes irréguliers. La sédimentation progressive du lac par les sables et dépôts de l'Aar a rendu possible cette cohabitation d'oiseaux d'espèces diverses qui trouvent ici roseaux et végétaux aquatiques qui leur conviennent.

Eglisau

La fondation d'Eglisau remonte approximativement au milieu du 13ᵉ siècle. La «grande route du blé», venant du nord passait à cet endroit, et, d'autre part, la petite cité était un carrefour pour le transport du sel en provenance de Bavière ou du Tyrol et à destination de Zurich. On comprend d'autant mieux que les Zurichois aient acheté, en 1496, cet important centre de transit aux Seigneurs de Tengen, faisant d'Eglisau un bailliage. Le noyau initial de l'agglomération consiste en trois rangées de maisons riveraines de l'Obergasse et de l'Untergasse. Des demeures imposantes de style gothique, Renaissance ou baroque confèrent à Eglisau un charme particulier.

Kaiserstuhl

Le Kaiserstuhl argovien séduit par le caractère médiéval de la partie ancienne, au plan triangulaire. La construction de la Tour supérieure remonte au milieu du 13ᵉ siècle, avant même la fondation de la ville. Là commence la rue principale. L'église paroissiale catholique Ste-Catherine, avec sa chaire baroque et la statue de saint Népomucène, sur le pont du Rhin, se signalent à l'attention des touristes.

Zurzach

Dès l'époque romaine, Zurzach était un point de passage fluvial important; cependant, la petite cité constituée de deux rues qui s'entrecroisent ne fut pas entourée d'une enceinte. Zurzach n'eut jamais le statut d'une ville; toutefois, sa situation au carrefour de voies de communications importantes fit de l'agglomération la troisième place commerciale de l'Allemagne du sud, avec Francfort-sur-le-Main et Nördlingen. Les belles maisons-comptoirs, les auberges témoignent aujourd'hui encore de la prospérité de jadis: Les nombreux bâtiments à caractère religieux, notamment la Collégiale Ste-Vérène, de style romano-gothique, rappellent que Zurzach fut autrefois un lieu de pèlerinage.

Sur les traces des Romains, nous partons de Vindonissa, franchissons le Jura jusqu'à Augusta Raurica et poursuivons notre route jusqu'à Basilea. Après la traversée de la dernière chaîne du Jura, le voyage continue en descente le long du Fricktal, jusqu'au Rhin, où, il y a 1600 ans, un rempart séparait l'Helvétie romaine de la Germanie.

Brugg–Augst–Basel

Route		Distance	Temps
1 Brugg/Windisch		—	—
2 Stein		30 km	3 h 30
3 Rheinfelden		45 km	5 h
4 Kaiseraugst		51 km	5 h 30
5 Basel		66 km	7 h

Dénivellation: 350 m

Nous partons de la gare de **Brugg**. A 200 m, au sud, se trouve Vindonissa, ancien camp militaire romain. Après avoir visité les ruines, nous retournons à Brugg, où se trouve également le Musée Vindonissa, dans lequel sont exposés de nombreux objets de fouilles.

Sur la voie romaine

En contrebas de la ville ancienne, nous traversons l'Aar et roulons sur la route principale à gauche, jusqu'à *Umiken;* là, nous tournons à droite vers *Riniken.* Suivant la direction indiquée par les panneaux, nous poursuivons notre randonnée via *Remigen* en direction de *Mönthal.* La montée vers le col sera sans doute difficile pour certains, mais le trajet est court; même en poussant notre bicyclette, nous aurons bientôt rejoint le sommet. De l'autre côté, la descente est abrupte; nous devons prendre garde à ne pas manquer la bifurcation, à gauche, en direction de Fricktal. Après une courte remontée, une longue et plaisante descente nous conduira à *Elfingen,* puis à *Bözen.* Là, nous suivons la grand-route à droite; à proximité, commence une piste cyclable. Celle-ci, signalée par des panneaux bleu-blanc, nous conduit en bas dans le Fricktal et via *Hornussen, Frick* et *Oeschgen,* jusqu'à *Eiken.* Nous pédalons sur une petite route le long de la voie ferrée jusqu'à la route principale qui nous amène à *Mumpf,* en passant par **Stein**. A la première occasion, nous tournons à droite pour longer la rive du Rhin, jusqu'à *Wallbach.* Nous ne quitterons le Rhin qu'à la deuxième route à gauche qui nous conduira en ligne droite sur le Plateau, couvert de cerisiers. Au panneau d'interdiction pour les poids lourds, nous restons sur la droite; après une descente à travers la forêt nous obliquons de nouveau à gauche. Par un passage au-dessus de la voie ferrée, nous arrivons à *Riburg.* Poursuivant sur la grand-route, peu fréquentée, à droite, nous atteignons la station thermale de Rheinfelden et sa ravissante vieille ville. Après **Rheinfelden,** la piste cyclable sur le côté de la route principale nous permet de rouler en toute sécurité via **Kaiseraugst,** jusqu'à *Augst,* l'Augusta Raurica romaine.

Eglise fortifiée

Le cyclotouriste qui ne souhaite pas emprunter la grand-route pour aller à Bâle peut prendre une voie détournée. Avant le passage au-dessus du chemin de fer, on tournera à gauche et suivant la ligne, on atteindra le stade par un petit chemin qui longe la rivière Ergolz. 250 m après le passage sous l'autoroute, on roulera à droite sur le pont pour traverser d'abord la route principale puis la voie ferrée à l'entrée de *Pratteln;* longeant la ligne du chemin de fer, on traversera cette localité. Avant le passage au-dessus de la ligne du tram, on obliquera à gauche pour emprunter une petite rue jusqu'à la vieille ville de Muttenz. En haut, à gauche de la petite église fortifiée, on prendra à droite le Pfaffenmattweg et longeant la lisière de la forêt, on traversera à droite l'autoroute et la Birse. De l'autre côté du pont de bois, le randonneur passe, à droite, devant la grande effigie du saurien pour emprunter ensuite la grande allée en direction du stade St-Jakob. De là, par la Gellertstrasse et le faubourg de St-Alban, on arrive au centre de la ville de **Bâle**.

Cartes cyclistes

Schaffhausen–Winterthur–Wutachtal, Basel–Aargau

Déviation

Depuis Stein, un joli itinéraire s'offre à nous pour retourner à Brugg, à condition d'avoir une carte d'identité. Nous traverserons le Rhin

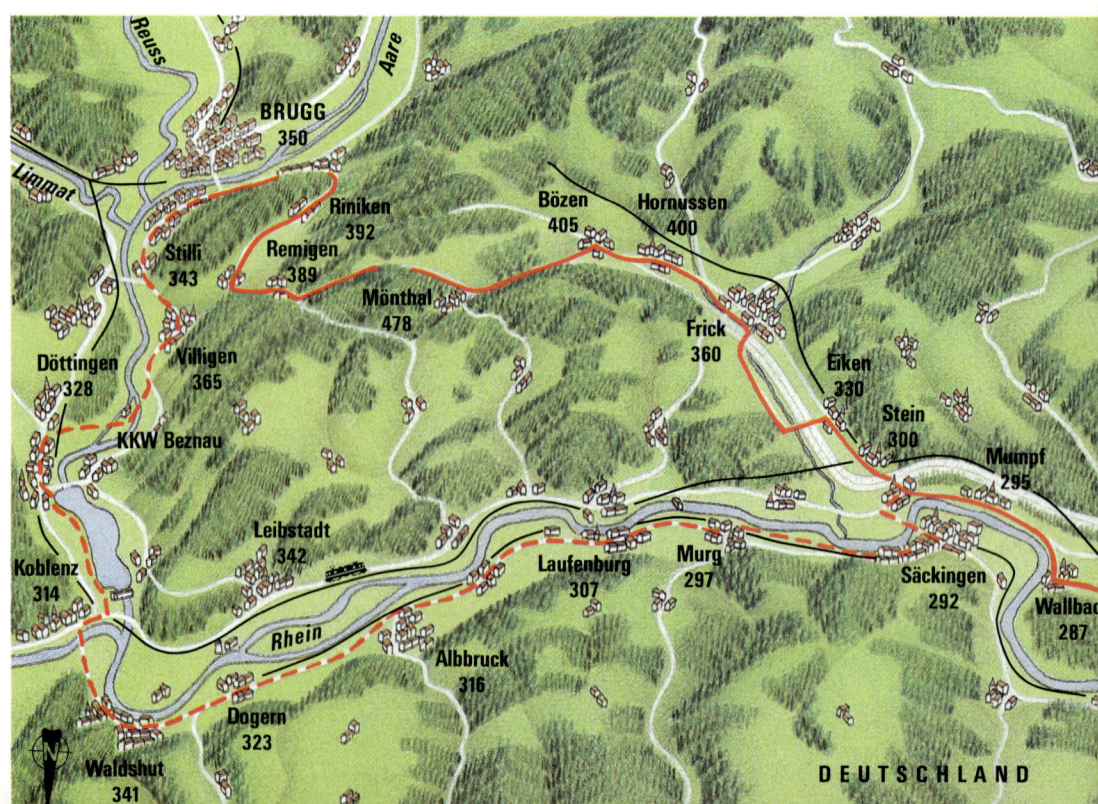

DEUTSCHLAND

jusqu'à Säckingen; entre la voie ferrée et le fleuve, un chemin nous conduit à Murg. Il est préférable de parcourir le court tronçon qui mène à Laufenburg sur la route principale. La partie de la ville ancienne de Laufenburg, pleine d'intérêt, se trouve en territoire suisse. Nous longeons maintenant la voie de chemin de fer en territoire allemand; restant toujours au nord de cette ligne, nous atteignons, via Kiesenbach, Dogern et Liedermatten, Waldshut et Koblenz. De retour en Suisse, nous remonterons l'Aar jusqu'au lac artificiel de Klingnau, paradis des oiseaux. Par Döttingen, la centrale nucléaire de Beznau, Villigen et Stilli, nous regagnerons Brugg.

Stein – Bad Säckingen – Laufenburg – Koblenz – Brugg 44 km, 4 h 30

Correspondances
Schaffhouse–Brugg r. 3, Aarau–Baden r. 37, Lucerne–Brugg r. 38, Bâle–Delémont r. 5.

Brugg, Baden, Bâle

Frick, Wallbach (D), Möhlin, Riburg, Kaiseraugst, Reinach près Bâle, Huningue (F) près Bâle

Dans l'ancien arsenal de *Brugg* se trouvent le musée régional ainsi que des œuvres d'artistes argoviens. Dans le Musée du Fricktal, à *Rheinfelden*, on verra une collection d'histoire régionale. *Pratteln* et *Muttenz* possèdent un Musée d'histoire locale. Les musées les plus importants de *Bâle* sont les Musées d'ethnographie, le Musée historique, le Musée d'histoire naturelle et le Musée des beaux-arts.

De nombreux édifices intéressants se trouvent dans la vieille ville de *Brugg*. On admirera le bel ensemble architectural formé par l'église paroissiale, le presbytère, et la grange paroissiale d'*Umiken*. Des maisons à pignon post-gothique confèrent à *Hornussen* son cachet. Le manoir de *Oeschgen* (1597) abrite aujourd'hui la maison communale. Le château situé au centre de *Pratteln* est un ancien castel d'eau du 13e siècle. Au cœur de *Muttenz,* se trouve le complexe St-Arbogast qui possède des peintures murales remontant à diverses époques. Avant de quitter *Bâle*, il ne faut pas manquer de voir la cathédrale, le magnifique Hôtel de Ville et le Spalentor. Une promenade à travers les charmantes ruelles de la vieille ville s'impose.

Beaucoup d'animaux exotiques font la joie du visiteur dans le zoo Hasel à *Rüfenach*, près de Remigen. Dans le parc zoologique de *Bâle* vivent de nombreuses espèces animales dont certaines sont, malheureusement, en voie d'extinction: rhinocéros, hippopotames-nains, ânes-sauvages de Somalie, okapi. Dans le parc animalier «Lange Erlen», on verra des daims, des cerfs Sika et différentes espèces d'oiseaux.

Sous le signe des Romains: Dans le Musée romain d'Augst, on peut admirer cette merveilleuse statue en bronze de Vénus (fin 2e siècle après J.-C.).

A Vindonissa, se dressent encore les ruines du plus grand amphithéâtre de Suisse, dans lequel 10 000 personnes pouvaient prendre place. Le public se composait en majorité de soldats du camp romain de la région, fondé vers l'an 17 de notre ère, qui se maintient jusqu'au début du 5e siècle. A l'ouest, un établissement civil se développa ultérieurement. Des objets de fouilles sont exposés au Musée de Vindonissa à Brugg.

Fortifications et tours de garde romaines: Faisant partie du limes romain tardif du Rhin, rempart de protection contre la Germanie, de nombreuses tours de garde furent édifiées sur les rives du Rhin. Des vestiges de ces dispositifs de sécurité subsistent, notamment au nord de Rheinfelden et de Wallbach.

Augusta Raurica

Contrairement à Vindonissa, Augusta Raurica était une véritable ville, avec une vie culturelle à sa mesure. Ce comptoir commercial, fondé un demi-siècle avant J.-C., possédait, outre l'amphithéâtre, un théâtre scénique. Les installations de thermes témoignent du soin apporté au bien-être corporel; les trois temples rappellent la vie spirituelle. Le commerce se tenait sur le forum ou dans les boutiques. Une maison romaine avec son entrepôt a été reconstituée; elle abrite un Musée qui expose des objets de fouilles. Sur le site voisin de Kaiseraugst, à la suite d'Augusta Raurica, le Castrum Rauracense fut édifié sur plan trapézoïdal; l'enceinte a été en grande partie dégagée.

Rheinfelden

Grâce à sa situation favorable au carrefour de voies de communication, la petite cité fondée par les Zähringen connut des temps florissants, mais aussi des années douloureuses lorsqu'elle fut mêlée, en raison de son importance stratégique de tête-de-pont, aux activités guerrières des siècles passés. Depuis 1803, Rheinfelden, ainsi que le Fricktal, auparavant parties de «Vorderösterreich» (terres habsbourgeoises dans l'Allemagne du sud-ouest), font partie de la Suisse. Le véritable essor économique de la ville ne débuta qu'après les premiers forages et la transformation en lieu de cure (station thermale aux eaux salines). Du dispositif défensif médiéval, subsistent l'Obertorturm, la Kupferturm et la Diebsturm, ainsi qu'une bonne partie des anciennes fortifications de la ville. On ne manquera pas de voir l'église municipale St-Martin (rite catholique chrétien) datant de 1407 dont le magnifique intérieur a été remanié dans le goût baroque vers 1770. De belles peintures murales ornent la Chapelle de l'ordre de St-Jean-de-Jérusalem, de style gothique tardif (1456).

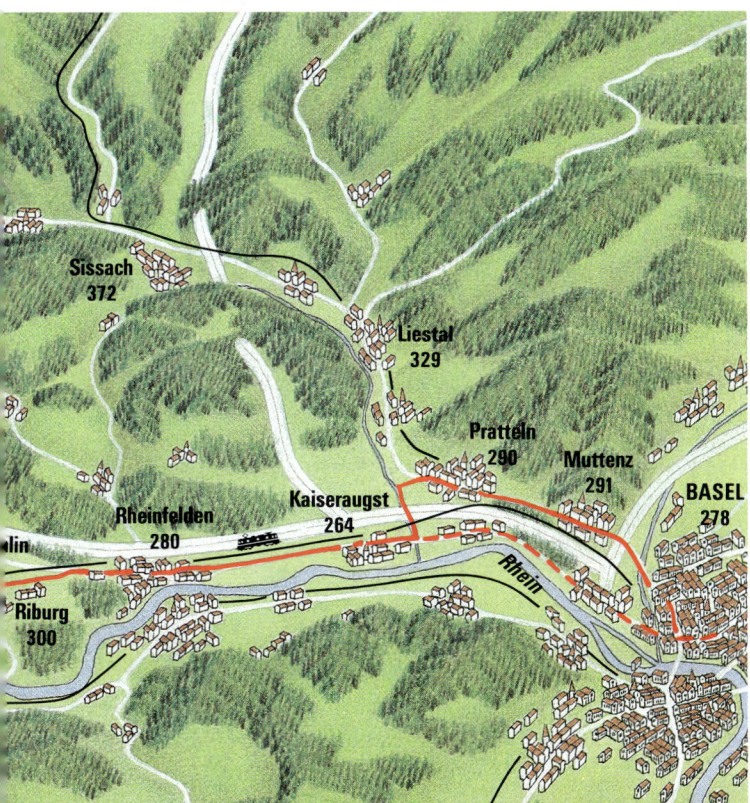

Cette randonnée à travers le Leimental nous permet de choisir pour but Delémont, Porrentruy ou Laufon. Les champs et les prés donnent à la large dépression du Leimental un caractère particulier, différent de celui des hauts plateaux du Jura où le sapin domine. Grâce aux routes peu fréquentées et aux faibles pentes, cette randonnée peut être vécue en famille. Leimental étant situé en partie sur le territoire français, il faut se munir de pièces d'identité.

Basel–Rodersdorf–Delémont

Route	Distance	Temps
1 Basel	—	—
2 Rodersdorf	14 km	1 h 30
3 Kiffis	30 km	3 h 30
4 Laufen	47 km	4 h 30
5 Delémont	50 km	5 h 30

Dénivellation: 700 m

Notre randonnée commence à la gare CFF de **Bâle**. Nous longeons la gare des chemins de fer français puis tournons à gauche, vers le passage sur la voie. Traversant la voie du chemin de fer, nous roulons tout droit en direction du Margarethenpark. L'église Ste-Marguerite se trouve sur le territoire de la commune de Binningen, qui fait déjà partie de Bâle-Campagne, mais ce n'est qu'après avoir franchi le viaduc de Dorenbach, qui se trouve sur notre droite, que nous quitterons le territoire bâlois. Du haut du viaduc, nous apercevons, en bas et à droite, le zoo de Bâle. Au prochain carrefour, nous tournons à gauche pour atteindre par la route principale la Kronenplatz, au centre de *Binningen*. Pédalant droit devant nous, nous rejoignons la Benkenstrasse, rue d'un quartier peu fréquenté. Après une brève montée, cette même rue, devenue la Hohe Strasse, nous conduit, sur le versant du Leimental, en direction d'*Oberwil*. En laissant ce village au-dessous de nous nous continuons à rouler tout droit et restons toujours le long de la zone construite. Près du cimetière et de la chapelle, nous choisissons une petite route droite qui nous amène à un petit bois; là, nous tournons à gauche et descendons la pente jusqu'à *Biel-Benken*. Nous suivons ensuite les panneaux indiquant la direction de *Leymen*, village français, notre prochaine étape. Pour ceux qui ont oublié leurs papiers d'identité, un autre itinéraire, par Mariastein, permet de gagner Laufon (voir ci-dessous). Nous franchissons le poste de douane et pédalons jusqu'à Leymen. Le tramway des transports urbains de Bâle roule ici en territoire étranger.

La France et la Suisse – frontière en zigzag

Le tracé des frontières, quelque peu arbitraire dans cette région, est tellement capricieux que la localité suivante est de nouveau suisse. Après avoir présenté une nouvelle fois nos passeports, nous nous dirigeons maintenant vers le pittoresque village de **Rodersdorf**, enclave soleuroise. Traversant une nouvelle fois la frontière, nous poursuivons jusqu'à *Biederthal;* là, quittant le Leimental, nous continuons notre route jusqu'à *Wolschwiller*. Depuis ce village, nous pédalons toujours tout droit, traversons le Blauenberg, très boisé, et prenons la direction de **Kiffis**. Nous tournons d'abord à gauche, vers l'église puis, à droite, près du restaurant Schutz. A la hauteur de l'auberge du Jura, nous choisissons une petite route qui file en droite ligne; nous roulons en descente jusqu'au prochain carrefour où nous choisirons celles des trois petites villes: Laufon, Delémont ou Porrentruy, que nous souhaitons visiter (voir les variantes ci-dessous). L'itinéraire principal que nous proposons de suivre est celui qui aboutit à Delémont. Nous obliquons d'abord à droite pour longer, près de *Neumühle* (Moulin Neuf), un affluent de la Lucelle, puis nous montons à *Movelier*, via *Ederswiler*. Après une autre petite côte, il ne nous reste plus qu'à nous laisser descendre jusqu'à *Soyhières*. Nous parcourons un dernier tronçon en montée en suivant le cours de la Birse pour atteindre **Delémont**, chef-lieu du canton du Jura.

Retour

A partir de Delémont, on regagnera Bâle sans peine par Laufon, en longeant le cours de la Birse.
L'itinéraire le plus agréable est certainement celui qui passe par Laufon, car la route est une succession de descentes. En longeant à gauche la Lucelle, nous parviendrons plus vite que nous ne l'espérions à Laufon, petite cité de Bâle-Campagne dès l'été 1994 – jadis bernoise. De là, Bâle n'est pas loin. Nous traverserons en descente le Laufental par la route

principale pour regagner rapidement et sans effort le point de départ de cette randonnée:

Delémont 🚂–Laufon 🚂–Bâle 🚂 40 km, 4 h

Carte cycliste
Franches-Montagnes–Ajoie–Laufental

Déviations
Kiffis–Kleinlützel 🚌–Laufon

 Bâle, Mariastein-Rotberg, Delémont

 Delémont, Porrentruy, Laufen, Reinach, Huningue (F) près de Bâle

 Les principaux musées de *Bâle* sont le Musée des Beaux-Arts, le Musée suisse d'ethnographie, le Musée historique et le Musée d'histoire naturelle. A *Laufon*, se trouve le Musée régional du Laufental. Le Musée jurassien, à *Delémont*, possède une riche collection d'histoire régionale. L'hôpital de *Porrentruy*, situé à côté de l'Hôtel de ville, abrite une modeste collection d'histoire de la pharmacie.

 A *Bâle*, il ne faut pas manquer de visiter au minimum la Cathédrale, le très bel Hôtel de ville et le Spalentor. L'église paroissiale Ste-Marguerite (1673), à *Binningen*, forme avec le domaine rural du même nom un complexe architectural homogène. L'église paroissiale Ste-Pierre-et-Paul d'*Oberwil* est de style néo-roman. Le cycle de fresques qui ornent le presbytère représente une vue d'ensemble de la ville de Bâle et des vallées de la Birse et de la Birsig. L'église paroissiale St-Laurent, à *Rodersdorf*, possède une tour romano-gothique.

 Au zoo de *Bâle*, on verra parmi les nombreuses espèces d'animaux exotiques, certains très rares, spécimens tels que le rhinocéros unicorne et l'hippopotame nain. Dans le parc animalier «Lange Erlen», des daims et des sikas cohabitent avec de nombreuses espèces d'oiseaux.

🚂–Reinach 🚂–Bâle 🚂 40 km, 3 h 30

Pour se rendre à Porrentruy depuis Kiffis, il faut, comme dans l'itinéraire principal, aller d'abord à Delémont et suivre la route principale pour atteindre Moulin Neuf, tout en restant toujours à droite. La route longe d'abord le cours de la Lucelle, puis monte au Glaserberg, jusqu'à la ligne de partage des eaux, près du village de Lucelle, et finalement aboutit à la frontière. A partir de là, on suivra la rivière Allaine, qui conduit directement, via Charmoille, Miécourt et Alle, au centre de Porrentruy, chef-lieu du district de l'Ajoie.

Kiffis–Lucelle 🚌–Porrentruy 🚂, 23 km, 2 h

Les randonneurs qui ne désirent pas franchir la frontière française ou démunis de papiers d'identité, peuvent emprunter, à Biel-Benken, une bifurcation en territoire suisse. Par Bättwil et Flüh, la route conduit à Metzerlen et de là, par-dessus la Challhöchi, à Röschenz et Laufon. La visite de l'abbaye bénédictine de Mariastein, lieu de pélerinage situé entre Flüh et Metzerlen, est vivement conseillée:

Benken 🚌–Metzerlen 🚌–Laufon 🚂 17 km, 1 h 30

Correspondances
Brugg–Bâle r. 4, Delémont–La Chaux-de-Fonds r. 6, Porrentruy–Delémont r. 41.

Delémont: La forme en fer à cheval de l'ancien château épiscopal rappelle le temps où le Jura était la propriété de l'évêché de Bâle. La religion a profondément marqué l'histoire de la ville, notamment lors des conflits qui opposèrent Delémont à Berne. Un document de 735 mentionne une localité répondant au nom de Telsperg, mais la ville proprement dite ne fut fondée qu'au 13ᵉ siècle. Deux rues principales divisent le plan carré de l'agglomération. Les deux portes de ville, qui ont été conservées, datent de la fin du 18ᵉ siècle. Les fontaines à personnages polychromes du 16ᵉ siècle qui ornent les rues de Delémont attirent le regard (photo). L'église catholique St-Marcel et l'Hôtel de ville sont également pleins d'intérêt.

Porrentruy: Les maisons de la vieille ville, de plan rectangulaire, témoignent souvent d'une influence architecturale française. A l'époque de la Réforme, toute la ville de Bâle changea de confession et les princes-évêques transférèrent leur résidence à Porrentruy.

Laufon

La fondation de la ville remonte à l'époque du flottage sur la Birse des sapins provenant des forêts du Jura, destinés à Bâle; les compagnons flotteurs s'y arrêtaient habituellement pour la nuit. Dès 1146, la cité est mentionnée comme possession de l'évêque de Bâle; ce dernier délivra des franchises aux habitants en 1246. L'Obertor et l'Untertor ferment les deux extrémités de la rue principale. Le Wassertor remonte au 13ᵉ siècle dans ses parties les plus anciennes; l'enceinte a été également conservée sur une certaine longueur. Le monument le plus marquant de Laufon est l'église Ste-Catherine, de style baroque, dont l'intérieur s'orne de stucs rococo, œuvres des frères Mosbrugger.

Le chemin de fer de la Birsigtal (BTB)

L'époque où les «fers à repasser» reliaient le Leimental à Bâle appartient au passé: ce surnom désignait les locomotives-tramways qui, au temps de la vapeur, tiraient les premiers trains du chemin de fer de la Birsig. Cette ligne à voie étroite est en service depuis octobre 1887. Dans un premier temps, elle assura la liaison Bâle–Therwil, puis fut prolongée, dans les décennies suivantes; depuis 1910, elle atteint Rodersdorf. L'électrification, en 1905, fut fatale au «fer à repasser». Le curieux tracé de la ligne entre Flüh et Roderstorf se situe principalement en territoire français et contribue à faire du chemin de fer de la Birsig une ligne ferroviaire internationale. Cette situation lui valut aussi quelques désagréments lors des deux guerres mondiales. La BTB fusionna en 1974 avec trois autres lignes à voie étroite, et prit le nom de BLT. L'intégration du BLT dans le réseau de tramway bâlois a causé la disparition de l'ancien matériel roulant qui possédait encore un caractère ferroviaire.

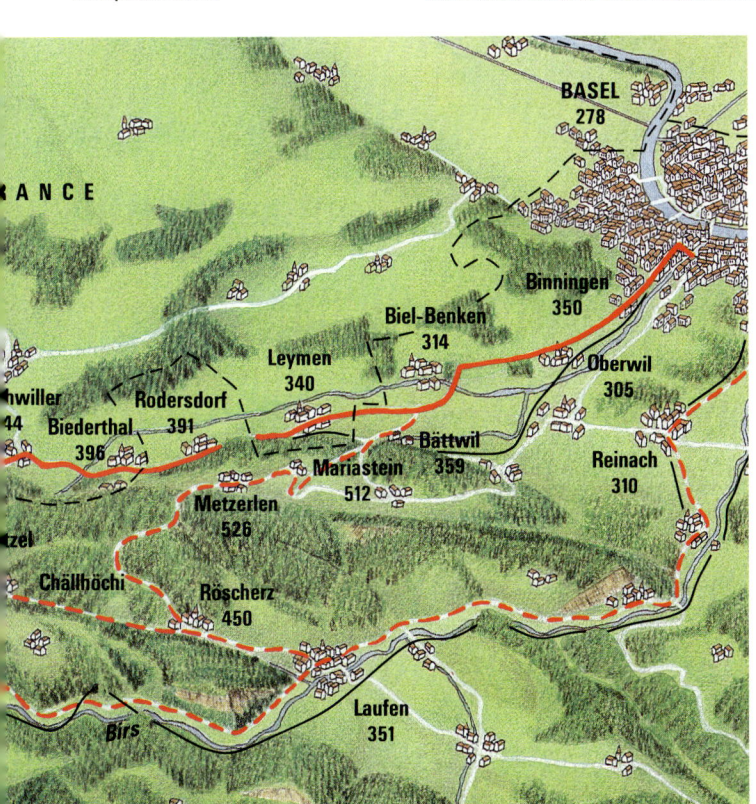

Par les gorges de la Sorne, nous atteignons la frange des Franches-Montagnes d'où les routes paisibles et solitaires des hauts-plateaux jurassiens nous mènent à La Chaux-de-Fonds. Compte tenu de la dénivellation entre Delémont et La Chaux-de-Fonds, cette randonnée à vélo, effectuée dans le sens contraire, est d'autant plus recommandée que la différence de niveau n'excède pas 350 m. L'itinéraire qui longe le cours de la Sorne est particulièrement impressionnant.

Delémont–Les Breuleux–La Chaux-de-Fonds

Route	Distance	Temps
1 Delémont	—	—
2 Bassecourt	10 km	1 h
3 Les Genevez	28 km	4 h
4 Les Reussilles	34 km	4 h 30
5 Les Breuleux	41 km	5 h 30
6 La Ferrière	55 km	7 h
7 La Chaux-de-Fonds	63 km	7 h 30

Dénivellation: 950 m

Au départ de la gare de **Delémont**, nous empruntons d'abord la route principale qui, par Courtételle, conduit à *Courfaivre*. L'intérieur de l'église catholique St-Germain-d'Auxerre (1702-1865) est résolument moderne: vitraux de Fernand Léger, tapisserie de Jean Lurçat dans le chœur. Après Courfaivre, la vallée s'élargit et débouche sur une plaine en pente douce dont l'agglomération de **Bassecourt** occupe la partie centrale. Pédalant en direction de Glovelier, nous traversons un ruisseau et empruntons une route, sur la gauche, en direction de *Berlincourt*. Ici commence la partie pittoresque de notre itinéraire. Longeant un petit barrage, nous gagnons ensuite par une route légèrement déclive le village d'*Undervelier*. L'électricité produite par l'eau de la Sorne et le bois des forêts jurassiennes ont permis l'essor, pendant plusieurs siècles, d'une importante industrie métallurgique dont les fabrications étaient connues pour leurs qualités. A la prochaine cluse, la pente se fait plus forte puis diminue légèrement après un virage en épingle à cheveux situé à l'extrémité de la cluse. Traversant le hameau de *Châtelat*, nous atteignons finalement les sources de la Sorne, sur le plateau de *Bellelay*, où se dresse un vaste ensemble de constructions monastiques. Toutefois, avant le point culminant du plateau des Franches-Montagnes, il nous reste à gagner le village **Les Genevez** et à vaincre 100 m de dénivellation. Après Les Genevez, la route nous conduit vers l'ouest, par une succession de vallonnements, à travers bois et pâturages. Au prochain carrefour, la possibilité de regagner Delémont (voir ci-dessous) s'offre aux cyclistes qui le désirent. Suivant le même itinéraire que précédemment, nous pédalons jusqu'à la prochaine bifurcation et arrivons à **Les Reussilles**, un peu au-dessus de Tramelan.

Les Franches-Montagnes à l'écart de toute circulation

La route en direction de La Chaux-de-Fonds mène en ligne droite à Les Reussilles. Longeant le flanc du mont Tramelan, nous roulons d'abord sur une pente légèrement ascendante, puis la route commence à s'incliner et amorce une longue et raide descente vers **Les Breuleux** que nous atteignons tout juste, emportés par un dernier élan. Par le hameau voisin *Les Vacheries* et en direction sud-ouest, notre promenade à vélo se poursuit dans un paisible environnement vers **La Ferrière**, à travers prairies jonchées de blocs de rochers et sapinières. Aucun village n'est en vue mais on distingue ici et là, des fermes isolées, constructions basses qui bordent la route, dont l'architecture est caractéristique des Franches-Montagnes. Enfin sur la route principale, nous couvrons la courte étape La Ferrière–**La Chaux-de-Fonds**. A la suite du terrible incendie qui ravagea la ville en 1794, celle-ci fut reconstruite sur un plan d'ensemble. Moïse Perret-Gentil, son auteur, prévoyait l'actuelle disposition en damier des rues se recoupant à angle droit.

Cartes cyclistes

Franches-Montagnes–Ajoie–Laufental, Neuchâtel–Pontarlier–Trois Lacs

Déviations

Depuis Les Genevez, un itinéraire, vivement recommandé, permet de regagner Delémont. Au lieu de rouler à gauche, à la prochaine bifurcation, nous choisissons une route, à droite, faiblement en pente qui nous conduit au petit hameau de Prédame puis au village-rue de Lajoux, où l'on voit de belles demeures paysannes. A Saulcy, au terme d'une légère montée, une belle descente vers l'aval nous mène à Glovelier, d'où l'on

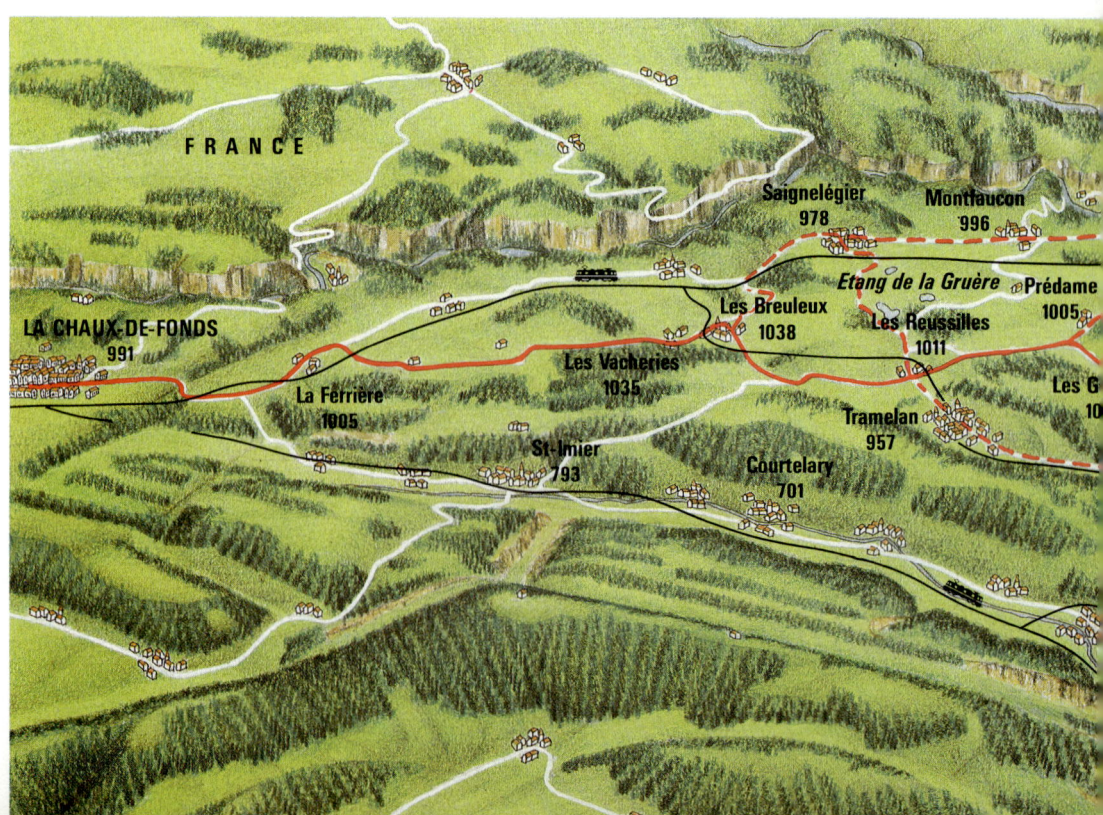

regagnera Delémont par Bassecourt, Courfaivre et Courtételle:
Les Genevez 🚌–Lajoux 🚌–Glovelier 🚆–Bassecourt 🚆–Delémont 🚆 27 km, 2 h

 Delémont, Le Bémont près Saignelégier, La Chaux-de-Fonds

 Delémont, La Combe (entre Tramelan et Saignelégier), La Cibourg, La Chaux-de-Fonds

 Le Musée jurassien de *Delémont* possède une importante collection d'histoire régionale. Un Musée Paysan existe à *Les Genevez*. A *La Chaux-de-Fonds*, le Musée International de l'horlogerie, construit en souterrain, expose une collection unique au monde de plus de 3000 montres de tous les modèles. On verra au Musée des Beaux-Arts, les œuvres d'artistes neuchâtelois et suisses; un Musée paysan et artisanal a été installé dans une ancienne ferme. Le Musée d'histoire naturelle comporte un ensemble zoologique de provenance suisse et africaine. Enfin, le Musée historique et médaillier présente une riche collection historique de nature régionale.

A *Delémont*, on verra la ville ancienne et ses fontaines polychromes à personnages datant du 16e siècle, l'église catholique St-Marcel et le château, jadis résidence épiscopale. L'église paroissiale St-Pierre et Paul, à *Les Breuleux*, possède une nef unique; de style néo-classique, elle a été édifiée en 1855. On visitera également à *La Chaux-de-Fonds* l'église réformée (1794–1796), dont le plan ovale contraste avec celui des rues qui se recoupent à angle droit.

Le Vivarium de *La Chaux-de-Fonds* possède 90 aquariums, terrariums et volières renfermant 300 représentants des espèces animales du monde entier. Situé au-dessus de l'agglomération, le jardin zoologique héberge principalement des espèces indigènes: cervidés, chèvres, lynx, chats de forêt, sangliers et de nombreux oiseaux.

Depuis Les Reussilles, on parvient rapidement à Bienne par Tramelan et Tavannes en empruntant la route principale dont le tronçon inférieur supporte une forte circulation. La Birse prend sa source au-dessus de Tavannes; en direction de Pierre-Pertuis, elle se transforme progressivement en petite rivière au long de notre route vers Delémont. En suivant la Birse, nous pouvons regagner le point de départ de notre randonnée en empruntant une route très fréquentée. Mieux vaut, dans ces conditions, prendre une route qui, à partir de Les Reussilles, se détache vers la droite; après une légère montée, elle longe le pittoresque étang de la Gruère, file vers Saignelégier, principale localité des Franches-Montagnes et gagne le centre de cette région par Montfaucon, St-Brais et au-delà Glovelier pour atteindre finalement Delémont via Bassecourt et Courtételle:
Les Reussilles 🚌–Saignelégier 🚌–Montfaucon 🚌–Bassecourt 🚌–Delémont 🚆 42 km, 4 h

Correspondances
Bâle–Delémont r. 5, Porrentruy–Delémont r. 41, La Chaux-de-Fonds–Yverdon r. 7.

Abbaye de Bellelay: Sur le plateau où la Sorne prend sa source, le prieur Siginand de Moutier-Grandval fonda 1136 une abbaye de religieux prémontrés. Réputé pour l'excellence de son enseignement, l'établissement fut inauguré en 1772 par l'abbé Nicolas de Luce et eut pour pensionnaires les fils de l'aristocratie alsacienne, bourguignonne et suisse. Fermée à la Révolution française, l'abbaye abrite de nos jours un hôpital psychiatrique. Une spécialité jurassienne, la «Tête de Moine», fromage rond de forme caractéristique, rappelle les activités monastiques.
Les anciens bâtiments conventuels entoure une vaste cour d'époque baroque. L'église, consacrée en 1714 et reconstruite dans le style du Vorarlberg par l'architecte Franz Beer a été entièrement restaurée; elle abrite des expositions de peintures.

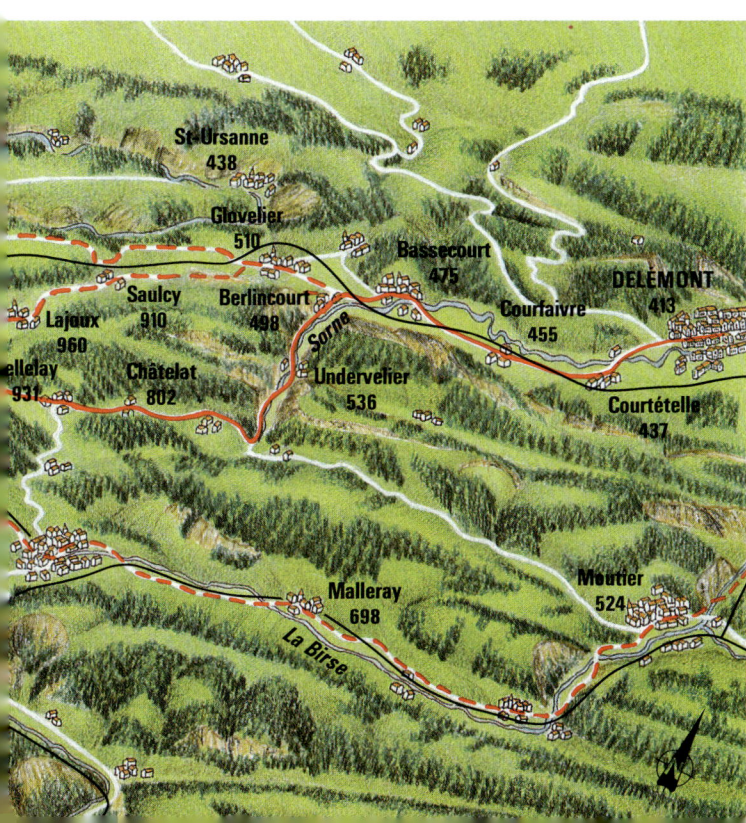

Franches-Montagnes

Les franchises accordées, en 1384, par Immer von Ramstein, prince-évêque de Bâle, aux habitants des Franches-Montagnes stimulèrent le développement de l'agriculture sur les hauts-plateaux, au sol plutôt infertile, dont l'altitude se situe vers 1000 m. Les franchises dispensaient les paysans du paiement de la dîme à l'évêché de Bâle. Toutefois, les guerres auxquelles les évêques étaient mêlés se répercutèrent dans cette région sous forme d'épidémies et d'incendies. Les sapins et les prairies aux arbres isolés caractérisent les paysages francs-montagnards; à l'exception du Doubs qui coule au fond d'une gorge limitant cette région vers le nord, les rivières sont absentes. On y voit, en revanche, des dolines où les eaux de pluie se rassemblent, s'infiltrent dans le sol et s'écoulent sous terre vers les vallées. Parfois l'eau stagne dans une dépression, forme une mare, ou se déverse dans les tourbières. Etangs et tourbières sont caractéristiques du paysage des Franches-Montagnes, région qui se prête mal à la mise en culture. Avec le temps, les paysages se sont consacrés à l'élevage des chevaux dont ils ont fait un véritable art. C'est ainsi qu'avec ses courses et ses exhibitions, le célèbre «Marché-Concours» de Saignelégier attire, chaque année, des milliers de touristes et de spectateurs. Pour les éleveurs, le «Marché-Concours» et l'évaluation de leurs chevaux par un jury ont une extrême importance. De nos jours, outre l'agriculture, l'industrie mécanique et l'horlogerie jouent un rôle essentiel dans l'économie des Franches-Montagnes. Dans de nombreux villages, de petites usines fabriquent des produits hautement spécialisés; pourtant, là aussi, la crise de l'horlogerie a laissé des traces.

Peu fréquentés, routes et chemins conviennent aux randonnées sportives dans deux vallées neuchâteloises et sur les rives du lac de Neuchâtel. Des tronçons à niveau alternent avec des montées raides et des descentes rapides. De verts pâturages, des bouquets d'arbres isolés et de sombres forêts confèrent au paysage des aspects insolites.

La Chaux-de-Fonds–Couvet–Yverdon-les-Bains

Route	Distance	Temps
1 La Chaux-de-Fonds	—	—
2 La Sagne/Le Crêt	10 km	1 h
3 Les Ponts-de-Martel	16 km	1 h 30
4 Couvet	32 km	3 h
5 Grandson	43 km	5 h
6 Yverdon	47 km	5 h 30

Dénivellation: 1200 m

Le point de départ de cette randonnée est la gare de **La Chaux-de-Fonds.** Nous suivons d'abord l'avenue Léopold Robert en direction du Locle. Parvenus à la gare du *Crêt-du-Locle,* nous bifurquons à gauche et effectuons une montée en direction de ce hameau. Au prochain carrefour, toujours à main droite, nous pédalons d'abord vers *Les Bressel* puis, plus loin, vers Queue de l'Ordon. Au prochain embranchement, nous choisissons la route de droite. Après un tronçon plat ou légèrement en pente, nous croisons la route qui relie Le Locle à La Sagne; une courte montée, succédant à une bifurcation à droite, conduit au col. Malheureusement trop brève, une descente reposante nous mène à la Vallée des Ponts et à la localité de **La Sagne/Le Crêt.** A main droite, notre itinéraire longe la bordure de la vallée, la voie de chemin de fer à faible écartement en direction des **Ponts-de-Martel** pour filer tout droit vers le début de la vallée et le Bois des Lattes. Nous apercevons, sur notre gauche, les vestiges des exploitations de tourbe qui occupaient jadis la totalité de la vallée. Juste après le lieu-dit

Solitude nordique des tourbières

Martel Dernier, commence la montée au Rotel, d'où l'on jouit d'une belle vue sur le Val de Travers. Les 90 m de dénivellation sont rapidement franchis. Il nous faudra faire attention pour ne pas nous tromper de chemin à la bifurcation proche de la crête; celui que nous suivons oblique vers la droite et s'élève encore de quelques mètres avant de redescendre en pente raide en direction du Val de Travers. Cette descente prend fin après le petit village de *Travers.* Rejoignant la route principale, nous franchissons, au prochain pont, l'Areuse, petite rivière qui arrose le Val de Travers. Sur l'autre rive, nous apercevons le hameau Le Loclat. Une route, à main droite, nous conduit, en droite ligne aux gisements d'asphalte de *La Presta,* dans le Val de Travers. L'asphalte naturel n'est exploité, malgré sa rareté, que dans les pays qui en possèdent suffisamment pour justifier une exploitation régulière. Après un nouveau franchissement de l'Areuse, nous obliquons à gauche et pédalons sur une petite route qui longe la rivière, jusqu'au centre de **Couvet,** petite ville industrielle.

Si nous ne souhaitons pas rejoindre La Chaux-de-Fonds, nous obliquons, à gauche, en direction de la Nouvelle Censière. Jusqu'à *Le Couvent,* le premier tronçon est assez raide, mais il s'agit de la dernière montée importante qu'il nous faut effectuer avant la longue descente qui aboutit à Yverdon. A la bifurcation du Couvent, nous empruntons, sur le côté droit, une route légèrement ascendante qui atteint l'altitude de 1270 m à la crête. Après avoir traversé une bande forestière, il ne nous reste plus qu'à nous laisser descendre jusqu'au village de *Mauborget,* d'où la vue porte sur la partie sud du lac de Neuchâtel. Par une longue série de virages en lacets, la route traverse successivement *Villars-Burquin, Fontaines* et *Fiez.* Après le franchissement de l'Arnon, nous atteignons finalement **Grandson,** dominé par son imposant château aux murs chargés d'histoire. Par une route et un passage sous voie, on rejoint ici le bord du lac. Le chemin qui le longe entre la voie ferrée et la rive, aboutit à un vaste camping, traverse un petit bois et suit le bord d'un canal. Obliquant vers la droite, cette même route mène au centre de la ville d'**Yverdon.**

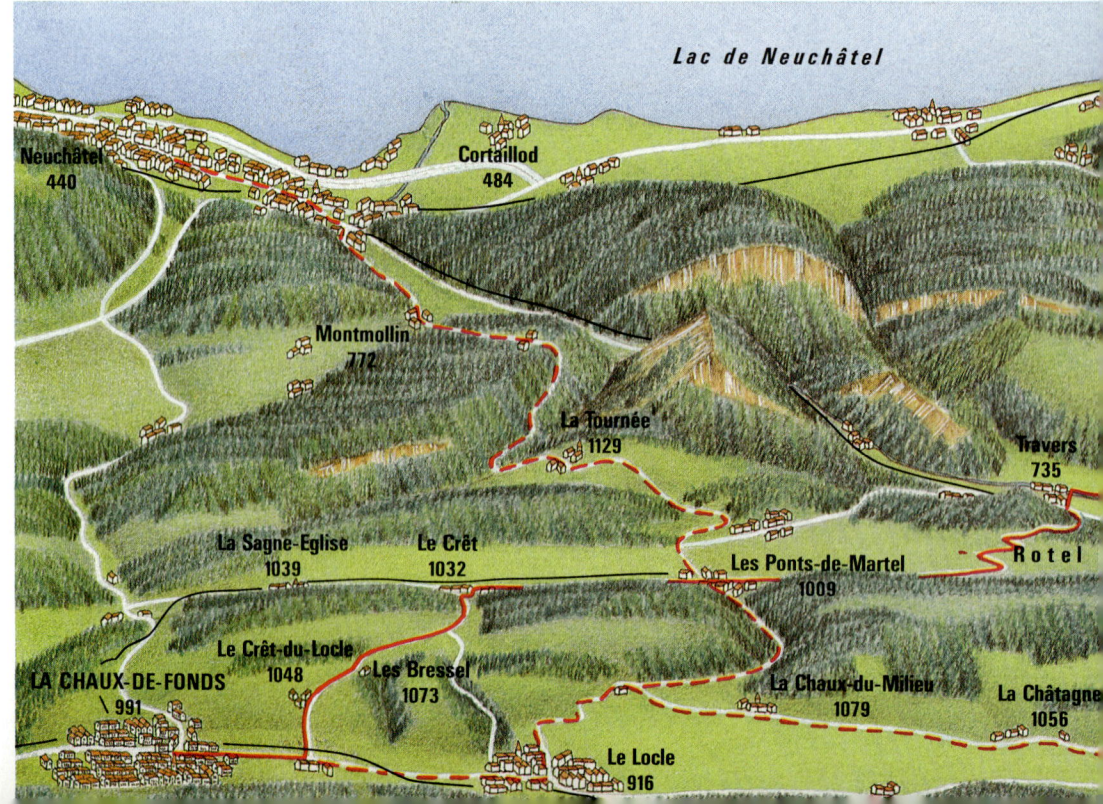

Carte cycliste
Neuchâtel–Pontarlier–Trois Lacs

Déviations
Par une route peu encombrée et La Tourne, il est possible de rejoindre

La Chaux-de-Fonds, Yverdon

La Chaux-de-Fonds–Le Locle, La Chaux-de-Fonds, Grandson, Yverdon-les-Bains

Le Musée international d'horlogerie de *La Chaux-de-Fonds* possède plus de 3000 montres et horloges. Le Musée des Beaux-Arts expose principalement des œuvres de peintres suisses et neuchâtelois. Le Musée paysan et artisanal a été aménagé dans une vieille ferme. Le Musée d'histoire naturelle conserve une collection zoologique et le Musée historique et médaillier, une collection complète se rapportant à l'histoire locale. Le château de *Grandson* renferme un musée de meubles et des intérieurs des 13e et 16e siècles de même qu'une collection de vieilles voitures (pour Yverdon, r. 23).

Le plan ovale de l'église réformée de *La Chaux-de-Fonds* contraste avec le plan quadrangulaire des églises habituelles. A l'extrémité nord-est du village de *La Sagne,* l'église est un bel édifice de style gothique. Du 16e siècle, date l'église réformée de *Travers;* son château, vaste construction, date des 17e et 18e siècles. L'église et plusieurs belles demeures de *Couvet* remontent à la même époque.

Dans ses 90 aquariums, terrariums et volières, le Vivarium communal de *La Chaux-de-Fonds* conserve plus de 300 espèces animales; le zoo, situé au-dessus de l'agglomération, abrite des représentants de la faune locale: cervidés, lynx, chats forestiers, sangliers et oiseaux.

directement Neuchâtel. De plus, entre Cortaillod et Neuchâtel, toutes les localités de la rive droite sont aisément accessibles. Les cyclotouristes qui préféreraient regagner La Chaux-de-Fonds bifurqueront à La Tourne et prendront, à droite, la direction du Locle.
Les Ponts-de-Martel–La Tourne–Neuchâtel
17 km, 2 h 30
Les Ponts-de-Martel–Le Locle–La Chaux-de-Fonds
19 km, 2 h 30
Depuis Couvet, une très belle route permet de regagner La Chaux-de-Fonds. En franchissant le Mont Brenin, on se dirigera vers le célèbre village de La Brévine, surnommé «La Sibérie de la Suisse», où une route, à droite, longe le versant sud de la vallée et conduit au Locle par La Châtagne et La Chaux-du-Milieu. Chacun pourra reprendre ici le train ou la route et regagner le point de départ de la randonnée.
Couvet–La Brévine–Le Locle–La Chaux-de-Fonds
35 km, 4 h

Correspondances
Delémont–La Chaux-de-Fonds r. 6, Yverdon–Genève r. 8, Yverdon–Morges r. 48, Yverdon–Neuchâtel r. 24, Fribourg–Yverdon r. 23.

Grandson: L'imposant château de Grandson, l'un des plus vastes de Suisse, est cité pour la première fois en 1050. Ses hautes murailles et ses quatre tours en faisaient, à l'époque, une forteresse imprenable. Après l'extinction, en 1397, de la famille de Grandson, le château et la cité devinrent propriété des comtes de Savoie puis passa sous la domination conjointe des Bernois et des Fribourgeois, après la victoire remportée en 1476 par les Confédérés sur les troupes de Charles-le-Téméraire. L'église réformée St-Jean-Baptiste, autre monument remarquable, fut celle d'un monastère bénédictin supprimé en 1555. Très influencée par le style roman, l'église, à trois nefs, est un peu trop massive; les chapiteaux supportés par des colonnes romanes sont parmi les plus beaux de Suisse. La cité de Grandson possède plusieurs belles demeures et des éléments dignes d'intérêt.

Vallée des Ponts

Proche du Bois des Lattes, la réserve botanique abrite les ultimes vestiges d'une vaste tourbière qui occupait jadis la totalité du sol de la vallée. Les noms de localités et de hameaux: Ponts-de-Martel, Petit-Martel ou La Sagne perpétuent le souvenir du paysage initial. Martel est une déformation du mot «marais» et Sagne s'inspire du mot «sphaigne» qui désigne les mousses, matière première de la tourbe. Par «ponts», il faut entendre les chemins faits de rondins permettant le transport des véhicules chargés de tourbe. Trop légers pour ne pas s'enfoncer dans le sol spongieux, ces «ponts» formaient une sorte de chaussée qui évitait aux charrois de s'embourber.
Telles des perles d'un collier, les maisons s'alignent et se succèdent le long des vallées et des routes, selon une disposition caractéristique de l'habitat neuchâtelois. A cet endroit, le sol était suffisamment solide et stable pour supporter le poids d'une maison. La Vallée des Ponts fut habitée seulement au 15e siècle car le sol spongieux ne permettait pas la mise en culture: aussi, les premiers colons tiraient-ils leur subsistance de l'exploitation des tourbières, qui fut effectuée avec tant d'ardeur que le fond des vallées se trouve actuellement à 2 ou 3 m en contrebas, par rapport au niveau initial. Utilisée comme combustible pour le chauffage, la tourbe sert désormais à amender le sol des jardins. Une fois la couche de tourbe enlevée, le sol, convenablement drainé, est alors mis en culture. Désormais, la Vallée des Ponts est une succession de champs et de pâturages. Le Bois des Lattes permet d'imaginer le paysage à l'époque des tourbières. Dans cette zone protégée, les bouleaux nains, les sphaignes et les mousses survivent et prospèrent.

Cette randonnée nous mènera des rives du lac de Neuchâtel et de celles du lac de Joux au charme nordique, jusqu'aux bords du Léman. Les nombreux points de vue que nous découvrirons en cours de route sont représentatifs du paysage vaudois. Nombreux et pittoresques, les villages incitent à la halte et à la détente. Deux auberges de jeunesse, l'une à Vallorbe, l'autre à St-Cergue, permettent d'effectuer cette randonnée en deux ou trois jours.

Yverdon-les-Bains–Le Brassus–Genève

Route		Distance	Temps
1 Yverdon		—	—
2 Vallorbe		31 km	3 h 30
3 Le Brassus		53 km	6 h 30
4 Nyon		89 km	10 h
5 Genève		110 km	12 h

Dénivellation: 1100 m

Notre randonnée à vélo part de la gare d'**Yverdon**. Nous nous dirigeons à gauche vers la Place Pestalozzi, bordée par l'église, l'Hôtel de Ville et le château; un monument rappelle l'œuvre accomplie à Yverdon par le célèbre pédagogue.

Traversant le centre animé de la petite ville, nous pédalons en direction du pont de la Thielle et suivons les panneaux routiers indiquant «Neuchâtel», jusqu'au passage supérieur de la voie ferrée. Là, près des Tuileries, nous obliquons, à gauche, vers *Montagny*. Au prochain carrefour, nous obliquons encore à gauche, vers Orbe. A la sortie de Montagny, nous retrouvons la route principale et pédalons, à droite, vers Essert, sur la route de Ste-Croix. Après *Essert*, nous emprunterons, à main gauche, la route de *Champvent*, village que nous quittons pour prendre la direction de Baulmes avant d'obliquer bientôt à gauche, vers St-Christophe et Rances. Arrêtons-nous près de l'église et dirigeons-nous, à droite, vers la base de la colline boisée du Suchet. A gauche, la montée se poursuit vers *L'Abergement,* Le Vailloud, Lignerolle et *Ballaigues,* d'où une descente rapide conduit à la petite rivière de La Jougnena et finalement à **Vallorbe**.

Au sortir de cette localité, la route remonte en pente raide vers la droite et atteint *Le Pont*, par le Mont d'Orzeires et la vallée de Joux. L'accès à cette dernière localité par chemin de fer est aisé; le train est donc conseillé aux randonneurs qui préfèrent les descentes aux montées.

De la Scandinavie à la Côte d'Azur en trois heures

Plutôt que d'emprunter la route bordant le lac de Joux, nous tournons à droite en direction du village des *Charbonnières*, sur le charmant lac Brenet. Par Le Séchey, nous atteignons *Le Lieu;* une petite route se détache à main gauche vers Les Esserts de Rive et le lac de Joux à l'ambiance «scandinave». A la belle saison, on suit les évolutions des nombreux véliplanchistes tout en pédalant en direction du *Sentier*, village tout en longueur, et du **Brassus** où commence la montée vers le col du Marchairuz. Le col franchi (1355 m), la route amorce une descente. Au point le plus bas de ce premier tronçon, une petite route goudronnée se détache, à gauche, dans un tournant et emprunte, à droite, une étroite vallée orientée au sud. Les cyclistes qui désirent regagner Yverdon, suivront la route principale du Marchairuz et franchiront le col (voir ci-après). Sur une distance de 8 km environ, nous roulons dans cette vallée paisible où les voitures sont rares et nous en profitons pour admirer les forêts qui tapissent le flanc des montagnes et observer les vaches dans les alpages. A l'extrémité de cette vallée, la route oblique brusquement à gauche; sinueuse et rapide, elle descend vers *Bassins*. A La Cézille, nous traversons la vallée ombragée de La Combe et pédalons vers Genolier et *Trélex*. En contrebas, le Léman miroite et reflète les rayons du soleil; un voilier ou un bateau d'excursions anime son vaste plan d'eau. Attirés par la proximité du lac, nous roulons vers **Nyon** le long de la voie ferrée. Le temps de nous rafraîchir, et nous repartons pour effectuer la dernière étape de cette randonnée. La majeure partie de ce tronçon est très fréquentée; elle comporte heureusement plusieurs pistes cyclables. Traversant au passage, la charmante petite ville de *Coppet* connue pour ses arcades, nous nous dirigeons, par Versoix et Bellevue, vers **Genève** où la rue de Lausanne conduit directement à la gare. Les participants à cette randonnée qui disposent d'un temps suffisant en profiteront pour visiter la Vieille Ville, sur la rive gauche du Rhône et Carouge, où les maisons anciennes subsistent en grand nombre.

Yverdon-les-Bains, Vallorbe, St-Cergue, Genève

 Yverdon, Vallorbe, Le Lieu, Nyon, Tannay

 A *Vallorbe,* le Musée du Fer et le Musée Gygner (mai–octobre, prévenir pour visiter) abritent des collections de nature technique. Aménagé dans le château de *Nyon,* le Musée historique possède une riche collection de pièces archéologiques et de porcelaines nyonnaises. Le Musée du Léman dispose d'une vaste documentation sur la faune et la flore lacustres; on admirera, au Musée Romain, les ruines d'une basilique romaine. Edifiée vers la fin du gothique, la Maison Michel, à *Coppet,* a été transformée en musée régional. Parmi les nombreux musées de *Genève,* le Museum d'histoire naturelle, le Musée d'ethnographie et le Musée d'art et d'histoire sont les plus visités.

 Parfait exemple de forteresse du type «carré savoyard», le château de *Champvent* a été édifié au 13e siècle. L'église de *Genolier* date de la fin du gothique. A *Coppet,* le superbe château, construit en 1767, et son ameublement du 18e siècle justifient un détour. De style gothique flamboyant, l'église réformée de Coppet, avec son bel aménagement intérieur, fut érigée en 1500. Enfin, au *Creux-de-Genthod,* près de Versoix, on verra la maison de campagne d'Horace-Bénédict de Saussure édifiée entre 1723 et 1733 et les magnifiques jardins qui l'entourent.

 Près de *Le Vaud,* le zoo de La Garenne prépare les animaux en captivité à l'apprentissage de la liberté. Au Jardin Botanique de *Genève,* des lamas et des cervidés côtoient des oiseaux d'espèces différentes.

Cartes cyclistes
Lausanne–Vallée de Joux, Genève et environs

Déviation
Les cyclotouristes qui désirent regagner Yverdon à vélo, demeureront, à partir du pt 1335, sur la route principale du Marchairuz et prendront, au col, la direction de Bière. Peu après avoir quitté la forêt, on prendra à gauche, une petite route conduisant à Bérolle; par cette localité et les villages de Molens, Montricher et L'Isle, on poursuivra vers La Sarraz, Cuarnens, Moiry et Ferreyres. En bordure de la plaine, on pédalera, par Orbe, vers le lac de Neuchâtel. Col du Marchairuz–Berolle 🚂–L'Isle 🚂–Moiry 🚂–La Sarraz 🚂–Orbe 🚂–Yverdon-les-Bains 🚂 🚴 57 km, 6 h

Correspondances
La Chaux-de-Fonds–Yverdon r. 7, Fribourg–Yverdon r. 23, Yverdon–Neuchâtel r. 24, Yverdon–Morges r. 48, Genève–Morges r. 9.

Grottes de Vallorbe: A 2 km à l'est de Vallorbe, une rivière souterraine issue du lac de Joux refait surface dans une succession de grottes à stalactites. Découvertes au siècle dernier, ces galeries n'ont été systématiquement explorées que dans les années 1960. Accessibles, elles renferment de magnifiques stalactites et stalagmites dont les formes étranges se reflètent dans l'eau de petites mares. A la salle de la terrifiante Méduse, succède la salle du Bison d'où l'on perçoit le grondement de l'Orbe qui coule, souterraine. Une peu plus loin, après le franchissement de la rivière, on assiste à un impressionnant et féerique «Son et Lumière». Dans une salle, les stalactites qui tombent du plafond ressemblent à de fines aiguilles; dans d'autres galeries, elles se transforment en colonnes massives.

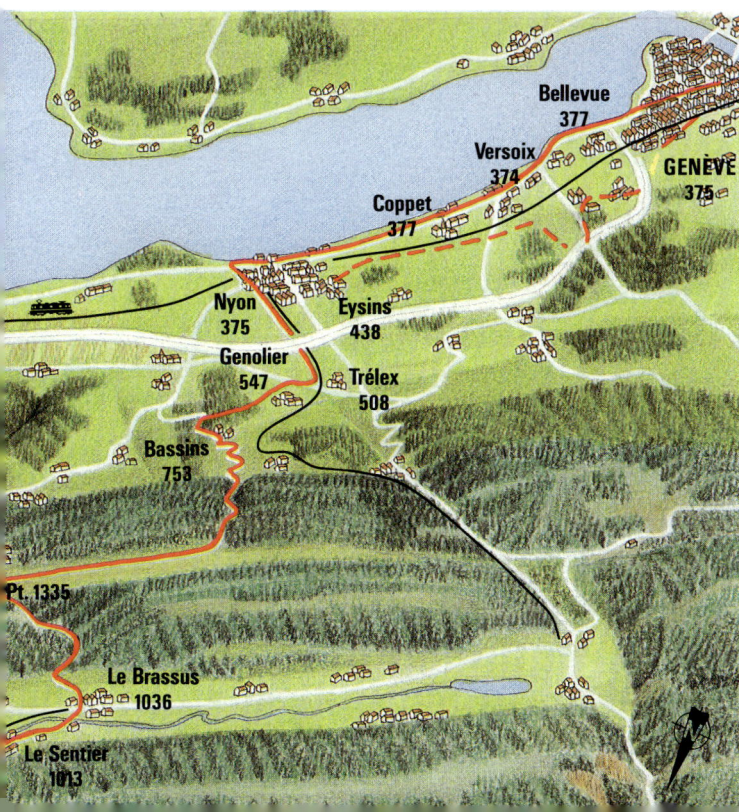

Nyon

Charmante petite cité des bords du Léman, Nyon est fière de sa longue histoire. Fondée par des Celtes, Noviodunum, dut, vers 50 avant J.-C., céder la place au premier établissement romain en Suisse occidentale: la «Colonia Julia Equestris»; encore habitée après l'effondrement de l'empire, Nyon fut abandonnée aux 6e et 7e siècles. La partie ancienne conserve le tracé de la ville romaine; de nombreux édifices reposent sur des substructions de maisons antérieures. On verra au Musée Romain les vestiges d'une basilique; à l'entrée sud de la localité se dressent trois colonnes de la Nyon romaine. Aux 11e et 12e siècles, les seigneurs de Prangins restaurèrent les remparts et construisirent la tour dite de César ainsi qu'une forteresse sur le site de l'actuel château. Dans la seconde moitié du 13e siècle, les comtes de Savoie firent de Nyon le centre administratif de leurs possessions vaudoises. De cette époque date la construction du château, agrandi au 16e siècle. Les parties les plus anciennes de l'église réformée (Notre-Dame) remaniée et complétée à diverses reprises, datent du 12e siècle. Par la suite, les Bernois s'emparèrent de Nyon sans coup férir et créèrent un bailliage qui se maintint jusqu'en 1798. Vers la fin de la domination bernoise se situe la fondation de la manufacture de porcelaine de Nyon qui connut une renommée mondiale entre 1781 et 1813. Le bâtiment de cette fabrique se trouve au numéro 13 de la Rue de la Porcelaine. Le Vieux Nyon possède de belles demeures bourgeoises des 16e, 17e et 18e siècles, à proximité de l'Hôtel de Ville dont un cadran solaire décore la façade.

Genève–Aubonne–Morges

Cette excursion à caractère familial nous conduira, par des routes secondaires calmes et tranquilles, à travers le vignoble de La Côte qui s'élève en pente douce vers Morges et la petite ville médiévale d'Aubonne. La vue sur le Léman et sur la chaîne montagneuse qui s'étend sur la rive opposée est grandiose. Le retour en bateau à Genève mettra un point final particulièrement apprécié à cette excursion.

Route		Distance	Temps
1 Genève		—	—
2 Chavannes-de-Bogis		20 km	2 h
3 Trélex		31 km	3 h
4 Aubonne		49 km	5 h
5 Morges		62 km	6 h

Dénivellation: 400 m

La gare de **Genève,** à quelque distance du lac, est le point de départ de ce tour. Par le passage souterrain de la gare, nous nous dirigeons vers le quai, par la rue du Mont-Blanc. De l'autre côté du Rhône, la Vieille Ville, qui se cache derrière des immeubles modernes imposants, est située sur une petite hauteur; elle mérite que l'on retarde d'une petite heure le départ pour la visiter. Maintenant, le moment est venu… Depuis le pont du Mont-Blanc, nous pédalons d'abord sur le quai qui borde le lac afin de sortir de la ville; des pistes cyclables facilitent par endroits la progression. Laissant derrière nous la rue de Lausanne et le parc où se trouve le siège du GATT, nous suivons une piste qui offre de beaux points de vue sur le lac entre les villas et nous conduit à la petite localité périphérique de *Bellevue:* presque toutes les agglomérations situées sur les bords du lac mériteraient ce nom. A la sortie de Bellevue, nous empruntons, à gauche, le passage sous la voie ferrée pour remonter la pente de l'autre côté en direction de *Collex.* Droit devant, la route longe des vignes et conduit au village de *Bossy,* où nous obliquerons à droite vers Sauverny. Traversant ensuite la vallée de la Versoix, puis les Grands Bois, nous pénétrons en terre vaudoise. Après avoir laissé derrière nous les bois, nous bifurquons au prochain carrefour, où un poteau indicateur annonce le Café-Restaurant «Relais des chasseurs», en direction de *Chavannes-des-Bois.* A quelques mètres de là, court la frontière française, le long de la petite rivière de la Versoix. Parallèlement à celle-ci, une route secondaire, calme et tranquille, mène au village voisin de **Chavannes-de-Bogis,** d'où nous gagnerons par une courte section de la route principale *Crassier,* village-frontière. Près de l'église, nous tournons à droite pour rouler tout d'abord vers Borex; après Crassier et un petit bois, dirigeons-nous tout droit, par une petite route interdite aux automobilistes, mais autorisée aux cyclistes, qui mène à **Trélex** par *Grens.* Nyon, petite ville ravissante, s'abrite sous la protection de son imposant château en contrebas de Trélex; de là, il est facile de regagner Genève.

A Trélex, nous suivons les poteaux indicateurs en direction d'Aubonne, avant de traverser la petite rivière «La Colline» et d'atteindre, à *Vich,* les limites du plus grand vignoble vaudois. Plus de mille hectares de vignes, entre Coinsins et Aubonne, mûrissent sur les pentes exposées au soleil et donnent des vins réputés. Le cycliste pressé empruntera, à partir de Vich, la route principale peu fréquentée en semaine qui, par Bursins, conduit rapidement à Aubonne. Quant à nous, nous obliquons à main gauche à Vich pour monter à *Begnins.* Dorénavant, nous serpentons à travers vignobles et villages dont les noms sont évocateurs de

Un petit verre à notre santé…

qualité. Par Luins et Vinzel, nous pédalons vers *Bursins* et *Gilly* puis, par Tartegnin et *Mont-sur-Rolle,* nous atteignons le charmant petit village de *Féchy,* à quelques kilomètres d'**Aubonne.**
Si nous n'avons pas encore fait halte dans l'un ou l'autre de ces villages de vignerons, il est grand temps d'y songer!
Revigorés, nous quittons Aubonne en direction de Cossonay. Empruntant la vallée de l'Aubonne vers *Lavigny,* nous suivons un tronçon de la route principale jusqu'à la bifurcation, à droite, d'où part la descente vers *Villars-sous-Yens.* De là, prenons la direction de Morges jusqu'à la signalisation, à gauche, indiquant la direction de *Denens.* A partir de ce village, la route nous conduit tout droit à *Vufflens-le-Château* où il

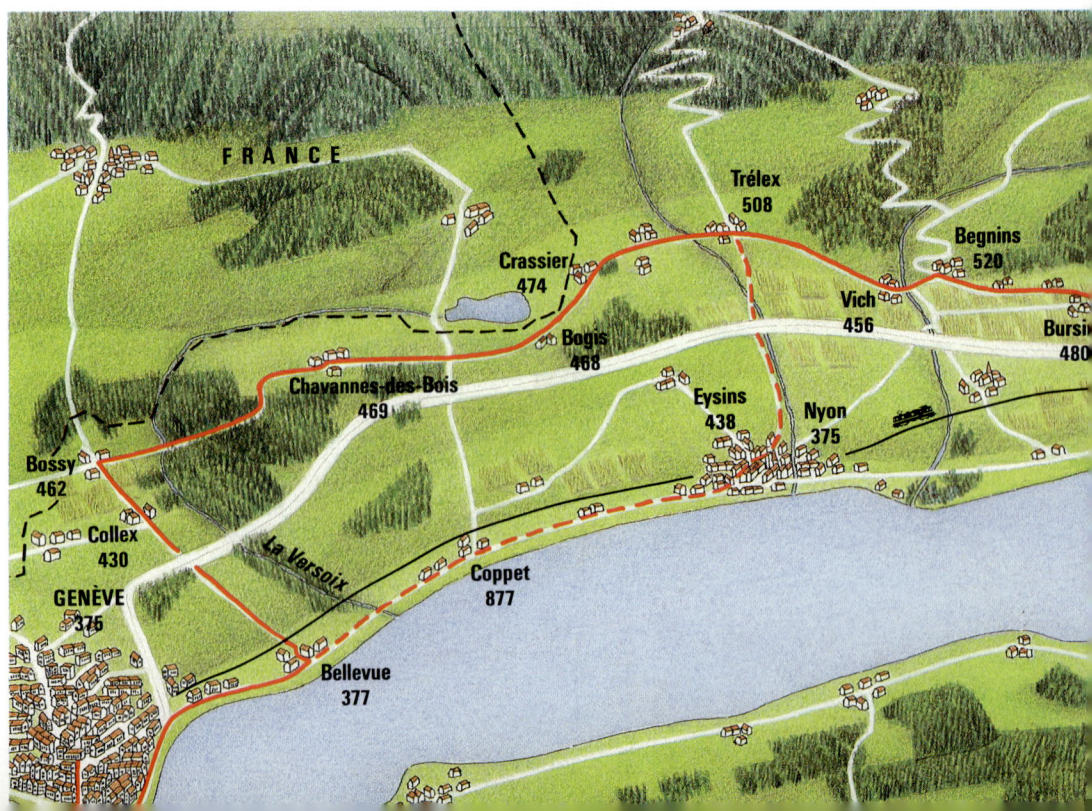

nous faut obliquer à droite pour pénétrer dans la localité. En contrebas, se dresse au milieu du vignoble, une puissante forteresse qui ressemble, avec ses nombreuses tours, à un château de conte de fées. Une descente assez raide nous conduit au terme de notre randonnée; par un passage souterrain nous franchissons encore une fois, l'autoroute et la voie ferrée, pour déboucher sur la rive du lac, près de la vieille ville de **Morges**.

 Genève, Morges

 Versoix, Nyon, Rolle, Morges

 Pour les musées de Genève, voir itinéraire 8. Le château de *Morges* abrite le Musée militaire vaudois et sa collection historique d'armes. L'ancienne demeure du graveur Alexis Forel a été transformée en musée.

 A *Begnins*, on verra, outre l'église réformée dont les parties les plus anciennes datent du 11e siècle, deux imposantes résidences patriciennes. L'église réformée St-Martin de *Bursins* remonte également au 11e siècle. Au dessus de Gilly, se trouve, dans un jardin à la française, le ravissant château de *Vincy*. Puissante construction en brique, le château de *Vufflens* a été édifié entre 1395 et 1430; celui de *Morges*, avec ses quatre tours rondes, date du 13e siècle. Outre les élégantes et nombreuses maisons, bien conservées, de la vieille ville de Morges, on remarquera l'église réformée, de style baroque.

 La vallée de l'Aubonne, près de la localité du même nom, abrite l'Arboretum, vaste parc ouvert au public où poussent arbres et arbustes du monde entier.

Cartes cyclistes
Genève et environs,
Lausanne–Vallée de Joux

Déviation
En contrebas de Trélex, à Nyon, il sera facile de regagner Genève. La presque totalité du parcours, longeant la rive du lac, comporte des pistes cyclables qui ne sont interrompues que dans la traversée des localités.
Sur la route du retour, la charmante petite ville de Coppet invite à une halte sur les rives du Léman.
Trélex –Nyon –Coppet –Genève
28 km, 3 h

La viticulture lémanique: La viticulture et la vinification ont été introduites sur les rives lémaniques par les Romains. Le vignoble occupe 1600 hectares sur la partie plane ou légèrement en pente de La Côte, entre Genève et Lausanne; il s'étend sur 850 hectares sur les pentes raides et en terrasses du Lavaux, entre Lausanne et Montreux. Le cépage le plus recherché des vignerons vaudois est le chasselas (fendant roux) qui fournit le Dorin, vin clair et léger. Le Dorin porte souvent le nom de l'aire de production: «La Côte», «Lavaux» ou encore celui d'une localité, Féchy par exemple; les vins rouges sont le pinot noir et le gamay. Un vin rouge que les «goûteurs» jugent digne de porter cette appellation, a droit au label «Salvagnin».

Correspondances des routes
Yverdon–Genève r. 8, Yverdon–Morges r. 48, Morges–Montreux r. 10

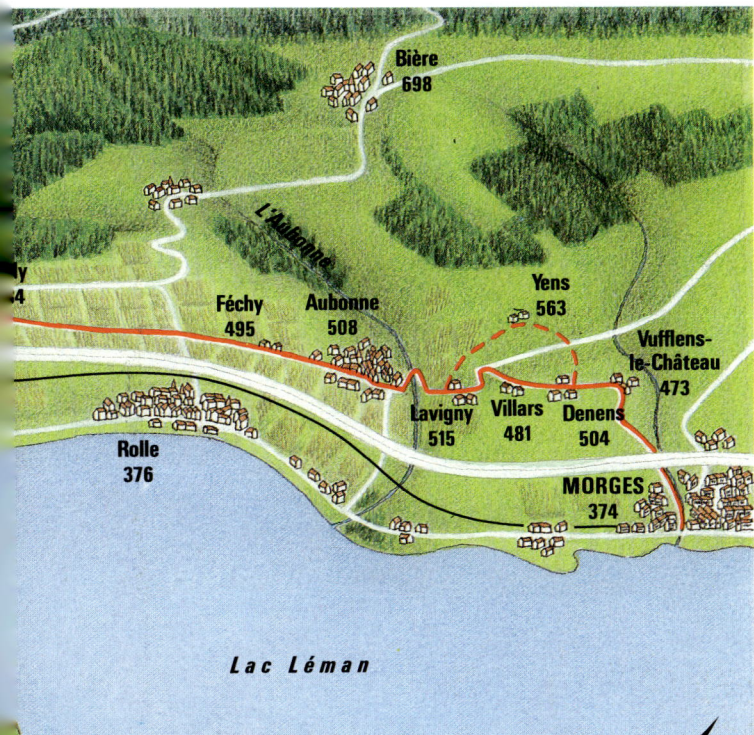

Aubonne

Les seigneurs d'Aubonne édifièrent, au 11e ou 12e siècle, un premier château fort et entreprirent de regrouper la population de leur domaine autour de la forteresse. En 1234, Guerry d'Aubonne accorda des franchises aux habitants de la petite cité; en 1260, ce même seigneur se vit contraint de céder sa seigneurie aux comtes de Savoie qui ne cessaient d'étendre leur domination. Fiefs de la maison de Savoie, le château et la ville d'Aubonne connurent plusieurs changements de propriétaires au 14e siècle; en 1425, ils devinrent, par héritage, la propriété des comtes de Gruyères. Ces derniers renforcèrent les fortifications et construisirent un nouveau corps d'habitation. Aubonne échappa à l'occupation bernoise, lors de la conquête du pays de Vaud, les comtes de Gruyères s'étant alliés aux Bernois. En 1533, la ruine de Michel, comte de Gruyères, permit à Berne d'acquérir son domaine d'Aubonne; Michel de Gruyères céda la seigneurie à des particuliers mais occupa le château après son rachat, en tant que bailli jusqu'à la fin de l'ancienne structure sociale et politique, en 1701.
L'imposant château a été en majeure partie reconstruit au 17e siècle. La tour circulaire, couverte d'un bulbe, édifiée sur les fondations de l'ancien donjon et le palais baroque avec son importante cour à arcades, datent de cette époque. Dans cette même cour, un bas-relief romain représente deux gladiateurs; la ville ancienne, bien conservée, garde des vestiges de fortifications notamment deux portes de ville; elle mérite une visite de même que les rues sinueuses où se dressent plusieurs édifices non moins intéressants, en particulier l'Hôtel de ville, place du Marché, ou la Maison d'Aspre, avec son orangerie. L'église réformée remonte au 14e siècle; à l'intérieur, on remarque des consoles sculptées de motifs symboliques et des vestiges de fresques.

Morges–Lausanne–Montreux

Cette randonnée cycliste nous conduira de Morges, petite ville pittoresque, à Lausanne et dans le vignoble de Lavaux. Après la traversée de ravissants villages de vignerons, nous regagnerons, près de Vevey, la rive du Léman. Pédalant à mi-pente, nous pourrons admirer à loisir un magnifique panorama sur le lac avant d'atteindre Montreux, station climatique réputée et but de cette promenade à vélo.

Route		Distance	Temps
1 Morges		—	—
2 Lausanne		14 km	1 h 30
3 Grandvaux		27 km	3 h
4 Vevey		40 km	4 h
5 Montreux		48 km	5 h

Dénivellation: 550 m

Le point de départ de notre randonnée est la gare de **Morges,** que nous quittons en direction du château; nous tournons ensuite à gauche vers l'église avant de prendre la route de Cossonay. Après un passage sous la voie ferrée et l'autoroute, nous bifurquons, à main droite, vers *Lonay.* Près du carrefour, à proximité d'un grand passage sous voie, nous suivons les panneaux indiquant la direction de Lausanne, traversons une nouvelle fois par un passage inférieur la voie ferrée et l'autoroute et roulons vers *Préverenges*. Dans ce village, face à l'Auberge des Chasseurs, nous obliquons à droite, puis à gauche à hauteur de l'église. Une petite route qui la longe débouche sur la route principale Genève–Lausanne que nous emprunterons sur une distance d'un kilomètre jusqu'à *St-Sulpice*. Après la station-service située à l'entrée de cette dernière localité, une pancarte désigne, à main droite, une piste cyclable qui nous conduit au centre de St-Sulpice. Nous traversons ce village, puis juste avant de retrouver la grand-route, nous tournons à droite dans le chemin de Bochet. Au signal «Stop», nous sommes obligés de revenir, à gauche, sur la route principale. Là, commence une piste cyclable qui facilitera notre progression en nous évitant de pédaler sur la grand-route, où la circulation est dense; nous apprécierons encore plus de rouler tranquillement à travers les allées du Parc de Vidy. Laissant derrière nous le siège du Comité International Olympique, nous remarquons, à droite, des ruines, vestiges de la Lousanna romaine. A quelque distance, la route de Vidy, que nous avons suivie jusqu'ici, débouche sur l'avenue Pierre-de-Coubertin qui nous ramène, sur la gauche, à la route principale que nous suivrons, à droite, jusqu'au prochain passage pour piétons. Là, nous obliquons à gauche, vers l'Auberge de Jeunesse. Par le chemin du stade, nous arrivons à un important carrefour d'où part, juste en face de nous, l'Avenue du Mont-d'Or que nous remontons pour parvenir à la gare de **Lausanne,** ville où la circulation est difficile.

Le Lavaux, terroir vinicole

Devant la gare, des pancartes bleues montrent la direction de Berne; nous remontons jusqu'à d'autres pancartes blanches qui nous guident vers le quartier de Chailly. Par l'avenue du même nom, relativement tranquille, nous pédalons, par *Pully-La Rosiaz,* vers *Belmont.* Sans quitter la route principale, nous suivons les panneaux indiquant la direction de l'autoroute, que nous traversons pour nous diriger de l'autre côté, vers *La Croix*. La route qui épouse la pente serpente à travers le vignoble ensoleillé du Lavaux, vers **Grandvaux**. Descendons jusqu'au centre du village par des ruelles étroites, avant de déboucher sur la route du vignoble. Les villages de vignerons de Riex et d'Epesses se nichent au milieu de collines où mûrit le raisin qui donne d'excellents vins. Nous arrivons à *Chexbres,* bourgade que nous traversons avant de bifurquer à gauche à un grand carrefour pour prendre la route de Châtel-St-Denis. Après l'embranchement de Lignières, une pancarte jaune indique à main droite un sentier de randonnée pédestre qui descend vers Vevey. Suivant une nouvelle fois une petite route étroite, nous pédalons maintenant à travers les vignes jusqu'à une signalisation d'interdiction de passage, au-dessus de Vevey. Tournant à main droite, nous descendons en lacets, après un croisement, en direction du centre de **Vevey.** Fondée par les Romains sous le nom de Vibiscum, Vevey fut jadis la ville la plus importante du canton de Vaud, soumis à la domination étrangère. Par le train ou avec le bateau, on rejoint agréablement

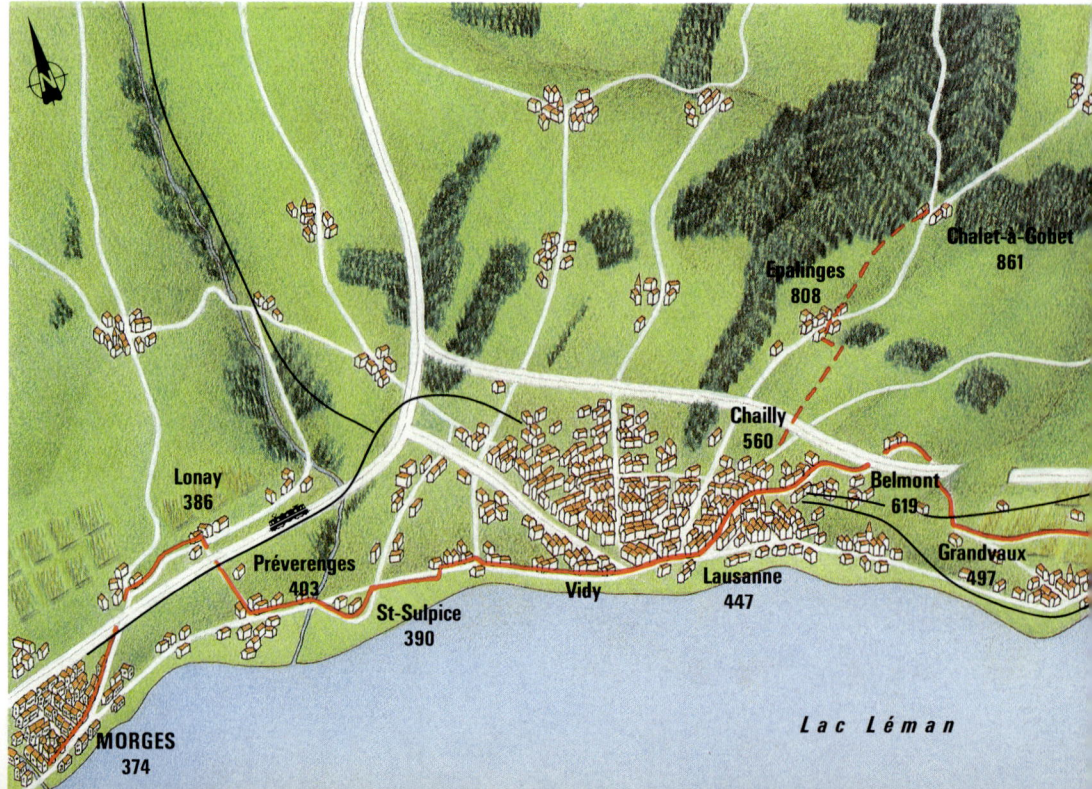

Lausanne ou Morges; avec un peu de chance, on peut même effectuer ce trajet sur un bateau à aubes. Les cyclotouristes fatigués utiliseront le bateau pour couvrir le dernier tronçon de cette randonnée jusqu'à Montreux. Quant à nous, nous ne souhaitons pas emprunter la route littorale, très encombrée: il nous faut remonter à mi-pente.

Parvenus à l'est de l'ancienne ville, ou au pont de plaisance, nous suivons malgré tout un tronçon de la route principale, de Montreux à Ampel, juste après *La Tour-de-Peilz,* puis, bifurquant à gauche, nous prenons l'avenue du Sully qui conduit à la voie de chemin de fer. Après un passage inférieur, nous remontons de l'autre côté, par la droite, vers *Chailly.* Nous empruntons ensuite la bretelle d'accès à l'autoroute, pour descendre à droite en direction de Montreux. A Tavel, quittant la route principale, nous suivons, à l'écart de la circulation, la route qui mène à Caux-Glion, pour aboutir au centre de **Montreux.**

 Morges, Lausanne, Montreux

 Morges, Lausanne, Chalet-à-Gobet, Cully, Vevey, Villeneuve

Le château de *Morges* abrite le Musée Militaire Vaudois; l'ancienne demeure du graveur Alexis Forel a été aménagé en Musée de l'Habitat. A *Grandvaux*, le Musée d'histoire locale se trouve dans la Maison Buttin-de-Loes. Le Musée Jenisch, à *Vevey*, expose des œuvres d'artistes suisses des 19e et 20e siècles. Le Musée du Vieux-Vevey et le Musée de la confrérie des vignerons sont consacrés à l'histoire locale et à la viticulture. Enfin, le Musée du Vieux-*Montreux* est spécialisé dans l'histoire locale.

A *Morges*, petit ville pittoresque, le château, avec ses quatre tours (1286–1291), l'église paroissiale, d'architecture baroque (1769–1771) et la partie ancienne de la cité méritent une visite. A *St-Sulpice*, l'abbatiale remonte au 11e siècle et le clocher qui se dresse sur la place de *Grandvaux*, au 14e siècle. Crénelée, la Tour de Marsens, édifiée au milieu du vignoble d'*Epesses*, est mentionnée dès le 12e siècle. De style gothique, l'église St-Martin de *Vevey* (13e siècle) a été l'objet de perpétuels agrandissements et se signale par sa décoration intérieure. Deux autres monuments, typiquement veveysans, sont l'Hôtel de ville (1709/10) et la Cour-au-Chantre (1736). Au-dessus de *Clarens*, se dresse l'ancien château, construit pour abriter les habitants de Montreux, avec son donjon massif. A *Montreux*, l'église St-Vincent, de style gothique tardif, voisine avec les palaces et hôtels du siècle dernier. Enfin, au sud de Montreux, l'impressionnant château de Chillon a été édifié au 12e siècle sur un rocher, au bord du Léman.

Carte cycliste
Lausanne–Vallée de Joux, Lausanne–Fribourg

Correspondances
Genève–Morges r. 9, Yverdon–Morges r. 48, Lausanne–Payerne r. 49, Montreux–Sion r. 11.

Vevey: Un panorama aussi grandiose est un plaisir pour les yeux.

Fête des vignerons à Vevey: *Tous les vingt-cinq ans a lieu à Vevey, dans un théâtre en plein air spécialement construit à cette occasion, la Fête des vignerons, la plus importante des manifestations de ce genre célébrées en Suisse. Fondée au 17e siècle, elle est organisée par l'«Honorable Confrérie des vignerons», qui a pour but d'encourager les activités de ses membres et de veiller à la qualité de la production vinicole. Aux modestes cortèges d'antan, ont succédé de brillantes festivités: défilés folkloriques, représentations théâtrales, chorales qui rassemblent des milliers de participants. Ces fêtes sont un hommage rendu au labeur et à la culture des populations vigneronnes. A Vevey, elles se déroulent au cœur de l'été, ce qui les distingue des habituelles fêtes annuelles des vendanges qui ont lieu en automne.*

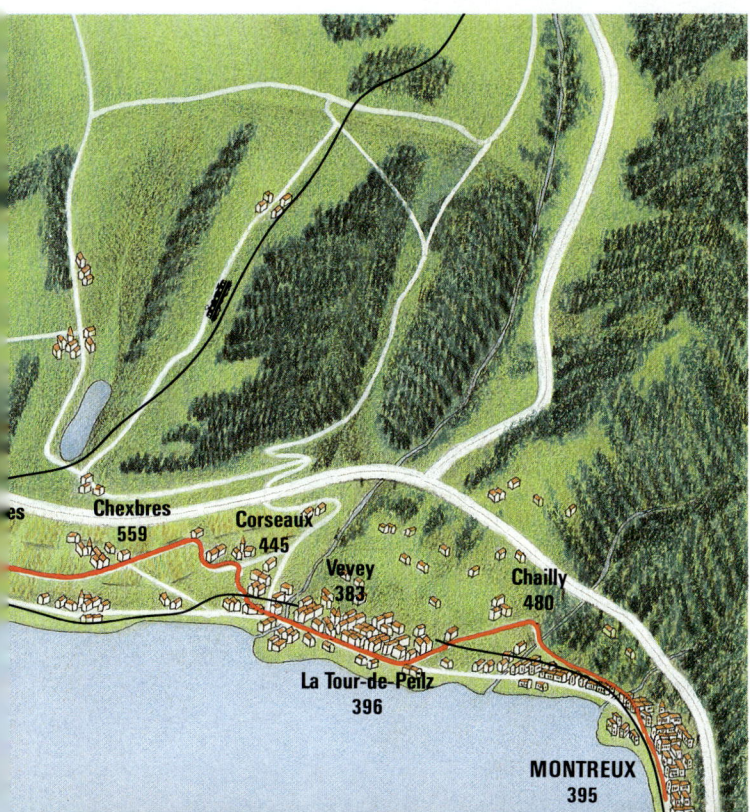

Lausanne

Au 1er siècle avant notre ère, les Romains fondèrent, sur le site actuel de Vidy, Lousanna; sa situation favorable sur le lac permettait d'exercer un contrôle efficace sur les transports de marchandises entre le Gaule et l'Italie, d'une part, et entre la vallée du Rhin et la Méditerranée d'autre part. A l'époque de la première avancée vers le sud de la tribu germanique des Alamans (3e siècle après J.-C.), les habitants de Lousanna quittèrent les bords du Léman, trop exposés, pour les hauteurs avoisinantes. Une colline de molasse, l'actuelle «Cité», fut le point de départ de l'expansion lausannoise, qui s'effectua d'abord dans les vallées de la Louve et du Flon, puis sur les collines proches, où s'édifièrent ultérieurement les quartiers de Bourg, de St-Laurent et de St-François. Evêché dès 590, Lausanne parvint, dans les siècles suivants, à sauvegarder son indépendance malgré les convoitises de ses nombreux voisins. Toutefois, en 1536, les Bernois occupèrent le Pays de Vaud et favorisèrent la Réforme; Lausanne cessa dès lors de jouer un rôle sur le plan politique. En 1798, avec l'effondrement de l'ordre ancien, le Pays de Vaud secoua la tutelle bernoise. En 1803, Napoléon fit de Lausanne le chef-lieu du canton de Vaud. Au cœur des quartiers de la Cité se dresse la superbe cathédrale Notre-Dame (1275), considérée comme le plus beau sanctuaire gothique de Suisse. Tout proche, sur la même colline, s'élève le Château St-Maire (1397), ancienne résidence épiscopale, lourde et massive construction en grès et en brique. Dans ce même quartier, se trouvent l'Ancienne Académie (1579–1587) et l'Ancien Evêché (11e siècle); dans le quartier de la Palud, s'élève l'Hôtel de ville, à la façade Renaissance (1675). L'église St-François, dans le quartier de Bourg, est le seul vestige du couvent des Franciscains, fondé en 1258.

Ce tour convient particulièrement aux promenades en famille. De légères montées et des routes peu fréquentées nous conduiront tout d'abord à travers le Chablais, fertile plaine alluviale du Rhône, jusqu'à St-Maurice, cité médiévale. Jadis, le Léman se prolongeait jusqu'au seuil de St-Maurice mais les énormes alluvions du fleuve ont peu à peu repoussé les limites du lac. La vue des versants abrupts qui surgissent presque sans transition du fond de la vallée est impressionnante. Plus loin, notre randonnée se poursuivra à travers cultures fruitières et vignobles vers Sion, chef-lieu du Valais protégé par deux collines fortifiées.

Montreux–St-Maurice–Sion

Route			Distance	Temps
1 Montreux			—	—
2 Villeneuve			7 km	0 h 30
3 St-Maurice			35 km	3 h 30
4 Riddes			61 km	6 h 30
5 Sion			76 km	7 h 30

Dénivellation: 200 m

Le point de départ de cette randonnée est **Montreux**. A défaut d'autres possibilités, nous serons dans l'obligation d'utiliser la route principale sur un premier tronçon jusqu'à Villeneuve. Si vous arrivez par le train, vous aurez avantage à descendre à Villeneuve pour rejoindre les randonneurs. Toutefois, vous ne pourrez pas visiter l'imposant château de Chillon, juché sur un rocher au bord du Léman, édifice pratiquement imprenable où résident pendant des siècles les comtes de Savoie et, plus tard, les baillis bernois. Juste à la sortie de la vieille ville de **Villeneuve**, après avoir traversé un ancien canal, une petite route goudronnée bifurque à main droite et conduit à une réserve naturelle marécageuse et boisée, proche de la rive du lac. Quelques minutes plus tard, nous atteignons un carrefour; tournant sur la droite, nous laissons un bois derrière nous. A la bifurcation suivante, nous pédalerons droit devant nous pour arriver à un petit canal situé au milieu de la plaine du Rhône. De l'autre côté de ce canal, une petite route conduit directement à *Chessel;* de là, nous longeons le fleuve qui forme frontière entre les cantons de Vaud et du Valais. Au delà d'un vieux pont métallique, une petite route se détache à main gauche; remontant le cours du Rhône, elle mène, à l'écart de la circulation, à celle qui relie les deux localités industrielles de Bex et de Monthey. Pour continuer la promenade, il nous faudra emprunter un passage inférieur et gagner la rive gauche du Rhône; nous la suivrons à travers des gravières en direction de *Massongex,* ancienne bourgade romaine appelée Tarnaiae. Dans le restaurant «Au caveau romain», une mosaïque représentant deux pugilistes fait penser aux thermes qui invitaient jadis aux plaisirs du bain. On peut encore longer le Rhône pendant un certain temps jusqu'à l'endroit où la petite route débouche sur la route principale. La circulation y est moyenne; nous poursuivrons la randonnée vers l'étroit défilé que le fleuve s'est frayé dans la roche, en direction de **St-Maurice.** A l'emplacement le plus resserré, se dresse le puissant château qui surveillait l'accès au Valais et la voie commerciale qui franchit le Grand St-Bernard; ainsi, personne ne pouvait passer inaperçu.

Laissant derrière nous St-Maurice,

nous empruntons d'abord la route principale, franchissons l'autoroute par un passage inférieur et pédalons vers le sud à travers la forêt. En face de la bifurcation vers Evionnaz,

Des kilomètres de cultures fruitières et de vignobles

commence une petite route à gauche, qui, longeant le Rhône, nous ramène à la voie ferrée. Nous la suivons pendant un certain temps puis nous traversons le fleuve sur le prochain pont, en direction de *Collonges*. Une autre route, sans circulation, nous conduit à une succession de petites localités situées au nord du Rhône, en contournant le coude que fait le fleuve. Par Dorénaz et Branson, nous gagnerons *Fully* puis *Leytron*, par Châtaignier, Mazembroz et Saillon. Celui qui désire visiter Martigny ou les vestiges de l'ancienne ville romaine d'Octodurus, obliquera à droite, près du pont de Branson, juste après le coude que forme la vallée. Une autre variante du précédent itinéraire emprunte une piste cyclable qui conduit à Leytron par la digue qui longe la rive nord du Rhône. Le développement des villages et de la circulation s'est effectué le long de la voie de chemin de fer, alors que les agglomérations situées de l'autre côté du fleuve ne subissaient aucune modification. A Leytron, nous nous dirigerons à droite vers le Rhône, que nous franchirons sur un vieux pont pour gagner **Riddes**. Désormais, nous resterons sur la rive sud du fleuve et progresserons sur la route qui se glisse entre le Rhône et la montagne, en direction d'*Aproz*. Nous prendrons ensuite une route secondaire jusqu'à un vaste carrefour situé dans la zone industrielle de **Sion.** Un pont, à main droite, nous conduira directement au centre du chef-lieu du Valais.

Carte
Carte nationale 41 Col du Pillon

Correspondances
Morges–Montreux r. 10,
Sion–Brigue r. 12.

 Montreux, Martigny, Sion

 Villeneuve, Chessel, Massongex, Yvorne, Aigle, St-Maurice, Collonges, Martigny, Ardon, Sion

Le Musée du Vieux-*Montreux* abrite une collection d'histoire locale. Le Château de Chillon constitue, à lui seul, un véritable musée avec ses appartements et ses salles aménagés; ses chapelles, ses oubliettes et une exposition d'objets de fouille. Le Musée romain de *Martigny* présente des découvertes archéologiques. A *Sion*, on verra le Musée cantonal des Beaux-Arts, le Musée archéologique du Valais et ses importantes pièces de fouille, et, enfin, un petit Musée cantonal d'histoire naturelle.

 A *Montreux*, on remarquera plusieurs intéressants ensembles hôteliers du 19e siècle. Les églises réformées de *Villeneuve* et de *Chessel* sont principalement des sanctuaires romans. A *Martigny*, on visitera les vestiges d'Octodurus, ville-marché romaine. Au-dessus de Martigny, se dresse les impressionnantes ruines du château de la Batiaz. Une borne milliaire romaine subsiste devant l'église Notre-Dame-des-Champs, de style baroque. Des remparts et des tours semi-circulaires (1258) protègent toujours la petite cité de *Saillon*, édifiée sur un éperon rocheux. La Tour Bayart servait de refuge lors des sièges.

 Long de 812 km, le Rhône s'échappe du glacier qui porte son nom, au pied du Dammastock. Selon les saisons, le débit varie dans d'importantes proportions; la construction de barrages et de nombreuses rectifications du cours du fleuve ont mis fin aux inondations de jadis dans les vallées et transformé les marécages en terres arables et fertiles. C'est à Kaspar Stockalper qu'on doit le creusement, vers le milieu du 17e siècle, du premier canal entre le Léman et Collombey.

St-Maurice: La forteresse et le pont de St-Maurice, «antichambre du Valais», furent construits au 13e siècle par les comtes de Savoie et rénovés au début du 16e siècle. La forteresse abrite un Musée militaire. En fait, l'histoire de la petite ville est beaucoup plus ancienne. Aux Celtes succédèrent les Romains; la chapelle érigée vers 360 par l'évêque Théodore est le plus ancien monument chrétien de Suisse. A côté du lieu de pélerinage, s'éleva, au cours des siècles, une abbaye; victime d'incendies et d'éboulements, elle subit de perpétuelles transformations. Les bâtiments actuels datent, pour la plupart, des 18e et 19e siècles. Quant au trésor abbatial et ses pièces d'orfèvrerie médiévales, il s'agit là d'un des principaux trésors européens.

Sion

Sous la protection de deux collines fortifiées: Valère et Tourbillon, Sion est devenu le chef-lieu du Valais. Les fouilles archéologiques prouvent que le site était déjà habité à l'époque néolithique. Lorsque les Romains firent de la vallée du Rhône la province des Alpes Pennines, avec Martigny comme chef-lieu, la région de Sion était occupée par la tribu celte des Seduni. De même, le site fortifié de Valère eut pour origine une agglomération celte. La forteresse de Valère inclut dans son périmètre défensif un château, la collégiale Notre-Dame-de-Valère, d'architecture romane et gothique et diverses habitations. Le château est mentionné dès 1049 mais les autres constructions datent des 12e et 13e siècles. Egalement ouvrage défensif, la collégiale possède un clocher conçu en forme de donjon; l'intérieur comporte des chapiteaux et des stalles sculptés, des fresques et des tentures d'époque byzantine et orientale. Au château, on visitera le Musée de Valère et la Salle d'honneur avec ses fresques du 15e siècle. Les ruines qui se dressent sur la colline voisine de Tourbillon sont celles du château édifié vers 1294 par les évêques de Sion qui, depuis le milieu du 6e siècle, dominaient le Valais, afin de leur servir de résidence et de tenir en échec les comtes de Savoie.

Dans le centre de Sion, la tour dite «des Sorcières» faisait jadis partie de l'enceinte du 12e siècle. La belle cathédrale Notre-Dame-du-Glarier, de style gothique tardif avec un clocher roman, possède un riche décor intérieur et un trésor de remarquables pièces d'orfèvrerie du Haut Moyen Age. L'église St-Théodule et le palais épiscopal méritent une visite. Les monuments dignes d'intérêt sont le château des vidames, ancienne résidence des administrateurs épiscopaux, et la Majorie, qui abrite le Musée cantonal des Beaux-Arts. L'Hôtel de ville et de nombreuses demeures patriciennes aux belle façades retiennent l'attention.

Cette randonnée à vélo se déroule en grande partie le long du Rhône, où vignobles, vergers et cultures se succèdent dans la vallée. La forêt de Finges, entre Sierre et Loèche, permet d'imaginer la sauvagerie primitive du fleuve et du paysage. En cours de route, nous traverserons de nombreuses petites villes dignes d'être visitées qui justifieraient un séjour prolongé. Châteaux et maisons fortes en ruines racontent l'histoire de l'évêché de Sion et de ses domaines, administrés par de puissantes familles. Près de Sierre, se situe la frontière linguistique: le fleuve n'est plus le Rhône, mais le Rotten.

Sion–Leuk–Brig

Route	Distance	Temps
1 Sion	—	—
2 Sierre	17 km	1 h 30
3 Leuk	31 km	3 h 30
4 Visp	53 km	6 h 30
5 Brig	64 km	7 h 30

Dénivellation: 600 m

Notre randonnée à bicyclette part de la gare de **Sion,** ancienne cité épiscopale protégée par deux collines: Valère et Tourbillon. Les nombreux édifices religieux, les fières constructions gouvernementales et les imposantes demeures patriciennes témoignent de l'importance de Sion, capitale du Valais. De la place de la gare, nous prenons à droite l'avenue de Tourbillon qui descend vers la rue de la Dixence pour nous diriger, encore à droite, vers Nendaz, au delà de la ligne de chemin de fer et du Rhône. Sur l'autre rive du fleuve, un sentier, à gauche, permet d'effectuer une agréable promenade sur la rive, vers *Chippis.* En cours de route, nous dépassons, à droite, la pittoresque petit village de Granges et trois collines voisines qui supportent les ruines de trois châteaux d'époque médiévale. Au pont de Chippis, traversant une nouvelle fois le Rhône, nous pédalons en direction du centre de **Sierre.** A l'origine, l'agglomération, propriété de l'évêque de Sion depuis le 11e siècle, englobait entre le Rhône et la gare actuelle quatre collines plantées de vigne et couronnées chacune d'un château. Les curiosités les plus importantes de la ville de Sierre s'alignent le long de la rue du Bourg, devant la gare: église paroissiale Ste-Catherine, d'architecture baroque, Maison de Chastonay, château des vidames et château de la Cour.

Nous poursuivons notre promenade en restant au nord du Rhône, sur la route principale en direction de Brigue. A la bifurcation à la sortie de Sierre, nous tournons à gauche vers *Salgesch* et *Varen.* Le superbe panorama que le regard découvre sur le fleuve qui coule ici librement et sur

Frontière linguistique: réserve naturelle de la forêt de Finges

la forêt de Finges nous récompensera de l'effort fourni pour monter à Varen. A la sortie de ce village, près d'un poteau indicateur, nous bifurquons à droite pour gagner, après une courte descente en lacets et une aussi courte remontée, la petite ville de **Loèche.** Maintenant nous redescendons dans la vallée vers Susten; de là, par *Agarn,* nous emprunterons une piste cyclable en bordure de la route principale pour atteindre *Turtmann.* Dans cette dernière localité, nous obliquons à gauche vers la gare

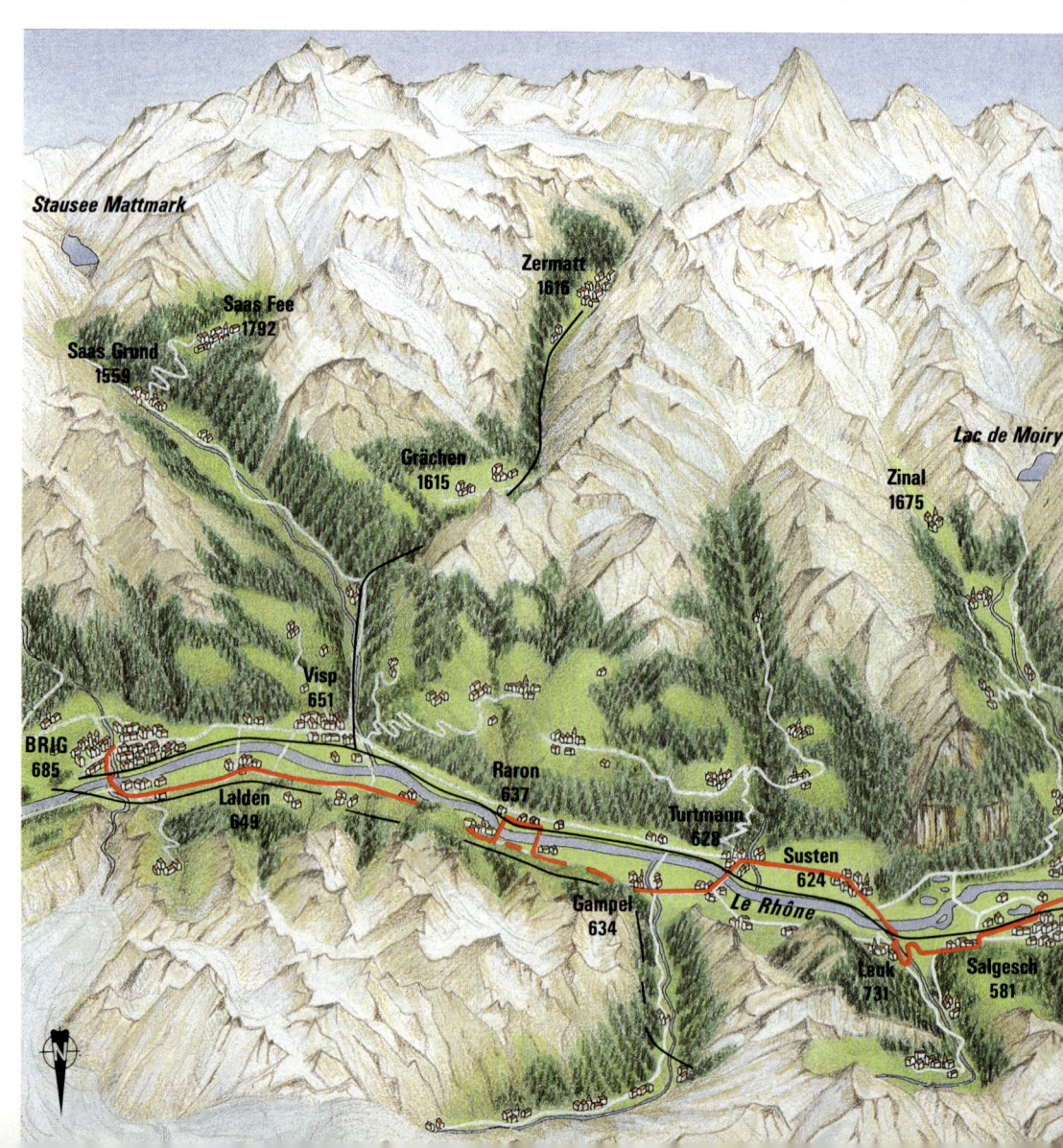

et franchissons un pont pour gagner la rive nord du Rhône. Le long de cette rive, la randonnée se poursuit vers *Raron* par Gampel, Steg et Niedergesteln. Les puissants seigneurs de Raron qui administraient la vidamie, propriété de l'évêque de Sion, habitaient une tour édifiée sur un éperon rocheux dominant le village. A proximité immédiate, se dresse l'église paroissiale St-Romain, de style gothique tardif, richement ornée. Au pied du mur sud de l'église, repose Rainer Maria Rilke, poète et écrivain. Nous roulons vers la droite en direction de la gare de Raron, sur l'autre rive du Rhône, et bifurquons immédiatement à gauche pour emprunter une petite route qui longe un canal et mène à un passage sous voie; franchissant un pont, elle nous conduit ensuite sur la rive nord du fleuve. Les jours ouvrables, il est également possible de rouler le long du Rhône directement depuis Raron. Après la traversée du pont, une légère remontée, suivie d'une belle descente, aboutit au village de *Baltschieder*. Pédalant dans le fond de la vallée, nous laissons de côté **Viège**, sur la rive droite du fleuve, pour atteindre Lalden puis *Brigerbad*. Les poteaux indicateurs montrent la route à suivre pour rejoindre Brigue en longeant le fleuve jusqu'au pont de chemin de fer du BLS. Au-delà, à droite, nous franchirons le Rhône pour arriver à **Brigue.**

Cartes cyclistes
Cartes nationales n° 41 Col du Pillon, n° 42 Haut-Valais

Correspondances
Montreux–Sion r. 11,
Domodossola–Lugano r. 13.

 Sion, Viège

 Sion, Bramois, Granges, Sierre, Leuk, Susten, Gampel, Raron, Visp, Brigerbad, Brig

 Les principales curiosités architecturales sont les édifices religieux et administratifs de *Sion*, Sierre, *Loèche*, *Raron* et *Brigue*. La petite ville de Granges possède un noyau ancien bien conservé. *Niedergesteln*, autre ensemble villageois intact avec des maisons des 16e et 18e siècles, mérite d'être vu. Au-dessus de ce village, un contrefort rocheux supporte les ruines du Gestlenburg, jadis propriété de la puissante famille de la Tour. Un bel autel de style baroque orne l'intérieur de la chapelle de la Vierge, à *Baltschieder*.

 A *Sion*, se trouvent le Musée cantonal des Beaux-Arts, le Musée archéologique du Valais qui abrite d'importantes collections en provenance du canton et un petit musée cantonal d'histoire naturelle. A *Sierre*, l'Hôtel Château-Bellevue renferme une collection d'étains. La Maison Pancrace de Courten abrite la Fondation Rilke avec des manuscrits et des lettres du poète. Un petit Musée de la vigne et du vin a été aménagé dans le château de Villa. Le château épiscopal de *Loèche* abrite un petit musée régional; à *Brigue*, le palais Stockalper renferme le Musée régional du Haut-Valais.

Loèche: Dans la petite ville de Loèche, les seigneurs de Raron exercèrent leur autorité sur la vidamie jusqu'en 1420; cette année-là, les bourgeois prirent eux-mêmes en mains l'administration de la localité. Détruite en 1415, la «Tour des vidames» fut reconstruite en 1541–1543 par Ulrich Ruffiner; elle abrite aujourd'hui l'Hôtel de Ville. L'édifice, de plan pentagonal, comporte quatre échauguettes originales qui ornent le toit doté de pignons à redents. En face se dresse, tout aussi imposant, le château épiscopal, dont la tour crénelée date de l'époque romane. Détruite, elle aussi, en 1415, par les habitants écrasés d'impôts, elle fut reconstruite ultérieurement. Au centre de l'agglomération, on verra l'église paroissiale St-Stéphane, de style gothique tardif et son gracieux clocher roman. Un peu en contrebas de la localité, une terrasse supporte une chapelle, l'un des plus beaux édifices baroques du Valais. Un magnifique décor de stuc, un maître-autel monumental et un orgue baroque confèrent à la chapelle Notre-Dame-de-Ringacker une atmosphère remarquable. Le Manoir de Werra constitue un impressionnant ensemble architectural.

Brigue et Kaspar Jodok von Stockalper

Rares sont les villes qui doivent autant de reconnaissance à un seul homme que Brigue. Cette cité, en effet, est redevable à l'initiative et à l'esprit d'entreprise de Kaspar Jodok von Stockalper (1609–1691). Les transports de marchandises par le col du Simplon s'effectuaient depuis des siècles mais la route n'était guère qu'un mauvais sentier muletier. Stockalper organisa des convois sous la protection de ses miliciens et fit construire de part et d'autre du col des entrepôts et des gîtes d'étape, moyennant une redevance perçue sur toutes les marchandises transitant par le Simplon. Le monopole du sel que Stockalper s'arrogea et le produit de nombreuses mines complétèrent son empire. Entre 1658 et 1678, il fit bâtir à Brigue un palais servant à la fois de résidence et d'entrepôt de marchandises précieuses. A quatre étages et dominé par trois tours, cet ensemble est l'édifice baroque le plus vaste et le plus important de Suisse. La cour intérieure à arcades qui accueillait jadis les caravanes de mulets venues de France et d'Italie, est unique. Une double galerie à arcades relie le palais à la Maison Peter Stockalper, plus ancienne, qui fut édifiée en 1533 et agrandie à nouveau au 17e siècle. Surnommé le «roi du Simplon», Stockalper participa dans une large mesure à la construction du collège Spiritus Sanctus dont l'église, située vis-à-vis, fait pendant au palais. Si le plan hardi imaginé par Stockalper pour canaliser le Rhône se solda par un échec, la voie d'eau artificielle qu'il fit creuser entre 1651 et 1659 fut réalisée jusqu'à Collombey. De pareilles richesses firent des envieux et le «Conseil du gouvernement» valaisan destitua Stockalper pour s'emparer de son patrimoine. L'infortuné s'enfuit à Domodossola, où il séjourna pendant deux ans, ne regagnant sa patrie que pour y mourir.

Domodossola–Locarno–Lugano

En pratiquant votre sport préféré et en deux étapes, faites connaissance du balcon ensoleillé de la Suisse; de temps à autre, un crochet en territoire italien voisin s'offre à vous. Pièce d'identité indispensable. A partir de Domodossola, nous suivrons un itinéraire sauvage et pittoresque, jalonné par les ouvrages d'art audacieux du chemin de fer des Centovalli, à travers le Val Vigezzo, en direction de Locarno. La seconde étape nous mènera de Locarno à la ville-marché de Luino, par la paisible vallée de la Veddasca puis, en remontant la rivière Tresa, jusqu'aux rives du lac de Lugano.

Route	Distance	Temps
1 Domodossola	—	—
2 Sta. Maria Maggiore	16 km	2 h 30
3 Camedo	29 km	3 h 30
4 Intragna	39 km	4 h 15
5 Locarno	50 km	5 h

Dénivellation: 600 m

Notre randonnée à bicyclette commence en Italie et part de la gare de **Domodossola**. Il est vivement conseillé de choisir les jours de la semaine pour effectuer ces randonnées: vous éviterez ainsi la foule des jours fériés. De la place de la gare, nous nous dirigeons à gauche vers un passage sous voie pour suivre de l'autre côté la ligne du chemin de fer des Centovalli en direction de *Croppo*. Obliquant encore à gauche, nous roulons ensuite dans la vallée vers *Masera*, village situé à l'entrée du Val Vigezzo. Par une série de lacets et de virages, le chemin de fer se hisse jusqu'à *Trontano*. La route serpente le long de la rivière Melezzo, puis s'élève en direction de la ligne de partage des eaux, entre Melezzo (occidental) et Melezza (ou Melezzo oriental). Les eaux de ces deux torrents se déversent dans le Lac Majeur, le Tessin et finalement dans le Pô. Les maisons sont rares car les versants abrupts et le sol peu fertile n'assurent aux paysans qu'un maigre revenu. C'est seulement tout en haut, à la ligne de partage des eaux, que plusieurs petits villages ont été édifiés. Après *Druogno*, nous retrouvons le chemin de fer dont nous franchirons à maintes reprises la voie dans le deuxième tronçon de cette randonnée. Peut-être même croiserons-nous quelques cyclistes qui préfèrent le train à la bicyclette pour vaincre les 600 m de dénivellation et affronter ces pentes raides. La randonnée se poursuit en descente, par **Sta. Maria Maggiore**, vers *Malesco*. Traversant la Melezza, nous suivons ce torrent vers **Camedo**, village-frontière, en passant par *Re*, où se trouve une magnifique église. La route qui surplombe le cours du torrent offre de beaux points de vue sur la vallée de la Melezza. La région suisse au delà de la frontière est connue en tant que Centovalli, allusion aux multiples vallées latérales et aux torrents qui ont nécessité le creusement de tunnels et la construction de nombreux ponts. Après avoir longé un petit lac artificiel, nous descendons, par Corcapolo, vers **Intragna** dont l'église possède le clocher le plus élevé du Tessin. Franchissant à nouveau la voie ferrée, nous tournons à droite pour pédaler en direction d'Ascona; dépassant le charmant village de *Golino,* nous poursuivons notre route au bord de la vallée jusqu'à *Losone* et la rivière Maggia, que nous franchissons pour atteindre quelques minutes plus tard la vieille ville de **Locarno**.

Route	Distance	Temps
1 Locarno	—	—
2 Vira	13 km	1 h 30
3 Luino	54 km	6 h
4 Ponte Tresa	66 km	7 h 30
5 Lugano	76 km	8 h 30

Dénivellation: 1400 m

De la gare de **Locarno**, nous nous dirigeons vers le lac Majeur. Par la promenade du Lungolago, nous longeons tranquillement *Muralto* et *Minusio* en direction de *Tenero*. Les panneaux indicateurs de couleur rouge à l'usage des cyclotouristes nous orientent vers la route principale de Bellinzone. Laissant à droite l'aérodrome, la route se glisse dans la plaine de Magadino et franchit le Tessin, de l'autre côté de la vallée. Juste avant le passage sous la voie ferrée, obliquant à droite, nous reprenons le chemin du lac, d'abord en direction de *Magadino,* puis vers **Vira** dont certaines maisons modernes aux façades décorées de fresques retiennent notre attention. Les participants qui préfèrent éviter ce tronçon, où la circulation est très dense, peuvent aussi rejoindre Vira par le train ou, depuis Locarno, en bateau. A la hauteur de la poste, nous quittons la route principale pour attaquer les pentes du Passo di Neggia, à 1395 m d'altitude. De temps à autre, les clairières dans les forêts denses ménagent de magnifiques vues sur le lac Majeur.

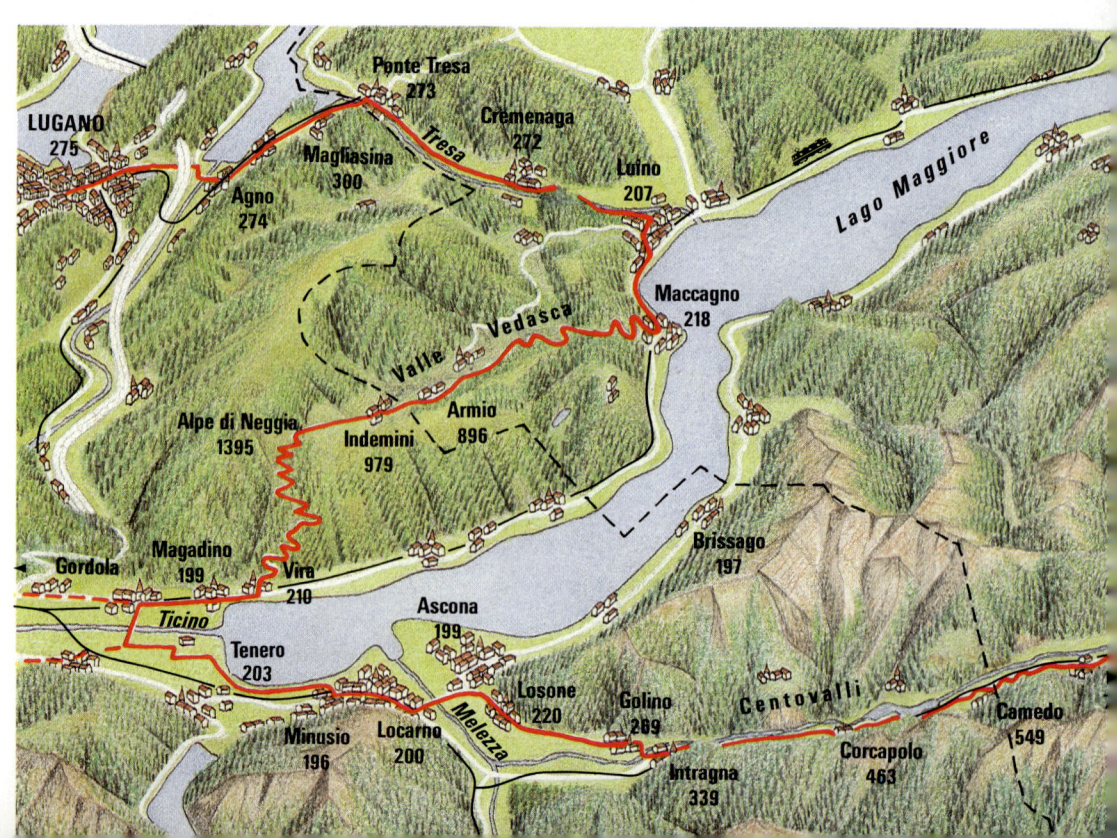

Contrebande et commerce

Une longue descente dans la vallée nous conduit maintenant au petit village d'*Indemini,* repaire de contrebandiers, aux maisons caractéristiques et à l'architecture traditionnelle. Franchissant la frontière italienne, nous pénétrons dans le Val Vedasca. Nous traversons plusieurs petits villages: chacun d'eux possède sa propre église. Dévalant ensuite vers *Maccagno*, d'où il est possible de regagner Locarno par le bateau, nous poursuivons notre randonnée le long du lac vers **Luino,** dont le marché hebdomadaire exerce sur les Suisses une puissante attraction: les nombreux cars et l'afflux des touristes en témoignent. Le centre de la vieille ville de Luino mérite une visite. A la hauteur de l'église, près de la Place du Marché, nous tournons à droite en nous frayant un chemin à travers la foule pour atteindre une place où se dresse un monument. Le passage inférieur sous la voie du chemin de fer nous conduit de l'autre côté, où une route mène à *Creva,* faubourg de Luino. Au delà de la zone industrielle, nous traversons la rivière Tresa, canalisée et retenue par un barrage, que nous suivons vers l'amont en direction du lac de Lugano, par *Cremenaga*. A **Ponte-Tresa,** nous rentrons en territoire suisse; de là on peut rejoindre **Lugano** en train, en bateau ou encore à vélo.

Carte cycliste
Locarno–Bellinzona–Lugano

Déviation
Tenero 🚂–Cugnasco 🚌–Bellinzona 🚂 18 km, 2 h

Lugano

Sta. Maria Maggiore (I), Losone, Locarno, Ascona, Tenero, Vira, Maccagno (I), Molinazzo di Monteggio, Agno, Muzzano-Lugano

A *Locarno,* le Castello dei Visconti abrite le Museo Civico et ses collections d'archéologie ainsi qu'un Musée d'Art Moderne. A *Lugano,* on visitera la pinacothèque du Museo Civico di belle arti, le Museo cantonale di storia naturale et le Museo di Santa Maria degli Angeli.

Dans le petit village bien conservé de *Golino,* la place est bordée de maisons imposantes. L'église paroissiale San Giorgio est de style baroque. A *Muralto,* la collégiale San Vittore possède une belle crypte romane à trois nefs. D'architecture typique traditionnelle, les maisons d'Indemini et leurs galeries de bois retiennent l'attention. A *Lugano,* la cathédrale San Lorenzo présente une superbe façade Renaissance et un riche ameublement. Une fresque monumentale représentant la Passion du Christ décore le jubé de l'église Santa Maria degli Angeli.

Intragna, principale localité du district de Melezza, à l'entrée des Centovalli, se signale par le bon état de conservation du centre de la bourgade. Rues et ruelles sinueuses débouchent, ici et là, sur de petites places conférant à Intragna un caractère presque urbain particulièrement remarquable sur la place de l'église. Le symbole d'Intragna est son campanile, haut de 65 m, clocher le plus élevé du Tessin. Reconstruite en 1761, l'église elle-même possède à l'intérieur une magnifique balustrade baroque en marbre de différentes couleurs et, dans le chœur, un décor de stuc Renaissance.

Locarno

A Locarno, la douceur du climat est telle que citrons et oranges y mûrissent; il n'est pas étonnant, dans ces conditions, que la ville soit devenue, depuis le siècle dernier, un lieu de villégiature très recherché. Remarquablement entretenue, la partie ancienne de Locarno, avec son charme italien et ses ruelles sinueuses, invite à la promenade, tout comme les merveilleux Lungolago qui se prolonge vers Minusio.

Outre de belles maisons patriciennes, plusieurs églises richement ornées occupent le centre de Locarno. Au cœur de la ville ancienne, se dresse l'église Santa Maria Assunta (1636), dite Chiesa Nuova, dont la façade s'orne d'une immense statue en stuc de St-Christophe; d'autres motifs en stuc peint décorent la nef et le chœur. L'église paroissiale Sant'Antonio, édifiée au 17e siècle selon un plan cruciforme, conserve dans une chapelle latérale des fresques en trompe-l'œil datant de 1742; l'aménagement intérieur ne remonte, en grande partie, qu'au siècle dernier. A l'extrémité sud de la ville ancienne, se trouvent le monastère et l'église conventuelle de San Francesco dont les fondations datent du 16e siècle. Dans le cimetière, à l'ouest de l'agglomération, subsistent d'importantes fresques et le chœur de l'église Santa Maria in Selva, édifiée au 15e siècle; dans le cimetière même, on découvrira des monuments funéraires du 19e.

Du puissant château forteresse des Visconti, le corps de logis à l'architecture élégante, édifié au 15e siècle, est la seule partie conservée; les autres bâtiments ont été victimes en 1532 de la rage de destruction qui s'empara des Confédérés dont la tutelle s'exerça sur Locarno entre 1516 et 1798.

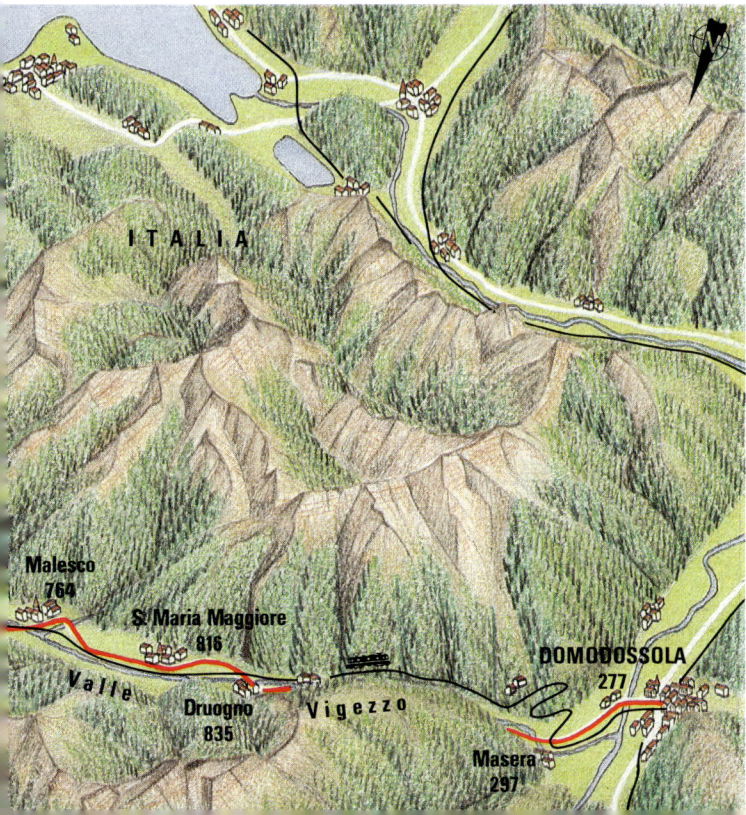

Deux randonnées à vélo qui permettent de découvrir deux aspects totalement différents des paysages du Sottoceneri. La première nous conduira au Val Colla, réputé pour ses villages pittoresques et les versants abrupts et boisés qui les encadrent. La deuxième nous mènera sur les rives du lac de Lugano et au vieux village de pêcheurs de Morcote, où les restaurants s'abritent sous des arcades. Dans un cas comme dans l'autre, il est conseillé d'éviter les jours fériés où la circulation est dense.

Sottoceneri–Val Colla–Lugano–Morcote–Lugano

Route			Distance	Temps
1 Lugano			—	—
2 Sonvico			9 km	1 h 30
3 Maglio di Colla			17 km	3 h 30
4 Tesserete			32 km	4 h 30
5 Lugano			41 km	5 h 30

Dénivellation: 1000 m

En contrebas de la gare, la vieille ville de **Lugano** constitue le point de départ de cette randonnée dans le Val Colla. La via Castagnola nous conduit de la périphérie nord de la ville ancienne, par le Parco Civico, au bord du torrent Cassarate, désormais canalisé, que nous remontons sur 500 m environ avant de bifurquer, au troisième pont à droite, vers *Viganello*. La pente s'accentue et nous pédalons vers le centre de cette localité puis, à travers les vignes, par *Pregassona* et sur une route moins abrupte, vers *Soragno* et *Davesco*. Au sortir de ce dernier village, nous trouvons à main droite une route qui, par *Dino*, conduit à **Sonvico**. Sans cesser de monter, nous longeons le versant exposé au soleil du Monte Roveraccio et pédalons jusqu'à un tournant en épingle à cheveux. A l'entrée du Val Colla, se dresse une petite chapelle; au fond de la vallée, serpente le Rio Cassarate que nous avons longé dans la première partie de cette randonnée. Au flanc de la montagne, nous nous élevons vers les hameaux d'Arla et de Trecio pour atteindre, au-dessus du village de Piandera, à l'altitude de 910 m, le premier palier de ce tour cycliste. De là, nous nous laissons descendre vers la petite localité de **Maglio di Colla**, riveraine du Rio Cassarate. Les cyclotouristes qui le désirent peuvent abréger ici la randonnée en empruntant une belle route qui longe le Cassarate et aboutit à Cagiallo et finalement, à Tesserete. Décidés, en ce qui nous concerne, à nous élever encore, nous montons vers *Bogno* par une série de virages jusqu'à Cozzo. Dans ce village, la pente diminue; la route grimpe maintenant plus légèrement. Franchissant un ruisseau, nous atteignons 1050 m, point culminant de cette excursion. Toujours sur le flanc ensoleillé de la vallée, nous roulons vers *Scareglia*, où la route s'élève en pente douce vers *Albumo*. La descente du tronçon suivant nous dédommagera des efforts consentis pour arriver jusque là. Par Bidogno, Roveredo et Lopagno, nous nous laissons descendre vers **Tesserete**, où une route à faible pente nous conduit ensuite à Lugaggia et *Canobbio*. Dans cette dernière localité, à un carrefour, il nous faut choisir entre une route qui nous mènera à flanc de coteau jusqu'à la gare de **Lugano** et une autre, sur notre gauche, qui descend jusqu'au centre-ville.

Route			Distance	Temps
1 Lugano			—	—
2 Carabietta			8 km	1 h
3 Morcote			15 km	1 h 30
4 Melide			20 km	2 h
5 Lugano			27 km	3 h

Dénivellation: 120 m

Derrière la gare de **Lugano**, près du bâtiment des PTT, la Via Soregno rejoint, à *Sorengo*, la route principale qui longe la voie ferrée, passe sous l'autoroute et débouche sur la plaine alluviale du Val d'Agno. Immédiatement à gauche, au bord de la vallée, la route bifurque en direction de Morcote, épouse les contours du lac et aboutit à **Carabietta**. Toujours sur la rive du lac, cette route nous conduit à *Cásoro;* sur une courte distance, nous quittons les bords du plan d'eau que nous retrouverons après *Figino*. De là, nous pédalons jusqu'au pittoresque village de pêcheurs de **Morcote**. En contournant le Monte Arbòstora, nous arrivons à Melide. Les sportifs qui en sont encore capables peuvent, s'ils le désirent, obliquer à gauche, vers Vico Morcote et atteindre, après avoir vaincu une dénivellation de 400 m, le petit village de Carona. Le panorama sur le lac de Lugano est grandiose. Par Carabbia et Pazzallo, ils descendront ensuite vers Paradiso et la ville de Lugano. Si nous empruntons l'autre itinéraire, nous longerons le lac jusqu'à **Melide;** après une

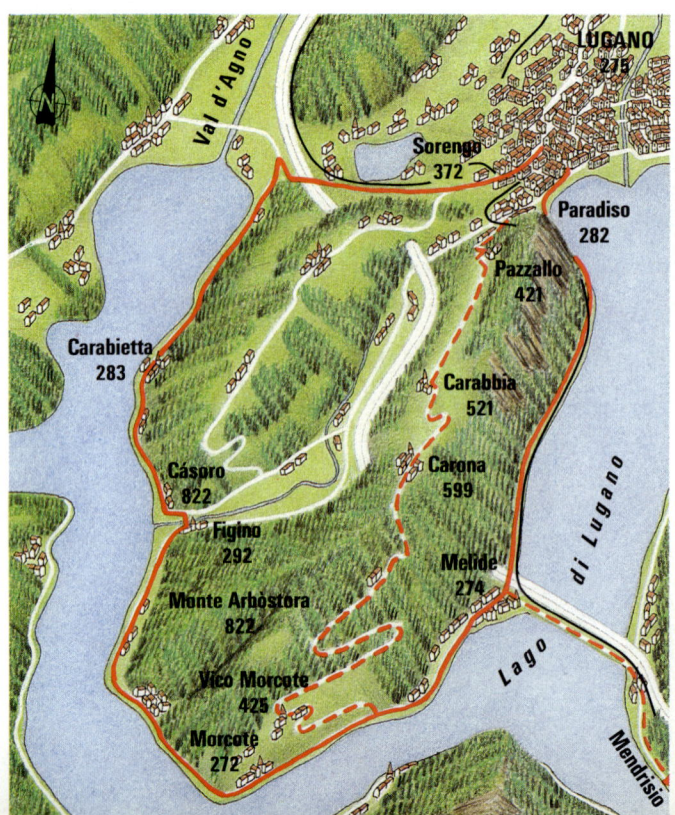

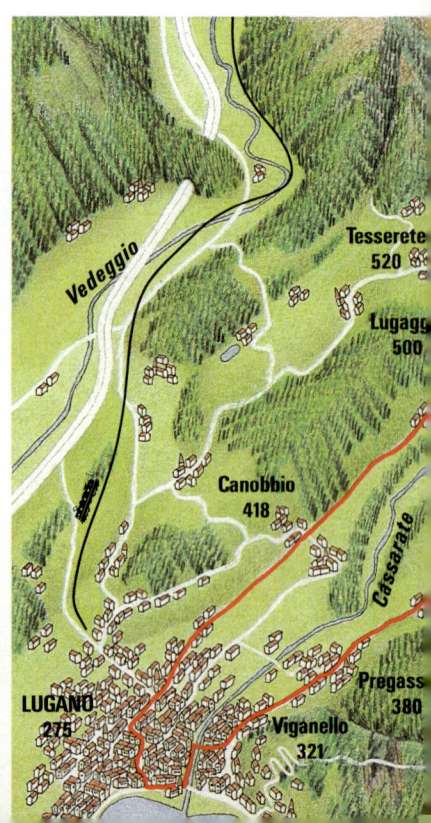

visite de «Swiss Miniature», nous regagnerons **Lugano**-*Paradiso* par la route, le train ou même en bateau.

Carte cycliste
Locarno–Bellinzona–Lugano–Varese

Correspondances
Domodossola–Lugano r. 13,
Bellinzone–Coire r. 15,
Bellinzone–Lucerne r. 50.

 Lugano, Figino

 Muzzano-Lugano, Agno, Pambio-Noranco près de Lugano-Paradiso

 Le Museo Civico di belle arti de *Lugano* expose principalement des œuvres de peintres tessinois et suisses des trois derniers siècles.

A *Dino*, dans l'église San Nazario, des fresques romanes témoignent d'une nette influence byzantine. A *Sonvico*, l'église paroissiale San Giovanni Battista est fière de son décor de stuc; à *Tesserete*, le beau clocher de l'église Santo Stefano est d'époque romane. On admirera le campanile du 13e siècle de la petite église de *Sureggio*, de même que des vestiges de fresques romanes. D'autres fresques, tout aussi remarquables, décorent, à *Morcote*, l'église paroissiale Santa Maria del Sasso; à proximité, se trouve la chapelle Sant'Antonio di Padova et dans le cimetière, d'intéressants tombeaux datant du siècle dernier. A *Vico Morcote*, l'église paroissiale Santi Fedele e Simone (1625–1627) est richement décorée. Enfin, à *Carona* et aux alentours, les églises et maisons peintes bien conservées sont nombreuses.

Morcote: Vue d'atmosphère de la promenade devant les arcades bordant les maisons.

«Swiss Miniature»: Depuis mars 1959, effectuer un voyage en Suisse sans quitter Melide est possible! Isolées par une haie du bruit de la circulation, des maquettes au 25e reproduisent les constructions les plus représentatives des différentes régions de la Suisse. Présentés dans un contexte paysagiste imaginaire, ces modèles restituent une image fidèle de la réalité culturelle helvétique. Des fermes imposantes, d'élégantes maisons patriciennes, de puissants châteaux, des bourgades, des moulins, des usines hydro-électriques en miniature composent un paysage insolite qu'anime un réseau de chemins de fer de 3 km de long avec ses gares, ses 30 locomotives et ses 400 wagons. L'exposition des maquettes est régulièrement complétée par de nouveaux éléments, sans toutefois perdre le contact avec la réalité.

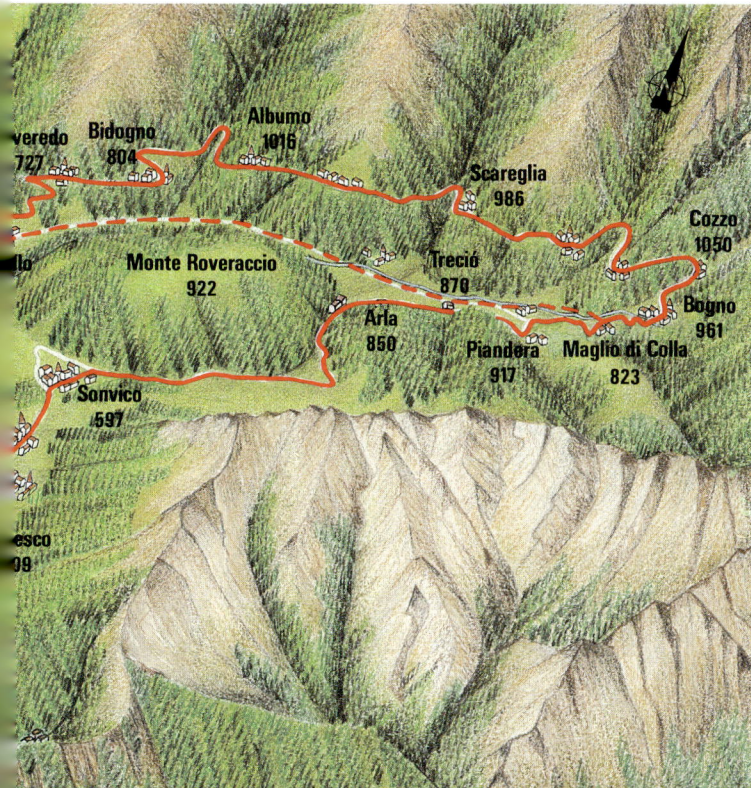

Lugano et ses églises

Dans la vieille ville de Lugano et à sa périphérie, de nombreuses églises sont regroupées sur un petit espace; la plus remarquable est la Cathédrale San Lorenzo. Déjà mentionné en 818, le sanctuaire est encore roman dans ses parties les plus anciennes. Proche du funiculaire qui relie la gare à la ville, la cathédrale possède une façade formant décor, chef-d'œuvre de la Renaissance lombarde. Aux 17e et 18e siècles, plusieurs chapelles latérales richement ornées furent ajoutées au sanctuaire à trois nefs. On remarquera en particulier les fresques qui remontent à différentes époques, de même que les peintures en trompe-l'œil des frères Torricelli qui ornent le chœur (1764).

Dans les quartiers situés au sud de l'agglomération, l'église Santa Maria degli Angioli, vestige d'un couvent de Franciscains supprimé en 1848, a été édifiée entre 1499 et 1515. Le sanctuaire, à l'extérieur sans grande originalité, est divisé en deux parties par une clôture séparant le chœur de la nef flanquée de trois chapelles. La fresque monumentale peinte sur cette clôture est l'œuvre de Bernardino Luini; elle représente la Passion du Christ. Les autres parties de l'édifice sont, elles aussi, richement ornées.

Sur la Piazza Dante, la Chiesa di San'Antonio Abbate (1633-1652) possède un maître-autel (1734) et des peintures de G. Antonio Petrini; la façade date de 1915. De la même époque (1640–1642), date la Chiesa di San Carlo Borromeo dans la Via Nassa. Les tableaux qui se trouvent derrière le maître-autel sont attribués à G.A. Petrini. Au sud de l'agglomération, la Chiesa di Santa Maria di Loreto (1524) est précédée d'un portique; façades et voûtes d'arête sont décorées de stucs et de fresques. Via Canova, la Chiesa di San Rocco, édifiée de 1592 à 1602, possède une façade néo-baroque, construite en 1909. A l'intérieur, fresques et stucs datent des 17e et 18e siècles.

Bellinzona–San Bernardino–Chur

Sur ce bel itinéraire de randonnée sportive, les dénivellations sont considérables. Les pittoresques villages du Val Mesolcina et le magnifique paysage alpestre du sud des Alpes, contrastent avec les gorges sauvages et les vallées jalonnées de châteaux du versant nord du San Bernardino. Malgré l'autoroute, de sérieux embouteillages attendent les automobilistes en fin de semaine.

Route	Distance	Temps
1 Bellinzona	—	—
2 Mesocco	31 km	3 h
3 Hospice du San Bernardino	51 km	6 h
4 Thusis	93 km	9 h
5 Chur	120 km	12 h

Dénivellation: 2100 m

Notre randonnée commence à la gare de **Bellinzone**; de là, nous descendons vers la droite, quittant cette ville et ses puissants châteaux-forts par la route principale qui remonte vers le Gothard et le San Bernardino. Dès le faubourg de *Molinazzo,* nous bifurquons à droite; par le passage inférieur de la voie ferrée, nous arrivons à *Arbedo* où, le 30 juin 1422, les Milanais infligèrent une cuisante défaite aux Confédérés. De l'autre côté de la voie, la route de gauche nous conduit d'abord le long du chemin de fer puis, plus loin, vers l'échangeur de l'autoroute, sur la rive de la Moesa. Avant le pont, nous tournons à droite et pédalons sur une route asphaltée puis, plus tard, sur un chemin de terre, en amont. Après un «grotto», le pont qui enjambe la Moesa et l'autoroute, nous conduit au village de *Lumino.* A partir de là, nous empruntons l'ancienne route principale qui, par le San Bernardino, mène à Coire. *S. Vittore,* la localité la plus proche, fait déjà partie du canton des Grisons. Dès l'entrée dans le village, une église ronde qui daterait, croit-on, de l'époque carolingienne, attire le regard. Par *Roveredo* dont les maisons patriciennes les plus représentatives sont pour la plupart groupées sur la rive opposée de la Moesa, la randonnée se poursuit vers *Grono.* Près de la place de ce dernier village, on visitera la chapelle baroque des Santi Rocco e Sebastiano; au sortir de Grono, à main gauche, une tour d'habitation de cinq étages, construite au 13e siècle, retient l'attention. Par Leggia, Cama et Lostallo, nous montons vers Soazza, village aux maisons étroitement groupées qui possède plusieurs édifices religieux des 17e et 18e siècles.

Vallée riante et montagnes austères

Mesocco, notre prochaine étape, nous invite à une courte halte avant d'entreprendre la montée au col du San Bernardino. La petite ville est dominée par les ruines du château de Mesocco (11e et 12e siècles); plusieurs églises du 17e siècle se dressent aux alentours. Par Pian S. Giacomo et Forcola, nous nous élevons vers S. Bernardino, admirant au passage les ouvrages d'art de l'autoroute. Après le village du même nom, la différence de niveau est encore de l'ordre de 450 m mais le fait de franchir le col et la perspective d'une longue descente sur le versant nord nous donnent du courage. La haute plaine où est construit **l'hospice du San Bernardino** est un endroit rêvé pour organiser un pique-nique.

Plus vite que nous le souhaitons, nous atteignons, depuis le col, la localité d'*Hinterrhein.* Edifié en 1692, le pont en pierre qu'utilisait jadis le chemin muletier, a été reconstruit en 1935. Par Nufenen et Medels, nous roulons en aval en direction du village de *Splügen* où les maisons, bien conservées, remontent pour la plupart aux 17e et 18e siècles. Contournant le Sufnersee, lac artificiel, et à travers les gorges de Rofla, nous pédalons vers *Andeer* et *Zillis.* Les touristes qui, d'ordinaire, passent devant églises et chapelles sans même s'arrêter, auront cette fois à cœur de visiter l'église St-Martin, à Zillis. Par l'impressionnant défilé de la Viamala qui, à l'époque où le Rhin n'avait pas encore été dompté et canalisé, constituait un obstacle tout aussi important que les cols des Alpes, nous arrivons à **Thusis.** Plutôt que de rejoindre Coire à bicyclette, ceux qui le désirent prendront le train pour effectuer ce trajet.

Devant nous s'étend le Domleschg, région où les châteaux sont nombreux. A la périphérie de Thusis, nous choisissons la route de Davos, à main droite, puis bifurquons, à gauche, vers le village de *Sils* et au delà, vers *Fürstenau.* Anciennement cité fortifiée et victime d'un incendie,

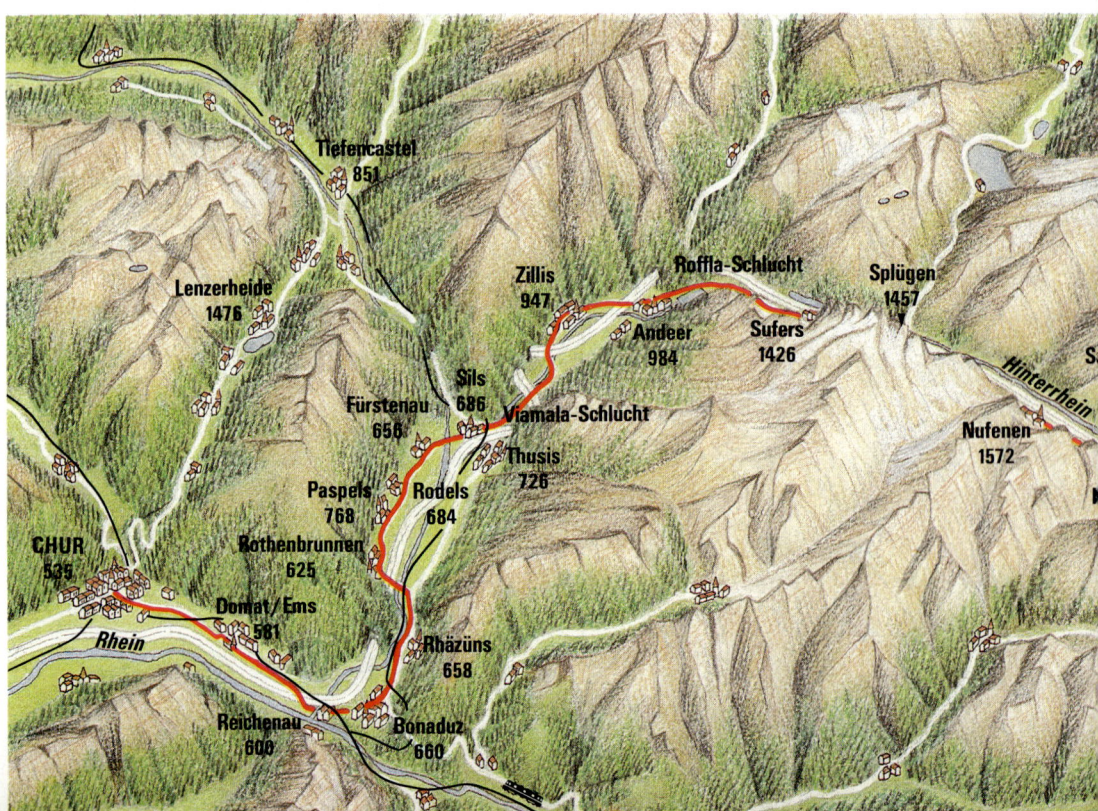

cette dernière localité fut reconstruite, mais à une plus petite échelle. Fürstenau possédait jadis deux châteaux; l'un appartenait à l'évêque, l'autre aux seigneurs de Schauenstein. Par Rodels et Paspels, la randonnée se poursuit vers *Rothenbrunnen*. Traversant l'autoroute et le Rhin, nous pédalons sur l'autre rive du fleuve vers *Rhäzüns* puis, par Bonaduz et Reichenau, vers *Domat/Ems* et, finalement, **Coire.** De superbes demeures patriciennes, des édifices publics, des églises, des ruelles tortueuses d'apparence médiévale caractérisent la partie ancienne du chef-lieu des Grisons. L'élégant château épiscopal et l'imposante cathédrale Notre-Dame-de-l'Assomption, de style roman tardif, sont les curiosités majeures de la ville de Coire.

Cartes
Carte nationale 38 Panixerpass, 43 Sopra Ceneri

Correspondances
Domodossola–Lugano r. 13,
Bellinzone–Lucerne r. 50,
Coire–Buchs r. 16.

 Thusis, Sils, Coire

 Molinazzo près de Bellinzone, Roveredo, Splügen, Andeer, Thusis, Coire

Le Museo civico de *Bellinzone* abrite une collection d'archéologie locale et le Musée d'ethnologie tessinois présente p. ex. une collection de costumes folkloriques. On verra, au Museo Moesano de *S. Vittore* un ensemble d'orfèvreries et de sculptures de style gothique tardif. Dans la Maison communale de Splügen, est aménagé le Musée régional du Rheinwald; à *Zillis*, le Musée de la vallée Schons regroupe une collection ethnographique dans une maison paysanne du 16e siècle. L'art grison des 18e, 19e et 20e siècles est présenté, à *Coire*, au Musée des Beaux-Arts; des collections historique et ethnographique des Grisons se trouvent au Musée Rhétique. Le Musée d'Histoire Naturelle abrite une collection zoologique et botanique.

 A *Arbedo*, reposent dans le cimetière de l'église San Paolo (12e, 13e et 14e siècles) les Suisses tombés lors de la bataille opposant Milanais et Confédérés. L'église paroissiale San Martino (1639) de *Soazza*, l'ossuaire (1700) et la chapelle Maria Addolorata (1751) méritent une visite. A *Mesocco*, l'église Santa Maria, ornée de fresques, possède un clocher roman construit en 1100. Au village de *Splügen* on admirera de belles demeures en pierre, construites au début du 18e siècle. A *Andeer*, la façade de la Maison Pedrun (1501) est entièrement couverte de sgraffites. Près de *Sils*, le château fort, en ruines, de Hohenrätien garde l'accès à la Viamala. Au nord de *Paspels*, la chapelle St-Laurent, d'époque romane, se dresse sur un mamelon rocheux. Des fresques du 14e siècle décorent les églises St-Paul et St-Georges de *Rhäzüns*. L'église paroissiale St-Jean Baptiste de *Domat/Ems* faisait jadis partie d'un château fort.

L'église romane de Zillis: Il ne faut pas manquer de visiter ce joyau qui s'orne du plus ancien plafond entièrement peint de l'Occident préservé jusqu'à aujourd'hui; par conséquent, il s'agit d'un des principaux chefs-d'œuvre du patrimoine artistique de la Suisse. La plupart des 153 panneaux quadrangulaires représentent des scènes de la vie du Christ; le cycle commence avec l'arrivée des Rois Mages et se termine par le couronnement d'épines. D'autres scènes racontent des épisodes de la vie de St. Martin, auquel l'église, édifiée par des pèlerins, fut jadis consacrée. Sur les bordures, sont peints des monstres marins et des pêcheurs; les anges du jugement dernier symbolisent les vents sur les panneaux d'angle. Les couleurs sont le bleu clair, le vert olive et le brun ocre. Ces peintures ont été réalisées vers 1150. Chaque panneau, œuvre originale, a été mis en place, sitôt la peinture terminée.

San Bernardino et Viamala

Sous la domination romaine, le San Bernardino et le Splügen furent longtemps les cols les plus franchissables de l'arc alpin. La route actuelle épouse pratiquement le tracé de l'ancienne voie romaine qui reliait Bellinzone à Coire. Jadis, le col portait le nom de Piz d'Ucello; puis, à partir de 1444, il porta celui de St-Bernard de Sienne, auquel une chapelle était dédiée. Pour celui qui vient de Bellinzone, la montée au San Bernardino débute, en fait, à Soazza. Sur les 17 km qui séparent ce village du col, la dénivellation est de l'ordre de 1440 m. La petite plaine proche de l'hospice se trouve sur la ligne de partage des eaux: celles qui coulent vers le sud se jettent dans le Pô et la Méditerranée, les précipitations qui tombent plus au nord alimentent le Rhin et la Mer du Nord. Des personnalités plus ou moins célèbres ont signé le livre d'or de l'Hospice. La route que nous empruntons fut construite de 1819 à 1823 au prix de lourds sacrifices de la part des communes concernées. Grâce à cet effort collectif, le col du San Bernardino fut longtemps le principal concurrent du Gothard. La route la plus coûteuse fut, néanmoins, celle construite dans la Viamala au début du 5e siècle par les soldats de Flavius Stilicho, général romain, lors de la campagne qu'il organisa par lui pour mâter une révolte des Germains; on voit encore la percée effectuée dans la roche pour créer un passage. Vers la fin du moyen-âge, les entrepreneurs de transports de la région décidèrent d'aménager la voie romaine pour faciliter la circulation des voitures postales. La construction, 150 ans plus tard, des deux ponts sur les plans de Christian Wilderer, natif de Davos, paracheva l'œuvre entreprise. «Via Mala» est le titre du roman de John Knittel qui s'inspire de l'ambiance vaguement inquiétante et de l'environnement sombre de ce défilé.

A quelques exceptions près, cette randonnée à caractère familial côtoie le Rhin, entre Coire, le Liechtenstein et Buchs. Le fleuve a été canalisé mais coule encore parfois dans son ancien lit. Sur les pentes des environs de Malans et de Maienfeld, mûrissent les grappes qui fourniront les vins renommés de la «Bündner Herrschaft».

Chur–Liechtenstein–Buchs

Route	Distance	Temps
1 Chur	—	—
2 Landquart	14 km	1 h 30
3 Bad Ragaz	20 km	2 h
4 Trübbach	28 km	3 h
5 Vaduz	38 km	4 h
6 Buchs	44 km	4 h 30

Dénivellation: 30 m

Notre randonnée cycliste part de la gare de **Coire**. La courte Bahnhofstrasse mène en droite ligne à la partie ancienne du chef-lieu des Grisons, ce qui facilite une visite rapide de la vieille ville. De superbes demeures aristocratiques, des monuments publics et de belles églises bordent le labyrinthe des rues et des ruelles d'époque médiévale. La cité: sur le «Hof», l'élégant château épiscopal et la cathédrale Notre-Dame-de-l'Assomption sont les fleurons des monuments de Coire. Notre randonnée partant de l'arrière de la gare, nous nous engageons dans la Gürtelstrasse, à main droite. Près du passage sous voie, nous tournons à gauche et, par la Wiesentalstrasse, nous parvenons à la périphérie de l'agglomération. Sans quitter le côté ouest de la voie ferrée, nous empruntons une piste cyclable bien balisée en direction de Landquart. Notre chemin devient peu à peu piste, puis route empierrée. Franchissant l'autoroute à l'endroit où le Rhin et la voie du chemin de fer se touchent presque, nous ne bifurquons pas à gauche vers le pont qui enjambe le fleuve. Nous restons plutôt sur une étroite levée de terre qui supporte un chemin; celui-ci se poursuit parallèlement au fleuve, non encore canalisé à cet endroit, jusqu'à la gare de *Trimmis*. Pour rejoindre la prochaine station de chemin de fer, nous roulons d'abord sur une route goudronnée puis sur un tronçon empierré. Passant encore une fois sous l'autoroute, à l'ouest de la voie ferrée, nous pédalons en direction de la gare de **Landquart**; là, une passerelle, entre deux ponts de chemin de fer, franchit le torrent. Reprenant la route principale, nous passons à gauche sous la voie ferrée et l'autoroute pour atteindre les bords du Rhin avant de rouler sur un chemin non asphalté vers Bad Ragaz et Maienfeld. Les randonneurs désireux de visiter les deux localités obliqueront au prochain pont vers **Bad Ragaz** en traversant le fleuve ou vers *Maienfeld* en franchissant l'autoroute. Tout en suivant les panneaux indiquant la direction de Sargans, nous passons encore sous la voie ferrée et l'autoroute et changeons de rive au prochain pont qui enjambe le Rhin. En roulant sur la digue qui borde le fleuve, nous pourrions nous laisser descendre presque jusqu'à St-Margrethen,

mais nous préférons visiter la principauté du Liechtenstein. Au prochain pont, près du village de **Trübbach,** nous laissons derrière nous le territoire suisse, franchissons le Rhin et pénétrons dans la principauté. Sur une petite colline, entre les villages de Mäls et de Balzers, se dresse le château de Gutenberg. Par Balzers et Triesen, nous progressons sur la rive droite du Rhin en direction d'un vieux pont de bois.

Vaduz – haut lieu du tourisme

Obliquant à droite, nous nous écartons du Rhin pour emprunter quelques minutes plus tard une petite route: «Am Irkales» qui débouche sur la Kirchstrasse puis sur l'«Am schrägen Weg» qui nous conduit au centre de **Vaduz,** capitale de la principauté et résidence de la famille régnante. Les touristes se pressent en foule autour des magasins et des boutiques de souvenirs; les marchands de timbres-poste attendent les clients. Poursuivant notre randonnée en direction de Schaan, nous quittons Vaduz à la hauteur du parking des cars pour nous diriger vers le Rhin. Juste avant le Bachbrücke, une petite route, à droite, mène à une passerelle que nous franchissons avant de déboucher, après un carrefour situé à proximité du Service du Feu, dans la Schaanerstrasse qui aboutit à *Schaan.* De l'autre côté du Rhin, **Buchs** bénéficie d'excellentes relations ferroviaires.

Retour

Buchs 🚗–Sevelen 🚗– Trübbach 🚗–Bad Ragaz 🚗– Landquart 🚗–Coire 🚗
41 km, 4 h

Cartes

Cartes nationales 33 Toggenburg et 39 Flüelapass

Déviations

Maienfeld 🚗–Landquart 🚗– Zizers 🚗–Coire 🚗 20 km, 2 h

 Coire, Schaan-Vaduz

 Coire, Landquart, Bad Ragaz, Vaduz, Triesen, Buchs

 A *Coire,* le Musée Rhétique expose le produit des fouilles archéologiques effectuées dans le canton des Grisons et des objets se rapportant à l'histoire régionale. Au Musée des Beaux-Arts, on verra les œuvres de peintres et d'artistes grisons; le Musée d'histoire naturelle présente de riches collections de botanique et de zoologie. Le Trésor de la cathédrale est exposé au Musée du dôme. Pour visiter le Musée local de *Triesen,* il faut prévenir à l'avance.
A *Vaduz,* des expositions d'œuvres d'art et de tableaux provenant des collections du prince de Liechtenstein et du Musée national liechtensteinois ont lieu en alternance; d'autres expositions se tiennent dans des galeries privées. Le Musée postal possède une collection complète des timbres de la principauté. Enfin, le Musée national liechtensteinois dispose d'une abondante documentation se rapportant à l'histoire de la principauté, on y voit également des œuvres d'art, propriété du prince.

L'église Sts-Pierre-et-Paul, à *Zizers,* possède un bel aménagement intérieur. Dans le village viticole de *Malans,* plusieurs maisons patriciennes contribuent à conserver le caractère ancien de cette localité. L'Hôtel de ville et les anciennes demeures de la famille Planta, aux belles façades peintes, méritent que l'on s'arrête. Au-dessus de Malans, le château Bothmar possède le plus ancien jardin à la française de toute la Suisse. Quant aux fresques qui décorent la chapelle St-Léonard, proche de *Bad Ragaz* et située en contrebas du château de Freudenberg, pillé et saccagé par les Confédérés, elles comptent parmi les meilleures de notre pays.
Le château-fort médiéval de Gutenberg monte la garde au-dessus du village de *Balzers.* A *Triesen,* enfin, des peintures murales décorent l'abside millénaire de la chapelle St-Mamert. Détruit, en 1499, par les Confédérés, le château de *Vaduz* a été reconstruit ultérieurement.

Vaduz 🚗–Balzers 🚗–St-Luzisteig-Maienfeld 🚗–Coire 🚗
37 km, 3 h 30

Correspondance
Bellinzone–Coire r. 15,
Buchs–St-Gall r. 17.

*Vue de la **plaine du Rhin** près de Maienfeld, ravissante petite localité paysanne et viticole située derrière ces plantations d'arbres fruitiers, qui sont aménagées à travers la vallée pour protéger les champs contre le foehn. Maienfeld occupe le site d'une tête de pont romaine qui commandait la bifurcation de la voie qui, depuis Coire, obliquait vers Zurich, d'une part, et Bregenz, d'autre part. De belles demeures anciennes, l'Hôtel de ville avec ses peintures murales et la Brüggerhaus, construction en équerre, sont particulièrement remarquables. Le château de Brandis, monument le plus impressionnant, possède une tour d'habitation du 13ᵉ siècle; le «Château Neuf» date de 1465. A l'intérieur de la tour, des fresques du début du gothique. Au-dessus de Maienfeld le château, tout en longueur, de Salenegg, construit au milieu des vignes, possède un parc inspiré des jardins du baroque. A l'arrière-plan, se dressent les sombres cimes du massif du Falknis.*

Liechtenstein

En 15 avant J.-C., cette région fut incorporée à la Rhétie, province romaine; un réseau de routes permit sa mise en valeur. Au 4ᵉ siècle, les Romains construisirent à Schaan un fortin pour tenir tête aux Allamans, qui le rasèrent en 457. L'implantation de ces derniers eut la disparition du rhéto-romanche pour conséquence ultérieure et le remplacement par l'allemand de cette langue. L'histoire du Liechtenstein débute en 1342. Cette année-là, le comte Hartmann von Werdenberg-Sargans, héritier du comté de Vaduz, prit le nom de comte de Vaduz. Rattaché au Saint-Empire romain germanique, le comté changea plusieurs fois de propriétaire. En 1699, le prince Johann Adam Andreas von Liechtenstein acquit la seigneurie de Schellenberg et, en 1712, celle de Vaduz. Résidant à Vienne, les princes du Liechtenstein chargèrent un bailli d'administrer leur domaine. De 1806 à 1814, la principauté fit successivement partie de la Ligue rhénane et de la Confédération germanique. Après la dissolution de cette dernière, le Liechtenstein rompit les derniers liens qui l'unissaient à l'Allemagne. En 1868, la principauté abolit le service militaire et proclama sa neutralité. Après la Grande Guerre, le Liechtenstein conclut avec la Confédération helvétique un accord douanier, une convention postale et un règlement diplomatique de représentation. En 1938, le prince-régent Franz Joseph II transféra sa résidence permanente au château de Vaduz, interdit aux touristes; son fils Adam lui a succédé en 1984 à la tête de l'Etat. Les deux sources principales de revenus de la principauté sont les activités industrielles, très variées, et le tourisme. Une infime partie de la population se consacre encore à l'agriculture; l'émission et la vente de timbres contribuent, dans une proportion non négligeable, à la prospérité de l'économie du Liechtenstein.

Buchs–Altstätten–St. Gallen

Loin de la circulation, cette randonnée nous conduit le long du Rhin à travers la plaine du Rhin vers la petite ville-marché bien conservée d'Altstätten. Devant nous, se dressent les montagnes d'Appenzell. Nous gravissons la colline du Stoss en vélo ou avec le petit train à voie étroite en direction de Gais. Nous apprécions ensuite la descente vers St-Gall. Le parcours entre Buchs et Altstätten convient particulièrement aux promenades en famille.

Route	Distance	Temps
1 Buchs/Schaan	—	—
2 Oberriet	22 km	2 h
3 Altstätten	30 km	3 h
4 Gais	41 km	4 h 30
5 St. Gallen	55 km	6 h

Dénivellation: 550 m

Nous commençons notre randonnée, soit à la gare de **Buchs,** soit à la gare de **Schaan** dans la principauté du Liechtenstein: le point de départ importe peu. Nous roulons tout d'abord sur la grand-route jusqu'au Rhin et empruntons ensuite une route secondaire qui longe le fleuve en aval, sur la rive liechtensteinoise. Une agréable promenade nous conduit, par *Bendern,* au deuxième pont, proche de *Ruggell.* Par un virage, nous arrivons au pont et quittons le Liechtenstein pour rouler sur la rive suisse. La route longe à nouveau le Rhin jusqu'au poste de douane d'**Oberriet** et au prochain pont. Nous pédalons maintenant sur la grand-route, quittons le fleuve et traversons le village-carrefour d'Oberriet. Deux cents mètres après l'église, nous tournons à gauche, en direction du Kobelwald, réserve naturelle et aire de repos. Là, nous tournons à droite dans la Brunnackerstrasse, croisons la route principale et pédalons tout droit à travers la plaine du Rhin, sillonnée de canaux, en direction d'Altstätten. Nous roulons d'abord à droite et suivons ensuite les panneaux, à gauche, indiquant la direction de St-Gall, jusqu'à la vieille ville d'**Altstätten.**

Site historique et superbe panorama

Après la visite de la jolie petite ville, à nous de décider si nous voulons monter à Gais en train ou à vélo. La route est assez fréquentée; mieux vaut dans ces conditions prendre le train jusqu'à Stoss, d'où l'on jouit d'une magnifique vue sur la plaine du Rhin. La chapelle commémorative de Stoss a été édifiée par les Appenzellois après la victoire qu'ils remportèrent en 1405 sur une armée autrichienne. Sur la route principale, nous nous dirigeons maintenant vers **Gais,** bourgade dont la place est bordée de maisons de bois aux pignons incurvés.

Depuis Gais, nous longeons la voie ferrée jusqu'à St-Gall. Très proches, la route et le chemin de fer se faufilent à travers la vallée du Rotbach jusque dans la plaine. Des maisons de négociants des 18e et 19e siècles bordent la rue du village de *Bühler.* Peu avant *Teufen,* il nous faut effectuer une dernière petite montée avant d'obliquer à droite et d'entrer dans le village. A la sortie, une des-

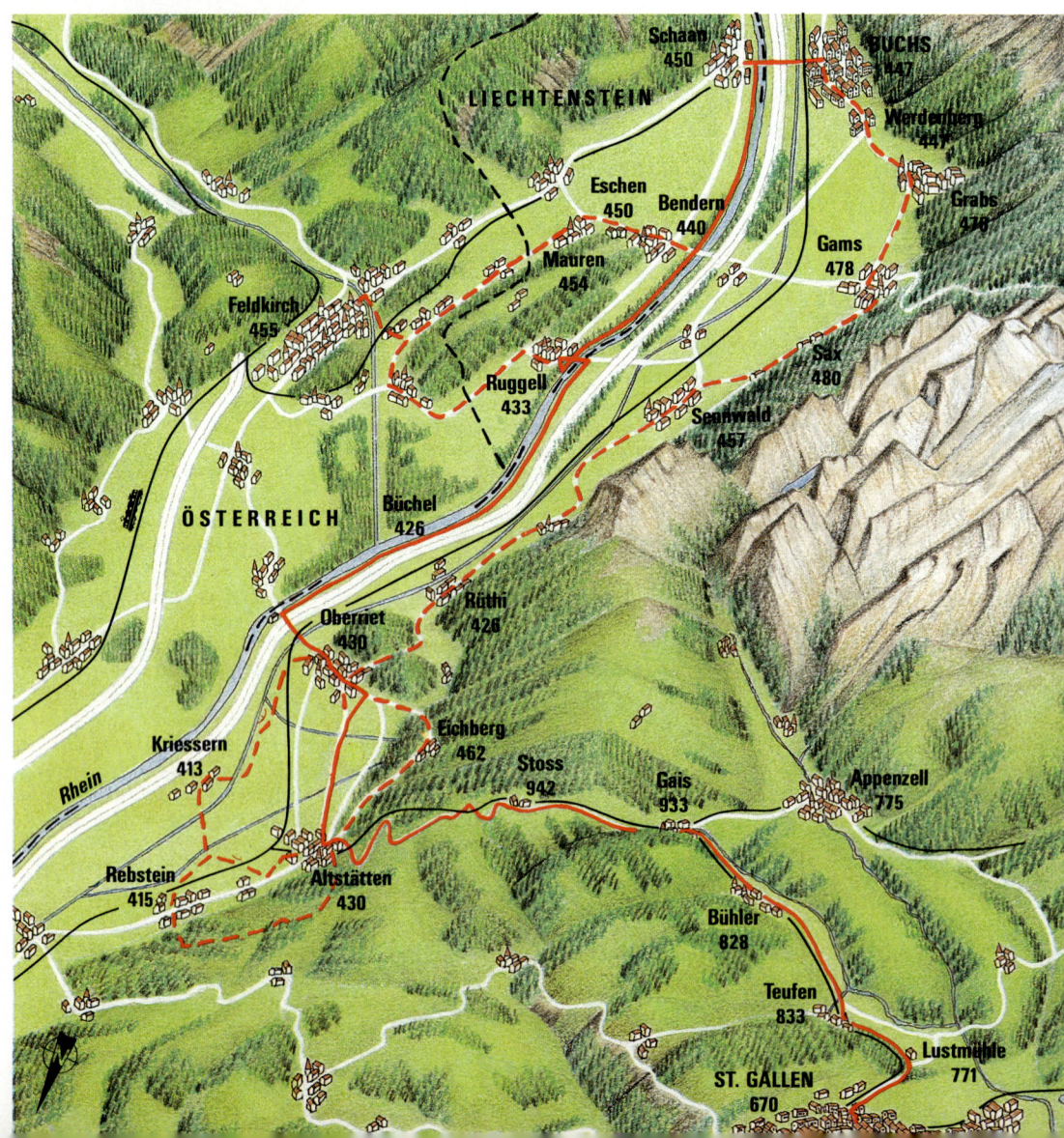

cente rapide nous mène par une vallée et via Lustmühle, jusqu'à **St-Gall**.

Cartes cyclistes
Glaris–Coire–Liechtenstein, St-Gall–Appenzell

Déviations
Pour le retour d'Altstätten à Buchs, on suivra une route qui ramène à Oberriet par Eichberg, en longeant le pied de la montagne. Si on ne désire pas aller au-delà, jusqu'à Sennwald, sur la route principale, on empruntera un chemin qui débute près de l'entrée de l'autoroute; il conduit également à Sennwald et longe le canal intérieur de la vallée du Rhin. Le dernier tronçon jusqu'à Buchs s'effectue sur la route qui dessert les nombreux villages et hameaux qui bordent la vallée du Rhin. Après la localité de Grabs, nous pénétrons dans le pittoresque village de Werdenberg qui constitue, en fait, la partie ancienne de la petite cité de Buchs, tout en faisant partie de la commune de Grabs:
Altstätten–Oberriet–Rüthi–Sennwald–Frümsen–Sax–Gams–Grabs–Buchs, 31 km, 3 h

Si l'on a oublié de se munir d'une pièce d'identité, on peut provisoirement s'éloigner du Rhin à Bendern, pour contourner l'Eschner Berg et faire un détour par Feldkirch, localité autrichienne. Pour cela, on traversera après le pont un canal à main droite et on empruntera la grand-route sur une courte distance, jusqu'à la bifurcation conduisant à Eschen. Dans cette bourgade, on longera la pente à droite pour gagner, par Mauren, la frontière autrichienne. Dans le sens opposé à celui des aiguilles d'une montre, on traversera ensuite les faubourgs de Feldkirch, en contournant la montagne en direction de Ruggell. Pour visiter la vieille ville de Feldkirch, fleuron du Vorarlberg, on tournera à l'extrémité nord-est de l'Eschner Berg vers la droite pour emprunter une route qui serpente près de la rivière Ill et se glisse dans un étroit couloir entre l'Ardetzenberg et le Blasenberg:
Bendern–Mauren–Feldkirch–Ruggell, 15 km, 1 h 30

 Schaan, Feldkirch, St-Gall

 Werdenberg (Buchs), Bendern (FL), Feldkirch (A), St-Gall «Leebrücke»

 Le Musée régional de Montlingen près d'*Oberriet*, expose des objets de fouilles, de l'outillage et des céramiques de Melaun. La Maison Prestegg, à *Altstätten*, abrite un Musée historique local. La collection Grubenmann, à *Teufen*, est consacrée à cette célèbre famille d'architectes. Dans la ville de *St-Gall*, on trouve nombre de musées et de collections: la bibliothèque de la collégiale avec ses manuscrits (7e–12e siècles).

Werdenberg est le plus ancien ensemble de maisons en bois de Suisse. Le château, édifié sur une hauteur, date des 13e et 15e siècles. Au milieu des ruines de la citadelle romaine, s'élève l'église St-Pierre (16e siècle) à Schaan. A *Bendern*, l'église paroissiale Ste-Marie, le presbytère et la grange forment un bel ensemble. L'architecture à colombages de la maison Burg, à *Oberriet*, ancien siège de l'administration des abbés de St-Gall, est remarquable. L'église catholique Ste-Marguerite (1810) a été transformée en 1908 dans le style néo-baroque. Des ornements en stuc de style rococo décorent l'intérieur de l'église réformée de *Gais*. A *Bühler*, se trouve l'Hôtel de ville de Trogen (1598), transféré à cet endroit en 1842. A *Niederteufen*, le monastère de Capucines de Wonnenstein a été reconstruit. Le couvent des Dominicaines, à St-Gall, de même que la ville ancienne méritent une longue visite. Pratiquement chaque maison possède un oriel richement orné.

Correspondances
Coire–Buchs r. 16, St-Gall–Rapperswil r. 18, St-Gall–Frauenfeld r. 1, Zurich–St-Gall r. 29.

Altstätten: Au sortir de la vallée du Rhin, vers les pentes des montagnes d'Appenzell, se trouve la bourgade d'Altstätten qui appartient au canton de St-Gall. Des maisons du 18e siècle et des rues à arcades caractéristiques confèrent un cachet particulier à la vieille ville. Les monuments les plus remarquables sont la Frauenhof, à l'extrémité ouest de la Marktgasse et la Maison Prestegg, dans la Obergasse. Des anciennes fortifications, ne subistent qu'une partie des murailles et l'Untertor. Au sud de la vieille ville, le couvent de Capucines Maria-Hilf a été consacré en 1616. Autrefois, le chemin de fer à voie étroite de la SGA empruntait la Marktgasse et conduisait à la gare des CFF. Depuis la suppression de ce tronçon, Altstätten possède deux gares, celle des CFF dans la vallée du Rhin et celle de la SGA, à proximité de la vieille ville.

Chemin de fer St-Gall–Gais–Appenzell–Altstätten

Le 17 novembre 1911, le premier train circule entre Altstätten et Gais. Douze ans auparavant, le tronçon St-Gall–Gais, prolongé en 1904 jusqu'à Appenzell, avait été solennellement inauguré. Aujourd'hui encore, le petit train est connu sous le nom de l'ancien tronçon: «chemin de fer de Gais».
Pour réduire au maximum le coût de la construction, il avait été prévu, à l'origine, de ne construire qu'un simple tramway reliant St-Gall à Gais. Au lieu de l'écartement, d'abord controversé, de 750 mm, on opta finalement pour un écartement de 1000 mm; le tracé de la voie s'écarta de la route entre St-Gall et Gais. Les montées parfois importantes obligèrent à adopter un système de traction mixte, crémaillère et adhésion. Au début du siècle, des usagers de plus en plus nombreux réclamèrent une prolongation de la ligne jusqu'à Appenzell, ce qui fut fait dans des délais rapides. On espérait favoriser, grâce à cette ligne, l'expansion économique du Mittelland appenzellois. L'électrification de la ligne, en 1931, fut l'occasion de modifier l'appellation et la raison sociale de la société qui avait toujours porté le nom de «Tramway d'Appenzell». Ces derniers devinrent les «chemins de fer électriques St-Gall–Gais–Appenzell» (SGA).
Indépendamment de cette entreprise, la société de chemin de fer Altstätten–Gais, reliant Gais, par le Stoss, à Altstätten, dans la vallée du Rhin, fut mis en service en 1909. Jusqu'à la fusion de cette société avec la SGA, le «Chemin de fer électrique Altstätten–Berneck» était responsable de l'exploitation de la nouvelle voie ferrée. De nos jours, la ligne St-Gall–Gais–Appenzell est utilisée par les pendulaires qui viennent travailler à St-Gall et constitue une sorte de ligne de banlieue. Le tourisme et les déplacements des vacanciers contribuent également à l'augmentation du trafic de cette ligne.

Cette randonnée sportive nous conduit, à l'écart des grandes voies de communications, à travers le pays d'Appenzell et le Toggenbourg, jusqu'aux rives du lac de Zurich. Les nombreux panoramas et la beauté du paysage, points forts de cette promenade, seront la récompense de nos efforts.

St. Gallen–Wattwil–Rapperswil

Route		Distance	Temps
1 St. Gallen		—	—
2 Urnäsch		15 km	2 h
3 Hemberg		26 km	3 h 30
4 Wis/Wattwil		37 km	4 h 30
5 Ricken		42 km	5 h 30
6 Rapperswil		65 km	8 h

Dénivellation: 1100 m

Notre randonnée commence soit à la gare de **St-Gall**-Haggen, soit près de la gare voisine de St-Gall-Bruggen. Les participants qui préfèrent partir de la gare centrale atteindront *Haggen,* au sud-ouest, par la Geltenwilenstrasse et l'Oberstrasse. Par la Haggenstrasse, nous arrivons au Restaurant Schlössli et, au delà, au pont qui franchit le cours encaissé de la rivière Sitter. Une première curiosité attire notre regard: au fond de la combe, deux ponts en bois du 18e siècle enjambent le cours d'eau. Au prochain croisement, nous nous élevons vers la droite et suivons les panneaux indiquant la direction de *Stein.*

Près du Musée folklorique, nous croisons la route principale et poursuivons sur une petite route. A gauche, nous découvrons une belle vue sur le pays d'Appenzell; demeurant sur notre droite, nous empruntons la route principale vers *Hundwil.* Le terrain situé derrière l'église de cette localité, sert, tous les deux ans, au rassemblement des habitants des Rhodes-extérieures la «landsgemeinde». A Hundwil, nous bifurquons à gauche dans la direction d'Urnäsch. L'habitat dispersé, les nombreuses fermes disséminées et pittoresques, parfois regroupées en hameaux, sont caractéristiques du pays d'Appenzell. Après une légère montée à flanc de coteau, nous descendons dans la vallée d'*Urnäsch;* après une bifurcation, un chemin aboutit via Chronbach, à Urnäsch. A la sortie de ce joli village, nous obliquons à droite vers Hemberg. La montée vers Osterbüel, avec 350 m de dénivellation, exige un gros effort mais heureusement la longue et rapide descente vers le village de *Bächli* est délassante. A Bächli, obliquant à gauche, nous atteignons en quelques minutes la petite rivière Necker; la route remonte maintenant vers Hemberg. Les randonneurs qui préfèrent pousser leur vélo prendront une petite route à droite, distante d'une centaine de mètres. A **Hemberg,** le moment est venu de faire la halte de midi, en particulier pour ceux des participants qui veulent gagner Rapperswil.

Après cet arrêt à Hemberg qui nous a permis d'admirer le panorama et l'une des plus belles églises de la localité, nous prenons à l'ouest, une route en direction de Wattwil. La route descend puis, par un plateau, se poursuit vers *Heiterswil.* A la hauteur de l'école du village, nous tournons à gauche et descendons en pente raide vers **Wis/Wattwil**. Les cyclotouristes qui souhaitent interrompre ici la randonnée se dirigeront, à droite, vers la gare de Wattwil. Pour le moment, nous restons à gauche; à la prochaine occasion, nous tournerons vers la droite. Près de trois grands immeubles, nous franchissons la Thur, puis la ligne de chemin de fer pour emprunter, de l'autre côté de la vallée, à un carrefour, une petite route en montée.

Tourbière bombée et cité historique

La montée est raide mais au bout d'un kilomètre, la pente diminue. Roulant à flanc de coteau, nous atteignons le village de **Ricken.** A l'automne, il faut faire halte dans cette région pour goûter aux myrtilles qui abondent dans la tourbière bombée. Pour commencer, nous entreprenons la montée au village; pour cela, nous empruntons un tronçon de la route principale d'abord à droite, puis à gauche en suivant les poteaux indiquant la direction de Walde. Cet itinéraire exige, une fois encore, un petit effort mais permet ensuite de dévaler la pente presque jusqu'à Rapperswil. La descente commence à l'altitude de 906 m et se poursuit à travers le petit village de *Walde* vers *Rüeterswil.* Il ne faut pas manquer, à la sortie de la localité, une route à droite; autrement, nous risquerions

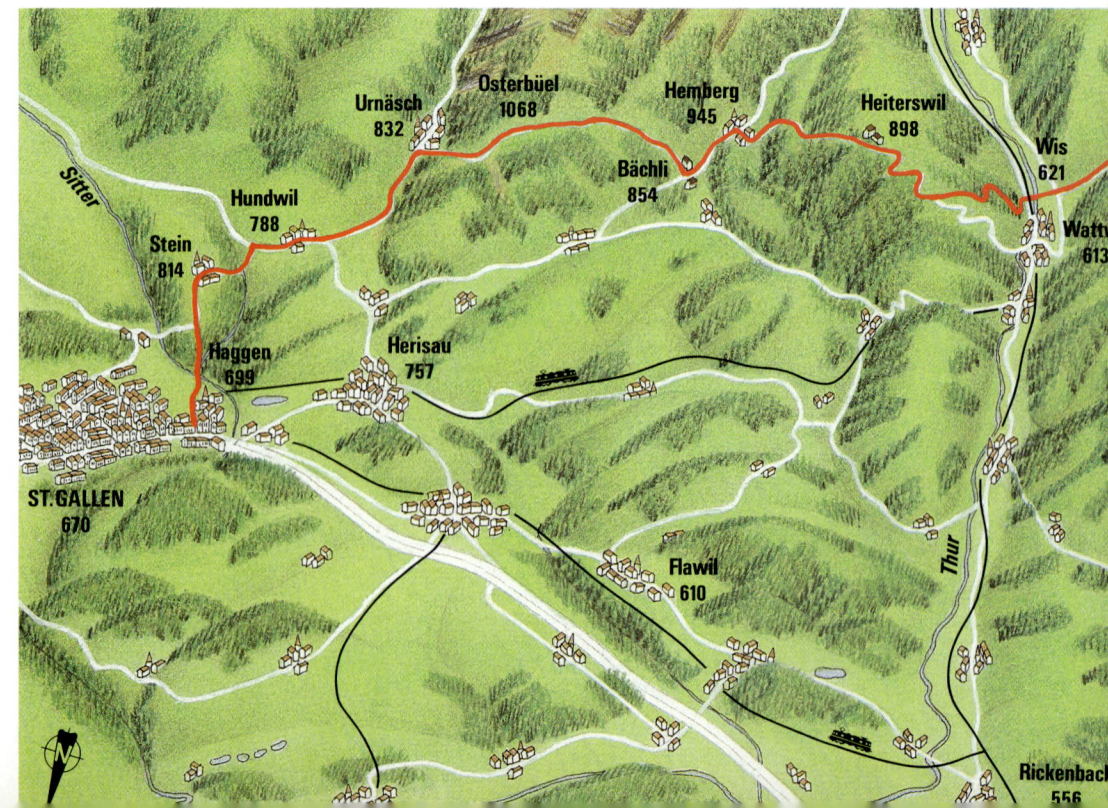

St-Gall

 St-Gall, Ricken, Rapperswil

 A *St-Gall*, le musée de l'industrie et des arts appliqués présente une importante collection de produits textiles. La bibliothèque de la collégiale possède une très importante collection de manuscrits anciens. Le Musée historique expose des objets relatifs à l'histoire de St-Gall et à la préhistoire. Au Musée régional de la maison Kirchhofer, on verra des trouvailles préhistoriques provenant des grottes alpines. A *Stein* et *Urnäsch*, se trouvent deux musées consacrés aux coutumes appenzelloises. La Maison Albert Edelmann, à Ebnat-Kappel, à l'est de Wis, est un musée de l'habitat du Toggenbourg. Dans le château de Rapperswil – rénové il y a quelques années – on peut voir comme d'habitude le Musée polonais.

 L'église réformée de *Stein* fut construite en 1749 par les célèbres frères Jakob et Hans Ulrich Grubenmann. L'église réformée de *Hundwil* est une construction romane tardive du 13e siècle. Dans le centre historique de la localité, les maisons présentent des façades à lambris. La place de forme rectangulaire d'*Urnäsch* est bordée par des constructions à madriers et par l'église réformée, datant de 1641. A *Goldingen*, l'église paroissiale, de style baroque tardif, a été édifiée en 1784. Deux églises catholiques, à *Jona*, méritent une visite, de même que la Villa Grünfels, construction néo-classique avec jardins à la française.

 Fromagerie de démonstration à *Stein*: on peut assister à la fabrication du fromage. Restaurant à proximité, spécialisé dans les mets à base de fromage.

A *Rapperswil*, se trouve le zoo pour enfants du cirque Knie. On y verra un delphinarium, des girafes, des rhinocéros, des éléphants, etc. Le parc zoologique Peter und Paul, à *St-Gall*, abrite des animaux d'espèces indigènes.

de nous retrouver sur la route principale, très fréquentée, qui traverse St-Gallenkappel et la montée que nous venons d'entreprendre serait inutile. Près de l'école, une petite route se détache à gauche; goudronnée par endroits, elle mène au Goldinger Tal et, remontant sur l'autre côté de la vallée, au village de *Goldingen*. Là nous suivons la route principale sur une cinquantaine de mètres à droite avant de bifurquer, à gauche, dans la direction de *Diemberg*. Dans ce dernier village, nous emprunterons la route principale pendant 300 m sur la gauche jusqu'à la première route qui bifurque, à droite, vers *Ermenswil*; en légère descente, nous roulons maintenant jusqu'à cette localité, puis nous poursuivons notre route en direction de Jona, d'où un «saut de puce» nous mène à **Rapperswil**.

Carte cycliste
St. Gallen–Appenzell

Correspondances
Zurich–St-Gall r. 29, Coire–Buchs r. 16, St-Gall–Frauenfeld r. 1, Rapperswil–Winterthour r. 32, Rapperswil–Zurich r. 33, Rapperswil–Lucerne r. 19.

Tourbières bombées: Les marécages dits «tourbières bombées» portent ce nom à cause des mousses qui les composent et qui, dans certaines conditions favorables, croissent en hauteur. Tandis que la partie supérieure de la mousse se développe, la tige meurt et devient tourbe. La croissance est de l'ordre d'un millimètre par an; le marais s'élève ainsi progressivement au-dessus de son environnement. La transformation de marais tourbière bombée s'étale sur des milliers d'années; les dommages causés aux marais par l'exploitation des tourbières et les constructions sont, en conséquence, irréparables. Dans un sol aussi humide, spongieux et pauvre en oxygène, les arbres ne peuvent s'enraciner et la partie centrale des marais d'altitude demeure sans couverture boisée. Seules, quelques espèces végétales et animales parviennent à survivre dans un tel milieu p. ex. la Drosera rotondifolia, qui se nourrit de petits insectes, de même que l'Andromeda polifolia (photo prise au col de Ricken).

Rapperswil

Quelques décennies avant l'extinction, en 1283, de la famille des comtes de Rapperswil, ces derniers transférèrent leur résidence sur une presqu'île du lac de Zurich et fondèrent ainsi la ville du même nom. Le château-fort primitif se dressait sur l'autre rive du lac, au-dessus d'Altendorf, à l'emplacement de l'actuelle église St-Jean. Les parties les plus anciennes du château remontent à 1230. Après l'extinction de la famille comtale, le château devint la propriété des Habsbourg et résidence, à partir de 1458, des baillis confédérés. Triangulaire et en pierre de taille, le complexe architectural englobe le corps d'habitation, une tour pentagonale, un donjon carré et une tour ronde dite «des poudres», à l'angle nord de l'ensemble. Dans le château se trouve le Musée polonais. La grande salle des chevaliers sert de salle de concert. A l'origine, Rapperswil ne comportait que deux rues et trois rangées de maisons situées entre le Schlossberg et le lac. L'actuelle Hintergasse, la rue de Rapperswil la plus ancienne, est, avec ses hautes arcades, la partie la plus pittoresque de l'agglomération. Dès le 14e siècle, la ville se développa vers l'est; le bel Hôtel de ville et son portail armorié occupent l'emplacement d'une ancienne tour de guet. L'hospice, avec ses superbes colombages, et l'auberge Zum Sternen, ont été reconstruits après l'incendie de 1567. La maison Landenberg, construite en forme de fortin, assurait la défense de l'angle nord-est de l'enceinte; elle abrite désormais le Musée régional. Rapperswil possède également plusieurs édifices religieux. Les clochers de l'église paroissiale St-Jean remontent au 13e siècle; au nord, sur la rive du lac, se dresse la chapelle du cimetière, de style gothique tardif.

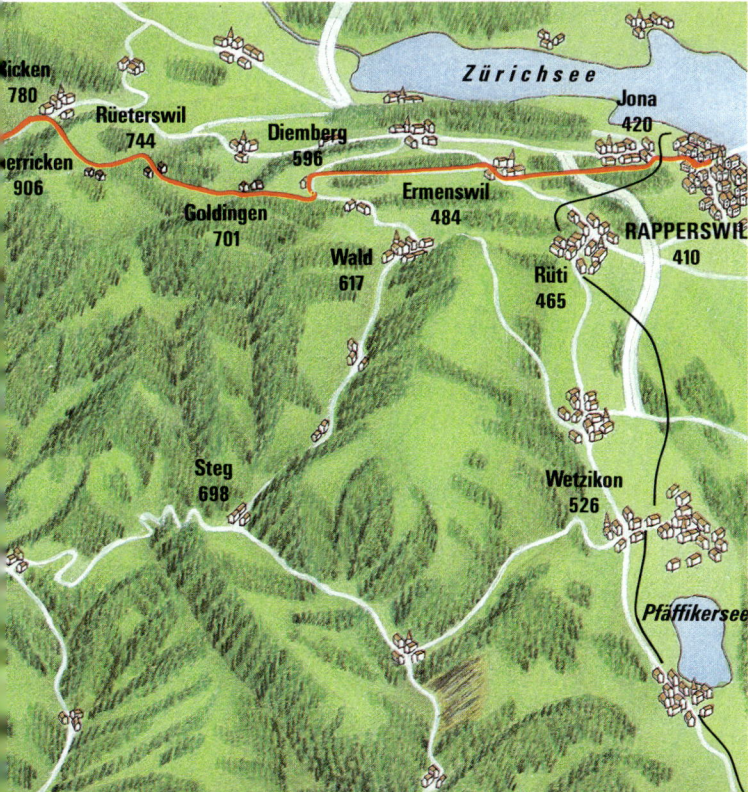

Rapperswil–Zug–Luzern

Cette randonnée cycliste sportive nous conduit du lac de Zurich, à travers un beau paysage morainique, vers Hütten et Menzingen, au bord du lac de Zoug et du lac des Quatre-Cantons. Les points forts de cette promenade sont les jolis cités anciennes de Rapperswil, Zoug et Lucerne.

Route		Distance	Temps
1 Rapperswil	🚂 ⛴	–	–
2 Wollerau	🚂	10 km	1 h
3 Hütten	🚂	17 km	2 h
4 Baar	🚂	33 km	3 h 30
5 Zug	🚂 ⛴	38 km	4 h
6 Meierskappel	🚂	51 km	5 h 30
7 Luzern	🚂 ⛴	66 km	7 h

Dénivellation: 700 m

Notre voyage commence à la gare de **Rapperswil**. Traversant la digue en direction de Pfäffikon, nous voyons sur notre droite les deux petites îles de Lützelau et Ufenau, où le chevalier Ulrich von Hutten trouva, au temps de la Réforme, son dernier refuge. A *Pfäffikon,* nous suivons d'abord la route principale vers Zurich; nous obliquons ensuite à gauche, peu avant Freienbach, en direction de Wilen. Après 300 m environ, nous franchissons la voie de chemin de fer pour emprunter à gauche une petite route qui longe la pente à travers les seuls vignobles du canton de Schwyz, en direction de *Wilen.* De retour sur la route principale, nous la suivons jusqu'à **Wollerau**. De là, trois chemins conduisent à Samstagern. Sur la route principale, la montée est plus douce; comme à l'habitude, sur la route secondaire, dernière à gauche dans la localité, la circulation est moins dense. Dans le hameau de *Erlen,* les deux routes convergent à nouveau; franchissant la frontière cantonale, nous poursuivons notre randonnée jusqu'à *Samstagern,* où nous tournons à gauche, juste après la gare. Peu après, nous croisons à nouveau la route principale pour arriver, finalement, après une courte montée, à notre première étape, le petit lac de Hütten. Ce plan d'eau, blotti au milieu d'un calme paysage morainique, est un témoignage de la dernière glaciation. Si le cœur vous en dit, vous pourrez prendre un bain rafraîchissant…

Baignade dans un petit lac de l'ère glaciaire

Une petite route longe la rive-ouest du lac en direction de **Hütten.** Sur la route principale, où la circulation est réduite, nous pédalons vers Menzingen, puis roulons en pente douce jusqu'à Finsterseebrugg. Franchissant la Sihl, nous quittons en même temps le canton de Zurich. Sur l'autre rive, nous montons maintenant au petit lac de Finster, autre témoignage de la dernière glaciation. Désormais, nous roulons pratiquement en descente. Peu après avoir quitté le lac de Finster, à 150 m environ de la chapelle du hameau de Wilen, nous tournerons à droite pour atteindre le hameau de *Brettigen.* A la sortie, au prochain carrefour, nous bifurquons à gauche en direction de Winzwilen et Neuheim. Pédalant le long des berges d'une petite rivière, au creux d'une ravissante vallée, nous admirerons à loisir le paysage morainique et vallonné.

Peu avant *Neuheim,* nous débouchons à nouveau sur une route plus importante, que nous suivons sur une petite distance dans la direction de Unterägeri/Menzingen. La route monte légèrement jusqu'à *Hinterburg;* de là, obliquant à droite, nous apprécions le plaisir de la descente rapide vers **Baar**. A l'endroit où notre itinéraire rejoint la route principale, se trouve une filature du milieu du 19e siècle, sur les bords de la Lorze. Cet ensemble de bâtiments, avec les habitations ouvrières situées derrière l'usine, est un exemple typique du mode de construction des débuts de l'ère industrielle en Suisse. Le plus bel itinéraire pour Zoug part de l'Hôtel de ville de Baar, à gauche, passe par *Inwil* et *Arbach,* et aboutit en plein cœur de la vieille ville de **Zoug**.

A l'écart de la circulation, vers le Musée suisse des Transports

Après la visite de Zoug, nous longeons la rive du lac jusqu'à Cham. Devant le grand passage sous voie, à la périphérie de Zoug, nous bifurquons à gauche pour emprunter un chemin qui longe au sud la voie ferrée. Après une place de tennis sur notre droite, nous traversons la voie pour suivre, sur 500 m environ, la

route principale jusqu'à *Cham.* Près de la UBS, nous tournons maintenant à gauche, en direction de la gare et franchissons à nouveau les voies, pour aboutir sur la Seemattstrasse;

 Zoug, Lucerne

 Rapperswil/Lido, Zoug-Lorzen, Lucerne/Lido, Horw-Lucerne

 Rapperswil, voir n° 32. Le Musée de la pêche de *Zoug* abrite des poissons et des oiseaux du lac, ainsi que des équipements de pêche. Le Musée cantonal de Préhistoire présente des objets de fouilles en provenance du canton de Zoug. A l'hôtel Rosenberg, se trouve la collection du Comité suisse-alémanique des Amis des Abeilles. A *Lucerne,* on verra ces musées et expositions: Musée et Jardin des Glaciers, Musée historique, Musée d'histoire naturelle, Musée des Beaux-Arts, Musée Richard Wagner, Musée suisse du pain et de la pâtisserie, Musée suisse des costumes et du folklore, Trésor de la Hofkirche, Musée suisse des Transports.

 La vieille ville de *Rapperswil* avec son château mérite une visite. A *Pfäffikon,* on verra un castel d'eau avec une tour d'habitation datant du 13ᵉ siècle. Dans le vignoble au-dessus de *Freienbach,* s'élève une maison de vignerons, de style baroque (1762–1764), qui appartient au monastère d'Einsiedeln. A *Cham,* se trouvent l'église St-Jakob, de style baroque tardif et le château Andreas, mentionné pour la première fois en 1282. L'église St-Martin, à *Adligenswil,* renferme de autels de style classique et des stalles de l'époque Biedermeier.

 Au zoo pour enfants de *Rapperswil,* vivent des dauphins (démonstration de dressage) et différentes espèces animales africaines. A Zoug, se trouvent une volière et un parc pour cervidés adjacent.

 Les «Höllgrotten», à Baar, sont des grottes à stalactites ouvertes au public.

celle-ci nous mène, à l'écart de la circulation et à travers quelques petits hameaux, jusqu'à *Buonas.* Cette route domine légèrement le lac de Zoug et offre aux regards un splendide panorama sur le plan d'eau. A Buonas, il nous faut emprunter un court tronçon de la route principale, pour contourner le Chilchberg. Peu après le hameau de *Risch,* nous bifurquons à droite et, franchissant la voie ferrée et l'autoroute, nous atteignons **Meierskappel,** où se trouve l'imposante ferme Vorderspichten, qui date de 1765. En direction d'Udligenswil, une dernière faible montée nous attend; juste avant la localité, la descente dans la vallée commence: elle nous conduit via *Udligenswil* et *Adligenswil,* devant le Musée suisse des Transports de **Lucerne.** Tout près, se trouve la baignade du Lido, où nous pourrons plonger dans les eaux fraîches du lac des Quatre-Cantons.

Cartes cyclistes
Zug–Schwyz–Uri–Glarus,
Luzern–Ob- und Nidwalden

Déviation
Baar 🚂–Sihlbrugg 🚂–Hirzel 🚂–Schönenberg 🚂–Samstagern 🚂–Wollerau 🚂–Pfäffikon 🚂–Rapperswil 🚂 ⛴ 30 km, 3 h

Correspondances
St-Gall–Rapperswil r. 18, Rapperswil–Winterthour r. 32, Rapperswil–Zurich r. 33, Lucerne–Langenthal r. 20, Lucerne–Brugg r. 38, Olten–Lucerne r. 40, Lucerne–Aarau r. 39, Zurich–Lucerne r. 55, Bellinzone–Lucerne r. 50.

Ponts de Lucerne: Parmi les curiosités les plus remarquables de Lucerne, figurent deux ponts en bois; l'un d'eux, le Kapellbrücke édifié en 1300, est le plus ancien pont de ce type conservé en Europe. Après un incendie dévastateur, il fut reconstruit et rendu à la collectivité en 1994. Un peu en aval du fleuve, on trouve le Spreuerbrücke avec une série de tableaux du début du 17ᵉ siècle représentant une danse macabre. Ces ponts avaient une fonction de liaison, mais faisaient aussi partie des défenses de la cité, comme en témoigne la tour d'eau et le revêtement en planches plus élevé côté lac. La tour d'eau servait également de prison et abritait le trésor d'Etat.

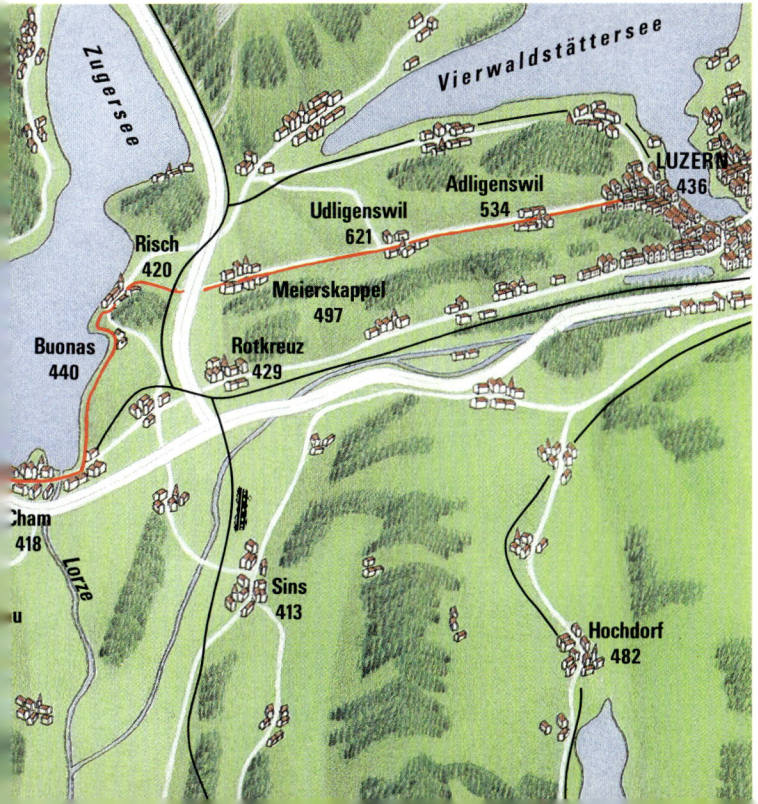

La ville de Zoug

Les comtes de Kybourg fondèrent au 13ᵉ siècle la ville de Zoug, carrefour sur l'itinéraire marchand qui franchissait le Gothard. Après l'extinction de la famille des Kybourg, en 1283, la ville devint la propriété des Habsbourg qui l'utilisèrent comme base dans leur lutte contre les Confédérés. C'est aussi dans cette perspective que ces derniers s'en emparèrent en 1352, contraignant la cité à entrer dans leur alliance. En 1803, Zoug fut nommée chef-lieu du canton. Demeurée fidèle au catholicisme à l'époque de la Réforme, la ville participa également à la guerre du Sonderbund, mais se rendit ensuite aux troupes du Général Dufour, avant même le début des combats. La vieille ville de Zoug se composait, à l'origine, de trois rues parallèles au lac; en 1435, la rangée des maisons les plus avancées s'effondra dans les eaux. Des anciennes fortifications, ne subsistent que quatre tours et quelques vestiges de remparts. Le château fort médiéval, jadis résidence des baillis de Kybourg et de Habsbourg, abrite aujourd'hui le Musée historique. Parmi les nombreux édifices religieux de Zoug, l'église catholique St-Oswald est le plus remarquable. Construite entre 1478–1483 par Hans Felber l'Ancien, elle fut agrandie par la suite jusqu'à ses dimensions actuelles. La «Porte royale», de style gothique flamboyant, possède une riche ornementation sculptée à personnages qui contraste avec la nudité du mur, ce qui met ces effigies particulièrement en valeur. On trouve à Zoug différentes églises et chapelles mais aussi un monastère de Capucins et le couvent de femmes Maria Opferung. Le plus important des édifices profanes est l'Hôtel de ville, construit dans le style gothique tardif. Les riches sculptures sur bois de la salle du conseil datent de 1507. Dans la vieille ville, bien conservée, on admirera de nombreuses et belles demeures, dont plusieurs façades s'ornent de superbes peintures murales.

Au cours de cette belle randonnée en vélo de Lucerne à Langenthal, nous visiterons le charmant lieu d'origine des «Willisauer Ringli», admirant le beau paysage situé entre Rottal et le Napf ainsi que la vallée de l'Emme. Cette randonnée, malgré quelques montées et trois brefs trajets à effectuer sur les routes principales, se prête bien à une sortie en famille.

Luzern–Willisau–Langenthal

Route		Distance	Temps
1 Luzern		—	—
2 Littau		6 km	0 h 30
3 Ruswil		19 km	2 h 30
4 Willisau Stadt		33 km	3 h
5 Melchnau		51 km	5 h
6 Langenthal		60 km	6 h

Dénivellation: 650 m

Nous commençons notre randonnée à la gare de **Littau**, dans la banlieue de Lucerne, sur la route de Berne. Si l'on arrive de **Lucerne**, il est préférable d'emprunter la route principale et de suivre les panneaux indiquant la direction de Littau. Après la poste de cette localité, nous tournons à droite et descendons dans la vallée pour arriver à la gare. Il n'existe malheureusement pas de route peu fréquentée pour quitter la ville. Mais après Littau, la belle partie de la randonnée commence. Sur le côté nord de la gare, nous traversons d'abord à gauche la petite Emme et suivons sur 200 m environ la route principale en direction de Berne, jusqu'à ce que nous puissions bifurquer à droite, pour prendre la Westliche Bergstrasse. Nous passons devant la centrale électrique et commençons l'ascension du Littauer Berg. Nous dépassons quelques fermes, un petit bois et divers croisements et continuons toujours tout droit, jusqu'à ce que nous débouchions sur la route principale, au hameau de *Stächenrain*. Là, nous tournons à gauche et montons en direction de *Hellbühl*, d'où une piste cyclable nous conduit, par une côte, jusqu'à **Ruswil**, qui est en quelque sorte le chef-lieu du Rottal. Nous empruntons encore la route principale jusqu'à *Rüediswil*, où nous tournons devant l'église, à gauche. Une petite route nous mène à travers prés et champs au hameau de *Buholz*. A notre droite nous voyons scintiller l'eau du Soppensee. A Buholz, la randonnée se poursuit à droite, en direction de Geiss et, de là, en descente, à travers une plaine, en direction de *Menznau*, où la route bifurque à droite, juste après le panneau qui montre la direction de *Rötelberg*. Nous la suivons et arrivons ainsi, par une petite remontée, à la lisière de l'Ostergau, charmante réserve naturelle.

Willisau, joyau au pied du Napf

Sans quitter la gauche, nous arrivons au bout de quelques minutes à **Willisau**, le plus beau des petits villages situés au pied du Napf. La vieille ville de Willisau se prête à une petite halte pour midi.
Après cette pause, nous quittons Willisau par l'Untertor en direction de Bâle, et suivons la route principale jusqu'à *Schötz*, en empruntant partiellement des pistes cyclables. A Schötz, commence la seconde partie de la randonnée. Nous traversons maintenant une partie de l'Emmental sur des routes peu fréquentées. Au centre du village, nous suivons les panneaux indiquant la direction d'Ebersecken. Notre itinéraire nous conduit tout d'abord à travers une plaine vers un petit hameau, où cinq routes se rencontrent. Nous choisissons la deuxième à droite et pédalons jusqu'à *Ebersecken*. A la poste, nous bifurquons à gauche, pour prendre une route plus étroite, sur laquelle nous montons à travers un petit bois, jusqu'à un croisement, point culminant de cette seconde partie de notre randonnée. La route nous conduit ensuite en descente raide à *Altbüron*. Arrivés en bas, nous continuons à gauche, puis, au croisement, nous poursuivons droit devant nous. Le petit Fischbach, que nous franchissons, constitue la frontière des cantons de Berne et de Lucerne. Après avoir gravi une petite côte, nous arrivons à **Melchnau,** dans le canton de Berne. Nous ne souhaitons pas emprunter la route principale en direction de Langenthal, bien que celle-ci soit peu fréquentée. Préférant faire un petit détour pour prendre un autre itinéraire, nous utilisons cette route principale jusqu'à l'endroit où elle s'écarte du tracé de la voie de chemin de fer, dans le virage à gauche. Là, une petite route bifurque à droite, en montée, en direction de *Chlyrot* et Untersteckholz. Laissant derrière nous l'ancienne station

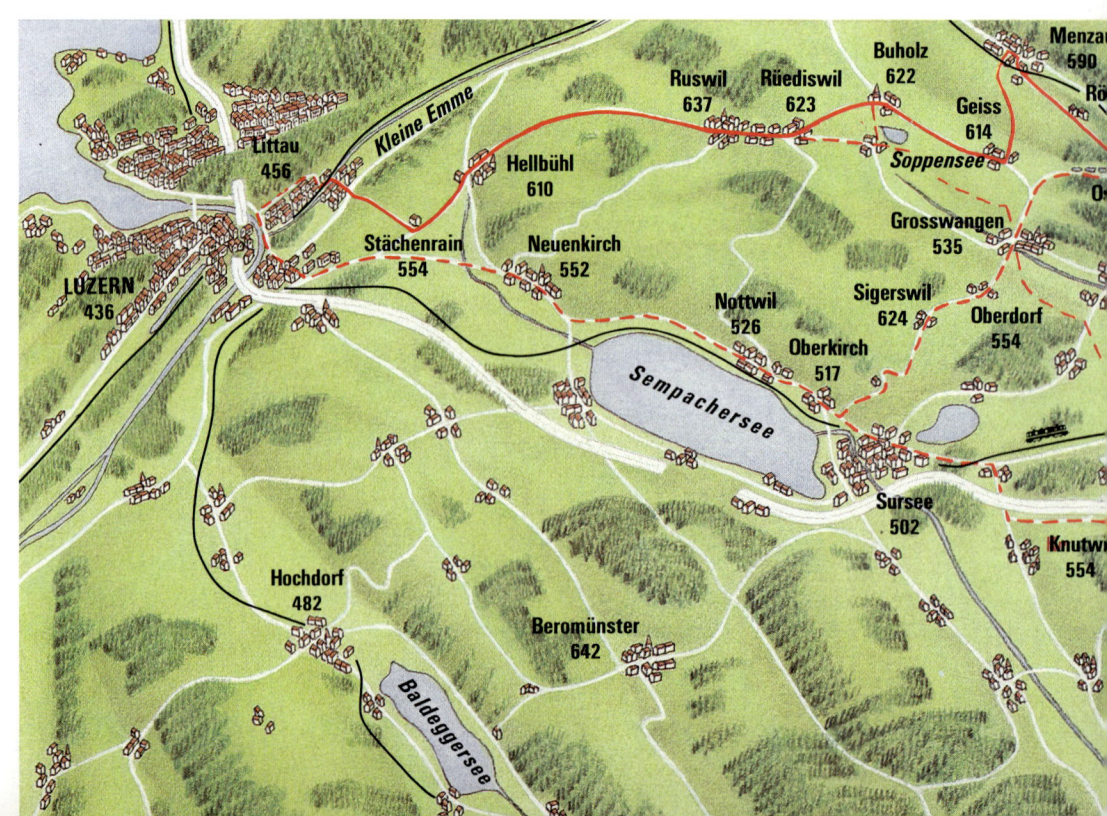

d'*Untersteckholz,* nous montons à gauche, en diection du hameau de *Sängi,* puis, traversant une forêt, nous nous dirigeons vers **Langenthal,** chef-lieu de la Haute-Argovie.

Retour

Pour revenir de Willisau à Lucerne à vélo, nous recommandons l'itinéraire suivant:
Willisau –Ostergau–Wüschiwil–Grosswangen –Oberdorf–Ränzligen–Sursee –

 Lucerne, Herzogenbuchsee

 Lucerne, Sursee, Grossdietwil (près d'Altbüron)

 A *Alberswil,* se trouve le Musée Burgrain de l'agriculture. Le Musée d'histoire locale de Wiggertal, à *Schötz,* expose des objets de fouilles préhistoriques provenant du Wauwiler Moos. On peut voir au Musée de Ronmühle une exposition folklorique. Une collection d'objets en provenance de villages lacustres se trouve dans la Burghalde (s'annoncer au préalable). A *Melchnau,* la maison de l'ancien pressoir à huile abrite un petit musée local. Au Musée d'histoire locale de *Langenthal* sont exposés des objets de fouilles préhistoriques ainsi que des documents concernant l'histoire de l'industrie textile de la Haute-Argovie.

 L'église paroissiale catholique St-Maurice à *Ruswil* (1781–1783) est un exemple du style architectural des deux bâtisseurs du Vorarlberg, Niklaus Singert et Jakob Purtschert, qui édifièrent différentes églises de style baroque tardif dans la région de Lucerne. La chapelle St-Gall et Erasme, à *Buholz* possède un plafond à caissons. On peut voir dans l'église St-Jacques le Majeur, à *Geiss,* plusieurs autels baroques datés de 1783.

Oberkirch –Nottwil –Neuenkirch –Lucerne  , 40 km, 5 h
De Langenthal, on peut aussi retourner à Lucerne par Sursee: Langenthal –St-Urban –Pfaffnau –Reiden –Dagmersellen –Sursee –Neuenkirch –Lucerne  , 56 km, 6 h

Cartes cyclistes
Luzern–Ob- und Nidwalden, Biel–Solothurn–Oberaargau

Correspondance
Rapperswil–Lucerne r. 19, Zurich–Lucerne r. 35, Olten–Lucerne r. 40, Thoune–Lucerne r. 47, Bellinzone–Lucerne r. 50, Lucerne–Brugg r. 38, Lucerne–Aarau r. 39, Langenthal–Berne r. 21, Langenthal–Aarau r. 27, Bienne–Langenthal r. 26.

L'Ostergau près de Willisau: Lors des deux guerres mondiales, l'approvisionnement en énergie devint difficile en Suisse. A plusieurs reprises, on eut recours aux ressources naturelles indigènes: c'est ainsi qu'on commença à extraire de la tourbe dans la tourbière d'Ostergau. Les excavations qui en résultèrent se remplirent d'eau, et avec le temps, plus de vingt petits étangs et mares se formèrent. Après la guerre, l'extraction de la tourbe ne fut plus rentable et cessa. Le long des rives des étangs, des roselières purent se développer, offrant aux oiseaux lacustres espace et protection pour la construction de leurs nids; une faune lacustre variée put ainsi prospérer autour des étangs. Depuis 1971, l'Ostergau est considéré comme une réserve naturelle cantonale.

La patrie des «Ringli» de Willisau

Vous avez peut-être déjà goûté aux délicieux et moelleux «Ringli» de Willisau ou participé au dernier festival de jazz de cette ville qui, depuis plusieurs années, sert de banc d'essai au jazz moderne. Mais même en dehors des «Ringli» et du festival de jazz, Willisau mérite une visite. La petite cité, fondée au 13e siècle, était à l'origine propriété de l'Autriche; en 1406, les Lucernois s'en emparent à titre de gage. A quatre reprises, au cours des siècles passés, des incendies détruisirent cette ville, qui n'acquit son aspect actuel qu'après le dernier sinistre, en 1704. Seuls, subsistent des vestiges de remparts datant du Moyen Age, ainsi qu'une tour (Obertor) qui marque l'extrémité de l'ancienne rue principale, où se trouvent trois fontaines et d'importantes maisons patriciennes. L'Ancien Magasin et son pignon à redans fut bâti en 1720.
Du côté extérieur, s'élève la chapelle du Saint-Sang, construite en 1674. Le plafond de cette chapelle de pèlerinage du début du baroque est décoré de peintures représentant des épisodes bibliques. Une autre construction sacrée qui mérite d'être vue, est l'église paroissiale St-Pierre et Paul, reconstruite au début du 19e siècle par Joseph Purtschert. La construction, de style classique, présente une tour frontale du 13e siècle. L'ancien château des baillis, en revanche, est un édifice profane; il assurait autrefois la protection de la petite cité vers le sud. Le château édifié vers la fin du 17e siècle remplace la Hasenburg, résidence supposée des fondateurs de la cité. La tour fortifiée, plus ancienne, faisait partie des fortifications médiévales de la ville.

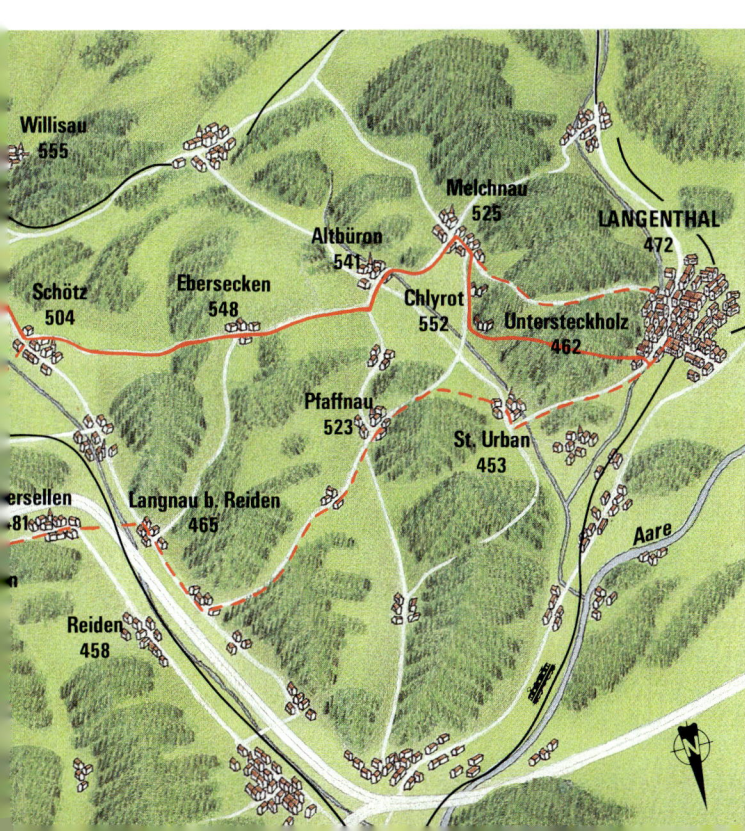

Depuis Langenthal nous traversons la zone morainique, proche d'Herzogenbuchsee, et la plaine de graviers et de cailloux qui longe la Ösch, jusqu'à Berthoud; de là, à travers un plateau vallonné au paysage varié, autour du Moossee, nous roulons en direction de Berne. Les formes diverses des sites sont autant de vestiges de la dernière glaciation au cours de laquelle le glacier du Rhône s'avança une nouvelle fois dans cette région, jusqu'au pied du Jura.

Langenthal–Burgdorf–Bern

Route	Distance	Temps
1 Langenthal	—	—
2 Herzogenbuchsee	8 km	1 h
3 Burgdorf	25 km	2 h 30
4 Moosseedorf	39 km	4 h
5 Ittigen	45 km	4 h 30
6 Bern	49 km	5 h

Dénivellation: 300 m

Notre randonnée débute à la gare de **Langenthal.** Nous suivons la voie ferrée jusqu'au passage sous voie; la Thunstettenstrasse nous conduit, à droite, par le passage inférieur et en remontant par un petit bois, directement à *Thunstetten.* Là, tournant à gauche, nous traversons les hameaux de Wischberg et de Rängershüseren et arrivons à **Herzogenbuchsee.** Dans cette ancienne ville-marché, les vastes auberges, l'ancien grenier à céréales et l'ancien presbytère confèrent au centre de la ville un cachet particulier. Partant du côté ouest de la gare, nous traversons l'ancien village de Niederönz (joli moulin, greniers en pierre du 16e siècle) et nous nous dirigeons vers *Aeschi,* à l'ouest, dans le canton de Soleure. Avant le village, une route bifurque à gauche et conduit par le hameau de Mösli à *Heinrichswil.* Un peu plus au sud, à Burgäschi et dans le joli lac du même nom, le cycliste fatigué prendra s'il le désire un bain rafraîchissant et se désaltérera à la terrasse d'un café. Depuis Heinrichswil, nous nous dirigeons au sud vers *Höchstetten* où il nous faudra emprunter sur une brève distance, la route principale encombrée et dangereuse. A quelques mètres de la lisière de la forêt du Grand Fänglenberg, nous prenons, à gauche, une route plus étroite. Après un carrefour dans le Grund, une route empierrée conduit à *Niederösch,* village bien préservé; les fermes domaniales et les greniers à blé mettent en valeur son caractère rustique. Longeant la rivière Ösch, nous dépassons Oberösch et arrivons à *Ersigen;* là, nous tournons à gauche, à la sortie du village, pour nous diriger vers *Bütikofen.* Après cette localité, nous quittons la rive de l'Ösch; nous apercevons déjà, après une légère montée, les maisons de **Berthoud,** porte de l'Emmental.

Par des chemins détournés, vers la fosse aux ours

Nous quittons Berthoud par la Lyssacherstrasse et demeurons sur la droite, et sur le côté sud de la voie ferrée. Au passage à niveau avant *Lyssach,* nous tournons à gauche, dépassons la gare et roulons sur un chemin de terre qui longe la voie, en direction d'*Hindelbank.* Au sud de ce village, on remarquera les vastes constructions du château édifié à l'époque baroque, transformé aujourd'hui en pénitencier pour femmes. Nous nous dirigeons plutôt vers *Münchringen,* à l'ouest; après le franchissement de la voie ferrée et de l'autoroute, nous obliquons à gauche et poursuivons notre chemin jusqu'à *Mattstetten.* Le centre du village comporte de superbes fermes et une belle fontaine. Nous roulons ensuite vers Urtenen, et de là, sur la grand-route qui longe le centre commercial Shoppyland, jusqu'à **Moosseedorf.** Au cœur de cette localité, nous passons de l'autre côté de la ligne de chemin de fer à voie étroite et empruntons une route secondaire qui nous conduit, par un souterrain aménagé sous la ligne des CFF, vers une forêt. Toujours sur le côté est de la voie ferrée, nous pédalons vers le sud, entre un bois et la zone industrielle. Nous laissons Zollikofen à notre droite et arrivons, après un passage sous voie, à **Ittigen.** Nous descendons la Grauholzstrasse, dans le quartier du «moulin à papier», obliquons la Papiermühlestrasse, passons devant le stade de Wankdorf et pénétrons dans la vieille ville de **Berne,** à l'extrémité de laquelle se trouve la fosse aux ours.

Retour

Pour retourner à Langenthal à bicyclette, on empruntera de préférence la liaison routière qui court parallèlement à la ligne des CFF. Cet itinéraire nous conduit à travers une belle, ancienne vallée glaciaire, par Wynigen, Bollodingen, Thörigen et Bleienbach. L'absence de circulation

et les pentes douces permettent une progression rapide:
Berthoud 🚂–Wynigen 🚂–Langenthal 🚂 22 km, 2 h 30
Pour le retour à bicyclette d'Ittigen à Berthoud, mieux vaut passer par Krauchthal. Depuis Ittigen, on rejoint d'abord Habstetten par une montée assez raide et de là, le Stokkerenhöchi. Jusqu'à Berthoud, on ne roule pratiquement qu'en descente et plus vite qu'on ne le suppose, la belle vallée entre Krauchthal et Berthoud est déjà derrière nous:
Ittigen 🚂–Krauchthal 🚌–Berthoud 🚂 18 km, 2 h

  Berthoud, Berne

 Le Musée local de *Langenthal* présente, entre autres, une pharmacie de médecin de campagne du 18ᵉ siècle et une exposition relative à l'histoire de l'industrie textile dans la Haute-Argovie. Le Musée local d'*Herzogenbuchsee* expose des objets de fouille provenant de villages lacustres des environs. Le château de *Jegenstorf* (près de Münchringen) abrite un Musée des coutumes et de l'habitat bernois. Les principaux musées de *Berne* sont presque tous situés à proximité de l'Helvetiaplatz: Musée d'histoire de Berne, Musée des PTT, Musée d'histoire naturelle. Le Musée des beaux-arts est proche de la gare centrale.

 Le château de *Thunstetten,* magnifique résidence campagnarde de style Louis XIV possède un remarquable aménagement intérieur. Vingt vitres armoriées datant de 1728/29 ornent l'église St-Pierre d'*Herzogenbuchsee*. Dans l'église d'*Hindelbank*, de style gothique tardif, deux sépultures baroques présentent un grand intérêt. La meilleure vue d'ensemble de la vieille ville de *Berne* est celle dont on jouit depuis la tour du Münster (cathédrale) et du Rosengarten (roseraie), situé en face de la fosse aux ours. En dehors de la cathédrale, la Zeitglockenturm (tour de l'horloge) et les nombreuses fontaines à personnages sont particulièrement remarquables.

 Dans le parc animalier de *Langenthal*, on voit principalement des animaux appartenant à des espèces indigènes. Des mammifères, des poissons et des oiseaux du monde entier peuplent le parc zoologique de Dählhölzli, sur les bords de l'Aar.

Carte cycliste
Biel–Solothurn–Oberaargau

Correspondances
Lucerne–Langenthal r. 20, Bienne–Langenthal r. 26, Langenthal–Aarau r. 27, Thoune–Berthoud r. 46, Berne–Fribourg r. 22, Berne–Hagneck r. 42, Neuchâtel–Berne r. 43.

La glaciation de Würm dans la Haute-Argovie: La dernière période glaciaire débuta il y a 85 000 ans environ et prit fin seulement il y a environ 10 000 ans. Le glacier du Rhône, qui avança, dans la période de Riss, au-delà du Jura, jusqu'à Liestal, ne parvint, cette fois, qu'aux environs de Wangen, sur l'Aar. La région située au sud d'Herzogenbuchsee est incluse dans la zone morainique terminale du glacier, qui déposa sur le Steinenberg, près de Steinhof, de grandes quantités de blocs erratiques. Le Burgäschisee (photo) se forma vraisemblablement dans un «soll»: lors du recul du glacier, des blocs de glace morte se détachèrent et furent recouverts de rochers et de débris avant de fondre. Cette couverture alluvionnaire ralentit la fonte provoquant ainsi le remplacement de la glace et le creusement d'une cuvette remplie d'eau.

Berthoud – porte de l'Emmental

Le château se dresse fièrement sur la colline. Il fut fondé probablement au 12ᵉ siècle par le duc Konrad von Zähringen. Lorsque la famille Zähringen s'éteignit, le château et la petite ville passèrent sous la souveraineté des Kybourg qui le cédèrent finalement aux Bernois. Berthoud put néanmoins sauvegarder certaines de ses franchises; le bailli bernois, le jour de son entrée en fonction, souligna le caractère autonome de l'administration municipale de Berthoud. Le château est l'un des plus anciens édifices en briques de Suisse. Le donjon, le corps de logis et la salle des Chevaliers, d'architecture romane, datent de la deuxième moitié du 12ᵉ siècle. Dans la chapelle du château, les fresques ont été peintes vers 1330. Les autres bâtiments furent construits sous la domination bernoise. C'est ici qu'Henri Pestalozzi dirigea sa première école, entre 1799 et 1804. Le château est actuellement le siège de l'administration municipale et abrite la collection d'histoire locale de l'Association de la salle des Chevaliers. L'église réformée, construite par l'architecte de la cathédrale de Berne, Niklaus Birenvogt, dans les années 1471–1490, contraste avec le château médiéval. Dans la basilique à toit plat, de style gothique tardif, on peut voir les stalles magnifiquement sculptées des conseillers municipaux. Le jubé, déplacé vers la tribune ouest, figure parmi les œuvres majeures de la sculpture sur pierre du gothique tardif en Suisse. Dans la Hohengasse et autour de la Kronenplatz, on admirera de somptueuses demeures seigneuriales et artisanales des 17ᵉ et 18ᵉ siècles. Un des derniers hospices d'incurables encore existants avec sa chapelle, borde la route en direction de Wynigen. Vers le Kirchbühl, près de l'ancien Hôtel de ville – actuel Hôtel Municipal – le Musée d'ethnographie présente des collections en provenance d'Indonésie, de Mélanésie et d'Amazonie.

Bern–Neuenegg–Fribourg

22

Notre randonnée relie les deux cités des Zähringen, Berne et Fribourg. Les localités que nous traversons ont en grande partie perdu leur charme campagnard en raison de l'industrialisation. Cependant, en dehors de ces centres régionaux, on peut encore découvrir de charmants hameaux et des fermes imposantes dans le style de la Singine.

Route	Distance	Temps
1 Bern	—	—
2 Neuenegg	13 km	1 h 30
3 Düdingen	25 km	2 h 30
4 Fribourg	32 km	3 h 30

Dénivellation: 360 m

Nous commençons notre randonnée à la gare principale de **Berne** et longeons la Laupenstrasse en direction de l'ouest. A la hauteur de l'Hôpital Universitaire, nous obliquons à gauche dans la Freiburgstrasse et nous la suivons jusqu'au passage au-dessus de l'autoroute. Juste en face, une piste cyclable tourne à droite et nous conduit, par un passage sous voie au début de la Werkgasse. Par la Werkgasse, nous arrivons jusqu'à la Stöckackerstrasse. Restant sur le côté gauche, et toujours droit devant nous, nous dépassons maintenant la Stöckackerstrasse et la Morgenstrasse, pour atteindre finalement la périphérie de la ville. Une piste cyclable se dirige parallèlement à la Hallmattstrasse vers *Niederwangen*.

Vers le «fossé des Rösti», dans un paysage vallonné

Au bout de la piste cyclable, nous continuons notre route tout droit jusqu'à la jonction de la Hallmattstrasse et de la Wangentalstrasse. Peu après, la Neueneggstrasse tourne à droite; elle nous conduit à travers les bois jusqu'à Neuenegg. Durant les chaudes journées d'été, nous apprécierons la fraîcheur de l'ombre dans la forêt. Le panorama au-dessus de Neuenegg sur la chaîne des Alpes nous invite à faire notre première halte. En descendant, nous apercevons sur notre droite le monument qui commémore la bataille de Neuenegg, dans laquelle les Bernois opposèrent une résistance victorieuse, mais inutile, aux troupes de Napoléon.

A **Neuenegg,** restant à main droite, nous traversons après le passage à niveau, la Singine et continuons notre chemin toujours sur la droite, à travers un charmant ensemble de bâtiments dans la direction d'une petite colline. Sur le plateau légèrement accidenté, nous suivons la route jusqu'à Bagiwil et atteignons, en passant sous l'autoroute, *Wünnewil.* Là, nous tournons à droite et pédalons à travers la localité qui s'étire en longueur, pour arriver à la gare de Schmitten. Nous traversons la voie ferrée et roulons en montée jusqu'au village de *Schmitten;* là, restant à droite et traversant un carrefour à côté d'une belle ferme, nous nous dirigerons ensuite vers *Berg* par une crête. Une route secondaire nous conduit maintenant en légère pente via Heitwil jusqu'à **Düdingen,** où nous contournons l'église et suivons les panneaux indiquant la direction de *Garmiswil*. La voie de chemin de fer nous mène vers une passerelle que nous empruntons tout en admirant le lac de Schiffenen qui s'étale, splendide, à nos pieds. Arrivés de l'autre côté de la voie ferrée, nous la longeons plus ou moins jusqu'à la route principale Morat–Fribourg. Là, nous tournons à gauche; peu après, nous traversons la Porte de Morat pour arriver dans la vieille ville de **Fribourg.**

Retour

Pour retourner à Berne, nous choisirons un itinéraire un peu plus direct qui suit l'ancienne route principale Berne–Fribourg; depuis la construction de l'autoroute, le trafic y est réduit. Nous traversons la Sarine par le pont de Zähringen dans la ville basse, et continuons à gauche sur la route de Berne en direction de Chastels et Mariahilf. Passant par Ried, Lanthen et Mülital, nous arrivons finalement à Flamatt, dont nous traversons le centre moderne par la route principale. A l'endroit où celle-ci oblique à gauche vers le pont de la Singine, nous continuons tout droit pour traverser la rivière un peu plus loin, sur l'ancien Sandsteinbrücke. De retour sur la grand-route, nous nous dirigeons maintenant vers Thörishaus. Un peu avant l'autoroute, nous obliquons à gauche dans une petite route secondaire. Restant toujours sur le côté ouest de l'autoroute, nous arrivons finalement à

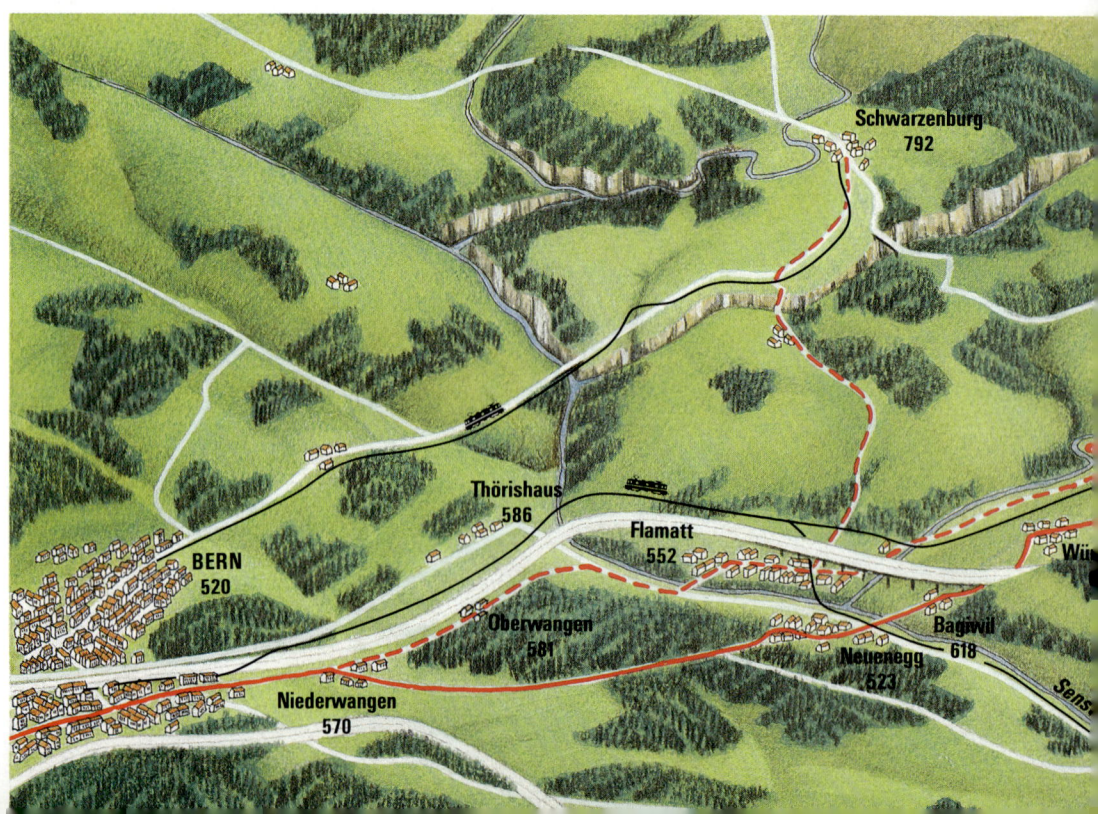

Oberwangen; de là, poursuivant notre randonnée, nous empruntons la route de Wangenthal, jusqu'à Niederwangen, où nous retrouverons, près de la Hallmattstrasse, la piste cyclable qui nous ramènera à Berne:
Fribourg–Flamatt–Thörishaus–Berne, 32 km, 3 h

Carte cycliste
Berne–Thun–Fribourg–Emmental

Correspondances
Langenthal–Berne r. 21, Neuchâtel–Berne r. 43, Berne–Hagneck r. 42, Fribourg–Thoune r. 45, Fribourg–Yverdon r. 23, Avenches–Bienne, r. 44.

 Berne, Fribourg

 Berne, Flamatt, Düdingen, Marly-le-Grand (Fribourg)

 Fribourg: le Musée d'art et d'histoire présente une importante collection d'objets d'art et de nombreux spécimens archéologiques. Au Musée d'histoire naturelle, on verra des collections zoologiques, minéralogiques et paléontologiques. Enfin, au Musée de l'institut d'anatomie, se trouve une sélection de pièces anatomiques. Enfin, il faut faire mention du Jardin botanique de l'Université.

A *Neuenegg*, près de l'église de style gothique tardif Ste-Marie, le presbytère est baroque. L'église St-Joseph, à *Schmitten*, de style néoroman, possède un aménagement intérieur contemporain. Ferme remarquable dans le centre du village. Dans la charpente de l'église paroissiale de *Düdingen* (1834–1837) on peut admirer des peintures (1906) représentant la «tagsatzung» (parlement fédéral) à Stans.

Fribourg: Fribourg, avec son enceinte défensive de 2 km de long, renforcée par 14 tours, est le plus grand ensemble fortifié de Suisse. La cathédrale St-Nicolas fut édifiée entre 1283 et 1490 et constamment agrandie ultérieurement. De nombreux monastères et édifices religieux rappellent l'importance de l'influence catholique à Fribourg. Sur la photo, on voit des parties de la fortification.

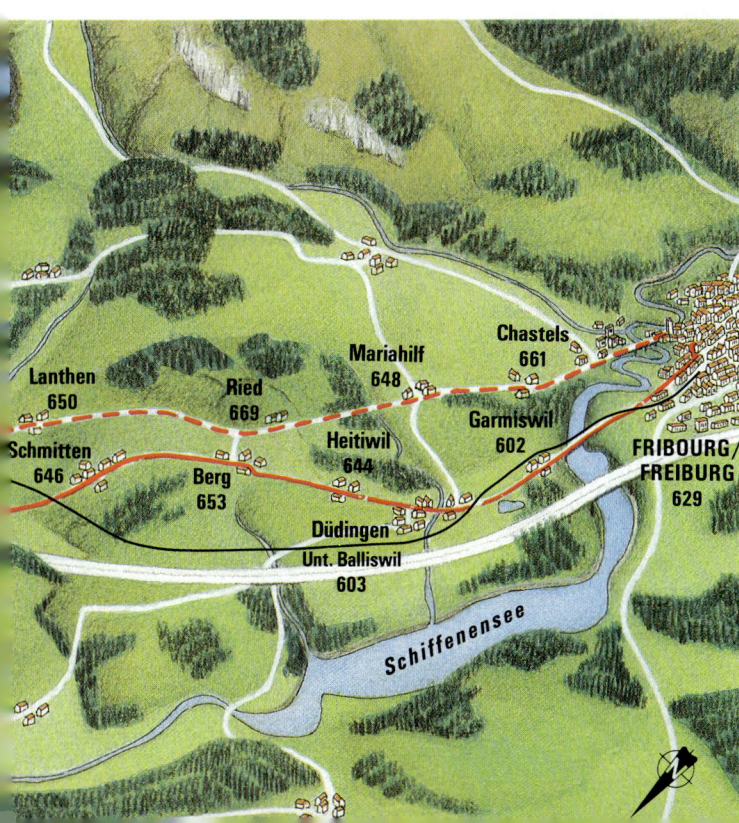

Berne et Fribourg, cité des Zähringen

Le duc Berchtold IV de Zähringen fonda la ville de Fribourg en 1157. En 1191, Berchtold V de Zähringen l'imita et fonda Berne. Tandis que Berne devenait ville libre, à l'extinction de la famille Zähringen, Fribourg passait sous la domination des comtes de Kybourg, puis sous la tutelle des Habsbourg. La victoire de Berne sur Fribourg et sur la noblesse bourguignonne à la bataille de Laupen (1339) favorisa la politique d'expansion de Berne qui devint, après l'annexion de l'Argovie (1415) et la conquête de Vaud (1536) la plus grande cité-Etat du nord des Alpes. A Berne, comme à Fribourg, le patriciat régnant ne fut renversé qu'en 1798 pendant les guerres napoléoniennes. Lors du Congrès de Vienne (1815), Berne dut échanger l'Argovie et Vaud contre la principauté épiscopale de Bâle (Jura); Fribourg, en revanche, put conserver ses possessions. Berne et Fribourg présentent sur un espace relativement réduit nombre de curiosités; ici, nous devons nous contenter de citer les plus importantes.

Berne

La vieille ville de Berne, profondément marquée par le 18e siècle, est déjà une curiosité en elle-même, avec ses 6 km d'arcades. La Zeitglockenturm, avec sa mécanique construite en 1530, marque la limite occidentale du premier agrandissement de la ville. La cathédrale St-Vincent, de style gothique tardif, doit sa richesse architecturale à la longue durée des travaux de construction (1421–1573): le clocher ne fut achevé qu'en 1892. L'Hôtel de ville, avec son double escalier extérieur est également de style gothique tardif. L'église du St-Esprit est le plus important sanctuaire protestant de style baroque en Suisse. De nombreuses fontaines Renaissance à personnages ornent les rues.

Fribourg–Granges–Yverdon-les-Bains

Roulant entre Fribourg et Yverdon sur les collines doucement vallonnées de la Broye, nous traversons des villages pittoresques et de charmantes localités. Les 200 m de dénivellation entre Fribourg et Yverdon constituent un avantage pour les cyclotouristes. Champs cultivés, pâturages, forêts et ruisseaux composent un paysage d'une grande diversité. Un peu partout dans les villages, on découvrira de nobles demeures paysannes et des auberges présentant de charmants détails. On ne manquera pas de remarquer les différences architecturales entre fermes fribourgeoises et vaudoises.

Route		Distance	Temps
1	Fribourg	—	—
2	Neyruz	9 km	1 h
3	Marnand/ Granges	30 km	3 h
4	Yvonand	52 km	5 h
5	Yverdon	61 km	6 h

Dénivellation: 600 m

De la place de la gare de **Fribourg**, nous prenons la route des Arsenaux en direction de Bulle et franchissons le passage sous voie; de l'autre côté, nous obliquons, à gauche, dans l'avenue du Midi puis nous suivrons la route de Glâne vers Le Bry et Bulle. Après la bifurcation qui succède au passage supérieur de *Villars-sur-Glâne,* nous choisissons une route, à droite, qui se dirige vers Romont. Nous passons près de la gare de Villars; laissant de côté, à droite, la localité de Matran, nous atteignons le carrefour de l'autoroute, que nous traversons pour emprunter la route principale jusqu'à **Neyruz** où débute la partie facile de cette randonnée cycliste. Après le passage sous voie, nous prenons à droite et pédalons sur une petite route secondaire vers *Onnens;* là, nous poursuivons, à gauche, vers *Lentigny* où, tournant de nouveau à droite, nous nous dirigerons vers *Corserey.* Sur la route de Romont, nous traversons le petit village de *Torny-le-Grand* et roulons vers *Châtonnaye* et *Sedeilles* en passant le village de *Middes.* A Sedeilles, nous tournons de nouveau à droite, avant de descendre vers *Villarzel* dont la petite église réformée, avec son clocher en forme de cheminée et sa tour ronde justifie une halte.

Par monts et par vaux

Nous pédalons sur la route principale qui se dirige par de nombreux lacets vers **Marnand** et **Granges**. Dans cette dernière localité, l'église réformée a été édifiée sur les fondations de trois sanctuaires précédents; le premier fut construit sur des substructions romaines. L'église renferme un certain nombre d'éléments romans et gothiques, de même que des fresques du 15ᵉ siècle. A Granges, nous reprenons la route qui longe la rivière Lembe et remonte vers *Cheiry* et, au delà, vers *Combremont-le-Petit.* A partir de cette localité, nous empruntons la route de Treytorrens jusqu'à un grand carrefour situé en pleine campagne avant de tourner à gauche. En suivant les panneaux indiquant la direction d'Yvonand, nous atteignons *Chavanne-le-Chêne* puis *Rovay,* d'où nous pouvons nous laisser rouler jusqu'à **Yvonand**. A l'horizon se profile la chaîne du Jura; devant nous, le lac de Neuchâtel renvoie, tel un miroir, les chauds rayons du soleil. Parvenus sur la rive du lac, dirigeons-nous tout droit vers la plage et prenons un bain bien mérité. Ainsi rafaîchis, nous rebroussons chemin vers le centre du village; nous suivons d'abord la rue principale jusqu'au passage sous voie puis, bifurquant à gauche dans la direction de *Cheseaux,* nous pédalons à l'écart de la circulation et traversons le «Bois Clos» en direction d'Yverdon. Les randonneurs qui redoutent la montée vers Cheseaux emprunteront la piste cyclable parallèle à la route principale qui aboutit à **Yverdon**.

Retour

Pour regagner Fribourg à vélo, il est conseillé, pour le premier tronçon, d'emprunter la route principale, relativement peu fréquentée, qui conduit à Moudon. Par les villages de Pomy, Cronay et Donneloye, on roule dans la direction de Moudon via Prahins et Thierrens. Après cette localité, la route amorce une descente. Il faut veiller à ne pas manquer, sur le côté gauche de la route, la bifurcation vers Neyruz. De là, par Villars-le-Comte, on empruntera l'itinéraire via Romont qui est décrit à la page suivante:
Yverdon-les-Bains–Thierrens-Lucens–Romont–Fribourg 63 km, 6 h 30

Cartes cyclistes
Berne–Fribourg–Thoune, Neuchâtel–Yverdon–Pontarlier

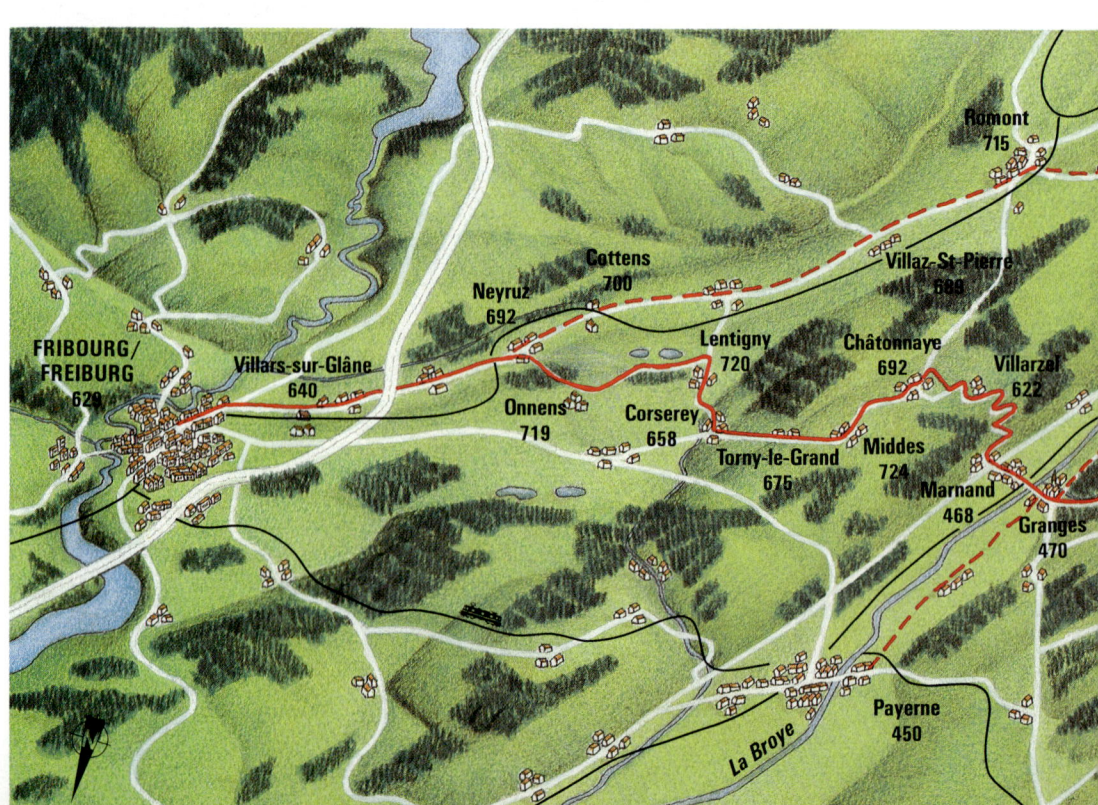

Fribourg, Yverdon-les-Bains

Yvonand, Yverdon-les-Bains

Le Musée du Vieil-Yverdon, aménagé dans le château, présente des collections d'archéologie et d'histoire et des souvenirs rappelant l'œuvre réalisé par Heinrich Pestalozzi. On verra à la Maison d'Ailleurs une collection d'ouvrages de science-fiction.

Le château de *Torny-le-Grand,* sur plan carré, possède un toit à la Mansart; sa construction, du 18e siècle, fut entreprise pour le compte de la famille Diesbach-Torny.
A *Middes,* l'ancien château (17e siècle) avec sa tour polygonale et ses fenêtres à meneaux a été transformé en ferme. Une élégante maison seigneuriale (1748/49) lui fait face. A la sortie du village de *Villarzel,* l'église réformée est citée pour la première fois en 1450. L'église de *Granges* a été édifiée sur les fondations de trois sanctuaires antérieurs; sur les murs du chœur et sur le mur nord, subsistent des restes de fresques du 15e siècle. La maison n° 144, ancien couvent du 16e siècle, possède des fenêtres gothiques. A *Treytorrens,* l'église protestante et le château voisin datent du Moyen Age. L'église de *Chêne-Pâquier* (1667) est le premier exemple d'une construction conçue pour servir de lieu de culte aux Réformés.

Les modes de construction paysanne, dans les cantons de Fribourg et de Vaud, sont essentiellement différents et caractéristiques. A Fribourg, le bois domine, mais la pierre l'emporte chez les Vaudois.

Déviation
Les cyclotouristes qui souhaitent interrompre la randonnée à Granges pour rentrer à Fribourg ont intérêt à suivre l'itinéraire suivant: au départ de Granges, on remontera la vallée de la Broye, vers Lucens, par Villeneuve et une route peu fréquentée. Suivant la route principale, on roulera ensuite par Prévonloup et Billens vers Romont, petite ville où le château et la collégiale d'époque gothique tardive présentent un grand intérêt.
Par la vallée de la Glâne, on descend maintenant vers Villaz-St-Pierre et Chénens. Derrière la colline la plus proche, se trouve le village de Cottens d'où la route descend jusqu'à Matran. Une dernière remontée, et on peut ensuite se laisser descendre jusqu'au centre de Fribourg en roue libre:
Granges/Marnand –Lucens –Romont –Fribourg
35 km, 3 h 30

Correspondances
Berne–Fribourg r. 22, Fribourg–Thoune r. 45, Yverdon–Genève r. 8, Yverdon–Morges r. 48, Yverdon–Neuchâtel r. 24, Lausanne–Payerne r. 49, La Chaux-de-Fonds–Yverdon r. 7.

Yverdon (photo): Vue de la respectable façade baroque de l'église paroissiale réformée achevée en 1757 en intégrant le clocher gothique tardif de l'église antérieure.

Château de Lucens: Sous la protection d'un château-forteresse, le village de Lucens, à quelques kilomètres au sud de Granges, commande un important carrefour de routes. La partie la plus ancienne, construite vers 1200, par Roger di Vico-Pisano, évêque de Lausanne, était destinée à lui servir de résidence ainsi qu'à ses successeurs. De style savoyard, un puissant donjon occupe le centre du périmètre défensif. L'ancienne chapelle du château (Ste-Agnès) dont le chœur présente un beau tableau votif, est d'époque gothique. Les Bernois qui, en 1536, annexèrent le pays de Vaud, firent de Lucens de lieu de résidence du bailli responsable du district de Moudon. Agrandi et doté d'une double enceinte flanquée de trois petites tours d'angle, le château de Lucens, véritable palais, renferme meubles, tableaux et antiquités diverses.

Yverdon-les-Bains

Les sources sulfureuses d'Yverdon figurent parmi les sources minérales et thermales suisses les plus connues; des vestiges de thermes confirment leur utilisation à l'époque romaine. Près d'un ancien camp militaire romain détruit par les envahisseurs alamans, Pierre II, comte de Savoie, fonda en 1260 le Vieil Yverdon qui fut annexé en 1536 par les Bernois. Au Moyen Age, plusieurs textes et documents mentionnent déjà les bains d'Yverdon, qui deviendront célèbres au 17e et surtout au 18e siècles. La révolution vaudoise restreint l'importance de la cité mais, au début de notre siècle, la mise en exploitation de nouvelles sources et la modernisation des thermes rendirent à Yverdon son prestige d'antan. L'Institut d'éducation de garçons (1805–1825), fondé par Heinrich Pestalozzi dans les bâtiments du château contribua également à la renommée d'Yverdon; la statue du pédagogue, érigée devant l'église réformée, rappelle l'œuvre qu'il accomplit. Le château est un parfait exemple d'édifice de style savoyard à plan quadrangulaire et à quatre tours. Fondé, comme la localité, par les comtes de Savoie, il fut partiellement détruit en 1475; reconstruit, il accueillit les baillis bernois dans ses murs. Edifiée sur l'emplacement d'un sanctuaire gothique, l'église réformée possède une belle façade baroque. L'un des plus beaux du pays de Vaud, l'Hôtel de ville est conue pour sa façade d'époque Louis XV, ses aménagements intérieurs, ses boiseries sculptées, ses tableaux et ses poêles en faïence. Dans la partie ancienne d'Yverdon, les demeures construites au 18e siècle sont nombreuses; la plus remarquable est la Villa d'Entremonts, sur la route de Lausanne, édifiée en 1779 par la famille Treytorrens.

Yverdon-les-Bains – Estavayer-le-Lac – Neuchâtel

Riche en imprévus, cette route conduit d'Yverdon à Neuchâtel et traverse la réserve naturelle de la «Camargue suisse» qui longe la rive nord du lac de Neuchâtel. Par les chaudes journées d'été, pédaler sous les feuillages des forêts inondées est un plaisir. Comme dans toute réserve naturelle, les chemins ne sont pas asphaltés; un vélo solide à pneus larges est indispensable. S'il a plu les jours précédents, certains tronçons entre Estavayer et Cudrefin, transformés en marécages, ne peuvent être franchis qu'à pied.

Route	Distance	Temps
1 Yverdon	—	—
2 Estavayer-le-Lac	13 km	1 h 30
3 Chevroux	20 km	2 h
4 Cudrefin	32 km	3 h
5 Gampelen	40 km	4 h
6 Neuchâtel	53 km	5 h 30

Dénivellation: 150 m

Partant de la ville ancienne d'**Yverdon,** nous prenons tout d'abord la direction de Fribourg, vers l'est. A un grand carrefour, après la traversée d'un ruisseau, nous tournons à gauche pour emprunter un passage sous voie. Quittant la route principale, nous prenons celle qui mène à Chéseaux, signalée par un poteau indicateur. A l'écart de la circulation, longeant vergers et gras pâturages, nous montons légèrement avant de descendre vers Yvonand, à travers le «Bois Clos».

Le plus vaste lac intérieur suisse

Parvenus à la gare d'*Yvonand,* nous traversons les voies et obliquons, à droite, sur le chemin qui borde le lac; nous le suivrons dorénavant jusqu'à Cudrefin. Les panneaux jaunes de sentiers pédestres nous guideront d'autant mieux que notre tour est aussi une randonnée. Le chemin de terre qui nous suivons traverse un petit bois dont la lisière forme frontière entre les cantons de Vaud et de Fribourg. Tout en roulant le long de la voie ferrée, nous longeons le camping de *Cheyres.* A l'endroit où la route franchit la voie ferrée, nous trouvons devant nous une petite route asphaltée qui coupe peu après la voie de chemin de fer pour déboucher sur une autre route, caillouteuse, qui traverse à son tour une superbe réserve naturelle. En contrebas de l'église de Font, nous franchissons une nouvelle fois le talus de la ligne de chemin de fer et roulons sur une chaussée goudronnée qui mène en droite ligne à la petite cité médiévale d'**Estavayer-le-Lac.** A l'heure de la halte de midi, le cyclotouriste a le choix entre Estavayer-le-Lac et le village de Cudrefin. Nous remontons en selle après cette pause; non loin du port d'Estavayer, un panneau indique, à droite, la proximité d'une école de ski nautique; à l'endroit où la Route de la Plage bifurque à angle droit sur la gauche, nous tournons à droite vers la place de tennis. Là, commence, à gauche, une route empierrée qui traverse une forêt généralement inondée et conduit à **Chevroux;** en cas de transformation en marais, mieux vaut rebrousser chemin et emprunter jusqu'à Cudrefin une autre route plus éloignée du lac que nous décrirons ultérieurement en tant qu'itinéraire de retour. Parvenus à Chevroux, nous longeons d'abord le terrain de camping; par une petite route, nous traversons ensuite un bois et roulons jusqu'au croisement, à la lisière de la forêt, où nous obliquerons à gauche en laissant de côté un petit lotissement. Nous pédalons maintenant sur une chaussée caillouteuse en direction de *Portalban.* Dans cette localité, une route part directement vers Avenches; nous nous dirigeons vers **Cudrefin,** à travers un vaste marais. Les nombreux campings et ports de plaisance qui se succèdent sur les rives du lac de Neuchâtel témoignent de l'importance de ce plan d'eau pour les sportifs et les amateurs de détente et de repos. Mais le tour qui nous effectuons a pour but final Neuchâtel, que nous gagnerons à vélo. Quittant le chemin qui borde le lac, nous pédalons vers **Gampelen** par la route principale qui longe les murs du pénitencier de Witzwil.

Arrivés à la gare de Gampelen, nous suivons, à main gauche, le canal d'Isleren en direction du pont qui enjambe le canal de la Thielle; après l'avoir franchi, nous obliquons à gauche vers *Marin-Epagnier.* Devant la gare de St-Blaise, nous emprunterons un passage sous voie pour suivre, de l'autre côté, la rue principale jusqu'à l'église située au cœur de l'agglomération. La route qui passe à proximité nous conduit, au-dessus de la route principale, à travers des vignes et des villas anciennes jusqu'à **Neuchâtel.**

Carte cycliste
Neuchâtel–Pontarlier–Trois Lacs

Déviation
Cudrefin ⛴–Champmartin–Chabrey–Portalban–Gletterens–Chevroux–Forel–Estavayer-le-Lac–Yverdon 🚂 ⛴ 45 km, 5 h

 Yverdon, Avenches, Neuchâtel

 Yverdon-les-Bains, Yvonand, Cheyres, Estavayer-le-Lac, Chevroux, Cudrefin, Gampelen

 A *Estavayer-le-Lac,* la Maison de la Dîme abrite le Musée d'histoire locale. A *Neuchâtel,* le touriste a le choix entre le Musée des Beaux-Arts, le Musée cantonal d'archéologie, le Musée d'ethnographie (importantes collections d'art africain), le Musée d'histoire avec sa célèbre collection d'automates et, enfin, le Musée d'histoire naturelle.

 L'imposant château (13e siècle), la superbe église réformée (1753–1757) et l'Hôtel de Ville (1767–1773) bordent la Place Pestalozzi à *Yverdon.* Une tour transformée en clocher est le seul vestige des remparts de l'ancienne cité savoyarde de *Cudrefin;* datant de 1605, la belle fontaine à l'effigie de la Justice orne la place de la bourgade. A *Gampelen,* le presbytère (1671) possède un toit brisé à croupe original. *Neuchâtel* est fière de son imposant château comtal; à proximité, s'élève la collégiale Notre-Dame, d'architecture romano-gothique (12e et 13e siècles). De nombreuses demeures patriciennes donnent une atmosphère médiévale à la vieille cité, notamment la Maison des Halles, de style Renaissance (1569–1575).

 Le Papiliorama à Marin-Epagnier – détruit par un incendie le 1er jan. 1995 – sera réouvert. Nouveau en 1995: ouverture du Nocturama pour animaux nocturnes.

Les randonneurs pleins d'énergie parvenus à Estavayer, qui ne souhaiteraient pas emprunter la route principale, traverseront la voie ferrée, près de la gare d'Estavayer et pédaleront par Lully, Bollion et La Vounaise, vers Murist. Après les localités de Treytorrens et de Champtauroz, à un carrefour situé en plein champ, la route oblique à droite vers Chavannes-le-Chêne et Rovray. Une belle descente conduit à Yvonand, où nous retrouvons le lac. Pour ce dernier tronçon, nous emprunterons, comme à l'aller, l'itinéraire via Chéseaux pour rejoindre Yverdon. Pour le retour, ou pour certaines parties de l'itinéraire, on pourra avantageusement prendre le bateau. Il convient toutefois de consulter au préalable les horaires de la Compagnie de Navigation afin d'éviter d'arriver trop tard à Cudrefin ou dans les autres ports. Les participants à cette randonnée qui souhaitent se rendre directement à Neuchâtel peuvent également écourter l'excursion à peu de frais et prendre à Cudrefin le bateau.

Correspondances
Fribourg–Yverdon r. 23, La Chaux-de-Fonds–Yverdon r. 7, Yverdon–Genève r. 8, Yverdon–Morges r. 48, Lausanne–Payerne r. 49, Avenches–Bienne r. 44, Neuchâtel–Bienne r. 25, Neuchâtel–Berne r. 43.

Estavayer-le-Lac: Jadis, trois châteaux surveillaient les abords de cette petite cité; le château de Chenaux (13e siècle), la tour dite «de Savoie», au sud-est, d'importants vestiges de l'ancienne enceinte et deux des quatre portes ont été conservés. D'architecture gothique, la collégiale St-Laurent, construite entre 1379 et 1525, renferme des stalles richement sculptées ainsi qu'un superbe maître-autel. Dans la partie sud-est d'Estavayer, le monastère des Dominicaines possède une belle et élégante église édifiée en 1697. De nombreuses et remarquables demeures patriciennes, l'Hôtel du Cerf et la Maison de la Dîme bordent les rues tortueuses de la cité.

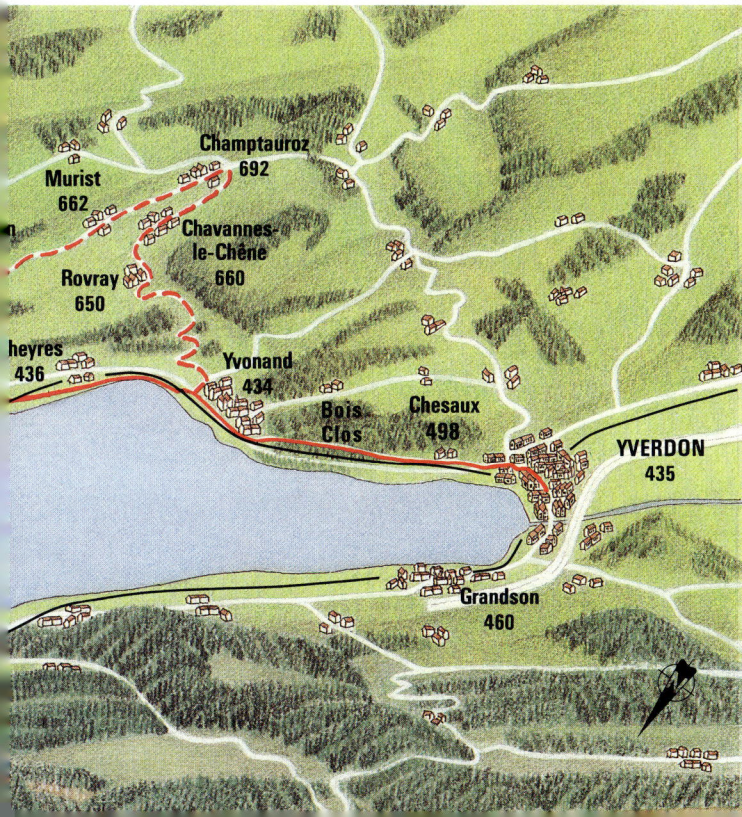

La Grande Cariçaie

Surnommée la «Camargue de la Suisse», la Grande Cariçaie s'étend sur la rive sud-est du lac de Neuchâtel. La correction des eaux du Jura, entreprise au siècle dernier et l'assèchement de la région «Grosses Moos» (Grand Marais), provoquèrent un abaissement du niveau lacustre et l'émergence des surfaces peu profondes. Région inondable de plus de 14 km², la Grande Cariçaie est la zone marécageuse la plus vaste de Suisse. Etape pour les oiseaux migrateurs, elle est connue dans le monde entier comme un lieu d'hivernage qui abrite chaque année 50 000 oiseaux, en majorité des fuligules et des harles; en période de migration, une centaine de milliers d'oiseaux appartenant à 200 espèces différentes y séjournent. Seules, les espèces adaptées à ce type d'habitat amphibie sont capables de vivre toute l'année dans ces marécages: la mésange à moustache, par exemple, originaire des Pays-Bas. Le rôle que jouent la forêt inondée et les roselières qui la bordent et la prolongent est considérable: la coexistence de plusieurs types de végétation contribue à la diversité des espèces animales. Le héron bihoreau, par exemple, qui fait son nid sur les arbres de la forêt proche, tire sa subsistance des poissons qu'il pêche dans les mares et les eaux peu profondes. L'existence de la Grande Cariçaie est désormais menacée; l'érosion des rives, provoquée par les allées et venues des bateaux, l'abaissement du niveau du lac en hiver et, enfin, l'utilisation abusive des engrais chimiques constituent un danger réel. Un autre péril, côté terre, résulterait de la réalisation du projet d'autoroute entre Morat et Yverdon, à travers les zones inondables. Enfin, les défrichements pour aménager campings et maisons de week-end porteraient un coup fatal.

Cette randonnée à caractère familial nous conduit vers les versants ensoleillés de la chaîne de collines qui précède le Chasseral, le long du cours paresseux du canal de la Thielle. Les trois charmantes cités lacustres: Le Landeron, La Neuveville et Erlach invitent à une halte. Bien conservés, les villages de vignerons de Ligerz et de Twann retiennent l'attention, de même que le circuit d'enseignement œnologique.

Neuchâtel–Le Landeron–Biel/Bienne

Route		Distance	Temps
1 Neuchâtel	🚂 🚢	–	–
2 Le Landeron	🚂 🚢	15 km	1 h 30
3 Twann	🚂 🚢	24 km	3 h
4 Biel	🚂 🚢	32 km	4 h

Dénivellation: 150 m

Nous quittons la gare de **Neuchâtel** pour suivre vers l'est la Rue de Crêt Taconnet et la Rue de Gibraltar jusqu'à la chapelle de la Maladière. A gauche, nous tournons dans la Rue de la Maladière, pour pédaler au-dessus de la route principale, longeant d'anciennes villas et à travers des vignobles ensoleillés en direction d'*Hauterive* et de *St-Blaise*. Dans cette localité, après la gare de la ligne Berne-Neuchâtel, nous gagnons par un passage inférieur *Marin-Epagnier*, longeons la gare et suivons la voie de chemin de fer jusqu'à un autre passage inférieur. De l'autre côté des voies, une petite route nous conduit, en passant près de la station d'épuration, tout droit au canal de la Thielle, qui forme frontière entre les cantons de Berne et de Neuchâtel. La randonnée se poursuit le long du canal vers le lac de Bienne, par une route bien entretenue.

Techniques pétrolières et atmosphère médiévale

Sur la rive, de nombreux pêcheurs tentent leur chance; de temps à autre, nous croisons des touristes qui nous font des signes d'amitié depuis le pont des bateaux d'excursion; pour permettre à ceux-ci de passer sous les ponts du canal, les bateaux possèdent des cheminées rabattables, spécialement conçues à cet effet. Cette fois, cependant, le plaisir que nous procure la nature est affecté: à gauche, le regard découvre les «merveilles techniques» que sont les installations de la raffinerie de pétrole de Cressier. Après avoir traversé un canal secondaire, nous apercevons le pont que nous franchissons à gauche, pour nous rendre dans la pittoresque bourgade du **Landeron** où l'atmosphère médiévale nous invite à faire halte. Revigorés, nous reprenons la route en obliquant au nord de la ville ancienne et ensuite à droite, vers le lac dont nous suivons la rive en direction de *La Neuveville*, petite ville digne d'intérêt qui fait partie du canton de Berne. Un malencontreux panneau d'interdiction sur le chemin du bord du lac nous oblige à emprunter le souterrain de la gare pour retrouver, de l'autre côté, un chemin dans les vignes, qui mène à *Ligerz*. Le vignoble du lac de Bienne est le plus étendu du canton de Berne; le raisin sert à la production de vins blancs légers, généralement vendus sous l'appellation du lieu d'origine. Le bel ensemble architectural de Ligerz et le Musée du vin, aménagé dans la maison patricienne «Hof», de style gothique, méritent qu'on s'y arrête. Le superbe panorama sur le lac de Bienne justifie la montée jusqu'à l'église de Ligerz; deux cents mètres plus loin, nous atteignons une bifurcation, d'où une route nous conduira directement à **Twann**, village de vignerons bien conservé. Le tronçon de Ligerz à Twann est un sentier d'enseignement œnologique, jalonné de nombreux panneaux expliquant les phases de la viticulture. A Twann, nous avons le choix entre poursuivre la randonnée le long du lac et de la voie ferrée, ou emprunter, au-dessus du village, un chemin qui serpente entre les vignes vers *Vingelz*. Après ce dernier village, une piste cyclable en bordure de la route principale aboutit presque à la gare de Bienne. Avant de prendre le train ou le bateau, profitons d'une halte pour visiter rapidement la vieille ville de **Bienne,** petite mais pittoresque.

Retour

Pour le retour de Bienne à Neuchâtel, le bateau est vivement conseillé. Les cyclistes infatigables et habitués à la circulation emprunteront la route qui longe la voie à petit écartement de la ligne Bienne-Täuffelen-Ins. De Bienne, on parviendra à Täuffelen par Nidau, en traversant plusieurs petites localités. Après le franchissement du canal de Hag-

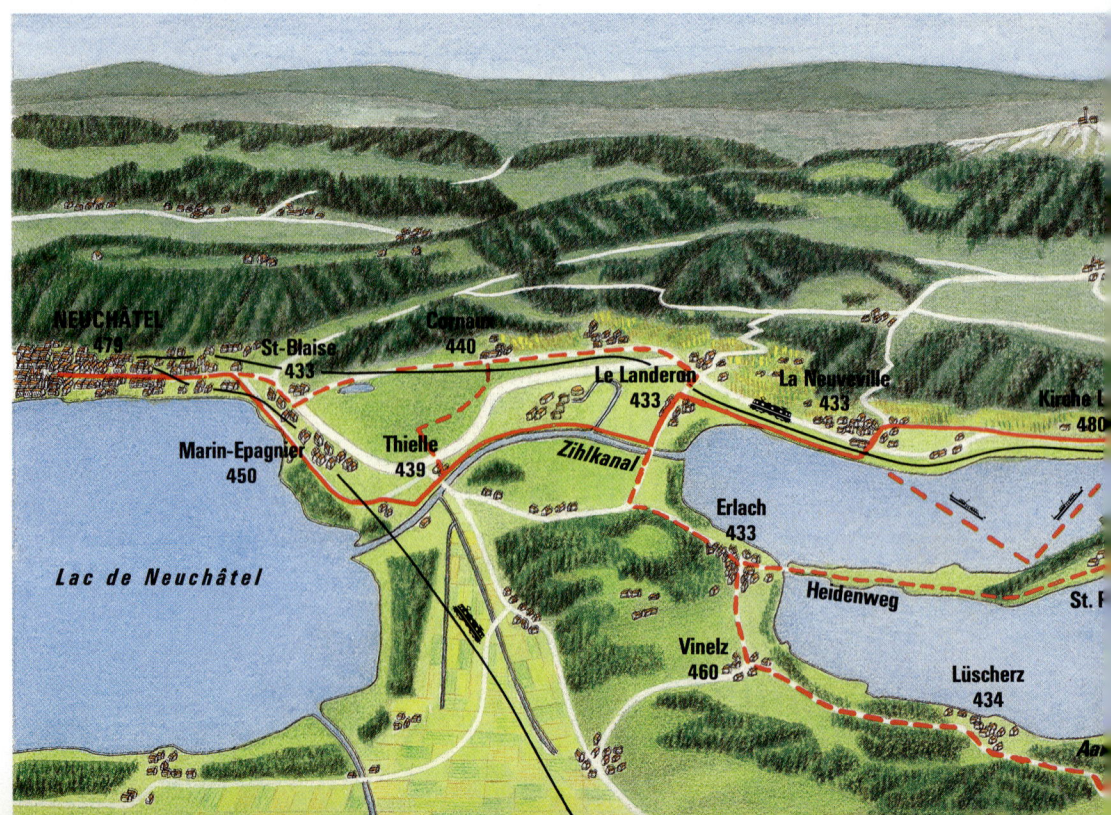

neck, la route tourne à droite vers Vinelz et Erlach, qu'on traversera avant de suivre les panneaux indiquant la direction du Landeron, jusqu'au canal de la Thielle, où on retrouvera la route de l'aller.
Bienne–Täuffelen–Erlach–Le Landeron–Neuchâtel 37 km, 4 h

 Neuchâtel, Bienne

 Le Landeron, La Neuveville, Erlach, Sutz près de Bienne

 Le Musée du Landeron, aménagé dans l'Hôtel de Ville, renferme des documents sur l'histoire locale; l'Hôtel de Ville de La Neuveville possède également une collection importante, consacrée à l'histoire régionale. A Ligerz, se trouve un intéressant Musée du vin. A Twann, la Fraubrunnenhaus abrite les vestiges de cités lacustres réunis par le Dr. Carl Irlet. A Bienne, le Musée Schwab rassemble des objets de fouilles préhistoriques et protohistoriques, mis au jour dans la région des trois lacs.

 A l'est de La Neuveville, se dresse la Blanche-Eglise (1345), dont l'intérieur est orné de fresques gothiques. L'église Sts. Imier et Théodule, de style gothique tardif, de Ligerz possède un plafond en bois sculpté et un chœur terminé par une voûte à nervures. De belles sculptures ornent également l'église baroque de Twann. Dans la vieille ville de Bienne, on visitera l'église municipale réformée St. Benoît, de style gothique tardif, l'Arsenal et la maison corporative des forestiers; deux fontaines décorent les places de ce quartier.

 A l'entrée des gorges du Taubenloch, se trouve le zoo de Bienne sur le Bözingerberg; bouquetins, mouflons, cervidés et marmottes y vivent dans un environnement presque naturel.

Carte cycliste
Neuchâtel–Pontarlier–Trois Lacs

Déviation
Tandis que les amateurs de vins roulent à travers le vignoble entre Neuchâtel et St-Blaise, le long du lac de Bienne, les amis des bêtes et les admirateurs de Jean-Jacques Rousseau choisiront de se rendre sur l'île St-Pierre. Franchissant un pont, on pénètre en territoire bernois pour atteindre, quelques minutes plus tard, la petite ville d'Erlach et son beau château. Ici, commence le Heidenweg qui conduit à l'île St-Pierre: ce chemin existe depuis la correction des eaux du Jura. En bateau, on retrouvera à Ligerz ou à La Neuveville, l'itinéraire de ce tour.

Correspondances
Yverdon–Neuchâtel r. 24, Neuchâtel–Berne r. 43, Bienne–Langenthal r. 26, Berne–Hagneck r. 42.

Le Landeron: La fondation de cette cité par le comte Rodolphe IV de Neuchâtel, dans la première moitié du 14ᵉ siècle, avait pour but de tenir en respect les princes-évêques de Bâle qui, quelques années auparavant, avaient construit la bourgade de La Neuveville. Le Landeron est, en fait, une petite ville-marché dont la place, de forme oblongue, est bordée de maisons anciennes et ornée de deux fontaines à personnages. La Tour de la Portette (1596) surveille l'entrée sud, la Tour de l'Horloge (1631) et le château avoisinant, qui date du 14ᵉ siècle, gardent l'accès nord; un bastion édifié en 1499 renforçait l'ensemble. La plupart des demeures remontent au 18ᵉ siècle. La plus belle façade est celle de l'Hôtel de Ville, dont la Salle du Conseil compte parmi les plus anciennes de Suisse.

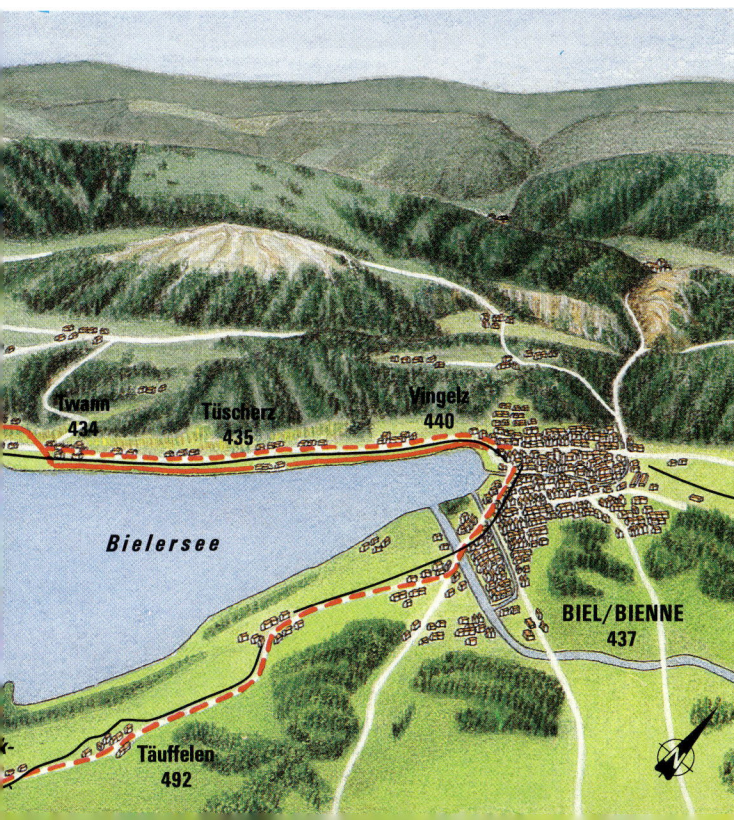

Villes riveraines du lac de Bienne

La Neuveville
En 1312, le prince-évêque de Bâle fonda la bourgade de La Neuveville, avant-poste destiné à tenir Berne et les comtes de Neuchâtel en échec. Pour la même raison, la maison forte du «Schlossberg» fut édifiée non loin de là dès 1283. Des anciennes fortifications subsistent la Tour rouge, la Tour Ronde et la Tour de Rive; les autres tours sont de construction plus récente. L'Hôtel de Ville (1541–1569), la Maison des Dragons, de style baroque (1758) et la Maison de Berne (1631) méritent une visite.

Erlach
Edifié vers 1100 par Burkhard von Fenis, prince-évêque de Bâle, le château servit de résidence aux baillis bernois à partir de 1474. Une tour ronde du 13ᵉ siècle souligne le caractère défensif de l'ouvrage. Des alignements de maisons, de style gothique tardif, bordent la Jungferngasse qui conduit à la place du Marché et descend du château. Construit en 1500, l'Hôtel de Ville et la porte intégrée aux remparts ferment la rue principale.

Ile St-Pierre
Le séjour que fit Jean-Jacques Rousseau sur l'île en 1765 rendit célèbre ce lieu dont l'écrivain vanta la beauté. Cette admiration ne lui fut, en définitive, guère profitable puisque le gouvernement bernois l'expulsa six semaines plus tard. Des murs d'époque romane, visibles dans l'hôtel actuel, sont les seuls vestiges d'un prieuré clunisien fondé en 1127. Une chambre de l'hôtel abrite des souvenirs de J.-J. Rousseau. A la suite de l'abaissement du niveau du lac, consécutif à la première correction des eaux du Jura, l'île est désormais accessible à pied sec depuis Erlach. Le «Heidenweg» (chemin païen) qui traverse une réserve d'oiseaux est parfois encore inondé en période de crue.

Ce tour convient parfaitement à une excursion en famille. L'itinéraire emprunte principalement des routes secondaires et nécessite l'utilisation de bicyclettes solides. La station des cigognes d'Altreu, la vieille ville de Soleure et les charmantes bourgades riveraines de l'Aar justifient de fréquents arrêts.

Biel/Bienne–Solothurn–Langenthal

Route	Distance	Temps
1 Bienne	—	—
2 Büren	12 km	1 h 30
3 Soleure	30 km	3 h
4 Wangen	40 km	4 h
5 Langenthal	53 km	5 h 30

Dénivellation: 120 m

Avant de quitter **Bienne**, il est recommandé de visiter la pittoresque vieille ville médiévale aux dimensions modestes. La randonnée cycliste commence à l'ouest de la gare de Bienne, d'où la rue d'Aarberg conduit, à main gauche, à la Place Guido-Müller. Tout en restant légèrement à gauche, nous roulons sur une piste cyclable, que nous suivrons tout au long de la route de Berne jusqu'au dernier carrefour avant le pont qui enjambe l'Aar canalisé. Bifurquant à droite, nous atteignons la rue du Nouveau-Pont; après un passage sous la route, nous tournons à la première occasion pour atteindre le chemin du Canal. Sur des tronçons goudronnés ou empierrés, nous roulons ensuite sur la berge gauche du canal Nidau–Büren, jusqu'à Büren. A Meienried, de l'autre côté de la rivière, l'ancienne Aar se jette dans le canal; avant la correction des eaux du Jura, au siècle dernier, l'Aar mêlait ses eaux à celles de la Thielle, ancien exutoire du lac de Bienne. A la périphérie de **Büren,** nous franchissons l'Aar par le premier pont, puis nous traversons cette bourgade au cachet moyenâgeux. Le cœur de l'agglomération, construite sur plan triangulaire, est délimité par deux rues, l'une à l'aspect citadin, l'autre, à l'apparence rurale. Traversant un pont de bois, nous rejoignons la rive ouest de l'Aar que nous suivrons jusqu'à *Staad,* où un restaurant en plein air et un gril permettent aux cyclistes de reprendre des forces. En suivant les poteaux indicateurs, nous prenons la direction d'Arch et poursuivons notre route tout droit à la hauteur du pont. A main gauche, on aperçoit Granges et son terrain d'aviation. Nous roulons ensuite sur un chemin de randonnée pédestre qui longe le cours de l'Aar.

Au paradis des cigognes

Après un virage brusque, nous franchissons un petit pont pour emprunter, à la hauteur du second chemin, une route empierrée qui mène directement à *Altreu.* Dans ce village, Max Bösch, surnommé le «père des cigognes», fonda après la dernière guerre, avec le concours de la station fédérale d'ornithologie de Sempach, un parc pour cigognes qui avait pour but d'assurer la survie de ces oiseaux dans notre pays. Le fait est que sur de nombreux toits du village, nichent des familles entières de cigognes qui nous accueillent en craquetant.

Au centre d'Altreu, un chemin oblique et nous conduit jusqu'à l'Aar en longeant un ruisseau. Les participants que le mauvais état de la piste bordant la rive risquerait de décourager peuvent prendre ici la direction de Selzach jusqu'à la voie ferrée, qu'il leur suffira de suivre pour parvenir à **Soleure.** Quant à nous, pédalant de long de l'Aar, nous retrouvons une route goudronnée; après franchissement d'un petit canal, cette route nous mène directement en plein cœur de Soleure. Il ne faut manquer sous aucun prétexte la visite de cette ville, où monuments et curiosités sont nombreux.

Partant de la gare, nous roulons sur la route principale en direction de *Luterbach;* après avoir traversé l'Emme, nous obliquons à main droite et pénétrons dans le village de Luterbach. A un carrefour, nous poursuivons notre chemin vers *Schachen.* Franchissant à nouveau la voie ferrée, nous traversons un petit bois pour atteindre le pont qui enjambe l'autoroute et obliquons ensuite immédiatement à gauche. La route que nous suivons court parallèlement à la N1, longe l'Aar et aboutit à **Wangen.** Le centre médiéval de la petite cité bâtie sur plan presque carré regroupe d'importants monuments: le Château, la Porte du Pont, la Tour de l'Horloge, le presbytère sont autant de motifs d'intérêt. Nous traversons maintenant l'Aar sur le vieux pont de bois et nous nous dirigeons vers *Walliswil,* près du village

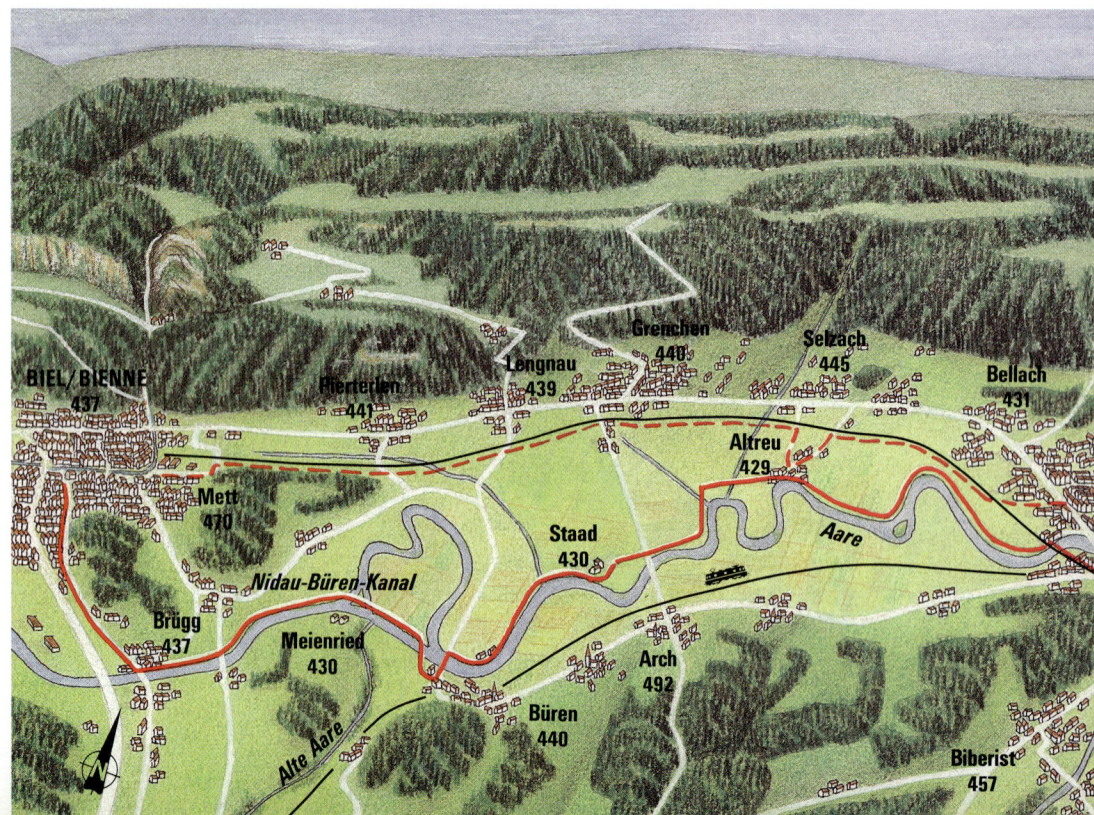

de Niederbipp. Il convient de ne pas confondre ce Walliswil avec son homonyme, localité plus importante proche de Wangen qui occupe l'autre rive de l'Aar. Par Bannwil, nous poursuivons la promenade vers *Aarwangen*, bourgade édifiée, elle aussi, sur les rives de l'Aar; son château est dominé par un donjon du début du gothique. On y verra également la plus ancienne des églises réformées du canton de Berne. Pour venir à bout du dernier tronçon, il nous suffira de suivre la route principale qui mène à **Langenthal,** centre de l'économie régionale.

Bienne, Herzogenbuchsee

Staad, Altreu

L'église réformée de *Büren* a été construite vers la fin du 13ᵉ siècle; le chœur s'orne de chapiteaux sculptés à personnages et de voûtes peintes à fresque. Reconstruite en 1825, l'église réformée de *Wangen* a conservé son chœur ancien et ses fresques du Moyen Age. A Aarwangen, la «Tierlihus», édifiée en 1767, appartenait au propriétaire d'une ménagerie ambulante, ce qui explique les peintures montrant des animaux exotiques qui ornent la façade. Egalement à Aarwangen, l'église réformée comporte des vitraux à armoiries (1576/77). Depuis 1432, le château servait de résidence aux baillis bernois; son donjon date du 13ᵉ siècle et la Maison des Chevaliers, du 16ᵉ siècle.

Au zoo de Bienne, situé sur la Montagne de Bonjean, on verra des animaux caractéristiques de la faune locale, de même qu'à Langenthal, où le zoo se trouve à la périphérie de l'agglomération.

Carte cycliste
Biel/Bienne–Solothurn–Oberaargau

Correspondances
Neuchâtel–Bienne r. 25, Avenches–Bienne r. 44, Langenthal–Aarau r. 27, Langenthal–Berne r. 21, Lucerne–Langenthal r. 20

Déviation
Altreu 🚂–Grenchen 🚂–Lengnau 🚂–Pieterlen 🚂–Bienne 🚂 🚢 18 km, 2 h

Station des cigognes d'Altreu: Lorsque Max Bösch, surnommé le «père des cigognes», créa la station d'Altreu, aucun de ces échassiers ne nidifiait en Suisse. L'assèchement des marais le privait de leur nourriture habituelle et la multiplication des lignes à haute tension provoquait des hécatombes parmi les oiseaux de passage. Max Bösch fut donc contraint d'importer des cigognes blanches d'Algérie, d'Alsace et des Balkans. Enfermés tout d'abord dans des enclos en plein air, les oiseaux commencèrent après quelques années à couver à l'air libre. Actuellement, une vingtaine de nids sont occupés et 200 cigognes environ vivent dans le petit village d'Altreu. La station d'Altreu abrite également quelques spécimens de cigognes noires, espèce menacée, et plusieurs craves à bec rouge, oiseaux devenus très rares.

Soleure, ville des ambassadeurs

Même si la Réforme fit de nombreux adeptes dans les campagnes, Soleure demeura fidèle au catholicisme. L'installation en 1530 de l'ambassadeur de France dans la ville détermina pendant 260 ans l'évolution politique soleuroise. La Cour des Ambassadeurs, construite en 1717 par Franz Beer, servait de résidence aux diplomates français.

Soleure a été édifiée sur les vestiges de la Salodurum gallo-romaine. De l'enceinte médiévale, subsistent de nombreuses tours et portes. L'une des plus belles, la Porte de Bâle, est fortifiée et flanquée de quatre tours rondes. Dans la vieille ville, se dresse la Tour de l'Horloge, monument soleurois le plus ancien édifié au 12ᵉ siècle; sur le Nordring, on voit encore une partie de l'enceinte du Moyen Age et trois demi-tours.

Dans la partie nord de la vieille ville, on admirera la Cathédrale St-Ours, parfait spécimen suisse du style classique à ses débuts. Devant la façade ouest, un escalier monumental fournit un arrière-plan rêvé pour les photos de mariage. L'église des Jésuites, édifiée en 1680–1689, possède une architecture intérieure d'une grande beauté. L'Hôtel de Ville, avec sa tour médiane gothique et ses pavillons latéraux, se signale par son élégance. De style baroque primitif, l'Arsenal abrite actuellement le Musée Militaire et ses riches collections d'armes et d'uniformes. Dans la perspective d'un séjour prolongé, le Musée des Beaux-Arts et le Théâtre municipal, d'apparence modeste, mais dont l'aménagement intérieur est remarquable méritent une visite. Le charme du vieux Soleure est dû en grande partie à l'ensemble homogène de places, de fontaines, d'auberges qui lui confère son unité. Si vous en avez le loisir, goûtez donc à la «tourte de Soleure», gâteau particulièrement exquis.

Nous traversons plusieurs villes intéressantes de l'Argovie. Aarburg, Olten et Aarau sont les points forts de cette randonnée qui s'effectue pratiquement à niveau et convient aux cyclistes peu entraînés.

Langenthal–Olten–Aarau

Route	Distance	Temps
1 Langenthal 🚴	—	—
2 Aarwangen 🚴	3 km	0 h 30
3 Aarburg 🚴	20 km	2 h
4 Olten 🚴	24 km	2 h 30
5 Schönenwerd 🚴	34 km	3 h 30
6 Aarau 🚴	37 km	4 h

Dénivellation: 50 m

Pendant la première partie de la randonnée, nous suivons la grand-route qui nous conduit directement de la gare principale de **Langenthal** à **Aarwangen,** où se trouve la plus ancienne église protestante du canton de Berne. Le château et son remarquable donjon, de style gothique ancien, surveillent le passage de l'Aar. Le tronçon le plus facile de notre randonnée commence après la traversée du fleuve. Juste après le pont, nous tournons à droite. Au carrefour de *Schwarzhäusern,* nous restons à droite, devant la laiterie, traversons le hameau *Ruefshusen* et franchissons, à la hauteur de la centrale électrique de Wynau, la frontière cantonale entre Berne et Soleure. Le long de l'Aar, nous poursuivons jusqu'à *Wolfwil.* Depuis l'église, nous suivons maintenant la grand-route peu fréquentée et continuons via Fulenbach en direction de Boningen.

Parmi les villes le long de l'Aar, un joyau

Longeant d'abord l'autoroute puis l'Aar, notre itinéraire nous conduit dans la petite cité argovienne de **Aarburg,** dont le château et la forteresse s'aperçoivent de loin. Après la visite de cette localité, nous retournons sur la rive gauche de l'Aar que nous longeons jusqu'à **Olten,** plaque tournante ferroviaire. Grâce à sa situation aux points d'intersection des lignes Zurich–Berne et de l'importante ligne internationale Allemagne–Bâle–Lucerne–Italie, Olten est devenue un pôle industriel de premier ordre. La vieille ville, dont le tracé est en forme de cloche, et l'église, édifiée sur les plans de Niklaus Purtschert méritent une visite. Entre Olten et Aarau, nous suivrons en grande partie la ligne de chemin de fer. Après avoir flâné dans la très belle ville ancienne d'Olten, interdite à la circulation, nous traversons l'Aar sur le vieux pont de bois puis empruntons le grand passage sous voie. A la sortie, nous bifurquons immédiatement deux fois à droite, pour arriver finalement à la Tannwaldstrasse. Laissant la gare derrière nous, à gauche, nous nous dirigeons vers le nord entre la voie ferrée et le Hardwald. Après deux passages sous la voie ferrée, nous nous retrouvons à nouveau sur la rive droite de l'Aar. Suivant la voie à notre droite, nous traversons la zone industrielle de *Dulliken,* après avoir quitté les bords du fleuve. Près du passage sous voie après la gare, nous restons à gauche pour nous diriger sur une courte distance vers l'Aar. Avant la traversée du fleuve, nous tournons à droite et pédalons jusqu'à la gare de *Däniken.* Là, nous bifurquons à gauche et roulons en direction de la tour de refroidissement de la centrale nucléaire de Gösgen. Les panneaux pour randonneurs piétonnes nous conduisent en descente vers un passage sur l'Aar et, de l'autre côté, sur une île où s'élève la *centrale hydraulique Mülidorf.* Nous suivons maintenant le canal à main gauche jusqu'au deuxième pont, peu avant l'extrémité de l'île. Traversant ce pont, nous arrivons à *Niedergösgen,* où nous continuons à suivre le cours de l'Aar. Près du pont routier, nous traversons à nouveau le fleuve en direction de **Schönenwerd;** suivant tout d'abord la route vers la gauche, puis bifurquant à la première route secondaire, nous nous dirigeons vers le talus du chemin de fer. La voie ferrée nous mène tout droit à **Aarau.** Bien conservée, la vieille ville, fondée au 13e siècle par les Kybourg, se trouve sur une colline dominant l'Aar. Dans le petit château, le plus ancien bâtiment de la ville, se trouve le Musée municipal du Vieil-Aarau.

Retour

Si l'on veut regagner à vélo Langenthal, on roulera depuis Aarburg, au-dessus de la bretelle de l'autoroute,

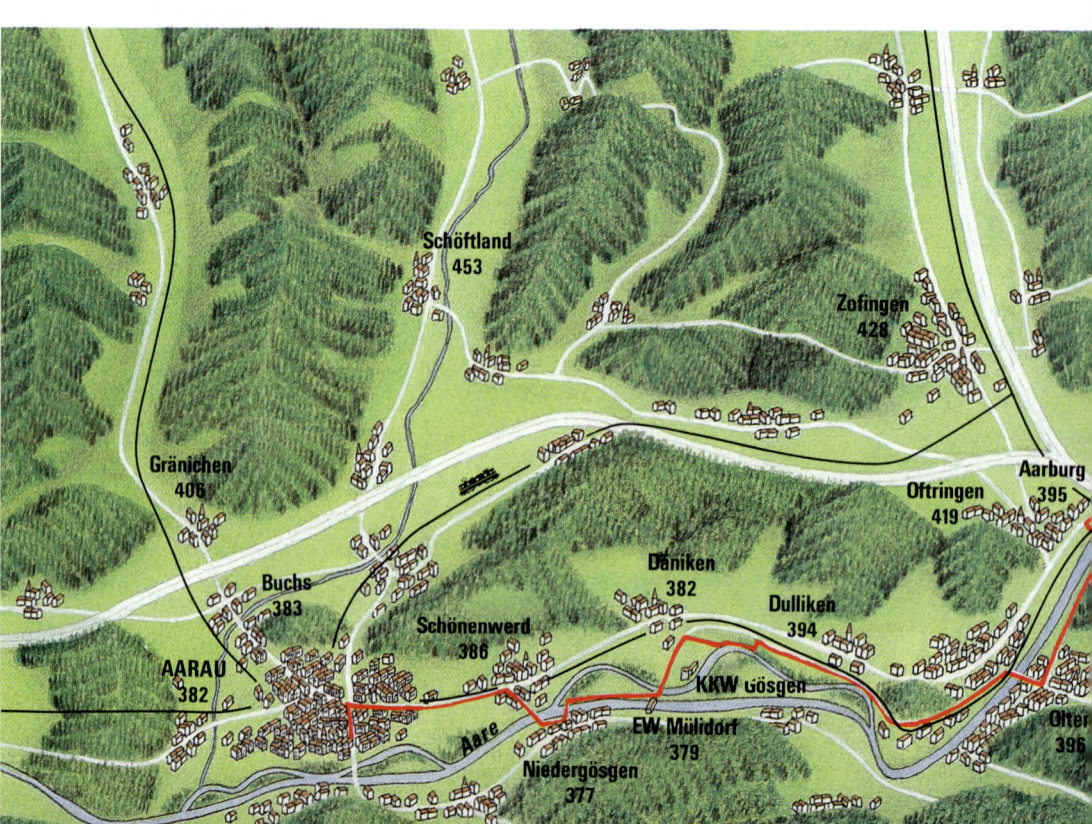

en direction de Rothrist. Après le passage sous voie, on tournera à gauche, puis, croisant la route principale, on pédalera à travers une charmante vallée vers Vordemwald. Là, on bifurquera à droite et on poursuivra sur la grand-route dans un joli paysage vallonné vers Langenthal, via St. Urban:
Aarburg 🚌–Vordemwald 🚌–St. Urban 🚌–Langenthal 🚌
17 km, 2 h

 Herzogenbuchsee, Aarau

 Aarburg

A *Langenthal*, le musée expose des documents sur l'industrie textile dans la Haute-Argovie. Le musée d'*Aarburg* renseigne sur l'histoire locale. Le Musée historique d'*Olten* possède une collection d'histoire régionale. Le Musée des Beaux-Arts expose des œuvres de peintres soleurois et suisses des 19e et 20e siècles. Une petite collection paléontologique et minéralogique se trouve dans le Musée d'histoire naturelle. *Dulliken* possède un petit musée régional. A *Schönenwerd*, on verra le musée de la chaussure de la firme Bally qui regroupe sandales et chaussures de l'Antiquité à nos jours, en provenance du monde entier. Le Musée Bally-Prior abrite des collections minéralogiques et locales.

Le donjon du château d'*Aarwangen*, au passage du fleuve, date du 13e siècle.
La façade du «Tierlihaus» a été peinte sur l'ordre d'un propriétaire de ménagerie ambulante et représente des animaux exotiques.
L'église paroissiale de l'Assomption (1616), à *Wolfwil*, possède un chœur postgothique. La cure présente également des éléments gothiques.
L'église municipale d'*Olten* (1807) comporte une nef à pilastres de style néoclassique. L'église réformée municipale d'*Aarau* est une basilique à trois nefs, édifiée entre 1471 et 1478. De l'ancienne enceinte de la ville, ne subsiste que la Tour supérieure, dont les bases remontent au 13e siècle.

Dans le parc animalier de Mühletäli, à la périphérie d'*Olten*, vivent, dans de grands enclos, des cerfs, des mouflons, des ratons-laveurs, des marmottes et des chèvres-naines. Dans le zoo de Roggenhausen, près d'*Aarau*, se trouvent différentes espèces de cervidés et de sangliers.

Cartes cyclistes
Biel/Bienne–Solothurn–Oberaargau, Basel–Aargau

Correspondances
Bienne–Langenthal r. 26, Lucerne–Langenthal r. 20, Langenthal–Berne r. 21, Olten–Lucerne r. 40, Aarau–Baden r. 37, Aarau–Zurich r. 28, Lucerne–Aarau r. 39.

Aarburg (photo): En se rapprochant à cet habitat, fondé sur un rocher marquant à belle vue panoramique, on est toujours impressionné.

Ancienne collégiale St-Léger à Schönenwerd: Selon la légende, la basilique fut fondée au 10e siècle, par la reine Berthe de Bourgogne. Sa situation, à l'écart de la cité, sur une colline, serait caractéristique de l'époque. La structure actuelle de la collégiale St-Léger ne remonterait qu'au 11e siècle. Par son plan au sol, ce sanctuaire est le plus important spécimen du style roman Lombard en Suisse. Les voûtes, en revanche, s'apparentent plutôt au style bourguignon tandis que la façade ouest est plutôt de style rhénan. L'ensemble présente un caractère roman, avec des variantes stylistiques harmonieusement associées.

A l'époque baroque, la façade d'origine, à deux clochers, fut transformée et un clocher frontal érigé dans l'axe de la nef les remplaça. Vitrail de 1571, conservé au Musée Bally-Prior.

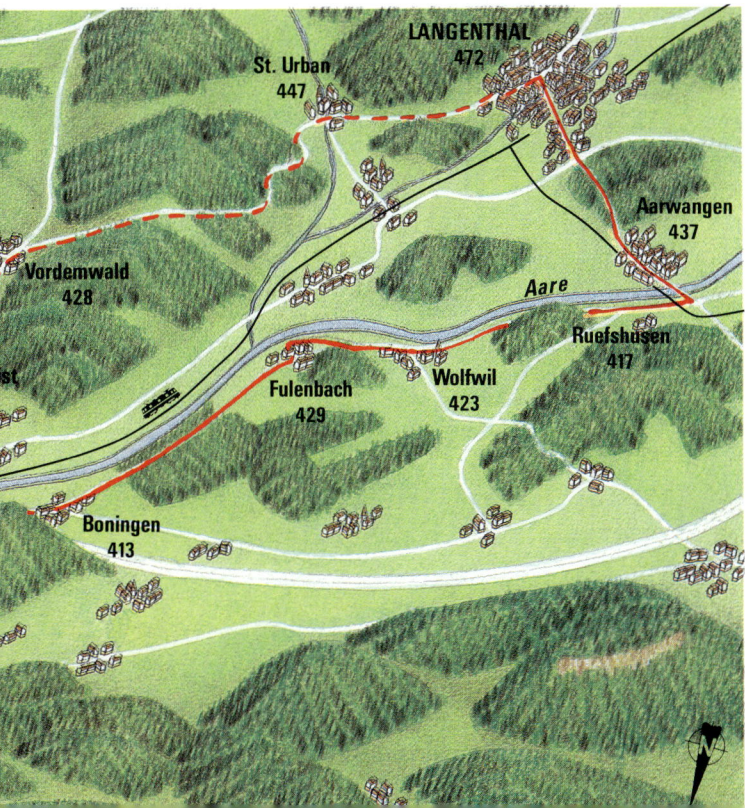

Aarburg

Le château et la forteresse d'Aarburg se dressent sur un rocher abrupt. La petite cité est une fondation des comtes de Frobourg; les parties les plus anciennes remontent au 11e siècle. A l'origine, la ville se composait seulement d'une place triangulaire, flanquée d'une rangée de maisons sur chaque côté. L'église elle-même dut être édifiée à l'extérieur, sur une terrasse en contrebas du château-forteresse. Pendant la période bernoise, de 1415 à 1798, le château était le siège du bailli. Le donjon et le corps de logis datent du Haut Moyen Age. En 1621, le bâtiment fut agrandi au sud par une aile de style baroque primitif. A partir de 1659, toute la cité fut progressivement transformée en forteresse abritant de l'artillerie, jouant un rôle stratégique. Détail surprenant, Aarburg ne posséda aucun pont sur l'Aar pendant des siècles: un bac assurait la liaison avec l'autre rive du fleuve. Ce n'est qu'en 1832 qu'on construisit un pont suspendu, remplacé en 1912 par l'actuel pont de pierre. Un incendie dévastateur détruisit en 1840 une grande partie de la cité d'origine; l'ancienne église elle-même fut la proie des flammes. Sur son emplacement, Johann Jakob Heimlicher édifia en 1842–1845 l'église néogothique, dont les deux clochers dominent aujourd'hui le panorama que l'on découvre depuis le pont. Des trois rangées de maisons autour de la place principale, ne subsiste que celle du côté ouest, qui permet d'imaginer l'ancien Aarburg. A côté de l'Hôtel de ville avec son double escalier extérieur et son aspect seigneurial, se dresse l'élégante maison Scheuermann (1750), qui abrite un Musée régional de grand intérêt. Le rempart-nord et la porte de ville furent rasés après l'incendie.
A la périphérie de la ville se trouvaient le moulin, la scierie et les entrepôts. Dans un large méandre du fleuve, existait autrefois le port, où les bateliers venaient faire escale.

Cette randonnée nous conduit à l'écart de la grande circulation, à travers l'Argovie et la vallée de la Reuss, d'Aarau à Zurich. Il nous faudra vaincre trois hauteurs et une bonne condition physique est nécessaire. Cependant, les magnifiques panoramas nous dédommageront amplement de nos efforts.

Aarau–Lenzburg–Zürich

Route		Distance	Temps
1 Aarau		—	—
2 Lenzburg		12 km	1 h
3 Stetten		25 km	2 h 30
4 Mutschellen		34 km	4 h
5 Birmensdorf		44 km	5 h
6 Zürich HB		53 km	6 h

Dénivellation: 550 m

Notre randonnée commence à la gare d'**Aarau**. Nous tournons devant l'institut CS pour nous engager dans la Tunnelstrasse et rejoindre la Bachstrasse, au sud de la voie de chemin de fer. Contrairement à ce qui se passe en de nombreuses autres villes, la rivière coule encore ici à ciel ouvert. Ce cours d'eau nous mène à la périphérie d'Aarau, directement dans le centre de *Suhr*, où nous bifurquons à gauche dans la rue médiane du village. Nous tournons maintenant à droite à la hauteur du restaurant Central, puis à gauche près de l'auberge Bären pour atteindre la grand-route en direction de Hunzenschwil. La piste cyclable qui commence après le passage sous voie nous conduit le long de l'Oberholz, sous l'autoroute; nous la suivons jusqu'à la partie supérieure du village d'*Hunzenschwil*.

Pouvoir clérical à Staufen, pouvoir laïc à Lenzbourg

Devant le restaurant Kastanienbaum, nous obliquons à droite pour emprunter d'abord une route secondaire, puis un chemin asphalté en direction de l'est et de *Staufen*, faubourg de **Lenzbourg**. L'église paroissiale romano-gothique avec ses beaux vitraux se trouve sur le Staufberg; de là, un magnifique panorama s'offre à nous sur les alentours et le château de Lenzbourg. La route menant de Staufen à Lenzbourg est maintenant facile à trouver. Dans cette dernière localité, nous devons prévoir une petite halte pour visiter la très belle ville ancienne et l'impressionnant château fort.

Malheureusement, la poursuite de notre randonnée nous oblige à emprunter la route principale en direction de Wohlen, mais nous pouvons l'abandonner à la gare d'*Hendschiken*. A partir de cette localité, nous atteindrons *Dottikon*. Une montée nous conduit maintenant à *Hägglingen*; à l'entrée du village, nous choisissons la route de Niederwil qui serpente à travers prés et champs pour aboutir à *Rüti*. Avant de rouler en descente, à gauche, à travers la forêt dans la direction de *Niederwil*, nous profitons encore du panorama de la vallée de la Reuss et du Heitersberg, qui se dresse en face. La Reuss déroule ses larges méandres à travers la vallée creusée par les glaciers lors des deux dernières glaciations. Sur la grand-route, assez peu fréquentée, nous pédalons, en traversant la Reuss, de Niederwil à **Stetten**; là nous bifurquons à droite, d'abord en direction de Baden, puis dans la direction de *Künten*. Depuis ce village, la route qui se détache à gauche devant le Schürhof, grimpe jusqu'à *Bellikon*. Le château, de style gothique tardif, est digne d'intérêt; l'église moderne de Bellikon mérite également une courte visite.

A Bellikon, nous tournons à droite pour pédaler en pente douce sur la route qui mène à *Widen*, puis, via **Mutschellen**, à *Berikon*.

Au fond de la vallée, la Reuss coule paresseusement au milieu des prairies et des champs qui alternent avec des boqueteaux. La vue est grandiose. Nous tournons à gauche dans le village de Berikon pour emprunter la route qui conduit à *Friedlisberg*; de là, nous prenons la direction de l'est jusqu'à la lisière de la forêt qui forme frontière entre les cantons d'Argovie et de Zurich. Une petite route étroite nous mène en descente jusqu'à une ferme; nous continuons à descendre pour arriver finalement à **Birmensdorf**.

Les randonneurs qui souhaitent éviter la dernière montée qui nous sépare encore de Zurich peuvent prendre ici le train.

La grand-route étant la seule voie de communication pratique disponible, il est recommandé de suivre cet itinéraire, surtout si nous sommes en famille. Néanmoins, ceux qui veulent regagner **Zurich** à vélo peuvent

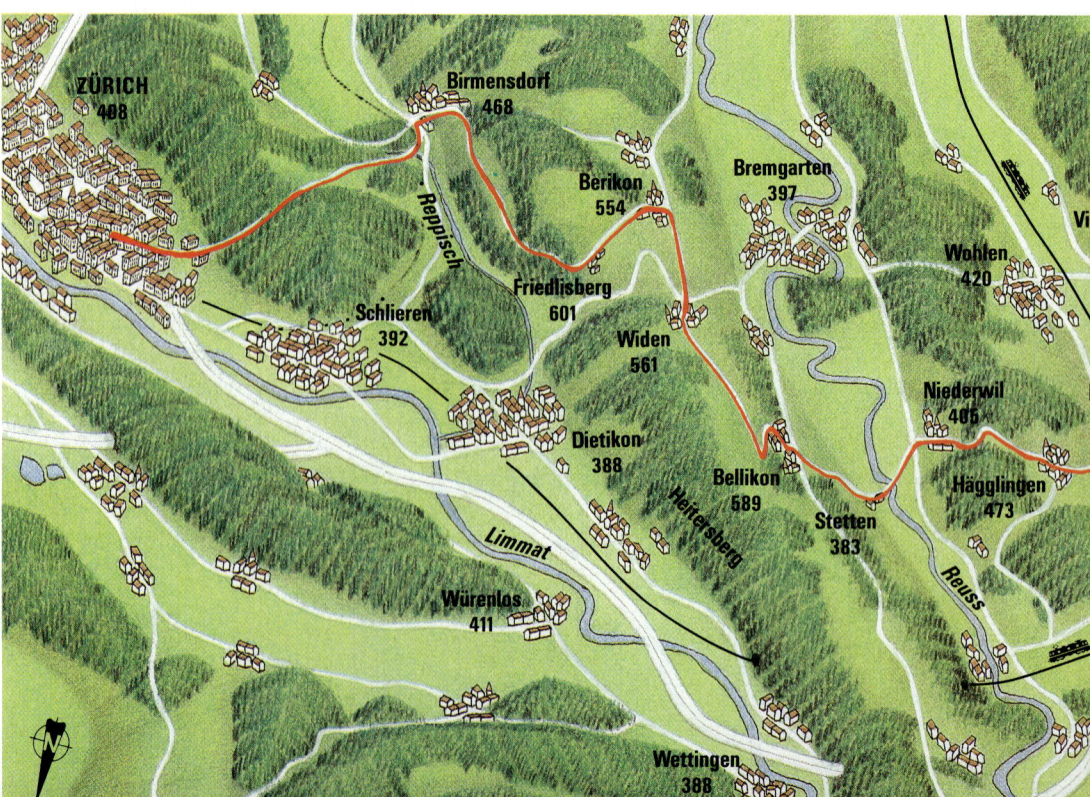

prendre la Birmensdorferstrasse qui les conduira directement au centre de la ville.

 Aarau, Zurich

 Sulz près Künten, Zurich-Wollishofen

 Piscines en plein air: Aarau, Suhr, Lenzbourg, Birmensdorf, Zurich
Piscine couverte: Zurich

 La maison du bailli, à *Suhr*, abrite un musée régional. A *Lenzbourg*, se trouvent une collection d'archives historiques de l'Argovie ainsi qu'un musée régional. Le musée du village de *Birmensdorf* nous renseigne sur l'histoire locale. Les musées de *Zurich* les plus importants sont le Musée national suisse, le Musée des Beaux-Arts, le Musée Rietberg (art africain et asiatique) et le Musée zoologique de l'université.

 L'église paroissiale de *Suhr*, de style gothique tardif, possède un chœur et un clocher à toit en bâtière escarpée (1495); elle s'élève sur les ruines d'un temple romain. Dans l'église paroissiale catholique St-Michel, à *Hägglingen*, se trouvent trois autels et une chaire, œuvre de J. Mosbrugger. Au rez-de-chaussée du clocher, on verra un ensemble de fresques de style gothique tardif. Près de *Niederwil*, se dresse l'ancien couvent des Cisterciennes de Gnadenthal. L'église paroissiale réformée de *Birmensdorf* (1659) et son clocher roman s'élève sur l'emplacement d'une église déjà attestée au 9e siècle. A *Zurich*, les édifices les plus remarquables sont le Grossmünster, le Fraumünster, les deux anciennes écoles supérieures et l'Hôtel de ville. Dans la vieille ville, de nombreuses maisons de corporations sont remarquables.

 A *Zurich*, se trouve le zoo le plus élevé d'Europe; on y verra des animaux du monde entier. A *Roggenhausen*, près d'Aarau, le parc animalier possède différentes espèces de cervidés et de sangliers. Des volières existent également à *Zurich* et à *Aarau*.

Cartes cyclistes
Basel–Aargau, Zürich

Déviation
Hendschiken–Ammerswil–Egliswil–Seon–Gränichen–Suhr–Aarau
18 km, 2 h

Correspondances
Langenthal–Aarau r. 27, Lucerne-Aarau r. 39, Aarau–Baden r. 37, Lucerne–Brugg r. 38, Zurich-Schaffhouse r. 34, Zurich-Winterthour r. 30, Zurich–St-Gall r. 29, Zurich–Lucerne r. 35, Rapperswil-Zurich r. 33.

Eglise de Staufberg: L'église dédiée à St-Laurent (15e siècle) se dresse sur la colline conique du Staufenberg et fait pendant à la forteresse de Lenzbourg. Le sanctuaire, avec le presbytère, la maison du sacristain et quelques bâtiments annexes, forme un ensemble homogène. Particulièrement remarquables, les vitraux du chœur, datant de la première moitié du 15e siècle, représentent des épisodes de la vie du Christ ainsi que divers saints et apôtres. La roue à tambour à hauteur d'homme qui servait à tirer un seau d'eau d'un puits profond de plus de 27 m est également intéressante.

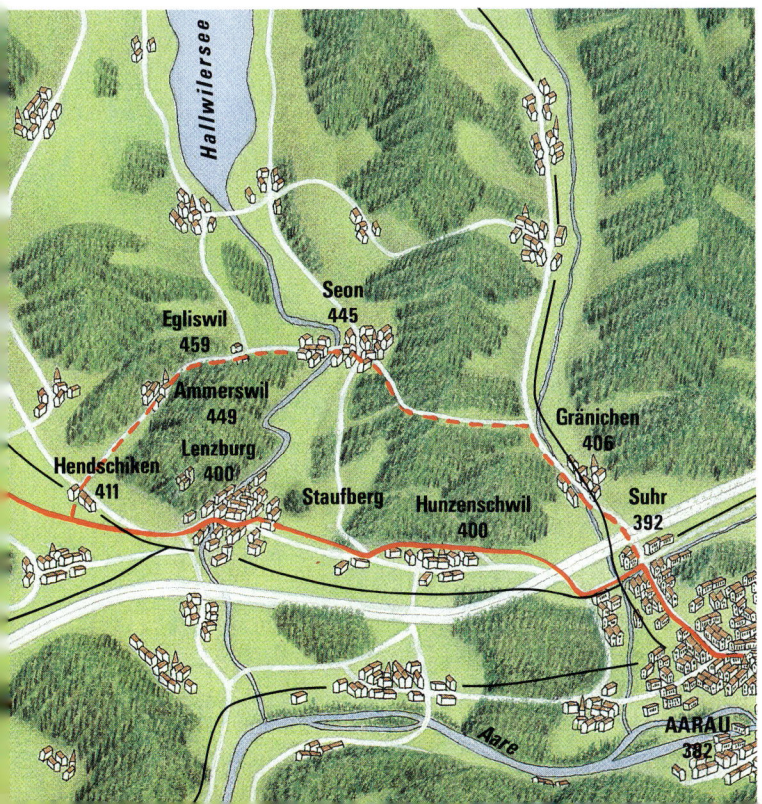

Lenzbourg

Une nécropole néolithique qui s'étend sur la colline du château-fort révèle que la région de Lenzbourg a été habitée depuis des millénaires. En outre, lors de la construction de l'autoroute, les vestiges d'une colonie romaine avec son théâtre semi-circulaire furent mis au jour. Un document de l'an 976 mentionne Arnold von Lenzbourg, bailli impérial de Zurich et propriétaire de la forteresse qui se dressait à l'époque. Après l'extinction de la lignée des comtes de Lenzbourg, le château devint la propriété des Kybourg, puis des Habsbourg. A partir de 1415, il servit de résidence aux baillis bernois, comme beaucoup de châteaux argoviens. Plus récemment, il appartint, notamment, au poète Frank Wedekind et à l'explorateur polaire Lincoln Ellsworth. Acquis en 1956 par le canton d'Argovie et la commune de Lenzbourg, le château abrite aujourd'hui le Musée historique cantonal. La maison Philipp-Albert-Stapfer sert de «lieu de rencontre et de culture au château de Lenzbourg».
Le puissant et vaste château, dont le donjon et le corps de logis datent du haut Moyen Age, se dresse sur une hauteur dominant la cité. Un peu plus récente que la forteresse, celle-ci fut fondée vraisemblablement au milieu du 13e siècle par les Kybourg. En 1491, un terrible incendie dévasta la ville entière, à l'exception de quinze maisons, si bien que sa physionomie actuelle est dominée par des éléments baroques. Avec l'aide de Berne, la cité fut bientôt reconstruite mais les toits en tuiles remplacèrent les toits de chaume. L'Hôtel de ville, de style baroque, avec sa façade en trois parties et sa tour centrale ornée d'un fronton à horloge, est particulièrement remarquable. Dans la maison du tribunal de première instance, on verra le musée régional. En dehors de l'ancienne enceinte fortifiée, plusieurs demeures bourgeoises représentatives ont été édifiées au 18e siècle.

Zürich–Bichelsee–St. Gallen

Cette randonnée, recommandée particulièrement aux sportifs, nous conduit à St-Gall à travers le Tösstal et le Toggenbourg. Jusqu'à Flawil, nous évitons les grands axes routiers de la plaine et traversons la région vallonnée, au sud. Notre itinéraire est un peu plus accidenté mais nous fait profiter de multiples et fascinants points de vue. Le cyclotouriste qui choisira le détour par Andwil pourra admirer le panorama du haut du Sonnenberg et jouir de la descente jusqu'à St-Gall, point fort de cette randonnée.

Route		Distance	Temps
1	Zürich-Oerlikon	—	—
2	Illnau	15 km	1 h 30
3	Rikon	24 km	2 h 30
4	Bazenheid	69 km	7 h 30
5	Flawil	79 km	8 h 30
6	St. Gallen	95 km	10 h 30

Dénivellation: 1000 m

Notre randonnée commence à la gare de **Zurich-Oerlikon.** Derrière la gare, nous descendons à droite vers les deux passages sous la voie ferrée, entre lesquels débute une piste cyclable balisée en direction de Dübendorf. Nous longeons le chemin de fer jusqu'à Auzelg, puis le cours de la Glatt avant d'emprunter une route de campagne jusqu'à *Dübendorf.*
Après un passage sous voie, nous obliquons à gauche vers Wangen. Nous longeons le terrain d'aviation jusqu'à un tournant à gauche; puis demeurant sur notre droite, nous bifurquons ensuite à gauche après le stade de Dürenbach; après avoir franchi l'autoroute, nous prenons la direction de Wangen. Dans le centre de cette localité aux belles maisons à colombages, nous tournons maintenant à droite pour emprunter ensuite à gauche, la route de *Kindhausen,* indiquée par un panneau de signalisation. Nous arrivons dans le village après une courte montée et la traversée de la forêt de Wangen. Nous pédalons sur une centaine de mètres à gauche, puis nous montons à droite sur une colline, dans la direction de *Bisikon.* Là, nous continuons tout droit jusqu'à **Ober-Illnau.** Désormais, nous suivons, à gauche, la route principale sur trois cents mètres environ, en nous dirigeant vers *Effretikon,* jusqu'à un passage au-dessus de la voie ferrée; maintenant, nous pouvons rouler en descente sur la Grauselstrasse, à droite, jusqu'à *Talmüli.* Un peu plus loin, à droite, sur le versant opposé de la vallée, nous montons sur une petite route escarpée qui aboutit, via Luckhausen, à *Agasul.* A la sortie du village, à gauche, nous empruntons la grandroute; dépassant le Brauisee, nous nous dirigeons vers *Weisslingen.* Dans le centre du village, nous restons sur notre gauche pour bifurquer ensuite à droite vers **Rikon.** Nous montons à Dettenried et une longue descente nous conduit à Rikon, localité du Tösstal. Après le pont, nous suivons, à droite, la piste cyclable balisée, entre la voie ferrée et la Töss, en changeant deux fois de rive jusqu'à *Turbenthal.* Pour la halte de midi, de nombreux emplacements pour barbecue sont à notre disposition au bord de la rivière. Devant la gare de Turbenthal, nous atteignons, à gauche, la route principale, après un passage sous voie. Nous la suivons à droite jusqu'à l'église et ensuite à gauche dans la direction de St-Gall. A la sortie de la localité, sur le côté gauche, nous empruntons une piste cyclable indiquée en rouge qui se dirige, à l'écart de la route, vers *Bichelsee.* Nous poursuivons notre randonnée sur cette piste parallèlement à la route jusqu'à Bichelsee, où nous bifurquons à droite dans la direction de *Dussnang.* Nous arrivons dans ce village en passant par Itaslen; prenant, droit devant nous, la direction d'*Oberwangen,* nous passons, à gauche, entre les deux églises. Ensuite, nous roulons à droite dans une vallée sinueuse; nous traversons Unterschönau et gravissons une côte vers *Dietschwil* pour arriver ensuite à *Kirchberg.* Là, nous franchissons la route principale à la hauteur de l'église et descendons en ligne droite vers **Bazenheid.** Dans cette localité, nous empruntons, à droite, la grandroute et bifurquons à gauche dans la direction de **Flawil,** nous laissant rouler en descente jusqu'à la Thur. De l'autre côté de la rivière, après une courte montée escarpée, nous atteignons Unterrindal; de là, traversant une longue vallée encaissée, notre route aboutit à Flawil. Maintenant, à nous de décider comment nous effectuerons la dernière partie de notre randonnée. Pour atteindre **St-Gall**, les voies de communication les plus directes sont la route principale, très fréquentée, ou le chemin de fer. Les participants qui ont encore des réserves d'énergie peuvent faire un détour agréable et gagner St-Gall par l'itinéraire ci-dessous.

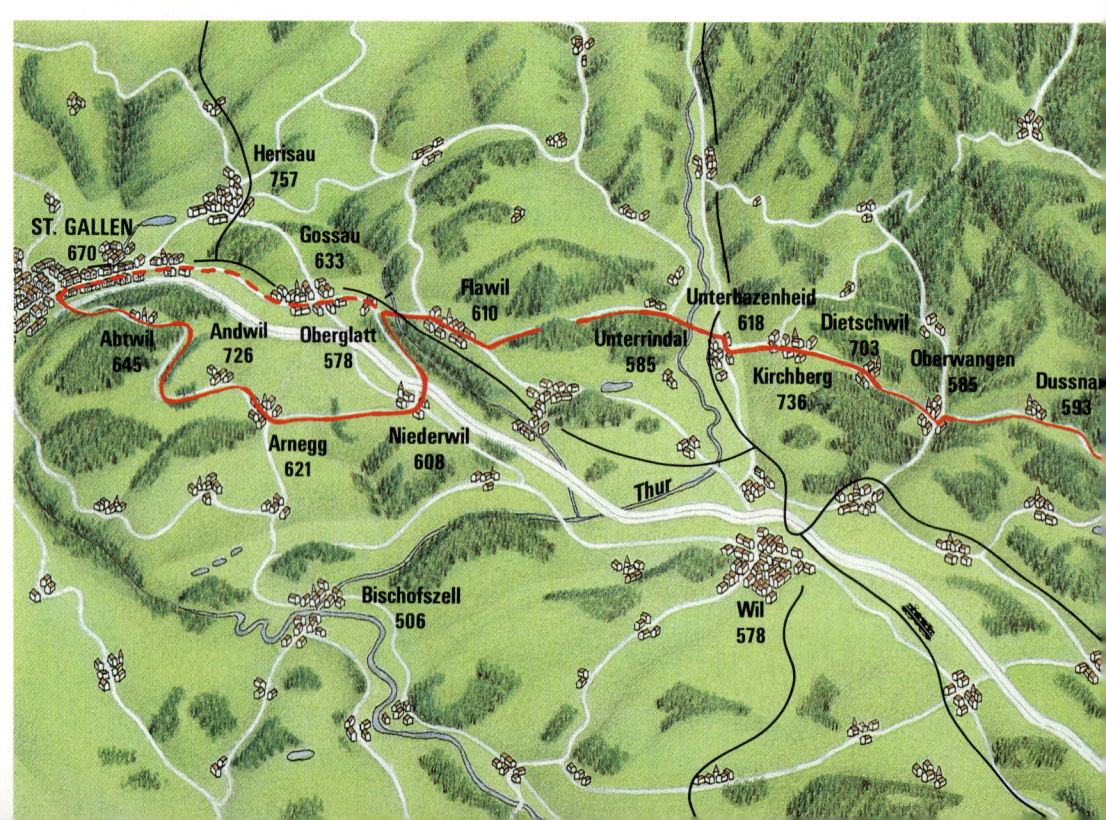

Itinéraire secondaire

A Flawil, nous suivons la grand-route dans la direction de St-Gall et bifurquons après le pont sur la Glatt, à gauche, vers Niederwil. Dans cette localité, nous restons sur notre droite à la hauteur de l'église; dès que possible, nous obliquons, à gauche, dans une route secondaire qui nous conduit à Arnegg, via Harschwil. Sur la route principale, nous repérons, à droite, un panneau de signalisation qui conduit, à gauche en montant, jusqu'à Andwil. A la poste de ce village, une petite rue bifurque à gauche et nous amène, par une montée raide, à la grand-route. Nous la suivons à gauche vers Engelburg; après une longue côte, nous atteignons un carrefour sur le haut plateau. Ici, nous empruntons, à droite, un chemin privé: le passage des bicyclettes y est autorisé malgré le panneau d'interdiction de circulation. Après une dernière montée, nous roulons en descente, profitant de la vue superbe sur St-Gall, jusqu'à Abtwil. Là, nous restons d'abord à gauche, puis bifurquons à droite devant l'église; par une route secondaire, nous atteignons l'autoroute, que nous suivons jusqu'au viaduc. La piste cyclable qui passe sous l'autoroute nous conduit aisément à St-Gall, à travers l'étroit et profond Sittertal:
Flawil 🚂–Andwil 🚌–St-Gall 🚂 23 km, 3 h

Cartes cyclistes
Zürich, St. Gallen–Appenzell

Correspondances
Aarau–Zurich r. 28, Rapperswil–Zurich r. 33, Zurich–Schaffhouse r. 34, Zurich–Lucerne r. 35, Zurich–Winterthour r. 30, St-Gall–Rapperswil r. 18, St-Gall–Frauenfeld r. 1, Buchs–St-Gall r. 17.

 Zurich, Uzwil, St-Gall

 Zurich/Seebucht, Wildberg au-dessus de Turbenthal, St-Gall

Près de l'aérodrome de *Dübendorf,* se trouve le Musée de l'aviation suisse. A *St-Gall,* on verra la Bibliothèque de la collégiale avec sa collection de manuscrits des 7e au 12e siècles, le Nouveau Musée ou Musée historique, le Musée régional dans la maison Kirchhofer qui abrite des objets de fouilles provenant des grottes de la région, le Musée des Beaux-Arts qui expose des œuvres des 19e et 20e siècles, le Musée de l'industrie et des arts appliqués, spécialisé dans l'industrie textile. Au jardin botanique, se trouve une collection d'histoire naturelle consacrée à la botanique.

 Dans le parc animalier «Peter und Paul», à St-Gall, vivent cerfs, bouquetins, chamois et marmottes.

Maison de Toggenbourg: Sur la photo, exemple singulièrement orné d'un oriel à toit (17e/18e siècles).

Ulrich Bräker – le «pauvre homme du Toggenbourg»: A Bazenheid, nous sommes au carrefour de la vallée de la Thur et de la partie inférieure du Toggenbourg. Quelques kilomètres en aval de la Thur, à Wattwil, naquit en 1735 Ulrich Bräker, aîné de dix enfants. Avant de commencer, à l'âge de quarante ans, la rédaction de sa biographie, il connut de nombreuses vicissitudes; de toute manière, ces détresses personnelles étaient le lot des habitants du Toggenbourg, surnommé «la maison des pauvres de St-Gall». Séjournant à l'étranger quelques années, Bräker servit, entre autres, et contre son gré, dans l'armée prussienne. Le mal du pays le ramena au Toggenbourg aussi pauvre qu'avant; au prix de grandes privations, il parvint à assurer une existence décente à sa famille de huit enfants. Le rat de bibliothèque qu'il était trouva enfin le temps d'écrire ses souvenirs; avec humour et réalisme, il y raconte sa vie.

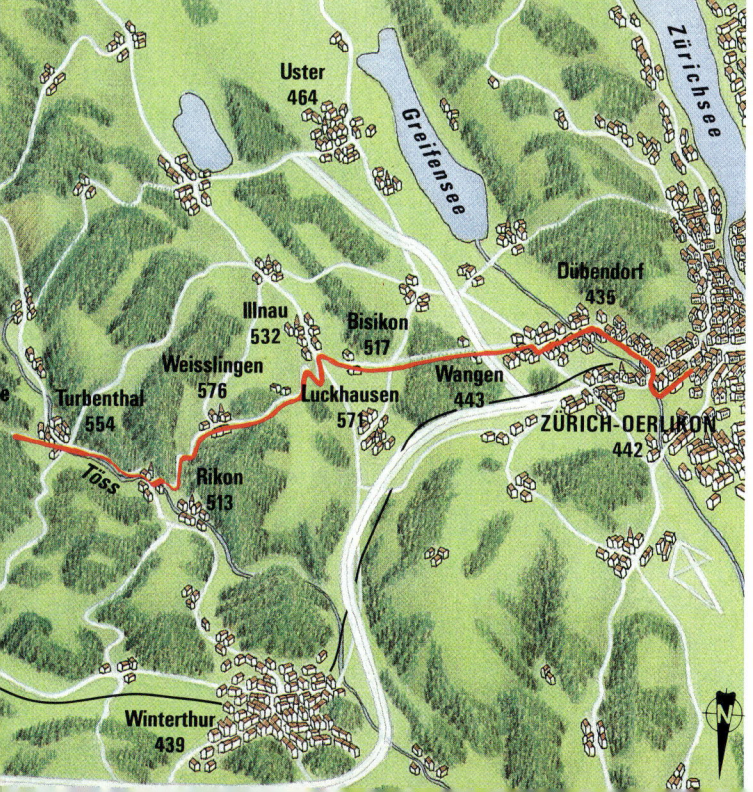

Le couvent de St-Gall

En l'an de grâce 612, Gallus, messager de la foi irlandais à la recherche d'un lieu paisible pour y mener une vie d'ermite, tomba sur un buisson épineux. Considérant cet incident comme un signe du ciel, il s'établit à cet endroit. Son ermitage s'agrandit bientôt et devint au 8e siècle un couvent qui reprit au 8e siècle la règle des Bénédictins «ora et labora». Après l'invasion des Hongrois en 926, le domaine conventuel et les quelques habitations de l'établissement religieux libre furent entourés d'une enceinte fortifiée, donnant ainsi naissance à la ville monacale. En 1457, la cité se dissocia du couvent; pendant la Réforme, elle changea même de confession. Cependant, l'abbaye maintint son influence sur la région, dont elle était en grande partie propriétaire. En 1805, le couvent fut fermé sur décision du Grand Conseil; de nos jours, il abrite la résidence de l'évêque. L'édifice principal du couvent est l'église de la Collégiale St-Gall et St-Othmar, construite entre 1755 et 1766, à l'emplacement d'anciennes églises médiévales. De nombreux architectes et artistes participèrent à son édification; l'extérieur du sanctuaire est un parfait spécimen du style baroque de l'Allemagne du Sud tandis que le superbe décor de stucs, à l'intérieur, s'apparente au style rococo. Dans cet ensemble architectural ne subsistent de l'époque médiévale qu'une tour ronde, à l'angle sud-est, et le Karlstor; les autres constructions furent réalisées selon un plan d'ensemble systématique, aux 17e et 18e siècles. L'élément architectural le plus remarquable est, sans aucun doute, la bibliothèque de la Collégiale, salle à deux étages avec ses superbes plafonds peints et ornements de stuc. La collection comprend plus de 100 000 ouvrages, 2000 manuscrits et 2000 éditions princeps. L'ensemble comporte également trois chapelles: chapelle du Sacré-Cœur, dans l'aile est, chapelle St-Gall, à l'ouest du passage conduisant au Brunnenhof et, au-dessus, Hofkapelle.

La partie supérieure du Glattal, densément peuplée et la région doucement vallonnée située entre le Kempttal et le Tösstal offrent un étonnant contraste. La visite du château ancestral des comtes de Kybourg est un moment important de cette randonnée. Sur cet itinéraire, nous visiterons également Winterthour, fondée aussi par les Kybourg et devenue cité industrielle. Légèrement plus court que l'aller, le retour nous fera profiter de magnifiques panoramas sur des paysages très divers.

Zürich–Winterthur–Zürich

Route		Distance	Temps
1 Zürich-Oerlikon		—	—
2 Dübendorf		7 km	0 h 30
3 Fehraltorf		20 km	2 h
4 Kyburg		28 km	3 h
5 Winterthur		37 km	4 h
6 Sunnenbüel		46 km	5 h 30
7 Bassersdorf		55 km	6 h 30
8 Zürich-Oerlikon		64 km	7 h 30

Dénivellation: 550 m

Notre randonnée commence à la gare d'**Oerlikon,** à Zurich. Derrière la gare, nous descendons à droite en direction de deux passages sous voie entre lesquels s'ouvre une piste cyclable vers Dübendorf. Nous la suivons sur le côté nord du remblai du chemin de fer, jusqu'à *Auzelg,* où nous bifurquons à droite, avant de traverser la Bahnstrasse, puis la Glatt. Les poteaux indicateurs nous montrent l'itinéraire à suivre le long de ce cours d'eau jusqu'à l'Uberlandstrasse, que nous franchissons avant d'emprunter, à gauche, la piste cyclable qui nous amène à **Dübendorf.**

Avions de chasse et armures

Nous poursuivons notre route sur la piste cyclable; franchissant un passage sous voie, nous longeons la gare puis le côté sud de l'aérodrome militaire. A *Gfenn,* les participants qui le souhaitent pourront effectuer un petit détour, à droite, pour visiter l'ancienne église des Lazaristes. Suivant la route principale en direction d'Uster, nous gagnons Nänikon, via *Hegnau.* Depuis le tronçon Gfenn–Hegnau, on peut suivre facilement les évolutions des avions.

A *Nänikon,* nous pouvons enfin quitter la grand-route qui côtoyait jusqu'ici la piste cyclable pour obliquer, à gauche, vers Freudwil.

Traversant l'autoroute, nous la longeons maintenant à droite, sur un chemin de terre pour aboutir à une route secondaire interrompue par l'autoroute. Celle-ci nous conduit, à travers le Hardwald, vers *Freudwil* et **Fehraltorf.** Dans la rue principale de cette dernière localité, nous obliquons d'abord à droite puis, immédiatement après, à gauche, en direction de Weisslingen. Au prochain carrefour, nous tournons à gauche, suivons les poteaux indicateurs et pédalons vers *Agasul.* Sur une route légèrement ascendante, nous passons par les hameaux de *Mesikon* et d'Horben.

Le dernier tronçon, jusqu'à *First,* est plutôt raide mais le magnifique panorama nous dédommagera de nos efforts. Reportant à notre prochaine étape une halte bien méritée, nous nous laissons descendre sur une route faiblement déclive jusqu'à **Ky-**

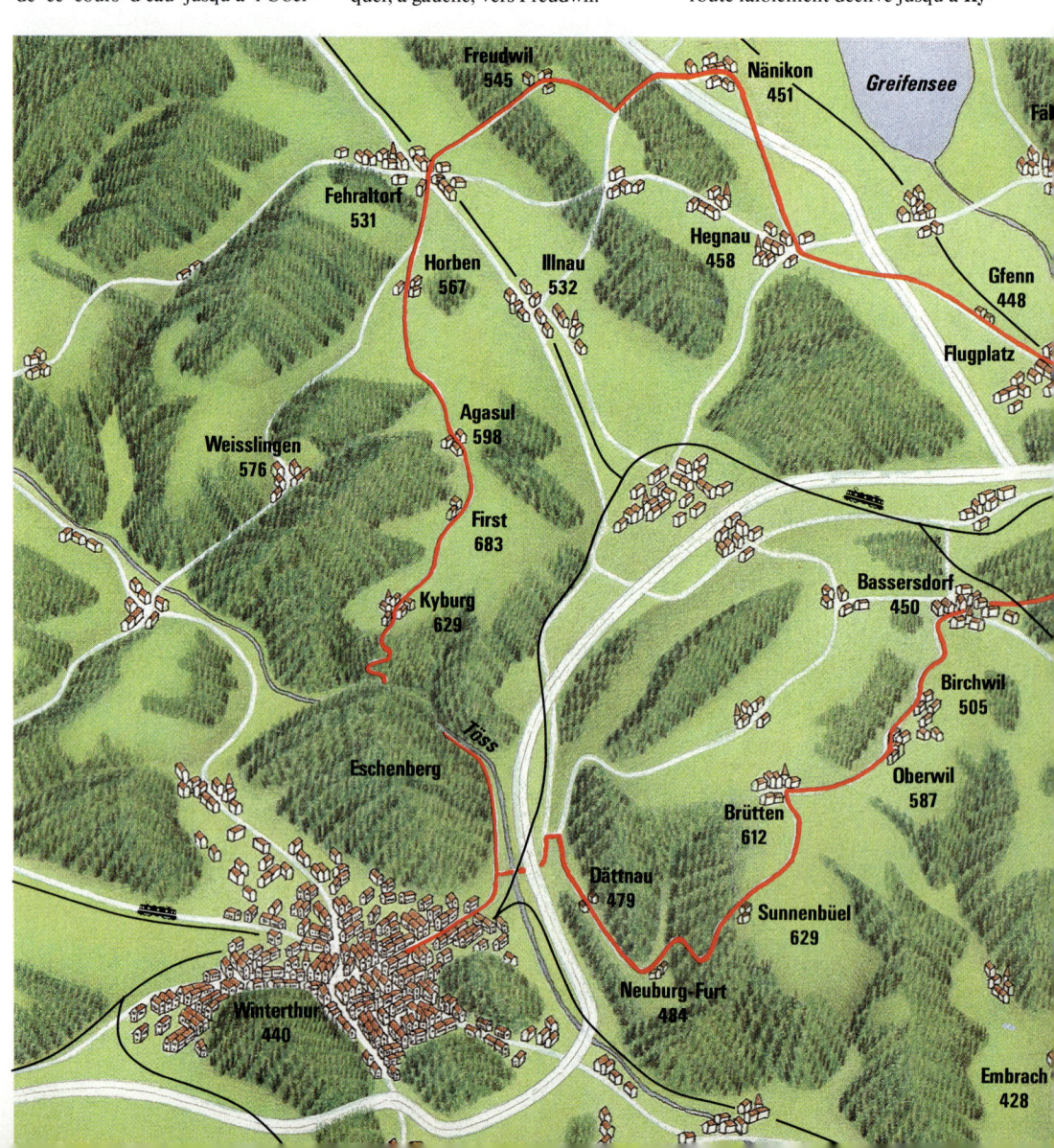

burg, château ancestral des comtes du même nom.

Après la visite de l'imposant château et du musée, nous nous dirigeons par une forte côte, vers la rivière Töss, que nous traversons sur un pont de bois couvert, avant d'emprunter sur l'autre rive, un chemin de terre.

Longeant la Töss, ce chemin nous mène à travers la belle forêt humide qui entoure l'Eschenberg jusqu'à la voie ferrée. De là, nous suivons l'Untere Vogelsangstrasse qui nous conduit à la vieille ville de **Winterthour** et à la gare.

Zurich par des voies détournées

Si la journée n'est pas trop avancée, il est conseillé de regagner Zurich à vélo. Après un grand passage sous voie, près de la gare, nous tournons à gauche, dans la Tössfeldstrasse, traversons la zone industrielle, puis la voie ferrée à la gare de Töss, pour arriver dans l'Auwiesenstrasse.

Celle-ci nous conduit, à droite, au-dessus de l'autoroute; au-delà, nous suivons pendant un certain temps, à gauche, une piste cyclable dans la direction de Zurich.

Au prochain carrefour, nous obliquons à droite, vers Dättnau, pour emprunter cinquante mètres plus loin, sur la droite, la Dättnaustrasse qui, longeant une tuilerie, aboutit à *Neuburg* par une belle vallée. Au lieu de rejoindre un hameau situé à mi-pente, nous suivons la route au fond de la vallée jusqu'au panneau indiquant la direction de Brütten et de Sunnenbüel. Après une montée assez raide, la vue qui s'offre à nos yeux sera notre récompense. A la bifurcation de **Sunnenbüel,** nous obliquons à gauche vers *Brütten.* De là, nous tournons deux fois sur notre droite sur la route principale en direction d'Oberwil, de Birchwil et de **Bassersdorf.** Au centre de cette dernière localité, nous gardons la droite et obliquons à gauche, près du magasin Coop, vers l'Opfikonerstrasse.

A la sortie de Bassersdorf, nous traversons, à gauche, le passage à niveau pour monter au Hartwald. Roulant droit devant nous sans tenir compte des croisements, nous atteignons, à travers la forêt, le noyau ancien d'*Opfikon.* Nous pédalons à droite au-dessus de l'autoroute en direction de *Glattbrugg.* Nous empruntons maintenant la Schaffhauserstrasse qui nous ramène, via Seebach, à la gare d'**Oerlikon.**

Carte cycliste
Zürich

Correspondances
Aarau–Zurich r. 28, Rapperswil–Zurich r. 33, Zurich–Schaffhouse r. 34, Zurich–St-Gall r. 29, Zurich–Lucerne r. 35, Winterthour–Stein am Rhein r. 31, Rapperswil–Winterthour r. 32, Baden–Winterthour r. 36.

 Zurich, Winterthour

 Zurich, Winterthour

 Non loin de l'aérodrome militaire de *Dübendorf,* se trouve le Musée de l'aviation suisse. A *Winterthour,* on verra d'importantes collections d'œuvres d'art. Le musée des beaux-arts, le musée Oskar Reinhart «Am Stadtgarten», la Collection Oskar Reinhart «Am Römerholz» possèdent des œuvres d'art des 16e au 20e siècles. L'Hôtel de ville abrite la belle Collection d'Horlogerie Kellenberger. Le musée Lindengut expose une collection d'art régional; le Technorama de la Suisse présent des machines et des modèles relatifs à l'histoire des techniques. Plusieurs collections plus modestes: Musée des arts appliqués, Cabinet des médailles et Collection d'histoire naturelle, s'ajoutent à ce riche patrimoine.

L'ancienne église des Lazaristes de Gfenn, à *Dübendorf,* sanctuaire roman du 13e siècle, a servi de grange pendant quatre cents ans; elle a été restaurée en 1961–1967. Proche de Nänikon, la petite cité très bien conservée de *Greifensee,* au bord du lac du même nom, possède une belle église paroissiale en style gothique de haute époque et un château-fort.

Le vaste parc zoologique de *Zurich* abrite plus de 2000 animaux, originaires de tous les pays et appartenant à 250 espèces différentes. Le jardin animalier Bruderhaus situé sur l'Eschenberg, avant *Winterthour,* accueille cervidés, bisons et sangliers.

Kybourg: Dominant de très haut la rivière Töss, le château ancestral des comtes de Kybourg est entouré de fossés et d'un chemin de ronde. Jadis très puissants, les comtes de Kybourg connurent par la suite de graves ennuis financiers et durent vendre, l'un après l'autre, leurs domaines. Autour d'une vaste cour intérieure, se groupent la résidence comtale, la maison des Chevaliers (maison des hôtes), le donjon et la chapelle dont l'intérieur s'orne de peintures murales gothiques. Les bâtiments datent pour la plupart des 11e et 13e siècles et abritent un musée historique.

Winterthour

Suivie par Aarau, Winterthour devint la plus importante des villes fondées par les comtes de Kybourg. Cet essor ne se matérialisa qu'au siècle dernier; Winterthour se trouva alors en concurrence avec Zurich, ville voisine, les Habsbourg l'ayant cédée en gage à cette dernière (1467). Les nombreux musées et théâtres témoignent de cette rivalité tant sur le plan industriel que sur le plan culturel, de même que les monuments représentatifs édifiés au 19e siècle. L'actuelle vieille ville de Winterthour se compose d'un noyau primitif quadrangulaire, situé autour de l'église municipale; la Marktgasse en est l'axe principal. L'enceinte fut agrandie dès le 13e siècle pour intégrer dans ses murs les faubourgs orientaux et occidentaux. L'Hôtel de ville (1782–1784), bâtiment néo-classique digne d'intérêt, a été modifié en 1872–1874, en particulier par l'adjonction d'une galerie commerciale à l'italienne. L'ancien hôpital supérieur (1790) et l'ancien hôpital inférieur (1806–1814) appartiennent au style néo-classique primaire, respectivement au style néo-classique au sens propre. L'ancienne caserne est une puissante construction à colombages. Edifice plus récent, la Maison zur Geduld (1690–1717) possède une belle façade de style baroque ancien.

Les fortifications cédèrent la place au 19e siècle à un boulevard circulaire où se succèdent parcs et bâtiments publics. Près de la gare, on verra le Technicum (Ecole d'ingénieurs) de style néo-Renaissance (1874/75), le Stadthaus (1865–1869), édifié en forme de temple, et la Fondation Oskar Reinhart, aménagée dans l'ancien lycée de garçons (1838–1842) avec sa façade de style néo-classique ornée de statues à l'effigie des Suisses célèbres. Le musée du Vieux-Winterthour au Lindengut, de style néo-classique primaire, comporte à l'intérieur de riches peintures murales et des poêles baroques principalement de l'école de Winterthour.

Randonnée à travers le vignoble zurichois, le Stammheimertal qui conserve les traces de la dernière glaciation et la petite cité médiévale de Stein am Rhein. Nous admirerons les superbes villes qui bordent le Rhin mais aussi les villages aux magnifiques maisons à colombages. Sur le chemin du retour, nous monterons jusqu'à la «crête du lac», d'où la vue sur le canton de Thurgovie est grandiose et regagnerons Winterthour par une région de collines et la vallée de la Thur.

Winterthur–Stein am Rhein–Winterthur

Route		Distance	Temps
1	Winterthur	—	—
2	Ossingen	16 km	1 h 30
3	Unterstammheim	25 km	2 h 30
4	Stein am Rhein	33 km	3 h 30
5	Uesslingen	49 km	5 h 30
6	Station Thalheim-Altikon	56 km	6 h 30
7	Winterthur	65 km	7 h 30

Dénivellation: 600 m

La gare principale de **Winterthour** est le point de départ de notre randonnée cycliste. Derrière la gare, nous roulons à droite et suivons les poteaux indiquant la direction de Schaffhouse. A la périphérie de l'agglomération, commence une piste cyclable parallèle à la route nationale; nous gagnons ainsi commodément, à l'écart de la circulation, le village d'*Hettlingen,* par *Ohringen.* Roulant à droite, nous prenons un passage inférieur et suivons les pancartes indiquant la direction de Zelglitrotte. Longeant la piscine, notre itinéraire aboutit au village de *Dägerlen;* nous poursuivons à gauche jusqu'à une route qui mène, à droite, à *Niederwil,* par Oberwil.

Fermes isolées et charmants villages

De Niederwil, nous roulons en direction d'Ossingen puis, descendant la vallée de la Thur, nous rejoignons la route principale qui nous conduit à *Gütighausen.* Bifurquant à droite, nous traversons la Thur et pédalons sur l'autre rive pour remonter vers l'imposante ferme d'**Ossingen,** avec ses beaux bâtiments à colombages. De là, nous tournons deux fois à droite pour atteindre, par une belle vallée, la localité d'*Oberneunforn.* Roulant à droite vers le centre du village, nous prendrons ensuite à gauche la direction de Stammheim et descendrons vers *Waltalingen;* au carrefour central, nous choisirons la route de *Guntalingen.* Dans ce village, nous pédalons, à droite, le long du Stammheimer Riet, vers **Unterstammheim.** Par un passage sous voie, nous pénétrons, à gauche, au cœur de cette localité caractérisée par ses superbes maisons à colombages, également nombreuses dans le village voisin d'Oberstammheim; les deux maisons communales méritent une mention spéciale. Quittant Unterstammheim par le côté nord, nous atteignons bientôt, au sortir de la localité, la route principale qui, par *Etzwilen* et *Kaltenbach* et le pont sur le Rhin, nous mène au centre de la petite ville pittoresque et chargée d'histoire de **Stein am Rhein,** but de cette randonnée.

Pour regagner Winterthour, nous retraversons le pont; parvenus sur la rive opposée, nous remontons vers l'amont par un sentier de randonnée pédestre qui nous conduit à *Eschenz.* La route en direction de Frauenfeld traverse la forêt, le village de *Bornhusen* puis s'élève en forte pente pour gagner l'ancien couvent de Cisterciennes de Kalchrain transformé, depuis 1848, en maison de rééducation. Toute montée a son avantage en ce sens qu'elle est suivie d'une douce et agréable descente… Devant l'ancien couvent, une petite route mène, à droite, vers le village d'**Hüttwilen** puis, à gauche, à la route principale. Traversant le Seebach, nous le suivons sur sa rive droite. Une petite route goudronnée nous amène, au prochain carrefour à gauche, au village de Buch. A main droite, se trouvent les trois lacs: Hüttwiler-, Hasen- et Nussbaumersee, témoignages de la dernière glaciation, qui nous invitent à prendre un bain. A *Buch,* nous prenons, à gauche, la direction d'Uesslingen et atteignons finalement la bordure de la vallée de la Thur; une pente assez raide aboutit au village d'**Uesslingen.** A un tournant, une route se détache à mi-pente; les participants qui s'intéressent au passé l'emprunteront pour se rendre à l'ancienne Chartreuse d'Ittingen (16e et 18e siècles). A Uesslingen, nous franchissons la Thur et obliquons, après le pont, à droite vers Altikon. Les cyclotouristes qui souhaitent visiter Frauenfeld, chef-lieu de la Thurgovie, prendront, à gauche, après le pont, la route nationale qui les mènera à destination en quelques minutes. A *Altikon,* nous tournons à droite et suivons, à la sortie de l'agglomération, les panneaux indiquant la direction de Winterthour. Laissant de côté la gare de **Thalheim-Altikon,** nous poursuivons par Eschlikon, vers *Welsikon.* Un peu plus loin, commence la piste cyclable qui nous conduit à Seuzach. De là, nous pédalons tout droit, franchissons l'autoroute et empruntons la Schaffhauserstrasse qui nous mène au centre de **Winterthour.** Si nous en avons le temps, profitons-en pour nous promener dans la ville ancienne et son entourage des parcs qui alternent avec des édifices représentatifs du 19e siècle. La visite de l'un ou l'autre des musées est vivement conseillée.

 Winterthour, Waltalingen, Stein am Rhein, Frauenfeld

 Winterthour, Gütighausen, Andelfingen, Kaltenbach, Stein am Rhein, Eschenz

 A *Winterthour,* les musées et les collections les plus remarquables sont: le Musée Oskar Reinhart «Am Stadtgarten», la Collection Oskar Reinhart «Am Römerholz», le Musée des Beaux-Arts qui présente des œuvres allant du 16e au 20e siècle, le Technorama, le Musée des Arts et Métiers, le Musée Lindengut d'art régional. *Unterstammheim* possède le Musée régional du Stammheimertal. A *Stein am Rhein,* l'ancienne abbaye bénédictine abrite un musée locale.

 A *Waltalingen,* des fresques de la fin du gothique décorent la Chapelle St-Antoine qui date du 13e siècle. Le château de Schwandegg avec sa tour médiévale du 13e siècle a été transformé en auberge de jeunesse. Des peintures murales du haut-gothique ornent la chapelle Gallus, édifiée au milieu des vignes d'*Oberstammheim.* Devant *Eschenz,* sur l'île de Werd, des vestiges de stations lacustres ont été mis au jour. L'ancien monastère des Cisterciennes de *Kalchrain,* a été construit sur un plan rigoureusement symétrique entre **1703 et 1723**. A l'église catholique St-François de *Hüttwilen,* les fresques (15e siècle) d'une église précédente ont été conservées. Un cycle de peintures murales (saints et scènes de la Passion) du 13e siècle décore la chapelle Sebastian de *Buch.*

 Intéressante lisière de forêt riveraine, près du petit lac de Nussbaumen, dans une région marécageuse protégée qui ne manque pas d'intérêt: c'est le gîte d'une faune qui comprend même des castors.

Carte cycliste
Schaffhausen–Winterthur–Wutachtal

Déviation
Les participants qui désirent interrompre cette randonnée, à Oberneunforn et regagner Winterthour à vélo, emprunteront la route principale ver Uesslingen, via Niederneunforn, décrite ci-après:
Oberneunforn 🚌–Uesslingen 🚌–Altikon 🚌–Winterthour 🚌,
22 km, 2 h

Correspondances
Zurich–Winterthour r. 30, Baden–Winterthour r. 36, Frauenfeld–Schaffhouse r. 2, Rapperswil–Winterthour r. 32.

Stein am Rhein (photo): Même la construction à colombage, d'ordinaire déterminée par les règles de la statique, s'abandonne ici au jeu libre des variations.

Vignoble zurichois: Si l'on en croit un professeur de théologie florentin, les vins provenant des alentours de Stammheim plaisaient aux amateurs de l'époque tandis que le vin des rives du lac de Zurich était encore assimilé au «vinaigre». Le vignoble zurichois est mentionné dès 834; un certain Arolf légua alors ses vignes au monastère de St-Gall. On cultivait jadis principalement les cépages blancs Räuschling et Elbling. Désormais, les cépages rouges Bourgogne et Clevner, l'emportent sur les blancs; vient ensuite le Riesling-Silvaner également appelé Müller-Thurgau.

Stein am Rhein

Le 22 février 1945, une escadre d'avions américains lâcha par erreur ses bombes sur la ravissante petite ville, détruisant l'Untertor. Celle-ci qui fut reconstruite avec les anciens matériaux, l'Obertor, la Tour des Sorcières et plusieurs tronçons de remparts faisaient jadis partie du périmètre défensif. La cité médiévale se développa à la suite du transfert du monastère bénédictin de St-Georges, créé en 994. En 1525, les Zurichois qui exerçaient leur tutelle sur Stein am Rhein, chassèrent le père abbé et introduisirent la Réforme. L'église réformée municipale St-Georges, ancienne abbatiale est décorée de fresques des 13e et 15e siècles. Dans l'ancienne abbaye bénédictine, la salle des fêtes comporte des grisailles; les appartements abbatiaux possèdent des peintures murales d'un très grand intérêt. Les maisons en pierre aux façades peintes, les maisons à oriels et à colombages contribuent à l'atmosphère particulière de la petite cité. Un ensemble particulièrement réussi est constitué par le groupe d'édifices qui entourent la Place de l'Hôtel de ville. On remarquera tout particulièrement la maison «A l'aigle blanc» et sa façade peinte Renaissance qui représente des scènes du Décaméron et des paraboles. D'architecture gothique, l'Hôtel de ville (1539–1542) dont le décor polychrome date de 1898–1900 mérite, lui aussi, d'être vu. Le trésor qu'il renferme présente de superbes pièces d'orfèvrerie d'or et d'argent, les armoiries des 13 anciens cantons et les vitraux, également armoriés, des cités amies. En 1615, Andreas Schmucker réalisa à l'intérieur et sur la façade de l'auberge «Au bœuf rouge» des peintures murales.
Au-dessus de la petite cité, se dresse le château fort d'Hohenklingen dont les parties les plus anciennes datent du 11e siècle; là, résidaient les barons de Hohenklingen, qui administraient la région en tant que vidames, pour le compte des monastères.

Rapperswil–Bauma–Winterthur

Cette randonnée cycliste nous conduit, à travers une chaîne de collines proches du lac supérieur de Zurich, dans l'Oberland zurichois et plus particulièrement dans la vallée de la Töss. L'itinéraire se poursuit dans une vallée boisée jusqu'à Winterthour. Cette promenade propice aux randonnées en famille s'effectue sur la belle piste cyclable qui relie Bauma à Winterthour.

Route		Distance	Temps
1 Rapperswil		–	–
2 Wald		13 km	1 h 30
3 Bauma		29 km	3 h 30
4 Turbenthal		39 km	4 h 30
5 Winterthur		59 km	6 h 30

Dénivellation: 400 m

La gare de **Rapperswil** est le point de départ de cette randonnée. La petite ville s'étend sur une bande de terre qui avance dans les eaux du lac de Zurich; d'une hauteur, un château-fort la domine. Depuis l'Hôtel de ville, la rue principale nous mène en droite ligne à *Jona,* dans la direction de St-Gall. Là, nous bifurquons d'abord à gauche vers Lenggis, puis, à droite, vers *Ermenswil,* en remontant une jolie vallée. De l'autre côté de la rue principale, la Lütschbachstrasse s'élève vers *Diemberg;* nous restons sur la gauche dans la direction de **Wald,** localité du canton de Zurich, que nous atteignons après avoir traversé le village de Laupen.

Après une rude montée, un superbe panorama

A Wald, nous roulons sur la grand-route vers Winterthour; à la hauteur de l'église de Wald, nous bifurquons à droite, en direction de Scheidegg/Oberholz et empruntons une route qui mène au terme d'une pente raide, à *Hüebli,* via Haltberg. Au carrefour du village de Hüebli, nous nous orientons sur les poteaux indiquant la direction de *Gibswil.* La descente sur une route faiblement déclive nous permet d'apprécier la beauté du paysage de la Jonatal. A Gibswil, nous croisons l'itinéraire suivi par les participants à cette randonnée qui ont préféré prendre le train jusqu'ici. Sur la grand-route, nous roulons maintenant vers l'aval en direction de *Fischenthal* et de *Steg,* où nous rejoignons la Töss.

De part et d'autre de la Töss, un chemin romantique

Après Steg, nous retrouvons une dernière fois la route principale jusqu'à la piste cyclable sur laquelle nous effectuerons la dernière partie de cette promenade. Cette piste nous mène à **Bauma,** où des panneaux de signalisation indiquent la direction de Winterthour. Juste après la gare de Baume, s'ouvre, à droite, une piste cyclable bien balisée qui aboutit à Winterthour. Franchissant la voie ferrée, puis la Töss, nous empruntons la rue d'un quartier résidentiel; nous traversons ensuite de vertes prairies et des champs au sol riche et fertile et pédalons vers *Au,* par Juckern. Nous passons sur l'au-

tre rive de la Töss et suivons, sur le versant d'une colline boisée, un chemin asphalté qui, par Wila, conduit à **Turbenthal**. A la hauteur du village de Wila, nous changeons une fois de plus de rive; sur la berge, des emplacements pour barbecue invitent à pique-niquer. Le chemin qui longe le cours de la Töss se poursuit en aval de Turbenthal, au sud de la rivière. Parvenus à la hauteur du hameau de Kollbrunn, nous quittons momentanément la Töss; nous suivons un petit chemin de terre sur le versant sud de la vallée. Avant d'arriver à *Sennhof*, nous franchissons une dernière fois la rivière et débouchons sur la route principale qu'une piste cyclable marquée en bleu nous permet heureusement d'éviter.

Avant un pont en bois, nous empruntons, à droite, un chemin de terre qui longe la base de l'Eschenberg, traverse la forêt riveraine et aboutit à la périphérie de **Winterthour**. Par l'Untere Vogelsangstrasse, nous débouchons finalement dans le centre de cette ville aux multiples ressources et activités culturelles, dont le noyau urbain est plein de charme et d'atmosphère.

Retour

Les cyclotouristes qui souhaitent rejoindre Rapperswil à bicyclette tourneront, à gauche, dans le village de Juckern et se dirigeront, sur la rive opposée de la Töss, vers Saland. Une piste cyclable permet de rouler agréablement sur la route principale en direction de Pfäffikon. A Hittnau, sans quitter le côté gauche, nous pédalons en direction de Bäretswil via Oberhittnau et Adetswil. Depuis Ringwil, nous poursuivons vers Hinwil; de là, nous parvenons à Rüti, par Hadlikon et Oberdürnten. Les derniers kilomètres qui nous séparent encore de Rapperswil seront parcourus à bicyclette sur la route principale:

Juckern –Saland –Hittnau –Bäretswil –Hinwil –Rüti –Rapperswil
30 km, 3 h

Carte cycliste
Zürich

Déviation
Entre Wald et Steg, les cyclotouristes possesseurs d'un «mountain-bike» peuvent emprunter un itinéraire particulièrement attrayant. Quant à nous, quittant la route normale à Hüebli, nous nous dirigeons, à gauche, vers Boalp. Juste après la traversée du hameau de Fälmis, nous atteignons la limite cantonale. Au carrefour où convergent quatre petites routes et deux sentiers de randonnées pédestres, nous prenons celui de gauche qui, par une descente raide, conduit sur la rive de la Vordere Töss dont nous suivrons désormais le cours vers l'aval, en direction de Steg:

Wald –Hüebli-Fälmis-Steg 12 km, 1 h 30

Correspondances
St-Gall–Rapperswil r. 18, Rapperswil–Lucerne r. 19, Rapperswil–Zurich r. 33, Zurich–St-Gall r. 29, Winterthour–Stein am Rhein r. 31, Baden–Winterthour r. 36.

Flarz: Dans tous les villages où vivaient, au siècle dernier, les ouvriers qui travaillaient à domicile dans l'industrie textile, un même type de construction, à la fois, logis, ferme et atelier, connu dans la région sous le nom de «flarz», se rencontre (photo). Les «flarz» s'expliquent par le fait qu'à l'époque, l'argent faisait souvent défaut; les jeunes couples ne disposaient pas des capitaux nécessaires pour édifier une maison individuelle; ils se bornaient donc à ajouter aux anciennes demeures de nouvelles constructions et économisaient, par conséquent, du travail, des matériaux de construction et du terrain. Ainsi les murs mitoyens servaient à structurer plusieurs logements regroupés par trois ou par six, qui se serraient sous un seul toit. Entre Steg et Lipperschwändi, sur notre route, on verra plusieurs spécimens de ce type d'habitation.

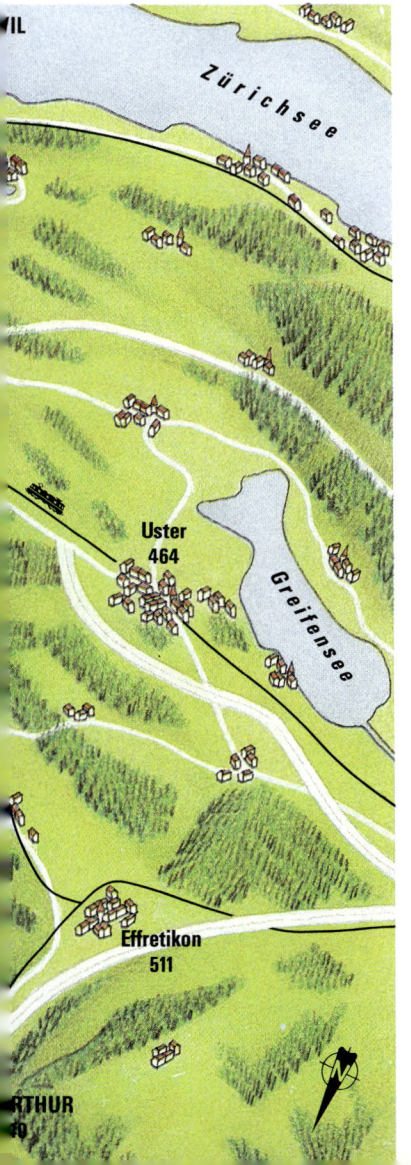

Le Tösstalbahn

Le 3 mai 1875, date de la mise en service du premier tronçon de la ligne de chemin de fer reliant Winterthour à Bauma, fut un jour de fête pour les habitants de la vallée de la Töss. Un an et demi plus tard, la voie assurait la desserte de Fischenthal, Gibswil et Wald. Après plusieurs années de tergiversations, d'études de financement et de discussions portant sur le tracé définitif, les premiers travaux commencèrent en juillet 1873. Les communes de la vallées de la Töss, la ville de Winterthour et de nombreuses personnalités figuraient parmi les actionnaires. L'un d'eux, Johannes Schoch, industriel originaire de Fischenthal qui habitait l'Italie, se montra particulièrement généreux. Dans les premières années d'exploitation, les wagons à deux étages étaient de véritables attractions; à l'avant, deux petits escaliers permettaient d'accéder à l'étage. Certains prétendaient que les voitures, hautes de cinq mètres, secouaient tellement les voyageurs que ceux-ci souffraient, dans les nombreuses courbes, du «mal de mer». Même si le public appréciait ce nouveau mode de transport, ce type de wagon ne donna pas satisfaction et les voitures furent retirées du service dès 1882. Cette ligne de chemin de fer n'en favorisa pas moins l'essor industriel de la vallée de la Töss, faisant de cette dernière un réservoir de main-d'œuvre pour les entreprises et la ville de Winterthour dont les habitants rêvaient d'une ligne de chemin de fer à caractère international, reliant par la vallée de la Töss Bâle, Winterthour et le canton des Grisons à l'Italie. A l'exception de quelques années, l'activité de la ligne s'avéra déficitaire. Elle fut cédée aux CFF en 1918 pour un montant de 2,5 millions de francs.

Notre randonnée cycliste nous conduit au lac de Pfäffikon et au lac de Greifensee, entourés de marais protégés. Nous visiterons tout particulièrement le vaste parc naturel du Robenhuserriet et la petite ville de Greifensee, au passé chargé d'histoire. La section de route comprise entre Wetzikon et Zurich convient spécialement aux promenades en famille.

Rapperswil–Greifensee–Zürich

Route		Distance	Temps
1 Rapperswil	🚂🚢	—	—
2 Rüti	🚂	9 km	1 h
3 Wetzikon	🚂	19 km	2 h
4 Uster	🚂	32 km	3 h
5 Greifensee	🚂	36 km	3 h 30
6 Dübendorf/Wil	🚂	42 km	4 h 30
7 Zürich	🚂🚢	52 km	5 h 30

Dénivellation: 400 m

Notre randonnée commence à la gare de **Rapperswil**, à proximité immédiate de la pittoresque vieille ville. Empruntant la grand-route en direction de St-Gall, nous pédalons vers Jona, ville voisine, où nous bifurquons d'abord à gauche vers Lenggis, puis à droite pour suivre la route conduisant à *Ermenswil*. Là, nous tournons sur la gauche dans la route principale, pour arriver, au-delà d'une petite hauteur, au village de **Rüti**, en territoire zurichois. Nous restons maintenant sur la droite en direction d'Inwil. Après une longue montée dans le quartier de Tann, la route tourne à droite vers *Oberdürnten*. Dans cette dernière localité, après avoir croisé la route principale, nous prenons à gauche la Felsenhofstrasse pour atteindre *Hinwil*, via Hadlikon. Traversant le village dans la direction de Wetzikon jusqu'au carrefour situé juste avant la sortie de l'agglomération, nous prenons ensuite, à droite, la Wihaldenstrasse. Nous suivons désormais les flèches rouges annonçant une piste cyclable que nous emprunterons jusqu'à *Ettenhausen*. Cette piste longe la grand-route jusqu'à l'entrée de **Wetzikon**. A la hauteur du panneau de signalisation, nous bifurquons à gauche, contournons le cimetière et atteignons, sur la droite, le centre d'Oberwetzikon par la Ettenhauserstrasse.

Parc naturel et vestiges romains

Dépassant l'église, nous empruntons sur la droite un chemin de randonnée qui mène à la plage d'Auslikon; par un passage sous voie, il aboutit directement à Robenhuserriet, entre la zone industrielle et le lac de Pfäffikon. A la bifurcation proche du Chämtnerbach, à nous de décider si nous voulons rouler à gauche vers la rive du lac pour nous plonger dans ses eaux rafraîchissantes ou si nous préférons, au contraire, poursuivre notre randonnée. Dans ce cas, demeurant sur la droite, nous roulons sur une courte distance vers Auslikon. Cent mètres environ avant le passage sous la voie ferrée, nous prenons, à gauche, un chemin de terre et pédalons en restant toujours entre le chemin de fer et le lac dans la direction du centre de *Pfäffikon*. Nous longeons au passage les ruines du fort romain d'Irgenhausen. Dans la rue principale de Pfäffikon, nous nous dirigeons à gauche sur une courte distance vers Uster; nous atteignons une route secondaire qui nous amène, à gauche, dans la direction de Seegräben. Au panneau de signalisation indiquant la direction d'Oberuster, nous tournons à droite pour monter au hameau d'*Ottenhusen* avant de nous laisser rouler vers Uster, à travers un bois.

Greifensee, cité chargée d'histoire

Au centre de la petite ville d'**Uster**, nous bifurquons à gauche vers Niederuster; de là, longeant le lac de Greifensee, nous pédalons jusqu'à la charmante petite ville de **Greifensee**. Après la visite de la localité, nous poursuivons notre randonnée dans la direction de Schwerzenbach et tournons à gauche, à la lisière d'un bois. Un chemin de terre facilite le passage à la limite de la réserve naturelle et nous permet d'atteindre le noyau ancien de *Schwerzenbach*. Nous roulons sur une cinquantaine de mètres dans la direction de Winterthour; ensuite, nous nous engageons, à gauche, dans la Hermikonstrasse pour aboutir, par un chemin de terre, au hameau du même nom. D'abord à gauche, puis à droite, une petite route franchit la Glatt dans le quartier de **Wil**, à **Dübendorf**. Pour éviter la route principale, nous bifurquons à gauche au croisement après l'église, pour suivre l'Untere

Geerenstrasse. Nous franchissons un ruisseau et choisissons la Schützenhausstrasse comme itinéraire détourné. A la prochaine bifurcation, nous pédalons d'abord à gauche, puis immédiatement après, à droite, et, enfin, tout droit jusqu'au hameau de Stettbach. Montant vers le village de Wald, nous obliquons à droite, à la hauteur de la dernière ferme avant la lisière du bois. Un chemin de terre puis, plus loin, une petite route asphaltée courent en bordure de forêt. Près du restaurant Ziegelhütte, nous demeurons à gauche et poursuivons notre promenade dans la direction de Schwamendingen jusqu'aux bâtiments de l'université, sur l'Irchel. De là, une piste cyclable nous mènera au centre de **Zurich,** par la Scheuchzerstrasse.

Carte cycliste
Zürich

Déviation
Greifensee 🚌–Schwerzenbach 🚌–Fällanden 🚌–Maur 🚌–Mönchaltorf 🚌–Grüningen 🚌–Wolfhausen 🚌–Rapperswil 🚌🚢
28 km, 3 h

Correspondances
St-Gall–Rapperswil r. 18, Rapperswil–Winterthour r. 32, Rapperswil–Lucerne r. 19, Zurich–Winterthour r. 30, Zurich–Schaffhouse r. 34, Zurich–Lucerne r. 35, Zurich–St-Gall r. 29, Aarau–Zurich r. 28.

 Fällanden, Zurich

 Rapperswil (Lido), Auslikon près de Wetzikon, Maur, Zurich

 Dans le château rénové de *Rapperswil* se trouve le Musée polonais. Le Musée régional abrite des vestiges romains et des objets d'art de Rapperswil. *Hinwil, Wetzikon* et *Pfäffikon* possèdent leur propre musée local. A *Uster,* la «Chronik-Stube» renferme une riche documentation (livres, photos, films) sur la ville. Près de l'aérodrome militaire de *Dübendorf,* s'élève le Musée de l'aviation suisse. Les principaux musées de *Zurich* sont: le Musée national suisse, le Musée des Beaux-Arts, le Musée Rietberg (arts africain et asiatique) et le Musée zoologique de l'Université.

 A *Rapperswil,* se trouve le zoo pour enfants du cirque Knie avec un Delphinarium, des girafes, des éléphants, etc. Le zoo de *Zurich,* le plus élevé d'Europe, abrite des animaux exotiques en provenance du monde entier.

Réserve ornithologique du Robenhuserriet: Cette réserve, située au sud du lac de *Pfäffikon,* est un des derniers lieux de ponte de la bécassine, en Suisse. On peut aussi y observer des courlis cendrés, oiseaux devenus rares. La bécassine est un oiseau typiquement de marais remarquablement camouflé et extrêmement exigeant; il ne se plaît que dans les vastes prairies humides où alternent mares et maigres boqueteaux. Sans l'intervention et les soins de nombreux volontaires, ce type de biotope se transformerait en forêt inondée et broussailleuse.
De la grosseur d'une grive, la bécassine, oiseau craintif, fouille la vase de son long bec à la recherche de vers, d'escargots mais aussi de graines et de petits fruits pour se nourrir. Le mâle se reconnaît plus facilement que la femelle; pendant la couvaison, il vole en cercles au-dessus de son territoire; lorsqu'il pique vers le sol, son plumage vibre, produisant un bruit qui ressemble au bêlement de la chèvre. Il marque ainsi son territoire.

Greifensee, bourgade chargée d'histoire

En 1444, durant l'Ancienne Guerre de Zurich, les Confédérés mirent le siège devant Greifensee, annexée par les Zurichois. La bourgade avait été fondée au début du 12e siècle par les comtes de Rapperswil. Sous les ordres du capitaine Hans von Breitenlandenberg, les défenseurs de la cité résistèrent avec opiniâtreté durant trois semaines; les assaillants progressaient avec lenteur. Quand les Confédérés eurent finalement conquis Greifensee, ils s'apprêtèrent à donner l'assaut au château-fort et la garnison se rendit. Décision fatale! Aveuglés par la haine, les vainqueurs décidèrent de mettre à mort les captifs; seuls, quelques enfants et vieillards survécurent.
Détruit, le château fut reconstruit en 1520 et servit de résidence pendant deux siècles et demi, aux baillis zurichois. Le dernier, Salomon Landolt (1780–1786) a été immortalisé par Gottfried Keller, dans sa nouvelle intitulée «Le bailli de Greifensee». Le château, belle et haute construction en pierre à pignon à redans, est aujourd'hui propriété de la Commune et sert à diverses manifestations. Les anciens ouvrages défensifs ont presque tous disparu. Dans l'église en style gothique de haute époque, le mur du fond faisait partie de l'ancienne enceinte. De plan triangulaire, cette église du 14e siècle ressemble davantage à une tour de défense qu'à un sanctuaire. Le château et l'église constituent avec de belles maisons à colombages un ensemble architectural en forme de fer à cheval au centre de cette petite cité pleine d'intérêt.

Sur des chemins propices aux sorties en famille, nous roulons le long de la Glatt en direction du Rhin. Nous longeons le fleuve en aval jusqu'aux chutes du Rhin et Schaffhouse, ville du Munot. En cours de route, nous visitons Bülach, pimpante petite ville, et Eglisau, pittoresque petite cité rhénane. Cette randonnée nous permettra par contraste, d'observer l'atterrissage et le décollage des avions à l'aéroport de Kloten.

Zürich–Eglisau–Schaffhausen

Route		Distance	Temps
1	Zürich–Oerlikon	—	—
2	Rümlang	7 km	1 h
3	Bülach	15 km	1 h 30
4	Zweidlen	26 km	2 h 30
5	Eglisau	30 km	2 h 45
6	Schaffhausen	57 km	6 h

Dénivellation: 350 m

Notre randonnée commence derrière la gare de **Zurich-Oerlikon**. Nous suivons, à droite, l'Affolternstrasse jusqu'au passage sous voie; d'ici, la Friesstrasse et la Schaffhauserstrasse nous conduisent à *Glattbrugg*. Après un passage au-dessus de l'autoroute, nous bifurquons à gauche dans l'Industriestrasse; celle-ci nous conduit, à travers une forêt, à **Rümlang**. Aux feux de signalisation, à l'entrée de la localité, nous restons sur notre droite; à la prochaine bifurcation, nous roulons de nouveau à gauche. A droite, se détache une petite rue qui nous amène tout droit, en passant devant l'église, à la Bahnhofstrasse; de là, nous pouvons suivre la piste cyclable indiquée en rouge jusqu'à *Oberglatt*. Dans le noyau ancien de la localité, nous nous dirigeons d'après les panneaux qui indiquent la direction de Bülach. Après une courte montée, nous rejoignons de nouveau une piste cyclable qui longe l'extrémité nord des pistes de l'aéroport de Kloten et nous conduit à *Bachenbülach*. Observer les avions qui décollent et atterrissent sur l'aéroport tout proche est un spectacle fascinant.

Au début de la grand-route Kloten–Bülach, nous restons sur la gauche, empruntant la piste cyclable qui aboutit à la pimpante vieille ville de **Bülach**. Au carrefour avant la vieille ville, nous tournons à gauche, puis tout de suite à droite pour rouler ensuite sous la voie ferrée; dépassant l'hôpital, nous pédalons en direction de *Hochfelden*. Avant ce village, commence un tronçon particulièrement beau de notre randonnée. Sur le Glattuferweg, signalé aux cyclistes, nous roulons loin du trafic et dépassons *Glattfelden* – où Gottfried Keller passait souvent ses vacances –; nous arrivons jusqu'à l'endroit où la Glatt, juste avant de se jeter dans le Rhin, près de la gare de **Zweidlen**, disparaît subitement dans un tunnel. A droite, une route, longeant plus ou moins le fleuve nous conduit à **Eglisau**, petite cité rhénane située sur l'autre rive du Rhin: un endroit idéal pour faire la halte de midi.

Revigorés, nous quittons Eglisau par l'Obergasse, en direction de Buchberg et bifurquons à gauche dans la Weierbachstrasse. Nous montons maintenant au bord supérieur du vignoble jusqu'à la route panoramique; une vue grandiose s'offre à nos yeux sur la petite ville, les vignobles et le Rhin. Longeant le versant de la colline dans le sens des aiguilles d'une montre, nous contournons celle-ci jusqu'au moment où nous retrouvons, après le stand de tir, la route principale qui conduit, à droite, à *Steinenkreuz*. Sur une petite route escarpée, nous arrivons tout droit à *Rüdlingen;* là, nous suivons, à droite, les panneaux indiquant la direction de Flaach. Franchissant le Rhin sur la grand-route, nous pédalons vers l'est en direction de *Flaach*. Dans le village, nous prenons, à gauche, la direction d'Andelfingen; juste après la sortie du village, à gauche, nous empruntons la route vers Rheinau qui traverse la forêt de Farhau, franchit la Thur et nous amène à *Ellikon*. Remontant le cours de la rivière, cet itinéraire nous conduit à travers le Niederholz jusqu'à *Rheinau*.

Au pont sur le Rhin, nous devons présenter nos cartes d'identité car le fleuve forme ici frontière avec l'Allemagne. Les cyclotouristes qui ont oublié leurs papiers emprunteront à droite, à la bifurcation située à l'entrée du village de Rheinau, la piste cyclable balisée; celle-ci passe par Dachsen et mène aux chutes du Rhin et à Flurlingen. Quant à nous, après une courte montée à travers un petit bois, nous arrivons à *Altenburg,* en Allemagne; de là, nous pédalons en descente, franchissant à nouveau la frontière, jusqu'à *Nohl*. Un peu en amont du Rhin, la route aboutit aux chutes du Rhin, les plus grandes

d'Europe. Après les avoir admirées, nous arrivons au centre de *Neuhausen* et descendons vers l'entrée de la SIG. Longeant les limites de cet établissement, nous passons, à droite, sous la voie ferrée pour arriver, après avoir franchi le Rhin, à *Flurlingen*. Sur l'autre rive du fleuve, nous empruntons une route à gauche; roulant jusqu'au prochain pont, nous franchissons à nouveau le Rhin. Nous atteignons, à droite, la vieille ville et la gare de **Schaffhouse**.

 Zurich, Schaffhouse, château de Laufen, sur les chutes du Rhin

 Zurich/Seebucht, Flaach/piscine, Langwiesen près de Feuerthalen

 Les musées les plus importants à *Zurich* sont: le Musée national suisse, le Musée des Beaux-Arts, le Musée Rietberg (art d'Asie et d'Afrique) et le Musée Zoologique de l'Université.

 L'église réformée de *Rümlang* (1471), massive, a été conservée jusqu'à nos jours sans transformations notables. De somptueuses maisons à colombages et deux auberges du 17e siècle donnent son cachet à la physionomie de *Rüdlingen*. La collégiale Ste-Marie est le joyau de l'ancienne abbaye bénédictine de *Rheinau*. Datant du début du 18e siècle, l'extérieur comme l'intérieur sont de style typiquement baroque. En aval des chutes du Rhin, le Castel d'eau de Wörth, à *Neuhausen* était autrefois un poste de douane pour la batellerie rhénane. Une promenade à travers la vieille ville de *Schaffhouse*, où se trouve également un ancien couvent bénédictin, et la montée au Munot, respectable forteresse, s'imposent au visiteur.

 400 m³/s d'eau, et en période de crues, plus de 1000 m³/s tombent avec fracas d'une hauteur de 24 m dans les chutes du Rhin, les plus importantes d'Europe.

Cartes cyclistes
Zürich, Schaffhausen–Winterthur

Déviation
L'itinéraire suivant pour le retour de Glattfelden à Zurich est conseillé. A la centrale au fil de l'eau, sur notre gauche, se trouve la gare de Zweidlen. Ici, une route se détache et nous conduit, plein sud, vers la grand-route. Nous continuons tout droit, dépassons le hameau de Zweidlen à l'est, et arrivons d'abord à Windlach, puis, peu après, à Stadel. La randonnée se poursuit le long de la route principale jusqu'à Neerach, et, à travers les marais de la réserve naturelle, jusqu'à Niederglatt, Hofstetten et Rümlang. Des pistes cyclables sur la majeure partie de la grand-route facilitent notre progression:
Glattfelden 🚞–Neerach 🚌–Rümlang 🚞–Zurich-Oerlikon 🚞 22 km, 2 h 30

Correspondances
Aarau–Zurich r. 28, Rapperswil–Zurich r. 33, Zurich–Winterthour r. 30, Zurich–St-Gall r. 29, Zurich–Lucerne r. 35, Baden–Winterthour r. 36, Schaffhouse–Brugg r. 3, Frauenfeld–Schaffhouse r. 2.

Eglisau: La fondation de cette petite ville rhénane se situe vers 1250. D'abord possession des seigneurs de Tengen, Eglisau, située sur la route du blé venant du nord et carrefour important pour le transport du sel en provenance de la Bavière et du Tyrol, avait une importance stratégique évidente. En 1496, cette importante tête de pont fut acquise par Zurich, et servit de résidence aux baillis. De somptueuses demeures des époques gothique, Renaissance et baroque se succèdent le long de l'Obergasse et de l'Untergasse, conférant à la charmante petite cité son cachet. L'église réformée (1716/17) est un édifice baroque bien conservé dont le chœur, provenant de l'église précédente, s'orne de fresques de style gothique tardif (vers 1490).

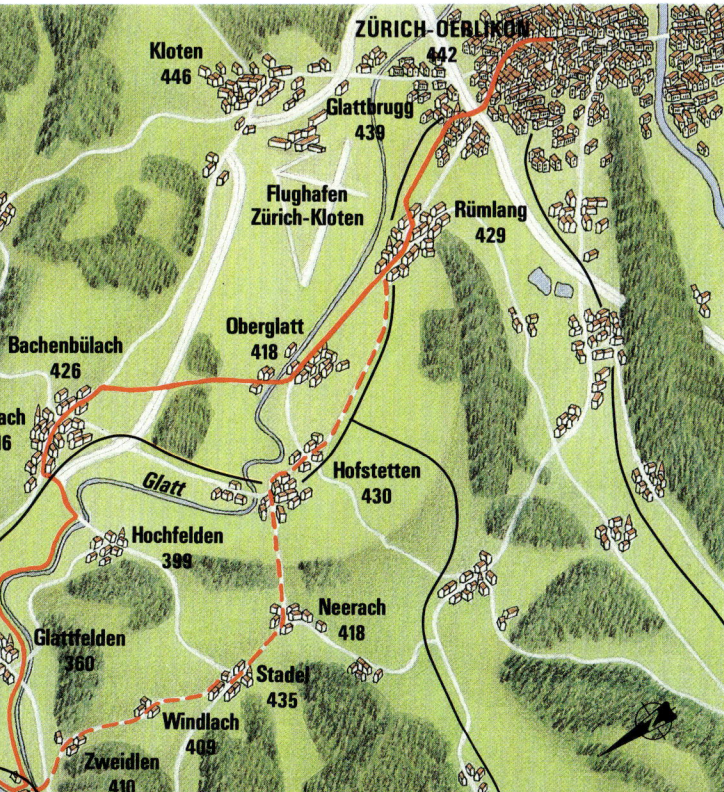

Bülach

Cette cité, bastion édifié pour tenir tête aux Confédérés, fut achetée par le duc Léopold d'Autriche en 1384. Ce dernier lui conféra immédiatement la coutume d'une ville. Les vestiges de l'enceinte fortifiée, encore visibles, datent de cette époque. A peine vingt-quatre ans plus tard, le duc Frédéric IV, dit «aux poches vides», fut obligé de donner la ville en gage à Zurich. Le plus ancien document mentionnant l'actuel chef-lieu de district remonte à l'an 811. Le nom de «Pulacha», désignation contemporaine, dérive vraisemblablement du patronyme romain «Pullius». Des fouilles attestant la présence de constructions romaines dans la région confirment cette hypothèse. Dans la localité de Seeb, située au sud de Bachenbülach, des fouilles ont mis au jour les fondations d'une villa romaine comprenant plusieurs bâtiments. La vieille ville de Bülach, petite mais digne d'intérêt, a été restaurée avec soin au cours de ces dernières décennies. Aujourd'hui, la cité est un véritable enchantement. L'auberge «Zum Goldenen Kopf», détruite par un incendie au début des années soixante, a même été reconstruite de façon identique. Seule, la «Goethe-Stübli», ornée de lambris peints par des artistes hollandais et allemands et d'une peinture de plafond exécutée par Stöffi Kuhn fut épargnée par le sinistre, ayant été déménagée au préalable en vue de sa restauration.
En 1506, Bülach fut presque entièrement détruite par un incendie. L'église réformée, reconstruite en 1508–1517, en style gothique tardif, fut transformée en 1838/39 en néo-gothique; l'intérieur fut modernisé en 1969/70 par Fritz Schwarz. L'Hôtel de ville 1672/73 est également un superbe édifice à colombages et possède une salle du Conseil baroque richement ornée.

Cette randonnée, à caractère plutôt sportif, nous conduit à Lucerne par Kappel, ville au passé lourd d'histoire. De nombreux points de vue s'ouvrent sur le lac de Zurich et les Alpes.

Zürich–Kappel–Luzern

Route	Distance	Temps
1 Zürich	—	—
2 Kappel	29 km	3 h 30
3 Mettmenstetten	36 km	4 h
4 Ballwil	55 km	6 h
5 Rothenburg	64 km	7 h
6 Luzern	73 km	8 h

Dénivellation: 750 m

Près de la gare centrale de **Zurich,** notre tour débute par une promenade le long de la Bahnhofstrasse en direction de la Bürkliplatz et du lac. Empruntant la piste cyclable qui longe le quai, nous pédalons vers Wollishofen et le centre culturel de la «Rote Fabrik»; de là, nous poursuivons par la Seestrasse et roulons encore quelque temps jusqu'à la limite du périmètre urbain. Nous tournons bientôt à droite, par un passage sous voie; en empruntant la Weinbergstrasse, qui change plus loin son nom en Böndlerstrasse puis en Alte Landstrasse, nous arrivons à *Rüschlikon.* Au grand carrefour, nous demeurons à droite et montons la Nidelbadstrasse. Parvenus en haut de cette rue, nous bifurquons à gauche et pédalons, en nous guidant sur les panneaux indicateurs de couleur jaune des randonnées pédestres, le long de la crête jusqu'au belvédère d'Etzliberg. Longeant un petit bois, nous gagnons, par la Brandstrasse, un passage sous l'autoroute; de l'autre côté, à gauche, un chemin s'ouvre parallèlement à l'autoroute. Sur une petite route légèrement en pente, nous roulons droit devant nous jusqu'au Chlausenweiher, situé au-dessus d'Horgen. Nous nous écartons désormais de l'autoroute; pédalant le long de l'étang, nous traversons le groupe de maisons de Härüti et débouchons bientôt sur la route principale qui contourne *Hirzel* et mène à *Sihlbrugg.* Parvenus en bas, nous roulons sur une certaine distance en direction de Zoug et bifurquons à droite, à la première occasion, pour gagner *Ebertswil.* La randonnée se poursuit, à main gauche, vers **Kappel,** site historique où nous pouvons faire coïncider la halte de midi et la visite de cette petite ville.

Villages préservés et panorama alpin

Après un temps de repos, nous remontons en selle pour effectuer la seconde étape de notre randonnée, en direction de Lucerne. Par *Rifferswil* et **Mettmenstetten,** nous nous dirigeons, en longeant la Reuss vers *Maschwanden* d'où une route, bordant un ruisseau, nous conduit au bord de la rivière Lorze, avant d'obliquer fortement à gauche en direction de Lucerne. A la prochaine bifurcation, nous tenons notre droite et, après avoir franchi la Reuss, nous arrivons à *Mühlau,* petite cité argovienne. Au centre de ce village, près du restaurant Storchen, une route tourne à gauche, enjambe la voie ferrée et conduit au hameau de Chrejenbüel, puis à *Auw.* Pénétrant dans ce village, à main droite, nous prenons à gauche, la direction d'Alikon et d'*Abtwil.* Par cette même route, nous atteignons commodément **Ballwil,** dans le canton de Lucerne. Franchissant la voie ferrée et la route principale, nous arrivons bientôt au hameau de *Urswil.* Là, nous virons à gauche et choisissons, au prochain croisement, la route du milieu avant de rencontrer à nouveau une route principale; nous la traversons pour emprunter une route secondaire, de l'autre côté de la route principale. Après le groupe de maisons du hameau de *Heredingen,* nous retrouvons la grand-route. Toujours à droite, nous parvenons enfin à **Rothenburg.** Avant un passage sous voie, nous rencontrons une petite route qui conduit dans la vallée et à *Emmen,* par l'Emmenfeld. Près de l'église de ce village, nous traversons la rue principale pour emprunter le chemin qui longe le cours de la Reuss vers l'amont. Par un passage sous l'autoroute, nous parvenons au prochain pont et traversons la Reuss en direction du Rootsee, via Sädel; au Rootsee, se trouve l'auberge de Jeunesse de Lucerne. La Sädelstrasse, puis la Friedentalstrasse et la Fluhmattstrasse, nous conduisent à la partie ancienne de **Lucerne.**

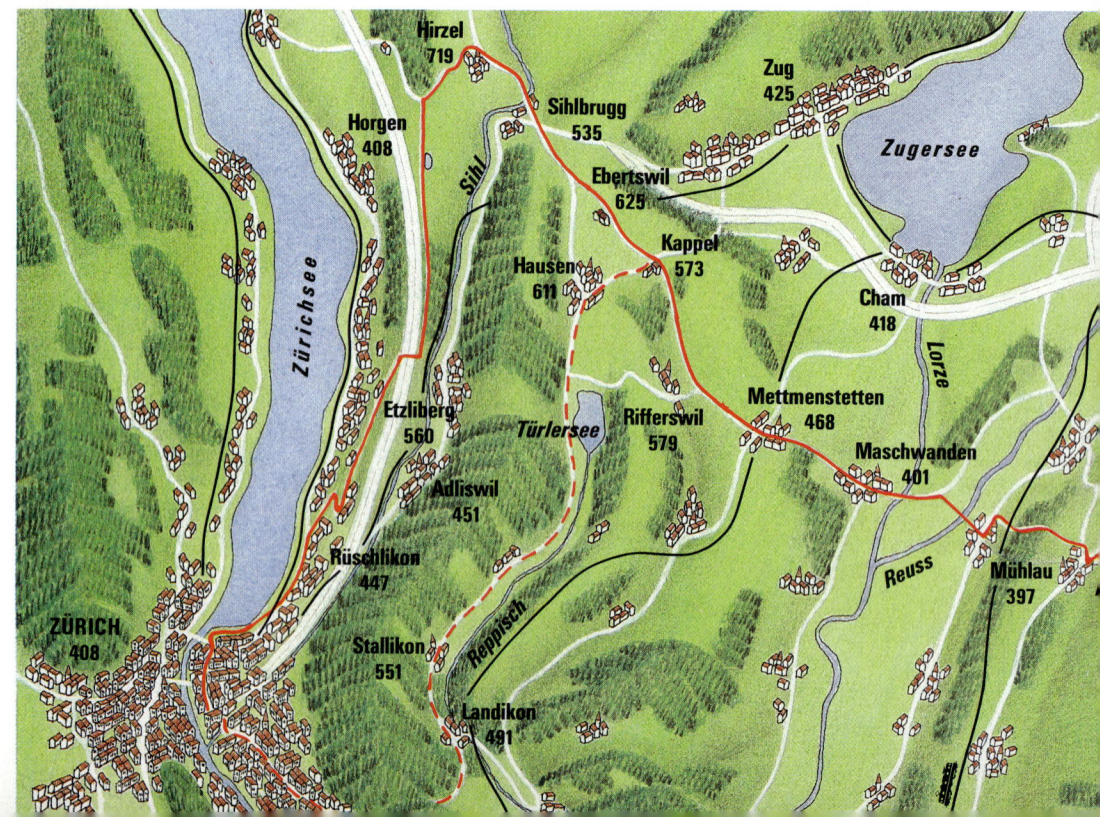

Cartes cyclistes
Zürich, Luzern–Ob- und Nidwalden

Déviation
Les participants qui désirent rejoindre Zurich depuis Kappel emprunteront la route de Türlersee par Hausen puis, par la Reppischtal avec Stallikon, celle de Sellenbüren. A la prochaine bifurcation, il faudra choisir: ou rejoindre Zurich, à droite, par la route très fréquentée contournant l'Uetliberg ou prendre, à gauche, la route de Birmensdorf et de là, le train qui conduit à la gare centrale:
Kappel 🚌–Hausen 🚌–Stallikon 🚌–Sellenbüren 🚌–Zurich 🚆 ⛴ 25 km, 2 h 30

Correspondances
Aarau–Zurich r. 28, Rapperswil–Zurich r. 33, Zurich–Schaffhouse r. 34, Zurich–Winterthour r. 30, Zurich–St-Gall r. 29, Lucerne–Langenthal r. 20, Lucerne–Aarau r. 39, Lucerne–Brugg r. 38, Rapperswil–Lucerne r. 19, Bellinzone–Lucerne r. 50, Olten–Lucerne r. 40.

🏠 Zurich, Zoug, Lucerne

⛺ Zurich/Seebucht, Zoug-Lorzen, Horw-Lucerne, Lucerne/Lido

 A *Zurich*, les principaux musées sont le Musée national suisse, le Musée des Beaux-Arts, le Musée Rietberg (art non européen) et le Musée d'ethnographie de l'université. Musées d'histoire locale à *Kilchberg, Rüschlikon* et *Maschwanden*. Pour Lucerne voir r. 38.

 L'ancienne abbaye cistercienne de *Kappel* a fait l'objet, à la suite de guerres et d'incendies, de nombreux remaniements. L'ancienne église conventuelle Ste-Marie a été bien conservée; des peintures murales et de superbes vitraux ornent l'intérieur du sanctuaire, édifié entre 1250 et 1310. Au hameau avoisinant de *Näfenhäuser* se dresse une construction à colombages du 16ᵉ siècle (dépendance de l'ancien couvent). Un plafond en bois sculpté et des fresques, respectivement des vitraux décorent les églises paroissiales de *Mettmenstetten* (1520/21) et de *Maschwanden* (vers 1500). A *Ballwil*, l'église paroissiale Ste-Marguerite (1847-1849), aux voûtes en plein cintre, a été édifiée dans le style romantique.

Zwingli: Entre Kappel (photo) et Hausen, un monument perpétue le souvenir du célèbre réformateur; né en 1484, à Wildhaus, dans le Toggenbourg, Zwingli après des études aux universités de Bâle, de Berne et de Vienne fut nommé, à 22 ans, curé de Glaris. Aumônier des soldats, il participa aux joies et aux malheurs des mercenaires et commença à lutter contre le mercenariat. Indésirable à Glaris, Zwingli fut muté comme prédicateur à Einsiedeln, puis à Zurich dont le gouvernement interdit peu après le mercenariat. Influencé par Erasme de Rotterdam, Zwingli entreprit de réformer l'église conformément à l'esprit de la Bible. Il s'insurgea contre l'obligation du jeûne, le célibat des prêtres, la musique dans les églises et les images sculptées et peintes. En 1522-1525, Zwingli imposa sa règle puritaine à Zurich et rallia Berne à ses réformes. Il mourut en 1531 à la bataille de Kappel, qui vit la victoire des catholiques contre les Réformés.

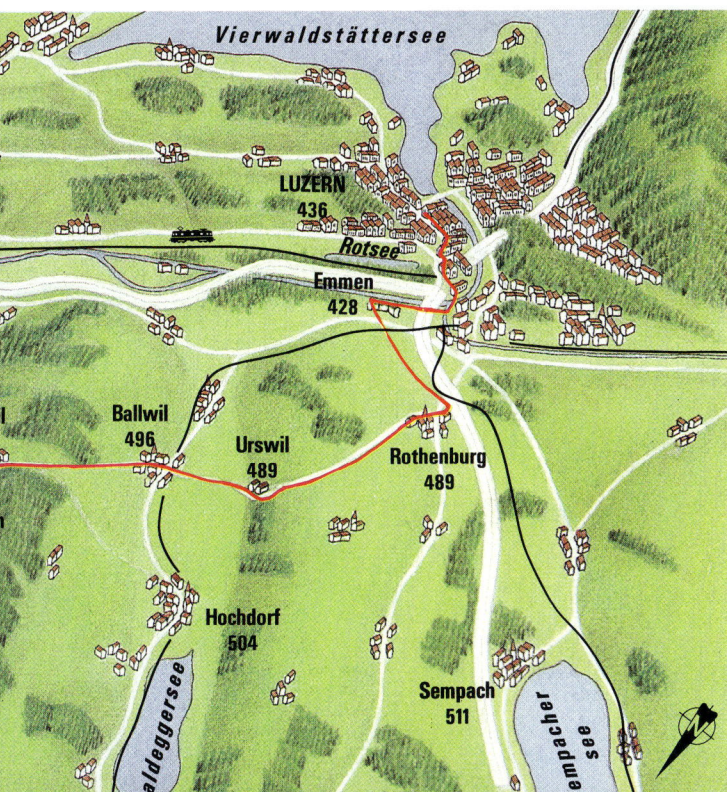

La soupe au lait de Kappel

Les nouvelles réformes religieuses de Zwingli firent rapidement de nombreux adeptes parmi les villes de la Confédération. Seules, Lucerne, Soleure et Fribourg demeurèrent fidèles au catholicisme. Toutefois, les revendications de Zwingli relatives à la libre prédication de l'Evangile dans les bailliages administrés en commun par les Confédérés et sa lutte contre le mercenariat, divisèrent la Confédération en deux camps. Les villes réformées se groupèrent dans une «Ligue évangélique» tandis que les cinq cantons de la Suisse centrale demandaient l'aide du duc Ferdinand d'Autriche. La crainte que lui inspira, pour l'avenir, un aussi puissant voisin, incita Zwingli à déclarer la guerre en juin 1529. Tandis que Zurich rassemblait ses troupes près de Kappel, les ressortissants des cantons de Suisse centrale prirent l'offensive près de Baar. L'entremise d'Äbli, Landammann de Glaris, évita l'affrontement. La première paix de Kappel fut signée; elle établit que chaque canton était souverain en matière religieuse, spécifiant que, dans les bailliages communs, chaque paroisse pouvait choisir sa confession. L'esprit d'extrême tolérance de la Paix de Kappel est illustré par l'anecdote suivante rapportée dans son «Histoire de la Réforme» par Heinrich Bullinger, successeur de Zwingli. Un groupe de soldats de Suisse centrale s'étant aventuré entre les deux lignes de front avec une bassine de lait, crièrent aux Zurichois qu'ils avaient du bon lait mais rien à tremper dedans; un groupe de Zurichois vint les rejoindre avec du pain et partagea la «soupe au lait» avec les catholiques. Toutefois, la paix fut éphémère. La bataille de Kappel eut lieu en 1531 et vit la défaite de l'armée zurichoise; Zwingli se trouvait parmi les morts. Les vaincus se virent imposer une nouvelle paix, préjudiciable aux Réformés. A la suite de cet accord, la Réforme recula en de nombreux endroits.

Baden–Bülach–Winterthur

Cette randonnée à bicyclette plutôt sportive nous fait connaître la région nord à la périphérie de Zurich et relie Baden et Winterthour. Malgré leur importance différente, ces deux villes ont plus de points communs qu'on le suppose. Regensberg et Bülach, petites cités intéressantes, nous invitent à faire halte en chemin.

Route	Distance	Temps
1 Baden	—	—
2 Otelfingen	10 km	1 h
3 Regensberg	16 km	2 h
4 Bülach	27 km	3 h
5 Winterthur	46 km	5 h

Dénivellation: 500 m

Notre randonnée cycliste part de la gare de **Baden**, la plus ancienne des gares suisses. C'est ici qu'au mois d'août 1847, le premier train de la «Spanischbrötlibahn», venant de Bâle, effectua son premier voyage depuis Zurich. La Bahnhofstrasse nous mène directement à la Tour de l'Horloge qui date du Moyen Age et garde l'entrée de la ville ancienne. Puis, par la Löwenplatz, située juste derrière, nous bifurquons à gauche dans la Rathausgasse qui nous conduit, par l'Hôtel de ville, à l'église municipale. Par le Kirchweg, nous descendons vers la poste, où nous tournons à gauche pour franchir le Hochbrücke qui enjambe la Limmat. De l'autre côté du fleuve, la Seminarstrasse nous mène à la gare de *Wettingen,* que nous dépassons avant de tourner à droite, près du restaurant Schönegg. Là, nous suivons l'ancien tracé des chemins de fer avant de dépasser la piscine et de prendre la direction de *Würenlos.* Après le franchissement de la voie ferrée, nous obliquons pour emprunter la première rue à gauche qui aboutit à la centrale électrique de Würenlos. Ici, nous tournons de nouveau à gauche. Huit cents mètres plus loin, nous nous engageons dans une route, à gauche, vers *Oetlikon* et **Otelfingen.** Nous montons ensuite vers *Boppelsen* puis à **Regensberg.** La route culminant légèrement plus haut que la petite ville, une belle vue s'offre à nous, avant même d'y arriver, sur l'ancienne et pittoresque bourgade fortifiée. Après une halte d'une durée raisonnable qui compense l'effort effectué pour la montée et la visite de Regensberg, nous nous laissons descendre vers *Dielsdorf,* au fond d'une vallée. Près de la gare de la localité, nous utilisons le passage sous voie pour obliquer à gauche, 300 m plus loin, vers Bülach; de là, une piste cyclable parallèle à la route nous fait traverser la réserve naturelle du Neeracher Riet.

Passages sous route… pour les grenouilles

Au prochain rond-point, il ne faut surtout pas manquer les flèches indiquant la direction de Bülach; elles nous guideront vers le chemin qui longe le cours de la Glatt en direction du centre sportif d'Hirslen. Nous le traversons par une première piste cyclable, puis par une seconde, qui monte, de l'autre côté, à l'hôpital de **Bülach.** Nous la suivons en descente dans la partie ancienne de la bourgade, qui mérite une visite. Dans une des belles auberges soigneusement rénovées de Bülach, Goethe passa jadis la nuit; nous y ferons halte pour une collation dans le but de reprendre des forces pour le dernier tronçon qu'il nous reste à franchir.

Poursuivant notre randonnée, nous empruntons, sur une petite distance, la Winterthurerstrasse, au nord de la vieille ville, jusqu'à la voie ferrée. Par un passage souterrain, nous bifurquons de l'autre côté, à gauche, dans la Berglistrasse; 300 m plus loin, celle-ci débouche, à droite, dans la Dachslenbergstrasse qui aboutit au hameau de *Nussbaumen.* Nous le traversons et roulons sur le Dättenberg; de là, une descente rapide offre un superbe panorama sur la vallée de la Töss, entre le Rhin et Winterthour et nous conduit à *Rorbas.* Tournant, à gauche, devant le restaurant «Al Cervo», nous arrivons, après avoir franchi la Töss, à *Freienstein.* Nous nous dirigeons tout droit vers le vignoble. Derrière le vignoble, une route se détache à droite et par une combe, nous amène au village de *Dättlikon.* La promenade se poursuit à flanc de coteau en direction de *Neftenbach;* là, nous utiliserons la route principale pour couvrir les 5 km qui nous séparent du centre de **Winterthour.** De même qu'à Baden, il existait jadis à Winterthour un important établissement romain (Vitudurum). Les deux villes furent ultérieurement la propriété des Habsbourg,

mais on les connaît surtout en tant que centres industriels. Depuis longtemps, Winterthour a supplanté Baden, agglomération moins étendue.

Carte cycliste
Zürich

Déviations
Pour le retour, un autre bel itinéraire permet de descendre de Regensberg par le versant nord du Lägeren et de rouler en direction de Schöfflisdorf. Avant un passage au-dessus de la voie ferrée, nous bifurquons, à gauche, dans le fond de la vallée pour emprunter une route de campagne asphaltée qui conduit à Niederweningen, par Schleinikon et Dachsleren. A la gare de cette dernière localité, on rejoindra la route principale sur laquelle on pédalera vers Höhtal par Oberehrendingen. Par une descente rapide, on rejoindra Baden: Regensberg 🚌–Schleinikon– Niederweningen 🚂–Baden 🚂 15 km, 1 h 30

🏛 Le Château des baillis, à *Baden*, a été aménagé en Musée historique. A *Regensberg*, on verra une petite collection d'histoire locale. Le Musée des beaux-arts, le Musée Oskar Reinhart «Am Stadtgarten», la Collection Oskar Reinhart «Am Römerholz» exposent, à *Winterthour*, des chefs-d'œuvre des 16e au 20e siècles. On visitera également la Collection d'horlogerie Kellenberg à l'Hôtel de ville, le Musée Lindengut qui abrite une collection d'art régional et le Technorama.

🏰 De magnifiques décors datant du baroque et de la Renaissance tardive ornent l'intérieur de l'église et de l'habitation de l'abbé, au couvent cistercien de *Wettingen*. A *Otelfingen*, le moulin du monastère est une construction à pignon à redans, de style gothique tardif. L'auberge Adler, à *Rorbas*, est un édifice à colombages du 16e siècle. *Winterthour* et les localités environnantes possèdent des monuments représentatifs des 18e et 19e siècles.

🐐 Le parc zoologique Bruderhaus, à *Winterthour*, abrite trois espèces de cervidés, des sangliers et des bisons européens. Une visite s'impose au printemps et en été, saisons où les jeunes sont visibles dans les enclos en plein air.

On atteindra Zurich en suivant l'itinéraire ci-dessous:
Dielsdorf 🚂–Regensdorf 🚂– Affoltern 🚂–Zurich 🚂 16 km, 1 h 30

Correspondances
Aarau–Baden r. 37, Lucerne–Brugg r. 38, Schaffhouse–Brugg r. 3, Zurich–Schaffhouse r. 34, Winterthour–Stein am Rhein r. 31, Zurich–Winterthour r. 30, Rapperswil–Winterthour r. 32.

Regensberg: La petite ville est un lieu d'excursion aimé à vue panoramique presqu'en tout sens; sur la photo: coup d'œil de la Wehntal, au nord de Regensberg.

Bülach: Cette petite ville devait jouer un rôle de bastion avancé pour tenir en échec les Confédérés; en 1384, le duc Léopold d'Autriche en fit l'acquisition et lui accorda immédiatement la coutume d'une ville. Les vestiges des anciens remparts datent de cette époque. Un peu moins de vingt ans plus tard, le duc Frédéric IV, dit «aux poches vides», dut mettre en gage Bülach et Regensberg au profit de Zurich.

La petite mais belle partie ancienne de Bülach, restaurée complètement ces dernières années, est un véritable enchantement. Après un incendie, l'auberge Zum Goldenen Kopf a été entièrement reconstruite sur les mêmes fondations. L'Hôtel de ville (1672/73) est une magnifique construction à colombages et possède une Salle du Conseil baroque richement décorée.

Regensberg

Cette petite ville pittoresquement située sur le versant est du Lägeren, occupe une colline d'où un superbe panorama s'offre au regard sur la basse vallée de la Glatt, vers Bülach, et sur la Furttal, en direction de Regensdorf. Vers le milieu du 13e siècle, le baron Lütold V von Regensberg décida de fonder la ville de ce nom, à proximité de son château ancestral, sur un contrefort rocheux à l'est de Regensdorf. Mais dès 1302, les comtes descendants du fondateur furent contraints à la suite d'ennuis financiers de vendre le château et le domaine aux Habsbourg. Ces derniers ne purent longtemps profiter de leur acquisition; à leur tour, ils donnèrent Regensberg en gage (1409) à Zurich qui à cette époque exerçait une politique expansionniste. Leur puissance avait été, en effet, fortement ébranlé par les guerres menées contre les Confédérés. Jusqu'à la fin de l'Ancienne Confédération, le château servit de résidence aux baillis zurichois exerçant la fonction de vidame. Même sous la longue tutelle zurichoise, Regensberg connut de multiples difficultés. Durant l'Ancienne Guerre de Zurich, les Confédérés s'emparèrent de la petite cité; presque entièrement détruite par un incendie, celle-ci fut reconstruite en 1540. Le donjon, seul vestige datant de la fondation de Regensberg est rond, forme inhabituelle dans cette région. Du haut de sa terrasse à merlons et créneaux, on jouit d'une vue panoramique sur la cité divisée en deux parties: château-fort d'Oberburg, de plan ovale, et Unterburg, faubourg plus rural situé en dehors de l'ensemble défensif. Les murs extérieurs, épais et solides, des maisons serrées les unes contre les autres remplaçaient dans une certaine mesure les remparts. Les deux portes de ville ont malheureusement été démolies en 1866/67. Dans l'Unterburg, on voit encore sur la fontaine de l'école les panneaux qui décoraient autrefois l'Untertor et la Dielsdorfertor.

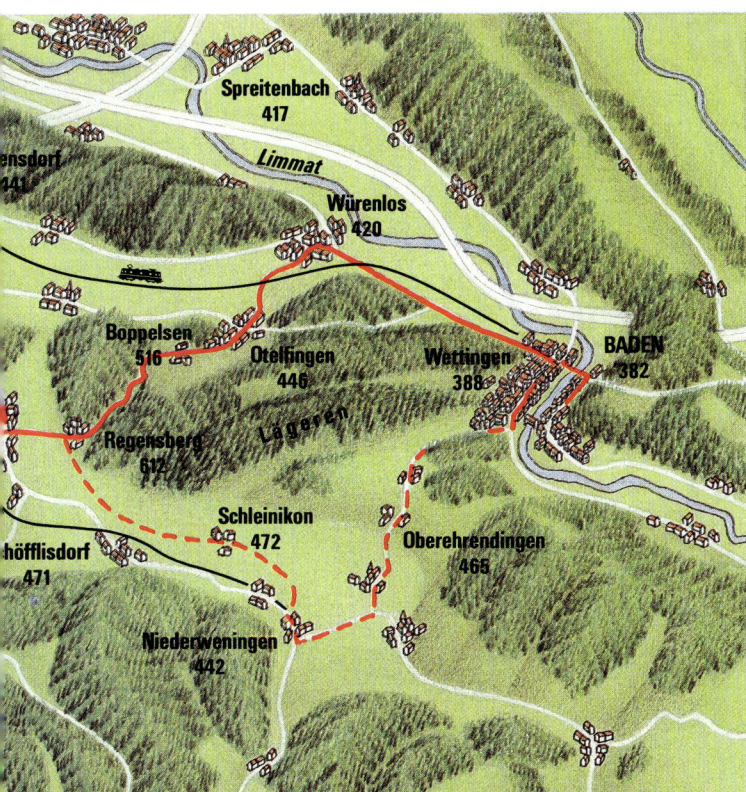

Cette randonnée facile à caractère familial emprunte les routes non asphaltées qui longent l'Aar, entre Aarau et Brugg et nous conduisent à Baden, après un bref détour dans la vallée de la Reuss. Cette promenade cycliste est placée sous le signe du contraste entre le passé et le présent, entre les paysages naturels et les réalisations de la société industrielle.

Aarau–Brugg–Baden

Route		Distance	Temps
1	Aarau	—	—
2	Rupperswil/piscine	8 km	1 h
3	Schinznach Bad	15 km	1 h 30
4	Brugg	22 km	2 h
5	Baden	35 km	3 h 30

Dénivellation: 150 m

Notre randonnée débute sur la place de la gare d'**Aarau**. Empruntant la Bahnhofstrasse, à gauche, jusqu'à la place de l'Hôtel de Ville, nous prenons à droite une rue qui mène, à travers la Vordere Vorstadt, jusqu'à la partie ancienne de la ville d'Aarau. Le tracé des rues fait penser au plan des cités médiévales mais les maisons possèdent fréquemment des éléments de style baroque. Pour une rapide visite, nous bifurquerons derrière l'Oberturm dans la Golattenmattgasse qui nous conduit à la Pulverturm, longe un ancien monastère et aboutit à l'Eglise réformée municipale. Contournant l'église à droite, nous nous dirigeons vers l'Adelbändli qui passe devant l'Hôtel de Ville pour déboucher sur le Zollrain. Tournant le dos à la vieille ville, nous roulons maintenant vers le pont sur l'Aar par le Zollrain; notre randonnée proprement dite commence de l'autre côté de la rivière. Juste après le pont, nous obliquons à droite dans l'Aarestrasse et pédalons le long de la rivière en direction de la centrale électrique de Rüchlig. Une petite route non empierrée longe le cours de l'Aar; ce tronçon nous permet, en pédalant parallèlement à la rivière, de dépasser une autre centrale électrique et d'arriver à proximité immédiate d'un pont situé à côté de la piscine de **Rupperswil-Auenstein**. D'ici, nous apercevons bientôt, à flanc de coteau, l'imposant château de Wildenstein qui contraste avec les disgracieux bâtiments de la cimenterie de Holderbank, sur la rive opposée. Au prochain pont, nous changeons de côté pour prendre la direction de **Schinznach Bad**; nous roulons sur une petite route asphaltée, le long de l'Aar. Peu après, nous franchissons une écluse construite sur une île comprise entre le cours normal de la rivière et un canal alimentant une autre centrale hydroélectrique. Nous progressons jusqu'à un pont situé au nord de cette île, dans la direction d'Umiken. A partir de cette localité, le dernier tronçon sera effectué sur la route principale, jusqu'à la vieille ville de **Brugg**.

A Windisch et Baden, sur les traces des Romains

Poursuivant notre randonnée dans la direction de Baden, nous pédalons sur la grand-route qui relie Brugg à *Windisch*. Dans cette dernière localité, nous verrons les vestiges des remparts de l'ancien camp militaire romain et de l'établissement voisin et surtout les ruines du plus grand amphithéâtre romain de Suisse. Au centre de Windisch, nous empruntons la route de Mülligen qui court sur une certaine distance en amont de la Reuss. A *Mülligen*, nous traversons la rivière et roulons dans la direction de *Birmenstorf*, où nous nous engageons maintenant sur la route principale vers Baden. Sur une hauteur, une piste cyclable facilitera la poursuite de notre randonnée. Franchissant l'autoroute, nous arrivons devant la voie ferrée; à proximité, se trouve une route peu fréquentée qui nous amène, à gauche, dans la direction de **Baden**. Avant de prendre le chemin du retour, promenons-nous dans les rues de la pittoresque vieille ville de Baden, cité qui a résisté avec succès à l'industrialisation des environs.

Carte cycliste
Basel–Aargau

Déviations
Pour retourner de Brugg à Aarau, l'itinéraire suivant est vivement conseillé. Au départ de Brugg, on roulera vers Schinznach Dorf, par Villnachern, puis vers Auenstein par Veltheim et Au. De la route entre Auenstein et Biberstein, la vue est superbe et justifie les efforts fournis pour venir à bout d'une série de côtes. Après le village de Biberstein,

quelques minutes suffisent pour rejoindre Aarau:
Brugg –Villnachern –Schinznach Dorf –Auenstein –Biberstein –Aarau
18 km, 2 h

De Mülligen, une belle route permet également de regagner Aarau à bicyclette. Pour cela, on demeurera à droite dans l'agglomération avant d'obliquer à travers le Birrfeld vers Lupfig et Birr. Puis, au-dessus de Brunegg, on tournera dans la direction d'Othmarsingen, avant d'emprunter la route principale qui mène à Lenzburg. On suivra ensuite une petite route secondaire, à gauche, qui se dirige vers Hendschiken. Traversant ce dernier village et celui d'Ammerswil, on roulera dans une belle vallée en direction d'Egliswil, puis de Seon et Gränichen, par le Breitenberg. Via Suhr et Buchs, on atteindra finalement Aarau:

Mülligen –Birr –Othmarsingen –Hendschiken –Seon –Gränichen –Suhr –Aarau 28 km, 3 h

Correspondances

Langenthal–Aarau r. 27, Lucerne-Langenthal r. 20, Aarau–Zurich r. 28, Brugg–Bâle r. 4, Schaffhouse-Brugg r. 3, Lucerne–Brugg r. 38, Baden–Winterthour r. 36.

Aarau, Brugg, Baden

A *Aarau*, se trouve le Musée des beaux-arts qui abrite des œuvres d'artistes argoviens des 18e et 20e siècles. Le Musée d'histoire naturelle et d'arts populaires présente des collections géologiques et zoologiques. Au Musée municipal du Vieux Aarau, on verra des collections consacrées à l'histoire de la ville. Le château de *Wildegg* renferme un mobilier appartenant au Musée National Suisse. L'ancien arsenal de *Brugg* abrite le Musée régional, où sont exposées des œuvres d'artistes argoviens.

Pour s'assurer, au 12e siècle, le contrôle des ponts sur l'Aar, les Habsbourg fondèrent à proximité de leur château ancestral la petite ville de *Brugg*. Entre autres curiosités, la cité a conservé la Tour noire, l'ancien Hôtel de Ville, tout proche, l'église municipale et l'ancienne Ecole Latine, également voisine. A *Windisch*, on visitera l'ancienne abbaye de Königsfelden; dans l'église conventuelle, une série de onze vitraux datant de la première moitié du 14e siècle se trouve dans le chœur. Ces verrières sont révélatrices, par le thème et le style, de l'optique religieuse franciscaine. Des peintures murales de la fin du gothique ornent le chœur de l'église réformée municipale. L'intérieur de la chapelle du cimetière de *Birmenstorf* s'orne d'un cycle de fresques de style gothique tardif.

Vindonissa: Le plus grand amphithéâtre romain de la Suisse, qui pouvait jadis contenir jusqu'à 10000 spectateurs, est le vestige le plus remarquable de la Vindonissa romaine. Le public se composait, en majeure partie, de soldats en garnison dans le camp aménagé en l'an 17 de notre ère, qui subsista jusqu'au début de 5e siècle. Le nombre de soldats variait en fonction de la situation politique. Une partie de l'enceinte et les substructions d'une porte ont été mises au jour. A gauche du camp, se créa, au cours des siècles, une agglomération civile. Les objets provenant des fouilles effectuées sur le site sont exposés au Musée Vindonissa, à Brugg.

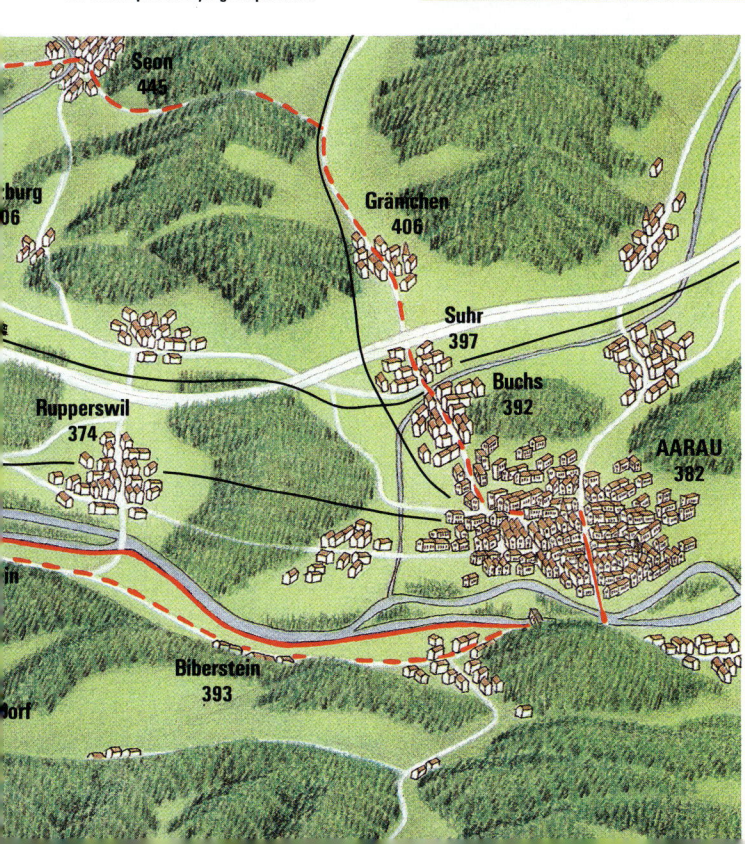

Baden

A l'endroit le plus resserré de la gorge de la Limmat que la rivière creusa durant des millénaires dans le calcaire du massif du Lägeren qui barrait son cours, la pittoresque et ancienne cité de Baden s'est développée. Les Romains utilisaient déjà les sources thermales; dans le coude formé par la Limmat, une agglomération et différents thermes furent édifiés. Une route fortifiée permettait la libre circulation depuis Vindonissa et Augusta Raurica. Au Moyen Age, les comtes de Lenzburg construisirent la forteresse de Stein qui commandait le passage sur l'Aar. Toutefois, l'essor de Baden ne date que de la domination des Habsbourg. En 1415, la ville passa sous la tutelle des Confédérés qui en firent le siège de la Diète helvétique. Depuis 1847, date de l'arrivée du premier train de la «Spanischbrötlibahn» en gare de Baden, la ville connut un fantastique développement. La plupart des ouvrages défensifs ont été rasés; le château-fort de Stein fut également détruit en 1712, après la guerre de Villmergen. Seule, la porte de ville, édifiée au 15e siècle, est demeurée intacte; du château de Stein, ne subsistent que les fondations. L'église catholique municipale, construite entre 1457 et 1460, présente des éléments stylistiques appartenant au gothique, au baroque et au néo-classicisme. Non loin de là, on verra dans la chapelle St-Sébastien, édifice à deux étages, des fresques de la fin du gothique. Dans la partie médiane de l'ancien Hôtel de Ville, de superbes boiseries sculptées ornent la salle de la Diète des Confédérés. Sur l'autre rive de la Limmat, le fier Château des Baillis (1487–1490) surveille l'ancien pont sur la Limmat; il abrite aujourd'hui le Musée historique.

Luzern–Bremgarten–Brugg

Les deux petites cités médiévales de Bremgarten et de Mellingen, bien conservées, se trouvent sur notre itinéraire. Un superbe panorama sur les Alpes et des chemins peu fréquentés longeant la Reuss sont autant d'avantages supplémentaires.
A partir de Rothenburg, cette randonnée convient plus particulièrement aux familles.

Route		Distance	Temps
1 Luzern		—	—
2 Rothenburg		7 km	1 h
3 Mühlau		28 km	3 h
4 Bremgarten		47 km	5 h
5 Mellingen		58 km	6 h
6 Brugg		70 km	7 h

Dénivellation: 300 m

Notre randonnée cycliste part de la gare de **Lucerne.** Le franchissement du Seebrücke vers la Schwanenplatz permet une rapide visite de la vieille ville. A gauche, on aperçoit le célèbre Kapellbrücke et la Wasserturm. Descendant la Kapellgasse, nous longeons l'église St-Pierre et l'Hôtel de Ville et arrivons sur le Marché-aux-grains et le Marché-aux-vins. Depuis la Mühlenplatz, nous empruntons le Spreuerbrücke pour rejoindre la Kasernenplatz; de là, nous suivrons la Baselstrasse qui nous conduira à la périphérie de la ville. Sur la route principale, très fréquentée, nous pédalons vers *Emmenbrücke,* où nous traversons la petite Emme, avant de prendre, après la gare, la direction de **Rothenburg,** petite ville située sur la voie ferrée Olten-Lucerne. Nous pouvons également commencer ici notre randonnée cycliste, ce qui permet d'éviter le premier tronçon, très encombré.

Panorama alpin et paysage

A l'extrémité du village de Rothenburg, débute la partie agréable de notre promenade. Bifurquant à droite, nous roulons à travers la haute plaine vers *Eschenbach,* localité dont le centre est occupé par un ancien couvent de Cisterciennes. Quittant la grand-route en direction de Hochdorf, nous empruntons, à droite, la première route après le monastère; elle nous conduit à *Gerligen,* d'où s'offre à nos yeux un magnifique panorama sur la chaîne alpine. A un carrefour, en restant sur la gauche, nous pédalons jusqu'à l'entrée du village de *Ballwil.* La route fait ici un angle aigu et s'élève vers *Abtwil;* de là, par Oberalikon, on descendra vers *Auw.* Nous roulons maintenant à droite, vers l'église que longe, à gauche, une petite route qui nous amène à **Mühlau,** dans la vallée de la Reuss. Nous restons encore à droite, dans un premier temps, jusqu'à l'endroit où, à la sortie de la localité, la route bifurque en direction de la Reuss, que nous franchissons pour gagner Bützen et, de là, *Maschwanden.* Légèrement en contre-haut de la Reuss, nous roulons vers *Ottenbach* via Lunnern, d'où la vue sur la vallée et la rivière qui sine paresseusement est superbe.

A Ottenbach, nous tournons à gauche, au prochain croisement. Trois cent mètres plus loin, à droite, nous empruntons devant un garage une piste cyclable qui nous conduit, via Jonen, Oberlunkhofen et Unterlunkhofen et le long de la retenue artificielle du Flaachsee, jusqu'aux limites de **Bremgarten,** petite cité pittoresque protégée par une boucle de la Reuss. Après une courte halte qui nous permet de reprendre des forces, nous pédalons d'abord sur un tronçon de la route principale en direction de Zurich. Après les bâtiments de la Ruchser-Arbry AG, nous prenons la deuxième route à gauche qui aboutit, via *Eggenwil,* à *Künten.* A la sortie de ce village, nous prenons, à gauche, la direction de *Stetten.* Quelques minutes plus tard, nous atteignons **Mellingen** dont la pittoresque vieille ville fut jadis fondée par les Kyburg.

Poursuivant notre randonnée, nous empruntons encore un court tronçon de la grand-route en direction de Baden. Juste avant un passage sous voie, une route se détache à gauche; par un passage souterrain, elle conduit à un ensemble de réservoirs que nous longeons jusqu'au hameau de *Müsle.* Nous traversons maintenant l'autoroute pour atteindre finalement *Birmenstorf,* où nous retrouvons la Reuss; nous la franchissons dans la direction de *Mülligen,* village situé sur la rive opposée. Au centre de la localité, nous prenons à droite et suivons la rivière jusqu'à *Windisch* où se dressent les ruines de la Vindonissa romaine. Roulant sur la grand-route, nous regagnons **Brugg** en pédalant sur une courte distance.

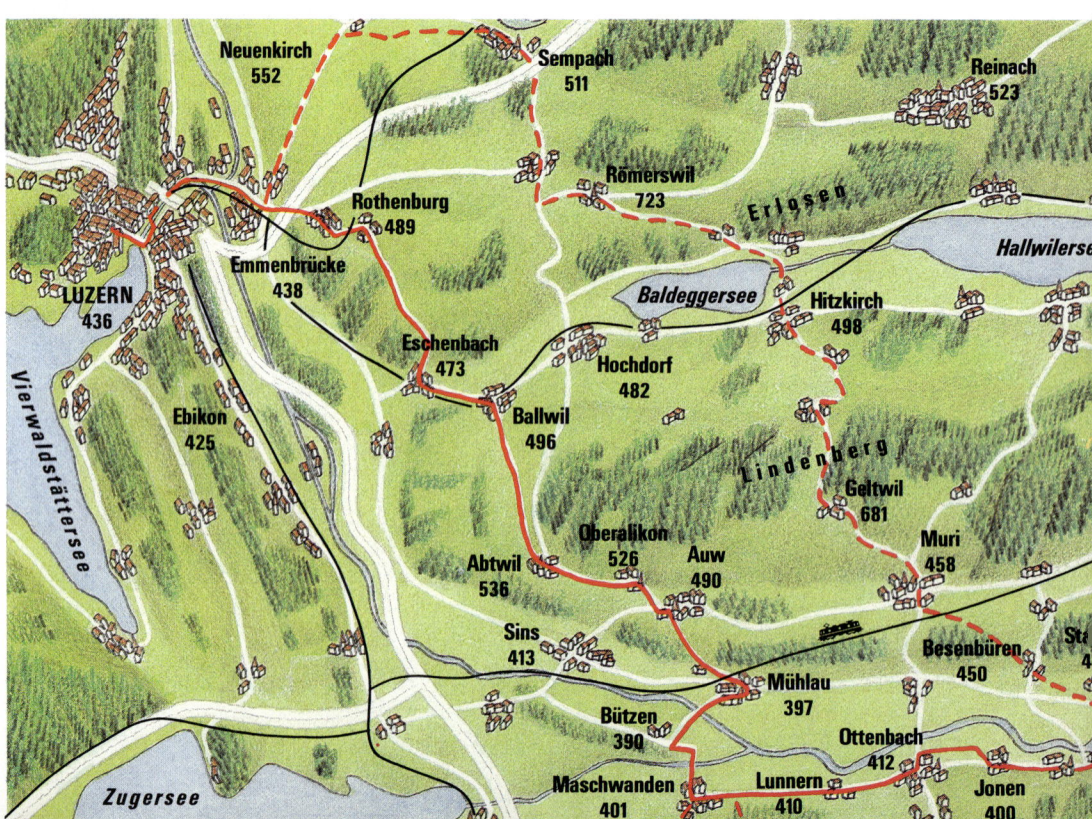

Cartes cyclistes
Luzern–Ob- und Nidwalden, Basel–Aargau

Déviations
Pour regagner Lucerne, il est conseillé d'emprunter la route Bremgarten–Muri, par Besenbüren. De là, par le Lindenberg, on gagnera Hitzkirch et le Badeggersee. On montera vers Erlosen, puis on continuera par Römerswil vers Sempach; de là, on gagnera Lucerne par Neuenkirch: Bremgarten –Besenbüren–Muri –Hitzkirch –Römerswil –Sempach– Lucerne 52 km, 6 h
Les participants qui désirent se rendre à Baden plutôt qu'à Brugg, obliqueront à droite, à la hauteur des réservoirs de Mellingen et, dépassant la gare, rouleront vers Dättwil. De là, il suffira de suivre la voie ferrée pour arriver tout droit à Baden: Mellingen –Dättwil –Baden 7 km, 45 min.

Correspondances
Rapperswil–Lucerne r. 19, Bellinzone–Lucerne r. 50, Olten–Lucerne r. 40, Zurich–Lucerne r. 35, Lucerne–Langenthal r. 20, Lucerne–Aarau r. 39, Aarau–Zurich r. 28, Aarau–Baden r. 37, Brugg–Bâle r. 4, Schaffhouse–Brugg r. 3.

 Lucerne, Brugg, Baden

 Lucerne/Lido, Horw-Lucerne, Ottenbach, Sulz près de Künten

 A *Lucerne*, les musées qu'il faut visiter sont le Jardin et Musée des glaciers, le Musée historique, le Musée d'histoire naturelle, le Musée des Beaux-Arts, le Musée Richard Wagner à Tribschen, le Musée suisse des costumes et du folklore, le Trésor de la Hofkirche, le Musée suisse des transports. De petits musées d'histoire locale existent à *Maschwanden* et *Mellingen*. Le Musée Vindonissa, à *Brugg*, présente des objets de fouilles provenant d'un camp romain. Le Musée régional, installé dans l'ancien Arsenal, expose des œuvres d'artistes argoviens.

Les principales curiosités de *Lucerne* sont l'enceinte de Musegg, le Kappelbrücke (détruit en 1993 par un incendie et reconstruit), le Spreuerbrücke, l'Hôtel de Ville et la Hofkirche. On visitera, à *Eschenbach* le Couvent des Cisterciennes, fondé en 1285. L'église paroissiale de *Maschwanden* est abondamment décorée. A *Windisch*, on interrompra cette randonnée pour visiter les vestiges de l'ancien camp romain de Vindonissa de même que l'abbaye Königsfelden, avec son église conventuelle dont le chœur, d'époque haut gothique, s'orne d'onze verrières exceptionnelles. A *Brugg*, cité fondée, non loin du château-fort ancestral, au 12e siècle par les Habsbourg, on verra la Schwarzer Turm (Tour noire), l'ancien Hôtel de Ville, l'église municipale réformée et l'ancienne école Latine.

Mellingen: Comme de nombreuses villes suisses, petites ou grandes, cette cité fut fondée par les Kybourg vers le milieu du 13e siècle. De la localité primitive, une grande partie du système défensif a été conservée; elle comprend le Reusstor, de style gothique tardif, la Zeitturm (tour de l'Horloge; 1544-1547) à l'ouest, et la Hexenturm (Tour des Sorcières), au nord. D'époque baroque primitif, l'Eglise paroissiale catholique Saint-Jean-Baptiste (1675) a été entièrement restaurée dans le style néoclassique en 1830. Des fresques de style gothique tardif ornent la chapelle baptismale, au rez-de-chaussée du clocher édifié en 1523. D'élégantes demeures bourgeoises et des auberges témoignent du caractère médiéval des bâtiments laïcs.

Bremgarten

De fondation récente, Bremgarten fut la cité préférée de Rodolphe de Habsbourg. Comment expliquer autrement l'octroi des franchises municipales et des nombreux privilèges accordés par le duc? En 1415, le duc Frédéric IV d'Autriche subit la disgrâce de l'empereur Sigismond; les Confédérés se mirent rapidement d'accord pour faire main basse sur les possessions ducales. Bremgarten, cité en pleine expansion, fut transformée dans l'un des «Freie Ämter» (territoires soumis à la Confédération avec autonomie partielle), ce qui mit fin à ses possibilités de développement. Bremgarten, divisée en ville haute, à l'est, et ville basse, à l'ouest, protégée par une boucle de la Reuss, bénéficiait jadis de sa situation à l'intersection de la liaison est-ouest entre Zurich et Berne et de la voie fluviale, très fréquentée, sur la Reuss. Avant même la construction de la petite ville, un ouvrage défensif protégeait déjà la traversée du fleuve. Datant d'une période plus récente, d'impressionnants bâtiments ont été conservés. On remarquera, entre autres, les hautes tours: l'Hexenturm (tour des Sorcières) du 14e siècle, l'Hermansturm (1407) et la Spittelturm (1559). De style gothique ou baroque, les maisons à colombages qui donnent son cachet à la petite cité, sont particulièrement remarquables. L'ancien Muri-Amtshof, d'époque gothique tardive, et le Schlössli, maison bourgeoise de style baroque primitif, possèdent de superbes intérieurs. A Bremgarten, se trouvent plusieurs églises et chapelles où les apports de nombreux siècles sont identifiables. Pour quitter la ville, on empruntera peut-être le beau pont en bois restauré en 1953–1957 qui repose sur quatre piles en maçonnerie. Deux oratoires en encorbellement édifiés sur la troisième pile sont dédiés à Ste-Agathe et à St-Népomucène.

Luzern–Sempach–Aarau

Par la haute plaine doucement vallonnée du Littauer Berg, nous atteignons la pittoresque petite ville de Sempach. Longeant le lac du même nom, nous poursuivons notre randonnée vers Sursee puis, par la Suhrental, vers Aarau. Entre Sursee et Aarau, ce tour est particulièrement indiqué pour les promenades en famille.

Route		Distance	Temps
1 Luzern		—	—
2 Littau		5 km	0 h 30
3 Sempach		21 km	2 h
4 Sursee		29 km	3 h
5 Schöftland		48 km	5 h
6 Aarau		65 km	6 h 30

Dénivellation: 300 m

Notre randonnée cycliste part du nouveau bâtiment de la gare de **Lucerne.** Par le Seebrücke, toujours animé, nous nous dirigeons vers la Schwanenplatz. On traversera la ville ancienne à pied, dépassant l'église St-Pierre et l'Hôtel de ville, jusqu'à la Mühlenplatz. Sur le quai St-Karli, nous longeons la Reuss jusqu'à la Nölliturm qui constituait l'extrémité ouest de l'enceinte; celle-ci, conservée sur 800 m de distance, comporte neuf tours. Derrière la Nölliturm, nous demeurons d'abord à droite puis bifurquons, à la première occasion, à gauche, dans la St-Karlistrasse qui franchit l'autoroute et aboutit à l'église St-Charles. Après avoir traversé la Reuss et les voies du chemin de fer, nous prenons la Bernstrasse en direction de **Littau.** Au centre de cette localité, une route à droite descend vers la gare. Là débute la partie la plus calme et la plus belle de notre randonnée.

Devant la façade nord de la gare, obliquant à gauche, nous franchissons la petite Emme puis suivons sur 300 mètres la rue principale dans la direction de Berne jusqu'à ce que nous puissions bifurquer, à droite, dans la Bergstrasse. Après la montée assez raide au Littauer Berg, nous pédalons tout droit à travers le plateau, longeant des fermes isolées ou groupées jusqu'à *Stächenrain,* sur la route principale. Nous roulons maintenant à gauche en direction de Hellbühl jusqu'au hameau de Moosschür, d'où la route bifurque vers *Neuenkirch.* Sur la route principale, légèrement déclive, nous nous dirigeons vers **Sempach,** notre première étape.

Petite ville médiévale sur les bords du lac de Sempach

On ne saurait choisir meilleur endroit pour faire halte que cette petite cité riveraine du lac, chargée d'histoire. Après avoir repris des forces, nous pédalons sur l'ancienne route principale, relativement encombrée, qui longe le lac en direction de **Sursee,** via Eich et Schenkon. Dans ce pittoresque village bien conservé, l'atmosphère invite à prolonger la halte.

Ayant encore une certaine distance à franchir, nous quittons bientôt Sursee par le Untertor. De l'autre côté, nous bifurquons à droite dans une rue qui nous conduit, à travers des jardins ouvriers, à la route de contournement. Sur notre droite, nous apercevons un chemin de randonnée pédestre que nous empruntons, le long d'une petite rivière et à l'écart de la circulation, jusqu'au village de Triengen. Franchissant d'abord l'autoroute puis la forêt de Sursee, notre itinéraire longe pendant une demi-heure de vertes prairies, dans l'opulente campagne des Surenmatten. Le chemin empierré se termine avant le village de Triengen. Demeurant d'abord à gauche, nous bifurquons 200 m plus loin, à droite, pour emprunter une petite route qui rejoint, en traversant un bois, la route principale qui mène à *Winikon.* Au début de cette localité, la route tourne à droite vers *Reitnau* et *Attelwil.* Nous restons du même côté de la vallée; une courte montée nous permet de franchir le hameau de Büel et d'atteindre *Wittwil* par Staffelbach. Pédalant droit devant nous, nous arrivons, par un quartier périphérique de **Schöftland,** au village de *Holziken.* Nous quittons cette localité par la route principale; la deuxième route après le carrefour, à droite, nous bifurquons; une petite route goudronnée longe un ruisseau et, passant sous l'autoroute, nous conduit à *Kölliken.* Peu avant la sortie de ce dernier village, en direction de Zurich, une route se détache à gauche après le garage Audi, longe le Kölliker Bach et s'oriente, à l'écart de la circulation via Oberentfelden vers *Unterentfelden.* La ligne du che-

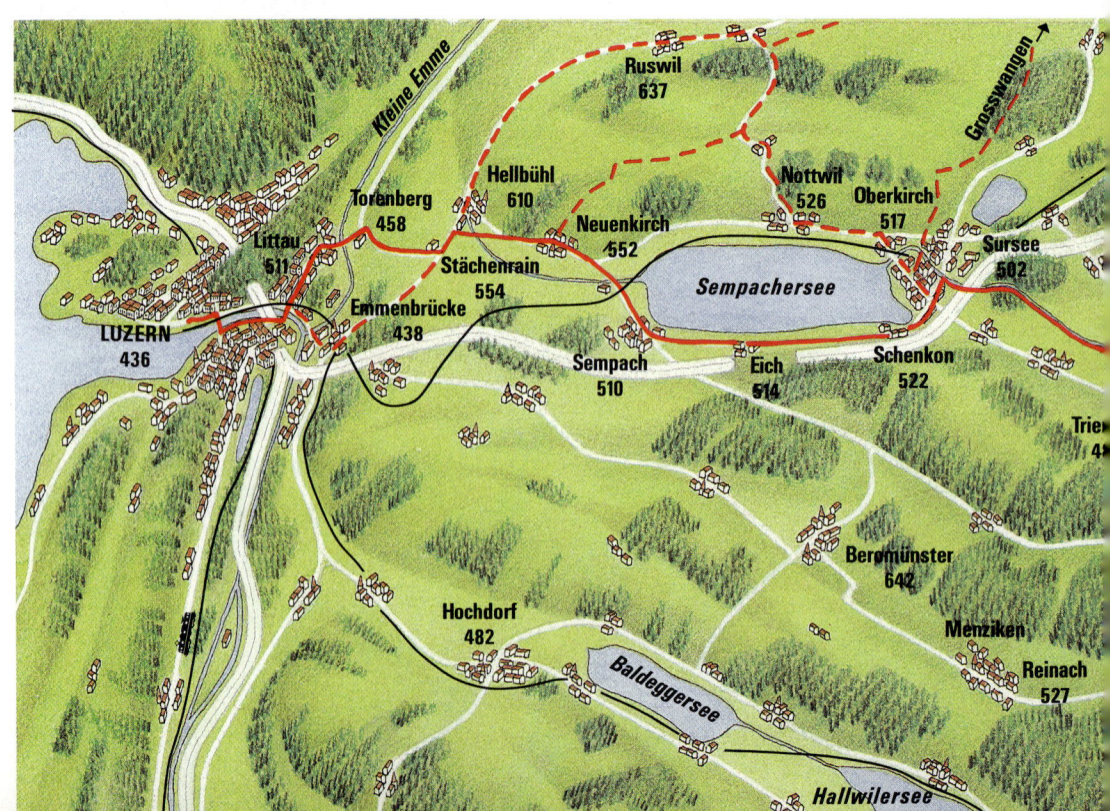

min de fer à voie étroite WSB qui relie Aarau et Schöftland, sépare les deux agglomérations. Tantôt en site propre, tantôt parallèle à la route principale, la voie ferrée nous servira de guide pour atteindre le centre d'Aarau.

Cartes cyclistes
Luzern–Ob- und Nidwalden, Basel–Aargau

Déviation
Les cyclotouristes qui préfèrent regagner Lucerne à bicyclette, choisiront l'itinéraire suivant: au départ de Sursee, ils se dirigeront – par Oberkirch – vers Nottwil, où ils obliqueront, à la deuxième route à gauche en direction de Ruswil, par le Notteler Berg. Traversant le village d'Hellbühl, ils descendront finalement vers Emmenbrücke et gagneront Lucerne:

Sursee –Oberkirch –Nottwil –Ruswil –Hellbühl –Emmenbrücke –Lucerne 32 km, 3 h 30

Correspondances
Zurich–Lucerne r. 35, Rapperswil–Lucerne r. 19, Bellinzone–Lucerne r. 50, Olten–Lucerne r. 40, Lucerne–Brugg r. 38, Lucerne–Langenthal r. 20, Aarau–Zurich r. 28, Aarau–Baden r. 37, Langenthal–Aarau r. 27.

Lucerne, Aarau

Lucerne/Lido, Sempach, Sursee/Mauensee

Lucerne: Jardin et Musée des glaciers, Musée historique, Musée d'histoire naturelle, Musée des Beaux-Arts, Musée Richard Wagner à Tribschen, Musée suisse des costumes et du folklore, Trésor de la Hofkirche, Musée suisse des transports. On visitera à *Kölliken*, le premier dimanche du mois, une collection d'icônes russes et bulgares. A *Aarau*, le Musée des Beaux-Arts expose des œuvres d'artistes suisses et argoviens des 18e, 19e et 20e siècles. Le Musée d'histoire naturelle et régionale présente une collection de pièces zoologiques; le Musée municipal du Vieil-Aarau abrite une vaste documentation historique.

Les principales curiosités de *Lucerne* sont l'enceinte dite de Musegg, le Kapellbrücke, le Spreuerbrücke, l'Hôtel de Ville et la Hofkirche. A *Kirchbühl*, au nord-est de Sempach, l'église St-Martin possède, à l'intérieur du sanctuaire, le plus vaste et le plus ancien cycle de peintures murales du canton. A *Winikon* l'église de l'Assomption est magnifiquement décorée dans le style rococo. Avant de quitter *Aarau*, il est indispensable de visiter la ville ancienne, l'église réformée municipale, l'Hôtel de Ville, la Tour supérieure et la Tour des poudres.

A *Lucerne*, une colonie de cygnes et une volière sont visibles à l'extrémité du déversoir du Lac des Quatre-cantons. A *Sempach*, cigognes, oies, canards et autres oiseaux s'ébattent dans un vaste enclos, à proximité de Station ornithologique fédérale. Dans le parc animalier de Roggenhausen, près d'*Aarau*, vivent plusieurs espèces de cervidés, de sangliers et de bouquetins.

Sursee: *Des imposantes fortifications édifiées au 13e siècle, par les Kyburg dans le but de contrôler les voies commerciales entre Bâle et le Gothard subsistent l'Untertor, restauré en 1674 et la Diebsturm (tour des voleurs) qui date de 1682. Dans les siècles suivants, des incendies dévastateurs ont eu pour conséquence de renouveler le plan de la ville. L'un des plus anciens monuments de Sursee, l'Hôtel de Ville, de style gothique flamboyant (1539–1545) possède une tour polygonale construite en 1482. L'église paroissiale catholique St-Georges (1638–1641), édifiée dans le style Renaissance tardif, possède un trésor qui témoigne de l'habileté et du savoir-faire des orfèvres de Sursee. Au nord-est de la petite cité, le couvent des Capucins, fondé en 1606, abrite le musée de la province de cet ordre religieux.*

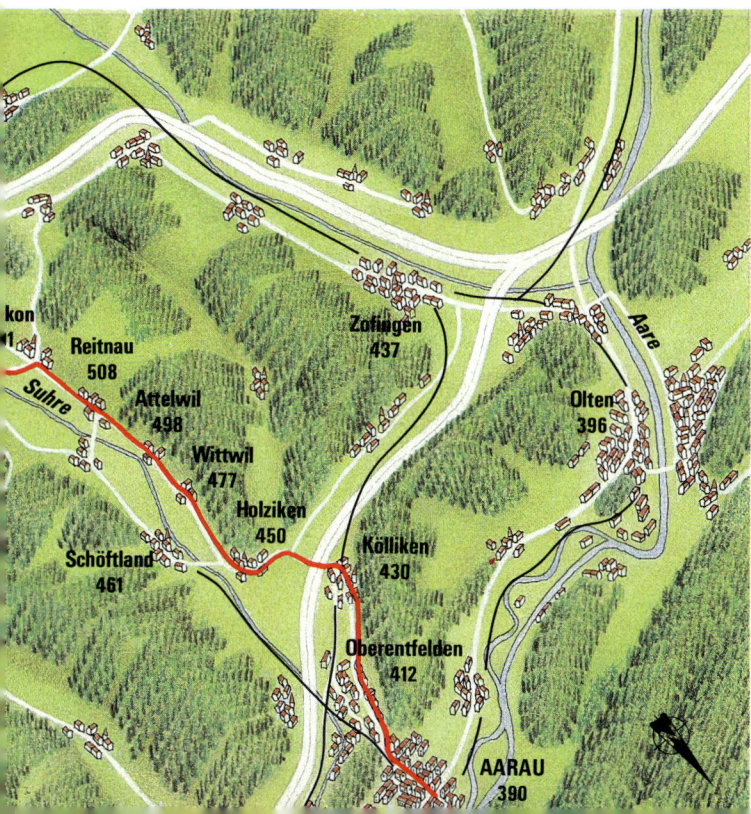

Sempach

Dans l'étouffante chaleur de juin 1386, les Confédérés et plus particulièrement les Lucernois et les natifs de la Suisse centrale, se lancèrent en vain à l'assaut de l'armée des seigneurs et chevaliers autrichiens. Après des heures d'une lutte acharnée, les Confédérés ouvrirent finalement une brèche dans les formations cuirassées; cet épisode a été attribué au héros légendaire Winkelried. Dès lors, la bataille était pratiquement terminée. Avec leurs longues lances, les chevaliers autrichiens, incapables de se défendre à courte distance, se dispersèrent. Parmi les morts figurait le chef des Autrichiens, le duc Léopold III. Un an après, les vainqueurs suisses édifièrent une chapelle commémorative à l'endroit où le duc aurait rendu le dernier soupir; cette chapelle, construite sur la route menant à Hildisrieden abrite une représentation du combat peinte en 1551 et la liste des défunts. Située légèrement en contrebas du champ de bataille, sur les bords du lac dont les eaux baignaient les remparts avant l'abaissement du niveau, en 1806, Sempach fut fondée en 1220 par les Habsbourg pour surveiller les voies commerciales utilisant le col du Gothard. De cette période, subsistent l'Hexenturm (tour des sorcières) couronnée de créneaux et des pans de remparts. La Porte de Lucerne, édifiée au 16e siècle, gardait l'entrée sud de la cité. Le noyau de Sempach comprend deux rues, le long desquelles s'alignent les maisons. L'Hôtel de Ville est une construction du 17e siècle; sa seule importance réside dans sa belle façade à colombages. A proximité, les maisons patriciennes et les vastes auberges de la Untergasse perpétuent l'atmosphère médiévale; celles de la Obergasse, au contraire, ont gardé leur cachet rural. Au nord de la localité, les deux rues convergent devant l'église catholique St-Etienne (1827–1829).

Olten–Sursee–Luzern

La petite ville d'Aarburg, fondée par la dynastie Froburg, Zofingue et Sursee, fondée par les Kyburg, se trouvent sur notre itinéraire en Suisse centrale. Avec la visite de ces charmantes cités, le superbe panorama qui s'offre au regard du haut du Ruswiler Berg sur le lac de Sempach sera le point fort de notre randonnée. La partie de cet itinéraire comprise entre Olten et Zofingue se prête tout particulièrement aux promenades en famille.

Route		Distance	Temps
1	Olten	—	—
2	Aarburg	5 km	0 h 30
3	Zofingen	10 km	1 h
4	Dagmersellen	19 km	2 h
5	Sursee	33 km	3 h 30
6	Hellbühl	49 km	5 h 30
7	Luzern	52 km	6 h

Dénivellation: 500 m

Notre randonnée à vélo commence sur les rives de l'Aar, devant la gare d'**Olten**. Par le vieux pont de bois situé légèrement en amont, nous pénétrons dans la partie ancienne et pittoresque de la cité d'Olten et empruntons la Hauptgasse en direction de l'église paroissiale. Devant l'église, nous tournons à gauche dans la Mühlegasse, que nous suivons jusqu'au bout avant d'obliquer à droite dans la Hausmattrain. En direction de la Salle Municipale, nous suivons cette rue en longeant la voie ferrée jusqu'au restaurant Kleinholz; de là, le Ruttigerweg tourne vers la gauche. Le chemin nous ramène à l'Aar, après avoir côtoyé un petit bois puis serpenté entre la rivière et la ligne de chemin de fer et abouti à la charmante petite ville d'**Aarburg**. Nous traversons l'Aar et arrivons à droite sur la place; pédalant droit devant nous dans la Pilatusstrasse, qui s'ouvre entre les deux rues principales de la localité, nous passons devant la poste et obliquons à droite à la première occasion dans l'Alte Zofingerstrasse. Toujours droit devant nous, nous croisons successivement les voies des CFF, la rue principale d'Aarburg et l'autoroute. Après avoir franchi un ruisseau, nous restons sur la droite; au prochain croisement, une route qui oblique légèrement à droite traverse une zone industrielle et aboutit à un passage sous voie. De l'autre côté de la voie ferrée, nous parvenons directement à la périphérie de la pittoresque vieille ville de **Zofingue**.

Sursee, sur les rives du lac de Sempach

Après avoir visité la vieille ville, nous quittons Zofingue par la route principale de Lucerne; nous bifurquons ensuite à droite en direction de Langenthal avant de prendre, à main gauche, de l'autre côté de la voie ferrée, la route qui mène à *Brittnau*. Dans le centre de cette petite localité, située au delà de l'autoroute, nous tournons à gauche et pédalons sur la route principale, peu fréquentée, vers **Dagmersellen,** via *Langnau*. Suivant les pancartes bleues indiquant la direction de Lucerne, nous progressons sur l'ancienne route principale vers **Sursee,** par *Uffikon* et *St-Erhard.* A Sursee, deuxième étape de cette randonnée, nous faisons halte dans la vieille ville. Nous reprenons ensuite la route principale sur la gauche du lac de Sempach en direction d'*Oberkirch* et de *Nottwil.* Dans cette dernière localité, nous obliquons au deuxième carrefour à droite vers Oberdorf et nous nous préparons à franchir la chaîne de collines qui sépare Rottal du lac de Sempach. Juste avant l'église, nous tournons encore à droite pour nous diriger vers le village de Ruswil.

Avant de parvenir à Ruswil, un poteau indicateur, à l'orée d'un petit bois, nous montre la direction de *Huprächtigen.* Tout en admirant la vue grandiose sur le lac de Sempach, nous pédalons droit devant nous, à travers plusieurs hameaux, le long de la pente; la petite route que nous suivons s'incurve brusquement vers la gauche et descend au village de Neuenkirch. A partir de ce tournant, nous progressons sur une chaussée empierrée qui court à travers des hameaux et un petit bois pour rejoindre une route asphaltée. Nous la suivons à droite jusqu'au hameau de *Windblosen;* après une courbe sur la droite, dépassant l'endroit de la collecte du lait, nous empruntons à nouveau la route empierrée pour arriver, à travers une forêt, à Hunkelen. A la chapelle d'Hunkelen, commence une belle descente aux larges courbes qui aboutit à **Hellbühl.** De là, nous pédalons sur la route principale, vers la gauche, en direction de Lucerne. Après 2 km, au hameau de Stächenrain, une petite route à droite bifurque vers *Littau.* Sans ces-

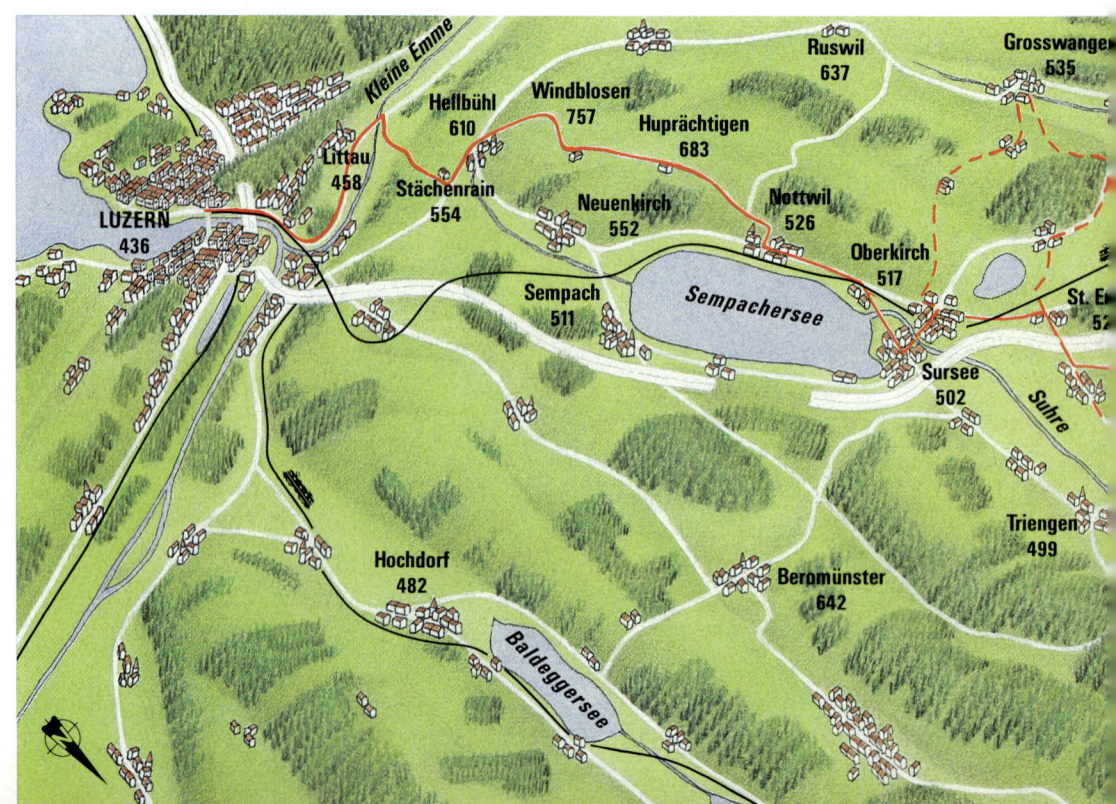

Sursee/Mauensee, Nottwil, Lucerne/Lido

A *Olten*, le Musée historique abrite une importante collection d'histoire locale. Le Musée des Beaux-Arts présente des œuvres d'artistes soleurois et suisses des 19e et 20e siècles; le Musée d'histoire naturelle possède une petite collection de minéraux. Les Musées locaux d'*Aarburg*, de *Zofingue* et de *Brittnau* sont spécialisés dans l'histoire régionale. A *Sursee*, le trésor de l'église catholique (que l'on peut visiter sur demande) comprend des objets et des habits religieux des 15e et 19e siècles. Le monastère des Capucins abrite un musée illustrant l'œuvre accomplie par ces moines en Suisse. Dans l'ancienne hôtellerie St. Urbanhof a été aménagé le musée local. A *Lucerne*, on peut visiter le Jardin des glaciers, le Musée historique, le Musée d'histoire naturelle, le Musée des Beaux-Arts, le Musée Richard Wagner de Tribschen, le Musée suisse des costumes et du folklore, le trésor de la Hofkirche et, enfin, le Musée suisse des Transports.

 Construite en 1807, l'église paroissiale s'élève dans la partie ancienne d'*Olten*. Au-dessus d'*Aarburg*, se dresse le château fort dont une partie date du Haut Moyen Age. L'église paroissiale, sanctuaire à une nef de style néo-gothique, a été reconstruite sur une base ancienne vers 1842–1845. Dans la partie ancienne de *Sursee*, l'Hôtel de Ville (1539–1545), la Maison Beck (1631), qui lui fait face, et l'église paroissiale St-George (1638–1641) composent un ensemble remarquable. Au nord-est de l'agglomération, s'élève l'église du couvent des Capucins (1606–1608). Avant de quitter *Lucerne*, la visite des remparts, des ponts de bois, de l'Hôtel de Ville et de la Hofkirche s'impose; dans la vieille ville, de belles reconstructions anciennes se succèdent de part et d'autre de la Reuss.

 Les jardins zoologiques d'*Olten* et de *Zofingue* renferment plusieurs espèces de cervidés, des mouflons, des sangliers et des marmottes; à *Olten* et à *Lucerne*, les parcs comportent de grandes volières.

ser de suivre les panneaux indiquant la direction de Littau, nous franchissons le Littauer Berg, pour descendre dans la vallée de la petite Emme. Sur une large piste cyclable parallèle à la route principale, nous parcourons finalement le dernier tronçon de notre itinéraire et rejoignons **Lucerne** par Reussbühl.

Cartes cyclistes
Basel–Aargau, Luzern–Ob- und Nidwalden

Déviations
Zofingue–Küngoldingen–Oftringen–Wartburghof–Olten 10 km, 1 h 30
St. Erhard–Knutwil–Wilihof–Winikon–Reitnau–Attelwil–Staffelbach–Wittwil–Holziken–Kölliken–Däniken–Olten
30 km, 3 h

Correspondances
Langenthal–Aarau r. 27, Lucerne–Langenthal r. 20, Lucerne–Aarau r. 39, Lucerne–Brugg r. 38, Zurich–Lucerne r. 35, Rapperswil–Lucerne r. 19, Bellinzone–St-Gothard–Lucerne r. 50.

Zofingue: Dans le noyau ancien, la disposition des maisons et des rues évoque une structure à caractère végétal.

«Gansabhauet» à Sursee: Le 11 novembre, fête de St-Martin, la population de Sursee a pour coutume de se rassembler devant l'Hôtel de Ville pour assister au «Gansabhauet» traditionnel. Des jeunes gens vêtus d'une cape rouge, le visage caché derrière un masque représentant le soleil qui les empêche de voir autour d'eux, s'efforcent, l'un après l'autre, de faire tomber d'un coup de sabre une oie morte suspendue à un fil de fer. Le premier qui réussit emporte le volatile. L'origine de cette coutume reste mystérieuse. On pense qu'elle remonte à d'anciennes traditions paysannes très répandues liées aux animaux de basse-cour. Oublié pendant plusieurs siècles, cet usage fut remis en honneur vers 1880. On introduisit alors le port du masque solaire par les participants.

Zofingue

A mi-chemin de Bâle et de Lucerne, Zofingue constituait au Moyen Age une importante étape sur les routes nord–sud; le transport des marchandises en provenance d'Italie s'effectuait par le Gothard. L'église St-Maurice existait déjà avant la fondation de la ville, au 12e siècle, par les comtes de Froburg. Elevée au rang de collégiale, l'église garda ce titre jusqu'en 1528. Zofingue ayant bénéficié de franchises et du privilège de battre monnaie, la ville et le marché connurent une rapide expansion.
Toutefois, après la conquête de l'Argovie par les Bernois (1415), la monnaie frappée à Zofingue perdit rapidement de sa valeur. De l'enceinte fortifiée qui protégeait les habitants à l'époque médiévale, seules trois tours subsistent; elles avaient fait l'admiration du duc Rodolphe IV de Habsbourg. La plus importante, la Pulverturm, édifiée au 14e siècle, occupe l'angle sud-est des anciens remparts. La collégiale St-Maurice (réformée) au centre de l'agglomération, associe des parties romanes du 12e siècle et des éléments du Haut Moyen Age ainsi que du gothique tardif. Le vitrail central du chœur représente un cycle illustrant en douze tableaux la vie du Christ, de la crucifixion à la résurrection. De style baroque, le clocher date de 1646–1649. Le centre laïc de Zofingue est la Thutplatz, bordée par l'Hôtel de Ville (1792–1795), la Maison de la corporation des bouchers, l'élégante Neuhaus (1770) et une importante fontaine. L'ancienne Ecole latine, édifice à trois étages de style gothique tardif, abrite désormais la bibliothèque municipale et les archives communales. A la limite de la vieille ville, le Musée municipal a été aménagé en 1901–1902 dans le style néo-Renaissance. L'histoire du mouvement étudiant suisse commence à Zofingue. L'assemblée qui créa l'Association des Zofingiens s'est tenue en 1819 dans l'auberge «Zum Rössli».

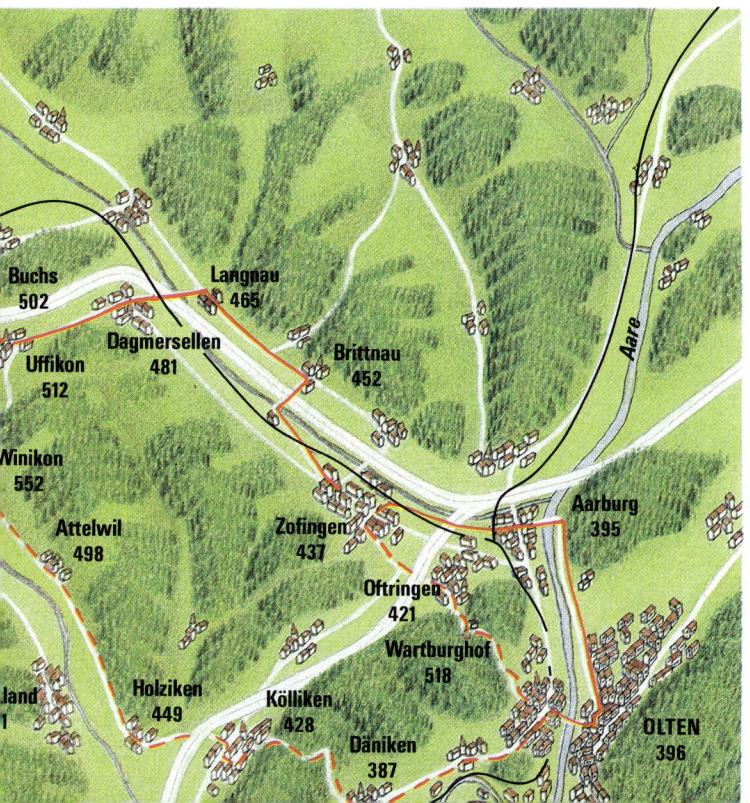

Cette belle randonnée à vélo a pour thème les vitraux modernes qui ornent de nombreuses églises jurassiennes. Notre route nous conduira de Porrentruy à la pittoresque petite cité de St-Ursanne, à travers le doux paysage des collines de l'Ajoie, dans la sinueuse vallée du Doubs. Par la vallée de la Sorne, notre itinéraire rejoindra Delémont, chef-lieu du canton du Jura. Cette randonnée effectuant un rapide détour en territoire français, il est indispensable de se munir d'une carte d'identité ou d'un passeport.

Porrentruy–St-Ursanne–Delémont

Route	Distance	Temps
1 Porrentruy	—	—
2 Buix	23 km	2 h
3 St-Ursanne	67 km	7 h 30
4 Delémont	93 km	10 h 30

Dénivellation: 900 m

Le point de départ de cette randonnée cycliste est la gare de **Porrentruy**, où la belle ville ancienne et le superbe château méritent que le visiteur s'attarde une heure.

Féerie multicolore des modernes vitraux du Jura

Dans la chapelle de l'Ancien Hôpital, au nord-ouest de l'agglomération qu'on atteindra depuis le château par la route de Bure, on verra un premier exemple de ces vitraux polychromes qui constituent le thème de notre randonnée. De retour à la gare, on quittera Porrentruy par un pont qui enjambe hardiment la voie ferrée en direction de Bâle. Le long du chemin de fer et de la petite rivière Allaine, nous pédalons sur la route principale en direction d'*Alle*. Dans l'église de ce petit village, on admirera les premiers témoignages de l'art des verriers. A la sortie de la localité, on laissera la rivière derrière soi pour tourner à gauche en direction de Mulhouse; par Vendlincourt, on gagnera ainsi *Bonfol,* terminus de la voie ferrée. Plus loin, la randonnée se poursuit vers *Beurnevésin,* village-frontière dont l'église, elle aussi, s'orne de vitraux modernes. A la première bifurcation, nous obliquons à gauche vers *Réchésy*; au centre de ce village, une rue, à main gauche, se dirige vers *Lugnez.* Parallèlement à la frontière, nous pédalons par Lugnez et Montignez en direction de **Buix,** dont l'église possède également un ensemble de beaux vitraux. Traversant la rivière et la voie de chemin de fer, nous passons à gauche de l'église pour entamer la montée en direction de *Bure.* Nous suivons les poteaux indicateurs sur le plateau vers *Fahy,* où nous tournons à gauche sur la route menant à Grandfontaine. A la limite de Fahy, une petite route bétonnée oblique à gauche: nous l'empruntons pour descendre vers *Rocourt.* Là, il nous suffit de rouler quelques minutes sur la route principale pour rejoindre Porrentruy.

Le Doubs et sa vallée romantique

Remontant la vallée, nous roulons à droite vers *Réclère,* dont l'église, comme celle de Damvant, possède de beaux vitraux. A la sortie de l'agglomération, on suivra, à gauche, la route des grottes qui conduit à une succession de collines, sur la ligne frontière. Une fois celle-ci franchie, une descente rapide commence, offrant un superbe panorama sur la vallée encaissée du Doubs. A *Vaufrey,* on obliquera à gauche pour remonter le Doubs vers l'amont en direction du petit village-frontière de *Brémoncourt* et de la Suisse. Longeant le Doubs, la randonnée se poursuit par Ocourt jusqu'à la pittoresque **St-Ursanne**.

Après une courte halte pour reprendre des forces, il s'agit maintenant de grimper la pente conduisant à *La Caquerelle,* qui culmine à 400 m au-dessus de St-Ursanne. La descente rapide vers *Boécourt* et *Glovelier* est délassante; ceux qui souhaitent interrompre cette randonnée regagneront Porrentruy par Courgenay. Les participants qui veulent s'épargner les efforts de la montée prendront le train, au-dessus de St-Ursanne et gagneront Glovelier, de l'autre côté du tunnel. Sur la route principale, nous pédalons pendant une centaine de mètres en direction de Delémont, avant de prendre, à main droite, la route de *Berlincourt,* où une chapelle abrite de superbes vitraux. Au centre de cette localité, on bifurquera à gauche pour atteindre *Bassecourt,* village situé au bord du Doubs; de là, le dernier tronçon jusqu'à *Courfaivre* sera parcouru sur la route principale. L'aménagement moderne de l'église de Courfaivre constitue, dans une certaine mesure, le couronnement esthétique de cette randonnée cy-

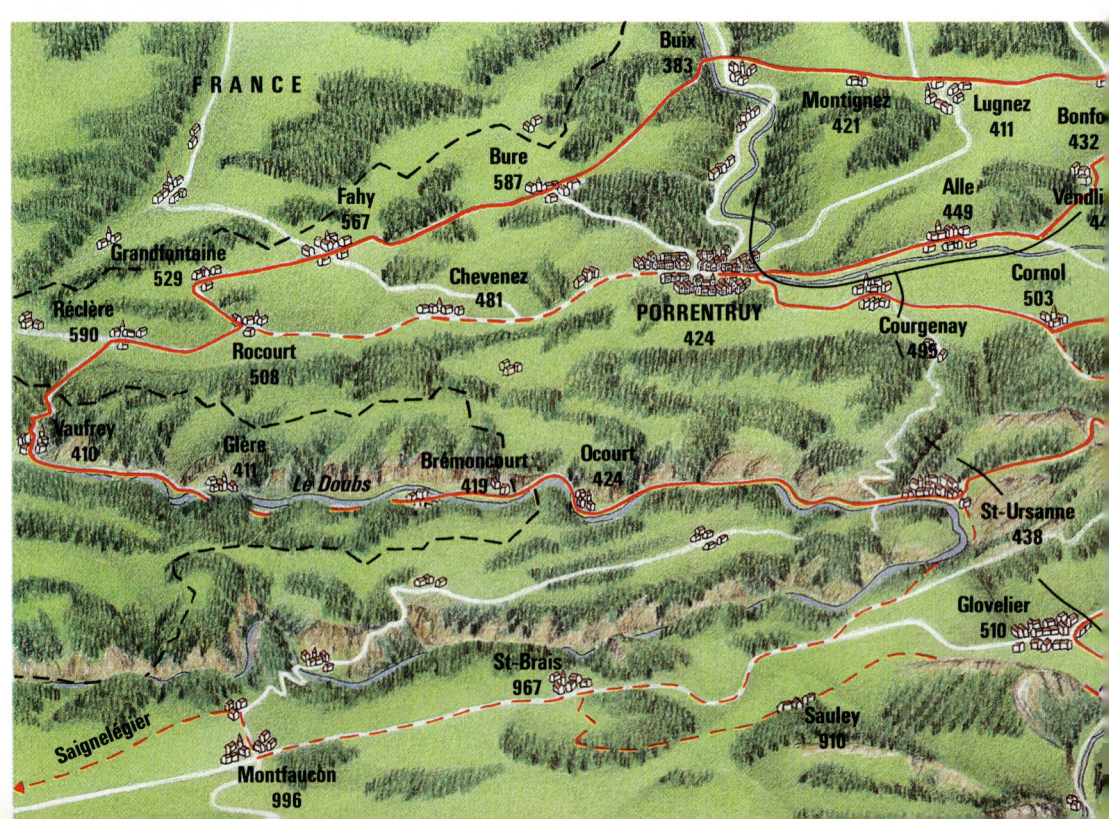

cliste. En passant par Courtételle, on regagnera **Delémont,** chef-lieu du canton du Jura; le château et les fontaines à personnages ornent la ville qui servait de villégiature aux évêques de Bâle. Dans l'église on admirera un ensemble de vitraux modernes.

Retour

Les participants infatigables peuvent également choisir une autre route pour rejoindre Porrentruy. Quittant Delémont par la route principale en direction de Laufon, on bifurquera, à gauche, à Soyhières pour remonter vers Pleigne par Mettemberg. Ces deux derniers villages possèdent des églises ornées de vitraux modernes. Juste avant Pleigne, on prendra, à droite, la route qui mène à Lucelle, village-frontière. Par Charmoille, Fregiécourt et Cornol, on atteindra Courgenay. Les églises de ces deux localités possèdent également des vitraux dignes d'intérêt. Par la route principale, en quelques minutes on rejoindra ensuite Porrentruy.
Delémont 🚌–Soyhières 🚌– Lucelle 🚌–Courgenay 🚌– Porrentruy 🚌 34 km, 4 h

Carte cycliste
Franches-Montagnes–Ajoie–Laufental

Déviations
Rocourt 🚌–Porrentruy 🚌 10 km, 1 h
St-Ursanne 🚌–Courgenay 🚌–Porrentruy 🚌 13 km, 1 h 30

Correspondances des routes
Bâle–Delémont r. 5, Delémont–La Chaux-de-Fonds r. 6

St-Ursanne: L'ermitage du moine irlandais Ursicinus fut à l'origine d'une abbaye autour de laquelle se fonda peu à peu une petite cité. Le plan actuel comprend l'aire religieuse, de forme concentrique, datant du 12ᵉ siècle et la ville des artisans, reconstruite après l'incendie de 1403, qui s'est étendue à l'est du noyau urbain. La collégiale est une basilique à piliers d'époque romane dont le chœur date du 12ᵉ siècle; de nombreuses sculptures en décorent l'intérieur. Des anciens remparts ne restent qu'une partie de l'enceinte et trois portes de ville. La Porte St-Jean commande l'accès au pont de pierre qui enjambe le Doubs; construit en 1728, celui-ci comporte en son milieu une statue de Népomucène (18ᵉ siècle). L'isolement de St-Ursanne a certainement contribué à perpétuer jusqu'à nos jours l'aspect médiéval de la petite cité.

 Delémont

 Porrentruy, Réclère, Ocourt, St-Ursanne, Delémont, Courgenay

 La bibliothèque de *Porrentruy* renferme une collection d'importants manuscrits. Le Musée de Porrentruy est consacré à l'histoire régionale. Le Musée jurassien, à *Delémont*, possède une importante collection d'histoire régionale.

L'impressionnant château des princes-évêques de Bâle domine l'ancienne ville bien conservée de *Porrentruy,* ses nombreuses églises, ses fontaines et ses élégantes maisons patriciennes. Le donjon du 13ᵉ siècle et le Pavillon de la Princesse Christine de Suède (1697) sont particulièrement dignes d'intérêt. Le château de *Delémont,* en forme de fer à cheval, datant du 18ᵉ siècle, servait de résidence d'été aux évêques. L'Hôtel de Ville, de style baroque, est richement aménagé. Les deux portes de ville qui subsistent, en particulier la Tour des Archives, de même que les belles fontaines à personnages, retiennent l'attention.

 Le révolutionnaire Léman fonda, en 1795, le Jardin botanique de l'école cantonale de Porrentruy dont l'aménagement est dû à A. L. de Jussieu. L'ensemble comprend une collection de plantes exotiques, un jardin alpin et une flore spécifiquement jurassienne.

 Entre Buix et Boncourt, les grottes à stalactites de Milandren se succèdent sur 11 km. La superbe grotte à stalactites de Réclère, découverte en 1886, se trouve à proximité immédiate de la frontière française.

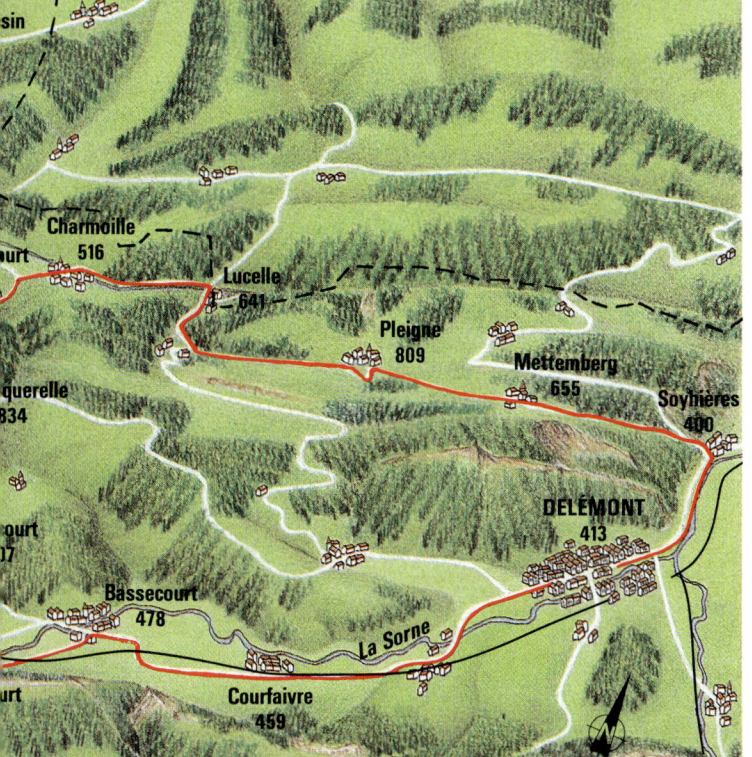

Les vitraux du Canton du Jura

Depuis le début de ce siècle, des artistes de renom ont travaillé au renouveau de la peinture sur verre d'inspiration religieuse. Dans le Jura, les premières réalisations ne suscitèrent qu'un intérêt relatif jusqu'au milieu du siècle. De 1953 datent les vitraux de l'église de Courfaivre, qui, agrandie, avait besoin de baies susceptibles de restituer la totalité de la lumière. Le célèbre peintre Fernand Léger, auteur des vitraux d'Audincourt, accepta avec enthousiasme de créer ceux de Courfaivre, réalisant un véritable chef-d'œuvre. Le maître-autel, œuvre de Remo Rossi, et la tapisserie de Jean Lurçat contribuèrent à faire accepter l'art sacré moderne. La chapelle de Berlincourt dans laquelle le Français Estève réalisa le décor des baies, fut ensuite reconstruite. Autre artiste français, Bissière est l'auteur de magnifiques rosaces dans les églises restaurées de Cornol et de Develier. Bréchet, artiste originaire de Delémont, commença, dès 1952, à orner de remarquables vitraux l'église de Pleigne; il poursuivit son œuvre dans la chapelle de Vellerat, en 1963/64, dans celle d'Alle. En 1957, Jean-François Comment conçut les vitraux de la chapelle de l'hôpital de Porrentruy et, en 1965–1967, les fenêtres du chœur de l'église de Courgenay. En 1956, Maurice Lapaire dessina des vitraux à personnages pour l'église de Buix et, en 1959, Bodjol orna chacune des façades du temple protestant de Delémont de cinq fenêtres à vitraux. Des œuvres de Hans Stocker ornent également les églises de Dittingen, de Nieder-Riederwald, de Beurnevésin et, enfin, de la chapelle de l'hôpital de Laufon. Son frère Coghuf (Ernst Stocker) conçut, lui aussi, les vitraux de l'ancienne abbatiale de Moutier, de l'église de Soubey et de la chapelle de Mettemberg. Angi, pour sa part, créa en 1965 les vitraux de l'église de Damvant; le Zurichois Wilfried Moser réalisa, en 1969, les vitraux polychromes des niches de l'église de Réclère.

Bern–Aarberg–Hagneck

42

Agréable, ce tour convient aux promenades en famille; l'itinéraire conduit aux sept centrales hydro-électriques de l'Aar, entre Berne et le lac de Bienne. L'Aar nous accompagne tout au long du parcours mais longer directement la rivière est parfois impossible. Complément bienvenu de la centrale de Mühleberg, le lac artificiel de Wohlen constitue un but d'excursion pour de nombreux Bernois.

Route	Distance	Temps
1 Bern	—	—
2 Centrale de Mühleberg	18 km	2 h
3 Aarberg	35 km	3 h 30
4 Hagneck	46 km	4 h 30

Dénivellation: 350 m

Le départ a lieu devant l'université de **Berne**, au-dessus de la gare centrale. Empruntez l'Alpenstrasse puis la Zähringerstrasse jusqu'au carrefour avec la Mittelstrasse, obliquez à droite, traversez la Neubrückstrasse et bifurquez obliquement dans l'Engestrasse. Cette rue vous conduira par une allée superbe au Viererfeld, puis, sous l'imposant viaduc de Felsenau, au carrefour du «Lederstutz». En descendant la pente, le regard découvre l'ancienne filature de Felsenau, qu'on contournera par la Felsenaustrasse avant d'atteindre, au terme de cette première étape, au fil de l'eau la *centrale de Felsenau*.

Franchissant l'Aar par la passerelle du Selftansteg, nous empruntons la Ländlistrasse jusqu'à Neubrügg. Le pont de bois date de 1535. En pente raide, la route monte vers Stuckishaus. Parvenus à cet endroit, près du carrefour, nous prenons à gauche pour redescendre vers le Halenbrücke, à l'extrémité du lac de Wohlen. Encore à gauche, à une cinquantaine de mètres, une petite route descend vers Vorderdettingen et, au-delà, vers Hinterkappelen. Dans la

Sur la piste de l'énergie électrique

rue conduisant au centre de ce village, de vastes demeures paysannes rappellent le passé. En suivant la rue principale, nous roulons en direction de Talmatt. Pédalant tranquillement le long de champs et de prairies, ne manquons pas d'observer les nombreuses colonies de cygnes dont le lac est l'habitat. Bifurquant sur la droite, à Hofen, nous atteindrons Illiswil, après une courte montée. Toujours à main gauche, la promenade se poursuit vers la Mühlital pour rejoindre ensuite le barrage et la **centrale hydro-électrique de Mühleberg.** En période de crue, l'Aar gronde et bondit presque autant que le Rhin aux chutes de Neuhausen. Suivant le mur du barrage, il faut contourner la centrale; là, une aire de repos munie de tables et de bancs invite, sous l'ombrage de grands arbres, à une halte de midi largement méritée.

Après cette pause, nous prenons la route en direction de l'ouest et de la *centrale atomique de Mühleberg*. Un pavillon d'information est à la disposition des personnes intéressées. Les cyclistes qui désirent interrompre ici la promenade emprunteront la piste cyclable marquée en blanc qui

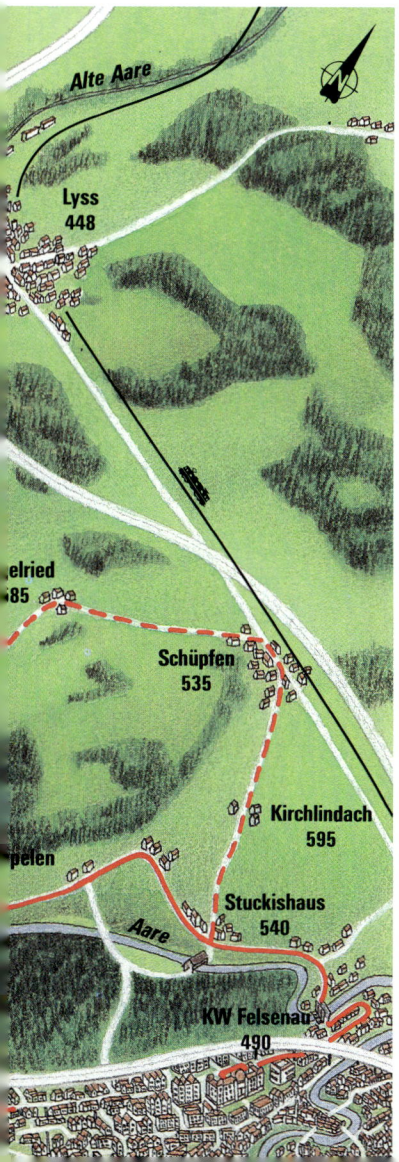

contourne la centrale pour remonter vers Gümmenen en longeant la Sarine; ils auront le choix entre le train de la ligne Neuchâtel–Berne ou au tour correspondant. Rebroussant chemin jusqu'au barrage, nous parviendrons, sur la rive opposée de l'Aar au petit village de Salvisberg, puis, longeant des cerisiers, à Matzwil où nous obliquons à gauche vers Oltigen. Une descente rapide et sinueuse nous ramène au bord de la rivière; le mur de retenue conduit à la *centrale de Niederried,* de dimensions modestes.

Franchissant l'Aar une nouvelle fois, suivons un chemin de terre qui part à main droite de l'extrémité du village de Niederried vers un petit bois que nous traversons pour atteindre Bargen et, à courte distance, Aarberg. Juste avant le pont qui enjambe le canal, il faut obliquer à droite. La façade vitrée de la *centrale d'Aarberg* brille, tel un miroir. Traversant à nouveau la rivière sur une digue, on aperçoit, droit devant soi, la célèbre sucrerie d'Aarberg. Toujours sur la gauche, pénétrons par un pont de bois construit au 16e siècle dans la rue principale de la pittoresque petite ville d'**Aarberg.** De nombreux cafés-restaurants, autour de la place du marché, invitent à faire halte. Les participants qui sentent la fatigue peuvent interrompre ici la randonnée en rejoignant Lyss, à quelques kilomètres, d'où ils regagneront Berne par le train ou à bicyclette. Le retour des autres randonneurs s'effectuera par Seedorf–Frienisberg–Schüpfen, itinéraire qui offre plusieurs beaux points de vue. Nous longerons tout d'abord le canal Aar-Hagneck jusqu'au lac de Bienne, pour atteindre l'usine hydro-électrique de **Hagneck,** la plus ancienne des sept centrales de la vallée de l'Aar. Nous franchirons, en chemin, un canal de dérivation de l'Aar. Par une conduite des Forces Motrices de Niederried, l'eau est dirigée vers la centrale hydro-électrique de Kallnach, qui fait elle aussi partie de l'équipement de la vallée de l'Aar. Le tour terminé, on prendra le train pour Bienne ou pour Ins où l'on trouvera plusieurs correspondances.

Carte cycliste
Bern–Thun–Fribourg–Emmental

Déviations
Centrale de Mühleberg–Gümmenen 7 km, 30 min.

 Berne

 Berne/Eymatt, Erlach, Vinelz, Lüscherz, Hagneck, Niederried

 Le Musée des forces motrices de Berne, à proximité de la centrale hydro-électrique de Mühleberg, expose d'anciennes turbines et des générateurs.

 La production annuelle (en mio de kWh) des usines hydro-électriques qui se trouvent sur cet itinéraire est environ la suivante: Felsenau 65, Mühleberg 160, Mühleberg (centrale atomique) 2700, Niederried 81, Aarberg 73, Hagneck 80.

La disposition, unique en son genre, de la petite ville d'*Aarberg,* fondée vers 1220, comporte deux rangées de maisons qui bordent la vaste place du marché au plan trapézoïdal. L'église et le pont de bois datent du 16e siècle, l'Hôtel de Ville de 1608. Le petit village d'*Illiswil* a su sauvegarder une ambiance paysanne. A *Halen* se trouve le célèbre ensemble de villas individuelles du Berner Atelier 5.

 Edifiée en 1898, la sucrerie d'*Aarberg* a connu de nombreuses vicissitudes, reflets des aléas de l'industrie sucrière suisse. L'usine actuelle traite dans ses installations modernes, presque futuristes, plus de 400 000 t de betteraves. Le capital-actions est détenu, à raison de 85 %, par les cantons et les municipalités.

Aarberg–Lyss 3 km, 7 min.
Aarberg–Seedorf–Frienisberg–Schüpfen–Schüpberg–Kirchlindach–Niederlindach–Stuckishaus–Bern 23 km, 2 h 30
Hagneck–Ins 10 km, 1 h

Correspondances
Neuchâtel–Berne r. 43, Neuchâtel–Bienne r. 25, Avenches–Bienne r. 44, Berne–Fribourg r. 22, Langenthal–Berne r. 21.

Centrale au fil de l'eau de Mühleberg: La construction de l'imposante centrale de Mühleberg, commencée dans les dernières années de la Grande Guerre, se termina en 1921. Sur la façade de la salle des machines, une inscription rappelle des résultats obtenus par les ouvriers et les ingénieurs qui participèrent à l'entreprise. La conséquence la plus évidente de cette construction est la retenue de l'Aar qui forme le lac de Wohlen, lac étroit mais très fréquenté. Grâce à une hauteur de chute de 18 m, la centrale de Mühleberg produit une moyenne annuelle de 160 mio de kWh.

Corrections des eaux du Jura

Depuis le 14e siècle, le Seeland était ravagé par de fréquentes et graves inondations. Les nombreuses tentatives d'assainissement: creusement du lit des rivières et évacuation des sédiments demeuraient sans effet. Le projet de Richard La Nicca, ingénieur grison, permit enfin d'y remédier. La première correction des eaux du Jura (1868–1891) avait pour but d'abaisser de 2 m 10 à 2 m 40 le niveau des trois lacs jurassiens. L'ancien cours de l'Aar, détourné entre Aarberg et Lyss vers le lac de Bienne par le canal de Hagneck alimente la centrale du même nom. Le lac ainsi créé contribue à étaler les crues de l'Aar. Les piles du pont en bois d'Aarberg sont désormais hors de l'eau et seul, un maigre ruisseau serpente encore dans l'ancien lit de l'Aar. De même, le canal Nidau–Büren a détourné vers Büren les eaux de l'Aar et de la Thielle, qui se déversent désormais dans le lac de Bienne. Ces corrections et certains aménagements mineurs du cours de la Broye et du bassin de la haute Thielle ont ainsi contribué à abaisser le niveau du lac de Bienne, transformant l'île St-Pierre en presqu'île. Le long des rives asséchées, de nombreux «palafittes» ont été mis au jour. Le creusement de canaux et le drainage des sols permirent la mise en culture de 40 000 ha de bonne terre: le Seeland fut ainsi durant une trentaine d'années à l'abri d'inondations catastrophiques. Cependant, suite aux drainages, le terrain s'affaissa d'un mètre environ et l'assèchement fut, à nouveau, la cause des graves inondations qui eurent lieu en 1944, 1950, 1952 et 1955. Une nouvelle correction des eaux du Jura fut alors entreprise. Exécutés entre 1962 et 1973, les travaux d'élargissement et d'approfondissement des canaux et du lit de l'Aar en aval de Bienne ont transformé les trois lacs de Neuchâtel, Morat et Bienne en «lac homogène», capable d'étaler les crues et d'évacuer sans dommages le volume d'eau excédentaire.

Neuchâtel–Kerzers–Bern

Longeant d'anciennes villas et à travers des vignes ensoleillées, cette randonnée nous conduit tout d'abord à l'extrémité du lac de Neuchâtel, près de l'embouchure du canal de la Thielle. Nous parcourons ainsi le «Grand Marais», ses riches alluvions et ses champs de céréales fertiles en direction de Kerzers, localité située dans une région doucement vallonnée. Nous ne rencontrerons sur notre chemin aucune ville importante, mais nous traverserons de petits villages aux fermes imposantes.

Route		Distance	Temps
1	Neuchâtel	–	–
2	Ins	14 km	1 h 30
3	Kerzers	22 km	2 h
4	Kleingümmenen	29 km	3 h
5	Rosshäusern	37 km	4 h
6	Bern	50 km	5 h

Dénivellation: 350 m

Depuis la gare de **Neuchâtel,** où le miroir du lac reflète les rayons du soleil, nous suivons, vers l'est, la rue du Crêt Taconnet, puis la rue de Gibraltar en direction de la chapelle de la Maladière. Bifurquant à gauche, nous empruntons la rue de la Maladière pour nous diriger vers *St-Blaise* par une rue parallèle à la route principale, en contre-haut de cette dernière. Le centre de la localité a conservé son aspect médiéval et ses ruelles tortueuses. Après avoir dépassé la gare, nous franchissons la voie ferrée par un passage souterrain et pédalons vers *Marin-Epagnier;* à un carrefour, nous choisissons une rue qui nous mène directement à la gare de cette petite ville. Les panneaux qui signalent l'existence d'une rue en cul-de-sac ne doivent pas nous impressionner et concernent uniquement les véhicules à moteur. Roulant parallèlement à la voie de chemin de fer, nous franchissons un passage souterrain, longeons la station d'épuration et rejoignons le pont de chemin de fer et la passerelle pour piétons qui enjambe la Thielle. Par un chemin de randonnée pédestre, balisé, nous contournons, vers le nord, un petit bois et suivons le talus de chemin de fer jusqu'à la gare de *Gampelen.*

Ins, patrie d'Albert Anker

Nous bifurquons maintenant d'abord à gauche en direction du village, puis à droite vers l'Islerenkanal; suivant la voie ferrée, nous atteignons **Ins,** village natal d'Albert Anker. Dans cette localité, nous trouvons sur notre chemin la ligne Bienne-Täuffelen-Ins (BTI), les chemins de fer fribourgeois (GFM) et la ligne Berne–Neuchâtel (BN) que nous longeons pour rejoindre *Müntschemier,* centre de la culture maraîchère du Seeland; ici, une grande usine de préfabrication d'éléments en béton exploite sablières et gravières de l'endroit. Pour gagner **Kerzers,** nous roulons sur la route principale et traversons le «Grand Marais». Kerzers, cité fribourgeoise, où se croisent la ligne BN, celle de la vallée de la Broye et celle des CFF Lyss–Payerne–Lausanne, possède une église pleine d'intérêt renfermant fresques et vitraux des 16e, 17e et 18e siècles. Au départ de Kerzers, nous suivons jusqu'à un passage sur voie les panneaux indiquant la direction de Morat puis, à une bifurcation, nous choisissons une route à gauche et longeons le talus du chemin de fer puis le cours du ruisseau Bibere jusqu'à un moulin. Là, par le passage inférieur de l'autoroute, nous poursuivons vers *Agriswil,* village aimable que nous atteignons après une légère montée. Tournant à gauche vers Gurbrü et le hameau *Jerisberghof,* notre chemin redescend de nouveau vers la vallée de Bibere et passe sous la voie ferrée. Au terme de cette succession de montées et de descentes, profitons d'une halte pour visiter le Musée Paysan d'Althus. Juste avant d'arriver à la gare de *Ferenbalm,* nous traversons la voie ferrée sur un petit pont et pédalons à gauche vers Rizenbach et **Kleingümmenen.** Par un passage sous voie, nous roulons sur la route principale pour atteindre *Gümmenen,* village connu pour son pont de bois et ses maisons paysannes d'architecture baroque. A droite, le regard est attiré par le viaduc du chemin de fer aux arches élégantes qui enjambe la Sarine. Après Gümmenen, nous prenons la direction de *Mauss.* En haut d'une côte, nous profitons d'une halte pour nous reposer de cette longue et raide montée. La pause terminée, nous reprenons la route et pédalons jusqu'à un carrefour proche du village d'Allenlüften, point culminant de cette randonnée cycliste (160 m au-dessus de la plaine voisine de la Sarine). Par beau temps, la vue porte jusqu'à la chaîne du Jura. Nous

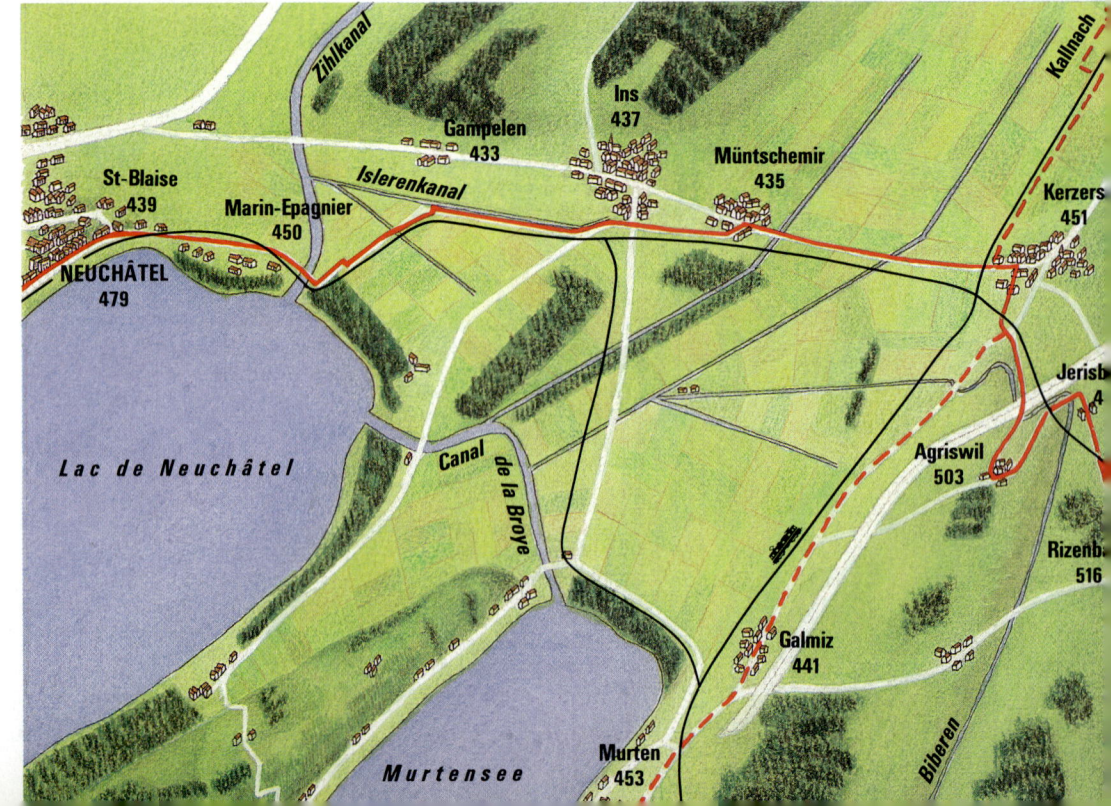

poursuivons à travers une forêt jusqu'à la gare de **Rosshäusern** (poteaux indicateurs). Bifurquant à droite, nous retrouvons ensuite le

Neuchâtel, Berne

Marin-Epagnier, Gampelen, Berne/Eymatt, Berne/Eichholz

Le Musée d'art et d'histoire de *Neuchâtel* possède, outre une collection de tableaux, une importante collection d'horlogerie et d'automates. Le Musée cantonal d'archéologie expose des collections datant de l'âge de la pierre et le Musée d'ethnographie, des objets de provenances extra-européennes. On visitera à *Ins* la demeure du peintre Albert Anker. Le Musée paysan d'Althus, à *Jerisberghof*, expose des instruments aratoires et des outils pour le traitement du chanvre, du lin, etc. . . . A *Berne*, les musées les plus importants sont le Musée des Beaux-Arts, le Musée d'histoire, le Musée d'histoire naturelle et le Musée suisse des PTT.

Les deux universités de *Berne* et de *Neuchâtel* possèdent chacune un jardin botanique.

A *St-Blaise*, l'église réformée (15e–16e siècles) a été édifiée sur les fondations d'un sanctuaire plus ancien. Le presbytère de *Gampelen* comporte un toit en croupe et à pans. Au nord-est d'*Ins*, des sépultures datant de l'âge du fer tardif ont été mises au jour. Dans cette même bourgade, l'église réformée Ste-Marie se signale par un plafond en bois et à facettes. Des fresques et des vitraux (16e, 17e et 18e siècles) ornent le chœur gothique de l'église de *Kerzers*. Enfin, l'ancienne petite cité de *Gümmenen* est connue pour ses maisons de la fin du baroque et pour son pont en bois, construit en 1555.

Des animaux indigènes et exotiques sont visibles au jardin zoologique (Dählhölzli), à *Berne*. La célèbre fosse aux ours se trouve en contrebas de la ville ancienne. Un petit zoo privé existe également dans le quartier de Gäbelbach.

bois et, par un passage sous voie, nous atteignons *Riedbach*. Demeurant sur le côté nord de la ligne de chemin de fer, la Riedbachstrasse se dirige vers la périphérie de la ville de Berne, près du terrain de sports de Brünnen. Là, nous tournons à droite pour emprunter la Brünnenstrasse, la Bernstrasse, la Freiburgstrasse et, enfin, la Laupenstrasse qui nous conduisent à la gare de **Berne**.

Cartes cyclistes
Bern–Thun–Fribourg–Emmental, Neuchâtel–Pontarlier–Trois Lacs

Déviation
Kerzers –Galmiz –Morat   8 km, 30 min.

Correspondances
Yverdon–Neuchâtel r. 24, Neuchâtel–Bienne r. 25, Avenches–Bienne r. 44, Berne–Fribourg r. 22, Langenthal–Berne r. 21, Berne–Hagneck r. 42.

Albert Anker: Célèbre pour sa manière et sa sensibilité dans la représentation de la vie paysanne de sa région, Anker (1831–1910) naquit à Ins, de parents aisés. Après ses études au gymnase, il se tourna d'abord vers la théologie avant d'embrasser la carrière d'artiste peintre. Ses divers voyages d'études le conduisirent en Italie mais surtout à Paris, où il passa tous les hivers à partir de 1890. Sexagénaire, il abandonna finalement son domicile parisien pour revenir s'installer en Suisse. Jusqu'alors, il n'avait vécu que l'été dans la maison paternelle; celle-ci est désormais ouverte au public. Outre des tableaux de genre, Anker peignit des thèmes historiques; il décora également des céramiques et des livres. Sur la photo, sa maison natale à Ins (Anet).

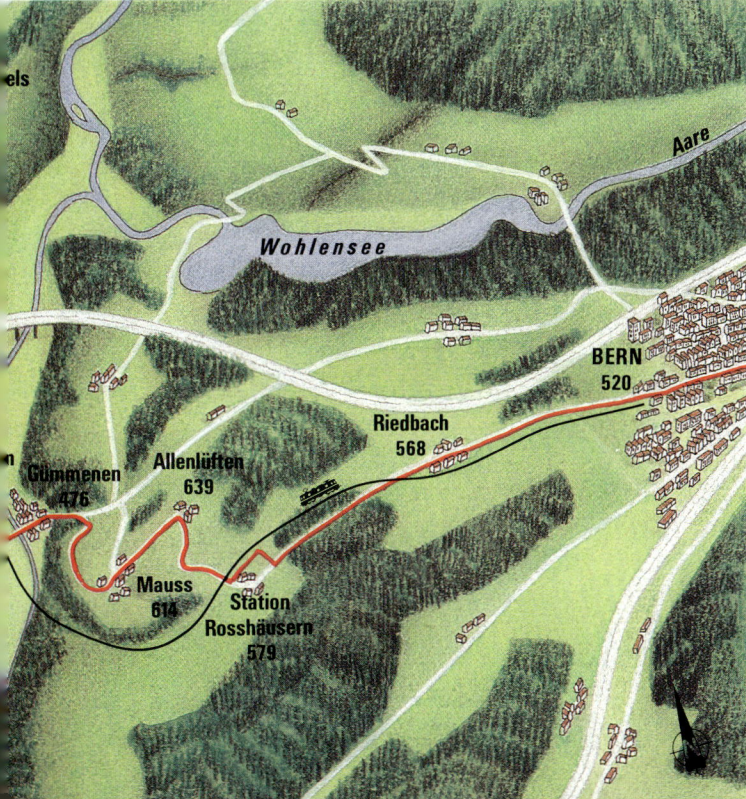

Naissance de «La Directe»

Le 29 juin 1852, le Grand Conseil du canton de Neuchâtel débloqua des crédits pour un projet portant sur une ligne de chemin de fer «destinée à raccorder au réseau ferroviaire français les grandes lignes suisses et à travers le canton de Neuchâtel». En 1890 se créèrent deux comités, l'un à Berne, l'autre à Neuchâtel, auxquels participaient des représentants des gouvernements cantonaux, dans le but de promouvoir la construction du BN (Berne–Neuchâtel). La même année, le Conseil fédéral délivre la concession permettant la réalisation du projet. Quarante ans s'écoulèrent jusqu'au 12 septembre 1898, date à laquelle les travaux de la nouvelle «Directe» furent entrepris. Trois ans plus tard, la totalité de la ligne fut mise en service: 39,5 km, 11 stations intermédiaires, 6 locomotives à vapeur type Eb 3/5 et une vingtaine de voitures. Le trajet Berne–Neuchâtel durait alors 1 h 30 environ; de nos jours, avec un accéléré, une demi-heure suffit pour couvrir la même distance. Entre les gares de Berne et Neuchâtel plus d'une centaine de trains circulent quotidiennement dans les deux sens. Le nombre des stations intermédiaires s'est accru de trois à quatorze. Avec la mise en service du train à grande vitesse français (TGV) Paris–Berne via Neuchâtel, ce tracé ferroviaire a retrouvé son importance passée de liaison entre Berne et Paris.

Avenches–Müntschemier–Biel/Bienne

Sur les pas des Romains, nous pédalons d'Avenches/Aventicum vers Studen/Petinesca et Bienne. A travers les pimpants villages riverains du lac de Morat, cette randonnée nous conduit au Grand Marais. La vaste plaine où alternent aujourd'hui champs de céréales et cultures de primeurs était jadis ravagée par les inondations de l'Aar. Traversant le Grand Marais puis le canal Aar–Hagneck, nous roulons en direction du Jäissberg; sur la crête, des vestiges d'ouvrages défensifs celtes sont encore visibles.

Route		Distance	Temps
1	Avenches 🚂	–	–
2	Aventicum	5 km	1 h
3	Sugiez 🚂	18 km	2 h 30
4	Müntschemier 🚂	24 km	3 h
5	Walperswil	35 km	4 h
6	Studen	45 km	5 h
7	Bienne 🚂 ⛴	53 km	5 h 30

Dénivellation: 70 m

Notre tour cycliste commence à la gare d'**Avenches.** Nous roulons le long de la voie ferrée en direction de Morat jusqu'à un virage de la route, à main droite. Un panneau signale une impasse, mais nous n'en tenons pas compte. A l'intérieur de l'ancienne enceinte, dont les vestiges subsistent sur le côté gauche de la rue, cet itinéraire nous conduit à l'emplacement de la porte nord-est, où passe désormais la route principale Payerne–Morat. Suivant un chemin de terre juste en face, nous longeons le tracé des anciens remparts jusqu'aux ruines de la porte est, où nous bifurquons à droite pour emprunter l'ancienne voie qui aboutissait au théâtre romain, au centre d'**Aventicum.** Sur la droite, on aperçoit le cigognier.

Ruines romaines, raisins et primeurs

La rue nous conduit, en longeant le théâtre, à une route de dégagement que nous suivons pour atteindre, à droite, l'amphithéâtre et bifurquer ensuite vers la cité médiévale. Près de l'église, une rue se détache à droite et nous ramène à la gare. Nous roulons à nouveau le long de la ligne de chemin de fer jusqu'au passage supérieur, que nous traversons pour pédaler droit devant nous sur une petite route tranquille qui franchit la Broye et aboutit au pied du mont Vully. Tournant à droite, nous suivons maintenant la rive du lac de Morat pour nous diriger vers *Praz,* par *Salavaux* et le pittoresque village de *Môtier,* où s'élève un bel ensemble de maisons. Les participants qui veulent éviter la route très fréquentée rejoindront Montmagny, par Constantine. Sur la route qui mène à Montet, on bifurquera à droite au troisième croisement; au terme d'une belle descente, où un beau panorama sur les lacs de Neuchâtel et de Morat s'offre au regard, on gagnera le village de Lugnorre. A la sortie, en bordure du vignoble, on tournera à gauche pour atteindre Praz à travers les vignes.

En contrebas du vignoble, une petite route relie Praz à **Sugiez** où, après avoir franchi le canal de la Broye, nous débouchons sur un grand carrefour. Là, nous tournons à gauche pour emprunter la route principale qui longe le pénitencier de Bellechasse. Traversant le Grand Canal, nous bifurquons à 300 m environ à droite et longeons le terrain d'aviation, jusqu'à une route transversale sur laquelle nous poursuivrons notre randonnée, à gauche. Nous atteindrons ensuite la gare de **Müntschemier.** A la sortie du village, en direction de Berne, s'ouvre, à gauche, une petite route qui s'infléchit d'abord à droite après un petit canal, puis, 100 m plus loin, à gauche. Elle file maintenant tout droit à travers les champs de blé et de cultures du «Grosses Moos» (Grand Marais). Nous longeons un large canal qui amène l'eau de l'Aar de la centrale électrique de Kallnach jusqu'au canal Aar–Hagneck et nous pédalons jusqu'au pont qui, près de leur confluent, franchit ce dernier. A la bifurcation, de l'autre côté de la voie d'eau, nous roulons à gauche jusqu'aux premières maisons du village de **Walperswil;** là, nous tournons à nouveau à gauche vers *Epsach,* que nous traversons en pédalant sur la pente vers la route principale. Nous la suivons sur un court tronçon pour atteindre le carrefour d'Hermrigen. La route qui se trouve juste en face conduit à *Jens* par *Merzligen* et, en contrebas du Jäissberg, aux ruines romaines de *Petinesca,* respectivement à Studen.

Après la visite des vestiges romains, nous traversons **Studen** pour nous diriger vers *Aegerten,* où nous empruntons la Sportstrasse pour rejoindre l'autoroute Bienne–Lyss. Après le pont, nous restons sur la droite de

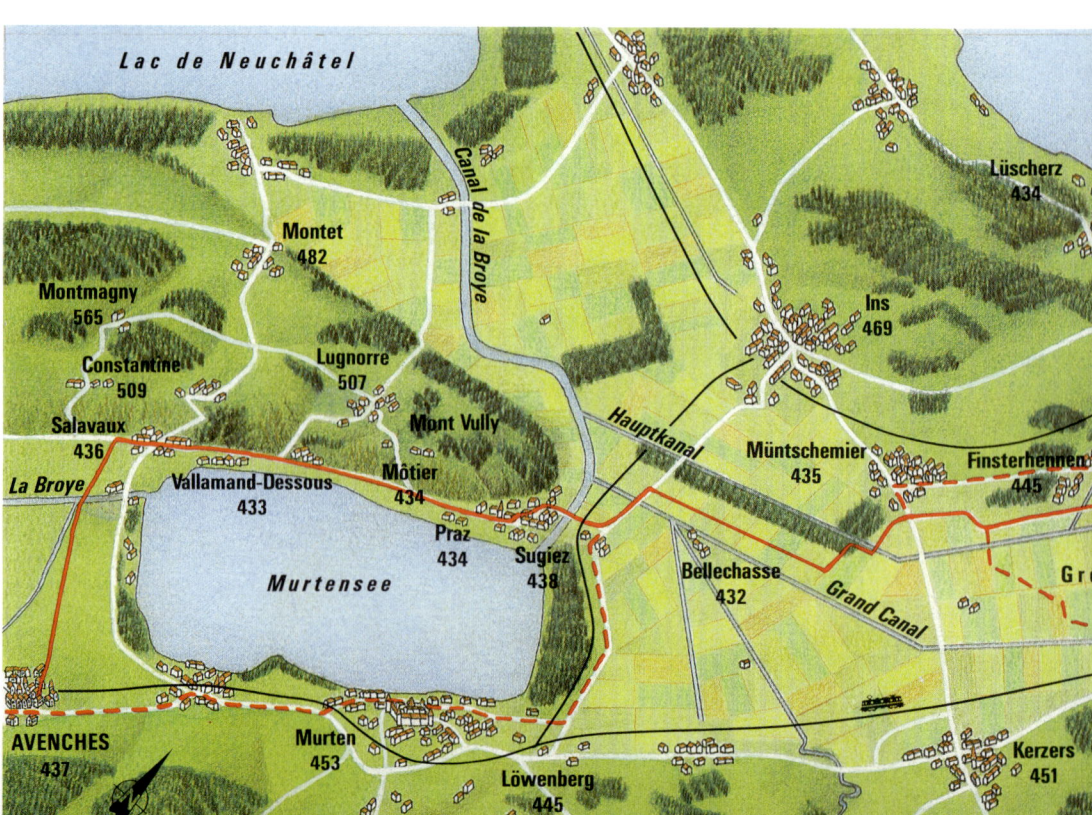

Avenches, Bienne

 Avenches, Salavaux, Sugiez, Sutz (près de Bienne)

 Aménagé dans une ancienne tour à proximité de l'amphithéâtre d'*Avenches*, le Musée Romain abrite les découvertes archéologiques du site d'Aventicum, notamment la copie du célèbre buste en or à l'effigie de l'empereur Marc-Aurèle. A *Bienne*, le Musée Schwab présente les découvertes préhistoriques et protohistoriques de la région des trois lacs.

Dans l'ancienne cité médiévale d'*Avenches*, on verra le château, l'église et d'intéressantes maisons patriciennes. La Tour Benneville, au sud, et la Tour Vuilly, au nord-est, sont des vestiges de l'ancienne enceinte. Les ruines d'Aventicum ont fourni les matériaux de nombreuses constructions. L'église de *Môtiers* présente des éléments architecturaux appartenant à sept siècles différents; le clocher, d'époque romane, est la partie la plus ancienne. A *Siselen*, la disposition en fer à cheval du presbytère (1633–1737) est sans égale dans le canton de Berne. De style gothique tardif, l'église St-Silvestre fut édifiée au début du 16e siècle. Une chaire sculptée de style baroque est le principal ornement de l'église St-André, à *Walperswil*. Dans la vieille ville de *Bienne*, l'église St-Benoît, l'Hôtel de Ville, la Maison corporative des forestiers et les nombreuses fontaines ne manquent pas de charme; dans la ville nouvelle, de nombreuses demeures patriciennes furent édifiées sur les «Promenades» aux 17e et 18e siècles.

 Comme le «cigognier» à Aventicum le laisse pressentir, une colonie de cigognes s'est fixée à Avenches. Près de Studen, le zoo et l'aquarium d'eau de mer «Seeteufel» abritent divers spécimens de nombreuses espèces animales indigènes et exotiques: singes anthropoïdes, lions, roussettes, etc. Le zoo de Bienne, sur le Bözingerberg, possède plusieurs espèces de cervidés, des bouquetins, des mouflons et des marmottes.

l'autoroute jusqu'à un passage inférieur d'où part, à gauche, une piste cyclable. Par la Bernstrasse, nous nous dirigeons vers la Place Guido-Müller, à **Bienne,** où la Salzhausstrasse conduit directement à la gare.

Retour

L'itinéraire suivant est conseillé pour le retour à Avenches. Au départ de Petinesca, on prendra la route principale vers Lyss jusqu'à la route qui bifurque à droite, près du terrain d'aviation d'Oberworben. Par Kappelen, on gagnera assez rapidement Aarberg; après le franchissement de l'ancien lit de l'Aar et du canal Aar-Hagneck, on tournera à droite pour atteindre Müntschemier par les villages du Seeland: Siselen, Finsterhennen et Treiten. Jusqu'à la gare de Sugiez, on suivra le même itinéraire qu'à l'aller. On roulera le long de la voie ferrée et à travers les bois jusqu'au Löwenberg, d'où on gagnera Avenches en longeant la rive du lac par Morat.
Studen/Petinesca–Aarberg – Müntschemier –Sugiez – Morat –Avenches 43 km, 4 h 30

Cartes cyclistes
Neuchâtel–Pontarlier–Trois Lacs, Biel/Bienne–Solothurn–Oberaargau

Correspondances
Neuchâtel–Berne r. 43, Berne–Hagneck r. 42, Bienne–Langenthal r. 26, Neuchâtel–Bienne r. 25.

Avenches: Vue partielle de l'amphithéâtre restauré de l'Aventicum romain (photo).
Petinesca: D'un ancien établissement romain, subsistent les ruines d'une porte de ville et celles d'habitations voisines; le site s'étend au pied du Jäissberg. Dans le Studenwald, la zone des temples de Gumpboden est entourée d'une enceinte préromaine. Cette vaste zone comprend six temples quadrangulaires, une demeure sacerdotale et trois lieux de culte. Les objets mis au jour sur le site de Petinesca sont conservés au Musée Schwab, à Bienne.

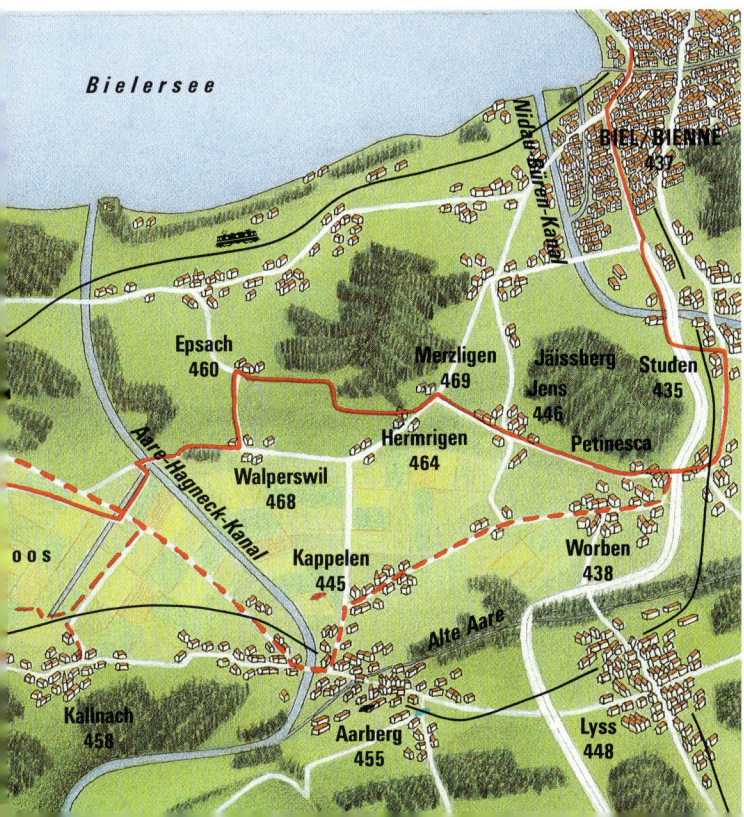

Aventicum

Capitale des Helvètes, cette ville comptait 20 000 habitants à son apogée, plus que les agglomérations de Soleure ou d'Aarau. Fondée sous le règne d'Auguste (27 avant J.-C. à 14 après J.-C.), Aventicum était alors une cité aux maisons de bois. Mais déjà, sous le règne de Claude (51 à 54 après J.-C.), l'expansion économique fut telle que la ville fut reconstruite en pierre. Finalement, sous le règne de Vespasien (69 à 79 après J.-C.), qui vécut dans son enfance pendant quelques années à Aventicum, la cité fut promue au rang de colonie et l'empereur la dota d'une enceinte. De plan quadrangulaire et conçue sur une vaste échelle, la ville disposait de suffisamment d'espace pour l'édification de théâtres, de temples et de thermes. Comme dans toutes les villes romaines, l'alimentation en eau et les canalisations avaient fait l'objet de soins particuliers. Les aqueducs en pierre recueillaient l'eau jusque dans la région de Payerne et des conduites en plomb la distribuaient dans le périmètre urbain. Les eaux usées, canalisées, étaient évacuées dans la direction du lac de Morat. L'invasion des Allamans provoqua la ruine de la cité. Pillée vers 260, Aventicum fut réduite en cendres. Restaurée par la suite, la bourgade utilisa les ruines des anciens remparts pour édifier 75 tours semi-circulaires, la Porte est, la Tour Tornallaz et une partie de l'enceinte. Au centre de l'agglomération, se trouve le temple dit du Cigognier, entouré d'une colonnade; il doit son nom à une colonne de 12 m de haut, sur laquelle venait nicher pendant plusieurs années une cigogne. En face, le théâtre permettait à 10 000 spectateurs de participer aux cérémonies et aux représentations. Un peu plus petit, l'amphithéâtre, mieux conservé, s'élève en bordure de l'ancienne cité médiévale; avec ses nombreuses entrées et ses niches, ce monument avait jadis une apparence grandiose.

Fribourg–Guggisberg–Thun

Cette belle randonnée sportive relie deux villes intéressantes fondées par les Zähringen. Traversant les régions vallonnées de la Sense, nous arrivons dans le pays de Schwarzenburg, au relief un peu plus accentué et sur les contreforts du Gurnigel. Une descente rapide dans le Gürbetal nous conduit dans la vallée de l'Aar.

Deux petites rivières, la Sense et le Schwarzwasser, que nous traversons en cours de route sont un but d'excursion apprécié; toutes deux invitent à une baignade rafraîchissante. Leurs crues imprévisibles après les orages sont redoutées.

Route		Distance	Temps
1	Fribourg	–	–
2	Rechthalten	10 km	1 h
3	Guggisberg	23 km	2 h 30
4	Rüti	35 km	4 h
5	Wattenwil	43 km	4 h 30
6	Thun	55 km	5 h 20

Dénivellation: 950 m

Nous commençons notre randonnée par une courte visite de la vieille ville de **Fribourg**. Depuis la place de la gare, nous roulons sur l'avenue de la gare en direction du centre-ville. Passant devant le couvent des Ursulines, nous pédalons vers la place Notre-Dame, qui s'orne de la fontaine de Samson, l'une des fontaines à personnages du sculpteur fribourgeois Hans Gieng.

Sur notre gauche, nous voyons l'église Notre-Dame; juste derrière, se trouve le couvent des Franciscains, avec son église richement décorée.

Nous nous dirigeons maintenant à droite, vers la partie plus ancienne de la cité. Dans la ville basse, notre promenade nous conduit à la magnifique cathédrale St-Nicolas et aux fières demeures patriciennes. L'église de l'ancien Couvent des Augustins et les maisons de la ville basse, souvent plusieurs fois centenaires, sont également dignes d'intérêt. D'importants vestiges des fortifications sont visibles de l'autre côté du pont de Berne.

Maintenant notre véritable randonnée commence; nous quittons la ville par le pont qui franchit la Sarine, au sud. En passant par la Planche Inférieure, nous parvenons à une place située entre l'église St-Jean et l'ancienne caserne. Au lieu de retourner vers la ville par le pont St-Jean, nous traversons la place en ligne droite et montons le Chemin de Lorette en poussant notre bicyclette jusqu'à la chapelle du même nom et la Porte de Bourguillon. La route continue sur le Beau Chemin jusqu'à la grand-route que nous suivons jusqu'au groupe de maisons de Römerswil. Ici, la route bifurque à gauche, descend vers le Tasbergbach, puis remonte en direction de *St. Ursen* et **Rechthalten**. Maintenant, la route descend en pente douce et nous conduit, via *Brünisried,* jusqu'à *Zumholz.*

Le charmant pays de la Sense doit son cachet aux fermes isolées et aux villages clairsemés. A Zumholz, nous bifurquons à gauche, pour atteindre, après une petite descente, la Sense, dont les eaux limpides nous invitent à prendre un bain rafraîchissant.

Traversant la Sense, nous quittons en même temps le canton de Fribourg pour nous rendre en pays bernois. Une descente courte mais raide nous mène à *Kalchstätten.*

A Kalchstätten, nous tournons à droite et attaquons la montée en direction de **Guggisberg.**

Près de Guggisberg, un superbe panorama

Au point culminant de notre randonnée, un panorama grandiose récompense nos efforts. Ceux qui le souhaitent pourront faire l'ascension du Guggershörnli.

Par temps clair, la vue sur les Alpes et le Plateau suisse, jusqu'au Jura, est à couper le souffle. Par la suite, nous ne roulerons presque plus qu'en descente, d'abord en direction de *Riffenmatt,* où nous devons d'abord rester sur notre droite, pour tourner ensuite à gauche, en direction de Rüschegg. Par Gambach, nous descendons jusqu'à *Rüschegg-Graben,* où nous nous engageons sur la route qui monte à Rüti, le long de la Biberze. A **Rüti,** nous croiserons les cyclistes sportifs qui ont choisi l'itinéraire qui passe par le Gurnigel. Juste avant le début de la montée en direction de Riggisberg, nous obliquons à droite pour longer le cours de la rivière, à travers une vallée paisible, dans la direction de *Grundbach.*

La traversée de la vallée sur une route en lacets nous conduit désormais dans le Gürbetal et en direction de **Wattenwil.** Nous traversons la Gürbe; roulant à droite par *Forst,* nous montons vers *Längenbühl.* Longeant le joli lac de Dittlig, nous poursuivons notre route vers *Thierachern;* de là, nous descendons dans

la vallée de l'Aar. Suivant les panneaux indiquant la direction de **Thoune**, nous atteignons la périphérie de la ville; ici, nous rejoignons l'Allmendstrasse qui nous mène directement au cœur de la vieille ville.

Carte cycliste
Bern–Thun–Fribourg–Emmental

Déviations
Il est conseillé aux cyclistes bien entraînés d'emprunter l'itinéraire qui longe le Gantrisch; partant de Zumholz, il conduit, via Plaffeien, Sangerenboden et Schwefelbergbad sur le Gurnigel (1608 m) et aboutit à Rüti après une longue descente:

 Fribourg, Spiez

 Fribourg, Zumholz, Thun-Gwatt

 La fondation Abegg, à *Riggisberg,* possède une collection d'art importante en provenance du Proche-Orient et de l'Europe. Dans le château de *Thoune,* le Musée historique abrite une collection d'histoire régionale. Le Musée des beaux-arts de Thoune expose des œuvres d'artistes bernois et suisses du 20ᵉ siècle. Dans le château de Schadau, on peut voir le Musée suisse de la gastronomie.

 Guggershörnli: Le nagelfluh du Guggershörnli, qui offre un panorama impressionnant (1283 m) est le dernier vestige du dépôt de molasse d'eau douce de la Suisse occidentale. Les blocs rocheux polis indiquent que, lors de l'ère glaciaire, la cime la plus haute n'émergeait qu'à peine des gigantesques masses de glace (glaciation de Riss).

Zumholz–Plaffeien 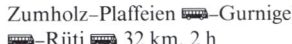–Gurnigel –Rüti 32 km, 2 h

Ceux qui veulent retourner à Fribourg ou à Berne depuis Kalchstätten, doivent obliquer à gauche à partir de cette localité, et descendre vers le bourg-marché de Schwarzenburg. De là, ils pourront suivre la grand-route ou prendre le train jusqu'à Berne. Pour les cyclistes habitués à la circulation, la longue descente vers Berne est un vrai plaisir:
Kalchstätten–Schwarzenburg 25 km, 2 h

Correspondances
Berne–Fribourg r. 22, Fribourg–Yverdon r. 23, Thoune–Berthoud r. 46, Thoune–Lucerne r. 47.

Thoune, porte de l'Oberland bernois, est gardé par un château à quatre tours que Berchthold V von Zähringen fit édifier à la fin du 13ᵉ siècle sur une colline isolée. La ville se développa à ses pieds, protégée par une enceinte dont subsistent encore le Burgitor, la Chutziturm, la Venner-Cyroturm et la Schwäbisturm. La rue principale, bordée d'arcades surélevées et l'imposant Hôtel de Ville de 1589, de style gothique tardif, sont particulièrement dignes d'intérêt. En 1384, Berne étendit sa domination sur Thoune et se fit représenter par un bailli; celui-ci, cependant, avait le devoir de gouverner davantage la campagne que la ville. Sur le Schlossberg se dresse également la magnifique église St-Maurice; la nef destinée aux prêches est précédée d'un clocher frontal du 14ᵉ siècle. Un cycle de fresques datant de 1430 environ décore le porche.

La chanson de Guggisberg

La chanson de Guggisberg est bien connue des amateurs de musique populaire en Suisse alémanique; ses strophes mélancoliques perpétuent le souvenir d'une tragique histoire d'amour entre «Vreneli ab em Guggisberg» et «Hans-Joggeli». Cette chanson s'inspire-t-elle d'un fait réel qui eut pour cadre la région de Schwarzenburg? De nombreuses tentatives ont été effectuées pour accréditer cette hypothèse. Un texte selon lequel Hans-Joggeli aurait vécu «änet dem Bärg», où habitait Vreneli, c'est-à-dire de l'autre côté du Guggershörnli, semble d'ailleurs le prouver. Le refrain va également dans ce sens. La chanson de Guggisberg remonterait au début du 18ᵉ siècle. La version initiale comporte une mélodie en mineur mais il existe également une version en majeur. L'origine mystérieuse de cette chanson est d'autant plus à souligner qu'une autre version, provenant d'une région totalement différente, le Habkerntal, au nord d'Interlaken, est également connue.

Thun–Eggiwil–Burgdorf

Ce tour vous conduira dans l'Emmental, région rude mais accueillante où l'introduction de l'agriculture remonte seulement au Moyen Age. A l'abri des inondations, les villages étaient édifiés sur des terrasses; l'arrière-pays boisé fut progressivement mis en culture. Dans ce terroir à l'habitat dispersé, les superbes fermes isolées et les vastes ensembles ruraux sont typiques de l'architecture locale qui servit de décor aux romans et nouvelles du pasteur et écrivain Jeremias Gotthelf. Au départ comme à l'arrivée de cette randonnée, d'impressionnants châteaux vous attendent.

Route	Distance	Temps
1 Thun	—	—
2 Jassbach	17 km	2 h 30
3 Schüpbach (station Signau)	35 km	3 h 30
4 Lauperswil	40 km	4 h
5 Lützelflüh	47 km	4 h 30
6 Burgdorf	55 km	5 h 30

Dénivellation: 500 m

Cette randonnée cycliste commence devant la gare de **Thoune**. Nous descendons la Bahnhofstrasse, franchissons les deux bras de l'Aar et atteignons la partie basse de la ville ancienne. A main gauche, la pittoresque Obere Hauptgasse, bordée d'arcades des deux côtés, mène à la Place de l'Hôtel de Ville. Une petite rue permet aux cyclotouristes que la visite de ce quartier intéresse, de monter à droite, jusqu'au château qui, comme celui de Berne, fut construit pour le duc Berchthold von Zähringen. Nous empruntons, quant à nous, la Untere Hauptgasse en bordure du Vieux Thoune, où la tour de Berne commandait jadis l'accès à la cité. Nous suivons la rue principale vers Lucerne, jusqu'à l'église de *Steffisburg;* immédiatement derrière le sanctuaire, une petite rue bifurque à gauche et descend en pente raide vers *Fahrni.* Le merveilleux panorama sur Thoune et les Alpes justifie les efforts consentis pour parvenir jusqu'ici. Quelques minutes plus tard, nous obliquons à gauche et, après le passage supérieur de Rothache, nous commençons la montée au Heimenschwand, à 1000 m d'altitude. L'itinéraire par Schallenberg vers l'Emmental est conseillé aux cyclistes sportifs habitués à la circulation. Arrivés à *Heimenschwand,* profitons-en pour faire halte à l'auberge du village avant d'entreprendre la descente dans l'Emmental. Laissant derrière nous l'église et le cimetière, nous pédalons en direction de Schlegwegbad, où commence une descente rapide qui longe le cours du Jassbach et le village du même nom. En suivant la petite rivière, nous roulons depuis **Jassbach** vers Eggiwil par *Röthenbach.*

Architecture paysanne de l'Emmental

Sur les pentes douces de la vallée de l'Emme, se dressent les imposantes fermes de l'Emmental au toit largement saillant et aux façades fleuries de géraniums. Peu avant *Eggiwil,* nous croisons la route choisie par les cyclotouristes qui préfèrent emprunter la route du col de Schallenberg. Après l'église d'Eggiwil, nous tournons à gauche pour arriver bientôt sur les bords de la rivière Emme, qui a donné son nom à la magnifique région qu'elle arrose. Passant de temps à autre devant des fermes ou une scierie isolée, nous dévalons vers **Schüpbach,** village où une route très pittoresque permet aux participants désireux de faire demi-tour de regagner Thoune. A Schüpbach, nous remontons le cours de l'Emme jusqu'à une bifurcation, à gauche, juste avant le confluent de la rivière et de l'Ilfis. Passant sous la voie ferrée, nous prenons la direction de **Lauperswil.** Le hameau de Chalchmatt, avec ses fermes des 18e et 19e siècles, est un parfait exemple de l'architecture paysanne de l'Emmental. Toujours sur la rive sud de l'Emme, nous pédalons vers *Rüderswil,* où les fermes caractéristiques sont nombreuses. Notre prochaine halte sera **Lützelflüh** où, longeant la gare, nous nous dirigeons vers l'église qui se dresse de l'autre côté de la rivière. Dans ce sanctuaire, le pasteur et romancier Jeremias Gotthelf exerça son ministère. Devant l'église, nous prenons à gauche et roulons droit devant nous pour traverser le village de *Rüegsauschachen.* A l'extrémité de la localité, on verra un pont de bois de 58 m de portée, ouvrage le plus important de Suisse. Traversant à nouveau l'Emme, nous suivons son cours sur un chemin de terre qui mène à **Berthoud** par la vallée boisée de Schachen. Par la Heimiswilstrasse, nous entrerons directement dans la ville ancienne, dominée par la puissante architecture de brique du château.

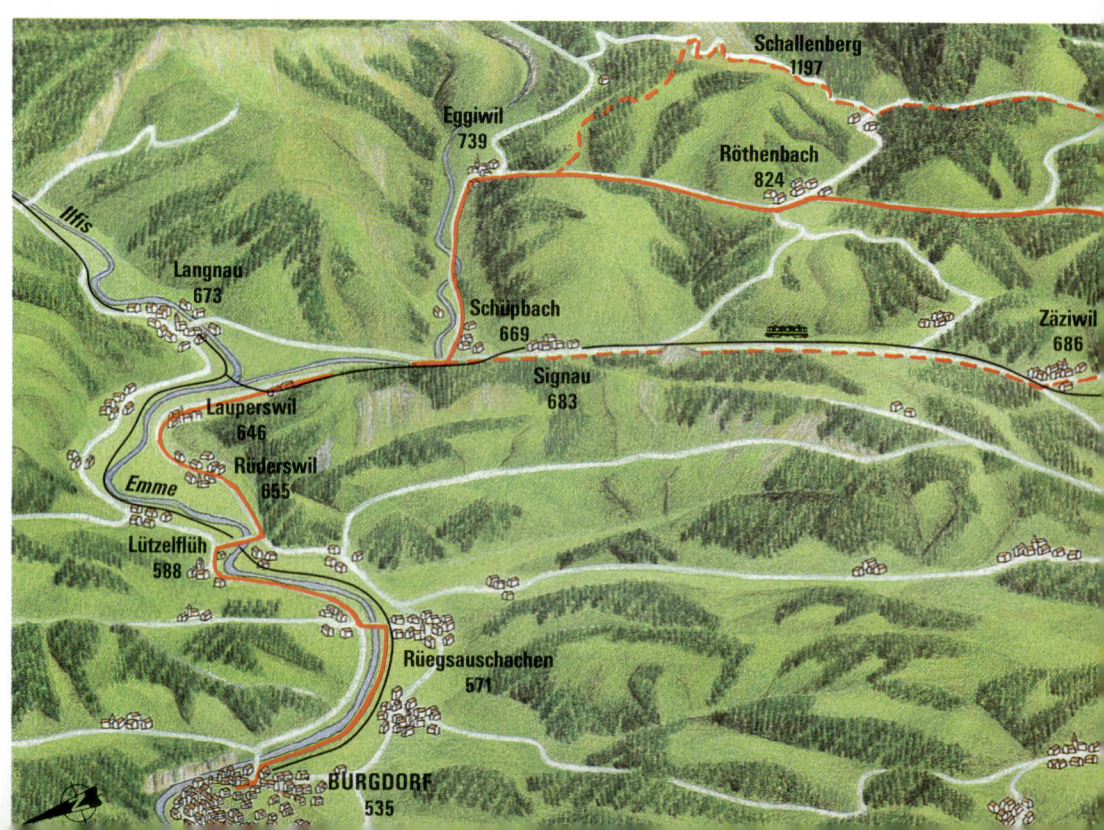

Carte cycliste
Bern–Thun–Fribourg–Emmental

Déviations
A Schüpbach nous suivons la route qui aboutit par un passage sous voie au village-carrefour de Signau. La route principale nous conduira plus loin, à Zäziwil et vers Konolfingen. Une petite route se dirige ensuite à gauche, vers Gmeis et Niederhünigen. Longeant la pente, nous roulons par Freimettigen vers Oberdiessbach; de là, nous regagnerons Thoune par Brenzikofen et Heimberg.

Schüpbach 🚉–Zäziwil 🚉–Oberdiessbach 🚉–Thun 🚉
29 km, 3 h

Depuis Fahrni, on montera par Schwarzenegg et Oberei au col de Schallenberg. Cet itinéraire est le plus court entre Thoune et Lucerne. A la descente, on veillera à ne pas manquer la route, à gauche, qui oblique en direction de Berthoud.
Fahrni 🚉–Schallenberg–Eggiwil 🚉 14 km, 1 h 30

Correspondances
Fribourg-Thoune r. 45, Thoune-Lucerne r. 47, Langenthal-Berne r. 21.

Thoune-Gwatt, Berthoud

Aménagé dans le château, le Musée historique de *Thoune* possède une importante collection d'histoire régionale. Le Musée des Beaux-Arts expose des œuvres des peintres bernois et suisses du 20ᵉ siècle. Le château de Schadau abrite une collection consacrée à la gastronomie helvétique. Un Musée d'histoire locale existe à *Langnau*. Enfin, dans le presbytère de *Lützelflüh*, une petite collection bibliographique et documentaire est consacrée à Jeremias Gotthelf. Le Musée historique de la Salle des Chevaliers, à *Berthoud,* aménagé dans le château, renferme une importante collection historique régionale. A Kirchbühl, la collection d'ethnographie présente des objets provenant d'Indonésie, de Mélanésie et du bassin amazonien.

A *Steffisburg*, se dressent, au sud du noyau urbain, les deux «Höchhüser» (Maisons hautes) édifiées au 14ᵉ siècle. A côté de l'église (1682), on visitera la tour de style roman d'un édifice antérieur, ainsi que le presbytère au toit en croupe (1738). A Würzbrunnen, près de *Röthenbach*, l'élégante église était jadis un but de pèlerinage (1484). Des vitraux (1518–1520) ornent l'église de style gothique tardif de *Lauperswil;* les fresques de la même époque qui décorent l'église de *Hasle* (1678–1680) illustrent la légende de St-Benoît. Le château fort de *Berthoud* est l'un des bâtiments en brique le plus ancien de Suisse. De précieuses sculptures de la fin du gothique décorent les murs de l'église paroissiale de Berthoud (1471–1490).

Emmenmatt: Une impression des alentours ruraux.

Jeremias Gotthelf (1797–1854): *Nommé vicaire dans l'Emmental, Albert Bitzius arrive à Lützelflüh le premier janvier 1831. Issu d'une famille patricienne, il est nommé pasteur l'année suivante; un an plus tard, il épouse Henriette Elisabeth Zeender. En 1836, Gotthelf commence à écrire, choisissant comme pseudonyme, le nom du principal personnage de son premier roman. A raison d'un ouvrage par an, Gotthelf écrira d'autres romans et nouvelles. Il y décrit, dans une langue puissante et imagée, la vie des paysans de l'Emmental; ne se bornant pas à exposer sur le mode réaliste l'existence quotidienne des ruraux, l'auteur apporte des considérations morales et politiques. Les œuvres de Gotthelf témoignent d'un esprit foncièrement conservateur auquel le mode de vie des citadins inspire de la défiance, d'un souci d'équité et de justice sociale et, enfin d'un humour naturel.*

Fermes de l'Emmental

Les grandes fermes aux larges toits débordants symbolisent le bien-être acquis au cours des siècles par les paysans de l'Emmental. Le modèle s'inspire de la ferme du Plateau Bernois, dont la disposition permettait d'utiliser au mieux l'espace à mesure des besoins. La maison initiale, modeste construction à «toit pressé» et à un seul étage, est désormais très rare. Une rampe couverte permet d'engranger directement le produit des récoltes; au rez-de-chaussée se trouvent les étables, les écuries et la porcherie. Sur le mur-pignon sud, un escalier en grès donne accès à la cave à fromage. Sur ce même côté du bâtiment, se situent le logis du paysan et celui des domestiques. Au début, un type de construction à toit en croupe surbaissée ne laissait pénétrer le soleil qu'à l'étage inférieur; serviteurs et enfants devaient se contenter de chambres obscures. Pour la toiture, on utilisa tout d'abord des chaumes, ultérieurement remplacées par des bardeaux, remplacés à leur tour aujourd'hui par des tuiles et des plaques d'éternit bon marché, de couleur brune. Un beau spécimen du mode de construction initial est conservé à Hasle. Avec le temps, on réduisit la hauteur du pignon exposé au sud pour permettre au soleil de pénétrer dans les deuxième, troisième et quatrième étages; puis, pour gagner de la place on construisit une arcade à la hauteur du deuxième étage. A Fischbach, près d'Eggiwil, on peut encore admirer un bâtiment de ce type.

Les paysans riches firent décorer la façade de leurs fermes d'un balcon de forme ronde; cet emprunt à l'architecture bourgeoise du 17ᵉ siècle est considéré comme une particularité de l'architecture paysanne bernoise. A Lichtgut, près de Signau, un groupe de maisons constitue un parfait exemple d'une telle disposition architecturale.

Thun–Sarnen–Luzern

Les nombreux châteaux-forts en ruines qui jalonnent notre route sont les témoignages de l'ancienneté des relations commerciales de part et d'autre du Brünig. Interlaken, sa clientèle internationale, le Musée en plein air de Ballenberg, Sarnen, chef-lieu du demi-canton d'Obwald: autant de points forts de cette randonnée. Les multiples possibilités de baignade dans les lacs permettent aux cyclotouristes de se rafraîchir en cours de route. Les participants qui redoutent l'affluence du week-end dans la première partie de cet itinéraire ou ceux qui préfèrent écourter la randonnée prendront le train qui les conduira au col du Brünig.

Route		Distance	Temps
1 Thun		—	—
2 Interlaken		25 km	2 h 30
3 Brienz		41 km	4 h
4 Brünig		47 km	5 h 30
5 Sarnen		84 km	8 h 30
6 Alpnachstad		97 km	9 h 30
7 Luzern		106 km	10 h 30

Dénivellation: 700 m

Notre excursion à vélo commence devant la gare de **Thoune**. Pour une visite rapide de la vieille ville, nous nous dirigeons par la Bahnhofstrasse vers l'«Äussere Aar» (les anciennes douves des enceintes), que nous franchissons avant de bifurquer à main gauche, et d'entrer dans le quartier connu sous le nom de Bälliz. Enserré par les deux bras de l'Aar, Bälliz possède un centre d'achats et fait partie d'un des plus vieux quartiers de Thoune. A l'autre extrémité de la Bahnhofstrasse, nous tournons à droite, franchissant cette fois la «Innere Aar» pour obliquer aussitôt après, à main droite, dans la Gerberngasse qui nous conduit tout droit à la place de l'Hôtel de Ville. A gauche, au-dessus de nous, se dresse, sur le Schlossberg, le château Zähringen avec ses tours d'angle caractéristiques. Par la Obere Hauptgasse, dont les trottoirs surélevés recouvrent d'anciennes étables (désormais transformées en magasins), nous avançons vers la sortie est de la vieille ville. Le tour proprement dit commence ici.

Légendes et grottes à stalactites

Par la Hofstettenstrasse, nous quittons Thoune. Pédalant sur la route principale, nous longeons la rive nord du lac en direction d'Interlaken. Les localités que nous traversons ont pour noms: Hünibach, Hilterfingen, *Oberhofen*, Gunten, *Merligen* et Sundlauenen. Le château d'Hünegg, à Hilterfingen, celui d'Oberhofen et les grottes de St-Béat méritent une visite. Ces grottes à stalactites auraient jadis servi d'ermitage au moine irlandais Béat et furent au Moyen-Age un lieu de pèlerinage très fréquenté. A quelques kilomètres d'Interlaken, nous traversons la petite ville d'aspect moyenâgeux d'*Unterseen* et pénétrons dans **Interlaken**, où l'influence du tourisme international est symbolisée par les palaces du siècle dernier qui s'y trouvent.

Laissant derrière nous l'animation et la foule des visiteurs, nous nous dirigeons vers Brienz par la rive nord du lac du même nom. Les versants tombent presque à pic sur le rivage, ménageant tout juste assez de place pour le passage de la route et de la voie ferrée. Passant près des ruines de l'église de Goldswil et du château-fort de Ringgenberg, nous traversons les villages de *Niederried, Oberried* et d'Ebligen, pour atteindre finalement **Brienz**. Cette petite ville doit sa réputation à la beauté du site, de même qu'à ses artisans et sculpteurs sur bois. A la sortie est de Brienz, la route bifurque à gauche, s'élève vers *Hofstetten* et aboutit à *Brienzwiler*, après avoir longé le Musée en plein air de Ballenberg. Sitôt après, commence la montée du **Brünig**, frontière entre les cantons de Berne et d'Obwald. Depuis le col (1008 m d'altitude), une descente rapide nous met dans la direction du lac des Quatre-Cantons.

Vallée en escalier et lacs

Quelques minutes plus tard, à main droite, la fière église de *Lungern* se profile à l'horizon. A angle droit, au pied du sanctuaire, la route bifurque vers le petit village d'*Obsee,* ses chalets caractéristiques, et nous mène à la station inférieure du téléphérique. L'itinéraire se prolonge sur la rive ouest du lac de Lungern; celui-ci sert de bassin régulateur aux centrales hydro-électriques et son niveau est extrêmement variable. Il occupe une cuvette naturelle creusée jadis par le glacier de l'Aar et vient buter sur le verrou rocheux de *Kaiserstuhl*. Une route empierrée contourne le petit lac et rejoint Kaiserstuhl; elle aboutit à la route principale qui descend en forte pente vers *Giswil*. En face de

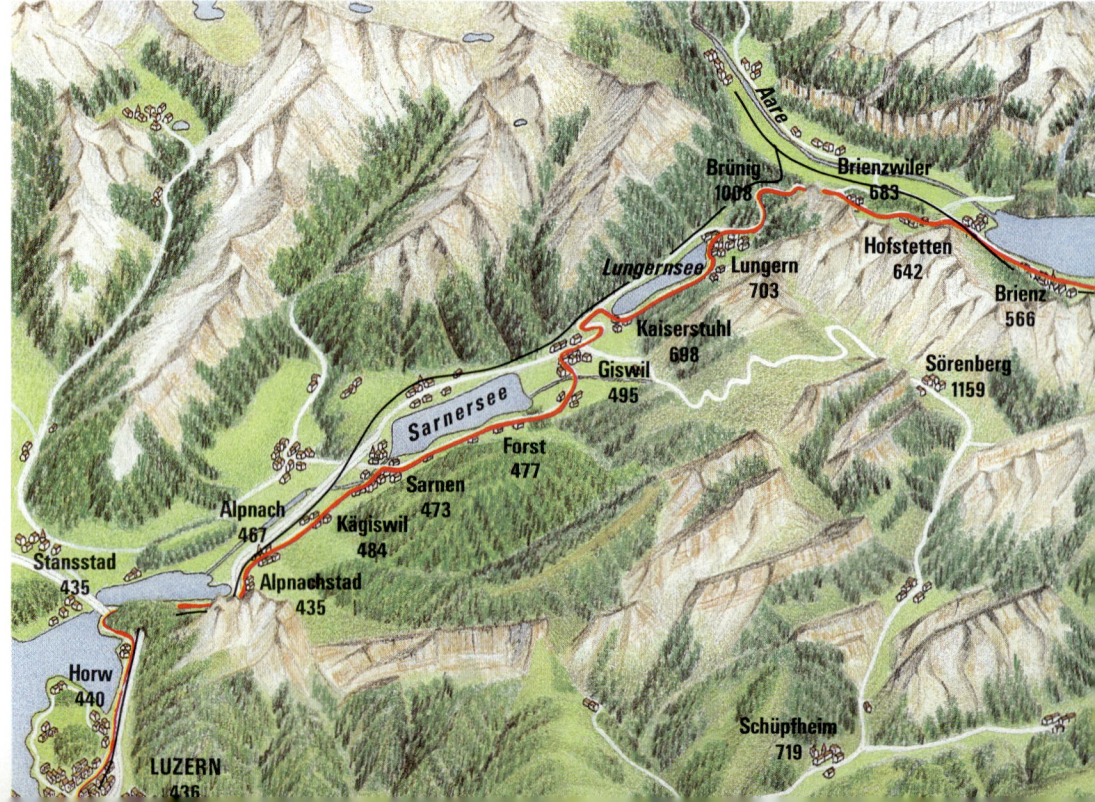

l'église édifiée sur une ancienne motte médiévale, la route bifurque, serpente entre les fermes éparses et les greniers à foin à l'architecture caractéristique, et arrive à la section de *Grossteil*. Suivant les poteaux indicateurs vers **Sarnen,** nous arrivons, après avoir traversé une forêt, sur les rives du lac de Sarnen, localité que nous atteignons peu après. Par la route principale, nous quittons ensuite Sarnen pour rouler vers **Alpnachstad,** par *Kägiswil* et *Alpnach.* Une «croisière» en bateau pour gagner Lucerne serait le digne couronnement de cette randonnée cycliste mais on peut aussi rejoindre cette ville à bicyclette. Sur la rive ouest du lac d'Alpnach, nous pédalons vers le golfe du lac des Quatre-Cantons, près de Stansstad. De là, par *Hergiswil* et *Horw,* nous arrivons finalement à **Lucerne.**

Bönigen-Interlaken, Brienz, Meiringen, Lucerne

Thoune, Sundlauenen, Interlaken, Ringgenberg, Brienz, Lungern, Giswil, Sarnen, Alpnachstad, Horw

Le donjon du château d'*Oberhofen* date du 12e siècle; la chapelle et les appartements sont du 15e. A *Interlaken*, l'ancienne abbatiale des Augustins et, plus tard, le château (1748) furent utilisés comme résidences par les baillis bernois. L'église de *Brienz* comporte une tour romane et présente des fresques du gothique tardif. L'église paroissiale de *Giswil,* sanctuaire baroque à l'origine, fut remaniée dans le style classique en 1630–1635. De 1812–1820, date la construction sur un plan compliqué, de l'église de style classique d'*Alpnach*.

A Hilterfingen, le château abrite une collection d'art nouveau de même que le legs Martin Lauterburg. Le château d'*Oberhofen* est une annexe du Musée historique de Berne. A *Unterseen*, se trouve le Musée du tourisme pour la région de la Jungfrau. L'exposition de l'Ecole cantonale des Sculpteurs sur bois et l'Ecole de Lutherie suisse sont regroupées dans le même bâtiment à *Brienz*, et le Musée local fournit toutes les informations concernant l'histoire de ce site. On ne manquera surtout pas de visiter, à *Ballenberg*, le Musée en plein air de l'Habitat rural suisse. Enfin, le Musée régional de *Sarnen* possède une riche collection historique cantonale. A *Lucerne* également, les musées sont nombreux et méritent une visite.

A *Unterseen* le jardin aux faisans «Manor». Le zoo alpin de Harder, près d'Interlaken, est le point de départ de la repopulation des Alpes suisses en bouquetins; celui de *Brienz* abrite chamois, cerfs sika, mouflons, bouquetins et oiseaux de différentes espèces.

Cartes cyclistes
Luzern–Ob- und Nidwalden, Berner Oberland

Correspondances
Fribourg–Thoune r. 45, Thoune–Berthoud r. 46, Rapperswil–Lucerne r. 19, Zurich–Lucerne r. 35, Lucerne–Brugg r. 38, Lucerne–Aarau r. 39, Olten–Lucerne r. 40, Lucerne–Langenthal r. 20.

Musée en plein air de l'Habitat rural suisse: *Le Musée en plein air de Ballenberg est sans équivalent en Suisse. Répartis en plusieurs ensembles architecturaux sur une vaste surface, des bâtiments ruraux provenant de toute la Suisse ont été reconstruits à Ballenberg. Groupées par région d'origine, ces maisons témoignent de la grande diversité architecturale des demeures rurales: des bâtiments importants côtoient de nombreuses constructions mineures, telles que granges, fours à pain, lavoirs. L'environnement naturel des ensembles a été reproduit; dans les maisons, où meubles et ustensiles d'origine ont été replacés, des artisans procèdent à des démonstrations de techniques anciennes. Les différents animaux domestiques qui peuplent étables et enclos attirent tout particulièrement les visiteurs.*

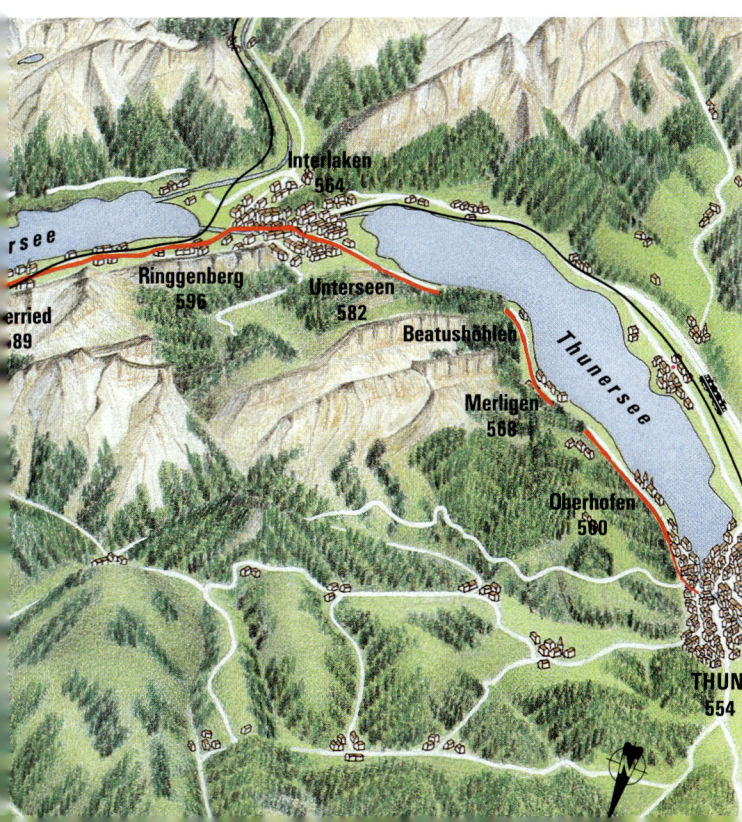

Sarnen

Fondé en 1210, le chef-lieu du demi-canton d'Obwald occupe une position centrale. Plusieurs familles enrichies au service de la royauté française étaient originaires de Sarnen; elles pratiquèrent une sage politique qui permit l'annexion, en 1815, de la vallée d'Engelberg au demi-canton de Nidwald. Nombre de monuments religieux et profanes confèrent à Sarnen un charme particulier. Sur une hauteur, en dehors de l'agglomération, s'élève l'église paroissiale St-Pierre de Kirchhofen, construite en 1738–1742 sur des fondations romanes; l'intérieur est richement décoré. Non loin de là, on verra une chapelle-ossuaire datant de 1500, au plafond de bois sculpté et peint. De nombreuses constructions à usage religieux disséminées dans l'agglomération confirment l'importance du rôle que l'Eglise catholique joua pendant des siècles dans la région de Sarnen. Le couvent féminin de St-André (1616–1618), les bâtiments conventuels Bénédictins et la chapelle Maria Lauretana (1658–1662), située sur la place principale de Sarnen, font partie de ce vaste ensemble. Au centre de cette place, la fontaine avec sa statue de «frère Klaus» perpétuent la mémoire du saint homme qui prêcha l'unité entre les Cantons. Le plus spectaculaire des monuments profanes, l'Hôtel de Ville, de style baroque, a été reconstruit de 1720 à 1732 sur les fondations d'une Maison communale édifiée en 1551. Depuis 1646, le dernier dimanche d'avril, les bourgeois du demi-canton d'Obwald se réunissent chaque année sur le Landenberg, près des ruines d'un ancien château-fort à l'occasion des Landsgemeinden. La Tour des Sorcières est l'unique vestige des anciens remparts. La Maison des Arquebusiers, de style baroque, et l'Arsenal, édifiés sur la colline du Landenberg, sont relativement récents.

Située entre le lac de Neuchâtel et le Léman, cette région est, à tort, méconnue; elle abonde pourtant en curiosités. Longeant la base du Jura du sud, où souffle parfois une bise glaciale, nous pédalons en direction des rives ensoleillées du Léman, à travers villages et hameaux pittoresques; châteaux moyenâgeux et maisons fortes jalonnent notre itinéraire. Les puissantes forteresses de La Sarraz et de Vufflens sont particulièrement remarquables. Si des villes anciennes telles qu'Yverdon et Morges justifient une étape, la petite bourgade d'Orbe mérite plus encore qu'on s'y arrête.

Yverdon-les-Bains–La Sarraz–Morges

Route		Distance	Temps
1 Yverdon		—	—
2 Orbe		15 km	1 h 30
3 La Sarraz		23 km	2 h 30
4 Cuarnens		31 km	3 h 30
5 Ballens		45 km	5 h
6 Morges		60 km	6 h

Dénivellation: 400 m

Ce tour à vélo part de la gare d'**Yverdon.** Nous roulons tout d'abord en direction du Jura et du canal de la Thielle, puis nous remontons le long de ses rives jusqu'aux premières maisons de la vieille ville. Par le centre animé de l'agglomération, nous atteignons l'autre extrémité de la ville ancienne, où se trouvent l'église réformée, l'imposant château avec ses quatre tours et l'élégant Hôtel de Ville. Franchissant le canal dont les eaux baignent les murs du château, obliquons immédiatement à droite. A main gauche, nous longeons un cimetière qui occupe l'emplacement d'un camp romain. Traversant la rue principale, nous bifurquons à gauche au prochain carrefour; après une ferme, nous empruntons sur la droite le chemin des Roseynes. Parallèlement à la voie ferrée, nous pédalons à la limite de la plaine de la Thielle en direction de la gare de Chavornay. La correction du cours de la rivière et le creusement de nombreux canaux de drainage ont permis la transformation de terrains marécageux en terres arables. A l'arrivée à *Chavornay,* tournons à droite pour emprunter, sur la route principale, un court tronçon qui nous mènera à **Orbe,** première étape pittoresque de cette excursion.

Ligne de partage des eaux: Mer du Nord, Méditerranée

Deux possibilités s'offrent à nous pour gagner La Sarraz: emprunter la route principale en bordure de la vallée, solution commode et itinéraire peu fréquenté ou suivre une route plus pénible par Arnex qui offre un beau panorama sur l'ensemble de la plaine de l'Orbe.
La Sarraz est construite sur la ligne de partage des eaux; l'eau du côté nord s'écoule en direction du Rhin, alors que la pluie qui tombe légèrement plus bas ruisselle vers le Rhône et la Méditerranée.
Depuis La Sarraz, la route monte, à main droite, vers *Ferreyres;* en pente régulière, elle conduit à **Cuarnens** par *Moiry.* Deux variantes s'offrent à nous. Nous décrirons en premier lieu la route un peu plus longue, qui, à partir de Cuarnens, s'élève, à droite, en direction de *L'Isle.* Au pied du Mont Tendre, nous nous dirigeons vers **Ballens** par *Montricher* et *Mollens.* Au centre du village de Ballens, nous prenons à droite la direction de *Yens,* village de vignerons que nous atteignons après avoir traversé *Froideville.* La descente, sinueuse, offre un magnifique panorama sur le lac Léman. Nous nous trouvons désormais dans le Pays de Vaud. Par les villages de Villars-sous-Yens, Lussy et Lully, la route nous conduit à **Morges,** sur la rive du Léman.

Variante

L'autre itinéraire, plus direct, ne dépasse pas 300 m d'altitude. On quitte **Cuarnens** par la dernière route qui bifurque à gauche, à partir de la route principale. Longeant un petit cimetière, elle nous conduit à *Mauraz* et, après une légère montée à travers une clairière, à *Pampigny.* Près d'*Apples,* nous pouvons suivre maintenant la voie du chemin de fer à voie étroite qui relie Morges à L'Isle. Cet itinéraire réserve également une vue superbe sur l'immense lac Léman, le plus vaste plan d'eau de l'Europe occidentale – Scandinavie exceptée – avec ses 581 km². Par la route principale, nous descendons jusqu'à *Bussy* où nous obliquons à gauche, avant la voie ferrée, pour descendre vers *Vufflens-le-Château* de l'autre côté du chemin de fer. Construction en briques, le château de Vufflens fait penser, en dépit de son colossal volume, à un château de conte de fées. Edifiée au début du 15e siècle sur l'ordre d'Henri de Colombier et flanquée de nombreuses tours, cette maison forte se dresse au milieu du vignoble. La dernière section de cette randonnée nous conduit à travers les vignes de

Chigny et se glisse par un passage inférieur sous l'autoroute et la voie de chemin de fer pour aboutir à la périphérie de la ville ancienne de **Morges**.

Cuarnens–Apples–Morges 50 km, 5 h

Retour

Il est conseillé d'emprunter la route principale vers Cossonay jusqu'à

 Yverdon-les-Bains, Morges, Lausanne

 Yverdon-les-Bains, Orbe, Ballens, Morges

 Le château d'*Yverdon* abrite la collection historique du Musée du Vieil-Yverdon, ainsi qu'une exposition consacrée à Henri Pestalozzi. Des collections relatives à la science-fiction sont conservées à la Maison d'Ailleurs. A *Orbe*, se trouve un musée d'histoire locale. Des meubles du 15e au 19e siècles sont exposés au château de *La Sarraz* aménagé en Musée de l'habitat. Au château de *Morges*, on verra le Musée militaire vaudois; dans cette même ville, une collection d'artisanat a été installée dans l'ancienne maison du graveur Alexis Forel.

Le château de *La Sarraz*, dont subsistent deux puissantes tours du 13e siècle, a connu une histoire mouvementée, alternance de destructions et de reconstructions. La chapelle St-Antoine (1360-1370) renferme le superbe tombeau de François Ier de La Sarraz. De 1696, date l'élégante maison patricienne qui abrite actuellement l'école et la maison communale de *L'Isle*. Le bourg de Montricher est une fondation des seigneurs de Grandson. A Pampigny, l'église à nef unique remonte au 15e siècle. Enfin, c'est à Henri du Colombier qu'on doit l'édification, de 1395 à 1430, du magnifique château de *Vufflens*. Pour Yverdon, voir route 23.

Aclens. Là, on tournera à droite, devant l'église, en direction de la gare de Vufflens-la-Ville pour prendre ensuite une route secondaire. Après une montée courte mais raide, on atteindra cette dernière localité. En direction du nord, on se dirigera vers Bettens et Oulens, par Penthaz-Daillens, en roulant sur la route principale, généralement peu encombrée. Après Oulens, une belle descente mène à Bavois et Chavornay. Comme à l'aller, on suivra la voie ferrée jusqu'à Yverdon.

Morges–Vufflens-la-Ville–Chavornay–Yverdon-les-Bains 40 km, 4 h 30

Le château de Vufflens (photo), avec son donjon haut de 60 m (à gauche) et son corps de logis (à droite), est impressionnant.

Morges: En 1286, les comtes de Savoie édifièrent le château et fondèrent le village-marché de Morges dans le but de tenir en échec l'évêque de Lausanne. Le château à plan carré avec ses tours d'angle rondes fut tout d'abord habité par les seigneurs savoyards, puis, à partir de 1536, par les baillis bernois. En 1696, les Bernois fortifièrent le pont face au château, de même que les quatre pavillons carrés, pour servir de base à leur flotte lémanique. De 1769–1776, date la construction de l'église réformée, en forme de croix grecque. On verra dans la ville ancienne de Morges des demeures patriciennes édifiées aux 16e, 17e et 18e siècles. De style gothique tardif, l'Hôtel de Ville fut construit en 1518–1520; le poste de police voisin est de style Renaissance et date de 1620.

Cartes cyclistes
Lausanne–Vallée de Joux, Neuchâtel–Pontarlier–Trois Lacs

Correspondances
La Chaux-de-Fonds–Yverdon r. 7, Fribourg–Yverdon r. 23, Yverdon–Neuchâtel r. 24, Yverdon–Genève r. 8, Genève–Morges r. 9, Morges–Montreux r. 10.

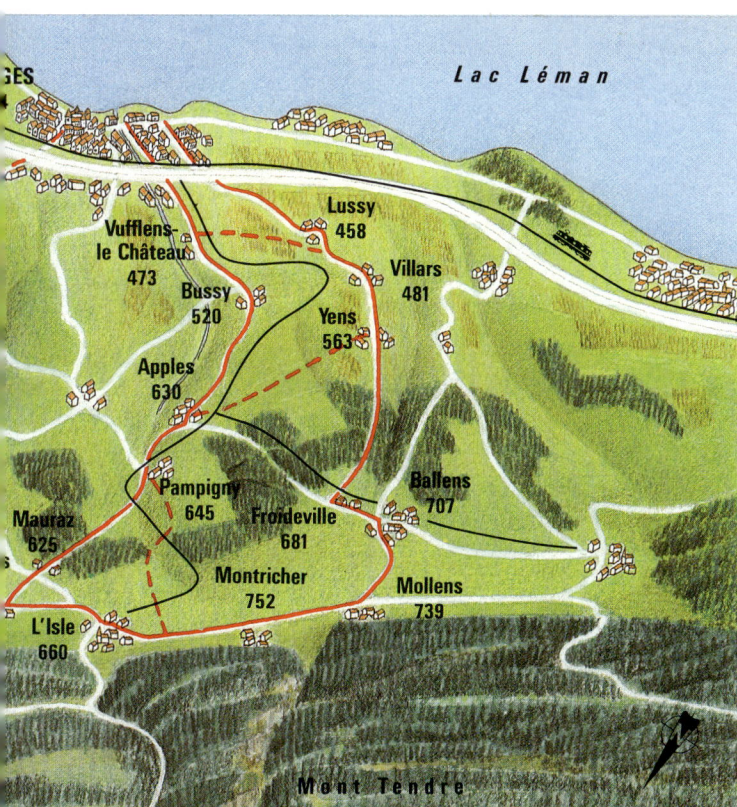

Orbe

Le seul nom d'Orbe indique que les Romains s'étaient déjà établis dans la région. A courte distance au nord de l'ancienne agglomération romaine d'Urba, à Bossaye, s'élevait une villa dont les vestiges ont été mis à jour en 1841. Les plus importantes mosaïques romaines de la Suisse (début du 3e siècle de notre ère), ornent le pavement réparti dans quatre petits pavillons. La plus belle de ces mosaïques représente plusieurs divinités entourées d'une frise qui montre des animaux en mouvement; d'autres mosaïques à décor géométrique représentent un labyrinthe et un chariot tiré par des bœufs. L'actuelle bourgade d'Orbe fut fondée par Amédée III de Montfalcon qui lui accorda au 13e siècle des franchises et l'entoura d'une enceinte. Deux siècles plus tard, Orbe fut détruite à cause de l'alliance qu'elle avait contractée avec Charles le Téméraire et passa sous la tutelle de Berne. Du château édifié par le fondateur en 1255 et 1259 sur la colline dominant l'agglomération, ne subsistent que le donjon de forme circulaire, une tour carrée de l'enceinte et une autre tour ronde, proche de l'école, seules constructions qui ne furent pas rasées au 17e siècle. Depuis le 15e siècle, une ancienne tour tient lieu de chœur et de clocher à l'élégante église médiévale, agrandie et modifiée au cours des siècles suivants. On remarquera, entre autres, les clefs d'arc d'ogive sculptées qui ornent les voûtes.

D'imposantes maisons bourgeoises, datant pour la plupart de la seconde moitié du 18e siècle, donnent à la ville son cachet particulier. Les monuments les plus remarquables sont l'Hôtel de Ville (1786-1789), la fontaine surmontée d'une statue de banneret qui lui fait face, le Prieuré (1758-1760), la Maison Grandjean (1781) et l'Ancien Hôpital (1778).

Cette randonnée à vélo conduit de Lausanne à Payerne, par la charmante cité de Moudon. Le fier château de Lucens, le pittoresque village de Granges, le fantastique panorama du Jura et de la chaîne alpine sont les curiosités marquantes de cette promenade. La seconde partie de ce tour, qui comprend le tronçon Moudon-Payerne, convient tout spécialement aux randonnées en famille: les pentes sont particulièrement douces et la circulation, peu dense.

Lausanne–Moudon–Payerne

Route		Distance	Temps
1 Lausanne	🚲	—	—
2 Moudon	🚲	29 km	3 h 30
3 Granges	🚲	44 km	5 h
4 Payerne	🚲	53 km	6 h

Dénivellation: 500 m

Notre randonnée cycliste a pour point de départ la gare de **Lausanne**. La visite rapide de la vieille ville nous oblige à pousser nos vélos pour remonter la rue du Petit-Chêne; particulièrement raide, celle-ci commence près du McDonald et conduit à l'ancienne abbatiale St-François. Par la rue St-François et la rue du Pont, nous arrivons à l'Hôtel de Ville; de là, par la rue de la Mercerie, nous atteignons la magnifique cathédrale Notre-Dame et l'imposant château St-Maire, ancienne résidence de l'évêque, située derrière le sanctuaire. Il reste encore beaucoup à voir dans la capitale vaudoise mais la route est longue et il est temps de repartir. Juste derrière le château St-Maire, s'ouvre la place du Nord d'où, par l'avenue Louis-Vuillemin, nous monterons en direction de Sauvabelin. Peu après la Fondation de l'Hermitage, bifurque à gauche la route du Pavement qui nous conduit directement à Bellevaux et, au delà de l'autoroute, au Mont-sur-Lausanne. Sur la route principale qui mène à Estavayer-le-Lac, nous pédalons vers *Bottens*, par Cugy. Au sortir de ce dernier village, nous obliquons à main droite vers *Poliez-Pittet*, où nous tournons encore à droite près de l'église; par une petite côte, nous atteignons *Dommartin*. Là, à un carrefour, nous bifurquons à droite, et, traversant la vallée de la Mentue, nous arrivons, après une légère montée, à un second carrefour. A gauche, la route se dirige vers Chapelle; bientôt, nous apercevrons les installations de l'émetteur sur ondes moyennes de Sottens. Au prochain carrefour, nous tournons à droite et dépassons la station émettrice pour atteindre le petit village de *Sottens*; par la vallée ombreuse de la Mérine laissons-nous descendre vers **Moudon**. La visite de cette ravissante bourgade se combine idéalement avec la pause de midi. Il est possible de raccourcir dans une certaine mesure cette première partie du tour en prenant, à Lausanne, le chemin de fer à voie étroite qui dessert Fey par Echallens. Juste après la gare, la route de Possens traverse la voie ferrée; de cette localité, on peut également atteindre Moudon par Sottens.

Randonnée variée dans la vallée de la Broye

Quittant Moudon, nous empruntons d'abord la route qui, de la gare, mène à Chesalles, en traversant la voie ferrée. Sitôt franchie la Broye, nous prenons, à main gauche, une petite route qui, le long d'une pente, aboutit à Curtilles. Bientôt, nous apercevons de l'autre côté de la vallée, le fier château fort de Lucens. Obliquant à gauche vers *Curtilles*, nous pédalons vers Lucens; du centre de cette localité, une route, à droite, se détache vers *Villeneuve*. La traversée agréable de ce ravissant village nous amène à **Granges**. Dirigeons-nous, à main droite, vers le pont qui enjambe la Broye, au sortir de cette dernière localité. Nous suivons sur la rive gauche de la rivière un chemin qui la longe et nous conduit jusqu'au centre de **Payerne**. Par endroits, le chemin de terre sur lequel nous roulons est en mauvais état mais la beauté du paysage nous le fera oublier.

Retour

Nous conseillons aux participants qui souhaiteraient regagner Lausanne à bicyclette le bel itinéraire suivant qui exige, il est vrai, un certain talent de «grimpeur». Partant de Moudon, on reviendra d'abord en arrière dans la direction de Sottens jusqu'à la bifurcation, à la sortie de Moudon, vers Rossenges. De là, on se dirigera vers Hermenches; tournant à droite vers Villars-Mendraz, on obliquera ensuite à gauche dans ce village dans la direction de Peney-le-Jorat. Au centre de cette localité, on prendra la deuxième route, à gau-

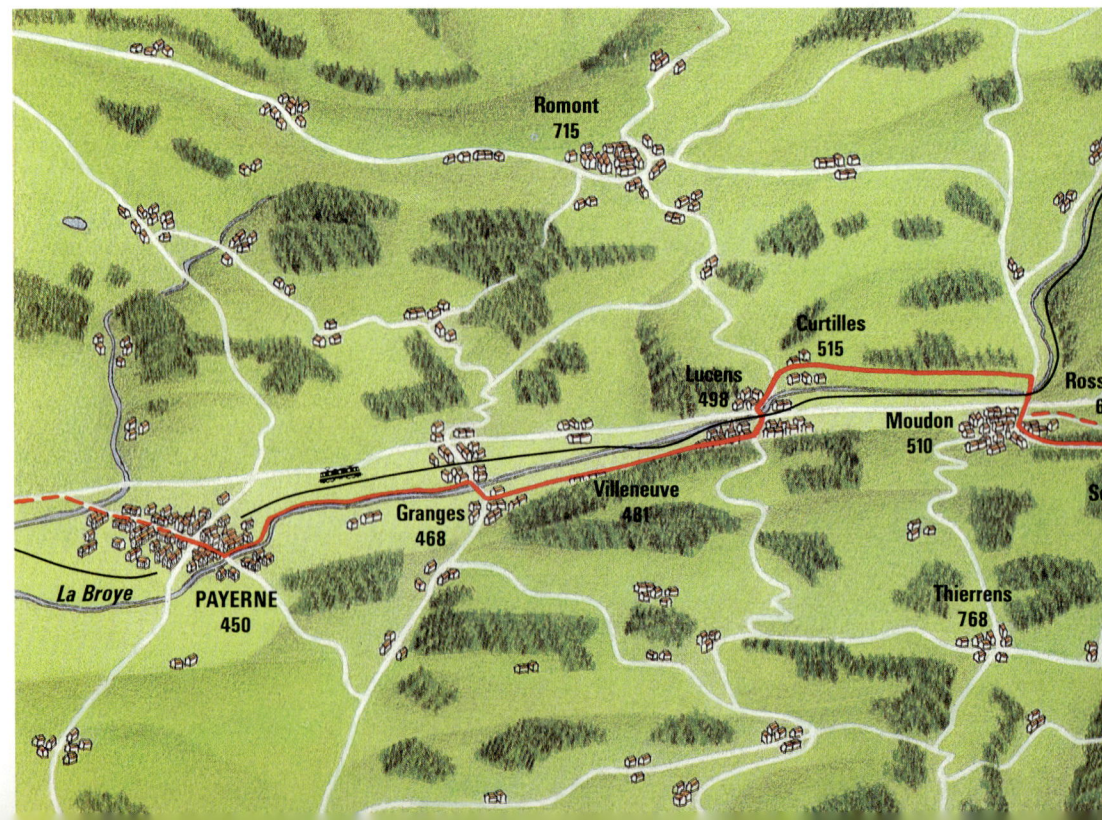

che, pour atteindre, droit devant soi, Chalet-à-Gobet à travers les magnifiques forêts du Jorat et Epalinges, on redescendra enfin sur Lausanne.
Moudon 🚌–Villars-Mendraz 🚌–Chalet-à-Gobet 🚌–Lausanne 🚌 ⛴ 27 km, 3 h 30 min.

Cartes cyclistes
Lausanne–Bulle–Fribourg
Neuchâtel–Pontarlier–Trois Lacs

Déviation
Au départ de Payerne, le randonneur qui veut remonter vers Avenches – Aventicum, ancienne capitale des Helvètes – se verra contraint, à défaut d'autres possibilités, d'emprunter la route principale.
Payerne 🚌–Avenches 🚌
11 km, 1 h

Correspondances
Morges–Montreux r. 10,
Fribourg–Yverdon r. 23,
Avenches–Bienne r. 44.

Lausanne, Avenches

Lausanne, Moudon, Payerne

Le château de Rochefort renferme le Musée du Vieux-*Moudon*. Le Musée Eugène Burnand conserve une petite collection d'ethnographie. Le château de *Lucens* abrite des tableaux et des antiquités. On trouvera dans l'aile sud de l'ancienne abbatiale de *Payerne* une collection historique locale et un musée consacré au général Jomini.

Au 11e siècle, l'évêque de Lausanne fonda et fortifia le petit village de *Curtilles;* seule, une butte féodale rappelle le souvenir du château. L'église est en partie romane, en partie gothique. De type carré savoyard, le donjon et la chapelle, forment le centre de la forteresse de *Lucens*. Les baillis bernois agrandirent le château, défendu par une double enceinte et trois tours d'angle, autour du vaste corps de logis. L'église réformée de *Granges* fut édifiée sur les fondations de trois sanctuaires antérieurs. La maison portant le numéro 144 est un ancien monastère du 16e siècle, aux fenêtres de style gothique.

Payerne: L'essor de la petite ville de Payerne commença en 962 lors de la fondation d'une abbaye par la reine burgonde Berthe, probablement inhumée dans l'église réformée. Dans les siècles postérieurs, l'abbaye et la cité changèrent souvent de maîtres, jusqu'à la conquête bernoise en 1536. Pendant les guerres de Bourgogne, la ville devint l'alliée de Berne et bénéficia de ce fait, d'une situation privilégiée. L'abbatiale fut néanmoins abandonnée: après l'adhésion des bourgeois de Payerne à la Réforme, le sanctuaire fut désaffecté. L'abbatiale Notre-Dame est l'un des plus importants monuments de l'architecture clunisienne. A trois nefs et transept, le sanctuaire à abside semi-circulaire date du 11e siècle. Après le triomphe de la Réforme, l'église servit, pendant des siècles, de grange, de magasin pour le service du feu et même de prison. En 1926, la restauration de l'édifice fut entreprise.

Moudon

A l'époque romaine, la ville de Moudon, malicieusement surnommée «le pot de chambre du Pays de Vaud» constituait une étape importante entre le Grand St-Bernard et Aventicum. Les fondations de la tour romaine sont probablement les vestiges d'une forteresse contemporaine, détruite au 10e siècle, lors d'une invasion sarrazine. La reconstruction de la cité commença vers 1200, sous la tutelle des Zähringen. Moudon devint ensuite un important bastion des comtes de Savoie qui accordèrent, vers 1285, des franchises et divers avantages à la cité. Lors des guerres de Bourgogne, l'importance de Moudon déclina. Un an auparavant, la ville s'était alliée aux Confédérés mais après la bataille de Morat, en 1476, elle fut pillée par les troupes de passage. Les habitants de Moudon ayant refusé d'adopter la Réforme après la conquête du Pays de Vaud par les Bernois, la bourgade perdit alors toute importance; en représailles, elle fut privée de ses franchises. De lourdes taxes provoquèrent le départ des commerçants et des artisans. Les baillis bernois s'installèrent au château voisin de Lucens et en firent un centre commercial et administratif.

Si la Tour de Broye est le seul vestige du château et de l'enceinte, Moudon n'en a pas moins conservé son caractère médiéval. D'imposantes maisons patriciennes et de belles fontaines y contribuent. On remarquera, entre autres, la Maison d'Arny, avec son avant-toit saillant, soutenu par une poutre. L'édifice le plus marquant de la petite ville est l'église réformée St-Etienne; construite à la fin du 13e siècle à l'emplacement du cimetière romain, elle constitue un parfait spécimen de l'architecture bourguignonne du début du gothique. L'intérieur conserve de belles stalles sculptées (1501) et des fragments de fresques. Un ravissant orgue fonctionne depuis 200 ans. Le clocher est tout simplement une tour de l'ancienne enceinte fortifiée.

Sans utiliser les transports publics, franchir le col du St-Gothard est une performance digne d'un sportif ambitieux. La montée au Gothard depuis la Léventine nous réserve une fantastique descente qui semble ne jamais devoir finir dans la vallée d'Urseren et dans la vallée uranaise de la Reuss, jusqu'aux rives du lac des Quatre-Cantons. Le paysage toujours varié, les sauvages défilés des Schöllenen et de Tremola, les villages et localités bien entretenus et accueillants, font de cette randonnée une excursion inoubliable.

Bellinzona–Sankt Gotthard–Luzern

Route		Distance	Temps
1 Bellinzona	🚲	—	—
2 Biasca	🚲	20 km	2 h
3 Airolo	🚲	57 km	6 h 30
4 Gotthard-Passhöhe		64 km	8 h
5 Andermatt	🚲	76 km	9 h
6 Flüelen	🚲⛴	113 km	12 h
7 Luzern	🚲⛴	165 km	17 h

Dénivellation: 2200 m

Nous commençons notre randonnée dans le massif du Gothard, devant la gare de **Bellinzone**, chef-lieu du canton du Tessin. Trois puissants châteaux forts, reliés par des murs d'enceinte assuraient jadis la protection de l'agglomération. Quittant la gare, nous descendons vers la ville ancienne; nous découvrons, à droite, au sommet d'une colline, le Castel Grande et sur la pente, à gauche, le Castello di Montebello. Au sud des deux forteresses, se dressent deux célèbres églises: Santa Maria delle Grazie avec ses fresques de crucifixion (fin 15e siècle) et San Biagio, également ornée de fresques. Contournons la colline qui supporte le Castel Grande; nous côtoyons, en direction de l'est, l'impressionnant mur d'enceinte qui isolait au 15e siècle l'ensemble de la plaine du Tessin. Empruntons la route principale et pédalons droit devant nous en traversant deux carrefours jusqu'au terrain de football; là, tournant à gauche, nous franchissons le Tessin et l'autoroute pour prendre la direction de *Carasso*.

La promenade se poursuit à travers de charmants villages entourés de vignobles, dans la direction de Biasca. L'un après l'autre, nous traversons ainsi les villages de Gorduno, Gnosca, Preonzo, Moleno, Lodrino et Iragna, jusqu'à la bifurcation de **Biasca**. A droite, s'ouvre le Val Blenio; pour permettre à la route de se glisser en direction des Grisons par le col de Lukmanier, la Léventine est contrainte d'accueillir trois modes de transports différents. Le chemin de fer, l'autoroute et l'ancienne route principale se côtoient et se superposent, à mesure que l'on s'élève. Par l'ancienne route, nous nous dirigeons maintenant, par *Pollegio* et *Bodio*, vers *Giornico*, où en 1478, les Confédérés infligèrent une cuisante défaite aux Milanais. De plus en plus raide, la route nous conduit, par Lavorgo, Chiggiogna, Faido, Rodi-Fiesso, Ambri et Piotta vers **Airolo**, où les tunnels absorbent la double circulation ferroviaire et autoroutière. Le tronçon le plus pénible de notre randonnée, autrement dit la montée au **col du Gothard**, est désormais devant nous; sur une distance de 8 km, il s'agit de vaincre une dénivellation de 950 m. Une fois le col atteint, à 2108 m d'altitude, nous faisons une brève halte de manière à nous sentir en pleine forme pour aborder la descente et éprouver la satisfaction d'être récompensés de nos efforts. Au terme de cette longue descente qui semble interminable, nous arrivons dans la vallée d'Urseren à *Hospental*, localité connue pour sa belle église baroque et pour la tour de guet qui la domine. Quelques kilomètres plus loin, nous pénétrons dans **Andermatt**, où le cœur du village mérite une courte visite.

Ponts diaboliques

Par l'Urnerloch, tunnel de montagne le plus ancien du monde, nous quittons la vallée d'Urseren et atteignons la lisière de l'impressionnant désert de pierre des gorges de Schöllenen. Par le pont le plus récent des célèbres Ponts du diable, la route descend en lacets et en pente raide vers *Göschenen*, où nous retrouvons la voie des CFF et l'autoroute. Empruntant l'ancienne route cantonale, nous passons devant la légendaire «pierre du diable», placée au-dessus du portail nord de l'autoroute et gagnons la bourgade de Wassen. L'église paroissiale St-Gall, de style baroque, retient l'attention. La pittoresque place de *Wassen*, ses fontaines anciennes et ses constructions en madriers, d'époque gothique tardive, méritent une visite. La randonnée se poursuit par Wilen, Intschi et Amsteg jusqu'à *Erstfeld* «village des cheminots» où, près du dépôt des locomotives, une vieille C-5/6 rappelle les beaux jours de la traction à vapeur. Encore quelques kilomètres et

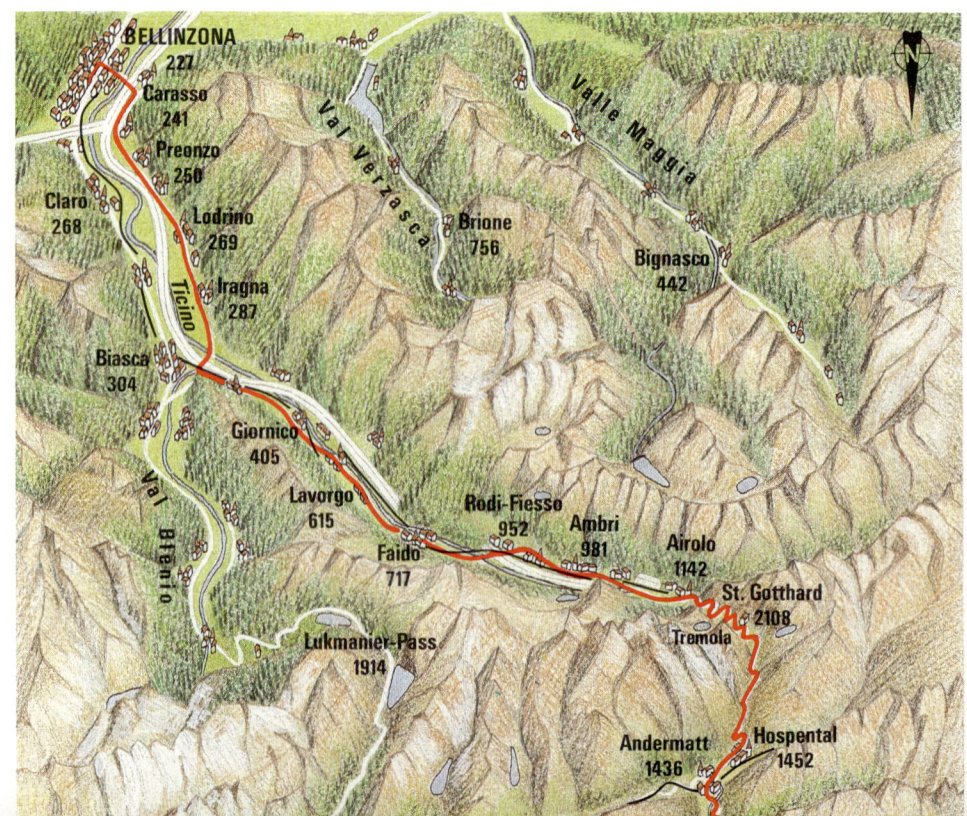

nous arrivons à *Altdorf,* chef-lieu du canton d'Uri. Dans cette petite ville, on verra de belles demeures patriciennes, de superbes fontaines et de nombreux sites ombragés. Le célèbre monument dédié à Guillaume Tell, édifié en 1895, se dresse devant l'Hôtel de Ville, à l'emplacement d'une ancienne tour d'habitation. Si nous ne prenons pas le train à Altdorf, nous pédalerons jusqu'à **Flüelen,** station climatique des bords de la baie d'Uri. Là, nous aurons le choix entre le train, le bateau ou le vélo, le long de l'Axenstrasse. Toujours à vélo, nous atteindrons rapidement, à l'autre extrémité de l'Axenstrasse, la bourgade de *Brunnen,* dans le canton de Schwyz. Obliquant à gauche, nous longeons maintenant le lac des Quatre-Cantons et continuons vers *Küssnacht* par Gersau, Vitznau et Weggis. Une route, à gauche, conduit à **Lucerne.**

 Hospental, Göschenen, Gersau, Lucerne

 Molinazzo près de Bellinzone, Claro, Biasca, Chiggiogna, Altdorf, Flüelen, Sisikon, Brunnen, Vitznau, Merlischachen, Lucerne

 A *Giornico,* se trouve le Musée historique de la Leventine. Le Musée uranais d'*Altdorf* présente des objets religieux et ethnographiques. *Küssnacht* possède un petit musée local. Parmi les principaux musées *lucernois,* figurent le Musée des transports, le Musée suisse des costumes et du folklore, le Musée d'histoire naturelle, le trésor de la Hofkirche, le Musée des Beaux-Arts, le Jardin des glaciers, le Musée des glaciers et le Musée historique.

 Au-dessus de *Biasca,* la Collégiale San Pietro e Paolo, abondamment décorée de fresques fut édifiée au 11e et 12e siècles. De la même époque, date le campanile de l'église paroissiale Santa Maria Assunta, à *Chiggiogna.* A *Airolo,* un monument rappelle la mémoire des victimes du percement du tunnel du Gothard. A la sortie nord du village d'*Andermatt,* l'église romane St. Colomban est le plus ancien sanctuaire du canton d'Uri. L'église paroissiale St. Pierre et St. Paul date de l'époque baroque. Des autels abondamment sculptés ornent l'intérieur de l'église de *Wassen.* Près d'*Amsteg,* on verra les ruines du château fort Zwing-Uri, qui aurait été construit par le bailli Gessler; près de *Küssnacht,* les ruines de la «Gesslerburg», château-fort faussement attribué au susdit bailli. Les fresques de la Chapelle de Tell, à *Sisikon,* illustrent l'épisode de Guillaume Tell s'échappant de la barque de Gessler pour gagner la terre ferme.

Cartes
Cartes nationales 5001 Gothard et 5008, Lac de Quatre-Cantons, Carte cycliste Zug–Schwyz–Uri–Glarus

Déviation
Küssnacht 🚂 ⛴–Cham 🚂 ⛴–Zug 🚂 ⛴ 15 km, 1 h 30

Correspondances
Domodossola–Lugano r. 13, Bellinzone–Coire r. 15, Lucerne–Langenthal r. 20, Lucerne–Aarau r. 39, Lucerne–Brugg r. 38, Olten–Lucerne r. 40, Zurich–Lucerne r. 35, Rapperswil–Lucerne r. 19.

Giornico: Mentionnée dès l'époque romaine, cet ancien chef-lieu de la basse Léventine constitue depuis le Haut Moyen Age un centre ecclésial dont les six sanctuaires que comporte la petite ville sont les témoins. Du 12e siècle, date l'église San Nicolao, considérée comme le plus important sanctuaire roman du Tessin pour ses sculptures et les superbes peintures murales qu'il renferme. De belles fresques ornent également les murs de l'église Santa Maria di Castello (12e siècle), qui se trouve à proximité des ruines d'un château fort. Près de la rivière Ticino, en bordure de l'ancien chemin muletier du Gothard, on verra un ensemble de belles maisons: l'une, la Casa Stanga, servait jadis d'auberge. A la sortie de Giornico, se dresse un monument commémorant la victoire remportée sur les Milanais par les Confédérés (1478).

Histoire du Pont du Diable

Le commerce avec le sud de l'Europe, qui faisait la prospérité des habitants de la vallée, attirait aussi les Uranais. Mais le transport des lourdes barriques et des ballots de marchandises se heurtait aux difficultés résultant de l'étroitesse du défilé des Schöllenen.

Après en avoir abondamment discuté, les conseillers uranais, à court de solution pour supprimer l'obstacle, s'adressèrent au «landammann» qui s'écria, agacé: «Que le diable construise un pont!». A peine avait-il prononcé ces mots, que le démon apparut et se déclara prêt à relever le défi en édifiant un pont en trois jours, à condition que l'âme du premier être vivant qui le franchirait lui appartiendrait. Les membres du conseil acceptèrent la proposition. De fait, trois jours plus tard, le pont était construit; à l'autre extrémité de l'ouvrage, le diable attendait le premier individu qui le traverserait. Or, l'un des conseillers du canton d'Uri était propriétaire d'un bouc particulièrement agressif; il proposa à ses collègues d'amener l'animal au défilé des Schöllenen, puis de le lâcher sur le pont. Ainsi qu'il l'avait prévu, le bouc prit son élan et chargea l'adversaire qui le reçut sans ménagement. Furieux d'avoir été ainsi berné, le diable fit le projet de détruire son œuvre avec un énorme rocher. Tandis qu'il roulait, non sans mal, l'énorme pierre, le démon rencontra une vieille femme toute ridée qui lui proposa de se reposer un peu; n'étant pas pressé, le diable obtempéra et s'assit. Profitant de son inattention, la femme contourna le rocher et traça une croix sur la pierre. Lorsque le diable, reposé, voulut poursuivre son ouvrage, il aperçut la croix et, furieux, s'enfuit en hurlant, abandonnant le rocher. Depuis des siècles, le pont des Schöllenen remplit son office, à la grande satisfaction des Uranais.

PAGAYER

sur les rivières et les lacs

Les points de départ des descentes sur l'eau

La Birse n'est pas appréciée à sa juste valeur. Le cours d'eau qui prend sa source à Pierre-Pertuis près de Tavannes est mis en doute par certains pagayeurs, mais à y regarder de plus près il offre plus d'un attrait. Celui qui entreprend la descente de la rivière tout en gardant le regard en éveil découvre les défilés romantiques et sauvages, çà et là un petit seuil, les pêcheurs sur les rives, à l'affût d'une belle truite, et dont il ne faut pas troubler au passage la sérénité… Le parcours de la Birse, vu de cette manière, peut devenir une belle aventure.

Birs: Zwingen–Dornach–Basel

Secteur	Distance	Temps
1 Zwingen	–	–
2 Dornachbrugg	13 km	2 h–2 h 30
1 Dornachbrugg	–	–
2 Basel/Birsfelden	7,9 km	1 h–1 h 30

Degré de difficulté II–III
Embarcations appropriées: kayaks, canadiens

A Zwingen – point de départ 150 m après le barrage haut d'environ 3 m – la Birse n'est plus la typique rivière jurassienne: à partir de Laufon, la vallée boisée s'est élargie, la pente est à peine perceptible, le flot même est plus calme. Les eaux de la Birse ont été exploitées très tôt pour toutes les activités industrielles possibles, ce qui aujourd'hui rend difficile la descente du cours d'eau. Mais si l'on ne tient pas compte qu'il faut porter les embarcations pour contourner les endroits infranchissables – un portage, comme on dit dans le langage des canoéistes – il faut convenir que la rivière, quel que soit l'état de ses eaux, est très attachante pour le pagayeur. Lors des crues printanières, elle peut même, après de fortes pluies, devenir flot racé, plein de vigueur.

Les seigneurs de Ramstein

La vallée de la Birse offre aux abords du cours d'eau une multitude de choses à voir, pour tous ceux – canoéistes ou accompagnateurs – qui prennent le temps d'une randonnée à l'écart des rives. A commencer par Zwingen, avec le château des seigneurs de Ramstein (14e/17e s.), mais également le château d'Angenstein – propriété de la ville de Bâle – qu'on aperçoit aussi au fil de l'eau, puissant verrou de cette vallée.

Gorges d'Angenstein

Nous arrivons à Aesch, premier village vigneron de Bâle-Campagne, lieu d'origine du vin appelé «Kluser», et sur notre itinéraire. Au-dessous d'Angenstein, nous découvrons une gorge, courte mais profonde, que franchit l'arche d'un vieux pont de pierre. On voit déjà de cet endroit, selon le point de vue choisi, quelques sites anciens ou nouveaux dont la visite vaut la peine: ruines du château de Dorneck (partie la plus ancienne datant du 11e s.), Goetheanum, centre anthroposophique des disciples de Rudolf Steiner, érigé en 1924/1928. Peu de choses subsistent de l'ancien village de Dornach, sinon près de la gare le monument célébrant la Bataille de Dornach (1499) et, très intéressant pour les canoéistes, le lourd pont de pierre Saint Jean Né-

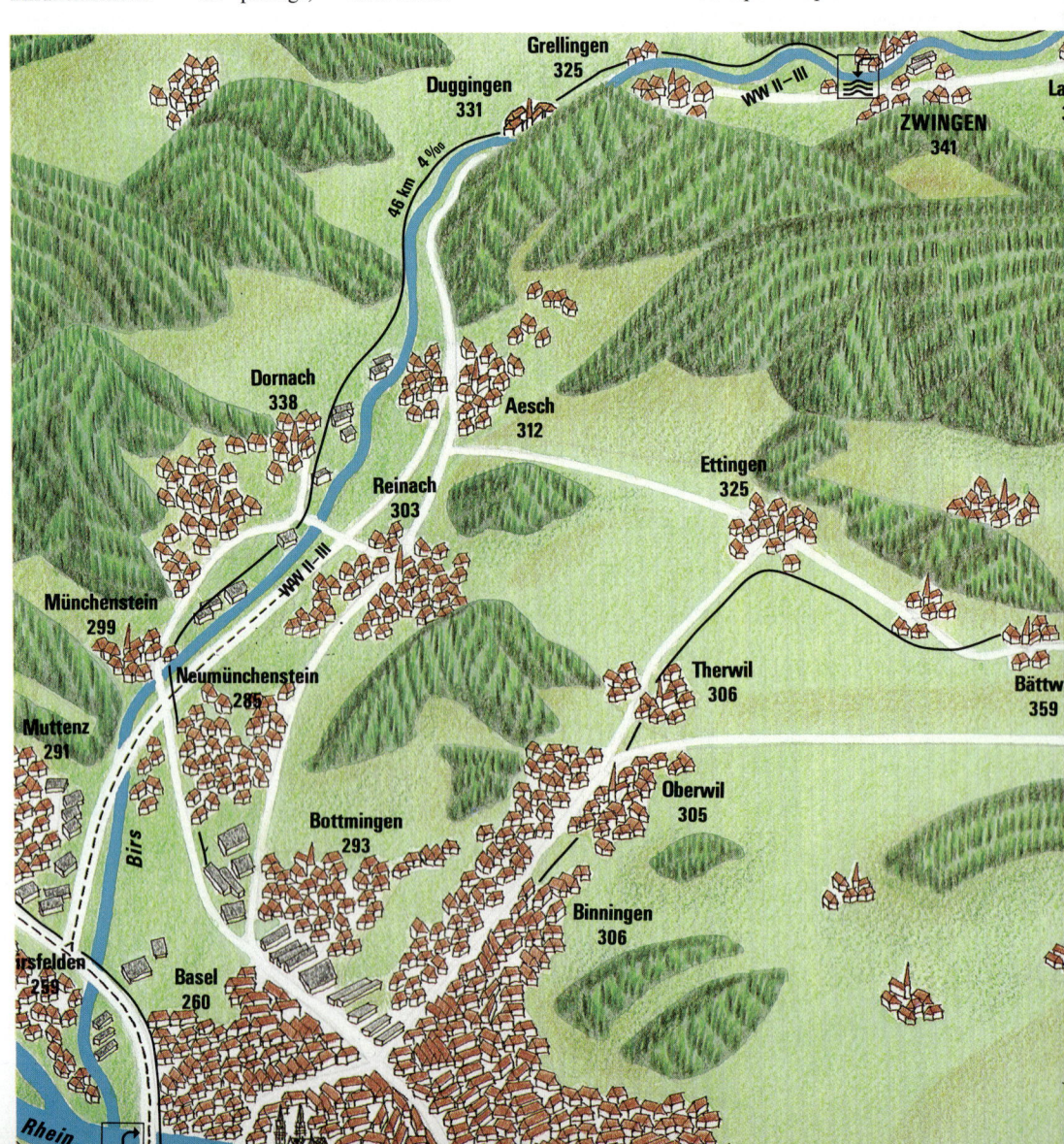

Le canoéiste qui aime les eaux vives proposant quelques difficultés techniques trouvera son bonheur après les fortes pluies, quand la Birse roule ses flots les plus vigoureux. Le cours d'eau habituellement paisible peut alors devenir périlleux: le pagayeur doit savoir bien mesurer ses aptitudes.

pomucène (Nepomukbrücke), derrière lequel se dresse, haut de 8 m environ, un barrage avec pont de bois construit sur un verrou rocheux. Il fait partie d'une centrale électrique avec la conséquence de ne pouvoir éviter un portage.
Arlesheim (BL), chef-lieu de district, a grandi dans le même temps que l'enclave soleuroise de Dornach. A partir de là, une excursion vaut la peine jusqu'au château de Reichenstein, récemment restauré. On atteint facilement Reichenstein à pied, sur un très beau parcours par le célèbre jardin paysagé «Eremitage» d'Arlesheim.

Près de «Neuewelt», le plus grand barrage sur la Birse

Le «Rütihof», près du plus grand barrage sur la Birse, dans le quartier de «Neuewelt», est complètement caché au regard par des parois d'insonorisation: on ne le voit donc plus, du cours de l'eau. A cet endroit naissait le delta de la Birse devant St. Jakob, encore partiellement existant au siècle passé et qu'on peut admirer sur d'anciennes gravures. On n'en voit plus de nos jours que les vestiges de quelques constructions: la chapelle Saint-Jacques, quelques bâtiments plus ou moins bien sauvegardés – dont l'un est aujourd'hui restaurant – ainsi qu'un ancien moulin transformé en commerce de métaux, au «Dalbedych» (Etang de St-Alban) dont les eaux sont déviées dans la «Neuewelt» et s'écoulent à travers l'espace de l'ancienne exposition horticole «Vert 80». La confluence dans le «Dalbeloch» à Bâle (Vallon de St-Alban) n'est que partiellement franchissable et non sans difficultés, mais en revanche totalement infranchissable près du Musée d'art contemporain (Museum für Gegenwartskunst) à cause d'un rouleau et par la présence d'une grille de sécurité qui bloque l'écoulement dans le Rhin.

Les «obstacles» de la Birse, d'un seul coup d'œil

Voici l'énumération des «barrages» qu'on peut passer (1) ou qui sont réputés infranchissables (2), selon le guide de la Fédération Suisse de Canoë:

km 25,5: seuil de dénivellation de Zwingen (2).
km 27,4: barrage de fabrique, à contourner par la droite (2).
km 30,4: obstacle (2), débarquer à droite; **km 31,4**: barrage de Grellingue (2) environ 8 m de hauteur, débarquer à gauche.
km 34,2: barrage de Duggingen, 1,5 m de hauteur (1), remous en cas de crue (2).
km 35,2: pont et château d'Angenstein, légèrement ponctué de rochers, mais presque toujours franchissable.
km 36,9: Aesch, très dangereux à cause des blocs rocheux bétonnés dans le cours d'eau (2).
km 38,5: Dornachbrugg (2), chute d'eau à quatre paliers, environ 8 m de hauteur, débarquer à 15 m de l'ancien pont de pierre et portage à gauche.
km 39,5: barrage à trois paliers (2) parfois franchissables, mais uniquement par pagayeurs expérimentés, remous.
km 42: près du pont ferroviaire de Münchenstein, petit rouleau (1).
km 42,9: chute d'eau (2), débarquer à droite 25 m avant et portage sur une distance de 100 m environ.
km 44,8: barrage «Häfeli-Wehr» à deux paliers (1), passage à reconnaître parce que franchissable seulement par une rampe au milieu de la rivière; suivent une série de paliers moins importants (1).
km 46,5: barrage en trois paliers à proximité immédiate du confluent de la Birse et du Rhin (1/2), à reconnaître également avant le passage, franchissable au milieu du cours d'eau par une rampe, mais remous selon le niveau des eaux. Nous avons ainsi rejoint Bâle, but de notre descente de la Birse.

Doubs: Goumois–Soubey–St-Ursanne

Les noms chantent pour les «fans» du Jura! Promeneurs, amateurs de randonnées à bicyclette, pêcheurs et canoéistes – passionnés d'eaux sauvages ou simples touristes en bateau canadien – auront dans cette région un vrai «coup de cœur»! Un traité signé en 1780 entre la France et la Principauté épiscopale de Bâle a fait françaises les eaux de la grande rivière, contrairement aux habitudes qui font passer les frontières au milieu des cours d'eau. «L'entier et tout le cours d'eau demeure sous la domination de la France», stipule le contrat, toujours en vigueur, 200 ans après avoir été paraphé.

Foires, couvent, églises

Pour ceux qui ne naviguent pas au fil de l'eau, une randonnée aux abords et autour de l'Etang de la Gruère, entouré d'une tourbière bombée franc-montagnarde, est parmi les plus belles découvertes naturelles de cette région. La visite de l'ancienne église abbatiale de Bellelay, un coup d'œil à la belle église de Sornetan méritent un déplacement. On peut aussi voir à Châtelat une des fromageries dans lesquelles on fabrique la savoureuse «Tête de Moine», fromage renommé du pays.

Secteur	Distance	Temps
1 Goumois (Theusseret)	–	–
2 Soubey	15,5 km	2–2 h 30
1 Soubey	–	–
2 St-Ursanne	15 km	2–2 h 30

Degré de difficulté: parcours de slalom près de Goumois III–IV, puis jusqu'à Soubey II–III, rapides de Soubey III–IV, puis II
Embarcations appropriées: kayaks, canadiens

L'exploitation intensive du cours d'eau pour la production d'énergie électrique a obligé à construire certains barrages de retenue des eaux, si bien que le niveau descend jusqu'à la moitié de la normale, précisément lorsque les amateurs de navigation aimeraient profiter du plein flot!

Gorges du Theusseret et centre de canoë/kayak

Le départ a lieu en amont de Goumois, au Theusseret, derrière la digue escarpée de l'ancien moulin, dans un tronçon bien encombré de pierres (III). A 1 km de distance se trouve sur la rive droite la place de camping de la Fédération Suisse de Canoë, ouverte tant qu'il y a des places disponibles, même pour les canoéistes d'autres fédérations ou de pays étrangers. On paie son écot par bulletin de versement ou aux représentants du Canoë-Club Jura. Les «rapides de Goumois» (III) qui font suite sont un parcours interdit aux pêcheurs. Le trajet long de 600 m est réservé aux canoës – suisses ou français – comme centre d'entraînement pour spécialistes de slalom.

Paysage magnifique

Après 2 nouveaux km, nous arrivons au pont douanier de Goumois et passons au large du Rocher du Singe. Peu après commence le secteur des eaux «apprivoisées» avec quelques rafraîchissantes interruptions près de barrages à moitié écroulés mais cependant praticables. Le Moulin du Plain apparaît sur la rive française, et plus loin après un parcours au très beau paysage le Moulin Jeannottat, sur la rive suisse. Le barrage est précisément en ruines à cet endroit, mais praticable pour toute embarcation. Après un court passage avec forêt jusqu'au bord de l'eau, typique du Doubs, la vallée s'élargit un peu et le sol marécageux donne à la rivière un cours tout en méandres. Les animaux les plus divers gîtent à proximité des rives, on découvre même – assez rare, il est vrai – le martin-pêcheur. Le pont de fer jeté sur le cours d'eau marque notre objectif: après 14 km de parcours sur le Doubs, nous voici à Soubey.

Véhicules de transport

Pour les moyens de transport des bateaux, deux possibilités. La première est de revenir à Saignelégier, puis direction Montfaucon et, à 200 m du village, obliquer à gauche en direction de Soubey. L'autre consiste à prendre la même direction, puis par Les Pommerats, sur une route à travers pâturages, et Les Enfers jusqu'à Soubey. Les «clédars», portails de pâturages, n'ont pas été placés au hasard: ils doivent toujours être refermés pour éviter la fuite et la perte du bétail. Pour la seconde étape de ce parcours, nous partons de Soubey, naviguons sur 2 km dans des eaux maîtrisées, puis nous franchissons les «rapides de Soubey» (III), longs de 800 m, pas toujours faciles selon le niveau des eaux. La plus grande «sensation» sera alors derrière nous. Le paysage jurassien est superbe, agrémenté de belles places de repos et où ne manquent pas les restaurants aux abords de la rivière, jusqu'à Tariche et son Restaurant de la Truite. Canoéistes, amateurs de tours à pied ou à bicyclette, automobilistes trouvent à cet endroit tout ce que le cœur – et l'estomac... – peuvent souhaiter: paysage et bonne table. On peut s'attabler dans le jardin en équipement de navigation, sans être pour autant dévisagé comme une curiosité, et observer de la ter-

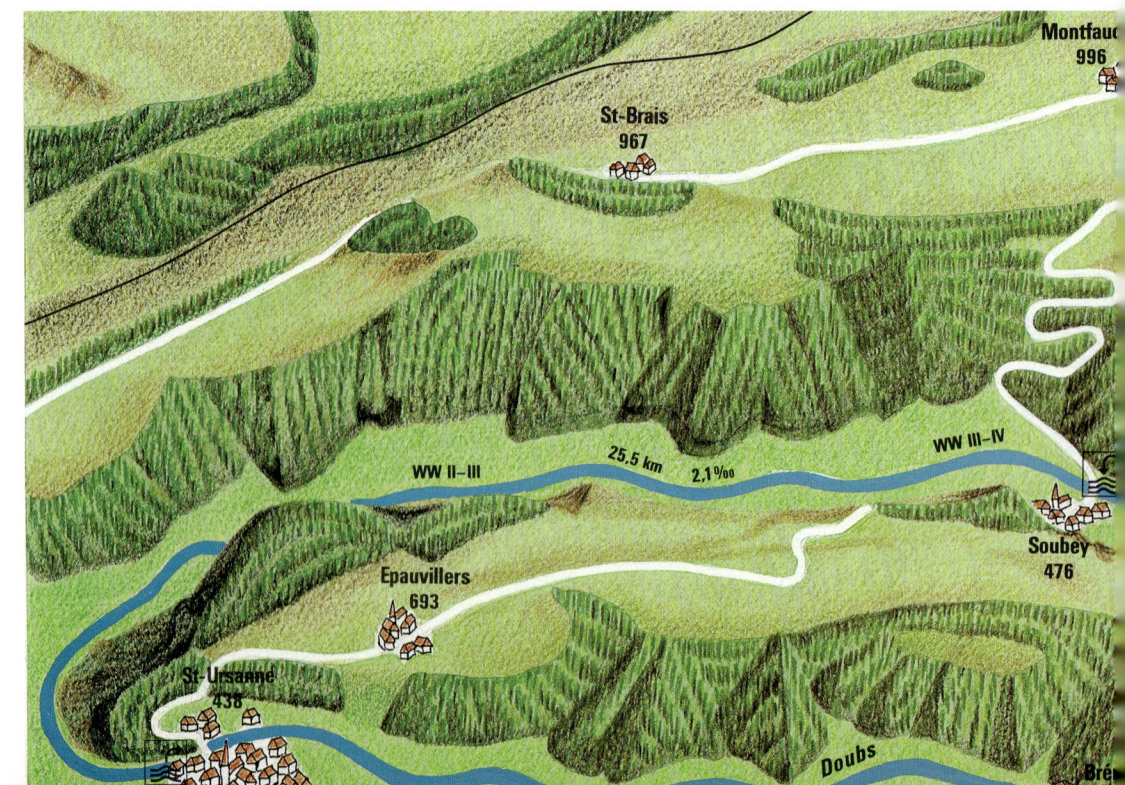

rasse le passage des embarcations au fil de l'eau. Jusqu'à St-Ursanne, objectif de cette journée de navigation, on ne rencontre plus que quelques rapides anodins. La petite cité médiévale s'offre à chacun dans toute sa beauté, et les gourmets trouveront dans les restaurants une belle palette de spécialités gastronomiques jurassiennes.

But remarquable: St-Ursanne

Les amateurs d'art peuvent visiter la collégiale romane (12e/15e s.) et son cloître (14e s.), joyaux de l'architecture sacrée dans le Jura. La crypte, sous le chœur, abritait autrefois la dépouille de l'ermite Ursanne, qui a donné son nom à la cité. Il est opportun de s'informer ou de prendre un rendez-vous. Lorsqu'on prend de St-Ursanne la route du retour à Soubey, on comprend la signification de la petite bourgade, au moyen-âge verrou de la vallée du Doubs. L'emplacement lui donnait une certaine sécurité, elle surveillait et contrôlait le passage et l'octroi sur les routes et le pont. Les vieux murs qui ont survécu au temps passé sont intéressants, surtout les trois entrées de la ville, Porte St-Pierre, Porte St-Paul, Porte St-Jean, la dernière donnant accès au pont du Doubs, sur lequel veille en effigie saint Jean Népomucène. Le parcours Soubey–St-Ursanne n'a que 15 km de longueur, mais il est de bout en bout très agréable.

Le Doubs est la rivière idéale pour tout navigateur débutant aimant un sport aventureux. Au cours des millénaires, le cours d'eau a profondément creusé son passage dans la vallée dominée par le haut-plateau jurassien. Les beautés pittoresques que le Doubs dévoile au pagayeur sont uniques. La rivière, qui marque la frontière entre la Suisse et la France, est en été le véritable eldorado des sportifs qui descendent son cours à bord de kayaks et bateaux canadiens. La photographie montre un passage quelque peu ardu, sur le parcours de slalom en amont de Goumois: franchissement d'un flux.

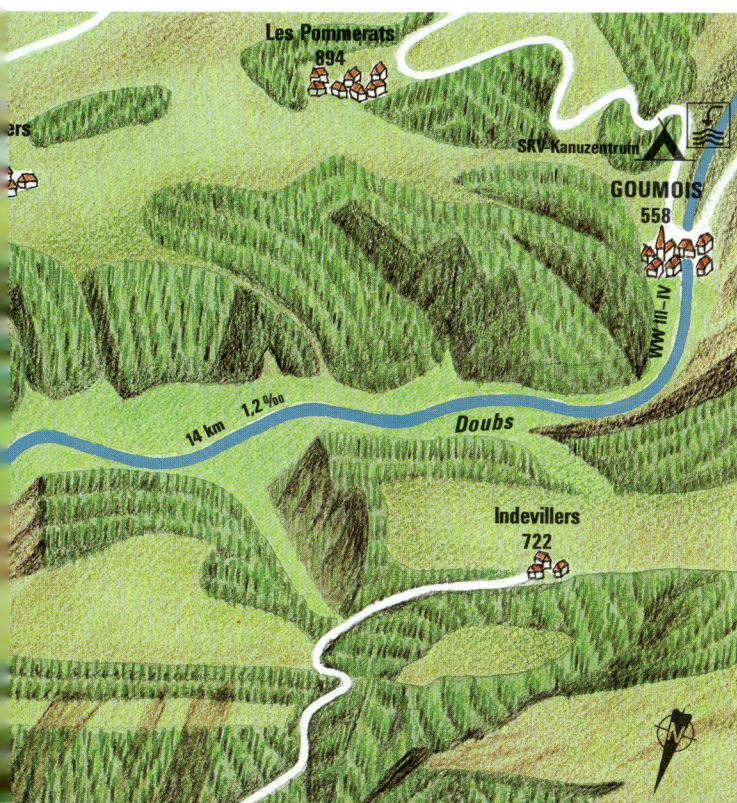

Attraits innombrables et variés

Les gourmets – et les gourmands – seront comblés par les hôtels, restaurants ou simples auberges. Le merveilleux paysage jurassien de la vallée du Doubs, profondément creusée entre les parois rocheuses calcaires, est incomparable. Les amateurs d'histoire découvriront pour leur part un terrain très riche dans ce milieu où apparaît une culture qui n'est pas celle des grandes cités, mais bien à la mesure d'une région modeste et très indépendante, même caractère illustrant la volonté qui, pendant des dizaines d'années, a marqué le pays jurassien en quête de sa liberté pour former en 1978 le 23e canton de la Confédération suisse. On a déjà une impression inoubliable lorsqu'on descend du plateau large et clair des Franches-Montagnes et de Saignelégier vers le cours profond du Doubs. L'image de la rivière dans laquelle les pierres sont complètement recouvertes d'une végétation au vert profond, change à chaque instant, au gré des saisons, des jours et des heures, du temps qu'il fait. Les passionnés d'histoire ne manqueront pas de s'étonner au premier contact, par le nom du «Moulin sous Château» ancienne meunerie à peine reconnaissable avec sa meule, un peu au-dessous de la place de camping de la Fédération Suisse de Canoë. Le château, dont on n'aperçoit plus que vestiges, se dressait sur une paroi rocheuse de l'échancrure du Doubs. Plus d'une habitation, au fil du cours d'eau, porte encore la marque du passé mouvementé de la région, fortement marquée par le règne des princes-évêques de Bâle qui résidaient à Porrentruy. La petite église de Soubey – qui date de 1632 – a été décorée, en 1962, par des vitraux du peintre Coghuf (Ernst Stocker) qui donnent au sanctuaire tout son charme et toute son intimité. Le village de Soubey est en quelque sorte un témoin de l'enthousiasme que peut apporter la population d'une région isolée à s'ouvrir à l'art contemporain.

Lac de Neuchâtel–Lac de Morat: Estavayer–Portalban–Morat

Les canoéistes habitués des eaux vives vont faire la moue: pagayer sur un lac, mais c'est n'importe quoi... Allons donc! Un lac apporte beaucoup, et pas seulement aux débutants, dans l'art de ramer. Pagayer paisiblement, c'est une manière de se remettre du quotidien, et quoi de mieux pour laisser libre cours à ses pensées et à l'imagination?

Même si le parcours longeant la rive du lac de Neuchâtel n'offre au point de vue technique qu'un degré de difficulté I, on doit par certaines conditions météorologiques garder le sens du danger. Lorsque les forts vents se lèvent, la surface des eaux devient rapidement houleuse: il faut conserver un regard attentif sur les feux d'alarme clignotant sur la rive. On ne doit pas oublier non plus qu'entre les lacs de Neuchâtel et Morat défile tout un trafic de bateaux réguliers, de voiliers de plaisance, de canots à moteur et même de planches à voile, face auxquels il faut rester très vigilant.

Secteur	Distance	Temps
1 Estavayer-le-Lac	–	–
2 Portalban	11 km	1 h 30–2 h
1 Portalban	–	–
2 La Sauge	16 km	2 h 30–3 h
1 La Sauge	–	–
2 Morat	10 km	1 h 30–2 h

Degré de difficulté I–II selon le temps et la force des vagues. Embarcations appropriées: kayaks, canadiens.

Là où les Savoyards étaient maîtres

Pour ce tour nous avons choisi un très beau secteur du lac de Neuchâtel. Point de départ, la charmante petite ville d'Estavayer-le-Lac (place de camping «Nouvelle Plage»). On ne doit pas oublier de visiter le beau château, autrefois possession des ducs de Savoie. Le long d'un paysage lacustre magnifique et au large des nombreuses roselières, nous atteignons gentiment Portalban, en 1 h et demie à 2 h. La durée du trajet dépend du temps que nous passerons, immobiles, à observer la faune aquatique et quelques espèces rares d'oiseaux, ou à écouter au voisinage de la rive le coassement des grenouilles.

La bonne table

Si l'appétit est venu au cours des 11 km et plus à pagayer sur les eaux du lac, on ne peut que recommander à Portalban le «Ville de Fribourg», ancien bateau à la retraite transformé en restaurant et placé au milieu du village de pêcheurs. Les mets – poissons évidemment, filets de perches, brochet – sont proposés à prix raisonnables. Si vous avez du temps, voici encore un filon; le restaurant «Au Vieux Pressoir», à Constantine (route Portalban–Villars-le-Grand–Constantine–Salavaux) où la fondue chinoise est délicieuse, vous m'en direz des nouvelles...

Canal de la Broye, La Sauge, enfin Morat

Mais qui trop souvent s'arrête perd son temps, alors en route! C'est au hameau et grand port de voile de Portalban que nous reprenons le départ. On nous fera sans doute signe, des résidences de week-end et des cabanes de pêcheurs amateurs, parce que les canoës sont sympathiques: ils ne polluent ni par les émanations nocives, ni par le bruit de moteurs, et cela réjouit les gens qui prennent là, paisiblement, leur repos ou leurs loisirs. A quelque distance de Cudrefin, nous bifurquons à droite dans le canal de la Broye: il faut bien prendre garde à la navigation des bateaux emportant leurs passagers et qui, comme nous, passent du lac de Neuchâtel par le canal dans le lac de Morat. Les vagues dans le sillage peuvent secouer un tant soit peu nos frêles embarcations: c'est le moment, à l'approche des bateaux, de serrer plus fort sur les pagaies pour garder toute la maîtrise. On a tout loisir de débarquer près du pont routier de La Sauge pour prendre un instant de répit et se rafraîchir dans le jardin ombragé, sous les grands arbres du restaurant. Les 16 km parcourus depuis Portalban méritent bien une petite pause... On atteint le lac de Morat par le canal de liaison. Nous longeons la rive nord avant d'aborder, après 10 km, dans la petite ville médiévale de Morat. Là, c'est un véritable «must» de visiter les remparts de la cité fondée à la fin du 12e siècle par les Zähringen. Le château de Pierre II de Savoie, édifié au 13e s., invite lui aussi à la découverte. Et si l'on veut musarder plus longtemps au bord du lac de Morat, ne serait-ce que pour se délecter de l'excellent vin du Mont Vully, on peut planter sa tente sur la place de camping «Les Chablais», près de Salavaux.

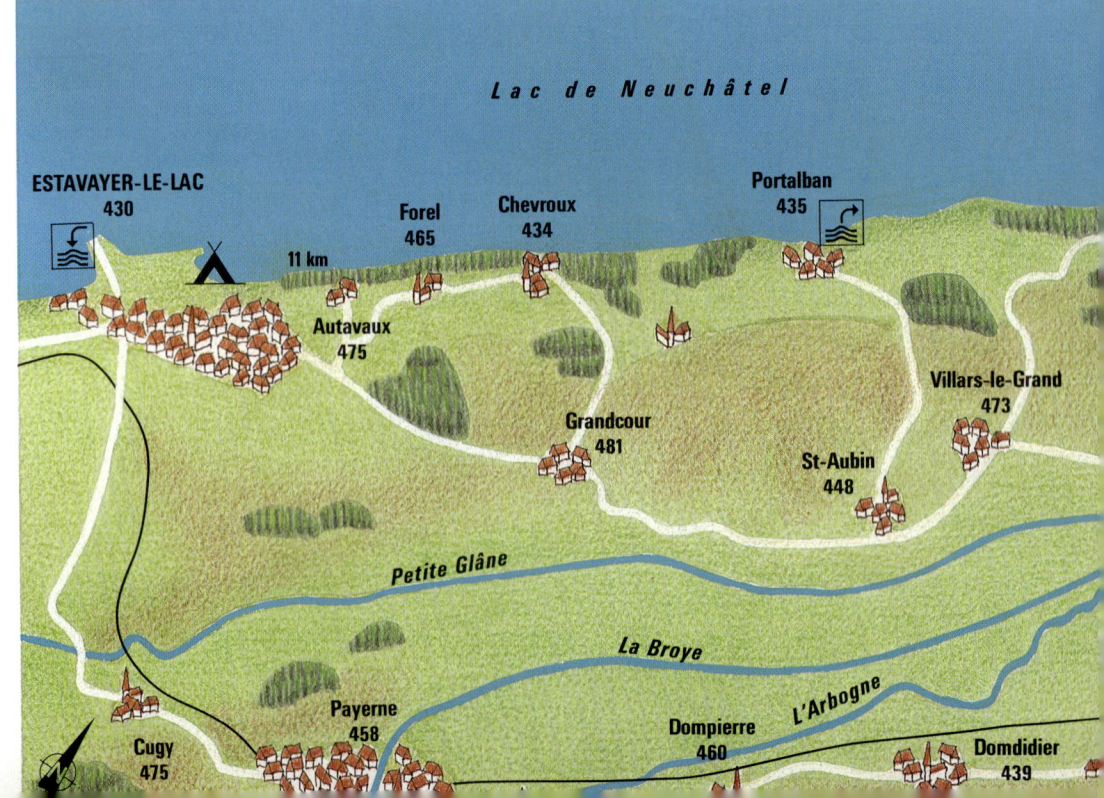

Ambiance crépusculaire sur le lac de Neuchâtel: Le plus grand lac complètement situé en territoire suisse est de plus en plus apprécié par les amateurs de sports nautiques. La région aux vents favorables découverte depuis longtemps par les sportifs qui pratiquent la voile ou la planche à voile captive également les amis de la nature. La rive sud-est est particulièrement accueillante pour d'innombrables espèces d'oiseaux aquatiques qui gîtent dans les zones protégées. Le pagayeur attentif est comblé, nul n'est mieux placé que lui pour surprendre la faune ailée: l'embarcation le transporte sans bruit au voisinage des roselières. Même en gardant une distance pour ne pas effrayer et déranger les oiseaux pendant les périodes de nidification et de ponte, un brin de patience permet de découvrir cet univers fascinant.

La balade sur le lac à bord d'un kayak ou d'un bateau canadien nous donne en plus le temps d'observer le milieu naturel et plus spécialement le merveilleux paysage lacustre du lac de Neuchâtel. On oublie trop facilement que les lacs sont un excellent endroit pour l'entraînement aux techniques et à l'art de pagayer, mais aussi lieux de compétitions, de concours et régates pour canoës. Les canoéistes de régate – depuis que cette discipline a été sacrée olympique en 1936 – sont reconnus comme sportifs de pointe dans le monde entier.

Formation des débutants par des moniteurs de canotage

Mais un lac offre aussi beaucoup aux débutants: on peut affiner sa technique, apprendre agréablement tout ce qui par la suite sera utile lors de la descente en toute sécurité de rivières au cours sauvage et mouvementé. Naviguer en arrière, dérive latérale, décrire une courbe, même la technique de l'esquimautage (remise à flot après chavirement sans avoir quitté l'embarcation) s'apprennent dans de meilleures conditions sur un lac. Les canoéistes qui l'ont compris depuis longtemps sont nombreux, ce qui explique leur nombre croissant à fréquenter cours de formation et camps d'entraînement sur les lacs suisses. La collaboration étroite avec l'Ecole fédérale de sport (EFS) de Macolin et avec «Jeunesse et Sport» (J+S) permet à la Fédération Suisse de Canoë (Section nautique du TCS) de compter sur la collaboration de moniteurs et responsables chevronnés. Ainsi donc, si l'on veut vraiment apprendre à fond à pagayer, pour que le canoëisme soit un plaisir et non pas une contrainte, la seule voie est celle d'un cours de formation pour atteindre l'objectif dans les meilleurs délais. On peut se renseigner sur le calendrier et le programme des cours auprès de chaque office cantonal de J+S, de même qu'au secrétariat de la Fédération Suisse de Canoë.

La Versoix, petite rivière fraîche et claire, prend sa source non loin de Divonne-les-Bains, la station thermale française bien connue, au pied est du Jura. Au commencement de sa vie, le cours d'eau sautille allègrement de pierre en pierre, puis se faufile, indolent, dans une large région de marécages où gîtent de nombreux oiseaux aquatiques. Le parcours qui suit voit grandir les difficultés.

Limitation de parcours. Attention! Il existe une convention avec les pêcheurs qui limite aux jours impairs le parcours de la Versoix à bord d'embarcations. On a attiré l'attention, dans la description de ce parcours, sur les possibilités de conflits avec les pêcheurs: pour éviter des frictions et malentendus, il convient, partout, de rester attentifs aux droits des pêcheurs et de les respecter.

Versoix: Pont de Béné–Sauverny–La Bâtie

Secteur	Distance	Temps
1 Pont de Béné	–	–
2 Pont de Sauverny	6,4 km	1 h–1 h 20
1 Pont de Sauverny	–	–
2 La Bâtie	4,9 km	0 h 45–1 h

Degré de difficulté II–III
Embarcations appropriées: kayaks, canadiens

Les truites sont parfaitement à l'aise, dans le secteur marécageux de la Versoix; une colonie de castors a même installé son «atelier» dans ce petit coin de terre paradisiaque. Avec un peu de temps, de patience et de chance, on peut observer les rongeurs dans leurs travaux au crépuscule.

Une descente de la Versoix sur cette partie de son cours, du Pont de Béné au Pont de Grilly, est incontestablement pleine de charme et très romantique. Les débutants mêmes peuvent se risquer sur les flots, car les difficultés sont pratiquement nulles et le niveau de l'eau est en toute saison suffisant pour permettre la navigation à bord de kayaks et de bateaux canadiens. Aussitôt passé le Pont de Grilly, la rivière serpente entre les rives boisées et le courant prend de plus en plus de vitesse. On franchit deux petits barrages et déjà on atteint le Pont de Sauverny, où commence le vrai parcours pour canoéistes sportifs, sur le cours d'eau classique de Suisse romande.

Parcours sportif

Du Pont de Sauverny au hameau de la Bâtie, les difficultés prennent une certaine ampleur, par des courants rapides sans pour autant dépasser le troisième degré dans la classification internationale des eaux. Tout canoéiste ayant une bonne connaissance des eaux sauvages et une pratique suffisante est en mesure d'accomplir ce trajet sans aucun risque. Le moment où les conditions sont optimales est le printemps ou l'automne. Restriction: le parcours n'est autorisé légalement que du premier dimanche de mars au 30 septembre, et seulement les jours impairs selon accord avec les pêcheurs.

La Versoix par le détail à partir du Pont de Sauverny

0,000 km Pont de Sauverny, douane, épicerie
0,050 km File d'îlots – passer à gauche du deuxième rétrécissement
1,150 km Le grand S – pas de difficulté
1,450 km Petits rapides – passage à droite

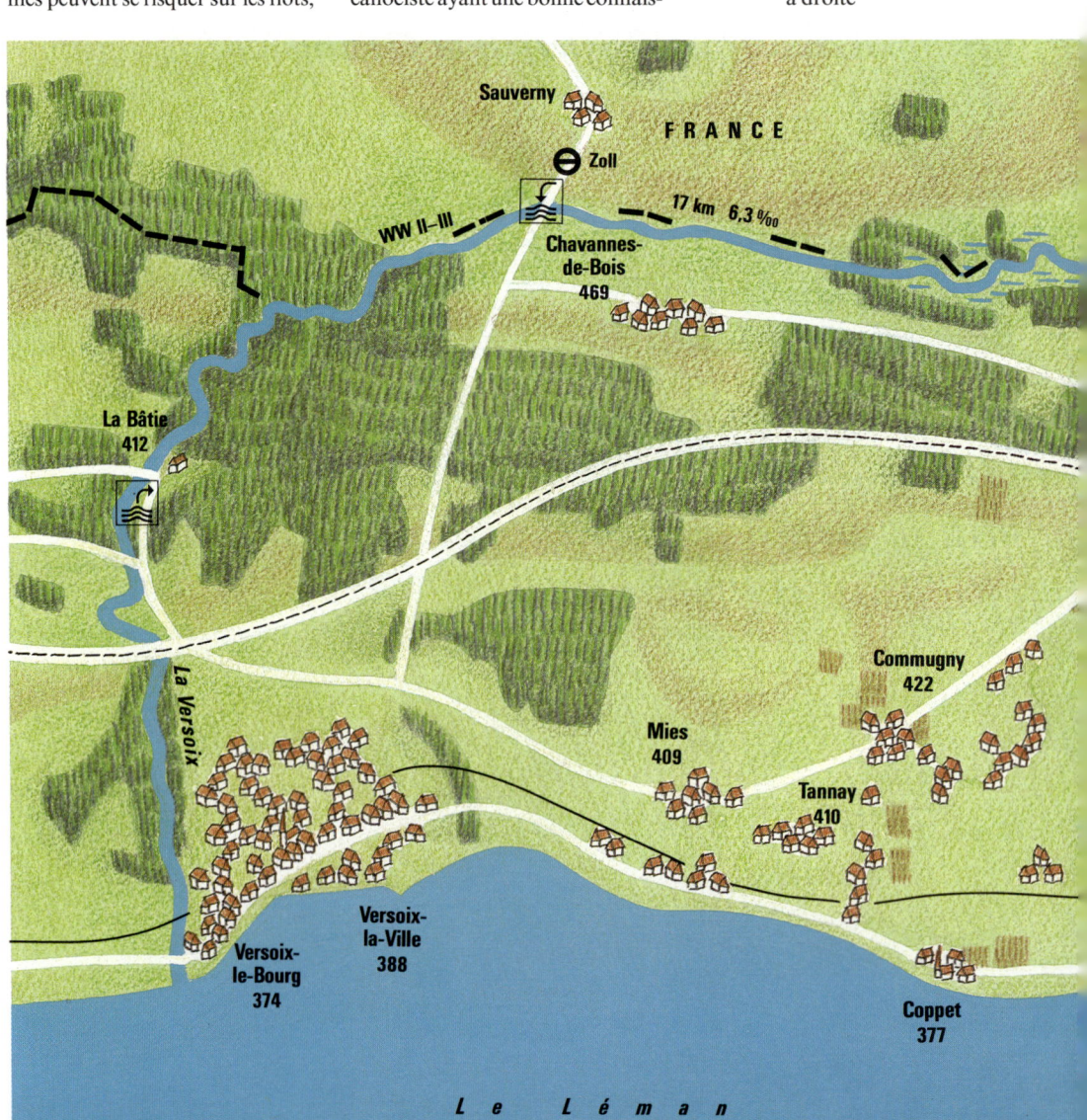

1,700 km	Grands rapides – serrer vers la rive droite	
1,850 km	Petits rapides – rochers sous la surface de l'eau	
1,900 km	«Niagara», petite chute naturelle (60 cm de différence de niveau) – passer légèrement sur la droite, plus sportif au milieu	
2,150 km	Petite île et rochers, passage au milieu	
2,400 km	Les Deux Chênes, passage à droite (eau plus abondante)	
2,500 km	Forts rapides, île, passage au milieu de la rivière	
2,600 km	Rapides en S – passage d'abord au milieu, puis immédiatement à gauche	
2,650 km	Saut du Chêne, grande chute semi-circulaire avec légère lame, passage à droite	
2,900 km	Le Saut tournant – rapides aux nombreuses pierres, diriger au milieu et dans la courbe tout à droite	
3,100 km	Embouchure du canal de dérivation	
3,500 km	Embouchure du ruisseau Pissevaches	
3,700 km	Pont de Brogny – Route Collex–Sauverny	
3,800 km	Rapides du Fortin – passage étroit mais facile	
3,950 km	Le petit V – sans difficulté	
4,050 km	Le Grand Couloir – passage possible de chaque côté de l'île	
4,300 km	Le Dévaloir – rapides difficiles – grande différence de niveau, rochers sous la surface de l'eau – dans le premier tiers passage à gauche – Ile aux Epines – succession de seuils rocheux, passage à droite ou à gauche de l'île	
4,450 km	La grande Ile – près de la petite chute passage à gauche de l'île	
4,500 km	Rapides des Dalles – puissants rapides en S avec rouleau – passage au milieu – le courant drosse à la rive gauche	
4,600 km	Forts rapides formés de trois seuils rocheux – mur à gauche – vers la fin des rapides passer soit à droite soit à gauche de l'île	
4,800 km	Rapides des Chasseurs – grande chute avec énorme rouleau à la fin	
4,850 km	Pont de la Bâtie – Restaurant, accoster 20 m plus loin, dans le canal sur la rive gauche	

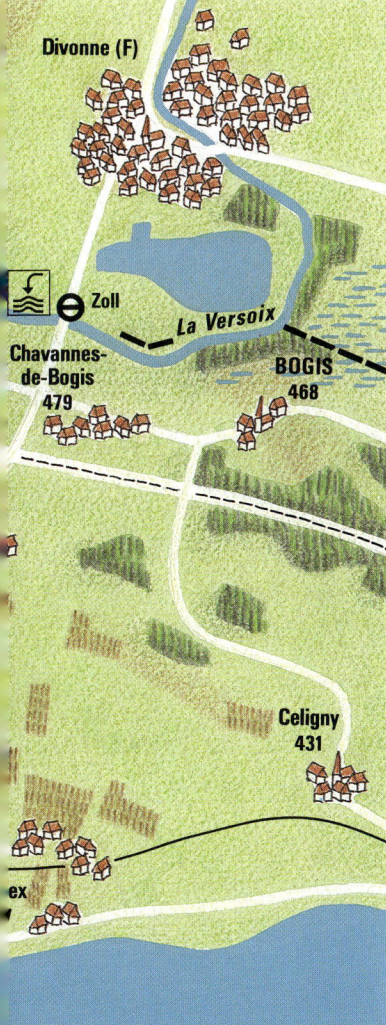

Canadien biplace *au fameux «Derby de la Versoix», dans le seuil. Le concours préféré sur la rivière familière des Genevois a lieu chaque année au mois d'octobre: c'est le «Derby de la Versoix», au cours duquel se mesurent plus de 400 canoéistes, dans une dernière compétition de la saison.*

Nos «concurrents» pagaient avec la queue

La Versoix est un lieu de rendez-vous nautique comme il en existe peu sur les petites rivières suisses: les eaux très favorables au canotage la font apprécier au plus haut degré pour les loisirs, le sport nautique, la détente. A part cela, elle offre un gîte et un espace vital à un animal qui n'existe plus qu'en de rares endroits de notre pays ou qui n'y est pas toléré: le castor, le «roi des rongeurs» européens. Le castor adulte, qui peut atteindre une taille d'un mètre et peser jusqu'à 30 kg, est particulièrement à l'aise à cet endroit. Plongeur et nageur excellent, avec sa queue plate de 12 à 15 cm et semblable à une spatule, il trouve encore assez de nourriture dans la Versoix. Les arbrisseaux croissant sur les rives, les roseaux, les jeunes pousses de peupliers, les trembles, de nombreux herbages, les fragments de racines de nénuphars en été, les écorces d'arbustes en hiver composent son menu préféré. Pour se procurer les écorces tendres et savoureuses, le castor abat au moyen de ses longues et puissantes dents des arbres qui ont déjà atteint une belle taille: ce travail de bûcheron commence à la fin de l'été afin que les provisions soient en bonne quantité l'hiver. Au cours de cette activité, le castor garde à ces fins les plus petites branches, alors que les plus fortes lui servent à construire ses huttes et ses barrages. Ceux-ci servent à régulariser le niveau des eaux, de telle manière que l'entrée dans le gîte soit constamment sous la surface mais qu'en même temps l'habitat émerge en plein air. Les castors travaillent de nuit, pendant la journée ils restent cachés dans leur gîte.

Sarine: Gsteig–Saanen–Château-d'Œx

Secteur	Distance	Temps
1 Gsteig	–	–
2 Saanen	12 km	1 h 30–2 h
1 Saanen	–	–
2 Château-d'Œx	12,6 km	1 h 30–2 h

Degré de difficulté III–IV
Embarcations appropriées: kayaks, canadiens

Au fil de ce parcours entre Gsteig et Château-d'Œx, la rivière change de nom en franchissant la frontière Berne/Vaud: la Saane devient Sarine. Mais le caractère exigeant du cours d'eau ne varie pas: le parcours est au niveau des degrés de difficulté III ou plus difficile. Le bois flottant peut à certains endroits constituer un danger.

La Sarine (Saane) est très tôt navigable, peu après les chutes du Sanetsch, directement à partir de la Centrale hydro-électrique du Sanetsch SA à Innergsteig. Le matin, c'est le plus souvent par environ 2,6 m³ de débit, c'est-à-dire dans un lit très étroit presque 50 cm plus exigu que les eaux normales. De là, on ne peut guère que descendre, car même de petites embarcations ne trouvent aucune possibilité de tourner: ruisseau sur mesure pour les «nouveaux esprits frappeurs», les bateaux de matière synthétique, auxquels même le contact occasionnel avec des obstacles ne cause aucun dommage. Attention tout de même! Des arbres gisent parfois par le travers des eaux... Le degré de difficulté entre Gsteig et Feutersœy atteint le niveau II–III par eaux sauvages. Avant et après cette petite localité, à l'endroit où la route cantonale forme la rive gauche de la Sarine, il atteint parfois IV selon le niveau de l'eau. A partir de Gstaad, après la confluence du Louibach renforcé par le Turbach, on peut se hasarder à naviguer sportivement avec un bateau canadien biplace. Un peu plus, nous aurions déjà oublié les «non navigants», transporteurs(euses) et chauffeurs bénévoles! Prenez vos caméras et appareils à photos: le panorama des Spitzhörner, Wildhörner, Sanetschhörner et Diablerets mérite un déclic! Une randonnée – trois quarts d'heure de marche – de la Centrale électrique du Sanetsch aux chutes du Sanetsch est aussi très attrayante.

Gorge du Vanel

Retour aux canoéistes... De Gsteig à Gstaad, 10 km au fil du Polterbach, qui parfois donne l'impression de cours d'eau canalisé. C'est bien le cas, mais les digues pour éviter l'inondation des pâturages sont bien anciennes et la végétation qui a repris le terrain donne une image naturelle des lieux. De Gstaad à travers Saanen (possibilité de départ directement près de la gare) jusqu'à l'ARA de Saanen, aucune difficulté: II à III au maximum. Au pont de l'ARA, avec place de parc sur la rive gauche, bonnes possibilités d'embarquement et de débarquement. Le pont marque pour nous l'entrée dans la gorge du Vanel. Le premier seuil – bien franchissable – nous dévoile ce qui nous attend par la suite, jusqu'à Rougemont: un parcours de gorge dans un très beau paysage, degré de difficulté III–IV. Même si un chemin d'excursions se déroule sur la rive gauche, et la route cantonale sur la rive droite, un débarquement hors de cette gorge est à peine possible, donc nous descendons vers Rougemont. Le village, sur la limite des cantons de Berne et Vaud, invite à s'attarder un instant. Avec ses vieilles maisons de bois (17ᵉ s.) mais surtout par son église St-Nicolas (11ᵉ/17ᵉ s.) et le château voisin – propriété particulière – Rougemont invite également gourmets et gourmands. Les connaisseurs parlent du «Restaurant de la Commune», du «Café du Cerf» sympathique auberge à fondue et raclette, mais tout autant du «Cheval Blanc» pour les palais encore plus exigeants. Juste en face de cet établissement se trouve un ancien grenier (1688) avec une serrure forgée originale.

Gorge de Gérignoz: les débutants à pied...

La Sarine nous conduit de cet endroit – degré de difficulté III – jusqu'après le village de Flendruz vers Les Combes. La petite route de Gérignoz n'est pas loin sur la rive gauche. La gorge de Gérignoz qui prend naissance à cet endroit ordonne aux débutants de débarquer.

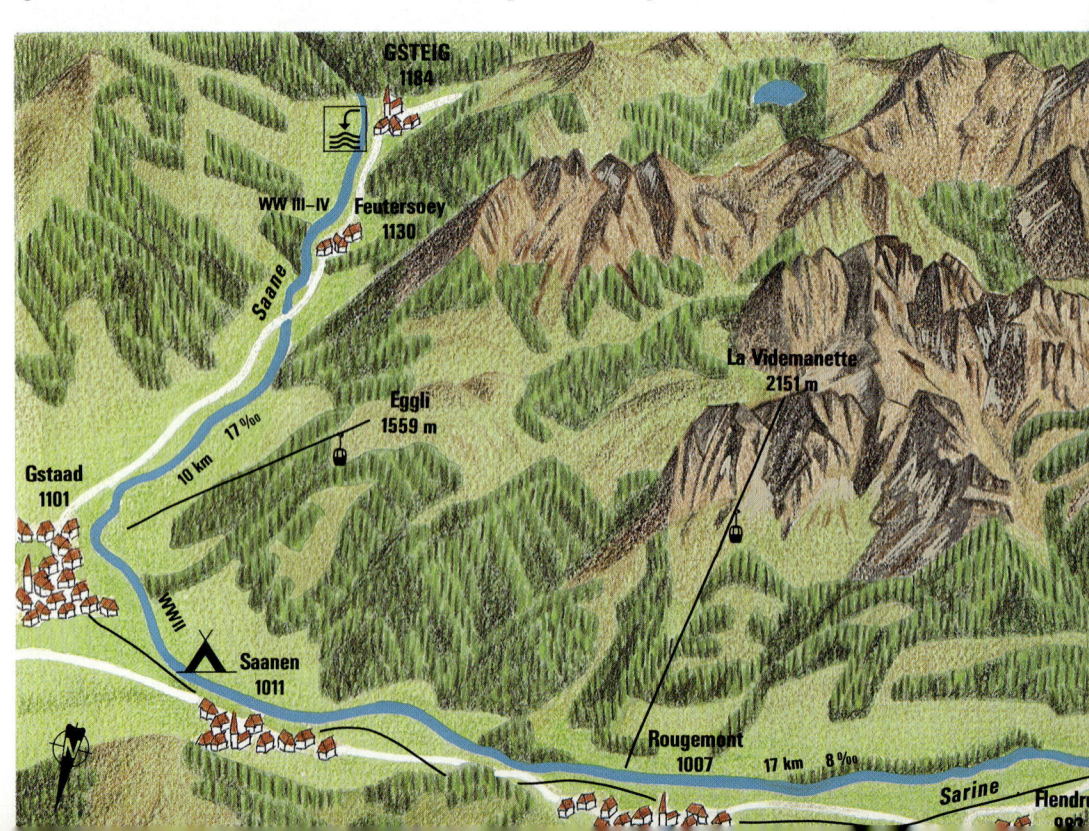

Les canoéistes expérimentés des degrés de difficulté IV–V descendent le premier tronçon étroit, degré III (attention, bois flottant) et obliquent directement à la sortie encore sous le pont à droite dans le contre-courant (place pour 2 à 3 embarcations, selon le niveau de l'eau). Une reconnaissance visuelle des 80 à 100 m qui suivent, du haut du rocher de «Tannenbaumfelsen», ou mieux encore en grimpant quelques mètres en aval, est hautement recommandable! L'ensemble est une véritable sensation même pour les canadiens biplaces, à un degré de difficulté IV jusqu'à V au maximum. Nous découvrons 1 km plus loin le dernier morceau de la gorge, c'est-à-dire la courbe en S de Château-d'Œx. Une fois encore, degré de difficulté IV–V. Comme au début: observer d'abord! Cela vaut pour l'ensemble du «Défilé de Gérignoz». On doit s'attendre à trouver une fois ou l'autre du bois flottant dans les passages parfois étroits. Les canoéistes savent qu'il ne faut pas simplement s'en débarrasser en le rejetant dans le cours d'eau, ce qui en ferait pour nous et pour d'autres une véritable fatalité. Encore un bon truc: ne naviguez pas en solitaire, ce cours d'eau peut être sournois! Mais ne naviguez pas non plus à intervalles courts, à la file indienne, afin de ne pas gêner les manœuvres de vos camarades.

A Château-d'Œx, nous avons atteint l'objectif. On accoste et débarque sur la rive droite peu après le

A Château-d'Œx

pont routier, près de la place de camping TCS. Pour ceux qui ne doivent pas filer en hâte, le village propose quelques curiosités: l'église St-Donat (origines 15e s.) et le Musée du Vieux Pays d'Enhaut avec collections d'artisanat et d'histoire locale. Le transport d'une embarcation par le MOB (Chemin de fer Montreux–Oberland bernois) ne coûte que 20 francs de Château-d'Œx à Saanen: cela ne vaut-il pas la peine? Pour beaucoup de nos amis et amies canoéistes qui s'adonnent en hiver au ski de fond, en attendant les nouvelles joies de la navigation fluviale, voici encore une bonne idée: le long du cours d'eau, entre Gsteig et Château-d'Œx, on entretient une piste qui suit presque toujours la rivière.

A Gsteig, Saanen et Château-d'Œx, la piste est mise en valeur par des locaux de fartage chauffés, installations sanitaires et casiers à effets personnels.

Pour une fois, ce n'est pas une image du cours d'eau que nous proposons, mais celle d'un lieu au large duquel on passe – et pourquoi ne pas y faire halte un instant? – à Rougemont, après une descente agitée à travers la Gorge du Vanel. Le village étonne par son noyau historique, le centre aux maisons de bois au style particulier, par l'église St-Nicolas et le château. L'église est une des plus significatives de l'architecture clunisienne dans l'ouest de la Suisse. Le château (photo) était autrefois prieuré et, après la suppression du couvent, demeure des baillis bernois, à partir de 1575.

Retour à la rivière: La Sarine (en allemand: Saane) – cours d'eau sauvage provenant des glaciers – propose aux canoéistes expérimentés un véritable paradis sportif. On s'explique ainsi pourquoi, chaque année, une descente des eaux sauvages, concours organisé le plus souvent par le CC Fribourg, rencontre un très grand succès.

Belles randonnées en prime Oublié quelque chose? Ah! bien sûr, la table... Les fins gourmets seront comblés, à commencer par le remarquable «Gasthof Bären» de Gsteig (construit en 1756), le «Gasthaus Rössli» de Feutersœy (spécialités de truites), jusqu'à Gstaad où ne se comptent plus les restaurants et auberges qui invitent à la halte. Mais toutefois pas dans la tenue canoéiste, costume de bain, short, training ou même... de gala en néoprène! La clientèle internationale et même les aubergistes vous seront reconnaissants... Parmi les visites intéressantes: l'église St-Mauritius (15e s.) avec peintures murales représentant des scènes de l'Ancien Testament. A part cela, même un canoéiste habitué des vallées devrait une fois grimper sur les cimes de 1500 à 2000 m pour y jouir par beau temps de la superbe vue. Avec les chemins de fer de montagne, cela devient plus difficile vers fin septembre: à cette époque, les hôtels, les magasins de sport et même en partie les offices de tourisme pourtant si animés en haute saison sont «fermés pour cause de révision»!

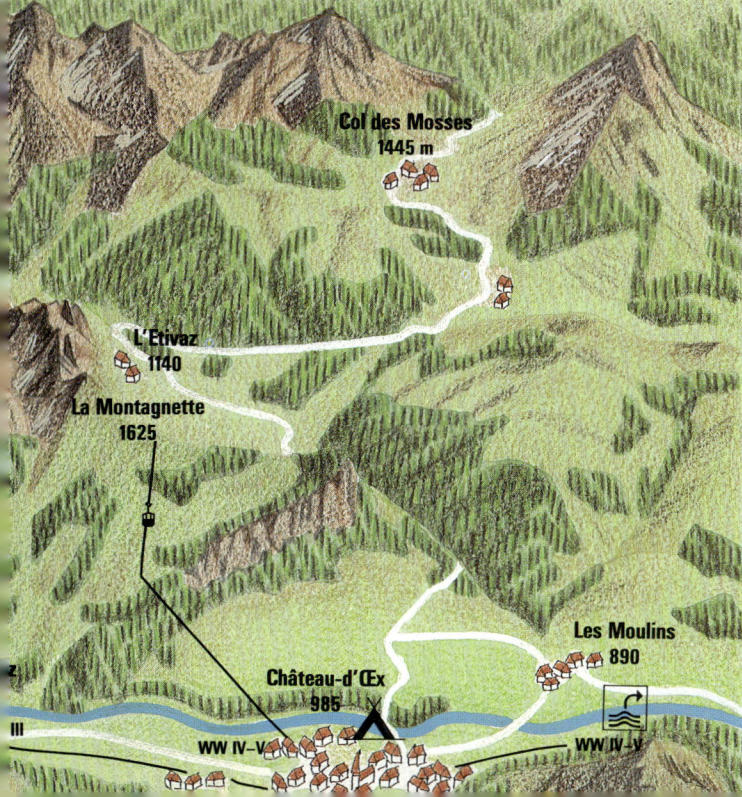

Simme: Boltigen–Weissenburg–Erlenbach

Les sources de la Simme jaillissent au sud de La Lenk, à une altitude supérieure à 2000 m, entre le Wildstrubel et le Mittaghorn. Le flot glaciaire parcourt 60 km dans le Simmental avant de se jeter dans la Kander, au-delà de Wimmis.

Allongement du parcours:

Le plus beau cours de la Simme commence déjà à Weissenbach, avec un passage turbulent, degré de difficulté III. Après Reidenbach, le flot devient plus paisible, jusqu'à Boltigen où commence le parcours traditionnel des canoéistes.

Secteur	Distance	Temps
1 Boltigen	–	–
2 Weissenburg	8,4 km	0 h 45–1 h
1 Weissenburg	–	–
2 Erlenbach	6,7 km	0 h 45

Degré de difficulté III–IV (Heidenweidli près d'Oberwil: environ 3 km avec chutes jusqu'au pont de bois de Weissenburg IV)
Embarcations appropriées: kayaks, canadiens

Le cours supérieur de la Simme n'est pas navigable sur environ 28,5 km de La Lenk à Garstatt, à cause de divers obstacles et de canalisations partielles: il n'est pas recommandé de descendre au fil des eaux. Nous nous en tenons donc, dans cette description, au secteur reconnu par des canoéistes expérimentés, celui qui présente le plus grand intérêt: de Weissenburg et Därstetten jusqu'à Erlenbach, 15 km d'eaux sauvages.

La population de la vallée, qui vit principalement de l'élevage du bétail, est bien disposée à l'égard des canoéistes: les gens savent que c'est un des parcours préférés des amateurs de cours d'eau.
La «Coupe d'Europe 1982» a permis à de nombreux pagayeurs étrangers de découvrir la belle rivière et ses qualités pour l'entraînement et la compétition.

Les eaux mugissantes d'Heidenweidli

Et si nous faisions comme les champions? Rien de plus facile: nous embarquons près de la gravière de Boltigen. A peine à l'eau, il faut franchir un seuil: le meilleur passage conduit tout à fait par la gauche. Le flux de Pfaffenried (III–IV) 800 m plus loin est déjà derrière nous. Nous arrivons bientôt au pont proche d'Heidenweidli. La meilleure manière de continuer consiste à accoster 100 m avant le pont, près de l'ancienne place du marché au bétail, pour une reconnaissance visuelle du prochain parcours. Le restaurant situé sur la route, près du pont de bois, est simple mais accueillant. Le moment est venu de nous risquer en toute connaissance du terrain dans les rapides très encombrés de pierres, longs de 3 km (jusqu'à IV) sans sous-estimer la force des eaux et des rouleaux.
Nous atteignons Weissenburg. A gauche après le pont de bois, près de l'embouchure d'un ruisseau, on embarque et débarque sans aucune difficulté.
L'«Hostellerie Alte Post» est bien connue par sa bonne cuisine, dans les milieux de canoéistes. Qui passe la nuit à cet endroit découvre des chambres confortables agrémentées de très beaux meubles simmentalois. On peut également se procurer dans cette région des racines sculptées.
Le parcours en rivière continue sur 6,7 km sans difficulté. Les embûches diminuent même (jusqu'à III). Près de la gravière proche de Därstetten (bon accès pour chargement des embarcations sur voiture automobile) prend fin la course en eau libre qui est organisée chaque année par la Fédération Suisse de Canoë. Notre descente sur la Simme s'achève à Erlenbach: encore avant la centrale électrique, nous débarquons près du pont. A ne pas oublier: le village d'Erlenbach aux belles demeures paysannes et sa jolie église méritent une visite. Mais tout impatient pour une nouvelle descente au fil de la Simme, on remonte bientôt à Boltigen. A la deuxième tentative, tout va de mieux en mieux, car c'est bien connu, c'est en forgeant qu'on devient forgeron...
A propos d'exercice: Si vous n'avez encore aucune expérience de canotage mais que vous vous sentez attiré par ce sport, voici un bon conseil: le secrétariat de la Fédération Suisse de Canoë de Zeinigen (tél. 061/851 20 00, lundi, mardi, jeudi et vendredi de 10 à 12 h) renseigne sur les possibilités de suivre des cours de canoëisme dans la région de votre domicile.

Si l'on observe les groupes qui descendent les cours d'eau à bord de leurs canots, on s'aperçoit que le «rafting» apporte beaucoup d'émotions. L'aventure collective à bord d'une embarcation est toute différente du plaisir individuel qu'on éprouve dans un canot à une ou deux places.

On peut encore admirer dans la vallée sauvage et romantique de la Simme plusieurs anciens ponts de bois semblables à celui de notre illustration. Le passage sous ces ponts dévoile l'ordonnance impressionnante de la poutraison et révèle l'art et le savoir-faire extraordinaires des charpentiers du temps passé.

La Simme a de tout temps été rivière attirante et préférée des canoéistes, mais elle se prête en revanche moins bien – à notre avis – à la descente à bord de canots pneumatiques. C'est la raison pour laquelle, dans la tabelle de marche au début de ce parcours, les canots pneumatiques ne sont pas mentionnés comme spécialement adaptés pour la descente de la Simme.

Lorsqu'on parle de la descente de la Simme, les souvenirs abondent dans la mémoire des canoéistes. A notre tour de nous rappeler quelques événements! Lors du seul concours auquel l'auteur de ces lignes – il y a bien des années – a pris part sur cette «perfide» rivière glaciaire, le chroniqueur pagayant n'a atteint le but qu'après mille peines, à cause d'une «touchette» contre les rochers. Mais comme nous ne connaissions pas le mot «abandon», dans cette modeste carrière sportive, «Moustache», alors jeune homme svelte et imberbe se défendit jusqu'à l'extrême: l'embarcation empruntée à un copain laissait passage à une telle voie d'eau qu'il devenait impossible de manœuvrer l'esquif! Le rapide courant semblable à un cercle infernal nous entraînait – ô merveille, et Dieu soit loué! – vers Weissenburg et le but. Mais comment! Plus de bateau en vue, la tête seule du pagayeur audacieux émergeait encore des eaux, un pagayeur qui concluait ainsi d'une drôle de manière sa première compétition en eau libre. Pourquoi se plaindre en effet, quand on sait qu'un compagnon, le vaillant «Noldi» avait encore plus joué de malchance sur la Simme: son bateau, kayak pliant construit en bois noble et recouvert d'une pelure de caoutchouc savonné, avait été littéralement enroulé par les flots autour d'un «sale caillou». La chance d'avoir échappé avec la dernière énergie au naufrage, «Noldi» l'a finalement due à sa bonne amie, qui le dirigeait du haut des rochers par des cris à déchirer le cœur! Mais le bateau, si beau, si cher, était et reste à tout jamais fichu! Et pourtant, c'est sans rancune qu'aujourd'hui nous décrivons passionnément le superbe cours de la Simme...

La Reuss est un des parcours les plus appréciés des canoéistes, riche en péripéties.

Reuss: Bremgarten–Mellingen–Windisch

Secteur	Distance	Temps
1 Bremgarten/ centre canoéisme	–	
2 Mellingen	13 km	2 h – 2 h 30
1 Mellingen	–	
2 Windisch	10,1 km	1 – 2 h

Degré de difficulté II–III
Embarcations appropriées:
kayaks, canadiens (également canots pneumatiques)

La Reuss prend naissance dans la région de la Furka. Au fil d'un parcours long de 155,5 km, de la source au confluent avec l'Aar, elle arrose Andermatt, station bien connue de séjour en altitude et de sports d'hiver. Puis – après environ 50 km – elle se déverse aux abords de Flüelen dans le lac des Quatre-Cantons qu'elle quitte à Lucerne, renforcée et fière. Le secteur de Realp à Andermatt (environ 9 km) avec ses eaux sauvages de degré facile à très difficile est très intéressant pour les canoéistes expérimentés.

Parcours favori

Pourtant, c'est sur un parcours précis et riche en traditions que nous nous attarderons, celui que la Reuss décrit plus loin en direction de son embouchure: un cours de 25,7 km entre la jolie ville argovienne de Bremgarten, par Mellingen jusqu'à Windisch près de Brugg. Après le départ de Bremgarten, les eaux se pressent en nombreux méandres à travers remblais et alluvions. Les hérons et autres oiseaux aquatiques sont ici dans leur élément. Lorsque le niveau des eaux est élevé, les affleurements rocheux donnent naissance à des vagues appréciées dans le cours d'eau, mais par niveau bas il faut y prendre garde et rester prudent.

Gnadental, cours aventureux

Après 10 km environ, nous atteignons le Gnadental, qui tire son nom d'un ancien couvent de cisterciennes (aujourd'hui établissement de soins) sur la rive gauche de la Reuss. L'approche de la gorge en forêt est signalée par le mugissement croissant de la rivière. Les nombreux blocs de pierre, blocs erratiques de l'ancien glacier de la Reuss qu'il faut sans cesse éviter et contourner, exigent une attention de tous les instants. Mais sur ce parcours de 6 km qui prend fin à Mellingen, la présence de ces obstacles tient en haleine et crée à chaque instant le climat de l'aventure. Peu avant Mellingen, à proximité d'une île, il faut maîtriser une fois encore un seuil de pierre: alors prend fin le premier tronçon de ce parcours,

La descente de la Reuss a une agréable particularité: elle ne convient pas seulement pour les bateaux de sport cités au commencement de cette description, mais bien pour toutes les embarcations, canots et canots pliants utilisés par ceux qui aiment descendre le cours de l'eau sans aucune ambition de performance sportive. A part un tronçon de pierre avant Mellingen, le parcours est bordé de rives naturelles et présente localement des variations de courant dont il faut toujours bien observer l'intensité.

Centre suisse d'entraînement au slalom à Bremgarten

C'est sans conteste le parcours classique du pagayeur suisse. Aucun moniteur de Jeunesse et Sport ne renoncera, au terme d'un cours de débutants, à conduire ses élèves sur ce secteur de rivière si riche en aventures. Le parcours propose tout: au Centre international d'entraînement de la Fédération Suisse de Canoë de Bremgarten (Kanuzentrum) on peut, sur le tronçon de slalom, affirmer les techniques acquises, avant une descente en groupe à travers un magnifique paysage fluvial. La loi argovienne de la vallée de la Reuss interdisant des modifications du cours d'eau par des constructions, un des plus beaux paysages de rivière de notre pays a conservé jusqu'à nos jours son caractère et sa beauté.

long de 13 km, qu'on accomplit sans hâte en 2 h environ. Le débutant aura son compte... Avec «l'entraînement technique» sur le parcours de slalom proche de Bremgarten et le départ qui fait suite vers Mellingen, la journée prend fin. Les marchands de courses en canots pneumatiques ont depuis longtemps reconnu les attraits et beautés naturelles du cours d'eau: les «raftings» sur la Reuss sont de plus en plus prisés.

A condition d'avoir envie, de disposer de temps et d'être en forme, on peut – après une pause réconfortante à Mellingen – allonger la randonnée et pagayer encore 10 km

A 10 km, Vindonissa la romaine

jusqu'à Windisch. Sur les 2 km qui ouvrent ce parcours, il faut être particulièrement attentif à une passerelle métallique avec piliers (naviguer à gauche) puis – surtout si la fatigue se fait sentir – prendre garde aux nombreux blocs rocheux dans le cours de l'eau. Si tout à coup on en a assez de pagayer, on peut facilement accoster et débarquer près du pont de Müllingen–Birmensdorf. Mais pour qui s'est mis en tête de rejoindre une fois par les flots l'ancienne cité romaine de Vindonissa, restent à franchir encore 4 km, sans peine. Près de Gebenstorf/Windisch (passage du barrage interdit), il faut débarquer absolument à proximité de la plage. Le parcours de la Reuss n'est plus désormais qu'un souvenir, mais quel lumineux souvenir!

Belle descente d'une grande rivière, des gorges de l'Aar près de Meiringen jusqu'au pont de Schwäbis à Thoune. Au contraire du Rhin qui prend sa source dans le canton des Grisons pour devenir rapidement fleuve frontalier, l'Aar est la plus grande et la plus longue rivière de Suisse. Son bassin-versant touche près de 43% du sol suisse: 17 cantons, de la Vallée de Joux vaudoise jusqu'au Weisstannental saint-gallois, même le Valais avec la source de la Sarine et le Tessin avec une des sources de la Reuss, font que l'Aar devient finalement un flot impressionnant, au débit moyen de 508 m³ d'eau par seconde.

Aare 1: Meiringen–Brienz–Thun

Secteur	Distance	Temps
1 après les Gorges de l'Aar au-dessus de Meiringen	–	–
2 embouchure dans le Brienzersee	13 km	2 h
1 embouchure dans le Brienzersee	–	–
2 sortie du lac avant Interlaken	17 km	2 h 30 – 3 h
1 entrée dans le Thunersee	–	–
2 sortie du Thunersee	20 km	3 – 4 h

Degrés de difficulté I–II
Embarcations appropriées: kayaks, canadiens

Aventure en pleine nature

Le parcours long de 13 km après la gorge de l'Aar – place d'embarquement à l'entrée du parking, sortie de la gorge au-dessus de Meiringen – offre davantage un spectacle naturel qu'une aventure nautique, par la beauté des chutes du Reichenbach qui se précipitent dans les rochers au flanc gauche de la vallée. Le lac de Brienz s'étendait autrefois jusqu'à Meiringen. La poussée inlassable de l'Aar a peu à peu comblé les lieux et transformé le terrain en région fertile, aujourd'hui partiellement en zone industrielle. A cet endroit, l'Aar est canalisé et le cours d'eau n'offre pas de plaisir particulier au canoéiste.

Lac de Brienz: gare aux vents descendants!

Aussi beau qu'il soit dans ce paysage, avec son environnement montagneux et ses belles maisons campagnardes bernoises fleuries, le lac de Brienz n'en devient pas moins dangereux quand tout à coup éclate l'orage et que les vents descendants s'abattent de la montagne. Avant toute traversée de la nappe d'eau à bord d'une embarcation, une observation et une connaissance précises de la situation météorologique s'impose. D'autant plus que la rive gauche, abrupte, rend impossible tout accostage et que sur la rive droite la propriété privée est si dense qu'elle rend impossible ou très difficile tout accostage. C'est une raison de plus pour profiter d'une visite au village de Brienz. Une école de sculpture sur bois de renommée internationale est installée dans la localité, où fontaines et vitrines sont décorées par des chefs-d'œuvre réalisés dans les ateliers de cette école.

Pour les amoureux du chemin de fer

Les amateurs de vieux trains pourront circuler à bord du plus ancien chemin de fer à crémaillère, traction à vapeur, qui conduit à 2350 m d'altitude sur le Brienzer Rothorn. Au Ballenberg, un musée de plein air propose une vue complète des maisons campagnardes de toute la Suisse, reconstituées à cet endroit avec en plus la présentation de techniques artisanales.
La liaison longue d'environ 5,5 km entre le lac de Brienz et le lac de Thoune sera par force interrompue, pour le pagayeur, par une marche à pied de quelque 1,2 km. La déclivité entre l'Aar sortant du lac de Brienz et le canal de navigation situé au niveau du lac de Thoune sert, ici également, à la production d'électricité. Le point de débarquement se trouve à environ 2,6 km après l'écoulement du lac, près d'un pont à l'arche surbaissée, avec panneau interdisant la navigation. Après 1,2 km, on peut à nouveau embarquer à la hauteur de l'hôpital, sur la Promenade de l'Aar.

Paradis des oiseaux

Avant que l'Aar atteigne le lac de Thoune, le cours d'eau effleure la région naturelle protégée de Weissenau. Le biotope de zone humide, avec végétation de rives, est pour les oiseaux un paradis unique en son genre. L'embouchure de la Lütschine était à cet endroit, il y a très longtemps, mais ce cours d'eau canalisé aujourd'hui dans sa partie inférieure s'écoule à Bönigen dans le lac de Brienz.

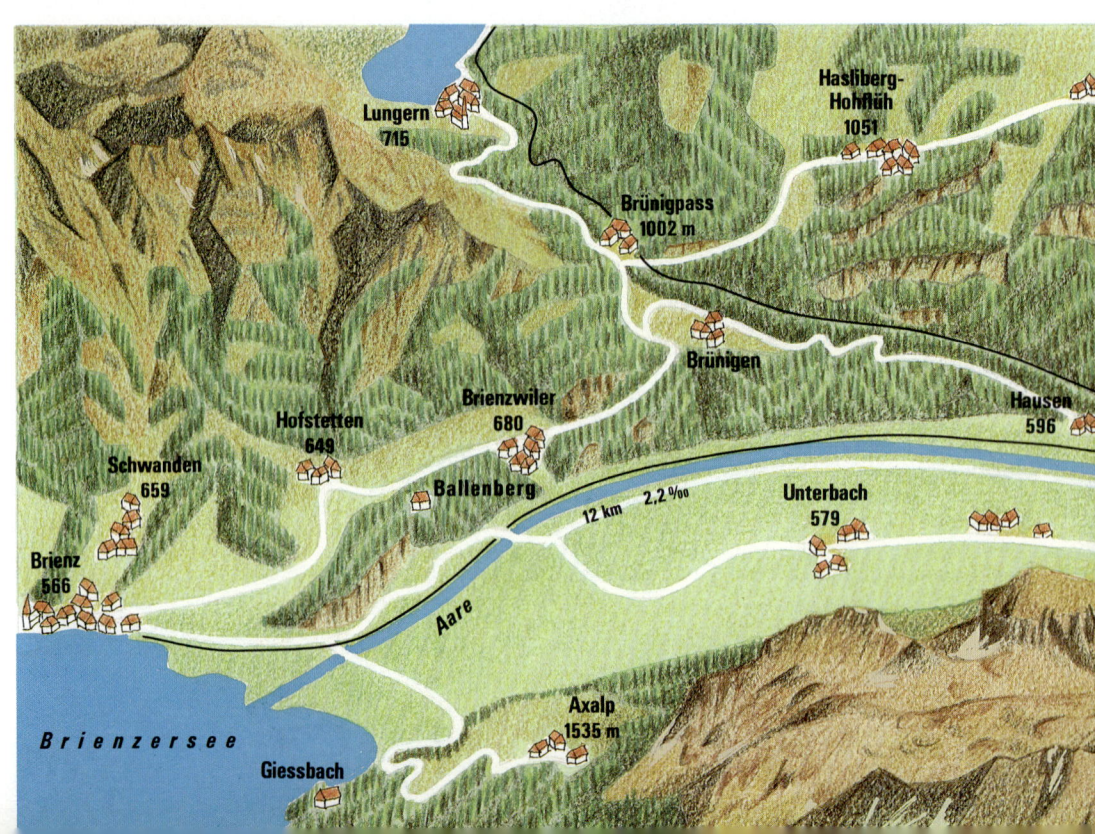

Le lac de Thoune apparaît maintenant à notre regard. A l'image du lac de Brienz, il est souvent balayé par des vents descendant impétueusement des montagnes: il faut absolument observer les signaux lumineux de danger, bien visibles sur les rives des deux lacs (40 signaux/min. = avertissement de tempête, 90 signaux/min. = tempête imminente). Les jours de très beau temps, le lac est un véritable paradis pour les amateurs de sports nautiques. Au contraire du lac de Brienz, c'est ici la rive droite qu'il faut éviter. Sur la rive gauche existent de nombreuses possibilités d'accostage. Plages et auberges sympathiques invitent à une pause vivifiante sur les 20 km de circuit du lac de Thoune.

Château de Schadau

Après le beau château de Schadau, le parcours continue encore sur 1 km environ dans le large bras droit de la rivière (attention, le bras gauche du cours d'eau est absolument interdit à la navigation). Débarquer sur la rive gauche puis portage le long du chemin de promenade sur 1,5 km environ jusqu'en aval de la centrale électrique de Schwäbis. Le prochain point d'embarquement se trouve sur la rive droite, au PAA qui fait partie de la caserne de Schwäbis.

On découvre souvent, sur le cours descendant de l'Aar et sur les lacs, de nombreux et bons emplacements pour la baignade, plages publiques et plages naturelles, où le bain est autorisé ou n'est pas interdit (photo: emplacement de baignade à Unterseen, près d'Interlaken sur le lac de Thoune). L'amateur de baignade sur une plage naturelle en bordure de rivière gagne à être bon nageur. Le courant d'eau doit être pris au sérieux: pour ne pas être emporté par les flots, il vaut mieux prévoir et décider à temps d'aborder sur la rive, en gagnant les méandres où le courant est plus faible. Et pour éviter de heurter des genoux les cailloux qui parsèment le fond, le mieux est de nager sous l'eau, meilleur moyen de découvrir le passage idéal vers les rives...

L'Aar jaillit des entrailles de la terre à 2300 m d'altitude, au cœur des Hautes-Alpes cristallines, où il s'échappe de deux glaciers du massif du Finsteraarhorn. Le cours d'eau s'écoule de la région du Grimsel aux gigantesques lacs artificiels à travers une vallée latérale, jusqu'à Innertkirchen. Grâce à un système hydrologique étudié et ingénieusement mis au point, ce secteur de la rivière sert à la production d'énergie électrique. L'Aar juvénile bondit ensuite avec une force impétueuse par-dessus un verrou rocheux. La gorge romantique qu'on peut parcourir à pied, dont la hauteur atteint jusqu'à 150 m et qui n'est large parfois que d'un mètre, est un spectacle saisissant. Le parcours se déroule par de bonnes passerelles et est praticable par chacun (voir horaire d'ouverture).

La descente de cette gorge en kayak ou bateau canadien ne doit pourtant être entreprise que par des canoéistes expérimentés. Le flot puissant des eaux et les courants sous les rochers constituent un danger permanent qu'il ne faut pas minimiser. Par une vallée longitudinale formée de deux plissements préalpins, l'Aar canalisé coule vers le lac de Brienz puis vers le lac de Thoune.

Aare 2: Thun–Aarberg–Solothurn

Le parcours de l'Aar entre Thoune et Berne mérite mention comme itinéraire traditionnel et largement utilisé par les pagayeurs. Pour les débutants avancés, des cours techniques sont organisés par des entreprises commerciales (agences de voyages) sur le cours de la rivière. La traditionnelle course de canots «Bigler-Derby», qui avait lieu il y a quelques années entre Thoune et Berne, rassemblait chaque fois quelque 400 embarcations sur la ligne de départ.

Secteur	Distance	Temps
1 Thun, Pont Schwäbis/ caserne	–	–
2 Bern	26 km	3–4 h
1 Bern	–	–
2 Aarberg	37 km	5 h
1 Aarberg	–	–
2 Solothurn	46 km	7 h

Degré de difficulté I–II
Embarcatoions appropriées: kayaks, canadiens
Un tronçon entre Thoune et Berne convient également au riverrafting.

A Thoune, nous quittons l'Oberland bernoise. L'Aar entre désormais dans le Plateau suisse et coule à travers des forêts, dans un paysage vallonné, vers la capitale fédérale.

Délicieux parcours

C'est à Thoune que prend naissance la plus belle partie de la descente au fil de l'Aar. Sur 26 km, en tenant un bon tempo, on peut en atteindre Berne. A gauche et à droite de la rivière, d'innombrables aménagements bétonnés constituent de bons emplacements pour jouer avec son embarcation, nager, prendre un bain de soleil. A part un petit seuil près d'Uttigen (pont ferroviaire métallique toutefois avec un reflux qui n'est pas sans danger – en cas de doute le portage est préférable) le parcours est un véritable plaisir pour le canoéiste. Lors de beaux week-ends, on rencontre à cet endroit beaucoup de sportifs, dans l'eau et sur l'eau. Le chemin de randonnée, continu le long de l'Aar entre Thoune et Berne, est propice aux accompagnateurs, d'autant plus que dans cette région le cours d'eau est à chaque pont facilement accessible par véhicule motorisé.

Etape à Berne

Berne accroche de très loin déjà le regard par la vue imposante sur le Palais fédéral. A gauche s'étend le magnifique bain du Marzili. Pour la baignade dans l'Aar dont la température atteint au maximum 20º C l'eau est encore trop froide: c'est le moment de marquer un temps d'arrêt, de piquer une tête dans le grand bassin d'autant plus que l'entrée est gratuite. Au passage de cet établissement de baignade, nous devrions nous tenir sur la droite, car peu après le bain du Marzili se présente le barrage de Schwellenmätteli, barrage incertain, franchissable par canoéistes expérimentés selon le niveau des eaux et les alluvions qui restent dans les marmites torrentielles. Une reconnaissance avant le franchissement et un bon équipement (gilet de sauvetage) sont re-

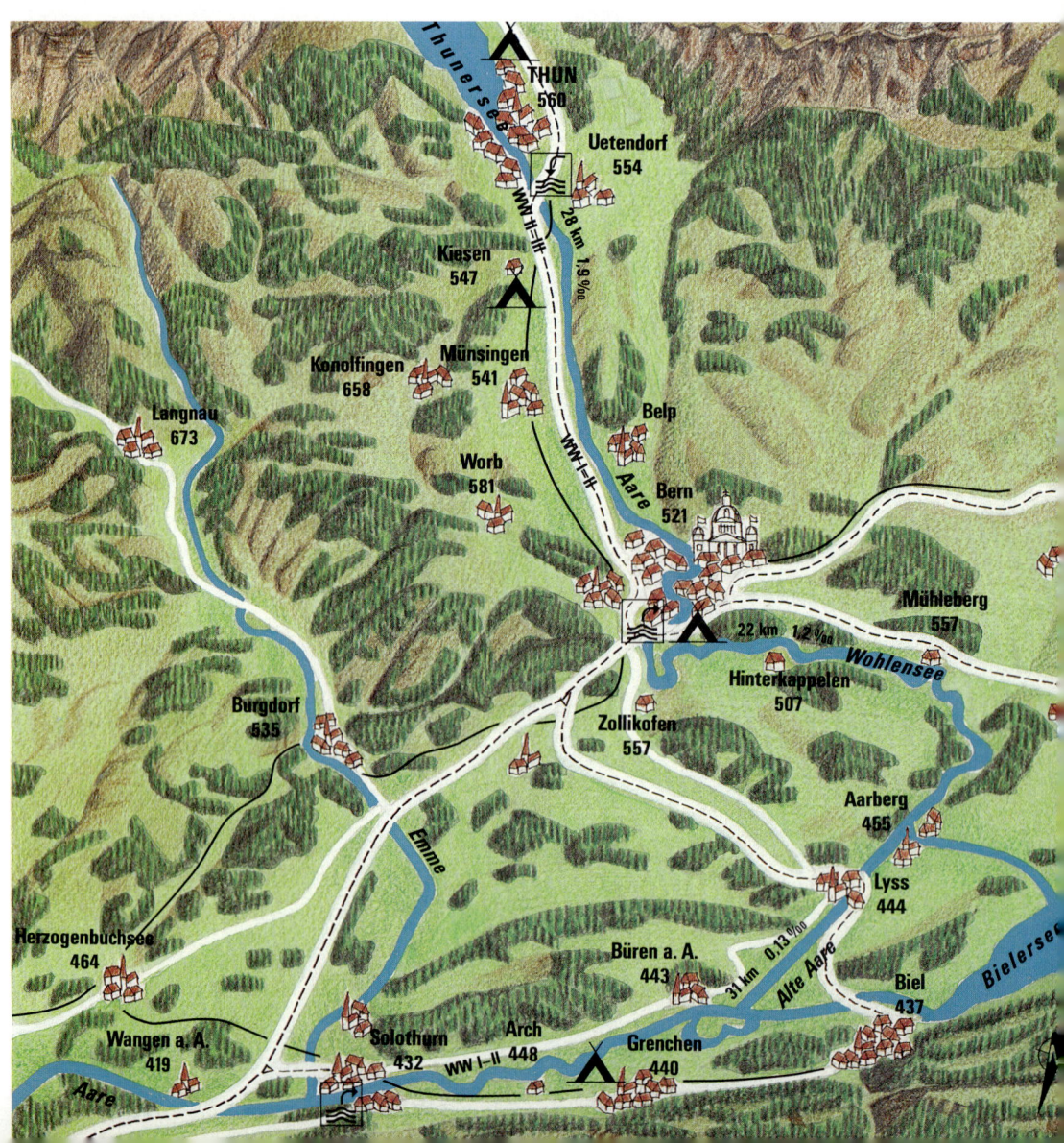

commandés dans tous les cas. Le point de débarquement est situé sur la rive gauche.

La vieille ville de Berne, bâtie sur une colline, est bordée sur trois côtés par l'Aar qui décrit une large boucle autour de la cité. Les belliqueux ducs de Zähringen l'ont édifiée en 1191, reconnaissant déjà la valeur et l'importance stratégique de cet endroit: un seul rempart au flanc ouest faisait de la cité construite sur une presqu'île une parfaite citadelle fortifiée. Aujourd'hui, on ne perçoit plus ici le cliquetis des armes, mais c'est là que de manière très active se fait la «politique suisse». Un bref passage vaut la peine, dans la vieille ville de Berne, avec ses monuments, curiosités architecturales, îlots de verdure et centre commercial. Le camping d'Eicholz, à environ 2 km de la ville, directement sur la rive de l'Aar, est bien situé pour les canoéistes.

Du barrage de Schwellenmätteli, le cours d'eau nous transporte par la pittoresque silhouette de Berne à quelque 3,7 km de là, au barrage de Felsenau, où il faut porter l'embarcation par la rive droite. La masse principale des eaux est de cet endroit conduite par un canal à la centrale électrique de Felsenau, 1 km plus loin environ. Les eaux résiduelles suffisent largement à la poursuite de la descente en bateau, sur des flots mouvementés. Il faut être particulièrement attentif, sur ce passage torrentiel près du haut pont de béton de l'autoroute à Worblaufen. A peu près 1 km après la centrale électrique, près du vieux pont de bois (Neubrück), commence le reflux du lac de Wohlen long de 10 km et dont les eaux couvrent une surface de 3,6 km², au bout du lac, la centrale de Mühleberg produit depuis 1920 de l'énergie électrique. Le lac de Wohlen est un emplacement très prisé des pêcheurs et amateurs de sports nautiques.

Camping «Kappelenbrücke» au lac de Wohlen

La belle place de camping à Berne-Eymatt est située 300 m avant le pont de bois (Neubrück) sur la rive gauche, en bordure de la grande forêt de Bremgarten. Il ne faut pas faire attention au signal de débarquement sur la rive droite, près de la centrale électrique de Mühleberg, mais contourner largement par la gauche les deux balises rouge/blanc d'interdiction de parcours, aborder sur la rive gauche directement vers la centrale et embarquer à nouveau près de la place réservée à cet effet, plus loin sur le cours d'eau.

Sur le cours de l'Aar, entre lac de Wohlen et lac de Bienne, s'étend le petit lac artificiel de Niederried (portage par la droite du barrage). Les zones riveraines boueuses et peu profondes sont recouvertes de roselières étendues: c'est un gîte pour d'innombrables espèces d'oiseaux aquatiques et un attrait pour les promeneurs et observateurs du milieu naturel. Avant le lac artificiel, non loin d'Oltigen, la Sarine (en allemand: Saane) – 128 km de longueur – se jette dans l'Aar avec un débit de 55 m³/s. L'Aar coule alors avec un volume de 185 m³/s direction nord-ouest à travers le Seeland. Un système de canaux à dérivations multiples a été construit lors de la Première correction des eaux du Jura pour empêcher les inondations annuelles. A 5 km de la centrale électrique de Niederried, nous atteignons celle d'Aarberg. L'Aar coulait jusqu'en août 1878 de tout son volume d'Aarberg à Büren a. A. Plus tard, la rivière a été détournée de son cours naturel, par le canal de Hagneck vers le lac de Bienne.

La jonction entre les lacs de Neuchâtel, Bienne et Morat empêche depuis lors l'inondation des terres agricoles par les crues annuelles.

A 100 m de la centrale électrique d'Aarberg, débarquement à droite et portage par un petit escalier jusqu'à l'écoulement de l'ancienne Aar. A droite, parking et place d'embarquement.

Ancienne Aar

Aujourd'hui l'ancienne Aar s'écoule à travers le Seeland, région fortement peuplée et intensément cultivée. Un paysage romantique se dévoile aux promeneurs, rêveurs, pagayeurs et amateurs du riverrafting. Un ruisseau vif long de 15 km serpente dans la forêt alluviale dense («Auenwald»). La vaste région boisée, placée sous protection et encore intacte sur le cours de l'Aar en aval de Berne, a parfois des allures de forêt vierge. Pour les accompagnants, la possibilité existe de retrouver les pagayeurs pour une pause près du pont de Studen (jonction Bienne–Lyss). L'ancien et le nouveau cours de l'Aar se rejoignent au-dessous de Meienried. On peut évidemment parcourir encore plus loin le cours de la rivière, via Aar – canal de Hagneck – lac de Bienne, mais cela représente un long détour sur un tracé en majeure partie en eaux canalisées, entrecoupées de barrages et d'écluses aménagées pour la navigation Soleure–Bienne, donc moins intéressant pour le canotage. Peu après de l'ancienne Aar, le cours principal se ramifie en deux embranchements.

Attention aux interdictions de naviguer

Alors que le bras gauche, qui décrit un grand arc de cercle et dont les eaux sont presque stagnantes est interdit à la navigation (zone de protection naturelle), le courant du bras droit de la rivière coule avec vivacité en direction de la petite ville de Büren. A 4,5 km en aval se trouve à gauche une place de camping; le lieu de débarquement est situé à proximité d'une chapelle. Plus loin, quelque 5,5 km en aval, on arrive à la Station ornithologique d'Altreu avec ses cigognes.

Büren a. A. mérite une escale! Les nombreuses balises et les petits bassins d'amarrage montrent le rapport étroit entre la cité et l'eau. La jolie petite ville médiévale, où l'on remarque l'influence significative du baroque et du Biedermeier, est construite sur un plan triangulaire.

Centrales électriques en nombre

L'Aar déroule son cours par les cités historiques – Soleure, Wangen a. A., Aarberg, Olten, Aarau, Brugg – d'abord en direction nord-est, puis vers son but, le Rhin et la frontière nord de la Suisse. Le parcours en canoë ou kayak est difficile en raison des nombreuses centrales électriques, telles que Flumenthal (environ 2 km après le confluent de l'Emme), Bannwil, Rudolfingen, Winznau, Schönenwerd, Rupperswil-Auenstein, Schinznach-Bad, Villnachern et Beznau. La continuation de Büren a. A. à Olten à travers une région plutôt campagnarde procure pourtant aux navigateurs proches de la nature quelques moments réjouissants.

Jeu de couleurs dans l'univers des plantes

A partir d'Olten, la rivière coule le plus souvent à travers des régions très industrialisées, que ce soit sur l'ancien ou le nouveau cours artificiel des eaux. Certains passages courts – tels que le terrain alluvial entre Aarau et Brugg – sont pleins de charme en toute saison, aussi bien par le jeu bigarré de la végétation que par le miroitement des eaux. La gorge de Brugg, 1 km de longueur et dangereuse par crue, comme aussi la région environnante et le lac artificiel de Klingnau, sont des morceaux de choix, véritables trésors ornithologiques incitant à poursuivre le parcours fluvial. Après un cours de 295 km, l'Aar est à son but, à Koblenz dans le canton d'Argovie. La rivière a arrosé tout au long de son passage quelque 17 800 km² de terres et capté les eaux sur ce territoire. Au cours des siècles, en dépit des bons et mauvais jours, elle a coulé imperturbable et coule pour longtemps encore. Malgré les obstacles et les difficultés, la descente sur le plus long et le plus fort cours d'eau de Suisse vaut la peine.

La Muota, rivière «sportive», prend naissance au versant nord-est des Schachentäler Windgällen, à quelque 2400 m d'altitude. Le cours d'eau traverse d'abord le Bisistal, puis le Muotatal, avant de se déverser 29 km plus loin et près de la station de vacance de Brunnen dans le lac des Quatre-Cantons.

La Muota est très connue dans les milieux du sport aquatique depuis 1973, année au cours de laquelle la Fédération suisse de Canoë a organisé dans le Muotatal les Championnats du monde de course en eaux libres et de slalom à bord de canoë. Aucun navigateur en rivière ne saurait résister à l'attrait de ce parcours, ni au désir de maîtriser à son tour les eaux sauvages de la rivière sur laquelle les plus grands champions ont fait la preuve de leur habileté technique et de leur talent! La Muota conserve sa renommée dans le monde des pagayeurs qui viennent ici du monde entier non seulement pour s'adonner à leur sport favori mais pour vivre un instant parmi la population montagnarde, dans la belle vallée schwytzoise au cœur de la Suisse.
La Muota, rivière sauvage qui grossit par la fonte des neiges et les pluies, n'est navigable que dans certaines conditions et sur des trajets de courte dimension: c'est la raison pour laquelle la description de cet itinéraire fluvial s'en tient au parcours traditionnel.

Muota: Hinterthal–Ried–Lac artificiel

Secteur	Distance	Temps
1 Pont d'Hinterthal, près du terrain de football	–	–
2 Lac artificiel au-delà de Ried, près de l'Hôtel Grünenwald	9,1 km	1 h–1 h 30

Degré de difficulté III–IV (parcours de slalom IV)
Embarcations appropriées: kayaks, canadiens

Dans le sillage des champions du monde

Le lieu d'embarquement se trouve près du terrain de football proche d'Hinterthal, sur la route du Bisistal. Par bonnes conditions des eaux, on peut choisir comme point d'embarquement pour cette expédition aventureuse sur la Muota deux autres cours d'eau latéraux. Par eau claire et le plus souvent fraîche, la descente prend d'emblée un bon tempo. Au début déjà, à peine à 500 m, le flux nommé «Sägeschwall» (IV) est le premier obstacle auquel il faut prêter attention. Après 4 km environ, nous atteignons la partie la plus spectaculaire de la sauvage Muota, le parcours des Championnats du monde de slalom 1973. La légendaire et massive «Muotastein» – la «Pierre de la Muota» – est à cet endroit l'obstacle le plus impressionnant. A cause de ses eaux tournoyant sous un angle prononcé, elle était devenue lors de compétitions pour le titre mondial le point-clé des concours. Le parcours, degré de difficulté III–IV, a une longueur d'environ 500 m, il est plaisant de s'y attarder et de le descendre à diverses reprises. Débarquement possible en aval du pont inférieur. Les bateaux peuvent être remontés par la route principale (route étroite, attention au trafic) ou en bordure des pâturages.

Sandales de bois sculpté

On découvre dans une vieille maison, en aval du parcours de slalom, un atelier dans lequel on fabrique encore à la main les chaussures de bois que portent les paysans et vachers des montagnes de Suisse centrale. Pour trouver le local où travaille l'artisan, il faut un brin de patience. Peut-être est-il surchargé de travail? Cela ne n'empêchera pas de prendre commande pour une paire de sandales taillées dans le bois et sur mesure...

Accostage au lac artificiel

Sur la suite du parcours, long encore de 4,4 km jusqu'au lac artifi-

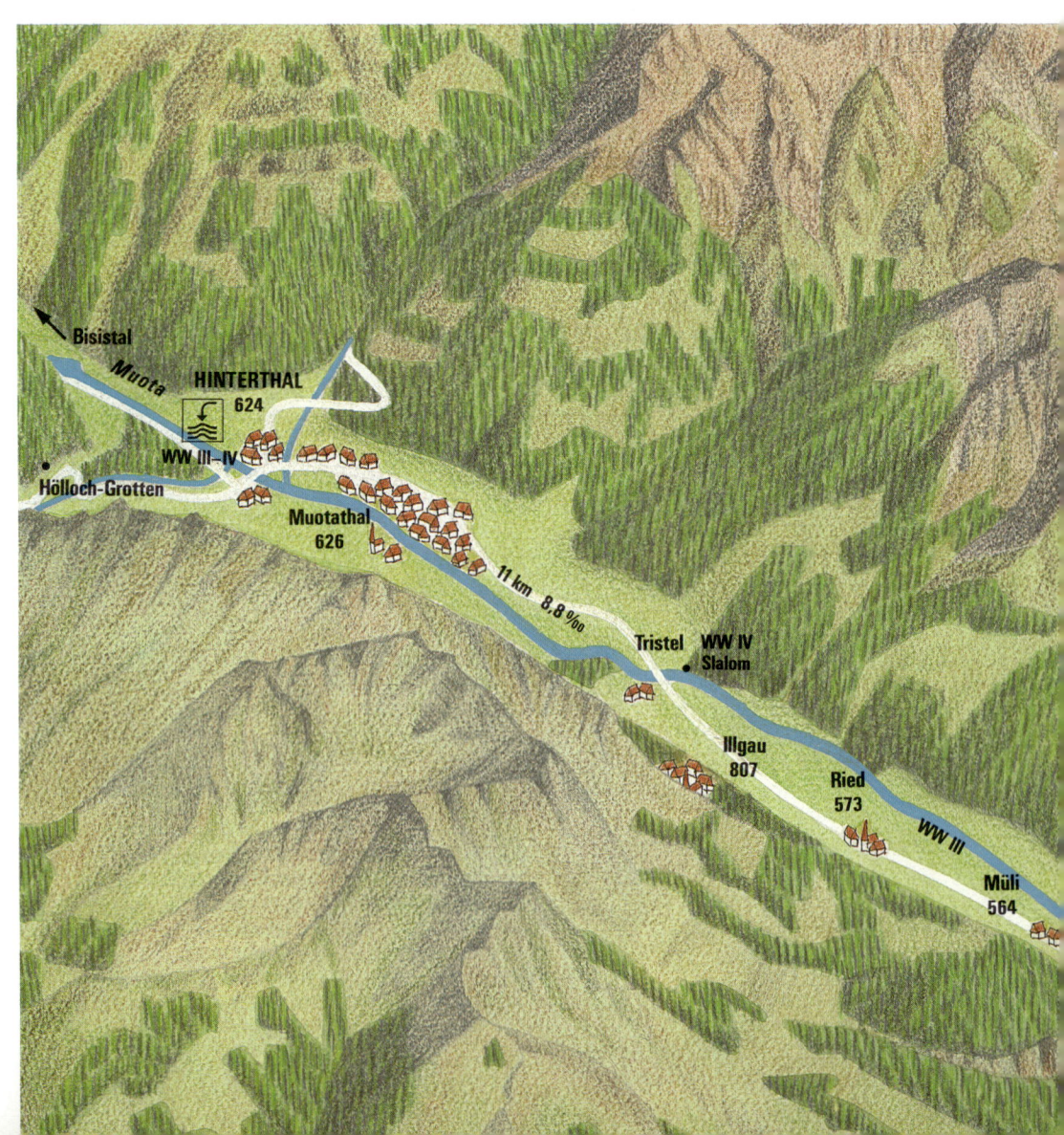

ciel, les difficultés techniques vont en diminuant. Au cas où le lac artificiel qui met un terme au parcours est rempli d'eau, on peut aisément débarquer sur la rive droite.
Comme on ne trouve pas de place de camping officielle dans le Muotatal, on peut essayer de s'entendre avec des propriétaires privés pour dresser la tente, bref séjour, sur leur terrain et jouir ainsi plus longtemps du très beau site de cette région.
Si, au contraire, le barrage est dépourvu d'eau, on débarquera difficilement sur la rive bourbeuse: dans ces conditions, il est recommandé d'accoster déjà 1,2 km plus tôt à droite avant la forêt.
A part cela: on trouve dans le Muotatal bon nombre de restaurants excellents, dont la grande spécialité est la truite de la Muota. Cela aussi, c'est une raison de s'attarder un instant dans la vallée des célèbres «prophètes du temps»...

Après la pluie, la crue

Lorsque le niveau est normal, le degré de difficulté de la Muota atteint la cote III–IV. Lors de pluies fortes ou prolongées, la rivière peut devenir en quelques instants impétueuse et sauvage, dangereuse même pour les navigateurs qualifiés: dans un tel cas – et cela vaut également pour d'autres rivières préalpines – il est plus raisonnable de renoncer à mettre kayaks ou bateaux canadiens à l'eau!
Autre chose: sous le signe de la coexistence pacifique, on a réalisé entre canoéistes et pêcheurs un accord auquel il faut absolument se tenir. La navigation sur la Muota n'est permise, du mardi au dimanche, qu'entre 7 h et 17 h. Le lundi étant «congé de pêche», il n'y a ce jour-là aucune limitation. Sur le parcours de slalom, en amont et en aval de la «Pierre de la Muota», on peut à son gré s'entraîner pour améliorer ses connaissances techniques chaque jour, sans restriction.

Grottes du Hölloch et Archives des chartes fédérales

Une excursion guidée dans les profondeurs du célèbre Hölloch est également une découverte et un plaisir. Les Archives des chartes fédérales, à Schwyz, non loin du point d'accostage, méritent aussi une visite.

Le canoéiste qui parcourt les eaux sauvages doit rester constamment attentif, car il y a toujours un risque de chavirer. Pour cette raison il faut être absolument bon nageur, bien entraîné, et pas seulement dans l'eau agréablement chaude d'une piscine! Mais il y a longtemps qu'on ne voit plus le canoéiste expérimenté des eaux sauvages gagner la rive à la nage: il maîtrise aujourd'hui la technique de l'esquimautage qui lui permet, après avoir chaviré, de retrouver avec son bateau la bonne position et de reprendre la bonne direction.

Le Rhin antérieur (en romanche: Rein Anteriur) est à n'en pas douter une des rivières favorites des amateurs de sports nautiques. La source jaillit à plusieurs endroits, dans la partie est du massif du Gothard, non loin du col de l'Oberalp, à 2044 m d'altitude. On désigne ces sources, en langue romanche, Rein da Tuma, Rein de Maighels, Rein da Curnera, Rein da Nalps.

Vorderrhein: Tavanasa–Ilanz–Reichenau

Secteur	Distance	Temps
1 Tavanasa	–	–
2 Ilanz	14,1 km	1 h 30 – 2 h
1 Ilanz	–	–
2 Reichenau	17,5 km	2 h – 2 h 30

Degré de difficulté III–V
Embarcations appropriées:
kayaks, canadiens, canots pneumatiques

L'aventure commence à Tavanasa

Le point de départ privilégié pour la descente du Rhin antérieur en canoë/kayak est certainement Tavanasa, dans la commune grisonne de Breil/Brigels. C'est ici que commence la grande aventure qui était cependant plus spectaculaire avant la construction de l'usine hydroélectrique! Le lieu d'embarquement à Tavanasa est situé sur la rive gauche en aval du grand pont de pierre. Le premier tronçon, long de 500 m, jouit d'une réputation légendaire des glorieux jours passés, quand des parcours de slalom avaient lieu (p. ex. Championnat du monde des juniors 1990). En raison de la construction de l'usine électrique, le célèbre parcours fut déclassé au degré de difficulté II. S'il y a suffisamment d'eau, il peut cependant être descendu.

Le «Baggerloch»

En avant! Par des eaux relativement calmes (II–III) nous arrivons après 8,5 km au «Baggerloch» (excavation) près de la gravière de Schnaus. Un fort mugissement nous signale déjà à bonne distance les brusques flux (différence de niveau environ 3 m, IV). Attention: près du nouveau pont de béton il faut absolument passer entre le pilier droit et la rive. A cet endroit également, les conditions du lit de la rivière sont souvent changeantes. Dans l'incertitude, il est prudent, c'est un véritable commandement, de reconnaître à partir de la rive le passage difficile avant son franchissement (débarquement et portage possible par la rive droite). Rien ne sert d'être téméraire ni de surestimer ses capacités: en cas de doute mieux vaut passer un obstacle par portage de l'embarcation. Les canoéistes n'ont jamais considéré ce geste comme un abandon ou un déshonneur, mais bien comme une preuve de sagesse.

Le parcours se fait passagèrement plus calme. Après 3 km, nous atteignons Ilanz, première cité sur le Rhin. Pourquoi hésiter, après 12 km dans le jeu des vagues et le franchissement de nombreux obstacles, à passer quelques moments dans la localité? Ilanz est bien jolie, et l'église baroque vaut à elle seule la visite. A quoi s'ajoute – et cela vaut pour tous les touristes – que la cité ne manque pas de classe gastronomique, grâce à ses excellentes spécialités grisonnes.

Le «Trou noir» du «Swiss Grand Canyon»

Pour s'élancer sur le prochain parcours, on découvre une bonne place d'embarquement et de débarquement près de la gravière peu après Ilanz (accès par automobile à partir de la route cantonale par la digue gauche). C'est là le point de départ pour les excursions en canots pneumatiques sur le Rhin antérieur qui rencontrent un succès croissant. La plupart des offices de tourisme grisons proposent, en collaboration avec les organisateurs, ces «river-raftings» à succès.

Le parcours – degrés de difficulté II–III – commence par quelques bancs de gravier et flux bloqués par des rochers (attention aux remous partiels). Après une petite heure de trajet (4,8 km depuis Ilanz) nous arrivons à proche distance de l'éboulement de Flims, au mal famé «Trou noir». Le mugissement des eaux nous annonce assez tôt cet endroit scabreux. Une reconnaissance des difficultés à venir est absolument indispensable pour qui ne connaît pas l'endroit. Près du confluent du Carrerabach, on peut ac-

coster à droite. Le «Trou Noir» («Schwarzes Loch») est soumis à des variations continuelles par les coulées boueuses et les crues. C'est un tronçon long de 250 m, un passage torrentiel ponctué de nombreux rochers, avec à gauche un drossage. Vers la fin de ce parcours, deux gros blocs de rochers sont plantés dans le courant. Près des «Pulverfelsen» (rochers de poudre) de l'éboulement de Flims, la rivière oblique après 4 km en décrivant un angle droit sur la gauche du drossage. Nous voici au cœur du romantique et sauvage «Swiss Grand Canyon», paysage fluvial qu'on ne peut totalement admirer que de la surface des eaux, à bord du bateau. Les embûches diminuent peu à peu sur les 8,7 km qui restent à parcourir jusqu'au but de la descente, Reichenau. Mais ce n'est pas le moment de devenir trop exubérant dans l'enthousiasme des beautés naturelles! Courbes, pierres dans le cours d'eau, flots plus ou moins vifs ont parfois leurs malices...

A proximité de Reichenau on accoste et débarque de préférence à droite avant le pont du chemin de fer. L'aventure touche à sa fin puisque la traversée du prochain lac artificiel est interdite. Mais cela n'est pas de nature à décourager les passionnés: ils reviendront à coup sûr au Rhin antérieur et à ses merveilleux paysages.

Paysage typique dans le paradis grison des pagayeurs. Au cœur de toute la région du Rhin antérieur et postérieur, on peut vivre des descentes de rivière sauvages et romantiques. Les flots, sur les deux cours d'eau sont contraints de se frayer un chemin entre les étroits passages naturels. Le terrain de l'éboulement de Flims encombre particulièrement l'écoulement des deux ramifications du Rhin. Les masses rocheuses qui se sont détachées ont dévalé jusqu'au-delà de Reichenau et de Bonaduz, si bien que même le Rhin postérieur a été perturbé.

En photo, une vue sur la partie de l'éboulement de Flims où le Rhin antérieur passe avec fougue les falaises à proximité du «Trou Noir». La force érosive décuplée du fleuve sur l'extérieur des courbes a formé ce fantastique paysage de Canyon d'aspect exotique.

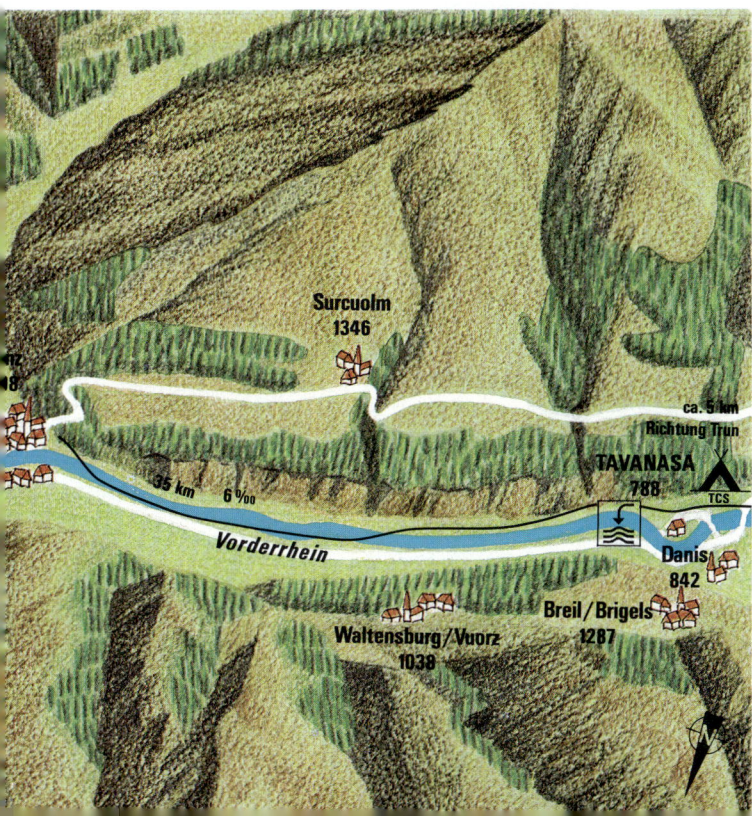

Le Rhin antérieur, cours d'eau sauvage et jeune encore, arrose l'Oberland grison, la Surselva et de nombreuses stations de vacances et de sports d'été ou d'hiver, renommées par leurs beautés alpines. Une des régions les plus fascinantes de Suisse s'ouvre ici aux amateurs de sports aquatiques. Près de Reichenau, à une dizaine de kilomètres du chef-lieu des Grisons, le Rhin antérieur se réunit à son «frère jumeau» le Rhin postérieur, pour rejoindre finalement les Pays-Bas, la région de Rotterdam et se jeter, après un parcours de 1320 km, dans la mer du Nord. Dans son cours supérieur, à partir de Compadials (embarquement à droite avant le pont Compadials–Laus) c'est une eau très sauvage (IV–V) navigable sur plus de 11 km par bonnes conditions, mais dont le tracé n'est recommandé qu'aux pagayeurs techniquement au point.

Près de Trun, environ 5 km en amont de Tavanasa, on trouve une très belle place de camping, bien aménagée. On l'utilise volontiers comme base de départ pour de grandes excursions nautiques sur des eaux sauvages (par exemple Glenner) ou comme porte d'accès au Rhin antérieur. La Fédération Suisse de Canoë organise généralement une fois par année à cet endroit une «Semaine internationale de navigation en eaux libres».

Moesa: Sorte–Roveredo–Bellinzone

C'est au Lago Moesola, près du col du San Bernardino, que la Moesa voit le jour, à 2060 m d'altitude. Le cours d'eau s'écoule à travers le Val Mesocco dans le canton des Grisons avant de se jeter dans le Ticino, à proche distance de Bellinzone. Un seul parcours de petite dimension à partir de Sorte (longueur environ 1,5 km) est navigable en qualité d'eau sauvage difficile (IV–V). La descente est intéressante, mais elle doit être réservée aux pagayeurs expérimentés et techniquement au point.

Secteur	Distance	Temps
1 Cama	–	–
2 Bellinzona	13 km	2 h

Degré de difficulté II–III
Embarcations appropriées: kayaks, canadiens

Au début, pour connaisseurs seulement

Avant le départ, il est absolument indispensable de reconnaître de la rive une courbe en S longue de 500 m, fortement garnie de blocs de pierre et d'éboulis. L'embarcation aura à subir passablement d'eaux agitées pendant la descente de la Moesa, jusqu'à Norantola (centrale électrique). Après seulement, les difficultés vont en diminuant.

Belle randonnée fluviale à partir de Cama

Lorsqu'on vient du San Bernardino, on trouve à l'entrée de Cama, sur la rive droite, une place d'embarquement qui dispose de places de parc recommandées aux pagayeurs. A partir de là, la Moesa prend l'allure d'une belle rivière avec une petite «gorge» signalée dès son entrée par une grande conduite forcée sur le côté gauche. Au voisinage de l'autoroute près de Calancasca, le cours d'eau se presse contre un empierrement (reconnaissance de l'endroit avant franchissement).

Le parcours continue par le passage près de Roveredo. Le beau et typique village invite à une halte, d'autant plus qu'une excellente pizzeria, au centre de la localité, est en mesure d'apaiser une grande fringale de pagayeur par ses spécialités culinaires... Près de la confluence avec le ruisseau de Calancasca au sortir de la centrale électrique, il faut prendre garde à un seuil important.

Un gril à S. Vittore

Les eaux calmes nous conduisent maintenant à S. Vittore, où une halte à proximité du pont suspendu s'impose. La Société de développement de S. Vittore a aménagé à cet endroit, pour tous les touristes de passage, des foyers avec gril. On y parvient par la place d'aviation à la sortie de S. Vittore, à gauche vers le pont ferroviaire. Le trajet jusqu'au pont ferroviaire situé à l'entrée d'Arbedo est sans difficulté.

Après cela, on doit redoubler d'attention: près du pont de chemin de fer, il faut passer sur la rive droite. Lorsque les eaux sont basses, le parcours est un peu raboteux (pierres) mais il n'existe aucun risque de rester suspendu avec son bateau...

La confluence du Ticino

Après ce passage, nous arrivons à la confluence de la Moesa et du Ticino. Sous le pont d'Arbedo se trouve un très beau flux qui invite à quelques jeux au moyen de l'embarcation. A quelque 500 m de là, nous attaquons les rapides d'Arbedo, sur une distance de 350 m où les vagues chevauchent (peu recommandé sans jupette). Pour ceux qui ont du plaisir à ce passage curieux, au point qu'ils choisissent de le refaire au moins une fois, le portage est possible sans peine par la rive gauche. Une descente répétée de ce secteur devient on ne peut plus amusante!

Il reste encore environ 2,5 km de parcours commode, avant de pouvoir selon son gré accoster sur la rive gauche.

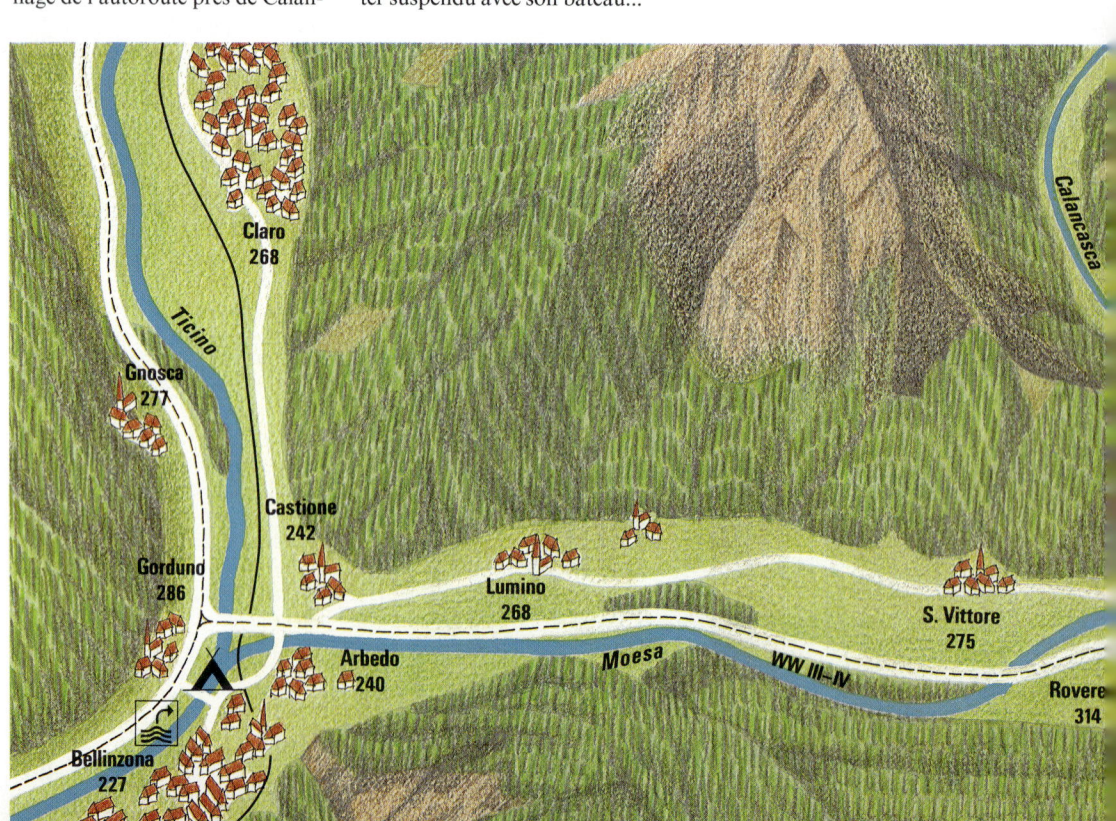

Prenez garde: il faut toujours s'attendre, au Tessin, à des vents très forts et parfois très chauds.

Une bonne place de débarquement est située près de l'entrée de l'autoroute à proximité de Bellinzone. Accès pour le chargement des embarcations sur la rive gauche. Mais il est recommandé d'allonger le parcours jusqu'à Bellinzone, car un passage turbulent fait suite. A gauche après le deuxième pont de Bellinzone se trouve la très belle place de camping «Molinazzo di Bellinzona». Un arrêt à cet endroit permettra de prendre le départ pour la descente d'autres rivières, par exemple le Ticino, ou – pourquoi pas? – une nouvelle descente de la Moesa.

La Moesa est considérée – ainsi que le Ticino – comme un des cours d'eau les plus «faciles» de la Suisse méridionale, mais une descente de cette rivière de région montagneuse n'en vaut pas moins la peine. La meilleure époque s'étend du début de l'année au commencement de l'été. On doit toutefois se souvenir que le volume des eaux dépend de la centrale électrique: il est souvent plus important au cours des jours ouvrables et en matinée, si bien qu'il est tout indiqué de planifier au bon moment une descente en bateau au fil de la Moesa.

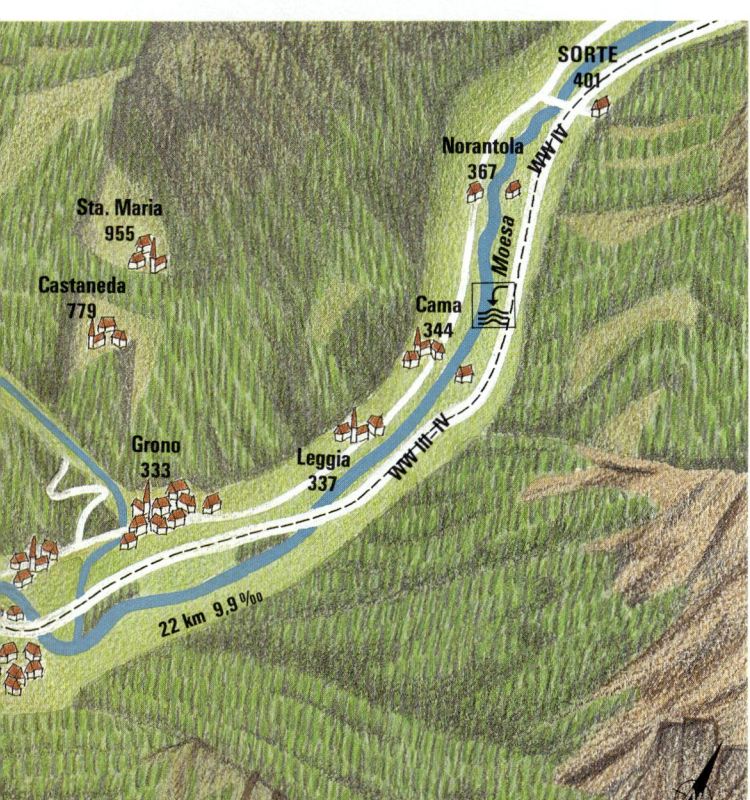

A part un kayak ou canadien approprié, il faut de bonnes pagaies. Avant chaque départ, il est indispensable de contrôler les pagaies modernes en matière plastique, pour s'assurer qu'elles ne présentent ni déchirure ni accroc. Pour la descente d'un cours d'eau sauvage, il faut porter le casque et un gilet de sauvetage fait partie de l'équipement. Le bateau doit contenir un bon corps de sustentation, aussi bien dans la proue que dans la poupe. Le matériau adapté a la forme de l'embarcation, toujours bien gonflé, facilite la remise à flot après chavirement ou sert de planche de sauvetage pour regagner la rive. La jupette empêche l'eau de pénétrer lors de vagues tumultueuses. Lorsque le bateau chavire, elle devrait être dégagée facilement, à partir du siège, d'un simple coup de genou. Lors de l'achat de l'équipement de canoéiste, il vaut la peine de se laisser bien conseiller par un marchand spécialisé.

403

TOUT PRÈS
de la nature

En nous promenant, en faisant des tours en bateau ou à vélo, les bons et les mauvais côtés de la nature prennent leurs réelles dimensions car le soleil, la pluie, la chaleur et le froid, les tempêtes et les brises agréables sont en quelque sorte nos compagnons de route. Les conditions météorologiques ne sont cependant pas exemptes de dangers et de risques et il est toujours prudent et conseillé d'observer leur évolution. C'est le seul moyen de se préserver de mauvaises surprises.

Quel temps fera-t-il?

La prudence est la mère de la sagesse…

Que le temps nous paraisse clair ou sombre, et non seulement dans le vrai sens du mot mais aussi subjectivement, dépend en dernier lieu de notre propre appréciation. Une promenade sous la pluie ou les flocons de neige ou encore dans le brouillard ne peut-elle pas aussi avoir son charme? Faut-il impérativement que la journée soit chaude et ensoleillée pour qu'une excursion soit réussie? L'essentiel est de savoir nous évader des habitudes en nous distançant du rythme quotidien, de bouger et en même temps de recharger physiquement et psychiquement nos batteries. Il convient de ne pas oublier également que ce ne sont ni les kilomètres parcourus à pied, à la rame ou à bicyclette qui comptent, mais le bien-être que cela nous procure. Le temps ne joue ainsi plus un rôle prépondérant. Si nous sommes par contre dominés par l'esprit de compétition, le temps reprend alors son importance dans tous les sens du terme, car l'homme ne peut fournir des performances physiques maximales que sous des conditions météorologiques optimales. Mais attention: il ne faut jamais perdre de vue que l'on peut aussi rencontrer des conditions extrêmes mettant en danger notre santé et notre sécurité. Une promenade en haute montagne, dans un épais brouillard ou sous les éclairs d'un orage peut s'avérer mortelle. On annonce toujours trop souvent des accidents dus à des conditions météorologiques défavorables. La prise en considération des prévisions du temps permet de prévenir et d'éviter ces dangers.

Où peut-on obtenir des informations météorologiques?

Chaqun connait les prévisions du temps diffusées à la **radio** et à la **télévision.** Cette dernière montre depuis quelque temps les images satellites du jour et les commente. Presque chaque **journal** possède une rubrique météo si ce n'est une page entière, mais avec le désavantage que les pronostics sont basés sur les données de la veille et ne sont donc plus adaptés aux dernières tendances de la journée en cours.

Pour connaître l'évolution de temps pour les jours à venir, tout en se libérant des horaires d'émissions, on peut appeler le **no 162.** Ces prévisions sont réadaptées cinq fois par jour.

La Suisse – à découvrir par d'innombrables moyens de transports publics – offre d'exceptionnelles possibilités de «vivre» la nature de près. Ce sont surtout les régions vallonnées du Plateau élevé et des Préalpes (ici aux alentours de Menzingen dans le canton de Zoug) qui sont très appréciées des randonneurs. Leurs expositions très variées sont à l'origine de grandes diversités, p.ex. en ce qui concerne la végétation, l'ensoleillement ou d'autres éléments climatiques.

Les téléviseurs récents, dotés du *teletext,* affichent aussi des prévisions météo.

Outre les *prévisions à court terme* pour la journée en cours et le lendemain, tous ces médias diffusent aussi des *prévisions à moyen terme* pour les cinq jours à venir.

En cas de situations très délicates ou de projets très risqués, on peut exceptionnellement faire appel aux *consultations personnelles* du Centre météorologique de Genève (CMG) sous le numéro 157 52 720. Ce service a l'avantage de pouvoir répondre à des questions précises concernant les lieux et les heures. Il ne faudrait cependant y avoir recours qu'avec la plus grande retenue pour éviter que nos «grenouilles barométriques» soient submergées d'appels et ne trouvent plus le temps de faire leur vrai travail qui consiste à établir des pronostics météorologiques. L'expérience a aussi démontré que, dans la plupart des cas, une consultation personnelle n'est pas nécessaire: les pronostics sont souvent écoutés ou lus avec trop peu d'attention.

C'est là qu'il faut voir une des raisons principales de l'opinion générale qui dit que les prévisions officielles du temps ne sont de toute façon pas exactes! Il est tellement courant d'être détourné de l'écoute ou de faire autre chose en même temps, de sauter des lignes ou de ne prêter qu'une oreille. On en retient éventuellement quelque chose comme «ensoleillé et chaud» et la déception est grande si le lendemain le temps est couvert ou même pluvieux. La preuve est ainsi faite que les météorologues professionnels se trompent pour la plupart. Mais en réalité ces pronostics étaient valables pour le sud des Alpes. L'idée toute faite que les prévisions à la télé seraient en outre meilleures que celles de la radio fait partie du même chapitre, alors que pourtant les deux sont identiques. Il est toutefois bien connu qu'une information combinée de l'image et du son reste mieux gravée dans notre mémoire. C'est probablement aussi une des raisons qui explique pourquoi nous mémorisons mieux les prévisions entendues au téléphone car nous avons consciemment choisi ce numéro pour nous concentrer entièrement à l'écoute.

Y a-t-il eu faute ou non?

**Des contrôles d'exactitude quotidiens réalisés d'après des critères objectifs prouvent que les prévisions météorologiques ne sont pas aussi mauvaises que leur réputation ou comme beaucoup de blagues voudraient le faire croire. Le taux de réussite atteint une moyenne annuelle supérieure à 80%. Bien sûr, nos prévisionnistes ne sont pas des voyants et les erreurs de pronostics ne sont pas totalement à exclure. Il est clair que de telles boulettes sont particulièrement ressenties par la population si elles tombent sur un week-end, un jour férié ou sur les vacances. Ce genre d'erreurs peut se produire si le temps se moque des professionnels et ne se comporte pas comme l'expérience ou les données physiques voudraient qu'il le fasse.
De plus, l'appréciation de la qualité des pronostics par le profane est subjective, car il ne peut prendre en considération que le temps de sa région, alors que les 95% restants du pays lui échappent et ne le concernent pas directement.**

***En automne**, lorsque le Plateau est recouvert d'une couche de stratus, une randonnée au-dessus de la mer de brouillard nous procure des joies inoubliables. Nous voyons le Baarburg depuis Edlibach et la chaîne de l'Albis émerger du brouillard. Cette situation de brouillard est liée à une inversion de température qui augmente avec l'altitude au lieu de baisser. En haut: Des lambeaux de cumulus de beau temps montent le long des parois rocheuses abruptes.*

Le réseau de mesure et d'observation entretenu par l'Institut Suisse de Météorologie consiste en différents types de stations.

Le réseau de mesure météorologique en Suisse

La quantité de précipitations est mesurée une fois par jour (7 h 30) par un réseau très dense d'environ 350 stations pluviométriques. On différencie le réseau météo en stations climatologiques et synoptiques. Dans les stations climatologiques les mesures et les observations sont effectuées trois fois par jour (7, 13 et 19 h), alors que ceci se fait toutes les trois heures dans les stations synoptiques. Au cours des quinze dernières années, 72 des 120 stations synoptiques existantes ont été automatisées. Ce réseau automatique (ANETZ) permet le relevé de données ainsi que leur transmission à la centrale de Zurich toutes les 10 minutes. Mais même ces automates ne fonctionnent pas sans assistance humaine. D'une part, les instruments doivent être surveillés et, d'autre part, ce que l'on appelle les observations visuelles (nuages, visibilité, état du sol, etc.) doivent encore être faites par des personnes désignées à cet effet. Ce grand pouvoir de résolution des données dans le temps permet aux prévisionnistes de se faire à chaque instant une idée de la situation météorologique momentanée en Suisse.

Quel temps fera-t-il?

Comment s'établit une prévision météo?

Les appareils de mesure des stations automatiques enregistrent jour et nuit une foule de données météorologiques. Elles fournissent p. ex. des indications sur les températures, le vent, la pression barométrique, la durée de l'ensoleillement, l'humidité de l'air, les précipitations, etc.

«Beau et chaud pour toute la Suisse, quelques averses ou orages possibles surtout en montagne, température maximale 25°C et 15°C à l'aube, isotherme de 0°C à 4000 m.»

C'est sous cette forme ou à peu de choses près qu'une prévision météo peut être résumée. Mais tout ce qui se cache derrière ces quelques phrases vous sera révélé d'une manière simplifiée dans ce chapitre. La réalisation de pronostics valables nécessite une immense quantité d'informations ainsi qu'une infrastructure onéreuse. Comme le temps ne se limite pas aux frontières du pays, une collaboration internationale est indispensable. De ce fait, les services nationaux sont réunis dans l'Organisation météorologique mondiale (OMM) qui a son siège à Genève. Chaque service météorologique dépend d'un échange mondial de données et d'informations, mais doit en même temps faire en sorte que dans son propre pays les observations et les données météo soient relevées. Un réseau de stations couvre donc toute la planète pour mesurer les plus importants éléments météorologiques tels que la pression barométrique, la température et l'humidité de l'air, les précipitations, la vitesse et la direction du vent, la durée de l'ensoleillement, etc. On observe également le type, la hauteur et la quantité de nuages, la visibilité et bien d'autres choses. Les stations dites synoptiques relèvent ces données toutes les trois heures, les encodent et les transmettent aux centres compétents. Cet ensemble d'indications représente une situation météorologique momentanée au sol à une heure bien définie. Il est indispensable que toutes les stations fassent ces relevés au même moment et les services météorologiques travaillent donc avec l'heure mondiale (UTC). Mais de telles stations météo n'existent pas seulement à terre, il y en a aussi sur des plateformes de mesure en mer. De plus, différents bateaux et avions relèvent et transmettent des données météo. Au début de la météo ces indications étaient encore transmises en morse, mais ce système fut remplacé plus tard par le télex. Chaque service météo reçoit ainsi toutes les trois heures ces informations par des stations choisies et ces données sont reportées sur une carte géographique au moyen de symboles correspondants. De nos jours, ces transmissions et leur report sur cartes sont assurés par un ordinateur. D'immenses quantités de données sont ainsi transférées quotidiennement d'un ordinateur à l'autre où elles sont mémorisées et traitées. On ne s'étonnera donc pas d'apprendre que ces calculateurs géants au service de la météo font partie des ordinateurs les plus performants du monde. De telles cartes et les relevés correspondants des stations offrent donc aux prévisionnistes une information étendue sur la situation météo momentanée. Par contre, le tracé des courbes isobariques (lignes des mêmes pressions barométriques), des courants, des zones de précipitations et autres détails ainsi que l'interprétation de la situation générale et son développement probable (prévisions) sont encore aujourd'hui du ressort de l'homme. Cette carte de météo au sol n'est cependant pas le seul moyen qu'utilise le prévisionniste pour son travail quotidien.

A observer: les conditions météo d'altitude

Nous savons que les conditions météorologiques évoluent dans les trois dimensions, ce qui rend bien cette science particulièrement intéressante mais ne la simplifie pas. Il est donc nécessaire de disposer d'informations verticales de l'état de l'atmosphère. A cet effet, des ballons sondes sont lancés deux fois par jour (00 et 12 h UTC) par différentes sta-

Le «pavillon météo» traditionnel: dans différentes stations les observations se font encore «à la main». Outre la lecture des instruments, des éléments tels que le degré de couverture nuageuse, le temps qu'il fait et qu'il a fait, mais aussi l'état du sol et d'autres informations sont soigneusement prises en considération et transmises au service météorologique.

tions. Ces radio-sondes, comme on les appelle, sont équipées de différents appareils de mesure et transmettent à la station terrestre des données concernant la pression, la température et l'humidité de l'air à différentes altitudes. Le vol de ces radio-sondes est suivi par radar ce qui permet de calculer la vitesse du vent et sa direction. La Suisse possède une telle station aérologique à Payerne. Ces données sont également échangées entre les différents services météorologiques. Depuis peu et tout dernièrement, le prévisionniste reçut encore des moyens techniques supplémentaires. Des images radar lui permettent de suivre les zones de précipitations et leur intensité. De telles stations météo-radar sont installées en Suisse à La Dôle et sur l'Albis. L'évolution des conditions météo peut être également observée d'en haut par satellite, permettant ainsi de suivre sur une large étendue les formations nuageuses et leur déplacement. Pour permettre des prévisions à moyen terme (4–5 jours) des modèles numériques compliqués, s'appuyant sur les lois physiques, ont été développés ces dernières années. Seuls des ordinateurs extrêmement performants sont capables de profiter de tels modèles. En Suisse, on tente d'affiner ces modèles à relativement grandes mailles pour les adapter à notre orographie. Mais tous ces progrès techniques ne peuvent cependant pas remplacer l'homme qui établit les prévisions. Ils permettent néanmoins d'améliorer les pronostics et de les élargir à 4 ou 5 jours. Le travail du météorologue n'est toutefois que peu allégé car les exigences aussi se sont accrues. Il s'agit donc de faire la synthèse de toutes ces informations et de rédiger un texte de prévisions bien formulé et compréhensible pour tout le monde, sans pour autant être trop détaillé (longueur du texte), mais tout en tenant compte des différentes régions de la Suisse. Ceci n'est possible qu'en connaissant l'impact de toutes ces informations (davantage de connaissances professionnelles) et qu'en ayant un certain flair et beaucoup d'expérience concernant l'évolution de la situation météo. Malgré tous ces développements techniques et de nouvelles découvertes en météo on ne pourra pas éviter à l'avenir des erreurs de prévision. C'est peut-être aussi un bien. Voulons-nous vraiment que, outre nos journées de travail organisées à outrance et nos loisirs planifiés jusqu'au dernier détail, le temps aussi se déroule suivant un horaire bien déterminé?

Le météorologue analyse toutes les trois heures une carte météo au sol pour se rendre compte des conditions météorologiques régnant sur la Suisse et les régions limitrophes. C'est en même temps une nécessité pour pouvoir prévoir le développement du temps.

L'image satellite permet au météorologue de reconnaître déjà les zones de perturbations se trouvant sur l'Atlantique. Si l'on considère qu'une zone de mauvais temps peut se déplacer en 24 heures de 1000 km vers l'est, on conçoit aisément l'utilité de ces images prises sur des régions inhabitées.

Nombreux domaines d'applications

De nouvelles possibilités s'ouvrent aussi pour les travaux climatologiques. La désignation «automatique» ne doit cependant pas donner l'illusion que la somme de travail diminue ainsi car, bien au contraire, l'énorme quantité de données doit être contrôlée, traitée et mémorisée. L'entretien technique des instruments de mesure ne s'est pas simplifié par l'électronique devenue indispensable. Outre les réseaux météorologiques standard, il en existe encore d'autres spécialisés, tel le réseau phénologique, celui de la météo agricole, le réseau du gel, les stations météo pour l'aéronautique ou le réseau des tempêtes, qui sont conçus pour répondre à des questions très spécifiques. Ce n'est que grâce au travail consciencieux de tous les collaborateurs qui, pour la plupart, l'exécutent en plus de leurs occupations professionnelles et sont responsables d'une observation sans faille 365 jours par an, qu'il est possible d'établir des prévisions météorologiques ainsi que de mettre ces données à disposition des intéressés les plus divers.

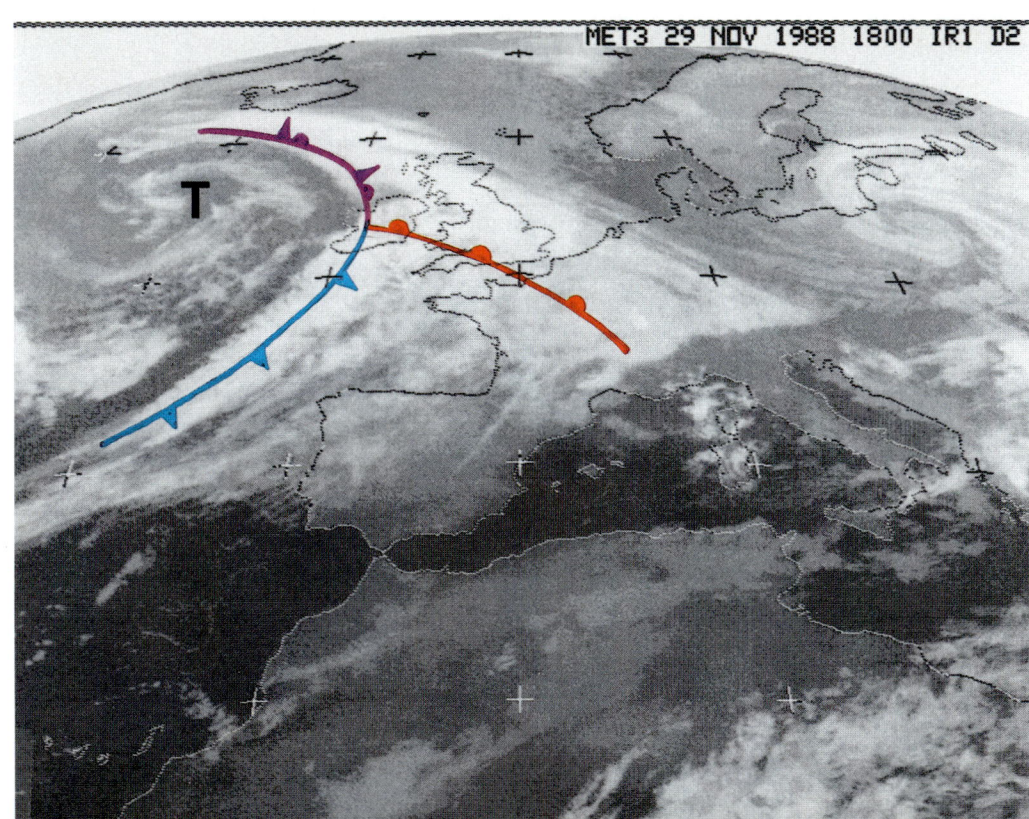

Les cartes météo utilisées par les spécialistes contiennent une grande quantité de symboles et de données chiffrées. Par contre, celles qui sont destinées au large public et diffusées dans les médias présentent une symbolique très simplifiée.

A Les signes avant-coureurs d'un *front chaud* qui s'approche sont souvent présents sous forme de *cirrus* qui recouvrent le ciel progressivement. Par la suite, ces nuages se transforment en une couche de cirrostratus compacte (photo p. 412).

B La perturbation se rapprochant, la couverture nuageuse se transforme en un épais *altostratus* dont la limite inférieure touche parfois les hauts sommets de montagnes. Il va pleuvoir sous peu. Les limites inférieures diffuses des nuages signalent des précipitations au moment de l'observation.

C Dans la zone même des fronts, la limite inférieure nuageuse s'abaisse rapidement. Le type de nuages correspondant à des précipitations persistantes est appelé *nimbostratus*. Ils sont parfois encore accompagnés de lambeaux nuageux flottant en dessous.

D Entre un front chaud et un front froid existe une zone d'air relativement chaud, le *secteur chaud*, où les nuages sont souvent épars. En langage professionnel, les couches plates de cumulus s'appellent *stratocumulus*.

Quel temps fera-t-il?

Interprétation des cartes météo pour le profane

Il faudrait écrire tout un livre pour traiter en détail ce sujet. Nous aimerions cependant vous transmettre dans ce chapitre quelques conseils utiles et règles fondamentales. En commençant par les symboles les plus importants qui se rencontrent souvent sur les cartes météo, nous poursuivrons ensuite par quelques règles de base nécessaires à leur interprétation. Pour terminer, nous tenterons de représenter aussi concrètement que possible l'arrivée d'un front de mauvais temps au moyen d'une série d'images de nuages et de la carte météo correspondante. Lors de votre prochaine randonnée vous devriez alors être en mesure d'interpréter vous-mêmes les formations nuageuses les plus importantes et savoir vous comporter en conséquence. La récapitulation suivante présente les symboles les plus usuels qui sont contenus sur les cartes météorologiques.

Liste des symboles

C'est en cherchant ces symboles sur une carte météo que vous vous familiariserez le plus rapidement avec eux. Il ne vous paraîtront bientôt plus comme un tas de hiéroglyphes, mais représenteront pour vous un dispositif révélateur plein d'indications.
Les plus importantes règles fondamentales à observer lors de la lecture d'une carte météo sont expliquées brièvement, sans pour autant entrer dans des considérations physiques. Nous avons vu par ces symboles que la météo fait la différence entre les zones de haute et de basse pression. Ces différences barométriques s'équilibrent par des courants (vents), tout en laissant apparaître de nouveaux centres de pression. On pourrait donc penser que les particules d'air voyagent directement d'une haute pression vers une basse, mais ce n'est malheureusement pas aussi simple. Le mouvement se fait dans le sens des aiguilles d'une montre (rotation à droite) en sortant des hautes pressions, et dans le sens inverse (rotation à gauche) en pénétrant vers le centre des basses pressions. Dans l'hémisphère Sud, ceci se passe exactement dans le sens contraire.
Pour simplifier le tout, il faut se représenter simplement les vents se déplaçant parallèlement aux isobares (lignes de même pression barométrique). Les courants principaux sont marqués sur la carte par des flè-

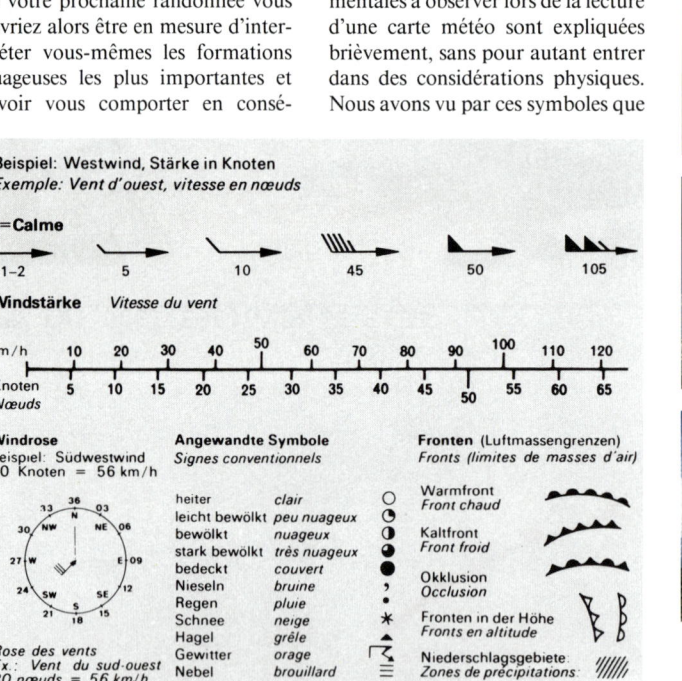

◄ Explication des symboles tels qu'ils sont employés à l'échelon international sur les cartes météorologiques détaillées.
Les cartes météorologiques publiées par les médias ont par contre recours à peu de symboles, p. ex. ceux désignant les fronts ou les zones de haute et basse pression. Mais l'Institut Suisse de Météorologie met aussi à disposition d'un large public des cartes et des bulletins météo détaillés, ceci avec la collaboration d'un éditeur chez qui ils peuvent être obtenus en s'abonnant au dit bulletin vert.

ches. Plus les isobares sont rapprochées plus il faut s'attendre à des vents forts. Si vous savez en outre que les fronts engendrent des modifications météorologiques plus ou moins fortes, et si vous considérez en plus la provenance de ces masses d'air qui nous arrivent (sèches, humides, chaudes ou froides), vous réussirez déjà à comprendre bien des choses sur une carte météo. Il est évident que ces phénomènes atmosphériques sont bien plus compliqués. Sinon nous n'aurions pas besoin de météorologues professionnels. Il vous sera cependant possible de vous faire une idée de l'évolution du temps à venir si vous employez ces connaissances que vous aurez acquises.

Les journaux publient régulièrement des cartes météo généralement accompagnées de symboles explicites. Dans les zones où la carte présente les systèmes de basses pressions et les perturbations y associées, on voit aussi apparaître des formations nuageuses typiques, mais qui ne sont pas mentionnées dans les cartes. Ci-contre, sur l'image d'un front polaire, ces formations sont illustrées en couleur aux endroits correspondants.

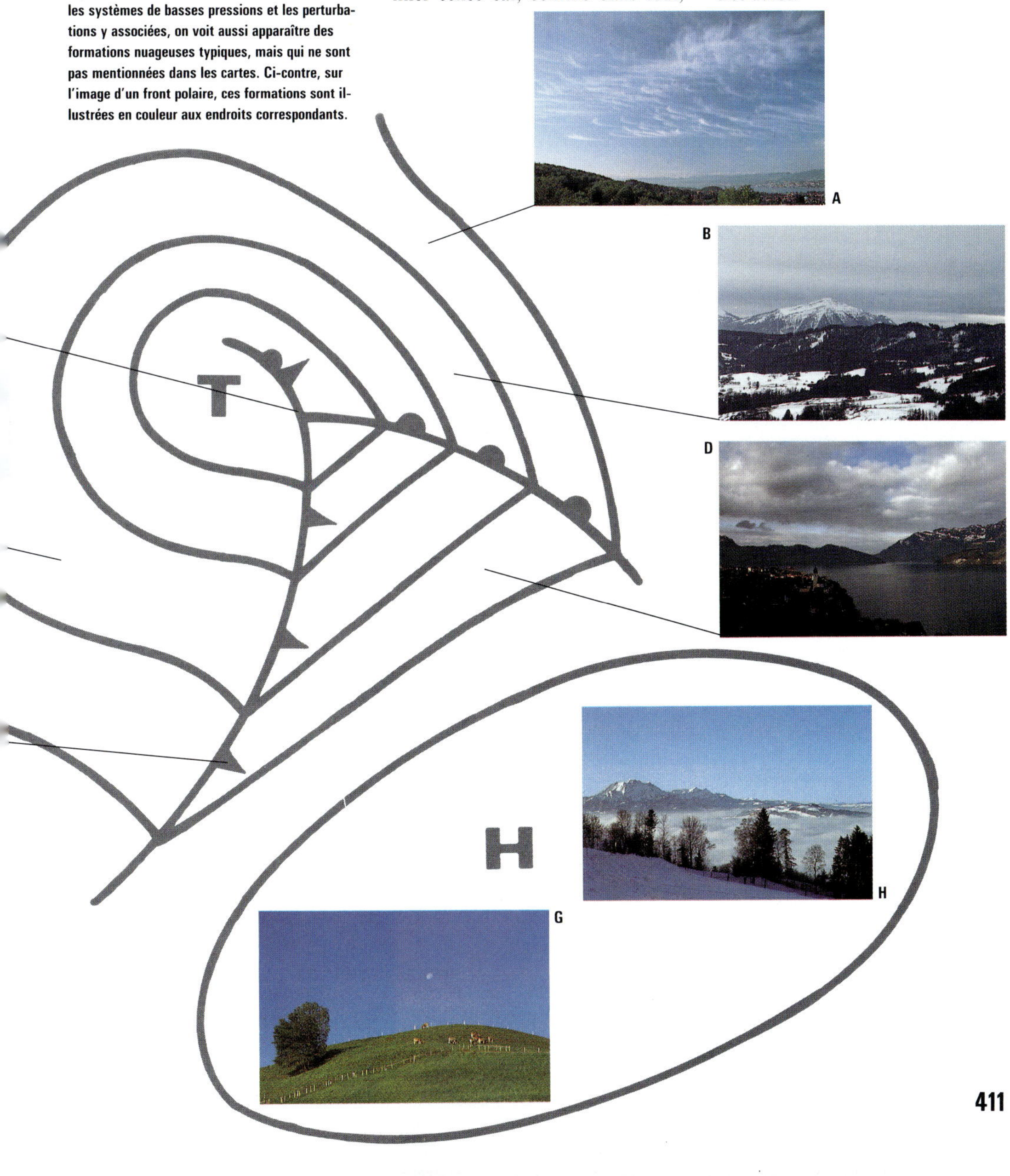

L'observation exacte de la nature elle-même est tout aussi importante. Les quelques images de formations nuageuses typiques et la carte météo correspondante qui suivent vous aideront en outre à prévoir l'évolution météorologique pour les heures à venir sur la base des formes des nuages.

Pour conclure, essayez d'établir vous-mêmes votre propre prévision à l'aide de la carte météo et des formes nuageuses qui y sont associées et comparez-la ensuite avec la version officielle. Vous pourrez alors vérifier la qualité de votre prévision météo en connaissance du temps qu'il fait vraiment. Il faut tenir compte que les différences locales peuvent être importantes (p. ex. orages en été) et qu'il faut considérer l'ensemble d'une région plus grande. Ne perdez cependant pas déjà courage après le premier échec car, comme dans tout,

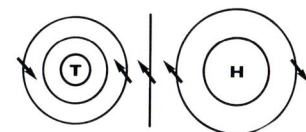

Dans l'hémisphère Nord, les vents tournent dans le sens des aiguilles d'une montre autour d'une zone de haute pression pour s'en écarter et pénètrent en spirale vers le centre d'une basse pression dans une rotation contraire. Dans l'hémisphère Sud, ceci se passe exactement à l'inverse. Ces courants éoliens équilibrant les différentes pressions barométriques ne prennent pas un chemin direct en raison de la rotation terrestre.

«c'est en forgeant qu'on devient forgeron». Consolez-vous en pensant aux boulettes que font parfois aussi les météorologues professionnels. Allez-y avec plaisir, et qui sait, peut-être que ces nouvelles connaissances et expériences vous seront un jour très utiles.

E En été, surtout, les *fronts froids* s'approchant provoquent des orages. Ces formations orageuses alignées le long du front sont accompagnées de rafales de vent, d'éclairs, de tonnerre et souvent de grêle. Comme des nuages, appelés *cumulonimbus*, s'éloignent avec la perturbation, la fin des intempéries est prévisible.

F Le front froid est suivi par de l'air polaire frais. Réchauffé par le rayonnement du soleil, l'air près du sol se dilate, devient instable et tend à monter avec, comme résultat visible, les *cumulus* d'un blanc éclatant qui se développent dans un ciel bleu profond. Une averse peut même encore se reproduire, surtout si la pression barométrique se remet à baisser peu après le passage du front.

G Dans les *zones de haute pression* limitrophes, on ne trouve en été pratiquement pas de nuages et tous les adeptes du plein air se réjouissent si les prévisions annoncent un temps «beau» et «ensoleillé».

H En hiver, les situations de haute pression sont souvent significatives de *brouillard* ou *stratus élevés* persistants. S'il ne s'établit pas en même temps une situation de bise, on a beaucoup de chances de trouver déjà le soleil à des altitudes au-dessus d'environ 700 à 1200 m. Lors d'une telle situation, les vallées à l'intérieur des Alpes sont souvent aussi épargnées du brouillard.

Les retours du froid au printemps

Un vieux dicton paysan dit au sujet de l'arrivée d'un front froid que: «s'il tonne dans les bois sans feuilles, la neige n'est pas loin». L'arrivée de l'air polaire froid au printemps provoque des chutes de température très sensibles – jusqu'à 0°C. D'autre part, les orages en été ne sont souvent dus qu'à de purs courants de convection provoqués par des airs ascendants surchauffés sur une région.

Les signes par lesquels la nature nous annonce le temps sont multiples et chacun croit avoir trouvé la recette miracle. Partant du point de vue des sciences naturelles, il faut différencier les phénomènes explicables météorologiquement de ceux qui ne répondent pas à des explications scientifiques.

Un cas modèle

La photo à droite montre par ses nuages au-dessus de la région de Goldau-Rossberg le processus de réchauffement, de l'ascendance chaude et de l'aspiration de l'air environnant. C'est «le modèle» pour démontrer comment le «moteur de la machine météo» fonctionne à l'échelle du globe car, finalement, c'est l'énergie solaire qui met les masses d'air en mouvement et ces potentiels d'énergie différents que l'on rencontre à divers endroits de la planète et à des moments variables sont à l'origine de ces déplacements atmosphériques.

Quel temps fera-t-il?

La nature annonce le temps

Beaucoup de lecteurs proches de la nature seront certainement d'avis qu'ils peuvent faire des pronostics tout aussi fiables sans avoir recours à des moyens techniques compliqués et coûteux tels les cartes météo, les images satellites, les radars ou même les modèles numériques. Il suffirait d'observer attentivement la nature. Ceci peut convenir dans une certaine mesure. Il faut cependant admettre qu'une telle prévision – basée sur des observations de l'environnement immédiat – ne peut être valable que pour une région très limitée et pour une durée relativement courte. Elle ne pourra jamais prétendre pouvoir s'appliquer à toute la Suisse et pour une durée de trois jours ou davantage. Certes, il est conseillé avant toute excursion de jeter un regard par la fenêtre pour se faire sa propre idée de la situation météo actuelle et future. Mais il ne faut pas oublier lorsque l'on se tient en plein air de diriger aussi de temps à autre son regard vers le ciel afin de ne pas se laisser surprendre par un orage, une tempête, du brouillard, etc., ce qui peut suivant la situation mettre notre vie en danger. Une attention particulière est requise dans les régions qui n'offrent qu'un horizon très limité (p.ex. en montagne).

Il est incontesté que la nature, et ainsi l'homme, réagit aux changements de temps. Mais – et ceci est essentiel – il ne peut s'agir que de réactions sur des modifications qui ont déjà eu lieu dans l'atmosphère et que l'homme ne peut peut-être pas en-

Signes de mauvais temps: Les nuages sont généralement d'excellents annonciateurs. L'approche d'un front chaud, entraînant souvent avec lui une zone de précipitations étendue, peut être décelée déjà des heures avant la tombée des premières gouttes. Sur l'avant-front de fin voiles nuageux composés de cristaux de glace (cirrostratus) forment un halo autour du soleil ou de la lune.

core directement percevoir. C'est ainsi par exemple qu'une baisse ou une augmentation de la pression ou de l'humidité de l'atmosphère ne sont pas forcément directement ressenties par l'organisme humain. Il existe cependant souvent des indices indirects pour de telles modifications de l'état atmosphérique. Des pronostics basés sur des phénomènes naturels et valables pour des laps de temps prolongés (semaines, mois ou même saisons) doivent faire l'objet de la plus grande circonspection. Il n'existe aucune raison plausible permettant de prétendre que les plantes, les animaux ou les êtres humains seraient capables de «flairer» le temps à l'avance à long terme. Si, par contre, ces prédictions sont basées sur l'expérience comme p.ex. les Saints de glace (entre le 12 et 15 mai), la Lune rousse/Schafskälte (en juin), les Canicules (fin juillet/fin août), l'Eté indien (mi-septembre/début octobre) ou le redoux de Noël (dernière semaine de décembre), il s'agit alors de périodes météorologiques caractéristiques qui se reproduisent presque chaque année avec une grande régularité. En termes professionnels ceci s'appelle des singularités. Mais comme partout, l'exception confirme la règle.

Savoir lire dans les nuages…

Les signes météorologiques les plus fiables sont toujours encore les formes des nuages car elles reflètent directement l'état de l'atmosphère. L'observation des nuages sert encore de nos jours aux météorologues professionnels d'outil de travail. C'est pour cette raison que dans le monde entier les stations d'observation classent quotidiennement à heures fixes les nuages et transmettent les données codifiées. Mais le profane, lui aussi, peut tirer beaucoup d'enseignements de la forme des nuages pour en déduire le temps qu'il va faire. Si par exemple de fines chevelures nuageuses (cirrus) apparaissent à l'ouest, il faut s'attendre à une dégradation du temps. Les halos autour de la lune ou du soleil font partie du même chapitre, car ce phénomène est dû à la présence d'un voile nuageux (altrostratus) qui est également signe de mauvais temps. Ce cercle lumineux opalescent est formé par la diffraction de la lumière dans les particules nuageuses. Si l'on peut observer au matin de petites tours de nuages (altocumulus castellanus) il est presque certain que l'après-midi ou la soirée seront orageuses. D'au-

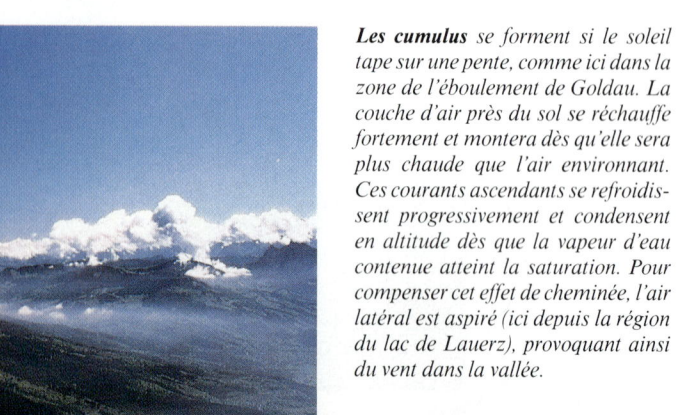

Les cumulus se forment si le soleil tape sur une pente, comme ici dans la zone de l'éboulement de Goldau. La couche d'air près du sol se réchauffe fortement et montera dès qu'elle sera plus chaude que l'air environnant. Ces courants ascendants se refroidissent progressivement et condensent en altitude dès que la vapeur d'eau contenue atteint la saturation. Pour compenser cet effet de cheminée, l'air latéral est aspiré (ici depuis la région du lac de Lauerz), provoquant ainsi du vent dans la vallée.

Des altocumulus traversent le ciel: une dégradation du temps ne s'annonce pas toujours par l'apparition d'un halo comme sur l'image de la page 412. Si le ciel se couvre de hauts nuages pommelés qui s'épaississent et s'abaissent d'heure en heure il faut aussi s'attendre à un temps gris et pluvieux.

tre part, les nappes de brouillard d'automne dans les vallées sont bon signe et annoncent une situation météorologique stable laissant présager de journées ensoleillées au moins en altitude. Il y aurait encore bien d'autres manifestations à décrire et à interpréter telles que par exemple les nuages étirés typiques du foehn comme prémices d'un changement de temps, le lever de soleil coloré qui annonce la pluie, ou la rosée matinale significative de beau temps. Nombreuses sont les formations nuageuses locales ne pouvant être interprétées correctement que par les indigènes, mais qui en disent souvent très long sur le développement de la météo (p.ex. le Mont ... porte un chapeau, le temps sera beau; ou, plume à la Dent d'Oche, le temps sera moche). Certaines parties d'un paysage bien visibles que dans des conditions météo très spécifiques donnent des indications sur la quantité d'humidité dans l'air. Le son des cloches du village voisin, plus ou moins bien audible, donne – tout comme les volutes de fumée des cheminées – des indications sur les vents. De telles observations nous permettent de présager de la tendance à venir. Ces connaissances furent transmises de génération en génération et étaient pour nos ancêtres d'autant plus précieuses qu'on ne leur fournissait pas par radio ou par télé les prévisions à domicile.

Mer de brouillard vue du Schilthorn. Cette vue presque infinie provoque toujours l'enthousiasme de beaucoup de monde ayant fui les tristes régions cachées sous le brouillard.

Formation d'altocumulus observée de même du Schilthorn. Les randonneurs en montagne doivent savoir que, même par une situation météo apparemment stable, les montagnes peuvent se faire noyer en peu de temps par les nuages et que l'orientation devient alors rapidement très difficile. Ces deux photos en haut et en bas ont été prises à moins de deux heures d'intervalle.

Puanteurs, articulations douloureuses et nervosité

Il y a encore d'autres signes météorologiques naturels dont les rapports avec les conditions atmosphériques ne sont pas si évidents. Les mauvaises odeurs que dégagent les fosses à purin ou les canalisations, par exemple, sont dues à une chute de pression. La condensation sur les conduites d'eau ainsi que la fermeture des écailles des pives et le fléchissement des branches de sapins et de pins signalent une augmentation de l'humidité de l'air. Une forêt entière de conifères peut ainsi apparaître plus claire ou plus foncée suivant la position des branches. Les modifications de la pression, de l'humidité de l'air ou des conditions de vent sont toujours précurseurs d'un changement de temps. Mais l'homme lui-même peut également réagir à une modification atmosphérique. Les douleurs rhumatismales sont souvent liées à une forte humidité de l'air. Les choses se compliquent en ce qui concerne les maux de tête, les cicatrices douloureuses, la nervosité, les dépressions, etc., des incommodités qui peuvent toutes être influencées par les temps. Nous reviendrons encore sur cette soi-disante sensibilité au temps à la page 415.
Pour conclure, mentionnons encore une fois que les plantes, les animaux et l'organisme humain réagissent aux modifications atmosphériques même si celles-ci ne sont pas encore perceptibles à l'œil. Prétendre cependant que les animaux puissent prévoir un hiver rude et qu'ils le manifesteraient en stockant de grandes quantités de nourriture ou en développant en automne une fourrure particulièrement épaisse est dénué de tout fondement scientifique.

Quel temps fera-t-il?

Au rythme des saisons: observations phénologiques

L'expression «phénologie» provient du grec et signifie «étude des apparitions». Dans le langage de nos jours on entend par là les apparitions de développement et de croissance des êtres vivants se manifestant périodiquement chaque année.

En phénologie végétale on observe les dates de début de certaines phases phénologiques comme p. ex. l'éclosion des bourgeons, la floraison, la maturité, la coloration et chute des feuilles de plantes les plus diverses. Mieux que les instruments de mesure connus et utilisés habituellement en météorologie, les végétaux ont l'avantage de réagir à l'ensemble de toutes les influences atmosphériques (température, précipitations, ensoleillement, etc.). Il ne faut cependant pas oublier que le sol, les maladies et les polluants peuvent aussi influencer leur croissance et leur développement. Chez les plantes vivaces, ce ne sont pas les conditions météorologiques de la période de végétation en cours qui influencent leur développement, mais aussi celles qui ont régné lors de la période de végétation précédente ainsi que pendant la phase de repos hivernal. Sur la base des connaissances que nous avons au sujet des relations entre les conditions atmosphériques et la plante, il est possible de déterminer à l'avance la date de déclenchement de certaines phases phénologiques. Dans la pratique on profite de ces connaissances pour prévoir la date des récoltes ou pour employer judicieusement et écologiquement des pesticides en ménageant au mieux l'environnement.

L'observation consciencieuse de la nature fait encore aujourd'hui partie de la routine de chaque météorologue et particulièrement de tous les biométéorologues. Non seulement la forme des nuages, mais les végétaux aussi apportent une quantité d'informations météorologiques. Chacun peut remarquer que sur une petite surface différentes associations végétales peuvent exister ou que le développement d'une même espèce de plantes peut présenter de grandes différences. Il faut souvent chercher les raisons de tels modèles réduits dans les conditions météo et microclimatiques. Les endroits ensoleillés, chauds et secs sont colonisés par d'autres associations végétales que les places humides à l'ombre. Des différences correspondantes se remarquent aussi au stade du développement végétal. Mais l'influence du climat sur la végétation est aussi visible à une plus grande échelle. Pensons à l'arrivée échelonnée du printemps dépendante de l'altitude. Les différences sont tout aussi remarquables entre la végétation du Plateau, des Alpes ou de la Suisse méridionale. Connaissant les exigences climatiques des différentes plantes, on peut en déduire, sur la base de leur constitution botanique, le climat existant dans une certaine région. Des études microclimatiques se laissent aussi faire au moyen d'observations phénologiques.

De telles connaissances peuvent également être très utiles au profane lors de ses randonnées ou excursions à vélo. Pour trouver une agréable place de repos ou pour passer la nuit à l'aise sous les étoiles il vaut mieux choisir judicieusement l'endroit. Pendant la saison fraîche, la préférence sera certainement donnée a une place sèche et ensoleillée, tandis qu'en plein été un endroit ombragé a ses avantages. A la tombée de la nuit ou si le ciel est couvert, il n'est guère possible de se faire une idée des conditions d'ensoleillement de la place prévue. C'est là que les espèces végétales et leur développement peuvent s'avérer être une aide précieuse pour prendre cette décision.

Périls et risques dus aux intempéries

Les plantes et les animaux ne sont pas seuls à subir les influences du temps, l'homme est également concerné. Il s'agit des conséquences météorologiques sur notre vie. Comme sous nos latitudes les conditions climatiques sont d'une part dépendantes des modifications saisonnières et que, d'autre part, les changements du temps font partie du quotidien, nous devons nous vêtir en conséquence. On remarque bien souvent que les gens s'habillent en fonction de la saison, mais qu'ils ne tiennent pas compte d'une situation météorologique anormale. Lors d'un réchauffement subit en hiver avec des températures printanières, la plupart d'entre eux s'emmitouflent encore dans de gros manteaux, alors

Tempête de foehn sur le Urnersee. Le printemps et l'automne sont les saisons des tempêtes de foehn. Leurs effets, que l'on soit sur l'eau ou sur terre, sont impressionnants mais pas toujours sans danger. De nombreux adeptes des sports aquatiques n'ont souvent plus réussi à atteindre la rive sans assistance.

Les plantes ont une intense relation avec le déroulement météorologique. La phénologie analyse les corrélations entre les éléments météorologiques et les influences qui en résultent sur le développement végétal. L'observateur phénologique signale ainsi p.ex. au printemps la date de pleine floraison du tussilage (à gauche) et en automne celle des colchiques (à droite).

qu'au courant d'un brusque refroidissement en été ils persistent à garder des blouses ou des chemisettes légères, risquant ainsi des refroidissements désagréables et bien connus. L'habillement joue surtout un rôle important lors de randonnées et d'excursions à vélo. Il faut savoir que dans nos régions des changements de temps accompagnés d'importantes variations de températures sont très fréquents. Faut-il devoir rappeler l'utilité d'un imperméable en cas d'excursions de plusieurs jours? Des vêtements chauds sont tout aussi nécessaires, surtout si l'on se rend dans des régions élevées. A des altitudes de plus de 2000 m il faut s'attendre à chaque époque de l'année à un brusque refroidissement. Cependant, la pluie, la neige et le froid ne sont pas les seuls à poser des problèmes. Les grandes chaleurs et les temps lourds épuisent beaucoup d'entre nous. Il est évident qu'il ne faudrait pas rester immobile pendant des heures en plein soleil. Même en bougeant personne n'est à l'abri d'un coup de soleil ou d'une insolation. Il faut donc d'une part absorber suffisamment de liquides (éventuellement salés) et, d'autre part, protéger la peau du rayonnement solaire intensif. C'est précisément en altitude où la proportion de rayons UV est très élevée que les parties non couvertes du corps doivent être enduites d'une bonne crème protectrice. Ceci est d'autant plus conseillé lors de randonnées sur la neige et la glace (rayonnement réfléchi) où le port de lunettes de soleil n'est pas un luxe.

Le climat de haute montagne est particulièrement bénéfique. Rappelons-nous ces inoubliables et douces journées d'automne où la vue portait loin entre les sommets par-dessus la mer de brouillard. Ce plaisir est d'autant plus grand si l'on s'imagine être resté en bas, sous la couverture de stratus, à respirer l'air pollué. Le climat de montagne n'a pas que de bons côtés, il comporte aussi beaucoup de risques. Outre le rayonnement intense déjà cité, il faut remarquer que chaque dégradation du temps s'y manifeste beaucoup plus violemment qu'en plaine. Le refroidissement est plus marqué, des chutes de température jusqu'en dessous de 0°C et des averses de neige ne sont pas rares, même en été. Les vents parfois tempétueux qui soufflent particulièrement fort en montagne produisent un refroidissement supplémentaire. Il arrive aussi de se laisser quelquefois carrément surprendre par le mauvais temps, car si l'on ne se trouve pas directement sur un sommet ou une arête, l'horizon limité nous empêche de voir arriver le front de mauvais temps qui s'approche ou l'orage qui se prépare. Le danger que peut représenter la foudre en haute montagne a suffisamment été évoqué. Il suffit de rappeler ici qu'il faut à tout prix éviter les endroits exposés. Le brouillard épais est également un ennemi craint de chaque alpiniste. Avec quelle facilité peut-on perdre l'orientation dans cette purée de pois? On ne retrouve plus l'abri de la cabane ou l'on s'égare pour se perdre rapidement dans des endroits dangereux.

Des vêtements chauds et imperméables, un minimum de provisions ainsi que l'écoute des prévisions du temps et l'observation attentive des modifications météorologiques pendant l'excursion peuvent nous protéger de surprises désagréables, d'accidents ou même de dangers mortels. En se préparant correctement pour une randonnée en montagne nous pourrons jouir dans nos Alpes d'une journée de rêve sans devoir craindre que ce dernier ne se transforme en cauchemar.

Observations phénologiques en Suisse

La Suisse possède également depuis 1951 un réseau d'observations phénologiques dont s'occupe l'Institut Suisse de Météorologie. Dans différentes régions et à différentes altitudes, 160 observateurs environ relèvent année après année quelques 70 phases phénologiques sur 37 différentes plantes sauvages et cultivées. Ces données sont transmises à la fin de la période de végétation à l'Institut Suisse de Météorologie pour y établir des statistiques et pour répondre à des questions spécifiques en relation avec des données météo. Afin d'être constamment au courant du stade de développement végétal, 40 de ces stations choisissent 16 phases bien déterminées pour en tirer les renseignements nécessaires et les transmettre au fur et à mesure.

Le baromètre humain

Il est bien prouvé que beaucoup de personnes sont influencées par le temps qu'il fait, c'est-à-dire qu'elles sont sensibles au temps. Il existe plusieurs théories sur les causes de cette sensibilité. Sans doute, l'organisme doit s'adapter sans cesse aux conditions atmosphériques constamment changeantes p. ex. à celles du milieu thermo-hygrométrique. Cette réaction de notre corps se fait sans problèmes dans les cas normaux de jeunes gens en bonne santé. Mais un tel stress météorologique peut être néfaste s'il s'agit de personnes plus âgées, particulièrement sensibles, malades physiquement ou psychiquement et surmenées. Là où l'organisme présente des faiblesses, cette sensibilité au temps se fait surtout remarquer sous forme de douleurs, malaises, nervosité, dépressions, etc. Souvent le foehn n'est pas la cause de toutes ces souffrances, mais bien le changement du temps en général qui oblige notre corps à s'adapter aux modifications des conditions atmosphériques.

La vie trouve ses origines dans l'eau – élément indispensable à tout être vivant. Quiconque ayant souffert de la soif ou possédant des plantes d'appartement a pu s'en rendre compte. Que ce soit à la vie végétale ou animale, l'eau reste indispensable.

La nature fait pousser et fleurir: observons-la en nous promenant

Comment la terre ferme s'habilla en vert

D'épais flocons d'algues se forment surtout dans les eaux surfertilisées. Les algues d'eau douce sont constituées de fins filaments cellulaires, de cellules individuelles ou d'amas de cellules. Par cette conception simple, elles représentent le début du développement du règne végétal.

La vie commence modestement. Les premières cellules végétales vertes flottent librement dans les couches supérieures (jusqu'à 100 m de profondeur) de l'eau pénétrée par la lumière; ce sont *des algues* simples. Avec des microorganismes et de minuscules animalcules, elles forment le plancton. La reproduction des algues vertes ne se fait plus par dédoublement de la cellule mère en deux cellules filiales identiques – mode de reproduction initial rencontré chez les microorganismes. La cellule mère des algues libère des cellules filiales sous forme de petits appendices agiles ressemblant à des pilosités. Ces cellules peuvent soit fusionner avec une autre cellule filiale – une forme de sexualité primitive – ou directement devenir adultes.
Sur les rivages des océans, les premières cellules végétales perdent leur mobilité. Le ressac les lance sans relâche sur les falaises, mettant ces petits organismes fortement à contribution et en danger. Ici il s'avère avantageux de s'accrocher directement aux rochers. Les premières algues forment des croûtes. La prochaine étape consiste en un alignement cellulaire simple, une cellule se fixant à l'autre. Des algues plus téméraires forment des filaments ramifiés; voire des tubes, des lanières, des plaques ou des sacs.
Déjà cette simple association de cellules limite la liberté de chacune d'entre elles: la division cellulaire doit être organisée en commun et la cellule individuelle passe un peu moins au premier plan. Nous trouvons chez les algues les premiers corps végétaux compliqués, appelés les thalles. Les thalles ne présentent aucune ramification de la racine, de la tige ou des feuilles. Les différentes parties du corps ne sont pas approvisionnées en eau et en nourriture par un système de nervures (appelé chez les plantes tissu conducteur ou vasculaire). Un tissu de soutien proprement dit n'existe pas, la cohésion étant assurée par des parois cellulaires rigides communes.
Un embranchement du système végétal conduit aux *champignons* supérieurs. Il s'agit ici d'un groupe très entêté: les champignons sont les seules plantes qui croissent hors de l'eau tout en renonçant totalement à la pastille verte miraculeuse, la chlorophylle. Comme les animaux, ils tirent l'énergie qui leur est nécessaire pour édifier leur corps de la décomposition de matériaux organiques. Mais on les classe dans le monde végétal en raison de leur «domicile fixe», de leur structure et de l'organisation de leurs cellules individuelles qui sont enrobées d'une pellicule de chitine (matière de la cuticule des insectes), ainsi que de leur manière de se reproduire par spores (précurseurs des semences).
Ce que l'on désigne communément comme champignons n'est en réalité que la pointe visible d'un iceberg. Les champignons supérieurs vivent discrètement sous la forme de filaments microscopiques dans le sol ou dans la couche dispersée en surface. Seulement de temps en temps ces filaments s'entrelacent et forment des sculptures: précisément les chapeaux de champignons. Ces chapeaux que nous apercevons et dont nous apprécions les comestibles dans notre assiette servent de support aux spores. Les spores – qui se forment dans de minuscules poches sur les lamelles ou dans des pores comme chez les bolets – peuvent, soulevées

Cycle de vie des champignons à chapeau: 1 Les spores de champignon développent de fins filaments. **2** Entrelacs de filaments à différents noyaux cellulaires (points verts et rouges). Si les conditions nutritives et climatiques sont bonnes, les chapeaux se forment. **3** Les noyaux cellulaires fusionnent et transmettent les informations génétiques aux spores.

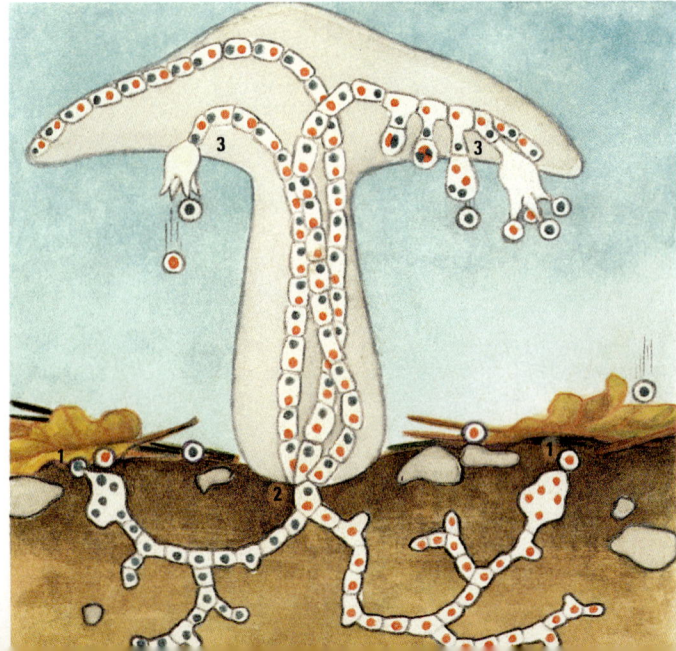

L'union fait la force – ou du moins la couleur. Ce n'est qu'en se réunissant pour former l'être double lichen que l'algue et le champignon peuvent produire des colorants. Les taches oranges spectaculaires sur le rocher ne sont que des lichens croûteux.

Les espèces de lichen du groupe «cladonia» poussent en hauteur (tout en haut). A la place de croûtes plates, nous les trouvons sous forme de coussins spongieux composés de ramifications finement divisées.

au-dessus du sol, être disséminées par le vent. Une fois séparées et éloignées du champignon mère, ces unités de propagation occupent sans concurrence de nouveaux territoires et s'y développent sous forme de filaments mycéliens. Si dans le sol il y a rencontre de deux filaments cellulaires antipolaires – on pourrait les appeler masculin et féminin – (notez que les champignons peuvent avoir jusqu'à 4 sexes différents!), ils fusionnent et croissent ensuite en un seul filament. Leurs noyaux cellulaires qui portent une information génétique différente restent séparés et se laissent démontrer tous deux dans le filament mycélien. Ce ne sont que de tels filaments à double noyau qui peuvent produire un fruit, le chapeau du champignon. Et en général, ce n'est que maintenant que les noyaux cellulaires fusionnent – pour peu après, et répartis autrement, confier une partie des informations génétiques sous forme de spores à l'action dispersante du vent. C'est aussi par cette fusion qui n'est pas simultanée avec celle des cellules que les champignons se distinguent de toutes les autres plantes! Les ramifications de l'arbre généalogique végétal peuvent après coup s'unir à nouveau: les algues et les champignons se marient pour former des *lichens*. Comme les champignons, ils font partie des curiosités du monde végétal. La créature «lichen» peut être attribuée aux algues et aux champignons, ce qui prouve que la masse héréditaire des deux partenaires ne se mélange d'aucune façon, mais reste séparée. Le lichen est donc un organisme double. L'algue et le champignon restent des partenaires indépendants qui vivent ensemble dans l'intérêt commun. Le botaniste appelle ceci une symbiose. Dans ce ménage commun, l'algue s'occupe de l'alimentation générale, alors que le champignon protège sa délicate partenaire du dessèchement tout en l'amenant au sec. Sans un partenaire champignon, une algue ne quitte qu'exceptionnellement son milieu acqueux. Pour ses fidèles services de garde de corps, elle récompense le champignon en éléments nutritifs.

Un aspect différent et moins romantique: l'algue est agressée par des filaments fongiques et incorporée au champignon. Des algues capables de prospérer lentement et avec peu de lumière survivent à cette agression et continuent de pousser, enfermées dans les filaments mycéliens. Dans cette union commune forcée, un des partenaires, l'algue, perd sa sexualité. Seul le champignon peut aussi, en symbiose, produire des formes de fruits normales. Ceci a pour effet que la mère lichen donne naissance à des enfants champignons, qui doivent à leur tour, à l'emplacement de reproduction, se trouver d'abord une partenaire algue adéquate. En pratique, ceci ne contribue guère à la propagation des lichens. Ceux-ci se reproduisent surtout d'une manière asexuée. Leur matière génétique n'est donc pas à nouveau mélangée. Le lichen forme simplement des lambeaux prêts à se séparer facilement de la plante mère. Ou il se divise en plantes filiales, un système que les cellules primitives connaissaient déjà.

L'organisme double lichen, dont on recense 20 000 sortes environ dans le monde, peut former des croûtes sur les écorces d'arbres ou sur les roches. Il se comporte donc d'une manière très proche des algues simples qui recouvrent les rochers des côtes d'une couche cellulaire verte.

En outre, il existe parmi les lichens des associations plus compliquées et très ramifiées et dont le corps se détache du substrat. La plus connue d'entre elles est sans doute le lichen des rennes, une espèce très répandue dans l'Arctique et de laquelle les Nordiques tirent une eau de vie malgré son goût amer. La mousse d'Islande lui ressemble et fournit une drogue expectorante qui est souvent utilisée comme ingrédient des bonbons contre la toux.

Les lichens font partie des organismes végétaux les moins exigeants. Ils survivent aussi bien au dessèchement qu'aux très fortes chaleurs et ils sont très modestes en ce qui concerne le sol nourricier. Ceci les prédestine à la colonisation: dans le Nord, dans les déserts secs, ou jusque très haut dans les montagnes, nous rencontrons des lichens. Comme des pionniers sur une roche nue, ils préparent le sol pour une future colonisation végétale – avant que la concurrence n'arrive.

Dans la lutte pour la survie, les lichens sont défavorisés par rapport aux autres plantes. Ils ne poussent que très lentement et jamais très haut, de sorte qu'au sol ils sont très vite ombragés.

Les premiers composés organiques se formèrent dans les océans, il y a plus de 4 milliards d'années. Parmi eux: *la chlorophylle*, cette substance qui rend les plantes vertes. Nous pouvons nous imaginer la molécule de chlorophylle sous la forme d'une petite pastille ronde et verte décomposant les rayons solaires. Alors que la lumière verte reste sans effet, les rayons rouge et bleu sont absorbés par la chlorophylle. Cette énergie solaire déclenche une synthèse chimique: l'eau et le dioxyde de carbone de l'air forment des sucres. Comme «produit résiduaire» résultant de la décomposition de l'eau, l'oxygène est rejeté dans l'environnement. Par cet oxygène qui monte à haute altitude, l'atmosphère primitive nébuleuse nous paraît aujourd'hui sous l'aspect d'un ciel bleu. Mais encore: seul l'oxygène rend la respiration animale possible. D'où la conclusion: pas de chlorophylle, pas d'êtres humains.

La molécule de chlorophylle ne devient réellement active qu'au moment où elle est absorbée par les cellules végétales. Elle contribue alors à la formation de substances vivantes à partir de l'eau et de l'air, de la lumière et de la terre. Ces nouvelles cellules chlorophylliennes vivantes déclarent vite la guerre aux formes de vie primitives qui tirent leur énergie de la fermentation. La fermentation se fait sans oxygène. Cet enrichissement en oxygène fait se réfugier les formes de vie primitives dans les profondeurs des mares. – Où par ailleurs encore maintenant elles continuent à s'adonner à la fermentation dans la vase privée d'oxygène. Ces organismes sont devenus minoritaires depuis que le règne des plantes s'est développé grâce à la chlorophylle.

Il y a 300 millions d'années (au carbonifère), les fougères étaient, avec le groupe apparenté des grandes prèles et des lycopodes tellement énormes qu'elles formaient de véritables forêts arborescentes qui dominaient tout le paysage.

Il en reste très peu: ce n'est que sous les tropiques que certaines espèces arborescentes se sont maintenues. L'effondrement de l'empire des fougères se laisse expliquer: comme les mousses, les fougères sont dépendantes de l'eau pour assurer leur multiplication. Le mélange des gènes ne se fait pas sur la plante connue en tant que fougère, mais sur une petite plaque de tissu imperceptible en forme de cœur, le prothalle. Comme le nom l'indique, il rappelle beaucoup le thalle des plantes primitives. Le prothalle est issu des spores qui se forment le plus souvent en petites capsules brunes sur la face intérieure des feuilles. Le mode de propagation de la fougère est le même que celui des champignons et des mousses, les spores: elles sont portées par le vent sur de nouveaux territoires et attendent là, dans un engourdissement sec, des conditions de germination favorables. L'acte sexuel proprement dit n'a cependant lieu que sur le prothalle. Dans une humidité suffisante, les cellules germinatives mâles formées en surface, les spermatozoïdes (qui ressemblent au sperme humain), réussissent à nager jusqu'aux cellules femelles en forme de cruche et à les féconder. De cet accouplement croît aussitôt une nouvelle plantule de fougère qui parasite le prothalle et le fait bientôt mourir. Le cycle est ainsi achevé.

Les premières plantes vertes à être sorties de l'eau sont *les mousses.* Par leur manière de reproduction, elles ressemblent beaucoup aux fougères, mais présentent cependant dans leur constitution encore certaines lacunes, respectivement une inadaptation à la vie au sec. L'eau est indispensable à toute forme de vie. Ceci oblige ces envahisseurs téméraires de terres fermes – plantes et animaux – à se protéger de l'évaporation. Ils forment à cet effet un tissu protecteur imperméable, une peau donc, qui, chez les plantes, est souvent recouverte de plus d'une couche de cire. Ce manteau protecteur empêche, certes, l'évaporation, mais complique par contre l'absorbtion d'eau et de dioxyde de carbone par les feuilles. Pour capter l'eau et la nourriture, mais aussi pour s'ancrer solidement dans le sol, la plante forme un nouvel organe, la racine. Afin que les liquides soient transportés le plus rapidement possible dans le corps végétal, il faut donc maintenant aussi un système vasculaire appelé tissu conducteur, qui transporte l'eau enrichie de minéraux depuis le sol jusqu'aux feuilles. Avec l'aide de l'énergie solaire, des éléments nutritifs et avant tout de l'amidon et des sucres sont formés dans les pousses vertes. Ce procédé s'appelle photosynthèse. Les substances nutritives ainsi récoltées sont transportées vers les racines par le tissu conducteur pour former des réserves souterraines protégées (racines pivotantes, rhizomes, oignons ou tubercules).

Le tissu conducteur a même une double fonction: outre le transport de la nourriture, il sert aussi de squelette. Les tiges ou tubes renforcés de matière ligneuse ou liégeuse donnent aux plantes élevées leur stabilité – privées de la portance des eaux de la mer primitive, elles en ont absolument besoin.

Comme déjà dit, la mousse a pu sauter à terre sous certaines conditions. Toutes les structures décrites ne sont qu'incomplètement achevées. Ceci contraint la mousse à la modestie; elle ne croît jamais au-delà d'une hauteur raisonnable. Sa stratégie consiste à multiplier les individus. Le terme «tapis de mousse» le fait déjà sous-entendre: nous avons à faire ici à toute une colonie de plantes individuelles. – C'est dans les marécages humides que de telles «forêts miniatures» sont les plus impressionnantes et les plus prospères. Elles y forment un gazon de tourbe tagent.

Les mousses poussent aussi avec succès dans des endroits extrêmement secs et donc pauvres en concurrence, tels les toits et les écorces. Elles se comportent ainsi d'une manière très semblable aux lichens: elles traversent des périodes défavorables dans une sorte d'engourdissement sec. Leurs tissus supportent une déshydratation presque totale – un avantage que pratiquement tous les organismes supérieurs ont perdu.

Les mousses sont classées en deux groupes. D'une part les mousses hépatiques plates qui ressemblent encore fortement aux thalles des algues. Elles restent liées aux habitats humides. D'autre part, le groupe mieux connu des mousses foliaires caractérisées par de petites tiges feuillues.

L'adaptation des *fougères* à la vie terrestre est déjà plus perfectionnée. Les feuilles des fougères – que l'on pourrait comparer avec des collecteurs solaires – sont souvent extraordinairement grandes et finement pennées, ce qui augmente considérablement l'efficacité de la photosynthèse. Des découvertes fossiles nous montrent que ces feuilles de fougères de structure remarquablement fine sont, du point de vue de l'histoire évolutive, en principe restées inachevées. Le tissu foliaire s'empile autour des nervures, mais ne peut cependant pas s'unir pour former une surface homogène. A quelques exceptions près: la langue de cerf par exemple, espèce rare et protégée en Suisse.

Le ptéridium fougère impériale témoigne du succès de développement des fougères. Elle résiste aussi bien dans les régions humides ou sèches, au froid arctique et à la chaleur tropicale, sur des sols acides et peu fertiles. Une chose que peu d'espèces réussissent.

Les *plantes à graines,* qui ne nécessitent plus d'eau pour procréer, figurent au plus haut niveau de l'histoire évolutive. Elles développent des cellules mâles sous forme de grains de pollen qu'elles confient au vent ou aux insectes et même aux oiseaux sous les Tropiques, pour être dispersés.

Simultanément au développement du grain de pollen, la cellule germinale femelle est également transformée. Elle est nichée dans une housse protectrice et désignée maintenant comme ovule. Dès que cet ovule est fécondé par un grain de pollen, il se forme la graine. De ce fait, la graine est pluricellulaire et contient les nouvelles informations génétiques réunies pour former un nouvel enfant végétal. Et même plus, déjà dans la graine croît un petit embryon qui attend à l'intérieur des conditions d'environnement favorables pour casser sa «coquille». Ce «sommeil de la graine» peut être extrêmement long. Par exemple, des semences de nénuphars d'un herbier du 17e siècle ont encore pu germer. Même des graines millénaires de lotus avaient conservé leur capacité germinative! La possibilité d'un tel «sommeil de Belle-au-Bois-Dormant» ne trouve pas son pareil dans le monde animal: le graines ne contiennent qu'environ 15% d'eau contre les 50 à 90% des autres tissus. Ceci ralentit la vie,

La procréation se déplace de l'élément eau dans l'élément air, ce qui ne peut qu'être bénéfique aux organismes terrestres! C'est ainsi que les plantes à graines sont devenues rapidement le groupe prédominant que forme toute l'image du paysage.

Les conifères. Ils forment des grains de pollen et des ovules sur des supports accessibles au vent et se distinguent des aiguilles. De ces supports poussent les cônes que nous connaissons bien, qui libèrent le plus souvent des graines à ailettes. Les cônes de sapin nécessitent un temps extrêmement long pour mûrir pouvant durer deux années complètes. Une comparaison: même les bébés éléphants attendent moins longtemps pour voir le jour (20–22 mois)!
Les photos présentent les inflorescences mâles et femelles de l'épicéa.

conduit à une respiration minimale et ainsi à un très faible besoin nutritif.

Les spores, que nous connaissons comme corpuscules propagateurs des plantes primitives, n'ont en commun avec la «nouveauté» graine que la capacité de pouvoir attendre des temps meilleurs. D'ailleurs, les spores sont unicellulaires et ne contiennent pas de nouveaux mélanges génétiques.

Nous distinguons deux groupes de plantes à graines: les gymnospermes et les angiospermes. Les représentants des *gymnospermes* sont chez nous les conifères.

Le groupe le plus récent qui domine aujourd'hui le monde végétal est formé par les *angiospermes* que l'on nomme aussi *plantes à fleurs*. Leur origine remonte «seulement» à 100 millions d'années. Le secret de leur succès: elles ont amélioré aussi bien le système de procréation que celui de la distribution. Leurs ovules sont emballés dans une autre enveloppe, le carpelle. Ce dernier se développe ensuite en un fruit à une ou plusieurs graines. La dispersion de ce fruit, comme déjà celle du pollen, est le plus souvent confiée à des spécialistes: les insectes s'occupent du léger pollen, les oiseaux et les mammifères des graines. Ceci augmente fortement les chances de multiplication. Mais c'est aussi le plan de construction végétale qui atteint sa perfection chez les plantes à fleurs. Les conifères ont toujours encore à lutter avec un mauvais tissu conducteur qui ne permet qu'une vitesse d'écoulement de 0,5–2 cm par minute, ce qui peut poser des problèmes dans des situations de stress lors de chaudes journées d'été. Les plantes à fleurs profitent d'une remarquable amélioration: la vitesse d'écoulement dans un tronc de chêne atteint 70 cm par minute.

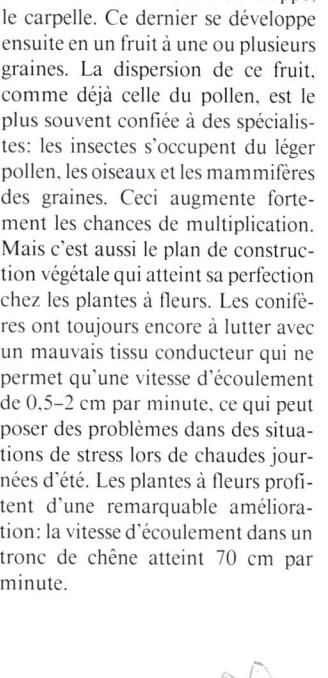

Les conifères aiment les superlatifs

Parmi les sequoias californiens âgés de 3000–4000 ans, nous trouvons aussi bien les plus vieux que les plus impressionnants êtres vivants; leur tronc peut atteindre à la base un diamètre allant jusqu'à 12 m et monter jusqu'à 120 m. Les conifères sont inimitables également dans le gaspillage: 9 kg de cônes, ou 20 000 graines par arbre et par année sont produits. De toute cette richesse, seules 1–2 graines en tout trouveront l'occasion de germer avec succès. Ou encore les gigantesques nuages de pollen qui rendent la vie difficile aux victimes du rhume des foins à l'époque de la floraison; bien peu de grains de pollen trouvent un ovule correspondant. Cependant: ni le gigantisme ni la manie de gaspiller ne sont honorés dans la nature. Il ne reste que 600–700 espèces de gymnospermes à avoir survécu jusqu'à nos jours – contre 250 000 sortes de plantes véritablement à fleurs. Les conifères ne marquent le paysage que dans le Nord et dans les montagnes. Ils y sont particulièrement concurrentiels car ils résistent bien à l'hiver.

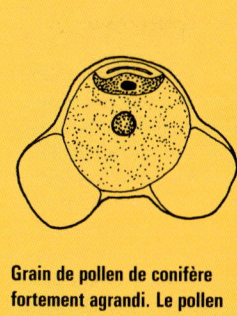

Grain de pollen de conifère fortement agrandi. Le pollen des conifères améliore sa capacité de vol en se munissant de vésicules d'air qui réduisent énormément la vitesse de chute.

La répartition du travail fait partie des systèmes modernes – aussi dans le monde végétal. Chez les plantes à fleurs, la plus récente création botanique, cela signifie que: les racines fixent la plante dans le sol et l'alimentent en eau et en nourriture – les tiges amènent l'eau, des éléments nutritifs et de la nourriture préparée – les feuilles «collectent la lumière» et forment des composés nutritifs au moyen de l'énergie solaire récoltée – et les fleurs finalement assurent la procréation.

Les monocotylédones

Les plantes monocotylédones forment le plus souvent des feuilles simples, à bordures droites et sans pétiole. Les nervures suivent une direction parallèle. Les herbes et les céréales sont des exemples typiques. Les feuilles elles-mêmes sont le plus souvent simples, opposées ou alternées sur un axe vertical.
Les fleurs sont presque toujours en triade. Cela signifie que les pétales et les étamines se trouvent en multiple de trois, particularité facilement remarquable chez les tulipes, les lys ou les iris.
Une autre caractéristique n'est visible qu'avec une bonne loupe. Coupons pour cela une tige de plante avec un couteau bien aiguisé et examinons ensuite la section presque toujours triangulaire. Nous cons-

La nature fait pousser et fleurir: observons-la en nous promenant

Racine, tige, feuille et fleur: la plante «moderne»

La création la plus perfectionnée du règne végétal, la plante à fleurs, est constituée d'éléments hautement spécialisés – racines, tiges, feuilles et fleurs – ayant tous une fonction vitale spécifique à remplir.
D'innombrables plantes sont faites suivant ce plan. Le botaniste y met de l'ordre. Tout d'abord il les classe encore en deux groupes: les espèces monocotylédones et les dicotylédones. Cette caractéristique nominale est facilement déterminable dans la phase de germination: chacun a certainement déjà vu les quantités de petites plantes de légumes fraîchement germées et qui déploient au début deux minuscules feuilles au-dessus du sol – un aspect totalement différent de celui d'une surface fraîchement engazonnée. Plus tard, la distinction devient plus difficile. Les cotylédons qui se forment encore avec les réserves de la graine restent quelque temps suspendus comme des appendices à la tige. Ils transmettent cependant assez vite leur fonction de collecteurs solaires à de nouvelles grandes feuilles souvent différentes pour finalement se dessécher. La distinction reste cependant.

Malgré cette dernière classification en plantes mono- et dicotylédones, nous sommes loin d'être au bout de nos peines. De nos jours, les botanistes comptent près de 300 000 espèces de plantes à fleurs. L'espèce est, selon sa définition, l'unité de base dans le système végétal et animal. Tous les individus correspondant à l'ensemble des caractères essentiels et qui se laissent féconder par croisement, y sont enregistrés. Pour augmenter encore la confusion on cite que, grâce au zèle jamais lassant des botanistes, les espèces sont aujourd'hui encore subdivisées en sous-espèces et en variétés.
Alors que la fécondité d'un individu peut être nettement déterminée, cela se complique déjà pour les caractères. Que signifie un *caractère fondamental*? Déjà au milieu du 18e siècle, le botaniste Carl von Linné se préoccupa de cette question. Il posa la première pierre de la systématique végétale en essayant de classer logiquement cette abondance d'espèces. Il choisit pour ceci des caractéristiques facilement reconnaissables: la répartition des sexes (ovaire féminin et étamine mâle) sur deux plantes (dioïques), sur une seule plante (monoï-

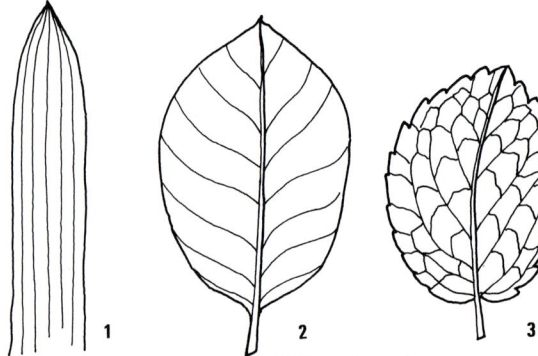

Différentes formes de nervures:
L'iris et le plantain ont des feuilles à nervures parallèles (1), des nervures pennées se rencontrent sur les feuilles des hêtres (2), le saule à réseau possède des feuilles nervurées en filet (3).

▲ *Le lis martagon* est représentatif pour les plantes monocotylédones. Ses parties florales sont en triades, ce qui est bien visible par la présence de chaque fois trois étamines disposées en cercle.
▲▶ *La véronique* bleu ciel fait partie des plantes dicotylédones, les fleurs tétramères en témoignent.

Les plantes monocotylédones forment souvent des oignons, des bulbes ou des rhizomes qui servent de réservoir souterrain protégé. Les oignons comestibles et l'ail, mais aussi un grand nombre de nos fleurs printanières, crocus, perce-neige, narcisse et iris, en sont les représentants typiques (1). Les orchidées possèdent des tubercules (3). Nous trouvons les rhizomes chez les iris (2). Les véritables racines ne s'épaississent pas et forment un paquet entrelacé.

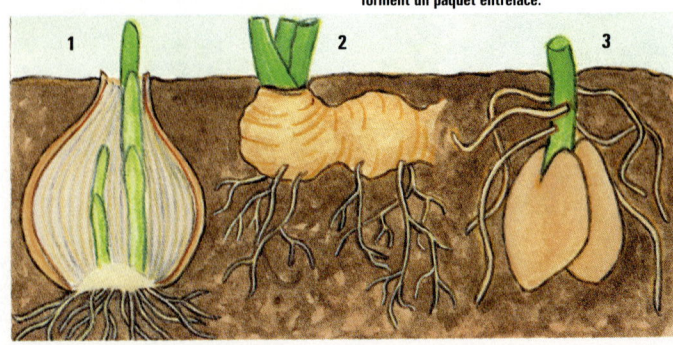

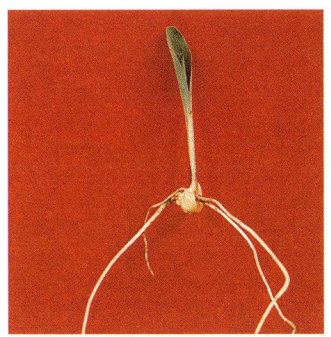

– les cellules individuelles avec leur métabolisme spécifique et leurs colorants
– la répartition géographique
– la répartition écologique, l'habitat (forêt, marais, prairie, etc.)
– l'histoire de l'évolution antérieure
– les résultats d'analyses chromosomiques

La «caractéristique fondamentale» est donc aujourd'hui quelque chose d'extrêmement complexe. En sui-

Vivre et survivre: On peut généralement constater que les feuilles des dicotylédones sont plus ou moins exposées horizontalement pour capter ainsi un maximum de lumière solaire (à droite: des hêtres en germination). Bien qu'étant favorisées par rapport aux herbes, ceci leur est par contre néfaste dans les cultures actuelles. Les désherbants dans les surfaces engazonnées ou dans les champs de céréales se déposent en effet essentiellement sur ces «terrasses» et détruisent ainsi la plante – les feuilles herbacées placées verticalement (à gauche) reçoivent par contre une dose de poison beaucoup plus faible et donc moins néfaste.

tatons alors que la partie vasculaire est répartie sous forme d'ouvertures ovales dans toute la tige.

Outre toutes les herbacées, nous comptons dans notre végétation indigène les iris, les orchidées et toute la famille des lys, ainsi que quelques plantes aquatiques et au Tessin – dans les jardins – les palmiers nains dans le groupe des monocotylédones.

Les dicotylédones

Partant du nombre d'espèces, nous constatons que la majorité des plantes à fleurs appartient aux dicotylédones. Leurs feuilles sont plus diversifiées et souvent de construction plus compliquée. Pour illustrer cette richesse en variétés, citons les lobes des feuilles de chêne, les dentelures des feuilles de dent-le-lion ou même celles filigranées de la carotte. Certes, des représentants moins extravagants existent, par exemple la feuille du hêtre. Dans une simple feuille ovale les nervures se ramifient. Chez les plantes dicotylédones, les feuilles composent souvent des groupes. On pense ici aux fueilles du rosier ou celles du marronnier groupées comme une main. Les dicotylédones sont aussi plus inventives en ce qui concerne la position des feuilles. A part être simples, ces feuilles peuvent aussi être placées en opposé, verticillées ou être posées toutes ensemble sur le sol pour former une rosette radicale.

Les pétales des dicotylédones sont souvent aux multiples de quatre ou de cinq. Les pavots, la véronique et les œillets en sont des représentants caractéristiques. Les pétales peuvent être soudés entre eux à la base pour former un tube comme chez les primevères ou les campanules.

En sectionnant une tige, nous constatons que le réseau vasculaire des dicotylédones est placé en cercle.

ques) voire sur une seule fleur – ce qui est le cas le plus répandu. De plus, Linné fit le classement selon le nombre d'étamines par fleur, des caractéristiques qui servent encore aujourd'hui de clé de définition.
Malgré cela, ces caractères ne sont plus considérés comme «fondamentaux» car ils ne correspondent malheureusement pas avec la parenté généalogique des espèces. La classification de Linné est de nos jours considérée comme un «système artificiel», auquel on oppose le «système naturel». Les types de modèles de chaque groupe végétal sont actuellement déterminés théoriquement sur la base des tendances de développement. Pour ce genre de classification,

on prend en considération les particularités suivantes:

– l'aspect extérieur de la plante
– la nature et le développement de l'embryon végétal dans la graine
– la forme et la nature de la surface du grain de pollen

vant les tendances d'évolution, nous apprenons dans les chapitres suivants ce que sont les «caractéristiques fondamentales de classification». Nous commençons par les fleurs et leur mode de pollinisation et continuons ensuite avec les fruits et les graines.

Multitude de formes foliaires sous l'aspect botanique: 1 feuille sciée de l'aulne commun; 2 feuille dentée du châtaignier; 3 feuille découpée de la dent de lion; 4 feuille lobée du chêne; 5 feuille ciliée du rhododendron cilié; 6 feuille pennée de la scabieuse; 7 feuille imparipennée de la rose; 8 feuille paripennée du pois à crapaud; 9 feuille palmée du marronnier.

**Les dicotylédones développent souvent une très forte racine principale dite pivotante (1) comme par exemple la dent-de-lion. Ces racines peuvent aussi s'épaissir (2), formant ainsi le salsifis, le radis et la carotte. Les betteraves sucrière et rouge sont encore plus rondes, bien qu'ici la main experte du sélectionneur y soit un peu pour quelque chose.
Pour faire la comparaison, les racines de graminées sont inclues dans l'illustration (3).**

En nous promenant, nous remarquons surtout les nombreuses formes et couleurs des fleurs qui réveillent en nous le désir d'apprendre à connaître les plantes. Pour y parvenir, il nous faut avant tout, en plus de quelques connaissances théoriques, la volonté d'observer consciencieusement non seulement la fleur mais aussi les autres parties végétales. Ce n'est qu'ainsi qu'une détermination exacte est réalisable.

La nature fait pousser et fleurir: observons-la en nous promenant

Prunes, roses et fraises ont quelque chose en commun

Notre voisin Jean, l'étudiant en biologie, prétend que les prunes, les roses et les fraises ont quelque chose en commun. – Elles édulcorent toutes les trois nos tartines matinales: la confiture violette de pruneaux, la brune marmelade de cynorrhodons et la gelée rouge de fraises. – Jean, amusé, ne pense pas à cela mais surtout à une prise en considération de la plante entière.

Un arbre qui porte des prunes, un buisson où fleurissent les roses et une plante donnant des fraises nous font plutôt songer à d'énormes différences de taille qu'à des points communs. Que peut donc avoir en commun un petit plant de fraisier s'étendant près du sol en toutes directions par des stolongs qui multiplient le pied mère, avec un rosier s'épanouissant en hauteur et défendant son espace par des épines ou encore avec un prunier dont le tronc de plusieurs mètres dresse sa couronne contre le ciel? Outre la grandeur, les formes de croissance sont très différentes: Le fraisier forme une rosette, toutes les feuilles et tiges florifères jaillissent du même point. Le rosier se ramifie déjà près du sol, mais le fait sur toute la hauteur... précisément comme un buisson. Le prunier, finalement, forme d'abord un tronc, s'élève du sol et ne s'étend qu'ensuite horizontalement.

Il est évident que ces trois plantes ont un temps de croissance différent pour arriver à l'âge adulte et n'ont de ce fait pas la même longévité. Une ressemblance entre les feuilles ou les fleurs n'est pas non plus nécessairement apparente. Ce que fraises, pruneaux et cynorrhodons ont de plus en commun – à part le fait de pouvoir être transformés en confiture – c'est leur parenté. Avec «quelque chose en commun», Jean veut nous rendre attentifs à la parenté botanique. Il nous explique que le rosier, le prunier et le fraisier font tous partie de la famille des rosacées.

Afin de dépister ces corrélations, cherchons une fois dans un livre de science botanique ce que signifie ce terme:

Rosacées *Rosaceae*

100 genres avec 3000 espèces. Se rencontrent avant tout dans les zones tempérées de l'hémisphère Nord.

Plantes ligneuses ou le plus souvent herbacées vivaces à feuilles alternes, fréquemment plus ou moins découpées ou pennées. Contrairement aux renonculacées, presque toutes ont, à la base du pétiole, des appendices foliacés appelés stipules.

Cela apporte presque plus de questions que de réponses: «Plantes ligneuses ou le plus souvent vivaces», cela sonne comme un bulletin météorologique: «plutôt ensoleillé, avec passages nuageux et précipitations éparses...»

Jean commence donc à nous décrire quelles sont les caractéristiques importantes pour pouvoir reconnaître le degré de parenté entre les plantes. Il faut remarquer que ce que l'on appelle caractéristiques végétatives – donc celles qui concernent la plante à l'exception de la fleur (racines, tiges, feuilles) – sont généralement peu fiables. Ceci parce que les plantes, à travers leur longue histoire évo-

Trois exemples de rosacées sauvages: en haut à droite la fleur d'un églantier pouvant aussi fleurir blanc; à gauche l'amélanchier commun, un buisson pouvant atteindre 3 m, et en bas à droite la fraise des bois. Dans les trois cas, on reconnaît les organes quintuplés de la fleur dont même les pistils et étamines sont en nombre multiple de cinq pour la plupart des rosacées. Chez les espèces cultivées des roses, le nombre des pétales est souvent multiplié aussi.

lutive, ont sans cesse dû s'adapter aux conditions des nouveaux habitats conquis et ont ainsi amélioré leurs possibilités de survie. Par exemple, une croissance haute fut très importante pour le prunier s'il voulait faire face à la concurrence. Même si l'on n'examine qu'une seule espèce, cela peut conduire à des confusions. Un plant de fraises dans la forêt possède de plus grandes feuilles qu'un même plant en lisière et pousse souvent plus haut. Ceci s'explique par les différences d'intensité lumineuse entre l'intérieur et l'orée d'un bois.

D'une manière générale, la fleur donne des indications plus précises sur les caractéristiques de parenté, ce qui n'exclut pas que l'on peut aussi trouver d'importants indices sur les parties végétatives. La fleur, partie souvent la plus remarquée d'une plante, s'est bien moins modifiée au cours de l'évolution – du moins dans sa conception géométrique –, et est restée plus conservatrice. Bien qu'on trouve aujourd'hui des roses rouges, jaunes ou blanches de grandeurs différentes, le principe de construction d'une fleur de rose reste cependant le même. Les remarquables différences de formes et de couleurs ne sont que le résultat de sélections très recherchées.

La fleur s'est naturellement aussi un peu adaptée – à ses pollinisateurs notamment. Une fleur pollinisée par le vent «renonce» par exemple à l'apparence colorée et au parfum de celles qui dépendent des abeilles. C'est ainsi que l'herbe d'une prairie, pollinisée par le vent, ne porte que des fleurs vertes insignifiantes et s'apparente pourtant aux si remarquablement colorés. Cependant, la triade, une caractéristique importante reste conservée, signifiant que les sépales, pétales et anthères se retrouvent au nombre de trois ou six.

Dans une même mesure, les fleurs de fraisiers, pruniers ou rosiers (facilement visibles sur les sortes primitives) présentent beaucoup de points communs: elles sont généralement quintuples et leurs sépales tout comme les pétales forment un ou plusieurs cercles. A l'occasion de notre prochaine excursion de printemps, Jean nous suggère de cueillir et de rapporter chez nous une fleur de chaque espèce pour les examiner et les comparer entre elles. Nous pourrions même tenter de dessiner un soi-disant diagramme de fleur. La conception d'un tel diagramme est représentée à la page 424.

Une clé fiable pour reconnaître les espèces: la clé de définition

Pour savoir le nom d'une plante que nous rencontrons en chemin et qui nous est inconnue, nous avons besoin d'une clé de définition. Qu'est-ce qu'une telle «clé» et comment fonctionne-t-elle?

Une clé de définition est un texte qui nous propose deux descriptions différentes d'une caractéristique végétale. Nous choisissons celle qui correspond à notre échantillon. Aussitôt, nous sommes placés devant une nouvelle alternative et devons procéder à un nouveau choix.

Ceci conduit à une cascade de paires de caractéristiques qui commencent généralement par:
– plante verte
– plante d'une autre couleur

Les détails caractéristiques deviennent au fur et à mesure plus cernés et l'éventail du choix théorique des plantes restantes se restreint toujours davantage.

Le degré de parenté des plantes se renforce alors parallèlement à l'affinement croissant des caractéristiques.

Si nous choisissons donc toujours la réponse correcte, nous sommes alors systématiquement placés devant une nouvelle paire de caractéristiques dont l'une des possibilités doit correspondre. Au cas où aucune des

Fraisier – rosier – prunier. La grande famille des rosacées compte des représentants de formes de croissance des plus diverses dont une quantité frappante de plantes ornementales ou utiles. La famille est divisée en trois grands groupes tels que le genre des roses (outre toutes les roses p. ex. les mûres, les fraises, les potentilles), celui des nèfles et des fruits à pépins (p. ex. pommier et poirier, aubépine et sorbier), et celui des fruits à noyaux et amandes (entre autres le prunellier, prunier, cerisier, etc.).

Le prunier (Prunus domestica) est une très ancienne plante cultivée, à nombreuses variétés, et qui fut toujours remodifié par croisement. Il fait penser au dicton que «déjà les anciens Romains connaissaient les prunes» – pourtant, sa culture existait en Asie du Sud-Ouest de mémoire d'homme. Il est donc difficile de déterminer les espèces sauvages d'origine – le prunier est probablement issu d'un croisement entre l'épine noire (Prunus spinosa) et la prune-cerise (Prunus cerasifera). Les pruneaux et les prunes forment donc une même espèce et son divisés en sous-espèces seulement en raison de quelques caractéristiques différentes. La reineclaude (Prunus domestica italica), une troisième sous-espèce bien connue chez nous, est supposée n'avoir été sélectionnée que vers la fin du Moyen-Age.

La «rose des jardins» (Rosa centifolia) dut être introduite en Europe par les Croisés, non pas pour ses valeurs esthétiques mais comme plante médicinale qui n'est plus guère utilisée comme telle aujourd'hui. Mais elle trouve actuellement son emploi dans l'industrie des parfums et comme additif dans de nombreux produits cosmétiques. L'huile de roses renforce l'épiderme et resserre les pores. L'églantier (Rosa gallica), la rose sauvage orientale blanche (Rosa alba) et celle de damas (Rosa damascena, très parfumée), ont à l'origine probablement participé à la sélection de la rose des jardins.

La fraise sauvage des bois (Fragaria vesca) avec sa pulpe sucrée pouvant contenir jusqu'à 8% de sucre est la plante d'origine du fraisier des quatre saisons cultivé. Les fraisiers à gros fruits des jardins (Fragaria ananassa) ont cependant été obtenus par croisement avec des espèces sauvages américaines.

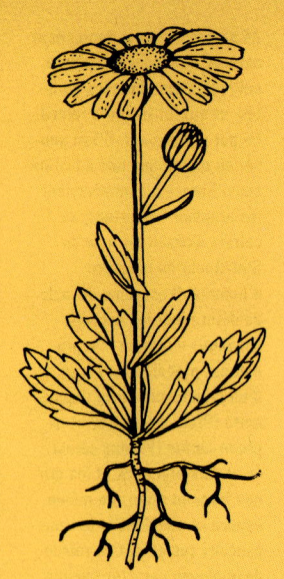

Comment cueillir une plante pour la déterminer chez soi: emporter si possible toute la plante y compris les feuilles à ras du sol et le moignon de racines ou noter exactement ses caractéristiques. Il est préférable de relever sur place les caractéristiques des fleurs fragiles car ceci peut s'avérer difficile plus tard à la maison. Un sac en plastique et un couteau tranchant peuvent être utiles. Mais on s'informera avant tout sur les espèces protégées qui ne doivent en aucun cas être cueillies.

descriptions proposées ne convient aux caractéristiques de notre exemplaire, cela signifie que nous avons fait un mauvais choix dans l'une des variantes précédentes. Un exemple:
– fleur sans pétales colorés
– fleur à grands pétales rouges
Notre erreur devient évidente si l'exemplaire récolté présente par exemple de petits pétables bleus.
En ayant toujours procédé au bon choix, nous sommes finalement récompensés par le nom de notre plante, souvent accompagné d'une photo ou d'un dessin suivi d'une description exacte du végétal. Nous pouvons ensuite y lire des indications sur son habitat, sa répartition géographique et l'époque de floraison – ce qui évidemment peut aussi ternir notre joie lorsqu'il est dit que cette plante ne pousse que sur l'île de Krk en Méditerranée alors que nous l'avons récoltée dans les Alpes à 2000 m... Il convient aussi d'être sceptique si nous lisons «à l'ombre des bois de feuillus» alors que nous avons cueilli notre exemplaire sur un bord de chemin poussiéreux. Ou bien encore si nous notons que cette plante fleurit d'août à octobre et que notre exemplaire était en pleine floraison au mois de mars. Il est donc très probable que nous nous soyons égarés quelque part dans le labyrinthe de la clé de définition.

Nous trouvons dans le commerce divers livres de définition faisant appel à des caractéristiques différentes. Ceux qui sont destinés au large public se réfèrent souvent à la couleur des fleurs. C'est un moyen très simple de parvenir à la définition mais qui a le désavantage de ne pas pouvoir être employé hors de l'époque de floraison (ce qui est généralement le cas env. 10 mois par an).

Caractéristiques végétales importantes à la définition

– structure de la fleur (non la couleur et la grandeur!)
– forme du fruit

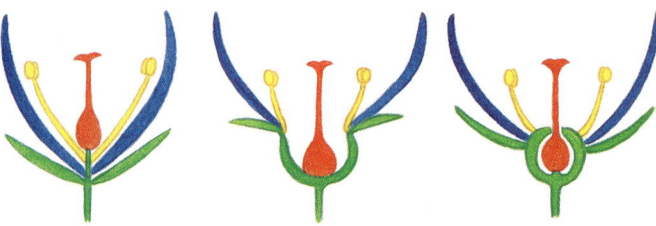

▲ Dans la structure florale (schématique), la position de l'ovaire par rapport au réceptacle de la fleur est une caractéristique importante pour la définition. On différencie de gauche à droite les fleurs supères, périgynes et infères. Dans la disposition infère, le réceptacle enrobe entièrement l'ovaire.

▲ Démonstration de deux symétries florales fréquentes avec une fleur de véronique (Veronica spec. à gauche) et une espèce de campanule (Campanula spec. à droite): la symétrie monoaxe de gauche avec un seul plan vertical de symétrie et à droite la symétrie à cinq axes rayonnant entre les pétales et permettant de diviser la fleur en cinq secteurs identiques. Pour une meilleure visualisation, la cloche florale est vue inhabituellement d'en-dessous.

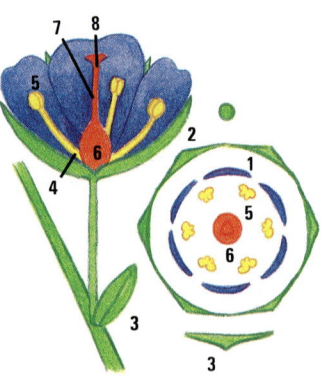

▲ Le soi-disant diagramme floral (à droite) est une représentation abstraite de la structure florale. La disposition des organes de la fleur apparaît comme étant sectionnée de plan. A côté: coupe schématique longitudinale d'une fleur. Les organes suivants se retrouvent dans les deux représentations:
1 pétales
2 sépales
3 feuille axilante
4 étamines avec filet et anthère
5 anthère
6 ovaire avec dispositif germinal, il porte le style et le stigmate
7 style
8 stigmate

– mode de ramification des inflorescences et du feuillage
– mode de ramification de toute la plante
– répartition des feuilles sur la tige
– forme des feuilles
– nervation des feuilles
– répartition du faisceau vasculaire dans la section de la tige (réseau conducteur d'eau et des minéraux)
– nature de la pilosité
– épines
Pour la définition de nombreuses caractéristiques – par exemple la structure de la fleur ou la pilosité – une loupe grossissant 10 fois est indispensable.

Le fait que la hauteur, le nombre de ramifications et de fleurs (inflorescences), donc que la vitalité en général varie entre les individus d'une même espèce, mais aussi la grandeur des feuilles suivant l'habitat, ne doit pas nous troubler. Une remarque: aux endroits secs et ensoleillés ainsi que sur les sols pauvres, les individus sont plutôt maigres, à croissance basse et ont de petites feuilles. Par contre, à l'ombre d'un bois de feuillus riche en éléments nutritifs et en eau, la même espèce peut présenter une croissance beaucoup plus élevée et des feuilles bien plus grandes. Pour se rendre compte avec précision de cette diversité, il suffit de comparer une dent de lion sur un bord de chemin sablonneux et sec avec une autre poussant dans une prairie bien fertilisée.

▶ *En zone marécageuse* ou sur les rivages, nous rencontrons parfois les magnifiques fleurs resplendissantes de l'iris jaune (dont les fleures montrent une symétrie à trois axes). Avant l'assèchement de beaucoup de prés, l'iris était une plante très répandue et devait presqu'entièrement disparaître à la suite des mises en culture. Grâce à la création de réserves naturelles, même petites, dans des zones marécageuses, sa présence un peu plus fréquente peut à nouveau faire plaisir à nos yeux.

Clé fictive de définition

1. **Plante à feuilles simples:** 2
– **plante à feuilles composées:** 5
2. **plante avec rosette radiculaire:** 3
– **plante sans rosette radiculaire:** 4
3. **Feuilles dentées, capitules grandes et jaunes:** *dent de lion*
– feuilles en forme de cœur, fleurs violettes: *violettes*
– feuilles faiblement lobées, capitule avec fleurs ligulées blanches et cœur jaune: *marguerite*
4. **feuilles en lanières, fleurs vertes insignifiantes:** *herbes*
– feuilles elliptiques, quatre grands pétales rouge feu: *coquelicot*
5. **feuilles composées à trois, forme de main:** 6
– **feuilles pennées:** 7
6. **petite fleur globuleuse violet pourpre, plante dressée:** *trèfle rouge*
– petite fleur globuleuse blanche, plante rampante: *trèfle blanc*
7. **plante épineuse:** *rose*
– **plante grimpante:** *pois*

Une clé de définition pourrait être ainsi faite. Bien entendu, on n'arrive pas si vite au but avec une véritable clé de définition, car il y a ici lieu de différencier des centaines de plantes, tandis qu'avec la clé fictive il est présumé que la nature n'aurait créé que neuf espèces. – Il y a lieu de choisir pour la définition des traits de caractère bien reconnaissables et différenciables.

Outre le groupe des espèces pollinisées par le vent, toutes les plantes à fleurs acceptent la collaboration animale. L'animal est un conservateur de l'espèce – mais il est aussi un ennemi vorace.

La nature fait pousser et fleurir: observons-la en nous promenant

Les corolles égaient par leurs couleurs

Le secret des plantes de pouvoir, théoriquement, continuer à pousser indéfiniment, vient du fait que les pointes des pousses et des racines conservent toute leur vie un tissu composé de cellules capables de se diviser. Il n'en est rien lors de la formation de fleurs: le tissu de croissance est alors complètement utilisé. La fleur est en quelque sorte une pousse modifiée sur laquelle les feuilles sont fixées d'une manière très serrée – tellement serrée qu'elles nous apparaissent être sur le même plan.

L'histoire de l'évolution des fleurs rélève ici certaines choses. Chez la fleur primitive telle que celle du magnolia, les pétales sont nombreux. De fleur en fleur – même sur la même plante – leur nombre peut varier car il n'est pas exactement déterminé. Les pétales sont groupés en spirales autour du pédoncule. Les limites entre les différentes parties de la fleur ne sont initialement pas très définies. Chez la pivoine par exemple, nous trouvons des formes naturelles de transition entre la corolle et les étamines. Cette flexibilité a une influence sur le succès des sélections. La rose noble, avec ses nombreux pétales de la corolle, naquit de la simple fleur de l'églantier par transformation des étamines en pétales colorés. Il en est de même avec beaucoup de plantes décoratives «à fleurs doubles» d'aujourd'hui.

Le développement va de la fleur géante du magnolia en se réduisant à une fleur simple avec chacune, pour la plupart, 3–5 sépales, pétales, étamines et carpelles. Les rapports numériques clairement définis sont aussi caractéristiques. C'est donc une évolution qui va des grosses fleurs individuelles à multiples pétales aux types simples, petits et normalisés. – On peut faire une comparaison avec la civilisation humaine. Ce n'est pas l'homme, mais son environnement qui subit le même sort: le développement passe de la maison individuelle variée à des éléments de construction normés et uniformisés.

En cédant à la tentation des fleurs

Le développement des plantes à fleurs va de pair avec celui de leurs pollinisateurs. Cette collaboration avec le monde animal est quelque chose de tout à fait nouveau dans l'histoire du développement des êtres vivants. Les plantes à fleurs, le plus jeune groupe du monde végétal, devraient être nées sous un climat tropical et avoir été initialement fécondées par les colibris et les chauves-souris. Les fleurs pollinisées par des oiseaux sont très grandes et robustes et de ce fait très bien adaptées à cette fécondation peu soigneuse.

La pollinisation par les insectes débute avec l'émigration des plantes à fleurs dans des régions à climat plus rude. Les insectes sont ici à l'abri de la concurrence des oiseaux voraces, car les colibris ont aussi besoin de nourriture pendant toutes les saisons. Les insectes, par contre, survivent à cette époque sans fleurs sous forme de chrysalide, d'œuf ou dans un engourdissement hivernal et ne dépendent ainsi pas de la nourriture.

Les fleurs géantes du magnolia et du nénuphar sont considérées comme les types d'origine. Leurs pollinisateurs sont des coléoptères peu spécialisés qui paissent pratiquement sur les fleurs. Ils ne cherchent pas du nectar, mais ils se contentent de ronger les pistils qu'ils trouvent en grand nombre sur les magnolias. Ces fleurs archaïques ne lésinent pas non plus sur les carpelles: cela compense les pertes dues aux prédateurs et augmente la probabilité que le pollen soit transporté par les coléoptères sur un stigmate fertilisable.

Les mouches et les moustiques aussi cherchent leur nourriture sur les fleurs. Ils sont, pour la plupart, attirés selon leurs goûts par une odeur de

charogne repoussante. Les arums de nos forêts en sont un exemple.

Les papillons sont un autre groupe d'insectes déjà spécialisés. Ils ne mangent pas de pollen, mais aspirent avec leur longue trompe le nectar hors des corolles profondes ou des longs ergots. La fleur de coucou, la saponaire et les orchis sont par exemple des fleurs à papillons. Les plus importants pollinisateurs sont les abeilles. Elles récoltent aussi bien le pollen que le nectar. Du fait que les

Divers pollinisateurs: *Vanesse du chardon sur trèfle rouge (tout en h.); la fleur de sauge soupoudre une abeille (en h.). Coléoptère – en général pollinisateur de fleurs originelles – ici sur une fleur de chardon, composacée, très développée (cétoine dorée, en b.). Dans le calice de l'arum (à g.) des mouches sont prisonnières du système d'obturation – ainsi la pollinisation est faite… A droite des chatons de noisetier pollinisés par le vent.*

abeilles récoltent systématiquement et pendant une certaine époque toujours la même espèce, elles sont des aides extrêmement précieuses. Les «fleurs à abeilles» constituent un récent développement dans l'histoire végétale. Elles sont le plus souvent conçues symétriquement. La fleur attire les abeilles par des couleurs vives car ces insectes ont surtout recours à leur sens visuel. Leur vue est cependant faible: elles perçoivent mieux les fleurs irrégulières et découpées que celles qui sont rondes et massives. Une ombelle est plus vite découverte qu'une fleur unique. En cas de besoin, les abeilles sont aussi attirées par un parfum séducteur. La vigne, avec ses fleurs insignifiantes sait s'en servir avec succès.

Après s'être rendu compte de l'évolution bien accordée entre les fleurs et les abeilles, il paraît difficile de considérer la pollinisation hasardeuse par le vent – déjà rencontrée chez les gymnospermes – comme une des plus récentes caractéristiques. Pourtant, selon une hypothèse les plantes à fleurs pollinisées par le vent sont à classer dans les créations récentes, et donc quasiment comme une évolution rétrograde. En vertu du «principe de miniaturisation», la nature tente constamment à réduire et à diminuer des organes. L'économie est reine!

Les fleurs pollinisées par le vent sont d'une conception extrêmement simple. Elles peuvent renoncer à tous les moyens d'appât. Ce ne sont ni les gros pétales colorés ou encore un dédommagement sous forme de nectar et de pollen, ni un parfum ensorcelant qui sont nécessaires pour attirer les faveurs du vent.

Cette hypothèse est étayée aussi par le fait que les plantes à fleurs se répandent toujours plus au nord et sur les montagnes. Dans ces régions, elles ne peuvent plus compter avec l'aide des insectes.

La pollinisation par le vent est surtout indiquée pour les plantes vivant en société. Nous la rencontrons principalement chez les herbes et chez les arbres feuillus. Avec une multiplication et une répartition des fleurs sur des panicules ou des chatons, avec des stigmates dépassant largement la fleur et une quantité énorme de pollen prêt à s'envoler, la pollinisation par le vent assure aussi un très bon degré de fructification.

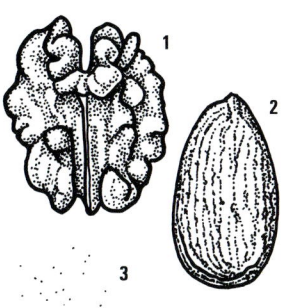

Après pollinisation et fécondation, les graines se développent: des géants aux minuscules, p.ex. d'un côté les noix et les amandes et à l'opposé les semences des orchidées. Les graines sont reproduites en grandeur originale.

Chez la fleur primitive – encore l'exemple du magnolia – les carpelles sont exposés sur un cône. Son proche parent, la renoncule, est déjà un peu plus «prudent». Le cône apparent est aplati en une demi-sphère. Elle se protège efficacement par son poison contre une voracité indésirable. En contrepartie, elle offre aux pollinisateurs son nectar. Ses carpelles sont toujours encore librement accessibles, ce qui les désigne comme *supères*. Un autre stade d'évolution peut être illustré par la cerise et la prune. L'unique carpelle est placé au fond d'une coupe. Le botaniste appelle cela *périgyne*. La phase finale est atteinte avec la fleur de pommier. Là, les carpelles sont entièrement enfouis dans la coupe qui les entoure. Le trognon de pomme est donc le fruit véritable, alors que la partie mangée habituellement n'est que le réceptacle épaissi. Même les cinq carpelles se voient encore sur une pomme mûre. Ce sont les appendices bruns que nous appelons la «mouche». Cette position noyée et protégée de l'ovaire est la caractéristique d'une évolution très poussée. Nous désignons la fleur de pommier comme *infère*.

L'évolution des ovules est semblable à celle des carpelles

Ils ne fusionnent pas, mais sont cependant contraints de réduire leur taille suite à la rationalisation continue dans le domaine des carpelles. Les grains poursuivent la même tendance. L'évolution va de la graine du pin de la taille d'un grain de riz à celles des plantes à fleurs, n'atteignant là généralement pas plus de 1–2 mm. Pour les orchidées, une des plus récentes créations du monde végétal, ces graines de quelques centièmes de millimètre ne sont plus que de la poussière (v. page précédante). Parallèlement, le nombre de semences par carpelle est réduit.

Afin que le fruit ne soit pas dévoré avant que la graine ne soit mûre, la plante a recours à une ruse. Avant la maturité, les fruits sont d'un vert insignifiant. En plus, ils contiennent souvent des acides et des tannins désagréables qui coupent l'appétit aux animaux voraces. Sitôt les graines mûres, la plante appâte l'animal avec des fruits appétissants et de couleurs lumineuses. La même astuce est utilisée déjà par les fleurs: ce n'est qu'au moment où le pollen est mûr que les pétales colorés jaillissent du calice vert insignifiant! Photo: la viorne flexible.

L'évolution des fruits va des «compartiments» à plusieurs graines se vidant précocement de leurs semences (1–4) passant par des formes à pulpes savoureuses exposées à la voracité animale (5–10) jusqu'aux petits fruits légers à peu de graines, souvent transportés par le vent (11–17). Quelques exemples, avec désignation du type de fruit: 1 pois (gousse); 2 iris (capsule à fente); 3 chélidoine (cosse); 4 coquelicot (capsule poreuse); – Fruits composés: 5 pomme; 6 framboise; 7 fraise; 8 cynorrhodon; – 9 raisin (baie); 10 cerise (fruit à noyau); 12 érable (schizocarpe); – Fruits à éclosion: 11 pin; 13 orme; 14 dent de lion; 15 pulsatille; 16 froment; 17 bardane.

Les carpelles: un berceau pour les graines

Les carpelles dans lesquels mûrissent les ovules se trouvent au centre de la fleur. Une tendance évolutive va de la renoncule primitive, avec beaucoup de carpelles libres – passant par l'aconite qui n'en compte que trois fixés à la base –, jusqu'à la tulipe. Ces carpelles sont totalement soudés en un ovaire à trois compartiments pour former un style commun avec un stigmate trilobaire. La mutation est encore plus radicale chez le pavot. Dans la capsule formée par plusieurs carpelles, les parois sont fortement atrophiées. Les styles se réunissent en une plaque sur laquelle les stigmates sont placés en rayon. Cette évolution s'arrête chez la violette. Les membranes de séparation sont totalement dissoutes et les graines placées en rangées à l'intérieur de l'ovaire.

Au début, les ovaires sont verts et capables de photosynthèse. Ils préparent eux-mêmes les éléments nutritifs pour la croissance future. Ceci est très important après la fécondation de l'ovule. L'ovaire peut se transformer lui-même en cet «emballage» de graine qui est le fruit.

Les fruits primitifs contiennent beaucoup de semis. S'ils doivent être dispersés le plus loin possible, il faut qu'ils se séparent très vite. Comme type représentatif, nous trouvons ici les *fruits déhiscents*, ce qui veut dire que les fruits s'ouvrent et les graines se répandent grâce à des mécanismes

Parallèlement à la réduction du nombre de certains organes de fleurs on peut par contre observer une multiplication des fleurs en inflorescenses compliquées.
1 fleur simple de la tulipe
2 épi de froment
3 grappe de groseilles
4 capitules de stellaire
5 ombelle double de la patte d'ours
6 tête de l'arnica
7 panicule du millet étalé

souvent sophistiqués. Les cosses ou les capsules éclatent ou répandent la graine par des pores ou des clapets.

Les fruits aux nombreuses apparences

Beaucoup de plantes confient aussi la dissémination des graines aux animaux. Lorsque les baies d'un rouge lumineux sont mangées par des mammifères ou des oiseaux, cela ne signifie pas que la plante perd par là sa progéniture. Au contraire, les graines utilisent les animaux comme moyen de transport et quittent leur intestin peu après avec les excréments. Les graines des baies nichées dans la chair du fruit sont si petites qu'elles ne peuvent pas être détectées ou blessées par les becs des oiseaux et les dents des animaux. Chez les fruits à noyau à une seule graine, celle-ci est par contre trop grande et trop dure pour pouvoir être croquée. C'est surtout le groupe plutôt primitif des rosacées qui forme avec les carpelles libres des soi-disant *fruits collectifs*. Les carpelles à peu de graines ne se séparent pas, mais sont dispersés ensemble.

Les fruits modernes se caractérisent par des dimensions plus modestes. Le plus souvent, le nombre des graines est réduit à un maximum de deux. En outre, ces fruits de construction légère sont souvent équipés d'ailettes, de pilosités, voire même d'une sorte de parachute. Cela les prédestine à se faire porter par le vent. D'autres graines se munissent de crochets et de poils adhésifs pour s'accrocher aux fourrures des animaux. En raison de leur faible nombre de graines, les fruits modernes ne doivent pas s'ouvrir, nous les appelons les *akènes*.

Les fleurs s'unissent en ombelles

Jusqu'à présent, nous avons pu voir les tendances suivantes: les fleurs réduisent leur dimension et se «normalisent», leurs carpelles diminuent et se soudent et les ovules contenus sont réduits en nombre et en dimension. La procréation économique semble être à la mode! Cette tendance n'est cependant pas du tout propice à la survie de l'espèce. La solution salvatrice est une augmentation du nombre de fleurs – ce que l'on peut effectivement aussi constater. La tendance évolutive va des plantes à fleurs solitaires aux espèces à pousses principales moins dominantes. A la base des pétioles se développent des pousses latérales, les feuilles des tiges se rétrécissent à ces endroits en *feuilles axilantes* pour faire apparaître les *inflorescences* portées par une tige commune.
La *grappe* est une réalisation simplifiée de cette possibilité.
Si d'autres ramifications latérales sont formées, il en résulte des *panicules*, des *pseudo-ombelles* ou des *cymes*. Si de nombreux pédoncules poussent au même endroit, ils forment une *ombelle*. Ces types de ramification peuvent se dédoubler; nous parlons alors de *grappes composées* ou d'*ombelles composées*. Si la croissance des tiges latérales est entièrement arrêtée, il se forme alors un *épi* ou, sous forme pendante, un *chaton*. Même la tête des composacées est en quelque sorte une inflorescence. Là, une sorte de plateau est formé à la place de plusieurs pédoncules: pratiquement une corbeille pleine de fleurs. Souvent ces petites têtes sont entourées de feuilles modifiées en calice: nous parlons de *capitules*. Ces inflorescences modernes imitent alors à se méprendre exactement une fleur solitaire. Qui aurait pensé que la dent de lion et la marguerite, le tournesol, le chardon et le bleuet sont en principe toute une inflorescence composée de douzaines de fleurs! – Retournons à la comparaison de la construction par élément. Certes, les appartements individuels, comme les fleurs, deviennent fortement réduits et normalisés, mais par contre l'ensemble est empilé en de plus grandes unités.

Les tendances les plus importantes dans l'évolution des plantes à fleurs sont:
– simplification et standardisation de la construction florale
– augmentation des chances de fécondation par l'adaptation aux pollinisateurs
– enfouissement du carpelle dans une coupe pour le protéger de la voracité
– fusionnement des carpelles
– réduction de la taille des graines
– diminution de la quantité de graines par unité de dissémination
– assemblage des fleurs solitaires réduites en inflorescences

Nous devons cependant être conscients que ce ne sont que des principes généraux. Le cas particulier peut se présenter tout autrement. Il ne faut donc pas s'étonner que les grandes fleurs solitaires des tulipes, des narcisses et des iris soient considérées comme hautement développées; dans le groupe des liliacées et des amaryllidacées (nivéoles, galanthes, narcisses), étroitement apparentées, l'évolution s'est faite d'une manière totalement opposée aux tendances générales.

La nature fait pousser et fleurir: observons-la en nous promenant

Lors d'une promenade en forêt, nous pouvons nous rendre compte des différents procédés d'exploitation.

L'un d'entre eux – la *forêt jardinée* – consiste à abattre des arbres adultes isolés. C'est la forme d'exploitation intensive qui ménage le peuplement. A l'opposé nous trouvons les *coupes rases*. De plus ou moins grandes surfaces sont entièrement déboisées. Ceci rend la mécanisation possible, mais a le désavantage de modifier le microclimat de la forêt. Le sol ne se réchauffe plus fortement par l'ensoleillement, ce qui conduit à une destruction de l'humus et favorise l'érosion par les précipitations. Dans les coupes rases, les plantes pionnières s'établissent: ce sont des herbacées avides de lumière et des plantes rustiques comme on en rencontre dans les prairies. Elles sont cependant assez vite ombragées et étouffées par les ronces des framboisiers et des mûriers, ainsi que par le sureau, le bouleau, le saule et l'aulne.

Encore un quart de la superficie de la Suisse est aujourd'hui boisé dont:

32% par des forêts de sapin et de hêtre
27% par des forêts d'épicéa
21% par des forêts mixtes de feuillus
13% par des forêts d'aroles et de mélèzes
4% par des forêts de pins

Qu'entend-t-on par *forêt mixte de feuillus*? – Chaque forêt est constituée de différentes espèces. Elle est appelée selon la ou les espèces les plus répandues qui lui donnent son aspect optique. Nous désignons forêts mixtes de feuillus celles où le hêtre ne domine pas. Ce sont par exemple les forêts du Plateau sur sol humide. Au pied des coteaux et dans les vallons, les *forêts de frêne* prospèrent et l'érable, et l'orme y sont richement re-

Jadis, la forêt était presque partout…

Les dieux, les esprits et les démons de la forêt réapparaissent toujours dans les anciens mythes. Les Grecs parlaient de Pan, de Satyres et de Dryades, les Romains de Faune et de Sylvain. La région méditerranéenne était jadis en grande partie boisée. C'est l'homme qui est à l'origine du fait qu'il n'y existe aujourd'hui presque plus de forêts compactes.

En Europe centrale, l'histoire de la forêt commence après la fin de l'ère glaciaire, lorsque les arbres se retirèrent dans les régions du nord des Alpes. Mais là également, le développement de la forêt devait être étroitement lié à celui des hommes. A l'origine, 95% du Plateau suisse étaient recouverts de forêts. Seuls les marais et les parties riveraines, les rochers, les surfaces couvertes d'éboulis et de gravier étaient libres de forêts dans le paysage préhistorique.

Les premiers à parcourir ces forêts préhistoriques furent les hommes de l'âge de la pierre. Ils récoltaient des fruits, des champignons et un peu de bois; ils s'adonnaient à la chasse. Leur influence resta minime – tout comme celle des animaux sauvages disséminés.

Il y a environ 5000 ans, à l'âge de la pierre polie, les dénommés lacustres colonisèrent nos lacs. Ils élevèrent des bovins, des cochons, des moutons, des chèvres et plus tard aussi des chevaux. Leurs animaux domestiques paissaient dans les forêts aux alentours des villages. Ils se nourrissaient de jeunes pousses, de jeunes plants et de fruits. Par le piétinement, le sol fut compacté et la germination devint difficile. Une fois les outils inventés, l'intervention de l'homme fut aussi directe: les surfaces forestières furent défrichées, le bois trouva son utilisation comme combustible et dans la construction. Le défrichement au feu permit en outre de gagner de nouveaux terrains pour les cultures. C'est surtout dans les vallées alpestres, où le foehn attisait ces incendies de forêt, qu'il en resta des traces très étendues.

L'exploitation organisée de la forêt n'apparait qu'au Moyen Age. Le bétail paissait toujours dans les forêts et ces dernières finirent ainsi par s'éclaircir. Ceci donna naissance à des *paysages de parc* avec des arbres isolés, comme dans les parcs artificiels du style jardin anglais. On peut encore aujourd'hui comparer ces paysages avec ceux des *Franches-Montagnes*, où les chevaux et les vaches broutent entre les sapins dispersés. Dans ces forêts très éclaircies, les plantes et les herbes, avides de lumière, purent se développer. Le berceau de nos plantes de prairie actuelles se trouve là; auparavant il n'existait dans la nature aucun emplacement de ce genre. Vu que les «nouvelles herbes» possédaient une meilleure valeur nutritive que celles de la forêt, l'homme favorisa le développement de clairières. Les forêts denses furent dès lors repoussées dans des endroits «inconfortables». C'est-à-dire dans des régions éloignées des villages, mais aussi sur des pentes abruptes et pierreuses, difficilement accessibles.

Ce fut le début des réserves d'hiver; on coupa des jeunes pousses pour les sécher comme le foin aujourd'hui. Les clairières et la coupe des jeunes pousses diminuaient surtout les espèces appréciées par le bétail. Il s'agit de l'orme, du bouleau, du tilleul, de l'érable, du noisetier et du frêne.

Un paysage change de visage. Du haut en bas: Un paysage comme on peut se l'imaginer à l'âge de la pierre polie, il y a 5000 ans. L'influence des rares colonisateurs resta minime. – Il y a deux siècles, de grandes surfaces de forêts avaient déjà disparu pour faire place aux cultures. – La diminution de la surface de forêts a encore progressé, ayant dû faire place aux agglomérations et aux réseaux de transport. De nos jours, environ un quart de la surface de la Suisse est resté boisé.

L'exploitation des futaies est de nos jours devenue chez nous un procédé presque historique. Les coupes rases répétées pour la récolte du bois de chauffe favorisa le rejet des souches.

Il existe une forme de transition entre les taillis et les futaies où les arbres ne sont abattus que tous les 20 à 50 ans: les futaies à deux étages (en haut). De plus, quelques arbres sont conservés comme fournisseurs de semences. Leur tronc peut se développer normalement et livrer plus tard un bon bois de construction. Le bois préféré était le chêne.

La forme d'exploitation actuellement généralisée est la **futaie** (à droite). On y laisse autant que possible les arbres croître à maturité. Seuls les bons troncs sont récoltés. Les débuts de cette forme d'exploitation remontent au 16e siècle. La percée n'eut cependant lieu qu'au siècle dernier lors de la séparation générale de la forêt et des pâturages et avec la tendance à la monoculture. Si nous parlons aujourd'hui de forêts, nous parlons de surfaces bien délimitées et exploitées, semblables aux terrains de culture et de prairie. Une caractéristique de l'économie forestière est que l'on récolte ce que les ancêtres ont planté. Nous sommes responsables de la forêts des générations futures.

Carpinus – le nom latin du hêtre – a les mêmes origines que carpere = cueillir, écharper et démontre très bien l'emploi de cet arbre dans le temps. Mais par la suite, le bétail hiverna dans des étables et nécessita du fourrage. Des pousses de conifères furent coupées à cet effet. En automne, on ramassa également les feuilles sèches, une méthode qui enlève à la forêt de précieux éléments nutritifs car le feuillage ne peut pas se décomposer sur place et former du nouvel humus. Malgré ces effets néfastes, cette façon de récolter du fourrage se rencontre encore maintenant souvent dans les Alpes. Dans les régions élevées, les céréales qui fourniraient du fourrage ne peuvent plus être cultivées. Le fourrage foliaire reste donc une solution avantageuse.

Les chênes et les hêtres que nous n'avons pas encore cités ne resteront pas épargnés par le bétail. Les glands et les faines constituaient la nourriture favorite des porcs d'engraissement. C'est donc surtout le chêne qui fut au Moyen Age soigné et ménagé, et avant la christianisation il était même vénéré comme sacré.

Quelques espèces furent cependant favorisées par le système de l'éclaircissement forestier. Ce sont les aulnes gris qui possèdent un feuillage non comestible pour le bétail et le genièvre, dont les pousses, même à l'état jeune, portent des épines bien trop pointues. Au 13e siècle, à l'époque où les cantons primitifs signèrent le Pacte perpétuel, les premiers *taillis* apparurent. De telles forêts se renouvelèrent après une coupe rase par des *rejets de la souche*. Ce sont des pousses qui remplacent en grand nombre l'ancien tronc, mais dans une forme plus svelte. Elles ne peuvent se développer que là où le bétail n'a pas accès à la forêt. Il en résulta une séparation entre forêt et pâturage, mais qui ne devint générale qu'à une époque récente. Les taillis furent abattus tous les 15–25 ans pour en faire du bois de feu. C'est avant tout les hêtres et les conifères qui souffrirent de cette forme d'exploitation car leurs souches ne produisent que difficilement des rejets. Au 19e siècle, au début de l'ère industrielle, de grandes quantités de bois de feu furent brûlées directement ou transformées en charbon de bois. C'est surtout le hêtre qui fournit un bois très prisé par les charbonniers. C'est en raison de l'énorme demande en combustible – couverte uniquement par le bois – pendant le siècle passé qu'il faut voir ici l'apogée de la dévastation des forêts européennes. Le bois devint assez vite une denrée présentés. Si le sol est encore plus humide, il s'y forme alors les denses, mais pas très hautes *forêts riveraines* peuplées de saules, d'aulnes et de peupliers. Nous trouvons les forêts de feuillus avec un grand pourcentage de chênes sur les sols maigres et acides. Si les tilleuls, ormes et frênes sont nombreux, le climat est très clément; nous trouvons souvent ces forêts mixtes dans les vallées à foehn.

Où se trouvent donc les 4% de forêts de pins? Le pin résiste aux gelées tardives, l'altitude n'a donc pas beaucoup d'importance. Comme espèce héliophile de longévité moyenne, elle est chassée par la concurrence sur des sols maigres. Les forêts de pins peuvent se développer en petite surface sur les bords des falaises molassiques du Plateau. Mais aussi dans des vallés intérieures et sèches des Alpes, sur des tourbières hautes ou d'autres sols détrempés, les forêts de pins sont présentes. Le pin se met donc en évidence partout où les autres arbres ne veulent pas pousser.

Les cernes

Le bois est le matériel unique en son genre pour les meubles et la construction. Chaque pièce porte un dessin différent. Ce que nous pouvons voir dans la coupe longitudinale du tronc comme des lignes plus ou moins sinueuses, se présente dans la coupe transversale sous forme d'anneaux empilés les uns dans les autres. Chacun de ces cercles bien délimités témoigne d'une année supplémentaire de croissance de l'arbre. La ligne de séparation foncée provient de la croissance périodique de nos arbres qui dépend du climat: au printemps, la couche de tissu qui se trouve entre le bois et l'écorce forme de larges cellules à parois minces. Vers la fin de l'été, les cellules deviennent toujours plus petites et plus denses; la croissance cesse entièrement dès la mi-août et reprend seulement au printemps prochain avec de grandes cellules qui se séparent nettement du bois de l'arrière-été.

Sapin ou épicéa? Où est la différence? Souvent le langage populaire unit ce que le botaniste différencie soigneusement.

Dans nos régions, on devrait chanter à Noël plutôt «Mon bel épicéa...» que «Mon beau sapin...» car c'est plus souvent le premier que nous garnissons. Dans nos régions, l'extension de l'épicéa est voulue par l'homme. Cet arbre largement répandu a refoulé le hêtre à beaucoup d'endroits. Il serait naturel de trouver l'épicéa dès 1200 m dans les zones subalpines et par contre le sapin un peu plus bas, dans les zones montagneuses, donc dans de larges régions du Plateau, du Jura et des Préalpes; les sapins craignent les gelées précoces et tardives.

En raison de son écorce rougeâtre, l'épicéa est aussi appelé *sapin rouge,* et il peut atteindre 50 m de hauteur. A l'état isolé ou dans des lisières, il garde ses branches jusqu'au sol même avec l'âge. Les aiguilles sont disposées en spirale serrée, elles sont raides et à quatre pans; elles se renouvellent tous les 5–7 ans. Les cônes sont pendants et tombent en une pièce.

Le sapin avec sa jeune écorce gris-argentée est aussi appelé *sapin blanc* car ses aiguilles présentent deux rayures blanches sur la face inférieure. Ses aiguilles sont étalées sur les ramilles. Elles sont émoussées, plates comme une bande et se renouvellent tous les 8–11 ans. Le sapin peut atteindre 65 m. A l'âge avancé, il présente une cime arrondie. Les cônes sont dressés et tombent en écailles.

Avec le chêne et le hêtre, le sapin était – il y a 5000 ans – très répandu et le bois préféré des lacustres. – L'épicéa, pour sa part, avait au Moyen Age la réputation de pouvoir chasser les mauvais esprits. Sa fumée devait guérir les toux. On extrait aujourd'hui de ses aiguilles une essence qui est transformée en sel de bain. La ré-

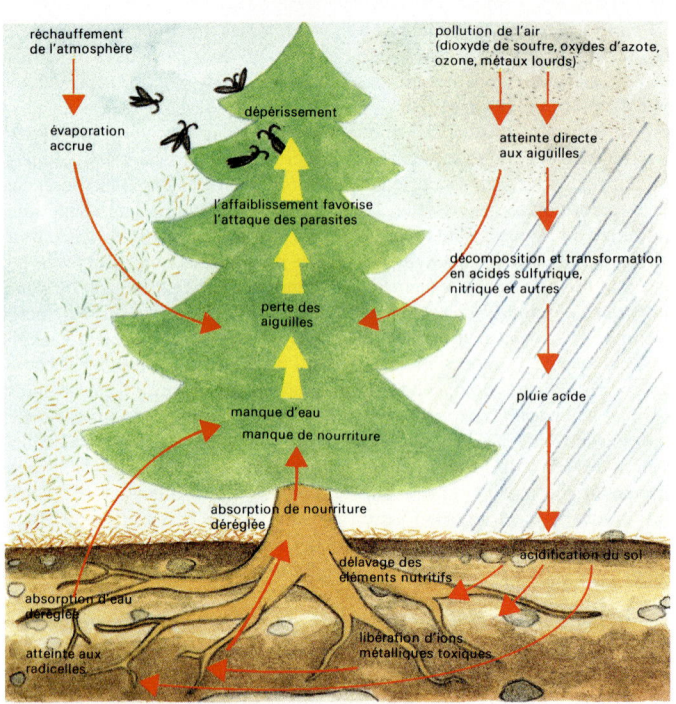

Ce schéma démontre d'éventuelles causes principales de la dégradation de beaucoup de forêts et des interactions. La pollution de l'air et son influence sur la qualité du sol provoquent directement et indirectement l'affaiblissement des arbres, pouvant le conduire à la mort. Les arbres affaiblis sont gênés dans leur productivité naturelle, ce qui se remarque aussi par une croissance diminuée du tronc. Les travaux de recherche se servent d'ailleurs des variations de l'épaisseur des cernes annuels du vieux bois pour connaître le climat historique.

rare et des lois pour protéger la forêt furent nécessaires. Le reboisement des terrains nus devint une nécessité. – Malheureusement à l'époque cela se faisait sans beaucoup respecter les données naturelles. Il fut planté ce qui poussait rapidement. Ce sont avant tout les conifères: l'épicéa et le pin. En outre, on planta aussi des espèces asiatiques et nord-américaines. On ne se rendit seulement compte plus tard que les tapis d'aiguilles difficilement décomposables acidifient lentement le sol et le laissent s'appauvrir. Il est certain que le hêtre, dans des conditions naturelles, serait beaucoup plus représenté sur le Plateau suisse. L'exploitation des taillis est aujourd'hui un procédé archaïque qui n'est presque plus pratiqué dans nos régions.

Un nouveau danger menace nos forêts depuis la dernière guerre mondiale. D'abord sous-jacent, ce n'est que depuis une décennie qu'il apparaît: la forêt est souvent affaiblie et vulnérable. Une croissance industrielle rapide et une énorme activité dans les constructions ont lieu ces derniers temps, comme l'humanité ne l'a jamais connu auparavant. La prospérité mène à une consommation accrue; entre 1960 et 1980, le nombre des véhicules à moteur a quintuplé, la consommation d'essence et de fuel a triplé. Il est bien clair que ceci entraîne un accroissement des déchets de toute sorte. Les effets sur la nature ne se montrent que maintenant: beaucoup d'arbres sont atteints. Les causes sont complexes: lors de chaque combustion, des nuisances sous forme de gaz et de poussières sont évacuées dans l'air. Ceci nuit directement aux aiguilles et aux feuilles. De plus, les oxydes sont transformés en acides dans l'atmosphère et dissouts dans des gouttelettes d'eau. Celles-ci retombent sur terre sous forme de pluies acides. Le sol s'acidifie. Il perd sa capacité de préparer les éléments nutritifs assimilables pour les arbres. Les sels minéraux s'infiltrent dans des couches plus profondes du sol. Mais encore, le terrain devient lui-même toxique pour les plantes, les radicelles des arbres dépérissent. Tout ceci condamne l'arbre à une mort lente par la faim et la soif. Une fois affaibli, il devient une proie facile pour les insectes parasites, le bostryche, les champignons et le vent.

Si cette forêt malade était saine, elle serait justement notre meilleure alliée contre la pollution de l'environnement. La forêt produit trois fois et demi plus d'oxygène que les prairies et les pâturages. En outre, elle filtre une grande quantité de nuisances et de poussières de l'air. La forêt de conifères est spécialisée sur le soufre, alors que celle de hêtres fixe efficacement la poussière. Les conséquences catastrophiques d'une mort de nos forêts sont évidentes. La dégradation de l'air augmenterait rapidement. Mais c'est encore pour de nombreuses autres raisons que nous dépendons d'une forêt saine. Elle a une grande influence sur le cycle de l'eau de la terre. Dans l'épais feuillage de la couronne des arbres, la pluie est captée et déviée lentement vers le sol. Ainsi freiné et réparti sur une plus longue période, l'écoulement de l'eau se fait sans risque d'érosion. L'évaporation est faible à l'intérieur des forêts et l'infiltration se fait lentement car l'eau est retenue par les racines des arbres. La forêt sert de réservoir d'eau. De plus, elle absorbe le bruit et se rélève être aussi ici un filtre utile. Dans les Alpes, la forêt est une protection irremplaçable contre les avalanches et les chutes de pierre. Elle fournit du bois, des résines et des tannins. Espace vital pour les animaux sauvages, elle offre au chasseur son butin. Finalement la forêt est aussi un lieu de détente, elle nous donne des champignons et des baies. Tous ces «bienfaits» devraient être pour nous des raisons suffisantes de lui conserver sa vie et ainsi la nôtre. Les conditions de vie dans l'intérieur des forêts sont différentes de celles des paysages ouverts. La température est plus équilibrée, les différences entre le jour et la nuit plus faibles. Les cimes des arbres ne captent pas seulement les gouttes de pluie, mais même les dépôts de brouillard. La vitesse du vent est fortement freinée par les arbres. Le tout augmente l'humidité de l'air à l'intérieur des forêts. L'approvisionnement en eau est régulier. Après tous ces points positifs, il faut cependant relever une difficulté pour une certaine population verte de la forêt. Elle concerne toutes les plantes qui poussent sous les cimes des arbres où il y a très peu de lumière et où la photosynthèse se fait mal. Dans les sombres et denses forêts de conifères, une couche d'herbes et de buissons ne peut presque plus se former, donnant l'impression d'un vide. Seuls les champignons, qui ne dépendent pas de la lumière solaire, s'y sentent à l'aise. Dans les forêts de feuillus, la couche végétale a généralement recours à une ruse. Elle pousse au printemps beaucoup plus tôt que les feuilles des arbres pour utiliser ce temps gagné à faire des réserves grâce à une puissante photosynthèse. Les herbes de forêt arrivent souvent à floraison avant que le feuillage des arbres ne soit formé. Ou elles gardent leurs feuilles. Le lierre, par exemple, comme espèce toujours verte, peut ainsi même profiter de certains jours cléments en hiver.

La pénurie de lumière représente aussi un problème pour les jeunes plants d'arbres. Nous distinguons les **arbres sciophiles** dont les principaux sont *l'épicéa, le sapin* et *le hêtre*, et les **arbres héliophiles** tels que *le mélèze, le peuplier, les saules* et *le pin.* Les espèces sciophiles (qui aiment l'ombre) sont nettement avantagées car elles arrivent à survivre dans la pénombre d'une forêt dense.

D'où vient le succès de telle ou telle espèce d'arbre? Pourquoi certaines d'entre elles dominent-elles les forêts alors que d'autres ne s'y trouvent qu'en nombre restreint? – Outre les propriétés déjà citées qu'une jeune génération peut même grandir sous une voûte feuillue, la hauteur et la longévité de l'arbre sont d'une importance déterminante. Dans nos régions, un arbre dépassant 40 m est

jugé comme très haut. *Le mélèze, le chêne, le hêtre, le sapin, l'épicéa* et *les pins* font partie de ce groupe. Bref, les arbres les plus importants de nos forêts que tout le monde connaît. Leurs couronnes jouissent entièrement de l'ensoleillement. Nous désignons comme arbres bas ceux de moins de 20 m, comme *l'if, le sorbier, le pommier* et *le poirier.* Ils doivent se contenter de la lumière restante s'ils ne veulent pas se réfugier à la lisière de la forêt qui est leur habitat favori. On peut dire qu'un arbre jouit de longévité s'il atteint plus de 400 ans. Exemples: *le mélèze, le chêne, le tilleul, le châtaignier* et *l'érable.* Un arbre est éphémère s'il n'atteint pas 150 ans, mais comparé avec une vie d'homme ce n'est déjà pas si mal. *Les peupliers* et les espèces de *saules* sont surtout représentatifs. *Le mélèze* est cité deux fois: dans les espèces poussant très haut et celles vivant longtemps. Il devrait donc dominer dans la forêt. Il n'est cependant très fréquent que dans les forêts

moins denses des montagnes, car il s'agit là d'une espèce typiquement héliophile dont la progéniture n'arrive pas à se développer dans la pénombre. Par contre, *le hêtre, le sapin* et *l'épicéa* sont plus combatifs. Le hêtre et le sapin dominent sur le Plateau, dans le Jura et dans les régions subalpines – si leur nombre n'est pas diminué pour des raisons d'exploitation. Dans les zones montagneuses, *le sapin* prend le dessus.

La répartition différente selon l'altitude fait apparaître un autre point important: la température. Les gelées tardives sont déterminantes. Les bourgeons, les jeunes pousses et les premières fleurs printanières sont particulièrement sensibles aux brusques coups de gel. Seules les espèces d'arbres armés contre les gelées tardives sont capables de grimper dans les régions plus hautes. *Le hêtre et le sapin,* par exemple, sont très sensibles, cela explique leur absence en haute montagne. *L'épicéa* et *le mélèze* sont moins délicats. Ils sont très répandus dans les régions montagneuses. Le pin à crochet et *l'arolle* qui résistent aux gelées tardives couvrent de grandes surfaces à la limite des forêts.

Jusqu'à présent, nous n'avons parlé que des arbres comme couche végétale prédominante de la forêt. Mais d'autres couches inférieures composées de buissons, d'herbes et de mousses contribuent à former l'espace vital forestier.

▲ *Sous les épicéas,* la lumière du jour ne parvient presque pas jusqu'au sol. Comme un mur noir, ils s'élèvent le long du chemin enneigé.

◀ *Dans les forêts sombres* et denses de nombreuses espèces de champignons prospèrent. Ceux-ci ne dépendent pas de l'énergie solaire.

▼ *Le monotrope* est une plante pâle et fragile, sans chlorophylle, qui pousse dans les forêts ombrageuses. Il ne dépend pas de la lumière solaire; comme les champignons, il tire sa nourriture des matières organiques mortes.

sine d'épicéa est la matière première pour la térébentine qui est mélangée aux couleurs et vernis. L'écorce de l'épicéa est utilisée comme tannin.

Les champignons

Les illustrations de contes de fées en témoignent: pas de forêt sans champignons. De préférence les rouges à pois blancs, les champignons tue-mouches, qui apportent la plus belle touche colorée. C'est en effet la forêt qui est l'espace vital initial des champignons à chapeau. Les livres spécialisés nous apprennent que chaque espèce a son habitat préféré. Il y en a qui ne vivent que sur du bois mort et d'autres qui ne se greffent que sur des troncs vivants. Certains ne se plaisent que sur le sol – mais cependant pas partout. Nous lisons souvent «dans des forêts de feuillus» ou «sous les conifères», et parfois même une seule espèce est citée. Il existe par exemple un champignon qui ne pousse que sous les bouleaux et un autre qui ne trouve sa place que sous les mélèzes. – Pourquoi cette étroite relation entre champignon et arbre? Nous trouvons l'explication sous la surface du sol où le mycélium du champignon s'associe aux fines racines de l'arbre. Pareil au double être «lichen» fait d'un champignon et d'une algue, l'arbre et le champignon vivent ici ensemble dans un intérêt commun. Cette association s'appelle mycorhize. Le champignon protège les radicelles de l'arbre contre d'autres copains champignons qui leur seraient néfastes, il allège le sol et procure de l'eau et des éléments minéraux – pour sa part, la racine de l'arbre approvisionne le champignon en hydrates de carbone. D'une manière indirecte, les champignons coopératifs collaborent même avec l'homme: à la limite des arbres où un reboisement est extrêmement difficile pour des raisons climatiques, les jeunes sujets sont «vaccinés» avec des champignons. Ceux-ci devraient leur faciliter l'enracinement. Du même coup, ils aident à protéger l'homme des avalanches.

La nature fait pousser et fleurir: observons-la en nous promenant

Dans les Alpes, l'été est court

Les conditions climatiques en montagne sont d'autant plus extrêmes que l'altitude est élevée, modifiant ainsi très fortement l'habitat des plantes à quelques centimètres de distance.

Comparée à la plaine, la période sans neige est dans les Alpes beaucoup plus courte. La température est plus basse. Par exemple à Berne, à 572 m d'altitude, la moyenne annuelle est de 8,1°C, au Grimsel, à 1956 m, elle n'est que de 1,2°C. Pendant la «période de végétation» où les plantes croissent et qui dure à Berne d'avril à octobre, cette moyenne est de 1,3°C. Au Grimsel, nous mesurons entre juin et septembre, période de végétation raccourcie, une moyenne de 7,8°C. Les basses températures nuisent directement aux plantes, mais ont aussi l'effet de ralentir en même temps la préparation des éléments nutritifs par les microorganismes du sol. La plante ne dispose que de peu de nourriture. En haute altitude, la respiration est plus difficile, chaque promeneur s'en rend compte. Moins il y a de pression atmosphérique, donc moins les particules d'air sont denses, mieux les rayons solaires parviennent au sol. Le rayonnement augmente, et le risque d'un coup de soleil également. Cela signifie pour les plantes qu'il y a plus «d'énergie motrice» à disposition pour la photosynthèse, ce qui les aide à compenser la période raccourcie de végétation. Elles peuvent produire beaucoup de sucres en peu de temps. La haute concentration de sucres dans le feuilles des plantes alpines leur sert en même temps d'antigel. Un fort rayonnement conduit en outre à un rapide réchauffement du sol, dont la température journalière dépasse largement

Il n'y a que peu d'êtres vivants qui se disputent la place où les conditions de vie sont dures. Cette évidence est valable aussi bien pour les plantes, les animaux et même l'homme. Bien peu d'entre eux ne veulent vivre par exemple dans les Alpes, car l'hiver y est trop froid et l'été trop court. Ces conditions mettent surtout les plantes à l'épreuve car elles sont contraintes de rester à vie au même endroit. Elles ne peuvent pas fuir les intempéries et leur seule chance est l'adaptation aux particularités de la montagne. Nous ne trouvons en haute montagne que très peu de plantes, mais elles sont par contre très spécialisées et ont réussi à faire face à ce climat rude.

Comment se présente un «spécialiste de la montagne» du monde végétal? Quelles sont ses différences avec les types de plaine?

Sous les conditions extrêmes de haute montagne, les arbres ne peuvent plus pousser. Les plantes des zones alpines sans arbres se protègent du froid hivernal sous la couche de neige isolante. Les espèces annuelles sont rares, la courte période de végétation ne suffisant presque pas pour terminer un cycle entier de vie végétale, de la germination jusqu'au fruit mûr. La végétation consiste surtout en **arbustes ligneux nains,** dont les plus étonnants sont les *rhododendrons des Alpes.* Moins spectaculaires, mais tout aussi importantes sont les **plantes herbacées** du gazon alpin. Une d'entre elles, le *pâturin des Alpes,* étonne par sa stratégie de survie particulière: ses semences croissent déjà dans l'épi sous forme d'une petite plantule pour ainsi économiser un temps précieux. Les plantes tendent en général à croître près du sol. **La forme tapissante** est pratique et largement répandue, *la silène acaule* rose-rouge en est l'exemple. Nous trouvons de telles formes en plaine dans les tapis de mousse des forêts.

Une autre méthode pour ne présenter au vent qu'une surface d'attaque minimale est de former des **rosettes de feuilles** couchées sur le sol. Les feuilles elles-mêmes se protègent par un épiderme épais, par des couches de cire et de pilosités contre l'évaporation et un trop fort ensoleillement. Des feuilles soi-disant «parcheminées» sont souvent formées comme le démontre très bien le *rhododendron des Alpes* déjà cité. Des feuilles pulpeuses épaissies, capables de retenir l'eau, existent aussi; citons ici la *joubarbe (Sempervivum).* Pour diminuer la surface, les feuilles s'enroulent parfois, comme le *nard raide,* ou se développent en aiguille. Afin de se protéger du rayonnement néfaste, la plante peut emmagasiner dans la peau des pigments foncés, pratiquement se bronzer, ou plutôt «violeter». Les plantes prennent une teinte bleu-violette au lieu de brune.

Une chose non perceptible à première vue: les spécialistes des montagnes vivent avant tout sous la surface. Comparé aux plantes de la plaine, leur système radiculaire est

Sous les conditions extrêmes de la haute montagne, la présence des arbres est limitée. Les petites plantes poussent avec des formes caractéristiques qui leur permettent de s'adapter aux conditions de l'habitat. Pour la plupart, elles utilisent la couverture neigeuse comme isolation pour se protéger des rigueurs de l'hiver. Quelques plantes typiques de haute montagne et leurs formes végétales:

1. rhododendron cilié: buisson nain
2. pâturin des Alpes
3. nard raide: plante en touffe
4. léontodon hispide: avec rosette de feuilles à ras du sol
5. œillet de Grenoble
6. lichen: thalles
7. joubarbe: plante de rocaille aux feuilles accumulant l'eau, protégeant du dessèchement.

extrêmement puissant. Il emmagasine des réserves pour les mauvais jours et est souvent développé en organe d'accumulation.

Ce climat rude influence aussi la procréation. Lors de grands froids et de forts vents, les insectes ne peuvent plus voler. Les fleurs doivent se partager les rares pollinisateurs – papillons, bourdons et mouches. Ne nous étonnons donc pas de trouver ici surtout de spectaculaires grandes fleurs aux coloris lumineux car la concurrence pour attirer les pollinisateurs est énorme. Malgré ceci, la pollinisation par insectes est beaucoup plus répandue en montagne qu'en plaine. En outre, l'autopollinisation est très fréquente et curieusement la pollinisation par le vent est plutôt rare. Par contre, les plantes de montagne se fient au vent pour répandre leurs semences.

Associations végétales alpines

Jetons pour commencer notre regard sur la couverture végétale alpine de l'étage supérieur, là où les conditions de vie sont les plus dures. Il n'est pas simple de s'imaginer que dans les régions des neiges éternelles, à plus de 2500 m, des plantes puissent encore vivre. Mais pourtant, des espèces tapissantes, mousses et lichens, s'installent aux endroits libres de neige. Elles achèvent leur cycle de vie en quelques semaines. Ce n'est que si la période sans neige est plus courte qu'un mois et demi que les plantes à fleurs ne résistent plus. Des noms tels que: *campanule de Mont-Cenis* et *renoncule des glaciers* nous indiquent où l'on peut rencontrer inopinément cette magnifique flore.

Sous cet **étage de neige éternelle**, nous trouvons celui de la **zone alpine** et des **gazons**. La période qui permet la croissance des plantes est ici de trois mois. Les sols sont peu profonds et contiennent peu d'humus. Ce dernier se forme de la décomposition de plantes et d'animaux morts. Non seulement la croissance des plantes est lente, mais aussi la dé-

Pré à pâturin richement fleuri: Les prés à pâturin se sont faits au cours des siècles. Représentants typiques: pâturin des Alpes, fétuque rouge et fléole alpestre, ainsi que de nombreuses plantes à fleurs comme p. ex. trèfle rouge et pourpre, anthyllis vulnéraire, potentille jaune, crépide orangée, léontodon hispide, ligustique Mutelline, plantain alpestre, certaines campanules et orchis.

celle de l'air. Sur les pentes à l'ombre, la température du sol reste basse. Ceci explique les grandes différences de couverture végétale des versants nord et sud. A ce moindre ensoleillement des versants nord dans les montagnes, et donc avec un enneigement prolongé, s'ajoute encore une température du sol sensiblement plus basse. Il s'ensuit donc que la végétation monte moins en altitude du côté nord.

Les contrastes augmentent en général à la montagne. Les différences de température entre le jour et la nuit sont énormes; outre la lumière solaire, les rayons calorifiques d'onde longue ont plus de facilité à traverser l'atmosphère rarifiée. Pendant la nuit, le sol renvoie sans obstacles la chaleur en direction du ciel plus frais. Une comparaison avec la plaine: le refroidissement est beaucoup plus grand pendant les nuits claires que lorsqu'il y a du brouillard. Par temps de brouillard, l'air est saturé de minuscules goutelettes d'eau qui barrent le chemin aux rayons calorifiques. – Dans les Alpes, les nuits sont fraîches. Même en été, il peut geler la nuit. Il n'y a que peu de plantes qui savent survivre à ce danger permanent.

Si la température est plus basse en montagne, la quantité des précipitations, par contre, augmente. A Berne, nous mesurons environ 1000 mm de pluie par an, tandis qu'au Grimsel il en tombe plus de 2000 mm dont une grande partie sous forme de neige en hiver. La couverture neigeuse est, d'une part, une bonne isolation contre le froid et, d'autre part, un réservoir d'eau. Au printemps, la neige fond lentement, l'eau de fonte trempe le sol et souvent il en est de trop. Bien sûr, toutes les plantes ont besoin d'eau, mais il n'y a que peu de spécialistes capables de survivre dans un sol extrêmement détrempé car les racines veulent aussi respirer! La faible évaporation due aux basses températures contribue encore à ce détrempage. Aux endroits où le sous-sol ne permet pas l'infiltration, il se forme des marécages (suite p. 437).

Environ la moitié de la superficie de la Suisse est située à plus de 1000 m. Deux tiers du pays sont montagneux, dont les Alpes constituent la plus grande partie. La Suisse est répartie en ceintures d'altitude:

20% de la surface appartiennent à l'étage des collines et des terres cultivables.

39% de la surface font partie de l'étage montagnard.

8% de la surface se trouvent à l'étage subalpin.

21% de la surface appartiennent à l'étage alpin et des gazons.

12% de la surface sont sous les neiges éternelles.

En ce qui concerne les Alpes, ce sont les trois dernières zones, c'est-à-dire les régions placées entre env. 1200 m et les plus hautes cimes, qui sont importantes.

composition par les microorganismes du sol, donc la production d'humus reste faible. Comme la couche rocheuse se trouve très près de la surface, sa composition a une grande influence sur la couverture végétale. Nous différencions les gazons alpins sur roche basique (avant tout calcaire) de ceux poussant sur un sous-sol acide (riche en argile et en silice). Les roches calcaires se rencontrent avant tout dans les Alpes du nord et au pied sud de la chaine; les Alpes centrales par contre sont riches en silice avec leur granite cristallin. Une large zone des Alpes du sud voisines est également riche en silice et en argile. La couleur des roches argileuses et cristallines est généralement plus foncée que celle des roches calcaires, raison pour laquelle les premières se réchauffent plus au soleil. L'influence sur d'éventuels colonisateurs est évidente. Si nous rencontrons les taches jaunes du lichen sur les roches, nous nous trouvons sans doute dans une région de cristallin.

Dans des endroits à fortes précipitations, les sols sur roches calcaires peuvent aussi se délaver et ainsi être acides. Cependant, les plantes poussant sur un sous-sol calcaire souffrent souvent d'un manque d'eau car celle-ci est mal retenue par ce type de sol.
En descendant d'un sommet, nous pouvons vivre le processus de colonisation des altitudes en accéléré. Les pionniers des plantes à fleurs et des fougères poussent dans les fissures des rochers. Par la sécrétion des racines, la roche devient «ramollie», de nouveaux éléments minéraux sont libérés et la première terre apparaît. Les mousses et les lichens prospèrent même sur les rochers nus. Les coussins et croûtes qu'ils forment retiennent la poussière, ce qui contribue aussi à former de la terre. Sur les rochers calcaires nous trouvons comme pionniers fleuris les *primevères des Alpes* et *l'androcée helvétique* et sur la roche cristalline par exemple la *primevère hirsute*. Les occupants des pierriers sont exposés aux mêmes conditions difficiles. Bien que leur approvisionnement en eau soit meilleur, ils doivent par contre faire face à un environnement toujours glissant. Les pierriers, une fois tranquilles, sont lentement mais entièrement recouverts d'une couche végétale. Les racines continuent de stabiliser le sol, ce qui conduit à des peuplements gazonnés.

Entretemps, nous sommes descendu à l'étage de la zone subalpine. Ici les premiers gazons compacts se forment encore bien timidement. Sur le calcaire des versants sud, nous trouvons les *gazons de seslèries* bleuâtres qui portent leur nom grâce à la floraison de couleur correspondante de la plante principale. Ce gazon varié est classé parmi les «semi-secs», ce qui signifie que l'eau est rare sur ces pentes raides et pauvres en sol. Dans des zones riches en argile, l'approvisionnement est meilleur. C'est ici que nous trouvons des terrils riches en laiches. L'edelweiss est une parti-

cularité de ces endroits difficilement accessibles. Sur la roche cristalline et dans les mêmes conditions se développe la gazon de carex courbé.
Sur les sols fortement acides mais plus profonds apparaissent des *pâturages de nard raide*. Le mot pâturages le dit déjà: nous sommes en zone exploitée. A la place des capricornes, nous rencontrons les vaches en bien plus grand nombre. Si un gazon est seulement brouté, mais pas fertilisé, cela conduit à un appauvrissement du sol. Le nard peu exigeant, dédaigné par les vaches, peut s'étendre. Si les alpages sont fertilisés, nous trouvons des herbages riches en couleurs et en fleurs propices aux vaches laitières. L'un comme l'autre doivent être régulièrement fauchés, sinon ils se boisent. Ces alpages se trouvent déjà sur l'étage montagnard.
A la même altitude que les alpages, nous rencontrons les garennes de *buissons nains*. Elles nous rappellent que nous pénétrons déjà dans la zone potentielle des forêts. C'est l'œuvre

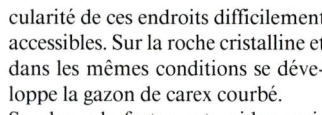

◄◄ *Les spécialistes tels que la pulsatille des Alpes* repoussent ou fleurissent même à la fonte des neiges pour terminer le cycle de vie, dans une période de végétation raccourcie.
◄ *L'auricule,* par contre, est un pionnier de haute montagne capable de survivre sur des roches calcaires sans protection notable de la neige.
▼ *La composition végétable* au-delà de la limite des forêts denses est très influencée par les habitudes des herbivores domestiques ou sauvages.

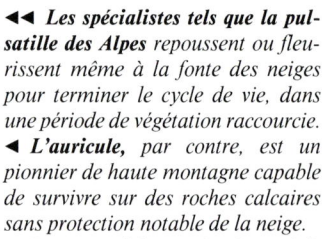

de l'homme si nous ne trouvons ici presque plus de forêts compactes. Même si les pâturages de montagne nous paraissent encore intacts, l'homme y a énormément disposé à sa guise. Suite aux pâturages et aux défrichements, les limites des forêts se trouvent plus bas que ce n'était le cas à l'origine. Un nouveau reboisement n'est souvent plus possible car les sols non protégés se sont érodés et appauvris. C'est une évolution comme on la trouve dans les savanes.

Les *creux à neige* sont d'autres endroits particuliers se rencontrant dans les zones subalpine et alpine. Comme le nom l'indique, la neige y reste fort longtemps par manque de soleil. Il peut aussi s'agir de bassins synclinaux où s'amassent les congères qui ne fondent que lentement. La période de végétation est extrêmement courte et le sol détrempé par l'eau de fonte. Généralement seules, *les mousses* peuvent y survivre et, à part elles, des sortes de saules spécialisés, des *saules nains* (illustration) dont la souche s'enfouit directement dans le sol et où seuls les feuilles et les chatons apparaissent à la surface (à droite).

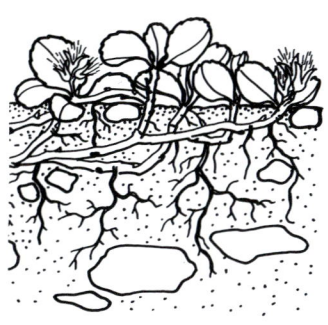

A des altitudes où une forêt compacte serait encore possible, nous rencontrons aussi des landes de buissons nains autour des arbres (dans l'image: arolles).

Les régions surpâturées deviennent désertiques. Un retour aux pâturages est incertain. L'intervention humaine dans les régions alpines est aujourd'hui surtout due à l'aménagement de pistes de ski; elle a, dans ce climat rude, des conséquences dévastatrices. Le développement des associations végétales est extrêmement lent et la cicatrisation souvent impossible.

Dans les garennes de buissons nains, les *rhododendrons des Alpes* sont très représentatifs. Ils poussent le plus souvent où se trouvaient initialement des *forêts d'épicéa*. Après le défrichement, il y avait d'abord des alpages. Une fois mal soignés, ils ont pu se transformer en zones de rhododendrons.

La forêt d'épicéa est – comme celle de hêtres sur le Plateau – la société végétale qui peuplerait principalement les régions montagneuses dans des conditions naturelles. Généralement, les sols montagneux sont acides. En sol plus neutre, c'est le *pin de montagne* qui se répand en pionnier pour former des forêts de petite surface. Dans les Alpes centrales, *la forêt de mélèzes et d'arolles* forme la limite supérieure des forêts. C'est la plus haute que nous trouvons en Suisse. Comme les Alpes centrales jouissent d'un ensoleillement essentiellement plus haut que les Alpes limitrophes, la limite des forêts s'y situe plus haut: à 2400 m contre 1800 m dans les Alpes du nord et 1900 m dans celles du sud.

Sur des pentes raides et humides et dans des couloirs à avalanches poussent des *broussailles d'aulnes verts* et des sous-arbrisseaux élevés à grandes feuilles. Nous trouvons les broussailles d'aulnes verts jusqu'au-dessus de la limite actuelle de la forêt. C'est grâce à une symbiose avec un champignon que cette plante réussit à utiliser l'azote de l'air, ce qui la rend indépendante des éléments nutritifs du sol. Les rameaux des aulnes verts ne cassent pas sous le poids de la neige, mais se plient au sol pour se redresser sans dommages après la fonte. Ces broussailles ont gardé leurs étendues initiales grâce au fait qu'elles ne colonisent que des lieux difficilement cultivables.

Des marécages se forment aux endroits humides où l'enneigement est plus court. Sous un climat frais, la formation de tourbe se fait aujourd'hui très lentement; les tourbières alpines sont d'origine très ancienne. Elles apparurent pendant la courte période chaude qui suivit la dernière glaciation. 10 000 ans auparavant, il faisait sensiblement plus chaud chez nous et les Alpes étaient bien plus haut recouvertes de forêts mixtes. Depuis lors, le climat s'est dégradé et au-dessus de la limite des arbres, les tourbières hautes ne peuvent plus se reformer.

Luxuriante beauté sur sol pauvre: Presque toutes les eaux stagnantes des Alpes sont acides et pauvres en minéraux, donc très peu peuplées de plantes. Une d'entre elles qui les borde est la linaigrette dont les chevelures rondes contenant les semis sont bien visibles. Ce n'est qu'aux endroits où l'eau de source calcaire se renouvelle constamment, ou dans des fonds de vallées souvent inondés par le limon des ruisseaux, que les plantes marécageuses aimant le calcaire peuvent s'acclimater.

(Suite de la p. 435):
De pair avec les précipitations la vitesse du vent augmente aussi sur les sommets exposés. Les plantes doivent donc se protéger contre le déracinement, leur épiderme est «poli» par la poussière et les grains de sable tourbillonnants. Le vent dessèche les plantes et la surface du terrain. Les «spécialistes de la montagne» se tiennent donc aussi près que possible du sol, là où la vitesse du vent est faible. En montagne, les sols sont le plus souvent peu profonds, pierreux et pauvres en humus. Souvent la surface dégèle tandis que le fond reste gelé. Les racines sont soumises à des forces de tiraillement extrêmes. Sur les pentes abruptes, il peut se produire des glissements de terrain ou des chutes de pierres, ce qui est également un danger pour le système radiculaire. Les racines doivent être extensibles et, tout comme les pousses, capables de renouveler les parties abîmées après d'éventuelles blessures.

Autour des cabanes se développe une association de plantes aimant l'azote: le reposoir. Elle est pauvre en espèces et les grandes feuilles et les casques de Jupiter p. ex. sont représentatives. Le bétail s'en sert pour s'y coucher mais ne mange cependant pas ces plantes qui sont souvent vénéneuses. Il s'ensuit exactement le contraire de ce que nous avions constaté dans les pâturages de nard: le sol est gorgé d'engrais.

La nature fait pousser et fleurir: observons-la en nous promenant

Au royaume des grenouilles

Bien avant la mort des forêts, on parlait de la mort des roseaux contre laquelle même la protection générale des roselières n'y pouvait rien. Les causes sont complexes. Les dommages mécaniques par les bateaux et les baignades sont les plus facilement explicables. De plus, le roseau même semble être malade. Par la surfertilisation, les rampes poussent vite mais sont fragiles. Les «algues filamenteuses» mélangées aux détritus portés par les vagues cassent facilement ces hampes. Une maladie causée par des virus ou bactéries dévastant gravement ces «monocultures naturelles» est aussi possible.

S'il n'y avait que la nature, nous ne trouverions en-dessous de la limite alpine des forêts qu'une petite partie du paysage non-boisée en raison des sols détrempés. De nos jours, le royaume des grenouilles s'est rétréci même à un dixième de cette superficie initiale. Chaque zone humide bien conservée est une chose précieuse.

Dans les eaux libres, la qualité de l'eau joue un rôle déterminant pour la végétation. Jadis, il y avait en Suisse à peu près autant d'eaux pauvres en éléments nutritifs que de riches. Les lacs au pied des Alpes étaient pauvres en nourriture. La végétation de ces eaux change suivant le sous-sol rocheux calcaire ou non. Généralement, les eaux pauvres n'hébergent que très peu d'espèces. Une couche végétale compacte ne s'y développe pas. Dans les eaux claires le manque de lumière ne peut pas être un obstacle et jusqu'à 20 m de profondeur, les plantes reçoivent suffisamment de lumière pour la photosynthèse. Par contre, les éléments nutritifs sont rares.

Sur les *sols de moraine ou de limon*, tels que l'on en trouve sur le Plateau, il y avait depuis toujours des eaux riches isolées. Aujourd'hui, elles sont cependant beaucoup plus fréquentes que la nature l'avait prévu. La plupart de nos lacs sont véritablement surfertilisés par les eaux usées ainsi que par les engrais qui s'écoulent des champs cultivés environnants. Le phosphate des produits de lessive stimule la croissance des plantes d'une manière explosive. Jadis, *le phosphore* était rare et donc un élément limitatif de la croissance.

Ce qui sert à l'un nuit à l'autre. Les «économes en énergie» qui croissent tout aussi bien dans les eaux pauvres sont maintenant étouffés par les plantes qui dépendent d'éléments nutritifs et qui poussent beaucoup plus rapidement. Ce sont surtout les algues. Troublant l'eau, elles s'opposent à la pénétration de la lumière. Dans les eaux polluées, plus rien ne pousse dès 8 m de profondeur. Les plantes à feuilles flottantes, par exemple *le nénuphar* et les tapis de lentilles d'eau, profitent aussi de cette abondance d'éléments nutritifs. Les eaux polluées sont riches en quantité végétale. Cette offre abondante en nourriture végétale attire donc plus de «consommateurs» et conduit à une population animale plus élevée. Les «décomposeurs» doivent par la suite se multiplier pour venir à bout des plantes et des animaux dépérissants et les *minéraliser* en les dissociant en éléments de base. Ces éléments sont à nouveau à disposition des plantes comme *nourriture* et le cycle est achevé. Alors que les plantes vertes enrichissent les eaux en oxygène, celui-ci est consommé par les animaux et les décomposeurs. Ces derniers prospèrent si bien grâce à la nourriture abondante qu'ils consomment même plus d'oxygène qu'il ne peut s'en renouveler. Les eaux surpeuplées étouffent lentement et une fermentation putride remplace la respiration.

En hiver, période de repos des plantes et des animaux, l'état sanitaire des lacs s'améliore momentanément. La descente des eaux de surface froides et plus lourdes dans les profondeurs provoque une convection qui amène de l'oxygène frais dans les fonds. Mais à la longue, ces petites pauses de rétablissement ne suffisent plus, les eaux meurent.

Outre la qualité de l'eau, les variations de niveau déterminent aussi les populations riveraines. Les différentes espèces sont adaptées à une cer-

taine profondeur. Tout au large, **les plantes immergées** poussent discrètement. La plupart d'entre elles remontent au soleil pour fleurir. Leurs fruits flottent d'abord en surface, commencent ensuite par pourrir pour finalement tomber sur le fond. Une meilleure dispersion des graines est assurée par les oiseaux aquatiques. Ce sont avant tout les canards qui servent d'avion de transport d'eaux en eaux. Ceci garantit une rapide colonisation de «nouveaux rivages» et favorise ainsi la même espèce de plantes sur de grandes étendues.

A environ 2 m de profondeur, les plantes enracinées dans le fond élèvent leurs fleurs et leurs feuilles jusqu'à la surface. Les plus apparentes sont les *nénuphars jaunes* et les *nénuphars blancs.* La ceinture de **feuilles flottantes** forme, avec les espèces immergées, la zone la plus riche en plantes aquatiques. Mais si le nénuphar se développe trop, il ne laisse plus assez de lumière pour la survie des plantes plus profondes.

Comme en montagne, la concurrence est extrêmement dure dans l'eau: peu d'espèces spécialisées se partagent ce royaume aquatique. La prédominance d'une seule espèce apparaît la plus extrême dans **les roselières** du rivage qui atteignent près 3,5 m. Peu de lumière parvient au sol et d'autres espèces, comme la *grande massette*, ne figurent dans cette «monoculture naturelle» qu'en qualité de mauvaise herbe. Les roseaux s'enracinent sous environ 50 cm d'eau, mais supportent cependant des périodes de sécheresse. Ils s'étendent avant tout par des stolons et se reproduisent mal par semences.

Les roselières sont importantes pour la faune des rivages où beaucoup d'oiseaux aquatiques nichent. Le roseau filtre aussi les eaux usées. Les roselières figurent parmi les sociétés végétales les plus productives de nos régions. Pour une bonne croissance, elles nécessitent beaucoup de nourriture et retirent donc de l'eau du *phosphore* et de *l'azote* en grandes quantités. Mais pour qu'elles conservent cette capacité de retirer durablement les éléments nutritifs des eaux, elles doivent être fauchées chaque automne et leur paille évacuée. Sinon les matériaux morts se décomposent et restituent à l'eau le phosphate et l'azote. De plus, les hampes mortes conduiraient rapidement à un atterrissement des lacs.

Le roseau éclot très tard au printemps, beaucoup plus tard que la forêt et les prairies. Il sort du sommeil hivernal dès que l'eau atteint 8–10°C; il dépend dans un certain sens de la chaleur. Sa présence en Suisse est donc limitée à des altitudes ne dépassant pas 1200 m. Les plantes des eaux tranquilles ont en général besoin de plus de chaleur que celles de pleine terre dans les régions comparables, car la température de l'eau est plus équilibrée et la moyenne annuelle un peu plus haute que celle du sol. Hors des roselières, vers la terre ferme, poussent **les grandes laiches**. Ce sont des plantes de pleine terre, d'apparence herbeuse, qui supportent des inondations prolongées. La plupart d'entre elles doivent cependant interrompre sous l'eau la photosynthèse. Si le niveau d'eau varie fortement, c'est le *carex élevé* qui domine. Il est facilement reconnaissable à ses touffes qui forment des colonnades jusqu'à 1,2 m de haut. Le *carex jaune* par contre forme des gazons réguliers dans lesquels on trouve fréquemment des iris des marais. Dans les marécages pauvres en nourriture et en calcaire, nous rencontrons le *carex renflé* bleu-vert, à croissance basse et espacée. Tous les marécages de laiches doivent être fauchés, sinon ils sont envahis par l'aulne commun. Le foin de laiches n'est pas d'une très bonne qualité et jadis on l'utilisait comme litière. Aujourd'hui, il n'est presque plus demandé.

Nous n'avons parlé jusqu'à présent que des *eaux tranquilles,* donc de lacs et d'étangs. Nous leur opposons les *eaux courantes,* ruisseaux et rivières. Ici, l'approvisionnement en nourriture est meilleur tout comme celui en oxygène, car l'eau est constamment renouvelée. Et pourtant, les eaux courantes peuvent former un environnement extrêmement dangereux pour la vie. Le risque de se faire déchirer ou déraciner et emporter par le courant est grand. Certaines plantes s'en protègent en formant ici des feuilles en lanières ou fendues, alors qu'en eau tranquille ces feuilles sont rondes ou d'autres formes. *Les mousses* et *les lichens* sont fréquents dans les courants vifs. Ils s'accrochent aux cailloux. Les plantes supérieures évitent en général les forts courants et poussent dans des eaux moins agitées, par exemple dans de petites criques ou derrière des rochers. Dans les eaux courantes, il y a aussi quelques espèces qui profitent de la pollution et prospèrent mieux, par exemple la *renoncule aquatique* et différentes sortes de *callitriches*. Les eaux courantes sont également bordées de roselières, mais il s'agit ici du *phalaris roseau*. Plus à terre, il se forme des broussailles de *saules* ou des *forêts alluviales* de *peupliers* et de *saules blancs.*

Ce sont les sources qui offrent aux plantes, sous nos latitudes, l'espace vital le plus équilibré. La température de l'eau est à peu près la même, été comme hiver. – Les roches calcaires rendent l'eau dure, et celles sans calcaires la rendent douce, ce qui joue un rôle dans la composition des solutions minérales et détermine aussi quelles plantes se plaisent dans telle source.

Si l'on fait un tour d'horizon à partir des eaux dégagées jusqu'aux rives, on observe de différents stades d'atterrissement qui conduisent au sol sec. En parcourant cet espace, nous suivons en même temps une évolution dans le temps: les lacs subissent l'atterrissement, les tourbières basses (à gauche) marécageuses peuvent devenir des tourbières hautes (à droite), et finalement même des marécages et marais deviennent des forêts. La vitesse et les possibilités de développement des eaux sont extrêmement variées. Le climat et les sous-sols sont des facteurs importants.

Les tourbières

Nous désignons les surfaces marécageuses peuplées de roselières, de laiches ou de forêts d'aulnes par *tourbières basses*. Dans des conditions favorables, lorsque la nappe phréatique est peu nutritive et le climat régulièrement humide mais pas trop frais, elles peuvent se transformer en tourbières hautes. *Tourbière haute* n'a rien à voir avec l'altitude au-dessus de la mer, mais avec l'épaisseur de la couche de tourbe qui s'élève. Là où le manque d'oxygène empêche une bonne décomposition, les plantes mortes deviennent de *la tourbe* en place d'*humus*. Suivant les espèces qui forment cette tourbe, nous parlons par exemple de tourbe de laiches, de roseaux ou de sphaignes. *Les sphaignes*, ou *mousses de marais*, sont les plus importants producteurs de tourbe. Elle ne sont pas du tout exigeantes et ne nécessitent que peu de nourriture qu'elles retirent de l'eau de pluie et des grains de sable apportés par le vent. Leurs tissus spécialement conçus peuvent accumuler d'énormes quantités d'eau. Leur extrémité croît continuellement tandis que les parties inférieures dépérissent en raison du manque de lumière et d'oxygène, pourrissent et se transforment finalement en tourbe. C'est ainsi que la tourbière haute se bombe lentement comme un verre de montre pour atteindre jusqu'à 5 m au-dessus du sol. Les sphaignes vivantes entraînent avec elles la nappe phréatique au-dessus de son niveau normal.

Peu de plantes à graines poussent sur les tourbières hautes: les *bruyères*, les *laiches* et les *linaigrettes*, mais aussi les *bouleaux* et les *pins* aux endroits plus secs. La plupart d'entre elles assurent leur approvisionnement par une symbiose avec un champignon. La plus grande partie des tourbières est aujourd'hui asséchée par des canaux de drainage. Les tourbières hautes asséchées sont appelées *landes*. Les plantes de bruyère prennent le dessus pendant que les sphaignes meurent.

«Pourquoi chercher loin ce qui se trouve tout près?» Comme ces mots le disent, c'est «à ses pieds» que le promeneur trouve les associations végétales qui sont bien souvent dédaignées et laissées de côté comme de mauvaises herbes.

La nature fait pousser et fleurir: observons-la en nous promenant

Les plantes des bords de chemin

Ce n'est que récemment que même les botanistes s'intéressent à ces plantes des bords de chemin. Ils ont entretemps découvert que celles-ci, contrairement à ce que l'on pensait auparavant, ne sont pas le fait du hasard, mais donnent comme partout des indications sur leur environnement. De plus, nous savons aujourd'hui que ces étroites bandes non cultivées sont souvent le dernier refuge d'espèces végétales qui ne trouvent plus de place dans les cultures d'exploitation moderne. On a pu constater que de telles bandes en friche servent d'abri à beaucoup d'êtres utiles. Il s'agit d'animaux qui aident l'homme à maîtriser les parasites de ses cultures.

Le plantain pousse de préférence sur le chemin, la chicorée sauvage à côté. Les espèces végétales des bords peuvent être, selon leur origine, divisées en trois groupes. Ce sont d'abord les «mauvaises herbes» indigènes qui poussaient dans nos régions avant l'intervention humaine. Il s'agit surtout d'espèces vivant longtemps, telles que *l'ortie*, *l'oseille* et *le chardon*. Dans le deuxième groupe, nous trouvons des espèces qui se sont développées avant notre ère, mais ne pouvaient coloniser nos chemins qu'avec l'aide de l'homme. Des noms tels que *orge queue de souris*, *mauve des oies*, *viperine* ou *lait d'âne* signifient qu'on leur prêtait attention. Les espèces annuelles dominent.

Le dernier groupe de ces accompagnants doit son arrivée aux facilités de circulation. Le botaniste berlinois Scholz put prouver par des exemples d'herbiers à quel moment et quelles nouvelles espèces sont apparues chez nous. *L'arroche des jardins*, *le raifort* et *la laitue scariole* doivent être arrivés entre 1500 et 1787. Jusqu'en 1884 s'y sont rajoutées avec d'autres les *vélars* et la *matricaire odorante*. Depuis lors, l'immigration des plantes s'est accrue parallèlement avec la plus grande mobilité des hommes. De nouvelles plantes d'outre-mer nous parviennent même par des semences crochées dans des fourrures, emballages ou habits. Elles se répandent parfois comme une épidémie. Le *solidago du Canada* ou la *berce de Mantegazzi* pouvant atteindre 3,5 m, la *queue de renard blanche* et

Les chemins sont souvent creux et bordés de talus dont la végétation varie selon l'ensoleillement. **Du côté ombre** ou dans les talus des bois, nous trouvons des arbustes allongés et à grandes feuilles. L'adenostyle et la laitue des alpes par exemple avec leurs feuilles ressemblant aux rhubarbes se mélangent aux fougères qui apprécient l'humidité. Dans les régions montagneuses surtout, il peut aussi se former des marécages de pente où se développe la petite laiche. Outre les laiches, la renoncule et le chardon des marais, les primevères, les orchidées et beaucoup de mousses y sont typiques.

le *passerage* sont des exemples de ces immigrations à succès.

Cependant, il n'en est pas toujours ainsi. Beaucoup d'espèces ne trouvent pas d'habitat convenant à leurs besoins. Comme, contrairement à nos plantes cultivées ou de jardin, nous ne leur offrons pas une place libre artificielle, elles sont chassées par la concurrence avant même qu'un botaniste ne les ait aperçu.

Aux bords des chemins, nous trouvons souvent des espèces parentes aux *polygonacées, chenopodiacées, cruciféracées, labiacées* et *scrofulariacées*. Ces groupes végétaux comprennent beaucoup de représentants aimant l'azote. Les bords de chemin sont riches en éléments nutritifs pour les végétaux. Ceci conduit les plantes à former de grandes et minces feuilles procurant de l'ombre. On ne trouve de telles feuilles normalement que chez les espèces bien irriguées. Or, ce n'est pas le cas aux bords de chemin. Le sol est plutôt mince, l'eau rare et il n'est pas question d'ombre à midi. Un bon approvisionnement en nourriture doit donc avoir sur les plantes le même effet qu'une bonne irrigation.

Une autre propriété est vitale pour les plantes de bordures. Elles doivent être incomestibles – même vénéneuses – pour être dédaignées par le bétail.

En outre, nous rencontrons aux bords des chemins des rochers de molasse ou des cailloutis. Suivant l'exposition, ils sont colonisés par différents pionniers végétaux et offrent aussi bien aux insectes qu'aux oiseaux des trous pour s'y nicher ou les matériaux appropriés pour faire les nids.

Si notre chemin n'est ni bordé de talus, de rochers ou de haies, la vue sur les cultures est dégagée. Le développement de ces dernières commence avec l'histoire de l'homme. A la place des prés, pâturages et champs, la nature ferait pousser des forêts. Jadis, les hêtres poussaient sur les sols profonds et riches de *terres brunes* des cultures du Plateau. Les forêts alluviales, les marais asséchés et les tourbières hautes ont été transformés en prairies peu exigeantes. Ce

Sur les pentes côté soleil se développement des prairies sèches. A beaucoup d'endroits, des plaques rocheuses et des pierres parsèment la surface. La sauge des prés, les campanules, le thym odorant, la rhinanthe crête de coq, l'anthyllide vulnéraire et des sortes d'orchidées (au premier plan de la photo: l'orchis brûlé) se sentent à l'aise avec beaucoup d'autres sur ces talus chauds et pauvres en nourriture.

sont sans doute les terrains de culture qui subissent le plus l'influence de l'exploitation. Le labourage régulier, la fertilisation et l'ensemencement de plantes de culture telles que céréales, pommes de terre, betteraves sucrières, maïs, colza et légumes ne laissent aucune chance aux plantes naturelles. Leur richesse en espèces est fortement réduite par l'utilisation de désherbants. *La nielle des blés, le bleuet* et *le coquelicot* n'égayent presque plus nos champs de céréales par leur couleurs.

La soi-disante *prairie artificielle* n'est pas beaucoup plus hospitalière pour les plantes poussant naturellement. Après l'exploitation, on les sème et les laisse 3–4 ans. Ensuite, le sol est à nouveau retourné. Les prairies artificielles sont intensément fertilisées et fauchées jusqu'à 6 fois par an. Bien peu d'espèces végétales et animales y survivent. Ces prairies se caractérisent, tout comme les champs, par une pauvreté extrême en espèces. En moyenne nous n'y trouvons en tout et pour tout que 8–10 plantes différentes. On oppose aux prairies artificielles les soi-dantes *prairies naturelles*. Ces surfaces sont soit fauchées ou broutées. Si l'exploitation reste pendant longtemps constante, un équilibre naturel entre les espèces s'installe. Sur le Plateau, les véritables pâturages sont rares, mais nous les trouvons souvent dans les Alpes en forme des *pelouses à paturin*. En plaine, on combine souvent: la coupe au printemps et le pâturage en été. Les *prairies grasses* sont fertilisées et fauchées au moins deux fois par an. Nous y rencontrons environ une trentaine d'espèces différentes. Leur aspect est d'un vert succulent et luxuriant. Les fleurs sont rares, la coupe est souvent faite trop tôt. Sur le Plateau, ce type de prairie est dominé par *le fenasse*, une herbe très haute et de bon rendement. Dans l'Oberland, à environ 1000 m, il est remplacé par *l'avoine jaunâtre*, poussant un peu moins haut. En général, ces prairies sont riches en couleurs. Des *campanules* très hautes, *la bistorte, les marguerites, les trolles d'Europe* et toutes sortes d'œillets sont fréquents.

Sur des chemins peu fréquentés, des plantes arrivent même à se fixer entre les ornières. Les espèces qui veulent vivre ici sont contraintes de s'adapter à être constamment malmenées. Elles doivent former de petites feuilles coriaces et se ramifier tout près du sol. Les rosettes de feuilles radiculaires sont une autre forme de survie. Les feuilles et les pousses perdues doivent pouvoir être rapidement remplacées. Une courte période de végétation jusqu'à floraison et une riche production de graines contribuent à compenser les pertes. Un bon système radiculaire est aussi nécessaire pour pouvoir accumuler des réserves souterraines.

Les plantes de chemin ressemblent par leur structure à celles des pâturages où les dégâts se font par le piétinement du bétail et non par les pneus des tracteurs et les semelles de chaussures. Le *trèfle blanc* rampant ou les rosettes de feuille du *grand plantain* sont caractéristiques aux deux endroits. Toutes ces espèces sont qualifiées de *plantes de foulée*.

D'où viennent nos plantes d'herbages?

25% de forêts compactes, par exemple l'anthrisque sauvage.
20% de clairières et tracés de gibier. Les représentants les plus connus sont la dent de lion, l'oseille à larges feuilles, les chardons des champs et cirse des marais.
30% d'endroits naturellement déboisés. Les arbres n'y poussent pas en raison du sol trop mince, trop pauvre ou détrempé. Les laiches, le jonc, le fenasse des prairies grasses et le brome dressé des gazons secs y trouvent leur origine.
15% de régions sans forêts. Ce qui signifie qu'elles proviennent de steppes, de prairies des régions méditerranéennes ou qu'elles sont descendues de l'échelon alpin. Exemples: la gentiane, les colchiques et la stipe pennée.
10% sont d'origine inconnu.
(d'après Ellenberg)

Coupe généralisée (de g. à dr.):
talus à l'ombre – ornière – association de plantes de foulée – ornière – talus ensoleillé.

Rencontres avec des animaux

Joies d'une visite aux animaux des champs

Depuis l'âge de la pierre polie l'homme se nourrit de plus en plus de plantes utiles et d'animaux domestiques. Il défricha les forêts du paysage primitif, assécha des zones humides et des marais. Les prairies et les champs ainsi créés ne furent pas seulement colonisés par des plantes utiles. Une flore et une faune sauvages préférant des régions herbeuses immigrèrent depuis les steppes du Proche-Orient jusqu'en Suisse. Parmi les oiseaux ce sont, outre les moineaux, par exemple les alouettes, le bruant des prés et le coq de bruyère. Le lièvre commun qui devient aujourd'hui de plus en plus rare en raison de l'urbanisation et surtout des grandes surfaces de monocultures fait aussi partie de ces «immigrants».

C'est surtout au printemps, quand la neige fondante libère la courte herbe gris-brune des prairies, qu'il est intéressant d'observer les animaux dans les champs.

Les premières traces que nous rencontrons vraisemblablement sont celles, bien piétinées, des campagnols que ces rongeurs ont encore fait sous la couche de neige. Mais nous pouvons aussi remarquer leurs ennemis: une buse perchée dans les branchages d'un arbre isolé et qui guette son butin de souris. Ou, peut-être, découvrons-nous une hermine ou sa petite cousine la belette. Ces agiles chasseurs de souris, aux courtes jambes de teckel, troquent maintenant leur robe d'hiver d'un blanc de neige contre celle d'été brun-clair.

Au-dessus de nos têtes, une alouette des champs jubilante se visse dans le ciel, volète soudainement sur place, se laisse tout à coup tomber sans bruit comme une pierre pour freiner à ras du sol en écartant les ailes. C'est l'endroit choisi par le couple pour sa prochaine nidification.

Parmi les oiseaux nichant au sol nous trouvons aussi le vanneau huppé. Ces échassiers avec leur huppe impertinente et leur plastron noir se pavanent en groupe sur le champ proche et s'enfuient dans un vol puissant et saccadé avec leurs larges ailes arrondies si nous nous approchons. Soudainement, un lièvre sort comme une flèche de sa cachette. Tapi au sol et sans se faire remarquer, il nous a laissé nous approcher à quelques pas avant de détaler en zig-zag vers un prochain couvert.

Une hase peut mettre bas jusqu'à six fois pendant l'été et porter à chaque fois un à cinq petits pendant 42 jours. Mais encore: Les femelles sont souvent fécondées quelques jours avant de mettre leurs petits au monde et portent donc simultanément deux générations de descendants. Grâce à cette particularité foetale qui est un phénomène unique parmi les mammifères, la prolifération est encore accentuée.

Il n'est donc pas étonnant que dans le temps on associait le «lapin de Pâques» et ses œufs aux cultes de la fertilité d'avant l'ère chrétienne (la coutume apparut pour la première fois au 17e siècle).

C'est maintenant, au début du printemps, lorsque les champs n'offrent

Le vanneau huppé (h.) avec sa coiffe élégante est facilement reconnaissable. Il préfère les grandes étendues herbeuses et s'y comporte très discrètement. Cependant, au printemps, on observe les mâles faisant des vols de parade animés: volant en courbes serrées, ils font scintiller le blanc du dessous de leurs ailes. Couvant au sol, le vanneau choisit des couleurs de camouflage pour son nid (b.). Toutefois sa couvée est menacée par les activités agricoles car les grandes et paisibles prairies humides manquent sur le Plateau.

◄ Lorsqu'il en va des femelles, les mâles en chaleur sont de rudes gaillards. Au combat, ils s'assènent des coups en tambourinant de leurs pattes antérieures et quelquefois des gifles bien senties.

► Le mode de déplacement normal du lièvre commun – que ce soit en gambadant ou en fuyant – est le galop, il avance les pattes arrières au-delà des pattes avant. Avec ses puissantes cuisses, le lièvre peut sauter très haut et atteindre en fuite des bonds de 2,5 m.

Les lièvres communs sont maîtres en camouflage. A l'approche d'un danger, il se terrent tranquillement dans un creux et couchent leurs remarquables longues oreilles contre le corps. Ce comportement est devenu plutôt rare aujourd'hui car ils ont appris dans nos paysages perturbés à trouver refuge aussi dans la forêt. Si «ça chauffe trop», le lièvre quitte à grands bonds sa cachette pour la forêt, zigzagant si besoin est comme en parlent les dictons.

que peu de couverts, que le comportement nuptial des lièvres peut être facilement observé. Le début des «noces de lièvres» est d'abord caractérisé par une certaine réserve. Mais peu après, les mâles en chaleur quittent leur demeure et rendent visite aux hases. Devant elles, ils «tambourinnent» sur le sol avec leurs pattes antérieures. Dressés sur leurs jambes, ils s'étirent et font le gros dos pour essayer d'impressionner leur élue.

Chaque hase refuse d'abord de telles avances. Plus tard elle abandonne cependant sa réserve et la noce commence à devenir animée. Au moment où les premiers lièvres se mettent à parcourir les champs, d'autres les suivent bientôt. Un mâle en chaleur qui voit cela de loin n'est pas toujours difficile sur la qualité de son choix et il lui arrive de poursuivre un autre mâle en chasse. Après avoir tous deux enfin reconnu leur erreur, ils s'arrêtent, se dressent et se fichent mutuellement une raclée avec leurs pattes antérieures.

Pendant toute cette animation des couples se forment et s'isolent. Le mâle en chasse courtise inlassablement sa hase pour lui faire perdre son appréhension du contact. L'accouplement peut avoir lieu et la prolifération légendaire de «Jeannot lapin» peut commencer. En réalité, il conviendrait de parler au passé car le lièvre commun devient de plus en plus rare.

La circulation routière et les machines agricoles exigent leur tribut. Mais ce sont surtout les grandes surfaces de monoculture qui rendent la vie dure au lièvre. Les moissons rapides privent brutalement «Jeannot lapin» de son foyer. Les distances jusqu'à la prochaine cachette ou une nouvelle source de nourriture sont alors trop grandes. Où nous trouvions 50 lièvres ou plus sur un seul km² de champs ou de prés, nous ne voyons plus que rarement ces gambadeurs depuis que les haies, les bosquets et les bords de chemins riches en mauvaises herbes ont disparu. De moins en moins de hases réussissent à élever leurs petits.

Déjà trois jours après la naissance les jeunes lièvres quittent le nid, se séparent ou tentent de chercher les premières herbes savoureuses. La mère ne les visite qu'une fois par jour pour les allaiter pendant 3 minutes au début et par la suite plus que pendant 90 secondes. Ce rendez-vous entre mère et enfants est fixé à une heure très précise. Si les jeunes arrivent en retard à la tétée ils se font chasser à coups de dents.

Le busard utilise chaque point élevé comme observatoire pour guetter les souris, sa nourriture principale. S'il n'y a ni poteaux, arbres ou autres perchoirs, il se sert aussi de mottes.

Le lapin n'est pas un lièvre

Ces deux espèces sont si différentes l'une de l'autre qu'elles ne se laissent pas croiser en captivité.

Le lapin qui n'existe sous sa forme sauvage qu'à très peu d'endroits en Suisse, par exemple sur l'Ile de St-Pierre du lac de Bienne, se laisse facilement élever et reproduire en captivité. Animal domestiqué, ses nombreuses races vont du Géant Belge de 9 kg jusqu'au Lapin Hermine ne pesant que 1–1,5 kg.

Après une gestation de 31 jours, le lapin sauvage met bas ses quatre à douze petits dans un terrier qu'il creuse lui-même. Ses descendants qui naissent aveugles, entièrement nus et incapables de se déplacer sont complètement dépendants du nid.

Il en va tout autre chez le lièvre commun qui se laisse difficilement tenir et élever en captivité. Après avoir été portés pendant 42 jours, ses un à cinq petits naissent pratiquement fin prêts. Ils ont une fourrure, peuvent voir et se déplacer et sont même capables d'absorber des nourritures solides. Le lièvre ne creuse pas de terrier, vit isolément et non en communauté comme le lapin, et toujours dans les champs dégagés ou les forêts éclaircies.

Physiquement ils se différencient aussi par leur poids qui atteint 5 à 6 kg chez le lièvre contre 2 à 3 kg chez le lapin sauvage. Les oreilles du lièvre mesurent 12 à 14 cm, celles du lapin que 7 à 8 cm.

La forêt printanière nous ravit par ses chants mélodieux, ses fleurs colorées et une multitude d'odeurs pas toujours agréables. Tous ces signaux servent à assurer la procréation. Les oiseaux délimitent leur territoire de nidification par leur chant. Les fleurs attirent les insectes avec des couleurs et des parfums appropriés pour les faire transporter le pollen contenant les cellules mâles sur les organes femelles.

Rencontres avec des animaux

Le printemps dans la forêt

Dans la forêt printanière la journée commence bien avant que les premiers rayons du soleil caressent les cimes. Le rouge-queue gris et la grive musicienne chantent déjà dans l'obscurité. A l'aube, le coucou, les rouge-gorges et les pinsons se joignent à ce concert pour prendre le relais des lèves-tôt. Les premiers rayons de l'astre du jour réveillent aussi les longs dormeurs, merles, pinsons verts ou étourneaux. On pourrait presque croire que chacune de ces espèces d'oiseaux chanteurs a une «heure d'émission» bien déterminée. Le respect minutieux de cette horloge interne permet cependant de les reconnaître sans erreur.

Les chansons, aussi différents soient leurs mélodies et leurs interprètes, n'ont qu'un seul but. C'est ainsi que les oiseaux chanteurs mâles font savoir qu'ils ont conquis un territoire pour couver et qu'ils l'ont défendu avec succès contre les rivaux. C'est le moment de chercher une compagne. Dès qu'ils l'ont trouvée, ils en informent également leurs congénères en chantant et délimitent ainsi l'espace vital du couple.

Cette activité musicale des mâles est déclenchée par la testostérone, hormone sexuelle mâle dont le niveau augmente au printemps avec l'allongement des jours. Tous ne réagissent cependant pas avec la même rapidité. La mésange, le roitelet, le merle ou le pinson vert qui ont hiverné chez nous, s'adonnent déjà aux premiers essais mélodieux lors des jours ensoleillés de février. C'est au mois de mars que reviennent les oiseaux migrateurs n'allant pas très loin. L'orchestre est au grand complet au mois de mai quand les grands voyageurs tels que le rossignol, le loriot et l'hypolaïs ictérine sont de retour au bercail. Il est impossible pour le profane de ne reconnaître qu'à leur chant ces musiciens qu'il ne peut pratiquement pas apercevoir dans la profondeur des arbres. Nous ne connaissons tout au plus que les refrains des espèces qui vivent près des agglomérations comme les merles ou les roitelets. Mais cela suffit pour comprendre l'essentiel de cette musique.

Il est facile de reconnaître le merle mâle par son chant et de le différencier de l'étourneau sansonnet. Cette mélodie de base est en quelque sorte le «petit livret» que chaque oiseau mâle reçoit en héritage. Mais ils améliorent ces dons en imitant par exemple des congénères plus doués. Parmi les merles certains virtuoses arrivent à chanter une centaine de mélodies différentes. Les étourneaux sansonnet sont les champions de l'imitation. Ils ne copient pas seulement leurs congénères, mais aussi d'autres bruits de leur environnement. A part bécoter en battant des ailes, ils peuvent tout à coup caqueter comme une poule, appeler comme le coucou ou intriguer l'observateur en reproduisant le chant mélodieux du merle. Il est souvent difficile de faire la différence entre le vrai et le faux. Rappelons-nous ce match de football à Aarau où un étourneau sansonnet zélé imitait si bien le sifflet de l'arbitre qu'il semait la confusion parmi les joueurs.

Le chant des oiseaux n'est pas seul à suivre un calendrier au printemps. Les buissons des lisières fleurissent aussi selon un horaire bien déterminé. Le noisetier, par exemple, fleurit déjà en février quand il fait encore trop froid pour les insectes et c'est le vent qui transporte le pollen des fleurs mâles aux femelles. Mais déjà en mars les chatons de saules jaillissent pour offrir aux abeilles leur première nourriture.

Les abeilles, aussi bien que les bourdons, sont capables de réchauffer temporairement leurs muscles pour leur permettre de voler à quelques degrés au-dessus de zéro. Les saules et les noisetiers fleurissent avant d'être en feuilles. D'autres buissons, par exemple les fusains et l'aubépine, ne fleurissent qu'après avoir déployé leurs feuilles, en mai ou en juin. Ils sont pollinisés avant tout par des mouches sorties très tard de leur sommeil hivernal.

Du point de vue pollinisation le pied-de-veau est une des plantes les plus fascinantes de nos forêts de feuillus. Ses feuilles lancéolées n'attirent pas les insectes avec un doux parfum et des couleurs voyantes, mais par une odeur de charogne. Sa clientèle est en conséquence: des mouches et des moustiques à l'aise sur les déchets. Ils glissent sur la spathe, feuille visqueuse entourant la tige, pour tomber dans un soi-disant cornet-piège d'où ils n'échappent pas sans avoir auparavant pollinisé les fleurs femelles. Mais cette plante, aussi appelée arum, n'oublie pas ses prisonniers. Pendant la nuit elle chauffe la prison, ce qui est très inhabituel pour un végétal, nourrit les détenus avec du nectar et les saupoudre, peu avant de les libérer, avec du pollen. En sortant, ils portent ce pollen sur leur corps jusqu'au prochain arum qui, à son tour, les attire et les emprisonne à nouveau jusqu'à ce que la pollinisation soit accomplie.

La lisière des forêts est d'une grande importance pour la gent ailée. Beaucoup de couvées y sont élevées et les nombreuses espèces d'arbustes offrent une table bien garnie: les buissons à fleurs attirent les insectes et certaines baies sont mangées par les oiseaux.

La petite charbonnière (d.), oiseau de l'intérieur des forêts, préfère par contre la hauteur des couronnes des arbres; en outre, couvant dans des cavités, elle a besoin de branches ou d'arbres creux – ou de nichoirs.

Nous connaissons encore 195 espèces d'oiseaux qui couvent en Suisse. 105 d'entre elles font partie de la sous-classe des oiseaux chanteurs, mais pas toutes ne peuvent cependant chanter agréablement, du moins pour l'oreille humaine. Les corbeaux, par exemple, sont incapables de faire mieux que de croasser d'une manière rauque. Quoi qu'il en soit, le son des oiseaux ne se fait pas comme chez l'homme.
Chez l'être humain c'est le larynx qui constitue l'appareil vocal. Par contre, chez les oiseaux cet appareil se trouve à l'extrémité inférieure de la trachée qui se sépare ici pour former les bronches qui conduisent aux poumons. Peu avant cet embranchement, la trachée est ceinturée de puissants anneaux cartilagineux entre lesquels plusieurs membranes sont tendues. Celles-ci entrent en vibration comme les cordes d'un violon par l'air expiré des poumons et produisent des sons plus ou moins aigus suivant le degré de tension.
Ces vibrations produites dans le syrinx, appareil vocal des oiseaux, sont modifiées dans le larynx et la gorge, puis amplifiées dans le bec ouvert qui fait en quelque sorte office de mégaphone.

En Suisse, les chevreuils ne furent jamais aussi nombreux qu'aujourd'hui. Les estimations officielles parlent d'au moins 130 000 têtes. Les chasseurs en abattent chaque année 40 000 et 10 000 sont éliminés par la circulation routière. Pourtant le cheptel de chevreuils ne diminue pas. Tout au contraire, il semble même s'accroître à beaucoup d'endroits.

Le chevreuil est sans doute le plus répandu des grands gibiers de notre pays, mais il n'en était pas toujours ainsi: au milieu du siècle passé il avait presque disparu. Au tournant du siècle, on ne le trouvait qu'au nord-est de la Suisse. Suite à une chasse plus sage et probablement aussi grâce à l'absence des grands prédateurs tels que le lynx et le loup, le cheptel a augmenté pendant ce siècle d'une manière presque explosive.

Rencontres avec des animaux

L'année du chevreuil

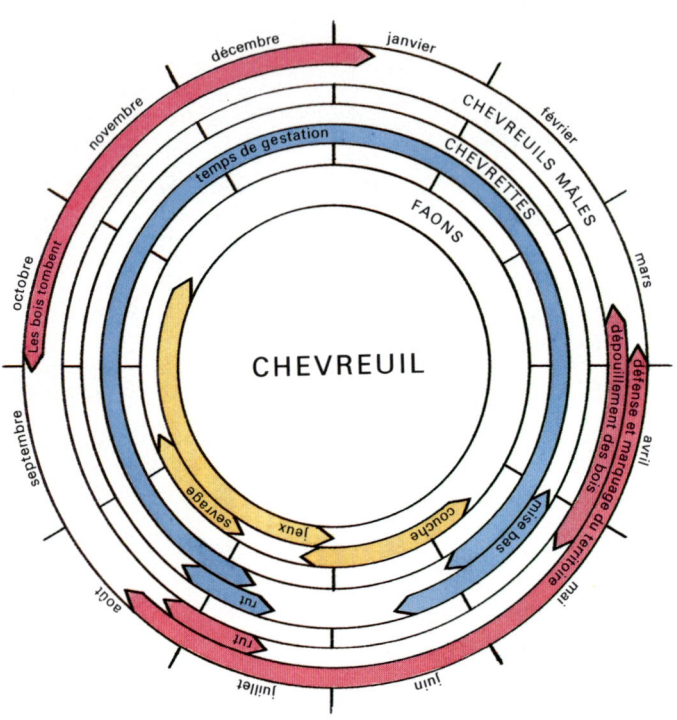

rut sont une suite rapide de moments culminants déterminants pour la conservation de l'espèce pendant l'année du chevreuil. Ils ont lieu exactement dans la période d'abondance en nourriture. Entre le début du printemps et du mois d'août, la pâture qui consiste en herbacées et en feuilles est particulièrement riche en albumine, tendre et digeste. Elle est en outre abondante et disponible dans la plus grande partie de l'espace vital. Ceci explique que les chevreuils peuvent envahir pendant ces quatre à cinq mois une grande partie du paysage.

Le diagramme représente la répartition des activités principales du chevreuil au cours de l'année. Les plus importantes querelles sociales se jouent pendant le semestre d'été: les mâles marquent leur territoire et se battent pour défendre leur position sociale, alors que les chevrettes s'occupent de mettre bas et d'élever les jeunes. Par contre, pendant le semestre d'hiver, les chevreuils forment de grands groupes pour y vivre paisiblement.

Le chevreuil ne «vit» véritablement qu'entre fin mars et mi-août. Dès le début du printemps, les mâles adultes se débarrassent du velours recouvrant leurs nouveaux bois qui, eux, ne tomberont qu'à l'automne ou l'hiver suivant. Ces excroissances à une ou plusieurs pointes sont d'importantes armes de défense pour écarter les rivaux du territoire. Les mâles s'approprient leur domaine en rabotant ou frottant l'écorce de jeunes arbres avec leurs ramures et déposent en même temps à ces endroits la sécrétion d'une glande située entre les bois.

C'est entre mi-mai et mi-juin que les chevrettes se retirent dans des endroits choisis pour mettre bas les petits. Ce sont des places ensoleillées et chaudes, recouvertes de fourrés denses, situées soit dans des clairières, en lisière de forêt ou dans des prés à fenaison. C'est ici qu'un à trois faons voient le jour. Ces nouveaux-nés pèsent 0,5 à 1,5 kg; leur robe tachetée de blanc, de brun et de noir est un véritable camouflage. Pendant les trois à quatre premières semaines de leur existence ils restent presque constamment couchés et cachés dans les hautes herbes. Leur mère ne les visite que pour les allaiter et faire leur toilette. Après un mois, les faons sont capables de l'accompagner. C'est aussi le moment où ils commencent à jouer avec leurs frères et sœurs. Ils donnent libre cours à des chasses et des bagarres lors desquelles ils exercent un comportement qui leur sera essentiel plus tard pour le combat et la procréation.

Le chevreuil est en rut entre fin juin et mi-août. Avant l'accouplement proprement dit, le mâle poursuit la femelle pendant un certain temps. A cette occasion, elle court en cercles ou parfois en huit. On appelle «ronds de sorcières» de telles traces bien visibles et fortement piétinées car dans le temps la superstition voulait que les sorcières y dansent.

Les combats pour le territoire, la mise bas, l'allaitement des faons et le

Une telle prairie près des forêts sert aux chevrettes à élever leurs faons. Avant de faucher, le paysan ne devrait donc pas omettre d'observer et de contrôler ces terrains.

La ramure du chevreuil au premier plan est encore recouverte du velours protecteur sous lequel elle a poussé. Au printemps, les bois et le velours dépérissent et les mâles commencent à frayer leur tête aux buissons pour se débarrasser de cette peau devenue gênante. Mais même libérés du velours, ils continuent à se frotter, marquant du même coup leur territoire.

Le port de tête du mâle illustré en bas montre comment le marquage se fait: entre le front, la base de la ramure et la nuque se trouve un morceau de fourrure riche en glandes qui est frotté aux jeunes arbres. Il faut s'imaginer ces glandes invisibles comme des glandes sudoripares.

Le mode de vie de ces cervidés est tout à fait différent entre mi-août et avril. La nourriture est moins abondante, souvent ligneuse et donc peu digeste. La réserve de graisse qui a pu encore se constituer après le rut suffit à peine pour l'indispensable. Les chevreuils doivent donc, pendant la saison d'hiver, essayer d'économiser de l'énergie par tous les moyens.

Ils deviennent, par exemple, plus sociables envers leurs congénères, renoncent aux combats et bagarres, se rassemblent davantage et forment alors de plus grands groupes ou des hardes comme les chasseurs les appellent. En outre, ils se reposent beaucoup plus souvent que pendant la saison chaude.

Les chevreuils se laissent même carrément enneiger. La neige fraîche isole étonnamment bien, tout comme la fourrure d'hiver grisbrune qui est plus touffue mais cependant plus courte que la fourrure «rouge» d'été. Ils ne se déplacent que pour se nourrir et lors de situations météorologiques extrêmes, sinon ils restent dans leurs zones de repos.

Ces endroits ne se trouvent pas, comme on pourrait le penser, dans des fourrés impénétrables. Tout au contraire, les chevreuils s'installent dans des endroits aussi dégagés que possible. Malgré cela ils sont difficilement repérables pour les raisons suivantes. Ils se retirent sur des monticules ou des terrasses de pentes d'où ils peuvent tout observer, entendre et flairer, ce qui, pour les intrus s'approchant d'en bas, les rend difficiles à découvrir car ils ne laissent tout au plus entrevoir que leur tête et les oreilles.

Les chevreuils mâles portent une ramure ou, comme les chasseurs l'appellent, des bois. Cette arme frontale ne pousse pas continuellement toute la vie comme les cornes des vaches, des chamois ou des capricornes, mais au contraire elles tombent chaque année pour se renouveler. Ces ramures de chevreuil poussent en quelques semaines pendant la saison d'hiver et sont protégées par une peau veloutée riche en nerfs et vaisseaux sanguins, le velours. Avec l'allongement des jours au printemps, l'hormone sexuelle mâle commence à faire ses effets. Entr'autre, elle freine la croissance de la ramure. Le velours et l'ossature dépérissent et l'animal se débarrasse de cette peau morte en frottant ses bois. Ces derniers sont maintenant prêts à l'emploi – une ossature morte garnie de perles rondes, d'arêtes tranchantes et d'une à quatre pointes par bois.

Selon le nombre de ces pointes, les chasseurs les différencient par des noms. Par exemple un jeune chevreuil dont les bois n'ont qu'une seule pointe est appelé un brocard, tandis que le fourchu y possède deux pointes. Bien que les différences puissent être frappantes, elles n'ont rien à voir avec l'âge de l'animal. Il est sans autre possible qu'un mâle puisse présenter déjà la première année une imposante ramure à six pointes, plus tard à quatre, et parfois il se présente entre deux seulement comme un simple brocard.

L'espace vital de la couronne des arbres de nos forêts est le domaine des animaux ailés, oiseaux et insectes. Les mammifères n'y vivent guère; mais cependant deux d'entre eux s'y sont spécialisés pour profiter du manque de concurrence: l'écureuil, et son ennemie la martre ordinaire, mais souvent aussi la fouine. Lors d'une promenade en forêt, un regard dans la voûte peut être digne d'intérêt.

Rencontres avec des animaux

Les arbres ne sont pas seulement conquis par les ailes

C'est un fait que les oiseaux de diverses espèces utilisent les arbres pour y nicher et dormir, mais aussi comme source de nourriture et terrain de chasse. Les pinsons et les mésanges pépient et gazouillent toute la journée dans les nids et les creux d'arbres.

Les écureuils construisent de grands nids ronds avec toutes sortes de matériaux récoltés ou surélèvent ceux que les corbeaux et les pies ont abandonnés.

Des nids de forme sphérique existent aussi chez les oiseaux, mais la plupart d'entre eux les construisent hémisphériques comme le merle (photo) – sans prendre en considération les nombreuses espèces couvant au sol.

Le pic martèle inlassablement les troncs pour trouver sous l'écorce les insectes et les larves qui figurent à son menu et la nuit les chouettes planent silencieusement entre les branches.

Les cimes des arbres ne sont cependant pas uniquement conquises par l'air. C'est ainsi que ce gros nid rond (photo en haut), constitué de rameaux et de feuilles, parfois même de restes de tissus, n'est pas celui d'un oiseau mais d'un écureuil – ou pour le moins fut réaménagé par ce dernier: il lui arrive d'utiliser comme fondation pour son logis d'anciens nids de pies ou de corbeaux. L'écureuil utilise son nid toute l'année pour y dormir et s'y réchauffer en hiver. Au printemps, les jeunes y passent leurs premiers jours sur un rembourrage d'herbes, de mousse, lychens et plumes. 5 bébés écureuil, nus et aveugles, occupent le nid et sont allaités par la mère. Les petits se développent rapidement: leur pelage est fait en une semaine et ils se séparent des parents après 2 mois. Ils font partie du grand groupe des rongeurs qui réunit une bonne moitié de tous les mammifères – ce qui représente environ 3000 espèces. La plupart de ces animaux n'atteignent que la taille d'une souris ou d'un rat mais possèdent un très fort don d'adaptation; nous les rencontrons partout, dans des climats très différents et aucun autre mammifère ne monte aussi haut dans les montagnes.

Ils ont reçu leur nom en raison de leur habitude d'utiliser leurs incisives pour ronger des matériaux durs. Ces longues dents sans racines ont une particularité: elles continuent de pousser sans cesse et peuvent ainsi compenser leur usure. La fente de la lèvre supérieure est aussi une des caractéristiques des rongeurs et ce «bec de lièvre» évite ainsi les blessures à cette lèvre en rongeant. Malgré cette particularité à laquelle le lièvre a donné son nom, celui-ci n'est aujourd'hui plus compté parmi les rongeurs; on lui octroie son propre groupement systématique.

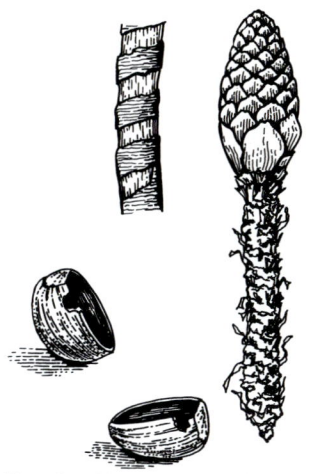

L'écureuil apprécie presque tout ce qu'il trouve sur les arbres ou le sol de la forêt: cônes de sapin, glands, châtaignes, graines, bourgeons, fleurs et champignons. Il n'est même pas obligé de faire un choix parmi ces derniers car il est invulnérable à leurs toxiques.

A l'égal d'un chasseur

Ces traits caractéristiques sont valables dans la même mesure aussi bien pour l'agile «acrobate des arbres» que pour la martre commune ou la fouine, mais nous pouvons plus rarement observer ces dernières. Contrairement à l'écureuil, elles chassent généralement la nuit et dorment le jour. La martre fait partie des rares animaux de proie vivant à la hauteur de la couronne des arbres. Des oiseaux et de petits rongeurs figurent à son menu et parfois aussi des écureuils. Elle tue sa proie par une morsure à la nuque. En outre, suivant la saison, la martre se nourrit aussi d'insectes, de chenilles, de larves, de guêpes et même de baies.

Elle parcourt toujours son territoire d'environ 5 km² par les mêmes pistes et le marque avec son urine sentant très fort. Elle possède, à l'intérieur de son domaine, plusieurs repaires tels que d'anciens nids d'oiseaux ou des troncs creux et elle ne reste pas longtemps fidèle au même logis.

Pour élever sa progéniture, la martre garnit un trou bien protégé avec des feuilles sèches et de la mousse. Ses petits naissent aveugles, mais possèdent déjà un court pelage gris, leurs yeux ne s'ouvrent qu'après 6 semaines et ils restent pendant 6 mois au sein de la famille.

L'écureuil casse des noix avec ses incisives tranchantes, mais a pour le surplus très peu d'exigences concernant son menu. En automne, il commence à faire ses réserves d'hiver avec un grand zèle. Il cache de la nourriture dans des nids abandonnés, dans des fentes d'écorce ou bien l'enterre. Ceci a pour effet annexe de favoriser avant tout la propagation des plantes car le plus souvent il oublie l'emplacement de ces réserves ou n'en mange qu'une partie. Les noix et les graines peuvent donc germer à des endroits qui ne sont pas encore colonisés et à l'abri des influences d'autres plantes concurrentes.

Une longue queue touffue qui sert de gouvernail pour sauter, un corps élancé et frêle, des jambes courtes mais particulièrement puissantes à l'arrière avec des pattes munies de griffes aiguës, de petits yeux noirs en bouton et une douce fourrure lustrée, il passe comme une flèche du sommet d'un arbre à l'autre – une description convenant bien à l'écureuil.

▼ Le menu de la martre comprend aussi les écureuils. Mais ceux-ci, capables de faire des bonds de 3 m d'une branche à l'autre et de descendre agilement les troncs la tête en bas, sont d'aussi bons escaladeurs que la martre – ce qui fait que cette dernière n'attrape généralement que des écureuils blessés ou malades. Cette élimination d'animaux affaiblis est nécessaire à la conservation de l'équilibre biologique.

Trois de nos espèces de martres sont illustrées:
en haut l'hermine ou grande belette en parure d'hiver d'un blanc éblouissant, sauf le bout de la queue qui reste noir; en bas la martre ordinaire qui, contrairement à la fouine (milieu) au plastron blanc, présente une gorge et une poitrine jaunes.

Les martres sont les plus primitifs animaux de proie terrestres; elles ne possèdent pas de parties spécifiques à leur mode de vie de rapace comme par exemple des griffes rétractables ou une dentition spécialisée telles que nous les rencontrons dans la famille des chats (felidae). Mais toutes nos espèces de martres sont vives, agiles et possèdent des organes sensitifs souvent très bien développés.

Les belettes, l'hermine et le putois, ce dernier n'ayant d'ailleurs pas très bonne vue s'oriente surtout par ses sens auditifs et olfactifs et trouve sa proie en furetant avec son nez, chassent tous sur et sous la terre.

Alors que la fouine chasse volontiers sur les arbres, c'est la martre ordinaire qui est une excellente spécialiste de la vie dans les hautes couronnes, tout comme l'écureuil. Elle élève donc ses jeunes dans des nids de feuilles et de mousse cachés dans des troncs creux, des trous de nœuds ou autres cachettes semblables. Elle occupe d'immenses territoires dans les forêts étendues et craint la proximité de l'homme – contrairement à la fouine qui peut même se rencontrer dans les villes. Bien que cette dernière, comme toutes ces espèces, mène une vie plutôt cachée et chasse de préférence dans la pénombre ou la nuit, on peut cependant l'observer en activité le jour plus souvent que la martre ordinaire. Mais la fouine devient surtout désagréable lorsqu'elle attaque des poulaillers ou des clapiers mal protégés et qu'elle massacre éventuellement tous les occupants, non par plaisir comme le laisserait supposer sa mauvaise réputation, mais par instinct de tuer pour faire des réserves, même si son butin est trop lourd pour qu'elle puisse l'emporter. A part cela, la fouine extermine aussi, comme ses autres parents, beaucoup de rongeurs nuisibles et contribue à empêcher la prolifération des souris.

449

Les amphibiens ou batraciens, descendants des poissons, ont jadis quitté l'eau pour conquérir la terre ferme. Ils ont cependant conservé une partie de ces caractéristiques aquatiques. Pour procréer ils doivent retrouver l'eau car ce n'est que là que leur progéniture se développe. Elle ressemble d'abord aussi aux poissons, respire par des branchies et n'a pas de pattes.

**Mais pas de règle sans exception. La salamandre noire se reproduit loin des eaux. L'unique petit se développe dans la mère et naît, après une gestation pouvant durer 2 ans, en tant que petite salamandre entièrement formée.
La diversité d'amphibiens se laisse facilement classer: Les grenouilles et les crapauds font partie du groupe des anoures, les tritons et salamandres ressemblant aux lézards sont des urodèles. La différenciation entre les crapauds et les grenouilles, resp. les tritons et les salamandres, est aussi simple: les grenouilles et les tritons ont une peau lisse, alors que celle des crapauds et des salamandres est irrégulière et verruqueuse.
Ces verrues contiennent des glandes parotides qui sécrètent une exsudation parfois irritante. On devrait toujours, après avoir touché un crapaud ou une salamandre, se laver les doigts car le poison de ces amphibiens peut provoquer des inflammations des muqueuses.
Nos amphibiens indigènes sont devenus rares sans exception. Ce ne sont que le crapaud commun, la grenouille**

Rencontres avec des animaux

Fête printanière au bord de l'étang

Les premiers signes du printemps se montrent prudemment. Des perce-neige poussent à travers les feuilles mortes de l'automne passé et, entre la neige fondante des talus ensoleillés, des bouquets de tussilage brillent comme de petits soleils. S'il tombe maintenant une pluie chaude c'est la fête au bord des étangs pour les grenouilles rousses qui vivent d'habitude loin des eaux, dans les prairies et les bois. Par centaines ou par milliers elles se ressemblent en groupes pour procréer. L'amas de frai de chaque femelle compte jusqu'à 4000 œufs. Les enveloppes sphériques gélatineuses gonflent dans l'eau glacée jusqu'à la grosseur d'un pois et font loupe pour concentrer les pâles rayons du soleil printanier exactement sur chacun des œufs noirs se trouvant en leur centre. La moindre chaleur favorise le développement de l'embryon.

Selon des observations de longue date, la migration de la grenouille rousse a lieu, sur le Plateau suisse, en moyenne le 13 mars. Empiriquement on peut dire que la migration se fait 5 jours plus tard par 100 m d'altitude supplémentaire.

C'est autour du 27 mars qu'apparaissent dans la plaine les crapauds communs pour gagner les eaux de ponte. Ces migrations en masse n'ont cependant lieu que si le soir à 20 h il fait encore au moins 5°C. Un degré d'obscurité bien déterminé déclenche le signal. Si la luminosité descend en-dessous d'une certaine valeur (1 lux) il est temps pour eux de se mettre en route. Dans la seconde moitié de mars, c'est le cas autour de 19 h 20. Jusqu'à 22 h, les crapauds avancent le plus rapidement. La fraîcheur nocturne augmentante ralentit le cortège qui se dissout au plus tard aux premières lueurs de l'aube.

Protégés par des forêts ils se dirigent vers leur lieu de ponte, mais n'aimant pas quitter cette protection ils choisissent parfois de faire des détours. Ils se retrouvent pour cette raison en grand nombre aux bords des lisières de forêts proches de la place de ponte, hésitant à s'engager en terrain découvert. S'ils y sont surpris par le froid, ils se retirent à l'abri des bois.

Chaque femelle porte déjà un mâle à califourchon sur son dos jusqu'à la place de ponte. Il fécondera les rubans d'œufs de plusieurs mètres qu'elle ira tendre à environ 1 m sous l'eau entre les tiges de roseau et autres plantes aquatiques.

La grenouille rousse et le crapaud se différencient bien par le lieu et la date de ponte. La première est en avance et préfère les eaux peu profondes des rives, le second est plus tardif et aime l'eau plus profonde. Mais le mécanisme qui garantit le rassemblement de centaines ou de milliers de congénères prêts à procréer est pour les deux le même. Ils se retrouvent au rendez-vous à un moment bien déterminé par la température nocturne et à un endroit de ponte bien précis.

Cet emplacement est exactement le même où la grenouille rousse ou le crapaud commun sont sortis des œufs sous forme de petits têtards, où ils ont infatigablement mangé des al-

Le héron cendré est actuellement chez nous l'échassier le plus fréquent et le plus répandu, chassant et mangeant, les petits habitants des eaux tranquilles et des marais voisins. Bien qu'étant considérés comme migrateurs, beaucoup d'entre eux passent des hivers peu enneigés dans les régions basses du Plateau où ils trouvent de la nourriture dans les prés.

Tous les amphibiens ont en commun une peau ayant besoin d'humidité, même si leur apparence est différente. On sépare chez nous le groupe des salamandres et tritons – l'espèce la plus répandue (h.g.): le triton alpestre (présent jusqu'à env. 2500 m d'alt.) – du groupe des anoures dont les crapauds font aussi partie. Le crapaud calamite (d.) à raie dorsale verte est plus rare que le crapaud commun. Sa manière de se mouvoir est inhabituelle: en terrain plat il court vite presque comme une souris. La rainette (b.g.), bien que petite, a une voix très puissante qu'elle fait surtout retentir pendant les noces aux alentours des points d'eau. Le cocasse sonneur à pieds épais (b.d.) n'est ni grenouille ni tout à fait crapaud car il possède certaines particularités des deux familles. Ces animaux bien camouflés passent presque inaperçus dans une mare.

gues et des parties végétales pourries pour grandir rapidement et voir pousser d'abord leurs pattes arrière, puis les pattes avant, pour finalement perdre leur queue bordée d'une large nageoire.

Avec leurs congénères ils quittèrent en quelques jours cette nursery aquatique pour vivre à terre où, pendant trois à cinq ans, ils se nourriront de toutes sortes de petits animaux jusqu'à l'âge adulte, moment de retourner au bercail. Personne ne sait jusqu'à présent comment ils retrouvent ces endroits distants souvent de plusieurs kilomètres.

Les autres grenouilles et crapauds indigènes sont moins difficiles pour leur lieu de ponte. Le sonneur à pieds épais, le calamite ou crapaud des joncs et la rainette sont des espèces qui procréaient aux temps où les grandes rivières n'étaient pas encore corrigées dans les zones d'alluvions où les inondations entouraient régulièrement les sables et graviers pour former de nouvelles mares. Ils vivent aujourd'hui surtout dans les gravières.

Les mâles de toutes ces espèces ont de grands sacs vocaux qui leur permettent de coasser et de se faire entendre très loin. Si au moment approprié ils trouvent une mare leur convenant, ils appellent leurs congénères à l'accouplement.

Les mâles et les femelles du crapaud accoucheur se retrouvent souvent loin des zones humides car chez eux les rubans d'œufs ne sont pas mis à l'eau. Peu après l'accouplement, le mâle les enroule autour de ses pattes arrières pour les porter sur lui. Ce n'est que peu avant l'éclosion des têtards que le père va les mettre à l'eau.

Un couple de grenouilles ou de crapauds peut se multiplier mille fois en une seule période de procréation. Pour conserver l'espèce il suffit cependant que deux descendants survivent assez longtemps pour procréer eux-mêmes. Des pertes sont donc supportables, et elles sont extrêmement élevées. Déjà le frai et les têtards sont la nourriture appréciée de beaucoup d'animaux aquatiques, et les adolescents et les adultes sont les proies préférées des couleuvres, hérissons, putois et surtout du héron cendré.

Les œufs des anoures, enveloppés d'une couche gélatineuse, doivent se développer dans l'eau pour ne pas dessécher. Ceci est dû à l'histoire évolutive de ces amphibiens qui représentent un maillon entre les animaux aquatiques et terrestres. Même les espèces ne vivant pas dans l'eau hors de la période nuptiale choisissent cet élément pour s'y accoupler. Le crapaud commun (d.) pond des mètres de rubans d'œufs, la grenouille rousse (g.) par contre fait des amas (en bas, petits œufs venant d'être pondus).

rousse, le triton des Alpes et la salamandre noire qui se rencontrent encore relativement souvent.

L'observation du rituel nuptial du triton et de la salamandre n'est pas facile. On peut bien voir au printemps des tritons venir à la surface de l'eau, agiter la queue, prendre de l'air et replonger prestement. De temps en temps leur ventre rouge foncé ou jaune brille dans l'eau.

Mais les magnifiques parures nuptiales, les lignes aux flancs ponctuées de bleu, de noir et de blanc, les larges crêtes, parfois dentelées chez certaines espèces sur le dos et à la queue, ne se laissent observer qu'à travers la vitre d'un aquarium. Il en est de même du cérémonial du mâle qui, en faisant sa cour, se place en travers dans toute sa splendeur devant la femelle pour lui signaler avec sa queue vibrante et latéralement recourbée qu'il est prêt à procréer. Au fond de l'eau, il dépose tout à coup un paquet de semences que la femelle recouvre de son orifice génital pour l'aspirer dans son corps. Cette réserve en semences suffit même pour féconder les œufs de l'année suivante. Une femelle triton seule peut donc, sans la présence d'un mâle, coloniser des eaux sans triton de sa progéniture.

La salamandre de feu est la seule espèce d'amphibiens ovipares indigènes qui ne se reproduit pas dans les eaux calmes, mais souvent dans des ruisseaux rapides et frais. Ses grandes larves avec leur touffe de branchies bien visibles derrière la tête éclosent déjà lors de la ponte ou peu après.

Rencontres avec des animaux

Des combats pour impressionner et des cadeaux

Presque tous nos animaux indigènes se reproduisent au printemps, ce qui est valable aussi pour les oiseaux habitant nos lacs, rivières et roselières. Ils se délimitent les territoires autour de la place de nidification. Ce sont des zones qu'ils s'approprient pour assurer suffisamment de nourriture nécessaire à l'élevage des jeunes. Les concurrents de la même espèce en sont chassés.

Il n'y a que peu de choses intéressantes à voir dans les épaisses ceintures de roseaux qui bordaient autrefois nos lacs et nos rivières, mais qui ont aujourd'hui disparu à bien des places. Les hampes de ces plantes, plus grandes qu'un homme, sont trop serrées. Certes, nous entendons le chant d'une rousserolle turdoïde qui a ancré son nid entre les roseaux, et avec un peu de chance nous découvrons une poule d'eau qui quitte pour peu de temps la roselière protectrice pour chercher sa nourriture.

La foulque et le grèbe huppé construisent aussi leurs nids flottants à la lisière des roseaux, mais ils sont si bien camouflés que nous ne les voyons presque pas. Le cygne est l'habitant emplumé le plus répandu et le plus connu de nos plans d'eau et de beaucoup de rivières. Comme aucun autre animal il est le symbole de nos lacs. Le gouvernement suisse en a offert des douzaines comme cadeau officiel à des pays étrangers. Malgré tout le cygne n'est pas un oiseau indigène. Ses ancêtres furent capturés, il y a longtemps, en Europe du nord et du nord-est et acclimatés chez nous pour animer nos parcs.

Le cygne n'a pas peur de l'homme. Au contraire: une fois le couple formé et le nid construit, le mâle ne défend pas seulement son territoire contre ses congénères mais aussi en face des humains. Il dresse ses ailes, forme un S avec son col, nage par saccades vers l'intrus supposé et lui fait peur en sifflant.

Chez les foulques, le mâle menace un indésirable de même espèce avec la tête baissée. Sa tache frontale blanche devient ainsi visible et le rival est de la sorte déjà averti à une distance de 30 m. S'il s'approche néanmoins des limites du territoire de nidification, l'occupant le menace en agrandissant sa silhouette. A cet effet, il soulève son arrière-train et nage contre l'intrus en position d'attaque. Parfois il vole même contre lui en rasant les vagues.

Un propriétaire voisin pourrait mal interpréter de telles attaques et les considérer comme une intrusion sur son propre terrain. Il passe donc à l'offensive de la même manière. Ce combat de becs est cependant souvent évité au dernier moment: en bon voisinage on s'impressionne en nageant côte à côte le long des limites.

Notre attention est détournée par un profond et curieux «corr» vers un autre habitant aquatique, le grèbe huppé. Deux oiseaux d'apparence identique nagent face à face. Chacun se présente à l'autre avec des ailes écartées et tournées vers l'avant, plonge ensuite et remonte pour se dresser comme un pingouin devant

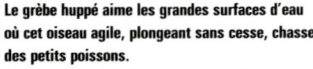
Le grèbe huppé aime les grandes surfaces d'eau où cet oiseau agile, plongeant sans cesse, chasse des petits poissons.

▲ Pendant la période d'accouplement, ces oiseaux présentent une remarquable houppe colorée rouge-orange sur les côtés (dessous: forme de la tête hors de la couvaison).

◀ Il vaut la peine d'observer avec des jumelles les grèbes huppés pendant la pariade où un cérémonial impressionnant se déroule. L'image en présente deux phases. Approche nuptiale: les partenaires se rapprochent subitement, secouent leur tête en tendant le cou et la tournent latéralement. La phase finale de la pariade consiste en un cadeau symbolique réciproque sous forme de plantes aquatiques.

Les foulques hivernent souvent en grand nombre sur nos lacs. Celles qui restent ici pour couver forment des couples au printemps et se répartissent sur le territoire de ponte qu'elles défendent très énergiquement en chassant les oiseaux intrus et en surnombre (g. combat entre mâles).
▼ Les jeunes oiseaux subissent un frappant changement de couleurs de la tête: de haut en bas, progression de cette évolution avec la croissance.

le partenaire. Secouant la tête, ils se rapprochent encore et ceci finit par une danse des deux oiseaux dressés qui se touchent mutuellement. Ce qui apparaissait au début comme un combat entre rivaux et une défense de territoire est en réalité la cérémonie nuptiale entre mâle et femelle qui, pour un observateur humain, se ressemblent chez le grèbe huppé jusqu'au moindre détail.

Dressés l'un en face de l'autre, ils s'offrent chacun des plantes aquatiques arrachées du fond lors de la plongée. Ce sont en quelque sorte de petits cadeaux qu'ils se font pour conserver l'amitié et consolider le couple jusqu'au moment où les petits savent voler.

Le canard colvert, le plus répandu des oiseaux palmipèdes nichant chez nous, se marie en général pour la vie. On trouve parfois dans nos eaux des colverts n'ayant pas les couleurs «sauvages» mais qui sont blancs, tachetés blanc-brun ou uniformément brun. Ce sont les descendants de «mariages mixtes», car il arrive parfois qu'un canard domestique tombe amoureux d'un canard sauvage et le suive sur les rives d'un lac ou d'une rivière loin de l'entourage protecteur de la ferme ou de son enclos.

Pour démontrer que le colvert apprécie l'environnement humain, regardons ces couples qui ne construisent pas leurs nids sur un rivage tranquille ou – comme très rarement – sur des arbres, mais bien sur des bords de fenêtres ou les toits en pleine ville. Dès que les petits, duveteux, ont quelques jours, ils tombent du nid. Cette chute d'une grande hauteur n'incommode pas ces animaux superlégers. Leurs parents les conduisent ensuite à travers la circulation, et parfois même sous escorte policière, jusqu'au prochain plan d'eau.

La rousserole effarvatte n'est en général pas facile à observer car elle se tient dans les roseaux. Par contre, son chant bien audible au loin nous révèle sa présence et peut-être pouvons-nous apercevoir cet oiseau, de la taille d'un moineau, perché au sommet d'une hampe. Ses nids, construits artistiquement entre les roseaux ondulent avec ceux-ci dans le vent. Construits en forme d'un bol profond, ils empêchent ainsi les jeunes d'en tomber.

Les foulques, grèbes huppés, colverts, cygnes et autres palmipèdes remplissent toute une série de tâches importantes sur nos rivières et nos lacs. D'une part, ils éliminent le surplus des plantes aquatiques de nos eaux. Beaucoup de ces végétaux dépériraient sans cela en automne, tomberaient sur le fond, y pourriraient et consommeraient ainsi l'oxygène de l'eau. Dans les eaux putrides et pauvres en oxygène les alevins n'arrivent pas à se développer. Les oiseaux aquatiques soignent ainsi la population des poissons.

Mais encore: le grèbe huppé et d'autres mangeurs de poissons attrapent avant tout les sujets jeunes et malades. Ils assurent ainsi la santé et l'équilibre de ce milieu. Finalement, les oiseaux aquatiques portent parfois dans leur plumage du frai qu'ils inoculent à de nouveaux plans d'eau, par exemple aux excavations de dragage des gravières.

Le plumage de ces oiseaux sert également à propager les œufs des genouilles, des crapauds ou des escargots d'eau. Il en est de même pour les larves de beaucoup de mollusques d'eau douce tel que l'anodonte ou encore pour les grains adhérantes de plantes aquatiques.

Les grenouilles vertes des étangs ont des structures familiales décidément compliquées. Elles font partie de trois espèces difficilement différenciables pour le profane: la petite grenouille dite Klepton, la grenouille rieuse, un vrai géant, et la grenouille verte qui, en ce qui concerne sa taille et ses dessins, est quelque chose d'intermédiaire.

Les trois espèces peuvent s'accoupler ce qui ne veut cependant pas dire qu'elles enfantent toujours des descendants viables. Une union entre deux grenouilles Klepton est souvent stérile.
La grenouille rieuse et la grenouille verte se reproduisent entre elles avec succès. Les «mariages mixtes» sont également fructueux. L'union entre la grenouille rieuse et la grenouille Klepton fait naître des grenouilles vertes tout aussi bien que celle d'une grenouille verte avec une Klepton. Si par contre le mariage se fait entre une grenouille verte et une grenouille rieuse, les descendants seront à nouveau des grenouilles rieuses.

Rencontres avec des animaux

Autour ou dans l'étang: hâte-toi lentement

Au début de l'été, quand les nénuphars fleurissent, les moustiques dansent leur ronde au-dessus de l'eau et les libellules chassent inlassablement leurs proies, leur fiancée et les rivaux en vrombissant, un drôle de concert éclate sur l'étang tranquille. Il a pu être déclenché par le bruit d'un avion ou d'un tracteur ou même seulement par le rire des promeneurs sur la rive. Sur le tapis flottant formé de nénuphars, de renouées amphibies et de nymphoïdes, on entend caqueter, coasser et grogner. Les centaines de voix d'un chœur d'hommes se livrant à un concours vocal bruyant sont celles des mâles de la grenouille verte.
Les mâles de ces grenouilles font sortir d'une petite fente aux coins de la gueule leurs sacs vocaux blancs de la grandeur d'une cerise qui se gonflent en cas de chants enragés jusqu'à la dimension d'une prune. Tout ce vacarme étourdissant n'a qu'un seul but, marquer un minuscule territoire allant de quelques largeurs de main à quelques mètres carrés. Les territoires individuels s'emboîtent comme les rayons d'une ruche. Si l'un de ces braillards verts franchit les limites invisibles du voisin, il est immédiatement attaqué et chassé.
Il semble que ce sont aussi les plus gros criards qui ont le plus de succès chez les femelles gonflées d'œufs se trouvant sur les territoires. Le chanteur s'agrippe tout de suite à ses épaules avec ses pattes avant et la ponte peut commencer.
Une seule femelle pond jusqu'à 5000 œufs. Les paquets de frai coulent très rapidement sur le fond où ils sont immédiatement recouverts par des substances en suspension. Ils ne peuvent donc pas être découverts facilement par les poissons et autres ennemis. Cependant: les œufs de grenouille et avant tout les têtards en connaissent beaucoup, ce sont surtout les insectes et leurs larves.
Il est complètement faux de croire que les insectes ne vivent qu'à terre et dans les airs. Les plus grands coléoptères vrombisseurs outre le cerf-volant, le dytique marginé et l'hydrophile brun, devenu très rare, sont exclusivement des habitants aquatiques dont les pattes arrière fortement velues forment des rames puissantes.

La vie des libellules est liée à un cycle entre l'eau et la terre. Les œufs sont pondus dans l'eau (b. d.) – chez certaines espèces en perçant des tiges de plantes. D'autres les laissent tout simplement tomber en volant. Les larves voraces (b. m.) subissent une métamorphose incomplète, c'est-à-dire sans chrysalide. L'imago sort de l'eau et permute son système respiratoire du tube branchial en trachée. Certaines espèces s'accouplent en vol (d. h. tandem). Chez beaucoup d'entre elles on observe lors de l'accouplement proprement dit la roue nuptiale (m.): mâle devant, femelle derrière.

Comme leurs larves, ils vivent de têtards et d'autres petits animaux aquatiques. En observant attentivement la surface d'un étang, on remarquera peut-être l'un de ces coléoptères longs comme le petit doigt, qui semble coller à la surface de l'eau avec son postérieur contenant les organes respiratoires.

Comme des patineurs, les gerris lacustres glissent à la surface de l'eau. Les poils hydrophobes de leurs pattes les empêchent de couler. De temps en temps une notonecte glauque circule entre les feuilles des nénuphars.

La notonecte et le gerris sont des punaises capables de voler, tout comme par exemple la nèpe cendrée, un chasseur sous-marin habile, aux pattes antérieures transformées en pinces et possédant un long tube respiratoire arrière ressemblant à un aiguillon venimeux.

Même une araignée chasse sous l'eau. Pour éviter de remonter toujours à la surface pour respirer, l'argyromète aquatique se tisse même une cloche de plongeur entre les plantes submergées. Mais les plus voraces de tous ces petits animaux chasseurs sont bien les larves de libellules.

Elles s'approchent à pas de loup sur leurs six pattes sans se faire voir de leurs victimes. A une vitesse incroyable elles projettent soudainement leur masque qui est une mâchoire transformée vers un autre insecte ou un têtard, saisissent cette proie et la retiennent avec des crochets mobiles. Si les larves de libellule sont elles-mêmes menacées, elles éjectent comme une flèche l'eau respiratoire de leur tube branchial et se propulsent au loin comme une fusée selon le principe de la réaction.

A la fin du stade larvaire, ces animaux aquatiques respirant par des branchies grimpent le long des tiges ou des feuilles de roseau hors de l'eau. Leur chemise de chitine devenue trop petite se déchire sur le dos et une libellule toute faite s'en extirpe. Pendant deux heures, elle est molle et sans défense, après quoi ses ailes et sa peau sont raidies. Un des meilleurs acrobates aériens du monde animal part à la conquête de l'air.

Les quatre ailes de la libellule ont à première vue l'aspect d'un rotor d'hélicoptère. Comme lui, elles peuvent être réglées différemment et chacune des deux paires d'ailes vibre à une fréquence indépendante de l'autre. C'est ainsi que ces insectes habiles ne volent pas seulement en avant, sur place, vers le haut ou le bas, mais même en arrière.

Seule la chemise de chitine (tout en h.) *dont est sortie une libellule rappelle la vie aquatique de cet insecte. Les libellules s'en extirpent en déchirant le dos du thorax. Env. 3½ heures passent jusqu'au déploiement complet des ailes et au durcissement de la carapace de chitine.*

La libellule déprimée est un vrai pionnier qui colonise des points d'eau récents et peu profonds (p. ex. gravières) en pondant de préférence ses œufs dans une couche de vase peu épaisse.

Ces acrobaties aériennes servent d'une part à chasser les insectes volants qui sont attrapés en vol par une nasse formée par les pattes, portés à la gueule et dévorés en vol. Mais les libellules éloignent aussi les intrus de leur territoire et s'accouplent en vol. Elles ne se reposent que rarement sur le bout des feuilles ou des tiges qui forment d'excellents points de vue sur l'étang. Les grenouilles, qui furent dans leur enfance pourchassées et dévorées à outrance par leurs larves jamais rassasiées, sont maintenant devenues leurs ennemis. Elles les guettent sans cesse et les attrapent, en sautant, avec leur longue langue télescopique qui n'est pas fixée à l'arrière du palais mais à l'avant.

La vue est le sens principal de la libellule. Le complexe oculaire sphérique occupe la plus grande partie d'une tête extrêmement mobile et se compose de 10 000 à 30 000 yeux individuels. C'est avec eux qu'elle repère ses proies et la place de ponte; elle différencie exactement les rivaux des femelles prêtes à s'accoupler. L'accouplement se fait en vol. Le mâle saisit la femelle à la nuque ou à la poitrine suivant l'espèce par des pinces qu'il possède à l'extrémité de l'abdomen. Le couple vole maintenant en tandem.

L'accouplement proprement dit a lieu pendant la soi-disante «roue nuptiale». Lors du vol en tandem, la femelle courbe son abdomen en avant pour atteindre le deuxième ou troisième segment du mâle. C'est là que se trouve un appareillage compliqué de transfert de semence que le mâle a rempli auparavant d'un paquet de sperme provenant de son ouverture sexuelle située dans le neuvième segment.

La ponte varie suivant l'espèce. Certaines restent en tandem, chez d'autres la femelle trouve toute seule une place favorable pour ses rejetons. Quelques-unes ne s'encombrent pas de tels détails et jettent simplement leur œufs sur l'eau. D'autres encore vont elles-mêmes sous l'eau pour déposer les œufs à un endroit déterminé ou percent avec leur arrière-train des peupliers ou des saules. Les œufs sont ainsi déposés dans l'écorce et ce ne sont que les larves, une fois écloses, qui regagneront l'eau proche.

Les mouettes rieuses couvent le plus souvent sur des plantes et dans des eaux peu profondes. Au siècle dernier, leur population a fortement augmenté. Elles trouvent beaucoup de nourriture dans les champs cultivés, même en hiver, et ont oublié la faim ainsi que les longs voyages migratoires pour rejoindre de lointains quartiers d'hiver. Il y en a toujours davantage qui restent ici à l'année. En hiver, elles sont encore rejointes par des congénères venant de la Mer Baltique et de l'Europe continentale.

Rencontres avec des animaux

L'année de la mouette rieuse

Les mouettes rieuses ont de quoi rire. Leur table est bien garnie dans le paysage cultivé. Ce sont en outre des animaux aux facultés d'adaptation extraordinaires et qui comprennent très vite où la nourriture est offerte et comment se l'approprier.
C'est ainsi que ces mouettes – qui depuis toujours peuplaient tout aussi bien les rivages maritimes que les lacs intérieurs et qui possèdent des pattes palmées comme beaucoup d'autres oiseaux aquatiques – suivent la charrue et se disputent les vers et les insectes avec leurs congénères en frac blanc. C'est surtout à l'arrière-été et en automne que les sols cultivés fournissent la nourriture principale des mouettes rieuses.
Bien entendu, ces palmipèdes ont vite découvert les dépotoirs de la prospérité humaine qui apparurent dans les années 1950 partout au bord de nos agglomérations. Ils ne dédaignent ni le pain sec ni la viande avariée ou encore les légumes. Leur appareil digestif est si efficace qu'on dit par exemple que la tête d'un poisson avalé est déjà à moitié digérée avant que la queue n'atteigne l'estomac.
Les longues et larges ailes aux rémiges primaires rabattues, ainsi que leur corps fuselé, démontrent bien l'aisance de ce planeur et acrobate aérien dans une brise fraîche. Mais c'est plutôt repu que nous apercevons cet oiseau, perché sur les barrières, les toits et les monuments de nos villes en hiver.
La mouette rieuse ne prolifère pas seulement en Suisse, mais dans toute l'Europe. Un exemple: déjà au début du siècle passé, en ville de Zurich, quelques-uns de ces oiseaux, d'abord considérés comme des visiteurs rares du lointain nord-est, hivernaient sur les bords de la Limmat. Ces volatiles trouvèrent leur nourriture avant tout dans les déchets des abattoirs de la ville. Leur nombre

augmenta d'hiver en hiver. Au dernier tournant du siècle, des amis des animaux commencèrent à nourrir ces virtuoses de l'air sur les bords de fenêtres avec des restes, ce qui dut, on le comprend, être interdit en 1961 par la Municipalité en raison des massives salissures des façades.

La colonie croissante dans la région zurichoise

Mais ces oiseaux dont le nombre atteignait entre-temps 10 000 têtes ne pensèrent pas du tout à quitter la ville du bord de la Limmat pour se chercher une autre «station d'hiver». Ces roublards changèrent simplement de place de ravitaillement et de menu, se déplaçant aux premières heures sur les décharges ou les champs pour rechercher leur nourriture, ou restèrent gaillardement au bord du lac ou depuis lors ils daignent accepter ce que les promeneurs leur offrent, ou encore chipent adroitement aux poules d'eau le produit de leur pêche au fond du lac. Mais jusqu'à nos jours ils n'ont pas jugé nécessaire de quitter leur dortoir du bout du lac de Zurich. En hiver 1976, les ornithologues y comptaient 18 000 mouettes rieuses, aujourd'hui il y en a jusqu'à 25 000.

L'aisance de notre société a modifié les conditions de vie des mouettes rieuses: seulement un tiers de ces oiseaux couvant en Suisse passaient l'hiver dans notre pays entre 1920 et 1945. Le reste émigrait avec les jeunes dans des quartiers d'hiver autour de la Méditerrannée, sur les côtes nord-ouest africaines ou dans le Golfe de Gascogne. Depuis le milieu du siècle, plus de la moitié renonce à ce voyage d'hiver pénible.

Sans la manne providentielle des sols cultivés, 9 mouettes sur 10 seraient condamnées avant d'avoir atteint l'âge critique de 2 ans. Aujourd'hui, 1 sur 3 y arrive. Et si une mouette rieuse atteint cet âge, elle vivra très probablement aussi jusqu'à 5 ou 10 ans. C'est ce surveillissement qui est la raison principale de l'accroissement de cette population.

Quand il s'agit d'assurer sa procréation, cet oiseau culotté et omniprésent devient extrêmement farouche, il forme des colonies pour couver au bord des eaux et construit là ses nids sur des laîches et des roseaux. Ces berceaux sont le plus souvent situés sur les îlôts entourés d'eaux peu profondes.

Le nom de cet oiseau provient de son cri qui ressemble à un rire et d'où il tire aussi son nom scientifique.

Pour la couvaison, le plumage de la mouette rieuse change de couleur. Les distances assez régulières entre les oiseaux sont voulues par une individualité propre à l'espèce.

Les mouettes rieuses possèdent des facultés d'adaptation et trouvent leur nourriture en trottant sur le sol, en vol ou en voletant sur place, mais bien entendu aussi en nageant. Plonger leur est par contre impossible. Malgré cela, elles se nourrissent en hiver en grande partie de petites moules de la grandeur d'une amande qui rampent dans nos eaux à une profondeur de 2 à 6 m.

Elles laissent tout simplement les poules d'eau capables de plonger remonter cette nourriture des profondeurs, attendent qu'un de ces oiseaux gris-ardoise revienne en surface pour lui ravir habilement ce mollusque de son bec blanc et faible. Chacun peut l'observer – mais plus encore:

Les mouettes rieuses n'ont, comme tous les autres oiseaux, c'est bien connu, pas de dents avec lesquelles elles pourraient croquer ces moules à coquille dure. Elles doivent tout simplement les avaler telles quelles. Pourtant, un observateur averti ne trouvera jamais dans les excréments des mouettes des coquilles entières, mais seulement les débris de cette matière dure comme de la porcelaine. C'est l'estomac musclé de cet oiseau qui les brise à l'aide de petites pierres ou autres ballasts que la mouette absorbe spécialement à cet effet.

Rencontres avec des animaux

Voltigeurs fantastiques et autre faune entre nos maisons

La colonisation par l'homme a chassé beaucoup d'espèces animales mais, pour quelques-unes, elle créa aussi de nouveaux habitats.

Les façades de pierre et de béton ont des surplombs, des fissures et des abris qui procurent à un grand nombre d'oiseaux nichant auparavant dans les falaises des possibilités de nidification. Les hirondelles de fenêtre et de cheminée en font partie, tout comme le martinet et son confrère alpin, les pigeons devenus sauvages, le rouge-queue, le moineau domestique, le faucon crécerelle et la chouette effraie. Ces locataires à plumes des murailles trouvent souvent leur nourriture hors des agglomérations. A part le moineau et le pigeon, ils se font de plus en plus rare car la nourriture en insectes commence à manquer.

Les constructions offrent des abris, mais aussi de la nourriture et des possibilités de nicher pour une quantité d'espèces animales qui vivaient jadis dans les grottes, comme par exemple les chauve-souris qui passent la journée à dormir dans les clochers des églises ou les combles.

Le renard et la martre élèvent leurs petits dans des abris caverneux. La souris et le rat domestiques vivent généralement dans les caves et galeries souterraines. Le rat d'égout s'est depuis longtemps approprié les systèmes de canalisation.

Chaque ville agrémente ses allées et ses parcs avec des arbres où de petits habitants trouvent refuge, y nichent et se nourrissent. Pensons aux écureuils et aux merles, aux mésanges et à l'étourneau sansonnet, ainsi que depuis peu à la tourterelle turque. Quelques-unes de ces espèces ont déjà quitté l'abri des arbres car elles ont appris que les gouttières, les caisses à fleurs sur les balcons et les réclames lumineuses des façades offrent aussi un habitat idéal.

Le calme de nos chaudes soirées d'été est soudainement déchiré par le cri du martinet. Ces oiseaux foncés, semblant venir de nul part, traversent comme des flèches nos rues avec leurs ailes effilées et vibrantes, rasent les eaux et les places, virent d'un coup pour éviter les tours de justesse et disparaissent quelques secondes plus tard dans le bleu sombre du ciel.

Ce sont les enfants de l'espace aérien infini, des voyageurs sans trêve et sans répit qui séjournent chez nous pendant trois courts mois, le temps de pondre leurs œufs, de les couver et d'élever 1 à 4 oisillons. Ils quittent nos latitudes déjà fin juillet, au plus tard début août, aussi soudainement qu'ils sont arrivés entre fin avril et début mai, pour filer à nouveau dans leurs quartiers d'hiver d'Afrique australe.

Ils ne semblent vivre que d'air. Tout ce dont ils ont besoin, ils le trouvent à des centaines de mètres du sol. C'est là qu'ils chassent des insectes volants et de jeunes araignées qui voyagent par le vent au bout d'un fil qu'elles ont tissé elles-mêmes.

Le martinet boit en rasant l'eau et il dort même en volant entre 1000 et 3000 m d'altitude où les courants d'air chaud lui servent en quelque sorte d'oreiller.

Les martinets se marient pour la vie à l'âge de 12 mois et donc 1 an avant d'être aptes à la reproduction. La courte vie terrestre de cet infatigable volatile commence avec la construction du nid. Ses pattes ne mesurant qu'un centimètre ne transportent que péniblement au plat son corps fuselé pesant bien 40 g, mais elles sont munies de fortes griffes pointues. Grâce à ces dernières, les martinets sont des grimpeurs extrêmement agiles qui peuvent même s'agripper et se mouvoir le long des falaises ou sous des surplombs.

Jadis ils couvaient, pendant leur séjour de 3 mois en Europe centrale, sur des falaises abruptes. Depuis le Moyen Age ils construisent aussi leurs nids dans des murs fissurés et sous les avant-toits des tours d'églises et des grands bâtiments officiels. Il s'agit toujours d'endroits qu'ils peuvent facilement atteindre en vol dans une élégante courbe ascendante et quitter en se laissant tomber dans le vide. Ces voltigeurs parfaits ne trouvent leur nourriture qu'en vol. Tous les jours, par douzaines de fois, ils approvisionnent leurs nids avec les paquets d'insectes volants qu'ils ont chassé. Cette quantité de nourriture ainsi récoltée quotidiennement correspond au propre poids des parents. Un seul de ces paquets de mangeaille grands comme un pois ou une noix, contient 200 à 1500 insectes souvent encore vivants.

Réserves de graisse pour le vol exaltant

Les oisillons des martinets sont pratiquement insatiables. Ils grandissent donc en conséquence. A l'éclosion des œufs couvés pendant 20 jours, ils ne pèsent même pas 3 g. Après 2 semaines de bonne nourriture ils atteignent déjà le poids des parents, et une semaine plus tard ils le dépassent même de la moitié. A l'âge de 5 à 7½ semaines, et après une période de jeûne, ils sont capables de voler.

La réserve considérable de graisse des oisillons a une raison: si les parents sont empêchés de chasser pendant la période d'élevage à cause de mauvaises conditions météorologiques, ils quittent momentanément la colonie par centaines ou par milliers, volent contre les vents tempêteux, pour atteindre finalement des vents ascendants au bord de la zone de basse pression. Ces ascendances leurs apportent une riche nourriture en insectes. Les parents mangent, mais qu'advient-il alors de leur progéniture restée dans les lointaines colonies?

De gré ou de force, les petits sont contraints de jeûner. Grâce à leurs réserves de graisse, cela ne les gêne pas pendant une semaine. Ils perdent du poids et leur température descend comme s'ils étaient morts. Mais c'est

Au printemps, avec le retour du rouge-queue noire, les villages retrouvent en même temps le messager du jour nouveau: bien avant l'aube et les autres oiseaux il fait entendre son cri entrecoupé de bécots.

précisément cet état de catalepsie qui leur permet de survivre à cette période de jeûne forcée par les intempéries. Puisque leur corps se chauffe temporairement au ralenti, ils consomment moins de cette énergie accumulée sous forme de graisse.

Le martinet infatigable n'aime guère les escales à terre. Le chercheur spécialisé des apodiformes, Emil Weitnauer, calcula par l'exemple d'un martinet mort à 21 ans de quels efforts incroyables ces animaux sont

vraiment capables. Cet oiseau fit 20 fois le trajet de 13 400 km de la Suisse jusqu'en Afrique du sud-ouest et retour, c'est-à-dire 268 000 km. Mais les martinets volent aussi pendant les 310 autres jours de l'année où ils ne voyagent pas entre les deux continents. Ces excursions quotidiennes atteignent, selon des estimations prudentes, environ 600 km. Ceci totalise annuellement 180 000 km et en 20 ans 3 600 000 km. Ce vieux martinet vola donc en tout et pour tout près de 4 millions de km pendant sa vie. Cette distance représente 98 fois le tour de la terre ou 5 fois le voyage à la lune et retour.

▲▲ *Cette «photo de famille»* illustre très bien comment l'hirondelle de cheminée nourrit ses petits en volant sur place. Avant leur premier vol, les jeunes atteignent un poids dépassant d'env. 5 g celui des parents. Les premiers jours après l'envol, ce poids s'abaisse à 18–20 g.

▲ *«Pénurie de logement»* chez les merles dans la plus grande ville suisse? Le petit homme rouge dans les feux de signalisation n'a pas empêché la construction du nid et la police contribua à maintenir cette nursery en arrêtant l'installation!

◄ *La tourterelle* est le pigeon sauvage le plus fréquent et habite les forêts. Il ne faut pas la confondre avec le pigeon domestique qui se rencontre dans les agglomérations et qui est un descendant du pigeon biset. Ce dernier nous est venu du Proche-Orient.

Conquête et repli

Les premiers animaux à s'établir dans les agglomérations furent des «mangeurs de graines» vivant de céréales. A l'exception du seigle connu par les Celtes et les Germains bien avant les Romains, les céréales furent introduites du Proche-Orient il y a plus de 4000 ans. L'homme se transforma ainsi en cultivateur sédentaire. Déjà à l'époque, des pique-assiettes indésirables vivaient de ses réserves, comme la souris et le rat domestiques, le moineau ou le pigeon biset, l'ancêtre de nos pigeons domestiques.

Des oiseaux nichant jadis uniquement dans des parois rocheuses s'installèrent aussi, au plus tard au Moyen Age, dans les agglomérations lorsque l'homme commença à construire des églises et des maisons en pierre. C'est depuis lors que par exemple les hirondelles et martinets habitent les murs.

Ce n'est qu'au début de ce siècle que le merle, autrefois un habitant rare et farouche des forêts, apparut dans les villes et villages. Actuellement, la tourterelle turque d'origine des Indes profilère dans nos cités. On entendit la première fois en 1952 son «rouckroucou» typique en ville de Bâle. Notre rouge-queue ne vivait initialement qu'au Tibet, mais il s'est installé chez nous bien avant la tourterelle turque. Les uns viennent, les autres s'en vont. On ne voit depuis longtemps plus de cigognes blanches nicher sur les tours et les toits. Le martinet commun et celui des Alpes, l'hirondelle de cheminée et celle de fenêtre se raréfient de plus en plus car les possibilités de nicher font de plus en plus défaut. Un autre habitant plus éminent de nos maisons est en recul: le rat noir ou domestique qui est refoulé par le rat des égouts.

Actuellement, nos agglomérations sont de plus en plus visitées par le renard qui se nourrit de vers dans les parcs, ainsi que par le faucon crécerelle qui chasse les pigeons et la fouine qui se régale de déchets.

Dans les Alpes le promeneur rencontre régulièrement des marmottes. Il peut aussi souvent observer l'aigle royal dans le ciel. Il n'en était pas toujours ainsi: la superstition est à la base d'une disparition presque totale des deux espèces à la fin du siècle passé.

La graisse et l'huile de marmottes étaient et sont encore considérées de nos jours comme le remède universel soignant beaucoup de maux. Ces animaux éveillés furent donc tués en grand nombre. Aujourd'hui, la chasse aux marmottes est strictement réglementée et on a même réussi à recoloniser beaucoup de régions où ce grand rongeur avait disparu.
Pour l'aigle royal c'était encore pire. Accusé à tort d'être un voleur de bétail et même parfois d'enfants, il fut chassé et empoisonné sans pitié. Des vandales sans scrupules détruisirent même les nids et tuèrent les poussins.

Rencontres avec des animaux

De cocasses gaillards pour le roi des airs

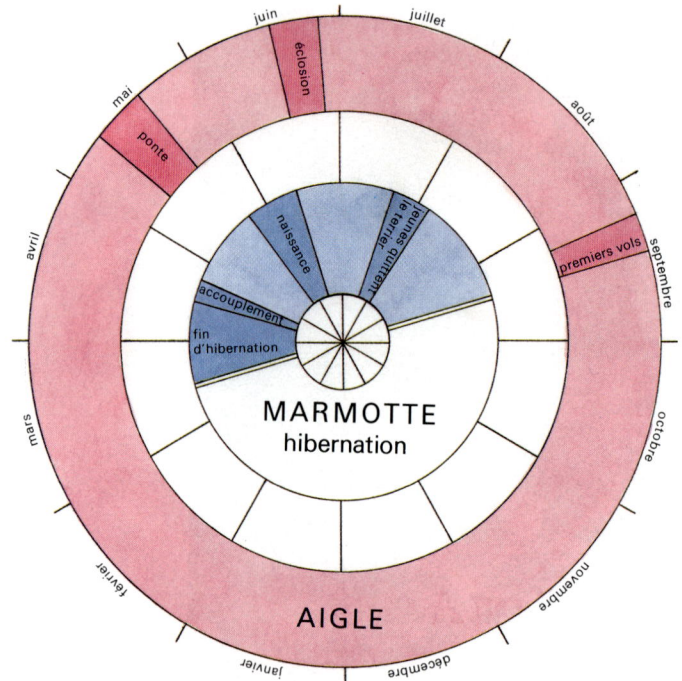

La neige fondante a le même effet qu'une serre. Elle renforce le rayonnement solaire printanier qui la traverse et protège les premières pousses de fleurs, les soldanelles, primevères ou crocus. C'est au moment où leurs boutons traversent la mince couche de neige que les marmottes sortent de leur sommeil hivernal de plusieurs mois.
Ce repos ressemble plus à la mort qu'à la vie. Les marmottes hibernantes sont inanimées et froides. Ni la lumière, le bruit ou la douleur ne les réveillent. Elles respirent à peine. Leur température sanguine est d'environ 4°C et leur cœur ne bat plus que 10 à 15 fois à la minute. L'organisme est mis en veilleuse et vit des réserves de graisse que ces gros rongeurs ont constitué en été sous leur fourrure. Leur vraie vie commence fin mars. Elles ôtent l'épais bouchon de terre qui ferme l'entrée de leur terrier, cherchent la première verdure et commencent les «travaux ménagers».

Le foin, fait d'herbes qu'elles ont coupé en été et séché sur des pierres plates pour ensuite le porter en bottes dans leur terrier, est devenu humide. Il est donc évacué des dortoirs. Les galeries et les chambres sont rénovées et l'accouplement a lieu.
Les petits naissent après une gestation d'environ 5 semaines. Mignons et sans défense, ils sont dépendants du nid et allaités par la mère qui se couche sur le dos. Ce n'est qu'après environ 40 jours que leurs yeux s'ouvrent et que les incisives percent. A l'âge de six semaines, fin mai ou début juin, ils quittent pour la première fois la pouponnière souterraine.
On peut dès lors les voir jouer souvent devant leur terrier, apprendre par les plus âgés à connaître les plantes nourricières. Comme eux, ils commencent à se faire leur propre réserve de graisse pour se préparer au long sommeil d'hiver. Mais ces joies printanières à la montagne ne sont pas sans risques pour les petits. Celui qui n'apprend pas à disparaître comme une flèche dans le terrier ou

Les marmottes sont le plat principal de l'aigle royal, mais cette nourriture n'est disponible que pendant les six mois d'été. Hibernant dans leurs quartiers d'hiver lors de la mauvaise saison, elles sont à l'abri de ses serres. Pour l'aigle, la table est la plus riche lorsque les jeunes marmottes quittent le terrier, à la même époque où il élève ses petits et dépend d'une nourriture abondante. Une femelle aigle procrée 1 à 2 petits contre 2 à 7 chez la marmotte.
Pendant l'hiver, l'approvisionnement devient dur et l'aigle survit en se nourrissant aussi de plus gros animaux ou même de charogne.

L'aigle royal sait très bien planer. S'il vole à grande altitude, seule sa silhouette aérienne avec ses ailes régulièrement larges jusqu'aux rémiges écartées permet de le reconnaître. Ces rémiges sont, vu de côté, fléchies vers le haut. A remarquer aussi sa large queue en éventail.

une de ses nombreuses galeries disposées tout autour, et ceci au premier coup de sifflet du guetteur, devient une proie facile pour l'aigle royal.
C'est juste à l'époque de la première sortie des jeunes marmottes que le plus grand rapace des Alpes élève ses un à trois poussins. Sa progéniture insatiable grandissant rapidement dévore deux fois plus qu'un adulte: une bonne livre par jour. Outre les faons des capricornes, chamois et chevreuils, les marmottes sont au printemps et en été le butin principal de l'aigle royal. Il sait aussi comment tromper habilement les habitants méfiants de ces colonies.
Le nid d'aigle dans lequel la femelle réchauffe et protège ses jeunes sous son corps et ses ailes écartées est souvent construit au-dessus des sombres forêts de conifères et sous les alpages où habitent les marmottes.
Ce choix de la place de nidification est motivé: L'air se réchauffe et monte rapidement au-dessus des forêts sombres. Dans ces courants ascendants l'aigle gagne rapidement de la hauteur en déployant largement ses ailes. Pour attraper sa proie il se laisse tomber à pic de très haut, tout en profitant si possible du couvert des rochers et des grandes pierres pour surprendre les marmottes repérées depuis longtemps.
Une fois la proie saisie, il doit encore la transporter au nid. Le poids d'une marmotte adulte représente cependant déjà la limite de ce qu'un aigle est capable d'emporter en vol. Même avec 4 kg de butin dans ses serres, l'aigle ne pourrait déjà plus s'envoler, mais comme son nid est situé en-dessous du territoire de chasse, il n'a qu'à se laisser planer, tout en économisant de l'énergie, pour apporter la nourriture aux petits.
L'aigle a besoin d'un temps clair et aussi chaud que possible pour chasser. Si les alpages sont cachés dans les nuages, la chasse ne paye pas. Mais les petits aigles ne doivent pas avoir faim; les parents étaient prévoyants.

Les terriers de marmottes se rencontrent dans les Alpes jusqu'à une altitude d'environ 3000 m. Ils sont situés sur une position élevée, offrant une bonne vue sur les environs. Les galeries du terrier peuvent atteindre 10 m. Pour l'hibernation, les entrées sont obturées avec de l'herbe et de la terre.

La garde est toujours assurée par une marmotte placée devant l'entrée du terrier. Dressée, les pattes avant sur le ventre, elle est assise sur son postérieur. Suspectant quelque chose, elle «siffle» immédiatement pour alerter sa famille. Selon ses principaux ennemis naturels, le renard et l'aigle, elle donne des signaux différents. Les chamois prêtent d'ailleurs aussi attention a ces signaux d'alerte. Le «coup de sifflet» est en réalité un cri aigu: comme on le voit sur l'image, la marmotte a la bouche un peu ouverte, elle ne siffle donc pas entre ses dents.

Ils ont fait des provisions dans des failles de rochers ou dans les cimes de très hauts arbres et les vident maintenant pour nourrir les jeunes.
Le zoologues se sont préoccupés de savoir si l'aigle royal, qui se nourrit en hiver avant tout de charogne, mais vit en été quand il élève ses petits surtout de marmottes, ne met pas en danger l'effectif de ces dernières. Les résultats sont étonnants: dans les territoires de chasse de l'aigle, d'une surface moyenne d'environ 100 km², les marmottes sont toujours en nombre tel que ce grand rapace n'arrive tout au plus à attraper que l'accroissement annuel de la population.

L'aigle regagne du terrain

Lorsqu'en 1948 l'aigle royal fut mis sous protection totale en Suisse il ne restait, selon les estimations des experts, qu'une trentaine de ces grands rapaces d'une envergure de bel et bien 2 m qui volaient dans les Alpes suisses. Depuis lors cette population s'est au moins décuplée. Il n'y a pratiquement plus de régions dans les Alpes suisses sans aigle royal. Il a même déjà conquis les Préalpes. De jeunes aigles, ayant dû quitter le nid familial à l'âge de 11 semaines, planent surtout en hiver sur les régions du Plateau et les crêtes du Jura.
Les ornithologues parlent même d'une certaine surpopulation qui commence à se faire sentir. Les aigles adultes indigènes ont toujours plus de difficultés à élever leurs petits. La cause réside probablement dans le fait qu'ils doivent de plus en plus défendre contre des intrus leur territoire s'étendant sur environ 100 km², ce qui ne leur laisse plus suffisamment de temps et d'énergie pour assurer la nourriture des jeunes.
On peut aussi se demander pourquoi les aigles en surnombre n'ont pas colonisé le Plateau depuis longtemps. Jadis ils couvaient aussi dans ces régions, mais ils nichaient dans les cimes des arbres et non pas dans les falaises comme à la montagne. C'est encore le cas en Ecosse ou en Scandinavie. On pourrait trouver les raisons de cette non-colonisation du Plateau dans le fait que les jeunes construisent exactement les mêmes nids que leurs parents. L'aigle royal qui a grandi dans un nid de rocher dans les Alpes ne semble donc pas savoir en faire un dans les cimes des arbres.

Les pesticides ne sont pas en premier lieu responsables de la rareté des grandes forteresses des fourmis des bois, mais bien la stupidité des promeneurs. Ils détruisent délibérément avec des bâtons ou des pierres ces constructions pouvant atteindre 1 m et s'amusent à mettre ces insectes en colère qui ne seront souvent plus en mesure de réparer leur nid comme il le faudrait.

Où ces grandes colonies de fourmis manquent, les insectes nuisibles prolifèrent. Certaines espèces d'oiseaux, comme par exemple le coq de bruyère ou le pic, en souffrent par contre. Ils dépendent des œufs de fourmi pour nourrir leurs petits.
On peut très bien observer les fourmis sans pour autant détruire définitivement leur foyer: par exemple en posant sur leur chemin bien visible de petits obstacles et en regardant ensuite comment elles les évacuent habilement ou les contournent. Les fourmis partant du nid marquent leur chemin par des odeurs sécrétées par leur arrière-train, ce qui leur assure le retour. En posant prudemment une feuille de papier sur la piste et en laissant quelques-uns de ces insectes la traverser pour la tourner ensuite de 180°, changeant ainsi la direction du retour, on constate que les fourmis sont induites en erreur et font demi-tour.

Rencontres avec des animaux

L'été dans la forêt

Un sous-bois touffu et les feuillages épais cachent la vue. Presque tous les oiseaux ont élevé leurs jeunes et se taisent, la forêt semble faire la sieste en plein été. Si nous observons par contre les petits habitants insignifiants, nous pouvons nous rendre compte que la forêt et sa population ne dorment pas du tout.
Il y a effervescence dans le camp des fourmis rousses des bois. Par milliers elles rénovent leur nid qui atteint souvent 1 m et modifient sa forme suivant les conditions météorologiques. Ces monticules imposants formés de brindilles, d'aiguilles sèches de sapin, de pin ou de mélèze, sont en effet conçus pour protéger les compartiments contenant les œufs, les larves et les provisions cachés à l'intérieur. Cette construction appropriée garantit une «température ambiante» constante d'environ 25°C. Si le temps est très beau et chaud et aux endroits ensoleillés, ces fourmilières sont basses et aplaties et ne se réchauffent ainsi pas trop. A l'ombre, elles sont particulièrement grandes pour capter le maximum des rares rayons de soleil.
Les ouvrières qui ne sont pas occupées à la construction ou aux soins de la progéniture, partent à la recherche de nourriture, de fruits savoureux ou de graines, comme par exemple celles des violettes. Les graines de ces fleurs sont enduites d'un corps gras destiné manifestement aux fourmis que celles-ci rongent sur le chemin du retour pour laisser tomber les minuscules semences à coque dure. Ceci explique pourquoi les pistes de ces insectes sont parfois bordées d'allées de violettes.
Les fourmis rousses des bois sont également d'inlassables chasseurs et capturent des chenilles, des coléoptères et d'autres insectes qui sont souvent bien plus grands qu'elles-mêmes et qui ne peuvent être transportés qu'à plusieurs. Les fourmis ne sont pas que des chasseurs ou des jardiniers qui sèment certaines graines, mais aussi des bergers. Leurs routes

Trois exemples d'espèces de fourmis qui se rencontrent en forêt:
La fourmi rousse des bois (tout en h.) se réchauffant au soleil. Ce sont elles qui construisent ces grandes fourmilières bien connues, ces nids en monticule constitués d'aiguilles et de brindilles. Ayant accumulé la chaleur solaire, ces insectes se rendent au fond du nid où la chaleur qu'ils dégagent aide à le climatiser.

L'espèce Camponotus (m.): ouvrière soignant la couvée. Les larves de fourmis sont démunies de pattes et ne peuvent pas se mouvoir seules.
Fourmis sanguine (b.): cette espèce possède des yeux à facettes particulièrement grands et est très agressive.

◄ *Un représentant de la famille des lycénides.*

verticales sur les troncs, et qui se perdent dans la couronne, mènent aux pâturages de leurs animaux d'élevage, c'est-à-dire aux troupeaux de pucerons et de cochenilles.

Ces insectes parasites forent si habilement les plantes avec leur rostre que la sève coule directement du faisceau conducteur à leur estomac. De toute cette abondance, les pucerons n'utilisent que l'albumine. Ils transforment bien l'amidon contenu dans la sève en sucre, mais rejettent ce dernier aussitôt, non digéré, comme miellée sucrée. Ces suceurs de plantes ne semblent à première vue pas profiter de ce nectar, mais c'est loin d'être vrai. Il représente la rançon qu'ils paient pour se mettre à l'abri des fourmis voraces. Ces dernières apprécient par-dessus tout ces douceurs et se les procurent directement à la source.

Si nous prenons le temps d'observer minutieusement ce qui se passe dans les feuilles d'un buisson, nous constaterons que les fourmis caressent et tripotent leurs «vaches à lait» avec leurs antennes. C'est un comportement erroné de la part de la fourmi car la partie postérieure du puceron ressemble à une tête de fourmi, l'invitant ainsi à des cérémonies de bienvenue.

Ainsi «salués», les pucerons tendent leur arrière-train, le dressent et remercient le visiteur en sécrétant une goutelette d'eau sucrée. Ceci conduit parfois les fourmis rassasiées à une telle confusion qu'elles tentent même de faire manger le derrière d'un puceron.

Les troupeaux de pucerons et de cochenilles se trouvant sous la protection des fourmis vivent plus tranquillement car leurs protecteurs éloignent beaucoup de leurs ennemis. Ils se multiplient donc beaucoup et augmentent la production de nectar ce qui peut être mesuré au rendement en miel des abeilles. En effet, d'autres insectes s'intéressent aussi à ce surplus sucré de ces suceurs de sève. Dans les forêts de conifères où les grandes fourmis rousses gardent les pucerons, les abeilles produisent 20 fois plus de miel de sapin qui ne provient de rien d'autre que de ces sécrétions de pucerons et de cochenilles.

Ce sont surtout les fourmis des champs qui se sont spécialisées dans la garde des pucerons. Elles construisent par exemple au-dessus des colonies de pucerons vivant surtout sur les peupliers et les saules de petits toits de bois pourri et portent même leurs «vaches à lait» d'une étable défectueuse dans une neuve. Les

Rencontre dans une prairie maigre près de la forêt: les pucerons, dont on peut en apercevoir trois sous la fleur de l'ophrys abeille, sont soignés par les fourmis. En absorbant les sécrétions de ces pucerons, les fourmis profitent indirectement de l'approvisionnement nutritif de la plante – ce qui leur serait impossible avec leur appareil mandibulaire.

fourmis des bois se limitent aux cochenilles qui sucent les racines des arbres. Ces suceuses de sève vivent souvent dans la fourmilière à l'abri de leurs ennemis. Lors de la fondation de nouvelles colonies de cette espèce, chaque princesse fourmi, prête à s'accoupler, emporte en vol de noce et quasiment comme dot une femelle portante de cochenille.

Les fourmis savent très bien différencier une proie d'un ami, mais pas toujours. Leurs colonies grouillent de parasites, de coléoptères et de larves d'insectes qui se régalent de leurs réserves et surtout de leur couvée.

Parmi ces pique-assiettes, on compte les chenilles d'une certaine espèce de papillons bleus, l'azuré d'arion, dont les mâles ont des ailes si étincelantes que les poètes les décrivaient jadis comme des bijoux volants.

Les minuscules chenilles de ce papillon éclosent sur la pimprenelle et les gentianes et dévorent inlassablement ces plantes hôtes. Elles croissent si vite qu'elles doivent rapidement changer leur chemise de chitine. Après la deuxième mue – les chenilles sont déjà si grandes qu'elles ne peuvent plus passer inaperçues de leurs ennemis – une petite fente s'ouvre au dixième segment et un liquide sucré s'en écoule. Ces chenilles sont aussitôt entourées de fourmis qui boivent avidement ce nectar et qui défendent en contrepartie ce bienfaiteur sans défense contre ses ennemis. Mais les fourmis ne s'en tireront pas à si bon compte. Tôt ou tard elles emportent les chenilles dans leur nid, continuent de se régaler de leur doux nectar, tandis que l'hôte choyé dévore sans gêne leurs œufs et leurs pupes jusqu'au moment où il se transforme en chrysalide pour quitter au printemps la maison de ses protecteurs desquels il s'est si bien moqué.

Nos champs et nos prés sont devenus de grandes steppes de production dans lesquelles les plantes sauvages n'ont plus rien à chercher.

**Plus ces prés et ces champs sont pauvres en espèces, plus la variété animale diminue, comme par exemple les papillons. Un sixième des 3000 espèces européennes a pratiquement disparu. Dans la région de Berne, pour ne citer qu'un exemple, on ne trouvait plus après 1950 282 des 811 espèces initiales, donc plus d'un tiers.
Cependant on peut toujours encore observer ces petits habitants des champs et des prés. Il suffit de se rendre dans des régions restées encore relativement naturelles: les haies, les bosquets et les amas de pierres. Cette excursion dans le royaume des petits animaux n'est pas dépendante du temps car elle vaut la peine sous la pluie comme sous le soleil.**

Rencontres avec des animaux

Rendez-vous dans les haies et talus

Il y a bien 25 ans, nous pouvions voir danser des centaines de papillons de couleurs vives dans la chaleur de l'été au-dessus des champs. Mais ce rêve estival est terminé depuis longtemps. Beaucoup de plantes qualifiées à tort de «mauvaises herbes» furent systématiquement exterminées et durent céder la place à une verdure avide de nourriture sur des sols surfertilisés. Avec elles la plupart des papillons disparut aussi.
Si les chardons, les campanules, les violettes et pensées sauvages viennent à manquer, les papillons *Melitaea cynthia*, les petits nacrés et le tabac d'Espagne disparaissent aussi car ces plantes servent de nourriture pour leurs chenilles. Le plantain, paraissant sans utilité et très estimé dans le temps pour ses vertus officinales, assure l'alimentation des chenilles d'autres espèces de *Melitaea* et l'oseille souvent combattue par tous les moyens nourrit celles de l'argus satiné et des lycènes.
Même le piéride du chou fait aujourd'hui partie des raretés. Ses chenilles voraces envahissaient en masse les choux, les betteraves et le colza dans le passé. Il est compréhensible que les paysans les combattirent avec des insecticides. Le magnifique machaon souffrait et souffre encore de ces toxiques bien que sa chenille ne fasse pas de dégâts car on n'en trouve qu'une seule par plante fourragère. Elles se nourrissent de beaucoup d'ombellifères, donc par exemple de l'aneth, du persil ou de la carotte. Malheureusement cette dernière est aussi visitée par la larve vorace de la mouche de la carotte qui laisse derrière elle ses traces noires tant redoutées par les cultivateurs. Mais si les carottes sont traitées contre la mou-

che, c'est également la chenille inoffensive du machaon vivant sur ces légumes qui est détruite.
Sa croissance terminée elle mesure, après un mois de ripailles ininterrompues, 4 à 5 cm. Elle porte derrière la tête son arme secrète; si on l'irrite elle fait sortir une «fourchette» charnue, l'osmatérium, qui gicle une sécrétion nauséabonde vers

La plupart des gens qui jardinent exterminent l'ortie comme une mauvaise herbe et privent ainsi les chenilles de ces magnifiques papillons de leur plante nourricière. Les espèces suivantes illustrées en font partie: la carte géographique (1), le vulcain (2), le paon de jour (3), la petite tortue (4). Toutes les espèces sont représentées avec leur chenille respective.

l'ennemi. Après s'être transformée en chrysalide et un repos ne durant que 2 semaines en été, elle se métamorphose en papillon. Au début ses ailes pouvant atteindre 8 cm d'envergure sont encore mouillées et fripées. Par des respirations profondes, le jeune papillon pompe de l'air dans ses «tubes respiratoires», les trachées, ce qui déploie les ailes. Le sang y accourt alors par des artérioles et les fait se raidir. Maintenant le machaon est prêt à passer son baptême de l'air.
Dans les temps passés ce magnifique papillon, aux ailes tachetées de jaune

et de noir, bordées d'écailles d'un bleu lumineux et portant à l'arrière un feu rouge éclatant, était si répandu que les parents pouvaient s'en référer pour donner à leurs enfants des réponses à ce sujet.

Les papillons volent encore aujourd'hui, comme par le passé, aux endroits où les conditions naturelles n'ont pas trop été modifiées, c'est-à-dire où il y a encore des haies, des cailloutis et des murs de pierre sèche. Ce sont également les habitats où pouvaient survivre jusqu'à nos jours beaucoup de petits animaux que l'on ne peut presque plus voir autrement, comme par exemple le lézard des murailles, les hérissons, les musaraignes et beaucoup d'oiseaux dévoreurs d'insectes.

Mais ce n'est pas seulement par un beau temps d'été qu'une promenade le long des haies vaut la peine. Surtout lors de pluies chaudes, de nombreux êtres vivants se cachant d'habitude sortent à découvert. Parmi eux l'orvet, un lézard sans pattes au dos et aux flancs cuivrés et au ventre brun chocolat. Bien entendu, nous rencontrons aussi les plus importantes proies de cet animal ressemblant à un reptile: les escargots. La plus grande espèce indigène, l'escargot de Bourgogne, est entre-temps devenue si rare qu'elle est protégée dans certains cantons.

Les ébats amoureux des couples de ces gastropodes, qui durent parfois des heures, n'échapperont pas à un observateur attentif. A moitié dressés ils s'accolent l'un à l'autre, «pied» contre «pied». L'escargot de Bourgogne est un être hermaphrodite, c'est-à-dire mâle et femelle en un seul. Leur rite d'accouplement se déroule de manière exactement symétrique. Nos observations au bord d'une haie nous permettent de voir comment l'un excite l'autre avec la flèche d'amour, une aiguille calcique d'environ 5 mm de long, pour enfin introduire le paquet de sperme dans le corps du partenaire.

6 à 8 semaines après l'accouplement et le plus souvent à la fin de l'été, les escargots pondent jusqu'à une centaine d'œufs globuleux d'un blanc neige à peine plus grands qu'une tête d'épingle. Cette ponte aussi peut être facilement observée. Tout d'abord l'escargot creuse un trou sous forme d'entonnoir dans le sol humide et finissant par une cavité d'un diamètre de 4 à 5 mm. C'est dans ce creux qu'il dépose les œufs et ceci à une allure d'escargot, c'est-à-dire un œuf tous les quart-d'heure. La ponte entière peut ainsi durer toute une journée.

Le lézard vert est le plus beau saurien de Suisse – du moins dans les régions chaudes: Sud des Alpes, Valais, Genève, vallée du Rhin près de Bâle. Pouvant atteindre 40 cm, il préfère des pentes sèches et buissonneuses ainsi que les bords de chemin et est très craintif; en cas de danger il disparaît comme une flèche. Lors de la période d'accouplement, la gorge du mâle se colore d'un bleu vif.
Par contre, les **orvets fragiles** *(b.) répandus dans tout le pays préfèrent les haies humides où ils chassent surtout la nuit des insectes, des escargots et des vers. Les orvets ne sont pas des serpents, mais sont très proches des lézards.*

Jadis l'ortie était considérée comme une plante officinale précieuse. On appréciait même ses jeunes pousses en légumes. Puis elle fut déclarée mauvaise herbe, mais ce végétal obstiné résista à toutes les tentatives d'élimination. Grâce à cela, toutes les espèces de papillons dont les chenilles se nourrissent de feuilles d'orties se sont conservées en grand nombre. Les cartes géographiques, les vulcains et les petites tortues qui volettent avec le citron dans les premiers rayons du soleil au début du printemps font partie de cette multitude.
Tout comme certains papillons de nuit, le paon de jour, la vanesse du chardon et Robert-le-diable déposent aussi leurs œufs sur les orties.
Mais la nourriture des chenilles n'est pas seule à être déterminante pour la survie des papillons. L'animal adulte en a également besoin, et avant tout de nectar. Ce dernier était produit par les fleurs des prairies et certaines d'entre-elles se spécialisaient même pour convenir à leurs visiteurs multicolores en formant des calices longs et tubulaires. Nous comptons parmi celles-ci les lychnis, la fleur de coucou, la saponaire ainsi que 15 espèces de la famille des caryophyllacées.

Rencontres avec des animaux

Plaisirs de table pour les hôtes illustres des ruisseaux

A première vue, les eaux tumultueuses d'un ruisseau ne semblent pas abriter de vie animale, car cette dernière dépend des végétaux. A part les algues qui s'accrochent aux pierres, les plantes vertes manquent, ne trouvant de quoi s'enraciner dans le courant. Cependant la vie est présente et nous n'avons qu'à la chercher.

Beaucoup de ces habitants aquatiques ne vivent en réalité pas de ce qui a poussé dans l'eau mais d'êtres vivant à terre et qui y sont tombés, d'insectes tels que les sauterelles ou les coléoptères appréciés des truites, ou de feuilles et autres parties végétales broyées par les eaux torrentueuses. Ces fines matières en suspension nourrissent les nombreuses larves d'insectes, crustacés, escargots et vers du fond des eaux.

Les larves de phrygane construisent elles-mêmes leur habitacle tubulaire, qu'elles traînent avec elles, en rassemblant des particules dispersées (gravillon, sable, végétaux). Les différentes espèces ont chacune plus ou moins leur construction spécifique.

Sautillant par-dessus les galets, ou avançant majestueusement sur le sable et les graviers en balançant la queue, une bergeronnette grise picore ça et là de petits insectes qui vivent au bord des eaux pétillantes. Dans le feuillage des arbres qui surplombent la rive comme un toit, le gobe-mouche attend sa proie et l'attrape agilement en volant.

En plein été, les bords des ruisseaux grouillent d'insectes. Beaucoup d'entre eux ont passé leur longue enfance sous forme de larve dans ces eaux agitées et pétillantes. Ils se sont enfin métamorphosés pour sortir et danser souvent en gros essaims au-dessus des flots, constituant une nourriture bienvenue pour les oiseaux et les truites.

Ces insectes adultes capables de voler ne vivront que le temps de s'accoupler et de pondre leurs œufs. Pour les éphémères cela ne dure que quelques jours.

Afin de survivre dans les forts courants des ruisseaux, les larves d'éphémères possèdent de puissantes pattes crochues qui leur permettent de s'accrocher aux pierres ainsi qu'un corps hydrodynamique. Suivant la résistance de l'eau, elles se tapissent plus ou moins contre le fond. C'est après le même principe que beaucoup d'escargots, de vers et de petits crustacés vivent dans les eaux agitées.

D'autres de ces petits habitants des ruisseaux se protègent de ce courant régissant leur vie en s'abritant derrière ou sous les pierres. Un groupe d'entre eux s'est même construit de petits «submersibles». Nous les découvrons en observant attentivement le lit du ruisseau. Ce n'est qu'après un bon moment que nous remarquons du matériel inerte, de petites pierres et de minuscules débris de bois qui s'avancent en saccades. Ces habitacles sont traînés par de minuscules griffes que leur propriétaire possède de chaque côté de sa petite tête. Nous avons découvert les larves des phryganes, dites portefaix.

Si nous dépouillons de sa coquille cet animal vermiforme à l'abdomen blanc et allongé et le rejetons immédiatement «tout nu» à l'eau, il s'empresse de se reconstruire sans tarder un nouvel étui qui ressemblera beaucoup à l'ancien. Chacune de ces nombreuses espèces de phryganes construit d'autres modèles d'habitacles. Cette construction est déterminée par l'espace vital qu'ils habitent. Celles qui occupent les rives peu profondes où le courant est faible construisent leur abri avec des grains de sable. D'autres qui s'aventurent dans les courants forts y collent de petites pierres sur les côtés en guise de lest. Certaines espèces fixent en quelque sorte du long bois sur leur coquille, brindilles pouvant atteindre 4 cm et leur servant probablement de protection contre les truites voraces.

Les larves de phryganes vivent de diverses matières en suspension apportées par le courant. Elles attrapent ces particules de nourriture avec des filets et des nasses qu'elles tissent elles-mêmes. Ces larves sont aussi une importante source de nourriture pour les truites et d'autres poissons d'eaux courantes, mais surtout pour le merle d'eau que nous remarquons parfois sur les pierres ou survolant rapidement les flots.

L'aspect de cet oiseau brun foncé avec un plastron blanc et une queue courte ne fait pas penser à un oiseau aquatique, mais plutôt à un grand

▲ *Le magnifique, mais rarissime martin-pêcheur* dépend des bords naturels de terre le long des ruisseaux pour y construire son nid, mais ceux-ci ont pratiquement disparu avec les corrections des cours d'eau. Ces oiseaux sont associables entre eux, un couple monopolise environ 120 m de ruisseau en amont et en aval et en chasse tout intrus.

◄ *La bergeronnette printanière* (g.) est, chez nous, une plutôt rare parente de la bergeronnette grise. On ne la trouve – tout comme cette dernière – pas que vers les ruisseaux.

troglodyte. Il n'est même pas palmé. Malgré tout, ses jeunes savent déjà nager avant de pouvoir voler. La plongée est la spécialité des adultes car ils trouvent leur nourriture avant tout sur le fond des ruisseaux impétueux. S'accrochant aux pierres avec leurs longues griffes et se propulsant sous l'eau par de puissants coups d'aile, ils picorent les larves d'insectes, des escargots, des crustacés et des vers qu'ils trouvent au fond, ce que l'on peut facilement observer dans les ruisseaux clairs et peu profonds.

Le merle d'eau construit son nid à proximité de l'élément liquide, parfois même derrière une petite chute d'eau qu'il traverse à une allure folle. Cet étonnant chasseur sous-marin possède encore une autre particularité. Il régurgit en boulettes de la grosseur d'un pois, tout comme les hibous, les parties indigestes de ses proies et d'après leur contenu on peut reconstituer la carte de menu de cet oiseau.

Un autre habitué à plumes des rives des ruisseaux est devenu extrêmement rare: le martin-pêcheur. Cet oiseau vif, bleu-vert de glace, avec son long bec noir et pointu et au ventre de teinte rouille, attrape de petits poissons d'un coup de bec rapide depuis son observatoire souvent formé par une branche émergeant de l'eau. Il creuse des galeries longues comme le bras dans les parois raides de la rive pour y faire son nid et y élever ses petits en été.

On n'en croit pas ses yeux en voyant comment le cincle plonge à pic dans un ruisseau pour y chercher agilement sa nourriture sur le fond. En battant des ailes, il court sous l'eau d'un galet à l'autre!

Où l'eau claire ruisselle…?

Le cycle alimentaire de chaque collectivité vivante va des plantes vertes aux herbivores et finit chez les carnivores. Les truites et le martin-pêcheur forment la dernière étape de ce cycle de la communauté des ruisseaux. Ces deux espèces sont devenues rares et ont même disparu à bien des endroits. Les causes en sont pour les deux presque identiques. D'une part, nos eaux courantes sont souvent contaminées par des résidus d'engrais chimiques et de pesticides. Ces toxiques s'accumulent dans la chaîne alimentaire et ce sont finalement les derniers maillons qui sont les plus touchés. D'autre part, la truite et le martin-pêcheur ont perdu leurs places de frai et de nidification par la correction des cours d'eau. Aux bords des ruisseaux corrigés, contraints à couler entre des murs de pierre et de béton, il n'y a plus de pentes naturelles abruptes de terre meuble, de sable ou de glaise, où le martin-pêcheur creusait autrefois son nid. Mais encore, de tels cours d'eau n'offrent plus les bancs de sable où les truites pouvaient déposer leurs œufs en hiver à l'abri des prédateurs et l'eau est souvent si pauvre en oxygène que les alevins de ces poissons ne peuvent plus prospérer. La plupart des truites vivant aujourd'hui dans nos eaux provient en quelque sorte des éprouvettes. Elles sont nées dans des piscicultures où elles passent leurs premières semaines d'existence avec leur sac vitellin. Ce n'est qu'au stade d'alevin d'une longueur d'un doigt qu'elles sont mises à l'eau. Les truites qui peuplent nos ruisseaux ne sont même plus d'origine indigène, mais de parents résistants provenant des USA et du Canada.

Lors de nos promenades automnales nous découvrons les traces de vie de petits animaux auxquels nous ne prêtons en général pas attention, tels les toiles d'araignée ou les petits tortillons de terre évacués par les vers hors de leurs galeries lors de leur travail inlassable.

Il n'est pas facile de se rendre compte des tâches extrêmement importantes ainsi que du nombre incroyable de ces animaux considérés souvent comme répugnants.

Rencontres avec des animaux

L'été indien: rencontres avec des millions d'êtres secrets

Lors des beaux jours de septembre et octobre, période que nous appelons l'été indien, quand les brouillards se lèvent, nous pouvons voir scintiller dans la lumière pâle du soleil les toiles d'araignée décorées de fines gouttelettes de rosée. De fins filaments soyeux ondulent dans l'air qui se réchauffe rapidement. Les légendes populaires prétendaient qu'ils avaient été filés par des elfes et des nains. En réalité ils sont produits par de jeunes araignées qui les utilisent pour se faire porter sur de nouveaux terrains de chasse.

Nous sommes aujourd'hui en mesure de nous faire une image un peu plus précise de la multitude extraordinaire de ces chasseurs à huit pattes se nourrissant d'insectes. Les scientifiques estiment que pendant l'été 50 à 150 araignées vivent sur un seul mètre carré de forêt. Les unes, telles que les orbitèles, tissent des toiles artistiques, d'autres, comme les thomises, guettent leurs proies en se camouflant ou les tuent après une courte poursuite.

En admettant qu'il n'y ait que 50 araignées par m² et que chacune d'entre elles détruise durant sa courte existence seulement un cinquième de gramme d'insectes, ce qui représente environ 2 abeilles ou 10 mouches, elles élimineraient ensembles 10 g d'insectes, ce qui paraît bien peu à première vue. En convertissant cependant le produit de cette chasse sur un hectare, ce résultat est déjà beaucoup plus important. 500 000 araignées dévorent de ce fait pendant la saison d'été bel et bien 100 kg d'insectes, ce qui représente alors 10 t par km².

Mais en réalité le butin de ces araignées est encore plus considérable que le démontre ce calcul. Les grandes orbitèles retirent journellement jusqu'à 500 insectes volants de la circulation aérienne. De plus, les araignées ne vivent pas qu'en forêt, mais aussi dans les prés et les champs. Dans la montagne, elles s'aventurent largement au-delà de la limite des arbres, mais on rencontre aussi leurs toiles dans les caves, les galetas et même au salon, au grand dam des ménagères.

Se fiant à des estimations prudentes, nous pouvons présumer qu'environ un demi-billion de ces arachnides chassent en Suisse. Si seulement un cinquième de cette quantité inimaginable d'araignées détruit 1 g d'insectes, cela représente un butin annuel de 100 000 t, donc environ le poids d'un million et demi d'êtres humains adultes…

Notre promenade automnale nous amène encore à d'autres exercices mathématiques aussi incroyables: prenons par exemple le feuillage coloré d'automne. C'est tout autre chose que du déchet. D'insignifiants organismes du sol en extraient les matières nutritives pour approvisionner finalement les racines des végétaux. Les feuilles de hêtre se décomposent ainsi en une année, celles du chêne mettent environ 3 ans et les aiguilles des mélèzes en montagne nécessitent plus de 5 ans.

Le nombre de ces mineurs, souvent microscopiques, qui transforment des masses de déchets en substances élémentaires est incroyablement grand: dans un seul litre de terre naturelle de forêt ou de prairie vivent environ 1 milliard de microorganismes unicellulaires (amibes, flagel-

Les vers en somme appartiennent à différentes classes animales. Puisque le corps du ver de terre (ill.) est composé d'anneaux, on le classe dans les annélides. Chaque anneau est équipé de 4 touffes de soies lui permettant de s'agripper dans les canaux qu'il creuse. Cette conception annulaire explique son extraordinaire capacité de régénération.

Les fascinantes thomises (d.), extrêmement bien camouflées, guettent leurs victimes sous les fleurs et les feuilles; stoïquement immobiles, les pattes antérieures largement écartées, elles attendent l'occasion pour passer prestement à l'attaque. De ce fait, ces araignées n'ont pas besoin de toiles.

L'orbitèle du chêne (h.) ressemble à l'épeire diadème et est équipée – comme celle-ci – d'un système glandulaire compliqué pour produire les fils des toiles.

lées, infusoires), 30 000 nématodes et 50 polychètes, 1000 collemboles à part 500 iules et gloméris, 2000 acariens et autres arthropodes tels qu'arachnides, crustacés, myriapodes et insectes.

Le seul de ces êtres vivant dans le sol nous étant familier, le ver de terre ou lombric, est par contre rare. En moyenne, nous n'en trouvons que 2 dans 1 l de terre de forêt ou de prairie. Cependant: les vers de terre représentent environ un sixième du poids total de tous ces «ouvriers du sol».

Dans un hectare de terre de prairie 250 000 lombrics, représentant 750 kg de masse vivante, creusent inlassablement. Cela équivaut au poids d'un taureau. Une vache, qui peut bel et bien vivre avec le produit d'un hectare, fournit aujourd'hui au moins 3 t de lait par an, une prestation qui ne doit cependant pas faire pâlir de jalousie le ver de terre.

Les lombrics n'ameublissent pas seulement le sol par leur infatigable travail de forage en favorisant ainsi l'aération et l'irrigation. Ils tirent les déchets de végétaux morts sous la terre et les mangent avec d'autres matières minérales. Leurs excréments, les complexes humifères argileux que nous connaissons, sont déposés dans les galeries ou rejetés à la surface sous forme de tortillons.

Un seul ver de terre produit ainsi, s'il atteint son âge adulte d'environ 10 ans, 1,750 kg de terre fertile. Les 250 000 vers d'un hectare de prairie en fournissent donc par année la quantité considérable de 44 t.

La plupart des gens se sentent davantage attirés par des animaux relativement grands tels les poissons, amphibiens et reptiles, et surtout par les oiseaux et les mammifères plutôt que par les insectes, vers et autres animalcules.
Mais c'est surtout par eux qu'on observe le plus facilement les processus importants qui se déroulent dans une collectivité vivante. Qui donc a déjà eu la chance de remarquer un lynx, vivant farouchement, prendre un chevreuil comme proie? Ou qui voit déjà chasser une couleuvre ou un aigle royal?
De petits animaux, comme les araignées, guettent leur proie tranquillement tout près de l'homme et sont, de plus, extrêmement nombreux.
Bien que le butin total de ces petits chasseurs puisse nous paraître énorme, il est étonnamment faible en relation avec le cycle alimentaire continu du système écologique. Les évaluations montrent que tout au plus un dixième des proies animales potentielles sont effectivement victimes de leurs prédateurs. De même, au maximum, la même proportion de toutes les plantes est mangée par les herbivores.
La plus grande partie de tous les organismes meurt de maladie, de vieillissement ou par des modifications climatiques brutales comme par exemple en automne quand les jours raccourcissent et deviennent plus froids. Les plantes et les animaux morts, les parties végétales dépéries et les excréments ne sont pas perdus pour le cycle alimentaire car d'innombrables êtres vivant dans le sol, comme les vers de terre, se nourrissent de ces déchets et refertilisent la terre avec leurs déjections.

C'est au début du rude hiver de montagne, quand la plupart des animaux a émigré vers des régions méridionales et les plaines proches ou hiberne depuis longtemps, que les grands animaux à sabots comme les cerfs, chamois et capricornes s'adonnent à l'amour. Ce moment climatiquement défavorable est voulu par la nature car, grâce à ces dates de mariage en automne ou en hiver, les jeunes peuvent naître à la meilleure époque de l'année, soit fin mai ou en juin.

Rencontres avec des animaux

Saison des amours en automne et en hiver

Le court été de montagne s'en est allé. Les mélèzes virent du vert au jaune clair. Un air glacial descend des falaises jusqu'aux clairières d'où on entend maintenant, au début octobre, des cris rauques et parfois assourdis, puis très clairs. Un second et un troisième cris répondent en écho de la paroi d'en face et bientôt plus d'une douzaine de voix participent au concert. Les vieux cerfs mâles ont occupé leur place de rut et défient en bramant leurs rivaux lointains au combat.

La harde de femelles, de faons et d'adolescents broute manifestement peu impressionnée par le chef. En bord de clairière deux jeunes cerfs se dandinent fièrement avec leurs bois frêles qui n'ont encore que six endouillers. Sans se gêner, ils vont tout près de la harde et tentent d'approcher les femelles. Ils provoquent ainsi le vieux qui les chasse en soufflant méchamment et essaye lui-même de draguer pour entamer les noces.

Il a bien dû attendre au moins 8 ans pour être assez fort et expérimenté au combat et conquérir une place de rut. Beaucoup de ses contemporains sont morts entre-temps de faim et d'épuisement pendant les hivers durs ou sous les balles des chasseurs. Maintenant qu'il est arrivé à l'apogée et presqu'à la fin de sa vie, les femelles se montrent prudes, quittent sa clairière sans qu'il puisse les retenir et vont tenter leurs chances chez le voisin. Mais l'une ou l'autre des biches va revenir vers lui pour convoler en noces.

Le cerf est le premier à être en rut parmi les trois grands animaux à sabots des Alpes. Le rut des chamois commence en novembre par des combats acharnés quand la nouvelle neige recouvre déjà les alpages et les pierriers. Les mâles noirs aux masques blancs ne connaissent pas de pitié. Leurs cornes relativement courtes et crochues laissent peu apparaître les différences d'âge ou d'expérience au combat. Il en résulte donc de terribles blessures si un jeune mâle attaque courageusement un plus âgé. Parfois un de ces téméraires dépense au combat de rut déjà maintenant, à peine le long hiver de montagne commencé, toutes ses réserves de graisse qu'il a accumulées au courant de l'été, ce qui ne lui laissera que peu de chances de survivre à la période froide.

Les capricornes se marient quand les jours sont les plus courts. Les mâles se distinguent par des cornes énormes. On pourrait en déduire que de telles armes sont faites pour des combats féroces. Tout au contraire: cette décoration frontale du capricorne, plus longue qu'un bras, est bien plutôt une distinction de rang qu'une arme. Les adversaires en déduisent dans une certaine mesure l'âge, et donc la force et l'expérience. Le plus faible cède sans combattre la place au plus fort. Les duels n'ont lieu qu'à force égale.

Ce ne sont que les plus vieux mâles aux plus grandes cornes qui arrivent à approcher les femelles en rut et

Chamois en robe d'été (dev.) et en habit d'hiver presque noir (derr.). L'épaisseur laineuse et les longs poils de la fourrure d'hiver font apparaître le chamois plus grand. La teinte hivernale foncée permet une meilleure absorption du rayonnement calorifique. Que cette teinte soit tout autre chose qu'un camouflage dans la neige ne joue aucun rôle: les chamois passent l'hiver le plus souvent dans la forêt.

Entendre bramer les cerfs en rut à peu de distance est toujours impressionnant, surtout dans la tranquillité et la solitude d'une forêt de montagne. Après avoir passé l'été d'une manière plutôt discrète, les mâles affichent maintenant publiquement leur position pendant le rut et se rendent aux places choisies. Ils n'hésitent pas à parcourir plusieurs kilomètres à cet effet. Le chef de la harde qui domine sur la place de rut veille jalousement à ce qu'aucun autre cerf lui vole ses droits et qu'aucune de ses femelles ne parte vers un autre cerf. Le chef de la harde n'en est pas le conducteur, ce rôle étant assuré par une femelle.

ainsi à procréer. Ceci pose certains problèmes car, en principe, les femelles avec leurs cornes courtes en forme de dague devraient s'éloigner de ces puissants malabars. Mais c'est l'inverse qui se produit. Si un mâle en rut approche une femelle pour s'accoupler, il lève si haut la tête que ses cornes touchent le dos ou même les flancs. De front, ces distinctions de rang ne sont alors plus visibles.

Le mâle se «dégrade» ainsi lui-même en un congénère désarmé, devenant en quelque sorte un chevreau qui se tient normalement près de la femelle. Le capricorne imite encore d'autres comportements du chevreau. Les attaques simulées des femelles sont parées uniquement en tendant la jambe. Encore: ils «lappent» avec la langue, un geste qui rappelle les petits qui tètent. Ce n'est que peu avant l'accouplement que la femelle cesse de repousser le mâle et elle s'enfuit même parfois quelque peu devant son imposant partenaire.

Grâce à ces noces sans émotions et à ses cornes imposantes faisant distinction de grade lui évitant ainsi à se battre, le capricorne économise de l'énergie pendant le rut qui a lieu juste au moment où la nourriture est rare et que le froid de l'hiver épuise ses réserves.

Avec les cornes des capricornes, il en va en principe de même qu'avec les arbres: la croissance annuelle laisse des cernes. Les bourrelets des cornes ne sont cependant pas identiques aux cernes. L'illustration montre comment lire les anneaux des différentes phases d'âge. Chez les femelles, les cornes ne présentent pratiquement plus de croissance dès la 4e année.

«Le cerf élaphe doit malheureusement et très certainement faire partie de la faune disparue en Suisse», pensait à la fin du siècle passé le professeur bernois de zoologie Göldi.

Il est vrai qu'au début du 18e siècle les effectifs de gibier dans la Confédération s'effondraient. Au cours de la Révolution française les vieux droits de chasse des autorités se perdirent. Le pays fut frappé par la guerre et la famine; la population chassa par la force des choses le gibier et décima ainsi le cerf. Le chamois, par contre, put survivre dans quelques vallées des Alpes où il fut soigné et protégé des braconniers par certains chasseurs de montagne légendaires tels que Gian Marchet Colani de Haute-Engadine ou les Glaronais Heinrich Heitz et David Zwicky.

Ce n'est qu'à la fin du 19e siècle qu'une loi sur la chasse favorable au gibier entra en vigueur. Les chasseurs devinrent des conservateurs. Le cerf revint, prenant d'abord possession des grandes vallées des Alpes par le sud-est et pénétrant maintenant, souvent inaperçu, jusqu'au Plateau.

Le dernier capricorne vivant à l'état sauvage en Suisse fut abattu en Valais en 1820. Environ 100 ans plus tard, le Gouvernement put acquérir de ces jeunes animaux à la réserve de chasse du Roi d'Italie Victor Emmanuel III dans le Gran Paradiso de la Vallée d'Aoste. Ces animaux rares trouvèrent d'abord refuge dans le Zoo Peter et Paul à St-Gall où ils se multiplièrent bientôt. Leurs descendants furent finalement rendus à l'état sauvage et vivent aujourd'hui dans quelque 150 colonies des Alpes.

Si, en automne, les hirondelles s'alignent sur les fils électriques et que les étourneaux sansonnets se rassemblent par centaines et milliers pour se reposer encore quelques nuits dans les couronnes des arbres ou les roseaux avant l'envol, les premiers signes avant-coureurs de la saison froide sont là: les colonies d'oiseaux chanteurs se vident.

Mais tous ne partent pas. Les mésanges, beaucoup de pinsons ou le bouvreuil restent chez nous et trouvent souvent leur nourriture dans les mangeoires. Chez certaines espèces les mâles et les femelles n'ont pas le même esprit voyageur. Dans la famille du pinson des arbres vivant dans les Alpes et Préalpes, ce sont avant tout les femelles qui s'en vont dans les régions plus chaudes. La plupart des mâles, par contre, «garde la maison».
Si l'hiver est particulièrement rude, d'autres oiseaux chanteurs migrateurs partent des forêts du grand nord pour venir chez nous. Ce sont les jaseurs, oiseaux de la taille d'un étourneau, avec une remarquable houpette et au plumage soyeux d'un brun vineux avec des bords de plumes jaunes, et surtout les pinsons de montagne ressemblant aux pinsons des arbres. Les pinsons de montagne arrivent parfois par millions et se précipitent dans les forêts de feuillus pour y dévorer les faînes. Selon les experts, un million de pinsons de montagne mangent en un seul jour jusqu'à 11 t de ces fruits. Si le pillage d'une forêt est terminé, cette meute affamée s'envole vers d'autres sources de nourriture souvent plus au sud.

Rencontres avec des animaux

Miraculeux voyages de millions de migrateurs

Bien avant que l'hiver ne commence à étendre son manteau froid sur les champs et la forêt, les oiseaux migrateurs entreprennent leur long voyage vers la Méditerranée ou l'Afrique du Nord, comme les étourneaux sansonnets; le coucou se rend en Afrique centrale et le martinet et beaucoup d'hirondelles vont même loin dans le sud du continent noir. La plupart des oiseaux migrateurs vit d'insectes et d'autres petits animaux qui se reposent en hiver cachés sous la terre. Le manque de nourriture est la raison de ces voyages.
Jusqu'au jour du départ, ces spécialistes des longues distances se sont constitués une réserve de graisse pouvant atteindre 30% de leur poids. Ces stocks de carburant ne suffisent cependant pas pour tout le voyage, mais tout au plus pour 2 à 4 vols de 10 heures chacun ou un long parcours de 36 heures. Ils doivent ensuite faire une escale intermédiaire d'environ 1 semaine pour renouveler leurs réserves de graisse.

Le voyage complet des quartiers d'été à ceux d'hiver dure souvent plus d'un mois.
Les itinéraires de ces vols lointains sont choisis d'après des critères énergico-économiques. La cigogne blanche par exemple concède même des détours pour ces raisons. Elle ne survole pratiquement jamais la Méditerranée, mais suit plutôt les côtes et gagne l'Afrique par l'Espagne et le détroit de Gibraltar ou encore le Proche-Orient. En survolant des terres fermes, elle peut effectuer ce voyage en planant et ainsi sans beaucoup d'efforts. En traversant les eaux ouvertes, elle ne pourrait pas profiter des ascendances chaudes qui lui sont nécessaires.
Tous les oiseaux migrateurs sont des météorologues confirmés. Ils retrouvent toujours des couches atmosphériques avec peu de vent de face. En se laissant «pousser» par un vent arrière, ils peuvent facilement doubler leur vitesse. Les rapaces migrateurs volent en moyenne à environ 60 km/h. Les canards et les oies atteignent jusqu'à 85 ou 90 km/h de moyenne, le martinet et son confrère alpin même 150 km/h.
Les oiseaux migrateurs volent en général aussi haut que possible car la résistance de l'air y est faible. Des radars ont déjà détecté sur la Suisse des vols à 5500 m. Le froid très vif à ces altitudes devrait, pourrait-on penser, incommoder ces oiseaux qui sont souvent de petite taille. En réalité c'est le contraire: Les «moteurs», c'est-à-dire les muscles pectoraux qui font battre les ailes jusqu'à 17 fois à la seconde comme par exemple chez la bergeronnette grise, sont refroidis. Si par contre ces muscles s'échaufferaient trop, le corps se déshydraterait et l'eau perdue devrait être renouvelée lors d'escales intermédiaires retardatrices.
Le période et le but du voyage varient selon les oiseaux, tout comme les itinéraires – même pour les espèces très parentes. Le rouge-queue noir par exemple traverse les Alpes, tandis que le rouge-queue gris les contourne. La grive mélodieuse survole la barrière des 3000 et 4000 m et l'étourneau sansonnet fait un détour.
Les hirondelles, les martinets et les cigognes s'envolent le matin pour une étape d'environ 150 km afin d'atteindre le but du jour prévu vers

◂▴ *La gracieuse bergeronnette grise* ne se trouve pas, comme son nom pourrait le faire croire, que le long des berges. On peut même souvent la voir, dans les agglomérations, sur les toits et dans les gazons chasser des insectes. D'un poste d'observation, elle attrape sa proie en courant très vite ou en faisant un piqué; entre deux, elle remue nerveusement la queue.

▴ *D'un pas mesuré, le grand courlis* traverse les prairies en cherchant sa nourriture. Malheureusement, il ne lui reste que très peu d'endroits où couver dans le pays car les grandes et paisibles surfaces dégagées de prés, de landes ou de marais ont disparu.

◂ *La grive musicienne* nous réjouit par son chant magnifique qu'elle fait retentir loin dans la forêt – en étant perchée au sommet des cimes. Certaines répétitions sonores sont typiques pour ses chansons variées.

midi; il leur reste donc du temps pour se nourrir. La plupart des oiseaux chanteurs insectivores, mais aussi les canards et les oies, les échassiers comme le huîtrier et le courlis voyagent au contraire la nuit, profitant du jour pour se nourrir. Protégés par l'obscurité, ils font des vols non-stop jusqu'à 600 km.

Aventures et dangers mortels

Bien entendu, de tels voyages ne sont pas sans danger pour les oiseaux migrateurs. Beaucoup d'entre eux meurent en route dans les filets des oiseleurs italiens ou par épuisement, surtout s'ils sont surpris par de brusques chutes de température. Ceci arrive (mais très rarement) parfois chez les hirondelles qui se nourrissent exclusivement d'insectes. Si elles se laissent surprendre au nord des Alpes par les premiers frimas de l'hiver, toute issue leur est fermée. Il y a une quinzaine d'années, des amis des animaux ont ainsi recueilli plus d'un demi-million d'hirondelles épuisées pour les envoyer par tous les moyens de transport possibles dans le sud de l'Europe.

Il arrive souvent que leurs ennemis, les rapaces, les accompagnent dans le sud. Là où les routes migratoires se rétrécissent, comme par exemple sur le détroit de Gibraltar ou à l'extrémité sud-est de la Méditerranée, le butin est facile.

Aussi grandes que puissent être les pertes naturelles, des millions d'oiseaux migrateurs finissent toujours par revenir dans leur quartier d'été du nord des Alpes et quelques-uns d'entre eux, comme les hirondelles et les martinets, regagnent exactement le même nid où ils couvaient l'année précédente, et ce après un voyage de plusieurs milliers de kilomètres. C'est maintenant que les dégâts commencent. Les pesticides utilisés dans l'agriculture, autant chez nous que dans leur quartier d'hiver exotique, empoisonnent de plus en plus leur nourriture.

Le rouge-gorge est un oiseau chanteur capable d'adaptation. Initialement oiseau des bois et aimant les épaisses frondaisons, on le trouve souvent dans les jardins garnis de buissons. Bien que migrateurs, quelques-uns restent ici en hiver à des endroits favorables. Il fait partie des rares oiseaux qui continuent à chanter leurs agréables mélodies lors de clémentes journées d'automne. Si le temps se rafraîchit, ce gracieux oiseau aime gonfler son duvet comme l'image le montre.

Le chardonneret avec ses couleurs presque exotiques est bien camouflé au milieu des herbes (b.). Son bec solide le désigne comme croquer de grains et de graines.

Les oiseaux migrateurs ont recours à différents moyens de navigation: d'une part ils réagissent aussi sensiblement qu'un baromètre aux modifications de la pression atmosphérique et peuvent ainsi conserver leur altitude presque à 1 m près. A l'approche d'une zone de mauvais temps, ils la remarquent assez tôt pour la contourner.

Des vents spécifiques à une certaine période de l'année leur servent de panneau indicateur et de moyen de transport.

Les montagnes et le ressac des vagues océaniques créent des sons très bas, inaudibles à l'oreille humaine, qui ne s'atténuent pas sur des milliers de kilomètres. Il est possible qu'ils servent aussi de moyen d'orientation.

Le soleil, les étoiles et le champ magnétique terrestre restent cependant les aides classiques à la navigation. Les oiseaux perçoivent le soleil même par temps couvert. Les nuages ne constituent pour eux qu'un filtre naturel qui polarise la lumière solaire. Ceux qui voyagent de jour repèrent ainsi la position du soleil pour déterminer leur direction exacte. Les voyageurs nocturnes, qui sont majoritaires, déduisent leur position et leur direction d'après les étoiles.

Des recherches récentes ont révélé que les oiseaux possèdent aussi une boussole interne leur permettant de détecter le champ magnétique terrestre et ainsi repérer leur position et diriger leur vol. Alors que le champ magnétique terrestre ne change pas, le soleil et les étoiles se déplacent sans cesse. Le ciel étoilé des nuits d'octobre sur l'Europe centrale n'est pas le même que celui de novembre sur l'Afrique centrale. Il n'y a qu'une explication à ce mystère des oiseaux migrateurs qui conservent malgré tout leur itinéraire: ils doivent avoir leur propre horloge solaire et planétaire qui leur indique la position exacte des astres à chaque heure du jour pour chaque point de leur route.

Rencontres avec des animaux

Des hôtes à plumes en vacances d'hiver

La Suisse est réputée pour ses stations d'hiver, mais pas seulement chez les skieurs. Environ 700 000 oiseaux aquatiques migrateurs s'envolent chaque automne du nord et du nord-est pour franchir nos frontières et passer la saison froide dans leurs quartiers d'hiver de nos eaux tranquilles. Quinze de ces endroits sont d'importance internationale, dont quatre sur le lac Léman, trois dans le Seeland et sur les lacs de Neuchâtel et de Morat, trois au bord de l'Aar et cinq sur le lac de Constance et sa partie inférieure.

Quand les jours deviennent toujours plus courts et lorsque le froid, la glace et la neige s'étendent comme une couverture sur la morte campagne, nos lacs grouillent de vie. Environ 700 000 hôtes à plumes viennent de Scandinavie, de Russie et du nord-est de l'Europe pour hiverner ici, espèces que nous trouvons en été en nombre restreint ou même pas du tout. Lors des recensements réguliers de janvier, 300 ornithologues suisses compétents estiment qu'outre les oiseaux connus ayant élu domicile chez nous comme par exemple 180 000 mouettes rieuses, 140 000 foulques, 60 000 colverts et 4000 cygnes, environ 2000 cormorans, 3000 goëlands cendrés, 3500 grands harles, 26 000 podicipédiformes tels que les grèbes, etc. ainsi que 300 000 canards migrateurs peuplent en plus nos eaux. Le nombre des ansériformes sauvages migrateurs est moins élevé: 200 oies des moissons et 100 oies cendrées.

Les rivières et les lacs où ces oiseaux nichent d'habitude gèlent en hiver. Ils n'ont donc plus rien à manger et se préparent de ce fait déjà en automne pour faire ce long voyage vers les eaux calmes du nord des Alpes où ils trouvent protection et nourriture. Pour certains d'entre eux le déplacement dans le sud est devenu depuis quelques décennies encore plus profitable. Nos eaux de plus en plus riches en éléments nutritifs avantagent la prolifération du poisson blanc qui est particulièrement apprécié des cormorans, ces oiseaux aquatiques foncés au long bec à pointe crochue. Leur colonie a au moins doublé ces dix dernières années.

Un autre oiseau aquatique pêcheur, le grèbe huppé, n'a manifestement pas su profiter de cette abondance de poissons. Sa présence hivernale a même diminué en une décennie de 32 000 à 18 000 visiteurs.

Dans ces eaux riches les petites moules «baladeuses» de la famille des dreissenidae se sont répandues d'une manière explosive. Elles proviennent

Le grèbe castagneux (tout en h.) est généralement très peureux et plonge immédiatement s'il se sent observé – même en ville où on le rencontre parfois en hiver.
Le cormoran (h.) vole aussi bien qu'il nage ou qu'il plonge. En volant, les groupes forment un V.
Le grand harle (g.), avec son corps hydrodynamique, est un excellent plongeur. Son bec dentelé au crochet pointu est efficace pour attraper de petits poissons.

de la mer Noire et des embouchures des fleuves de cette région, surtout du Danube, et ont fait le voyage à travers les Alpes jusqu'aux lacs du Plateau suisse comme passagers clandestins dans les plumes des oiseaux migrateurs. Aux endroits qui leur conviennent particulièrement bien, on compte aujourd'hui jusqu'à

1000 de ces mollusques sur un seul mètre carré de fond de lac.
De tels bancs de moules constituent la nourriture principale des oiseaux aquatiques qui plongent pour la trouver, avant tout pour le canard morillon et le milouin dont 180 000, resp. 92 000 hivernent aujourd'hui sur les lacs suisses. Il y a 20 ans on en comptait six fois moins, par exemple 150 à 500 morillons seulement passaient l'hiver sur le lac de Bienne. Puis cette moule providentielle arriva soudain et maintenant on peut compter ici chaque hiver au moins 3000 canards morillon.
Quand ces masses de plusieurs centaines de milliers d'oiseaux aquatiques migrateurs nous quittent au printemps, certains d'entre eux ont été attrapés prudemment en hiver par des ornithologues et marqués avec une légère bague d'aluminium à la patte. Ceci nous permet de savoir où ces hôtes d'hiver passent l'été, construisent leurs nids et élèvent leurs petits. Environ la moitié des 92 000 milouins hivernant en Suisse part pour la Tchécoslovaquie et le reste pour la Finlande, la Russie, la Pologne et la RDA. Quelques-uns s'en vont en Roumanie.
Sur les 180 000 canards morillon, environ 15 couples seulement restent chez nous. Tous les autres rentrent chez eux sans se reposer et en volant des centaines ou des milliers de kilomètres vers le nord et le nord-est. Le record de ces visiteurs en Suisse est

Ces deux espèces de canards sont fréquentes sur nos lacs en hiver: à g. le milouin, qui est un peu plus petit que notre colvert bien connu; à d. le petit canard morillon, plongeant très bien et profond, avec le mâle à la queue blanche et noire caractéristique.

détenu par une femelle morillon baguée près de Vevey et qui fut finalement abattue par un chasseur russe dans le district national de Jamalo-Nenezkij au-delà de l'Oural. Depuis son quartier d'hiver du lac Léman jusqu'à sa région de nidification dans l'ouest de la Sibérie elle ne parcourut pas moins de 4500 km par les airs.

En observant les oiseaux aquatiques aux jumelles, on remarque surtout leur silhouette. Les images montrent la tenue typique en nage et à l'envol des oiseaux suivants:

◄ **Canards barboteurs.** Ils décollent directement de l'eau. Exemples d'espèces: colvert, sarcelle d'hiver et d'été, souchet.
▲ **Canards plongeurs.** Distance de décollage allongée en battant l'eau. Exemples d'espèces: milouin, morillon, nyroca, brante roussâtre.
► **Cormoran.** Décolle comme les canards plongeurs. En nageant, l'oiseau s'enfonce très profondement dans l'eau.

Outre les mouettes, foulques, cygnes et oies sauvages facilement reconnaissables par tout le monde, des oiseaux aquatiques des groupes suivants passent l'hiver sur les eaux suisses:

Les canards barboteurs: ils trouvent leur nourriture en fouissant, c'est-à-dire à la surface de l'eau. Ils ne plongent que rarement ou jamais et volent très agilement. Exemples: colvert, pilet.

Les canards plongeurs: ce sont d'excellents nageurs et plongeurs et leur corps est plus enfoncé dans l'eau. Leur cou et leur queue sont courts et leurs pattes placées très en arrière. Pour s'envoler ils doivent d'abord prendre de l'élan en courant sur l'eau. Exemples: canards morillon et milouin.

Les grèbes: leur corps est enfoncé dans l'eau. Le cou est long et le bec fin et pointu permet d'attraper les poissons. Ils ont de longues pattes aux doigts larges sans palmure. Exemples: grèbe huppé, grèbe castagneux.

Les harles: des ansériformes plongeurs huppés, au bec étroit denté sur les bords et terminé par un crochet. Exemple: le grand harle.

Les cristaux issus des profondeurs ténébreuses de la croûte terrestre rocheuse sont autant de symboles lumineux des mystères et de la beauté de la nature. Ils ne cessent de stimuler notre fantaisie et notre admiration.

La présence ou l'absence de cristaux ou le choix qu'a fait la nature dans la répartition de ces splendeurs dépend d'une série de conditions liées au genre de roches et à l'évolution géologique d'une région.

Fascination de la nature inanimée

Autres roches, autres indices de fissure

Le cristallier s'attaque à une fissure perpendiculaire à la schistosité dans le Intschitobel. L'étranglement de la roche au-dessus de la cavité est nettement visible.

Les failles et fissures alpines se sont formées dans des régions soumises à des mouvements tectoniques vers la fin de la surrection alpine, créant ainsi des cavités plus ou moins grandes. Leur forme dépend de la nature des roches.

La fissure minéralisée

Des solutions hydrothermales contenant des sels minéraux ont pénétré dans ces cavités. Elles sont entrées en contact avec la roche encaissante, dont elles ont dissous certains minéraux, provoquant ainsi sa déminéralisation. L'abaissement lent et progressif de la pression et de la température a provoqué une inversion du processus. La solution sursaturée a dû se délester de ses sels excédentaires qui se sont alors déposés sous forme de cristaux sur les parois des fissures. Ce phénomène s'est déroulé à hautes pressions et températures il y a 18 à 10 millions d'années. Actuellement, aux endroits accessibles aux cristalliers, les minéraux ne se développent plus.

Le cristallier recherche les fissures en se basant sur certains indices spécifiques qui varient d'une roche à l'autre. L'emplacement d'une veine de quartz, une petite corniche, un étranglement dans la paroi (voir ci-dessous), ainsi que de la roche déminéralisée sont autant d'indications permettant de choisir l'endroit où il faudra attaquer. L'interprétation de ces indices de fissures exige une grande expérience, d'autant plus qu'ils varient d'une roche à l'autre. C'est d'ailleurs l'une des raisons pour laquelle la plupart des cristalliers sont spécialisés dans une région. Seul celui qui s'est bien intégré à une région peut espérer rechercher des minéraux avec succès. La dimension des fissures dépend également de la roche. Les gneiss séricitiques abritent en général des systèmes de petites fissures reliées entre elles, tandis que les cavités du granite du massif de l'Aar atteignent des dimensions très importantes. Il n'est pas rare qu'elles s'enfoncent de plusieurs mètres à l'intérieur de la roche. La plus grande caverne à cristaux connue, celle de la Sandbalm, dans la vallée de Göschenen, a un dévelop-

Représentation schématique des mécanismes de dissolution et de cristallisation à l'intérieur d'une fissure

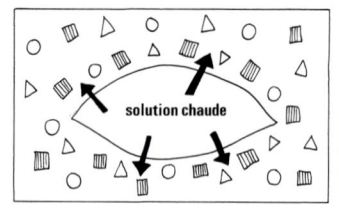

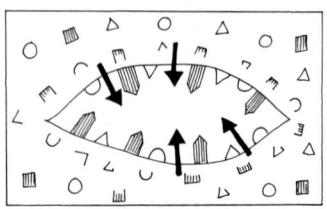

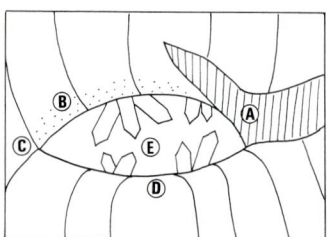

▲ Représentation schématique d'une fissure
A La veine de quartz est l'indice de fissure le plus fréquent et le mieux visible. La fissure se forme en règle générale au point le plus bas de la veine.
B La roche déminéralisée n'enrobe pas obligatoirement toute la cavité, mais peut se situer plus profondément dans la roche.
C L'étranglement repérable en surface a une grande importance, surtout dans les schistes.
D Une petite vire dans une paroi, une corniche, est également un bon indice de fissure dans le granite.
E Cavité contenant des cristaux.

◀◀ Déminéralisation de la roche encaissante. Certaines de ces composantes sont en voie de dissolution.

◀ Les sels dissouts dans la solution hydrothermale saturée se cristallisent dans la cavité. La roche encaissante est maintenant déminéralisée.

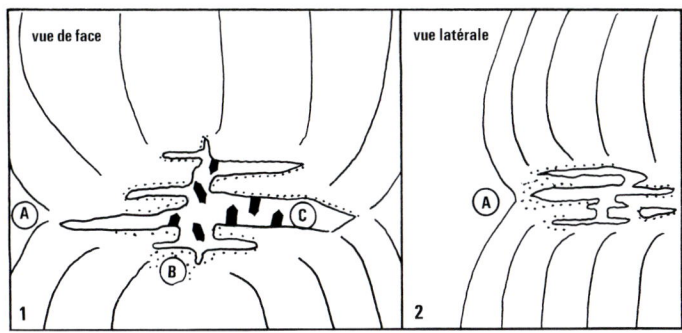

Système de fissures dans le gneiss séricitique. **A** L'étranglement des schistes redressés est un bon indice de fissure. Même si la veine de quartz est invisible on peut découvrir une cavité derrière cet étranglement. **B** Une zone d'imprégnation entoure la cavité. Elle se compose principalement de feldspath et de quartz et est très résistante. **C** Le système de fissures s'étend sur différents étages. Les minéraux rares se trouvent en général dans les recoins.

pement dépassant 250 m de longueur. Ce témoin d'une époque révolue de l'activité des cristalliers a été placé sous la protection de la nature.

Les fissures des schistes séricitiques

On rencontre ces systèmes de fissures typiques dans la zone très riche en minéraux située entre Amsteg et Gurtnellen, dans le ravin réputé appelé Intschitobel, ainsi que dans les schistes séricitiques de la vallée de Madéran. Elles sont presque toujours perpendiculaires à la schistosité de la roche et se manifestent en général par un étranglement, c'est-à-dire par une courbure dans les schistes. La veine de quartz est souvent absente en surface et n'apparaît qu'à proximité immédiate des fissures. La largeur de ces fissures, qui sont superposées et communicantes, varie de 40–50 cm à 4–5 m. La hauteur totale du système peut atteindre plus d'un mètre.

Ces fissures sont des gîtes à minéraux très intéressants, et leurs ramifications les plus éloignées recèlent souvent des minéraux rares.

Lorsqu'on attaque un système de fissures de ce type, on constate que plus on se rapproche de la cavité, plus la roche devient dure. Ce phénomène, qu'on ne retrouve pas dans les autres types de fissures, provient d'un enrichissement de la roche en plagioclase (feldspath) et quartz. Lorsque le cristallier a enfin réussi à percer cette zone d'imprégnation très résistante, il peut passer à l'exploitation de la fissure.

▶ *En maints endroits de la vallée de Madéran, on rencontre des systèmes de fissures superposées. L'outillage laissé sur place indique qu'une fissure est actuellement en exploitation. Selon une ancienne loi, toujours en vigueur, le dépôt de ces outils signifie également que le cristallier qui l'a découverte a un droit sur elle et qu'elle lui est réservée.*
▲▶ *Ces systèmes de fissures abritent souvent des «quartz avec âme».*
▼▶ *Les gneiss séricitiques de la vallée de Madéran recèlent des systèmes de fissures superposées. Bon nombre de ces gisements se trouvent dans le Griesserental et le Staldental (au milieu de la photo).*
▶▶ *La brookite est l'un des minéraux les plus recherchés de ces fissures Peu d'endroits des Alpes suisses recèlent des spécimens de cette qualité.*

Les minéraux des fissures échelonnées des schistes séricitiques

Les schistes séricitiques ont la réputation d'abriter de nombreux minéraux, dont certains sont rares. En plus du cristal de roche, de l'albite et de la calcite, ces fissures recèlent des minéraux de titane. Depuis environ 60 ans on y recherche spécialement l'anatase et la brookite. Pendant des années, les plus beaux spécimens ont été vendus à des musées dans toute l'Europe. Le British Museum de Londres a ainsi réussi à constituer une très importante collection de pièces minéralogiques provenant de cette région. On ne s'étonnera donc pas que les plus beaux groupes de minéraux puissent être admirés en Angleterre et non pas en Suisse! Les merveilleux cristaux d'apatite de cette région ont subi le même sort et sont actuellement exposés à Londres.

Chaque année, de nombreux cristalliers auscultent la région de l'Intschitobel ainsi que les gneiss séricitiques de la vallée de Madéran. Chacun rêve de faire de la découverte de sa vie, à l'instar de celles d'autrefois! On peut, bien entendu, faire encore parfois des trouvailles intéressantes, mais, vu le nombre impressionnant de cristalliers et de collectionneurs qui sillonnent le territoire, les possibilités sont de plus en plus réduites. La nature ne peut évidemment pas offrir plus qu'elle ne recèle.

Tectonique

La genèse d'un massif de type alpin est dû à un ensemble de mécanismes très complexes et difficiles à imaginer. Il met en œuvre des forces énormes qui se manifestent, de bas en haut, dans les profondeurs de la terre, ainsi que des forces tangentielles plus ou moins horizontales dans la croûte terrestre. Cela occasionne des bouleversements colossaux. Par places, des parties profondes de la croûte terrestre sont expulsées en surface, et inversément des couches superficielles sont englouties. Ailleurs, des flots de matière ignée et liquéfiée, provenant du manteau, s'épanchent dans la croûte où ils se solidifient et contribuent à l'édification du massif. Enfin, des paquets de couches rocheuses ou des masses compactes, épaisses de centaines, voire de milliers de mètres, sont déplacés, disloqués et redistribués dans un ordre différent. Ces manifestations sont à l'origine des nappes, structures qui forment le relief de nos montagnes. La tectonique est une discipline de la géologie qui s'occupe de la structure interne de la croûte terrestre et qui explique de quelle façon les montagnes se sont formées. Lorsque l'on dit que la tectonique est responsable de la présence des fissures minéralisées, cela revient à dire que le mécanisme des mouvements tectoniques conditionne leur mode de formation. On distingue ainsi la formation de simples fentes, de fissures, de failles, de fractures, de filons, de veines, etc.

Sous l'influence de températures et de pressions suffisamment élevées, la roche subit également des déformations. Après la solidification de la roche encaissante (enveloppe rocheuse de la fissure), des solutions hydrothermales ascendantes, saturées de sels minéraux, peuvent se déverser dans les systèmes de failles et autres fissures de la croûte terrestre et aboutir à la formation des cristaux tels qu'ils ont été décrits dans le texte principal.

Fissure minéralisée: Fente dans un complexe rocheux qui s'est élargie et dont les parois peuvent être tapissées de minéraux.

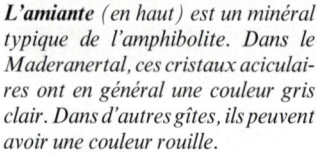

L'amiante (en haut) est un minéral typique de l'amphibolite. Dans le Maderanertal, ces cristaux aciculaires ont en général une couleur gris clair. Dans d'autres gîtes, ils peuvent avoir une couleur rouille.
Cette fissure dans l'amphibolite (à droite) de la vallée de Griesseren montre distinctement que les fissures sont pratiquement perpendiculaires à la texture de la roche.

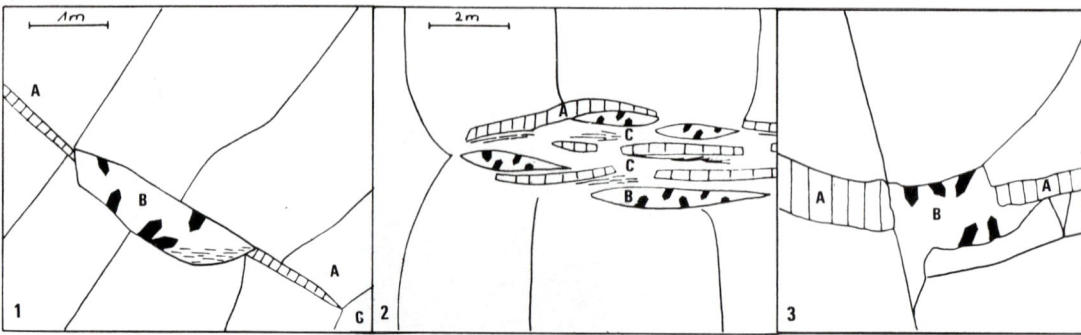

Les zones riches en minéraux du Maderanertal se trouvent dans les schistes séricitiques ainsi que dans les amphibolites. Ces roches sont situées sur les flancs de l'Oberalpstock.

La cavité de cette fissure (à gauche) dans l'amphibolite résulte d'un ensemble de fissures en échelons.

A part le quartz normal et limpide, on trouve également un quartz dit fantôme (à droite). Ce phénomène est provoqué par un dépôt de chlorite sur les faces exposées d'un quartz.

Les dessins en bas de gauche à droite:
1 Fissure dans une amphibolite:
A Filon de quartz d'épaisseur régulière.
B Intérieur de la fissure. C Fracture suivant la direction du filon.
2 Fissures en échelon dans une amphibolite:
A Filon de quartz. B Intérieur de la fissure.
C Lentilles de calcite très compacte.
3 Fissures dans le granite central de l'Aar:
A Filon de quartz presque horizontal. B Intérieur de la fissure. C Roche déminéralisée.
4 Fissures dans le granite central de l'Aar.
A Reliquat d'un filon de quartz.
B Intérieur de la fissure.
C Roche déminéralisée.
D Renfoncement de rocher.

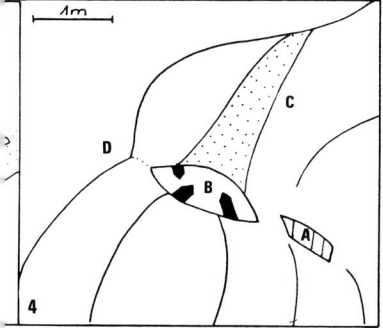

Fissures dans les amphibolites

Outre les roches paramétamorphiques (sédiments transformés), on rencontre dans l'enveloppe de chistes du massif de l'Aar des roches métamorphiques schisteuses d'origine éruptive. Les amphibolites de couleur foncée et riches en hornblende qui se présentent sous la forme d'inclusions lenticulaires sont très intéressantes du point de vue minéralogique. Les minéraux que contiennent ces roches sont activement recherchés, spécialement dans les régions du Lötschental, de Guttannen, du Susten, du Maderanertal et dans le Tavetsch. L'amphibolite est souvent peu schisteuse et présente donc un aspect plutôt massif. Le cristallier recherche avant tout les indices de fissures spécifiques de cette roche; ce sont en premier lieu les filons de quartz et des fentes transversales par rapport à la roche. Si l'amphibolite est

légèrement schisteuse, il se peut que les fractures soient échelonnées (à l'image des fractures en échelons des schistes séricitiques). Il s'agit généralement de deux ou trois fissures superposées.

L'association minérale (paragenèse), présente dans les fissures des amphibolites, est totalement différente de celle des schistes séricitiques. Alors que dans ces schistes on trouve en plus du quartz et de l'albite des minéraux rares, tels que l'anatase et la brookite, ceux-ci sont totalement absents des amphibolites. On y relève, par contre, des minéraux typiques tels que l'amiante, la titanite et l'épidote.

Indices de fissures dans le granite

Les cavités minéralisées les plus importantes des Alpes suisses se situent dans les roches granitiques. Au temps des Romains, on cherchait déjà du cristal de roche dans ces régions. La cave à cristaux la plus longue des Alpes connue à ce jour est celle du «Sandbalm» dans la vallée de Göschenen. Au Moyen Age, on recherchait déjà des cristaux à cet endroit, raison pour laquelle le système de galeries atteint aujourd'hui près de 250 m de long. Une fissure de cette importance est assurément très rare. Bien que l'on ait exploité ces 50 dernières années des fissures allant jusqu'à 50 m à l'intérieur de la roche, le cristallier doit généralement se contenter de nos jours de cavités de 2 à 3 m.

Dans le granite, plusieurs indices révèlent la présence de fissures. L'indice le plus sûr est un filon de quartz dont l'orientation est perpendiculaire à la schistosité de la roche. Un renforcement (vire, corniche, surplomb) devant le filon de quartz est un autre signe important. A part ces deux indices, d'autres critères moins significatifs entrent également en ligne de compte. Le

Métamorphose des roches

Terme général pour désigner toutes transformations qu'ont subi les roches obtenues sous l'influence de la pression et de la température, à la suite de cisaillements ou de pénétration de substances liquéfiées dans la croûte terrestre. Selon l'intensité de la métamorphose on parle d'épi-, de méso- et de katazone. Les roches de l'épizone (faible intensité) sont caractérisées par d'importants cisaillements (schistes métamorphiques), tandis que les pressions et les températures modifient les roches de la méso- et de la katazone (moyenne et forte intensité). Nous avons pour chaque zone d'intensité des roches métamorphiques bien définies et des minéraux typiques.

Paragenèse

On trouve souvent différents minéraux associés dans un même gisement. Leur formation découle des conditions physiques et chimiques (par exemple: pression et température) qui existaient au moment de leur formation.

Amphibolite

Roche métamorphique qui s'est formée par métamorphisme moyen à partir du gabbro, une roche éruptive, ou de marnes d'origine sédimentaire. L'amphibolite (hornblende) prédomine; cette composante sombre se repère facilement.

Granite

Roche éruptive composée principalement de quartz, feldspath et mica (mica noir ou biotite) en grains uniformément répartis. Les plaquettes de mica ne sont pas orientées.

Selon la roche d'origine, divers éléments minéraux participent au métamorphisme. Suivant leur composition, des éléments chimiques différents, ou les mêmes éléments en proportion variable, sont en partie utilisés pour la transformation ou la création de minéraux. De nouveaux minéraux peuvent ainsi apparaître dont la formation n'est possible qu'après un métamorphisme des roches. Nous différencions à la base deux groupes principaux de roches d'origine, les magmatiques et les sédimentaires.

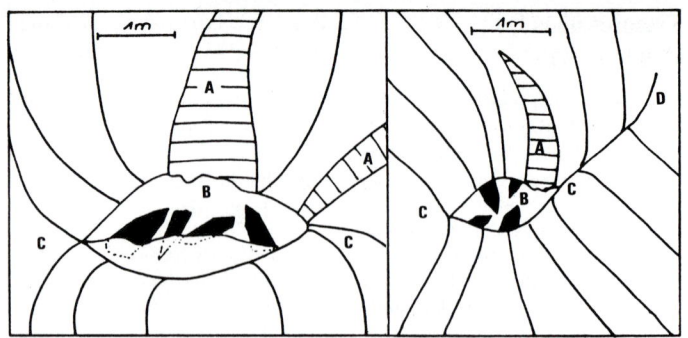

De gauche à droite: Fissure dans les phyllades calcaires des nappes penniques:
A Filons de quartz s'imbriquant dans la fissure.
B Intérieur d'une fissure de grande taille.
C Net resserrement de la roche à l'entrée de la fissure.

Fissure dans les phyllades calcaires des nappes penniques
A Filon de quartz parallèle à la schistosité, obliquant en direction de la fissure.
B Intérieur de la fissure.
C Forte courbure des schistes.
D Fracture se développant de manière discordante à la schistosité et se prolongeant jusqu'à la fissure.

fait que la roche aux environs de la fissure soit déminéralisée et poreuse nous indique que des éléments du granite ont été dissous. Si nous avons de la chance, nous retrouverons ces éléments recristallisés dans la fissure; mais ce n'est pas toujours le cas. Les éléments remobilisés peuvent également être transportés au travers de fractures dans des endroits assez éloignés, ou être massivement recristallisés.

Les gisements connus aux alentours des cols du Grimsel et de la Furka, de la Göscheneralp, dans le Fellital et dans le Tavetsch sont le plus souvent situés dans les roches granitiques du massif de l'Aar. Le minéral le plus courant est ici le cristal de roche. Le quartz de couleur brune, plus rarement noire, se rencontre avant tout dans les zones situées au-dessus de 2500 m. Ces quartz fumés ou morions sont très recherchés et se négocient à un cours plus élevé que les cristaux de roche de couleur claire. A part le quartz, on trouve également dans le granite des minéraux très rares. L'hématite cristallisée sous forme de rose de fer et la fluorine rose sont parmi les minéraux les plus recherchés des Alpes.

Les quartz du Tessin qui se sont formés directement sur la roche-mère sont plutôt rares (tout en haut). Le plus souvent, les pointes des cristaux sont assez rapidement émoussées par les intempéries et les mouvements tectoniques. Pour le cristallier, pouvoir dégager un vrai groupe de quartz au Tessin représente toujours un coup de chance.
La forme conique des cristaux de quartz (au milieu) est caractéristique des roches pennique (ici le Val Bedretto). On nomme cette forme habitus tessinois ou «forme du Tessin», car la plupart des quartz «coniques» sont découverts au Tessin.
Le cristal de roche (à droite) se trouve le plus fréquemment dans le granite.

Il existe également de nombreux gisements connus dans les roches granitiques du massif du Gothard (granite de la Fibbia). Les indices de fissures sont ici très similaires à ceux du massif de l'Aar. Les minéraux les plus courants du massif du Gothard sont le quartz et l'adulaire. Nombreux sont ceux qui, ces dernières années en particulier, ont quadrillé la région du Gothard à la recherche de roses de fer. Les gîtes connus de ce minéral convoité se trouvent dans la région de la Fibbia et dans celle du Monte Prosa. On trouve également dans ces régions et dans les fissures du Pizzo Lucendro des minéraux rares de petite taille comme l'apatite, la phénacite, le xénotime et la bazzite.

Indices de fissures dans les phyllades calcaires du Val Bedretto

La partie sud du Val Bedretto se compose de schistes lustrés à forte composante calcaire, avec des intercalations de couches carbonatées à filons de quartz riches en calcaire. Il s'agit là de sédiments de l'époque mézozoïque, qui ont subi un métamorphisme de moyenne in-

tensité. Les schistes lustrés de la région de Bedretto sont en principe orientés d'est en ouest, et présentent généralement un fort pendage. On regroupe sous la dénomination de schistes lustrés des roches de nature sédimentaire ayant subi un métamorphisme plus ou moins intense. Il s'agit là de roches en partie fortement schisteuses qui, selon leur composition et leur degré de déformation, peuvent contenir des minéraux. Ces roches sont principalement situées dans les Grisons, au sud du Rhin, mais elles sont également localisées sur l'axe Airolo–Val Bedretto–Binntal–Bas-Valais. De nombreux sites minéralogiques connus se situent dans cette zone de schistes. On trouve de nombreux gisements représentatifs de ce genre de roche au Piz Beverin, aux alentours du col du Lukmanier, dans la partie sud du Val Bedretto et dans le Binntal.

C'est cependant dans les phyllades calcaires du Val Bedretto que les indices de fissures sont les plus caractéristiques. L'inflexion (le resserrement) des schistes qui présentent en général un fort pendage constitue l'un des indices les plus flagrants. Le filon de quartz se courbe subitement à l'instar de la roche et se poursuit plus ou moins horizontalement. Au-dessous de cette zone, la roche se redresse de nouveau pour reprendre la même orientation que les couches avoisinantes. En plus du quartz, du mica et de la calcite, on trouve également fréquemment des cristaux de rutile. Contrairement aux cristaux de roche du massif de l'Aar, ceux des schistes lustrés méridionaux présentent un habitus de type tessinois (faces de rhomboèdres aigus).

Un pénible travail manuel est nécessaire pour «ausculter» les éventuels filons de quartz.

Roches magmatiques

Toute roche issue d'un magma en fusion. On fait la différence entre magma solidifié, provenant d'éruptions volcaniques (roches volcaniques, par exemple le basalte), et le magma qui s'est refroidi et solidifié à l'intérieur de la croûte terrestre (roche plutonique, par exemple granite, gabbro).

Roches sédimentaires

Toute roche formée par sédimentation et consolidation ultérieure (par exemple calcaire, grès, poudingues).

Gneiss

Roche métamorphique composée principalement de feldspath, de quartz et de mica, comme dans le granite. Les plaquettes de mica noir ont cependant toutes la même orientation. Si d'autres composantes, en quantités importantes, lui sont incorporées, le gneiss sera désigné d'après leur nature, par exemple gneiss à hornblende.

Phyllades calcaires

Roches métamorphiques qui se sont formées à partir de marnes et de roches marno-calcaires dans une zone qui a subi un léger métamorphisme (épizone).

Orthogneiss

Roche métamorphique qui dérive d'une roche éruptive. Ce préfixe désigne son origine.

Paragneiss

Terme général pour désigner les roches métamorphiques qui dérivent d'une roche non éruptive. Il s'agit principalement de roches d'origine sédimentaire, mais également de roches métamorphiques issues d'une métamorphose plus ancienne.

Régions de la Suisse riches en minéraux

Cette liste n'a pas la prétention d'être exhaustive, les minéraux ne sont pas tous mentionnés

région	minéraux	roche encaissante
Binntal VS	nombreux sulfosels (mine du Lengenbach), quartz, albite, anatase, rutile, hématite, apatite, cafarsite	gneiss (micaschistes, schistes lustrés)
Cristallina TI	quartz, rutile, anatase, calcite, pyrite	gneiss, schistes lustrés
Fellital, Etzlital UR	quartz (quartz fumé, morion), adulaire, fluorine, hématite, amiante, épidote, zéolites	granite, amphibolites
Furka, Göscheneralp VS/UR	quartz (quartz fumé, morion), hématite, adulaire, fluorine, apatite	gneiss, granite
Goms VS	quartz, hématite, rutile, anatase, calcite, muscovite	gneiss, amphibolites
Gothard TI	quartz, adulaire, hématite, muscovite, apatite, titanite, albite, rutile, zéolites	granite, gneiss, micaschistes
Grimsel BE	quartz (quartz fumé, améthyste), fluorine rose, adulaire, hématite	granite, diorite quartzique, granodiorite, amphibolites, gneiss
Léventine TI	disthène, staurotide, andalousite, tourmaline, scapolite, béryl, quartz	gneiss, schistes lustrés, micaschistes
Lötschental VS	quartz, adulaire, albite, calcite, amiante, épidote, anatase, rutile, ilménite, apatite	gneiss (amphibolites, micaschistes)
Lukmanier GR	quartz, adulaire, albite, apatite, axinite, anatase, rutile	granite, diorite quartzique, granodiorite, gneiss, amphibolites, schistes lustrés
Maderanertal UR	quartz, adulaire, albite, calcite, titanite, amiante, brookite, anatase	gneiss (micaschistes, amphibolites)
Tavetsch GR	quartz (quartz fumé, morion), rutile, anatase, albite, milarite, titanite, préhnite, hématite, adulaire	gneiss, micaschistes, amphibolites
Thusis, Beverin GR	quartz, calcite, albite, brookite, anatase, sidérite	schistes lustrés, flysch
Zermatt VS	quartz, albite, calcite, épidote, préhnite, grenat, vésuvianite, diopside, actinolite, titanite	gneiss, micaschistes, serpentine, schistes verts, schistes lustrés

Ces trente dernières années, la recherche de cristaux a considérablement évolué. De gagne-pain, elle est devenue une activité de loisirs. Alors que, dans le temps, les paysans de montagne réalisaient une partie de leurs gains avec le commerce des cristaux, cette activité est devenue aujourd'hui un hobby pratiqué par des passionnés issus de toutes les couches de la population. Beaucoup de cristalliers amateurs vendent leurs découvertes et réalisent ainsi un gain accessoire.

Avis de la commune d'Ursern du 9 Mai 1875

Chaque bourgeois et résident désirant rechercher et extraire des cristaux ou des minerais dans le district d'Ursern doit demander une autorisation au Conseil du district. Celui-ci peut accepter ou refuser cette requête, et exiger une taxe de concession du requérant. Le contrevenant à des prescriptions sera frappé d'une amende allant de fr. 20.– à fr. 500.– et se verra en outre confisquer ses cristaux et minerais.

Fascination de la nature inanimée

Cristallier professionnel ou amateur ou collectionneur?

Chaque cristallier est fier de ses découvertes. De nos jours, de telles pièces sont acheminées dans la vallée par hélicoptère.

En Suisse, on estime à 3000 ou 4000 le nombre de cristalliers amateurs et de collectionneurs de minéraux. La plupart sont regroupés dans l'Association suisse des cristalliers et collectionneurs de minéraux (ASCM) ou dans l'association des «Urner Mineralienfreunde». L'organisation de cours, de conférences, et d'excursions permet d'acquérir les connaissances nécessaires à la recherche de minéraux.

Les authentiques cristalliers professionnels sont de plus en plus rares dans les Alpes suisses. On en compte actuellement une vingtaine qui vivent l'été de la recherche de cristaux. Durant les mois d'hiver, ils sont contraints de se tourner vers une autre activité. Il s'agit généralement d'une profession apparentée: ils sont tailleurs de pierres, professeurs de ski, guides de montagne ou donnent des conférences.

Parallèlement au marché des cristaux de grande taille, on note depuis quelques années un regain d'intérêt pour les pièces de petite dimension. Pour les collectionneurs, ces cristaux emballés dans de petites boîtes ont l'avantage d'être moins encombrants; ils se conservent facilement dans un tiroir et sont moins onéreux à l'achat. Enfin, leur structure est généralement plus régulière et ils offrent aux photographes spécialisés de meilleures possibilités de prises de vues.

La manière dont un amateur commence une collection de minéraux dépend de plusieurs facteurs. Les plus importants d'entre eux devraient être une bonne connaissance de la montagne, des notions d'alpinisme, beaucoup de temps libre et suffisamment de place pour pouvoir entreposer les minéraux.

Dispositions légales, patentes

Celui qui s'adonne à la recherche de minéraux dans les Alpes suisses doit se conformer à certaines lois et prescriptions. La disposition la plus ancienne remonte à la Landsgemeinde d'Uri de 1759, qui stipulait que: «Chaque membre de la corporation est autorisé à chercher des minéraux sur le territoire de la communauté; si quelqu'un commence à exploiter une parcelle et laisse sur place ses outils de travail, nul autre n'aura le droit d'y travailler durant une année et un jour.» Ce décret de la Landsgemeinde de

Dans une paroi abrupte du Monte Prosa, un cristallier cherche des cristaux, installé en position de rappel. Cette manière de procéder a pris de l'importance ces dernières années. De nombreuses fissures ne sont atteignables que de cette manière.

Aux alentours du col du Gothard, les roses de fer comptent parmi les pièces les plus rares. Celui qui a de la chance trouvera de telles pièces au Monte Prosa, au Pizzo Lucendro ou à la Fibbia.

1759 fut ratifié par le Tribunal fédéral il y a quelques années seulement et a toujours force de loi parmi les cristalliers et autres collectionneurs de minéraux.

A part ce décret valable dans toute la Suisse, des prescriptions locales sont également à respecter. Le cristallier doit être en possession d'un permis valable au Tessin, aux Grisons et dans le canton d'Uri. Les autorités compétentes pour l'octroi de la patente sont les communes aux Grisons, le canton et les communes au Tessin et les corporations dans le canton d'Uri. Il est recommandé d'adresser sa demande de patente suffisamment tôt aux autorités concernées. Attention, les corporations d'Uri et d'Ursern ne délivrent des autorisations que pendant le mois de mai. Celui qui s'y prend trop tard n'obtient donc pas d'autorisation.

L'augmentation importante du nombre de cristalliers amateurs ces dernières années a contraint les autorités à resserrer les conditions d'obtention de la patente et même à interdire l'exploitation des cristaux dans des régions entières. Des mesures restrictives, telles que des taxes de patente élevées ou l'interdiction d'utiliser des explosifs ou d'effectuer des forages ont pour but de remettre un peu d'ordre dans la recherche des cristaux. C'est par une exploitation plus raisonnable des cristaux que nous pourrons assurer la survie de cette activité fascinante.

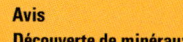

Avis
Découverte de minéraux

1. Nous rendons attentifs les entrepreneurs, contremaîtres, employés et ouvriers travaillant sur les chantiers d'ouvrages publics cantonaux qu'ils ont l'obligation d'annoncer immédiatement la découverte de substances naturelles abandonnées (cristaux, fossiles, os et squelettes, restes d'animaux et plantes d'origine ancienne) et d'antiquités (armes anciennes, pièces de monnaie, bijoux, vêtements, objets culturels, manuscrits ou similaires) par la voie la plus directe au Département des travaux publics du canton d'Uri, tél. 044 2 32 32.
2. Si l'objet mis à jour est de grande valeur, celui qui l'a découvert peut prétendre à une prime dont la valeur sera fixée par le Conseil d'Etat.
3. Celui qui contrevient à l'art. 1 susmentionné (devoir d'annoncer une découverte) se rend coupable d'insubordination à une ordonnance officielle, au sens de l'art. 292 du code pénal; il est passible d'emprisonnement ou d'amende.
4. Celui qui s'approprie illégalement ces substances naturelles ou ces antiquités se rend coupable de détournement au sens de l'art. 141 du code pénal; il est passible d'emprisonnement ou d'amende.
Erstfeld, février 1965
Direction des travaux publics du canton d'Uri:
Hans Villiger, Conseiller d'Etat.

Les Alpes centrales sont, pour une partie essentielle, constituées de noyaux de massifs montagneux qui sont beaucoup plus âgés que les Alpes elles-mêmes. Ces noyaux cristallins des massifs de l'Aar et du Saint-Gothard formèrent une sorte de contrefort contre les énormes pressions venant du sud qui soulevèrent les Alpes. C'est ainsi que se produisirent dans ces masses dures et inflexibles de nombreuses fractures dues aux tensions, ce qui explique la richesse actuelle en failles — et du même coup celle en minéraux.

Fascination de la nature inanimée

Le cristallier sur le terrain

Coincé entre le sol et le plafond (à droite) d'une fissure, un cristallier est à la recherche de cristal de roche. Ce travail à une altitude de plus de 2500 m est très pénible, le froid et l'humidité étant particulièrement gênants.
La journée du cristallier (en bas) commence tôt le matin avec une ascension en direction des parois schisteuses et abruptes du Val Bedretto.

Depuis des années, l'exploitation de cristaux dans les Alpes suisses revêt une certaine importance en tant que gain accessoire. La région des Alpes centrales, avec les régions montagneuses des cantons d'Uri, des Grisons, du Tessin, du Valais et de Berne est particulièrement riche en fissures minéralisées. Les cristalliers professionnels ainsi qu'un grand nombre de cristalliers amateurs se recrutent aujourd'hui encore parmi les habitants des cantons de montagne.

Initialement, le cristallier était un très bon randonneur de montagne, familier du danger, et qui vaquait à son pénible labeur. Aujourd'hui, du fait que les fissures inexploitées sont souvent situées dans des parois très abruptes, il doit également maîtriser les techniques de rappel et d'escalade. La journée de travail du cristallier commence très tôt le matin avec la montée jusqu'au gisement, et finit – selon la récolte – tard le soir. Je tire de mon journal de cristallier les impressions suivantes:

Vers une trouvaille précieuse sous la crête

Je me lève tôt ce matin, et seul le sommet de la montagne qui se dresse devant moi est caressé par les rayons du soleil. Je grimpe sur le champ de neige encore dur en direction de la crête. Le sommet est recouvert d'une épaisse couche de neige; quelques pans de rochers isolés et quelques crêtes éveillent ma curiosité. Je suis seul, jouissant d'un profond silence que trouble parfois un bruit de moteur provenant du Gothard. En cours d'escalade, j'essaie de repérer les signes d'une éventuelle présence d'hématite. L'hématite, dont sont formées les jolies roses de fer que l'on trouve ici, est un minéral très recherché, car très difficile à trouver.

Etape par étape, je progresse vers le haut, rencontrant au passage des fissures déjà exploitées. Je ne m'y arrête pas, préférant tourver un passage praticable sur l'arête. Dans l'intervalle, la neige s'est affermie, et je gagne rapidement de l'altitude. Peu avant l'arête, un pan de rocher effondré attire mon attention. Au-dessus des blocs, sur le rocher sain, on aperçoit les restes d'un filon de quartz. Une fissure a dû provoquer un éboulement il y a quelques années et il ne semble pas que quelqu'un ait déjà effectué des recherches sous les blocs. Je commence immédiatement à fouiller toutes les anfractuosités et cavités à la recherche d'indices de fissure. Finalement, je réussis à ramper sous les pierres à travers une ouverture étroite. La cavité s'agrandit de telle façon qu'on peut progresser légèrement courbé sur une distance de deux mètres.

A l'extrémité de la cavité, dans une semi-obscurité, je suis frappé par une dalle qui s'avère être le sol de la fissure. On reconnaît distinctement sur une largeur de 1,5 m des cristaux d'adulaire ainsi que des paillettes d'hématite. La dalle du sol, fissurée, semble se prolonger jusqu'à la

Des investigations ont démontré que cette fissure (à droite) a été exploitée il y a plus de 100 ans. Le récipient en bois servait au transport des matériaux extraits et à la récupération de l'eau de pluie.

484

roche saine. Ainsi, mon intuition s'est révélée exacte. Plus d'un cristallier a déjà travaillé aux environs d'un filon de quartz sain sans penser que les éléments minéralisés pouvaient se situer plus en profondeur.

Je teste d'abord la stabilité de ma «demeure» avant de commencer à creuser dans le sol de la cavité ainsi que dans toutes les cassures. Les fragments de roche et les matériaux terreux sont évacués vers l'extérieur. La neige recouvrant les rochers commence lentement à fondre et bientôt la cavité entière se met à dégouliner, ce qui n'est pas très agréable. Renonçant à chercher un endroit sec, j'ajuste mon capuchon et continue mon travail. Le résultat ne se fait guère attendre: après quelques agrégats d'adulaire et autres éclats de quartz fumé, j'extrais ma première rose de fer, et l'amène au grand jour. Je prends conscience de cette extraordinaire découverte et m'accorde une petite pause. Ensuite je me remets à l'ouvrage jusqu'au soir.

Mon sac à dos est plein depuis longtemps, et rien ne me fait penser que le filon touche à sa fin. Ce n'est que vers le soir que j'entreprends de redescendre, fatigué mais heureux, et je retrouve mon véhicule après une bonne partie de glissade sur la neige. Cette découverte détermine mes pérégrinations de cristallier pour les deux prochaines semaines, car je sais que cela ne constitue qu'un début et que quelques journées de travail m'attendent encore à cet endroit.

Si nous avons parlé ici des conditions naturelles propices à la formation de minéraux dans nos Alpes, mais aussi du métier ou des loisirs poussés du cristallier, ce n'était pas dans le but d'inciter le lecteur à s'adonner à cette activité. Nous l'avons plutôt fait avec le désir de compléter par des informations spécifiques l'admiration générale pour le monde des cristaux qui soulève de nombreuses questions, et de parler aussi d'une très ancienne occupation qui ne perd jamais rien de sa fascination. Chacun peut maintenant se rendre compte que chercher et trouver des minéraux est difficile et astreignant et demande beaucoup d'expérience et de connaissances pour rencontrer le succès. Le randonneur qui a la chance de trouver en route des fragments ou de petits groupes de cristaux sur une pierre et qui les emporte comme souvenir d'une belle randonnée ne sera alors pas seulement émerveillé par les formes, les brillances ou les couleurs, mais aussi par leur histoire de formation compliquée et complexe. La connaissance de ces grandes corrélations nous familiarise en même temps avec le chapitre important de l'histoire et des particularités de la nature de notre pays fortement caractérisés par les Alpes.

La paléontologie est la science qui se consacre à l'étude des êtres ayant vécu sur la Terre à l'ère préhistorique (c'est-à-dire au temps précédant le présent géologique, dont le début se situe il y a environ 10 000 ans). Ce terme vient du grec et signifie «science des êtres anciens». Cette spécialité qui était désignée auparavant par pétrologie (science de la pétrification) était considérée comme une branche de la géologie.

La vie pétrifiée

Comment les fossiles se forment

La substance d'origine de l'enveloppe de ce céphalopode (ammonite) s'est conservée. Cependant, la coquille a été pressée par le poids des sédiments.

Les coquillages et ossements fossiles sont généralement minéralisés. Au fil du temps, la substance d'origine a été remplacée par des minéraux.
Les fossiles que nous trouvons peuvent représenter la partie dure d'un organisme quelconque, par exemple une coquille, un fragment d'os ou une dent. Cela peut être aussi une trace qu'un animal a laissée de son vivant, par exemple des galeries dans la boue ou des creusages dans la pierre. Certaines roches sont entièrement constituées de restes de coquilles ou de squelettes. Le pétrole et le charbon, par conséquent des combustibles fossiles, sont composés de résidus d'animaux et de végétaux qui, au cours des millénaires, se sont transformés pour donner ces matières.
Que se passe-t-il après la mort d'un animal?
Lorsqu'un animal meurt, ses parties molles vont se décomposer et pourrir en premier. La décomposition est un processus d'oxydation au cours duquel les composés organiques sont dissous pour donner des composantes minérales. Lors de la putréfaction, les substances organiques perdent leur oxygène sous l'action de microbes. Si les conditions ambiantes ne sont pas favorables au processus de décomposition, la matière organique peut être transformée petit à petit en une mince couche de charbon. Ce phénomène a souvent été à l'origine des empreintes de feuilles que nous voyons dans les roches. Les plantes sont principalement composées d'hydrates de carbone et de cellulose. Les végétaux insérés dans des sédiments se décomposent plus lentement puisque l'oxygène nécessaire à l'oxydation manque. Ensuite, l'oxygène et l'hydrogène disparaissent, alors que le carbone s'enrichit. A son tour, ce dernier peut oxyder, donc être brûlé. Cependant si le processus est interrompu avant, il reste un fossile.
Ces modifications sont moins bien visibles pour les coquilles et les os. L'eau circulant dans les sédiments peut dissoudre des matières minérales, comme par exemple le carbonate de calcium (calcaire) qui va pénétrer dans les fines pores des os et des coquilles et les imprégner.
De tels processus transforment les restes d'organismes qui deviennent comme des pierres; c'est ce qu'on appelle la fossilisation. Il arrive également que la substance orginelle du fossile s'entoure de cristal: autrement dit, la structure cristalline initiale reçoit de nouveaux cristaux. Cela est fréquent chez les oursins et autres échinodermes. Lorsqu'ils sont vivants, leurs squelettes calcaires ont une structure spongieuse. Le carbonate de calcium comble les espaces vides et donne place à un cristal de calcite homogène; la taille et la forme du squelette ne s'en trouvent pas modifiées.
Essayons de nous représenter ce qu'il advient d'une coquille emprisonnée dans de la vase: le sédiment environnant peut, par exemple, se solidifier rapidement et la coquille être dissoute ensuite par de l'eau en circulation. Il restera une cavité, donc une empreinte négative de l'animal ou de la plante dans la roche. Si on coule ce moule, on obtiendra l'empreinte positive que l'on appelle également noyau. Un tel noyau solidifié peut aussi se former de manière naturelle, par exemple grâce à des dépôts minéraux de calcite ou de pyrite (sulfure de fer) provenant de l'eau en circu-

Coquille d'origine	A	A	Coquille d'origine
Coquille enfouie dans un sédiment L'intérieur s'est rempli de sédiment	B	F	Coquille enfouie dans un sédiment Le vide ne s'est pas rempli
Coquille fossilisée	C	G	Coquille fossilisée
La coquille a été dissoute Empreinte extérieure de la coquille Empreinte intérieure de la coquille	D	H	La paroi de la coquille a été dissoute Il ne reste que l'empreinte extérieure
Remplissage secondaire de la coquille Empreinte de la partie intérieure et de la partie extérieure de la coquille	E	J	Remplissage secondaire de la cavité intérieure Seule l'empreinte extérieure est conservée

lation dans la roche. Le cas d'une coquille entourant une cavité comme les deux valves d'un coquillage peut également se présenter. Si ce vide se remplit de vase ou de minéraux et que l'enveloppe se détache, le noyau subsistant montrera le moule interne. Cet exemple est fréquent pour les coquillages, les ammonites (céphalopodes éteints) et les escargots (gastéropodes).

◀▼ *Feuille fossilisée.* La substance originelle se présente à nous sous forme d'une fine pellicule de charbon colorée en brun.
En bas **pinces et carapace de crabe** échouées sur le rivage.
▼ *Pinces fossiles* d'une écrevisse du Jurassique supérieur du Weissenstein.
Coquilles et escargots fossiles (en bas) accumulés sur la plage de l'époque par une tempête.

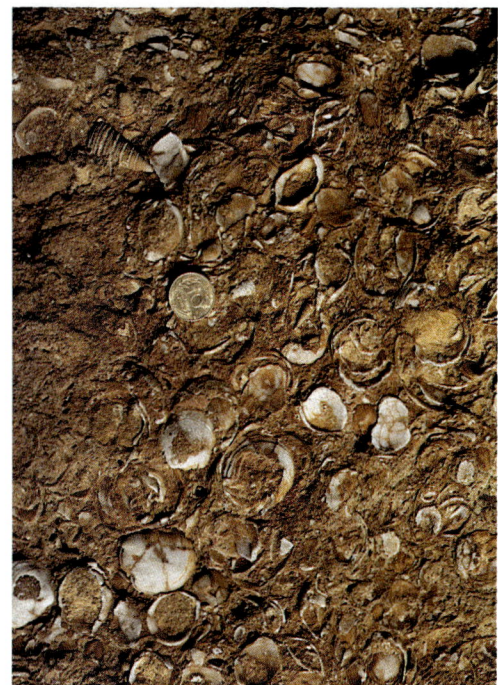

Origines de la paléontologie

**La paléontologie a pour objet l'étude des fossiles qui nous sont généralement transmis sous forme solide. Sous le nom de fossile (latin = déterré), Agricola (1494–1555), à qui nous devons ce terme, entendait également les minéraux, les outils en pierre et les pseudo-fossiles (par exemple les nodules de calcaire), qu'il prenait pour des jeux de la nature. Aujourd'hui, le terme de fossile se limite aux vestiges des êtres ayant vécu sur la Terre aux époques géologiques (organismes fossiles) et à leurs traces de vie (empreintes fossiles). Les fossiles d'organismes ne sont pas toujours solidifiés comme le prouvent les cadavres de mammouths pris dans les pergélisols de l'époque glaciaire. «Fossile» ne signifie cependant pas espèce éteinte puisque nous connaissons des espèces qui vivaient déjà à la Préhistoire.
Il ressort donc que la paléontologie n'est pas identique à l'archéologie ni à la préhistoire, mais elle est bien plus un élément des sciences naturelles. Elle forme une partie des sciences biologiques et de la Terre. La tâche première de la paléontologie est la classification systématique des fossiles – indépendamment de leur description exacte – et la définition de leur âge du point de vue de l'histoire de la Terre. A cela vient s'ajouter la représentation de l'environnement primitif et du mode de nutrition des animaux permettant de mener à une reconstruction. Les fossiles sont les seules preuves réelles de l'évolution. Ils font de la paléontologie une discipline indispensable au sein des sciences biologiques.**

Les fossiles de tous les jours: Sait-on que nous utilisons des fossiles presque tous les jours, pour nos transports ou pour chauffer nos habitations? Même la matière plastique omniprésente a besoin de fossiles comme produits de base, à savoir le pétrole.

La vie pétrifiée

Où les fossiles se forment

Il est peu probable que des animaux fossiles se conservent dans des régions élevées en raison de la forte érosion à laquelle elles sont soumises.

Dans les zones plates de nos océans, les sédiments recouvrent les restes de squelettes d'animaux.

Seule une part minime des plantes et animaux qui nous sont familiers ont une chance d'être conservés à l'état de fossile. On peut découvrir la vie depuis les plus hautes élévations de la terre jusqu'aux points les plus bas de l'océan. Dans le cas normal, il ne reste rien des animaux et des plantes après leur mort. Pour qu'un organisme soit fossilisé, il faut en général qu'il soit rapidement enfoui. Un tel enfouissement suppose qu'il y ait sédimentation – celle-ci n'ayant lieu que dans peu de domaines. Par conséquent, la terre ferme où vivent la plupart des animaux et végétaux n'est pas le lieu où les fossiles peuvent se former. Voyons maintenant les océans: ils constituent aussi un milieu où vivent de nombreux animaux et végétaux, mais surtout des organismes unicellulaires microscopiques. Ainsi, de minuscules restes de squelettes tombent continuellement au fond des mers pour donner, avec le temps, d'épais dépôts. Les trois quarts environ des continents sont formés de sédiments. Néanmoins, les sédiments formés au fond des océans sont très rares.

La surface de la terre et les bassins océaniques sont donc exempts de fossiles pour presque toutes les époques de l'histoire de la Terre. Cependant, dans les zones côtières et les marges océaniques, les restes fossiles d'animaux et de végétaux sont très nombreux. C'est donc là que la fossilisation est la plus probable. Cela vient, entre autres, du fait que la mer reçoit en permanence des matières d'érosion provenant de la terre et que celles-ci se rassemblent à proximité des côtes. On assiste donc à la formation de grandes réserves sédimentaires vers les côtes et dans les zones plates. L'apport de matières en suspension et de sédiments signifie aussi apport en matières nutritives. Les marges continentales proches des côtes sont très riches en nourriture et, de plus, bien éclairées; les conditions y sont favorables à la vie des plantes (algues marines). A leur tour, les zones riches en nourriture attirent de nombreux animaux.

Les animaux familiers des zones côtières sont donc ceux que l'on rencontre le plus à l'état fossile. Ceux d'entre eux qui comportent une coquille ou un squelette, ainsi que les organismes pourvus de parties dures, s'enfouiront dans les sédiments.

▶ **Les dessins d'en haut en bas:** – Un oursin et un lys de mer vivent sur un terrain sablonneux. – Les deux animaux meurent d'une mort naturelle. – Il sont recouverts par une couche d'argile et deviennent fossiles. – La désagrégation des roches et l'érosion sur le continent font apparaître les restes fossilisés à la surface.

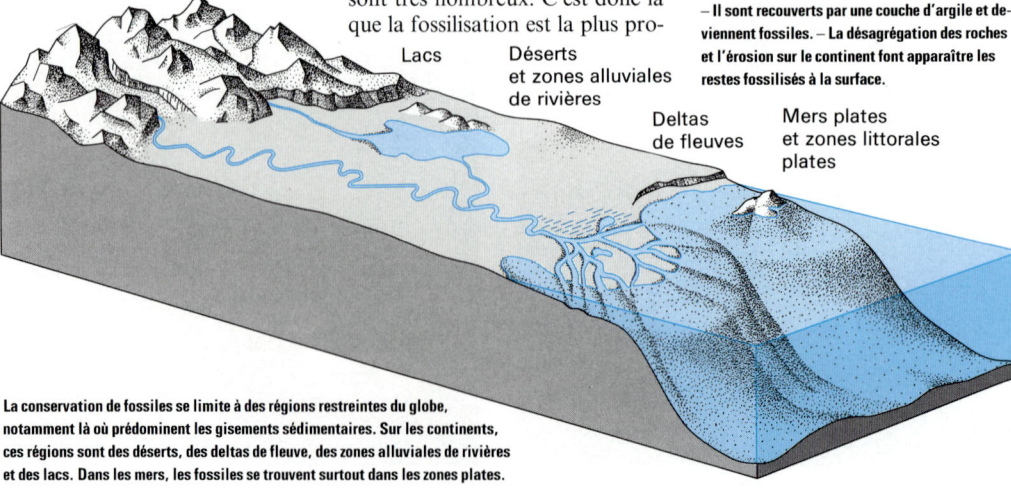

La conservation de fossiles se limite à des régions restreintes du globe, notamment là où prédominent les gisements sédimentaires. Sur les continents, ces régions sont des déserts, des deltas de fleuve, des zones alluviales de rivières et des lacs. Dans les mers, les fossiles se trouvent surtout dans les zones plates.

Dans les déserts et les steppes, les squelettes d'animaux sont souvent recouverts de sable, puis enfouis; plus tard, ils peuvent s'y fossiliser.

▶ *Les grottes* peuvent être des pièges pour de nombreux animaux. Une fois entrés, il arrive qu'ils ne puissent plus se dégager. C'est pourquoi les sédiments des grottes contiennent souvent de grandes quantités d'ossements et de dents de vertébrés.

▼ *Il est fréquent que des sédiments fluviaux* contiennent des fossiles. Les animaux sont souvent surpris par de violentes pluies et se noyent.

Les animaux vivant sur la terre qui ont la plus grande chance de se conserver sont ceux qui vivent dans les zones alluviales de rivières et, surtout quand ils se noyent, échoient contre un banc de sable et en sont recouverts. Par beau temps, il est difficile d'imaginer que des animaux soient enfouis sur la plage ou dans la terre.

En revanche, il en est autrement en cas de tempête ou de pluie. Les marées de tempête ou les rivières en crue, les cyclones et raz de marée consécutifs aux tremblements de terre, entraînent la mort de nombreux animaux. Ces derniers sont charriés par les eaux et ensevelis sous le sable et la boue. Les tempêtes entraînent les organismes vivant dans les sédiments et les rassemblent en grands bancs.

Sur le continent, ce sont les déserts qui fournissent les meilleures conditions pour retrouver des fossiles de vertébrés. Les animaux ont pu rester étouffés dans des tempêtes de sable, des traces de pas ont pu se conserver, recouvertes de sable. Les grottes également, sont favorables à la fossilisation; elles se forment normalement dans des régions élevées et subissent généralement une érosion. Puis, si la terre s'enfonce rapidement ou si le niveau de la mer monte, les grottes disparaissent sous l'eau et se recouvrent de sédiments. Les restes qui s'y trouvent sont ainsi conservés jusqu'à ce qu'un nouvel émergement les rende à l'érosion.

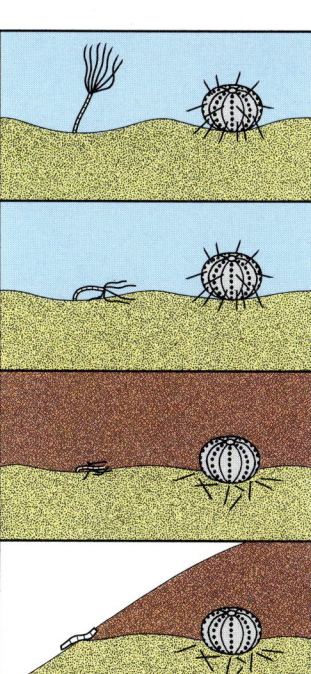

De nombreuses découvertes célèbres de dinosaures fossiles ont été faites dans des dépôts sédimentaires de rivières et de deltas. Notre photo montre un tel gisement d'ossements provenant du Jurassique en Amérique du Nord (150 millions d'années). Un musée a été construit sur place.

De l'énergie à partir de fossiles

Le pétrole, quant à lui, est composé en majeure partie de microorganismes fossiles. La houille est utilisée comme source énergétique ou comme combustible, même si elle est actuellement beaucoup moins employée qu'autrefois. La houille, elle aussi, est formée de fossiles. Dans ce cas, il s'agit des restes carbonisés et fossilisés des gigantesques forêts du Carbonifère qui, il y a environ 300 millions d'années, recouvraient de vastes étendues de l'Europe. Cela explique pourquoi on définit souvent le pétrole et le charbon comme des énergies fossiles.

Lire dans les roches

Nous avons l'impression que les paysages sont immuables et éternels. Une observation plus attentive de leurs éléments les plus durables – les roches – corrige cependant cette première impression. Ces éléments, justement, sont à même de nous montrer que les paysages ont été en perpétuelle transformation et continuent de l'être. On peut voir aujourd'hui au sommet de nos montagnes des dépôts qui s'étaient formés au fond des lacs et océans. Ces roches contiennent souvent des fossiles, des restes de végétaux et d'animaux aujourd'hui disparus. Ils nous montrent que la vie sur notre Terre s'est développée et modifiée pendant des centaines de millions d'années. Chaque pierre, chaque fossile est un document important de l'histoire de la Terre. En déchiffrant le livre de pierre de l'histoire de la Terre, nous pouvons essayer de comprendre les origines de la vie sur la Terre et suivre son évolution.

Des circonstances particulières:
Le fait que des fossiles soient particulièrement bien conservés est toujours dû à un événement exceptionnel.

La vie pétrifiée

Les cas de conservation exceptionnelle

Parmi les fossiles qui impressionnent beaucoup les profanes, il faut citer les ichtyosaures et les requins des schistes bitumineux du Bade-Wurtemberg datant d'il y a 180 millions d'années. Il arrive souvent qu'on distingue encore les contours de la peau autour de la queue et des ailerons. Au cours de ces dernières années, on a trouvé de nombreux squelettes complets d'un animal qui fut l'ancêtre du cheval (Equus) dans des carrières d'ardoises situées à Messel (Darmstadt, RFA). Non seulement ces animaux étaient encore recouverts de peau, mais de plus le contenu de leur estomac a été conservé. Les fossiles quant à eux, proviennent de schistes bitumineux que l'on croit être des sédiments d'un lac d'eau douce comptant 50 millions d'années. Des plumes d'oiseaux, la peau et les poils de mammifères se sont aussi bien conservés sur le fond d'une vasière privée d'air que le contenu de l'estomac des chevaux primitifs et des chauves-souris. L'examen du contenu de l'estomac de ces chevaux primitifs montre qu'ils n'étaient pas herbivores comme les chevaux d'aujourd'hui, mais qu'ils se nourrissaient de feuilles et vivaient dans une forêt vierge. D'autres exemples de fossiles où les parties molles se sont conservées, sont les organismes emprisonnés dans des résines fossiles (ambre). Ici il s'agit surtout d'insectes fossilisés jusqu'au moindre détail (poils, soies). Récemment, on a trouvé pour la première fois des petits reptiles (geckos). Ici aussi, le rapide engluement dans la résine a empêché les parties molles de se décomposer. La résine provient de pins, d'araucarias, de légumineuses.

Plus d'une fois, les cavités des roches se sont avérées être de précieux fossiles. En 79 après J.-C., l'éruption du Vésuve détruisit entièrement la ville romaine de Pompéi. La couche de cendres atteignant plusieurs mètres de haut qui recouvrait les bâtiments et les êtres humains se solidifia, et la substance organique qui recouvrait le tout, se désagrégea. Ces cavités, moulées, montrent des êtres humains et des animaux domestiques, par exemple des chiens. Cependant ces traces de vie ne sont pas considérées comme des fossiles. On les appelle des subfossiles puisqu'ils comptent moins de 10 000 ans.

▶ *Une colonie de lys de mer* fossiles de Bâle-Campagne. L'état d'exceptionnelle conservation de ces échinodermes est dû à une intoxication par des algues marines. Cette catastrophe biologique qui fut fatale à tout un écosystème remonte toutefois à plus de 150 millions d'années.
Les étoiles de mer font partie des fossiles les plus rares. Leur squelette maintenu par les muscles et les tissus conjonctifs se décompose immédiatement après leur mort. Seul un rapide ensevelissement a permis de nous les conserver jusqu'à aujourd'hui comme fossiles.

Les fossiles marins bien conservés résultent généralement d'un brusque ensevelissement par des sédiments, au cours de tempêtes (cf. illustration page 490). Les catastrophes telles que les éruptions volcaniques ou des raz de marée, ont souvent été à l'origine de la mort massive d'organismes. Ce qui fut un malheur pour les créatures du passé est une chance pour nous, car sans de telles catastrophes géologiques, nous ne connaîtrions pas les fossiles.

Congelé dans le permafrost sibérien

Dans les pergélisols de la toundra sibérienne on trouva, dès le 16e siècle, des cadavres de mammouth des temps glaciaires congelés, entièrement conservés. Dans la plupart des cas, la chair (vieille de plus de 40 000 ans!) fut donnée en repas aux chiens de traîneau de l'expédition. Plus récemment, la découverte d'un jeune mammouth fit quelque sensation. Outre la peau et les poils, les protéines des tissus ainsi que les globules rouges et blancs étaient conservés. Cela permit de déterminer la séquence des acides aminés dans l'hémoglobuline et de la comparer à celle des éléphants indiens et africains. On a ainsi été en mesure d'étudier les relations génétiques entre le mammouth laineux et l'éléphant actuel qui confirment l'étroite parenté liant le mammouth à l'éléphant d'Asie du Sud.

La vie pétrifiée

Où trouve-t-on des fossiles?

Partout où des roches sédimentaires affleurent à la surface de la terre, on peut se mettre à la recherche de fossiles. Les sites les plus appropriés sont les anciennes carrières de pierres, les nouveaux chemins forestiers ou le lit de ruisseaux. Les régions les plus propices dans notre pays sont le Jura et certaines parties du Plateau. Dans les Alpes, les fossiles bien conservés sont plutôt rares, étant donné qu'ils ont été déformés ou cassés par les forces nées des plissements alpins.

Souvent, ce sont aux écoliers qu'appartiennent les découvertes importantes de fossiles. Ils regardent les roches sans préjugés et examinent ce qui les frappe. Les scientifiques, quant à eux, ne voient souvent que ce qu'ils veulent voir. Les collectionneurs amateurs œuvrent pour les scientifiques et apportent souvent le matériel qui sera à la base des publications des paléontologues. Tous ont en commun un œil exercé qui sait reconnaître la moindre trace de fossile, plus la patience et la ténacité qui leur permettra de consacrer des semaines, des mois, voire des années à l'étude d'un fossile.

Où et comment chacun de nous peut-il découvrir des fossiles? C'est avant tout notre propre sens de l'observation qui nous guidera lors de la promenade dominicale ou d'une randonnée à pied. Avec un peu de patience, ou simplement de chance, on trouvera des fossiles sur les chemins forestiers, dans d'anciennes carrières de pierres ou dans des lits de torrents et cela, notamment dans le Jura. Naturellement, il est avantageux de réunir auparavant des informations géologiques sur une région donnée. Si nous portons notre attention sur les sédiments marins – presque toutes les strates rocheuses du Jura reposent dessus – nous voyons que c'est là que nous avons les plus grandes chances de trouver des fossiles. Pourtant, afin d'aborder le terrain dans les meilleures conditions, il est judicieux de se procurer une carte géologique de la région en question afin de nous orienter sur les gisements fossilifères. Bien entendu, ce qui nous manque encore, c'est l'équipement. Généralement, un marteau et quelques burins suffisent pour le début. Ne soyez pas déçu si, la première fois... cela arrive aussi aux collectionneurs de fossiles «professionnels».

Quand nous aurons trouvé un fossile, qu'en ferons-nous? Le mieux est d'aller demander conseil dans un musée local. Lorsqu'on est vraiment pris par la fièvre du collectionneur, le plus utile est souvent de s'armer de patience et d'étudier minutieusement des livres de géologie. Le fait de collectionner des fossiles est une pratique qui a une longue tradition. Il y a 200 000 ans déjà, notre ancêtre, l'*Homo erectus*, rassemblait des fossiles et les utilisait souvent pour orner des colliers. La grande vogue pour les fossiles a connu son essor au 18e siècle, lorsque les nobles se mirent à remplir

Un paléontologue à l'ouvrage dans une carrière désaffectée. La couverture exempte de fossiles est écartée à l'aide d'un pied-de-biche, d'un marteau et d'un burin, pour arriver au gisement.

leurs cabinets de curiosités. Ces derniers furent souvent la base de musées. En Suisse, de nombreuses collections de musées proviennent de legs de pasteurs ou de curés et d'enseignants. Aujourd'hui, la palette des collectionneurs amateurs s'étend des chasseurs de fossiles «rapaces» qui assiègent les sites fossilifères comme des criquets migrateurs, jusqu'aux paléontologues sérieux qui apportent leur propre contribution scientifique. Certains deviennent des spécialistes dans des domaines négligés par les scientifiques. L'utilisation de machines de plus en plus importantes pour l'exploitation des carrières et la construction de routes détruit beaucoup de matériel fossile. Souvent, grâce à l'attention d'ouvriers ou d'amateurs, on en sauve une partie. Mais cela devrait bien plus être la tâche des pouvoirs publics, car les fossiles ne font-ils pas partie de notre patrimoine culturel?

Les fossiles, patrimoine culturel

Dans de nombreuses régions d'Europe, il est interdit de ramasser des fossiles. Il en est ainsi en Espagne, dans certaines parties de la France, d'Allemagne Fédérale et d'Italie. En Suisse, dans plusieurs régions déjà, la collecte de fossiles est soit entièrement interdite, soit sujette à autorisation.

Ces restrictions constituent souvent une réponse des propriétaires des terrains face à l'exploitation inconsidérée des sites paléontologiques par des amateurs réels ou à la recherche de profit.

Le nombre de gisements fossilifères dans lesquels on a trouvé du matériel fossile particulièrement rare ou important du point de vue scientifique augmente. Le Monte San Giorgio, dans le Tessin, lieu de découverte de nombreux reptiles primitifs, en est un exemple.

Il arrive malheureusement encore dans notre pays que des sites fossilifères importants soient évacués, sans que les géologues aient la possibilité de les examiner. Les informations permettant de reconstituer l'environnement primitif se trouvent souvent dans les roches alentour. Si l'on extrait le fossile de la roche où il se trouve, ces éléments importants manquent. Il en est d'ailleurs de même pour les découvertes archéologiques dans le sol. Dans ce domaine, il existe une législation qui définit ces découvertes comme éléments du patrimoine culturel. Les fossiles ne sont ni plus ni moins que des vestiges d'êtres ayant vécu sur notre planète avant la venue de l'homme. Ne devraient-ils donc pas être considérés comme un élément de notre patrimoine culturel, justement pour cette raison?

▲◀ *Dans le cas présent, **les efforts ont été récompensés** par une plaque de pierre renfermant des oursins avec une partie de leurs piquants.*

▲ ***Le fossile*** *bien emballé parvenu à la maison, il est soigneusement lavé. Avant de commencer le travail de préparation en soi, les parties cassées doivent être proprement collées.*

◀◀ ***Comme les fossiles sont fréquemment encroûtés*** *par du sédiment, on attaque la gangue à l'aide de burins très fins ou bien, comme sur notre photo, de burins à air comprimé.*

◀▲ ***Les fossiles rares*** *sont souvent préparés à l'aide d'un binoculaire pour éviter que leur fine structure ne soit détériorée.*

◀ ***Un fossile préparé*** *– il s'agit ici du squelette d'une délicate ophiure du Jurassien. En général, de telles découvertes sont l'apanage de paléontologues chevronnés.*

Dans l'antiquité, les dents, os et squelettes de vertébrés fossiles étaient considérés comme étant des restes de géants et de dragons.

La vie pétrifiée

Les fossiles et la mythologie

De nombreux fossiles frappent par le fait qu'on les trouve en masse. Les habitants des campagnes, plus proches des choses de la nature, les connaissent donc depuis longtemps. Au cours des siècles les fossiles connurent de nombreuses dénominations, comme les bufonites, les roues solaires ou les pas de vaches. Les traditions liées à ces formations remontent au Moyen Age ou même bien avant.

On disait que la bufonite («pierre du crapaud») avec ses vertus thérapeutiques, notamment comme dépuratif, poussait dans la tête des crapauds. On se racontait que le crapaud n'éjectait cette pierre que lorsqu'on le posait sur un drap rouge. Les illustrations qu'on en voit dans les livres anciens ne laissent pas de doute quant à son origine: il s'agissait des dents fossiles de poissons (actinoptérygiens) recouvertes d'émail brillant. Les tests de grands foraminifères, donc d'organismes unicellulaires, qui apparaissent en formation rocheuse au Tertiaire inférieur (il y a 50 millions d'années), sont encore plus fréquents. Ils ont la forme de lentilles ou de pièces de monnaie; leur nom: nummulithe (nummus = pièce de monnaie) fait allusion à leur forme. Les pyramides de Gizeh sont constituées en majeure partie de blocs de calcaire nummulitique provenant de gigantesques carrières situées sur les rives du Nil. Avec l'érosion, les petites coquilles lenticulaires se détachent en grandes quantités. Le géographe grec Strabon (63 av. J.-C.–25 apr. J.-C.) pensait qu'il s'agissait là des restes de nourriture des bâtisseurs de pyramides.

Dans bien des sédiments du Jura et des Alpes, on trouve souvent des restes fossiles en forme de rondelles. Ils ont été désignés par «roue du soleil» par des peuplades germaniques, par exemple les Alamans, en raison de la sculpture radiale qu'ils portent sur leurs deux faces. Ce sont des éléments de la tige de lys

▶ *Au Moyen Age, on pensait que les* **tests d'oursins** *comme ci-contre étaient des œufs de serpents pétrifiés.*
▼ ***Les ammonites*** *(coquille enroulée en forme de spirale) et* ***bélemnites*** *(coquille allongée, à droite), dans les deux cas des Céphalopodes (classe des seiches), étaient déjà connues des Grecs comme remèdes.*

▲▲ Ces formations en forme de vis sont des galeries de **crustacés**. Au début du 20ᵉ siècle, en Amérique, on les désignait par «tire-bouchons du diable».

▲ Un «pas de vache» fossile. On reconnaît bien ici la coupe transversale d'une **coquille** bivalve.

▲▶ Aujourd'hui encore, on trouve des «dents de dragon» dans les pharmacies chinoises. Il s'agit généralement de dents de mammifères du Tertiaire. Notre photo montre une **incisive fossile de tapir**.

marins fossiles. La tige, composée de nombreux éléments, se désagrège après la mort, faisant apparaître le dessin qui se trouve sur les surfaces de séparation. Lors de la christianisation de la Germanie, on leur donna le nom de monnaie de Saint Boniface, d'après le missionnaire le plus célèbre du pays.

Les pentacrines étaient connues sous le nom de pierre-étoile.

De nos jours, on trouve encore dans la région de Whitby (Angleterre) des serpents solidifiés. En réalité, ce sont des ammonites fossiles. Cette interprétation remonte à l'abbesse du couvent de Whitby – elle aurait été douée d'une faculté tout à fait extraordinaire: celle de pétrifier les serpents par la force de ses prières. Dans les calcaires du Dachstein des préalpes calcaires septentrionales, il n'est pas rare que l'érosion fasse apparaître à la surface des roches – souvent en masse – des fossiles en forme de cœur qui font penser à des empreintes de bovins. Les vachers

et bergers des Alpes y voyaient des empreintes solidifiées de sabots de vache. Il s'agit en réalité de la coupe transversale de coquilles bivalves. Depuis des temps reculés, les Chinois avaient déjà connaissance, bien avant nous, de cadavres de mammouths gisant dans les sols gelés de l'époque glaciaire. Ils croyaient être en présence de dépouilles d'animaux fouissant sous terre, qui auraient été condamnés à mourir en voyant la lumière du jour.

Les œufs de serpent sont déjà évoqués par Pline qui disait: «Il y a une sorte d'œufs très réputés en Gaule. Des serpents, emmêlés en grand nombre, les façonnent avec la salive de leurs gueules et les mucosités de leur corps avec de beaux entrelacs.» Presque toutes les illustrations connues représentant des œufs de serpent, montrent des carapaces d'oursins fossiles dont les verrucosités sont interprétées comme étant des yeux de serpents.

Des fossiles qui guérissent

Au Moyen Age, on croyait que les bélemnites, comme celle de notre photo p. 494, étaient de l'urine de lynx durcie. Les Romains, par exemple, utilisaient certaines variétés de bélemnites pour soigner les maladies des yeux. Lorsqu'on les frottait contre les vêtements, ils sentaient comme l'ammoniaque et l'urine de chat. Etant donné que l'ammoniaque nous fait pleurer, on pensait qu'il s'agissait là d'un remède contre les maladies des yeux de toutes sortes. Simultanément, ces formes fossiles furent utilisées comme pierres à sceaux. Les bélemnites, appelées pierre de foudre ou pierre du diable dans le langage populaire, servirent aussi d'amulettes contre les ensorcellements ou pour protéger de la foudre.

Les fossiles et les légendes de dragons

Les os de géants tels qu'on en a également trouvé en Suisse – certains ossements sont connus sous le nom de «Géant de Reiden» – sont en fait des grands os des extrémités de mammouths de la période glaciaire. Quant aux histoires concernant les géants avec un œil unique – par exemple les cyclopes de la légende grecque – elles reposent probablement sur une interprétation de restes d'éléphants fossilisés. Dans différentes grottes de pays méditerranéens (Sicile, Malte, Chypre) on a trouvé des défenses et des crânes d'éléphants nains avec un orifice sur le front (base de la trompe) qui peut faire croire au profane qu'il s'agit d'une grande orbite. L'un des plus beaux exemples est une sculpture («Lindwurmdenkmal») représentant un dragon, à Klagenfurt (Autriche). On sait que le sculpteur qui créa ce monument au 16ᵉ siècle prit un rhinocéros laineux de l'époque glaciaire comme modèle pour la tête du dragon. Ce crâne fossile a été trouvé il y a environ 600 ans dans une fosse («Lindwurmgrube») proche de la ville.

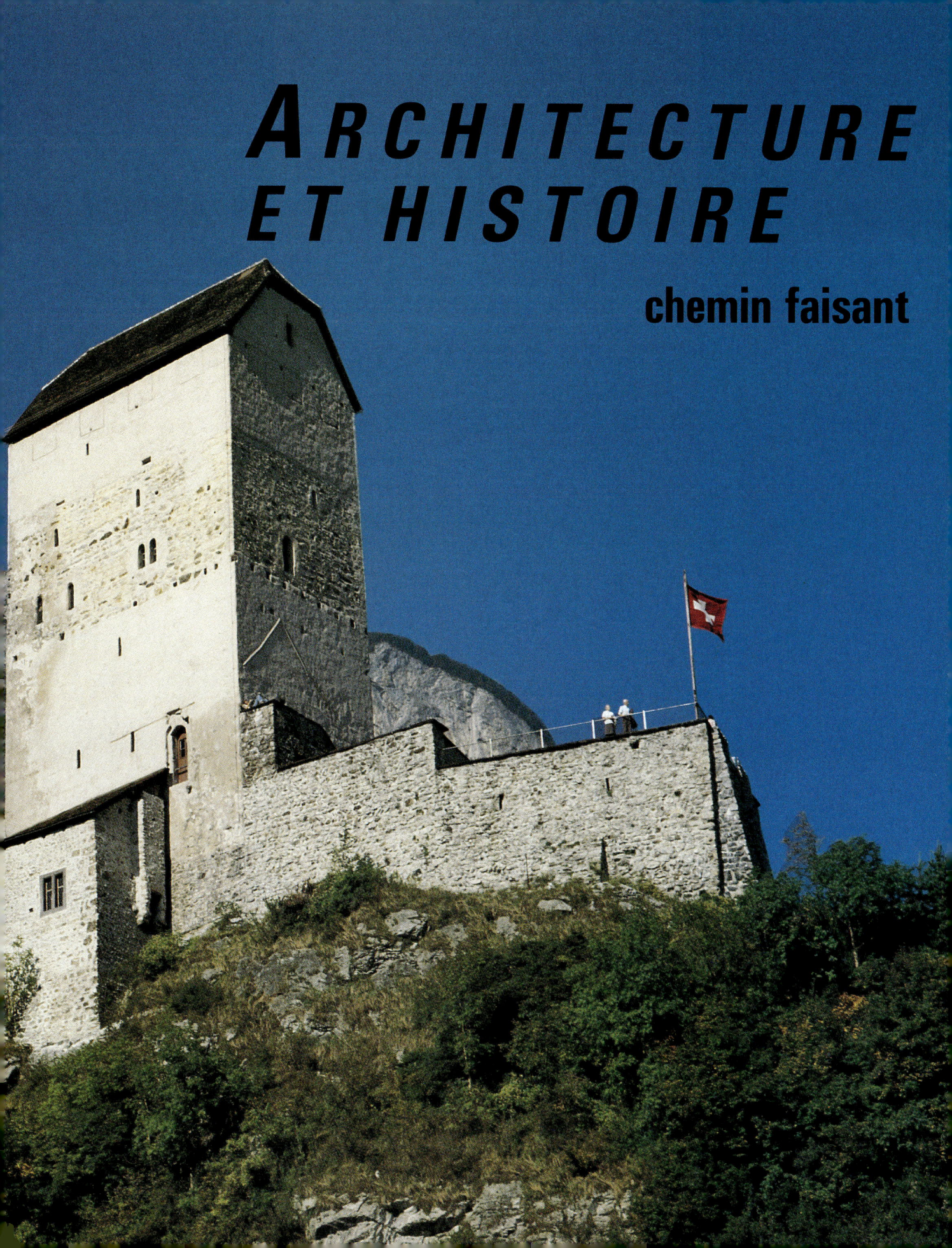

Architecture et histoire

chemin faisant

Architecture et histoire chemin faisant

Le château fort, bâtiment à fonctions multiples

Le territoire de la Suisse actuelle figure parmi les régions les plus riches en châteaux forts de toute l'Europe. En parcourant le pays, on rencontre sans cesse des châteaux, des châteaux forts et des ruines. La plupart occupent des sites pittoresques et nous rappellent les évocations romantiques des contes et des légendes.

Nous oublions peut-être, en contemplant ces fières demeures, que l'ornement du paysage était bien la dernière de leurs fonctions, même s'il fut un temps, aux 18e et 19e siècles, où châteaux et ruines ont été reconstruits à cette seule fin.
Au Moyen Age, le château n'était pas érigé comme monument sur un rocher, dans une forêt ou au bord d'un lac, mais il répondait constamment, au cours des siècles, au cœur d'épisodes guerriers ou politiques. De par leur répartition géographique – certaines contrées en recèlent beaucoup, d'autres peu –, les châteaux nous rappellent aujourd'hui encore un aspect du lien féodal propre au Moyen Age. En premier lieu, le château doit cependant être considéré comme un témoin de la chevalerie médiévale et de sa culture. Il s'agit d'une création originale, nouvelle, de ce temps-là. Il existe certes des fortifications dès l'Age de la Pierre, mais on ne saurait y reconnaître l'origine directe des châteaux forts du Moyen Age. D'abord, sa fonction défensive, déterminante pour l'aspect extérieur principalement, répondait moins à des impératifs militaires spécifiques qu'au style de vie guerrier des nobles habitants du château.
En tant que centre politique, le château fort renforçait la bras séculier, dont il devint bientôt l'indispensable corollaire. C'est ainsi que le château a toujours été considéré comme symbole de souveraineté, prétendue ou effective, sur un territoire déterminé et qu'en conséquence, il était souvent l'objet d'expéditions militaires: la guerre, au Moyen Age, revenait aussi à une lutte permanente pour la maîtrise des châteaux forts et du pouvoir politique qu'ils étaient censés représenter. Ce pouvoir était fondé sur la fonction économique du château, sis au cœur du territoire qui lui est assujetti, particulièrement dans les régions récemment défrichées. Pratiquement, chaque château comprenait une exploitation agricole dont le noble propriétaire tirait les ressources nécessaires à son existence.
Les investigations archéologiques à l'intérieur des châteaux forts ont révélé la présence d'ateliers artisanaux, dont la production n'était

pas réservée au maître des lieux, mais pouvait être écoulée dans la campagne environnante. Des imbrications politico-économiques ont fait du château, à la fin du Moyen Age, un élément de fortune qu'on remettait volontiers en gage. Enfin, le château fort pouvait encore revêtir la fonction de centre culturel ou religieux lorsqu'on élevait une église à l'abri de ses murs ou à l'extérieur de ceux-ci, dans les environs immédiats.

On a tendance à surestimer l'importance militaire des châteaux forts, dont la portée tactique en relation avec la défense d'un territoire ou avec le verrouillage d'un passage stratégique n'a pu être que très rarement prouvée: les châteaux sur tête de pont, par exemple, permettaient le contrôle du trafic.

Un modeste début. C'est ainsi que nous pouvons imaginer les premiers châteaux forts du Moyen Age dans notre pays; sur un promontoire de terre entouré d'un profond fossé, les habitants se défendaient avec une palissade en bois. La maquette montre la colline fortifiée de Salbüel/Hergiswil LU qui fit l'objet d'études archéologiques en 1982.

Le dispositif de défense d'un château fort ne prévoyait généralement qu'une simple parade contre les coups de main en cas de conflit ou contre les attaques menées par des brigands. C'est pourquoi l'effectif des défenseurs ne dépassait guère six à dix hommes.

Pour ordonner la conception et l'évolution des formes du château fort selon une typologie déterminée, les tentatives n'ont pas manqué, mais aucune n'est parvenue à rendre justice à la variété et à la diversité de ces constructions tout au long du Moyen Age. En gros, on peut bien répartir les châteaux d'après leur situation, en considérant, d'une part, les châteaux de montagne, sis en altitude ou d'accès difficile et à l'écart des aggloméra-

Maquette d'un château fortifié du Moyen Age. Le petit dessin à rayures en haut sert à placer les numéros 1 à 14:
1 Donjon
2 Plate-forme avec parapet crénelé
3 Meurtrière
4 Enceinte
5 Tour de flanquement
6 Barbacane
7 Baille, basse-cour
8 Braie
9 Porte avec tour-porte
10 Mur-bouclier
11 Egauguette
12 Logis, habitation seigneuriale
13 Annexes
14 Fossé en auge

Dans l'entendement de l'homme médiéval, le château représentait un statut social, à l'instar de l'épée et du blason. Aux 12e et 13e siècles, apogée de la construction des châteaux forts, la noblesse n'avait pas l'exclusivité de telle entreprise, mais qui en avait les moyens passait à coup sûr pour noble.

A l'origine, en Europe centrale, seul le roi disposait du droit d'ériger des châteaux. A la fin de l'ère carolingienne, toutefois, avec l'effondrement du pouvoir royal, le droit de fortification passa progressivement dans les mains de la haute noblesse, soucieuse d'accéder à une position indépendante du souverain par la construction de châteaux privés. Dans le territoire de la Suisse actuelle, aucune puissance territoriale ne parvint à s'imposer durant une longue période, au cours des 12e et 13e siècles. La construction des châteaux forts a ainsi échappé à tout contrôle de l'autorité, restant l'affaire de la noblesse, mais aussi de propriétaires issus de la classe des agriculteurs fortunés ainsi que de fonctionnaires seigneuriaux.

Dans maintes régions, tels par exemple les Grisons, le Jura ou le Pays de Vaud, un nombre incroyable de châteaux s'élevèrent sur un territoire restreint, sans que cette profusion d'ouvrages fortifiés ne constitue pour autant un système défensif cohérent; au contraire, elle trahit l'émiettement du pouvoir entre des petits nobles aspirant à l'indépendance.

Au contraire des églises et des monastères, les châteaux forts n'ont presque jamais été construits suivant un schéma bien établi. Plan et élévation résultent des intentions et des idées personnelles du maître de l'ouvrage, contraint de tenir compte des données naturelles du terrain. Les types de châteaux ne peuvent donc être évoqués qu'en termes très relatifs.

Strassberg/Malix GR: *on croit souvent que chaque forteresse avait pour tâche de contrôler les axes de communication. Or, il n'en est rien et de nombreux châteaux forts n'avaient aucune influence directe sur la circulation. Cependant, le nom du château de Strassberg entre Coire et Lenzerheide y fait allusion.*

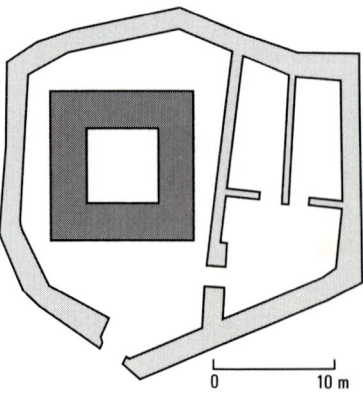

Le donjon et l'enceinte circulaire sont les principaux éléments du château féodal. Au château d'Attinghausen, l'enceinte n'a été construite que plus tard autour d'une tour isolée (gris foncé).

tions; et d'autre part les châteaux de plaine, en relation directe pour la plupart avec une localité. Mais si l'on se risque à pousser plus loin les catégories, par exemple avec les châteaux culminant sur quelque sommet, sur un éperon ou suspendus, avec les châteaux-cavernes et les châteaux forts à douves, on ne dit toujours rien de la forme de leur plan ni de leur fonction principale. La tour d'habitation isolée, souvent dépourvue de fossé ou d'enceinte, représente la forme la plus élémentaire du château. Dans le cas d'édifices complexes, on distingue deux modes d'évolution. Soit la tour s'élève au centre et le château se développe autour, de l'intérieur à l'extérieur; soit les bâtiments s'ordonnent à l'intérieur en fonction de l'enceinte, construite en premier lieu. Des plans réguliers, sous l'angle architectural, n'apparaissent qu'à la fin du moyen âge, sous l'influence de l'Italie méridionale et de la France.

Le château fort du 9ᵉ au 14ᵉ siècle

La question des débuts et des origines de la construction médiévale de châteaux forts n'a pas encore été définitivement élucidée à ce jour. Selon les plus récentes études, archéologiques notamment, les débuts du château fort noble doivent être recherchés dans la ferme seigneuriale (curtis) carolingienne (8ᵉ –10ᵉ s.) Celle-ci servait de résidence et de siège administratif au maître du domaine. Elle était protégée simplement par un fossé et par des palissades en bois. Elle occupait très souvent un tertre artificiel.
De nouveaux centres seigneuriaux sont créés au 10ᵉ siècle, lors du défrichement des campagnes. A la différence des fermes seigneuriales (curtes), ils sont qualifiés de châteaux (castrum) dans les chartes, mais du point de vue de la construction, on n'observe aucune différence. Pour les uns comme pour les autres, les éléments de défense consistent en fossés, en levées de terre et en palissades; c'est bien pourquoi ces ensembles sont définis, en castellologie, comme «châteaux de bois et de terre». La seule différence tient à ce que la ferme seigneuriale se trouvait à proximité d'une agglomération, alors que le château s'élevait sur une terre défrichée récemment, à l'écart des sites déjà habités. Dès le 11ᵉ siècle, les nobles ont entouré leurs demeures d'une enceinte en pierre, alors qu'ils continuaient de construire en bois à l'intérieur de celle-ci. C'est au cours du même siècle que s'effectue le pas-

▶ ***Château de Gutenberg:*** *sur la rive est de la vallée du Rhin près de St-Gall, le château de Gutenberg s'élève sur une colline rocheuse dégagée de toutes parts. Cet ouvrage du 13ᵉ siècle fait partie des ensembles qui se sont développés à l'intérieur de l'enceinte; la tour n'a été construite qu'au 14ᵉ siècle.*

sage au château fort en pierre proprement dit, dont l'élément caractéristique sera la tour rectangulaire, le futur donjon. Utilisée comme habitation uniquement, à l'origine, la tour devint symbole de noblesse au cours du 12e siècle. Ce symbole a été ensuite repris de plus en plus par la petite noblesse et par l'élite de la classe paysanne, lorsqu'au siècle suivant elles élevèrent des tours fortes dans les agglomérations. La tour exprimait le pouvoir, l'aisance matérielle et la conscience de l'état auquel on était parvenu. Au 12e siècle déjà, cette conscience se manifestait par le choix d'emplacements toujours plus difficiles d'accès pour les nouveaux châteaux en pierre de la noblesse. Ainsi apparurent les châteaux forts haut perchés, juchés de préférence sur des escarpements abrupts, au bénéfice d'une évidente protection naturelle.

Simultanément, un style monumental s'impose dans la construction des châteaux forts à partir du milieu du 12e siècle. L'ensemble du château est désormais en pierre. Pour accentuer encore l'impression de puissance, les tours se dressent plus haut et les murs d'enceinte deviennent plus épais. Les progrès de la technique militaire exigent cependant, dès le 13e siècle, une protection meilleure contre les visiteurs indésirables. On en vient ainsi à créneler le mur d'enceinte (au sud, sous l'influence de l'Italie, on trouve des merlons à deux pointes, par exemple à Bellinzone), et à renforcer la porte du château fort par une véritable tour. L'accès lui-même est gardé par un château-bas et par des lices. Les mesures défensives sont d'autant plus considérables si le site n'offre que peu de protection naturelle.

Le donjon du château de Greifenstein au-dessus de Filisur GR, juché sur une crête rocheuse, ressemble à un nid d'aigle. Le corps de logis confortable se trouve au pied du rocher.

La plupart des châteaux forts et des ruines visibles aujourd'hui encore remontent aux années 1150 à 1300. Vers la fin du 14e siècle, les habitants des châteaux forts se trouvent confrontés à des conditions tout à fait nouvelles avec l'avènement des armes à feu. Au début, on s'applique à renforcer les murs, à élever des tours à machines balistiques et à remanier les meurtrières pour les armes nouvelles. Mais on doit bientôt se rendre à l'évidence qu'un château fort en pierre du 12e ou du 13e siècle ne peut guère être adapté à l'évolution des techniques guerrières en général, et balistique en particulier. Ce genre d'entreprise suppose la plupart du temps l'engagement de telles sommes, que des particuliers ne sont pas en mesure d'envisager des transformations de cette importance.

Le château fort du noble médiéval perd alors sa signification originelle de résidence forte. Des innovations d'ordre juridique favorisent aussi ce changement de statut. Depuis le 14e siècle, les Confédérés ont de fait réussi à imposer la paix publique (Landfriede) sur toute l'étendue de leurs territoires. Du coup, l'utilité des défenses individuelles perd son sens, et celles-ci deviennent même pratiquement indésirables.

Si le caractère défensif, concrètement résumé par la tour et par l'enceinte, définissait pour l'essentiel l'allure générale du château fort de la noblesse médiévale, c'est la fonction résidentielle qui régit la conception et la forme du château et de la maison de campagne.

Architecture et histoire chemin faisant

Des château aux palais 15ᵉ–18ᵉ

Les châteaux forts médiévaux changent de fonction en raison d'innovations dans l'art de la fortification. La construction défensive des 12ᵉ et 13ᵉ siècles se mue au 15ᵉ siècle en demeure représentative. On reste étonné toutefois que, même dépouillé de son rôle protecteur, le château conserve sa valeur symbolique première d'insigne du pouvoir et de la souveraineté. Lors de leur extension territoriale, au cours du 15ᵉ siècle, les Confédérés, par exemple, se plaisent à convertir les châteaux forts médiévaux en résidences baillivales, comme pour affirmer leur souveraineté sur les domaines nouvellement conquis, les bailliages communs.
Cependant, l'exiguïté de locaux par ailleurs mal éclairés ne correspond plus aux besoins accrus d'habitabilité du 15ᵉ siècle. Lorsque l'état des finances le permet et que les autorités politiques font preuve de générosité envers leurs baillis, les corps de logis des châteaux forts sont remaniés et complétés. Il arrive même qu'un bâtiment tout neuf soit construit dans la cour du château, en adéquation avec les notions du temps relatives à l'habitat et à la représentation. De la même manière et pour assurer ainsi leur respectabilité, la noblesse féodale jadis indépendante et le patriciat

Château de Trachselwald près de Sumiswald BE: le château de Trachselwald datant du 13ᵉ siècle fut transformé en un bailliage très représentatif après avoir été acheté par la ville de Berne en 1408. Seul le donjon carré a conservé son caractère médiéval. Les baillis l'utilisèrent comme prison jusqu'en 1798.

Dans bien des cas aux 17ᵉ et 18ᵉ siècles, on rasa les ouvrages fortifiés médiévaux pour les remplacer par des châteaux grandioses. A Prézvers-Noréat FR, on construisit au 18ᵉ siècle un nouveau château sur l'emplacement de l'ancienne forteresse des seigneurs de Préz (12ᵉ–14ᵉ s.).

Les châteaux peuvent être transformés en forteresses modernes, comme le montre le cas d'Aarbourg. Le château d'Aarbourg fut érigé sur un éperon rocheux vers 1200 (en noir). Il fut agrandi en un bailliage au 15ᵉ siècle sous la domination bernoise (gris foncé). Vers 1665, le château fut transformé en forteresse sur le modèle néerlandais (gris clair).
Jusqu'en 1798, Aarbourg fut la seule forteresse confédérée. Cependant, elle n'eut pas de vocation militaire, elle servit de prison pour les prisonniers politiques.

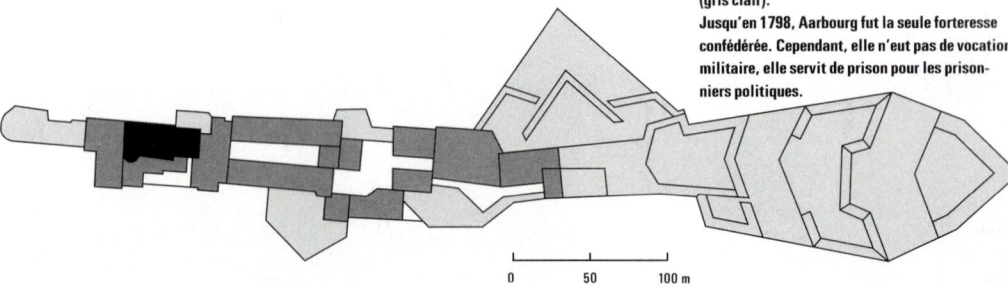

des villes, parvenus à une nouvelle puissance par le biais du commerce et du service mercenaire, affichent un goût marqué pour l'acquisition de châteaux forts, dont dépendent souvent encore des droits seigneuriaux. Leur idéal n'est cependant pas le château fort médiéval, mais bien le palais représentatif issu du mode de vie des cours princières. Cela aboutit à la démolition d'anciens châteaux, jusqu'à leur tour chargée de symboles, et à la construction sur le même emplacement de châteaux démunis d'éléments de défense proprement dits. L'aspect de nombreux châteaux est de la sorte complètement renouvelé aux 16e et 17e siècles, et seule une investigation archéologique permet encore, dans certains cas, d'en repérer le noyau médiéval.

A l'ère baroque (dès 1650), les nouveaux châteaux et maisons de campagne sont de plus en plus nombreux à sortir de terres jusque-là vierges de toute construction, ce qui permet la réalisation de projets plus ambitieux. Château et campagne deviennent des notions quasiment indissociables, car fonction et type de bâtiment vont de pair. Dans les régions soumises à l'aristocratie, des édifices simples sont appelés châteaux, alors qu'ailleurs des bâtisses similaires sont qualifiées de maisons de campagne.

Sous l'angle architectural, on distingue deux groupes principaux: les châteaux à cour fermée ou enserrée entre deux ailes en retour d'équerre, et les bâtiments à corps unique, mais enrichis d'avant-corps latéraux ou de pavillons.

Avec le début du 18e siècle s'impose la mode de ne plus habiter à l'année dans un château ou une maison de campagne, désormais utilisés comme résidences d'été exclusivement. Le jardin monumental ou le parc devient alors courant, tandis qu'on ne dispose pas de place pour de tels aménagements dans les villes.

S'inspirant de l'architecture militaire médiévale, *le maître d'œuvre et l'architecte du 16e siècle reprirent l'enceinte et les tourelles d'angle dans des buts décoratifs pour leurs constructions de châteaux, comme le montre l'illustration du château de Wyher près d'Ettiswil LU, construit vers 1510.*

En général, seules les villes peuvent s'offrir le luxe dispendieux de transformer en forteresses modernes ceux des châteaux forts médiévaux qui occupent des points véritablement stratégiques. Il faut élever des tours à canons massives, créer de la place pour l'hébergement d'une garnison ainsi que pour les magasins de vivres et de matériel militaire. Là où on ne peut atteindre ces objectifs par l'agrandissement d'un château médiéval, on bâtit de nouvelles forteresses conformes aux données du temps.

Une enceinte, généralement de faible épaisseur, reconstruite ou élevée à neuf autour d'un château fort ou d'un château, n'a plus de rôle défensif du tout au 16e siècle, signification symbolique: elle délimite alors une juridiction territoriale particulière. Quelques familles influentes sont en fait parvenues à se procurer certaines prérogatives incluant entre autres des droits de justice. L'enceinte signale le cas échéant que le domaine enclos peut être franc de la juridiction de la paix publique (Landfriede). La notion de fief libre ou de fief noble découle de là.

La ville en soi n'est pas nouvelle. Des cultures citadines se développaient déjà au Proche-Orient au 6e millénaire av. J.-C. (Jéricho). En Europe occidentale et centrale, on a retrouvé les vestiges des cités celtes (oppida); quant aux Romains, ils privilégiaient également les villes pour l'administration de leurs provinces.

Architecture et histoire chemin faisant

Fondation des villes au Moyen Age

Pourtant, à l'époque des invasions germaniques, et peu après dans le Haut Moyen Age, cette forme d'habitat avait presque totalement disparu. Ce n'est qu'à partir de la deuxième moitié du 10e siècle que la vie citadine se développera à nouveau; on assiste en particulier à la croissance et au développement des évêchés sur les sites des anciennes cités romaines. La construction des villes peut aussi avoir pour point de départ les marchés – où s'opéraient au 10e siècle les échanges avec les commerçants venus d'Italie – les églises et les couvents fondés durant le Haut Moyen Age. La plus grande partie des villes datent cependant du 12e siècle: elles furent érigées pour des raisons militaires par les dynasties rivales en lutte pour le pouvoir. Les origines multiples de la cité médiévale lui confèrent son caractère propre et la distingue aussi bien de la cité antique que de l'agglomération moderne.

Le choix de sites anciens, seigneuriaux ou culturels (château, église) pour l'édification des villes médiévales d'Europe centrale en est l'un des éléments caractéristiques; offrant de nombreuses possibilités d'échanges, ces villes attiraient de très nombreux commerçants et artisans.

Dans les villes épiscopales s'élevaient souvent autour du dôme d'autres églises qui, à leur tour, entraînaient de nouvelles constructions; au fil des ans, celles-ci formèrent de grandes agglomérations. Autour des couvents importants – dont l'une des principales activités était la culture et l'exploitation des terres – se regroupaient également de nombreux artisans, malgré le fait que les couvents étaient bâtis à dessein dans des endroits relativement isolés.

Etant donné que ces aggloméra-

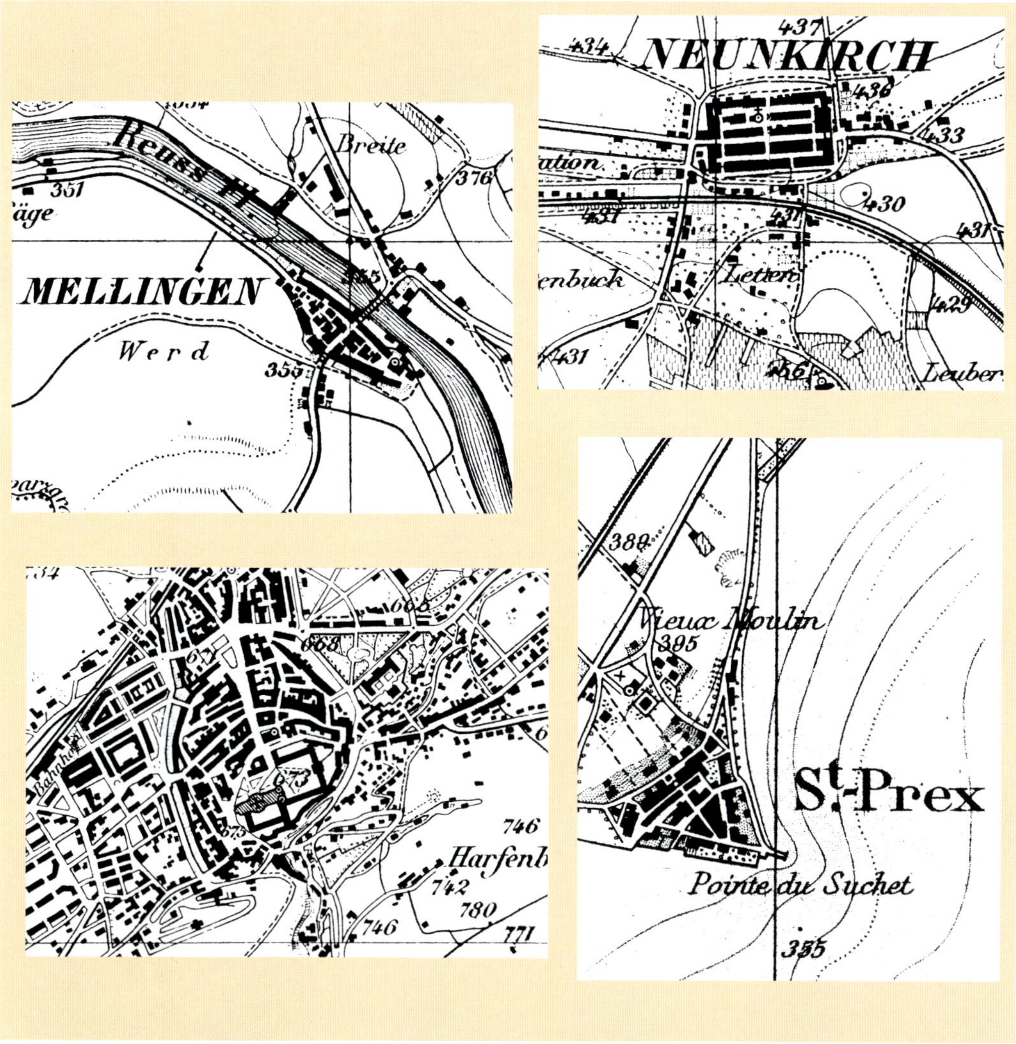

La fondation d'une ville était généralement le fruit de la conjonction de plusieurs facteurs favorables. C'était par exemple le cas d'une localité disposant d'un marché et située dans un endroit très fréquenté où s'élevaient déjà une église, un cloître ou un château. Les éléments naturels avaient également leur importance dans la fondation et la survie des villes au Moyen Age; pour assurer leur propre sécurité, elles étaient généralement construites en un lieu jouissant d'une protection naturelle: sur une colline, au coude d'un fleuve ou sur une presqu'île. Si l'on choisissait l'emplacement de la ville dans un goulet d'étranglement naturel, c'était moins pour assurer sa sécurité que pour en tirer des avantages économiques: en effet, les commerçants et les muletiers qui se présentaient aux postes de péage se faisaient littéralement dépouiller, tant les droits de passage étaient élevés.

Quatre exemples de cités moyenâgeuses présentant un plan caractéristique: Mellingen AG est l'exemple d'une ville qui s'est développée aux abords de son pont. Elle avait été fondée vers 1240 par les comtes de Kybourg. – Neunkirch SH: les Zaehringen n'étaient pas les seuls à utiliser un plan régulier, comme on le sait, d'autres fondateurs de villes comme par exemple l'évêque de Constance en firent de même ainsi que le prouve le cas de Neunkirch (vers 1270). – Saint-Gall (b. g.), ville qui tire son origine du monastère, avec son tracé circulaire; première enceinte datant du 10ᵉ siècle – Saint-Prex est une ville implantée sur une langue de terre (fondée vers 1250 par l'évêque de Lausanne).
Les cartes sont tirées de l'Atlas Topographique de la Suisse (Carte Siegfried) et montrent les villes aux alentours de 1870/80.

Jusqu'au 18ᵉ siècle, cette porte fut la seule entrée de la petite ville de St-Prex VD (tout à gauche), entourée d'une enceinte et de fossés.

Zoug, mentionnée dès 1242, qui doit sa fondation aux comtes de Kybourg, passa aux mains de Rodolphe de Habsbourg en 1273 par héritage. Plusieurs tours du 14ᵉ siècle qui faisaient partie des fortifications de la ville sont conservées. Le noyau ancien avec ses maisons qui s'emboîtent étroitement se distingue nettement des quartiers plus récents.

tions pouvaient s'agrandir régulièrement et dans toutes les directions, les villes bâties autour d'églises ou de cloîtres sont caractérisées par leur forme circulaire. Le château du seigneur est un autre facteur important de la création des villes. Les châteaux du Haut Moyen Age étaient construits dans une dépression située au centre du domaine seigneurial. Avec le temps, les maisons des artisans et de commerçants se regroupèrent autour de la ferme du domaine et finirent par constituer des villes. Dès le 11ᵉ siècle, on se mit à construire les châteaux sur des emplacements plus élevés, les villes se développant au pied des collines, endroits protégés par excellence. Ces villes obtinrent leur indépendance aux 12ᵉ et 13ᵉ siècles. On peut relever également la situation particulière des églises qui, conscientes de leur importance, s'efforçaient toujours d'atteindre la hauteur du château.

L'initiative de la fondation ou de l'extension d'une ville ne provenait généralement pas des citadins eux-mêmes, mais plutôt du seigneur des lieux.

La croissance des villes plus prospères aux 12e et 13e siècles vit la création de nouvelles agglomérations hors des murs, le long des voies de communication. Les murs d'enceinte durent alors être agrandis.

Suite à l'évolution des tactiques et des stratégies militaires observée au 19e siècle, les fortifications des villes, qui coûtaient cher et prenaient énormément de place, perdirent progressivement de leur importance.

Le marché est un autre élément indissociable des villes médiévales. Les foires, qui attiraient les commerçants venus de loin à la ronde, se tenaient généralement dans des centres hérités de l'Empire romain. Mais ce sont les marchés hebdomadaires locaux, dont on retrouve la trace aux 9e et 10e siècles déjà, qui sont peut-être les éléments les plus caractéristiques de ces villes médiévales. Pour animer un marché, il fallait obtenir un privilège du seigneur des lieux, privilège qui comprenait en outre le droit de percevoir des taxes douanières et de battre monnaie. Tous les marchés du Moyen Age dont nous connaissons l'existence ne se sont pas obligatoirement développés pour former des villes, mais à l'inverse, toutes les villes du Moyen Age possédaient un marché au sens du droit médiéval. Enfin, l'existence d'un pont jeté sur un cours d'eau pouvait également être à l'origine d'une ville; il n'est d'ailleurs pas rare que cette particularité géographique lui donne son nom, comme c'est notamment le cas de Brugg (Brücke = pont). Le carrefour d'une voie fluviale et d'une route, favorable aux échanges commerciaux et autorisant le prélèvement des droits de douane, constituait l'endroit idéal pour l'édification d'une ville. Contrairement aux villages paysans, les cités du Moyen Age étaient assez souvent construites sur la rive d'un fleuve. Les villes situées près d'un pont étaient toutes élaborées selon le même plan, en forme de triangle ou de cloche avec le côté le plus large longeant le fleuve.

La période s'étendant de la fin du 11e au milieu du 13e siècle a été celle de la construction des villes; rois, évêques et membres de la haute noblesse, tous se sont mués en redoutables bâtisseurs. A l'aide de piquets et de cordeaux, ils ont délimité les terres et dressé méthodiquement le plan des villes. L'opinion selon laquelle seul le plan des villes fondées par les Zähringen comportait le croisement d'axes caractéristique s'est révélée inexacte à la lumière des dernières découvertes; en réalité, ce ne sont qu'aux endroits dépourvus d'obstacles naturels que les villes ont pu être construites selon ce type de plan, que les Zähringen ne sont d'ailleurs pas les seuls à avoir utilisé.

A l'époque, il était bien plus fréquent d'assister à l'extension d'agglomérations déjà constituées ou au déplacement de quartiers plutôt qu'à la naissance de villes totalement nouvelles. Cependant, certaines localités furent tout à coup considérées comme des villes – au sens médiéval du terme – sans que leur construction ne soit modifiée. L'élément déterminant était à cette époque l'octroi par le seigneur de certains privilèges comme le droit d'ouvrir un marché, de prélever des taxes douanières et de battre monnaie. En conséquence, «fonder» une ville signifiait le plus souvent conférer à une localité déjà constituée le statut juridique d'une ville.

La ville, espace protégé

Quand nous imaginons une ville médiévale, nous la voyons généralement avec ses fortifications, ses portes et ses tours. Les villes du Moyen Age se présentaient déjà ainsi, comme nous le prouve l'utilisation d'un mur de fortification ou d'une tour comme emblème sur le blason de certaines villes. La fortification de la ville était donc la caractéristique de la ville moyenâgeuse. Ces murailles qui servaient à protéger les habitants, leurs lieux de production et leurs biens, représentaient également une démarcation juridique, puisque dans l'enceinte des murs de la ville, le droit urbain était en vigueur. D'ailleurs le droit d'ériger des fortifications propres était généralement un élément constitutif du droit urbain.

A l'aube de la construction des villes, les fortifications étaient constituées de levées de terre avec des fossés et palissades. Aux 12e et 13e siècles, la plupart des villes furent encerclées de murailles. La fortification de la cité du Haut Moyen Age suivait l'exemple de la conception des châteaux forts et ne comportait qu'une enceinte circulaire avec des tours et peu de portes. Ainsi, lors de l'édification d'une nouvelle cité, l'on recherchait d'abord un lieu arrondi, afin de ne pas devoir construire des murs trop longs. Néanmoins, le plan n'était que rarement vraiment géométrique, car il fallait tenir compte de la configuration du terrain, de l'alimentation en eau et de l'habitat déjà en place.

Contrairement aux châteaux forts qui, au 16e siècle, perdirent leur fonction d'origine en tant que construction de défense, la fortification des villes suivit les développements de la technique de l'armement. Les murailles des villes durent être adaptées aux exigences de l'artillerie. Peu à peu, la forme arrondie préconisée par les théoriciens italiens s'imposa pour la construction des tours et, plus tard, des remparts: les boulets de canon y faisaient ricochet. On vit alors apparaître les grandes portes et les tours rondes avec leur étage faisant comme un bourrelet en légère saillie et leur toit conique bas. La tour de Bâle à Soleure est un bon exemple de cette construction. Le Munot de Schaffhouse constitue la fortification la plus importante réalisée par une ville à cette époque. Erigé entre 1563 et 1585, il se base sur les principes de fortification énoncés par Albrecht Dürer.

A l'époque troublée de la guerre de Trente Ans (1618–1648), de nombreuses villes élaborèrent des plans pour renforcer leurs fortifications; cependant, ils ne furent jamais entièrement exécutés nulle part. Dans certains lieux, ces plans ne virent leur réalisation que beaucoup plus tard. Au système des bastions surélevés en saillie aux angles, déjà connu au 16e siècle, on allia alors la méthode des fortifications en étoile particulièrement développée en France. Les simples murs de fortification ne pouvaient plus résister à l'artillerie moderne et durent être

Alors que le 19e siècle vit généralement tomber les remparts pour permettre aux villes de s'étendre, les portes des villes ont subsisté. Aujourd'hui encore, on peut visiter à Bâle les tours St-Alban (photo), St-Jean et le «Spalentor».

Sur une croupe de terrain isolée, s'élève le symbole de Porrentruy: le château fortifié et plus tard résidence des princes-évêques de Bâle. La basse-ville se développa au 13ᵉ siècle à l'intérieur même de l'enceinte du château. Sur une colline faisant face au château, se dresse l'église.

Comme la plupart des villes qui sont nées sous la protection d'une forteresse féodale, la petite ville de Grüningen était nettement séparée du château par un fossé. Aujourd'hui, le fossé est comblé. Le château fort est placé à côté de l'église (à droite).

remplacés par des remblais de terre entourés de murailles de dimensions énormes. De plus, on reconnut qu'une artillerie d'envahisseurs ne pouvait être tenue à l'écart de ses propres fortifications que lorsqu'on pouvait effectuer des tirs de barrage. Pour cela, il fallait disposer de vastes champs de tir: de glacis. Ceux-ci étaient pourvus de retranchements et de remparts. D'importantes parties d'une telle enceinte du 17ᵉ siècle sont conservées à Soleure, notamment le rempart du «Krummturm» et de St-Ours. Dans d'autres villes, telles qu'à Genève, Berne, Zurich et Bâle, seuls des noms de rues ou de quartiers rappellent les enceintes urbaines de cette époque.

Les places fortes avec leurs glacis sur lesquels l'on ne pouvait pas construire entravaient l'urbanisation. Aussi, à la périphérie des villes croissant rapidement, l'on démolit les enceintes et l'on construisit des habitations sur les anciens glacis.

En fait, il faut y voir la pensée libérale issue de la Révolution française: les habitants des villes et des campagnes avaient les mêmes droits. Comme symbole de cette égalité, il fallait aussi pour l'apparence que les murs de séparation tombent.

Dans les petites villes où cette nécessité était moins manifeste et où l'on hésitait à faire des dépenses pour la démolition, les murs de fortifications furent partiellement conservés.

De la construction en bois à la construction en pierre

Jusqu'au 13ᵉ siècle, à l'intérieur des fortifications de la ville, la plupart des maisons étaient construites en bois.

Outre les artisans qui vivaient dans les villes médiévales, il y avait aussi de nombreux paysans qui cultivaient leurs champs hors des murs. Il n'est donc pas étonnant qu'à cette époque les maisons de la ville ressemblaient à celles des villages non fortifiés pour ce qui est de leur aspect, leur construction et leur aménagement. Dans les petites villes situées en milieu rural comme Wiedlisbach ou Laufon BE, nous trouvons encore au cœur de la ville des maisons paysannes du 16ᵉ siècle.

Suite aux nombreux incendies qui ravagèrent les villes aux maisons de bois serrées en rangées, depuis le 14ᵉ siècle, des décrets furent rendus afin de favoriser la construction en pierre. Il fallut d'abord remplacer le chaume et les bardeaux des toitures par des tuiles, puis ériger des murs de séparation en pierre entre les différents bâtiments. Enfin, la maison entière dut être construite en pierre ou à colombage. Afin d'accélérer la réalisation de ces innovations, les bourgeois de la ville allouaient aux propriétaires des aides financières et matérielles.

La ville: symbole de liberté et d'indépendance

Afin d'encourager le développement des villes, les seigneurs octroyèrent à la population citadine des droits spéciaux comme l'exemption des droits de douane, de meilleures conditions de location des terrains ou l'abolition pour les commerçants du jugement de Dieu et des duels, pratiques encore en vigueur dans le système juridique du Moyen Age. L'ensemble de ces privilèges et de ces libertés entraîna bientôt le développement d'un droit urbain réglant la vie des citoyens entre eux, leurs rapports avec le seigneur et les questions administratives. Les velléités d'indépendance des citadins conduisirent au 13ᵉ siècle à l'autonomie politique et économique des villes. Au 14ᵉ siècle, les nobles, qui vivaient toujours dans leurs châteaux, furent peu à peu remplacés par les citadins dans la conduite des affaires politiques. Le développement des villes précipita le déclin de la chevalerie. A la même époque, les différences sociales au sein de la population des villes s'accentuèrent. Mais le phénomène le plus saisissant fut l'évolution du contraste entre les populations citadines et les populations rurales.

Miroir de la position sociale

Le fait que les premières maisons de la ville aient été construites en bois s'explique non seulement par le fait que la construction et l'aménagement furent transmis des villages aux villes mais par un autre motif encore.

Le droit de demeurer dans une maison en pierre ne revenait qu'aux habitants d'une ville faisant partie de la noblesse. La construction en pierre, en particulier en forme de tour, faisait montre de l'autorisation de porter des armes et était l'expression d'une considération accrue. Il y a souvent de telles tours à l'origine des maisons de nos villes médiévales, mais elles ne ressortent généralement que lors de restaurations ou de démolitions.

Architecture et histoire chemin faisant

Maisons rurales: constructions riches en traditions

Lorsque nous traversons notre pays à pied ou par un quelconque moyen de locomotion, nous sommes toujours frappés par la diversité des types de maison que nous y rencontrons. Il faut dire que dans ce domaine aussi, la Suisse est l'une des régions européennes qui possède la plus grande richesse de formes.

Le blockbau: des troncs aux madriers

A l'origine, les troncs écorcés n'étaient entaillés qu'aux points d'assemblage, près de leurs extrémités. Plus tard, on enleva l'arrondi naturel afin d'assurer une meilleure étanchéité. Enfin, au Moyen Age, on commença à transformer les troncs en véritables madriers à l'aide de la hache et de la scie. La dimension des bâtiments était déterminée par la longueur des madriers utilisés.

La variété des formes d'habitat tient à la situation de notre pays, au cœur de l'Europe. La plupart des formes d'habitation de notre pays se trouvent aussi dans les pays limitrophes. C'est pourquoi, dans la recherche sur l'habitat suisse, il n'est pas approprié de donner des noms de types se référant à une région pour définir une forme de maison. Ainsi la «maison du Gothard» souvent citée, constitue par exemple une construction polyvalente en bois et pierre que l'on rencontre dans les vallées alpines fermées, des Alpes Maritimes françaises en passant la Savoie et la Suisse, jusque très loin dans le centre de l'Autriche. Afin de mettre de l'ordre dans la multiplicité des formes, nous utiliserons ci-après une classification simple selon les différentes formes de construction des murs et de la toiture.
Le développement de l'habitat rural qui aboutit à la multitude de formes particulières à caractère régional et local que nous connaissons aujourd'hui, débute au 16e siècle. Les particularités naquirent peut-être déjà avant, mais le nombre assez important de bâtiments qui nous ont été conservés et permettent des comparaisons en fonction de la date et de la construction, remonte à cette époque.

La construction des murs

Dans notre pays, nous connaissons quatre formes de construction importantes: la construction à poteaux et à remplissage en bois, le colombage, la construction en madriers horizontaux («Blockbau») et la construction en maçonnerie. Il est plûtot rare de rencontrer aujourd'hui des constructions d'un type pur. Bien plus, nous assistons souvent à un mélange de différentes formes, par exemple la construction en madriers pour la chambre et la maçonnerie pour la cuisine.

Construction à poteaux et à remplissage en bois: Au néolithique déjà, la construction à poteaux était courante sur le Plateau et dans la région des Alpes. Des poteaux verticaux porteurs des murs et du faîte sont fichés en terre et soutiennent la toiture. Ce type de construction précède celui à remplissage en bois, très répandu au Moyen Age. Dans la construction à remplissage en bois à proprement parler, les piliers d'angle et ceux des murs prennent appui sur une embase en bois, généralement en chêne, afin de mieux résister à l'humidité. Les éléments essentiels de la construction à remplissage en bois sont l'ossature qui,

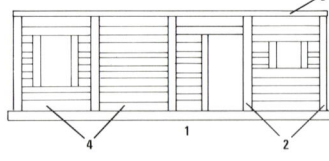

◀ Schéma d'une paroi en madriers avec madriers couchés:
1 Travers longitudinale
2 Poteau   3 Panne
4 Remplissage du mur avec madriers couchés

Emmental:
Bâtiment en bois avec toiture en demi-croupe, avec galerie sous arc de pignon et montée de grange latérale (Konolfingen BE, 1842).

reposant d'abord par terre fut ensuite placée sur un soubassement en pierre, les poteaux d'angle et des murs et enfin le cadre supérieur, la sablière. Le remplissage consiste en madriers ou en rameaux d'osier entrelacés enduits de glaise.
Au Moyen Age, ce type de construction était répandu sur tout le Plateau, du lac Léman au lac de Constance; on le trouve d'ailleurs également en Allemagne du Sud. Aujourd'hui, la construction à poteaux et à remplissage en bois se limite à une zone comprise entre le Plateau fribourgeois, la Reuss et le Rhin d'une part, les Alpes et le Jura d'autre part.

La maison à colombage: A la fin du Moyen Age, la construction à remplissage en bois fit place à une forme plus affinée, le colombage. Cette forme se distingue de la construction à poteaux et à remplissage en bois en ce qu'elle présente des subdivisions des panneaux plus nombreuses, par des poutres obliques et des traverses horizontales

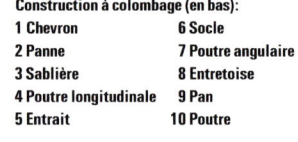

Nord-Ouest de la Suisse:
Bâtiment à fonctions multiples, sous 2 pans à forte pente; murs à colombage (Allschwil BL, 1746).

Construction à colombage (en bas):
1 Chevron   6 Socle
2 Panne   7 Poutre angulaire
3 Sablière   8 Entretoise
4 Poutre longitudinale 9 Pan
5 Entrait   10 Poutre

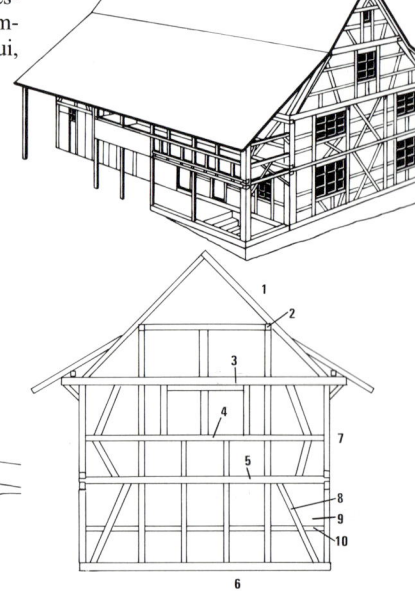

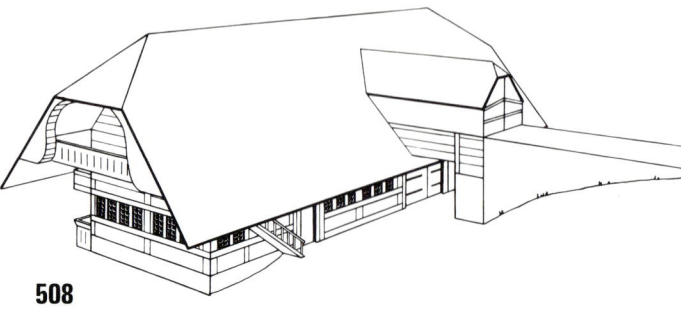

insérées dans la poutraison. Ces traverses sont caractéristiques de la construction à colombage.
Aujourd'hui, les maisons à colombage sont surtout répandues dans le nord-ouest de la Suisse, en Suisse orientale ainsi qu'au nord du lac de Zurich. On note la présence de formes mixtes sur le Plateau et jusque vers le lac de Bienne.

La construction en madriers horizontaux («Blockbau»): Bien que ce mode de bâtir ait une apparence archaïque, du point de vue archéologique, il ne remonte qu'à l'âge du bronze. Il est donc plus récent que la construction à poteaux. La construction en madriers requiert non seulement des troncs de conifères bien droits, mais aussi un outillage bien élaboré pour la construction, ce qui n'était pas le cas pour les haches de pierre du néolithique.
La construction en madriers horizontaux est très répandue dans les Alpes. Dans la zone des Alpes centrales et orientales elle représente la forme de construction caractéristique et prédominante.

La maison en pierre: Dans la construction en pierres massive, les murs porteurs sont maçonnés au mortier, construits avec beaucoup de soin et de sensibilité pour tenir compte de la forme des pierres. Au Tessin, l'on trouve également des murs de pierres sèches (c'est-à-dire sans mortier). La construction en pierres est très répandue. Les recherches sur l'architecture ont néanmoins montré que certaines régions où l'on trouve des maisons de pierre aujourd'hui n'ont pas toujours connu cette forme d'habitat. Ainsi, dans le Jura par exemple, le passage de la construction en bois à celle de pierre a été ordonné par décret au 16e siècle, afin de ne pas déboiser abusivement les forêts. Parmi les caractéristiques du crépi à la chaux des maisons de pierre, il faut en citer l'ornementation. A côté de simples dessins à la sanguine et de fresques élaborées, nous voyons apparaître surtout aux 17e et 18e siècles de façades richement ornées de décors géométriques, de personnages et de motifs végétaux. La technique des graffites, une décoration murale grattée, a suivi une très belle évolution dans les Grisons; elle est d'ailleurs caractéristique de cette région.

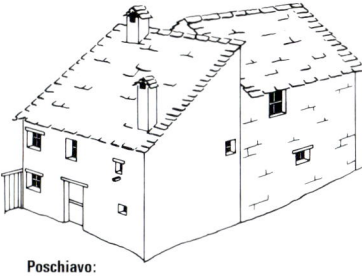

Poschiavo:
Bâtiment à fonctions multiples, en pierre. Habitation et grange-écurie ne sont pas sous le même faîte.

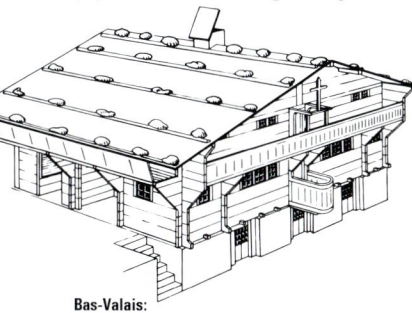

Bas-Valais:
Bâtiment à fonctions multiples, en madriers; toiture de bardeaux chargé de pierres (Champéry VS, 1778).

L'utilisation de bois équarri pour le blockbau est connue depuis le Moyen Age.

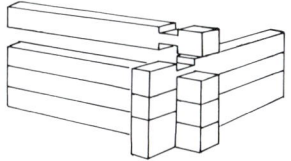

Comme le montre l'exemple de Sonogono, dans la vallée de la Verzasca, dans la construction de pierre tessinoise, les maisons, caves à provisions et étables, sont érigées en gneiss ou en pierres calcaires trouvés sur place. Les toitures sont recouvertes de plaques de pierre. Le bois n'est utilisé que pour la charpente, les solives des planchers ou les balustrades.

Les deux principaux modes de construction pour la toiture:
Toit à pannes:
1 Panne faîtière, 2 Panne filière, 3 Panne murale, 4 Perche
Toit à chevrons:
1 Chevron, 2 Ancrage, 3 Panne murale

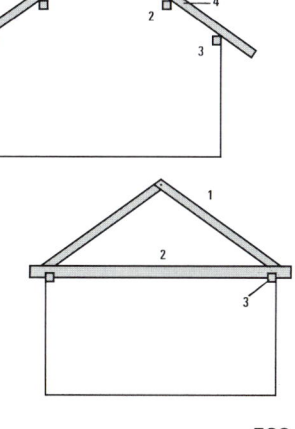

La construction du toit

La première impression que l'on a d'une maison vient souvent du toit. Cela montre que la toiture peut être le signe distinctif pour toute la maison. Le toit est effectivement un élément très caractéristique, et il n'est pas rare que les murs s'effacent ou disparaissent presque en dessous.
La charpente reste souvent inaperçue, car cachée à l'intérieur de la maison. Seules quelques parties sont visibles de l'extérieur. De plus, qui aurait envie d'aller voir les poutres recouvertes de toiles d'araignées dans les combles où il fait sombre? Néanmoins, pour comprendre le type de construction de la maison, une visite des combles s'impose. Deux éléments de base déterminent la construction de la toiture dans notre pays: d'une part le *toit à pannes*, d'autre part le *toit à chevrons*. Dans le toit à pannes, des poutres parallèles au faîte, les pannes, supportent les chevrons sur lesquels se place la couverture (chaume, bardeaux, tuiles). L'ensemble de la toiture repose sur les murs latéraux. Dans les énormes constructions à pan de bois du Plateau où les murs sont relativement faibles, le faîte requiert un étai indépendant: les colonnes centrales. Dans le toit à chevrons, le poids de la toiture est supporté par une construction propre. Les pièces de bois non étayées, les chevrons, sont reliées deux par deux et reposent sur un tirant. La forme la plus pure de toits à chevrons se trouve dans la zone sud des Alpes. Lorsque le toit à chevrons est combiné avec des pannes, on obtient un ensemble complexe que nous appelons un charpente.

Outre la classification des formes d'habitat suivant le principe de construction, la recherche sur l'habitat se penche sur l'évolution de la distribution des pièces à l'intérieur de la maison, généralement la maison d'habitation, ainsi que sur la forme des maisons et des fermes, indépendamment des activités qui y sont exercées.

Les maisons à plusieurs étages du Valais s'élèvent comme des tours. Elles sont habitées par plusieurs familles. Dans cette maison d'Evolène, dans le Val d'Hérence, cela se voit au linge suspendu sur chaque galerie.

La maison d'habitation divisée en plusieurs pièces telle qu'elle se présente aujourd'hui est issue de l'habitation à une seule pièce, connue depuis le néolithique comme le prouvent les recherches archéologiques. Cette maison à pièce unique n'était conçue que pour y vivre, faire la cuisine, manger, dormir. Pour l'exploitation, une autre fonction vitale, il y avait d'autres bâtiments à pièce unique. Jusqu'à la fin de la colonisation alémanique au 8e siècle, la maison à pièce unique était la plus courante chez nous. Les maisons à deux pièces ne firent leur apparition qu'au 11e siècle. Elles comprenaient, outre la cuisine enfumée, une pièce séparée exempte de fumée qui allait devenir la chambre. Lorsque la famille s'agrandissait, il fallait toujours agrandir la maison d'habitation. Pour cela, il y avait deux solutions de base depuis le Moyen Age: ou bien l'on construisait les nouvelles pièces les unes à côté des autres (disposition horizontale), ou bien on les plaçait les unes au-dessus des autres (disposition verticale). Chez nous, la disposition verticale est réduite aujourd'hui à la zone des Alpes, alors que la disposition horizontale de la maison d'habitation comprenant la chambre, la cuisine et les petites chambres est très répandue.

Dans le cas où l'on veut agrandir ultérieurement, la disposition horizontale est la plus favorable étant donné qu'il est plus facile d'ajouter une pièce supplémentaire au sol à des bâtiments existants. Comme pour l'habitation, le bâtiment d'exploitation à pièce unique évolua en un complexe à plusieurs corps de bâtiment.

Les différentes formes de la ferme

Selon la «lex Alamannorum» rédigée vers 720, une ferme comprend une maison d'habitation, une maison pour les hôtes, un bâtiment pour le bain, un bâtiment de tissage, une grange et un grenier. Dans la recherche sur l'habitat, on définit ce complexe composé de plusieurs bâtiments à une pièce avec une fonction déterminée comme *maison dissociée*. Ce type de ferme ne se limite pourtant pas aux maisons à pièce unique alémaniques; dans de nombreuses régions rurales nous trouvons la ferme à plusieurs bâtiments comprenant le logement avec plusieurs pièces, l'étable, la grange et d'autres bâtiments annexes. Contrairement à la maison dissociée, dans la *maison concentrée*, les bâtiments destinés à l'habitation et à l'exploitation sont groupés sous un même toit. La ferme concentrée est le résultat d'un processus de regroupement qui s'est instauré au 17e siècle lorsqu'il y eut pénurie de terre.

Etant donné que dans la maison concentrée les différentes fonctions sont regroupées sous un seul toit, l'on parle également d'un bâtiment à fonctions multiples.

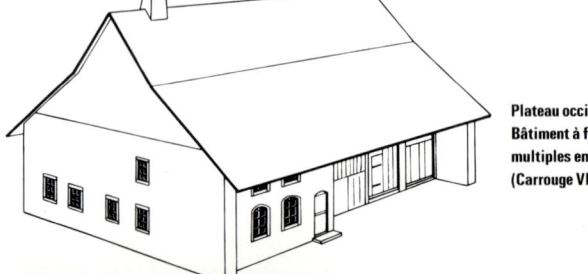

Nord-Ouest de la Suisse:
Bâtiment à fonctions multiples, en pierre. Le logement et les locaux d'exploitation sont accolés, mais ne sont pas toujours sous un même faîte (Hölstein BL).

Jura, Franches-Montagnes:
Bâtiment à fonctions multiples en pierre avec toit aplati à deux pans (La Chaux-de-Fonds NE, 1614).

Plateau occidental:
Bâtiment à fonctions multiples en pierre (Carrouge VD).

510

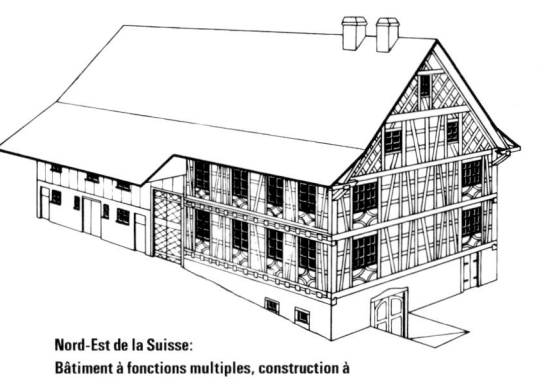

Nord-Est de la Suisse:
Bâtiment à fonctions multiples, construction à colombage avec toit à forte pente (Tägerwilen TG).

Préalpes de Suisse orientale:
Bâtiment à fonctions multiples, en bois. En règle générale, l'habitation est exposée au soleil et le rural annexé en équerre (Fischenthal ZH, 1785).

Région de Zoug:
Ferme dissociée en bois (Baar ZG).

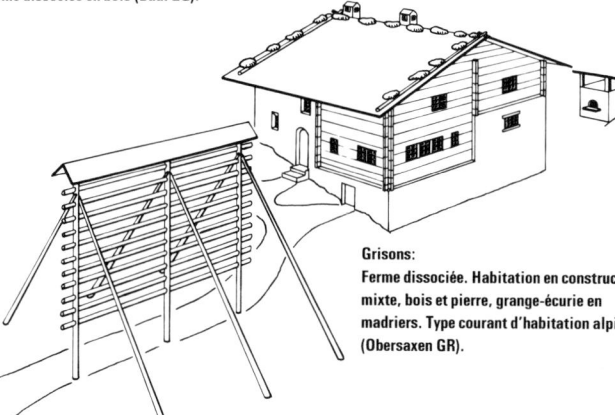

Engadine:
Bâtiment à fonctions multiples, en pierre. La chambre est souvent en madriers (Lavin GR, 1725).

Grisons:
Ferme dissociée. Habitation en construction mixte, bois et pierre, grange-écurie en madriers. Type courant d'habitation alpine (Obersaxen GR).

En Suisse romande, au Tessin et dans certaines parties des Grisons, la construction de pierre est dominante. Par contre, le blockbau est réparti sur une bande bordant la partie méridionale du Plateau, s'étendant à travers tout le pays. Dans sa largeur, elle va des Préalpes septentrionales jusqu'au cœur des Alpes. Néanmoins, au sein de cette zone de construction en blockbau on trouve, suivant la région, des maisons partiellement maçonnées. Cela s'applique notamment à la partie de la maison qui comporte la cuisine. La Suisse du Nord est dominée par les maisons à colombages. Il s'agit d'un type de construction alliant plusieurs matériaux. La maison de l'Engadine constitue également un type de construction mixte: ses murs massifs entourent des cloisons en bois.

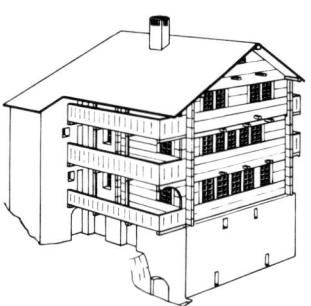

Valais:
Bâtiment à fonctions multiples avec disposition verticale des pièces d'habitation. Madriers, cuisine en maçonnerie (St-Jean VS, 1667).

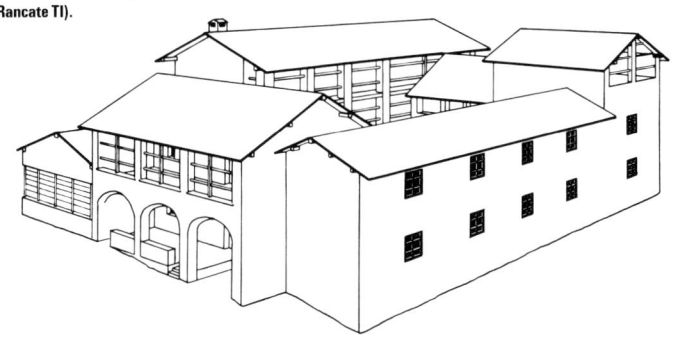

Mendrisiotto:
Ensemble rural en maçonnerie à cour fermée (Rancate TI).

La classification régionale sur les pages 508–511 montre qu'il existe toute une série de combinaisons possibles entre la construction des murs et du toit, la disposition des pièces dans l'habitat et la structure spatiale des fonctions d'habitation et d'exploitation. A partir de ces possibilités de combinaison, dès le 16ᵉ siècle, notre pays a vu naître une multitude de formes régionales de maisons et de fermes que nous ne pouvons décrire en détail ici, faute de place. L'aperçu des différentes formes d'habitat et d'exploitation est tiré de l'«Atlas de la Suisse» (éditeur: Office fédéral de topographie).

Conseils et informations touristiques

complémentaires

Conseils et informations touristiques complémentaires

Protection de la nature

Depuis presque quarante ans, la Suisse a instauré une loi fédérale sur la protection de la nature et du patrimoine pour préserver, entre autres, plus de cent espèces végétales sur l'ensemble de son territoire. Entretemps et outre les directives destinées à la protection directe des espèces végétales et animales, de nouvelles lois entrèrent en vigueur pour protéger avant tout l'environnement, ce qui finalement aide aussi à préserver les espèces tout comme leurs associations. C'est ainsi que, par exemple, la loi fédérale de base de 1983 pour la protection de l'environnement constitue le cadre directeur pour sa mise en application dans les cantons. La protection rigoureuse de paysages marécageux particulièrement beaux, ou la nouvelle législation sur les forêts de 1993 considérant la forêt comme une association de vie proche de la nature, en sont d'autres exemples. Peut-on pour autant dire que tout va pour le mieux dans le meilleur des mondes?

La détérioration de l'environnement par l'homme

En Suisse, ce n'est pas le manque de législation ni de bonne volonté qui mettent en question les mesures de protection de la nature. Le paysage ainsi que le monde animal et végétal, que nous voulons protéger à l'aide de ces lois, ne sont en grande partie plus à l'état naturel. L'homme les a transformés. Durant plusieurs siècles s'est ainsi constituée insensiblement une relation entre la terre arable et les paysages naturels que nous trouvons harmonieux et dignes d'être protégés. Par son activité, l'homme a de tout temps détruit la nature. En Suisse, les interventions des périodes passées ont cependant été moins fatales qu'elles le sont, par exemple, dans les pays du bassin méditerranéen aujourd'hui.

Davantage d'espace voué à l'habitation = moins d'espace naturel

Au cours des cent dernières années, le progrès technique s'est accéléré, entraînant à sa suite les exigences d'une population de plus en plus importante dans notre pays et limitant ainsi de manière menaçante l'espace vital des animaux sauvages et des plantes. Rien que, durant les trente dernières années, quelque 1000 km² de terre arable ont disparu sous les bâtiments et les routes – soit une superficie de la taille du canton de Thurgovie –, et ceci d'ailleurs en grande partie dans la région du Plateau, où vivent environ 90% de la population (près de 800 habitants au kilomètre carré, soit deux fois plus qu'en Hollande, pays connu pour la densité de sa population!).

La production agricole n'a malgré tout pas diminué, la perte en terres arables étant compensée en permanence par l'augmentation du rendement. Alors qu'en 1945 on récoltait, sur 1 ha, 23 quintaux de blé ou

Par suite de l'assèchement artificiel, cette mare élevée est vouée à la disparition...

193 quintaux de pommes de terre, la production est de nos jours passée à 44 et 314 quintaux respectivement grâce à l'amélioration des semences, des engrais et des biocides. Cette maximalisation du rendement et l'exploitation de plus en plus rationnelle par la diminution de la main-d'œuvre et l'augmentation de la mécanisation ont toutefois leur prix.

La mécanisation a supprimé les haies, les bosquets et les amas de pierre – éléments naturels du paysage cultivé, dont l'utilité était bien connue des paysans d'autrefois. Il est en effet prouvé que le rendement, par exemple, de l'orge, de l'avoine, du seigle et des carottes, cultivés dans des champs séparés par de hautes haies se suivant à 300 m d'intervalles, est jusqu'à un quart supérieur à celui des surfaces champêtres exemptes de haies. En brisant le vent, les haies diminuent les dommages directs causés par les tempêtes et le dessèchement des mottes de terre fertiles. Ceci prévient à nouveau les ravages de l'érosion par le vent et l'eau, sans oublier que, dans les haies, vivent bon nombre d'ennemis naturels des parasites des plantes, à savoir les chrysopides et les carabes, divers oiseaux chanteurs, les musaraignes et les hérissons, les buses, les martres et les renards.

Accroissement du rendement = diminution des espèces

La bénédiction des engrais de la culture intensive est devenue un cercle vicieux: les engrais artificiels augmentent le rendement du fourrage. L'augmentation du rendement du fourrage permet d'entretenir un cheptel plus important. Un surplus d'animaux produit davantage de purin et de fumier, donc plus d'engrais pour les champs. Cette bénédiction d'engrais a littéralement étouffé la magnificence florale et la diversité végétale des prairies maigres et des prés secs, pour les transformer en prairies grasses pauvres en espèces et pratiquement sans fleurs, où ne poussent plus que peu d'espèces d'herbes fourragères. La sélection des plantes est encore plus draconienne dans les prairies artificielles au vert juteux. Les prairies fleuries étaient cependant toujours une des principales sources nourricières des abeilles. Sans abeilles – chaque enfant le sait –, les fleurs des arbres fruitiers ne seraient pas pollinisées au printemps. Nombreux sont les apiculteurs du Plateau à devoir déménager leurs essaims dans le Jura et les Préalpes offrant encore des fleurs sauvages fleurissant en été... s'ils ne veulent pas se contenter de les nourrir d'une solution sucrée.

Prenons un autre exemple. Le cours des fleuves et des lacs a été rectifié et leurs eaux ont été étranglées dans des corsets bétonnés. Seul un tiers de toutes les rives des vingt plus grands lacs – soit 330 km environ – est resté à l'état naturel. Neuf dixièmes de toutes les régions humides – soit près de 2000 km² – ont été asséchés depuis le 19e siècle. Dire que les marécages, les prés, les marais et les mares retiennent, telles de gigantesques éponges, les eaux de fonte des neiges et de pluie et les laissent régulièrement évaporer durant la saison sèche! Les plantes des zones marécageuses, telles que les massettes,

514

les roseaux et les iris, conduisent des sortes de tuyaux d'air jusqu'à la pointe de leurs racines à 1 m de profondeur et approvisionnent ainsi les organismes au sol en oxygène capable de dégrader les phosphates et les nitrates. Pour le traitement écologique des eaux usées, on utilise cette faculté de nettoyage naturelle dans des étangs d'oxydation artificiels.

De nos jours, ces relations et l'importance indirecte, mais vitale pour l'homme, des communautés de vie proches de la nature deviennent de plus en plus évidentes. On a, par contre, longtemps voulu croire en leur anéantissement – autrement dit en l'extinction des espèces animales et végétales.

Le règne végétal menacé

La loi fédérale fait une distinction entre les espèces végétales entièrement protégées qu'il est interdit de cueillir, d'arracher, de transporter, de vendre, d'acheter et les espèces partiellement protégées. Pour ce qui est de ces dernières, quelques exemplaires peuvent être cueillis, mais toutefois pas dans les réserves naturelles ni dans les zones de protection des plantes. Un peu plus de 350 espèces (soit environ un dixième des plantes poussant en Suisse) sont répertoriées dans *l'index des plantes protégées dans la Confédération et les cantons*. Parmi les espèces végétales supérieures, recensées sur le plan botanique, 46 sont éteintes ou ont tout au moins disparu. Quelque 213 autres espèces sont menacées d'extinction et 261 si menacées que, lors d'une régression ultérieure, les colonies dispersées deviennent trop petites pour pouvoir survivre. Pour ce qui est des 194 autres espèces plutôt fréquentes, on sait que leur effectif diminue.

La cause principale de cette diminution ou extinction, pour la plupart des plantes, réside dans l'amenuisement de leur espace vital en

L'aigle royal constitue un exemple des mesures de protection réussies. Aujourd'hui, son effectif a atteint, dans les Alpes suisses, la limite supérieure fixée par les possibilités alimentaires.

Opération «bandes vertes»

Selon la volonté de l'Office fédéral de la protection de l'environnement, la moitié au moins des plantes sauvages suisses doit pouvoir conserver une zone de retraite sur les bandes vertes bordant les voies ferrées, les chemins vicinaux et forestiers, les routes et les autoroutes. La proposition de cette zone verte naturelle, facile à entretenir, a rencontré l'assentiment général. Avec une superficie totale de 643 km2, cette «réserve» au développement rapide est pratiquement quatre fois plus grande que le Parc national et aussi grande que les 400 réserves administrées par la Ligue suisse pour la protection de la nature. Mais, avec 239 374 km de long et 1 à 10 m de large, le dernier-né de la planification fédérale de la protection de la nature manque d'arrière-pays. Il consiste presque uniquement en zones frontières fixées sur des plans n'assurant aucunement leur protection. Ajoutons que, pour les graminées, les fleurs et les petits animaux vivant au ras du sol, cette réserve constitue certes une retraite sûre, ce qui n'est pas le cas de maints autres membres de la chaîne alimentaire souvent plus particulièrement menacés. Attirés par les souris écrasées ou apparemment faciles à capturer au bord des chaussées, les hiboux et les oiseaux de proie sous-estiment la vitesse des voitures... et la collision est pratiquement inévitable. La splendeur florale des ballasts et des bandes vertes bordant les autoroutes représente un piège comparable pour les abeilles, les bourdons et les papillons.

Malgré ces craintes, on peut affirmer que, sur ces 643 km2, les grands moyens chimiques ont été abandonnés. Ainsi, l'opération «bandes vertes» constitue au moins un signe que la protection de la nature n'est plus exclusivement le souci d'une petite minorité...

La protection de la nature nous concerne tous, car nous tous nuisons à la nature par notre présence, nos activités et nos exigences. Par son comportement, tout un chacun peut contribuer, à diminuer, voire réduire, autant que possible ces nuisances. Suivez les conseils figurant à droite et qui s'appliquent en randonnée aussi bien qu'à la vie quotidienne. Les organismes suisses de protection de la nature et des animaux vous informent volontiers.

La fritillaire des Alpes méridionales qui affectionne les sols calcaires est une vraie rareté. Elle fleurit de juin à juillet sur les alpages des Alpes du Sud jusqu'aux rives du lac de Garde.

minuscules îlots, sa disparition complète ou sa modification. Ceci s'applique surtout aux espèces vivant dans les zones humides de plus en plus rares (linaigrettes, sagittaires, sparganiers, nénuphars de lac et d'étang) et dans les marais (droseras, bruyères, sphaignes), mais aussi aux nombreuses orchidées, tels que les orchis et les sabots de Vénus, qui ne poussent que dans les endroits non amendés.

La beauté, une menace

Parmi les espèces végétales particulièrement menacées figurent surtout les plantes voyantes à grandes et belles fleurs et dont les noms nous sont familiers, à savoir l'edelweiss, le lis jaune, le lis martagon, la gentiane, le rhododendron, le chardon argenté, etc. Particulièrement dans le cas des fleurs alpines, dont l'habitat est encore en grande partie préservé, ce sont souvent les «amis de la nature» qui sont les grands responsables de leur recul. Il faut en cela savoir qu'il est plus nuisible de cueillir certaines espèces que de les faucher ou de les brouter. Du fait que les exemplaires cueillis ne peuvent plus libérer de semences, ces espèces sont directement défavorisées dans la compétition de supplantation que se livrent en permanence les espèces végétales. Il existe en outre toujours des «amis des fleurs» qui déterrent des espèces âgées de plusieurs années, telles que les perce-neige, les narcisses et les jonquilles, pour les emmener chez eux. Finalement certaines espèces doivent être protégées du fait qu'elles sont utilisées à outrance comme plantes médicinales, légumes sauvages ou substances de base pour la préparation de liqueurs ou d'eaux-de-vie. C'est le cas de la rue, de la gentiane et de la scolopendre officinale.

Dans ce contexte, il convient également de mentionner le recul de bon nombre de champignons. Les amateurs contestent généralement le rapport direct existant entre leur cueillette et leur disparition. Il y a en fait encore beaucoup d'inconnues en ce domaine. Dans le cas de la chanterelle, la cueillette pourrait en tout cas avoir contribué à sa rareté en plaine.

La mise en exploitation exagérée des zones montagneuses pour le tourisme constitue un autre danger pour les fleurs alpines. Dans le cas de l'agriculture de montagne, les démesures s'avèrent nuisibles dans un sens comme dans l'autre. D'une part, on assiste à la tendance, dans les zones montagneuses également, à exploiter de moins en moins les surfaces peu adaptées à l'exploitation mécanisée. D'autre part, les prés abrupts et difficilement accessibles sont de moins en moins utilisés. Le résultat se solde en prairies grasses et en alpages négligés. Seules les zones alpines situées au-dessus de la limite forestière peuvent être abandonnées à elles-mêmes et au gibier. En dessous de cette frontière, les prairies doivent être utilisées en procédant à une tonte unique (de préférence après la dispersion des semences) ou en laissant brouter occasionnellement les herbivores, sinon la forêt reconquiert son ancien territoire.

Le Plateau – un désert écologique

C'est sur le Plateau que se joue le plus cruellement le drame de la disparition des espèces pour les raisons précédemment citées. Dans cette région, 21 espèces familières des marécages et autres plantes aquatiques sont déjà éteintes et 77 autres gravement menacées. Quant à l'agriculture intensive, elle a déjà exterminé, en utilisation des herbicides, 17 soi-disant mauvaises herbes. Quelque 71 autres espèces sont en danger. Parmi elles se trouvent des fleurs aussi merveilleuses que la dauphinelle et la nielle des blés.

A la disparition des plantes fait suite celle des animaux

Dans la nature, tout est lié. On n'en reste pas à la disparition des mauvaises herbes «inutiles» et autres plantes sauvages. Avec elles disparaissent bon nombre de petits animaux, tels que les coléoptères et les papillons, qui ne peuvent pas se contenter d'autres plantes. On ignore de nos jours le nombre d'insectes, d'escargots et autres petits animaux menacés d'extinction ou déjà éteints. Alors que, pour eux, les fameuses «listes rouges» font défaut, les oiseaux sont inventoriés depuis une bonne quinzaine d'années.

Les oiseaux dont les espèces sont éteintes depuis 1870 en Suisse sont le gypaète barbu (réintroduit), le gorge-bleue à miroir, le balbuzard fluviatile, le grand butor étoilé, le busard Saint-Martin, la perdrix rouge, le chevalier gambette, le hibou brachyote et la guifette noire. Quant au grand courlis p. ex., au héron pourpre, au faucon pèlerin, au hibou petit duc, ils ont pratiquement disparu. A part eux, près de la moitié des 190 espèces, qui vivaient en Suisse au siècle dernier, figure sur la «liste rouge» des espèces menacées. A quelques exceptions près, ce n'est pas la chasse directe des parasites ou du gibier hautement apprécié qui en est la cause, mais, comme pour les plantes, le recul ou la destruction systématique de l'habitat ainsi que le dérangement occasionné par la mise en exploitation touristique et l'administration de pesticides dans les chaînes alimentaires. Aussi longtemps que ce développement ne sera pas freiné, il faudra par exemple considérer la réimplantation de la cigogne blanche depuis 1955 (en 1987, 175 jeunes ont été élevés dans 134 nids habités) comme une expérience limitée dans le temps.

Sur les 35 espèces de batraciens et de reptiles protégées sans exception dans toute la Suisse – crapauds, grenouilles, salamandres, lézards et orvets –, cinq sont déjà éteintes, et quatre autres suivront bientôt.

Ongulés susceptibles de s'adapter

Pour les 73 espèces de mammifères que totalise le territoire suisse, il n'existe pas encore de «liste rouge». En résumé, on peut dire qu'en comparaison avec d'autres groupes d'animaux, elles subsistent étonnamment bien. Les effectifs des artiodactyles (mammifères ongulés) hautement appréciés comme gibier ont même considérablement augmenté. Ceci est le cas du chevreuil et du chamois, mais aussi du cerf, dont l'espèce était éteinte en 1800. En provenance du Vorarlberg, il conquit notre pays à la fin du siècle. L'effectif actuel de 24 000 têtes devrait être plus important que jamais depuis le Moyen Age. Le bouquetin des Alpes, dont la race était égale-

Parmi les batraciens de Suisse, les grenouilles vertes et les crapauds sont les espèces les plus fréquentes. Sur l'illustration, on aperçoit une bonne demi-douzaine de crapauds mâles se battant pour une femelle deux fois plus grosse qu'eux. Dans l'eau, on reconnaît déjà les filaments noirs de frai.

ment éteinte et dont le repeuplement a été entrepris en 1911, s'est entre-temps constitué en colonies de 13 000 têtes au total. Bien que, comme les autres espèces recolonisées – castors, loutres et lynx –, il soit protégé, il convient de nos jours encore de fixer des taux de développement maximum pour ne pas laisser croître outre mesure les divers effectifs. Même la colonie de sangliers a réussi à augmenter en passant de 200 exemplaires en 1936 à environ 2000 en 1987.

Spécialistes menacés

La situation est moins réjouissante pour les oiseaux de proie spécialisés ainsi que pour les espèces limitées aux habitats menacés, telles les zones humides. Parmi celles qui sont le plus en danger figurent certaines espèces de chauve-souris, mais aussi l'hermine, le putois et la musaraigne, dont la nourriture est souvent empoisonnée par les pesticides. Protégé sur tout le territoire suisse, le hérisson meurt surtout par suite de son comportement bien connu. Au moindre danger, il se roule en boule. Quant à la marmotte et à la loutre, elles manqueront à coup sûr de cours d'eau naturels pour assurer à long terme la survie de leur effectif.

Plus de place pour les réserves

Les régions restées relativement naturelles et préservées se situent dans les Alpes: le Parc national suisse (169 km²) dans le canton des Grisons, les Forêts d'Aletsch et de Finges en Valais. Les réserves d'une telle superficie, les 38 régions interdites à la chasse dans la Confédération (superficie totale 1650 km²) ainsi que les prairies et les forêts exploitées dans les régions alpines servent de nos jours encore de refuge à bon nombre d'espèces depuis longtemps disparues sur le Plateau.

Dans cette dernière région, par contre, les réserves en dehors des zones forestières sont généralement restreintes. Elles ne peuvent bénéficier d'une protection efficace. Ceci s'applique même à l'*Inventaire des paysages et monuments naturels d'importance nationale devant être préservés*. En voici un exemple:

Des centaines de milliers de mouettes, de canards, d'oies sauvages, de cygnes et de cormorans migrateurs provenant de l'Europe du Nord et du Nord-Est hivernent surtout à proximité des 54 plans d'eau du Plateau. Dans quatre seulement des onze plus petites régions d'hivernage d'importance internationale, la chasse est totalement interdite. Dans cinq, elle l'est partiellement. Mesurant 2 km² en moyenne, la superficie des zones aquatiques et riveraines est en outre passablement restreinte. Avec ses 14 km² du superficie, la Grande Cariçaie de la rive sud-est du lac de Neuchâtel, douzième région d'hivernage d'importance nationale, constitue une exception. Cette roselière, la plus grande de toutes celles encore préservées en Suisse, sert de lieu de couvaison à plus de 40 espèces d'oiseaux.

Conseils pour la randonnée

1 Ne vous écartez pas des chemins. Nombreuses sont en effet les plantes ne supportant pas d'être piétinées. Dans les zones humides surtout, une charge des sols meubles dépassant la mesure conduit à des dommages souvent irréparables.

2 En cas de doute quant à la protection de telle ou telle plante, mieux vaut s'abstenir de la cueillir.

3 Lors du ramassage des champignons, respectez les mesures de protection et les jours fixés pour la cueillette. Pensez que les champignons emmagasinent particulièrement bien les métaux lourds et la radioactivité... ce qui a pour effet de freiner quelque peu la «frénésie des ramasseurs».

4 Si vous cueillez des fleurs, n'en prenez pas des brassées entières et faites-le uniquement là où il y en a beaucoup de la même espèce. Composez des bouquets en choisissant quelques exemplaires seulement de la même variété. Cueillez-les peu avant d'arriver au but, les fleurs sauvages se fanant rapidement si elles manquent d'eau.

5 Et d'ailleurs pourquoi les cueillir, alors qu'il est si simple de les photographier? Elles ne se faneront pas, et un album photo remplacera parfaitement l'herbier du botaniste amateur.

Conseils et informations touristiques complémentaires

Musées d'histoire naturelle, jardins botaniques et zoos

Jardins zoologiques et parcs à gibier de Suisse

Fribourg, Neuchâtel, Jura, Jura bernois
Charmey: Parc aux Biches. *Chaux-de-Fonds, La:* Bois du petit château, Vivarium. *Crémines:* Siky-Ranch (45 espèces, surtout des carnivores). *Tavannes:* Vivarium Ophidia.

Plateau bernois
Bern: Bärengraben, Tierpark Dählhölzli (env. 300 espèces). *Bern-Bethlehem:* Tierpark Bern-West. *Biel/Bienne:* Tierpark Bözingenberg. *Langenthal:* Tierpark. *Lützelflüh-Goldbach:* Zoo Sonnhalde (20 espèces). *Romont près Granges:* Parc à gibier. *Studen bei Biel:* Zoo Seeteufel (25 espèces).

Oberland bernois
Brienz: Wildpark. *Interlaken:* Alpenwildpark Harder. *Kandergrund:* Tierpark Riegelsee.

Région lémanique
Genève: Conservatoire et jardin botanique. *Lausanne:* Jardin zoologique Sauvabelin, Vivarium (surtout reptiles). *Payerne:* Parc aux Biches. *Servion:* Zoo Servion (100 espèces). *Vaud, Le:* Zoo La Garenne (200 espèces, surtout des oiseaux).

Suisse centrale
Engelberg: Wildpark. *Goldau:* Natur- und Tierpark. *Hoch-Ybrig:* Tierpark. *Luzern:* Hirschpark Friedental. *Sempach:* Vogelwarte. *Sursee:* Tierpark Hasenwartwald. (suite p. 519)

Aarau, Aargauisches Naturmuseum, Bahnhofplatz, 064/22 29 48, ma–sa 10–12, 14–17; di 10–12, 14–16.
Géologie et minéralogie du canton d'Argovie, fossiles. Animaux indigènes (dioramas). Zoologie générale; gibier et chasse, animaux protégés et espèces éteints; présentation de différents pelages.

La Banderette, Chalet du Club jurassien, section «Soliat», 7 km au sud de Travers NE, 038/63 22 64. Mai–septembre di 8–18.
Collection d'histoire naturelle: faune régionale, minéraux, fossiles, pétrifications. Herbier.

Basel, Naturhistorisches Museum, Augustinergasse 2, 061/266 55 00. Ma–sa 10–12, 14–17; di 10–17.
Collections très importantes: mammifères et oiseaux de Suisse, faune extra-européenne; collection entomologique; histoire des mammifères, dinosaures. Géologie (la Terre, pétrifications de la région bâloise); minéraux de Suisse, minéralogie.

Bern, Naturhistorisches Museum, Bernastrasse 15, 031/350 71 11. Lu 14–17; ma–sa 9–17; di 10–17.
Collections très importantes: minéraux provenant essentiellement des Alpes suisses, quartz. Géologie du canton de Berne, paléontologie. Mollusques du monde entier, insectes du canton de Berne, papillons et coléoptères exotiques. Vertébrés inférieurs, oiseaux et mammifères, surtout en provenance de Suisse, d'Afrique, d'Asie et du Nord (plus grand diorama d'Europe). En charge du Schweizerische Museum für Jagd- und Wildschutz (Musée suisse de la chasse et de la protection du gibier) au château de Landshut.

La Chaux-de-Fonds, Musée d'hist. naturelle, 63, av. Léopold-Robert (v.-à-v. de la gare), 039/23 39 76. Ma–sa 14–17, di 10–12, 14–17.
Collection surtout consacrée aux animaux africains; dioramas sur la faune suisse et étrangère (habitat). Géologie et paléontologie du Jura.

Chur, Bündner Natur-Museum, Masanserstrasse 31, 081/22 15 58. Ma–di 10–12, 14–17.
Riche collection de la faune, de la géologie et des minéraux des Grisons.

Frauenfeld, Naturmuseum des Kantons Thurgau, Luzernerhaus, Freie Strasse 24, 054/21 25 45/24 11 11. Me, sa, di 14–17.
Aperçu de l'histoire de la Terre et de la Vie; géologie, fossiles, végétaux et animaux du canton de Thurgovie; faune du canton (également animaux vivants). Ontogenèse de l'être humain.

Fribourg/Freiburg, Musée d'histoire naturelle/Naturhistorisches Museum, Pérolles, bâtiment de la Faculté des sciences, 037/82 63 91. Lu–di 14–18.
Collection cantonale: géographie, minéralogie, géologie, paléontologie, collections pétrographiques. Zoologie: faune régionale (surtout oiseaux et petits mammifères). Animaux de divers continents, baleines; insectes indigènes et exotiques.

Genève, Muséum d'Histoire naturelle, 1, route de Malagnou, 022/735 91 30. Ma–di 9.30–17.
Collections très importantes, présentées entre autre sous forme de dioramas. Zoologie: mammifères, oiseaux, insectes, batraciens, reptiles, invertébrés, poissons, mollusques. Importantes collections de chercheurs (Lamarck, Loriol, de Saussure, Forel et autres). Paléontologie: fossiles de vertébrés et d'invertébrés (notamment des pampas d'Argentine). Géologie et minéralogie: collections de stratigraphies, pierres précieuses, minéraux luminescents.

Glarus, Naturwissenschaftliche Sammlungen des Kantons Glarus, dans le Musée des beaux-arts, Museumsstrasse, près de la gare, 058/34 49 49. Ouvert durant les expositions du Musée des beaux-arts. Di-me 14–17, je 14–21, ve–sa 14–17, di 10–17. Faune du canton de Glaris, surtout mammifères et oiseaux (dioramas).

Lausanne, Musée zoologique cantonal, Palais de Rumine, place de la Riponne, 021/312 83 36/37. Lu–di 10–12, 14–17.
Importante collection d'animaux du monde entier ainsi que raretés (cinq espèces d'oiseaux éteintes). Collection pratiquement complète des vertébrés indigènes. Grande collection entomologique.

Lausanne, Musée géologique cantonal, Palais de Rumine, place de la Riponne, 021/692 48 18. Lu–di 10–12, 14–17.
Découvertes géologiques et paléontologiques du canton de Vaud. Collections minéralogiques, pétrographiques, paléophytologiques et paléozoologiques systématiques.

Liestal, Kantonsmuseum Basel-Landschaft, Zeughausplatz/Rathausstrasse 2, 061/925 50 90 ou 925 59 86. Ma 10–12, 14–17, 19–21; me–ve 10–12, 14–17; sa, di 10–17.
Histoire naturelle et culturelle du canton de Bâle-Campagne. Collections géologiques, paléontologiques, minéralogiques et zoologiques.

Lugano, Museo cantonale di storia naturale, Viale Cattaneo 4, presso Palazzo degli Studi, Parco civico, 091/23 78 27. Ma–sa 9–12, 14–17.
Riche collection. Fossiles, roches et minéraux du Tessin. Faune et flore indigènes (dioramas), importante collection de champignons séchés.

Luzern, Gletschergartenmuseum, Denkmalstrasse 4, près du monument du Lion, 041/51 43 40. Janv.–févr.: ma–di 10.30–16.30; mars–avril: lu–di 9–17; mai–14 oct.: lu-di 8–18; 15 oct.– 15 nov.: lu–di 9–17; 16 nov.–déc.: ma–di 10.30–16.30.
Collections géologiques, paléontologiques, minéralogiques et folkloriques. Belle présentation de l'ère glaciaire en relation avec le Jardin des Glaciers.

Luzern, Naturmuseum, Kasernenplatz 6, près de la Spreuerbrücke, 041/24 54 11. Ma–sa 10–12, 14–17; di et jours de fête 10–17.
Géologie, minéralogie, paléontologie, flore et faune surtout de Suisse centrale (également aquariums et animaux vivants). Herbier; préhistoire du canton de Lucerne.

Neuchâtel, Musée d'histoire naturelle, Terreaux-Nord 14, 038/20 79 60. Ma–di 10–17.
Dioramas de mammifères et d'oiseaux suisses.

Olten, Naturmuseum, Kirchgasse 10, 062/32 79 19. Ma–sa 14–17; di 10–12, 14–17.

Géologie, minéralogie, paléontologie: collections générales et régionales, fossiles, minéraux du Jura, vastes collections de vertébrés éteints. Botanique, zoologie: champignons, la forêt, animaux indigènes des invertébrés aux mammifères.

Schaffhausen, Museum Stemmler, Sporrengasse 7, 053/25 88 46. Di 10–12, 13.30–17.

Oiseaux d'Europe et de Sibérie, surtout rapaces avec nids et œufs. Mammifères européens. Collection d'ammonites.

Sion/Sitten, Musée cantonal d'histoire naturelle/Kantonales Naturhistorisches Museum, avenue de la gare 42, 027/21 69 11 ou 21 69 24. Ma–di 14–18.

Géologie, minéralogie, flore et faune du Valais. Cabinet de curiosités, traces de dinosaures.

Solothurn, Naturmuseum, Klosterplatz 2, près de la Kreuzackerbrücke, 065/22 70 21. Ma, me, ve, sa 14–17; je 14–21; di 10–12, 14–17.

Minéraux et pétrifications régionales, fossiles, plantes et animaux. Protection de la nature. Aquariums, jouets et animaux à caresser, petit cinéma; voix d'oiseaux et de batraciens. Herbiers.

Winterthur, Naturwissenschaftliche Sammlungen der Stadt, Museumstr. 52 (dans le Musée des beaux-arts), 052/267 51 66. Ma–di 10–17.

Paléontologie (mastodontes et autres mammifères éteints), minéralogie et pétrographie; zoologie, surtout animaux indigènes et collection de coraux.

Zofingen, Musée avec une section des sciences naturelles: la Suisse et la région, General-Guisan-Strasse 18, 062/51 67 63. Me 14–17, di 10–12 (sauf pendant les vacances d'été) et selon convenance.

Des invertébrés aux mammifères, minéraux, roches, fossiles, panoramas de vie.

Zürich, Geologische und Mineralogisch-Petrographische Sammlungen der ETH, Naturwissenschaften Ost, Sonneggstrasse 5, 01/256 37 87. Lu–ve 10–18, sa 10–16.

Documentation de géologie et de minéralogie, fossiles. Importante collection de minéraux et de roches, stratigraphies et minerais. Minéraux des Alpes, pierres précieuses.

Zürich, Zoologisches Museum der Universität, Karl-Schmid-Strasse 4, 01/257 38 21. Ma–ve 9–17; sa, di 10–16.

Importante collection de mammifères, d'oiseaux et de mollusques du monde entier. Faune indigène (projection de dias sur les poissons de Suisse) Spectacles audio-visuels et cinématographiques.

Les jardins botaniques de Suisse

(Entre parenthèses, les mois les plus propices aux visites)

Fribourg, Neuchâtel, Jura, Jura bernois
Fribourg: Jardin botanique (V–VIII), 037/29 88 86. *Neuchâtel:* Jardin botanique (IV–X), 038/23 23 50. *Porrentruy:* Jardin des plantes jurassiennes (VI–XI), 066/66 30 15.

Grisons
Brigels: Alpiner Urwald Scatlé (V–X); es werden jährlich Führungen veranstaltet: 081/941 13 31 (Verkehrsverein) gibt Auskunft. *Davos:* Alpengarten Alpinum Schatzalp (VI–X). *Flims:* Alpenpflanzen-Lehrpfad Cassonsgrat (V–X). *Maloja:* Hochmoor-Reservat (V–XI). *Pontresina:* Alpengarten Alp Grüm (VI–VIII). *Tamins:* Dahlienschau Wieland (IX–X).

Plateau bernois
Attiswil: Kräutergarten, Heimatmuseum. *Bern:* Botanischer Garten der Universität (I–XII), 031/631 49 11, Rosengarten (IV–IX), Stadtgärtnerei Elfenau (I–XII). *Biel/Bienne:* Irisgarten Jutzhubel (V–VI). *Bühl bei Aarberg:* Tulpenschau Samen-Mäder (IV–V). *Koppigen:* Arboretum Oeschberg (I–XII). *Ligerz:* Rebenlehrgarten (IV–X). *Lützelflüh:* Dahlienschau zum Waldhaus (VIII–X).

Oberland bernois
Adelboden: Alpengarten Höreli (VI–IX). Alpinlehrpfad Schwandfeldspitz (VI–X). *Erlenbach i. S.:* Alpenpflanzen-Lehrpfad Stockhorn (VI–VIII). *Wilderswil:* Alpengarten Schynige Platte (VI–IX).

Région lémanique
Aubonne: Arboretum (VI–X), 021/808 57 25. *Bex/Pont-de-Nant:* Jardin alpin La Thomasia (VI–VII). *Chambésy-Genève:* Jardin botanique (I–XII), 022/732 69 69. *Château-d'Œx:* Jardin de la Motte (VI–IX). *Chêne-Bourg:* Jardin alpin Floraire (IV–VI). *Genève:* Jardin anglais (I–XII), Jardin des roses Parc de la Grange (IV–VII). *Lausanne:* Jardin botanique cantonal (III–X), 021/616 24 09. Jardin de roses Vallée de la Jeunesse (VI). *Meyrin:* Jardin alpin botanique (IV–VI). *Morges:* Parc de l'Indépendance (IV–V). *Rochers-de-Naye:* Jardin alpin La Rambertia (V–IX). *St-Triphon:* Jardin botanique Aviolat (IV–X). *Vullierens:* Jardin d'Iris Château Vullierens (V–VI).

Suisse centrale
Gelfingen: Rosengarten Schloß Heidegg (VI–VIII). *Rigi Kaltbad:* Alpengarten (VI–VII).

Suisse du Nord-Ouest
Arlesheim: Ermitage (I–XII). *Basel:* Botanischer Garten der Universität (I–XII), 061/267 35 19; Botanischer Garten Münchenstein (I–XII), 061/311 87 80. *Dottikon:* Rosenschaugarten Huber (V–VII). *Schinznach-Dorf:* Arboretum Zulauf (I–XII). *Weissenstein b. Solothurn:* Botanischer Jura-Garten (IV–X), 065/22 19 24 (Verkehrsbüro).

Suisse orientale
Bad Ragaz: Giessenpark (V–VII). *Braunwald:* Alpine Rosenprüfanlage (VII–IX). *Rapperswil:* Städtischer Rosengarten (VI–VIII). *St. Gallen:* Botanischer Garten (I–XII), 071/35 15 30. *Schaffhausen:* Rosengarten Charlottenfels (VI–VIII). *Tägerwilen:* Dahlienschau Siber (IX–X).

Tessin
Brissago: Parco botanico Isola di Brissago (IV–XI), 093/35 43 61. *Carona:* Parco botanico San Grato (I–XII), 091/68 63 83 (Verkehrsbüro). *Lugano:* Parco Ciani (IV–VI), 091/21 46 64 (Verkehrsbüro), Parco civico (IV–VIII). *Morcote:* Parco Scherrer (III–X).

Valais
Anzère: Sentier botanique alpin (VII–IX). *Bourg-St-Pierre:* Jardin alpin «La Linnea». *Champex-Lac:* Jardin alpin Flore-Alpe (VI–IX). *Münster:* Alpengarten (VII–VIII). *Riederalp:* Alpengarten Riederfurka (VII–IX).

Zurich
Engstringen: Dahlienschau Hoffmann (IX–X). *Grüningen:* Botanischer Garten (IV–X), 01/935 19 22. *Rifferswil:* Rhododendrenschau Selegermoor (IV–VI). *Winterthur:* Städtischer Rosengarten (V–VIII). *Zürich:* Botanischer Garten der Universität (I–XII), 01/385 44 11; Stadtgärtnerei (I–XII), 01/492 14 23; Städtischer Rosengarten (VI–VIII), Sukkulentensammlung Mythenquai (I–XII), 01/205 45 54.

(suite de la p. 518)

Suisse du Nord-Ouest
Aarau: Wildpark Roggenhausen. *Altreu:* Storchensiedlung. *Basel:* Tierpark Lange Erlen, Zoologischer Garten (ca. 600 espèces). *Biberstein:* Zoo Aarfähre. *Buttwil:* Hirschpark. *Olten:* Wildpark Mühletäli. *Reinach BL:* Tierpark. *Rüfenach:* Zoo Hasel (45 espèces). *Waltenschwil:* Tierpark. *Zofingen:* Hirschpark. *Zurzach:* Tierpark.

Suisse orientale
Bad Ragaz: Tierpark (40 espèces). *Gossau:* Walter-Zoo (130 espèces). *Frauenfeld:* Plättli-Zoo (50 espèces). *Kreuzlingen:* Tierpark Seeburg. *Lipperswil:* Conny-Land (spectacle de dauphins). *Rapperswil:* Knie's Kinderzoo (70 espèces). *St. Gallen:* Tierpark Peter und Paul. *Staad:* Hirschpark.

Tessin
Lugano: Parco civico Ciani. *Magliaso:* Zoo al Maglio (280 espèces).

Valais
Bellwald: Hirschfarm. *Fiesch:* Tierpark Gibelegg. *Les Marécottes:* Zoo alpin des Marécottes (20 espèces).

Zurich
Mönchaltorf: Silberweide (40 espèces). *Langnau a. A.:* Wildpark Langenberg. *Russikon:* Hirschpark. *Oberglatt:* Vivarium Python (25 espèces de serpents). *Winterthur:* Wildpark Bruderhaus. *Zürich:* Zoologischer Garten (env. 300 espèces).

Faire du camping est pour beaucoup de vacanciers la réalisation d'un rêve où l'on vit un moment de liberté romantique. Mais cette réalisation de liberté et de ronamtisme dépend, d'une part, de l'adepte du camping lui-même et, d'autre part, de la place choisie et son aménagement. La liste ci-après donne un aperçu de la répartition régionale des places de Camping dans notre pays, sans prétendre être complète. Le choix des adresses a surtout été fait en fonction du bon aménagement des places et d'une saison relativement prolongée. La spécification des aménagements n'est volontairement pas détaillée: à ce sujet et sur les périodes d'ouverture exactes (resp. brèves fermetures périodiques pour remise en état) on se renseignera aux numéros de téléphone indiqués.

Conseils et informations touristiques complémentaires

Les places de camping dans toute la Suisse

Grisons
Andeer 7440, «**Sut Baselgia**», A. Schaller, 081/61 14 53, fax 081/61 10 80: 1,2 ha; 1.1.–31.12.
Arosa 7050, Kurverein Arosa, 081/31 17 45: 60 a; 1.1.–31.12.
Bondo, «**Bondo-Promontogno**», 7606 Promontogno, Annalisa Picenoni, 082/4 16 16: 90 a; 1.5.–31.10.
Chur 7000, «**Camp Au**», Marco Adank, 081/24 22 83: 3 ha; 1.1.–31.12.
Churwalden 7075, «**Pradafenz**», Engelhard Gerber, tél. + fax 081/35 19 21: 70 a; 1.1.–31.12.
Davos Dorf 7260, «**Färich**», Jochen Hotze, 081/46 10 43: 1,3 ha; env. 10.5.–30.9.
Disentis 7180, «**Fontanivas**», Verena Candinas, 081/947 44 22: 2,5 ha; env. 1.5.–2.10.
Filisur 7477, «**Isla**,» Camp, 081/72 16 47: 4,5 ha; 1.4.–31.10.
Flims-Waldhaus 7018, «**Sportzentrum**», Camp, 081/39 15 75: 32 a; 1.1.–31.12.
Landquart 7302, «**Neue Ganda**», Walter Sonderegger, 081/51 39 55: 4,5 ha; 1.1.–31.12.
Lantsch/Lenz 7083, «**Sozas**», Camp, 081/71 12 35: 25 a; 1.1.–31.12.
Lenz-St. Cassian 7083, Camp, 081/34 24 72, fax 081/34 24 89: 2,5 ha; 1.1.–31.12.
Lenzerheide 7078, «**Gravas**», Marcel Frischknecht, 081/34 23 35: 1 ha; 1.1.–31.12.
Le Prese-Sertori 7746, Antonio Sertori, 082/5 07 97: 25 a; 1.5.–31.10.
Maloja 7516, «**Plan Curtinac**», Max Pittin, 082/4 31 81: 1,5 ha; env. 1.6.–16.9.
Müstair 7537, «**Clenga**», Camp, 082/8 54 10: 52 a; env. 15.5.–20.10.
Pontresina-Morteratsch 7504, «**Plauns**», A. + B. Brülisauer, 082/6 62 85: 4 ha; 1.6.– 15.10.
Poschiavo-Viale 7742, «**Boomerang**», Camp, 7745 Li Curt, 082/5 07 13: 1 ha; 1.1.–31.12.
Roveredo 6535, «**Vera**», Camp, 092/82 18 57: 2,5 ha; 1.1.–31.12.
Samedan 7503, «**Punt Muragl**», Brigitte Conte, 082/3 44 97, 082/6 31 30: 2 ha; 1.1.–31.12.
Santa Maria 7536, «**Pè da Munt**», Camp, 082/8 57 27: 50 a; env. 31.5.–21.10.
Savognin 7460, «**Nandro-Camping**», fam. Widmer, 081/74 13 09: 50 a; 1.1.–31.12.
Scuol 7550, «**Gurlaina**», Janett Flurin, 081/864 15 01: 2 ha; 1.1.–31.12.
Silvaplana 7513, «**Silvaplana**», G. Wyss, 082/4 84 92: 3,44 ha; env. 15.5.–25.10.
Splügen 7435, «**Auf dem Sand**», Camp, 081/62 14 76: 75 a; 1.1.–31.12.
St. Moritz 7500, «**Olympiaschanze**», Roberto Christen, 082/3 40 90, fax 082/3 40 90: 1,5 ha; env. 20.5.–2.10.
Strada im Engadin 7558, «**Arina**», A. Gaudenz, 081/866 32 12: 80 a; env. 1.5.–30.9.
Sur En 7554, W. + R. Bosshardt, 081/866 35 44, fax 081/866 32 37: 3 ha; 1.1.–31.12.
Thusis 7430, «**Viamala**», L. + S. Marni-Kaiser, 081/81 24 72: 4,5 ha; env. 1.5.–30.9.
Trun 7166, «**Ogna**», Marianne Schwarz, 081/943 16 66, 081/943 14 10 (office de tourisme): 3,5 ha; env. 1.5.–30.9.
Tschierv 7532, «**Staila**», Mario Gross, 082/8 56 28, 082/8 55 51: 2 ha; 1.1.–31.12.
Zernez 7530, «**Cul**», A. Filli, 082/8 14 62: 3,6 ha; env. 15.5.–30.9.

Suisse orientale
Alt St. Johann 9656, «**Starkenbach**», Max Schöbi, 074/5 12 74: 50 a; 1.1.–31.12.
Arbon 9320, «**Buchhorn**», Camp, 071/46 65 45, fax 071/46 60 35: 1,3 ha; env. 1.4.–24.10.
Bad Ragaz 7310, «**Geissenpark**», Camp, 081/302 37 10, fax 081/302 62 90: 1 ha; env. 28.3.–28.10.
Bendern 9487, Pia Kind, 075/373 12 11: 40 a; 1.1.–31.12.
Egnach-Wiedehorn 9322, Camp, tél. + fax 071/66 10 06: 60 a; env. 1.4.–30.9.
Eschenz-Hüttenberg 8264, G. + A. Meier, 054/41 23 37: 2,5 ha; 1.1.–31.12.
Flumserberg-Bergheim 8896, **Höfli**», I. Gadient, 085/3 19 40: 1 ha; 1.1.–31.12.
Jakobsbad, «**Anker**», Franz Huber, 9108 Gonten, 071/89 11 31: 2,5 ha; 1.1.–31.12.
Kreuzlingen 8280, «**Fischerhaus**», Camp, 072/75 49 03: 2,5 ha; env. 15.4.–31.10.
Langwiesen bei Schaffhausen 8246, «**Rheinwiesen**», E. Zwahlen, 053/29 33 00: 1,25 ha; env. 30.4.–1.10.
Mammern 8265, «**Guldifuss**», Camp, 054/8 53 20: 1,6 ha; env. 16.4.–30.9.
Murg am Walensee 8877, Camp, 081/738 15 30: 70 a; env. 15.4.–15.10.
Schönengrund 9105, Hotel Krone, 071/57 12 68: 1 ha; 1.1.–31.12.
St. Gallen 9011, «**Leebrücke**», Timo Hörler, 9304 Bernhardzell, 071/38 49 69: 1,5 ha; env. 30.4.–2.10.
St. Margrethen 9430, «**Bruggerhorn**», Camp, 071/71 22 01: 80 a; env. 1.5.–30.9.
Walenstadt 8880, «**See-Camping**», Camp, 081/735 18 96: 2,2 ha; env. 15.5.–15.9.

Zurich
Andelfingen 8450, «**Rässenwies**», W. Kaufmann, 8450 Kleinandelfin-

gen, 052/41 24 08: 30 a; env. 9.4.–9.10.
Auslikon-Wetzikon 8331, Camp, 01/950 13 29: 1,35 ha; env. 1.4.–31.10.
Flaach 8416, «**Steubisallmend**», Peter Gisler, 052/42 14 13: 2 ha; env. 1.4.–2.10.
Maur 8124, «**Maurholz**», fam. Bickel, 01/980 02 66: 1 ha; env. 9.4.–9.10.
Maur 8124, Camp, 01/940 62 31: 90 a; 1.4.–31.10.
Ottenbach 8913, «**Reussbrücke**», 01/761 20 22: 1,5 ha; env. 9.4.–9.10.
Saland 8493, R. Maurer, 052/46 21 18: 2 ha; 1.1.–31.12.
Sihlwald 8135, Camp, 01/720 04 98: 1,2 ha; env. 1.5.–30.9.
Stäfa 8712, «**Kehlhof**», Sheila Imbach, 01/926 43 34: 60 a; env. 30.4.–2.10.
Uessikon-Delta, 8124 Maur, Camp, 01/940 62 31: 66 a; 1.4.–31.10.
Wildberg 8321, «**Camping Weid**», fam. T. Seiler. 052/45 33 88: 3 ha; 1.1.–31.12.
Winterthur 8400, Camp, 052/212 52 60: 80 a; 1.1.–31.12.
Zürich-Wollishofen 8038, «**Zürich-Seebucht**», Camp, 01/482 16 12: 2 ha; env. 1.5.–30.9.

Suisse centrale
Brunnen-Hopfreben 6440, Camp, 043/31 18 73: 1,4 ha; 26.4.–29.9.
Brunnen-Urmiberg 6440, Camp, 043/31 33 27: 50 a; 1.4.–31.10.
Buochs/Ennetbürgen 6374, «**Sportzentrum**», Arnold von Büren, 041/64 34 74: 2,2 ha; env. 1.4.–2.10.
Engelberg 6390, «**Eienwäldli**», 041/94 19 49, fax 041/94 44 23: 4 ha; 1.1.–31.12.
Flüelen-See 6454, auprès du «Chemin de la Suisse» G. Jauch, 044/2 92 22, fax 044/2 92 16: 1,5 ha; 1.4.–31.10.
Goldau 6410, «**Bernerhöhe-Ranch**», fam. Gwerder, 041/82 18 87: 2,5 ha; 1.1.–31.12.
Grossdietwil 6146, Gasthaus Löwen, 063/59 18 03: 1 ha; 1.1.–31.12.
Grossteil 6075, «**Sarnersee-Giswil**», Camp, 041/68 23 55: 1,9 ha; env. 1.4.–14.10.
Horw-Luzern 6048, «**Steinibachried**», Toni + Maya Wyss, 041/47 35 58: 2 ha; env. 1.4.–16.10.
Lungern 6078, «**Obsee**», Camp, 041/69 14 63: 2,2 ha; 1.1.–31.12.
Luzern 6006, «**Luzern-Lido**», Camp, 041/31 21 46, fax 041/31 21 45: 2,7 ha; 15.3.–31.10.
Marbach 6196, «**Sternen-Camping**», fam. Glanzmann-Lötscher, 035/6 41 05: 2,5 ha; 1.1.–31.12.
Mosen 6295, «**Seeblick**», Camp, 041/85 16 66: 2,5 ha; env. 1.4.–31.10.
Nottwil 6207, Mr. Blum, 045/54 14 04: 1 ha; 1.4.–31.10.
Oberiberg 8843, Camp, 055/56 13 38: 90 a; 1.1.–31.12.
Sarnen 6060, «**Lido**», Camp, 041/66 18 66, fax 041/66 18 66: 2 ha; 1.1.–31.12.
Sempach 6204, «**Seeland**», Beat Herzog, 041/99 14 66: 5,2 ha; env. 1.4.–2.10.
Sörenberg-Rischli 6174, Markus Bieri, 041/78 15 77: 50 a; 1.1.–31.12.
Steinen-Seebad 6422, «**Buchenhof**», Josef Reichlin, 043/41 14 29: 2 ha; 15.4.–15.10.
Unterägeri 6314, Camp, 042/72 39 28: 3,5 ha; 1.1.–31.12.
Vitznau 6354, Camp, 041/83 12 80, fax 041/83 24 57: 1,1 ha; env. 1.4.–30.9.
Wägital-Vorderthal 8857, H. R. Zimmermann, 055/69 12 59: 80 a; 31.3.–30.10.
Willerzell 8846, «**Grüene Aff**», Camp, 055/53 41 31: 3 ha; 1.1.– 31.12.
Zug 6300, «**Innere Lorzenallmend**», Mark Ullmer, 042/41 84 22: 1,1 ha; env. 1.4.–1.10.

Suisse du nord-ouest
Aarburg 4663, «**Ruppoldingen**», Camp, 062/41 40 37: 1,5 ha; env. 1.5.–15.9.
Baden 5400, «**Aue**», Camp, 056/21 63 00: 15 a; 1.4.–31.10.
Bubendorf-Talhaus 4416, rest. Talhaus, 061/931 17 20: 50 a; env. 1.4.–15.10.
Frick 5262, «**Sportzentrum**», Franziska Camenzind, 064/61 37 00: 1 ha; env. 1.4.–2.10.
Grenchen-Staad 2540, «**Strausak**», Frau Strausak, 065/52 11 33: 1 ha; env. 1.4.–3.10.
Möhlin 4313, «**Bachtalen**», 061/851 50 95: 1 ha; env. 1.4.–2.10.
Reinach/Basel 4155, «**Waldhort**», Camp, 061/711 64 29, fax 061/302 24 81: 2,9 ha; env. 11.3.–14.10.
Wil bei Etzgen 4347, «**Waldesruh**», Mme Schraner et fam. Sutter, 064/65 12 85: 70 a; 1.1.–31.12.
Zurzach 8437, «**Zurzach-Oberfeld**» Camp, 056/49 25 75: 2 ha; env. 1.4.–31.10.

Berne
Adelboden 3715, «**Ruedy-Hus**», Evelyn Schranz, 033/73 14 54: 40 a; 1.1.–31.12.
Aeschi ob Spiez 3703, «**Panorama Camp Rossern**», familles Schwarz et Wyder, 033/54 43 77: 1 ha; 1.5.–15.9.
Bern 3011, «**Kappelenbrücke**», Liselotte Muster, 3032 Hinterkappelen, 031/901 10 07, fax 031/901 25 91: 3,5 ha; 1.1.–31.12.
Bern-Wabern 3084, «**Eichholz**», Camp, 031/961 26 02: 2 ha; env. 1.5.–30.9.
Biel-Meinisberg 2554, «**Seeland-Camp**», fam. Hans Grütter, 032/87 15 72: 2 ha; 1.4.–30.9.
Blumenstein 3638, «**Restaurant Bad**», 033/56 29 54, 033/56 21 54 (Restaurant): 1 ha; env. 1.4.–3.10.
Brenzikofen 3526, «**Wydeli**», H. R. Eicher, 031/771 11 41: 1,5 ha; env. 1.5.–13.9.
Brienz 3855, «**Aaregg**», fam. Marcel Zysset, 036/51 18 43, fax 036/51 43 24: 1,6 ha; env. 1.4.–30.9.
Burgdorf 3400, «**Waldegg**», fam. Locher-Held, 034/22 79 43: 80 a; env. 1.4.–1.10.
Erlach 3235, «**Strandbad**», Camp, tél. + fax 032/88 16 46: 1,8 ha; env. 1.4.–15.10.
Frutigen 3714, Walter Glausen, 033/71 11 49: 1,5 ha; 1.1.–31.12.
Gampelen 3236, «**Fanel**», Beat Eschler, Gampelen, 032/83 23 33, fax 032/83 14 07: 11,3 ha; env. 1.4.–1.10.
Gohl 3549, «**Emmental**», fam. F. Bracher, 035/2 36 58: 60 a; 1.1.–31.12.
Grindelwald 3818, «**Eigernordwand**», R. Jossi, 036/53 42 27: 1,2 ha; 1.1.–31.12.
Gstaad 3780, «**Caravan Waibel Park**», Camp Bellerive 030/4 63 30: 80 a; 1.1.–31.12.
Gwatt-Thun 3645, «**Bettlereiche**», Roland Thalmann, 033/36 40 67: 1,5 ha; env. 1.4.–9.10.
Heubach-Rüschegg 3154, Camp, 031/738 81 57: 20 a; 1.1.–31.12.
Innertkirchen 3862, «**Aareschlucht**», Ruth Abplanalp, 036/71 53 96: 50 a; 1.1.–31.12.
Innertkirchen 3862, «**Stapfen**», Alb. Zybach, 036/71 13 48: 50 a; 1.3.–31.10.
Interlaken-Bönigen 3806, «**Terrasse**», Camping/Seehotel Terrasse 036/22 20 41: 30 a; 1.1.–31.12.
Interlaken-Thunersee 3800, «**Manor Farm 1**», Camp, 036/22 22 64, fax 036/23 29 91: 7 ha; 1.1.–31.12.
Interlaken-Tiefenau 3800, «**Sackgut**», René Guéleux, 036/22 44 34: 1,2 ha; env. 30.4.–1.10.
Interlaken-Unterseen 3800, «**Alpenblick**», Adolf Goetz, 036/22 77 57: 2 ha; 1.1.–31.12.
Jaunpass, 3766 Boltigen, Camp, 030/3 69 53, fax 030/3 63 24: 80 a; 1.1.–31.12.
Kandersteg 3718, «**Rendez-vous**», 033/75 15 34: 50 a; 1.1.–31.12.
Krattigen 3704, «**Stuhlegg**», Fritz Luginbühl, 033/54 27 23: 2 ha; env. 1.12.–15.10.
Lauterbrunnen 3822, «**Schützen-

La Fédération suisse de camping et de caravaning donne tous les renseignements généraux et techniques sous l'adresse suivante: 6000 Lucerne 4, tél. 041/23 48 22, fax 041/23 00 02. Elle édite également chaque année le guide «Camping Suisse» avec tous les détails sur les places mentionnées. En ce qui concerne les Campings TCS exclusivement, le Touring-Club de suisse fait paraître chaque année un guide du camping: 1217 Meyrin, 022/785 13 33.

Dix conseils pour l'acheteur d'une caravane

1. Décidez, avant d'acheter votre caravane, si elle restera à un endroit précis ou si vous voulez beaucoup voyager. Dans le premier cas, elle ne devra pas être trop petite, dans le second pas trop longue, ni trop large ni trop lourde (1200 kg poids total maximum).

2. Pour voyager, la caravane doit avoir une marche arrière automatique et des amortisseurs. A partir de 4.50 m de longueur, un stabilisateur doit être placé.

3. Seul le mode de construction habituel (le mobilier près de l'axe, les couchettes à l'avant et à l'arrière) permet à la caravane de suivre les traces du véhicule tracteur.

4. Faire une liste des besoins: nombre de lits, installations telles que douche, réfrigérateur, cuisinière, armoire, etc.

5. Les caravanes sans chauffage et sans réfrigérateur sont à proscrire. Faites attention aux occasions, les aménagements ultérieurs peuvent être coûteux.

6. Si votre caravane a plusieurs pièces, un chauffage est indispensable.

7. Pour l'achat d'une caravane d'occasion, demandez à un spécialiste de vous accompagner.

8. Les occasions équipées sommairement ne peuvent satisfaire que des campeurs sans prétention.

9. Voyagez-vous à deux ou à trois? Dans ce cas, un lit en longueur (sans table) plus un lit en largeur sera plus pratique qu'un lit double en largeur.

10. Pensez-vous faire du camping d'hiver? Alors, n'oubliez pas les doubles vitres, le coffre pour deux bouteilles de gaz de 11 kg sur la chape d'attelage ni l'auvent résistant à tous les temps.

bach», Heinz und Christian von Allmen, 036/55 12 68, fax 036/55 12 75: 3 ha; 1.1.–31.12.
Lenk-Hasenweide 3775, Gebr. Zurbrügg, 030/3 26 47: 60 a; 1.1.–31.12.
Ringgenberg 3852, «Au Lac», Camp, 036/22 26 16: 80 a; 1.1.–31.12.
Ringgenberg 3852, «Talacker», alter Grossmann, 036/22 11 28, fax 036/22 98 38: 84 a; 1.1.–31.12.
Saanen 3792, «Beim Kappeli», Martha Reichenbach, 030/4 61 91: 80 a; 1.1.–31.12.
Stechelberg-Sandbach 3824, «Breithorn», Mme S. von Allmen, 036/55 12 25: 1 ha; 1.1.–31.12.
Sutz 2572, Werner Staudenmann, 032/57 13 45: 5 ha; env. 15.4.–15.10.
Thörishaus 3174, «Campingplatz Thörishaus,» Frau M. Bösinger, 031/889 02 96, fax 037/71 10 60: 5 ha; env. 15.4.–15.10.
Weissenburg 3764, Camp, 033/83 15 15: 50 a; 1.1.–31.12.
Zweisimmen 3770, «Camping Vermeille», Camp, 030/2 19 40, fax 030/2 36 25: 95 a; 1.1.–31.12.

Fribourg, Jura, Neuchâtel
Colombier 2013, «Paradis-Plage», Restaurant de la plage, 038/41 24 46, fax 038/41 43 05: 5 ha; 1.3.–31.10.
Courgenay JU 2892, «Moulin-de-la-Terre», 066/71 17 16: 1 ha; env. 30.4.–2.10.
Delémont JU 2800, «La Grande Ecluse», Monique Keller, 066/22 75 98: 1 ha; env. 1.4.–2.10.
Düdingen 3186, «Schiffenensee», Peter Henzi, 037/43 19 17, fax 037/43 34 74: 7 ha; 1.4.–31.10.
Enney FR 1667, «Haute Gruyère», Josette Pugin, 029/6 22 60: 1,5 ha; 1.1.–31.12.
Estavayer-le-Lac FR 1470, «Nouvelle Plage», Bernard Jaquet, 037/63 16 93: 1,5 ha; env. 1.4.–2.10.
Fleurier 2114, «Belle Roche», Gina Rinaldi, 038/61 42 62: 1 ha; env. 30.4.–2.10.
Goumois 2728, Camp, 039/51 27 07: 15 a; 15.4.–15.10.
Gumefens 1643, «Du Lac», Camp, 029/5 21 62: 1,2 ha; env. 15.5.–15.9.
La Cibourg 2332, F. Stengel, 039/28 39 37: 1,5 ha; 1.1.–31.12.
Le Landeron 2525, «Camp des Pêches», Camp, 038/51 29 00: 1 ha; 1.1.–31.12.
Le Locle NE 2400, «Le Communal», Francine Robert, 039/31 74 93: 1,2 ha; env. 30.4.–10.10.
Les Paccots 1619, «Le Bivouac», Anne-Catherine Schneiter, 1618 Châtel St-Denis, 021/948 78 49: 2 ha; 1.1.–31.12.
Marin 2074, «La Tène-Plage», Camp, 038/33 73 40: 3 ha; env. 1.4.–30.9.
Marly 1723, «La Follaz», Camp, 037/46 30 60: 60 a; 1.4.–30.9.
Murten 3280, «Camp Löwenberg», fam. H. Bigler, 037/71 37 70, fax 037/71 56 55: 2,5 ha; env. 1.4.–31.10.
Ocourt 2889, «Moulin du Doubs», Camp, 066/55 32 98: 87 a; env. 1.4.–30.9.
Plaffeien 1716, «Füllmattli», Camp, 037/39 24 96: 2 ha; 1.1.–31.12.
Portalban 1568, «La Nacelle», Camp, 037/77 18 31: 5,2 ha; 1.4.–31.10.
Prêles 2515, Heinz Amstad, tél. + fax 032/95 17 16: 3 ha; 1.1.–31.12.
Réclère 2912, «Les Grottes de Réclère», Restaurant des Grottes, 066/76 61 55, fax 066/76 62 33: 2,2 ha; 1.1.–31.12.

Région lémonique
Aigle 1860, «Les Glariers», Mohamed Bouhamria, Aigle, 025/26 26 60: 1 ha; env. 1.4.–2.10.
Avenches-Plage 1580, Camp, 037/75 17 50: 8 ha; env. 1.4.–30.9.
Ballens 1144, «Le Bois-Gentil», Pierre Bensançon, 021/809 51 20: 2,1 ha; 1.4.–30.9.
Chalet-à-Gobet, «Praz-Collet», 1000 Lausanne 25, Camp, 021/784 12 45: 5 ha; env. 1.3.–31.10.
Château-d'Œx 1837, «Au Berceau», Office du tourisme, 029/4 62 34/Office 029/4 77 88: 1 ha; 1.1.–31.12.
Cossonay-Gare 1305, Camp, 021/861 19 82: 1,4 ha; 7.5.–12.10.
Cudrefin 1588, «Chablais», Camp, 037/77 32 77: 6 ha; env. 15.3.–31.10.
Cully 1096, «Moratel», Camp, 021/799 19 14: 60 a; env. 1.3.–30.9.
Forel-Lavaux 1606, Marcel Lienert, 021/781 14 64: 3,6 ha; 1.1.–31.12.
Genève-Satigny 1242, «Camping du Val d'Allondon» 1282 Dardagny, Camp, 022/753 15 15: 4,5 ha; env. 1.4.–31.10.
Genève-Vésenaz 1222, «Pointe à la Bise», 022/752 12 96: 3,2 ha; env. 1.4.–16.10.
Grandson-Pécos 1422, Camp, 024/24 49 69, fax 024/26 29 04: 2,5 ha; 1.4.–30.9.
Lausanne-Vidy 1003, Camp, 021/624 20 31; fax 021/624 41 60: 5,2 ha; 1.1.–31.12.
Le Sentier 1347, «Le Rocheray», Camp, 021/845 51 74: 80 a; 1.1.–31.12.
Les Diablerets 1865, Vers-l'Eglise, «La Murée», René Debétaz, 1110 Morges, 021/801 19 08, 021/728 96 24: 1,1 ha; 1.1.–31.12.
Leysin 1854, «Semiramis», Georges Gross, 025/34 11 48: 1,1 ha; 1.1.–31.12.
Morges 1110, «Le Petit Bois», Michel Vermot, 021/801 12 70, 021/801 82 82 (restaurant), fax 021/803 38 69: 3,2 ha; env. 1.4.–2.10.
Moudon 1510, «Le Grand Pré», Camp, 021/905 17 52: 90 a; 25.5.–5.9.
Nyon 1260, «La Colline», Alexandre Maillard, 022/361 26 30: 1 ha; env. 1.4.–2.10.
Orbe 1350, «Le Signal», Willy Brechbühl, 024/41 38 57: 2,1 ha; env. 1.4.–2.10.
Payerne 1530, «Camping-Piscine», Camp, 037/61 43 22: 2,54 ha; 1.4.–30.9.
Rolle 1180, «Aux Vernes», Carmelo Marchese, 021/825 12 39, 021/825 15 35 (Office de tourisme), fax 021/825 11 31: 1,5 ha; env. 1.4.–2.10.
St-Cergue 1264, Camp, 022/60 18 98: 60 a; 1.1.–31.12.
Salavaux 1585, «Les Chablais», Manuela Montaldo, 037/77 14 76, fax 037/773 744: 6 ha; env. 1.4.–2.10.
Vallorbe 1337, «Pré sous Ville», Arnold Perrenoud, 021/843 23 09, 21/843 11 43: 80 a; env. 1.5.–1.10.
Villeneuve-Montreux 1844, «Les horizons bleus», Camp, 021/960 15 47: 50 a; 1.4.–30.9.
Yvonand-La Menthue 1462, Camp, 024/31 18 18: 2,2 ha; env. 1.4.–30.9.
Yverdon-les-Bains 1400, «Camping des Iris», Camp, 024/21 10 89: 2,5 ha; env. 1.4.–30.9.
Yvorne 1853, «Clos de la George», Willy Nufer, 1852 Roche, 025/26 58 28, fax 025/26 28 66: 2,6 ha; 1.1.–31.12.

Valais
Brig 3900, «Geschina», fam. Eyer, 028/23 26 98: 1,8 ha; env. 30.4.–17.10.
Champéry 1874, Camp, 025/79 19 90, fax 025/79 24 25: 60 a; 1.1.–31.12.
Champex 1938, «Les Rocailles», Pierre Crettex, 026/83 19 79, fax 026/83 36 21: 80 a; 1.1.–31.12.
Evionnaz 1902, Camp, 026/8 42 33: 1,2 ha; 1.1.–31.12.
Evolène 1983, P. + M. Métrailler, 027/83 11 44: 80 a; 1.1.–31.12.
Gampel 3945, «Rhone», Camp, 028/42 20 41, fax 028/42 36 55: 4,5 ha; env. 20.3.–31.10.
Grächen 3925, «Grächbiel», Viktor Walter, 028/56 32 02, fax 028/56 20 70: 50 a; 1.1.–31.12.
Granges 3977, «Robinson», Camp, 027/58 16 01: 5 ha; 1.1.–31.12.
Leukerbad 3954, Camp, 027/61 10 37: 1,6 ha; 1.5.–31.10.

Les Haudères 1984, «**Molignon**», fam. Rossier, 027/83 12 96: 1 ha; 1.1.–31.12.
Les Marécottes 1923, «**La Médettas**», Jeannine et J.-Michel Gross, 026/61 18 30: 60 a; env. 1.5.–4.10.
Martigny 1920, «**El Capio**», Camp, 026/22 55 73: 1,2 ha; 1.1.–31.12.
Martigny 1920, «**Les Neuvilles**», Juliette Favre, 026/22 45 44: 2,5 ha; 1.1.–31.12.
Montana 3962, «**Camping de la Moubra**», Camp, 027/41 28 51: 50 a; 15.5.–31.10.
Morgins 1875, «**La Mare au diable**», Serge Monay, 025/77 23 61 (Verkehrsverein), fax 025/77 37 08: 1,3 ha; 1.1.–31.12.
Randa 3928, «**Attermenzen**», Geschwister Brantschen, 028/67 25 55: 1 ha; env. 15.4.–31.10.
Raron-Turtig 3942, «**Santa Monica**», Max Theler, 028/44 24 24, fax 028/44 24 50: 4 ha; 1.1.–31.12.
Reckingen 3998, «**Ellbogen**», fam. Blatter, 028/73 13 55: 1,3 ha; env. 1.6.–25.10.
Saas Grund 3910, «**Am Kapellenweg**», Camp, 028/57 29 89: 70 a; 1.5.–31.10.
Saas Grund 3910, «**Schönblick**», Theodul Venetz, 028/57 22 67: 50 a; 1.1.–31.12.
Sierre 3960, «**Bois de Finges**», Josette Salamin, 027/55 02 84: 2 ha; env. 30.4.–2.10.
Sierre-Salgesch 3970, «**Swiss Plage**», Camp, 027/55 66 08, fax 027/41 32 15: 9 ha; env. 15.4.–31.10.
Sion 1950, «**Camping des Iles**», Ruth Huber-Wiederkehr, 027/36 43 47, fax 027/36 68 47: 8 ha; 1.1.–31.12.
Sion-Aproz, «**Sedunum**», 1964 Conthey, J.-L. Mazza, 027/36 42 68, fax 027/36 42 57: 3 ha; env. 1.4.–31.10.
Sion-Bramois 1967, «**Valcentre**», J.-P. Mayor, 027/31 16 42: 1 ha; 1.1.–31.12.
Susten 3952, «**Bella Tola**», Andreas Weissen, 027/63 14 91, fax 027/63 36 41, Natel 077/28 94 57: 3,6 ha; env. 11.5.–2.10.
Susten 3952, «**Agarn-Torrent**», Camp, 027/63 22 39: 4 ha; env. 15.4.– 31.10.
Vétroz 1963, «**Botza**», Serge Revaz, 027/36 19 40, fax 027/36 25 35: 3 ha; 1.1.–31.12.
Vex 1981, «**Camping du Val d'Hérens**», Camp, 027/27 19 85: 1 ha; 1.1.–31.12.
Visp 3930, «**Staldbach**», Camp, 028/46 28 55: 1,8 ha; env. 1.12.–31.10.
Visp 3930, «**Mühleye**», Camp, 028/46 20 84: 1,5 ha; 1.5.–31.10.

Tessin
Acquacalda 6718, «**Campeggio ai Cembri**», 092/70 11 57, fax 092/70 13 89: 30 a; 1.5.–31.10.
Acquarossa 6716, «**Camping Lottigna**», Madlen Burri, 092/78 16 03: 1,6 ha; 1.1.–31.12.
Astano 6999, Camp, 091/73 12 46: 30 a; env. 1.4.–31.10.
Avegno 6670, «**Piccolo Paradiso**», Camp, 093/81 15 81, fax 093/81 31 70: 2,8 ha; env. 1.3.–31.10
Bellinzona 6500, «**Bosco di Molinazzo**», Martha Aliberti, Bellinzona, 092/29 11 18, fax: 092/29 23 55: 1 ha; env. 7.4.–10.10.

Cadenazzo 6593, «**Camping und Pool**», Caterina Dahinden, 092/62 26 53: 1 ha; 1.1.–31.12.
Cugnasco 6516, «**Riarena**» E. + K. Albisser, 092/64 16 88, fax 092/64 28 85: 3,5 ha; env. 28.3.–23.10.
Cureglia 6944, «**Moretto**», 091/56 76 62: 3 ha; env. 1.4.–23.10.
Faido-Chiggiogna 6764, «**Gottardo**», Camp, 094/38 15 62: 80 a; 1.1.–31.12.
Gordevio 6672, «**Bella Riva**», Markus Barmettler, 093/87 14 44, fax 093/87 17 64: 2,5 ha; env. 1.4.–9.10.
Losone-Golino 6616, Camp, 093/35 65 63: 2,1 ha; env. 1.4.–31.10.
Lugano-Agno 6982, «**Campeggio La Palma**», H. + G. Jaeger, 091/59 25 61: 2,6 ha; env. 15.4.–31.10.
Maroggia 6817, «**Piazzale Mara**», Liliana Tenzi, 091/68 72 45: 60 a; env. 30.4.–10.10.
Melano 6818, «**Caravan Waibel Park**», Camp, 091/68 83 33: 2 ha; env. 1.4.–20.10.
Melano 6818, «**Paradiso**», Rita Trivella, 091/48 28 63: 2 ha; env. 1.4.– 2.10.
Meride 6866, «**Parco al Sole**», Tiziano Galli, 091/46 43 30, fax 091/48 09 92: 1,2 ha; env. 30.4.–2.10.
Mezzovico-Palazzina 6805, Gilda Scoglio, 091/95 14 67: 50 a; 1.3.– 31.10.
Molinazzo di Monteggio 6995, «**Tresiana**», 091/73 23 42: 1,4 ha; env. 1.4.–30.10.
Muzzano-Lugano 6933, «**La Piodella**», Daniele Ponti, 091/54 77 88, fax 091/54 67 08: 4,7 ha; 1.1.– 31.12.
Primadengo 6760, «**Piantett**», 6760 Calpiogna, Hans Ernst, 094/38 10 43: 2,5 ha; 1.1.–31.12.
Tenero 6598, «**Campofelice**», Camp, 093/67 14 17, fax 093/67 18 88: 15 ha; env. 1.4.–25.10.
Tenero 6598, «**Caravan Camping Miralago**» SA, Camp, 093/67 12 55, fax 093/67 28 78: 2 ha; 1.1.–31.12.
Tenero 6598, «**Lago Maggiore**», Camp, 093/67 18 48, fax 093/67 43 18: 3,2 ha; env. 1.3.–31.10.
Tenero 6598, «**Lido Mappo**», Camp, 093/67 14 37, fax 093/67 48 08: 6,5 ha, env. 1.4.–22.10
Tenero 6598, «**Rivabella**», Pio Tognetti, 093/67 22 13: 1 ha; 1.1.– 31.12.
Tenero 6598, «**Verbano**», Camp, 093/67 10 20: 2,7 ha; nv.15.3.–31.10.
Vira 6574, «**Bellavista**», Deborah Mondin, 093/61 14 77: 20 a; env. 11.5.–2. 10.

Important: Renseignez-vous d'abord si votre voiture est en mesure de tracter la «remorque de vos rêves». Par exemple auprès de votre Office cantonal pour la Circulation routière ou du TCS à Genève:
Service Information Camping, Chemin de Riantbosson 11/13, 1217 Meyrin, téléphone **022/785 13 33**.

Les auberges de jeunesse – points de rencontre des jeunes du monde entier

Les auberges de jeunesse sont ouvertes à tous les jeunes entreprenants et à tous ceux qui ont gardé un esprit juvénile. Elles favorisent les rencontres entre les peuples des civilisations les plus diverses et contribuent ainsi à la compréhension entre les diverses nations. Dans plus de 50 pays, répartis sur l'ensemble des continents, on trouve plus de 5000 auberges de jeunesse dotées de plus de 350 000 lits. La Suisse en compte actuellement 79 offrant plus de 7000 lits. Qu'ils voyagent seuls, en groupe ou en famille, les individualistes pourront se loger et se nourrir à bon prix dans les auberges de jeunesse.

Conseils et informations touristiques complémentaires

Les auberges de jeunesse

Fédération suisse des Auberges de Jeunesse

Les secrétariats régionaux ont fusionné :

Auberges de jeunesse suisses, Schaffhauserstrasse 14, Case postale, 8042 Zurich, 01/360 14 14, fax 01/360 14 60.

Le service de voyages international de la Fédération suisse des Auberges de Jeunesse est à votre disposition à l'adresse suivante :

Jugi Tours, Schaffhauserstrasse 14, Case postale 161, 8042 Zurich, 01/360 14 00, fax 01/360 14 44.

Les auberges de jeunesse suisses de A à Z

Il est conseillé de réserver son lit (par téléphone) à l'auberge de jeunesse, spécialement pour les mois de février, juillet et août, ainsi que pour les jours fériés. Vous ne risquerez ainsi pas de vous trouver devant une porte close ou une auberge de jeunesse complètement occupée.

CR = accessible aux chaises roulantes
GR = seulement pour groupes

Arosa GR, Seewaldstrasse, 081/31 13 97.
Avenches VD, rue du Lavoir 5, 037/75 26 66.
Avers-Juf GR; Pension Edelweiss, 081/63 11 34 (GR).
Baden AG, Kanalstrasse 7, 056/21 67 96, dès nov. 95: 056/221 67 96.
Basel, St.-Alban-Kirchrain 10, 061/272 05 72.
Beinwil am See AG, Seestrasse 71, 064/71 18 83, dès nov. 95: 062/771 18 83.
Bémont, Le JU, 039/51 17 07.
Bern BE, Weihergasse 4 (au-dessous le Palais fédéral), 031/311 63 16 (CR).
Bönigen-Interlaken BE, au lac, Aareweg 21, 036/22 43 53.
Braunwald GL, «Im Gyseneggli», 058/84 13 56.
Brienz BE, Standweg 10, au lac, 036/51 11 52.
Brugg AG, Schlössli Altenburg, Im Hof 11, 056/41 10 20, dès nov. 95: 056/441 10 20.
Bruson VS, 026/36 23 56.
Champex VS, Châlet «Bon Abris», 026/83 14 23.
Château-d'Œx VD, Les Riaux, 029/4 64 04 (CR).
Chaux-de-Fonds, La NE, rue du Doubs 34, 039/28 43 15 (CR).
Dachsen ZH, Schloss Laufen am Rheinfall, 053/29 61 52.
Davos-Wolfgang GR, «Höhwald», 081/46 14 84.

Delémont JU, route de Bâle 185, 066/22 20 54 (CR).
Engelberg OW, «Berghaus», Dorfstrasse 80, 041/94 12 92.
Fällanden ZH, «Im Rohrbuck», Maurstrasse 33, 01/825 31 44 (GR).
Faulensee/Spiez BE, Quellenhofweg 66, au lac, 033/54 19 88.
Figino TI, Casoro, près de Lugano, 091/60 11 51.
Filzbach GL, pensionnat de vacances de la Croix Bleue «Lihn», 058/32 13 42 (CR).
Flumserberg SG, Schwendiwiese, 081/733 10 47.
Frauenfeld TG, Rüegerholz, Festhüttenstrasse 22, 054/21 36 80.
Fribourg FR, rue de l'Hôpital 2, 037/23 19 16 (CR).
Genève, r. Rothschild 28–30, 022/732 62 60 (CR).
Gersau SZ, «Rotschuo», 041/84 12 77.
Göschenen UR, Gotthardstrasse 222, 044/6 51 69.
Grindelwald BE, Terrassenweg, 036/53 10 09.
Herzogenbuchsee BE, Kirchgasse 1, Hotel-Restaurant Kreuz, 063/61 10 18.
Hoch-Ybrig SZ, «Fuederegg», 055/56 17 66 (CR), (GR).
Hospental UR, 044/6 78 89 (GR).
Jona-Rapperswil SG, «Busskirch», Hessenhofweg 10, 055/27 99 27 (CR).
Klosters GR, «Soldanella», Talstrasse 73, 081/69 13 16.
Kreuzlingen TG, «Hörnliberg», Promenadenstr. 7, 072/75 26 63 (CR).
Langenbruck BL, Haus Rosengarten, Bärenwilerstrasse 10, 01/360 14 14, 062/60 13 12 (GR).
Langnau i. E. BE, Mooseggstrasse 32, 035/2 45 26.
Lausanne-Ouchy VD, Chemin du Muguet 1, 021/616 57 82.
Leissigen BE, «La Nichée», au lac, 036/47 12 14.
Lenzerheide → Valbella-Lenzerheide
Lugano-Savosa TI, via Cantonale 13, 091/56 27 28 (CR).
Luzern LU, «Am Rotsee», Sedelstrasse 12, 041/36 88 00, dès nov. 95: 041/420 88 00.
Maloja GR, Hauptstrasse, 082/4 32 58.
Mariastein-Rotberg SO, Jugendburg, 061/731 10 49.
Meiringen BE, auprès de la Alpbach, 036/71 17 15.
Melchsee-Frutt OW, Berggasthaus Tannalp, 041/67 14 67.
Montreux-Territet VD, «Haut-Lac», passage de l'Auberge 8, 021/963 49 34 (CR).
Neuchâtel NE, rue du Suchiez 35, 038/31 31 90.

L'auberge de jeunesse Mariastein-Rotberg, dans le canton de Soleure, figure parmi les plus romantiques de Suisse. Le château de Rotberg date probablement de la première moitié du 13ᵉ siècle.

Obersaxen-Meierhof, Miraniga GR, 01/360 14 14 (GR).
Pontresina GR, «Tolais», Langlaufsportzentrum, 082/6 72 23.
Richterswil ZH, «Horn», Hornstrasse 5, 01/786 21 88 (CR).
Romanshorn TG, Gottfried-Keller-Strasse 6, 071/63 17 17 (CR).
Rohrschach SG, «Im Ebnet», Rohrschacherberg, 071/41 54 11 (GR).
Saanen-Gstaad BE, Chalet Rüblihorn, 030/4 13 43.
Safien-Thalkirch GR, 081/42 11 07 (GR).
Schaan-Vaduz FL, Untere Rütigasse 6, 075/232 50 22 (CR).
Schaffhausen SH, «Belair», Randenstrasse 65, 053/25 88 00
Seelisberg UR, Gadenhaus Stöck, près du Rütli, 01/360 14 14 (GR).
Sils i. D. GR, Burg Ehrenfels, 081/81 15 18 (GR).
Sitten/Sion VS, rue de l'Industrie 2, 027/23 74 70 (CR).
Solothurn SO, «Am Land», Landhausquai 23, 065/23 17 06 (CR).
Sta. Maria i. M. GR, Chasa Plaz, 082/8 50 52 (GR).
St. Antönien GR; Überwasser, 081/54 22 38 (GR).
Ste-Croix VD, rue Centrale 16, 024/61 18 10.
St-Gall SG, Jüchstrasse 25, 071/ 25 47 77.
St. Moritz Bad GR, «Stille», via Surpunt 60, 082/3 39 69.
Stein am Rhein SH, Niederfeld, Hemishoferstrasse 711, 054/41 12 55.
Valbella-Lenzerheide GR, Voa Sartons 41, 081/34 12 08.
Vallorbe VD, rue du Simplon 11, 021/843 13 49.
Waltalingen ZH, Schloss Schwandegg, 054/45 18 28.
Wildhaus SG, Befang, 074/5 12 70.
Winterthur ZH, Schloss Hegi, Hegifeldstrasse 125, 052/242 38 40.
Yverdon-les-Bains VD, rue du Parc 14, 024/21 12 33.
Zermatt VS, Winkelmatten, 028/67 23 20.
Zofingen AG, General-Guisan-Strasse 10, 062/52 23 03, dès nov. 95: 062/752 23 03 (CR).
Zug ZG, Allmendstrasse 8, 042/21 53 54; 23.30 h (CR).
Zurich-Wollishofen ZH, Mutschellenstrasse 114, 01/482 35 44 (CR).

Dortoirs lumineux et sympathiques… possibilités de jeu à l'intérieur et à l'extérieur. Dans les auberges de jeunesse, les jeunes et moins jeunes peuvent se loger à bon prix.

Les différentes catégories de membres (les bulletins d'inscription peuvent être obtenus auprès du secrétariat de la Fédération suisse des Auberges de Jeunesse):

1 Individuel: jusqu'à l'âge de 18 ans.

2 Individuel: à partir de 19 ans.

3 Familles: pour les familles voyageant ensemble (père et/ou mère) avec au moins un enfant jusqu'à max. 18 ans. Sur demande, le/la conjoint/e et enfants jusqu'à 18 ans voyageant seuls reçoivent gratuitement une carte de membre individuelle et personnelle (obligatoire à l'étranger).

4 Chef de groupe: pour chefs de groupe d'au moins 18 ans et de groupes dès 10 personnes. L'adhésion comme membre est valable pour l'année en cours. Pour en profiter au maximum, commandez votre carte de membre de préférence en début d'année ou dès le 1er octobre déjà pour l'année à venir.

Pour membres uniquement: lits sur réservation.

Pour être sûr d'avoir un lit libre qui vous attend, profitez de la possibilité de réservation auprès des auberges de jeunesse. Par écrit ou par fax. Des arrhes raisonnables seront exigés pour les groupes. Familles et hôtes individuels continuant vers d'autres auberges peuvent profiter du système de réservation «logis à logis».

Règlement de l'auberge de jeunesse (extrait): Les auberges de jeunesse sont ouvertes à tous ceux qui possèdent une carte de membre valable. Il n'y a pas de limite d'âge! Au cas où le nombre de places est limité, les jeunes de moins de 25 ans bénéficient de la priorité. En règle générale, les auberges de jeunesse ferment à 22 heures. Les jeunes gens et les jeunes filles dorment dans des dortoirs séparés. La consommation de boissons alcooliques est interdite. Il est toléré de fumer dans les locaux prévus à cet effet. Le sac de couchage AJ en drap est obligatoire.

Transbordement ferroviaire à travers les Alpes

Lötschberg: liaison entre l'Oberland bernois et le Valais (et au-delà, jusqu'en Italie du Nord). Gares d'embarquement: Kandersteg BE (1176 m) et Goppenstein VS (1217 m, non garanti en hiver: Durée: 15 min.; Kandersteg–Brigue (VS, 678 m) 36 min. A Brigue, changement possible (par le conducteur) pour se rendre à Iselle (657 m, gare d'embarquement italienne au sud du Simplon), Kandersteg–Iselle 80 min. Les voitures particulières, motos, caravanes et mini-bus sont acceptés jusque peu avant le départ.

Simplon: liaison entre le Valais et l'Italie du Nord. Gares d'embarquement: Brigue VS (678 m) et Iselle (657 m, Italie), Durée: 20 min. Douane aux gares d'embarquement.

Albula (Engadine): liaison des Chemins de fer Rhétiques de et pour l'Engadine. Gares d'embarquement: Thusis (701 m) et Samedan (1709 m), Durée 90 min. (pour voitures, motos, caravanes et mini-bus seulement, max. 12 places). Réservation conseillée, en cas de fort enneigement, auprès des gares d'embarquement de Thusis et de Samedan. Embarquement 30 min. avant le départ.

Bacs à voitures

Sur le *lac de Constance,* deux liaisons régulières servent également au trafic international Suisse-Allemagne du Sud: Romanshorn–Friedrichshafen, service assuré par les Chemins de fer allemands et les CFF; durée 40 min.
Konstanz–Meersburg, bacs de la Ville de Constance, durée: 20 min.
Lac de Zurich, Horgen–Meilen, durée: 10 min.
Lac des Quatre-Cantons, Gersau–Beckenried, durée: 15 min.

Conseils et informations touristiques complémentaires

Qui, quoi, comment, où en Suisse?

Offices de tourisme

Office national suisse du tourisme (ONST), Bellariastrasse 38, 8027 Zurich, 01/288 11 11.

Verkehrsverein für Graubünden, Alexanderstrasse 24, 7001 Chur, 081/254 24 24.
Verkehrsverband Ostschweiz, Bahnhofplatz 1a, 9001 St. Gallen, 071/22 62 62.
Verkehrsverein der Stadt Zürich und Umgebung, Bahnhofbrücke 1, 8023 Zürich, 01/211 40 00.
Verkehrsverband Zentralschweiz, Alpenstrasse 1, 6002 Luzern, 041/51 18 91.
Nordwestschweizerische Verkehrsvereinigung, Geschäftsstelle: Verkehrsverein der Stadt Basel, Schifflände 5, 4001 Basel, 061/261 50 50.
Verkehrsverband Berner Mittelland, à la gare, 3001 Bern, 031/311 12 12.
Verkehrsverband Berner Oberland, Jungfraustrasse 38, 3800 Interlaken, 036/22 26 21.
Union fribourgeoise de tourisme, route Glâne 107, 1752 Villars-sur-Glâne, 037/24 56 44.
Fédération neuchâteloise du tourisme, 9, rue du Trésor (place des Halles), 2001 Neuchâtel, 038/25 17 89.
Association Jurassienne de Tourisme, rue de l'Hôtel de Ville 16, 2740 Moutier, 032/93 18 24.
Office du tourisme du Jura bernois, 26, av. de la Liberté, 2740 Moutier, 032/93 64 66.
Office du tourisme du Canton de Vaud, 60, av. d'Ouchy, 1006 Lausanne, 021/617 72 02.
Union valaisanne du tourisme, Maison du Valais, rue Pré-Fleuri 6, 1950 Sion, 027/22 31 61.
Ente ticinese per il turismo, Villa Turrita, v. Lugano 12, 6501 Bellinzona, 092/25 70 56.

Tourisme rural

Fédération du tourisme rural de Suisse romande, c/o Office du tourisme, Hôtel de Ville, pl. Général-Guisan 1, 1530 Payerne, 037/61 61 61.
Vacances à la ferme, réservations: Caisse suisse de voyage (REKA, Schweiz. Reisekasse), Neuengasse 15, 3011 Bern, 031/329 66 33.
Verkehrsverband Emmental, Mühlegässli 2, 3550 Langnau i. E., 035/2 42 52 (tourisme rural).

Camping

Fédération suisse de Camping et de Caravaning, Habsburgerstrasse 35, 6000 Luzern 4, 041/23 48 22.
Touring Club Suisse, Division camping, chemin de Riantbosson 11/13, 1217 Meyrin 1, 022/785 13 33.
Verband Schweiz. Campings/Association suisse des campings, Seestrasse 119, 3800 Interlaken, 036/23 35 23.

Organisations de sports et de loisirs

Aero-Club de Suisse, Lidostrasse 5, 6006 Luzern, 041/31 21 21.
Club Alpin Suisse (CAS), Helvetiaplatz 4, 3000 Bern 6, 031/351 36 11.
Fédération suisse de tourisme pédestre, Im Hirshalm 49, 4125 Riehen, 061/601 15 35.
Fédération Suisse de Canoë, Obere Rebgasse 19, 4314 Zeiningen, 061/851 20 00.
Fédération suisse de ski, Worbstrasse 52, 3074 Muri b. Bern, 031/950 61 11.
Schweiz. Bobsleigh-, Schlittel- und Skeleton-Sportverband (SBSV), via Maistra 12, 7500 St. Moritz, 082/3 61 59.
Union vélocipédique et motocycliste suisse, Industriestrasse 47, 8152 Glattburg, 01/810 05 05.
Schweiz. Autorennsport-Club, Oberstrasse 25, 3360 Herzogenbuchsee, 063/61 18 10.
Formel-Rennsport-Club der Schweiz (FRC), Talwiesenstrasse 134, 8055 Zurich, 01/462 21 51.
Schweizer Motor-Veteranen-Club, Postfach 886, 8021 Zürich.
Vétéran car club Suisse romande, 1145 Bière, 021/809 59 47.

Les auteurs

Introduction et informations touristiques complémentaires:
Robert Schnieper, Herlisberg, en collaboration avec Roland Beck/Suhr, Fred Kurt, Dr. (v. en bas), Jean Romand/Genève, Eva Styner (v. en bas).

Descriptions des randonnées pédestres
Daniel Anker, Berne, itinéraires 92–100; Christian Fux, Viège, itinéraires 21–25; Josef Hofstetter, Hasle, itinéraires 44–55; Siegfried Kromer, Poschiavo, itinéraires 77–91; Ernst Lauper, Berne, itinéraires 1–15, 26–27, 42; Christian Meyer, Dr., Leuzigen, itinéraires 56–61; Ernst Rieben, Bienne, itinéraires 28–41, 43; Christian Speich, Winterthour, itinéraires 16–20, 62–76

Itinéraires cyclistes
Harald Jenk, Köniz

Itinéraires sur l'eau
Raymond Kamber, Bâle, en collaboration avec Peter Gisin/Muttenz, Urs Kull/Thal, Wolfgang Lange/Bâle

Tout près de la nature
Claudio Defila, Birmensdorf, p. 406–415; Eva Styner, Berne et Paris, p. 416–441, 448–449; Fred Kurt, Dr., Aichach-Ecknach, p. 442–447, 450–475; Peter Amacher, Amsteg, p. 476–485; Christian Meyer, Dr., Leuzigen, p. 486–495

Architecture et histoire chemin faisant
Thomas Bitterli, Bâle, p. 498–511

Traducteurs

Gaëtan Cassina, Dr., Sion; Henri Daussy, Genève; Madeleine de Couë, Zurich; Francis Heidrich, Aire s/Adour (F); Roger Martin, Dr., Nyon; Marie-Claude Mayr, Ferrette (F); Denis Moine, Delémont; Pierre Zürcher, La Sarraz.

Illustrations

Vues panoramiques des randonnées pédestres 1–100:
Winfried Kettler, Meiringen
Vues panoramiques des itinéraires cyclistes 1–50:
Sabine Houtermans, Berne
Vues panoramiques des itinéraires sur l'eau 1–12:
Françoise Bommer, Kirchlindach
Dessins et aquarelles: Ueli Iff, Berne: p. 442, 443, 448 h., 450/451, 452, 453, 461, 466, 470, 471, 474, 475
Eva Styner, Berne et Paris: p. 416, 418–424, 427–430, 432, 434, 437, 438–441, 446, 448/449 h. et b., 454, 460, 464, 468, 498/499
Réalisation de dessins schématiques et de plans:
Oswald Püntener, Berne: p. 487–489, 500, 502, 509 b.
Autres dessins schématiques: Peter Amacher, Amsteg: p. 476–480, Thomas Bitterli, Bâle: p. 508, 509 (milieu); Christian Meyer, Dr., Leuzigen: p. 193

Sources: Les illustrations des maisons rurales p. 508–511 sont des extraits de l'Atlas de la Suisse, planche 36 «Types de maisons paysannes», rédaction de Max Gschwend, édition 1965. Reproduction avec l'autorisation de l'Office fédéral de topographie du 19.12.1988.

Photographies:

Les chiffres indiquent la numérotation des pages
Peter Amacher, Amsteg: 476–479, 480 (h., b.), 481–485. Daniel Anker, Berne: 255, 265, 267. Rudolf Baumberger, Horw: 12, 15 b., 115, 161, 167, 247. Bernische Kraftwerke AG, Berne: 359. Gerhard Binggeli, Dr., Hindelbank: 147, 153, 155, 159, 502, 502/503. Biofamilia SA, Sachseln: 20. Thomas Bitterli, Bâle: 499–501, 506. Christian Brunold, Prof. Dr., Liebefeld/Berne: 421 (g.). Jeanne Chevalier, Bienne: 157. Fédération Suisse des Auberges de la Jeunesse ASJ, Berne: 524, 525. Fornat, Männedorf: 195, 211. Photo L. Gensetter, Davos-Dorf: 123, 173, 217, 225, 229, 231, 233, 235, 237, 239, 241, 243, 253. Hugo Grossenbacher, Dr., Olten: 151, 245, 281, 317, 404/405, 416, 417, 420, 423, 425, 426–428, 433, 436 (milieu), 440–444, 446, 448, 449 (h., milieu), 450–451, 453, 455, 458, 459, 461, 462 (b. g.), 463, 465, 468/469, 472 (h. g.), 475, 516. Otto Hegg, PD, Dr., Köniz: 419, 435. Franz Horat, Walchwil: 179. Harald Jenk, Köniz: 277, 285, 287, 293, 297, 301, 303, 305, 315, 319, 321, 325, 327, 337, 341, 347, 349, 351, 353, 357, 361, 363, 367, 371. Raymond Kamber, Bâle: 381, 383, 385, 387, 399, 401, 403. Beat Käslin, Finstersee: 406–415. Knut Kaulitz, Lucerne: 21. Christian Küchli, Bienne: 421 d., 431. Kurverein Braunwald: 221. Kurverein Leukerbad: 113. Werner Langenegger, Horw: 105, 163, 257, 259, 393, 436 b., 503, 526. Ernst Lauper, Berne: 73, 75, 77, 79, 85, 89, 91, 93, 95, 97, 99, 101, 271. Franz Meier, Lucerne: 165. Christian Meyer, Dr., Leuzigen: 185, 187, 189, 191, 486–495. Office de Tourisme, Genève: 87. Office de Tourisme, Vallorbe: 291. Office national suisse du tourisme ONST, Zurich: 103, 111, 143, 183, 215, 223. Klaus Robin, Dr., Hinterkappelen: 445, 447, 449 b., 456/457, 460, 466, 467 d., 471, 472 (h. g., b.), 473, 474. Hans Schlapfer, Lucerne: 175. Franz Schmid, Ittigen: 462 (h., milieu, b. d.). Robert Schnieper, Herlisberg: 514, 517, 520. Christof Sonderegger, Rheineck: 8/9, 11, 14/15, 16, 17, 19, 22/23, 24, 68/69, 272/273, 309, 311, 313, 343, 365, 369, 376/377, 391, 496/497. Rolf Albin Stähli, Winterthour: 13, 81, 83, 107, 117, 119, 121, 127, 129, 131, 135, 137, 139, 141, 145, 149, 171, 177, 197, 199, 201, 203, 205, 207, 209, 213, 217, 233, 251, 261, 263, 269, 279, 283, 289, 295, 299, 307, 323, 329, 331, 333, 335, 339, 345, 353, 355, 373, 389, 395, 397, 504, 505, 507, 509, 510, 512/513. Thermalbad Zurzach: 193. Touring Club Suisse TCS, Genève: 522, 523. Verkehrsverein (office de tourisme) Engelberg: 169. Verkehrsverein (office de tourisme) Mürren: 133. Verkehrsverein (office de tourisme) Weggis: 181. Sepp Volken, Fiesch: 125. Urs Walder, Dr., Bäriswil: 219. Roland Walter, Männedorf: 480 (milieu). Rolf Weiss: 109. Ernst Zbären, St. Stephan: 467 b.

Un grand merci

à tous ceux qui ont permis la réalisation du Grand guide des loisirs et des vacances SUISSE!
Notre reconnaissance va également à tous ceux que nous ne pouvons pas citer dans la liste sommaire des collaborateurs, les spécialistes et techniciens (composition, imprimerie, photolithographie, reliure) dont le savoir-faire et l'engagement ont permis l'édition de cet ouvrage.